Directeurs de la Collection :

Guy Lasserre et Pierre Vennetier.

Comité de Lecture :

Dian Boni, Professeur à l'Institut de Géographie Tropicale, Université d'Abidjan.— Marc Boyé, Maître-Assistant Docteur à l'Université de Bordeaux III.— Jeanine Brisseau-Loaiza, Maître de Conférences à l'Université de Pau.— Michel Bruneau, Chargé de recherche au C.N.R.S. (CEGET).— Jean Delvert, Professeur à l'Université de Paris IV.— Jean-Pierre Doumenge, Chargé de recherche au C.N.R.S. (CEGET).— Jean Gallais, Professeur à l'Université de Rouen.— Jean-Claude Giacottino, Chargé de recherche au C.N.R.S. (CEGET).— Pierre Gourou, Professeur honoraire au Collège de France.— Alain Huetz de Lemps, Professeur à l'Université de Bordeaux III.— Hildebert Isnard, Professeur honoraire à l'Université de Nice.— Guy Lasserre, Professeur à l'Université de Bordeaux III, Directeur du Centre d'Etudes de Géographie Tropicale (CEGET-C.N.R.S.).— Jean-Félix Loung, Professeur à l'Université de Yaoundé.— Walter Manshard, Secrétaire général de l'U.G.I., Vice-recteur de l'Université de Freiburg im Brisgau.— Pierre Michel, Professeur à l'Université de Strasbourg.— Peter K. Mitchell, Senior Lecturer à l'Université de Birmingham.— Henri Nicolaï, Professeur à l'Université Libre de Bruxelles.— Louis Papy, Doyen honoraire de l'Université de Bordeaux III.— Raymond Pébayle, Professeur à l'Université de Brest.— Yves Péhaut, Professeur à l'Université de Bordeaux III.— Paul Pélissier, Professeur à l'Université de Paris X, Président du Comité Technique de Géographie de l'O.R.S.T.O.M.— Michel Petit, Professeur à l'Université de Paris XII — Val de Marne.— Gilles Sautter, Professeur à l'Université de Paris X.— Pierre Vennetier, Directeur de recherche au C.N.R.S., Sous-Directeur du CEGET.— Juan Vila-Valenti, Professeur à l'Université de Barcelone.

Comité d'Édition :

Responsable : Pierre Vennetier.

Equipe de Fabrication :

Dessin : Danièle Castex, Aimée Lafitte.— *Composition* : Marie-France Trésarrieu.— *Illustration photographique* : Alain Vergnes, Jean-Pierre Vidal.— *Impression* : Guy Salignière.

TRAVAUX ET DOCUMENTS **CEGET C.N.R.S.** DE GÉOGRAPHIE TROPICALE

LE CUZCO DANS SA REGION
Etude de l'aire d'influence d'une ville andine

Photo J-P. Deler

Ministère des Universités – Centre National de la Recherche Scientifique
CENTRE D'ÉTUDES DE GÉOGRAPHIE TROPICALE
Domaine Universitaire de Bordeaux – 33405 Talence Cédex (France)
Tél. Bordeaux (56) 80.60.00

Institut Français d'Études Andines (Lima)

Travaux de l'Institut Français d'Etudes Andines
TOME XVI

Le Cuzco
dans sa région

Janine BRISSEAU LOAIZA

Institut Français d'Etudes Andines
MINISTÈRE DES AFFAIRES ÉTRANGÈRES

Centre d'Etudes de Géographie Tropicale
CENTRE NATIONAL DE LA RECHERCHE SCIENTIFIQUE

INTRODUCTION

Lorsque j'arrivais au Cuzco en Novembre 1967, les problèmes de la terre, de la pauvreté, de la domination interne et externe, venaient de se poser une nouvelle fois de manière tragique ; en Août, Hugo Blanco, le dirigeant du mouvement paysan de la vallée de la Convención avait été condamné à vingt cinq ans de prison dans une île au large de Lima, et Ernesto Ché Guevarra venait d'être abattu dans la selva bolivienne. C'était donc la fin du mouvement syndicaliste des paysans du Cuzco et l'échec des Guerillas en Amérique latine. Soucieux de calmer les troubles, et de considérer le problème de la marginalité de la région du Cuzco, le gouvernement Belaunde en 1964, avait mis en route un plan de réformes appuyé par l'A.I.D. et l'Alliance pour le Progrès. Si la loi de Réforme Agraire ne fut appliquée que dans la vallée de la Convención, le gouvernement s'engagea dans un programme de développement rural, d'implantation de certains services et de construction de routes. Tout cela se faisait dans un contexte d'aménagement régional, l'ancienne capitale incaïque venant d'être placée, dans le découpage effectué par l'Institut National de Planification, à la tête de la région Sud-Est (région Sur-Oriente), associant trois départements : deux dans la Sierra, Cuzco et Apurímac, et un dans la Selva, le Madre de Dios. Il s'agissait alors de vérifier deux des hypothèses de l'I.N.P. : le rôle du Cuzco comme pôle de développement et la validité des limites régionales. En fait, la politique réformiste et celle d'aménagement régional dissimulaient mal d'autres objectifs qui étaient l'ouverture du marché de la Sierra aux entreprises commerciales et industrielles de la Côte, elle-même relais du système de domination étrangère, nord-américaine en particulier. De la même manière, on cherchait, sous un prétexte d'intégration d'une région marginale à un espace national de plus en plus homogène, à diffuser le modèle de développement et de culture occidental et urbain, parmi des populations rurales de culture "indigène". Les buts de notre étude se trouvaient dès lors élargis et rejoignaient ce que nous avons dit précédemment du phénomène de domination. Il devenait intéressant de voir, grâce à l'exemple du Cuzco, s'il pouvait exister des pôles de développement dans un contexte général de domination, et d'essayer de vérifier la théorie de Günder Frank sur "le développement du sous-développement".

Nous arrivions au Cuzco au moment où la politique réformiste était à bout de souffle. L'économie locale, essentiellement agricole et pauvre, subissait très fortement les effets de la dévaluation d'Août 1967 et de la montée des prix qui suivit. Les crédits publics étaient nettement insuffisants pour permettre la continuation des programmes de développement rural et bien des œuvres de l'Etat étaient paralysées. L'avenir industriel du Cuzco était hypothéqué par les échecs de trois projets entrepris grâce à des investissements étrangers : le prolongement du chemin de fer de Santa Ana, la centrale électrique de Macchu Picchu, enfin l'usine d'engrais de Cachimayo, dont la grève marqua les débuts de notre séjour dans la ville. La politique de développement régional elle-même, après avoir essayé d'effacer les souvenirs des luttes révolutionnaires, connaissait donc un échec profond qui trouvait une pause temporaire avec la remise en route par la CRYF (Corporación de reconstrucción y fomento del Cuzco) des deux usines en crise.

En Octobre 1968, un coup d'état militaire mettait fin au gouvernement Belaunde. La junte, dirigée par le Général Velasco Alvarado, allait reprendre à son compte la plupart des réformes précédentes en les appliquant, et tout d'abord, à partir de Juin 1969, la loi de Réforme Agraire. Peu à peu, elle prenait une série de mesures qui allaient modifier profondément les structures de la production et de la vie économique : formations de coopératives agraires et de communautés industrielles, nationalisations diverses (sources d'énergie, certaines banques, chemins de fer etc...), développement d'un secteur de production, et même de commercialisation, étatisé, parallèle au secteur privé. Nous avons choisi d'arrêter notre thèse avant les principales réformes de la Junte Militaire, tout en y faisant de fréquentes allusions. Les changements en effet sont déjà profonds et bien des aspects de notre étude exigent déjà des mises au point. Que l'on songe par exemple que la soixantaine d'haciendas (1) de la plaine d'Anta, où nous avions mené des enquêtes avec des étudiants cuzquéniens en Février 1969, sont à présent associées à des communautés indigènes, à l'intérieur de l'immense coopérative Tupac Amaru II. L'Eglise, puissance terrienne de premier plan, a perdu ses domaines de même que l'Assistance Publique et les collèges. La classe des propriétaires terriens, jadis instrument de domination de la ville sur ses campagnes, est elle-même en voie de disparition. L'organisme de développement régional, la CRYF, avec lequel nous avions toujours travaillé, était incorporé au sein de SINAMOS (Sistema nacional de apoyo a la movilización social) dépendant directement de la Présidence de la République. Celui-ci entendait définir une nouvelle politique d'aménagement régional dont les objectifs n'étaient pas toujours en accord avec ceux de l'Institut de Planification qui, par ailleurs, avait inclus la zone Sud-Est à l'intérieur d'une grande région Sud, groupant 7 départements, et commandée par Arequipa. Les principaux organismes administratifs enfin, avaient modifié, à la fois les limites de leur juridiction et la plupart de leurs objectifs. Ainsi notre étude apparaît souvent comme un ouvrage de références décrivant une situation qui est en train d'être profondément modifiée. C'est pour cela que nous avons cru bon par ailleurs de nous attarder sur certains aspects, de manière à conserver pour les Péruviens, la trace d'éléments qui appartiennent déjà au passé (ainsi pour les haciendas et les diverses usines créées à l'intérieur de ce système).

A ce contexte politique que nous avons voulu poser en premier lieu, s'incorporèrent d'autres éléments permettant d'étudier l'organisation régionale. Et tout d'abord des facteurs historiques. Le passé s'imposait avec une force que nous n'avions pas ressentie dans les villes péruviennes visitées auparavant : Huancayo, Huaraz et même Trujillo, la vieille métropole du Nord, ou Lima. La cité précolombienne apparaissait comme piétinée par les constructions espagnoles et pourtant encore orgueilleuse et énigmatique dans la forteresse de Sacsayhuamán. Que restait-il du souvenir de la capitale d'un Empire qui s'était étendu de la Colombie méridionale au Chili central ? Ne pouvait-on pas penser que les hommes y avaient gardé, plus que dans les autres régions péruviennes, les caractères sinon de la civilisation incaïque, du moins du métissage qui en était né ? Et cette importance du fait indien ne pouvait-elle pas être un premier facteur d'unité régionale, au moment où la civilisation industrielle proposait d'autres modèles et d'autres valeurs ?

Peu à peu la ville coloniale se révélait à nous : cité de prêtres et de moines aux nombreuses églises et couvents, ville de propriétaires terriens avec d'imposantes demeures, figurant autour de leur patio central autant d'alvéoles. Nous ressentions l'importance qu'elle avait dû conserver pour les Espagnols tout au long des trois siècles de la Colonie, et cette volonté de domination à la fois économique (grâce à la possession de la terre), religieuse, culturelle et politique qu'elle représentait.

---

1. Haciendas : grandes propriétés utilisant une main d'œuvre servile.

Nous percevions déjà, de multiples liens établis entre la ville et ses campagnes : ceux de la domination foncière des urbains, ceux de l'évangélisation, ceux de la surveillance et de l'encadrement politique et militaire, et puis, parachevant leur influence, les liens créés par le métissage physique et culturel imposé par les conquérants à la civilisation autochtone.

Cet héritage colonial apparaissait toujours très vivant à l'époque actuelle. Ainsi, les multiples administrations avec lesquelles nous établissions des contacts poursuivaient l'œuvre de domination et d'intégration de la bureaucratie espagnole. Si les couvents semblaient avoir perdu de leur importance, la ville restait une cité d'hacendados. Le marché de San Pedro conservait la grande animation qui était la sienne, quand il était la seule forme du commerce urbain. Les boutiques étaient certes très nombreuses, mais, installées au rez de chaussée des demeures coloniales, elles apportaient une note moderne encore limitée, bien qu'en position conquérante. Les moyens de transport modernes, à l'exception des autobus et taxis urbains semblaient rejetés à la périphérie de la ville. Celle-ci était surtout envahie par les piétons, et à deux pas de la place d'Armes, bien des patios accueillaient encore des lamas apportant les récoltes de l'hacienda.

Nos premiers contacts avec la région prolongèrent et accentuèrent cette impression que nous laissait le poids des facteurs historiques. Chaque agglomération semblait un Cuzco en miniature : même plan quadrillé, avec ses rues étroites et sa place d'Armes verdoyante, entourée comme à l'époque coloniale du Cabildo, des maisons des hacendados, et d'une église souvent imposante, où veillait le Christ des tremblements de terre vénéré dans la cathédrale de la capitale incaïque. La structure agraire était héritée de la Colonie avec l'opposition traditionnelle entre l'hacienda, la communauté indigène et le petite propriété des métis des bourgades. Sur les marchés, dans le costume, la langue, le mode de vie, c'était partout la même opposition entre la culture métis, cherchant à adopter les caractères de la civilisation urbaine des pays industrialisés, et la culture indigène. En dehors de la vallée du Vilcanota-Urubamba, axe privilégié pour l'établissement des relations entre le Cuzco et sa région, la vie semblait s'être arrêtée à la fin du XVIIIe siècle. Dans la plupart des villages de la puna, les liaisons modernes que permettent la distribution des produits fabriqués, les activités bancaires et de service, étaient pratiquement inexistantes et nous devions surtout y constater l'absence de relations ville-campagne.

En second lieu, l'espace géographique se révélait être d'une extrême diversité. Par suite, de la profonde dissection du relief, nous retrouvions sur de courtes distances, tous les étages écologiques des Andes du Sud : étage *quechua*(2) autour de 3 500 mètres, steppes de la *puna*(3) au-dessus de 3 900 mètres, enfin sur le versant amazonien, les cultures tropicales de la *ceja de montaña*(4) au-dessous de 2 500 mètres. Un immense territoire de *selva*(5) s'incorporait même à notre région, pour des raisons qui n'étaient pas seulement historiques. Cette variété des milieux naturels, constituait un des aspects les plus passionnants de notre étude et le long des petits ravins descendant des âpres steppes de la puna vers les terrasses cultivées et densément peuplées de la vallée du Vilcanota, comme sur le versant oriental de la Cordillère, des glaciers de la Verónica ou de l'Ausangate à l'univers de la selva, nous ne cessions de nous émerveiller de l'extrême rapidité de ces changements écologiques.

---

2. L'étage quechua est celui des "terres tempérées" entre 2 800 et 3 500 mètres.

3. La puna correspond à l'étage des "terres froides".

4. La ceja de montaña est l'étage des "terres chaudes" sur le versant amazonien.

5. La Selva : la forêt amazonienne.

A première vue, le milieu naturel ne semblait pas favoriser l'organisation régionale, non seulement par son hétérogénéité, mais aussi par les obstacles importants qu'il opposait à la diffusion des influences urbaines modernes, en raison du compartimentage du relief, des distances et des difficultés d'accès de bien des provinces. Et pourtant, cette diversité écologique a commandé un premier type d'organisation de l'espace, en permettant l'association de plusieurs milieux à l'intérieur des unités d'exploitations agraires, comme des circonscriptions administratives. Les finages des villages, des communautés indigènes, et plus encore des haciendas, associent généralement dans l'étage quechua deux ou trois terroirs, cependant que des échanges se sont organisés à l'échelle régionale entre les trois grands étages écologiques. Les divisions administratives de même regroupent plusieurs milieux, à l'échelle locale du district, comme à celle régionale de la province, la région Sud-Est prétendant par ailleurs associer les différents étages de la Sierra à la Selva.

C'est également dans des situations de contact, que les Espagnols ont créé les agglomérations. Celles-ci se sont insérées dans ce système d'organisation de l'espace, en devenant des marchés, des lieux de résidence pour les propriétaires terriens et des étapes ou des carrefours du commerce muletier. Cependant, plus que des intermédiaires indispensables, elles sont devenues des instruments de domination sur les campagnes et les populations autochtones. C'est là une des conséquences directes imposées par les nécessités de la Conquête dans une région très peuplée, qui avait constitué le cœur de l'Empire incaïque. Mais ce phénomène s'est accentué après l'Indépendance, période qui voit se renforcer l'accaparement des moyens de production et des pouvoirs politiques par les métis et la suprématie économique de la Côte péruvienne où sont situés les relais du système de domination extérieure. Situé au cœur de l'étage de quechua (3 400 m), proche également des punas et de la ceja de montaña, le Cuzco a été par ailleurs incorporé lors des diverses étapes historiques à des ensembles géographiques différents : un immense empire montagnard avant la Conquête, le Haut-Pérou minier pendant la Colonie, la Sierra de plus en plus marginalisée par la Côte au XIXe siècle. A l'époque actuelle, on prétend l'intégrer davantage à l'espace national péruvien, c'est-à-dire à un système économique qui, malgré certaines réformes tendant à remettre en question le colonialisme interne et externe, reste celui d'un pays dominé. Il devenait ainsi intéressant d'étudier d'une part, comment les agglomérations et en particulier le Cuzco, lors de chacune des étapes historiques, avaient pu organiser l'espace géographique, à l'échelle locale, comme régionale et nationale. En second lieu, il convenait de voir comment cette organisation de l'espace définie par le milieu naturel et l'histoire, était aujourd'hui remise en question, par les changements que prétendait imposer depuis une vingtaine d'années, une véritable agression du fait urbain.

Car, malgré le poids du passé, nous les découvrions partout ces éléments de changement, et en particulier le long de la vallée du Vilcanota : là une école ou un dispensaire au toit de tôle ondulée, ici un marché où le troc voisine avec des formes monétarisées, partout des boutiques, des camions surchargés de passagers et les véhicules peints de couleur vive des organismes de développement. Au Cuzco même, la rupture était importante avec la ville d'avant le tremblement de terre de 1950. A la vieille cité coloniale s'était juxtaposée une nouvelle agglomération groupant des quartiers résidentiels modernes pour les classes aisées et moyennes, et des lotissements souvent précaires et plus ou moins clandestins pour les pauvres, venus en grande partie des campagnes. Les fonctions de la ville de même, avaient complètement évolué et on prétendait faire aujourd'hui de ce qui n'avait été qu'un centre de domination, un pôle de développement pour des campagnes restées pauvres et isolées. C'est cette évolution du rôle de la ville que nous étudierons en essayant de voir comment elle remet en question une organisation régionale définie par les conditions du milieu naturel et les facteurs historiques.

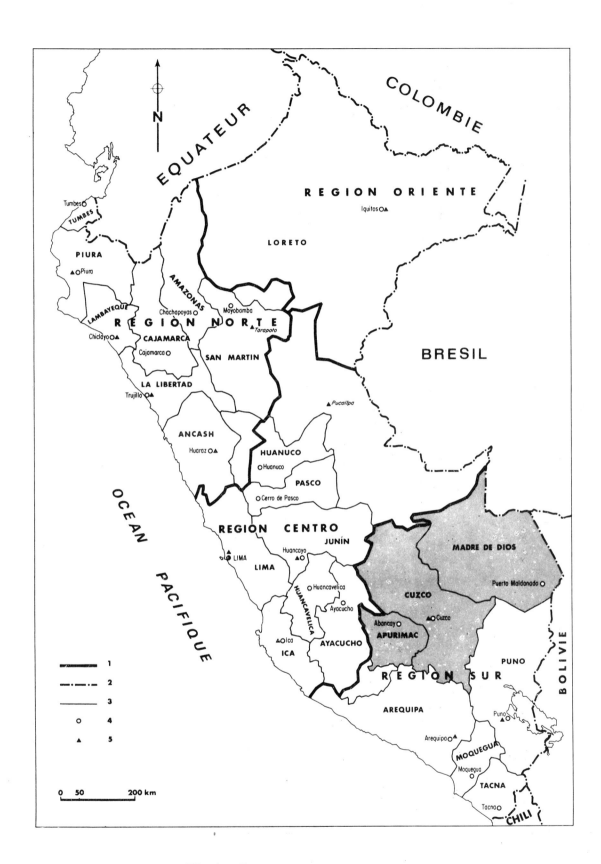

Fig. 1.— Localisation de la région Sud-Est

1. Limites régionales.— 2. Frontières.— 3. Limites départementales.— 4. Capitales départementales.— 5. Bureau régional.

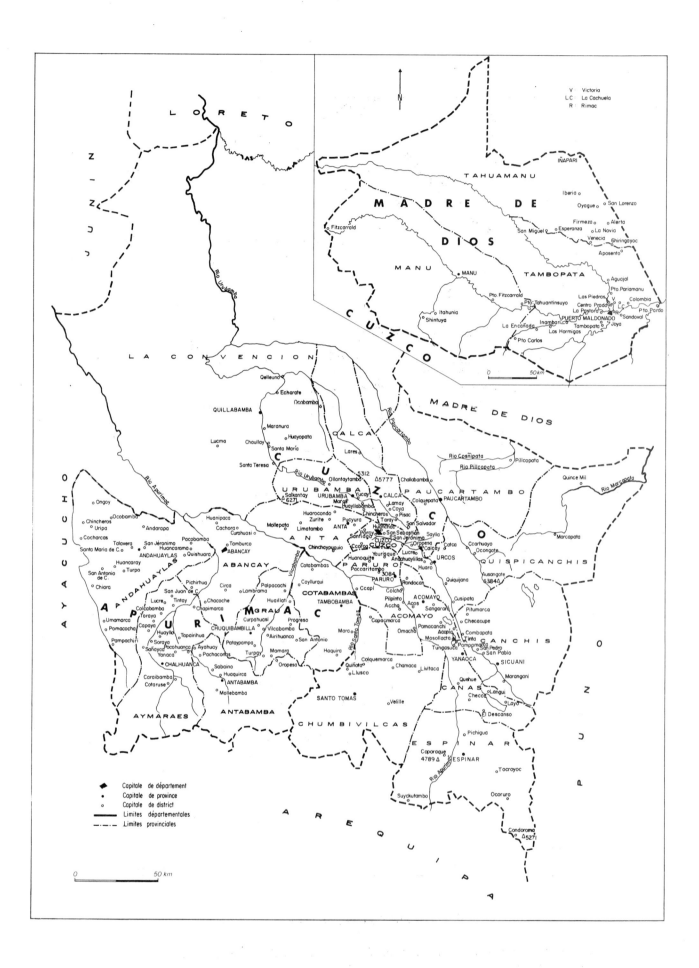

Fig. 2.— Les provinces de la région Sud-Est

TABLEAU N° 1 LES PROVINCES DE LA RÉGION SUD-EST

	Superficie km²(1)	Nombre de districts 1961	1972	Capitale de province (2)	Altitude de capitale (mètres) (1)
CUZCO					
Acomayo	934,15	6	7	Acomayo	3 360 m
Anta	1 858,14	7	8	Anta	3 435 m
Calca	3 147,67	6	7	Calca	2 926 m
Canas	1 604,30	8	8	Yanaoca	3 924 m
Canchis	4 178,28	8	8	Sicuani	3 574 m
Chumbivilcas	5 239,35	7	8	Santo Tomás	3 700 m
Cuzco	522,91	8	8	Cuzco	3 399 m
Espinar	4 418,32	6	7	Yauri	3 927 m
La Convención	36 973,95	6	7	Quillabamba	1 055 m
Paruro	1 929,22	7	9	Paruro	3 140 m
Paucartambo	6 447,66	4	5	Paucartambo	3 042 m
Quispicanchis	7 138,11	12	12	Urcos	3 170 m
Urubamba	1 832,83	7	7	Urubamba	2 879 m
TOTAL	76 224,89	92	101		
APURIMAC					
Abancay	3 160,77	8	9	Abancay	2 398 m
Andahuaylas	5 536,75	16	21	Andahuaylas	2 850 m
Antabamba	3 183,40	6	7	Antabamba	3 636 m
Aymaraës	4 232,53	13	16	Chalhuanca	2 897 m
Cotabambas	2 530,38	5	5	Tambobamba	3 275 m
Grau	2 010,73	10	11	Chuquibambilla	3 343 m
TOTAL	20 654,56	58	69		
MADRE DE DIOS					
Manu	24 377,23	3	3	Puerto Carbón	800 m
Tahuamanu	22 467,51	2	3	Iñapari	365 m
Tambopata	31 557,97	3	3	Puerto Maldonado	256 m
TOTAL	78 402,71	8	9		

1. Chiffres donnés par le recensement de 1961.
2. Les capitales de département sont encadrées.

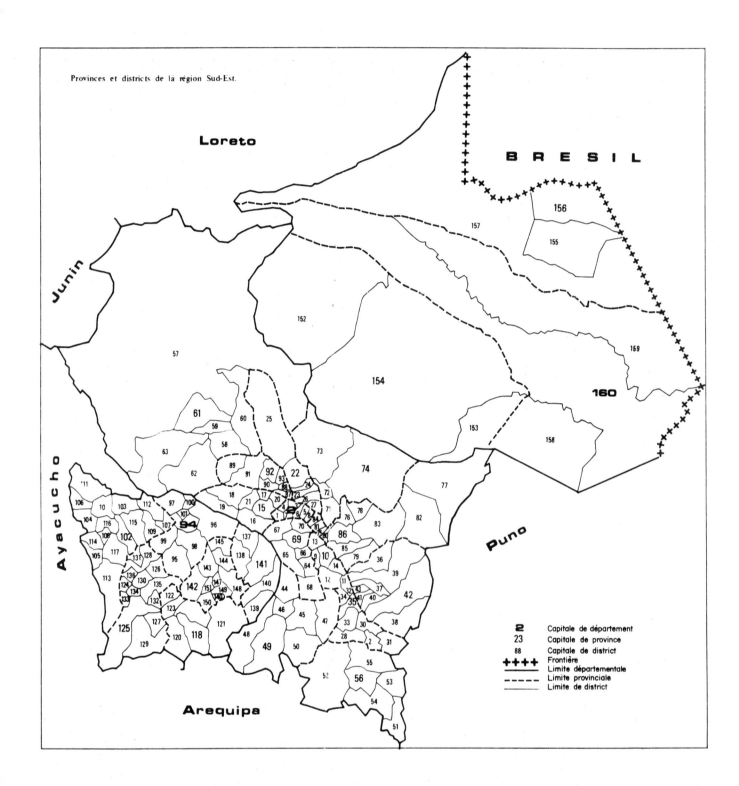

Provinces et districts de la région Sud-Est

PROVINCES ET DISTRICTS DE LA REGION SUD-EST

Département du Cuzco

Cuzco
1. Ccorcca
2. Cuzco
3. Huánchac
4. Poroy
5. San Jerónimo
6. Santiago
7. San Sebastián
8. Saylla

Acomayo
9. Accos
10. Acomayo
11. Acopía
12. Pomacanchis
13. Rondocan
14. Sangarará

Anta
15. Anta
16. Chinchaypuquio
17. Huarocondo
18. Limatambo
19. Mollepata
20. Puqyura
21. Zurite

Calca
22. Calca
23. Coya
24. Lamay
25. Lares
26. Pisaq
27. San Salvador

Canas
28. Checca
29. Condorquanqui
30. Langui
31. Layo
32. Pampamarca
33. Quehue
34. Tungasuca
35. Yanaoca

Canchis
36. Checacupe
37. Combapata
38. Maranganí
39. Pitumarca
40. San Pablo
41. San Pedro
42. Sicuani
43. Tinta

Chumbivilcas
44. Ccapacmarca
45. Chamaca
46. Colquemarca
47. Livitaca
48. Santo Tomás
48. Quiñota
49. Santo Tomás
50. Velille

Espinar
51. Condoroma
52. Coporaque
53. Hector Tejada
54. Ocoruro
55. Pichigua
56. Yauri

Convención (la)
57. Echarate
58. Huayopata
59. Maranura
60. Occobamba
61. Santa Ana
62. Santa Teresa
63. Vilcabamba

Paruro
64. Accha
65. Ccapi
66. Colcha
67. Huanoquite
68. Omacha
69. Paruro
70. Yaurisque

Paucartambo
71. Cay Cay
72. Challabamba
73. Colquepata
74. Paucartambo

Quispicanchis
75. Andahuaylillas
76. Ccattcca
77. Camanti
78. Carhuayo
79. Cusipata
80. Huaro
81. Lucre
82. Marcapata
83. Ocongate
84. Oropesa
85. Quiquijana
86. Urcos

Urubamba
87. Chincheros
88. Huayllabamba
89. Macchu Picchu
90. Maras
91. Ollantaytambo
92. Urubamba
93. Yucay

Département d'Apurímac

Abancay
94. Abancay
95. Circa
96. Curahuasi
97. Huanipaca
98. Lambrama
99. Pichirhua
100. San Pedro de Cachora
101. Tamburco

Andahuaylas
102. Andahuaylas
103. Andarapa
104. Cocharcas
105. Chiara
106. Chincheros
107. Huancarama
108. Huancaray
109. Kishuara
110. Ocobamba
111. Ongoy
112. Pacobamba
113. Pampachiri
114. San Antonio de Cachi
115. San Jerónimo
116. Talavera
117. Turpo

Antabamba
118. Antabamba
119. Huaquirca
120. Mollebamba
121. Oropesa
123. Sabaino

Aymaraës
124. Capaya
125. Chalhuanca
126. Chapimarca
127. Caraybamba
128. Colcabamba
129. Cotaruse
130. Huayllo
131. Lucre
132. Pocohuanca
133. Sanayca
134. Soraya
135. Tapairihua
136. Toraya

Cotabambas
137. Cotabambas
138. Coyllurqui
139. Haquira
140. Mara
141. Tambobamba

Graú
142. Chuquibambilla
143. Curpahuasi
144. Huayllati
145. Gamarra
146. Mamara
147. Micaela Bastidas
148. Progreso
149. San Antonio
150. Turpay
151. Vilcabamba

Département de Madre de Dios

Manú
152. Fitzcarrald
153. Madre de Dios
154. Manú

Tahuamanu
155. Iberia
156. Iñapari
157. Tahuamanu

Tambopata
158. Inambari
159. Las Piedras
160. Tambopata

Note : Les districts capitales de province sont soulignés.

PREMIERE PARTIE
LA VILLE ET LA REGION

CHAPITRE I
LA VILLE DU CUZCO

On lit avec une particulière netteté dans le paysage urbain du Cuzco, l'évolution des fonctions de la ville et des relations qu'elle entretient avec sa région, évolution qui n'est que le reflet de celle qui s'est produite récemment dans les systèmes de domination interne et externe. Cette évidence est peut-être due à la taille encore moyenne à l'échelle péruvienne, et petite à l'échelle américaine, d'une agglomération qui comptait 120.881 habitants en 1972. Elle doit beaucoup, également, au fait que les changements intervenus pendant ces vingt dernières années, ont été considérablement plus importants et plus rapides que ceux qu'avait connus la ville depuis sa reconstruction à l'époque coloniale. Mais il faut voir là, surtout, une conséquence des structures imposées par l'histoire, tant sur le plan social et économique que sur le plan urbain ; celles-ci étaient si fortes et si fermées qu'elles n'ont pu évoluer et et que, par exemple, dans le paysage urbain, les nouveaux quartiers ont été obligés de se juxtaposer aux anciens. Ce phénomène a reçu l'appui indirect des autorités qui, afin de développer le tourisme, ont cherché à préserver les caractères de la vieille ville. Dans les autres agglomérations péruviennes, la distinction existe, certes, entre le centre historique et la périphérie, mais elle n'est pas aussi nette ; ainsi à Arequipa et Trujillo qui ont grandi de manière plus progressive que le Cuzco depuis la fin de l'époque coloniale et ont, depuis plus longtemps, des fonctions commerciales et industrielles modernes ; ainsi, à Huancayo, où la croissance actuelle très rapide tend à superposer les nouvelles contructions aux anciennes, en effaçant la personnalité d'un centre qui n'a jamais eu le poids historique de celui de l'ancienne capitale des Incas.

Au Cuzco, on a de plus en plus deux villes : la ville coloniale symbole du système de domination interne et la ville moderne qui s'est développée après le tremblement de terre de 1950 et reflète l'intégration croissante de la région à l'économie nationale capitaliste. A l'Ouest, au pied des collines de Sacsayhuamán et de Santa Ana, le Cuzco colonial a le plan en damier imposé par les conquérants espagnols. Les imposantes maisons d'hacendados, les églises et les couvents, ordonnés autour de leur patio central y dessinent autant d'alvéoles ou de caissons (planche n° I). Tous symbolisent le système de domination interne essentiellement administratif (en particulier religieux) et foncier, exercé par les habitants de la ville sur les campagnes voisines. Cette domination faisait peser sur l'espace urbain un contrôle à la fois des terrains bâtis et à bâtir qui freinait l'expansion urbaine. Les hacendados, en effet, multipliaient les possibilités de location dans leur maison urbaine, entassant les gens de manière précaire, en particulier dans les patios secondaires et les jardins, et bloquant la croissance vers la vallée où ils avaient leur terrains de culture. Les autres activités étaient peu développées jusqu'à une époque récente, avec des commerces rares et peu diversifiés en dehors du traditionnel marché, et une fonction industrielle très réduite.

Les relations entre la ville et sa région étaient beaucoup plus linéaires ou ponctuelles que spatiales. Elles unissaient, essentiellement, chaque maison ou couvent de la ville à son (ou ses) grand domaine dans la campagne. Elles étaient, par ailleurs, presque à sens unique puisqu'elles drainaient vers la ville les produits et, occasionnellement, une partie de la main d'œuvre des haciendas, et distribuaient très peu de choses vers ces dernières. Les migrations étaient très limitées et contrôlées. Quant aux liaisons avec le reste de l'espace péruvien, après avoir connu plusieurs vicissitudes historiques que nous évoquerons dans le chapitre III, elles subissaient, avant 1950, le poids de l'isolement du Cuzco à l'intérieur de la Sierra, du mauvais état et de la lenteur des moyens de communication, du retard d'une économie soumise à des modes de production pré-capitalistes. La ville et l'ensemble de la région dominée par elle, apparaissaient ainsi encore mal intégrées à l'espace national et à l'économie capitaliste.

La structure de la partie orientale de la ville est ouverte et on pourrait dire "éclatée". Elle juxtapose des faubourgs populaires qui ont envahi les collines périphériques sans plan apparent, à des lotissements plus organisés s'adaptant au dessin linéaire de la vallée du Huatanay et au tracé Est-Ouest des voies de communication (routes et voie ferrée). Ces dernières ont considérablement accru les échanges avec la région et avec le reste du pays, Arequipa et Lima surtout, favorisant une meilleure intégration de notre ville. Cette intégration se manifeste, également, par le développement d'activités plus spécifiquement capitalistes (commerce, industrie, tourisme) qui, à une époque où le système de domination interne exercé par les hacendados est remis en question, font entrer le Cuzco et sa région dans la chaine de domination établie par les pays industrialisés et en particulier par l'impérialisme américain. la dynamique récente du paysage urbain du Cuzco répond donc à celle qui s'est exercée dans les rapports de domination, affaiblissant le système de domination interne et favorisant au contraire la pénétration du processus de domination extérieure.

I. - LES AVANTAGES DU SITE ET DE LA LOCALISATION.

C'est dans la dépression tectonique qui constitue la tête de vallée du Huatanay, à 3 399 m d'altitude, que la ville est située. Les petites rivières qui confluent pour donner ce court affluent du Vilcanota, dessinent au pied de l'amphithéâtre de collines où elles naissent, un éventail qui a guidé le plan de la ville. Les branches principales en sont le Tullumayo (ou Choquechaka) et le Saphy, tous deux venus de la colline de Sacsayhuamán, et le Chunchulmayo, descendu des hauteurs de Picchu et de Puquín. Ces trois rivières, dont le cours est aujourd'hui canalisé et souterrain, confluent au niveau de l'actuelle place Orellana pour donner le Huatanay. Une centaine de mètres en aval, celui-ci reçoit, sur sa rive droite, le Huancaro, lui-même grossi d'un petit affluent qui s'encaisse au sud du cimetière et de l'avenue Antonio Lorena. Le débit de tous ces cours d'eau est modeste et la pente dans la traversée de la ville en est faible. Pourtant, au sortir des collines, ils sont très encaissés. Le Chunchulmayo, en particulier, s'inscrit d'une dizaine de mètres dans la topographie et il a freiné, jusqu'au début du siècle, le développement urbain vers le Sud.

La vigueur de ces quebradas découpant, par exemple, les collines de Santa Ana et de Sacsayhuamán, les abrupts qui dominent la ville au Nord et à l'Ouest, tout semble témoigner en faveur de failles et de mouvements tectoniques ; de même, l'abondance des dépôts volcaniques tertiaires, la présence de nombreuses sources thermales dans la région et la fréquence des secousses sismiques. La dépression est ainsi en grande partie, un bassin d'effondrement envahi postérieurement par un lac. Les cours d'eau ont découpé les alluvions lacustres en terrasses dont les formes trapézoïdales, légèrement inclinées vers la dépression, sont particulièrement nettes au Sud, depuis Puquín jusqu'à l'actuel aéroport- après les avoir souvent coiffées de cônes de déjection (en particulier le Huancaro). Le cours du Huatanay a été dernièrement déplacé par l'homme au pied des collines méridionales. Il laisse sur sa rive gauche de belles terrasses alluviales, jadis terrains privilégiés pour les cultures, aujourd'hui très recherchés par les sociétés immobilières. La vallée est fermée à l'Est, à une dizaine de kilomètres en aval, par la pente du cône de déjection de San Jerónimo, au-dessus duquel se profile, à l'horizon, la belle silhouette enneigée de l'Ausangate (6 384 m).

On a donc un site favorable à la fois à l'établissement d'une ville et aux activités agricoles, puisque les terrains plats, l'eau, les sols fertiles et meubles ne manquent pas. Cependant, le tracé des rivières a pu gêner les constructions et la ville s'est développée en les utilisant tour à tour comme limites naturelles. Les collines périphériques -dominées par les sommets du Senqa, du Picol, du Pachatusan et du Huanacauri- hautes d'une centaine de mètres, sont relativement accessibles bien qu'elles imposent aux voies de communication modernes, en particulier au chemin de fer de Santa Ana, de nombreux lacets.

La première agglomération a été créée très près des escarpements du Nord et de l'Ouest, dans le triangle formé par le Tullumayo et le Saphy. Il y a là sûrement des causes stratégiques à évoquer, les rivières, et plus encore la colline de Sacsayhuamán sur laquelle les Incas édifiaient une forteresse, représentant des défenses naturelles. On peut y voir également une raison climatique, la ville pouvant bénéficier d'un ensoleillement maximum en s'ouvrant vers l'Est et le Sud-Est. Cette observation prend toute sa valeur lorsque l'on sait l'importance accordée par les Incas au culte solaire. L'agglomération laissait les terrains les plus plats aux cultures, entre le Saphy et le Chunchulmayo et plus encore dans la vallée du Huatanay. Le site primitif était sûrement accidenté et surtout sur le flanc de la colline de Sacsayhuamán. Mais les Incas ont pu y appliquer leur conception de l'urbanisme selon des plans successifs en terrasses, conception particulièrement élégante, même si à l'heure actuelle, elle gêne la circulation moderne dans les quartiers de San Cristóbal, Colcampata, San Blás. Il faut d'ailleurs reconnaître que ce sont les architectes espagnols qui ont multiplié les difficultés, en ne tenant pas compte des terrasses et en traçant des rues droites à escaliers, grimpant directement à l'assaut de l'escarpement (*Cf.* les rues Suecia, Resbalosa, "Cuesta de San Blás").

A l'époque incaïque, comme à la fin de la Colonie, la ville, en particulier au Sud, n'occupait pas encore toute la dépression. Celle-ci ne pouvait d'ailleurs abriter commodément qu'une cité modeste puisque sa superficie atteint au maximum 200 ha, en englobant la partie entre le Chunchulmayo et les collines du sud. Pendant l'époque coloniale, et même dès l'époque incaïque, pour ne pas empiéter sur les terres de cultures de la vallée du Huatanay, on préféra souvent construire sur le bas des collines de San Blás, San Cristóbal et Santa Ana. Par contre, aujourd'hui, et surtout après 1950, la ville a pu bénéficier pour son expansion, des terrasses de la basse vallée. Celle-ci s'étend sur 10 km jusqu'à San Jerónimo et sa largeur varie de 600 m à 3 km, ce qui permet un bon développement urbain.

Quant à la situation de l'ancienne capitale incaïque, elle est également remarquable. L'altitude de 3399 m la place au cœur de l'étage quechua, tempéré. Elle est au centre d'une mosaïque de terroirs très variés qu'elle peut contrôler facilement, ni la distance, ni le relief, n'étant dans cette zone peu disséquée, des obstacles ; au Nord-Ouest, c'est la plaine d'Anta et le plateau de Maras-Chincheros, régions au climat sensiblement plus froid et moins abritées, convenant bien aux tubercules, aux céréales européennes et à l'élevage ; au Nord, la vallée de Pisaq-Yucay-Urubamba offre ses fertiles terrasses pour le maïs et son climat plus chaud, favorable en particulier aux arbres fruitiers ; au Sud enfin, des punas la séparent de la vallée de Yaurisque, avec des bosquets certainement plus étendus qu'à l'époque actuelle et des pâturages pour les lamas. Toutes sont situées à moins de 50 km, c'est-à-dire, pour les Incas, à un jour de marche de la ville.

Dans un rayon plus ample (150 à 200 km), le Cuzco est à la fois proche des "punas" froides du Sud et de l'Est, et des terres chaudes de la ceja de montaña. La dépression du Huatanay, en s'articulant sur celle du Vilcanota-Urubamba, permet un accès facile aux unes comme aux autres. Il est possible que le groupe de collines qui sépare le bassin du Huatanay de celui d'Andahuaylillas et la gorge qu'emprunte la rivière, aient joué un rôle déterminant dans le choix de notre dépression, pour fonder la capitale de l'Empire. Elles offrent, en effet, une défense contre les Collas de l'Est dont les Incas, qui en étaient issus, avaient de bonnes raisons de connaître et de redouter la puissance. Les murailles de Rumicolca et la ville proche de Pikillaqta, semblent avoir répondu précisément à ce souci de se protéger à l'Est, alors que Sacsayhuamán et Puka Pukara gardent le Nord et l'Ouest, et que l'on a moins à craindre de possibles envahisseurs du Sud, certainement peu peuplé (et pourtant, si l'on en croit la légende, c'est de là que sont venus, avec les frères Ayar, des Collas refoulés par d'autres invasions, qui se substitueront aux premiers descendants de Manco Capac). Il y avait, dans la région, d'autres sites favorables à une ville et l'on y rencontre, d'ailleurs, des restes préincaïques (Huari surtout) et incaïques qui témoignent en faveur de leur occupation. Ainsi la butte d'Anta, les petits bassins du Vilcanota vers Urcos, et plus encore la "Vallée sacrée des Incas". Mais le premier site était moins abrité, et dominait une plaine marécageuse ; les autres bassins étaient plus étroits que celui du Huatanay et n'offraient pas de système de défense aussi efficace ; c'est cette dernière raison qu'il faut également invoquer pour la région du Yucay-Urubamba. Elle était à la fois moins protégée, malgré la forteresse d'Ollantaytambo, et plus éloignée des punas si nécessaires à l'économie incaïque. Elle resta cependant très associée au Cuzco, et les Incas y possédèrent leurs résidences et leurs terroirs les plus riches.

II. - L'EVOLUTION HISTORIQUE

A. Les premières fondations. La présence de l'homme dans la vallée du Cuzco est très ancienne et on y rencontre des traces de plusieurs cultures successives. Les plus antiques, découvertes par l'archéologue américain John Rowe (1), sont celles de Chanapata et Marcavalle et remonteraient à environ 1000 ou 800 ans av. J.C. (2). Au début de notre ère, se développa une culture apparemment plus pauvre quoique mal connue, que Chávez Ballón (3) a appelé Waru. Vers 900 av. J.C., d'importants témoins de la culture Huari (Huari III) montrent le rayonnement de ce centre proche d'Ayacucho et influencé par

---

1. John ROWE. Absolute chronology in the andean area. American Antiquity. vol. X, n° 31945, p. 265-84.
ID. An introduction to the archeology. Papers of the Peabody of american archeology and etnology. Harvard University. VOL XXIVV, n°2, Cambridge, 1944.

2. Chanapata tire son nom d'un site de la colline de Santa Ana et sa céramique à incisions, noire ou rouge, présente quelques influences chavinoïdes. Marcavalle a été repérée dans la partie orientale de la vallée et, est peut-être, selon Luis BARREDA MURILLO (travaux archéologiques en cours), antérieure.

3. CHAVEZ BALLON. Travaux archéologiques en cours.

la civilisation de Tiahuanaco. On en trouve des traces aussi bien à l'Est que dans le Centre incaïque. Les restes Huari les plus importants sont cependant ceux de Pikillaqta (près d'Urcos) et de San Pedro de Cacha (près de Sicuani) qui sont ceux de véritables villes. Luis Lumbreras (4) nous dit en effet "qu'un des changements les plus notables (de cette période) fut celui des types de peuplement qui, de villageois devinrent urbains, et de religieux, civils". Lui succèdent des céramiques Killque ou Inca Provincial (XIe, XIIe, XIIIe, XIVe siècles) qui sont celles des premiers Incas et qu'on oppose au style Inca Impérial du XVe siècle.

On ne connaît à peu près rien de la première fondation réalisée par les tribus plus ou moins légendaires qui se seraient succédées dans la tête de vallée du Huatanay (les Sanaseras, les Huayllas, les Antasayacs) et dont les dernières ont été soumises par les Incas (les Lares, les Alcahuisas, les Poques, les Omas, les Sahuaras). On ne sait même pas s'il s'agissait d'une ville ou d'un village, ou même de plusieurs hameaux correspondant à un habitat dispersé.

La deuxième fondation du Cuzco, par les Incas, est placée sous le signe de deux belles légendes celle de Manco Capac et son épouse-sœur Mama Ocllo, venus du Lac Titicaca sur les ordres de leur père le Soleil et celle des quatre frères Ayar, sortis des grottes du Tampu Ttocco, près de l'actuel village de Pacarrectambo (Paruro) (5). Tous ces héros sont des Collas, de langue aymara, originaires de l'altiplano péruano-bolivien qui ont conquis des populations dont ils ont adopté la langue : le quechua. Dans les deux légendes, il est fait référence à une lagune occupant l'emplacement actuel de la ville, ce qui, nous l'avons vu, peut être prouvé géologiquement. La date de cette fondation du Cuzco par les Incas est l'objet de controverses. Pour certains historiens (Rowe, Von Hagen, qui suivent Cieza de León) (6), elle ne remonterait pas au-delà du XIe siècle et peut-être même du XIIe siècle.

B. La ville incaïque. Du Cuzco de Manco Capac, ne subsisteraient aujourd'hui que les restes du palais de Colcampata, dont les terrasses et les *ornacinas*(7) dominent la place de San Cristóbal. Le premier Inca aurait également été le fondateur du temple du Soleil où il résidait ; il aurait enfin établi la division de la ville en quatre parties. La cité que découvrirent et prirent les Espagnols le 15 novembre 1533, n'était édifiée que depuis moins d'un siècle, sous le règne du neuvième Inca, Pachacutec (1438-1471 environ) et sous celui de son fils Tupac-Inca Yupanqui (1471-1493) auquel on doit en particulier la forteresse de Sacsayhuamán. Elle venait, d'ailleurs, d'être en partie détruite par la guerre civile, opposant les deux fils de Huayna Capac, Atahuallpa et Huáscar.

On en connaît la splendeur et la richesse par les descriptions des premiers conquérants et surtout des chroniqueurs du XVIe siècle. A partir de leurs récits et des fouilles archéologiques réalisées surtout après le tremblement de terre de 1950, l'archéologue cuzquénien, Manuel Chávez Ballón, a pu essayer de reconstituer la ville incaïque de 1533 (8). Elle était formée d'un noyau central et d'un groupe

---

4. Luis LUMBRERAS. De los pueblos, las culturas y los artes del antiguo Perú. Lima, Francisco Moncloa S.A., 1969.

5. Voir à ce sujet : Horacio URTEAGA. Las tres fundaciones del Cuzco. Lima, 1933. La seconde légende serait peut-être postérieure à la première et interviendrait au moment où la dynastie fondée par Manco Capac serait menacée par les envahisseurs Collas venus du Sud.

6. CIEZA DE LEON. La crónica del Perú (1550). Buenos Aires, 1945.

7. Ornacinas : niches murales souvent de forme trapézoïdale.

8. CHAVEZ BALLON Manuel : "Cuzco, capital del Imperio" - Wayka n° 3 - Cuzco - 1970.

de 12 faubourgs périphériques. La partie centrale s'étendait dans l'espace compris entre la colline de Sacsayhuaman qu'elle englobait au Nord, le Tullumayo au Nord-Est, et le Saphy, au Sud-Ouest et au Sud, se terminant au point de confluence de ces deux rivières. Sa superficie était de 70 ha environ, Chávez Ballón calculant une longueur totale de 2000 m et une largeur variant entre 400 et 600 m. Sa forme était celle d'un triangle et on y voit traditionnellement le dessin d'un puma-animal totem ? - "comme le suggèrent les noms de Sacsauna (ou tête en relief), pour la colline, et de Pumacchupan (ou queue de puma), pour la confluence des rivières" (9). Seules deux places appartenant au centre de la ville dépassaient les limites formées par les cours d'eau : celle de Rimacpampa (appelée aujourd'hui "Limacpampa grande"), à l'Est du Tullumayo, et la vaste Cusipata qui prolongeait, au Sud-Ouest du Saphy, la grande place de Huacaypata, atteignant l'actuelle place San Francisco. La Huacaypata était -et est toujours sous le nom espagnol de *Plaza de Armas*- la principale et Chávez Ballón y situe le centre de l'agglomération, exactement dans l'angle Sud au croisement des quatres principaux chemins qui menaient aux grandes parties du Tahuantinsuyu. Certains chroniqueurs, cependant, font de chacun des deux principaux temples, le Temple du Soleil et celui de Viracocha (aujourd'hui la cathédrale), le centre principal de la ville.

Selon Garcilaso de la Vega, "la ville du Cuzco contenait la description de tout l'Empire comme dans un miroir ou dans une peinture cosmographique" (10). Chávez Ballón suppose qu'elle "représentait la conception du monde, l'organisation sociale et la culture des Incas" (11). Comme toutes les unités territoriales de l'Empire, le Cuzco était divisé simultanément en deux et quatre parties fondamentales. D'une part, on distingue, le Hanan Cuzco ou partie haute, orientée vers le Nord-Ouest, et le Urin Cuzco ou partie basse, orientée vers le Sud-Est ; la limite entre les deux était constituée par le côté oriental de la Huacaypata, c'est-à-dire par le chemin qui conduisait à l'Antisuyu, le Nord-Est (côté aujourd'hui matérialisé par les rue Triunfo et Hatunrumiyoc).

A cette bipartition de la ville, se superpose d'autre part une division en quatre parties rappelant celle du Tahuantinsuyu, l'Empire des quatre "sillons". Pour Chávez Ballón, cette division ne se fait pas exactement en fonction des quatre points cardinaux mais plutôt en direction du Nord-Est (Antisuyu) du Sud-Est (Collasuyu), du Sud-Ouest (Cuntisuyu) et du Nord-Ouest (Chinchaysuyu). Cette démarcation est très importante car c'est en fonction d'elle que se répartissent les douze faubourgs périphériques de la ville (trois dans chaque partie) et que s'orientent également les chemins qui relient la capitale au reste de l'Empire.

L'identification des quartiers incaïques est relativement facile, à cause des restes archéologiques (céramique en particulier) et aussi parce que les Espagnols, dans un souci d'intégration religieuse des populations indigènes qu'ils y maintenaient, ont édifié sur les principaux d'entr'eux une église. Séparés du noyau central par des terrasses et des espaces verts, ils étaient desservis chacun par trois chemins partant théoriquement de l'angle sud de l'actuelle place d'Armes. On a, ainsi, 36 chemins, divisant l'espace en un système de rayons et de faisceaux, structure proche de la division en *ceques* dont parle le Père Bernabé Cobo (12) et qui a été étudiée récemment par l'historien hollandais, Tom Zuidema (13).

---

9. CHAVEZ BALLON Manuel : "Cuzco, capital del Imperio" - Wayka n° 3 - Cuzco - 1970.
10. GARCILASO DE LA VEGA. Obras completas. Biblioteca de autores españoles. Madrid. 1960. 2 volumes.
11. CHAVEZ BALLON ; op. cit.
12. BERNABE COBO : Historia del Nuevo Mundo (1653). Biblioteca de autores españoles. A XCI - XCII - Madrid 1956.
13. TOM ZUIDEMA : The ceque system in the social organization of Cuzco. Leyden 1962.

Ce système qui constitue notre troisième principe d'organisation de l'espace urbain serait à mettre en rapport avec la structure de la société incaïque. Il nous intéresse géographiquement parce que, en premier lieu, aussi imaginaire soit-il, il se matérialise par des chemins dont l'importance était primordiale dans l'Empire, et parce que, en second lieu, il n'est pas seulement urbain mais associe, dans un rayon qu'il est difficile de préciser, la ville et son "plat-pays" immédiat. On aurait ainsi, non plus seulement un centre urbain, mais peut-être toute une région urbaine. Uriel García (14) semble considérer que la véritable capitale de l'Empire était constituée par la vallée de Yucay, le plateau de Chincheros et la tête de vallée du Huatanay, ensemble dont le Cuzco actuel ne constituait que le principal centre monumental. Sans aller aussi loin, d'autres auteurs (15) citent une vingtaine de faubourgs peuplés de *yanaconas* et de *mitimaes* (16), séparés par des champs cultivés, et s'étendant au-delà de la ceinture des douze quartiers précédemment cités, jusqu'à San Sebastián et San Jerónimo dont les restes archéologiques correspondraient aux quartiers respectifs de Saño et Larapa. Les trois faubourgs de l'Antisuyu étaient Cantupata, aujourd'hui Choquechaka (ou Sapantiana), Tococachi ou San Blás, Munaysenca ou Recoleta ; dans le Collasuyu, nous avons Rimacpampa ou Limacpampa, Pumacchupan (l'actuelle place Orellana), et Cayaocachi formé à la fois de Belén et de Ccoripata ; dans le Cuntisuyu, Chaquilchaka ou Santiago, Picchu qui a conservé le même nom, et Quillapata, partie occidentale du précédent ; enfin, dans le Chinchaysuyu, nous trouvons Carmencca ou Santa Ana, Huacapuncu ou Saphy et enfin Colcampata ou San Cristóbal (figure n° 3).

Le triangle central du Cuzco était exclusivement constitué par les palais et les temples, monuments souvent symboliquement liés, puisque l'Inca était descendant du Soleil et objet d'un culte. Chacun d'eux formait une "*cancha*" délimitée par de hauts murs de pierres taillées et groupant, outre les salles destinées au culte et à la résidence des prêtres ou des empereurs, des ateliers d'artisans, des logements pour les serviteurs, des terrasses cultivées ("andenes"), des places pour les fêtes publiques. Chávez Ballón, grâce aux bases incaïques des actuelles constructions, a identifié 27 *manzanas* coloniales ou îlots de maisons dans le Haut-Cuzco et 22 dans le Bas-Cuzco, correspondant à des canchas incaïques (17).

Parmi les principaux monuments, on peut citer, sur la place centrale, la Huacaypata : le temple de Viracocha sur lequel a été édifiée la cathédrale avec devant lui l'Usnu, la pyramide cérémoniale, et à côté le Sunturhuasi, seul édifice strictement politique -sorte de Conseil royal- aujourd'hui, église du Triumpho. A proximité étaient l'Acllahuasi, la maison des femmes vouées au culte du Soleil (actuel couvent de Santa Catalina) et plus à l'Est le Temple du Soleil associé à ceux de la lune, des étoiles, de l'éclair, de l'arc-en-ciel (aujourd'hui couvent de Santo Domingo) et le Temple de la Terre (la Pachamama) à l'emplacement du Parc Orellana (18).

L'ensemble devait paraître très massif bien que probablement peu élevé. Les rues séparant les "canchas" étaient très étroites, véritables rayures dans la pierre comme le suggère leur nom quechua (K'ijllu ou Qicllo) ; ainsi l'actuelle Loreto entre l'Acllahuasi et l'Amaru-cancha (aujourd'hui église de la

---

14. Uriel GARCIA. Sumas para la historia del Cuzco. Cuadernos americanos, Méjico mayo-junio 1969.

15. Voir en particulier Alejandro CONTRERAS SANCHEZ. La vivienda popular en la ciudad del Cuzco. Tesis de bachiller en ciencias económicas, 1963.

16. Yanaconas : hommes détachés de leurs ayllus, au service personnel d'un Inca ou d'un curaca ; Mitimaes : colons transplantés avec leurs familles, pour former des garnisons ou cultiver le maïs, etc... (Ces définitions sont données par Nathan WACHTEL. La vision des vaincus ; Paris. Gallimard. 1971).

17. CHAVEZ BALLON, op. cit. ; Cet auteur précise que le nombre total de canchas était certainement supérieur à 49 car les manzanas coloniales sont souvent plus grandes.

18. Pour l'identification des palais incaïques voir l'article de M. CHAVEZ BALLON op. cit.

Compañía). Il y avait peu de places, en dehors de l'immense Hucaypata, et quelques jardins dont certains botaniques (dans l'actuelle rue Tecsecocha et sur la place Orellana) et zoologiques (dans Pumacurcu). Enfin, n'oublions pas que la forteresse de Sacsayhuamán, avec ses trois hautes tours dont une circulaire, son système de terrasses dominant le Cuzco, ses enceintes cyclopéennes surplombant au nord l'immense esplanade de Chuquipampa, faisait partie du noyau central.

Dans les faubourgs périphériques, on trouve peu de restes de constructions architecturales, mises à part des terrasses et souvent des *colqas*, édifices de pierre circulaires qui servaient de dépôts. L'habitat semble en avoir été sommaire, fait d'adobes, et les constructions coloniales ont aidé à sa disparition. Ces quartiers étaient peuplés par des gens de condition modeste, populations locales soumises par les Incas, ou mitimaes, colons déplacés de toutes les régions de l'Empire. On y a trouvé beaucoup de restes de céramique, d'objets de bois, et des outils qui montrent que leur rôle dans l'artisanat était important, en particulier à San Blás et a Belén.

Les historiens ne sont pas d'accord sur le chiffre de population de la ville. D'après Rosenbat (19), la plupart des chroniqueurs l'estiment à 200 000 habitants, chiffre que cet auteur ne discute pas. Von Hagen (19) parle de 100 000 habitants. Aujourd'hui, la plupart des historiens et des archéologues s'accordent pour penser que la capitale incaïque était moins peuplée que la ville actuelle et devait abriter de 50 000 à 80 000 habitants. Tous soulignent le caractère très cosmopolite de la population, en particulier dans les faubourgs périphériques. Chaque tribu avait ainsi son secteur dans la partie du Cuzco correspondant au *suyu* de l'Empire où elle était située ; elle y avait sa *huaca* (son sanctuaire), et son *curaca* (son chef), y avait une résidence.

C. La ville coloniale. La ville de Cuzco apparaît aujourd'hui, à première vue, beaucoup plus espagnole qu'incaïque ; avec ses toits de tuiles, ses places entourées d'arcades et ses églises baroques, elle ressemble aux villes de l'Espagne et de l'Italie méditerranéennes. Sa nouvelle fondation fut décidée par Francisco Pizarro le 23 mars 1534, un an après sa conquête par les Espagnols, et la répartition des *solares* (20) montre qu'elle se fit exactement sur l'ancienne ville incaïque qu'on démantela. Seules les bases des murs furent conservés et servirent de fondation aux édifices espagnols. D'où ces maisons à l'architecture métis qui rappellent seulement au niveau du sol le souvenir des Incas asservis par les conquérants. A un mètre ou parfois plus, au-dessus du pavé de la rue, on suit le plan incliné du mur incaïque, rangées de pierres taillées assemblées sans ciment et de plus en plus petites vers le sommet, ou juxtaposition de blocs aux contours polygonaux plus ou moins réguliers. Au-dessus, s'élève la construction espagnole faite d'adobes, beaucoup plus rarement de pierres ou de *quincha* (21) ; l'ensemble offre un net contraste entre l'austérité robuste et grisâtre du mur incaïque et la fragilité de l'édifice espagnol, crépi de blanc ou de couleur pastel, orné de hautes fenêtres aux barreaux de bois et de balcons élégamment sculptés. De ci de là, quelques portails précolombiens, décorés de serpents ou de pumas, ont été également conservés.

A cause des constructions incaïques, du dessin en paume de la main de la dépression et des éperons de collines qui accidentent toute la périphérie, les Espagnols ne purent adapter complètement leur plan classique en damier. Les rivières pouvant être utilisées comme des limites naturelles, le centre de la cité adopta la forme du triangle primitif. Si les rues s'y croisent à angle droit, en général, les

---

19. A. ROSENBLAT. La población y el mestizaje en América. Buenos Aires. 1954. 2 vol.

20. Acta de la fundación del Cuzco. 23 de marzo de 1534 ; Cité par Raúl PORRAS BARRENECHEA. Antología del Cuzco. Lima. 1961 ; p. 77-85.

21. Quincha : matériau de construction où se mêlent des tiges de canne et de la terre séchée.

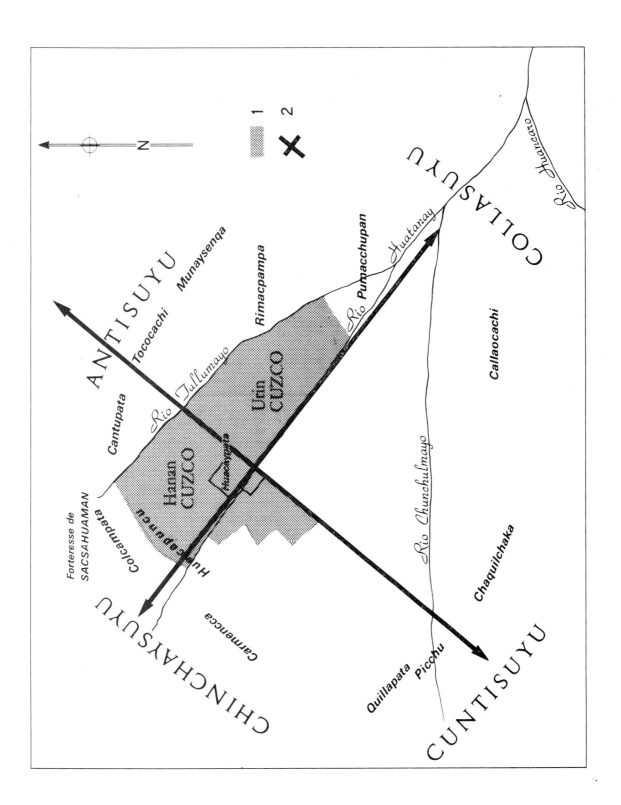

Fig. 3.— Le Cuzco incaïque *(d'après M. Chavez Ballon)*

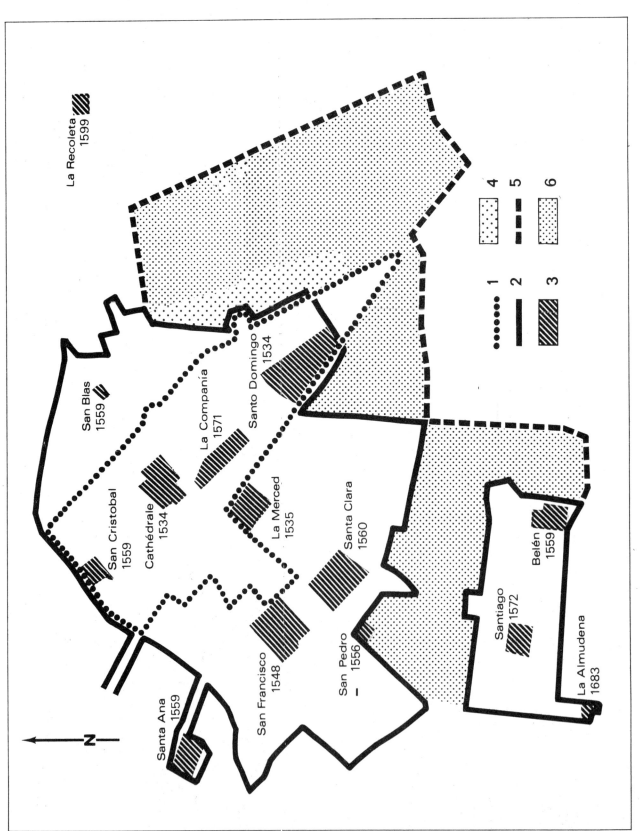

Fig. 4.— Croissance urbaine du Cuzco de la Conquête espagnole à 1950.

1. Limites du Cuzco incaïque.— 2. Limites de la ville coloniale.— 3. Églises coloniales et dates de fondation.— 4. Croissance urbaine entre la fin de la Colonie et le début du XXe siècle.— 5. Limite orientale en 1950.— 6. Croissance urbaine entre 1900 et 1950.

manzanas n'ont pas toutes des formes régulières. La partie centrale entre Tullumayo et Saphy fut la première occupée par les constructions espagnoles et les dates de fondation des églises nous aident à en étudier la croissance.

La première chapelle fut celle du Triunfo sur l'emplacement du Sunturhuasi désigné à cette fin par Francisco Pizarro ; rapidement, on édifia à côté la cathédrale (dès 1556-1560), puis un peu plus tard la Compañia, l'église des Jésuites (à partir de 1571). Le couvent de Santo Domingo fut fondé dès 1534, de même que la Merced au-delà du Saphy. San Francisco fut construit à partir de 1549 en son emplacement actuel (il était auparavant sur la plaza Nazarenas), Santa Clara en 1560 et San Pedro qui abritait l'hôpital de Naturales, en 1556. En mai 1559, vingt cinq ans après la conquête, furent créées cinq paroisses périphériques par le corregidor Polo de Ondegardo : Santa Ana, San Cristóbal, San Blas, San Sebastian et Los Santos Reyes qui devint plus tard Belen (fig. n° 4). La fondation de cette dernière paroisse suivie en 1572 par celle de Santiago, marque la volonté des Espagnols d'intégrer les quartiers indigènes du Cuntisuyu, au Sud du Chunchulmayo. Vers la fin du XVIIIe siècle de même, en 1683, on créa la paroisse de la Almudena où on déplaça, en 1698, le nouvel hôpital. La ville atteignait alors théoriquement les collines du Sud, mais, en fait, ces trois paroisses furent jusqu'au début de ce siècle très mal intégrées dans l'agglomération et le ravin encaissé du Chunchulmayo, franchi par trois ponts, apparaissait presque comme limite naturelle à la ville coloniale.

Celle-ci s'étendait surtout dans la dépression entre le Tullumayo et le Chunchulmayo. Encore n'atteignait-elle leur confluent que dans la "queue du puma" incaïque entre Tullumayo et Saphy. Sur la rive droite du Saphy qui, à partir de la place d'Armes, coulait à ciel ouvert dans la ville, les constructions cessaient au pont del Rosario où débouchaient, rive gauche, la ruelle Arayán menant à Santo Domingo, et, rive droite, celle de Puente del Rosario. A trois cuadras du centre, la campagne commençait. A l'Est, les maisons s'arrêtaient à Limacpampa grande et à l'entrée de la route qui, à flanc de coteau, rejoignait le monastère de la Recoleta - fondé dès 1599, mais toujours un peu isolé - et conduisait au-delà à Puno et au Haut-Pérou. Vers les collines du Nord, la ville absorba progressivement les faubourgs de San Blás, San Cristóbal, Santa Ana, ainsi que celui de Saphy, dans le ravin du même nom. Ils étaient à la fois très proches du centre et situés à la sortie des routes vers Lima, vers Urubamba et même vers Paucartambo par Pisaq. Ils formaient ainsi des excroissances urbaines qui apparaissent très bien sur les actuelles photos aériennes (planche n° I) ; leurs maisons d'allure coloniale, leurs chapelles précédées d'une place, leurs rues pavées ou en escaliers, se distinguent des constructions précaires qui les ont envahis très récemment.

L'aire bâtie couvrait une superficie de 200 ha environ ; 1,7 km séparait l'actuelle place Orellana des premières maisons de Saphy et 1,1 km, ces dernières du pont du Rosaire. La largeur maximum était de 1,5 km du haut de San Blás au pont de Santiago et de 2,1 km si l'on inclut Santiago et la paroisse de la Almudena.

La ville coloniale que nous connaissons est celle qui a été rebâtie après le tremblement de terre de 1650 qui détruisit la plupart des édifices. Les imposantes silhouettes des églises et des couvents en marquent profondément la physionomie. Le Cuzco était surtout une ville de prêtres, de religieux et de grands propriétaires terriens. Ceux-ci édifièrent de vastes maisons d'adobes ou de quincha occupant parfois tout un îlot. Toutes comportent un étage. Les ouvertures sur l'extérieur sont toujours rares, étroites, donnant une impression de grande intimité et, malgré les balcons, d'isolement de la vie publique ; c'est autour du patio auquel on accède par un passage voûté et pavé, ou par un simple corridor, que s'organise toute la vie familiale. Bien que beaucoup d'entre eux soient très dégradés aujourd'hui, ces patios sont souvent encore très accueillants avec des arbustes, des touffes de genêts, un dallage de cailloux, plus rarement une fontaine. La plupart ont, au rez-de-chaussée ou même à l'étage, des arcades de bois ou de pierres sur lesquelles s'ouvrent largement les pièces. Les maisons les plus importantes avaient un deuxième patio réservé aux communs et aux domestiques ; on y rassemblait les troupeaux de lamas et de mulets apportant les récoltes et le bois de l'hacienda. Enfin, derrière, il y avait souvent, en outre, un petit jardin clos, la *huerta*. Sur la photo aérienne, les patios se dessinent nettement, et chaque *manzana* apparaît comme une juxtaposition d'alvéoles carrés ou rectangulaires (22).

Bien que serré, l'habitat était moins dense qu'à l'époque actuelle où, nous le verrons, beaucoup de patios secondaires et la plupart des huertas ont été supprimés. De vastes places s'étendaient devant les églises, parfois au pied du parvis qui les surélevait. Elles étaient ornées de fontaines et parfois d'arcs marquant l'entrée des rues. Celles-ci ont le plus souvent une chaussée pavée, très étroite, bordée de trottoirs. Epousant les accidents du relief, et en particulier sur les collines périphériques, elles sont souvent en pente, sinueuses et aménagées en escaliers.

Beaucoup plus encore qu'aujourd'hui, la Place d'Armes et son annexe de Regocijo, constituaient le centre de l'agglomération. Elle accueillait le marché hebdomadaire - un autre beaucoup moins important se tenait sur la Place San Francisco - et sous ses arcades aux noms significatifs (Portales del Comercio, Harina, Confituras, de Panes), se pressaient les principales boutiques. La mairie, la maison du coregidor, le tribunal, entouraient la Place Regocijo.

La population de la ville n'avait cessé de décroître depuis la Conquête pour des raisons que nous préciserons plus loin. De 77 000 hab. en 1561, on était passé à 65 660 en 1630 (23). A la fin du XVIIIe siècle, le recensement du Vice-Roi, Don Francisco de Taboada y Lemos, effectué en 1795, donne 31 982 hab. (dont 14 854 indiens) et 216 382 pour l'évêché (24). La population semble pourtant avoir augmenté dans la seconde moitié du XVIIIe siècle, comme dans l'ensemble du Pérou. Cosme Bueno (25), en effet, parlait de 26 000 hab. au début du XVIIIe siècle et Concolorcovo, de 30 000 en 1770 (26). Sur la composition de cette population, nous possédons une analyse de Ignacio de Castro en 1788 (27) ; évaluant la population, à partir du registre des décès, à 41 600 personnes, il la divise en quatre classes : la noblesse, "réduite en vérité à très peu de familles" et une seconde classe groupant les "gens d'honneur, de bonne prestance, de confort matériel, d'estime, et aux emplois appréciés" ; les mestizos forment la troisième classe, c'est-à-dire "ceux qui proviennent immédiatement des Indiens par commerce sexuel avec les personnes des deux premières classes" et enfin, les Indios qu'il estime aux deux tiers de la population de la ville ; il ajoute qu'il y avait aussi quelques nègres et mulâtres, il est vrai peu nombreux, puis insiste sur l'usage généralisé du quechua, que parlent les gens de la noblesse en s'adressant aux Indiens.

---

22. Les maisons les plus belles sont en voie de restauration : ainsi celle où est né Garcilaso de la Vega (l'actuelle Maison de la Culture), le palais "de l'Amiral", la maison des quatre bustes, la maison de la Jara et celle du marquis de Concha.

23. Chifffes donnés par Nathan WACHTEL, qui cite pour 1561 López de Velazco et pour 1630, Vásquez de Espinosa. Op. cit.

24. MAGNUS MORNER. La evolución de la hacienda y del colonato en el Cuzco desde el siglo XVIII. Observaciones preliminares en turno a un proyecto de investigación. Stockolm 1971.

25. Cosme BUENO- Geografía del Perú Virreinal - Lima 1951.

26. CONCOLORCOVO. El lazarillo de ciegos caminante desde Buenos Aires hasta Lima. Paris. I.H.E.A.L. 1961. 290 pages.

27. Ignacio de CASTRO, cité par R. Porras Barrenechea. Antología del Cuzco Op. Cit.

D. Le Cuzco Républicain. Au cours du XIXe siècle, la ville du Cuzco et sa région connurent une profonde décadence pour des raisons que nous reprendrons plus loin et où interviennent surtout la fin du commerce avec le Haut-Pérou et la marginalisation de la Sierra par la Côte péruvienne.

1°) - Le déclin du Cuzco au XIXe siècle :

Tous les voyageurs ont noté ce déclin, ainsi que la saleté et le délabrement progressif de l'habitat et des rues (28). A la fin du XIXe siècle et au début du XXe siècle, notre ville était ainsi beaucoup moins peuplée qu'à la fin de la Colonie : 18 370 habitants en 1876 (29), 18 167 habitants en 1906 (30), contre 31 982 en 1795. Sur le plan de Squier, comme sur celui réalisé au début du XXe siècle pour l'installation de l'eau potable, elle semble ne pas avoir grandi : la Recoleta comme Belén, Santiago, et la Almudena, sont toujours très nettement isolés, "hors les murs". A l'Est, l'habitat s'arrête toujours au pont du Rosario sur le Huatanay et à la rue Cuichipunco, prolongée par le "chemin de Huancaro" (aujourd'hui avenue Grau). Au-delà, une *alameda* (dont beaucoup de voyageurs parlent -cf Squier en particulier) borde la rivière sur sa rive droite. Au Nord-Est, les maisons se pressent sur les deux rives du Tullumayo, sur une longueur de deux cuadras, à partir de la place de Limacpampa Grande. Une rangée de maisons longe les actuelles rues Ccolla Calle et Lucrepata qui, de Limacpampa Grande, montent vers San Blás, mais la Recoleta est toujours isolée.

Au Sud, le Chunchulmayo est très encaissé dans la topographie générale. Les demeures fuient ses rives immédiates, peut-être à cause de sa pestilence ; les constructions s'arrêtent à gauche de la rue Santa Clara, à San Pedro, et le long des actuelles voies Tres Cruces de Oro et Régional. Un pâté de maisons a grandi à mi-distance, vers le fleuve, en direction du pont de Santiago (il correspond à ce groupe de vieilles demeures coloniales menacées de destruction, qui s'élèvent, aujourd'hui, entre la gare de San Pedro, la voie ferrée et le marché central). Les faubourgs de Belén et Santiago sont isolés, reliés à la ville par trois ponts et un passage à gué pour le chemin de Huancaro. La densité de l'habitat est assez forte dans la vingtaine de *manzanas* qui entourent la place et l'église de Santiago. Ailleurs, le dessin des rues existe, mais le quartier semble misérable et aurait même été en voie de dépeuplement (31).

Les faubourgs occidentaux et septentrionaux ont de même certainement peu progressé. Une seule rangée de maisons bordent les rues Arcopata et Montero, qui suivent le pied des collines de Santa Ana ; deux courtes ramifications prolongent la ville vers les collines : l'une, le long de la vallée du Huatanay jusqu'aux bains de Saphy, l'autre, de part et d'autre de la route d'Anta et de Lima, peu après la vieille église de Santa Ana. A San Cristóbal et San Blás, les maisons se pressent sur les premières pentes, mais dépassent à peine au nord, la rue Tres Cruces de Oro.

2°) - Le renouveau de la ville au début du XXe siècle :

La construction des voies de communication modernes, voies ferrées et routes, ainsi que les progrès de la colonisation dans les terres chaudes, vont favoriser le renouveau de notre ville à partir des années 20. Les fonctions commerciales et industrielles, jusque là très réduites, se développent. Des succursales de firmes aréquipéniennes et des hommes d'affaires étrangers s'établissent dans l'agglomération. Les relations entre celle-ci et sa région s'amplifient, en particulier avec la vallée du Vilcanota bien desservie par les voies de communication.

---

28. cf. les textes rassemblés par Raul PORRAS BARRENECHEA dans Antología. del Cuzco. - Lima - 1961 et, en particulier, ceux du Comte de CASTELNAU (1846), de Paul MARCOY (1846), de Sir Clements R. MARKHAM (1856), et George SQUIER (1863).

29. Recensement national de population de 1876.

30. Recensement effectué par la Municipalité du Cuzco.

31. Roberto GARMENDIA. El progreso del Cuzco 1900-1967. Cuzco 1968.

Ce renouveau économique se reflète dans la croissance de la ville. La population passe de 18 167 hab. en 1906 à 40 657 hab. au recensement de 1940 (32), dépassant alors le chiffre de la fin de l'époque coloniale. Ce progrès démographique est dû, non pas tellement à l'accroissement naturel qui semble très lent au début du siècle, avec, pour les années 20, une mortalité supérieure à la natalité, en particulier dans les quartiers pauvres de Belén et Santiago (33). Mais, il y a déjà un début d'émigration depuis les provinces voisines. Celle-ci est favorisée par le fait que le Cuzco commence à prendre des caractères réellement urbains et présente un équipement bien supérieur à celui des autres bourgades. Il a l'électricité en 1914, l'eau en 1925, le téléphone urbain et inter-urbain, quelques taxis. Un marché moderne, vaste halle métallique, a été construit en 1925, près de la gare du chemin de fer de Santa Ana et un nouvel hôpital, à partir de 1927, dans le quartier de Belén. La vie sociale semble très animée avec, en 1928, 5 clubs et 13 associations sportives (34) ce qui est une preuve de la reprise démographique.

Pour la première fois, depuis l'époque coloniale, deux nouveaux quartiers apparaissent. L'un, édifié sur l'emplacement de la vieille "Alameda" devenue l'avenue Pardo, est un faubourg résidentiel pour la classe aisée. Les riches hacendados quittant leurs anciennes demeures coloniales du centre et surtout les nouveaux venus enrichis dans la vallée de la Convención, y font construire un "chalet" de style plus moderne et plus confortable. Le tout est à une assez petite échelle, puisque l'avenue n'a guère que 600 m de long et que les revenus, même des plus riches, ne leur permettaient tout de même que des investissements modestes ; ceci, d'autant plus que beaucoup d'entre-eux, commençaient à posséder une résidence également à Lima.

L'autre quartier était avant 1950 assez modeste : Huánchac. Il apparaît dans les années 30 et 40, dans la vallée, au-delà du Huatanay canalisé en 1934. Entre la gare de la Peruvian et la route de Puno, il prend très vite son double caractère de faubourg résidentiel pour la classe moyenne et modeste des émigrants de province, et de quartier "industriel". Deux usines textiles (Huáscar et La Estrella) s'y établissent, ainsi que quelques ateliers, des scieries, des garages. Il est le premier à bénéficier des lotissements des terrains de culture d'une hacienda, Huánchac, dont on peut voir encore l'imposante demeure. Il copie dans son architecture le centre colonial, avec un ample plan quadrillé et des maisons à un étage, comportant un ou deux patios. L'avenue Pardo, au contraire, avec son tracé linéaire, est de conception beaucoup plus moderne.

Dans les vieux quartiers du centre, l'entassement a été la première réponse à la croissance démographique dans la première moitié de ce siècle. Ce phénomène, en lui-même banal, a été accentué, ici, par le triple blocage qu'imposait à la ville la classe dominante des grands propriétaires fonciers : blocage des forces productives qui freinait le développement de nouvelles fonctions urbaines, blocage des terrains bâtis et à bâtir. Ce sont ces deux derniers aspects qui nous intéressent ici et nous reprendrons le premier plus loin. La plupart des hacendados cherchèrent à tirer le maximum de revenus de leur maison urbaine, selon trois modalités : louer le rez-de-chaussée comme magasin ou bureau, quelques pièces de l'étage supérieur à un commerçant ou à un fonctionnaire non cuzquénien, et loger, enfin, dans le second patio des provinciaux et des artisans. La plupart des jardins et des cours ne donnant pas sur la rue, disparurent alors à partir des années 20-30. On y aménagea de précaires constructions d'adobes dont le toit était recouvert de tôle ondulée pour les louer aux gens de condition modeste.

---

32. Censo National de Población 1940 - Lima D.N.E.C.

33. Roberto GUARMENDIA op. cit.

34. Guía comercial, profesional e industrial del Cuzco. Kaminsky y Cía. Arequipa 1928.

Cet entassement contribua à la dégradation d'un habitat déjà ancien, cependant que les hacendados empêchaient toute expansion urbaine dans la vallée où ils possédaient leurs terrains de culture. Au recensement de 1940, 56 % des familles ne disposaient que d'une seule pièce. Si 85 % des maisons semblent avoir l'eau et 77 % un service d'égout, il s'agit en fait, le plus souvent, d'un robinet collectif dans le patio et d'installations sommaires. Rares étaient les familles ayant une salle de bains et 66 % des logements n'avaient pas encore l'électricité. (35). Des *manzanas* entières, particulièrement délabrées, s'effondreront facilement avec le tremblement de terre, dans un nuage de poussière, qui mit plusieurs jours à se dissiper (36).

3°) - Les étapes de la croissance urbaine récente :

A partir de 1950 et plus encore dans les années 60, on a une rupture de ce double blocage. A la suite du tremblement de terre du 21 mai 1950, de nombreux sans-logis envahirent des terrains sur les collines périphériques, afin d'y construire leurs habitations, mettant les propriétaires devant le fait accompli. L'intervention des pouvoirs publics favorisa également l'expropriation de nombreux domaines péri-urbains pour les destiner à des bâtiments publics (Université, hôpital, collèges, caserne), à des lotissements du type Ttío, enfin à un nouvel aéroport. La pression officielle ou clandestine lors des invasions, devenait donc de plus en plus forte sur les terrains de la vallée ou des collines. A partir de 1960, la peur de la Réforme Agraire acheva de décider les propriétaires à vendre. D'autant plus que de nouveaux clients aisés apparaissaient dans la foule des commerçants, gérants d'entreprises, fonctionnaires et employés, qu'avait fait naître le développement des fonctions de la ville. C'est à partir du gouvernement de Prado, en effet, que le Cuzco devient une cité plus moderne avec de nombreux commerces, quelques industries, de nouveaux services. Les possibilités plus grandes d'emplois et l'intensification des moyens de transport, accroissent les migrations vers la ville. Ce sont toutes ces nouvelles activités, la plupart en liaison avec l'ensemble de la région, qui vont provoquer la croissance urbaine.

L'évolution a été extrêmement rapide et, en une vingtaine d'années, est apparue une seconde ville qui s'est juxtaposée à la cité coloniale. En 1950, le Cuzco s'arrêtait toujours, comme à l'époque coloniale, au pont du Rosario sur le Huatanay, à la rue Arayán, et vers le Sud, à l'avenue Graú (fig. n° 5). Au-delà, vers le Sud-Est, se trouvaient les quartiers récents de l'avenue Pardo et, près de la gare, de Huánchac. Sur la nouvelle route de Puno, aménagée dans la vallée parallèlement à l'ancienne voie passant par la Recoleta, la ligne continue des habitations s'arrêtait à la brasserie et à l'usine Huáscar. L'aéroport Velazco Astete, aménagé à partir de 1937, était situé nettement en dehors, ainsi que le nouveau stade Garcilaso inachevé au moment du tremblement de terre. Mais déjà, dans ce secteur, les chantiers des deux collèges (Clorinda Matto de Turner et Garcilaso de la Vega) et de l'Université, signalaient la direction de l'expansion urbaine.

Sur la photo aérienne de 1956 (planche n° I), toujours dans la partie orientale de la ville, les édifices précédents sont achevés et plus loin le séminaire est en voie de l'être. Deux types de quartiers ont progressé. D'une part, le secteur public a construit des ensembles résidentiels pour les classes aisées ou moyennes : première étape de Mariscàl Gamarra (vers 1952), Zarumilla, Zaguán del Cielo derrière la brasserie. D'autre part, des faubourgs populaires formés d'habitations plus modestes et encore dépourvus de services, ont grandi. Celui de Tahuantinsuyu, entre les nouveaux collèges et le monastère

---

35. Censo Nacional de Población y vivienda 1940 - Lima - D.N.E.C.

36. On évalue généralement à 3 000 le nombre de maisons qui ont été détruites, laissant une vingtaine de mille de sans-abri. (cf. **Rapport de la mission de l'U.N.E.S.C.O.** dirigée par G. KUBLER en 1954 - PARIS 45 p.).

de la Recoleta, avait commencé à s'étendre dès 1950, certainement en liaison avec les possibilités de travail qui s'offraient sur les chantiers de construction de l'avenue de la Culture. Sur les collines, le faubourg de Rosaspata est déjà également en formation. Il s'agit ici de gens chassés du centre de la ville par les dégâts du tremblement de terre et qui ont envahi des terrains du monastère de la Recoleta. Dans la vallée, de part et d'autre de l'aéroport, se développent deux axes de faubourgs plus ou moins spontanés : au Nord, Chachacomayoc, le long de ce qui sera l'avenue Los Incas, au Sud, c'est l'amorce du quartier de Huayruropata. On n'a là encore qu'un simple chemin qui prolonge l'avenue Manco Capac, une des principales de Huánchac et les maisons y sont dispersées au milieu des champs de culture. L'extension urbaine atteint déjà 3,2 kilomètres, depuis la place d'Armes jusqu'au séminaire en construction.

Vers le Sud, des édifices nouveaux apparaissent : immeubles de Santiago, construits sous le gouvernement d'Odría, centre médical de l'avenue Grau et quartier résidentiel militaire. La caserne de Huancaro ainsi que la centrale thermique de Dolorespata, signalent un nouvel axe de croissance dans la vallée du Huancaro qu'emprunte la route récente vers Paruro (1952). Mais les quartiers populaires "spontanés" se sont peu développés et les buttes de Dolorespata et Ccoripata sont encore dépourvues d'habitations. A l'Ouest et au Nord, l'expansion urbaine est limitée par les collines, et les vieux quartiers coloniaux de Santa Ana et de San Cristóbal continuent à s'étirer le long des routes. Mieux reliés au centre, ils resteront inclus dans la mouvance municipale de Cuzco, lorsqu'en 1955 on proclamera districts Santiago et Huánchac, consacrant ainsi leur séparation d'avec le centre colonial et souhaitant mieux organiser la croissance de la ville dans ces deux secteurs.

C'est Huánchac qui, le premier va se développer entre 1958 et 1965-67. La plus grande partie des terrains situés entre l'Université et San Sebastián, de part et d'autre de l'axe formé par l'avenue de la Culture, vont être urbanisés. Au Sud de l'avenue, on commence les travaux d'aménagement du nouvel aéroport inauguré en 1967. La voie ferrée est alors repoussée contre les collines, ce qui permet la construction de la "cité" Ttío et laisse des terrains faciles à lotir à l'Etat (parc industriel), où à diverses associations et sociétés immobilières. Au Nord de l'avenue est aménagé l'hôpital régional, les immeubles de Mariscal Gamarra et des projets de lotissements apparaissent pour les classes moyennes. Sur les collines, aux quartiers populaires de Cruzpata et Rosaspata se juxtaposent, en allant vers l'Est, Uchullo Grande et Uchullo Alto qui atteignent la hauteur de l'Université.

A Santiago, toutes les collines se peuplent d'une multitude d'habitations populaires : les buttes de Dolorespata et Ccoripata d'abord, puis à partir de 1959, les anciennes haciendas Zarzuela et Huancaro Chico acquises par les détaillants du marché de San Pedro, et, enfin, après 1965-66, les collines de Picchu et Puquín. En 1967, la vallée du Huancaro voit naître un projet de faubourg résidentiel et industriel avec le lotissement de l'Association pour le commerce et l'industrie ; de même, quelques "bidonvilles" apparaissent sur les collines de la rive droite du Huatanay à la hauteur de la cité Ttío.

Après une phase de relative stagnation en 1968, liée certainement à la crise de l'économie péruvienne, la croissance de la ville reprend en 1969-70, selon les directions précédemment définies. Les projets immobiliers mis en sommeil à la fin du gouvernement Belaunde, reprennent vigoureusement. Les classes moyennes, rassurées par la relance économique et bénéficiant des salaires relativement élevés se décident enfin à construire sur les terrains qu'elles avaient acquis grâce à l'appui financier de la Caja de Ahorros et Préstamos para Vivienda (37). Des cités comme Santa Mónica ou celle des professeurs (Barrio Magisterial) se peuplent rapidement. L'Etat, de même, reprend à son compte de grands projets, avec le lotissement de Marcavalle et l'extension de celui de Ttío.

---

37. Caisse d'Epargne et de Crédit pour le logement. Cf chap. V ; dernier paragraphe.

PLANCHE I

Vue générale de la ville du Cuzco : (vue aérienne prise en juin 1956).

A gauche, le centre incaïco-colonial, avec au nord la forteresse de Sacsahuaman, et au sud du Churchulmayo, le quartier de Santiago. A droite, la partie orientale de la ville est encore peu urbanisée. Seuls existent le stade, l'ancien aéroport, les collèges, la cité Mariscal Gamarra et l'Université. Les collines périphériques n'ont pas encore de «pueblos jovenes» (même Ccoripata et Dolorespata).

(Cliché de l'auteur)

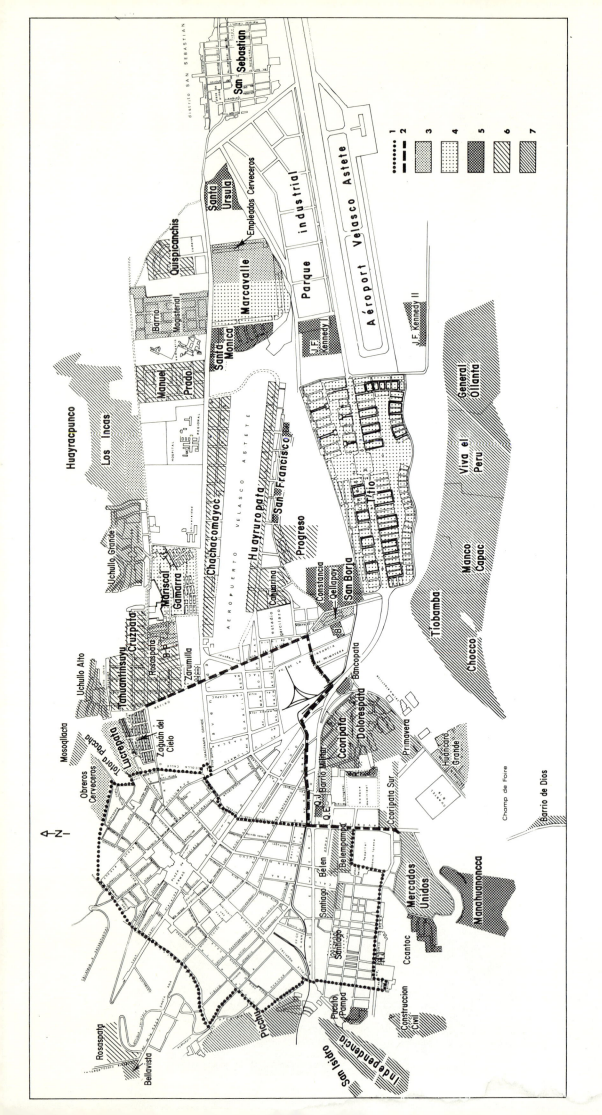

Fig. 5. — Croissance urbaine du Cuzco depuis 1950

1. Limite de la ville coloniale. — 2. Limite en 1950. — 3. Associations professionnelles. — 4. Lotissements et grands ensembles de la J.N.V. — 5. Sociétés immobilières et lotissements privés. — 6. Faubourgs populaires anciens et relativement structurés. — 7. Pueblos jovenes.

B.P. Barrio Profesional. — Q.E. Quinta Esmeralda. — Q.J. Quinta Jardin. — H.J. Huerto de Jerusalem. — B. Bellavista. — R. El Rosal.

En fait, dans la vallée, on assiste entre 1969 et 1973, et plus particulièrement entre 1972 et 73, à un remplissage entre les grands axes de croissance, Ouest-Est, déjà présentés : l'avenue de la Culture et sa parallèle Los Incas, l'avenue Huayruropata et celle du 28 juillet qui, à travers Ttío, conduit à l'aéroport. De grands espaces restent toutefois à découvert, certains contrôlés par l'Etat comme l'ancien terrain d'atterrissage et le parc industriel, d'autres, par des sociétés immobilières à la situation difficile, comme ceux des projets Kennedy et Santa Ursula. Mais en fait, San Sebastián, situé à 5 km de la place d'Armes, est désormais complètement intégré dans l'agglomération. Il l'est d'autant mieux qu'en 1972 sont définitivement achevées l'avenue de la Culture et celle de Huayruropata qui permettent des liaisons extrêmement rapides. Et déjà de nombreux projets de tout type se font jour entre ce village et San Jerónimo distant de 10,5 km. Le secteur public y construit une nouvelle prison, un collège militaire, et une usine de traitement d'ordures ménagères y sera bientôt édifiée. La Coca Cola comme Petroperú y ont acheté des terrains pour de nouvelles installations industrielles. La Guardia Civil et la Guardia Republicana pensent y aménager des cités pour leurs membres (Santa Rosa et la cité aux portes de San Jerónimo). Quelques particuliers ont envisagé des lotissements plus ou moins légaux : à San Sebastián, La Campiña, Vista Alegre, Tupac Amaru (anciennement Santutis), et à San Jerónimo, Buenavista. Enfin, il y a même là des amorces de pueblos jovenes avec à San Sebastián, Buenavista et 9 de Octubre.

Parallèlement, la progression des faubourgs populaires s'accélère. Les dispositions administratives prises à leur égard par la Junte militaire en 1969, de nouvelles migrations, et l'aménagement des routes vers Pisaq et Lima, ont contribué à leur expansion. Trois zones paraissent privilégiées : les collines derrière l'Université avec "Los Incas" et Huayracpuncu, les hauteurs de l'Ouest avec Picchu et Puquín, et surtout la rive droite du Huatanay.

Le total des espaces bâtis à des fins résidentielles, entre 1950 et 1973 (tableau n° II), donne une extension de 572,3 hectares, soit 187,53 ha pour le district du Cuzco, 182,26 pour celui de Santiago et 202,5 pour celui de Huánchac. Si l'on ajoute les espaces construits à usage collectif (nouvel aéroport, Université, Hôpital régional, lycées, séminaire, parc industriel, champ de foire et caserne de Huancaro), on a un total de 908 hectares pour le "nouveau Cuzco", soit 1 312 ha pour l'ensemble de l'agglomération (le "casco" colonial de San Sebastián étant inclus). En 1950, la ville couvrait une superficie de 311 hectares environ et elle a donc presque triplé en un peu plus de 20 ans alors que depuis le début du siècle -et pratiquement depuis la fin de l'époque coloniale- elle ne s'était accrue que de 58 % (tableau n° II). Elle englobe désormais San Sebastián et on peut même parler d'un "grand Cuzco" jusqu'à San Jerónimo distant de 10,5 km. La zone d'expansion future de notre agglomération s'allonge jusqu'à Saylla à 17,5 km. Les quartiers de l'Ouest et du Sud sont un peu plus proches du centre : 800 mètres environ pour Santa Ana, 2 km pour les hauteurs de Construcción Civil ou de Manahuañoncca et 3 km pour Barrio de Dios sur la route de Paruro. On a donc une agglomération s'étendant sur 11 km de long et 3,5 km de large (38), avec une aire d'expansion immédiate d'une vingtaine de km de long.

Cette croissance du nouveau Cuzco apparaît d'autre part dans les chiffres de population des deux derniers recensements. Lors du recensement de 1940 (39) qui donnait pour la ville une population de 40 657 habitants, on ne pouvait distinguer la part de Santiago et de Huánchac qui n'étaient pas encore des districts. En 1961 (40), ces deux banlieues, avec 19 886 habitants, représentaient déjà le

---

38. On a considéré ici la distance entre les faubourgs de Barrio de Dios et de Mosoqllacta d'une part, de General Ollanta et Huayracpuncu de l'autre.

39. V Censo Nacional de población - 1940 - Lima - D.N.E.C. Tomo I.

40. VI Censo Nacional de población - 1961 - Lima - D.N.E.C. Tomo I.

TABLEAU II : CROISSANCE SPATIALE DU CUZCO ENTRE 1950 ET 1973

Types de quartiers	DISTRICT DU CUZCO		DISTRICT DE SANTIAGO			DISTRICT DE HUANCHAC	DISTRICT DE SAN SEBASTIÁN	DISTRICT DE SAN JERÓNIMO
	Secteur Recoleta-Université	Secteur Santa Ana	Santiago	Huancaro	Rive droite du Huatanay			
Quartiers populaires : • type association "pro-vivienda" ancienne non classé pueblos Jovenes.	Tahuantinsuyu 11,4 ha Rosaspata-Cruzpata 6,7 ha Manuel Prado 9,6 ha Totora Pacha 0,13 ha Quispicanchis 6,1 ha	Rosaspata-Chanapata et Rosapata-Umacalle 2,4 ha				Chachacomayoc 10,5 ha Huaynuropata 11,4 ha Santa Rosa (Carnavalniyoc) 2,1 ha 4 Torres Cahuarina 2,1 Progreso 23 ha	Buenavista 2 ha	
Superficie totale : 87,43 ha	33,93 ha	2,4 ha				49,1 ha	2 ha	
• Pueblos Jovenes	Uchullo grande 12 ha Uchullo alto y chico 10,1 ha Los Incas et Huayrac Puncu 38,7 ha Mosocllacta 1 ha	Bellavista 2,1 ha Picchu San Isidro 13,5 ha Independencia 10,5 ha	Belempampa 2,47 ha Dolorespata 4,31 ha Ccoripata Amadeo Razzetto 11,67 ha Ccoripata sur 4,9 ha Mercados Unidos 14,7 ha Construcción Civil (6,5 ha) Primavera (1,47 ha) Asociación Santiago (0,83 ha) Belén (0,15 ha)	Barrio de Dios 2,1 ha	Viva el Perú 30 ha Manco Capac 16,84 Tticobamba 6,62 ha General Ollanta 14 ha Chocco			
Superficie totale : 204,46 ha Total classes populaires 291,89 ha	61,8 ha 95,73 ha	26,1 ha 28,5 ha	47 ha 47 ha	2,1 ha 2,1 ha	67,46 ha 67,46 ha	49,1 ha	2 ha	
Quartiers des classes moyennes et aisées • Grands ensembles lotissements de la J.N.V. (1)	Zaguán del Cielo 4,9 Zarumilla 1,2 ha Mariscal Camarra : 1er étape 4,8 ha 2e étape 8,3 ha		U.V. Santiago 1,65 ha			Ttio 60 ha Marcavalle B (ex-Santa Ursula) 5,4		
Superficie totale 86,25 ha	19,2 ha		1,65 ha			65,4 ha		
• Associations professionnelles	Barrio profesional 1,8 ha Lucrepata 4 ha Barrio Magisterial 16,1 ha Residencial Universitaria 17 ha Ouvriers de la brasserie 5,2 ha		Barrio Militar 1,2 ha	Huancaro grande 20 ha		Qellapay 2,3 ha Employés de la brasserie 1,7 ha Marcavalle 33,2 ha	Santa Rosa (G.C.)	Guarde Républicaine
Superficie totale 102,5 ha	44,1 ha		1,2 ha	20 ha		37,2 ha		
• Sociétés immobilières				Manahuanonca 25 ha Bancopata 9,8 ha		Santa Mónica 10,3 ha J.F. Kennedy 15 ha	Quispiquilla 10 ha	
Superficie totale 70,1 ha				34,8 ha		25,3 ha	10 ha	
• Lotissements privés			Quinta Jardin 0,8 ha Quinta Esmeralda 0,8 Cantocc 3,4 ha El Rosal 0,4 ha Huerto de Jerusalem 0,4 ha Pucuto Pampa 2 ha Poroto Pacha			San Francisco 7,4 ha San Borja 9,6 ha Constancia 1,1 ha Bellavista 2 ha	Vista Alegre 10 ha La Campiña Tupac Amaru (ex-Santutis)	Buenavista
Superficie totale 38,1 ha			8 ha			20,1 ha	10 ha	
Total classes moyennes et aisées : 296,95 ha	63,3 ha		10,85 ha	54,8 ha		148 ha	20 ha	
Total général : 588,84 ha	159,01 ha	28,5 ha	57,85 ha	56,9 ha	67,46 ha	197,1 ha	22 ha	

quart de la population de l'ensemble de l'agglomération ; en 1972 (41), avec 53223 habitants, elles en constituent 44 % (la proportion s'élève à 46 % si l'on ajoute San Sebastián). Santiago a eu le plus fort taux d'accroissement entre les deux derniers recensements avec 175 %, contre 158 % à Huánchac et 13 % seulement à la partie urbaine du district du Cuzco.

Le district de Huánchac, au demeurant petit, a son développement urbain bloqué par la main mise du secteur public sur les terrains disponibles, avec les deux aéroports et le parc industriel. Santiago par contre, ne cesse de se peupler dans le secteur des collines en particulier. Dans le district du Cuzco, si l'on considère l'expansion des zones de Santa Ana - Picchu d'une part et Recoleta - collines de l'Université de l'autre, la croissance du centre colonial apparaitrait donc très limité et on aurait même, certainement, une diminution par rapport à 1961. On a ainsi au Cuzco le début d'un phénomène de dépeuplement du centre avec le départ de nombreux habitants pour les faubourgs de la périphérie. Quant aux deux districts péri-urbains de San Sebastián et San Jerónimo, leur croissance a été moins importante que celle de la proche banlieue. La progression démographique du premier village, avec 25 % entre 1961 et 1972, contre 53 % pendant les vingt ans précédents, s'est maintenue, mais elle est à peine supérieure au seul accroissement naturel (42). Celle de San Jerónimo est plus importante puisque le taux de la dernière décennie est sensiblement le même que celui des vingt années précédentes. Quelques migrants s'y arrêteraient donc, en particulier ceux qui viennent des hauteurs du district ou de Saylla ; par contre San Sebastián ne joue plus son rôle d'étape vers la ville et apparaît de plus en plus comme un quartier pauvre et peu animé de celle-ci.

III. - LES TYPES DE QUARTIERS

Nous proposons de mener l'analyse du paysage urbain en reprenant cette division entre Cuzco d'avant le tremblement de terre de 1950, et d'après. Le premier, regroupe l'ensemble des quartiers coloniaux des actuels districts du Cuzco et de Santiago ainsi que le noyau le plus ancien de Huánchac. Une limite commode est à l'Est, ce "callejón Retiro" qui trace une ligne droite du monastère de la Recoleta jusqu'au voisinage du Huatanay (figure n° 5). Dans le nouveau Cuzco, trois types de quartiers apparaissent, deux s'individualisant nettement et le troisième se définissant par opposition à eux. Le premier type concerne tous les groupes d'immeubles et les lotissements construits par le secteur public. Le second type est formé par les cités résidentielles des classes aisée et moyenne et groupe à la fois les ensembles réalisés par des sociétés immobilières privées et ceux des associations de fonctionnaires et d'employés. Ils bénéficient d'un bon équipement urbain et leurs maisons individuelles ont un aspect souvent cossu et moderne. Nous donnons au troisième type le nom de quartiers pauvres à cause du bas niveau de vie de leurs habitants, de leur habitat sommaire et de l'insuffisance des services particuliers ou publics dont ils disposent. Toutefois, une différence peut être faire entre les faubourgs les plus anciens, mieux équipés et plus complexes au point de vue social, et les "pueblos jovenes" récents, souvent plus misérables.

---

41. Población del Perú, Censo del 4 junio de 1972 - Lima, Agosto de 1972 - Resultados preliminares, Oficina Nacional de Estadística y Censos.

42. On a considéré un coefficient d'accroissement de 1,23 pendant la période 1961-1972 sur la base d'un taux d'accroissement naturel de 1,9 %.

A. Le Centre colonial. Plus que dans aucune autre ville péruvienne, le centre du Cuzco est pris entre le souci de protéger sa valeur historique et touristique et les projets de modernisation qu'exigent les activités commerciales récentes et les nouveaux genres de vie. La tentation du modernisme fut très grande après le tremblement de terre et souvent pour de simples raisons sanitaires. En effet, même dans les maisons seulement ébranlées par le séisme, la vétusté, l'incommodité et l'absence de services, furent encore plus ressentis. Les particuliers, aidés par les pouvoirs publics ont pu restaurer les façades, consolider les murs et les toits, rebâtir balcons et arcades, mais tout ce que l'on aperçoit pas de la rue est souvent encore aussi misérable, et sinon plus, qu'avant le tremblement de terre. Malgré le départ de nombreux mal-logés vers les quartiers populaires périphériques, on a toujours de nombreux "*corralones*" et "*callejones*" insalubres (43). Oubliés dans le recensement de pueblos jovenes de 1970, l'attention du secteur public à leur égard est pratiquement nulle. La densité dans le Centre historique reste très forte. Elle atteint en 1972, 186 habitants à l'hectare pour la partie urbanisée du district du Cuzco, alors qu'elle n'est que 95 habitants à l'hectare pour l'ensemble de l'agglomération (le Centre de San Sebastián étant inclus). En 1961, elle n'était que de 178 habitants à l'hectare pour la partie coloniale et le vieux Huánchac.

Si la reconstruction des bâtiments historiques s'est faire de manière fidèle, les nouvelles constructions publiques sont souvent de mauvais goût. Le mélange des styles néocolonial, moderne, voire pseudo-incaïque, est pour un même édifice très difficile à réaliser d'autant plus qu'on disposait de peu de crédits, de matériaux bon marché et de délais assez courts vues les nécessités de la vie urbaine. Des bâtisses comme le Palais de Justice, certaines banques, le club Cuzco et les toutes récentes Galeries touristiques, défigurent l'unité du centre à quelques mètres seulement de la place d'Armes. Toutefois, il y a assez peu d'immeubles particuliers récents dans le Cuzco colonial. Ils n'apparaissent qu'exceptionnellement dans les rues Suecia et surtout Santa Catalina Ancha. Ils sont par contre nombreux le long de l'Avenue Sol et dans tout le quartier situé au Sud de celle-ci, le long des rues Almagro-Qera, Ayacucho-Belén et Matará. Ce sont en général des immeubles de briques comportant rarement plus de trois étages. Prévus à des fins locatives, ils abritent surtout des bureaux administratifs et d'amples magasins au rez-de-chaussée. C'est à l'écart du centre qu'on a autorisé la construction d'édifices plus élevés : l'hôtel Savoy au bout de l'avenue Sol, et, tout récemment à Huánchac, un immeuble de 7 étages sur l'avenue Garcilaso. Conçus par des sociétés immobilières liméniennes, ce sont les seuls de la ville à posséder des ascenceurs.

Quelques rues ont été élargies pour faciliter le trafic automobile ; ainsi Santa Catalina Angosta et Ancha et, surtout, un peu plus éloignées de la place d'Armes, Ayacucho, Belén, Matará, dans un secteur très touché par le séisme. L'aménagement des places, pourtant indispensable dans un ensemble très serré, est d'un goût discutable (cf. San Francisco et surtout la place Nazarenas), et l'édification d'un monument à Tupac Amaru, sur la Place d'Armes, suscite bien des polémiques. Les installations électriques, les annonces publicitaires très nombreuses, enlaidissent de nombreuses artères. Beaucoup de magasins également sont mal aménagés bien que les progrès soient très rapides dans ce domaine depuis 1965-66.

---

43. Jean Paul DELER définit ainsi les "corralones : barraques installées en désordre dans une cour fermée disposant d'un accès à la rue, et les "callejones.. ensemble de pièces d'un seul tenant, alignées le long, ou de part et d'autres, d'un étroit passage qui sert d'accès commun perpendiculaire à la rue. J.P DELER, Lima 1940-70. Aspects de la croissance d'une ville sud-américaine. Thèse de 3ème cycle. Bordeaux Oct.

Pour mieux relier le centre et les nouveaux quartiers on a aménagé de nouvelles avenues. Les trois principales recouvrent le tracé des trois torrents qui forment le Huatanay. Au centre, sur le Saphy, c'est l'ample avenue Sol avec sa double voie cimenté. Elle est prolongée depuis 1967 par les avenues San Martín et 28 de Julio qui relient la Place d'Armes au nouvel aéroport distant de 4,8 km. Au Nord, on a l'avenue Tullumayo qui passe par Limacpampa Grande et dont la partie supérieure est en cours d'achèvement. En 1972, était terminée sur le Chunchulmayo, l'avenue del Ejército que les vieilles rues coloniales franchissent par quatre ponts (dont trois reconstruits depuis 1965). Ces trois avenues s'unissent à proximité de la gare de la Peruvian, où débouche d'autre part une des principales rues de Huánchac (Confraternidad). La liaison avec l'avenue de la Culture, la grande artère de l'Est se fait à partir de l'Avenue Sol par la Garcilaso qui est la première à contourner le centre historique.

B. Les quartiers populaires :

1°) - Terminologie utilisée :

On les a désignés au Cuzco, tour à tour, par les termes de : "lotissements populaires" (*"urbanizaciones populares"*), de "quartiers marginaux" (*"barrios marginales"*), insistant sur leur situation périphérique et leur caractère souvent illégal, enfin d'"associations d'occupants d'intérêt social" (*"urbanizaciones por asociaciones pro-vivienda de interés social"*) ; on soulignait ainsi l'importance de ces groupements d'individus s'employant activement à obtenir la reconnaissance officielle et l'équipement en services de leur lotissement et qui sont un de leurs caractères spécifiques, au Cuzco en particulier. En 1969, un nouveau nom est apparu pour caractériser ces quartiers, remplaçant celui de "*barriada*" utilisé couramment dans les villes de la côte : *pueblo joven* (littéralement "village ou cité jeune").

Au recensement de 1970 (44), la ville du Cuzco en comptait vingt. On trouvait rassemblés sous ce nom certains faubourgs déjà anciens, relativement aménagés et construits par des associations professionnelles très structurées (Mercados unidos) ou par des habitants aux occupations plus variées : Uchullo Grande et Alto, Belempampa, Dolorespata, Ccoripata Sur et Ccoripata Amadeo Repetto, Los Incas ; s'y joignaient des formations plus récentes et beaucoup plus précaires, certaines bénéficiant d'un équipement relatif (Picchu et San Isidro dans le secteur de Picchu, Independencia et Construcción Civil dans celui de Puquín, Primavera qui prolonge Ccoripata), d'autres encore dépourvues de tout service comme les misérables faubourgs ayant grandi depuis 1968 derrière l'aéroport et dans la vallée du Huancaro. Certains groupements, jusque là considérés comme marginaux par la C.R.Y.F., n'en faisaient pas partie et gagnaient ainsi, semble-t-il, une promotion de véritable quartier résidentiel ; ainsi Rosaspata et Cruzpata sur les collines derrière le collège Garcilaso, ou Manuel Prado dans la vallée, entre l'hôpital régional et le séminaire.

Comme la plupart des faubourgs populaires des villes des pays sous-développés, ceux du Cuzco ont, dans leur grande majorité, une origine clandestine et restent très pauvres. Mais à la différence de Lima, les maisons y sont généralement édifiées suivant le modèle de celles des métis de la campagne, l'adobe dominant largement ainsi que les toits de tuiles. Par leur habitat, comme par l'origine de la majorité de leurs habitants, ils sont un prolongement en ville du monde rural et matérialisent les liaisons entre le Cuzco et sa région.

---

44. Censo de pueblos jovenes, noviembre 1970. Oficina Nacional de Pueblos Jovenes - Lima, 1971 (chiffres de population).

2°) - La formation des quartiers populaires :

Les premiers faubourgs se sont formés à la suite du tremblement de terre du 21 mai 1950 avec les invasions de terrains réalisées par les sinistrés à Belempampa, puis sur les collines derrière le stade universitaire où étaient logés les sans abri. Cette occupation fut rapidement officialisée par le fait qu'on installa des barraques sommaires, données par le gouvernement des U.S.A. afin de loger 250 familles. L'association de défense constituée dès 1954, installa progressivement l'eau et l'électricité, mais elle n'obtint qu'en 1961 la reconnaissance officielle du quartier par la C.R.Y.F. et en 1968, seulement, la vente du terrain.

Ailleurs, les invasions s'accompagnèrent d'une rapide édification des maisons selon le modèle traditionnel avec des murs d'adobes et des toits de chaume ou de tuile. La ville était alors très pauvre en matériel de récupération et on ne pouvait guère retirer des décombres que quelques poutres de bois et surtout d'importantes quantités de terre qui permirent, en partie, l'élaboration des matériaux de construction. A l'exemple de Belempampa, tous ces nouveaux faubourgs constituèrent des associations chargées de négocier l'achat du terrain et d'installer avec l'aide de la C.R.Y.F. les principaux services publics, eau et électricité. Aux sinistrés se joignirent vite des mal-logés du centre puis, surtout après la chute d'Odría et la relance économique du gouvernement Prado (1956-1962), des émigrants de province. Avec Mercados Unidos en 1959, c'est un nouveau type de groupement qui apparaît. Alors qu'auparavant l'occupation du terrain précédait la formation de l'association constituée au gré des circonstances dans un but surtout défensif, il s'agit cette fois du syndicat des travailleurs du marché du Cuzco qui achète un terrain à lotir pour ses membres (45).

Les terrains plats de la vallée ayant été progressivement accaparés par le secteur public et les projets de cités pour les classes moyennes et aisées, les pauvres furent refoulés sur les collines périphériques. Celles du district du Cuzco furent les premières à être envahies. Elles étaient relativement faciles d'accès, avec à mi-pente, l'ancienne route de Puno (la rue Collasuyo) et la voie montant vers Sacsayhuamán. Elles se trouvaient aussi à proximité des sources de travail que constituaient les chantiers de la vallée. Uchullo Grande, Chico et Alto, puis à partir de 1967, Los Incas, progressèrent en liaison avec l'aménagement de la rocade Nord vers Pisaq. Plus haut sur des terrains privés, coincé entre la coopérative des ouvriers de la brasserie, Lucrepata, Uchullo et un secteur de ruines archéologiques, se forma à partir de 1969-70 Mosocllacta. A Santiago, les buttes de Dolorespata et Ccoripata furent les premières occupés, puis la construction de la nouvelle route vers Anta et Lima favorisa l'expansion des quartiers populaires dans les secteurs du Puquín et de Picchu, beaucoup plus éloignés cependant des centres d'emplois. Leur croissance fut particulièrement nette entre 1969 et 1971 et ne s'est pas arrêtée par la suite (46). Le lit supérieur du Chunchulmayo lui-même, bien que torrentiel pendant la saison des pluies, ne cesse de se peupler ; de nombreux fours à tuiles et à briques y ont été construits ainsi que, derrière le cimetière, dans le ravin de la Almudena. Ces nouveaux faubourgs n'ont toutefois pas encore de reconnaissance officielle. La vieille paroisse coloniale de Santa Ana voyait croître deux lotissements populaires, Rosaspata et Bellavista, le second seulement, étant admis comme pueblo joven. Toujours à Santiago, le lotissement d'Alfapata effectué après le tremblement de terre fut reconnu en 1971 sous le nom d'Association pro-vivienda Santiago. Mais les précaires barraques situées dans le lit même du cours d'eau canalisé, ont été détruites après l'achèvement de travaux de l'avenue Ejército.

---

45. Ce terrain fut acheté 2.385.000 sols (286 000 F.) pour 35,8 ha dont 658 000 payés à l'achat par les 512 syndiqués et le reste payé en 5 ans. Chaque membre versa 1500 sols initialement (180 F), puis 100 sols, (12 F) mensuellement.

46. On a là plusieurs petits groupements séparés par les nombreux ravins qui forment le Chunchulmayo et qui ont été regroupés en 4 pueblos jovenes : Picchu (Sipaspuquio, Picchu Alto, Martín de Porras, Pueblo Libre, Rinconada), San Isidro et dans le secteur de Puquín : Independencia et Construcción Civil.

Il ne restait plus que les collines situées sur la rive droite du Huatanay et elles commencèrent à se peupler à partir de 1967 et surtout après 1969. Au début, leurs constructions faisaient figure de véritables bidonvilles avec leurs barraques sommaires de planches et carton couvertes de tôle ondulée, les matériaux de récupération étant devenus plus abondants qu'en 1950. Toutefois, les champs que continuaient à cultiver leurs habitants, leur donnaient également un caractère rural. En 1971, ces faubourgs avaient grandi, mais dépourvus de services urbains, ils conservaient un aspect misérable. On individualisait déjà nettement quatre quartiers Tiobamba au confluent du Huancaro, puis en allant vers l'Est, Manco Capac, Viva el Perú et General Ollanta. Le premier était un prolongement de la communauté indigène de Chocco, reconnue elle-même comme pueblo joven en janvier 1973 ; le dernier, regroupait une forte proportion de soldats démobilisés après leur service militaire. Un cinquième groupe d'habitations s'établissait dans la vallée du Huancaro, après le pont vers Paruro, prenant le nom de Barrio de Dios. En 1973, tous ces quartiers, sauf le dernier, avec leurs lots bien alignés, pourvus d'eau et d'électricité, avaient déjà les mêmes caractères que les faubourgs plus anciens. Le terrain y étant vendu à raison d'un sol (12 centimes) le m2, désormais bien reliés à la ville par un nouveau pont, ils ne cessaient de progresser, accueillant les mal-logés du centre ville comme les nouveaux venus.

La formation des quartiers populaires du Cuzco qui avait débuté de manière accidentelle et ne répondait pas à un réel attrait de la ville sur ses campagnes, se poursuit donc et a même connu un rythme plus accéléré avec l'actuel gouvernement. L'aide effective, et non plus seulement la tolérance, que reçurent les pueblos jovenes n'y est évidemment pas étrangère. Désormais un organisme du Secteur public incorporé dans le S.I.N.A.M.O.S. (47), s'occupe spécialement de leurs problèmes. Grâce à son effort, 13 faubourgs sur 22 ont été reconnus comme pueblos jovenes et six sont en voie de l'être. Les terrains qu'ils occupaient sont inscrits sur le registre de la propriété et immeuble du Cuzco, à titre collectif, comme individuel pour le lot de chaque habitant. Les principaux services y ont été installés. Les migrations vers la ville semblent d'autre part s'être accrues depuis 1969. Les activités urbaines, en particulier dans le domaine de la construction et du tourisme, ont repris après la crise de la fin du gouvernement Belaunde. Un nombre sans cesse croissant de camions assure des liaisons avec le Cuzco, d'autant plus que les routes ont été améliorées. L'installation de certains services et surtout d'écoles dans les zones rurales a également favorisé les départs. Les adolescents alphabétisés qui s'empressent d'aller à la ville chercher un emploi, peuvent désormais compter sur ces "structures d'accueil" que constituent les faubourgs de provinciaux. Enfin, il serait intéressant de voir si cette croissance n'est pas liée également aux réformes de structure mises en place par le gouvernement, et notamment à la réforme agraire qui a certainement accru la mobilité des travailleurs, une fois rompu le système de la grande propriété.

Un des caractères originaux des "pueblos jovenes" du Cuzco est la force, la cohésion, qu'y conservent les associations d'habitants. On peut dire que celles-ci sont un prolongement à la ville du système social rural. Elles associent en effet de manière paradoxale, le sens de la collectivité des communautés indigènes et le système de domination et d'exploitation des métis et des cholos. L'esprit communautaire se manifeste dans l'acceptation du versement de cotisations mensuelles, l'organisation de *faenas* et de fêtes pour les travaux d'intérêt public. La domination des métis intervient au niveau des juntas directivas des diverses associations constituées. Les métis, parce qu'ils étaient bilingues, souvent établis depuis longtemps dans la ville, et avaient reçu un peu d'instruction, arrivaient en effet à s'imposer lors des élections et étaient, comme dans les villages, rapidement acceptés par les autorités qui s'arrangeaient souvent pour faciliter leur promotion.

---

47. SINAMOS, Sistema nacional de apoyo a la movilización social.

La première revendication de ces juntas concernait leur reconnaissance par la C.R.Y.F. et le conseil municipal. Mais avant même de l'obtenir, elles se posaient en intermédiaires dans les négociations concernant l'achat du terrain, puis la délimitation et la répartition des lots de chacun des occupants. Les terrains appartenaient à des collectivités ou à des particuliers. Dans le premier cas, la Beneficiencia Pública et l'Eglise (le monastère de la Recoleta presqu'uniquement ici), ont toujours été longues à reconnaître le fait accompli et on fait traîner les démarches pour vendre leurs terrains. Au contraire, le Conseil Municipal de Santiago accepta de lotir une partie de la butte de Ccoripata Sur, sans procéder toutefois aux travaux d'urbanisme préalables. Les propriétaires particuliers, soit parce qu'ils ont vu leur domaine envahi, soit plus rarement de leur propre initiative, on cherché à vendre, ou plus souvent louer, des parcelles en traitant avec chacun des occupants ; cela ne les empêchait pas d'entreprendre éventuellement un procès contre eux. Certains ont préféré concéder leurs terres à une société immobilière en devenant parfois actionnaires de celle-ci. On peut citer ainsi la Compagnie immobilière Santa Catalina S.A. à Ccoripata -aux capitaux cuzquéniens et liméniens-, la Constructora Guido Buzi S.A. pour Rosaspata dans le faubourg de Santa Ana et surtout la S.E.T.E.C.O. (*servicios técnicos y construciones S.A*) qui procéda au lotissement des terrains de Chachacomayoc, Huayruropata, Progreso dans la vallée et, en partie, de Tahuantinsuyu, d'Uchullo et de Los Incas sur les collines. Cette société ne réalisait pas les travaux d'urbanisme exigés par la C.R.Y.F. et faisait un trafic de la vente des lots à des gens de condition modeste.

Le prix du terrain n'était "officiellement" pas très élevé. Il se maintenait autour de 20 à 25 sols le m2, atteignant 33 sols à Ccoripata (48). Mais, à la suite de diverses pressions et chantages d'expulsion, il pouvait monter à 50 ou 60 sols, ce qui représente le prix des terrains partiellement urbanisés de la vallée comme Progreso ou Constancia. En effet, la vente a donné lieu à de multiples abus de la part des propriétaires qui exigeaient des prix plus élevés que ceux déclarés à la C.R.Y.F. et n'hésitaient pas à revendre plusieurs fois la même parcelle à des personnes différentes, voire au même occupant qui, menacé d'expulsion, devait en fin de compte accepter de payer un supplément. A Tíobamba, l'hacendado qui procédait en 1968 à un lotissement illégal, en profita pour vendre des parcelles revendiquées en fait depuis 1962 par la communauté indigène de Chocco.

Généralement, on délimitait de très grands lots, vendus à des gens qui n'habitaient pas réellement le quartier, ou à des dirigeants de l'association locale. Les propriétaires subdivisaient à leur tour les parcelles pour les vendre ou les louer. On a ainsi, à Uchullo comme à Picchu et Puquín, de véritables pâtés de maisons encerclés d'un mur d'adobes interrompu par quelques façades donnant sur la rue et comprenant plusieurs logements souvent précaires (planche n° II). Lors du recensement de 1970, 40,2 % seulement des chefs de famille de ces corralones (49), étaient propriétaires de leur logement contre 90,6 % pour les maisons individuelles et 75,4 % pour les misérables "chozas" occupés par de nouveaux arrivants qui attendaient de pouvoir obtenir, au prix de beaucoup d'efforts sur le plan financier comme juridique, l'accession à une parcelle et à une véritable maison. Il existait ainsi tout un trafic des lots ou des maisons construites. Sous prétexte d'aider au règlement des problèmes juridiques, les nombreux avocats de la ville ne manquaient pas d'intervenir dans cette chaîne d'exploitation et les dirigeants des associations eux-mêmes étaient souvent complices de ces agissements. C'est pour cela qu'un des premiers travaux du nouveau bureau de Pueblos Jovenes a été de régulariser la situation juridique de la plupart des quartiers, d'interdire la location de logements, de fixer des prix modiques pour la vente des terrains et de promouvoir de nouveaux comités d'habitants.

---

48. Source : C.R.Y.F. CUZCO 1968-69.

49. Censo de Pueblos Jovenes : Op. Cit.

PLANCHE 2 — «PUEBLOS JOVENES» DU CUZCO

Photo A : «Pueblo Joven» de «Construcción Civil». Faubourg récent (après 1960) des ouvriers de la construction. Étagement des maisons sur une terrasse lacustre de Santiago, au-dessus du ravin de la Almudena. Maisons à étage au toit de tuiles.

(Cliché de l'auteur)

Photo B : Pueblo Joven de «Construcción Civil». Type de lot subdivisé et occupé par plusieurs maisons et cabanes.

(Cliché de l'auteur)

PLANCHE 3 — QUATRE FOYERS URBAINS IMPORTANTS POUR LES RELATIONS CUZCO-REGION

Photo B :
Le Palais de Justice
(Cliché de l'auteur)

Photo A :
Le marché de San Pedro
(Cliché de l'auteur)

Photo C :
Le collège des Sciences
(Cliché de l'auteur)

Photo D :
La rue Marquès
(Cliché de l'auteur)

3°) - L'habitat dans les quartiers populaires :

La physionomie des quartiers populaires varie suivant leur âge. Tahuantinsuyu, par exemple, est à peine différent de Huanchac qui lui fait face dans la vallée ; il a des rues bien tracées, parfois pavées, bordées de trottoirs et des maisons à étage et patio intérieur, souvent habitées par des gens de la classe moyenne. Les épiceries, les ateliers d'artisans y sont nombreux et des services d'autobus le relient au centre de la ville proche. C'est déjà dans un faubourg ancien, sans le cachet colonial de San Blás ou Santa Ana ; il ressemble également à bien des bourgades de province. Chachacomayoc et Huayruropata, mêlent des demeures modernes et même riches, avec des habitations modestes aux matériaux plus simples. Depuis que leur rue principale est asphaltée, ils s'apparentent aux quartiers du vieux Huánchac dont ils sont d'ailleurs le prolongement. Par contre, Manuel Prado, Santa Rosa, Progreso ainsi que Rosaspata et Cruzpata, à cause de leur aspect plus désorganisé et populaire, et de leurs rues en terre, font déjà la transition avec les véritables pueblos jovenes.

Ceux-ci sont, de même, loin d'être tous identiques. Dolorespata, les deux ensembles de Ccoripata et même Uchullo, paraissent plus misérables, souvent presque sordides, à cause de l'entassement des constructions et des fortes pentes. Les deux premiers, qui ont déjà plus de 20 ans d'âge, ont accueilli sans arrêt de nouveaux émigrants. L'habitat, en raison de son ancienneté et de l'absence d'entretien, est souvent dégradé. Les déficiences de la voirie, l'entassement, la saleté, donnent à ces faubourgs les caractères des "barriadas" liméniennes. De même, Belempampa est un véritable bidonville, les barraques primitives étant devenues sordides à la suite des nombreux changements de locataires. Et pourtant, les habitants de ces vieux faubourgs, à l'exception du dernier, par un certain réflexe de classe, refusent le nom de Pueblo Joven, revendiquant celui, moins péjoratif à leurs yeux, *d'urbanización*.

Parmi les quartiers récents ceux qui appartiennent à des groupes professionnels (Mercados unidos, Construcción civil, Independencia), ont des lotissements bien tracés, avec un équipement souvent plus complet et des maisons bien construites. Les autres (Picchu et ceux de la rive droite du Huatanay), ont gardé longtemps un caractère à la fois plus précaire quant aux habitations et aux services, et plus rural, avec de multiples champs cultivés. A la périphérie, les barraques en carton, de tôle ou de planches y sont fort nombreuses. Ce sont là des faubourgs en pleine expansion dont l'aspect ne cesse d'évoluer et qui bénéficient des faveurs du Secteur Public ; les premiers, au contraire, se sont dégradés et présentent des problèmes beaucoup plus complexes à résoudre.

Dans tous ces quartiers, ce sont les petites maisons individuelles qui dominent. Elles représentaient 82 % des 4 154 habitations recensées en 1970 (50) ; les barraques constituaient 9 % du total de même que les courrées (corralones et callejones). La construction de la maison commence dès l'invasion, de manière à mettre les autorités devant le fait accompli et à rendre difficile tout ordre d'expulsion. Elle est relativement rapide, en quelques semaines souvent. Le nouvel arrivant travaille à ses moments de loisir et très tôt le matin avant de prendre son travail. Comme à la campagne, l'aide mutuelle intervient avec les parents et les compatriotes de province. On s'installe avant l'achèvement de la maison, le reste des travaux se faisant au fur et à mesure où on dispose d'un peu d'argent. L'ensemble du quartier, à l'image de chaque habitation, semble ainsi toujours inachevé.

---

50. Censo de Pueblos Jovenes ; op. cit.

L'habitat est très proche de celui des gros villages quechuas ; 92 % des habitations avaient au recensement de 1970 des murs d'adobes alors que la proportion dans l'ensemble des Pueblos Jovenes du pays n'était que de 33,4 % (51). Les briques et les parpaings de ciment, beaucoup plus coûteux, étaient rares (0,6 % contre 40,1 % pour l'ensemble des barriadas péruviennes). La paille tressée (*estera*) et le carton n'intervenaient que pour 0,5 % des maisons au Cuzco alors que dans l'ensemble du Pérou, ils représentaient 14 %. Même dans les quartiers de barraques, la proportion était insignifiante (1,6 %), les habitations les plus misérables y étant faites de tiges de roseau et de boue (quincha) (24,6 %). Les statistiques ont groupé ensemble les toits de tuiles et de tôle ondulée qui concernaient 93,2 % des habitations populaires du Cuzco, contre 24,8 % dans l'ensemble des pueblos jovenes du pays où dominaient les couvertures d'estera et de carton (38,9 %), ou les terrasses de ciment (15,6 %). La tuile prédomine ici largement, non seulement parce que la tôle ondulée est chère, mais parce que la C.R.Y.F. tend à en interdire l'usage afin de préserver l'unité architecturale de la ville. On ne la trouve que dans les quartiers récents ; ainsi en 1971 dans les faubourgs de la rive droite du Huatanay où elle avait presque disparu deux ans plus tard, devant la progression de la tuile. Le chaume de même n'est utilisé qu'à titre provisoire.

Le type d'habitation le plus courant est la maison basse et rectangulaire, sans fenêtre. Les plus importantes ajoutent un étage pourvu d'un balcon, parfois d'une galerie de bois avec un escalier extérieur. Certaines ont même un petit patio ou une cour avec quelques cultures. La moyenne des pièces par habitation est de 2,7 comme pour l'ensemble des pueblos jovenes du pays. Cependant 30 % des maisons n'ont qu'une seule pièce contre 21 % pour l'ensemble du pays. Le nombre d'occupants par maison est de 6 personnes (6,1 pour l'ensemble du Pérou) et celui d'occupants par pièce de 2,2. A la famille élémentaire, s'ajoutent le plus souvent un jeune frère lycéen, un parent venu de province, un compère dans l'attente d'un logement.

L'équipement intérieur est très simple. Le sol est le plus souvent de terre battue et rares sont les maisons ayant un plancher ou un revêtement de ciment. La plupart d'entre elles (64,2 % des maisons des pueblos jovenes mais 18,1 % des barraques), tendent à séparer la cuisine des autres pièces et c'est là un progrès par rapport aux habitations rurales ; la proportion n'est d'ailleurs que de 59,4 % pour l'ensemble du Pérou et de 68,5 % à Arequipa. L'ameublement est limité à l'indispensable. On dort sur le sol ou sur des bas-flancs (tarima) de bois avec quelques couvertures et des peaux de mouton. Un rideau de plastique sépare, éventuellement les chambres d'un petit magasin.

Malgré les progrès intervenus depuis 1964-65, dans l'équipement des quartiers populaires en services publics, notre ville apparaît en retard par rapport à l'ensemble des pueblos jovenes du pays, et en particulier d'Arequipa. C'est ainsi que 10,3 % des maisons des pueblos jovenes avaient l'eau à domicile ou dans l'édifice (1,6 % seulement des barraques), contre 29 % pour l'ensemble du Pérou et 37,1 % à Arequipa. Par contre, 70 % des habitants pouvaient s'approvisionner au robinet public, tandis que 13 % seulement de l'ensemble prenaient l'eau dans un cours d'eau ou un canal d'irrigation ; à Arequipa, cette dernière proportion était plus forte (28,6 %) alors que 20,5 % des maisonnées s'approvisionnaient aux fontaines publiques. Pourtant, 23,3 % des habitations au Cuzco était à plus de 200 mètres d'un robinet public, alors que la proportion à Arequipa était de 14 % et pour l'ensemble du pays de 17 %. Trois faubourgs restaient encore, en 1973, dépourvus de toute installation d'eau potable : Primavera, Mosocllacta et Barrio de Dios. La distribution par l'intermédiaire de véhicules (camions, charrettes, etc...), n'intervenait au Cuzco que pour 6,2 % des maisons et 3,3 % des barraques, alors que

---

51. Censo de Pueblos Jovenes ; op. cit.

faubourgs précédents et le reste réparti entre 5 autres groupements. La déficience est complète en ce qui concerne la santé, les habitants devant avoir recours aux dispensaires, aux hôpitaux ou aux pharmacies du Centre. 20 % environ avaient déclaré le faire lors d'un recensement réalisé par l'Université du Cuzco, en 1969, dans 8 faubourgs populaires (52) ; mais moins de 2 % avaient avoué avoir recours à un *curandero* alors qu'en fait cette proportion est, comme à la campagne, beaucoup plus forte. Les associations ont souvent eu à cœur de construire un *salón comunal* où ont lieu les assemblées. Cette manifestation de leur conscience collective ne traduit pas leur désintéressement pour les autres aspects sociaux qui, en fait, dépendent beaucoup plus de la bureaucratie des ministères concernés. Enfin, les liaisons avec le centre sont mal assurées ; seul "Los Incas" (et au passage Uchullo) a un service d'estafettes, les autobus de Picchu s'arrêtant au pied de la colline, à la limite de la vieille ville.

4°) - La population :

Selon une enquête réalisée par l'Université et le bureau de Pueblos Jovenes en 1969, dans 8 faubourgs de notre ville (52), 53,13 % des habitants étaient nés dans la province du Cuzco, 38,3 % provenaient du reste des provinces et 8,58 % d'autres départements, ceux de l'ensemble du Sud en particulier. Il n'est pas facile de déterminer la part des déménagements depuis la vieille ville et celle des migrations à l'intérieur de la province. Comme dans beaucoup de villes, la mobilité de la population est très forte, des mal-logés du centre allant s'installer sur les nouveaux lotissements périphériques et étant remplacés par de nouveaux-arrivants.

Les provinces les plus proches de la ville étaient les mieux représentées, et en premier lieu Anta (6,37 % des habitants des pueblos jovenes), Paruro (4,67 %) et Quispicanchis (4,53 %) ; suivaient les provinces quechuas très "urbanisées" comme Canchis, Urubamba et Calca. Les habitants des punas méridionales étaient, par contre, peu nombreux, avec moins de 1 % pour Canas et Espinar, Chumbivilcas atteignant toutefois 3 %. Il s'agissait là de gens récemment installés, puisque la durée de résidence moyenne dans le pueblo joven était de 3,8 ans ; elle variait de 7,8 ans à Dolorespata, à 1,8 an à Tupac Amaru (qui faisait alors partie de Tiobamba). Le temps de séjour au Cuzco était cependant plus long, ce qui montre la mobilité de la population entre les divers faubourgs ; il était de 11,85 ans en moyenne, variant de 16 ans pour Dolorespata à 8,4 ans pour Uchullo Grande.

Les caractères de la population étaient sensiblement les mêmes que ceux des quartiers urbains du même type dans la plupart des pays sous-développés. Les habitants y étaient plus jeunes que dans le reste de la ville, 59,39 % de la population ayant moins de 19 ans contre 55,77 % dans l'enquête urbaine du SERH réalisée à la même époque (53) ; la tranche d'âge de 0 à 14 ans était particulièrement importante avec 48,31 % contre 39,92 % dans l'ensemble de la ville (54). Les plus de 60 ans ne représentaient que 1,21 % dans nos 8 faubourgs contre 3,28 % dans l'agglomération. La proportion

---

52. Censo de pueblos jovenes - Oficina de Pueblos jovenes - Cuzco - Setiembre 1969 - Cette enquête, réalisée par l'Université, concerne les 8 faubourgs de Dolorespata, Uchullo Grande, Picchu Alto, Cruzpata, Manuel Prado, Pukupampa, Tupac Amaru, Chocco. Seuls les trois premiers ont été admis par la suite comme Pueblos Jovenes, Chocco qui était alors Communidad campesina, venant d'être reconnue en 1973. Cruzpata et Manuel Prado sont des *urbanizaciones*. Pukutupampa est un lotissement privé très petit et Tupac Amaru est incorporé dans les faubourgs de la rive droite du Huatanay. Cette enquête a servie en fait d'échantillon préalable au recensement général de Pueblos Jovenes de novembre 1969 et elle n'a pas été publiée officiellement.

53. La población, el empleo y los ingresos en 8 ciudades - SERH (Servicio del Empleo y Recursos humanos). Enquête réalisée en novembre 1969, publiée en avril 1971.

54. Toutefois dans l'enquête du SERH la limite se situe à 13 ans et non à 14 ans.

dans l'ensemble du pays, 33,7 % des habitations connaissaient ce système (12,4 % à Arequipa). Le relief, mais aussi une moindre urbanisation, expliquent le bas pourcentage du Cuzco. La faible pénétration des influences urbaines apparaît aussi dans la rareté des installations en douches ; 95,6 % des habitations du Cuzco en étaient dépourvues alors que le pourcentage n'atteignait que 76 % pour Arequipa et 81,2 % pour l'ensemble du Pérou. Il est vrai que le climat froid de la Sierra et les habitudes culturelles des populations rurales interviennent ici.

41 % des maisons et 21,3 % des barraques étaient éclairées à l'électricité ; les autres dans leur grande majorité utilisaient des bougies, les lampes à pétrole étant moins généralisées ici que dans le reste du pays (5,8 % des habitations au Cuzco contre 40,5 %). Dans la plupart des faubourgs, seules les principales rues sont éclairées, quatre pueblos jovenes n'ayant encore en 1973 aucune installation : Santiago, Bellavista, Barrio de Dios et Mosocllacta.

Des égouts n'ont été construits, partiellement d'ailleurs, que dans les vieux quartiers de Ccoripata Amadeo Repetto, Dolorespata et Uchullo grande. Aussi, 85,5 % des habitations n'avaient aucun système d'évacuation des déchets, 1,8 % seulement ayant le tout à l'égout et les W.C. Le Cuzco était dans ce domaine nettement défavorisé, puisque 19,5 % des habitations des pueblos jovenes de l'ensemble du Pérou disposaient de ce service, la proportion atteignant 29 % à Arequipa ou 30,1 % des habitations, seulement, n'avaient aucun système d'évacuation. Il faut dire, d'ailleurs, que ce service est peu répandu dans la plupart des agglomérations de notre région.

L'entassement des habitations rend ici le problème des déchets d'autant plus aigu ; cet entassement est pourtant relativement moins grand au Cuzco que dans les autres "bidonvilles" du Pérou, à l'exception de ceux d'Arequipa qui apparaissent plus aérés. Au Cuzco, la grande majorité des lots, soit 74,8 %, se situaient entre 150 et 400 m2 contre 49,3 % dans l'ensemble du pays et 65,7 % à Arequipa. Il y avait par contre peu de grands lots dépassant 400 m2 (4 %) alors qu'à Arequipa la proportion était de 16,9 % (5,7 % pour l'ensemble du pays). Les lots inférieurs à 150 m2, représentaient au Cuzco 13,6 % contre 34,4 % pour l'ensemble du pays, mais 10,1 % seulement à Arequipa ; 3,5 % avaient moins de 25 m2. La proportion de petits lots était beaucoup plus forte dans les quartiers de barraques (*chozas*) où 21,3 % des lots avaient moins de 25 m2, 67,2 % ayant moins de 150 m2. La densité des maisons atteint 23,38 à l'hectare. Elle limite beaucoup les espaces vides ou d'ailleurs, le plus souvent, s'entassent les ordures et se logent quelques terrains cultivés. Ceux-ci étaient très nombreux sur les collines de la rive droite du Huatanay en 1969-70, mais en 1973, ils n'apparaissaient guère qu'au sommet du quartier ; de même à Picchu ou Los Incas.

La pente et le relief très accidenté constituent ici une très grande gêne. Toute construction nécessite des travaux de nivellement souvent sommaires et bien des maisons semblent perchées les unes au-dessus des autres. Sur les collines de la rive droite du Huatanay, l'alignement des habitations a souvent suivi les courbes de niveau ; de même à Picchu où on était aidé par le tracé en zig-zag du chemin de fer, formant par ailleurs un important obstacle. Mais à Uchullo où la subdivision des lots a été fréquente, on a une plus grande désorganisation, combinée à une plus grande pente. L'action de l'homme qui a creusé autant pour fabriquer les adobes que pour les fondations, a multiplié les ravinements et les risques d'éboulements, en particulier pendant la saison des pluies.

Quant à l'équipement en services sociaux et culturels, il est très déficient. Seuls cinq pueblos jovenes avaient en 1973 des écoles primaires (Ccoripata Sur, Dolorespata, Los Incas, Viva el Perú et Independencia). Le Ministère de l'Education avait donné la même année, 1 million de sols (120.000 F. environ) pour la construction de 25 salles de classe, à la charge des habitants, dont une dizaine dans les d'hommes semble d'autre part plus forte dans ces quartiers avec 50,66 %, contre 48,45 % pour l'ensemble de la ville. On a une immigration de célibataires qui représentent 64,86 % de la population de plus de 14 ans, alors que pour l'agglomération, la proportion n'est que de 42,1 %. Dans les familles déjà établies en ville, on accueille en effet, plus volontiers, les jeunes garçons plus susceptibles de se débrouiller économiquement tout en suivant les cours du soir. D'autre part, bien des domestiques femmes, vivant chez les personnes qui les emploient, n'ont certainement pas été recensées, ce qui explique le taux important de masculinité.

Le recensement effectué par l'Université est assez imprécis quant à la structure de l'emploi ; 30,58 % des habitants avaient une profession mais le pourcentage de population économiquement active n'est pas donné. Les ouvriers représentaient 8,12 % des travailleurs, les commerçants 6,8 %, les artisans 3,5 % et les employés 3,4 %. Le secteur "domesticité", avec 1,1 %, était peu représenté ce qui semble montrer que le pourcentage de femmes ayant un emploi a été sous-estimé. Le chômage et le sous-emploi n'apparaissent d'autre part pas dans le recensement. Ils atteignaient respectivement 9 % et 40 % de la population urbaine dans l'enquête du S.E.R.H. et on sait qu'ils touchaient particulièrement les immigrés récents venus à la ville sans aucune formation. Ce sont eux qui exerçaient tous les petits métiers urbains de manière souvent temporaire et irrégulière. 76,7 % des travailleurs avaient un revenu mensuel inférieur à 2 500 sols (300 F en 1969). Or dans l'enquête du SERH, 71,2 % disposaient de moins de 3 000 sols par mois, le revenu mensuel moyen de notre ville étant de 1700 sols (55).

Le pourcentage des personnes sachant lire et écrire était plus élevé dans les faubourgs populaires que dans le milieu rural ; il variait de 44,22 % à Chocco, qui est en fait une communauté paysanne, à près de 70 % à Uchullo et Dolorespata et près de 75 % à Cruzpata et Manuel Prado. Pourtant, près de 32 % des habitants avaient une éducation primaire incomplète, 11,86 % la possédant de manière complète et 14,6 % ayant été dans un collège secondaire. La proportion de ces derniers était particulièrement forte à Cruzpata, Manuel Prado et Uchullo qui avaient également près de 7 % de leur population ayant été à l'Université. La proportion de personnes parlant l'espagnol variait de 70 % à Chocco, à 86,62 % à Dolorespata, atteignant presque 100 % à Cruzpata et Manuel Prado. Le quechua toutefois restait également employé.

De ses origines rurales et indiennes, la population des pueblos jovenes du Cuzco, garde d'autre part certains caractères qui la distingue de celles des grandes villes comme Arequipa ou Lima. Nous avons vu que le sens de la collectivité du faubourg et de l'entraide y est très fort. La famille, de même, y semble beaucoup plus unie, la proportion de concubins étant sans signification dans une région où l'on pratique le *sirvinakuy* (56). La prostitution, de même, très fréquente à Lima, semble ici peu répandue comme d'ailleurs dans l'ensemble de la ville. Les liens familiaux ont cependant tendance à s'affaiblir du fait de l'indépendance grandissante des enfants amenés à gagner très tôt leur vie. La misère, le sous-emploi, l'alcoolisme suscitent un état d'agressivité voire de violence qui est beaucoup plus accentué et surtout plus permanent qu'à la campagne. Pour certains sociologues, ce serait un des caractères dominant du *cholo*, les pueblos jovenes de notre ville étant à ce titre des foyers essentiels du processus de "cholification" (57).

---

55. 1 sol = 0,12 F en 1969.

56. Sirvinakuy : "le mariage de preuve", c'est-à-dire l'union réalisée pendant deux ans et qui précède, avec le consentement des familles respectives, le mariage catholique et plus rarement civil.

57. Nous reviendrons sur ce phénomène qui traduit l'évolution sociologique des Indiens au contact des villes.

C. Les nouveaux quartiers des classes moyennes aisées :

1°) - Les immeubles et lotissements du secteur public :

Les immeubles et les lotissements réalisés par le secteur public ont été conçus en fait pour des familles ayant des revenus relativement fixes puisque leurs logements étaient attribués selon la formule location-vente. Ils ont été acquis par des gens des classes moyennes et beaucoup plus rarement par des ouvriers. L'immense majorité des émigrés récents, vivant de petits métiers le plus souvent temporaires, n'y a donc pas accès.

Les premiers immeubles ont été construits sous le gouvernement d'Odría dans le quartier le plus touché par le séisme de 1950 et le plus pauvre : Santiago. Les autres furent implantés sur l'avenue de la Culture, accompagnant ainsi le mouvement de croissance de la ville vers l'Est : Zarumilla (9 immeubles de 2 étages en 1955) et Mariscal Gamarra (21 immeubles de 4 étages et 107 maisons), édifié en 1963 et complétant un lotissement de 170 pavillons, (réalisé en 1952), le premier de ce type au Cuzco (58). Construits par la Junta Nacional de la Vivienda (59), les deux groupes d'immeubles offrent environ 640 logements (60), occupés selon un système de location-vente s'étalant sur une période de 20 ans, avec des loyers mensuels variant en 1969, de 1500 à 3700 sols pour des appartements de 3 à 5 pièces. Destinés à la classe des professionnels aisés de la ville, ils ne répondent donc pas aux buts initiaux de la J.N.V. qui a investi à Mariscal Gamarra la somme de 128,3 millions de sols (15,4 millions de francs).

L'ensemble résidentiel possède une école de garçons, une maternelle et, depuis peu, un parc récréatif. Le centre commercial prévu n'a pas été aménagé mais de petits magasins s'y sont installés. Un espace est réservé pour un local communal et une chapelle qui ne sont pas encore construits. La cité est bien desservie par une ligne spéciale d'autobus, ainsi que par les divers services empruntant l'avenue de la Culture, ceux de l'Université toute proche, en particulier. Zarumilla de même a un petit centre commercial.

Les deux associations ayant donné naissance en 1963 à la Junta Nacional de la Vivienda réalisèrent également les lotissements plus populaires de Zaguán del Cielo derrière la brasserie (49 logements pourvus d'un petit patio-jardin) et de Ttío. Ce dernier, aménagé à partir de 1960, est le plus grand des ensembles résidentiels du Cuzco et le mieux équipé en services collectifs. Il dispose de 57 hectares de terrain plat ayant appartenu à une hacienda expropriée par la C.R.Y.F. dès 1957-58. Une trentaine d'hectares seulement sont bâtis, divisés en 1860 lots de 150 à 250 m2. La J.N.V. a conservé près de la moitié du lotissement pour y construire des maisons destinées à des familles disposant de revenus mensuels situés entre 975 et 2 600 sols (61). La plupart des logements ne disposaient que d'un noyau central élémentaire (une salle, une cuisine, un W.C. avec lavabo) autour duquel le propriétaire était libre de construire. Certains y ont ainsi ajouté un étage. Tous avaient par contre un petit patio-jardin. L'accession à la propriété se faisait en 17 ans avec des loyers mensuels variant de 236 à 352 sols. 73 millions de sols (8,8 millions de frs) ont été ainsi investis (2 millions pour le terrain, 25 millions pour l'installation des services et 45 millions pour les habitations), dont 30 % donnés par l'Etat et 70 % par le B.I.D.).

---

58. Ils ont été réalisés par le Fondo de Salud y Bienestar Social qui construisit également les immeubles de Santiago.

59. La Junta Nacional de la Vivienda (J.N.V.) qui dépend du Ministère du logement a été créée en janvier 1963 en regroupant deux organismes : la Corporación Nacional de la Vivienda et l'Instituto de la Vivienda. Son but était de favoriser la construction de logements populaires grâce à l'aide financière du B.I.D.

60. En comptant 432 appartements dans les édifices de Mariscal Gamarra, 107 pour les pavillons populaires attenant et une centaine d'appartements à Zarumilla.

61. 1 sol : 0,12 francs

PLANCHE 4 — QUARTIERS MODERNES DU CUZCO

Photo A : La cité de Mariscal Gamarra.

Ensemble de bâtiments modernes à 4 étages pour la classe moyenne. On aperçoit, au centre, l'ancien aéroport, puis au-delà le stade Garsilaso et le quartier de Huayropata. Au fond à gauche, le lotissement de maisonnettes de T'tio, et sur les collines les «pueblos jovenes» de la rive droite du Huatanay.

(Cliché de l'auteur)

Photo B : Le lotissement de Santa Monica et la chapelle du Séminaire.

Type de maison moderne pour la classe aisée.

(Cliché de l'auteur)

Le reste des lots était vendu à de nombreuses associations d'employés et d'ouvriers qui achetaient collectivement le terrain urbanisé (86 sols environ le m2) et laissaient à leurs membres la liberté de construire leur maison suivant un modèle cependant déterminé. Les deux principales associations étaient celle des "sinistrés du séisme de 1950" (114 lots) et celle des employés du Cuzco (286 lots) qui vient d'achever récemment la construction de maisons plus amples et plus soignées grâce à des crédits individuels de la Caja de ahorros y prestamos para vivienda (62). Dans les autres groupements, on rencontre des employés de toutes les administrations du Cuzco (de l'hôpital, de certaines banques) et quelques ouvriers dont ceux du chemin de fer de Santa Ana. On a, au total, un groupe d'un millier de maisons dont le prix s'élevait en moyenne, en 1969, à 70 000 sols (8 400 F). L'ensemble dispose d'un dispensaire, d'un poste de police, d'une école primaire avec maternelle et même, depuis 1972, d'une annexe du collège de Ciencias. Un petit marché y a été construit et plusieurs magasins (dont un dépôt de blanchisserie) et des artisans s'y sont installés. La cité est bien desservie par une ligne de microbus et 2 lignes d'autobus dont l'une va à l'aéroport.

Le gouvernement militaire a mis en route, à partir de 1971-72, de nouveaux projets de lotissements populaires. Celui de Marcavalle est terminé, avec 250 maisons dont l'achèvement comme à Ttío était laissé aux soins des occupants. Une cité semblable est envisagée sur les terrains en cours d'expropriation qu'avait conservé le couvent de la Recoleta en arrière de Cruzpata. La nouvelle loi sur les "predios urbanos" en préparation, semble vouloir d'autre part favoriser l'expropriation de nombreux terrains particuliers acquis à des fins d'urbanisme et non construits, en particulier à San Sebastián et Santiago. De même, le pâté de constructions compris entre l'avenue de la Culture et les rues Huáscar et Huayna Capac, serait menacé d'"étatisation", le Ministère du Logement envisageant d'y construire des édifices du type de Mariscal Gamarra, à une centaine de mètres seulement du centre historique.

2°) - Les lotissements des associations professionnelles :

Parallèlement aux efforts du secteur public, d'autres groupements professionnels du Cuzco (syndicats, mutuelles, ou simples associations), ont cherché à avoir une cité pour leurs membres. A la différence des "associations pro-vivienda" des faubourgs périphériques, ils ont présenté à la C.R.Y.F. des projets qui respectent les normes officielles en matière d'utilisation de l'espace et d'installation des services (2 % réservé à l'Etat, 10 % aux espaces verts, 28 % aux voies de circulation). L'eau, les égouts, l'électricité, sont installés en principe avant la construction des maisons. Les lots prévus sont étendus, 300 m2 en général et jusqu'à 430 dans le "quartier professionnel" ou 475 dans celui des policiers à Marcavalle. Le prix du terrain varie de 20 à 40 sols mais avec les services, il atteint 100 sols et même 120 sols à Huancaro (63).

Tous ces lotissements concernent en fait des employés à l'exception de la cité des ouvriers de la brasserie (76 maisonnettes de 2 pièces, cuisine, salle d'eau, cédées en location-vente pour 20 ans, à raison de 884 sols mensuels). Sur les collines du district du Cuzco, on ne trouve guère, outre cet ensemble, que les petites cités de Lucrepata pour les employés de l'Université, le Barrio Profesional préalablement conçu pour les comptables et les terrains de "Residencial Universitaria", pour les professeurs universitaires (d'ailleurs en partie vendus depuis 1967 au pueblo joven Los Incas). Ce sont les terrasses de la vallée qui accueillent les lotissements les plus vastes et les mieux organisés : Qellapay

---

62. Il s'agit d'une Caisse d'Epargne et de Crédit pour le logement.

63. 1 sol : 0,12 F en 1969.

pour les travailleurs du Banco de la Nación, Marcavalle pour la police, Kcary Grande (5,2 ha) pour les employés de la brasserie, et enfin, le "quartier des enseignants" ("Barrio Magisterial") prolongé par celui des professeurs du technique. Santiago est le plus pauvre en "lotissement professionnel" mis à part le quartier militaire édifié à Ccoripata vers 1954-55 et le grand ensemble résidentiel de l'Asociación de Comercio y Industria dans la vallée du Hancaro. Vaste de 20 ha (achetés 3,2 millions de sols en 1963), celui-ci groupe 237 lots de 300 m2 en moyenne pour des habitations, et 3 grands lots de 2,8 ha pour des industries. Bien que presque totalement construit, il n'a pas encore reçu d'approbation définitive car il se heurte aux intérêts de l'armée, de la C.R.Y.F. et du conseil municipal de Santiago qui, tous, convoitaient les terrains, pour les destiner soit à la caserne, soit à un terminus ferroviaire ou routier.

L'ensemble de ces "quartiers professionnels" couvre environ 106,7 ha avec quelques 1800 lots qui sont presque tous aujourd'hui bâtis, en particulier grâce aux prêts de la Caja de Ahorros y Préstamos para Vivienda. Malgré l'organisation préalable des diverses associations, il existe une grande mobilité parmi les "locataires". Beaucoup de professionnels cuzquéniens ont en effet édifié une maison pour la louer, pensant réaliser un bon placement garanti par leur corporation. Aussi ces quartiers sont-ils peuplés de multiples provinciaux. On a là toute cette nouvelle élite de techniciens et employés qui ont trouvé du travail en ville grâce au développement des fonctions administratives et commerciales. On a même, parfois, des gens travaillant encore en province, mais qui ont construit une maison au Cuzco en vue de leur retraite ; ainsi de multiples professeurs du "Barrio Magisterial".

3°) - Les cités des sociétés immobilières :

Il y a au Cuzco peu de sociétés immobilières selon le modèle classique. Il faut voir là certainement le résultat de la faiblesse du capitalisme local qui, de toute façon, a toujours préféré investir dans la construction à Lima. La plupart des habitants ayant des revenus moyens ou faibles, unis par des solidarités souvent professionnelles, ont préféré acheter collectivement leurs terrains. Peu d'espaces se prêtent d'ailleurs à la spéculation mobilière au Cuzco : les collines sont envahies par les pauvres, l'Etat bloque une grande partie des terrains de la vallée avec les deux aéroports, le parc industriel et les lotissements de la Junta de la Vivienda.

Le capital extérieur a été jusqu'ici très réservé, en dehors de quelques édifices commerciaux (banques, etc...), touristique (hôtel Savoy, restauration de maisons coloniales) et tout récemment d'un immeuble de 7 étages pour des bureaux et des appartements sur l'avenue Garcilaso. Quelques commerçants et industriels aréquipéniens et liméniens travaillant au Cuzco, ont toutefois pris des participation dans la Société Ingesa (Inversiones y negocios generales S.A.) qui a réalisé la cité de Santa Mónica, seul projet sur cinq à avoir abouti (commencée en 1966, le gros des maisons n'y a été construit qu'après 1970, au fur et à mesure où reprenait la croissance économique). Sur des terrasses dominant l'aéroport, elle occupe 10,3 ha de terrain légèrement accidenté, ce qui lui confère un caractère moins rigide, avec des rues sinueuses et des habitations disposées à des niveaux différents. 212 lots ont été délimités pour des maisons individuelles ; au prix de 400 à 600 sols le m2, payables en trois ans, ils ont été achetés par une grande majorité de médecins, avocats, ingénieurs, riches commerçants, gérants d'entreprises. Les demeures y sont généralement modernes et très confortables. Mais la voirie n'est pas très bien entretenue avec des herbes folles sur les espaces non bâtis et les égouts de la ville qui se déversent dans le petit ruisseau en contre-bas. Les services collectifs prévus (école, centre commercial, poste de police) n'ont pas encore été édifiés. Ingesa avait un second projet de résidence aisée, un peu plus bas dans la vallée à Santa Ursula (5,4 ha et 350 lots), mais il n'est pas complètement approuvé par les autorités et reste de ce fait menacé d'expropriation par le Ministère du Logement.

La deuxième société, Manahuañoncca, est entièrement cuzquénienne (64) ; elle propose dans le district de Santiago, sur des collines éloignées de la ville, une centaine de lots de 2 500 m2 pour des habitations de type "granja", c'est à dire semi rurales avec jardin, et des possibilités d'atelier ou de petit élevage. Le terrain est vendu à raison de 20 sols le m2 (2,4 F) et les habitants construisent eux-mêmes leur maison. On a donc là un projet qui prétend résoudre le problème des lotissements populaires spontanés en leur offrant un terrain pourvu de certains services urbains et une moindre rupture avec la vie rurale. Mais il semble, cependant, cher pour cette catégorie sociale. Très éloigné de la ville, dans une zone dépourvue de tout moyen de transport mis à part quelques camions allant à Paruro, ce lotissement a très peu progressé depuis les premiers travaux de 1968. Quant à la cité Kennedy, à l'Ouest du nouvel aéroport, elle en est restée à quelques travaux de viabilisation, avec ses 15 ha vendus 400 sols le m2, destinés à la classe aisée. Un troisième projet était enfin à l'étude en 1969, Quispiquilla (10 ha) à San Sebastián. C'est cette même société Manahuañoncca qui a conçu et réalisé le projet de Country Club Limatambo ainsi que le lotissement Pavayoc à Quillabamba. Elle témoignait donc d'un esprit d'entreprise, d'un goût du risque et d'une certaine vocation régionale, trop rares chez les hommes d'affaires cuzquéniens. Mais, en fait, malgré l'appui de capitaux étrangers (allemands pour la cité Kennedy et américains pour Limatambo), elle a pâti de difficultés financières et de la conjoncture actuelle assez peu favorable aux lotissements privés. Ce sont les mêmes difficultés qui empêchent la réalisation par une famille cuzquénienne du lotissement de Bancopata (9,8 ha) entre le Huancaro et la gare de la Peruvián.

Enfin, il y a de nombreux lotissement privés qui ne sont pas tous acceptés par les autorités. Certains, destinés à la classe moyenne ou même aisée, obéissent aux normes d'urbanisme ; ainsi à Santiago, sur la colline de Ccoripata, la Quinta Jardín et la Quinta Esmeralda. D'autres, au contraire, sans être clandestins comme les pueblos jovenes, n'ont pas les services indispensables et sont plus populaires comme, toujours à Santiago, Cantocc, El Rosal (0,5 ha), Huerto de Jerusalem (0,5 ha), Pucutu Pampa (2 ha) et Poroto Paccha. A Huánchac, ils sont plus vastes et présentent les mêmes caractères que les quartiers des Associations pro-vivienda. On trouve ainsi entre Huayruropata et le lotissement de Ttío, San Francisco (7,4 ha) et San Borja (9,6 ha) qui se partagent les terrains de l'hacienda San Judas Grande, et, au Sud du "vieux" Huánchac, Constancia (1,13 ha) et Bellavista (2 ha).

Cette division en quartiers qui s'affirme de manière évidente dans le paysage urbain est beaucoup moins nette au niveau de la population. Elle n'apparaît clairement qu'aux deux extrêmités de l'échelle sociale : dans les lotissements de la classe riche (type Santa Mónica, Barrio Magisterial ou même le long de l'avenue Prado) ou dans les Pueblos jovenes les plus récents. Ailleurs, la population est plus mêlée. Dans les vieux quartiers coloniaux en plein cœur de la ville on a par exemple beaucoup de gens des classes moyennes et pauvres. Dans les faubourgs populaires, des hacendados ou des fonctionnaires d'origine provinciale, voisinent avec des comuneros nouvellement installés en ville.

---

64. Compañía Imobiliaria Manahuañoncca Ltda. qui a pris le nom de l'hacienda achetée à un de ses trois actionnaires pour réaliser la lotissement.

49

IV. - LA CONCENTRATION DES FONCTIONS URBAINES DANS LE CENTRE

Malgré l'expansion des nouveaux quartiers, le Centre continue à concentrer la majeure partie des fonctions urbaines. Toutefois, on assiste à leur dispersion à l'intérieur du district du Cuzco et, de plus en plus, à leur glissement vers l'Est.

La place d'Armes a perdu, depuis le début de ce siècle, sa prépondérance commerciale et politique. Elle reste le cœur historique de la cité, le centre religieux, avec un rôle de plus en plus symbolique et touristique. Elle connaît, toutefois, en liaison avec le tourisme, un réel renouveau commercial avec une dizaine de restaurants et salons de thé, de nombreuses boutiques d'artisanat et la Direction du Tourisme (65).

Très proche, la place Regocijo a été longtemps le centre administratif avec la Municipalité et la Préfecture. Maintenant, en raison de la multiplication des services et de l'accroissement de leur fonction, on a une grande dispersion des bâtiments administratifs. Si la Préfecture s'est seulement déplacée rue Santa Catalina, le Palais de Justice à l'entrée de l'avenue Sol et SINAMOS(66), rue Nueva Baja, tous les autres bureaux gagnent la partie orientale de l'agglomération sans quitter toutefois le district de Cuzco (67). Le Ministère des Travaux Publics est le seul à s'être installé à Huánchac, sur l'avenue de la Culture.

La fonction administrative des deux banlieues de Huánchac et de Santiago est donc très limitée et réduite à celle d'un petit district avec une municipalité et un poste de police. Toutefois, la présence de deux lycées et collèges techniques, de l'Université et de l'hôpital régional - même si officiellement ils appartiennent au district du Cuzco - confère à l'ensemble de la partie orientale de l'agglomération une réelle importance. Celle-ci tend à se prolonger jusqu'à San Jerónimo avec la construction du collège militaire et de la nouvelle prison. A défaut d'une réelle fonction administrative, le nouveau Cuzco de la vallée a ainsi un grand rôle social et culturel.

Un ambitieux projet du gouvernement Belaunde avait pensé regrouper tous les bureaux administratifs, dans une cité édifiée à l'emplacement du vieil aéroport, au cœur de Huánchac. Mais cela parut un déplacement trop important des activités du Centre qui reste pour tous le cœur de l'agglomération. Un autre argument avancé, l'entretien des vieilles maisons coloniales par les administrations locataires, fait sourire, quand on constate l'actuelle migration des bureaux vers des immeubles neufs. Le projet de "Centro Cívico" ne semble toutefois pas complètement abandonné et certaines aires récréatives (parc et colisée) pourraient trouver bientôt un début d'exécution. Il matérialisait de manière éclatante la croissance de la ville vers la vallée du Huatanay.

La plupart des activités commerciales restent également groupées dans le district central du Cuzco ; cependant la migration de certaines entreprises vers Huánchac est beaucoup plus importante que pour les services administratifs. On a dans le vieux centre, trois foyers commerciaux privilégiés et dans une certaine mesure complémentaires : les rues autour des Places d'Armes et Regocijo, San Pedro, enfin, la place de Limacpampa Grande. Débouchant de la Place d'Armes, l'ample avenue Sol prend l'allure d'un centre d'affaires avec, dans sa partie supérieure, 2 banques, 5 maisons de gros, 2 hôtels, un supermarché et les nouvelles Galeries Touristiques. C'est à San Pedro que se trouvent le

---

65. ENTURPERU : Empresa de Turismo del Perú. Cet organisme est aujourd'hui intégré dans le Ministère de l'Industrie et du Commerce.

66. SINAMOS : Sistema nacional de apoyo a la movilización social. La C.R.Y.F. que cet organisme a absorbé était située rue Nueva Baja.

67. Ainsi le commandement militaire avenue Pardo, le Ministère de la Santé près du pont Grau, l'Inspection régionale d'Education avenue Tullumayo, le Ministère de l'Agriculture rues Matará et Qera, la Police sur l'avenue Sol, le Tránsito (contrôle du trafic automobile) place Limacpampa et tout récemment la Poste entre les avenues Sol et Pardo.

marché et la gare du chemin de fer de Santa Ana, l'un et l'autre ayant favorisé l'établissement de nombreuses échoppes spécialisées, d'une part, dans le petit artisanat (chapellerie, confection, articles pour touristes), et, d'autre part, dans le négoce des produits de l'agriculture, des terres chaudes en particulier. En liaison avec la clientèle provinciale, de multiples commerces de détail et de demi-gros s'y sont installés ainsi que d'innombrables restaurants populaires. Les petits métiers, plus que partout ailleurs dans la ville, sont ici légion. De nombreuses lignes d'autobus urbains, de taxis et de transport provinciaux ont enfin là leur terminus.

Le troisième centre du commerce cuzquénien, la place Limacpampa Grande (et son annexe de Limacpampa Chico) marquait depuis l'époque coloniale l'entrée de la ville en venant de Puno et d'Arequipa. Les boutiques s'y sont spécialisées dans le négoce des produits des terres chaudes (bois, alcool de canne à sucre surtout) et, tout récemment, dans les activités liées au transport (vendeurs de pièces de rechange et de pneumatiques). La Cuzco-Puno Motors s'y était réservée tout un îlot pour son garage et sa station-service, une des premières de la ville ; deux entreprises d'autobus et de taxis interurbains y ont leur siège, cependant que de nombreux camions provinciaux ont leur terminus rue Arcopunco. L'ouverture de trois agences bancaires (banco de Crédito, Continental, de la Nación) en 1966-67, souligne l'importance commerciale croissante de cette place.

Les artères joignant ces 3 centres commerciaux concentrent le reste du commerce de la ville ; ainsi San Agustín entre la Place d'Armes et Limacpampa Grande avec ses annexes de Santa Catalina Angosta, Santa Catalina Ancha, et même Maruri. Le plus important est l'axe Marqués-Santa Clara entre la Plaza de Armas et San Pedro, et secondairement leur perpendiculaire Mesón de la Estrella-place San Francisco - Granada. La rue Marqués, entre le marché et le centre administratif, canalise les va et vient de la plus grande partie de la population de la ville, des provinciaux, des touristes. Sur une distance de cent cinquante mètres, on peut y acheter toutes les catégories de marchandises offertes par la ville sauf des automobiles. D'autres rues commerciales s'esquissent à la périphérie du centre historique, le long des rues Ayacucho-Belén et Matará. Elles ont bénéficié de la rénovation du quartier, après le tremblement de terre, et de la construction d'édifices modernes offrant, au rez-de-chaussée, d'amples locaux commerciaux.

Le district du Cuzco, qui groupait, en 1970, 78 % des commerces de l'agglomération, a les magasins les plus spécialisés et surtout la presque totalité des maisons de gros. Celles-ci dans l'ensemble se déclarent satisfaites de leur localisation au cœur de la cité, mais se plaignent souvent du manque de place et de la vétusté de leurs locaux. Certaines ont été obligées de dédoubler leurs points de vente (ainsi Gibson, Ricketts, Macedo). Les succursales liméniennes plus récemment implantées, ont préféré s'installer dans les immeubles neufs de l'avenue Sol, sans dépasser toutefois le croisement avec la Garcilaso, (Maisons Ferreyros, Grace, Berkemeyer, Supermarché Cuzco) ou dans les rues Belén et Matará (Perulac, Duncan Fox, Carsa). Le rôle commercial de Huánchac pour la plupart des grandes entreprises a été ainsi limité à l'installation d'entrepôts plus accessibles aux camions que les magasins du centre. Il y en a plusieurs à Huayruropata, ou à l'entrée de l'ancien aéroport, sur la piste qui prolonge l'avenue Garcilaso.

A partir de 1967, quelques entreprises ont quitté le Centre pour Huánchac ; ainsi le magasin de machines agricoles Dondero et la Corsur. Deux représentants d'automobiles ouvraient des succursales sur l'avenue de la Culture où le supermarché "El Chinito" créait un nouveau magasin. C'est là un mouvement qui pourrait s'amplifier dans la mesure où l'Est s'accroît et est bien relié au Centre. La migration des bureaux de banque n'a pas dépassé l'extrémité de l'avenue Sol où se trouve le Banco de Fomento Agropecuario, et la place de Limacpampa. Huánchac et Santiago n'ont ainsi aucune banque, pas même un bureau du Banco de la Nación.

Les créations d'entreprises commerciales dans les nouveaux quartiers de Huánchac se sont principalement faites dans deux branches très spécialisées : les transports et les loisirs. Dans le commerce de détail, on note le même sous-équipement des banlieues du Cuzco. Huánchac qui comptait en 1970, 263 épiceries (1 pour 80 habitants), souvent très petites, n'avait qu'une vingtaine de magasins spécialisés : 3 librairies, 2 pharmacies (d'ailleurs installées sur l'avenue de la Culture), 4 teintureries, 7 quincailleries, deux bazars importants et deux bijouteries(68). Il a, par contre, un ample marché qui matérialise ainsi la croissance de la ville vers l'Est. Santiago est encore plus mal pourvu en commerces spécialisés, puisqu'il n'avait, en 1970, qu'une teinturerie, une pharmacie et un magasin de meubles en dehors de deux ou trois garages. Quant aux faubourgs populaires, ils n'ont que quelques épiceries-débit de boissons. Le mieux équipé est Ttío où on a construit un petit marché et qui possédait, en 1970, un dépôt de teinturerie.

Les districts de Huánchac et Santiago jouent un rôle plus important au point de vue industriel. Ils groupent environ le quart des entreprises de la ville et surtout les plus grandes d'entre elles. Le premier a en effet grandi avec la construction des deux fabriques textiles et à proximité de la brasserie. Les ateliers s'y sont multipliés, en particulier dans la partie ancienne et son prolongement de Huayruropata. Le second, a toujours eu de nombreux artisans, notamment dans le travail du bois et celui des briques et tuiles. Aujourd'hui, c'est dans la vallée du Huancaro que s'établissent les usines nouvelles comme la centrale thermique de Dolorespata, la R.A.C.S.A. et des petites entreprises dans le Parc de l'association pour le commerce et l'industrie. La C.R.Y.F. a choisi Huanchac pour son projet de Parc industriel, mais il ne s'y est construit que l'entrepôt frigorifique du Ministère de la Pêche. Les entreprises privées préfèrent s'éloigner jusqu'à San Sebastián et San Jerónimo (ainsi la Comersa, et bientôt la Coca Cola, le nouveau réservoir de l'I.P.C. et l'usine de traitement des ordures ménagères en projet).

Ainsi les banlieues nouvelles du Cuzco ont avant tout une fonction résidentielle pour les classes populaires surtout, mais aussi de plus en plus pour des commerçants aisés et de nombreux fonctionnaires. Les lieux de travail restent au centre et en particulier ceux qui facilitent les petits métiers comme le tourisme, l'administration et le marché. Malgré quelques usines et les chantiers de construction de l'Est, Huánchac et, à plus forte raison, Santiago, prennent l'allure de banlieues-dortoirs. A ces nuances près que le centre n'a pas le caractère d'une "City" se vidant de ses habitants le soir, et que les distances courtes, comme l'exercice souvent temporaire d'un métier, favorise les va-et-vient tout au long de la journée.

Les liaisons entre le Cuzco et ses nouveaux quartiers se sont beaucoup améliorées ces dernières années, et les faubourgs apparaissent ainsi, quoique de manière inégale, relativement bien intégrés dans l'agglomération. Trois avenues parallèles, amples et asphaltées, joignent Huánchac au Cuzco ; l'une prolonge l'avenue Sol et traverse Ttío pour rejoindre l'aéroport. Les deux autres, l'Avenue de la Culture et Huayruropata, achevées récemment (1972), se joignent à la hauteur de l'hôpital régional pour conduire à San Sebastián. Elles sont desservies par de nombreux autobus (2 entreprises depuis San Jerónimo jusqu'à San Pedro, avec 21 véhicules, un service Marcavalle-Picchu avec 10 véhicules) et des microbus (3 comités avec 18 véhicules de San Pedro à San Sebastián, un poussant jusqu'à San Jerónimo). Toujours dans l'Est, d'autres entreprises desservent les faubourgs des collines en joignant **Los Incas à San Pedro (6 microbus), Mariscal Gamarra au cimetière de la Almudena (9 microbus)**, San

---

68. Source : Registre des patentes de 1970. Municipalité du Cuzco.

Pedro à Tahuantinsuyu par la Recoleta (3 autobus). Dans la vallée enfin, une ligne d'autobus joint Huayruropata au cimetière. Ttío de même est bien relié au Centre par un service de microbus allant à San Pedro (14 véhicules), et deux lignes d'autobus pour San Pedro (9 véhicules) ou le cimetière (4 unités), l'une d'entr'elles conduisant à l'aéroport.

Par contre, Santiago est très mal desservi. La plupart des véhicules s'arrêtent à San Pedro qui constitue la limite Nord de ce district ; trois vont jusqu'au cimetière de la Almudena (passant par l'hôpital Antonio Lorena) et un atteint le pied des collines de Picchu. Au-delà de la limite urbaine coloniale, on n'a aucun service pour les nouveaux faubourgs. Ceux-ci ne peuvent ainsi compter que sur les camions empruntant la route périphérique vers Lima ou, les véhicules de Paruro, pour la zone de Huancaro. Santiago apparaît donc toujours aussi isolé au-delà du ravin du Chunchulmayo, les liaisons Nord-Sud au Cuzco restant beaucoup moins aisées que celles qui ont lieu avec l'Est. Deux percées Nord-Sud ont été aménagées (avec la rue Belén et l'avenue Grau) Mais elles sont un peu excentriques par rapport au cœur même du faubourg qui n'a que des rues étroites, et fort mal entretenues. Les ponts de même, au-dessus de l'avenue de l'Ejército, ont été refaits (Belén, Santiago et dernièrement Grau) à l'exception de celui, très incommode et très fréquenté, de la Almudena. Le caractère populaire de ce faubourg n'a pas aidé à son aménagement et à l'établissement de lignes de transport. Et pourtant les distances sont aussi longues entres les hauteurs de Picchu, Independencia ou Mercados Unidos et la place d'Armes, qu'entre celle-ci et l'Université. Quant aux faubourgs de la rive droite du Huatanay, un seul pont, construit en 1972, et quelques passages à gué en saison sèche, les relient à l'avenue San Martín ou à Ttío.

Dans le tableau n° III nous avons essayé d'évaluer le nombre de passagers transportés quotidiennement dans la partie orientale de la ville ; on aurait un total minimum de 58 350 passagers, soit 29 175 personnes effectuant au moins un aller-retour sur un des transports en commun de l'Est. Il convient de préciser qu'il s'agit ici, essentiellement, de personnes de la petite classe moyenne et surout des classes populaires. Les gens aisés (encore peu nombreux à l'Est en dehors de Mariscal Gamarra, Santa Mónica et la cité des enseignants), ont en effet leur voiture ; beaucoup disposent en outre des véhicules de leurs bureaux. Ce sont eux, enfin, qui utilisent les taxis urbains beaucoup plus chers. Quant à l'Université, elle a son propre service d'une dizaine d'autobus et quelques véhicules pour les liaisons avec la ferme expérimentale de Kayra ; par contre les lycéens constituent un contingent important de passagers. Rappelons que la population des districts de Huánchac, San Sebastián et San Jerónimo (69) était de 30 340 personnes en 1972, auxquelles il faut ajouter une douzaine ou une quinzaine de mille pour la partie orientale du district du Cuzco. Si l'on compte 8 personnes par famille, ce serait environ 3 personnes de chaque famille qui se déplaceraient quotidiennement vers le Centre de l'agglomération. Il faut cependant tenir compte d'un nombre important de ruraux venant des communautés de la partie rurale de San Sebastián et San Jerónimo, notamment pour se rendre au marché.

Les Cuzquéniens se sont déjà habitués à se rendre quotidiennement dans les nouveaux quartiers de l'Est. Même s'ils n'y résident pas, l'Université, l'hôpital régional, l'aéroport et le stade, constituent autant de motifs de déplacements. Pour ceux qui, abandonnant leur demeure familiale du centre, se sont décidés à aller se joindre aux provinciaux dans les nouvelles cités de Santa Mónica ou de

---

69. Il s'agit de la population urbaine de ces 2 derniers districts.

TABLEAU N°III. TRAFIC DE PASSAGERS DANS LES QUARTIERS DE L'EST DU CUZCO
(1973)

Lignes	Nombre de véhicules		Nombre de passagers		
	Microbus	autobus	Nombre moyen de voyages quotidiens A.R.	Nombre moyen de passagers par voyage A.R.	Nombre de passagers
Lignes de San Sébastián de San Jerónimo	14 (1 entreprise)	10 (1 entreprise) jusqu'à Marcavalle)	15 (microbus)	25	6 750
	4 (1 entreprise)	21 (2 entreprises 1 va à Kayra)	8 (autobus)	50	12 400
Total	18	31			19 150
Ligne Huayruropata-cimetière	-	12 (1 entreprise)	15	50	9 000
Ligne Los Incas	6 (1 entreprise)	-	30	25	2 250
Ligne Mariscal Gamarra	9 (1 entreprise)	-	30	25	6 750
Ligne Recoleta-Tahuantinsuyu	-	3 (1 entreprise)	15	50	2 250
Ligne Ttio	14 (1 entreprise)	13 (1 entreprise)	30 (microbus)	25	10 500
			15 (autobus)	50	8 450
				Total	58 350

SOURCES : Renseignements donnés par les chauffeurs de véhicules ou le bureau du trafic urbain au Cuzco et complétés par nos propres estimations. Nous avons considéré une moyenne de 25 passagers par voyage aller-retour pour les microbus et de 50 pour les autobus, ce qui, en fait, constitue un minimum et correspond à un seul voyage complet, les véhicules qui circulent de 4 ou 5 H du matin jusqu'à 22 ou 23 H, se remplissant et se vidant tout au long de leur parcours.

Barrio Magisterial, cela représente une transformation importante du genre de vie, non seulement sur le plan du confort, mais aussi sur celui de la notion de temps quotidien. Comme dans les grandes villes, lorsqu'on habite dans l'Est, on perd désormais pas mal de temps pour se rendre au Centre à son travail ou dans les collèges plus aristocratiques. C'est toute une réorganisation de la vie domestique et familiale, plus proche du genre de vie des cités modernes, que connaissent les classes aisées de notre ville. Aussi le fossé est-il de plus en plus accusé avec le genre de vie traditionnel des campagnes et même avec celui des petites bourgades de province.

L'évolution très rapide de la structure urbaine du Cuzco pose de nombreux problèmes d'urbanisme et ceci d'autant plus que l'on prévoit 171 000 habitants en 1980. Comme dans beaucoup d'autres domaines, on n'a fait jusque là que des améliorations à court ou à moyen terme. Celles-ci ont été menées par les Municipalités et la C.R.Y.F., d'ailleurs souvent en désaccord. Les premières, en tant qu'organismes élus, voient surtout les intérêts des commerçants et des particuliers aisés ; la direction de la seconde était influencé par les mêmes classes sociales, mais ses vues étaient souvent plus technocratiques. Toutes deux ont d'autre part des moyens trop limités (70) et trop souvent remis en question, sur le plan budgétaire comme politique, pour entreprendre un réaménagement de l'espace urbain. Etant donné l'importance historique et touristique de la ville, le Ministère du logement a réalisé dès 1952 un plan directeur d'urbanisme. Celui-ci reprenait les grandes lignes du rapport Kubler (du nom du directeur de la mission U.N.E.S.C.O), établi après le tremblement de terre. Un nouveau schéma d'expansion urbaine vient d'être étudié en Mars 1972 qui tient compte désormais de la formation du nouveau Cuzco et de l'expansion vers l'Est.

Le premier problème reste celui du logement. Selon le Ministère du logement (71), il y avait en 1972 un déficit de 9 647 maisons (estimation faite en appliquant au déficit calculé lors du recensement de 1961 -soit 6 789 maisons de trois pièces- le taux d'accroissement démographique de 3,64 % par an). Par ailleurs, selon la même source, 16 196 maisons étaient à rénover en décembre 1969. 301 hectares seraient ainsi nécessaires pour la construction d'habitations couvrant le seul déficit en logement ; il faudrait bâtir 964 habitations par an pendant 10 ans, soit une dépense de 157 000 sols (18 840 F) par maisons du type Marcavalle (72) (3 pièces, une cuisine, une salle de bain et un petit patio).

En fonction de la croissance actuelle, tous les services ont dû être repensés car ils dataient d'avant la seconde guerre mondiale. Le problème de l'électricité a été résolu avec la mise en service de la centrale de Macchu Picchu, et une ampliation de l'usine thermique de Dolorespata est toujours prévue. La consommation urbaine en 1971 s'élevait à 28 M. de KwH (dont 15 M. pour le seul usage domestique). Et pourtant, si au recensement de 1972, 78,7 % de la population urbaine du district de Cuzco et 81 % de celle de Huánchac avaient l'électricité, le pourcentage n'était que de 52,2 % à Santiago. Le problème de l'eau et des égouts demeure toutefois le plus urgent à résoudre. Le ravitaillement de la ville est assuré par la lagune de Piuray (près de Chincheros) et diverses petites sources locales. Le volume obtenu atteignait, en 1966, 529 l/seconde, alors que la consommation à cette époque était déjà de 517 l/seconde (73). Depuis 1964, de nouveaux quartiers sont apparus et l'eau potable y a été installée, en particulier dans les pueblos jovenes, mais en 1972, 15,6 % de la population

---

70. Le budget de la Municipalité du Cuzco en 1971 avec 134 720 502 sols était inférieur à celui de l'Université (141 106 200 sols).

71. Cuzco : Esquema de expansión urbana - Ministerio de Vivienda - Dirección general de Desarrollo urbano. Dirección de Planeamiento urbano. Oficina zonal del Cuzco. Marzo 1972.

72. Du nom du nouveau lotissement édifié en 1971-72 dans la vallée, peu avant San Sebastián - 1 sol = 0,12 F en 1969.

73. Proyecto de Parque Industrial, C.R.Y.F., Cuzco 1966.

urbaine du district du Cuzco n'avait pas l'adduction d'eau, 21,1 % de celle de Huánchac et 61,1 % de celle de Santiago. Des travaux ont été réalisés pour amener l'eau de la lagune de Huaypo et des projets concernent l'utilisation des sources des ruisseaux Saphy, Chunchulmayo et Totora (ce dernier dans les hauteurs de Ccorcca) et même l'eau du Vilcanota. Un nouveau réservoir a été construit à Santa Ana avec une usine moderne de traitement en cours d'achèvement (l'eau n'étant guère jusqu'à présent que filtrée).

Le service de tout-à-l'égout est encore plus mal assuré. Pour le centre historique, on dispose des collecteurs installés dans le lit canalisé des trois rivières, celui du Tullumayo n'étant toutefois pas achevé. Ce n'est qu'en 1967-68 qu'on a installé des égouts à Huánchac dont les rues, au même moment, ont été calibrées et asphaltées. Mais ce service n'existe pas dans la grande majorité des faubourgs populaires des collines. De même, ce n'est que depuis ces dernières années que les trois municipalités ont organisé le ramassage des ordures par camions, ce qui ne concerne pas non plus les quartiers périphériques. Une usine de traitement est prévue pour ces déchets à San Jerónimo. Selon les services du Ministère de la Santé en 1972, 18 % des logements du district du Cuzco n'avaient pas l'eau et 25,6 % ne possédaient pas le tout-à-l'égout. La proportion atteignait à Huánchac 20 % pour l'eau et 31 % pour le tout-à-l'égout, et à Santiago, respectivement, 18,3 % et 38,4 % ; San Sebastián n'avait pas d'égouts et 4,12 % de ses maisons seulement avaient de l'eau(74). La plupart des fonds accordés par la B.I.D., en 1966-67, pour les égouts de la ville, ont été malheureusement bloqués à Lima, le cinquième seulement étant parvenu ici(75).

Le deuxième problème important est celui de la circulation. La zone d'expansion de la ville étant dans la vallée, la priorité a été accordée à l'aménagement des liaisons Est-Ouest. Dans la partie ancienne de l'agglomération, quatre grandes avenues Est-Ouest ont été percées : l'avenue Tullumayo au Nord, l'avenue Sol au Centre, et vers le Sud, dans Santiago, l'avenue del Ejército et l'avenue Antonio Lorena, au pied des collines. Trois voies les prolongent dans Huánchac : San Martín-28 de Julio qui mène à l'aéroport, Huayruropata pour le vieux Huánchac et enfin l'avenue de la Culture. Celle-ci, dès 1969, était prolongée par une "autoroute" construite au Nord de San Sebastián qui constitue le début de la nouvelle voie vers Puno et Arequipa, et est goudronnée jusqu'à Urcos (42 km). Les liaisons extérieures, avec Lima d'une part, et la "vallée sacrée des Incas" de l'autre, ont été de même améliorées en 1969. Deux routes périphériques ont été construites, la première sur les collines de Puquín et Picchu et la seconde à travers le faubourg d'Uchullo vers Sacsayhuamán et Pisaq. Cette dernière voie a une importance touristique ; mais si l'on achève de la goudronner jusqu'à Calca et Urubamba, les camions et autobus de ces deux bourgades, l'utiliseront, de préférence à celle passant par Izkuchaka qui n'a pas encore été améliorée, malgré son importance pour les relations avec Lima. Il faut voir là la conséquence du choix réalisé par l'I.N.P.(76) donnant la priorité au tourisme, c'est-à-dire aux liaisons Cuzco-Puno et Cuzco-vallée sacrée, et négligeant les autres intérêts économiques de l'agglomération.

---

74. Boletín estadístico de las areas hospitalarias I - II - Area de Salud 1972. Selon le recensement de 1972, 20 % des maisons du district de Cuzco n'avaient pas de W.C. (individuels ou collectifs), 27,1 % de celles de Huánchac et 70 % de celles de Santiago.

75. Sur 35,3 M de sols prévus pour 1967, 7 M seulement ont été versés au Service des Eaux du Cuzco qui dépend du Ministère du Logement.

76. Institut National de Planification.

Les jonctions entre ces diverses voies ne se font pas encore très bien et, d'autre part, il est nécessaire d'aménager un terminus pour les moyens de transport qui s'arrêtent un peu partout dans la ville, en dehors du quadrilatère central. La confluence des avenues Sol, Tullumayo, Ejército (qui respecte en fait la confluence des 3 rivères formant le Huatanay), représente un important goulot d'étranglement pour la circulation. Dans les années 60, une première solution avait été apportée avec l'avenue Garcilaso qui joignait les Avenues Sol et de la Culture. Celle-ci contournait le centre historique en doublant la liaison coloniale : Puente del Rosario-Arrayán-Zetas-Abrazos-Limacpampa Grande. Mais elle est devenue une voie commerciale intra-urbaine, très encombrée. Elle ne facilite pas, d'autre part, les liaisons avec la nouvelle route vers Lima. Aussi un deuxième "anneau" (anillo vial) a été envisagé. Il recouperait toutes les voies Ouest-Est (Collasuyu, Cultura, Huayruropata, San Martín et Ejército). Pour faciliter, enfin, les liaisons entre la nouvelle route de Lima et celle d'Arequipa, les urbanistes ont pensé aménager une déviation qui passerait au pied des collines au Sud sur le cours du Huatanay. La jonction avec la route d'Arequipa se ferait à la hauteur de la Granja Kayra, après San Jerónimo.

La construction d'un terminus pour les transports terrestres et ferroviaires a suscité également beaucoup de controverses et a été sans cesse remise en question. Le problème des liaisons entre les deux gares est ancien. Elle se faisait jusqu'en 1972 le long des rues Tres Cruces de Oro et Regional et a été reportée, depuis, à l'avenue del Ejército où le rail double la piste asphaltée et coupe l'avenue San Martín un peu plus bas qu'auparavant. La gare même de Santa Ana, juxtaposée au marché de San Pedro, est un prétexte à bien des embouteillages. La construction d'un nouveau local ne représentait qu'un palliatif, il est vrai utile pour le confort des touristes. Aussi a-t-on envisagé un terminus ferroviaire commun près du nouvel aéroport (figure n°5). Si cet emplacement ne semble pas trop gênant pour le touriste, l'élimination de l'actuelle gare Santa Ana représentera une diminution des possibilités de petits emplois qui font vivre au Cuzco beaucoup de personnes dans le quartier de San Pedro. Elle devrait permettre, toutefois, l'ampliation indispensable du marché en évitant, pour le moment, son déplacement vers l'Est.

Le terminus routier devait être aménagé à côté de celui des voies ferrées ; c'est pour cela que la CRYF avait d'autre part choisi cet endroit pour le parc industriel. Mais dans les nouveaux projets, il apparaît repoussé jusqu'au-delà de San Sebastián et le parc industriel devra suivre. La présence de ce dernier au cœur de la zone résidentielle aisée a toujours été très critiquée. Le nouvel aéroport de même apparaît, d'ores et déjà, comme mal situé. Il occupe d'importants terrains plats (y compris ceux de San Sebastián inclus dans le cône d'approche), et est une gêne pour les riverains. On pense à nouveau, pour le reconstruire, à la plaine d'Anta, dont les travaux de drainage entrepris à cette fin, avaient été abandonnés en 1955, et qui n'est qu'à 25 kms de la ville. Moins de 10 ans après, tout est donc à refaire, alors même qu'on ne s'est pas décidé à réutiliser les terrains du premier aéroport. Nous avons vu qu'un projet de centre civique avait été envisagé pour celui-ci. Mais il apparaît un peu comme une œuvre de prestige qui matérialiserait toutefois le déplacement du cœur de l'agglomération vers l'Est.

CHAPITRE II

UNE REGION MONTAGNEUSE PEU URBANISEE ET PAUVRE

I. - EXISTE-T-IL UNE REGION NATURELLE DU CUZCO ?

Nombreux sont, dans les Andes, les petits bassins situés au-dessus de 2.000 m et aérant la masse montagneuse. Ils connaissent, sous des latitudes tropicales et équatoriales, des climats tempérés. Dans les régions de faibles densité de population, ils apparaissent comme des îlots de peuplement, autour de petites villes, qui témoignent plus que partout ailleurs de l'héritage colonial espagnol. Souvent têtes de vallées, ils communiquent avec les profondes dépressions inter-andines et jouent ainsi un grand rôle dans la vie de relations, au contact d'unités naturelles différentes. On pourrait citer ainsi au Vénézuéla, Mérida ; en Colombie, les bassins de Tunja, Manizales et Pasto en laissant volontairement de côté celui de la capitale Bogota situé pourtant à plus de 2.000 m ; en Equateur, Quito, Ambato, Ríobamba, Cuenca et Loja ; au Pérou enfin, Cajamarca, le Callejón de Huaylas, la vallée du Mantaro autour de Huancayo, Huancavelica, Ayacucho, Cuzco.

Cette dernière ville a grandi depuis l'époque pré-colombienne, dans la tête de vallée du Huatanay, petit affluent du Vilcanota-Urubamba, lui-même sous-affluent de l'Amazone. Son passé de capitale de l'Empire incaïque lui confère avec une forte personnalité architecturale, une importance un peu mythique pour les populations qui l'entourent. Cette originalité est renforcée par l'isolement dans lequel elle se trouve encore aujourd'hui, et qui est dû à la fois à l'ampleur de la masse montagneuse à cet endroit, aux distances qui la séparent de Lima, et aux conditions historiques de l'économie péruvienne qui s'est, plus qu'en Colombie et en Equateur, développée sur la côte, marginalisant la Sierra et ses habitants. Aussi la ville a t-elle longtemps stagné au cœur d'une région relativement peuplée, dont les populations indiennes, essentiellement rurales, subissaient moins que les autres le métissage espagnol et les apports du monde contemporain. C'est pourquoi l'on peut ressentir la région du Cuzco comme un monde clos, isolé du reste du Pérou à la fois physiquement et humainement, et il nous apparait fondamental de discuter cette idée en premier lieu.

Physiquement, on peut affirmer qu'il existe une région du Cuzco. Son paysage de montagnes profondément disséquées par des vallées et des petits bassins l'oppose à l'horizontalité de l'altiplano punénien qui la limite à l'Est. Une haute cordillère neigeuse ferme son horizon au Nord et l'isole de la forêt amazonienne, monde radicalement différent par son altitude plus basse et son relief de plaine, son climat chaud et humide, les conditions de la mise en valeur. A l'Ouest et au Sud, la différence est plus difficile à percevoir ; l'importance des reliefs et des dépôts volcaniques, les influences climatiques de plus en plus sèches annoncent progressivement les régions désertiques d'Arequipa au Sud, d'Ayacucho à l'Ouest. Une limite peut être retenue malgré les transitions dans les paysages : celle du bassin hydrographique du haut Apurímac et de ses affluents, c'est à dire la ligne de partage des eaux entre le Pacifique et l'Atlantique. C'est la frontière adoptée, à de rares exceptions près, administrativement, pour les départements de Cuzco et d'Apurímac et nous pouvons l'admettre à priori pour délimiter notre région au Sud et à l'Ouest. Les deux départements sont eux-mêmes séparés par l'Apurímac qui traverse les Andes dans un véritable canyon à peu près vide d'habitants, et reste étranger à la vie économique de la région. Sa vallée s'oppose ainsi très nettement à celle du Vilcanota-Urubamba, rivière avec laquelle il conflue très bas dans la *montaña* pour donner l'Ucayali et qui est la grande artère de notre espace régional. La région du Cuzco correspondrait ainsi à la plus grande partie du bassin montagnard de l'Ucayali. Elle s'ouvre vers la forêt amazonienne et au contraire tourne le dos à la Côte péruvienne. C'est là un fait géographique qui a largement contribué à l'isolement et à la marginalisation de notre région, à partir du moment où, avec la conquête espagnole, le centre de décision politique et économique s'est installé sur le littoral (fig. n° 6).

Ainsi délimitée, la région du Cuzco apparaît comme très isolée dans le territoire péruvien. Pour l'atteindre, d'où que l'on vienne, il faut parcourir de longues distances à travers des régions très peu peuplées et même souvent peu hospitalières (1.115 km jusqu'à Lima, 674 km jusqu'à Arequipa). Au Nord, c'est la *selva*; aux difficultés de pénétration qu'elle offre en général, s'ajoutent celles provoquées par le changement total et brusque du milieu lorsqu'on atteint la Sierra. Sur les autres frontières administratives, c'est l'immensité de la puna, souvent à plus de 4.500 m d'altitude, autre monde difficile qui ne permet qu'un élevage extensif et de faibles densités de population. Aujourd'hui, dans le Nord du département d'Arequipa et dans la presque totalité de celui d'Ayacucho, l'exode rural vers la côte péruvienne, accentue l'impression de déserts humains que l'on ressent quand on les traverse. Aucune autre ville n'est aussi isolée ; Cajamarca, Huaraz, Huancayo, Puno et même Huánuco sont toutes plus proches de la côte péruvienne. Certes, les moyens modernes de communication remettent en question ces notions de distance et d'isolement. Mais au Cuzco, ils ont été introduits récemment, beaucoup plus tard que dans le reste du pays et les effets économiques et psychologiques de l'isolement sont toujours très forts. Ceux-ci renforcent un important sentiment régionaliste qui est un facteur d'unité autour de notre ville.

Cette forte individualisation à l'intérieur du Pérou s'accompagne pourtant d'une très grande variété dans les paysages. Le relief très accidenté modifie sans cesse, en fonction surtout de l'altitude, les données du climat et de la végétation. On a là sous une latitude tropicale (entre 15° 2 au Sud et 11° 2 au Nord de latitude Sud pour l'ensemble du département du Cuzco, la longitude se situant entre 70° et 74°) un ensemble de terres froides et tempérées. (fig. n° 7). Le rythme du climat seul est tropical avec partout deux saisons bien marquées, liées aux précipitations. Des huit régions naturelles définies par Javier Pulgar Vidal [1], une seule, la côte, n'appartient pas à notre région. De même selon, Tosi [2], sur les trente cinq formations végétales déterminées au Pérou d'après la classification d'Holdridge, notre région à elle seule, en possèderait vingt-trois. C'est dire l'extrême variété écologique de notre espace

---

1. JAVIER PULGAR VIDAL.– Geografia del Peru. Las ocho regiones naturales, Lima, U.N.M.S.M. (nouvelle édition), 1967.
2. TOSI.– Zonas de vida natural en el Peru. Zona andina. Proyecto n° 39, Programa de Cooperacion Tecnica, UNESCO.

PLANCHE 5

La Sierra du Cuzco :

Deux mondes très différents, dans les paysages comme dans les genres de vie, et pourtant unis par des liens historiques et commerciaux : la vallée du Vilcanota (ici dans la province de Canchis 3 600 m) avec le surpeuplement agraire des communautés indigènes et villageoises quechuas et la puna, steppe d'élevage au peuplement très lâche.

PLANCHE 6 — L'UNIVERS MAGIQUE DES QUECHUAS

Photo A : «La vallée sacrée des Incas» à Pisaq (3 200 m)

Vallée de contact entre, sur la rive droite la Cordillère Orientale dont on aperçoit les sommets enneigés en arrière-plan, et sur la rive gauche, le système sédimentaire des hautes terres occidentales. Les terrasses ont été accaparées par des grands propriétaires du Cuzco ; les cultures des colons et des comuneros sont rejetées sur les versants.

(Cliché de l'auteur)

Photo B : L'Ausangate (6 384 m)

Le «Roal», Apu suprême, protecteur du monde quechua. Vue prise du village d'Ocongate à 3 850 m (Province de Quispicanchis) dans la haute vallée du Mapacho ou Paucartambo.

(Cliché de l'auteur)

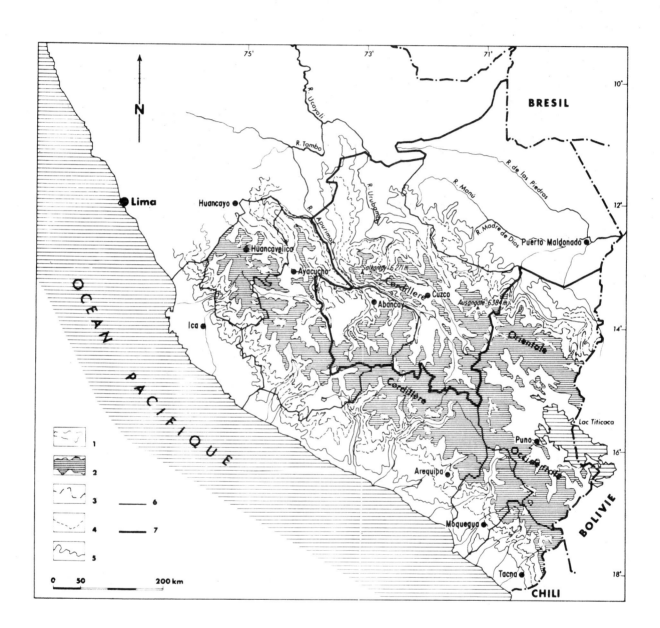

Fig. 6.— Carte orographique du Sud du Pérou

1. Limite des 5 000 m.— **2.** Hautes Terres entre 4 000 et 5 000 m.— **3.** Limite des 3 000 m.— **4.** Limite des 2 000 m.— **5.** Limite des 1 000 m.— **6.** Limite départementale.— **7.** Limite de la région Sud-Est.

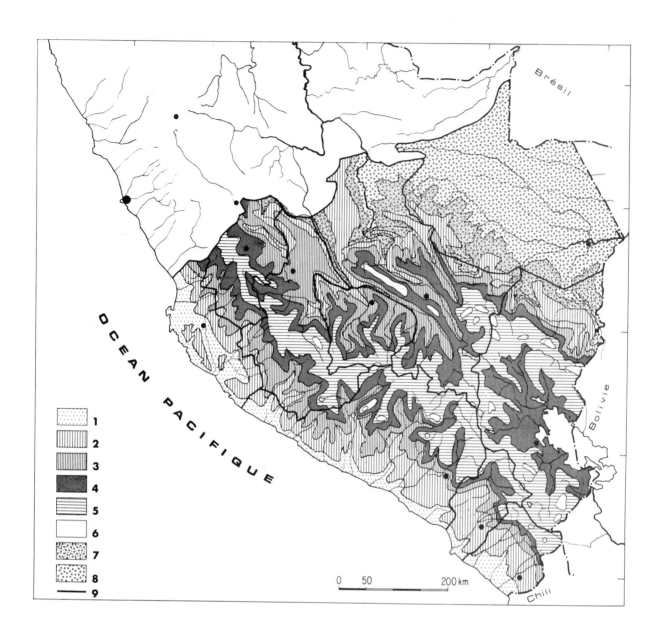

Fig. 7.— **Les régions naturelles du Sud du Pérou** *(d'après J. Pulgar Vidal)*

1. Costa ou chala (0 à 1 800 m).— **2.** Yunga maritime ou fluviale (1 800 à 2 800 m).— **3.** Étage quechua (2 800 à 3 500 m).— **4.** Étage suni (3 500 à 3 900 m).— **5.** Puna (3 900 à 5 200 m).— **6.** Étage janca (au-dessus de 5 200 m).— **7.** Ceja de selva alta (ou *Rupa-Rupa*), versant amazonien (3 000 à 500 m).— **8.** Selva Baja (au-dessous de 5 00 m, versant amazonien.— **9.** Limite départementale.

régional. Nous regrouperons ensemble ces étages écologiques de notre espace régional. Nous opposerons ici surtout, en regroupant plusieurs étapes et formations végétales, les vallées quechuas entre 3.900 m et 2.500 m, au climat tempéré, les steppes de la Puna entre 3.900 m et la limite du domaine nival et glaciaire, et enfin sur le versant amazonien des Andes les terres chaudes de la ceja de montaña puis la montaña. Très différents par leurs conditions écologiques ces divers domaines ont toujours été associés dans l'économie rurale par des échanges de produits et d'hommes, constituant ainsi la base d'une première organisation de l'espace à l'échelle locale - exploitation agricole ou circonscription administrative - comme régionale. C'est là un autre facteur d'unité dont a su très tôt tirer parti la ville du Cuzco et qui continue à lui permettre de s'affirmer comme capitale régionale.

A. Les vallées et plaines quechuas.

1) La vallée du Vilcanota - Urubamba .

C'est une artère de circulation de premier ordre qui conduit de l'Altiplano péruano-bolivien à la forêt amazonienne, malgré l'obstacle cependant important des gorges du cours moyen et des rapides du cours inférieur. La grande route du Sud, Cuzco-Arequipa, avec un embranchement à Puno pour la Paz, et la voie ferrée, l'empruntent. A partir de cet axe, on a de multiples rameaux ménagés par les affluents de la rivière, vers les "punas" du Sud, ou vers la "ceja de montaña" au Nord. Les conditions qu'elle offre à l'agriculture ne sont pas moins remarquables que celles favorisant la vie de relation. Son altitude modérée (de 3.800 m à 900 m pour la partie du cours qui nous intéresse principalement et qui descend un peu au Sud de Quillabamba) et l'écran de ses hauts versants, en font une zone abritée. Les sols sont variés mais fertiles et meubles dans l'ensemble. De bonne heure, les habitants ont su utiliser les réserves d'eau de la rivière et surtout de ses petits affluents pour l'irrigation ; ils ont également profité des possibilités d'association de cultures différentes offertes par l'étagement et l'orientation des versants, ainsi que par la proximité des "punas" d'altitude. Contrôlant à la fois la vie de relations et les activités rurales, de nombreux bourgs, villages et villes s'y sont établis, faisant de cette vallée, la zone la plus densément peuplée de toute notre région. Les trois villes de notre espace régional s'y sont développées : Sicuani en amont près de l'Altiplano, Quillabamba dans la "ceja de selva" et surtout, dans le bassin drainé par un court affluent du cours moyen, la capitale : Cuzco.

Le Vilcanota a installé son cours supérieur et une partie de son cours moyen dans une série d'accidents tectoniques : anticlinaux évidés de direction S.E. - N.O. dans la région de Sicuani ou de San Salvador, effondrements locaux, décrochements. A Urubamba, il coule au contact de deux unités morphologiques : le plateau calcaire de Maras-Chincheros qui dresse sur la rive gauche un court versant très abrupt, sec et raviné, et la cordillère orientale qui le domine de ses imposants glaciers. C'est cette même cordillère que tranche le fleuve en une gorge sauvage, taillée dans le granite, que surplombe de 900 m la ville incaïque de Macchu Picchu. Puis, après les terrasses de cailloux roulés de la "ceja de montaña" qui portent les agglomérations de Chaullay, Maranura et Quillabamba, la rivière pénètre dans la "montaña". Son cours est encore accidenté par des rapides (appelés ici "pongos") comme celui de Mainique, et ce n'est qu'après ce dernier, qu'elle a l'allure calme et puissante des cours d'eau amazoniens.

La haute vallée, à la sortie de La Raya, a un profil en V accentué, mais elle s'élargit rapidement et prend, peu avant Sicuani, la forme d'un ample berceau discontinu dont le profil transversal est accidenté par des terrasses, des cônes de déjection ou d'éboulis. Dans Quispicanchis, elle se resserre et se fragmente en un chapelet de petits bassins séparés par des éperons rocheux ou la rivière s'encaisse. Entre Pisaq et Urubamba, la dépression a une forme d'auge tellement parfaite que certains lui ont attribué une origine glaciaire. Partout, elle s'inscrit si nettement dans la topographie que les paysans l'appellent la "quebrada", c'est-à-dire le ravin, réservant le nom de "valle" (vallée) à la partie déjà tropicale. La vigueur de ses versants, plus élevés sur la rive droite que sur la rive gauche, et souvent couronnés de beaux escarpements rocheux, contraste avec la lourdeur des paysages des "punas" voisines. L'opposition n'est pas moins nette du point de vue humain entre la coulée de vie qui suit la verdoyante vallée et la mise en valeur très extensive, le faible peuplement des sommets.

La largeur de la dépression atteint parfois 2,5 km et la pente est relativement faible pour une vallée de haute montagne puisque sur une distance de 200 km environ, entre Sicuani et l'entrée de la gorge, on a une dénivellation de 1.000 m. Le fond de la vallée est souvent très plat et de multiples problèmes de drainage se posent. On est surpris, lorsqu'on y circule en train, par l'importance des zones inondées pendant l'hivernage. En période sèche, la rivière peu profonde serpente entre des grèves de galets et de vastes prairies fleuries de genêts. Parfois, elle découvre comme à San Pedro ou même Andahuaylillas, des efflorescences salines. Que de terres perdues ainsi pour l'agriculture, dans une région où elle fait si cruellement défaut !

Le Vilcanota reçoit peu d'affluents importants dans son cours moyen. Les deux plus longs sont, sur la rive droite, le Salka qui, issu des glaciers de l'Ausangate, débouche à Combapata et, à gauche, le Huatanay dans la tête de vallée duquel a été construit Cuzco. Cette dernière dépression ample de deux kilomètres en son maximum, a dû être ennoyée par une ou plusieurs lagunes. En témoignent, à la fois, le petit lac résiduel de Huarcarpay près de la confluence avec le Vilcanota, les terrasses lacustres qui ont servi de site au Cuzco, et les légendes qui entourent la fondation de la capitale incaïque.

Les autres affluents ne sont que de courts torrents, nés des hautes terres voisines, et qui rejoignent le Vilcanota par des gorges de raccordement très encaissées. Ils ont tous une importance de premier ordre pour l'économie de la région. Sur les terrasses découpées par la rivière, ils ont édifié des cônes de déjection dont on suit la succession tout au long de la vallée et qui sont des sites privilégiés pour les villages comme pour les haciendas. Emissaires des lagunes d'altitude ou, dans les provinces de Calca et Urubamba, des glaciers de la cordillère orientale, ils jouent un rôle fondamental pour l'irrigation indispensable pendant la saison sèche. Leur force a été utilisée d'autre part, dès l'époque coloniale, par de nombreux moulins et manufactures textiles. Au XIXe siècle, au débouché de plusieurs d'entre eux, s'installèrent des usines travaillant la laine et plus tard, ils fournirent l'énergie hydroélectrique aux agglomérations de la vallée. On peut citer ainsi l'Hercca pour Sicuani, les torrents de Cusipata, Urcos, Lucre et Calca qui ont tous des usines célèbres et le curieux échelonnement des petits moulins à grains le long du ravin du Chakamayo (province de Canchis).

Enfin bien qu'encaissées et abruptes, ces "quebradas" facilitent l'accès vers les hauteurs voisines. Ceci est capital dans l'économie traditionnelle andine, qui, nous le verrons, a toujours associé par des échanges la "puna", la vallée, et même plus lointaine et moins accessible, la "ceja de montaña". La plupart de ces ravins sont empruntés par les routes et même par le chemin de fer de la Convención entre Huarocondo et Pachar. Cependant, certains de ses torrents sont un danger pour les populations de la vallée, leurs couloirs livrant parfois passage, en période de pluies, à des coulées de boue ou même de véritables avalanches rocheuses, comme celles qui ont détruit deux fois au cours de son histoire Urubamba.

Malgré l'entaille ample et profonde de sa vallée, l'Urubamba ne constitue pas un véritable obstacle aux communications. Entre Sicuani et Ollantaytambo, une douzaine de ponts routiers et deux ponts de chemin de fer l'enjambent. La rivière n'apparaît pas comme une frontière et les unités

PLANCHE 7 – LA MOYENNE VALLÉE DU VILCANOTA

Photo A : Dans la province de Canchis (3 600 m)
Paysage de plaine à champs ouverts avec de gros villages ombragés d'eucalyptus.

(Cliché de l'auteur)

Photo B : Lagune et hameau de Huarcarpay
Basse vallée du Huatanay près de sa confluence avec le Vilcanota.
Type de bassin occupé par une lagune de barrage volcanique et une plaine inondable en période des pluies. La dépression du Cuzco présentait certainement au moment de sa fondation, d'après les légendes quechuas, des conditions naturelles semblables.

(Cliché de l'auteur)

Cônes de déjection dans la vallée du Vilcanota à Urubamba :

Le versant de gauche, au premier plan, est celui du plateau de Maras-Chincheros taillé dans des calcaires, des marnes, des gypses. Par sa sécheresse et ses nombreux éboulis, il s'oppose au versant verdoyant de la rive droite qui appartient à la Cordillère Orientale. Les cônes de déjection ont repoussé le cours du Vilcanota au pied de l'abrupt gauche. On a un paysage de blocage aux mailles assez régulières sur le cône de droite qui porte le bourg d'Urubamba. Dans le coin inférieur gauche, salines de Maras.

administratives regroupent les deux rives et leurs versants, la division s'étant faite transversalement et non pas longitudinalement. La seule exception est celle de la petite gorge entre Andahuaylillas et Huambutío qui sépare sur quelques kilomètres seulement Quispicanchis de Paucartambo. Cinq provinces sont ainsi à cheval sur la vallée du Vilcanota (Canchis, Quispicanchis, Calca, Urubamba et la Convención), celle du Cuzco occupant le bassin affluent du Huatanay. Les districts, de même englobent, toujours en associant les deux rives, les unités physiques plus réduites que constitue chacun des bassins.

C'est en fonction de chaque bassin, plus qu'à l'échelle de l'ensemble de la vallée, que s'est d'abord organisée la vie rurale. Les échanges ont certes été toujours actifs entre l'amont et l'aval, mais tout aussi importants sont ceux qui unissent les trois unités que constituent le fond de la vallée, ses versants et les punas des sommets immédiats. Parfois, ces trois terroirs sont groupés sur une même rive à l'intérieur d'une seule unité foncière, hacienda ou plus rarement communauté indigène. Plus souvent, ils sont séparés, les haciendas s'étant appropriées les cultures de maïs irriguées de la vallée et ayant laissé les versants aux communautés. Mais les limites de la propriété foncière, nous le verrons, ne sont pas un véritable obstacle aux échanges de produits et d'hommes.

2) - La vallée de l'Apurímac.

La vallée de l'Apurímac s'oppose radicalement à celle du Vilcanota-Urubamba. Alors que la première rivière parcourt la zone la plus peuplée de notre espace régional, la seconde coule en étrangère dans les punas du Sud ; à tel point qu'elle a été choisie comme frontière administrative entre les deux départements et entre toutes les provinces, sauf près de sa source, en Espinar. On a là un véritable canyon encaissé parfois de près de 1.000 m dans les séries de grès et de conglomérats du tertiaire. Cet encaissement, contrastant avec la topographie assez monotone des "punas" qui l'entourent, les témoins de terrasses et de cônes de déjection suspendus qui jalonnent la vallée, portant villages et haciendas, tout cela témoigne en faveur d'une reprise récente de l'érosion. Les nombreux affluents - le Velille et le Santo Tomás, dans le département du Cuzco - l'Oropesa, le Pachachaka et le Pampas dans celui de l'Apurímac - présentent à une échelle réduite les mêmes caractères. Ils contribuent ainsi au compartimentage du relief et sont autant d'obstacles aux communications. Trois routes seulement franchissent l'Apurímac dans le département du Cuzco : celle de Yauri à Santo Tomás au pont de Santo Domingo avant l'encaissement de la rivière, celle de Lima au pont de Cunyar, et tout dernièrement, celle de Cotabambas. Les autres routes s'arrêtent sur la rive droite du fleuve, en face de Pillpinto par exemple. Même les ponts sont rares et souvent rudimentaires. Aussi, les provinces de la rive gauche de l'Apurímac, dans le département du Cuzco, sont-elles isolées. La seule route moderne leur donnant accès doit contourner tout l'ensemble (celle de Yanacoa, à Santo Tomás par Yauri), mais il existe des projets anciens de voies reliant Livitaca au pont de Quehue et plus encore Cuzco à Colquemarca par Paruro.

3) - La plaine d'Anta et le plateau de Maras-Chincheros.

C'est à l'assèchement d'un ancien lac que l'on doit la "pampa" d'Anta à une trentaine de kilomètres, à l'Ouest du Cuzco. Les rivières nées des collines sans grande vigueur qui la ceinturent, y disparaissent, créant au centre, une zone marécageuse avec des pâturages de qualité médiocre. Son déversoir, rejoint au Nord le Vilcanota par une gorge sauvage qu'emprunte le chemin de fer de la Convención, à partir du village de Huarocondo. L'habitat et les voies de communication se sont établis à la périphérie, sur les petits cônes de déjection coiffant les terrasses lacustres ou sur des éperons rocheux. Les cultures et les eucalyptus qui les signalent de loin, créent un bocage. Celui-ci s'oppose au paysage découvert de la plaine que traverse le chemin de fer sur un remblai et où ne s'est établie qu'une seule hacienda, Ancachuro, au début de ce siècle.

Au Nord-Est de la pampa d'Anta, et la séparant de la vallée de l'Urubamba, le plateau calcaire de Maras-Chincheros (3.500 m) a toujours joué un rôle de premier plan entre la capitale, Cuzco, et la riche vallée de l'Urubamba qu'il surplombe au Nord. Les ruines de Chincheros en témoignent pour l'époque pré-colombienne, les églises de Maras, Chincheros et Tíobamba pour celle de la Colonie. Malgré la sécheresse de ses sols calcaires très ravinés sur les pentes, il fait figure de bon pays avec des argiles de décomposition rougeâtres ou violacées portant des cultures de céréales et de pommes de terre. Il est parsemé de petites lagunes (Huaypo, Chacán, Piuray, Chincheros) dont certaines sont dépourvues d'eau en saison sèche et troué d'entonnoirs à gypse (ruines de Moray).

4) - Le climat et la végétation.

La plupart des vallées du Cuzco se situent dans l'étage quechua entre 2.500 et 3.500 m. Beaucoup cependant appartiennent à l'étage supérieur -Suni- au-dessus de 3.500 m et à l'étage inférieur -Yunga- dont nous ferons ici les marges froides et chaudes du domaine quechua.

a) - L'étage quechua.

Le climat y est tempéré. Les données climatologiques étant difficiles à connaître avec précision (3), nous avons retenu ici les chiffres cités par le Plan du Sud (4) et qui concernent les observations réalisées de 1945 à 1958 à l'ancien aéroport Velazco Astete du Cuzco. La température moyenne annuelle est de 11° 3 avec une amplitude thermique annuelle très faible : 3° 7 entre novembre (12° 9) et juillet (9°2). Par contre, il y a une grande différence entre le maximum absolu (27°6) et le minimum (3° 8), ce qui montre l'importance des changements thermiques pouvant survenir. Le total des précipitations est de 800 mm, avec un maximum de pluies en janvier (178,7 mm) et un minimum en juillet (2,4 mm). (Tableau n° IV). Des observations faites à l'Université de Cuzco, très proche de l'aéroport, de 1946 à 1965, donnent des résultats sensiblement identiques avec une moyenne annuelle des températures de 10° 3, une amplitude thermique annuelle de 3° 5 et un total pluviométrique de 760,10 mm.

En fonction des précipitations, on a deux saisons très nettement différenciées. De fin septembre à fin avril, c'est la saison humide, avec des pluies très fortes en novembre, puis surtout en janvier, février et mars. La région connaît alors un type de temps relativement chaud et nuageux. L'humidité atmosphérique est importante quoique moindre que celle du désert côtier ou, à plus forte raison, de la selva (60 % en moyenne). Fin avril-début mai, les pluies cessent progressivement. On a un temps sec, très ensoleillé, mais froid dans la soirée et la nuit. En juin, juillet et août, les précipitations sont rares bien qu'au cours de ces dernières années elles soient devenues plus fréquentes avec même des chutes de neige. La moyenne de température mensuelle est plus basse et les écarts thermiques sont très forts entre le jour et la nuit. A midi, sur la place d'Armes de la ville, on a souvent des températures supérieures à 20°, mais il gèle à peu près toutes les nuits, et on a même relevé des minima de -4° 4 en juin 1964. Ces changements quotidiens de température sont ressentis très durement par des organismes souvent sous-alimentés, habitant des maisons sans chauffage. L'absence de toute influence maritime, l'écran de la cordillère orientale accentuent la sécheresse du climat rendant l'irrigation nécessaire pour la culture du maïs.

---

3. Il y a de nombreuses stations météorologiques (une trentaine pour l'ensemble de notre région), mais les relevés sont irréguliers et surtout le service météorologique du Ministère de l'Agriculture en 1968 n'avait pas le personnel nécessaire pour établir les moyennes à partir des observations pourtant centralisées au Cuzco.

4. Plan du Sud, vol. I, P.S./AI, Climat et Ecologie.

PLANCHE 9 – SITES DE VILLAGES A LA LIMITE SUPERIEURE DE L'ETAGE DES CEREALES

Photo A : Accha (Province de Paruro)
Plaine d'altitude à 3 700 mètres, inondable pendant la saison des pluies. Village situé à la limite de l'étage des céréales européennes (blé et orge), et de celui de la pomme de terre. Au premier plan, le nouveau groupe scolaire.

(Cliché de l'auteur)

Photo B : Omacha (Province de Paruro)
Village à 3 900 mètres, à la limite de l'étage de la pomme de terre et de celui de la puna, perché au-dessus du canyon de l'Apurímac dont on voit l'entaille au second plan. Sur l'autre rive, on devine le hameau de Santa Lucia (province d'Acomayo).

(Cliché de l'auteur)

PLANCHE 10

Photo A : La vallée de l'Apurímac vers Suykutambo et Virginiyoc (Province d'Espinar, 4 000 m)
Fond de vallée en saison sèche, coupé par la route vers Cailloma (Arequipa) et encaissé dans les laves volcaniques.

(Cliché de l'auteur)

Photo B : Col de Huaylla Apacheta (4 300 m) ; (frontière entre les provinces d'Espinar et de Chumbivilcas)
Vallée de haute altitude à fond plat avec tourbières à distichia et toundras d'altitude.

(Cliché de l'auteur)

Ce climat tempéré, malgré quelques irrégularités et dangers que nous préciserons plus loin, est très favorable à l'arbre et aux cultures. Dans la classification de Tosi (5), les formations végétales correspondantes sont : *bosque húmedo montano* et *bosque seco montano bajo* que l'on peut traduire respectivement par "forêt humide de montagne" et "forêt sèche de basse montagne". La végétation originelle a pratiquement disparu. C'était une forêt relativement touffue avec des espèces de petite taille : l'aliso ou lambrán (*Alnus jorullensis*), le sauco ou arayán (*Sambucus peruviana*), le quinuar, le quinual ou queñoa (*Polylepis racemosa*), le chachacomo (*Escallonia resinosa*) et le queshuar (*Buddleia glogulosa*). C'est l'eucalyptus, introduit à la fin du XIXe siècle seulement, qui domine aujourd'hui avec les arbres apportés par les Espagnols : peupliers, saules, mûriers, palmiers. D'autres plantes lui sont associées : le maguey (*Fourcroya Sp.*), des cactus cierges, des genêts (retamas ; *Spartium junceum*) et une très grande variété d'espèces vivaces souvent odoriférantes : la ch'illca (*Baccharis polianta*), la munya (*Minthostachys setosa*) et une multitude de fleurs : la cantuta (*Cantua bussifolia*), le ñuqchu (*Bussifolia jus* ou *Salvia oppsitiflora*), le muttuy (*Cassia hookeriana*), des ombellifères, des lupins, des légumineuses. Curieux mélange de flore américaine et européenne qui donne au paysage une note très verdoyante, et dont les éléments jouent un grand rôle dans la vie rurale, aussi bien comme combustible et bois d'œuvre, ici très rare, que dans la pharmacopée et la cuisine.

Le métissage végétal des Andes apparaît également dans les cultures. L'étage quechua est particulièrement favorable aux céréales. Sur les terres planes des vallées, les sols sont relativement profonds pour une région montagnarde (60 à 80 cm sur les terrasses du Huatanay). De couleur brune ou gris brun, ils sont meubles, neutres ou très légèrement acides (p. H. 6,5 à 7,5), riches en humus, mais comme tous les sols de la Sierra, pauvres en phosphores et en nitrates. C'est là le domaine du maïs (*Zea mays*) qui s'y maintient jusqu'à 3 600 - 3 700 m. Les céréales apportées par les Espagnols (blé, orge, avoine, plus rarement seigle) s'y mêlent aux autochtones, comme la quinua (*Chenopodium quinoa*). Elles ont été souvent reléguées sur les versants où les sols sont beaucoup moins épais, plus pauvres, et où l'érosion est très violente. Elles atteignent ainsi souvent l'étage Suni plus froid qui est celui des tubercules. Ceux-ci sont très variés : pomme de terre (*Solanum tuberosum* ou *andigenum* dont on connaît quatorze espèces cultivées), "olluco" ou "papa lisa" (*Ullucus tuberosus*), "oka" (*Oxalis tuberosa*). S'y mêlent des racines cultivées, telles que la "mashua" ou "añu" (*Tropasolum tuberosum*), le llakón (*Polymnia sonchifolia*), l'"arracacha" (*Arracacia xanthorhiza*).

b) - Les franges froides et chaudes.

L'étage quechua comporte plusieurs nuances en fonction de l'altitude. Quelques dizaines de mètres ou un phénomène d'abri suffisent en effet à créer des conditions sensiblement différentes. Ainsi, pour les Cuzquéniens, le climat de la partie basse de la vallée du Huatanay semble déjà plus doux, dès le confluent avec le Huancaro et surtout dans les petits villages de San Sebastián et San Jerónimo, pourtant à moins de 10 km du centre de la ville. Des variations plus importantes assurent la transition avec les étages climatiques voisins. On fait parfois de la zone entre 3.500 et 4.300 m, un domaine écologique entre la puna plus élevée et la zone quechua, que l'on appelle l'étage Suni. En fait, dans les vallées, l'agriculture céréalière étant encore possible et l'arbre ne disparaissant complètement qu'au-dessus de 3.800 m-3.900 m, c'est cette altitude que nous avons adoptée pour limiter l'ensemble quechua. La différence climatique est cependant nette entre le Cuzco et la haute vallée du Vilcanota ; la température y est plus froide et les chutes de grêle, voire de neige, y sont fréquentes. Les sols de la vallée, il est vrai plus superficiels et plus mal drainés pour des raisons topographiques, sont plus acides et plus pauvres. On y cultive des céréales frustes comme la quinua et un maïs aux grains petits. Les tubercules

---

5. TOSI ; op. cit.

TABLEAU N° IV - ETAGES CLIMATIQUES DANS LA REGION DU CUZCO.

	Altitudes	Températures			Précipitations		
		moyenne annuelle	Moyenne mois le plus chaud	moyenne mois le plus froid	Total	Maximum	Minimum
Etage quechua	2 500 - 3 900 mètres						
. Cuzco	3 400 mètres	11°3	12°9 - Nov	9°2 - Juillet	800 mm	178,7 mm	2,4 mm Jt
. Yucay	2 800 mètres	13°8			500 mm		
Puna	3 900 - 5 200 mètres				600 à		
. Yauri	3 900 mètres	6°			800 mm		
. Pañe	4 500 mètres	3°3	5°2 - Mars	0°7 - Juillet	800 mm		
Ceja de montaña	au-dessous de 2 500 m (versant amazonien)						
. Quillabamba	1 000 mètres	22°			1 100 mm		
. Cosñipata	680 mètres	24°8			3 000 mm		
Montaña							
. Puerto- Maldonado	200 mètres	24°6			3 933 mm		

Plan del Sur : Vol I. P.S/A/1 "climat et écologie".

et les légumineuses, en particulier les fèves et le tarwi (*Lupinus mutabilis*), dominent. Les derniers eucalyptus disparaissent à 3.800 m quand on monte vers la Raya. Sicuani, deuxième ville de notre région, connaît cependant à 3.600 m, un climat peu différent de celui du Cuzco, par suite de l'abri des hauts versants qui l'entourent. Sa place d'Armes offre même le spectacle, surprenant à cette altitude, d'un groupe de palmiers.

Au-dessous de 3.200 m au contraire, le climat est dans les vallées partout plus chaud et plus sec. Le changement est très net dans la dépression du Vilcanota en aval d'Urcos et surtout de San Salvador. L'impression de chaleur, mais aussi une respiration déjà plus facile au-dessous de 3.000 m, la beauté du paysage naturel, font des provinces de Calca et Urubamba une importante zone de villégiature pour les Cuzquéniens. Yucay, à 2.815 m d'altitude, a une moyenne annuelle de 13°8 (6). Gelées ("heladas") et chutes de grêle ("granizadas"), y sont exceptionnelles. Plus chaude et plus abritée, la vallée est aussi plus sèche ; le total des précipitations y atteint à peine 500 mm. Les Incas y cultivaient le coton, les Espagnols y introduisirent la vigne, les arbres fruitiers européens et, à peine plus bas, la canne à sucre. L'agriculture y serait beaucoup moins plantureuse sans l'irrigation qui utilise l'eau des petits torrents descendant des glaciers de la cordillère orientale. La culture du maïs y domine avec des rendements élevés. Des cultures maraîchères (fraises ou frutillas, choux) et fruitières s'y sont récemment développées. De grands arbres, les Pisonays (*Erithryna falcata*), sortes de flamboyants aux troncs énormes et noueux, aux belles fleurs rouges, ombragent les places d'Armes des villages d'Urcos à Ollantaytambo. Sur le flanc gauche de la vallée, le versant sec et raviné du plateau porte une brousse très nettement xérophyle avec des cactus-cierge, des agaves, des figuiers de barbarie ("tuna" ou "opuntia", *Ficus indica*) et un petit acacia aux grappes de fruits roses, le "molle" (*Schinus molle*).

Cette nuance chaude et sèche qui annonce l'étage "yunga" et qui, sans l'irrigation, remonterait jusqu'au cœur de la vallée sacrée des Incas, domine après Ollantaytambo à moins de 2.800 m d'altitude. La végétation arbustive y couvre les basses pentes, les cônes de déjection et d'éboulis, et a envahi les anciennes terrasses incaïques abandonnées aux abords du village. De longues mousses grises pendent des acacias et des cactus-cierges. Puis les arbres deviennent de plus en plus rares au fur et à mesure que l'on descend la vallée. Après l'hacienda "Ch'illca" (10 km plus bas), l'eucalyptus disparaît et on a alors une espèce de hiatus dans la végétation arborée. Une herbe drue et jaunâtre, mêlée de cactus, couvre les versants ; quelques terrasses entaillées par la rivière portent encore de maigres champs de maïs ; au-dessus, les rochers et les nombreux éboulis sont à nu. Puis, quelques kilomètres plus bas seulement, on retrouve à nouveau des arbustes ornés de mousses. La végétation suit d'abord étroitement le corridor de la rivière et remonte en triangle le long des cônes de déjection ou en galerie dans le fond des petits ravins affluents. A la hauteur des premier tunnels de la voie ferrée, vers 2500 m, on retrouve les eucalyptus et les genêts, quelques sapins ; à Pampaccahua, ces essences "quechuas" se mêlent à des arbres aux feuilles plus larges, aux troncs plus grêles, avec des orchidées, des fougères arborescentes, des prêles et des bambous près du fleuve. Ainsi, sur une distance très réduite, la végétation prend un caractère nettement tropical, devient très touffue et d'un vert sombre contrastant avec la nudité des hauts versants ; la température déjà plus chaude, annonce alors la "ceja de montaña".

On retrouve ce passage progressif, mais très rapide, du domaine tempéré et même froid au domaine tropical -sans toutefois atteindre la "ceja de montaña"- dans les vallées qui descendent vers l'Apurímac et tout au long du cours de cette rivière. Dans la petite vallée de l'Acomayo, on descend en

---

6. Plan du Sud ; op cit.

moins de trente kilomètres de la puna autour de la lagune de Pomacanchis au domaine subtropical en a aval d'Accos à 2900 m d'altitude. Dans la vallée du Colorado, on passe des neiges du Salkantay aux plantations de canne à sucre et d'orangers installées à 2800 m sur les terrasses suspendues au-dessus de la gorge fluviale. Lorsque l'irrigation n'est pas possible, les versants portent une brousse xérophyle qui laisse de grands espaces rocheux dénudés. Des grèves de cailloux roulés sont envahies par des petits saules, des osiers, des roseaux, des acacias comme le "huarango" (*Acacia macratha*), dont le bois souple est utilisé en menuiserie. Le maïs se maintient parfois mais il souffre de la sècheresse et des attaques d'une multitude de petits perroquets verts, très bruyants. Une chaleur très forte dans ces gorges étroites aux flancs très escarpés, un pullulement de mouches et de moustiques, malgré les oiseaux, un peu de paludisme à l'état endémique, font de ces vallées des zones répulsives et peu peuplées. Les villages des hautes terres méridionales ont fui ces "quebradas" et se sont établis sur des terrasses perchées au-dessus de 3000 m (comme les hameaux de Santa Lucía et San Juan dans Acomayo) et parfois comme Omacha, à 3700 m, à la limite de la puna, dans les bassins de réception des affluents. A l'exception de Pillpinto, importante tête de pont sur le fleuve, ils restent ainsi au cœur de la zone quechua, contrôlant à la fois la vallée, où ils maintiennent malgré la distance et les obstacles du relief de petits champs de maïs, et la "puna", où ils cultivent la pomme de terre et où ils envoient leur bétail.

L'agriculture bénéficie dans l'étage quechua de conditions propices malgré trois calamités pouvant intervenir suivant les régions et les années : le gel, la grêle et surtout la sécheresse. Il convient d'en préciser exactement les limites, les seuils, car dans une agriculture souvent très précaire, elles peuvent remettre en question les subsistances d'une année. Les deux premières n'interviennent plus qu'exceptionnellement au-dessous de 3200 m d'altitude. Mais plus haut, elles peuvent détruire les récoltes, en particulier, les gelées nocturnes et matinales de mai et juin qui précèdent de peu les moissons. La sécheresse a des causes climatiques, mais elle peut être accentuée par des conditions de relief. Le total des pluies est rarement supérieur à 700 mm et varie beaucoup selon des cycles de 4 ou 5 ans. Il est concentré en une seule saison, dont la longueur est souvent irrégulière. La sécheresse est accentuée par la forte insolation diurne en raison de l'altitude et du manque d'arbres, et les petites condensations nocturnes sont loin de pallier ces inconvénients. Seule l'irrigation permet la culture intensive et continue, en particulier celle du maïs. Ainsi, l'opposition est grande à l'échelle locale entre les vallées et leurs versants. Les premières, avec leurs sols plats et profonds sont plus favorisées, en particulier celles qui bénéficient de la fonte des neiges de la cordillère orientale. Les versants aux pentes souvent très fortes, dépourvues d'arbres, avec des sols très peu épais labourés dans le sens de la pente, sont très sensibles à la sécheresse qui y développe une multitude de crevasses, rapidement accentuées par les premières pluies.

A l'échelle régionale, c'est tout le Sud du Cuzco et le l'Apurímac qui semble particulièrement défavorisé. Moins élevé, il ne possède pas de glaciers, ni même de neiges persistantes. Il est également plus éloigné des influences humides, les nuages se condensant surtout sur les reliefs de la cordillère et son arrière-pays immédiat. Le sous-sol de ces montagnes enfin est perméable, car il est formé surtout de grès et de calcaires. Les provinces de Paruro, Chumbivilcas, Cotabambas, Aymaraës qui ont de nombreuses vallées dans l'étage quechua, ont ainsi par manque d'eau, une agriculture pauvre et un faible peuplement. Seules les têtes de vallons avec leurs sources, offrent des sites favorables à l'établissement des villages (Livitaca, Colquemarca, etc.). Le maïs, malgré la sécheresse, s'y maintient traditionnellement, mais ces régions conviennent mieux aux céréales européennes (blé et orge) et restent un grand domaine d'élevage, ce qui les assimile à l'économie des *punas* du Sud.

B. Cordillères et punas.

Les hautes terres au-dessus de 3 900 m appartiennent aux domaines de la *puna* et de la *janca*. Le premier terme a ici une signification à la fois écologique désignant la steppe à *icchu* sans arbre, et morphologique, servant à décrire la ou les surfaces d'aplanissement qui ont tranché la Sierra. Dans cette dernière acception, elle concerne presque essentiellement les hautes terres au Sud de la vallée du Vilcanota. Au Nord, la cordillère orientale en raison de son altitude et d'un relief beaucoup plus vigoureux, a moins de steppes et un important domaine nival et glaciaire *(la janca)*.

1 - La chaîne orientale (Cordillères du Vilcanota et de Vilcabamba).

Une haute barrière neigeuse isole la région du Cuzco de la forêt amazonienne. C'est un bourrelet de roches primaires (schistes ardoisés, phyllades, roches métamorphiques principalement) avec des batholithes granitiques comme celui de Macchu-Picchu. Onze sommets dépassent 6000 m, les deux plus importants étant l'Ausangate à l'Est (6384 m) et le Salkantay (6271 m) à l'Ouest, éléments essentiels du paysage cuzquénien et *apus* tutélaires dans la mythologie quechua. Tous portent les empreintes de plusieurs glaciations et présentent de magnifiques reliefs glaciaires et fluvio-glaciaires : ainsi près des cols routiers qui traversent la cordillère à plus de 4500 m (vers Quillabamba, Amparaës ou Quince-Mil) ou autour de la lagune Sibinacocha.

Le franchissement de cette cordillère est difficile. Une seule rivière la traverse, l'Urubamba, par une gorge profonde, étroite, taillée dans le granite, très vigoureuse, puisqu'on a sur trente kilomètres une dénivellation de 915 m : la gorge de Torontoy, dominée par les ruines de Macchu Picchu. Les Incas, au lieu de l'emprunter, aménagèrent une route par les hauteurs. Les Espagnols préférèrent passer les cols très élevés près des "nevados", pour descendre vers la selva. Ce n'est qu'en 1920 que la vallée fut utilisée par une voie de communication moderne, le chemin de fer à voie étroite de Santa Ana. Les routes sont plus récentes encore et postérieures à la seconde guerre mondiale. Elles demeurent très malaisées et la circulation peut y être interrompue pendant des semaines.

Difficile à franchir, la cordillère orientale a pourtant été toujours associée à l'économie andine. Elle fournit les réserves d'eau nécessaires à l'irrigation grâce à ses névés, ses glaciers et leurs émissaires. Très peu boisée sur son versant méridional, la montagne a, par contre, de beaux pâturages humides, appropriés par des haciendas qui sont les plus étendues de la région (80 000 ha pour Lauramarca, 50 000 ha pour Chicón et Yanahuara, 35 000 ha pour Huyro sur le versant amazonien) et de multiples communautés refoulées en altitude par les grands domaines de la vallée du Vilcanota.

2 - Les hautes terres méridionales.

La masse montagneuse méridionale est beaucoup plus complexe de forme et de structure, moins élevée et plus large (380 km environ, pour l'ensemble ; 120 à 170 km pour la partie cuzquénienne). Elle a subi plusieurs phases de sédimentation, de plissements et d'aplanissements (surtout au Secondaire et au Tertiaire) et a été exhaussée lors du grand soulèvement andin (fin Miocène-début Pliocène). Les aplanissements ont développé la "surface de la puna" décrite par Isaïah Bowman (7). On en a la trace dans la permanence de la ligne de crête, autour de 4500 m, à l'exception de quelques barres de roche dure (par exemple, la petite échine de Laramanie entre les provinces d'Espinar et de de Canas, à 5000 à d'altitude) et des reliefs volcaniques du Sud.

On peut y opposer deux ensembles de paysages ; l'un à l'Est où dominent les lignes horizontales annonce souvent l'altiplano punénien ; l'autre, à l'Ouest, est au contraire très accidenté, la reprise de l'érosion, à la suite du soulèvement général du Tertiaire ou de l'affaissement du niveau de base amazonien au Quaternaire, ayant creusé de profondes entailles fluviales.

---

7. BOWMAN, I. Los Andes del Sur del Perú. Traduction anglais-espagnol par Carl NICHOLSON. Arequipa, la Colmena S.A., 1938.

Dans Canas, la morphologie dominante offre une succession de croupes sans vigueur avec des vallées aux fonds tourbeux, aux versants adoucis par des dépôts périglaciaires, et des bassins lacustres. Un chapelet de lagunes s'étire le long d'une ligne S.E.–N.O., grossièrement parallèle à la direction de la vallée du Vilcanota dont seulement une vingtaine de kilomètres, à vol d'oiseau, le sépare. La plus étendue est celle de Langui-Layo (350 km2 environ), puis en allant vers le Nord-Ouest, on trouve successivement celles de Tungasuca, Pasco-cocha (ou Mosollacta), Acopia, Pomacanchis. Toutes ont une émissaire qui rejoint le Vilcanota pour une courte, mais très vigoureuse gorge de raccordement dont nous avons signalé l'importance en étudiant la vallée. Ainsi l'Herca pour la lagune de Langui-Layo, le Chakamayo pour celle de Tungasuca, le Cebadapata, déservoir de la lagune de Pomacanchis.

Au Sud-Est, dans la province d'Espinar, passés le col à 4300 m et les petites crêtes rocheuses de Laramanie, on retrouve un relief semblable à celui de l'altiplano de Puno tout proche, mais plus accidenté. Les lignes horizontales dominent ici et forment un contraste très net avec les reliefs voisins, ondulés dans Canas ou très verticaux dans Chumbivilcas. On a là les restes d'une ou de plusieurs cuvettes lacustres dont il ne subsiste aujourd'hui que quelques petites lagunes, presque complètement asséchées en saison sèche, et un beau système de terrasses où les dépôts sont parfois mélangés à des tufs volcaniques. Découpées par les rivières actuelles, en buttes plates d'une dizaine de mètres, elles sont un site privilégié pour les bourgs de Yauri et Coporaque. Leurs versants, surtout ceux qui sont exposés à l'Est, portent des cultures de pommes de terre au-dessus des terres mal drainées du fond des cuvettes. Au contact des reliefs volcaniques du Sud dans la région de Tocroyoc et d'Ocoruro, des terrasses de cailloux roulés se superposent ou prennent le relais des précédentes. Ces reliefs volcaniques de la fin du tertiaire et du quaternaire portant à plus de 5 000 mètres quelques neiges persistantes, annoncent déjà les grands volcans qui dominent la côte péruvienne de Nazca à Tacna.

Dans la partie drainée par l'Apurímac et ses affluents -provinces de Paruro et Chumbivilcas, provinces apuriméniennes- le relief est très accidenté. Les rivières sont encaissées dans des grès et des conglomérats du tertiaire -correspondant au dépôt des couches rouges- qui donnent de vigoureux escarpements. Les dénivellations sont très fortes entre les corniches et le fond de la vallée, en particulier dans le canyon de l'Apurímac, où elles peuvent atteindre 1 000 m. Entre les vallées, les sommets sont usés, et les têtes de vallon où naissent les rivières présentent souvent des étendues marécageuses.

3 - Climat et végétation.

Le climat y conserve le rythme tropical à deux saisons, mais en raison de l'altitude, il est déjà froid et plus humide. L'importance de l'isotherme 6° de température moyenne annuelle a été soulignée, à juste titre, par Tosi (8) ; au-dessous de cette température, la maturation des plantes alimentaires et le développement normal des arbres sont impossibles. Yauri et Yanaoca, avec des moyennes annuelles avoisinant 6 ou 7°, se situent donc à la limite. L'amplitude thermique est faible. A Pañe (Espinar), à 4524 m d'altitude, la moyenne annuelle est de 3°3 et la différence entre mars (5°2) et juillet (0°7), n'est que de 4°5 (9). Par contre, les extrêmes sont très importants, avec un maximum absolu de 16°8 et un minimum de - 13° (tableau n° IV). Il existe d'autre part de grands écarts de température entre le jour, où elles peuvent atteindre 18 à 19° au soleil, et la nuit où, en saison sèche, elles sont rarement supérieures à 0°. Les contrastes entre le soleil et l'ombre ne sont pas moins accentués.

---

8. TOSI : op. CIT.

9. Plan du Sud ; op. cit.

Les précipitations annuelles ne dépassent pas 800 mm, et dans la plupart des vallées abritées entre 4000 et 4500 m, elles restent aux alentours de 500-600 mm. Elles sont d'autre part très irrégulières d'une année à l'autre et périodiquement, leur insuffisance affecte profondément l'économie déjà fragile de ces régions. La saison sèche est malgré le froid la plus agréable. Pendant cinq ou six mois, le ciel est d'un bleu profond et limpide et la luminosité est telle que le paysage semble démesurément élargi. Un vent constant balaie la puna. Les petites lagunes connaissent des étiages et des efflorescences salines apparaissent sur les rives. C'est l'époque principale pour les foires, bien que les deux plus importantes se tiennent en janvier, au moment de la tonte des moutons (les Rois à Yauri, le 14 janvier à Pampamarca).

La puna est le domaine de l'herbe et surtout de plusieurs graminées que l'on groupe sous le nom général d'*icchu*. L'herbe est partout : en touffes serrées sur le sol, séchée sur le toit des maisons, en bouquets sur les murettes des *corrales* et jusque sur les clochers des églises dressés comme des points de repère dans ces vastes étendues. Elle contribue à accentuer l'impression de monotonie et d'immensité du paysage auquel elle donne une tonalité vert tendre en été, jaune fauve pendant la saison sèche. Ces graminées, où dominent les fétuques, sont de taille variée. Elles laissent apparaître au ras du sol un gazon plus vert et des plantes naines et géophytes parfois épineuses. C'est un pâturage souvent médiocre, car les tiges sont dures et cellulosiques. Dans certains secteurs secs et trop fréquentés par les troupeaux comme les pampas autour de Yauri, le "pajonal" n'offre que de courtes touffes dures et espacées, qui n'arrivent pas à se régénérer en période des pluies ; près du sol, apparaît alors un cactus en coussin, d'aspect floconneux, la "opuntia" (*Opuntia floccosa*). Par contre, dans les haciendas au-dessus de 4300 m, on a un magnifique pâturage "d'iru" haut d'une soixantaine de centimètres, dru et nutritif ; dans les têtes de vallons, mélangé à des plantes aquatiques, il forme des *bofedales* très recherchés par les éleveurs. Pas d'arbres, si ce n'est quelques arbustes comme le quishuar (ou colle), au feuillage argenté, sur certaines places villageoises et dans des cours d'haciendas.

Dans quelques vallées humides et abritées, vers 3900-4000 m, on trouve de petits bois de "queuña" ou "quinuar" (*Polylepis racemosa*), arbres résineux très recherchés comme combustible. Ainsi, dans la très haute vallée de l'Apurímac vers Suykutambo, et, plus près du Cuzco où il est vendu, sur les hauteurs de Chinchaypuquio et de Yaurisque. On a là quelques témoins de la végétation arbustive assez touffue qui constitue la «puna baja» (la basse puna). Des arbustes épineux comme le lloque (*Kageneckia lanceolata*), le t'ankar (*Solanum pseudolycioides*), le llauli (*Barnadesia*), s'y mêlent à des touffes de tallanka (*Baccharis*) et à une multitude de graminées, de légumineuses, d'ombellifères. Sur les versants rocheux, s'étalent des plantes grasses en lanières et une broméliacée qui rappelle en plus petit la fameuse "puya Raimondi" (*Pourretia gigantea*). Cette végétation a presque partout ailleurs été détruite depuis longtemps pour les usages domestiques, comme pour les mines ou par les troupeaux. C'est ce qui explique qu'aujourd'hui, on passe presque partout, sans transition, des cultures de tubercules de l'étage quechua à la puna.

Au-dessus de 4500 m et jusqu'à 4700-4800 m, lorsque la moyenne annuelle ne dépasse pas 3° selon Tosi et les précipitations, 300 mm, on retrouve quelques plantes arbustives comme la tola (*Lepidophyllum rigidum*) et la yareta (*Azorella yarita*), plantes résineuses et toujours vertes. Puis c'est l'étage des plantes en coussinets, des mousses et des lichens. Le sol même est pratiquement inexistant sur les versants et la roche à nu apparaît ; dans le fond des dépressions, on a des tourbières à distichia (*Distichia muscoïdes*) et de véritables toundras. Ainsi dans les vallées qu'emprunte la route d'Ocongate à Marcapata, ou celle qui, du col de Huayllapacheta, descend vers Chumbivilcas. La limite des neiges permanentes commence deux ou trois cents mètres plus haut (5100 à 5300 m), au-dessus d'une courte zone dépourvue de toute végétation, couverte d'éboulis et temporairement de neige. Pulgar Vidal (10) appelle cet étage la *Janca*. Il est assez étendu dans la cordillère orientale, mais on ne le retrouve au Sud de notre région que sur les sommets volcaniques.

La puna est une région d'élevage et elle s'oppose ainsi à l'étage quechua essentiellement agricole. Les auquénidés (lamas et alpacas) s'y mêlent aux animaux introduits par les Espagnols, ovins, bovins, chevaux et mulets. L'agriculture est peu favorisée pour des raisons à la fois climatiques et pédologiques. Les fortes gelées nocturnes et matinales et la sécheresse gênent beaucoup les cultures au-dessus de 3900 m et les rendent impossibles au-dessus de 4500 m où l'on rencontre encore pourtant quelques champs itinérants en particulier dans la cordillère orientale. Les sols sont très peu épais (30 à 40 cm au maximum), surtout sur les versants où la roche est souvent à nu. Ils sont acides (pH inférieur à 5 en général), de couleur marron foncé à noir, pauvres en azote et phosphore. La quantité d'humus, peu importante en raison du froid et de la sécheresse, est concentrée dans les quelques centimètres superficiels. Sur les terrasses lacustres de Yauri, ils sont secs avec de fortes concentrations de sel. Près des rivières, on a des sols marécageux et souvent tourbeux. Les terrains les plus favorables se situent sur les basses pentes dominant les lagunes dont la masse d'eau contribue à l'adoucissement du climat ; on les rencontre aussi sur les versants des terrasses lacustres abrités du vent et exposés vers le Sud ou l'Est, au-dessus des terres inondables et gélives pendant les nuits froides de saison sèche, des bas-fonds. On y cultive, avec de longues jachères, les pommes de terre -en particulier la huaña qui sert à la préparation du chuño- la quinua et la cañihua, parfois un peu d'orge.

C. Le versant oriental des Andes et le piémont amazonien (11). La descente vers la *montaña* depuis les hauts cols de la cordillère orientale est relativement rapide. En moins de 150 kilomètres d'une route extrêmement sinueuse, on suit l'étagement de la végétation depuis les neiges éternelles, vers 5300 m, jusqu'à la forêt tropicale. Une érosion très vigoureuse en raison des fortes pluies et de l'importance de la dénivellation, dans un matériel paléozoïque où dominent les schistes, a découpé le revers de la cordillère orientale en une infinité d'éperons et de ravins. On a très souvent une topographie en feuille de chêne, avec des crêtes vives malgré le feutrage de la forêt. Les rivières les plus importantes, l'Urubamba et ses affluents (le Yanatile et le Yavero ou Paucartambo), le Pillcopata, le Qeros, le Marcapata, ont édifié, dans le cours moyen de leur vallée et sur le piémont, tout un système de hautes terrasses de cailloux roulés qui offrent d'excellents sites à l'habitat. Les derniers chainons des Andes atteignent encore 2100 m entre le Alto Urubamba et le Yavero (Abra de Tocate) et probablement la même altitude dans la région des sources du Pantiacolla et du Piñipiñi.

En raison de la vigueur de l'écran montagneux exposé aux influences chaudes et humides de l'Amazonie, la *ceja de montaña* connait un climat tropical très humide. La condensation de la masse d'air chaud provoque de très fortes pluies à la fois de convection et orographiques. Un brouillard presque permanent prend en écharpe le flanc de la montagne, depuis 3800-4000 m d'altitude jusqu'à 2300 m. Un contraste de luminosité et d'humidité impressionnant oppose ainsi les deux versants andins. La moyenne de température est de 22° à Quillabamba à 1000 m d'altitude et l'amplitude thermique est faible annuellement ; quotidiennement, elle est un peu plus forte, l'altitude intervenant pour rafraîchir la nuit, rendant ainsi le climat particulièrement agréable.

---

10. PULGAR VIDAL J ; Op. cit..

11. Nous laissons ici de côté le cours de ceja de montaña de l'Apurímac ; administrativement sa rive droite sur laquelle sont situés les principaux centres de colonisation (Teresita et Pichari) appartient au département de Cuzco ; mais son peuplement et ses débouchés économiques se sont fait en liaison avec Ayacucho.

PLANCHE 11 – LA CEJA DE MONTANA DANS LA VALLEE DE LA CONVENCION

Photo A : Versants au-dessus de la Maranura à Versalles

Contraste entre la végétation luxuriante des basses pentes (1 500 m), où se mêlent ici coca, caféiers, bananiers et manguiers, et le haut versant avec une prairie dépourvue d'arbres.

Au sommet cependant (2 500 m), la forêt réapparaît à cause de la quasi permanence du plafond de nuages.

(Cliché de l'auteur)

Photo B : «Plantations» de caféiers à Chaco-Huayanay, près de Quillabamba (1 000 m).

(Cliché de l'auteur)

Le rythme et le total des précipitations varient beaucoup en fonction du relief et de phénomènes d'abri fréquents dans ce piémont très accidenté. En général, la saison sèche (de juin à septembre) est courte et le total de précipitations dépasse partout 1000 mm. La vallée de la Convención est, en raison de sa profondeur et certainement aussi des influences froides qu'elle reçoit des masses d'air situées au-dessus des glaciers du Salkantay, la plus sèche avec, à Quillabamba, 1100 mm d'eau environ par an. Des formes de végétation xérophile y apparaissent avec des cactus-cierges. Cosñipata (680 m) et surtout Quince-Mil (500 m), sont beaucoup plus arrosées, avec des totaux de précipitations de, respectivement, 3000 et 8000 mm, et une température annuelle moyenne à peine plus élevée que celle de la Convención (24°8 à Cosñipata).

On ne rencontre pratiquement pas l'étage quechua sur le versant amazonien, sauf vers 3400 m dans certaines hautes vallées abritées des influences tropicales comme celles de Qeros ou de Lares. En général, on passe rapidement de la puna à la "ceja alta". Celle-ci est caractérisée par une forêt aux espèces très variées et peu détruites par l'homme mais dégradée par l'humidité et la faible insolation à cause de la quasi-permanence du brouillard. Les arbres sont rabougris, avec des troncs tordus ; des lichens et de longues mousses pendent de leurs branches. Très vite, apparaissent des fougères arborescentes, des plantes épiphytes ou grimpantes, des orchidées, des bambous. La forêt et son sous-bois deviennent rapidement touffus au-dessous de 3000 m mais elle recouvre presque uniquement le versant exposé vers le Nord-Ouest qui reste à l'ombre la plus grande partie de la journée. Le versant exposé vers le Sud-Est, ensoleillé, porte souvent des prairies d'altitude. Les espèces tempérées qui dominaient au sommet cèdent progressivement la place aux variétés tropicales.

La colonisation s'est faite le long des principales rivières. Les terrasses qui les accompagnent présentent les meilleures conditions pour la culture avec des sols alluviaux plats, dont la profondeur et la fertilité, bonnes dans l'ensemble, sont variables. Les versants sont très abrupts avec des pentes souvent supérieures à 50 % et atteignant parfois 80 %. Les sols y sont superficiels et acides (pH 4 à 5). Dépourvus de leur couvert végétal à la suite de défrichements intensifs, ils sont très sensibles à l'érosion. Pourtant, au-dessus de la ville de Quillabamba, ils portent dans des positions acrobatiques, des cultures de café et de coca auxquelles on accède par des chemins en lacets.

C'est la vallée de la Convención qui présente le plus bel étagement de cultures tropicales. Celles-ci commencent vers 3000 mètres avec, sur les versants secs et ensoleillés, la coca (*Erythroxilon coca*). Vers 1500 mètres, il y a de belles plantations de thé sur les terrasses et de café sur les pentes. Celui-ci est devenu la principale culture actuellement et il progresse le long de la vallée jusque dans la région du Cirialo vers 5 à 600 m d'altitude. La canne à sucre est cultivée sur les terrasses au-dessous de 2000 m et le cacao, au-dessous de 1500 m. On rencontre également l'achiote (*Bixa orellana*) et le palillo, plantes donnant des produits colorants surtout utilisés dans l'alimentation ; la relative sécheresse locale permet l'arachide, et le coton y a été jadis cultivé. Le riz y a connu des fortunes diverses (il semble que sa culture favorisait le paludisme) ; il se développe aujourd'hui à Cosñipata. Les agrumes et les ananas sont en récente progression à côté des fruits habituels rarement cultivés en plantation : bananiers, avocatiers ou "paltos" (*Persea americana o gratissima*), papayers, manguiers. Les cultures vivrières sont représentées par le maïs, la "Yuca" ou manioc doux (*Manihot utilissima*), des patates douces ; camotes et apichu (*Ipomoesa batatas*), des condiments comme l'aji (*Capsicum aunum et pendulum*), des haricots, des cucurbitacées. Les cultures maraîchères progressent en liaison avec le ravitaillement de Quillabamba et dans une moindre mesure du Cuzco. Dans les autres vallées, plus irrégulièrement mises en valeur et actuellement peu peuplées, on a surtout une forêt secondaire ou même, comme à Cosñipata, des savanes plus ou moins arborées.

D. La montaña : Ce n'est qu'au-dessous de 500 m d'altitude que l'on entre théoriquement dans l'étage climatique de la "montaña". C'est un immense domaine couvrant 33 480 km2 dans le département du Cuzco (le revers andin est cependant inclus dans cette superficie) et 78 402 km2 dans celui du Madre de Dios, soit au total 63 % de notre espace régional. Ses caractéristiques sont déjà celles de la cuvette amazonienne avec une grande régularité dans la chaleur et l'humidité. Puerto Maldonado, à une altitude de 200 m, a une température moyenne de 26°6, avec un très faible écart thermique ; les précipitations (total annuel de 3933 mm) (12), sont réparties sur toute l'année avec cependant un répit prononcé pendant les mois de mai à septembre. Des irruptions d'air très froid venues de l'anticyclone de Patagonie, et pénétrant depuis la Bolivie, peuvent provoquer pendant quelques jours une baisse très forte de la température et des brouillards très épais. On les appelle des *friajes* ou des *surrajes* et ils peuvent également atteindre Quince-Mil et Cosñipata, pourtant situés plus à l'Ouest.

De multiples rivières, affluentes de l'Ucayali dans la province de la Convención, ou appartenant au réseau du Madre de Dios, ont découpé en terrasses des dépôts sédimentaires continentaux du Secondaire et du Tertiaire. Elles ont le plus souvent une direction latitudinale et à cause de la pente très faible sont extrêmement sinueuses. Les méandres et leurs nombreux recoupements laissent le long de la rivière, des lagunes en demi-lune ou des cuvettes marécageuses plantées de palmiers (*aguajes*). Le lit majeur est peu encaissé dans la superficie générale de la plaine. Une terrasse, parfois deux, le dominent d'une dizaine de mètres seulement, par un court talus attaqué vigoureusement par la rivière en crue ; on les appelle les *restingas*. Elles portent, à l'abri des inondations, quelques domaines d'élevage ou d'exploitation forestière, les hameaux (*caserios*) des tribus indiennes et des missions, les agglomérations de Puerto Maldonado et Iberia. Les basses terrasses sont les plus fertiles, avec des sols argileux, très légèrement acides. Les terrasses moyennes ont des sols également argileux, brun foncé, profonds d'une centaine de centimètres, meubles mais déjà plus acides en superficie. Ils sont assez pauvres en phosphore, plus riches en potasse et en matières organiques. Ils pourraient porter des cultures permanentes intensives et également permettre un élevage de qualité. Les terrasses supérieures, par contre, ont des sols latérisés dont la fertilité est faible.

La végétation appartient aux formations *bosque humedo tropical* et, au Nord-Est, *bosque seco tropical*, dans la classification de Tosi (13) (respectivement forêt humide et forêt sèche tropicales). Elle est très hétérogène et son exploitation est limitée à cause de son immensité, de son très faible peuplement et de l'absence d'infrastructure qui la rend difficilement pénétrable. Elle a été peu défrichée au-delà du Pongo de Mainique sur l'Urubamba et dans la majeure partie du Madre de Dios. A la fin du siècle dernier et avant la première guerre mondiale, elle a présenté un grand intérêt pour l'exploitation du caoutchouc de cueillette à partir du "caucho" (*Castilloa elastica*) et de la "shiringa" (*Hevea brasiliensis*). Aujourd'hui quelques concessions forestières exploitent la "castaña" (*Bertholletia excelsa*), la noix du Brésil ou de Para et les bois dont les variétés les plus recherchées sont la "caoba" ou "aguano" (*Swietenia macrophylla*), le "cedro" (*Cedrela odorata*), le "tornillo" (*Cedrelinga catenaeformis*) et un palmier, la "chonta" (*Iriartea sp.*).

---

12. Plan du Sud : Op. cit.

13. TOSI : op. cit.

La division, en fonction de l'altitude, en grands étages climatiques et biologiques, ne saurait à elle seule rendre compte de l'extrême diversité des milieux écologiques de la région Sud-Est. Il faut en effet faire intervenir sans cesse le compartimentage extrême du relief qui multiplie vallées et dépressions, avec chacune une profondeur, une ampleur, une forme, une orientation très différentes des voisines. Or, dans cet ensemble montagnard situé souvent à la limite des possibilités agricoles, quelques dizaines de mètres suffisent à créer des nuances capitales pour la vie rurale. Aussi, les possibilités de cultures et par suite la vie rurale, sont beaucoup plus en relation avec ces petites nuances de relief qu'avec les grandes zones altitudinales ; et cela même sans faire intervenir des faits humains tels que densités du peuplement, ancienneté et intensité de l'occupation du sol, techniques agricoles et pastorales, etc. En raison de l'extrême dissection du relief, l'étage quechua apparaît comme une marquetterie de petits pays, s'imbriquant les uns par rapport aux autres. La *puna* et la *selva* semblent plus uniformes, cependant, dans le premier domaine, les seuils précédemment définis pour les températures (isotherme 6°) et la sècheresse (500 mm annuels), prennent toute leur vigueur ; d'autre part, dans ces deux étages, ce sont la distance et les facilités d'accès qui introduisent, plus que l'altitude, de multiples nuances.

C'est cette variété écologique qui a commandé une première organisation de l'espace "verticale" à l'echelle locale, comme aujourd'hui régionale. En premier lieu, parce que chaque unité territoriale comme la micro-propriété du paysan, le finage de la communauté indigène ou de l'hacienda, les divisions administratives actuelles, et même sous les Incas, l'Empire, tendaient toujours à associer deux ou trois milieux naturels différents, voire davantage. En second lieu, parce que des échanges permanents se sont faits entre ces divers milieux à tous les niveaux.

Ainsi, à la base, chaque cellule agricole de la zone quechua, hacienda ou communauté, et même la micro-propriété du comunero, tend à posséder à la fois des terroirs de vallée et de versants, ou de versants et de puna, ou les trois à la fois. Cela se fait le plus souvent dans des secteurs relativement proches, mais quelquefois, on peut avoir des déplacements importants. A une échelle supérieure, celle des divisions administratives, on rencontre une démarcation en districts et en provinces qui associe également deux ou trois milieux naturels. Nous l'avons vu pour la zone quechua et la vallée du Vilcanota. Il faudrait y ajouter les provinces qui englobent les étages du versant oriental des Andes et une partie de la *montaña* comme la province de la Convención et, à plus forte raison, celles qui unissent tous les étages écologiques : Calca, Paucartambo et Quispicanchis. Seules Espinar et les trois provinces du Madre de Dios, offrent une homogénéité de leur milieu naturel, dans le premier cas la puna et dans le second, la selva. Mais ce sont là des circonscriptions très récentes (début XXe siècle) qui, soit pour des raisons géographiques, soit pour des causes historiques (le Madre de Dios surtout), sont peu peuplées et ont toujours été considérées comme des annexes du pays quechua. Enfin, à l'échelle départementale, le Cuzco offre un bon exemple d'association, sinon d'intégration, des milieux naturels de la Sierra et de la Selva.

La vie régionale s'est organisée en fonction d'échanges permanents entre les divers milieux naturels : échanges d'hommes que ne limitent nullement des structures foncières très différentes, échanges de produits complémentaires réalisés surtout entre agriculteurs et éleveurs. Nous reviendrons sur ce fait qui est un des grands éléments de la vie rurale et que John Murra appelle "le caractère vertical" de l'économie andine (14). Il est intéressant de constater que ce principe qui était à la base du système socio-économique des Incas, survit plus fortement qu'ailleurs dans la région de la capitale déchue.

---

14. John V. MURRA, "El control vertical de un maximo de pisos ecológicos en la economía de las sociedades andinas", dans Visita de la provincia de León de Huánuco (1562) t. II, Huánuco, 1972, pp. 429-470 ; "Informacion etnológica e histórica adicional sobre el reino lupaqua", Historia y cultura, Lima, 1970, pp. 49-62 ; "An Aymara Kingdom in 1567", Ethnohistory, 1968, XV, 2, PP ; 115-151.

Aujourd'hui, deux autres principes tendent à organiser différemment l'espace. Celui de l'influence accrue des villes, à la fois par leur population croissante, par leurs fonctions et par la mise en place de nouveaux systèmes de communication et de production ; celui de l'intégration nationale qui cherche à réduire le désenclavement régional afin de constituer un vaste marché pour les activités productrices concentrées presque exclusivement sur la côte péruvienne. Il est intéressant de voir comment les données du milieu naturel peuvent jouer dans un sens très différent, en fonction de ces principes étroitement liés au développement et au désir de conquête de l'économie capitaliste.

Il est certain tout d'abord que la Sierra et, en particulier, la zone quechua, ne constituent pas, en elles-mêmes, des milieux défavorables. Elles apparaissent même, par leur climat tempéré d'altitude très ensoleillé et sain, leurs ressources en eau, leur végétation, leurs sols variés, beaucoup plus favorables à l'homme et à ses activités agricoles que le désert côtier ou la forêt amazonienne entre lesquels elles se situent. L'altitude, en raison de la baisse de la pression atmosphérique (550 mm à 3000 m d'altitude), ne devient réellement un problème qu'au-dessus de 4000 m et la puna a toujours été, même à l'époque incaïque, une zone annexe de l'étage quechua, complémentaire par bien des aspects, mais peu peuplée. Les indiens présentent d'ailleurs des caractéristiques physiques d'adaptation à l'altitude et des modifications très importantes dans les systèmes respiratoire et sanguin (volume de la cage thoracique et du cœur plus grand, complexe alvéolaire plus développé, nombre plus élevé de globules rouges facilitant l'absorption de l'oxygène par le sang). Et c'est lorsqu'ils descendent dans les régions basses de la selva ou même de la côte qu'ils pâtissent de troubles graves et deviennent très vulnérables aux maladies, pulmonaires et intestinales en particulier. Mais à des faits d'ordre physiologique -la vie en altitude favoriserait la destruction de certains anticorps provoquant ainsi une moindre résistance aux microbes et aux parasites -il faut ajouter des faits d'ordre socio-économique et psychologique résultant d'un changement radical dans les conditions de vie et de travail.

Plus importants sont les obstacles constitués par le compartimentage du relief et la distance. La plupart des vallées découpant la masse montagneuse sont de direction S.E. - N.O., c'est-à-dire parallèles à l'orientation générale de la côte. Aussi, les routes transandines présentent-elles un profil accidenté et un tracé très sinueux qui allongent les distances et le temps mis à les parcourir. Leur qualité est d'autre part précaire à cause de l'altitude et du climat contrasté. A l'échelle régionale, en raison de la dissection du relief, ces faits interviennent aussi. Le cañon de l'Apurímac et l'encaissement de ses principaux affluents isolent, nous l'avons vu, les provinces qui sont situées au Sud. Les communications ne sont guère plus faciles au Nord avec la ceja de montaña.

Mais cet obstacle du relief aux communications est surtout vrai en fonction des techniques modernes et dans notre conception de l'espace et du temps. Nos routes empruntent les vallées qui seules ont été peuplées par les Espagnols de manière permanente joignant ainsi les villes qu'ils ont créées. Les Incas, qui ne connaissaient pas la roue et utilisaient le portage à dos d'homme ou de lama, préféraient les pistes tracées à mi-pente ou sur les interfluves. Le meilleur exemple de changement dans le concept de communications peut être donné avec la cité de Macchu Picchu. L'Européen qui y accède par le train, empruntant la gorge de l'Urubamba, puis la route en lacets, s'étonne de l'escarpement du site, puis pense automatiquement à une forteresse militaire, faisant une association avec l'*oppidum* romain ou le château fort du Moyen-Age. Or, c'est par la piste des crêtes qu'on atteignait la ville qui n'était ainsi qu'un relais commercial entre Cuzco et la selva, et un centre religieux peut-être plus important que les autres, en raison de la beauté du site et du caractère magique de la civilisation incaïque.

De la même manière, ce sont surtout des facteurs historiques et, aujourd'hui, le développement de l'économie capitaliste exigeant des systèmes et des techniques de production plus modernes, qui diminuent considérablement la valeur des terroirs andins. Les populations indiennes ont vu leur territoire considérablement limité, et refoulé sur les versants, à cause de l'appropriation des terres de vallée par les conquérants espagnols. Aujourd'hui, l'introduction de moyens de culture modernes (machines, engrais etc...) accentue la différence entre les vallées aux sols plats et fertiles et les versants aux sols squelettiques ruinés par une forte érosion. De même, le développement des transports routiers remet en question le principe quasi-autarcique de l'association de diverses cultures.

Aussi, les différences entre régions s'accroissent. Certaines paraissent actuellement plus favorisées par leur relief pour l'usage des techniques modernes. Comme celles-ci se diffusent surtout à partir des villes, la distance par rapport à ces dernières devient de plus en plus importante. Dans notre espace régional, la vallée du Vilcanota-Urubamba, pourvue d'un climat tempéré et de sols plats fertiles, voit son importance renforcée par les techniques modernes de production et de transport. Bourgades et villages s'y succèdent à moins de 100 et jusqu'à 150 km du Cuzco, distants les uns des autres d'une dizaine ou d'une vingtaine de kilomètres, ce qui est un facteur éminemment favorable aux liaisons routières et ferroviaires. Par contre, des provinces comme Paruro, Acomayo et Paucartambo qui, à cheval, n'étaient guère plus éloignées, semblent aujourd'hui beaucoup plus isolées. De même, les distances avec Lima (1100 km et 2 ou 3 jours de voyage par la route) paraissent aujourd'hui un handicap important parce qu'on dépend de plus en plus de la capitale péruvienne, à la fois pour tous les produits industriels et pour les décisions, les capitaux, les techniciens des organismes de développement.

C'est dans la mesure où on pense "espace national", organisé par et en fonction de la capitale côtière, que la région du Cuzco apparaît comme marginale. Pour les Incas, ne l'oublions pas, le Cuzco était, au contraire, étymologiquement, le "nombril du monde" et sa situation lui permettait de contrôler avec des moyens beaucoup plus modestes que ceux offerts par le monde moderne, un territoire plus vaste que l'actuel Pérou. C'est à l'époque coloniale, comme nous le verrons plus loin, que le centre de gravité du Pérou a été brusquement et irrémédiablement déplacé de l'intérieur vers la côte, parce que cette dernière permettait des liaisons plus faciles avec la métropole espagnole. C'est dans ce même contexte de dépendance vis-à-vis de l'Europe, puis des Etats-Unis d'Amérique du Nord, que s'est poursuivi, après la rupture avec l'Espagne, le développement économique du pays, accentuant davantage encore, grâce aux techniques modernes, le déséquilibre entre la Côte et la Sierra. De même, l'équilibre de la subsistance des populations amérindiennes maintenu, semble-t-il, par les Incas, a été rompu avec l'appropriation des meilleures terres par les conquérants et la formation des haciendas. Un concept de ville différent a introduit une nouvelle répartition de la population et de la propriété, créé d'autres moyens de contrôle et de domination, et provoqué de nouveaux systèmes d'échanges et de valeurs. Aujourd'hui, ces faits sont accentués par les progrès de l'impérialisme et le modèle de développement proposé par les pays industriels. C'est dire l'importance des facteurs économiques et historiques, plus que des conditions du milieu naturel, dans l'isolement et la marginalisation de notre région.

II. - UN MILIEU HUMAIN PEU URBANISE ET FORTEMENT INDIGENE.

La répartition de la population vient souligner les oppositions révélées par l'étude du milieu naturel. L'étage quechua présente de fortes densités de peuplement pour un milieu montagnard où les bonnes terres agricoles sont rares. Les villages et les bourgs y sont nombreux. Le métissage culturel fait qu'une grande partie de la population y est bilingue, abandonne progressivement le costume indigène, et à des contacts fréquents avec la ville. Les éleveurs des punas s'apparentent déjà aux populations de l'altiplano, non seulement par leur genre de vie pastoral, mais aussi par certains traits physiques et par leur langue où subsistent encore des éléments aymaras. Dans ces steppes d'altitude, l'occupation du sol est beaucoup plus lâche que dans le domaine quechua, bien que présentant de nombreux cas de surpeuplement relatif. Ce sont des régions beaucoup moins urbanisées où la présence espagnole a été moins forte ; depuis dix ans, elles connaissent, grâce aux voies de communications, de profondes transformations économiques beaucoup plus que culturelles. La ceja de montaña et la montaña enfin, ont des caractères qui les font ressembler à la fois aux zones de colonisation des basses terres tropicales et aux vallées quechuas dont leurs habitants sont descendus. Des premières, elles ont les fronts mouvants de mise en valeur, l'insuffisance d'infrastructure, le climat d'aventure économique et sociale qui caractérisent bien des régions pionnières. Il y a cependant de grandes différences entre la vallée de la Convención où, jusqu'à une époque très récente, de grandes haciendas pratiquaient une agriculture commercialisée (canne à sucre, café, thé, etc.) et qui abrite une ville, Quillabamba, et les autres vallées (Cosñipata, Quince Mil et même Lares) qui ont un développement économique plus récent, plus incertain, et ne présentent que des îlots de peuplement.

Malgré sa faible densité générale (9,1 hab/km2 pour le département de Cuzco en 1972, 14,9 pour celui d'Apurímac) (1), la Sierra du Cuzco présente de nombreux îlots de fort peuplement en particulier dans les vallées, celle du Vilcanota-Urubamba en premier lieu. Dans le département de Cuzco, l'exode rural vers les villes s'est produit plus tardivement et surtout de manière moins accentuée que dans les départements voisins (Apurímac, Ayacucho, Nord d'Arequipa, Puno) ou que dans ceux du Nord du Pérou (Cajamarca, Ancash). Cela est dû à la fois à des conditions physiques relativement favorables, à l'isolement intérieur de la Sierra, et surtout au fait que les modes de production précapitalistes de l'hacienda ou de la communauté indigène, maintenus ici de manière beaucoup plus forte qu'ailleurs, ont permis un contrôle plus rigide de la population paysanne.

Le Cuzco a ainsi conservé un grand nombre de caractères de l'époque coloniale et du métissage incaïco-hispanique qui en est né. C'est ce qui permet de le qualifier de milieu traditionnel et indigène à côté d'autres traits humains que l'on retrouve dans la plupart des pays sous-développés (pauvreté, analphabétisme, explosion démographique malgré la forte mortalité). Le métissage entre la culture incaïque et les apports espagnols ont été plus forts ici, à la fois parce que le peuplement avant la conquête était plus dense, et parce qu'il est permis de supposer que la civilisation vaincue avait laissé une empreinte plus profonde. Après l'indépendance, la région a été de plus en plus marginalisée par rapport à la côte péruvienne et les structures mises en place à l'époque de la Colonie se sont bloquées. Malgré un début d'évolution depuis la fin du XIXe siècle dans certaines provinces touchées par le chemin de fer et l'économie de marché, cet héritage de la colonie a duré jusqu'à l'époque actuelle, alors que dans les autres régions péruviennes (vallée du Mantaro, Ancash, Cajamarca), il a disparu ou est très atténué par les influences modernes. La ville elle-même, dans sa structure urbaine, ses habitants, ses fonctions, sa croissance et les relations qu'elle entretient avec sa région, reflète cette évolution historique et cette permanence des éléments traditionnels. Or, ceux-ci sont violemment remis en question depuis une vingtaine d'années par le désir de pénétration et d'intégration de l'économie capitaliste et de la civilisation industrielle et urbaine.

A. LA REPARTITION DU PEUPLEMENT. ETUDE DES DENSITES. La densité générale de la population du département du Cuzco au recensement de 1972 (2) était de 9,1 hab/km2, c'est-à-dire légèrement inférieure à celle de l'ensemble du Pérou (10,5 hab/km2 en 1972). Celle de la région Sud-Est (Cuzco, Apurímac avec 14,9 hab/km2, Madre de Dios, avec 0,28 hab/km2) n'était que de 5,89 hab/km2, ce qui la situait au dernier rang des régions péruviennes définies par l'Institut National de Planification. Le département de Cuzco, par sa densité, ne dépassait que des départements

---

1. Recensement de 1972. Oficina nacional de estadística y Censos. Lima Août 1972.

2. Recensement de 1972 ; op. cit.

TABLEAU N° V POPULATION DE LA REGION SUD-EST
selon les recensements de 1940 - 1961 - 1972

	Population totale 1940	Population totale 1961	Population totale 1972	Population urbaine 1940	Population urbaine 1961	Population urbaine 1972	Population rurale 1940	Population rurale 1961	Population rurale 1972
CUZCO									
Acomayo	29 397	30 754	29 249	10 456	9 518	11 883	18 941	21 236	17 366
Anta	39 377	45 090	46 410	7 627	10 290	11 517	31 750	34 800	34 893
Calca	33 778	39 320	46 246	4 723	8 080	10 635	39 320	31 240	35 611
Canas	26 839	28 604	31 298	4 058	3 629	3 544	22 781	24 975	27 754
Canchis	64 959	70 488	75 786	15 521	21 650	23 397	49 438	48 838	53 389
Chumbivilcas	45 465	51 030	58 472	3 676	5 168	5 760	41 789	45 862	52 712
Cuzco	54 631	95 088	142 031	44 954	87 752	130 942	9 677	7 336	11 089
Espinar	31 325	36 982	41 523	2 909	5 627	5 991	28 416	31 355	35 532
La Convención	27 243	61 901	83 264	2 689	10 550	14 212	24 554	51 351	69 052
Paruro	29 133	31 728	31 806	5 848	6 870	8 443	23 285	24 858	23 363
Paucartambo	20 976	26 455	30 121	2 423	2 951	3 692	18 553	23 504	26 429
Quispicanchis	53 911	62 000	62 031	7 911	14 419	15 856	46 000	47 581	46 175
Urubamba	29 558	32 532	34 681	11 087	11 837	10 768	18 471	20 695	23 913
TOTAL	486 592	611 972	712 918	123 882	198 341	256 640	362 710	413 631	456 278
APURIMAC									
Abancay	36 122	44 959	53 848	7 062	13 258	17 299	29 060	31 701	36 549
Andahaylas	107 726	121 504	131 190	10 579	14 780	19 242	97 147	106 724	111 948
Antabamba	13 643	15 364	16 115	4 000	5 827	8 442	9 643	9 537	7 673
Aymaraës	36 421	39 152	38 438	7 570	10 332	13 789	28 851	28 820	24 649
Cotabambas	(1)	33 934	40 438	(1)	4 937	5 259	(1)	33 997	35 179
Graú	64 182	28 220	27 776	7 725	7 892	7 564	56 457	20 328	20 212
TOTAL	258 094	288 223	307 805	36 936	57 116	71 595	221 158	231 107	236 210
MADRE DE DIOS									
Manú	60	1 488	1 217				60	1 488	1 217
Tahuamanu	1 333	4 477	5 361	274	243	2 719	1 059	4 234	2 642
Tambopata	3 557	8 925	15 390	1 032	3 540	6 609	2 525	5 385	8 781
TOTAL	4 950	14 890	21 968	1 306	3 783	9 328	4 184	11 107	12 640

(1) Cette province n'existait pas en 1940.

essentiellement forestiers (Loreto, Madre de Dios) ou ayant une grande partie de leur territoire occupé par la selva (Amazonas, San Martín), ainsi que des régions désertiques du Sud péruvien, souvent encore peu peuplées (Moquegua, Tacna et même Arequipa) ; un seul département de la Sierra était moins densément peuplé : Pasco.

Pourtant, l'étude de la densité par province, révèle que dix d'entre elles sur treize, dépassent 9 hab/km2, sept dépassant même 15 hab/km2 (tableau n° VI). Seules les trois provinces englobant une large extension de selva ont une densité inférieure à 8 hab/km2. C'est donc son immense territoire de montana, qui occupe, rappelons-le, 44 % de la superficie du département, qui explique la faible densité absolue du Cuzco. En considérant la seule Sierra, la densité était en 1961 de 12,2 hab/km2 ; elle restait toutefois légèrement inférieure à celle de l'ensemble de la Sierra péruvienne qui était de 13,2 hab/km2 (contre 24,3 à la Côte et 1,2 à la Selva), (3), et apparaissait loin derrière les départements montagneux du nord, Cajamarca (21,1 hab/km2) et Ancash (16 hab/km2).

L'analyse de la répartition de la population à partir des cartes n° 8 et 9 vient souligner et renforcer les oppositions entre les trois grands étages écologiques précédemment définis. Sur la première, trois zones apparaissent nettement : une aire centrale densément peuplée, limitée au Sud par une région de peuplement plus lâche et, au Nord, par un espace preque vide d'habitants. Les provinces du centre ont une densité totale supérieure à 10 hab/km2, et même égale ou supérieure à 15 hab/km2, sauf deux d'entre elles, Calca et Quispicanchis qui ont une grande superficie de selva. Quatre provinces dépassent 20 hab/km2 : Anta, Acomayo, Andahuaylas et le Cuzco. Cette dernière, qui occupe à peu près le centre de notre région, atteint une densité, exceptionnelle ici, de 271,94 hab due à sa population urbaine et à son exigüité. Toutes ces provinces centrales, mises à part Graú et Canas, sont situées, pour la plus grande partie de leur territoire, dans l'étage quechua. Par contre, c'est à la puna qu'appartiennent les quatre provinces méridionales qui présentent une densité inférieure à 12 hab/km2 et même pour trois d'entre elles inférieure à 10. Encore conviendrait-il de distinguer les provinces d'Aymaraës et Chumbivilcas, proches de 10 hab/km2, qui ont de nombreuses vallées quechuas, de celles où la puna domine comme Antabamba et plus encore Espinar, qui présentent les plus petites densités. La faible densité des provinces de Calca, Paucartambo et Quispicanchis est due à leur forte extension de forêt tropicale. Elles assurent ainsi la transition avec les étendues vides d'habitants de la Convención et plus encore, du Madre de Dios, qui occupent tout le Nord de notre région avec moins 1 hab/km2.

La deuxième carte par points essaie de descendre au niveau du district, la plus petite des circonscriptions administratives péruviennes. La difficulté est venue de ce que rares sont les districts présentant une unité de milieu naturel. Dans la région centrale en particulier ils regroupent deux étages écologiques et parfois même, comme celui de Lares, trois. La carte, malgré ses imprécisions, a au moins le mérite de faire apparaître la vallée du Vilcanota comme le grand axe de peuplement de notre région, malgré la faible densité du district de Macchu Picchu qui fait la charnière entre le cours "quechua" et le cours "ceja de selva" de la rivière. Elle fait également ressortir le vide humain de la vallée de l'Apurímac et le faible peuplement des provinces du Sud qui sont isolées par son canyon. L'opposition entre les provinces situées de part et d'autre de cette rivière apparaît ainsi nettement sur la carte. Les vallées affluentes de celles du Vilcanota -comme celle du Cuzco- ou communiquant facilement avec elle -comme celle d'Acomayo- présentent également de fortes densités. Dans les autres provinces, certaines vallées situées toujours dans l'étage quechua, apparaissent comme relativement bien peuplées, ainsi dans Paruro et Chumbivilcas. Par contre, les "yungas" et les gorges de l'Apurímac sont presque vides d'habitants. Ce peuplement accompagnant les vallées, se retrouve dans le piémont amazonien, dans la

---

3. VI Censo Nacional de población y I Censo de Vivienda (1961). Tome I. Lima.

TABLEAU N° VI DENSITES DE POPULATION DANS LA REGION SUD-EST (par provinces).

	Densités de population			Densité de population rurale
	1940	1961	1972	1961
CUZCO				
Acomayo	31,5	32,96	31,35	22,73
Anta	21,2	24,30	25,01	18,72
Calca	10,7	12,51	14,71	9,92
Canas	16,7	17,85	19,71	15,57
Canchis	15,5	16,89	18,16	11,68
Chumbivilcas	8,7	9,75	11,17	8,75
Cuzco	104,5	182,06	271,94	14,05
Espinar	7,1	8,38	9,41	7,09
La Convención	0,7	1,67	2,25	1,38
Paruro	15,1	16,47	16,51	12,88
Paucartambo	3,3	14,10	4,68	3,64
Quispicanchis	7,6	8,70	8,70	6,66
Urubamba	16,1	17,80	18,94	11,29
TOTAL	6,4	7,84	9,14	5,43
APURIMAC				
Abancay	11,43	14,22	17,04	10,03
Andahuaylas	19,46	22,00	23,09	19,27
Antabamba	4,29	4,80	5,06	2,99
Aymaraës	8,61	9,25	9,08	6,81
Cotabambas		15,3	15,98	13,43
Graú	14,13	14,07	13,81	10,11
TOTAL	12,50	14,00	14,90	11,19
MADRE DE DIOS				
Manú		0,06	0,05	0,06
Tahuamanu	0,06	0,19	0,24	0,18
Tambopata	0,11	0,28	0,49	0,17
TOTAL	0,06	0,18	0,28	0,14

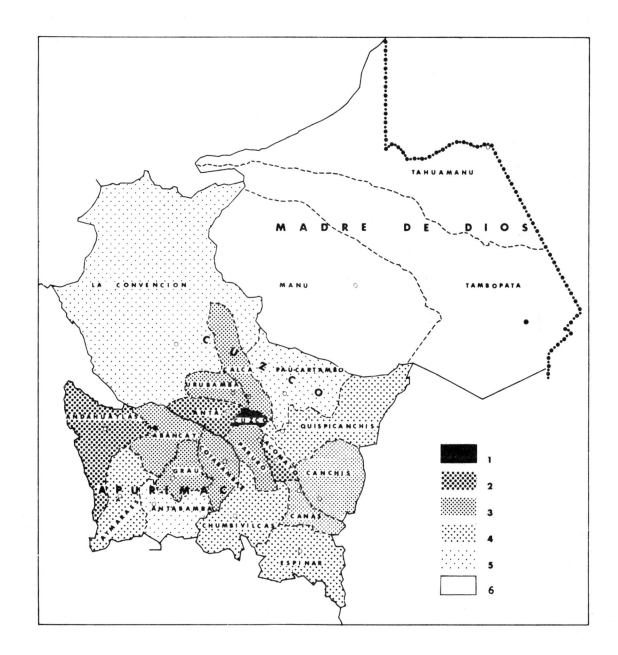

Fig. 8.— Densité de la population (1961). Répartition par provinces

1. 182 hab/km^2.— **2.** 20 à 35 hab/km^2.— **3.** 10 à 20 hab/km^2.— **4.** 5 à 10 hab/km^2.— **5.** — de 5 hab/km^2.— **6.** — de 1 hab/km^2

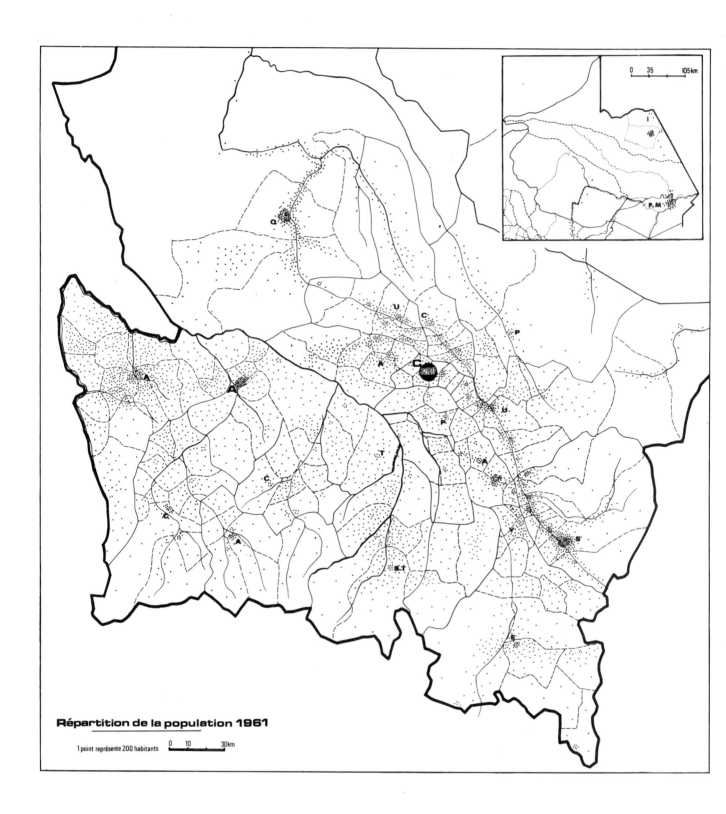

Fig. 9.— Répartition de la population (1961)

Convención comme le long du Yanatile, du Pillcopata et du Marcapata. C'est là d'ailleurs un fait qui n'a rien d'original et que l'on retrouverait dans tout milieu montagnard, ainsi que dans les fronts pionniers des forêts tropicales où la pénétration s'est toujours faite à partir des rivières.

Les éléments du milieu naturel ne sont pourtant pas les seuls à faire intervenir pour expliquer la répartition de la population. Certes, nous l'avons vu dans le premier chapitre, l'étage quechua est le plus favorable à l'organisme humain et à la vie agricole. Mais il convient de rappeler que les provinces centrales ont constitué le cœur de l'Empire inca. La puna a été annexée plus tardivement et ses populations, d'origine aymara, étaient encore, semble-t-il, mal intégrées au moment de la conquête espagnole. Quant à la montaña, elle n'était dominée que sur ses franges andines. Ces faits ont été accentués à l'époque coloniale car c'est surtout dans la zone quechua que s'établirent les conquérants, y rencontrant des conditions plus proches de celles de leur pays tempéré d'origine. Par la suite, les vallées chaudes ont été colonisées par des gens descendus des Andes et leur agriculture a été presqu'essentiellement orientée vers l'exportation à destination de l'étage quechua (coca, alcool de canne, bois, fruits, cacao). Plus récemment, ces exportations se font, pour les cultures tropicales, vers l'étranger, mais elles restent souvent contrôlées, comme nous l'étudierons plus loin, par les maisons commerciales du Cuzco. Dans la puna, l'importance du peuplement quechua a presque complétement effacé les éléments de la culture aymara dont certains subsistent toutefois dans la langue, quelques coutumes, et plus encore la toponymie. L'économie, pastorale et minière, a été également tournée vers les marchés extérieurs, soit quechua, soit étranger. Or, ce type même de mise en valeur coloniale qui s'est intensifié après l'Indépendance, impose des limites au peuplement du fait de l'existence de vastes domaines ayant un très fort contrôle sur leurs travailleurs. L'étage quechua connaît aussi ce système d'exploitation, mais les haciendas y sont généralement moins vastes, le salariat y existe souvent et la petite et moyenne propriété y a une très grande importance.

Ainsi la puna et la ceja de montaña constituent en quelque sorte les périphéries froides et chaudes pour les vallées tempérées. Moins peuplées elles ont par ailleurs une économie souvent complémentaire -pastorale et minière dans la première, de cultures commercialisées dans la seconde- de celle vivrière de l'étage quechua. Des liens très anciens se sont noués entre les trois grands étages du milieu naturel constituant un premier principe d'organisation de l'espace.

La faible densité, à l'échelle départementale ou provinciale, ne doit pas dissimuler l'existence de nombreux foyers de surpeuplement relatif, et cela dans la zone quechua comme dans la puna. Dans la ceja de montaña, le problème a toujours semblé moins grave car il y a des terrains à coloniser. Cependant dans la vallée de la Convención, malgré la réforme agraire du gouvernement Belaunde, on peut craindre que l'explosion démographique ne compromette un équilibre très précaire. A Cosñipata, à Challabamba, comme à Quince-Mil, on pourrait plutôt parler de sous-peuplement, de grandes étendues restant encore à défricher et à peupler.

Le problème du surpeuplement et du manque de terres est donc essentiellement caractéristique de la Sierra. Selon le recensement agricole de 1961, la superficie de terre cultivée (4) par personne était dans les deux départements de Cuzco et d'Apurímac de 0,27 ha ; elle est donc légèrement inférieure à l'unité agraire populaire de 1 topo (3252 m2) qui était normalement attribuée à chaque chef de famille dans l'Empire inca. Inversement, chaque hectare cultivé supporte 3,6 hab. Encore cette superficie est-

---

4. 1 Censo nacional agropecuario ; 1961. La superficie cultivée comporte les cultures annuelles et permanentes, les prairies cultivées et les jachères.

elle considérablement diminuée du fait des longues jachères utilisées dans la Sierra. Les estimations du Ministère de l'Agriculture pour 1967 (5) nous donnent 0,28 ha de superficie cultivée par personne, et 0,14 ha de superficie, portant réellement des cultures à l'exclusion des jachères (0,19 ha pour l'Apurímac). Ces chiffres sont à rapprocher de ceux du Plan du Sud en 1957 (6) : 0,17 ha de terres cultivées par personne, jachères non comprises, pour l'ensemble du Sud du Pérou, et de la F.A.O. (7), 0,26 ha, jachères incluses.

Quelques études régionales nous permettent de souligner cette exiguïté des terres de culture par habitant. Toujours selon le Plan du Sud, dans le district de Maras, chaque famille de comuneros de quatre personnes, disposait de 0,8 topo de terre irriguée et de 1,7 topo de terre de secano, soit un total de 0,8 ha, y compris les jachères qui, pour la pomme de terre, étaient de 3 à 4 ans. Dans les communautés de la vallée du Vilcanota de la province de Canchis, chaque famille disposait d'environ 1,5 à 2 topos, soit 0,5 à 0,65 ha ; dans la puna, on avait 12 topos de terres cultivables par famille, soit 4 ha avec des jachères variant de 8 à 15 ans. Une étude faite en 1967 par le programme de Desarrollo Comunal (8) donne pour la même vallée de Canchis, une moyenne de 0,47 ha par habitant dans le district de San Pedro ; si l'on enlève les terres des métis de la capitale de district, on n'a plus alors que 0,23 ha de terres cultivées, jachère comprise, par personne. Enfin dans la province d'Anta, des études faites par le bureau de la Réforme Agraire (9) donnent 0,40 ha par famille dans les communautés d'Anta, Zurite et Huarocondo, 0,38 ha de superficie cultivée par personne et 0,18 ha si l'on exclut les jachères et les prairies.

Ce surpeuplement relatif s'explique par des conditions qui tiennent au milieu naturel, à l'histoire, aux structures agraires. Dans un ensemble montagnard, très élevé et très compartimenté, les bons terroirs, comme nous l'avons déjà vu, sont rares. Les vallées elles-mêmes sont souvent mal drainées ou très sèches. Mais ces conditions ont été aggravées par le fait que les terrains les plus favorables ont été accaparés par les haciendas. Dans la vallée du Vilcanota, les communautés indigènes ont été refoulées sur les cônes de déjection ou d'éboulis les moins fertiles, sur les pentes, ou même en altitude. Là, les longues jachères nécessaires, en raison de la pauvreté des sols et des techniques utilisées, réduisent d'autant la superficie mise en culture chaque année. Quant à l'élevage extensif de la puna, il ne permet pas non plus de fortes densités. La pauvreté des pâturages n'autorise guère, au-dessus de 400 m, qu'une densité de quatre ovins à l'hectare pour des pâturages de première catégorie. Aussi, la plupart des communautés là encore, souffrent d'un déséquilibre entre le groupe humain et la faible étendue des steppes surpâturées que leur ont laissé les haciendas. Une densité de 19,7 hab/km2 dans une province comme Canas, qui est entièrement située au-dessus de 3800 m d'altitude, est, même en ne la considérant que de manière absolue, très forte.

L'essor démographique récent a aggravé ce phénomène, obligeant bien des tenures paysannes à se fractionner. Quant à l'aménagement des voies de communication, également récent, il a sur la répartition du peuplement des effets opposés selon les milieux. Dans la puna et les vallées quechuas isolées, il accélère rapidement le dépeuplement ; dans la ceja de montaña, au contraire, il favorise la

---

5. Perú 1967 ; Estadística agraria, Ministerio de Agricultura, Lima.

6. Plan du Sud. Vol. XII. La Agricultura.

7. F.A.O. Annuaire 1963.

8. REVILLA C. Arsenio : BAEZ DE REVILLA Ana : Siete Communidades de Canchis. Instituto Indigenista Peruano. Sicuani, 1967.

9. Bureau de la Réforme Agraire du Cuzco. Document réalisé en 1969-1970.

colonisation et on voit les défrichements s'étendre, avant même que la route soit achevée ; ainsi dans le Haut Madre de Dios, comme dans la vallée de l'Urubamba en aval du Cirialo, ou le long de la route qui, depuis 1967, unit Puerto Maldonado à Quince-Mil. Or, ce problème de surpeuplement est d'autant plus grave, que la grande majorité de la population est rurale et exploite avec de faibles moyens, des terres situées souvent à la limite des possibilités culturales.

B. UN MILIEU FAIBLEMENT URBANISÉ

1 – Définition du concept de ville :

Que peut-on appeler ville et population urbaine dans la région du Cuzco ? Selon la nouvelle définition du recensement de 1972 «Est appelée aire urbaine tout territoire occupé par un centre de peuplement dont les maisons, au nombre minimum d'une centaine, sont groupées. Exceptionnellement, on considère comme aire urbaine les capitales de district, même si elles n'ont pas le minimum de maisons indiqué» (10). D'après les résultats de ce recensement, les taux de population l'ensemble de la région Sud-Est ; ils restaient toujours nettement inférieurs au taux national de 60 %, plaçant notre région au dernier rang des régions péruviennes. Ils avaient toutefois progressé par rapport au recensement de 1961 (11) où ils atteignaient 32,4 % pour le Cuzco, 19,8 % pour l'Apurímac, 25,4 % pour le Madre de Dios et 28,3 % pour la région, montrant ainsi l'ampleur des migrations vers les centres urbains.

La définition du recensement est difficilement acceptable dans la Sierra du Cuzco où n'importe quel village obtient sa promotion administrative au rang de capitale de district ; par exemple, dans la seule province de Canas, 6 districts sur 8 ont moins de 500 habitants, dont 4, moins de 200. Elle a abandonné, d'autre part, les références aux services urbains (eau, éclairage public, égouts, rues et places publiques) que contenait la définition de 1961. Or dix agglomérations seulement possédaient ces services en 1969, le tout à l'égout y restant d'ailleurs très incomplet. De même, elle ne renferme plus d'allusion aux termes de "ciudad, villa et pueblo" (que l'on peut traduire par ville, bourg et village), catégories hiérarchiques essentiellement honorifiques établies depuis l'époque coloniale et sans réalité géographique (12).

Le critère du chiffre de population proposé par "Plan del Sur" (13) en 1957, n'est pas plus acceptable. Etaient appelés ville ("Ciudad") toute agglomération dépassant 50 000 habitants, "pueblo grande" (ville moyenne), celle comprise entre 10 000 et 50 000 habitants, "pueblo chico" (bourgade) entre 5 000 et 10 000 habitants, "aldea" (gros village) entre 1 000 et 5 000 habitants, enfin "villorio" (hameau) au dessous de 1 000 habitants. On voit ainsi Urubamba citée comme pueblo grande avec Abancay et Sicuani, alors qu'en 1961 elle n'avait que 3 325 habitants et que Quillabamba (6 841 habitants en 1961) apparaît comme pueblo chico avec Santo Tomás (1 658 habitants). Le seuil de population (5 000 habitants), séparant les catégories d'aldea et de pueblo chico, nous semble très élevé ; dans une région où les agglomérations sont nombreuses, c'est entre 1 000 et 5 000 habitants, et non au

---

10. Recensement de 1972 ; op. cit.

11. Recensement de 1961, tome I ; op. cit.

12. Quillabamba par exemple a été créée comme pueblo en 1881, est devenue villa en 1918 et ciudad entre 1940 et 1962. Selon ce critère, on avait en 1961, 13 villes (Cuzco, Sicuani, Calca, Urubamba, Quillabamba pour le Cuzco, Abancay, Andahuaylas, Chalhuanca, Chuquibambilla, Tambobamba et Mamara –village de 1 120 habitants– pour l'Apurimac, Puerto Maldonado enfin), et 142 pueblos dans le département de Cuzco, 166 dans celui d'Apurimac et 5 dans le Madre de Dios. Sous ce nom sont groupées des capitales de province (Anta, Urcos, Paucartambo), une agglomération banlieue (Huanchac), la plupart des chef-lieux de district, de grosses communautés indigènes (Corma, Papres, Sankka dans Acomayo, Pivil et Chonta dans Anta), enfin des hameaux de moins de cinquante habitants.

13. Plan del Sur, Vol. XVIII, El Desarrollo urbano, 1958. La traduction des termes espagnols a été faite par Olivier Dollfus dans : Remarques sur quelques aspects de l'urbanisation péruvienne «Civilisations», Bruxelles, vol. XVI, n°1, 1966, p. 338-353.

dessus, que se fait le passage du village à la ville. Il y a à notre avis, beaucoup moins de différences entre une bourgade de 5 000 habitants comme Quillabamba ou même Calca (qui n'en a que 3 500) et une petite ville comme Sicuani, qu'entre la même agglomération et un village de 1 000 habitants.

Nous ne donnerons pas, à priori, un chiffre de population pour définir ce qui est urbain. Nous laisserons un seuil entre 2 500 et 4 000 habitants, nous proposant de le préciser plus loin en faisant intervenir d'autres éléments. Nous ne retiendrons pas davantage le critère de la composition de la population très difficile à préciser ici (14). Dans la grande majorité des agglomérations, le secteur secondaire est inexistant et le tertiaire se mêle au primaire largement prépondérant. C'est donc dans l'aspect de l'agglomération, l'habitat, l'équipement et plus encore aujourd'hui dans les fonctions, que nous retiendrons les critères nous permettant de définir le fait urbain dans la région de Cuzco.

Il y a un habitat urbain traditionnel que l'on retrouve dans toutes les bourgades et petites villes andines, et qui est directement héritier de la colonisation espagnole. Même plan quadrillé avec des rues étroites se coupant en angle droit, ici souvent adapté au dessin triangulaire des cônes de déjection, et à l'étroitesse des vallées. Même place centrale, bouquet de verdure entre les façades blanchies des maisons et entourée des mêmes bâtiments publics : le conseil municipal, le "gouvernement" (gobernación) ou la sous-préfecture symbole du pouvoir central, l'église classique ou baroque. Même silence des rues et même repliement de la vie de famille autour du patio de chaque maison, bien à l'abri des volets et balcons de bois peints en bleu. Même vie encore rythmée par les travaux des champs. Dans la chaleur de midi, pendant la saison sèche, c'est le monde méditerranéen que nous retrouvons introduit dans celui de la Sierra. Il n'y est pas plaqué, mais au contraire, bien intégré et c'est le principal témoin du métissage né de la conquête espagnole. Celui-ci est plus fort ici que sur la Côte, où les maisons de fibres tressées et de torchis ont des toits en terrasses et que dans la forêt, où les habitations sont en bois et couvertes de palmes.

Au Cuzco plus qu'en tout autre lieu, en raison de l'isolement de la région, les influences contemporaines sont lentes à s'implanter. Elles s'ajoutent d'ailleurs, plus qu'elles ne se superposent, à l'héritage colonial et restent longtemps un peu en marge. Les modifications dans le centre de la ville sont discrètes ; les magasins s'ouvrent dans les vieilles maisons, sans les transformer en ajoutant un simple panneau publicitaire ; les camions, ne parcourent que la rue principale et même souvent longent un côté du village, sans y pénétrer ; des quartiers s'ajoutent progressivement aux villes les mieux situées sur les voies de communication et voient émigrer vers eux les nouvelles fonctions urbaines. Ailleurs, à Accha et Livitaca, et même dans des sous-préfectures telles que Paruro ou Paucartambo, le temps semble s'être arrêté à la fin de l'époque coloniale.

La maison urbaine a été, dès l'origine, différente de celle de la campagne. Non pas tellement à cause du matériau de construction car l'adobe domine à la ville (88 % des maisons du département du Cuzco en 1961) comme à la campagne (77 %), mais plutôt dans l'usage de la toiture de tuile romaine. Le chaume en effet reste largement prépondérant dans l'habitat rural (83 % des maisons du Cuzco en 1961 contre 23 % en ville) (15). Le plan de la demeure urbaine est plus complexe que celui de la maison rura-

---

14. Le recensement ne donne une analyse de la population par secteur d'activité que pour les capitales des départements.

15. En 1972, 60,7 % des maisons urbaines du département de Cuzco, avaient des toits de tuiles et 57 % de celles de l'Apurimac contre, respectivement, 13,7 % et 27,7 % pour les habitations rurales. La paille couvrait encore 74,1 % de ces dernières au Cuzco et 68,2 % dans l'Apurimac, proportion qui s'élevait à 82,1 % pour le Madre de Dios. De même, 86,2 % des maisons urbaines du Cuzco et 89,8 % de celles de l'Apurimac étaient faites d'adobes, la proportion s'abaissant à 68,8 % et 75,6 % dans les campagnes. Dans le Madre de Dios, dominaient largement les maisons de bois.

le. Il dispose les pièces autour d'un, ou parfois deux patios et comporte un étage souligné de balcons. Il convient de remarquer que les demeures des haciendas les plus importantes imitent dans leur plan et leurs matériaux, la maison urbaine. Ne sont-elles pas, en effet, le symbole de l'implantation des urbains et de la civilisation métis dans un monde rural encore indigène ?

S'il permet d'opposer l'urbain au rural, l'habitat n'est cependant pas un critère suffisant pour distinguer les bourgades et les petites villes des simples villages. Andahuaylillas ou Oropesa, avec leurs immenses Places d'Armes plantées de pisonays, leurs églises monumentales surélevées sur un imposant parvis, leurs maisons avec des galeries à arcades, paraissent autant urbaines à première vue que la capitale de leur province : Urcos. Yauri avec ses sommaires maisons au toit de chaume présente plus d'aspects urbains que bien des agglomérations. Dans cette bourgade, l'urbain est d'ailleurs représenté, non par la tuile, mais par la tôle ondulée. Dans l'opposition traditionnelle tuile-chaume, reflétant la dualité culture métis urbaine-culture indigène rurale, c'est un troisième élément qui s'introduit ; il représente le monde contemporain, né de la civilisation industrielle, uniformisateur par excellence en ce sens qu'il s'applique aussi bien au rural qu'à l'urbain.

Le critère de l'équipement en services tels que : eau potable à domicile, électricité, tout-à-l'égout, rues principales et place publique "cimentées" ou asphaltées, permet une meilleure sélection. Seules dix agglomérations possèdent, dans notre zone, ces quatre éléments du confort urbain. Encore faut-il noter que l'eau à domicile n'y est pas partout généralisée, et le tout-à-l'égout, loin d'y être complet. 26 agglomérations (dont 3 sont capitales de province, 21 capitales de districts et 2 villages) ont dans le seul département du Cuzco, à la fois l'eau potable et officiellement l'éclairage électrique. Mais elles n'ont souvent que des fontaines publiques et de rares installations particulières ; quant au fonctionnement de leur source d'électricité, il est loin d'être permanent, régulier et suffisant. En 1969, à Paruro, le moteur était en panne depuis 3 ans ; à Paucartambo, il ne dispensait pas, tant il était faible, de l'usage de la bougie. Enfin, 40 districts, 6 villages et 14 communautés ont uniquement l'eau potable (la plupart d'entre eux seulement depuis ces dix dernières années), et 19 districts ainsi qu'une capitale de province, Santo Tomás n'ont aucun service urbain (16). Quant au tout-à-l'égout, très rare, il pourrait nous conduire à en faire un critère d'urbanisme véritable ; il est très incomplet même dans les capitales de province (tableau n° VIII).

Mais en fait, de même que ces services urbains sont les apports de la civilisation moderne, dans un milieu encore traditionnel, ce sont les nouvelles fonctions qui permettent de définir les villes. Comme le fait le recensement péruvien, il est important d'insister en premier lieu sur la fonction administrative ; mais il conviendrait davantage, à notre avis, de retenir le niveau de la capitale de province que celui du district dont la fonction reste très réduite. (Tableau n° VII).

La présence d'un établissement d'enseignement secondaire et d'un dispensaire médical renforce la différence entre les capitales de province et celles de district. Ces dernières n'ont en effet qu'une école primaire mixte, parfois dédoublée, et une simple *posta sanitaria* (dispensaire sanitaire) tenue par un infirmier plus ou moins qualifié ; les secondes ont un collège mixte, parfois quelques instituts techniques, plusieurs écoles primaires dont souvent une maternelle, et une *posta medica* appelée récemment *centro de salud* (dispensaire médical ou centre de santé), théoriquement tenue par un médecin. Six agglomérations ont en outre un hôpital de l'Etat ou de l'Assistance Publique (*Beneficencia Publica*) : Cuzco (2 hôpitaux), Sicuani, Quillabamba, Puerto Maldonado, Abancay et Andahuaylas.

---

16. Il y avait encore en 1972 dans le département de Cuzco 16 capitales de district sans eau potable et 67,1 % sans électricité. Pour l'Apurímac les chiffres respectifs étaient de 18 (28 %) sans eau et 46,4 % sans électricité. Dans le Madre de Dios, seules Puerto Maldonado et Iberia avaient l'eau et l'électricité de manière très incomplète d'ailleurs, une autre capitale de district de Tambopata ayant un groupe électrogène mais pas l'eau.

TABLEAU N° VII : LES PRINCIPAUX NIVEAUX DE LA HIÉRARCHIE ADMINISTRATIVE PÉRUVIENNE

	Capitale de district	Capitale de province	Capitale de département
POUVOIR CENTRAL	Gouverneur (nommé) (1)	Sous-Préfet (nommé)	Préfet (nommé)
POUVOIR MUNICIPAL	Conseil distrital 5 à 10 membres (2)	Conseil municipal 12 membres (2)	Conseil municipal 1 maire
JUSTICE	Justice de paix	Tribunal de 1re Instance (civil et pénal) Registre électoral	Tribunal de 1re Instance ou Cour Supérieure de Justice
EDUCATION		Inspection primaire	On a les mêmes bureaux avec une position hiérarchique supérieure
ARMÉE		Bureau de recrutement militaire	
FINANCE		Banque de la Nation (Trésorerie, Perception)	
POLICE	Poste de Gendarmerie	Poste de Gendarmerie	Commissariat P. I. P.

(1) Il est assisté de lieutenants-gouverneurs dans les hameaux les plus importants appelés *anexos*.

(2) Ces conseils étaient élus depuis 1964 et sont à nouveau nommés depuis 1970.

Ainsi, l'équipement en services administratifs, sociaux et techniques, permet de rejeter dans la catégorie de villages toutes les capitales de district de notre espace régional. Il nous reste à voir, en étudiant les activités commerciales, et dans une moindre mesure industrielles, parmi les capitales de province, celles auxquelles ont peut donner le nom de villes et de bourgs. La base du commerce villageois est encore le marché hebdomadaire, mais de plus en plus les magasins se multiplient. Six agglomérations ont, en raison de leur population nombreuse, un marché urbain quotidien. Ce sont celles que nous avons citées précédemment pour les hôpitaux, le Cuzco conservant le premier rang avec deux gros marchés et d'autres plus petits de quartiers. Six autres agglomérations ont aussi un marché quotidien, mais plus sommairement aménagé et groupant moins de vendeurs. Ce sont Calca, Urubamba, Izkuchaka, Urcos, Yauri et Chalhuanca. Le type du marché quotidien suppose en effet une clientèle privée de tout approvisionnement direct, donc une forte proportion de gens du tertiaire ou du secondaire. Les autres capitales de province n'ont encore que le marché traditionnel hebdomadaire, attirant quelques commerçants étrangers à la commune, et où l'argent remplace de plus en plus le troc.

Le magasin-type, comme nous le verrons plus loin est la *tienda de abarrotes*, c'est-à-dire une épicerie sommaire, vendant en outre des boissons gazeuses, et souvent quelques articles élémentaires de papeterie, de mercerie et de quincaillerie. On la trouve jusque dans les communautés indigènes, mais certaines capitales de district de la puna en sont encore totalement dépourvues (Omacha, Livitaca par exemple). La présence de commerces spécialisés est assez rare et peut constituer un critère d'équipement commercial valable pour définir les villes. Aussi proposons-nous d'appeler "villes et bourgs" les agglomérations ayant quelques magasins spécialisés tels que magasins de tissus et chaussures, librairie-papeterie, pharmacie élémentaire (botica), un marchand d'essence souvent garagiste, un réparateur d'appareils de radio, électrique et de bicyclettes, une auberge. A un niveau supérieur, celui des six agglomérations citées précédemment, on trouve une gamme plus étendue de magasins, ainsi que des commerces de gros et de demi-gros. La présence d'une agence de banque commerciale ou de deux agences de banques du Secteur Public à vocation non commerciale (Banco de la Nación - Banco de Fomento Agropecuario etc.) nous semble également être un critère à retenir pour définir ce qui est réellement urbain. Nous y ajouterons, toujours pour le secteur commercial, l'existence d'entreprises de transport routier groupant plusieurs véhicules et une notable diversification des télé-communications (téléphone urbain et interurbain, télégraphe, stations émettrices de radio...).

Ainsi la spécialisation des magasins, la présence de maisons de gros, de banques et d'agences de transport, nous permettent d'établir un clivage entre six agglomérations que nous appellerions des villes et six autres qui ne seraient que des bourgs. Les six premières sont : Cuzco, Sicuani, Quillabamba, Abancay, Andahuaylas et Puerto Maldonado. Les six autres sont dans le département du Cuzco : Anta-Izkuchaka, Calca, Urubamba, Urcos, Yauri, et Chalhuanca dans celui d'Apurímac. Ces dernières, à cause souvent de leur position de carrefour sur les grandes artères de notre région, apparaissent comme relativement et quotidiennement animées. Elles sont ainsi distinctes des autres capitales de province, à peine différentes des simples villages et qu'en raison de leur importante fonction administrative, il est vrai souvent toute théorique, nous pourrions appeler villages-centres.

Quant à l'industrie, dans une région où elle est faiblement représentée et où elle a été une activité traditionnellement rurale, il est difficile d'en faire un critère d'urbanisation. Cependant, la présence de petites industries de transformation des produits agricoles (moulins, brasserie, scierie, abattoir, tannerie, etc.) et de services pour une clientèle urbaine, renforce la supériorité des six villes précédentes, tout en établissant entre elles certaines nuances. De même, le nombre et la spécialisation des artisans, l'existence de quelques ateliers, confirment la différence entre les six bourgs considérés et les simples villages.

TABLEAU N° VIII : ÉQUIPEMENT EN EAU ET ÉLECTRICITÉ DES AGGLOMÉRATIONS
DE LA RÉGION SUD-EST EN 1969 ET 1972

	EAU POTABLE					ÉLECTRICITÉ				
	Capitales administratives				Autres	Capitales administratives				Autres
	Adduction d'eau		Robinet public seulement	Sans eau potable	villages	de province		de district		villages (2)
	1969	1972	1972	1972	1972	1969	1972	1969	1972	1969	1972
CUZCO											
Acomayo (6+1) (1)	7	7			2	X	X				
Anta (7+1)	7	8		1		X	X	5	4		
Calca (6+1)	6	6		1		X	X	3	2		
Canas (8)	7	7			2	X	X				
Canchis (8)	8	8			10	X	X	5	4		
Chumbivilcas (7+1)	4	4		4			X				
Cuzco (8)	7	7		1		défectueuse		5	5		
Espinar (6+1)	2	3	1	4		défectueuse				1	1
La Convención (6+1)	4	5	1	2	2	X	X	2	3		
Paruro (7+2)	7	7		2		défectueuse					
Paucartambo (4+1)	3	5				X	X				
Quispicanchis (12)	10	11		1	5	X	X	6	7	1	1
Urubamba (7)	7	7						4	4		
TOTAL 101	79	85		16	21	11	11	30	29		
APURIMAC											
Abancay (8+1)	6	8	1	1	5	X	X		7		
Andahuaylas (16+5)	11	19	2	2	9	X	X		11		2
Antabamba (6+1)	2	6	1	1	2	X	X		4		1
Aymaraës (13+3)	3	9	7	7	5	X	X		4		
Cotabambas (5)	1	3	2	2					1		
Graü (10+1)	4	6	5	5		X	X		5		
TOTAL 69	27	51		18	21	5	5		32		
MADRE DE DIOS											
Manú (3)				3							1
Tahuamanú (2+1)	1	1		2					1		
Tambopata (3)				2		X	X		1		
TOTAL 9	1	2		7		1	1		2		

Sources : pour 1969 : enquêtes personnelles.
         pour 1972 : VII recensement national de population et II de logement, 4 juin 1972, Lima, O.N.E.C.

(1) Nous avons indiqué après chaque province, entre parenthèses, le nombre total de districts en 1961, en y ajoutant ceux qui ont été créés entre 1961 et 1972.
(2) Nos renseignements sont très imprécis pour l'Apurimac.

Remarquons que n'ayant pas choisi a priori le critère du chiffre de population, nous avons sélectionné comme villes des agglomérations dépassant 4 500 hab. Ainsi, en appliquant les critères précédemment étudiés aux chiffres du recensement de 1972, les taux de population urbaine seraient rabaissés à 18,3 % pour le Cuzco, 5,7 % pour l'Apurímac et 23,6 % pour le Madre de Dios (ce qui représente en fait dans ce dernier département, la part de la capitale, pourtant modeste, à l'intérieur d'un immense territoire de forêt très peu peuplé). Si on avait voulu garder, malgré tout, le critère administratif de la sous-préfecture pour définir la ville, les taux de population urbaine seraient à peine relevés à 19,7 % pour le Cuzco, 7,5 % pour l'Apurímac et 24,7 % pour le Madre de Dios (tableau n° IX).

2 - Répartition géographique de la population urbaine et des villes :

Revenons aux taux proposés par les recensements péruviens ; ils ne sont pas complètement inutiles, en ce sens qu'ils représentent le pourcentage de population vivant dans des agglomérations. Or c'est là un élément fondamental dans la pénétration des influences urbaines. La grande majorité d'entre elles ont été créées par les Espagnols ; elles étaient des bases pour une action administrative et religieuse sur les campagnes environnantes et prétendaient également être des modèles de la civilisation conquérante en pays indigène. Aujourd'hui, ce sont les bourgs et les villages qui sont les premiers sollicités pour l'installation des bureaux des organismes de développement, les services et les magasins. Ce sont eux qui sont touchés avant tout par les routes, et être capitale de district est un facteur de poids pour en obtenir la construction. Ces agglomérations sont donc susceptibles de jouer un rôle de relais entre le Cuzco et sa région. Elles abritent pour la plupart d'entre elles une minorité de métis qui ont soumis la campagne à leur domination et à leur exploitation, et qui, dans une région où les deux types de culture 'affrontent, représentent la volonté de conquête de la culture urbaine. Aussi n'est-il pas inutile d'étudier à la fois la répartition par provinces de ces taux de "population urbaine" en 1972, et celle des agglomérations égales ou supérieures à 1 000 hab (fig. n° 10 et tableau n° IX et X).

Neuf provinces ont selon le recensement de 1972, un taux de population urbaine supérieur à 30 % (17). Celle du Cuzco vient nettement en tête avec 92 % bien que ce pourcentage soit sensiblement en diminution par rapport à celui de 1961 (92,2 %). Parmi les autres, il convient de séparer les provinces d'Acomayo, Canchis, Urubamba, Abancay et même Aymaraës, de celles d'Antabamba, Tambopata et Tahuamanu. Dans ces trois dernières, c'est le poids de la capitale, unique centre important par rapport à une faible population totale qui explique le fort pourcentage de population urbaine. Il est pourtant difficile de considérer ces provinces comme urbanisées car leurs villages, dans un milieu de puna dans la première et de forêt pour les deux autres, sont insignifiants et dépourvus de services urbains (un seul village d'Antabamba dépassait 1 000 habitants en 1961). L'autre groupe, en revanche, rassemble des provinces ayant plusieurs agglomérations dépassant 1 000 habitants. Le pourcentage d'Aymaraës apparaît toutefois "gonflé" par le fait que cette province comptait en 1972, 16 chef-lieux de district qui -rappelons-le, sont considérés comme villes dans le recensement- alors que ce ne sont généralement que des petits villages. A Abancay, le poids de la capitale départementale accentue également le pourcentage. Par contre, en 1961, Acomayo avait 6 agglomérations dépassant 1 000 habitants, Canchis 10 et Urubamba 7. A noter, toutefois, que dans cette dernière province, le taux de population urbaine présente une diminution importante par rapport à 1961 (31 % contre 36,3 %), ce qui est une conséquence d'un exode rural particulièrement accentué. Entre 20 et 30 % de population urbaine se situent les provinces cuzquéniennes d'Anta, Calca, Paruro et Quispicanchis et celle de Graú dans l'Apurímac. Quispicanchis, avec 26 %, entre presque dans la catégorie précédente, car elle comptait en 1961, 9 agglomérations de plus de 1 000 hab (la capitale de province, 7 districts sur 11 et une communauté indigène).

TABLEAU N° IX : POPULATION URBAINE DE LA RÉGION SUD-EST

	Taux de population urbaine			Nombre d'agglomération (1961)		% de la population de la cap. de province par rapport à la pop. tot. de la province			% villes et bourgs par rapport à la pop. tot.		% villes par rapport à la population totale	
	1940	1961	1972	1 000 h	dont 2 000 h	1940	1961	1972	1961	1972	1961	1972
CUZCO												
Acomayo	35,5	30,9	41	7	2	8	6	6,1				
Anta	19,3	22,8	25	4	2	4,3	5,7	6	X	X		
Calca	13,9	20,5	23	4	1	9,9	8,8	9,6	X	X		
Canas	15,1	12,6	11	2	0	5,7	4	3,5				
Canchis	23,8	30,7	31	10	3	10,8	15,1	17,1	X	X	X	X
Chumbivilcas	8	10,1	10	2	0	2,1	3,2	3,6				
Cuzco	82,2	92,2	92	5	5	82,6	83,9	85,1	X	X	X	X
Espinar	9,2	15,2	14	3	1	5,2	7,9	9,8	X	X		
La Convención	9,8	17	17	3	1	6,2	11,1	13	X	X	X	X
Paruro	20	21,6	27	4	0	7,9	6	5,5				
Paucartambo	11,5	11,1	12	1	0	9,2	7,2	6,8				
Quispicanchis	14,6	23,2	26	9	1	4,3	4,4	5,1	X	X		
Urubamba	37,5	36,3	31	7	2	13	10,2	10,1	X	X		
TOTAL	25,4	32,4	36	61	18	15,6	19,7	24	18,3	22,8	16	20,3
APURIMAC												
Abancay	19,5	29,4	32	2	1	16,02	20,13	22,6	X	X	X	X
Andahuaylas	9,8	12,1	15	9	2	2,32	3,84	3,7	X	X	X	X
Antabamba	29,3	37,9	52	2	1	16,92	14,9	12,1				
Aymaraës	20,7	26,3	36	2	1	7,56	7,25	9,2	X	X		
Cotabambas (1)		12,6	13	3	0		3,57	4,2				
Graú	12	27,9	27	3	0	2,01	5,02	6,2				
TOTAL	14,3	19,8	23	21	5	5,67	7,5	8,5	5,7	6,7	4,8	5,5
MADRE DE DIOS												
Manú												
Tahuamanú	20,5	0,5	51	1		9,82	3,55	1,6 (4,68 pour Ibéria)				
Tambopata	29	39,6	43	1	1	30,55	39,4	41,7	X	X	X	X
TOTAL	26,3	25,4	42	2	1	24,60	24,7	29,6 (40,6 avec Ibéria)	23,6	29,2	23,6	29,2

(1) Province créée en 1960.

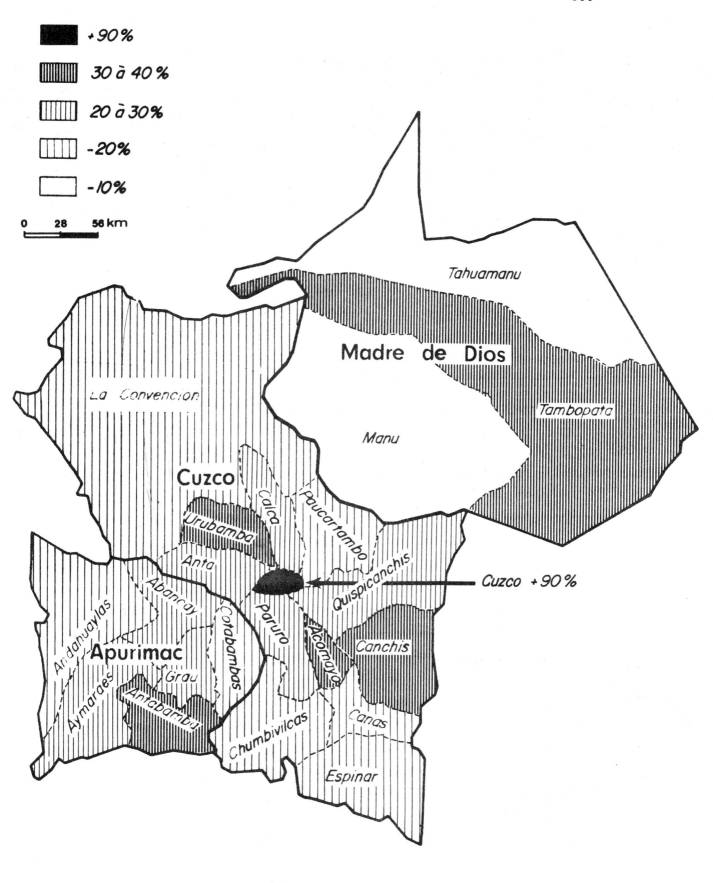

Fig. 10.— Répartition de la population urbaine par provinces (1961)

TABLEAU N° X : LES AGGLOMÉRATIONS DE LA RÉGION SUD-EST SELON LEUR CHIFFRE DE POPULATION ET LEUR RANG ADMINISTRATIF (recensement de 1962)

	Capitales de département (1) et de province						Capitales de district							autres agglomérations (communautés et villages)
	+20 000 h	de 10 000 à 20 000 h	de 5 000 à 10 000 h	2 000 à 5 000 h	de 1 000 à 2 000 h	−de 1 000 h	+10 000 h	5 à 10 000 h	2 000 à 5 000 h	1 000 à 2 000 h	500 à 1 000 h	200 à 500 h	−de 200 h	Total chefs-lieux >1 000 h	>1 000 h
CUZCO															
Cuzco (8)	Cuzco (120 000)						1	1	2		1	2		5	
Acomayo (6+1)					1				2	2	1 N.D.	1		5	2
Anta (7+1)				1					1	2	3+1 N.D.			4	
Calca (6+1)				1						2	3	1 N.D.		3	1
Canas (8)		1			1					1	1	2	4	2	
Canchis (8)			1		1				2	4	2	2	1	7	3
Chumbivilcas (7) ...				1							1		1	2	
Espinar (6+1)										1+1 N.D.				3	
La Convención (6+1)					1					1+1 N.D.		2	2	3	
Paruro (7+2)					1					2+1 N.D.	3+1 N.D.	1		4	
Paucartambo (4+1)										7		3	1 N.D.	1	1
Quispicanchis (12) .				1					1	4	2	2	1	8	
Urubamba (7)				1							1			6	1
TOTAL	1	1	1	5	5	0	1	1	8	30 (27+3 N.D.)	19 (16+3 N.D.)	18 (17+1 N.D.)	9 (8+1 N.D.)	53 (50+3 N.D.)	8
APURIMAC															
Abancay (8+1)		Abancay								1	4	1+1 N.D.	1	2	3
Andahuaylas (16+5)				1					1	2+2 N.D.	3+3 N.D.	7	2	4+2 N.D.	
Antabamba (6+1) ...				1						1	3+1 N.D.	1	1	2	
Aymaraés (13+3) ...				1						1	7+2 N.D.	3+1 N.D.		2	
Cotabambas (5)					1					2	2	1+1 N.D.		3	
Graú (10+1)					1					2	6			3	
TOTAL	0	0	1	3	2	0	0	0	1	11 (9−2 N.D.)	31 (25+6 N.D.)	16 (13+3 N.D.)	4	16	3
MADRE DE DIOS															
Tambopata (3)				Puerto Maldonado		1							2	1	
Manú (3)						1				1				1	
Tahuamanú (2)															
TOTAL	0	0	0	1	0	2	0	0	0	1			2	2	0

(1) Les capitales de département sont mentionnées par leur nom et soulignées.
(2) Nous avons indiqué après chaque province entre parenthèses, le nombre total de districts en 1961 en y ajoutant les districts créés entre 1961 et 1972 qui

Entre 10 et 20 % de population urbaine, on rencontre la Convención, Paucartambo, Chumbivilcas, Canas, Espinar, et pour l'Apurímac, Andahuaylas et Cotabambas. On a là des provinces comportant de grandes étendues de forêt ou de puna, sauf Andahuaylas. Dans cette dernière circonscription, densément peuplée, le poids des capitales de district, pourtant très nombreuses (21 dont 5 nouvelles depuis 1961) se fait sentir, car c'est surtout à partir d'elles que s'effectue l'émigration. Andahuaylas voit pourtant son taux de population urbaine progresser sensiblement depuis 1961 (+ 30 % contre 8 % à la population totale) alors que dans les autres provinces de ce groupe, ce taux soit stagne (La Convención), soit baisse (les trois provinces de puna = Canas, Chumbivilcas et Espinar) (17), soit augmente très faiblement (Cotabambas, Paucartambo).

Nous retrouvons donc, dans la répartition de la population urbaine, l'opposition que nous avons soulignée précédemment entre les régions de selva et de puna qui sont peu urbanisées, et la zone quechua qui l'est davantage. La répartition des agglomérations dépassant 1 000 hab. selon les résultats du recensement de 1961, nous permet d'illustrer ce fait. Le tableau X nous montre cette répartition par provinces. Celles qui sont situées en majeure partie dans l'étage quecha ont le plus grand nombre de centres de plus de 1 000 hab. (Cuzco, Anta, Urubamba, Paruro, Acomayo). Calca, Quispicanchis et Canchis leur sont associées, car leur territoire oppose de grandes étendues de forêt ou de puna peu urbanisées, à la vallée du Vilcanota où les villages dépassant le millier d'habitants sont nombreux. Dans l'Apurimac, cette répartition permet de corriger la carte précédente des taux de population urbaine, Aymaraës et Antabamba, avec chacune seulement deux villages dépassant 1 000 habitants, rejoignent en effet les provinces de la puna, malgré leur fort taux apparent de population urbaine.

Le tableau n° XI fait intervenir l'altitude des villes de plus de 1 000 habitants. La prépondérance de la zone quechua (de 2500 à 3900 m) s'affirme avec, pour le Cuzco, 52 agglomérations sur un total de 61 (10 capitales de province sur 13, 33 capitales de district sur 37 dépassant 1 000 hab, 2 villages et 7 communautés) et pour l'Apurímac, 19 agglomérations sur 21 (5 capitales de province sur 6, 9 de district, 2 *pueblos,* aujourd'hui districts, et 3 *anexos*). C'est d'ailleurs la partie la plus typiquement quechua, entre 3 000 et 3 500 m, qui groupe le plus grand nombre d'agglomérations supérieures à 1 000 hab : 23 sur un total de 61 pour le Cuzco, 7 sur 21 pour l'Apurímac, soit dans les deux départements le tiers des centres. Soulignons également l'importance de la vallée du Vilcanota qui, dans sa partie quechua, abrite 22 agglomérations et 5 communautés indigènes ayant plus de 1 000 hab.

Au-dessous de 2 500 m, on ne rencontre plus qu'une capitale de province, Quillabamba, et quatre districts (Santa Teresa et Maranura dans la Convención, Quince Mil dans Quispicanchis, et Macchu Picchu dans Urubamba) ; dans l'Apurímac, on a quatre agglomérations, mais seule la capitale départementale Abancay (2398 m), dépasse 1 000 habitants. Au-dessus de 3 900 m, on avait en 1961, toujours dépassant 1 000 hab., deux capitales de province seulement : Yanaoca et Yauri, deux centres miniers de la province d'Espinar, aujourd'hui fermés et situés à près de 5 000 m (Condoroma et Suykutambo), un district de Cotabambas, Mara. Il convient de souligner d'ailleurs le petit nombre de capitales de district situées dans la puna au-dessus de 3900 m, 9 dans le Cuzco en 1961 et 2 dans l'Apurímac.

La relative urbanisation de l'étage quechua s'explique surtout par des raisons historiques. Les deux civilisations qui se sont succédées dans notre région et ont été créatrices de villes -l'inca et plus encore l'espagnole- ont surtout dominé le pays quechua. Aujourd'hui, ces villes nous apparaissent comme les mieux situées pour organiser l'espace régional, en contrôlant les divers milieux naturels.

---

17. La diminution du pourcentage de population urbaine entre les recensements de 1961 et 1972 est due dans cette province au fait que deux centres miniers, Condorama et Suykutambo qui dépassaient 1 000 habitants et venaient d'être promus au rang de district, ont été fermés.

TABLEAU N° XI : LES AGGLOMÉRATIONS DE LA RÉGION SUD-EST DÉPASSANT 1 000 HABITANTS SELON LEUR ALTITUDE (Recensement de 1961)

	−1 000 mètres		1 000 à 2 500 m		2 500 à 3 000 m		3 000 à 3 500 m		3 500 à 3 900 m		+3 900 m		dont +4 500 m	
	total	+1 000 h	total	+1 000 h	total	+1 000 h	total	+1 000 h	total	+1 000 h	total	+1 000 h	total	+1 000 h
CUZCO														
Acomayo (6+1)(1)							3	2	3+1 N.D.	3				
Anta (7+1)							5+1 N.D.	3						
Calca (6+1)					5+1 N.D.	1	1		4	1	4	1		
Canas (8)						3			5	4				
Canchis (8)							3	3	7+1 N.D.	2				
Chumbivilcas (7+1)							6	5						
Cuzco (8)									2					
Espinar (6+1)	1		4+1 N.D.	2+1 N.D.	2+1 N.D.		1		1		5+1 N.D.	2+1 N.D.	1+1 N.D.	1+1 N.D.
La Convención (6+1)					2	1	3+1 N.D.	2+1 N.D.	2	1				
Paruro (7+2)	1 N.D.						1		1					
Paucartambo (4+1)	2	1					7	7	3					
Quispicanchis (12)					4	4	1	1	1					
Urubamba (7)			1	1										
TOTAL	3+1 N.D.	1	5+1 N.D.	3+1 N.D.	15+2 N.D.	9	31+2 N.D.	23+1 N.D.	29+2 N.D.	11	9+1 N.D.	3+1 N.D.		
APURIMAC														
Abancay (8+1)			2	1	3	1	3+1 N.D.	1			1	1		
Andahuaylas (16,5)					8+1 N.D.	3	8+4 N.D.	1			1			
Antabamba (6+1)							4+1 N.D.	1	2	1				
Aymaraés (13+3)			1+1 N.D.		2+1 N.D.	1	9+1 N.D.	1						
Cotabambas (5)							3	2	1					
Graú (10+1)							6+1 N.D.	2	3	1	1	1		
TOTAL			3+1 N.D.	1	14+2 N.D.	5	33+8 N.D.	7	6	2	2			
MADRE DE DIOS														
Manú (3)	3													
Tahumanú (2+1)	2+1 N.D.	1												
Tambopata (3)	3	1												
TOTAL	7+1 N.D.	2												

Source : Recensement de 1961

(1) Nous avons indiqué après chaque province, entre parenthèses, le nombre total de districts en 1961 en y ajoutant les districts créés entre 1961 et 1972 qui apparaissent dans le tableau avec les initiales N.D.

Elles sont en effet très proches des punas qui ont toujours vécu, peut-on dire, sous leur domination ; elles aident également à la colonisation et à la mise en valeur des terres chaudes dont elles commercialisent en partie la production. Il n'y a pas de ville dans la puna ; Yauri n'est qu'un bourg très animé dont la fondation est d'ailleurs très récente (1919) et qui semble pouvoir accéder très vite au rang de ville. Les bourgades, pourtant nombreuses, de l'époque coloniale ne sont plus que des villages somnolents (Coporaque, Tungasuca, Accha, etc...).

Quant à la ceja de montaña, on pourrait presque parler de hiatus dans son histoire urbaine. Les Incas avaient fondé des "villes" à la limite des terres chaudes et tempérées (Macchu Picchu, Vilcabamba). Ils en auraient même créé dans la forêt (18). Les Espagnols, s'ils ont poursuivi la colonisation dans les terres chaudes, n'y ont pas créé d'agglomérations. Cela s'explique par la faiblesse du peuplement, à la fois indigène et espagnol. L'hacienda, appartenant souvent d'ailleurs à une congrégation religieuse, était la base de la vie non seulement économique, mais aussi sociale et administrative et suffisait à abriter le peu d'Espagnols allant vivre dans les terres chaudes. Les actuelles agglomérations datent de la seconde phase de colonisation de la fin du XIXe siècle et du début du XXe.

Récents, les villes et bourgs des terres chaudes comme ceux de la puna, connaissent un dynamisme plus grand que les anciennes agglomérations de l'étage tempéré. Le taux de croissance urbaine pour l'ensemble de la région Sur-Oriente a été de 59,9 % entre les recensements de 1940 et 1961 et de 30,2 % entre 1961 et 1972. Il était très inférieur au taux national de 113,8 % en 1961 et de 72,1 % en 1972. Or, seules les agglomérations que nous avons qualifiées de villes et bourgs, présentent des taux de croissance urbaine supérieurs ou voisins au taux régional. Les autres ont des taux inférieurs, voire pour certaines d'entre elles négatifs. Mais les taux les plus importants dans le département du Cuzco sont atteints par les deux villes des terres chaudes : Quillabamba (305,3 % entre 1940 et 1961) et Puerto Maldonado (223,6 %), et par la bourgade de Yauri avec 78,9 %. Leur accroissement est même supérieur à celui de l'agglomération de Cuzco qui était de 76,8 % entre 1940 et 1961 (19). Cette différence de dynamisme s'explique en partie parce que ce sont des centres plus récents qui, au recensement de 1940, n'étaient que des villages. Mais elle a aussi des causes économiques et géographiques, l'économie de ces périphéries étant plus intégrée au système capitaliste national et, l'éloignement de ces diverses agglomérations par rapport au Cuzco jouant en faveur de leur développement relatif.

Reflet des changements économiques locaux, la croissance des agglomérations de la ceja de montaña, et de la puna, révèle également le changement intervenu dans la notion même de ville. Alors qu'auparavant, on considérait cette dernière comme devant avoir des fonctions résidentielles pour les propriétaires terriens métis et administratives, maintenant on voit grandir les fonctions commerciales. Aujourd'hui, on attend d'une ville qu'elle ait des magasins variés, des entrepôts pour les produits agricoles locaux, un marché bien installé, des banques, et qu'elle soit un point d'aboutissement des camions et des autobus. Ceci rejoint donc les critères que nous avions proposés dans la première partie de ce chapitre pour définir les villes.

---

18. Ainsi le légendaire Paititi.

19. Les taux d'accroissement pour la période 1961-1972 étaient de 58 % pour Quillabamba, 82 % pour Puerto Maldonado, 38 % pour Yauri et 51 % pour Cuzco.

TABLEAU N° XII : TAUX DE CROISSANCE DE LA POPULATION DE LA RÉGION SUD-EST ENTRE LES RECENSEMENTS DE 1940, 1961 ET 1972

PROVINCES	TAUX DE CROISSANCE 1940 - 1961 en %				TAUX DE CROISSANCE 1961-1972 EN %			
	Population totale	Population urbaine	Population rurale	Croissance de la capitale de province	Population totale	Population urbaine	Population rurale	Croissance de la capitale de province
Acomayo	4,6	− 8,9	12,1	− 20,4	− 5	25	− 5	− 4,2
Anta	14,5	34,9	9,6	50,2	3	12	3	9
Calca	16,4	71	7,5	3,4	18	32	18	28
Canas	6,6	− 10,5	9,6	− 25,4	9	− 2,3	9	− 5
Canchis	8,5	39,4	− 1,2	51,5	8	8	8	21
Chumbivilcas	12,2	40,5	9,7	70,2	15	11	15	26
Cuzco	74	95,2	− 24,2	76,8	49	49	49	51
Espinar	18	93,4	10,3	78,9	12	6	12	38
La Convención	127	292,3	109	305,3	35	35	35	58
Paruro	8,8	17,4	6,7	− 17,7	0,2	23	0,2	− 8,3
Paucartambo	26,1	21,7	53,7	− 0,1	14	25	14	17
Quispicanchis	15	82,2	3,4	18,5	0,05	10	0,05	15
Urubamba	10,1	6,7	12	− 13,9	6,6	10	7	5
CUZCO	25,8	60	14	59	16,5	29	16	42
Abancay	24,4	87,7	9,1	56,3	19,7	30	15	34
Andahuaylas	12,8	39,7	9,8	86,4	8	30	5	5
Antabamba	12,6	45,8	− 1,1	− 0,64	5	45	− 20	− 14,5
Aymaraés	7,4	36,6	− 0,1	3	− 2	33	− 14	25
Cotabambas	− 2	5	− 26	34,5	4	7	3	24
Graü	10	160 (1)	11	10	− 1,6	− 4	− 1	22
APURIMAC	11,7	54,5	4,5	38	6,8	25	2	20
Manú	2 380	—	2 380	—	− 18,2	—	− 18,2	—
Tahuamanú	236	− 11,3	230	21,3	19,8	1 020	− 37,6	− 46
Tambopata	150	243	113	223	72,4	87	63	82
MADRE DE DIOS	200	190	205		47,5	147	13,8	

(1) Après la division de la province de Graü, 7 nouveaux districts ont été créés, ce qui gonfle artificiellement le taux de croissance de la population urbaine.

C. Quelques aspects de la vie rurale. Ainsi la région de Cuzco est avant tout rurale et la ville même, à la veille du tremblement de terre de 1950, gardait, par les activités de sa population comme par la déficience ou l'absence de ses services urbains, bien des aspects d'un gros village. Aujourd'hui, il y a une véritable offensive de l'urbain que l'on saisit aussi bien dans les techniques de production et de relation, que dans les habitudes matérielles et culturelles des habitants. Il nous a paru essentiel, pour mieux comprendre cette pénétration de l'urbain qui est en fait le reflet du développement de l'économie capitaliste, de présenter quelques aspects de la population et de la vie rurale de notre région.

1°) - Culture métis, culture indigène :

Les critères raciaux n'ont aucune valeur pour définir la population indigène et les recensements péruviens les ont abandonnés depuis 1961 (20). Le métissage physique a été tel depuis quatre siècles que l'on rencontre les caractères indiens -c'est-à-dire en fait mongoloïdes- chez la plupart des Cuzquéniens, ce qui les différencie profondément des gens de la Côte, Liméniens ou même Aréquipéniens. Culturellement, l'"indigène" de la Sierra est également un métis car ce que l'on appelle la "culture indigène" a assimilé en fait autant, et peut-être plus, d'éléments hispaniques qu'elle n'a conservé de coutumes précolombiennes à l'exception du langage et de nombreuses croyances difficile à déceler.

Aujourd'hui, l'opposition culture indigène-culture métis se définit beaucoup moins en fonction de critères hispaniques ou précolombiens que par rapport à la civilisation du monde contemporain industriel et urbain. L'indien en effet reste avant tout un rural vivant essentiellement dans le cadre de l'hacienda et de la communauté indigène. Il porte des habits différents de ceux des métis de la ville qui copient la mode des pays industrialisés (poncho et chullo pour les hommes - llicila, jupes superposées, et monteras variées pour les femmes), marche pied-nus ou porte des sandales taillées dans des pneumatiques (ojotas), enfin mâche la coca.

Le critère de la langue est très important, l'indien ne parlant pas l'espagnol, mais le quechua ou dans les provinces de Canas et d'Espinar, le quechua et l'aymara. Henri Favre souligne ce fait que pour la majorité des indigènes, l'espagnol est une langue secondaire, dont on ne se sert qu'avec les non-indiens et qui reste mal connue (21). Selon le recensement de 1961 (22), 9,8 % de la population de plus de cinq ans du département du Cuzco avait pour langue maternelle l'espagnol, et 88,9 %, le quechua ; pour l'Apurímac, les taux respectifs étaient de 4,1 % et 94,9 % ; dans le Madre de Dios, par contre, 62,5 % de la population parlait espagnol, dont 71,6 % des femmes. 60,4 % de la population du Cuzco de plus de cinq ans ne parlait que le quechua, l'aymara et les autres langues aborigènes, et 71 % de celle de l'Apurímac. Ces taux atteignaient plus de 80 % dans la population rurale et plus de 90 % dans la seule population féminine. En fait, le recensement n'est pas toujours digne de confiance, car sont considérés comme bilingues bien des Indiens qui ne parlent que quelques mots d'espagnol. La pratique du quechua chez les métis est par contre tout à fait courante dans la région du Cuzco. L'enseignement ayant été jusqu'à une époque très récente diffusé en espagnol, il va sans dire que la grande majorité de la population indigène reste analphabète.

---

20. Selon le recensement de 1940 qui utilisait encore le critère racial, les départements de Cuzco et Apurimac avaient respectivement 71,7 % et 70 % de leur population officiellement considérée comme indienne ; ceci les plaçait au 1er rang des départements péruviens avec un pourcentage nettement supérieur au pourcentage national.

21. Henri FAVRE.- Le problème indigène en Amérique Latine. Notes et études documentaires n° 3 300, 1960.

22. Censo nacional de poblacion de 1961. Tome III : Idiomas, alfabitismo, asistencia escolar. Nivel de educacion. 286 p. Selon le recensement de 1972 dans le département de Cuzco, 82,1 % de la population de plus de 5 ans avaient comme langue maternelle une langue indigène (pour 81,3 % le quechua) et 17,1 % l'espagnol. Le pourcentage de personnes ayant l'espagnol comme langue maternelle s'abaissait à 3,4 % dans la population rurale et parmi celle-ci 2,8 % des femmes.

TABLEAU XIII : « INDIANITE » DES POPULATIONS DE LA RÉGION SUD-EST

	Usage du poncho ou de la lliclla (2) en %	Usage des ojotas (2) en %	Marche nu-pieds en %	Total en %	Usage de la coca en %	Espagnol seul	LANGUE Quechua	Ne parle pas espagnol (1)
CUZCO								
Acomayo	52	38	21	59	34	3,2	96	—
Anta	34	18	29	47	6	5,3	94	—
Calca	34	30	22,5	52	25	7,8	91	—
Canas	52	24	30	54	33	2,9	96	—
Canchis	41	29	20	49	29	8	91	—
Chumbivilcas	61	14	49	63	34	1	98	—
Cuzco	7	4,5	8	12	4	33,17	65	—
Espinar	58	17	47	64	35	2,7	96	—
La Convención	6	16,5	33	49	15	8,2	88	—
Paruro	42	31	18	49	25	2,2	97	—
Paucartambo	50	42	19	61	36	5,3	94	—
Quispicanchis	42	31	25	56	29	4,7	94	—
Urubamba	30	20	32	52	8	10,1	89	—
TOTAL	35	21	26	47	22	9,8	89	60
APURIMAC								
Abancay	57	30	17	47	1	12,6	86	60
Andahuaylas	41	38	19	57	16	3	96	77
Antabamba	46	9	35	44	16	5	94	59
Aymaraes	38	11	32	43	6	2,4	97	62
Cotabambas	61	31	30	61	35	1,5	98	82
Graú	51	21	25	46	21	1,3	98	65
TOTAL	43	29	23	52	15	4,1	95	71
MADRE DE DIOS	0,7	17	2	19	2,3	68,3	16	4
Manú						31,5	53	—
Tanuamanú						62,5	6	—
Tambopata						78,2	18	—

Source : Recensement de population de 1961.

(1) Il s'agit toutefois de la population née dans le pays ; nous ne possédons pas pour le département du Cuzco les chiffres relatifs par province.
(2) Lliclla : châle ; ojotas : sandales taillées dans des pneus.

Mais en fait ces éléments extérieurs qui caractérisent si l'on veut "l'indianité", ne constituent que "la superstructure idéologique liée aux rapports de production" (23). Ce sont ces derniers qui permettent surtout de définir l'indien, comme ne possédant pas les moyens de production, et n'en ayant que l'usufruit, dans une hacienda ou dans une communauté. Ce fait le place dans une dépendance à la fois économique et administrative vis-à-vis des principaux possesseurs de la terre, c'est-à-dire les métis. Cette dépendance, conséquence du système de la domination interne, a très fortement imprégné la mentalité du dominé et du dominant, et ne rend pas facile actuellement l'application des programmes de développement rural et de Réforme agraire. C'est elle qui pousse l'Indien qui sort de sa communauté à abandonner rapidement les caractéristiques de sa condition, en adoptant des habits occidentaux, en délaissant la coca et en apprenant l'espagnol. Il devient alors un "cholo" que F. Bourricaud définit comme "un phénomène de mobilité sociale", "un individu qui monte, qui change d'état, qui tente de s'égaler ou de s'identifier aux modèles du groupe dominant" (24). Cependant, le terme de "cholo" ne caractérise pas toujours les seuls indiens et on peut dire qu'à tous les échelons de la hiérarchie sociale on arrive toujours à être le "cholo" de celui qui est hiérarchiquement et économiquement dans une position sociale supérieure. Nous verrons que cette *cholificación* est l'une des conséquences les plus importantes des influences urbaines, soit qu'elle se fasse dans la ville même, soit sur place, par suite du retour des migrants et de la mise en route récente des programmes de développement, agissant en particulier sur les enfants et les jeunes.

L'ensemble des éléments "indiens" présentés précédemment, nous aide, à partir des résultats du recensement de 1961, à préciser la répartition géographique de la population indigène (tableau n° XIII). L'Apurímac apparaît ainsi sensiblement plus indien que le département du Cuzco avec 43 % de sa population portant le poncho ou la lliclla (contre 35 %), 52 % usant des ojotas ou marchant nu-pied et 71 % de sa population ne parlant pas espagnol (contre 60 %) ; seul l'usage de la coca y serait moins répandu (15 % contre 22 %), le Cuzco étant il est vrai le principal producteur péruvien. Cotabambas et Abancay seraient les provinces les plus indiennes. Cela semble toutefois un peu étonnant pour la circonscription de la capitale qui devance des provinces isolées comme Graú et Antabamba où l'usage de la coca, par exemple, reste beaucoup plus fort. C'est Aymaraës qui semble la plus métisse, Andahuaylas ayant des taux supérieurs à la moyenne départementale. Dans le département du Cuzco, nos quatre critères sont très fortement représentés dans les provinces de puna (Canas, Chumbivilcas, Espinar), et dans deux vallées quechuas relativement isolées (Acomayo et Paucartambo), une troisième, Paruro, étant à la limite. Toutes les autres provinces, à l'exception de celle du Cuzco, conservent des caractères indigènes assez marqués parce qu'elles associent des vallées de population métis et des punas plus traditionnelles. Les terres chaudes de la Convención et du Madre de Dios, semblent plus métissées mais la part des Amérindiens de la Selva n'y apparaît pas (25).

Ces derniers étaient évalués à 12 700, lors du recensement de 1961, soit 2 900 pour le Cuzco et 9 700 pour le Madre de Dios où ils constituaient près de 40 % de la population. Ce sont les seuls à n'être pratiquement pas métissés, ni biologiquement, ni culturellement. Ils forment de petits groupes très dispersés, vivant de chasse, de pêche et de cueillette. Certains sont isolés le long des principales rivières où leur habitat est itinérant. D'autres ont été regroupés par des missions où ils mènent une vie

---

23. Antoinette MOLINIÉ FIORAVANTI.— Influences urbaines et société rurale au Pérou. Le cas de Yucay. Thèse de 3e Cycle, Université de Paris V, Novembre 1972.

24. F. BOURRICAUD.— Changements à Puno, étude de sociologie andine, Paris, 1960.

25. On ne les appelle pas au Pérou «indios» mais «selvaticos», ou de manière populaire «chunchos».

sédentaire (26). Catéchisés et alphabétisés par les missionnaires, exploités par les commerçants métis qui achètent leur production agricole ou artisanale, ils subissent alors un début de "déculturation", prélude à l'intégration nationale.

Nous avons cru bon d'insister sur certains aspects de la culture indigène, pour montrer la profonde différence existant entre celle-ci et la culture occidentale qui tend à diffuser ses biens de consommation et ses valeurs à partir des villes. Comme dans l'ensemble des pays sous-développés, les deux civilisations ne sont pas sur le même pied d'égalité, du point de vue des techniques de production et de la rentabilité. Elles le sont encore moins vis-à-vis de la possession des moyens de production qui place l'indigène dans un contexte de dépendance par rapport au métis. On n'a pas au Pérou de société dualiste, mais au contraire deux cultures liées par une structure de domination. Il est certain que si les influences urbaines veulent pénétrer chez les populations indigènes, c'est cette structure qu'elles doivent briser et en premier lieu celle qui régit les modes de production agricole.

2°) - Les structures agraires et leur évolution historique :

On a voulu, trop souvent, schématiser la structure agraire de la Sierra péruvienne - et de la région du Cuzco en particulier - en la réduisant à une opposition entre la "communauté indigène" et l'"hacienda". C'est, à notre avis, une erreur, parce qu'en premier lieu ce dyptique ne fait pas de place à la petite et moyenne propriété, dont l'importance est aujourd'hui grandissante, et demeure très liée à l'évolution du fait urbain ; en second lieu, parce qu'il ne rend pas compte des liens nombreux qui se sont noués entre ces deux systèmes d'exploitation agricoles. Enfin parce que toutes deux, malgré leurs différences, appartiennent au mode de production pré-capitaliste et ont gêné jusqu'à une époque récente le développement des forces productives dans notre région.

a) - La communauté paysanne :

Selon le statut des communautés paysannes du 4 août 1970 - on disait auparavant, depuis 1919, "indigènes" (27) - la communauté se définit comme "un groupement de familles qui possèdent et s'identifient à un territoire déterminé et sont liées entre elles à la fois par des caractères sociaux et culturels communs, par le travail communal et l'aide mutuelle, et par les activités liées à la vie rurale" (art. 2). La reconnaissance juridique est obligatoire et s'accompagne d'une inscription collective sur le Registre National des Communautés et pour chaque individu sur celui des comuneros (articles 10, 11, 12, 20). Ces derniers doivent "être nés dans la Communauté ou être fils de comuneros, être chefs de famille ou majeurs, résider dans la communauté et ne pas appartenir à une autre, être travailleur agricole" (28) ; ils doivent également ne pas être propriétaires de biens fonciers dans ou hors de la communauté et ne pas avoir de revenus plus importants hors de la communauté (art. 23).

---

26. Ces missions (Coribeni et Chirumbia dans la Convención, Shintuya dans le Manú pour les Dominicains, pour ne pas citer que les plus importantes du département du Cuzco), matérialisent en quelque sorte les points extrêmes de pénétration, vers le Nord, des influences de notre ville. Au-delà, les contacts avec les populations de la forêt ne sont qu'épisodiques.

27. On appelait "parcialidad" ou "ayllu", les communautés qui n'avaient pas obtenu leur reconnaissance officielle en vertu de la Constitution de 1919 qui, pour la première fois, s'efforçait de leur donner une personnalité juridique. Toutefois, ces mots désignaient parfois également un hameau ou un "quartier" au sein d'une communauté plus vaste.

28. Cet article (23) a élargi postérieurement la qualité de comunero à des "non agricoles" exerçant ces activités à l'intérieur de la communauté, originaires d'elle ou y résidant depuis 5 ans au moins (artisans, commerçants, mineurs, etc.).

En 1971, il y avait dans le département du Cuzco 488 communautés recensées par la Direction des Communautés Paysannes et 160 dans l'Apurímac. La ceja de montaña n'en a pas car celles des districts de Vilcabamba (6 communautés), de Lares (6), de Challabamba (2) et de Marcapata (4) sont toutes situées à une altitude encore tempérée. Les communautés semblent plus nombreuses dans l'étage quechua que dans la puna mais elle y sont beaucoup mieux recensées et connues des autorités (29). Dans les hautes terres, beaucoup de communautés ont été en fait complètement englobées dans des grands domaines. Par ailleurs, l'isolement de chaque famille, un individualisme et une insécurité très prononcés, une moindre nécessité des contraintes collectives, ont beaucoup atténué, parfois fait disparaître la notion de communauté (ainsi Antabamba n'a que 13 communautés et Espinar 21). Dans l'Apurímac, la province d'Andahuaylas vient nettement en tête avec 53 communautés, devant Aymaraës qui en compte 43. Dans le département du Cuzco, Canchis est en tête avec 89 communautés (dont 29 dans le seul district de Sicuani), suivie de Calca, 59, et de Canas, 52.

D'après la Constitution, la terre appartient collectivement à la communauté. Chaque *comunero* en reçoit une parcelle en usufruit, mais il ne peut, ni la partager, ni surtout la vendre ou la céder à des étrangers à la communauté. Dans la réalité, les terres de culture ont été appropriées individuellement et leurs usufruitiers se les transmettent héréditairement. Les redistributions collectives périodiques, prévues par la Constitution, n'ont généralement plus lieu ou seulement à titre symbolique. Bien mieux, le *comunero* partage sa parcelle entre ses enfants et parfois ses gendres (même s'ils sont étrangers à la collectivité). Dans certaines communautés, on en arrive même à vendre la terre, en respectant toutefois en principe l'interdiction de l'aliéner à des étrangers. Les pâturages restent généralement d'usage collectif. Ceci est surtout vrai dans les régions où l'agriculture est la principale occupation, chacun envoyant son petit troupeau paître les punas et les jachères. Mais dans les zones d'élevage, le droit d'usufruit des pâturages se transforme également en une appropriation individuelle. La propriété communautaire s'étend aux bosquets et à l'eau dont l'utilisation est réglementée par un code coutumier.

Bien que collectif, le territoire des communautés n'est pas facile à délimiter. Les superficies qui leur ont été reconnues, en particulier par la Réforme agraire qui est en train d'établir un cadastre, sont, à peu d'exceptions près, approximatives. Rares sont celles qui ne parlent pas de terres usurpées par des haciendas ou qui n'ont pas de querelles de limites avec d'autres ayllus. Ce terroir essaie souvent encore d'associer des milieux naturels étagés. Mais la plupart des communautés apparaissent aujourd'hui refoulées sur les versants et ont perdu à la fois leurs terrains de maïs dans la vallée et leurs punas accaparées par des haciendas d'élevage. Parfois, des grandes distances séparent les étages écologiques. Ainsi, les communautés d'Accha et de Quehue ont leurs terrains de maïs dans la *quebrada* de l'Apurímac à une lieue de distance (environ 5 km). Celle de Pampamarca en possède dans la vallée du Vilcanota, à Combapata, à une dizaine de kilomètres.

C'est souvent aux limites des étages de cultures et de végétation que sont établies les habitations des *comuneros*. L'habitat groupé domine largement dans les communautés de l'étage quechua, pour des raisons historiques (héritage de la politique des "reducciones" coloniales), géographiques ou surtout économiques, témoignant en particulier du souci de mettre en valeur collectivement un terroir. Dans la puna, l'habitat est presque toujours dispersé, avec toutefois un certain regroupement là où l'on a construit une petite chapelle et plus récemment une école. Les autres maisons sont rarement complètement isolées, mais groupées par hameaux de 4 ou 5.

---

29. C'est ainsi que les provinces d'Andahuaylas, Canchis et Canas où les communautés semblent nombreuses sont celles qui ont connu de 1967 à 1969, l'action des organismes de Desarrollo Comunal.

L'appropriation individuelle de la terre a favorisé l'émiettement et la dispersion des champs. Le phénomène a été accentué récemment par le surpeuplement dû à la forte natalité et l'exiguïté des terres disponibles. Dans les vallées quechuas, cette dispersion des parcelles paysannes donne aux *comunidades* un aspect de bocage aux mailles très irrégulières, de forme et de disposition. Elles s'opposent ainsi dans le paysage, de façon très nette, aux haciendas dont les unités de culture sont plus étendues et plus régulières, souvent géométriques. Sur les pentes, par contre, on différencie mal à première vue le terroir d'une *comunidad* de celui d'une hacienda, dans cette marquetterie de champs qui, suivant les saisons, offrent toutes les nuances des verts, des jaunes, des bruns, voire des rouges, sur des versants soumis à une forte érosion.

L'éparpillement des parcelles est cependant limité par des traditions collectives de mise en valeur de l'ensemble du terroir. Dans les vallées, c'est souvent l'irrigation qui impose une discipline collective, tant pour l'usage de l'eau que pour l'entretien des canaux. Sur les versants, et en particulier dans l'étage des pommes de terre, est généralisée la pratique du laymé (appelé aussi raymé, suerte, entrada ou muyu) dans laquelle un secteur du terroir est réservé chaque année pour une culture selon un système d'assolement, biennal pour les céréales, ou comportant des jachères de 5 à 7 ans, et même plus, pour la pomme de terre.

La cohésion de la communauté est renforcée d'autre part par des obligations de travail qui sont de deux types. L'ayné (et sa variante la minka) est l'aide réciproque et gratuite entre deux individus et parfois leur famille. Elle répond à une nécessité autant psychologique et quasi-religieuse (30) que proprement économique. Les faenas sont les travaux collectifs organisés régulièrement pour certaines œuvres d'intérêt public : construction et entretien des chemins, des canaux d'irrigation et aujourd'hui installation de certains services (eau potable, école, dispensaire, etc.).

L'organisation de ces travaux collectifs, ainsi qu'auparavant la répartition des parcelles, suppose une structure politique et sociale à l'intérieur de la communauté. Les autorités traditionnelles étaient auparavant désignées, en fonction de leur âge par l'assemblée des chefs de famille où l'autorité des plus vieux prévalait toujours. "Alcaldes" ou "varayocs" devaient avoir rempli auparavant les fonctions hiérarchiques d'un véritable cursus honorum où se mêlaient des attributions purement honorifiques (algaciles, mandones, regidores de agua ou de campo) et des charges religieuses financièrement lourdes. Les pouvoirs de ces personnages -qui continuent à exister, souvent de manière symbolique- étaient reconnus à l'extérieur, dans la mesure où les autres autorités locales ou nationales le jugeaient utile.

Lorsqu'une communauté obtenait sa reconnaissance officielle, elle élisait sa Junta directiva (conseil de quatre à cinq membres) et son personero, son représentant légal. Celui-ci devait être approuvé par les autorités politiques qui nommaient souvent en outre un lieutenant gouverneur ("teniente-gobernador"), délégué du pouvoir central. Selon la loi de 1969, les nouveaux organes d'administration sont l'assemblée générale des comuneros, réunie au moins deux fois par an, dont les fonctions sont très étendues, un conseil d'administration de cinq personnes dont le Président est le représentant légal de la communauté (il se réunit une fois par mois), un conseil de vigilance de trois membres qui supervise l'autre. Ces conseils sont élus pour deux ans par l'Assemblée et leurs membres rééligibles une fois. Il peut exister en outre des comités spéciaux élus pour deux ans, en particulier en

---

30. Oscar Nuñez del Prado rappelle que "la vie est un ayné"; aussi, l'ayné est-il une sorte de don spontané et peut-être même une rétribution aux esprits qui contrôlent la vie quotidienne (*O. Nuñez del Prado. El caso de kuyo chico) (Cuzco). Instituto de Estudios peruanos. Lima 1970.*

matière de planification de la production, d'assistance technique ou pour la réalisation de travaux d'intérêt communal. Les *anexos* peuvent élire leur propre *junta* administrative locale dont le président sera leur délégué auprès du conseil d'administration de la communauté.

Il est intéressant de noter que la désignation de ces nouvelles autorités fait moins intervenir le critère de l'âge que celui de la fortune et de l'acculturation, et nous reconnaissons là l'influence du rôle des villes et de la pénétration de l'économie monétarisée. Cette influence intervient également sur la structure même de la communauté où les contradictions s'accentuent entre les principes communautaires et l'individualisme des comuneros les plus riches (31).

b) - L'hacienda :

Le terme d'hacienda -et plus rarement pour des domaines d'élevage, celui d'estancia- désignait dans la Sierra, avant la loi de Réforme Agraire de 1969, la grande propriété privée, appartenant le plus souvent à des métis, et utilisant le colonat, c'est-à-dire une main d'œuvre rétribuée par la concession d'une parcelle de terre et soumise à diverses obligations de travail. C'est ce mode de production précapitaliste qui permet de la définir beaucoup plus que sa superficie extrêmement variable. Toutefois, pour les besoins de cette étude, nous avons fixé la limite inférieure de la grande propriété à 100 ha, dans la zone quechua, et à 500 ha, dans la puna. Dans la ceja de montaña nous l'établirons à 100 ha dans les zones depuis longtemps mises en valeur et à 500 ha lorsqu'il s'agit de concessions de forêt à défricher. Au-dessous, nous tombons dans la catégorie de la moyenne propriété, celle de la petite propriété commençant au-dessous de 5 ha dans la zone quechua et la ceja de montaña et de 50 ha de steppe dans la puna. Nous rappellerons cependant que ces limites sont commodes, mais non impératives, et que l'on peut caractériser du nom d'hacienda des propriétés plus petites, en raison de leurs conditions d'exploitation.

- La formation de l'hacienda :

- L'hacienda est un héritage colonial

La question reste cependant posée de savoir si les Incas connaissaient la propriété privée de la terre. Selon l'historien José Uriel García, loin d'être un Empire socialiste, l'"Etat inca est la transition de la propriété collective de la terre vers la propriété privée, de la société primitive égalitaire vers la société de classes, dont cependant on ne sait pas si elle allait être esclavagiste ou féodale, son évolution ayant été interrompue par la conquête espagnole" (32). Cet auteur montre comment, en particulier sous le règne de Pachacutec, certaines terres de l'Inca étaient appropriées par l'Empereur et ses familiers et une partie du territoire des ayllus aliénée au profit de certains "curacas".

Pendant la Colonie, l'hacienda s'est formée à partir des *«mercedes»* et *«composiciones»* de terre données par la Couronne, puis par les vice-rois et, enfin par les *cabildos* (33), aux premiers conquérants. La filiation entre l'encomienda (34) et l'hacienda ne semble pas évidente au Cuzco, si l'on

---

31. Voir chapitre VIII.

32. José Uriel GARCIA. Sumas para la Historia del Cuzco. Cuadernos Americanos. Mai-Juin 1959.

33. Cabildos : Conseils élus de chaque ville.

34. L'encomienda est la concession, non pas de la terre, mais d'un groupe d'indigènes dont on pouvait utiliser le travail mais qu'on devait évangéliser et sur lequel on levait le tribut.

en croit le tableau établi sous le Vice-Roi Francisco de Toledo et publié par Enrique Torres Saldamando (35). La plupart des encomiendas cités correspondent à de gros villages, souvent aujourd'hui capitales de district, en particulier dans les terres hautes où elles étaient très nombreuses. Dans les vallées quechuas, on les rencontrait surtout dans les provinces où dominent actuellement la petite et la moyenne propriété. Les haciendas se sont constituées également à partir de ventes de terres effectuées par le roi d'Espagne (par exemple sous Philippe IV de 1634 à 1648 ou grâce à la Real Cédula de 1754), ou "por amparo", en occupant des terres vides et en sollicitant ensuite la protection de la Couronne et la confirmation du titre de propriété. Les terres vides semblent en effet avoir été nombreuses à cause de la diminution de la population indigène, d'une moindre stabilité des groupes humains, et comme conséquence de la mita, le déplacement obligatoire de la main d'œuvre indienne à destination des mines en particulier. Enfin, même si le territoire des ayllus a été plus respecté, semble-t-il, à l'époque coloniale qu'après l'Indépendance, il est permis de supposer que beaucoup de propriétés privées se sont formées à la faveur d'unions plus ou moins légales avec des indigènes ou même d'achats, voire d'usurpations de terres, de la part des caciques en particulier.

- *Les progrès de la grande propriété après l'Indépendance :*

Tout au long du XIXe siècle et au début du XXe siècle, la grande propriété a progressé de manière incontestable. Deux raisons à cela : l'une juridique, l'autre, économique. Juridiquement, un certain nombre de lois visèrent, au nom du libéralisme, à favoriser la division des grands domaines individuels ou collectifs et la libre circulation des biens fonciers ; ainsi, l'abolition du majorat au milieu du XIXe siècle, la promulgation du Code civil de 1852, la vente de biens nationaux et municipaux. Pour les mêmes raisons, et jusqu'à sa reconnaissance officielle en 1919, la communauté indigène a cessé de bénéficier, après l'Indépendance, de la protection dont elle jouissait auparavant. Les décrets de Bolivar (8 avril 1824 et 4 juillet 1825), ont joué un rôle indirectement très maladroit dans ce domaine. En supprimant toute possession collective de la terre, le *libertador* pensait transformer les comuneros en petits propriétaires bénéficiaires du partage des terres communales et capables de faire contrepoids aux tenants des grands domaines. En fait, cela les a livrés individuellement, et avec beaucoup moins de possibilités de défense, aux convoitises des hacendados voisins. Ceux-ci, par les voies juridiques, des achats, ou même le plus souvent par la terreur, ont réussi à accaparer bien des parcelles de comuneros, faisant de leurs tenanciers de simples "colons" ou "pasteurs".

Les ayllus n'ont pas été les seuls à voir leur territoire diminuer par suite des usurpations ; les biens de main-morte, de l'église catholique en particulier, ont souvent subi le même sort. L'affaiblissement des ressources des couvents après que la République aie réduit leurs fonctions scolaire et hospitalière, la lourdeur des charges d'entretien de leurs édifices urbains, ont justifié la vente progressive de leurs biens fonciers. De même, la pratique très courante au Pérou des baux emphytéotiques a conduit l'appropriation de bien des terres de l'Eglise, surtout après la loi du début du du XXe siècle, visant à la consolidation de ce type de bail. Enfin, il y a eu de nombreux cas d'usurpation de domaines laissés en fermage en particulier dans la province de Canas (aujourd'hui Canas et Espinar) au détriment des églises de Yauri, Langui, Pichigua, etc. On a également des preuves de ces transferts mobiliers dans les provinces d'Anta, de Calca, d'Urubamba et du Cuzco (36). Dans cette dernière, les terrains des nouveaux quartiers urbains appartenaient presque tous à l'Eglise au moment de l'Indépendance et sont passés au cours du XIXe siècle entre les mains de particuliers (Huancaro grande y chico, Zarzuela baja, Manahuañoncca, Ccoripata...).

---

35. Enrique TORRES SALDAMANDO. Apuntes históricos sobre las encomiendas en el Perú. Lima. U.N.M.S. 1967.

36. cf. les Predios Rústicos et les Padrones de contribuyentes du XIX siècle. Archivo Histórico del Ministerio de Hacienda. Lima.

La division et la mobilité des domaines ont été accentuées par la fréquence des partages lors des héritages et des unions, légitimes ou non. Beaucoup de propriétaires ont été contraints également de vendre pour dettes, leurs revenus étant très irréguliers, autant en raison des conditions géographiques que de leurs difficultés d'adaptation à l'économie de marché. Il y a toujours eu enfin une émigration des familles les plus riches vers Lima. Beaucoup procédaient alors à un partage avec les parents restant au Cuzco et s'empressaient parfois de vendre leur part. Des familles entières, qui ont été de véritables puissances terriennes, ont ainsi perdu progressivement toutes leurs terres. Les preneurs étaient nombreux : petits propriétaires provinciaux voulant agrandir leurs biens, commerçants, *rescatistas* ou *arrieros* enrichis, cherchant dans l'acquisition de la terre un moyen de promotion sociale et politique. Beaucoup de ces nouveaux venus étaient originaires de Puno, ou, plus encore de l'Apurímac, départements soumis à une forte émigration. Certains se sont mariés avec des héritières cuzquéniennes. Enfin, nombreux ont été les Européens, commerçants ou aventuriers, qui, depuis le milieu du XIXe siècle, ont acheté des terres. Le plus célèbre est Romainville, dont les descendants possédaient en 1969 les haciendas Huadquiña, Yanama, Totora dans la Convención, Ayñan à Calca, Haparquilla à Anta, Angostura à San Jerónimo.

Ces faits montrent l'importance des facteurs économiques dans le développement de la grande propriété et en particulier au moment de la reprise économique de la fin du XIXe siècle et du début du XXe siècle, avec l'intérêt des pays européens, puis des Etats-Unis, pour la laine et, plus tard, pour les produits tropicaux et la construction des chemins de fer. Deux milieux géographiques dans notre ensemble régional ont été surtout concernés par cette évolution : la puna et la ceja de montaña. Le domaine quechua, producteur surtout de céréales et de tubercules évoluait beaucoup moins, car la grande propriété qui y était plus généralisée, voyait son expansion limitée par la forte pression démographique et les nombreuses agglomérations.

Le système de l'hacienda progressa dans les punas de la province de Canchis, autour de Sicuani qui, dans la seconde moitié du XIXe et surtout après l'arrivée du chemin de fer de Mollendo en 1893, devint le centre lainier pour toutes les provinces méridionales. On voit des Aréquipéniens se constituer, au détriment des communautés indigènes, de grands domaines, comme ceux de la famille Mejía, propriétaire de l'usine textile de Marangani. En cela, cette province participait déjà aux transformations que connaissait le département de Puno, bien que la modernisation de l'élevage y ait été beaucoup plus limitée. Dans les autres provinces (Canas, Espinar et Chumbivilcas), ce sont des autochtones qui ont accaparé des terres ; souvent modestes *arrieros* ou «llameros», métis ou indigènes, ils cherchaient surtout à avoir le plus de terres possibles et à y élever un important troupeau de moutons rustiques ou d'alpacas. Les Aréquipiens ont été beaucoup moins intéressés, au début, par ces punas plus isolées et austères et ce n'est que récemment que leurs capitaux y ont pénétré. Par contre, des petits commerçants d'Ayaviri (Puno) ont constitué dans la première moitié du XXe siècle de grandes haciendas dans l'actuel district d'Hector Tejada, fondant le village de Tocroyoc et obtenant sa promotion administrative, après de difficiles luttes contre les notables d'Ocoruro et de la nouvelle capitale de province Yauri.

Dans la ceja de montana, les conditions ont été différentes, car il n'y avait pas de communautés indigènes (37) et parce que la colonisation a été conduite par des Cuzquéniens. Pendant la Colonie, la colonisation semble avoir été contrôlée par la Couronne qui y concédait des terres à ses fonctionnaires et ses missionnaires. Dès 1541, il y a de grandes haciendas dans la vallée, dans la section comprise entre la gorge de Torontoy et l'actuelle ville du Quillabamba : Huyro, Amaybamba,

---

37. A Vilcabamba cependant, où il y avait des communautés, il y a eu également des usurpations de terre. Ainsi, la *comunidad* de Lucma menait dès 1950 des procès contre les propriétaires des immenses haciendas voisines, Pataybamba et Huadquiña. Le Père Menendez Rua (Paso a la civilisación), citant l'origine de certaines propriétés, dit qu'en 1849, le district de Macchu Picchu formait une seule hacienda appartenant à Don Mariano Santos et il précise que tous les ayllus disparurent alors.

Collpani, Huadquiña, Yanama, Totora, Sicre, Huayopata, Maranura, Santa Ana, Paltaybamba Chico et Pintobamba Grande (38). On y cultivait essentiellement la coca, la canne à sucre pour l'alcool, un peu de cacao. C'est dans la relation du marquis de Valdelirios, donc au XVIIIe siècle, que l'on voit apparaître les noms des propriétés situées en aval de Santa Ana (Macamango, Echarate, La Victoria, Tunquimayo, Pachac, San Agustín), ou dans la vallée voisine d'Occobamba (Occobamba et Antibamba). La plupart appartenaient à des officiers civils ou militaires, à certains caciques ou descendants des Incas (ainsi Huadquiña et Sicre en 1576 et 1580), voire à la Couronne (Amaybamba en 1541 (38). La part des ordres religieux augmenta beaucoup au XVIIe siècle, et surtout celle des Jésuites avec les haciendas Maranura, Ccollpani Chico, Paltaybamba Chico et Pintobamba Grande ; en 1660 et 1669, ils ont des domaines dans la vallée d'Occobamba, et, en 1720, l'immense terre d'Echarate, atteignant dès 1715 le confluent avec le Yanatile. Après leur expulsion en 1768, leurs domaines passèrent à des particuliers mais la colonisation ne progressa pas.

C'est l'introduction de la culture du café à la fin du XIXe siècle (39) qui allait favoriser la reprise de la colonisation et la consolidation de la grande propriété avec un système original d'exploitation, celui de "l'arriendo" combinant le colonat et le fermage. En 1913 également, le thé est introduit dans l'hacienda Huyro. La construction du chemin de fer du Cuzco à Macchu Picchu en 1927 -prolongé jusqu'à Huadquiña en 1951, et jusqu'à Chaullay en 1967- la croissance de la demande des marchés d'outre-mer, le début de la construction des routes, favorisèrent les progrès de ces cultures, malgré la crise provoquée de 1928 à 1940 par une triple épidémie de paludisme, fièvre jaune et variole. Désormais, la vallée est mise en valeur de manière continue jusqu'à la hauteur de la mission de Coribeni. Et déjà, quelques pionniers tentent leur chance au-delà, sous la forme de petites concessions de terrain. La vallée de Lares, celle de Lacco autour de Challabamba, connaissent une colonisation semblable, quoique moins importante. Les colonisateurs sont souvent des Cuzquéniens, originaires de la ville, et peut-être plus encore, des provinces d'Urubamba, Calca, Anta, Paruro et Acomayo. Il y a aussi des Aréquipéniens, des Apuriméniens, des gens de la côte et beaucoup d'étrangers, Italiens, Américains, Allemands. Il semble que, encore plus que dans la Sierra, les propriétaires de la Convención aient connu une grande mobilité, ventes et partages de domaines ayant été nombreux (40).

- Le système de l'hacienda cuzquénienne traditionnelle.

L'hacienda agricole traditionnelle se caractérise par deux structures principales : l'une géographique, essaie d'associer des milieux naturels différents de manière à obtenir une gamme variée de productions et une certaine autarcie ; l'autre est un système de contrôle économique et social de la main d'œuvre qu'on appelle le colonat (" *colonato* ").

- La structure géographique de l'hacienda.

La première nécessité impose à l'hacienda sa situation topographique, une certaine superficie et toute une organisation de la production et du travail agricole. Le domaine tend à regrouper d'abord plusieurs terroirs étagés. Ceux de la zone quechua, par exemple, associent : une fraction de terrasse

---

38. Padre Menendez Rua : Paso a la civilisación. Tip. Sanmartí y Cía. Lima. 1948.

39. Isaïah Bowman dans "Les Andes du Sud du Pérou", signale que le café s'était introduit au début du XXe siècle et que l'hacienda Sahuayaco était la seule où on cultivait. Pourtant Antonio Raimondi note en 1858 une plantation de café dans l'hacienda Retiro de Don Francisco Valverde.

40. Voir à ce sujet quelques "dossiers" d'haciendas établis par le bureau de la Réforme Agraire à Quillabamba de 1964 à 1969.

alluviale ou de cône de déjection autour de 3.000 mètres favorables aux cultures de maïs, de pommes de terre précoces irriguées (pomme de terre de "mahuay"), plus rarement de luzerne, et un versant voué aux céréales européennes, (blé et orge), aux légumineuses (fèves surtout), et dans sa partie supérieure aux tubercules ; ces derniers s'étendent jusqu'à la limite de la puna où quelques pâturages complètent souvent le territoire de la propriété (schéma n° XIV type 1). L'ensemble s'étage entre 2.800 m - 3.000 mètres et 3.900 - 4.500 mètres. La demeure du maître, parfois accompagnée d'une petite chapelle et de quelques maisons de colons, se situe dans la partie basse. C'est la plus favorable par son climat plus abrité et la présence de l'eau. L'accès et les communications y sont également plus faciles et permettent des liaisons, tant avec l'extérieur, qu'avec l'ensemble de l'exploitation.

Dans la plaine d'Anta, comme dans d'autres dépressions d'altitude (Accha par exemple), une première nuance apparaît dans la structure précédente avec, dans la partie basse, des terrains marécageux servant de pâturage pendant la saison sèche. Lorsque les conditions écologiques descendent jusqu'à la frange chaude de l'étage quechua, un terroir de cultures tropicales (canne à sucre, orangers), s'ajoute aux précédents (schéma n° XIV type 2) ; ainsi à Abancay et dans la vallée du Colorado en aval de Limatambo, où on monte jusqu'aux neiges du Salkantay (haciendas Marcahuasi et la Estrella à Mollepata). A l'opposé, à une altitude supérieure à 3.500 mètres, l'étage du maïs peut manquer (schéma n° XIV type 3). Ainsi, dans le Sud des provinces de Paruro et de Chumbivilcas, en raison de l'encaissement de l'Apurímac et de ses principaux affluents, les haciendas se sont établies vers 3.500 - 3.700 mètres, à la limite écologique des céréales européennes et des pommes de terre. Les pâturages de puna sont par contre plus étendus et ces propriétés ont en fait une économie plus pastorale qu'agricole.

Certaines vallées profondes et amples peuvent associer deux types d'haciendas avec, en particulier, deux étages pour le site des caseríos. Dans la province de Paucartambo, dans chaque petit ravin affluent du Mapocho, une hacienda est établie près du confluent et une autre contrôle les terroirs de la tête de vallée, toutes deux se partageant le versant (fig. n° 11). Cette disposition se dédouble parfois à la base, avec une hacienda sur chacune des rives du torrent ; ainsi Ccautay et Carmelina de part et d'autre du Ccautay, Pumachaka chico et Umamarca de chaque côté du Pumachaka. Entre la confluence du Pumachaka et la capitale de province, les sites d'haciendas sont ainsi groupés sur deux lignes grossièrement parallèles à la direction du Mapocho, épousant les courbes du niveau entre 3.100 et 3.300 m pour la plus basse et entre 3.400 et 3.600 m pour la plus élevée. Il y a même parfois, aux limites de la puna, un troisième étage ; ainsi le long du Pumachaka pour les haciendas Cusipata, Saucibamba et Runtu Runtu dont les caseríos sont à 3.600-3.700 mètres (fig. n° 11).

Sur le versant nord oriental des Andes, d'immenses haciendas englobent tous les étages écologiques, des glaciers de la cordillère à la ceja de montaña ; ainsi Lauramarca (district d'Ocongate, province de Quispicanchis, 65.416 ha), Q'ero (province de Paucartambo), Paltaybamba (45.527 ha), Huyro (36.285 ha) et Huadquiña-Yanama (143.890 ha avec Totora-Arma) dans la province de la Convención. Ces dernières sont principalement des haciendas de ceja de selva et leurs punas sont peu utilisées par leurs propriétaires, sauf à Huadquiña-Yanama pour l'exploitation minière. Dans les deux premières, au contraire, le caserío se situe à la limite de la puna et des cultures de pommes de terre. Si dans Lauramarca la partie chaude n'est pas mise en valeur, dans Q'ero, on a le système d'exploitation le plus original de la région, avec un étagement en trois secteurs : de 1.850 à 2.100 m "le monte" (la forêt) que l'on défriche annuellement pour cultiver le maïs ; autour de 3 400 mètres où se situe la maison du maître, l'étage de la pomme de terre et du llaudi (arbuste) enfin au-dessus, la puna, domaine d'élevage où on cultive encore la pomme de terre *Ruk'i* pour le *chuno* jusqu'à 4 600 mètres d'altitude (41). Les

---

41. Mario ESCOBAR MOSCOSO *«Reconocimiento geografico de Q'ero»*. Revista universitaria, n° 115, 1958, Université San Antonio Abad-Cuzco.

TABLEAU N° XIV : TYPES D'HACIENDAS AGRICOLES SELON LES ÉTAGES
ÉCOLOGIQUES DANS LES VALLÉES QUECHUAS

Étages écologiques			Types d'haciendas		
Altitude	Étage	Cultures principales	Type I	Type II	Type III
4 000 m	Puna	élevage			
	Suni	pomme de terre	⌐─────┐		
3 500 m	Quechua	blé-orge	└─────┤	⌐─────┐	⌐──┐
3 000 m	Quechua	maïs			└──┘
2 500 m	Yunga	canne à sucre			
	Ceja de montaña	cultures tropicales		└─────┘	

colons ont des maisons dans les trois zones : abri de bambous et de feuillages dans la forêt à *Pusq'ero*, maison de pierre au toit de chaume à Q'ero, hutte d'icchu séché dans les hauteurs. Toute l'année, entre les trois étages de cultures, c'est un perpétuel déplacement des travailleurs qui mettent huit heures pour descendre les 12 km séparant la puna de Pusq'ero et un jour entier pour remonter, sur des sentiers difficiles et dans un brouillard presque permanent.

Dans la puna, les propriétés ont apparemment des terroirs plus uniformes et leur vocation est avant tout pastorale. Cependant, on constate toujours un souci d'étager les pâturages de manière à pratiquer des rotations et ceci pour deux causes : l'une écologique, en raison de la médiocrité des steppes à icchu rapidement surpâturées, l'autre, climatique, en fonction des saisons et des réserves d'eau. On observe ainsi des mouvements de transhumance pendant la saison sèche vers les pâturages d'altitude dont les ravins conservent un peu d'eau et offrent des bofedales (42). Cette rotation peut se faire à l'intérieur de la même propriété. Mais beaucoup d'hacendados ont également deux domaines parfois assez éloignés l'un de l'autre. Certains propriétaires cherchent même à descendre au contact de l'étage quechua, de manière à posséder quelques cultures de pommes de terre et de cañihua, voire de quinua et d'orge ; ainsi près de la lagune de Langui-Layo dans la province de Canas. Les superficies des propriétés sont plus grandes dans l'ensemble que dans la zone quechua, car l'élevage y est extensif ; on ne trouve toutefois que deux haciendas dépassant 10.000 ha, dans la province de Canchis, aux confins des glaciers de la cordillère orientale.

C'est dans cette cordillère qu'on rencontre d'ailleurs les haciendas les plus grandes de notre région, à cause de l'étagement naturel qu'elle offre et de la très faible densité du peuplement. Ailleurs, les haciendas ne dépassent pas 10.000 ha et même, pour la plupart d'entr'elles, 3 à 5.000 ha. 28 propriétés au total dont 11 dans la ceja de montana, dépassent 10.000 ha dans le département de Cuzco. Ce ne sont d'ailleurs pas des extensions extraordinaires à l'échelle du Pérou ou même de l'Amérique Latine en général. On ne doit pas voir là un simple souci de capitalisation de la terre, mais plutôt une nécessité imposée par un milieu montagnard, élevé et très accidenté, où les terres réellement cultivables sont rares et dispersées, et les jachères très longues. Aussi l'extension totale de la propriété ne doit pas faire illusion sur celle des terres cultivables, et sur la proportion qui est réellement mise en valeur chaque année. Dans la province de Paucartambo, selon G. Palacio (43) la partie cultivable de l'hacienda varie entre 50 et 10 % de la superficie totale. Quant aux terrains cultivés à la fois par le propriétaire et les colons, ils ne représenteraient guère que 5 à 10 % du total et dépasseraient rarement 30 %. Encore s'agit-il souvent de terrains sans irrigation où les maigres récoltes sont soumises aux aléas des précipitations. Enfin, les nécessités de l'exploitation ont obligé depuis l'époque coloniale les propriétaires à concéder en usufruit des parcelles à leurs colons en échange de leur travail. Or ce système réduit d'autant la part dont profite directement l'hacendado et que nous pourrions appeler la «réserve» pour utiliser un terme de l'Europe médiévale. Toujours selon G. Palacio, à Paucartambo, la part du propriétaire ne serait jamais supérieure à la moitié des terres cultivées de l'hacienda et pourrait même descendre à 30 voire 20 %. Tout en considérant que ce sont les meilleurs terroirs que se réserve l'hacendado, les plus accessibles et les mieux pourvus en eau, la superficie dont il dispose effectivement fait de lui, en réalité, un moyen, voire un petit propriétaire.

A ce principe de concentration de terroirs variés à l'intérieur d'une même propriété, s'oppose dans la structure territoriale de l'hacienda une dispersion des terrains cultivés, en fonction de deux nécessités : les rotations de cultures et la rétribution des travailleurs en terre. Cette dispersion n'affecte

---

42. Bofedales : pâturages avec des plantes hydrophiles très nutritives.

43. Gustavo PALACIO PIMENTEL : «*Relaciones de trabajo entre el patron y los colonos en los fundos de la provincia de Paucartambo*», Revista universitaria, n° 112 (1er semestre 1957), 113 (2e semestre 1957), 118 (1er semestre 1960) et 120 (1er semestre 1961). Université San Antonio Abad-Cuzco.

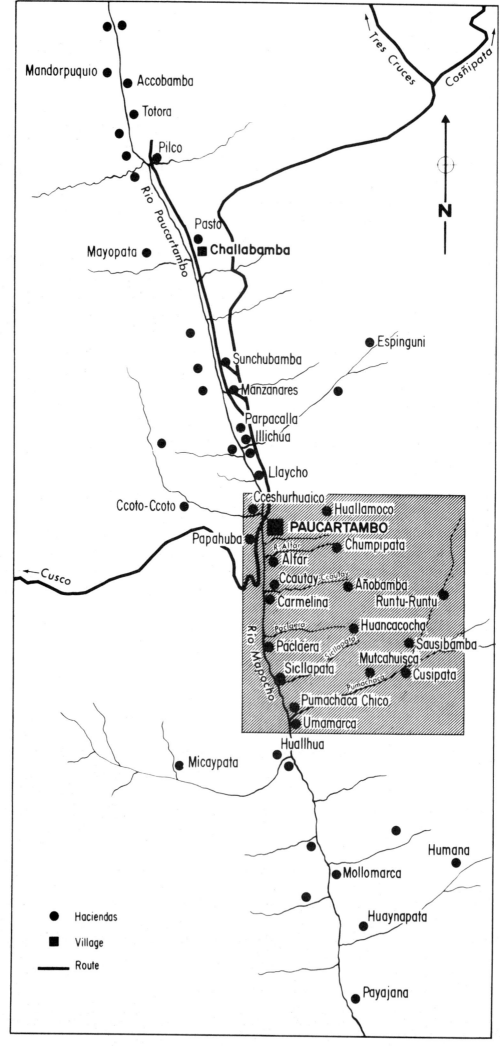

Fig. 11.— Répartition des haciendas le long des rives du Paucartambo

généralement pas la partie de l'hacienda réservée au maïs dont la culture connaît certes des rotations, mais pas de jachères. D'autre part, les colons n'y reçoivent pas de parcelles et les propriétés voisines imposent des limites nettes. Aussi le terroir y est-il généralement d'un seul tenant et assez homogène, se dessinant nettement dans le paysage. La dispersion intervient surtout sur les versants où les champs du maître et ceux des colons semblent mêlés en une multitude de petites parcelles. Toutefois, celles-ci sont souvent regroupées en soles (laymés ou suertes), à l'intérieur de systèmes de rotations qui varient de deux à trois ans pour les céréales et jusqu'à 8 ans ou 15 ans pour les cultures de tubercules.

Quoiqu'il en soit de la superficie de la réserve du propriétaire, elle accapare toujours les meilleurs terrains et est bien située sur les voies de communication. Elle participe donc à cette domination du bas sur le haut que nous tenterons de préciser plus loin et témoigne ainsi de la volonté de domination du groupe des métis auquel appartiennent les hacendados, sur les "indigènes". Car l'hacienda n'a pas seulement accaparé une certaine extension de terrain, elle a englobé aussi les populations autochtones qui s'y trouvaient et les a asservies par le système du colonat.

- *La structure socio-économique de l'hacienda : le système du colonat.*

Malgré les lois de réforme agraire et de salaire minimum de 1964 qui ont aboli les prestations gratuites de travail, le colonat subsistait encore en 1968 dans les provinces du Cuzco où seuls quelques domaines modernes utilisaient le travail salarié. Né vraisemblablement pendant la Colonie, consolidé au XIXe siècle et certainement même avant les troubles agraires de 1960, c'est un système à la fois économique et social qui lie, de manière coutumière, le propriétaire de l'hacienda à ses travailleurs. Economique, il a pour but de permettre avant tout la mise en valeur du domaine ; mais selon des proportions qui varient beaucoup d'une propriété à l'autre, il permet aussi au propriétaire de contrôler la production agricole et artisanale de ses travailleurs. Social, il affirme la domination du groupe des métis, à l'origine celui des Espagnols, sur les indigènes. Cela n'est cependant pas toujours vrai dans la puna, en particulier dans la province d'Espinar, où de nombreuses haciendas, qui ont bien souvent, d'ailleurs, une origine républicaine, ont des propriétaires "indigènes". Ailleurs, la possession individuelle de grands et même moyens domaines par les *"indios"* est inconnue. La relation maître-travailleur, n'est d'ailleurs pas seulement économique ; le propriétaire se substitue en fait le plus souvent vis-à-vis de ses colons et à l'intérieur de l'hacienda, à l'autorité administrative ; à l'extérieur, il est un intermédiaire auprès des autorités civiles et militaires. Il pouvait aussi bien interdire l'usage de l'espagnol à ses colons que s'opposer -avant 1960- à la construction d'une école ou d'un dispensaire sur son domaine. Ce système est donc un des éléments essentiels du colonialisme interne subsistant au Pérou.

La grande majorité des haciendas du Cuzco étaient travaillées directement par leur propriétaire ou à la rigueur en son nom par un parent proche. La pratique du fermage s'était cependant accentuée récemment, sous l'influence des transformations survenues à partir des années 60, et que nous étudierons dans le chapitre IV. Toutefois, le propriétaire losrqu'il habite Cuzco, ne réside pas en permanence dans son domaine et se fait remplacer par un majordome ou plus rarement un administrateur salarié. Cet absentéisme du propriétaire est certainement une des causes de la faible productivité de l'exploitation agricole traditionnelle. Mais il convient également d'ajouter que l'hacendado cuzquénien classique n'a qu'une connaissance très empirique du travail de la terre, qu'il a peur des inovations et des risques, et qu'il se contente d'un revenu souvent assez bas. L'état de la plupart des casa-hacienda reflète bien ces absences du maître.

Le contrat liant le propriétaire à ses colons est coutumier et oral. Il comporte des droits et des devoirs réciproques qui n'ont jamais été codifiés, mais sont troujours très vivaces dans l'esprit des deux parties. Toute modification dans le système, en particulier lors d'un changement de propriétaire, est difficilement acceptée par les colons qui rappellent périodiquement les coutumes auxquelles étaient soumis leurs pères et leurs ancêtres. Toute propriété vendue l'est en fait avec son groupe de travailleurs qui conservent les parcelles héritées de leurs pères. Si un colon abandonne l'hacienda, le maître peut le faire rechercher et le punir. Inversement, un propriétaire ne peut théoriquement reprendre sa parcelle à un colon, ni s'opposer à ce qu'il la transmette à sa mort à son fils ainé. Mais en fait de nombreux abus dans ce domaine nous ont été signalés. Ces droits et devoirs réciproques ont été particulièrement bien étudiés dans la province de Paucartambo par Gustavo Palacio Pimentel (44) avant les troubles agraires de 1960. On distinguait dans cette province deux catégories de colons : les *Sayacruna* ou colons de *manay (ou Huachuruna)* et les *Yanapacu*. Nés sur le domaine, les premiers bénéficent d'une stabilité théorique de leur condition et peuvent transmettre leur parcelle (*le "manay"*), leurs cultures, leur bétail et leur maison à leur héritier ou à leur veuve, les cas de dépossession n'intervenant que lors de fautes graves. C'est parmi les *Sayacruna* que le maître choisit ses hommes de confiance : le majordome et ceux qui dirigent et contrôlent le travai quotidien ("capataces", "mandones", "capitanes" et "alcaldes").

Les Yanapacus reçoivent une parcelle de terre qui représente la moitié d'un manay ; ils accomplissent en contrepartie la moitié des obligations des Sayacruna. Ce sont généralement des mineurs, des célibataires ou des travailleurs installés récemment dans l'hacienda. Ils peuvent devenir sayacruna, si un "manay" devient vacant. Ils peuvent aussi être yanapacu dans une hacienda et posséder un "manay" dans un domaine voisin. Le nombre des Yanapacu est toujours inférieur à celui des sayacruna selon G. Palacio. A Paucartambo, existe même parfois une troisième catégorie de colons, les "*pongochacras*", dont les droits et les devoirs représentent le 1/4 de ceux des sayacruna. Au total, le nombre de familles de colons est assez limité, en général une dizaine ou une vingtaine de familles. Une hacienda immense comme Ccapana (20.125 ha en 1961) ne comptait guère à cette époque que 246 familles (45). Nous avons vu que la faible portion de terrain mise en culture chaque année par le propriétaire, ne justifiait pas un nombre élevé de travailleurs, malgré la technologie élémentaire utilisée. Le colon a la possibilité de se faire remplacer dans le travail par une autre personne ; cette dernière est, soit, un autre colon venu d'une hacienda voisine, soit, plus souvent un "*allegado*" auquel il concède une fraction de sa parcelle, soit un "*huihuasca*", une personne ayant des problèmes avec la justice et cherchant à se cacher. Certains colons disposent ainsi de plusieurs allegados qu'ils exploitent en fait ; ils ne remplissent plus leurs devoirs vis-à-vis du patron, tout en conservant leur parcelle en paiement de leur travail. De là, de nombreuses inégalités dans la condition économique des colons. Certains ont une aisance relative car ils peuvent se consacrer à temps complet à leurs propres cultures et à leurs animaux ; ils arrivent ainsi à posséder un troupeau important, souvent supérieur dans les exploitations agricoles à celui du propriétaire. Le colon qui par contre remplit lui-même ses obligations de travail a peu de temps à consacrer à sa parcelle. Il est d'autre part soumis plus que les autres aux aléas du climat, le propriétaire choisissant en effet toujours le meilleur moment pour les semailles et les récoltes.

---

44. Gustavo Palacio Pimentel ; Op. Cit.

45. Hector Mártinez. La hacienda Ccapana. Instituto Indigenista Peruano. Ministerio de Trabajo y Asuntos Indígenas. Serie Monográfica n° 2. Lima. 1962.

TABLEAU N° XV : LE SYSTÈME DU COLONAT ET DES ARRENDIRES AU CUZCO

OBLIGATIONS	DROITS
A. Colonat dans l'étage agricole tempéré. *Liées aux travaux agricoles :* — Travaux collectifs sur les terres du propriétaire selon des « tours » (turnos) variés, mais comportant de 156 à 260 jours de travail annuels (1). — Garde, suivant des tours de rôle annuels, du troupeau du propriétaire (2).	Exploitation d'une parcelle : le mañay (7), qu'il peut transmettre à son fils aîné ou à sa veuve. La « acullina » : ration quotidienne de coca accompagnée parfois de chicha ou d'eau-de-vie et de cigarettes. La merienda : repas en général léger (8).
Non liées directement au travail agricole (3) : — Pongeaje : service domestique sur le domaine, ou en ville. — Service « d'acarreo » : transport des récoltes du propriétaire en fournissant les animaux. — Faenas : corvées collectives (entretien des canaux d'irrigation, des ponts, des chemins, des bâtiments). Parfois, travail dans une autre hacienda du propriétaire.	Repas - logement. Chaquepa (de 50 centimes à 5 sols) (9) - acullina.
Obligations non généralisées : — Ararihua : surveillance des champs (annuel) ou fabrication du chuño. — Huanuna : livraison obligatoire de fumier. — Hierbaje : droit d'utilisation des pâturages (4). — Apport d'une Yunta pour les labours.	
B. Colonat dans la puna. — Responsabilité d'une « punta » ou « majada » (partie du troupeau du propriétaire) (5). — Travaux agricoles éventuels. — Convoyage du bétail. *Autres obligations :* idem.	Droit à une « cabaña », fraction de pâturage de l'hacienda (10). Autres droits : idem, mais plus éventuels.
C. Arrendire de la Convención : — *Obligations principales :* • Paiement d'un bail annuel. • Le turno : 144 jours annuels en 1962 (6). • La palla : récolte de la coca par la femme ou la fille de l'arrendire (50 jours annuels environ). • La huatafaena : corvée annuelle de 10 à 15 jours.	Exploitation de l'arriendo. Salaire quotidien de 20 à 40 centimes. Repas et boissons pendant la huatafaena.
— *Obligations secondaires :* • Comiciones (ou « chaski ») : déplacements gratuits. • Minka : travail collectif pendant 3 à 6 jours. • Pongeaje. • Acarreo. • Faenas non agricoles. • Hierbajes (rares).	Salaire quotidien de 50 à 60 centimes. Chaquepa pour l'acarreo - repas pour les autres obligations.

(1) G. Palacio Pimentel dans les haciendas de Paucartambo a étudié sept modalités différentes de travail. Le colon travaille ainsi soit une semaine pour le patron et la semaine suivante sur sa propre parcelle ; soit, les deux ou trois premières semaines de chaque mois pour le propriétaire et la troisième ou la quatrième pour lui ; soit, lors des grands travaux agricoles jusqu'à conclusion complète de ces travaux. Plus rarement, l'hacendado exige un travail du lundi au vendredi, chaque semaine, ne laissant ainsi au colon que deux jours, dont le dimanche généralement reconnu comme férié, pour travailler sa parcelle.
(2) Le colon est dans ce cas dispensé du travail agricole.
(3) Tous ces travaux se font souvent en supplément des travaux agricoles, ce qui réduit d'autant le nombre de jours disponibles par le colon.
(4) Il devait donner au propriétaire un nombre de têtes proprotionnel à son troupeau (1 mouton sur 10 par exemple).
(5) Chaque « punta » comprend, environ, 200 ovins ou une cinquantaine de bovins.
(6) 8 à 10 jours par mois en 1949.
(7) Le mañay avait à Paucartambo (selon G. Palacio P.) une superficie moyenne de 10 topos environ (3 ha), formée de petites parcelles dispersées.
(8) Il comporte le plus souvent un légume bouilli (pommes de terre ou chuño, ou maïs, ou fèves), parfois du pain et du sel. Pour les labours, les récoltes, les grands travaux, les fêtes, le repas est plus important et comporte des « piquantes », une huatia, etc.
(9) 1 sol : 0,12 F en 1968-1969.
(10) Le pasteur peut éventuellement y pratiquer quelques cultures. Ce droit a été rapidement limité, les propriétaires pour éviter l'épuisement de leurs pâturages essayant de contrôler le troupeau de leurs pasteurs, soit en imposant un maximum d'animaux (50 moutons, 10 vaches, 2 chevaux), soit en percevant des « hierbajes » (fourniture gratuite) de 10 % du troupeau annuel.

PLANCHE 12

Photo A : Cultures de pommes de terre dans la Puna

Le petit vallon a été récemment labouré à la Chaki-Taclla. Chaque famille a une parcelle minuscule et souvent seulement un groupe de sillons. Le fond du ravin plus humide, est envahi par la végétation buissonnante de la puna baja.

(Cliché de l'auteur)

Photo B : Travail du sol à la Chaki-Taclla (près de Colquemarca ; Chumbivilcas).

(Cliché de l'auteur)

Les devoirs des colons sont connus sous le nom de *«condiciones»* ou *«obligaciones»* ou parfois *«prestaciones de servicio»* et nous les avons résumées dans le tableau n° XV.

— *Le système de l'arriendo dans les vallées de la Convencion et de Lares.*

La nécessité de fixer la main-d'oeuvre dans une région qui en était pratiquement dépourvue, a fait naître dans les terres chaudes un système original d'exploitation. Étudié par G. Palacio (46) pour la vallée du Paucartambo en aval de Challabamba et plus encore par Ferdinan Cuadros Villena pour les haciendas de la Convencion (47), il représente un type intermédiaire entre le fermage et le colonat. Le travailleur, appelé ici *«arrendire»* reçoit en effet une extension de terrain *«l'arriendo»*, plus grande généralement que le *«manay»*, pour laquelle il paie un fermage annuel en argent ; mais il est également contraint à certaines *«condiciones»* qui rappellent celles des colons de l'étage quechua (tableau n° XV).

Le bail entre l'arrendire et le propriétaire était généralement écrit et signé par les deux parties, parfois en présence de témoins, mais rarement d'un notaire ou d'un juge. Il avait une durée de 10 ans en général (parfois de quatre ou cinq ans seulement). Son renouvellement ou la transmission éventuelle de l'arriendo à l'héritier d'un travailleur mort pendant le contrat, dépendait de la bonne volonté du maître. Le montant du fermage, payable annuellement, était fixé par le seul propriétaire selon l'extension, la qualité des terres et l'existence éventuelle de plantations permanentes. Il était payable annuellement (généralement par semestre), l'arrendire en étant dispensé la première année. En 1960, le fermage variait le plus souvent entre 400 et 800 sols annuels (soit l'équivalent de 2 à 4 quintaux de café) ; plus rarement, un fermage en nature était exigé. Selon Ferdinan Cuadros, il s'agit donc d'un exemple de «dualité de possession sur la même chose», la terre appartenant au propriétaire de l'hacienda, les plantations et cultures, ainsi que souvent la maison, appartenant à l'arrendire. L'étendue de l'arriendo était en moyenne de 7,5 ha avant la loi de réforme agraire de 1964 dans l'ensemble des vallées de la Convencion et Lares (48). Son extension avait beaucoup diminué, depuis 1949 (49) où elle était de 20, 30 ou 50 ha, en raison des progrès de la colonisation agricole.

Ce système d'exploitation était plus lourd que celui pratiqué dans la Sierra avec un total de 232 jours de travail à l'an en moyenne par arrendire contre 156 dans la Sierra. Le travailleur avait très peu de jours disponibles pour s'occuper de ses terres en particulier de ses propres plantations de café. C'est pour cela que s'était généralisé le système des *«allegados»* et *«sub-allegados»* et des *«habilitados»*. Tous accomplissaient auprès du propriétaire les obligations de l'arrendire et devaient souvent également aider ce dernier. Les premiers recevaient une fraction ou une sous-fraction de l'arriendo en vertu d'un contrat oral où n'intervenait pas le propriétaire. Les seconds avaient un salaire de 10 à 20 sols quotidiens en 1962 avec ou sans nourriture (1,2 à 2,4 F). Enfin, au dernier rang de l'exploitation, on trouvait les *«tiapaquq»* qui étaient de véritables prolétaires agricoles recevant seulement pour leur travail la nourriture et un logement sommaire.

---

46. Gustavo PALACIO PIMENTEL. Op. cit.

47. Carlos Ferdinan CUADROS VILLENA. El arriendo y la Reforma Agraria en la provincia de la Convencion. Thèse de Droit et Sciences Politiques, Cuzco, 1949.

48. Il variait d'une moyenne de 3,3 ha dans le district de Maranura à 17 ha dans celui de Santa Teresa. Dans les propriétés de plus de 10 000 ha, il pouvait atteindre 41 ha à Huyro, 17 ha à Occobamba et Huadquina.

49. C.F. CUADROS VILLENA. Op. cit.

Ce système d'exploitation était devenu récemment de plus en plus dur, car les grands propriétaires voulaient renforcer leur contrôle sur les arrendires enrichis par la culture du café. Le nombre de jours de travail exigé était passé de 180 jours environ en 1949 à 232 en 1962 (50) ; des rendements étaient fixés pour la "palla" ; les amendes, les châtiments corporels, les exactions contre les héritiers des arrendires se multipliaient. On interdisait l'usage de l'espagnol ou la construction des maisons en dur ; très peu d'haciendas autorisaient l'organisation, pourtant légale, d'une école. L'arrendire restant peu de temps dans l'hacienda, il n'y avait pas ces relations paternalistes, qui liaient souvent dans la Sierra le propriétaire aux colons nés dans le domaine de ses pères. Il faut ajouter que le climat était difficilement supporté par les indiens venus des hauteurs, que les maladies des voies respiratoires et intestinales étaient généralisées et que le coût de la vie était beaucoup plus élevé que dans la Sierra, bien des produits vivriers étant importés. C'est ce qui explique que c'est dans ces vallées que se formèrent les premiers syndicats de la région sous l'influence d'arrendires ayant eu des contacts avec les villes. Leur mouvement apparaît souvent comme celui d'une véritable classe très attachée à la propriété privée de la terre et ce sont eux qui ont bénéficié le plus des lois de 1962 abolissant la plupart des "obligaciones" et surtout de celle de 1964, leur offrant des titres de propriété, moyennant le paiement d'une modeste somme d'argent.

La différence entre l'hacienda et la communauté indigène n'est pas aussi marquée que le laisserait supposer l'opposition juridique de la nature de la propriété. Territorialement, la limite n'est pas facile à déterminer. Beaucoup de propriétés individuelles, nous l'avons dit, se sont formées ou se sont agrandies à la faveur d'empiètements successifs sur les terres des communautés que ces dernières continuent à réclamer. Rares sont celles qui, dans la puna, possèdent des titres de propriété. De très grandes haciendas avouent englober, dans leur territoire, de véritables ayllus (ainsi Lauramarca et Ccapana dans la province de Quispicanchis). En fait, il semble qu'il s'agisse de groupes de colons gardant les caractéristiques des communautés. A Ccapana, chacun des cinq groupes de travailleurs s'organisa ainsi en syndicat en 1960, et signa avec des clauses particulières à chaque groupe (51).

La différence entre le comunero et le colon d'hacienda n'est ainsi pas toujours facile à définir. Lors de l'enquête réalisée par le bureau de la Réforme Agraire, en 1969, dans la plaine d'Anta, dans les trois districts d'Anta, Zurite et Huarocondo, 470 chefs de famille sur 5 148 recensés (soit 9,1 %) déclaraient être à la fois comuneros et feudatarios (52) ; ils étaient plus nombreux même que les seuls feudatarios qui n'étaient que 417. Dans Acomayo nous avons rencontré beaucoup de comuneros obtenant en échange de leur travail, quelques sillons dans les terres à maïs de l'hacienda. Inversement, certains colons disaient posséder des champs de pommes de terre dans les communautés refoulées plus haut. Le système de l'aparceria (*appelé aussi compania, trabajo al partir et en* quechua *waki)* fait de bien des comuneros des petits métayers de certaines haciendas où ils obtiennent un lopin de terre en échange de la moitié de la récolte, le propriétaire faisant parfois l'avance des semences mais non des outils. Il existe enfin de nombreux contacts commerciaux, sous forme de troc, entre les gens des haciendas et ceux des communautés, en particulier lorsqu'elles sont situées dans des étages climatiques différents.

---

50. Selon les enquêtes réalisées par le bureau de la Réforme Agraire à Quillabamba en 1964, il atteignait 288 jours à Maranura, 306 à Chaullay, 326 à Uchumayo.

51. Hector Martinez ; op. cit.

52. Bureau de la Réforme Agraire du Cuzco. Document réalisé en 1969-70.

Pourtant, ce dualisme hacienda-communauté est fondamental socialement et économiquement, et intervient dans nos relations ville-campagne. Théoriquement, l'hacienda devrait représenter l'impact du monde urbain sur le rural. On pourrait, en effet, supposer que le propriétaire, résidant en ville serait plus au courant, à la fois des nouvelles techniques de production et des nouvelles conditions des marchés ; également, que ses besoins et le désir de posséder des biens de consommation urbains seraient là pour stimuler et augmenter les revenus qu'il attend de ses terres. En fait, il a le plus souvent cherché, non pas à augmenter sa rente foncière, mais à s'assurer d'autres profits essentiellement urbains (exercice d'une profession libérale, location de maisons...).

En réalité, l'hacendado est certes le plus souvent un urbain, mais sa conception de l'urbain est restée celle de l'époque coloniale, c'est-à-dire celle du citoyen qui, pour avoir droit de cité, remplir une fonction honorifique, et assurer son existence, reçoit une terre. Lorsque le fait urbain a rempli d'autres fonctions sous la forme d'échanges commerciaux et des services, le propriétaire a tenté de les accaparer à son profit, et d'en limiter, voire d'en interdire l'accès à ses gens. L'hacienda apparaît ainsi comme un monde beaucoup plus clos que la communauté. Jusqu'à ces dernières années, les colons dépendaient étroitement de leurs maîtres ; administrativement, ils ne connaissaient pas d'autre autorité ; économiquement, ils lui livraient leurs surplus commercialisables et devaient souvent acheter dans le magasin de l'hacienda des denrées fabriquées ; leur artisanat était très limité, voire interdit ou réservé aux besoins du maître, pour le textile en particulier ; leurs déplacements étaient contrôlés, ainsi que leurs contacts avec des gens n'appartenant pas à l'hacienda. On leur interdisait même parfois l'usage de l'espagnol.

La communauté indigène ne semble pas favoriser à première vue la pénétration des influences urbaines, à cause de la situation de dépendance et de pauvreté dans laquelle elle a été maintenue. Les haciendas l'ont toujours refoulée dans les endroits les plus difficiles d'accès et les moins favorisés. Ses membres ont souvent eu une attitude de repli et de défense. Repli autour des structures communautaires d'entr'aide, de solidarité familiale, de pratiques religieuses ; défense face aux empiètements des haciendas, à l'exploitation des métis des villages, et peut-être même aux habitants des autres communautés, ce qui justifierait de nombreux exemples d'endogamie. De la ville, elle n'a guère connu que plusieurs formes d'exploitation : jadis, le tribut et la *mita*, puis les corvées pour la construction des roues et le recrutement militaire forcé. Pour la moindre formalité administrative, ses membres devaient passer par l'intermédiaire des métis qui se faisaient payer le service en argent, en produits, ou en prestations de travail. Qu'il s'agisse des gouverneurs, des juges, des policiers, des curés, et même souvent des instituteurs ou des techniciens agricoles, tous ont exploité jusqu'à présent les membres des communautés indigènes. De même, les commerçants ont toujours voulu obtenir au plus bas prix les denrées agricoles et ne répugnaient pas pour cela à l'usage de la contrainte et de la force.

Pourtant, par la diversité de leurs activités et la mobilité de leurs membres, les comuneros ont souvent plus de contacts avec les villes que les travailleurs des haciendas. La plupart d'entre-eux ont toujours complété les ressources de leurs champs ou de leur bétail, par l'artisanat et les échanges, activités dérivées de l'agriculture. Il est des communautés qui se sont spécialisées dans la poterie, le travail du bois, le tissage. Beaucoup de comuneros vont également se louer dans la ceja de montaña, ou cherchent à s'embaucher temporairement sur un chantier urbain ou routier. La communauté ne vit ainsi pas en économie d'auto-consommation et est loin d'être un groupe fermé. Aussi se révèlerait-elle plus susceptible de changements que l'hacienda dont le système apparaît souvent figé, bloqué, si elle avait des moyens de production suffisants et en particulier plus de terres. C'est ainsi que les provinces où domine la grande propriété sont les plus mal placées pour la pénétration des influences urbaines, alors que celles où les communautés sont nombreuses présentent des conditions plus favorables. Il en est de même pour celles où la moyenne et petite propriété est importante.

c) La petite et la moyenne propriété.

La petite et moyenne propriété a toujours existé. Elle a son origine, aussi bien dans les terres concédées aux caciques indigènes que dans celles données plus tard à des Espagnols pauvres, et très vite, à des métis, autour des villes fondées par les conquérants. On perçoit ainsi, à la fin du XVIIIe siècle toute une petite élite rurale, indigène ou métissée, en particulier dans le mouvement de Tupac Amaru, et dans celui qui, avec Pumacahua, a précédé l'Indépendance.

Les décrets de Bolivar et de San Martín ont dû, sous la République, accentuer le mouvement. Les charges politiques, l'ouverture de petits commerces, le rôle d'intermédiaire dans le ramassage des produits agricoles ont assis le pouvoir de ces petits propriétaires. D'autant plus que la promotion au rang de district - qui souvent paraît en contradiction avec le statut des communautés - a favorisé l'appropriation individuelle des terres cultivées, les pâturages d'altitude restant seuls d'exploitation collective. Il s'est créé ainsi une classe de métis ruraux habitant les petites agglomérations, généralement bilingues, mais pas toujours alphabètes cependant (surtout les femmes), dont le rôle économique et politique est souvent beaucoup plus important dans les campagnes que celui des grands hacendados habitant le Cuzco ou même Lima. Ce sont eux qui, grâce à leur fonction administrative, sont les intermédiaires entre le pouvoir central et les Indiens, ce qui leur permet de mieux exploiter ces derniers.

Il est un autre type de moyenne propriété que l'on ne saurait oublier : celle appartenant aux paroisses ou aux conseils municipaux pour assurer leurs frais de fonctionnement. Certaines paroisses apparaissent comme de grands propriétaires avec des domaines travaillés par des colons ou affermés. On pourrait citer les églises de Langui (3 144 ha), Pitumarca (1 127,93 ha), Maranganí (734 ha), Velille (957, 90 ha), Yauri (2 280 ha), Pichigua (1 160 ha), toutes propriétés constituées presque essentiellement par des punas ; et, dans l'étage quechua, les églises de Quiquijana (293 ha) et Urubamba (315,20 ha). Les autres ne dépassent pas 50 ha et nombreuses sont celles qui n'ont que quelques topos, d'ailleurs souvent dispersés. Elles les donnent en fermage ou les concèdent pour un an aux paroissiens chargés d'assurer "le cargo", la charge de la fête d'un saint.

Enfin, il y a des régions où la moyenne propriété s'est implantée, presque immédiatement : les vallées de "ceja de montaña" de Cosñipata et Quince Mil. La colonisation s'y est faite au début de ce siècle sous la forme de concessions de forêt ne dépassant souvent pas 100 ha. A Quince Mil, elle a pris la forme originale du «lavadero», petite propriété associant l'agriculture à la recherche de l'or alluvionnaire. Depuis une trentaine d'années et surtout depuis les années 60, on note une progression très nette de la moyenne et petite propriété au détriment à la fois de l'hacienda et de la communauté. Il faut y voir un progrès des influences urbaines et en particulier de l'essor des migrations, et nous y reviendrons dans le premier chapitre de la seconde partie.

La Réforme Agraire est venue précipiter le mouvement, en particulier dans la vallée de la Convención où à partir de 1964, 60 % des ex-arrendires et des petits propriétaires ont bénéficié d'adjudications de terre, cependant que 40 à 45 % d'entre eux recevaient leur titre de propriété définitif. L'un des objectifs de la nouvelle loi de Réforme Agraire de juillet 1969 est également de "diffuser et consolider la petite et moyenne propriété exploitée directement par son propriétaire" (art. 3). La superficie non-affectable, pour les grandes propriétés, varie de 40 à 55 ha pour les terres irriguées (1 ha de terre irriguée correspondant à 2 ha de *secano* (art. 32). L'unité agraire familiale dans la Sierra de notre région (zone agraire XI) a été fixée d'autre part à 3 ha pour les terres irriguées et à 6 ha pour celles de *secano*.

Le tableau n° XVI permet de préciser davantage la structure agraire de chaque province et en particulier le déséquilibre vigoureux existant entre la grande et la petite exploitation. Selon le recensement de 1961 87,3 % des exploitations du Cuzco et 91,3 % de celles de l'Apurímac, ont moins de 5 hectares d'extension. Or elles n'occupent que, respectivement, 4,2 % et 6,1 % de la superficie. Le Madre de Dios paraît plus équilibré sur le plan du nombre (41,2 % pour les petites propriétés), mais les superficies accaparées par les grands domaines représentent 99,6 % du total.

Toutes les provinces quechuas de notre région ont plus de 90 % de leurs exploitations inférieures à 5 ha ; c'est donc là que le problème du minifundio et du surpeuplement agraire est le plus aigu ; au contraire, les provinces de puna et les terres chaudes, ont des propriétés apparemment plus étendues. Et pourtant la superficie moyenne de l'exploitation supérieure à 5 ha n'est que de 171,54 ha dans Chumbivilcas, de 112,08 ha dans Espinar et de 126,78 ha dans Antabamba, ce qui est loin de représenter un signe de richesse dans un milieu aussi difficile que la puna. Acomayo et Aymaraës sont les seules provinces où la petite propriété accapare le plus de superficie, mais elle ne laisse qu'une moyenne de 1,44 ha par exploitation pour la première et de 1,20 ha pour la seconde.

3) - Un monde rural pauvre :

La répartition inégale des terres entre les grandes propriétés et les très petites, est aggravée par un fort accroissement démographique que ne corrige que très partiellement l'exode rural, alors que les techniques de production demeurent traditionnelles. Aussi l'immense majorité de la population rurale reste encore très pauvre.

a) - L'accroissement démographique :

Les taux de natalité et de mortalité sont très difficiles à connaître avec précision. Ceux que nous indiquons dans le tableau n° XVII ont été publiés par le Ministère de la Santé au Cuzco en 1968 (53) mais concernent seulement 79 % des districts, parmi les plus accessibles. Toutes les naissances et tous les décès sont par ailleurs loin d'y être déclarés en dehors des agglomérations.

Les taux de natalité les plus forts sont ceux des provinces du Cuzco et de la Convención, avec respectivement, 40 et 39 ‰. Ce sont les plus urbanisées avec une population de migrants souvent jeunes, et la présence de bons hôpitaux et médecins. La natalité y paraît donc plus forte qu'ailleurs parce qu'elle est mieux enregistrée. Toutes les provinces ayant des taux de natalité inférieurs à 30 ‰ contre les plus isolées, les plus rurales et traditionnelles : Paucartambo, Chumbivilcas, etc... Dans les autres provinces, les taux varient entre 30 et 40 ‰ ; le fonctionnement de l'Etat civil y étant meilleur. Pour la mortalité, les anomalies dans les statistiques sont encnore plus importantes : au Cuzco, le taux est de 14 ‰ alors que celui de Paucartambo ou d'Espinar serait inférieur à 10 ‰. L'espérance de vie est de 30 à 40 ans.

Ce sont les chiffres de la province du Cuzco que nous proposons d'adopter comme moyenne régionale : 40 ‰ pour la natalité et 14 ‰ pour la mortalité, soit un accroissement démographique de 2,6 % par an. Celui-ci est sensiblement inférieur au chiffre donné par le recensement de 1961 (2,9 % avec un taux de mortalité de 16 ‰ et de natalité de 45 ‰). Cette explosion démographique a commencé à apparaître dans les années 20 et s'est accélérée dernièrement après 1950 ; elle s'explique par le fait que

---

53. Boletín estadístico. Area de Salud del Cuzco, 1968.

TABLEAU N° XVI : SUPERFICIE DES EXPLOITATIONS AGRICOLES DE LA RÉGION SUD-EST

	EXPLOITATIONS < 5 HECTARES (1)				EXPLOITATIONS > 5 HECTARES				Superficie moyenne de l'exploitation < 5 ha
	Nombre	%	Superficie	%	Nombre	%	Superficie	%	
CUZCO									
Acomayo	5 573	95,4	8 037	68,4	264	4,5	3 709	31,5	14,04
Anta	6 513	94,1	6 520	5	408	5,9	123 888	95	303,64
Calca	3 536	86,7	5 054	3,2	539	13,2	150 133	96,7	278,54
Canas	2 805	86,6	3 873	3,5	432	13,3	104 070	96,4	240
Canchis	4 879	94,9	4 978	3,6	260	5	132 272	96,3	508,74
Chumbivilcas	7 130	89,2	8 999	5,7	856	10,7	146 838	94,2	171,54
Cuzco	1 569	92,6	1 396	4,1	124	7,3	32 292	95,8	260,42
Espinar	2 733	67,5	3 160	2,1	1 315	32,4	147 380	97,9	112,08
La Convención	3 345	54,5	7 963	2,3	2 782	45,4	328 729	97,6	118,16
Paruro	4 023	93,4	5 951	5,3	280	6,5	106 273	94,7	379,54
Paucartambo	3 329	87,9	6 385	2,8	455	12	216 431	97,1	475,67
Quispicanchis	8 380	95,9	8 926	7,1	352	4	116 425	92,8	330,75
Urubamba	3 720	93,9	3 769	5,5	241	6	64 702	94,5	268,47
TOTAL	57 535	97,3	75 010	4,2	8 308	12,6	1 673 141	95,7	201,39
APURIMAC									
Abancay	4 923	96,6	5 099	4,5	173	3,3	126 921	95,4	733,65
Andahuaylas	20 423	97	17 332	5,2	645	3	314 589	94,7	487,73
Antabamba	2 322	86,5	3 407	6,9	362	13,4	45 858	93	126,68
Aymaraés	5 661	95,4	6 704	25,5	272	4,5	19 590	74,5	72,02
Cotabambas	2 208	53,7	3 602	8,6	1 903	46,2	38 109	91,3	20,03
Graü	3 119	93,1	3 927	5,8	228	6,8	3 512	94,1	278,56
TOTAL	38 656	91,5	40 072	6,1	358	8,4	608 578	93,8	169,85
MADRE DE DIOS									
Manú	3	6,1	12	1	46	93,8	8 373	99,8	182
Tahuamanú	248	78,2	440	0,5	69	21,7	81 658	99,4	1 183,45
Tambopata	77	18	205	0,25	353	82,1	81 512	99,7	230,91
TOTAL	328	41,2	657	0,38	468	58,8	171 543	99,6	366,54

Source : recensement agricole de 1961.

(1) Sont inclus dans ces chiffres les exploitations sans terre et celles dont la superficie n'a pas été déclarée.

TABLEAU N° XVII : TAUX DE NATALITÉ ET MORTALITÉ DANS LE DÉPARTEMENT DU CUZCO (1968).

CUZCO	Natalité	Mortalité	Mortalité infantile
Acomayo	27	20	218
Anta	37	13	142
Calca	29	10	110
Canas	35	17	202
Canchis	32	19	203
Chumbivilcas	26	10	94
Cuzco	40	14	94
Espinar	28	7	73
La Convención	39	11	70
Paruro	28	14	170
Paucartambo	23	5	107
Quispicanchis	36	19	164
Urubamba	34	15	136
Moyenne départementale	37	15	131

Source : Bulletin Statistique. Ministère de la Santé. Cuzco 1968.

la baisse régulière de la mortalité due aux progrès sanitaires, n'est pas accompagnée d'une régression de la natalité qui reste forte dans toutes les classes sociales, pour des raisons essentiellement psychologiques. C'est elle qui est responsable du surpeuplement agraire accentuant le caractère extrêmement précaire du "minifundiste" andin.

b) - Des techniques de culture qui restent traditionnelles :

Si le problème du manque de terres, à la fois quantitatif et qualitatif dans un milieu montagnard et sec, est le plus important pour le petit exploitant de la Sierra, celui de la faible productivités des techcniques de culture l'est également. Le travail du sol se fait à la " *chaki-taclla",* en particulier sur les pentes, ou à la pioche *"pico".* L'araire de bois *"arado",*tirée par des bœufs *"yunta",* n'est utilisée que sur les terains plats des vallées consacrées au maïs. Sa possession est un signe de richesse qui caractérise essentiellement les petits propriétaires métis. Les buttages, sarclages et désherbages, se font à la bêche " *lampa".* On coupe les céréales avec un couteau de métal peu tranchant ou à la faucille. On dépique en frappant les épis sur une pierre, les métis utilisant parfois le piétinement des ânes. On n'emploie généralement pas d'engrais en dehors du fumier *"guano".* Celui-ci est peu abondant, car le cheptel du comunero est réduit ; il sert par ailleurs de combustible, donnant lieu à des échanges avec les éleveurs des hauteurs. On l'utilise presque essentiellement pour le maïs et dans les terres froides pour la pomme de terre. On le complète parfois avec de la cendre ou de rares déchets de cuisine. Les produits sont transportés à dos d'hommes ou de bêtes, ni la brouette ni la charette n'étant utilisées.

Les pratiques agricoles sont pourtant très soignées, souvent savantes, en particulier celles qui ont trait aux cultures autochtones, le maïs et la pomme de terre. Le travail du sol à la chaki-tacla permet l'aménagement entre les sillons, *«huachos»,* de véritables billons, *«suyus»,* d'une trentaine de centimètres de large, hauts de 12 à 15 cm. La préparation du terrain, en particulier pour le maïs, se fait en deux étapes. En juin, c'est le *«barbecho»* (en quechua *«cusqueo»),* souvent accompagné d'une irrigation *«le machay».* Au coeur de la saison sèche, il permet de briser les mottes et d'ouvrir la terre avant les premières pluies. Puis en août, on laboure à nouveau le sol, au moment des semailles : c'est le *«kuski».* La culture du maïs, bien que n'étant généralement pas soumise à des jachères, alterne avec celles des pommes de terre précoces irriguées *«mahuay»,* ou des fèves. Dans Acomayo, on pratique un système appelé *«panki»,* dans lequel le champ de maïs est bordé ou complanté par quelques rangées intercalaires de fèves, tarhui, ou haricots, plus rarement de quinua. Ces légumineuses sont plantées deux à trois semaines après le maïs quand celui-ci commence à sortir.

Sur les versants, les céréales européennes sont cultivées en assolement biennal ou triennal ; dans ce dernier cas, l'orge ou le blé, alternent avec des pommes de terre ou des ollucos, avant de laisser le sol se reposer un an. Vers 3 700-3 800 m, on n'a plus que des cultures de *"temporal"*(sans irrigation) et les jachères durent de 5 à 7 ans. A Pisaq, on cultive la première année la pomme de terre, la seconde l'oka, la terre se reposant 5 ans. A 3 900 mètres autour de la lagune de Pomacanchi, on essaie de faire venir de l'orge après la pomme de terre, avec des jachères de 6 ans ; si les pluies le permettent, on fait parfois une troisième année de culture avec des fèves. Plus haut, dans la puna, les jachères pour la pomme de terre durent de 8 à 15 ans. Mais certaines comnunautés arrivent à cultiver le champ 2 ans de suite, semant la cañihua après les tubercules.

Le maïs et la pomme de terre subissent des buttages *"aporques"* et des sarclages successifs. Le premier intervient un à deux mois après la germination et le second deux mois plus tard, en janvier généralement. Les techniques d'irrigation sont également minutieuses. Dans la vallée du Vilcanota, le

PLANCHE 13 — TYPES HUMAINS DE LA SIERRA

Photo A : Mariage de paysans quechuas à Ocongate

Les mariés portent l'habit traditionnel, alors que le «parrain», à gauche, a le costume d'un métis endimanché.

(Cliché de l'auteur)

Photo B : Paysanne de la puna filant à Quehue (province de Canas).

(Cliché de l'auteur)

PLANCHE 14

Photo A : Écoliers métis à Huallabamba (Province d'Urubamba).

(Cliché de l'auteur)

Photo B : Enfants machigengas dans la mission de Shintuya (Manú - Madre de Dios).

(Cliché de l'auteur)

maïs bénéficie de 5 arrosages et souvent plus : pour la préparation du terrain (c'est le "machay"), après les semailles, pour les deux "aporques" et pour le "*Qepi*" quand les épis se forment. Un ou deux supplémentaires peuvent intervenir, en février ou mars, si les pluies ont été insuffisantes. Si l'irrigation resserre d'une certaine manière l'esprit communautaire, elle est cependant de plus en plus une source d'inégalité. En premier lieu, entre les paysans des vallées et ceux des versants qui n'ont que des cultures de "temporal" (ou de secano). En second lieu, dans les villages des vallées où la classe des propriétaires métis s'arrange toujours pour imposer les autorités chargées de la juridiction de l'eau et a souvent établi un système de tours payants. Seules les pratiques antiérosives paraissent très sommaires et peu efficaces. La construction des terrasses est depuis longtemps abandonnée (54) et on aménage seulement de courts talus plantés d'agaves et d'arbustes. Mais partout on laboure dans le sens de la pente ce qui accroit le risque d'érosion.

Etant données la variété des cultures et leur dispersion en fonction des étages écologiques, le calendrier agricole est très chargé. Toute la famille participe aux travaux où l'aide mutuelle entre parents et voisins joue un grand rôle. Le travail fourni est d'autant plus important qu'il oblige à des déplacements permanents entre les parcelles dispersées dans les divers étages écologiques. Les quelques temps morts sont consacrées à un petit cheptel, à l'artisanat, à la construction ou l'amélioration de la maison, à la fabrication de quelques outils. Entre fin janvier et début mai, existe cependant une morte saison de trois mois. Les paysans laissent alors femmes et enfants surveiller les champs, et partent travailler dans la ceja de selva ou sur un chantier de construction au Cuzco. Il convient d'ajouter, d'autre part que les "minifundistes" travaillent généralement sur deux parcelles, la leur et la réserve de l'hacendado s'ils sont colons, un champs pris en métayage ou en fermage s'ils sont petits propriétaires indépendants. A Yucay (55) par exemple, 28,4 % des 373 exploitations étudiées par Antoinette Fioravanti étaient travaillées en faire valoir direct (dont 27,6 % par les petits propriétaires ayant moins de 6 hectares), 16 % l'étaient selon un faire valoir indirect, et 54,7 % selon une forme mixte, associant l'exploitation d'une parcelle personnelle à celle d'une autre personne. Cette dernière formule intéressait 56,6 % des superficies.

Les rendements paraissent disproportionnés par rapport au travail fourni. Dans le département de Cuzco, les comuneros dépassent rarement à l'hectare, au dessous de 3700 m d'altitude, les quatre à cinq tonnes de pommes de terre courantes, les 6 à 7 quintaux de blé ou d'orge et les 10 à 15 quintaux de maïs. Ainsi un comunero de la vallée du Vilcanota n'a guère chaque année pour nourrir sa famille, qu'une tonne et demie de pommes de terre, 233 kgs de blé, 500 kgs de maïs, soit par jour 4,1 kg de pomme de terre, 1,5 kg de maïs et moins d'un kilo de blé ou d'orge. Ajoutons-y quelques fèves, un peu de haricots, de tarhui, ou de pallars, quelques ollucos et okas, beaucoup plus rarement quelques légumes (choux et oignons). Encore s'agit-il là d'un paysan ayant un peu plus d'un hectare de terrain. Or dans une communauté de versant comme Cuyo Chico (56) (district de Pisaq, province de Calca), 32 % seulement des comuneros avaient plus de trois topos, soit un hectare de terrain de culture (parmi lesquels 75 % disposaient de 5 à 7 topos), 34 % des familles avaient des terrains compris entre un demi topo et un topo et demi, 32 % des familles entre 2 topos et 2 topos et demi, près de 2 % des familles n'ayant pas de terres. Dans la vallée, sur le terroir du village de Yucay, 28,5 % des chefs de famille disposent de moins d'un topo de terrain, 32,4 % ont de 1 à 3 topos, 9 % de 3 à 6 topos (1 à 2 hectares), 2,3 % de 6 à 10 topos (2 à 3,3 hectares) et 1,3 % plus de 3 hectares (dont 0,9 % ayant moins de 10 ha, le reste étant représenté par deux hacendados et deux institutions religieuses de Cuzco). Et on pourrait multiplier les exemples dans les deux départements de Cuzco ou d'Apurímac.

---

54. Il n'est d'ailleurs pas certain que sous les Incas, toutes les terrasses étaient destinées à l'agriculture.

55. Antoinette MOLINIÉ-FIORAVANTI, Op. Cit.

56. Oscar NUNEZ DEL PRADO, Op. Cit.

Dans l'étage quechua, l'élevage lorsqu'il est possible, apparaît comme un complément indispensable, mais le cheptel est généralement réduit (de deux à cinq bovins, une dizaine d'ovins). La vente de quelques fromages et des bêtes âgées procure quelques entrées d'argent (1 000 à 2 500 sols en 1969 pour un bœuf, c'est-à-dire 120 à 300 F). Les moutons donnent la laine et surtout un peu de viande que l'on consomme séchée et salée. Les plus riches ont un mulet, un âne, quelques cochons. Dans la puna, les produits d'élevage servent en grande partie de monnaie d'échange pour obtenir les indispensables denrées alimentaires.

Les ressources tirées de la terre sont complétées par celles issues de l'artisanat domestique. Les femmes et même les hommes filent ou tricotent. Beaucoup tissent des vêtements, des couvertures, des sacs, des cordes. Certaines communautés se sont spécialisées dans un type d'artisanat : poterie (57) à Tinta et Raqchi (Canchis) ou Charamuray (Chumbivilcas ; on y fait également des chapeaux de feutre), **bayetas** (58) dans Canas et Espinar, travail du bois à Cuchuma et San Pedro (Canchis), boulangerie à Oropesa et Huanca-Huanca (Paruro).

Cette économie qui vise avant tout à assurer la subsistance est pourtant loin d'être autarcique. Les paysans andins ont su profiter des conditions du milieu montagnard qui offre sur une distance relativement courte, des possibilités d'échanges entre étages écologiques différents. Ces échanges se font à deux échelles. Localement, ils se réalisent entre les agriculteurs du fond des vallées produisant l'indispensable maïs, et ceux des versants et punas immédiates offrant le chuño et quelques produits d'élevage. Régionalement, on assiste à des échanges entre les éleveurs des provinces de puna et les cultivateurs des "quebradas" quechuas d'une part, ou entre ces derniers et la ceja de montaña. Toutes ces transactions obligent l'un des groupes à se déplacer, et en général ce sont les gens des étages les plus élevés qui vont vers ceux du bas. Ces derniers par contre se rendent davantage sur les marchés. Les déplacements peuvent être assez longs. Ainsi chaque année -en avril, mai, juin- les éleveurs des punas d'Espinar et Canas, partent pour une période d'un mois environ vers les vallées quechuas, au moment des récoltes de céréales. C'est tout le groupe familial qui voyage, sauf les jeunes enfants laissés à la garde d'un parent. Plusieurs lamas ou des chevaux les accompagnent, portant les sacs remplis de produits. Ils atteignent encore San Salvador et même parfois Yucay.

Dans leur expression la plus simple, ces échanges se font sous la forme du troc, sans intermédiaire, et sur des bases depuis longtemps établies, mais qui savent tenir compte des modifications de valeur provoquées par la rareté, ou moins souvent, l'abondance de l'offre. On échange par exemple un mouton égorgé (valeur 300 sols environ) contre 3 ou 4 arrobas de maïs (80 sols l'arroba, soit 11,5 kg environ), ou 7 ou 8 arrobas d'orge (40 sols l'arroba environ) (59). On peut avoir une livre de laine de mouton (valeur 7 sols) pour deux livres de maïs (7 sols le kilo). Le sac de cinq arrobas de maïs ou *«chimpuy»* (57,5 kg environ) et ses subdivisions (la *«cheqta»*, le *«raki»)*, ou le contenu d'une céramique, servent le plus souvent de mesures. Dans d'autres cas, l'échange se fait sur la base d'un travail rémunéré en produits, (par exemple tissage d'une couverture, d'un poncho) ou en transport des récoltes. Enfin, il est des formes plus complexes qui adoptent un système triangulaire en incorporant soit un autre produit, soit un personnage intermédiaire. Le sel joue souvent ce rôle. Ainsi, les éleveurs du Sud de Paruro ou de Chumbivilcas, vont travailler dans la petite saline d'Occopata près de Paruro ; ils se font payer en sel qu'ils vont échanger à Accha et Omacha, contre des pommes de terre. D'autres pasteurs obtiennent sur le marché de Yauri, des algues venues de la côte *«Cochallulloc»* et les échangent ensuite au cours de leur déplacement contre des céréales.

---

57. Il y a également des potiers à Araypallpa (Paruro), Huancané (Paucartambo), Qaqa (dans les hauteurs d'Urcos).

58. Bayeta : tissus de laine relativement grossier et populaire.

59. Les exemples et les prix ont été donnés pour 1969 : 1 sol = 0,12 F.

Les paysans des vallées quechuas ont profité de leur situation géographique privilégiée pour s'interposer comme intermédiaires dans les échanges entre terres froides et terres chaudes. Deux provinces se distinguent dans ce domaine, Urubamba et Canchis. Leurs paysans vont dans les punas jusqu'à Yauri échanger des céréales contre de la viande de mouton. Ils transforment celle-ci en "sesina" (viande séchée et salée), puis vont dans la Convención, la revendre ou l'échanger contre de la coca et des fruits qu'éventuellement ils pourront à nouveau troquer à Yauri (ou pour ceux d'Urubamba au marché de Chincheros, ce qui complique d'autant la figure du négoce). Les provinces de Calca et Quispicanchis seraient moins concernées par ces échanges, peut être parce que de grandes haciendas y accaparent les terroirs de vallées, alors que dans Canchis ce sont les comuneros, et à Urubamba les petits propriétaires.

c) - Faiblesse des revenus et des niveaux de vie :

Les revenus de la grande majorité des habitants de la région Sud-Est sont extrêmement bas. Selon les évaluations du Banco Central de Reserva en 1962, le revenu annuel par tête était de 2663 sols dans le département du Cuzco, soit 319,56 F (60). Il était nettement inférieur au revenu national moyen qui était de 3 626 sols (435,12 F), avec des différences très importantes entre la Côte, avec 6 908 sols de revenu annuel par habitant, la Sierra avec 2 523 sols et la Selva avec 1 168 sols. Un ouvrage de Seoane nous donnait pour 1963 un revenu moyen annuel par habitant de 1 617 sols pour le Cuzco, 529 sols pour le Madre de Dios et 7 064 sols pour Lima (61). En 1957, l'étude réalisée pour élaborer le "Plan du Sud", évaluait à 2 400 sols le revenu annuel de chaque famille paysanne de la zone. En fait, cette étude précisait que seulement un peu plus de la moitié de cette somme était en espèces, et que, dans la Sierra, 380.000 familles environ, disposaient d'un revenu en argent inférieur à 278 sols par an (62). Pour 1958 enfin, M. Dollfus cite un revenu moyen nettement inférieur, de 398 sols par habitant dans la Sierra, contre 2 884 sols sur la Côte (63).

Pour une époque plus récente, nous disposons de quelques études locales. Nuñez del Prado cite 2100 sols par an et par famille pour la communauté de Cuyo Chico en 1968 (64), soit 1800 représentés par les récoltes et produits de l'élevage, et 300 constitués par les revenus du troc, de la vente de chicha ou d'œufs et de salaires. L'étude de Desarrollo Comunal dans Canchis et Canas donnait pour chaque famille de comunero, 5 400 sols annuels (soit 3 600 sols provenant de l'agriculture et de l'élevage, et 1 800 sols venant de l'artisanat et du commerce, très actifs dans Canchis surtout (65). Nous avons essayé d'actualiser les chiffres donnés par Richard P. Schaedel pour Plan del Sur dans les tableaux XVIII et XVIII bis. (66). Nous avons pu le faire de manière assez précise pour les ressources ; pour les dépenses, nous avons été gênés par le fait que Schaedel ne cite pas les quantités (en dehors des vivres, boissons et combustibles), ce qui ne facilite pas la comparaison à une époque de changements importants. Les revenus étaient de 3 798 sols en 1957, dont 1 567 sols consommés sur place et 2 231 sols à l'an pour les excédents. En 1969, nous aurions un revenu de 13 433, 75 sols soit 4 783,21 sols pour la consommation domestique et 8 575,54 pour les excédents. Antoinette Molinié Fioravanti à Yucay (67)

---

60. Plan Nacional de Desarollo económico y social. Banco Central de Reserva. Lima 1962.

61. SEOANE. Surcos de Paz. Lima.

62. Plan del Sur. Vol. VI. Los recursos humanos en los departementos del Cuzco y Apurimac. Lima, 1959.

63. O. DOLLFUS. Le Pérou : introduction géographique à l'étude du développement. I.H.E.A.L. Paris 1967.

64. NUNEZ DEL PRADO : Op. Cit.

65. Desarrollo comunal Canchis-Canas. Estudio de 7 comunidades: Sicuani, 1967.

66. Richard SCHAEDEL, "Etude comparative du milieu paysan en Amérique Latine". (Qui reprend en fait son étude, réalisée pour Plan del Sur). Colloque sur les problèmes agraires des Amériques Latines. C.N.R.S. Paris Octobre 1965.

67. A. MOLINIE FIORAVANTI ; Op. Cit.

en 1969, donne un budget familial moyen de 38,1 sols par jour, soit 13 906,5 sols à l'an (1 668,78 F). 40 familles (19 % des réponses), avaient seulement 31,3 sols quotidiens (11 424,5 sols annuels) ; c'était pour la plupart celles des paysans sans terre. 4 familles au contraire disposaient de 90 sols par jour (32 850 sols à l'an, soit 3 942 F) car elles possédaient de 10 à 20 topos (soit de 3 à 6,6 ha).

La plus grande partie des ruraux de notre région vivent donc dans une situation d'extrême pauvreté. Cela apparaît tout d'abord dans la dramatique insuffisance de la consommation, la plupart des paysans se contentant de manger tous les jours une soupe sans viande, un peu de *«mote»* (grains de maïs bouillis) ou des fèves et du blé bouilli. La viande est pratiquement exclue, sauf séchée et salée, de même les produits laitiers ou de basse-cour. Pour les fêtes, on consomme quelques cochons d'Inde. Un pain est considéré comme une friandise. Le nombre moyen de calories quotidiennes par personne était en 1964 de 1 750. Les protéines animales arrivaient à peine à 47 grammes par personne et par jour, alors que les hydrocarbones représentaient 82 % du régime quotidien. Les cas de dénutrition relative sont très fréquents chez les enfants et les vieillards. Ce déséquilibre dans l'alimentation explique l'usage de ces véritables trompe-la-faim que représentent les condiments (en particulier les piments —aji ou rocoto— et divers épices), la coca et même l'alcool. Les dépenses en produits fabriqués sont extrêmement limitées (30 sols par semaine dans la communauté de Machacmarca-Canchis, 110 sols par mois pour un métis d'Omacha). Les vêtements sont souvent très usés, en particulier ceux des enfants, et on met beaucoup de temps à les renouveler.

L'habitat est très sommaire. Le type de maison le plus répandu est basse, sans fenêtres, faite d'adobes ou de pierres avec un toit de chaume. Dans les districts de vallée, l'habitation se décompose en plusieurs bâtiments entourant un patio fermé et carré ; derrière, on trouve souvent un petit jardin. Chaque maison correspond à un foyer de la famille étendue. Une cabane sert de cuisine, une autre de grenier et de réserve pour les instruments agricoles (68). Dans la puna, le patio est moins bien délimité et souvent ouvert. Un ou deux *"corrales"* sont attenants, et périodiquement cultivés. Le mobilier est très rudimentaire : une table et quelques bancs, ces derniers parfois en terre. On dort sur le sol de terre battue ou sur des bas-flancs de bois *"tarimas"* recouverts de peaux de mouton. Une perche transversale soutient quelques vêtements. Sous le plafond, un espace est aménagé pour garder les récoltes *"le troje"*. La vie de la maisonnée se concentre près du *"fogón"* de terre qui sert à la cuisine et au chauffage.

D'après le recensement de 1972 et malgré les progrès accomplis depuis 1960, 99 % des maisons rurales de la région Sud-Est ne bénéficiaient pas de l'adduction d'eau et leurs habitants se contentaient des sources, des rivières, des canaux d'irrigation ou de quelques puits. De même, seulement 0,8 % des maisons rurales du Cuzco, 0,9 % de l'Apurímac et 1,2 % du Madre de Dios avaient l'électricité. L'usage de la lampe à pétrole était à peu près généralisé, puisqu'il concernait 82,8 % des habitations rurales du Cuzco, 91,1 % de celles de l'Apurímac et 92,6 % du Madre de Dios. Seules les capitales de district avaient bénéficié des travaux d'adduction d'eau mais 16 et 24 % ne l'avaient toujours pas dans le Cuzco et l'Apurímac en 1972 et 60 % n'avaient pas l'électricité. Les provinces de puna étaient les plus attardées dans ce domaine. Dans Chumbivilcas et Espinar, aucun village n'avait l'électricité en 1969, pas plus

---

68. Selon le recensement de 1972, 34,5 % des habitations du Cuzco, 49,7 % de celles de l'Apurímac et 24,8 % du Madre de Dios n'avaient pas de cuisine, pourcentages qui s'abaissaient à respectivement : 32,4 %, 49,1 % et 25,7 % pour les aires rurales. 0,3 % seulement des maisons rurales du Cuzco avaient des cabinets individuels ou d'usage collectif (taux départemental : 12,5 %), 0,1 % de celles de l'Apurímac (taux départemental : 21 %) et 6,7 % du Madre de Dios (taux départemental de 18,3 %).

TABLEAU N° XVIII : ASPECT ÉCONOMIQUE GÉNÉRAL DU MINIFUNDISTA DU DÉPARTEMENT DU CUZCO

	Selon R.P. SCHAEDEL 1958 (1)						1969 (2)			
	Production		Consommation		Excédents		Production		Excédents	
	quantité	valeur (3)	quantité	valeur	quantité	valeur	quantité	valeur	quantité	valeur
I — ACTIVITÉS										
1) Agricoles (4) (0,5 ha)	1 088 kg	1 849,6	460 kg (5)	782	548 kg	931,6	2 015 kg	6 548,75	1 014,75 kg	3 297,94
2) D'élevage (6)										
a) ovins										
tonte (7)	18 kg	144	9	72	9 kg	72	18 kg	324	9	162
abattage (8)	24 kg	120	12	60	12 kg	60	24 kg	400	12	200
cuirs (9)	3 kg	24			3 kg	24		70		70
b) bovins										
vente sur pied (10)	35 kg	175			35 kg	175	35 kg	500	35	500
c) auchénidés (11)										
tonte	3 kg	42	3	42			3 kg	48		
cuirs crus		18				18		45		45
d) porcins (12)		70		10		60		175		150
e) volailles (13)		161,4				161,4		438		438
TOTAL		754,4		184		570,4		2 000		1 565
3) Produits dérivés										
a) chuno (14)	30 kg	44	15 kg	90	15 kg	90	30 kg	600	15 kg	300
b) fromage	15 kg	45			15 kg	45	15 kg	150	15 kg	150
TOTAL		89		90		135		750		450
a) Production familiale (15)										
filage		60		60						
tissage		230		230						150
teinture		100		100						
cordes de laine de lama		25		25						
ramassage des bouses		96		96						
TOTAL		511		511				1 022 (15)		150
5) Activités supplémentaires										
artisanat boutiquier										
chiflero (16)		450				450		1 800		1 800
musicien (17)		200				200		800		800
maçons (18)		300				300				
ouvriers agricoles dans leur région (19)		240				240		880		880
ouvriers agricoles dans une autre région (20)		1 800				1 800		4 500		4 500
ouvriers non agricoles dans leur région (21)		800				800		5 600		5 600
ouvriers non agricoles dans une autre région (22)		400				400		5 100		5 100
MOYENNE		594				594		3 113		3 113

Résumé du Tableau n° XVIII

	1958			1969		
Activités	Production totale	consommation	excédents	Production totale	consommation	excédents
Agricoles	1 849,60	782	931,6	6 548,75	3 251,21	3 297,54
D'élevage	754,40	184	570,4	2 000	435	1 565
Produits dérivés	89	90	135	750	300	450
Production familiale	511	511		1 022	872	150
Activités supplémentaires	594		594	3 113		3 133
TOTAL	3 798	1 567	2 231	13 433,75	4 838,21	8 595,54

NOTES TABLEAU XVIII

(1) Richard P. Schaedel. Tableau cité dans une communication présentée au Colloque sur les problèmes agraires des Amériques latines (C.N.R.S.-Paris 1965), et réalisé au cours de son étude pour le Plan de développement du Sud péruvien en 1957.

(2) Les rendements et productions sont ceux donnés par le Ministère de l'Agriculture pour la province d'Anta et parfois corrigés par nos observations sur le marché d'Ancahuasi. Nous n'avons pas retenu la colonne consommation, car nous estimons que les proportions sont celles données par Schaedel en 1958 ; de même les proportions d'excédents, bien qu'elles soient certainement légèrement supérieures, pour les pommes de terre en particulier.

(3) Les valeurs sont exprimées en sols ; en 1969, 1 sol = 0,12 F.

(4) Les évaluations ont été faites par Schaedel sur la base « d'un rendement pondéré et combiné, d'après les chiffres de « Plan regional del Sur », dans les expositions des entreprises de grand élevage » ; pour 1969, voir la note 2 ci-dessus.

Produits	1958		1969	
	kg	Prix d'un kg en sol	kg	Prix d'un kg en sol
Pommes de terre	1 485	1,4	5 000	2,5
Maïs	1 500	2,2	1 500	3,5
Avoine (orge en 1969)	600	0,8	800	3
Fèves	767	2,4	800	4
Moyenne	1 088	1,70	2 015	3,25
Valeur	1 849,6		6 548,75	

(5) Nous avons inclus dans la consommation les semences (110 kg) auxquelles Schaedel consacrait une colonne spéciale dans son tableau. D'autre part 80 kg de pommes de terre ont été également réservés pour la fabrication du chuno (voir poste 3 a).

(6) Le cheptel se composait selon Schaedel de 12 moutons, 16 bovins, 2 lamas, 1 porc et 4 volailles. Il avait obtenu ces chiffres en divisant le nombre total de têtes par la population rurale du département. Nous avons conservé les mêmes chiffres, bien qu'ils nous semblent un peu inférieurs à la réalité.

(7) Calculé sur la base de 1,5 kg de laine par animal à 8 sols le kg en 1958, et 18 sols en 1969. En fait le rendement est élevé et conviendrait mieux au département de Puno qu'à celui du Cuzco, où en 1969, la moyenne était de 1,8 livre (de 460 g) par animal de race rustique (« chusco »).

(8) Calculé sur la base de 2 ovins par an, dont 1 en moyenne destiné à être mangé, même sous forme de viande séchée ; le prix en 1969 était de 200 sols environ pour un mouton.

(9) Calculé sur la base de 2 peaux de 1,5 kg chacune à 8 sols le kg en 1958 ; en 1969 un cuir d'ovin valait 35 sols l'unité.

(10) Calculé sur la base de 1 taurillon tous les quatre ans ; en 1969 le prix d'un bovin sur la foire, était d'environ 2 000 S.

(11) Calculé sur la base de 14 sols le kg pour la laine en 1958 et de 16 sols en 1969. Pour les cuirs, les prix correspondants sont 6 sols l'unité en 1958 et 15 sols en 1969.

(12) Calculé sur la base de 1 porc tous les 2 ans, au prix de 350 sols en 1969.

(13) Calculé sur la base de 3 poules, 1 canard par an et 3 œufs par semaine (48 semaines). Les prix respectifs étaient de 20, 15 et 0,6 sols l'unité en 1958 et de 40, 30 et 2 sols l'unité, en 1969.

(14) La valeur totale de la production est de 180 sols en 1958, mais on a défalqué 136 sols qui correspondent à la valeur des 80 kg de pommes de terre ayant servi à préparer le chuno (cf. note 5). Le prix du kg de chuno en 1969 est de 20 S. et celui d'un fromage de 10 sols/pièce.

(15) Nous n'avons pas réalisé d'évaluation précise pour la production familiale qui en 1958 servait uniquement à la consommation domestique. En 1969 une partie plus importante serait vendue surtout à cause du tourisme. Or une « manta » est achetée au paysan de 100 à 300 sols, ce qui apparaît dans le poste « tissage ». On peut certainement doubler la valeur de la production familiale puisque les chapitres précédents ont à peu près triplé.

(16) « Calculé d'après les achats les plus importants effectués par les indigènes » (Schaedel). Nous avons choisi de quadrupler au minimum ce chiffre, puisque le prix du sucre a quadruplé, celui du riz a triplé, celui de l'alcool doublé et celui du kérosène énormément augmenté. On trouve alors un chiffre équivalent à celui calculé par l'Institut Indigéniste pour des communautés de Canchis (150 sols par semaine).

(17) Nous avons quadruplé le chiffre évalué par R. Schaedel.

(18) Richard Schaedel ne précise ni le nombre de jours de travail, ni le salaire. Nous avons supprimé cette donnée qui fait un peu double emploi avec la 21.

(19) Nous avons pris la moyenne entre le salaire minimum légal en 1969 (17 sols) et celui qui était le plus couramment accordé dans notre région (5 sols), soit 11 sols et avons considéré comme Schaedel en 1958, 80 jours de travail par an.

(20) Calculé sur la base de 180 jours par an, à une moyenne de 10 sols par jour en 1958 (plus de repas) dans la vallée de l'Urubamba et la lisière de la forêt. En 1969 cette moyenne serait de 25 sols environ.

(21) Évalué sur la base de 200 jours de travail par an à 4 sols en 1958 et à 28 sols en 1969.

(22) Évalué en travailleurs des mines et des routes, employés 200 jours par an à une moyenne de 7 sols par jour, sans les repas. La rentrée annuelle est de 1 400 sols en 1958, moins 600 sols pour l'alimentation, et en 1969 de 6 600 (33 sols par jour) par an moins 1 500 sols pour les repas.

TABLEAU XVIII bis

II. — DÉPENSES ANNUELLES	1958 (1)		1969 (2)	
	Quantité	Valeur (3)	Quantité	Valeur
Vivres				
riz	15 kg	45	15 kg	150
sucre	30 kg	60	15 kg	150
maïs	40 kg	80	30 kg	255
condiments		40		140
viande ou chalona (4)		50		80
Habillement				
laine	8 kg	48	8 kg	144
habits, souliers, chapeaux, etc. (5)		120		
parures		15		
Boissons et stimulants (6)				
alcool	30 B	180	30 B	300
chicha	360 B	180	360 B	720
	(à 0,5 S/)			
coca	50	200	50	1 400
	(à 4 S/)			
Habitation (7)				
réparations générales et épargne en vue de travaux		60		
Combustibles				
kérosène (8)	20 B	11	20 B	350
bougies	100	50	100	100
Bétail (7)				
nourriture		60		
Dépenses agricoles				
journaliers (9)		20		
outils (7)		15		
Ustensiles				
culinaires (y compris les récipients à chicha) (10)		40		
TOTAL		1 274		
Autres dépenses (11)				
améliorations des cultures (y compris semences)		60		
engrais et insecticides (12)		16		
éducation (13)		50		
transport (14)		80		
représentations légales et tributaires (15)		100		
distractions (y compris fêtes religieuses et familiales)		250		
TOTAL		556		
TOTAL		1 830		

(1) 1, 2 et 3, voir notes 1, 2 et 3 du tableau précédent.
(4) Nous n'avons pu faire d'estimation, la quantité n'étant pas précisée ; mais une livre de viande en 1969 coûtait sur le marché d'Urumba 10 sols environ. D'autre part, un produit important a été oublié par Schaedel : le sel ; il est vrai que sa valeur est réduite (0,70 sol le kilo).
(5) Donnons à titre de référence quelques prix observés à Yauri : une blouse de bayeta 75 sols, un pantalon de bayeta 95 sols, une paire d'ojotas 30 sols et des souliers de plastique 75 sols, un chapeau de feutre rustique 60 sols. Mais les quantités, et plus encore la fréquence de renouvellement n'étant pas indiquées, nous n'avons pu établir la comparaison ; de même pour les parures.
(6) La valeur en 1969 a été calculée sur la base de 10 sols une bouteille d'un demi-litre d'alcool, 2 sols le litre de chicha, 14 sols la livre de coca.
(7) Nous n'avons pu évaluer ces postes, beaucoup trop imprécis.
(8) Le litre de kérosène valait, en 1969, 35 sols ; les bouteilles vendues contenaient en général un demi-litre.
(9) A titre de référence : les travaux réalisés en ayné comportent généralement un « piquante » ou une « merienda », c'est-à-dire un repas sommaire, avec en outre un peu de boisson, de coca et parfois une cigarette. Sa valeur atteint presque 10 sols par prestation de service ; pour un travail salarié on paie de 5 à 10 sols par jour, le salaire minimum obligatoire en 1969 étant théoriquement de 17 sols.
(10) A titre de référence, une jarre de Tinta vaut de 4 à 10 sols et une assiette de terre séchée non vernie : 1 à 2 sols.
(11) Les données de ce chapitre sont trop imprécises pour pouvoir établir une comparaison valable ; nous ne donnerons que quelques références mais pas de chiffres.
(12) Le kilo d'engrais de Cachimayo qui commence à être utilisé par les paysans (au moins dans la vallée du Vilcanota) valait, en 1969, 274 sols, or près de 200 kilos étaient nécessaires pour un hectare de maïs ; une poche de poudre insecticide valait 200 sols et 2 poches sont nécessaires pour un hectare de pommes de terre. Le sac de fumier (« guano de corral ») valait 4 sols, or 100 sacs étaient nécessaires pour un hectare de pommes de terre et 50 pour un hectare de maïs dans la région du plateau de Maras.
(13) Ce chapitre aurait peu évolué depuis 1958 ; en effet un livre de lecture valait 18 sols en 1969, un cahier 3 sols et un crayon 1,5 sol. D'autre part les fournitures scolaires étaient devenues théoriquement gratuites.
(14) Ce chapitre a peu évolué, puisque 80 sols permet, en 1969, une douzaine de voyages en camions annuel sur une distance d'environ 50 kilomètres.
(15) 100 sols est déjà le chiffre que perçoit un avocat pour une seule consultation juridique.

TABLEAU XIX : TAUX D'ANALPHABETISME DANS LA REGION SUD-EST EN 1961 ET 1972

	Recensement de 1961				Recensement de 1972			
	Population de 6 à 16 ans		Population de +17 ans		Population de 6 à 16 ans		Population de +17 ans	
	urbaine	rurale	urbaine	rurale	urbaine	rurale	urbaine	rurale
CUZCO								
Acomayo	61	76	75	81	42	56	64	71
Anta	47	73	59	79	36	56	51	69
Calca	35	82	48	83	24	63	40	73
Canas	54	75	57	79	35	52	45	64
Canchis	43	73	52	79	25	53	39	70
Chumbivilcas	60	83	62	83	42	69	51	75
Cuzco	24	81	26	84	16	54	17	65
Espinar	50	78	50	75	24	53	39	63
La Convención	41	70	39	67	23	45	25	54
Paruro	60	82	70	86	43	61	64	75
Paucartambo	41	85	49	86	27	65	42	76
Quispicanchis	42	75	51	79	28	62	44	74
Urubamba	40	72	44	76	30	51	37	63
TOTAL	35,5	77	41	79	23	56	31	68
APURIMAC								
Abancay	31	75	41	82	19,3	50,3	28,7	72,1
Andahuaylas	40	81	51	86	32,2	65,9	42,3	78,3
Antabamba	39	66	58	72	26,7	49,5	49,9	70,3
Aymaraës	43	72	55	79	27,8	54,7	49,7	73,3
Cotabambas	64	89	63	87	48,1	76	58,4	81,2
Grau	46	71	61	73	26,8	53,1	48,6	68
TOTAL	41	79	53	83	28,1	62,1	43,8	76,1
MADRE DE DIOS								
Manú	—	50	—	40	19,1	32,4	14,9	29,1
Tahuamanu	25	49	14	35	48,1	55,8	15,7	38,9
Tambopata	32	43	25	27	23,2	42,9	20,7	32,2
TOTAL	31	46	10	32	16,3	28	12,7	26,9

d'ailleurs que les capitales de province dont les petites centrales étaient détériorées. Quatre seulement en dehors des chefs-lieux avaient l'eau.

La région Sud-Est comptait en 1969 un médecin pour 31 057 habitants. Les zones rurales en étaient presque complètement dépourvues, la majorité des praticiens exerçant en ville seulement, nous le verrons. Les paysans avaient recours à des guérisseurs (curanderos) ou divers types de sorciers (layqa). S'il n'y avait pas de maladies endémiques, les affections d'origine pulmonaire et intestinale étaient nombreuses. Elles touchaient en particulier, la plus grande partie des paysans andins allant travailler dans la ceja de montaña. Les premières représentaient 41 % des causes de décès dans le département du Cuzco en 1968 -pourcentage auquel il convient d'ajouter 5,5 % pour la tuberculose pulmonaire- et les secondes, près de 14 %. Les nouveaux-nés et les jeunes enfants sont particulièrement sensibles aux maladies infectieuses qui chez des sujets sous-alimentés sont souvent fatales. Le taux de mortalité infantile était de 131 ‰ dans le département du Cuzco en 1968, mais dans certaines provinces comme Canchis, Canas et Acomayo il dépassait 200 ‰ (tableau XVII). Il meurt ainsi, au moins un enfant en bas âge, dans chaque famille paysanne.

Enfin, les taux d'analphabétisme étaient particulièrement élevés en 1967 dans la région Sud-Est (tableau n° XIX). Ils atteignaient au Cuzco pour les enfants de 6 à 16 ans, 35,5 % en milieu urbain et 77 % en milieu rural, et pour la population de plus de 17 ans, 41 % dans les villes et 60 % dans les campagnes. Les taux respectifs pour l'Apurímac étaient de 41 et 79 % pour les enfants de 6 à 16 ans, et de 53 et 83 % pour les personnes de plus de 17 ans. Ils étaient un peu plus bas pour le Madre de Dios : 31 et 46 % pour le premier groupe d'âge, 10 et 32 % pour le second. Rappelons que le taux national était en 1961 de 39,9 %. Les quatre taux considérés dépassaient chacun 50 %, dans les provinces les plus élevées et les plus lointaines : Chumbivilcas, Espinar, Canas, Acomayo, Paruro et Cotabambas. Ils étaient particulièrement élevés chez les adultes, chez les femmes surtout, où ils dépassaient souvent 80 % en milieu rural.

Il conviendrait d'étudier les revenus des habitants, sinon par province, au moins en fonction des trois grandes régions naturelles. Quelques éléments permettent seulement une approche d'un problème qui est de déterminer quels sont les plus pauvres dans un ensemble à très bas niveau de vie. Les paysans quechuas assurent à peu près leur auto-subsistance grâce à l'agriculture. Ils complètent leurs ressources par des échanges avec les terres froides et les terres chaudes que leur facilite leur situation géographique centrale. Beaucoup ont un artisanat commercialisable. Enfin, ils peuvent avoir des contacts avec les villes, pour vendre leurs excédents comme pour exercer un travail temporaire. De même, beaucoup se louent dans les terres chaudes au moment des récoltes.

Les agriculteurs des terres chaudes ne produisent qu'une partie de leur subsistance et n'ont aucun artisanat. Mais leurs cultures commerciales leur apportent, surtout depuis l'application de la réforme agraire de 1964, des revenus monétaires plus élevés et plus sûrs que dans l'étage quechua. Ils sont eux aussi en contact avec les centres urbains et leur grande mobilité, leur bilinguisme, leur permet de mieux en profiter. Les éleveurs de la puna comme ceux des terres chaudes ont une grande dépendance vis-à-vis des marchés extérieurs, à la fois pour se ravitailler en produits vivriers, et pour vendre les produits de leur élevage. Ils ont par contre un artisanat important qui trouve beaucoup de débouchés dans l'étage quechua. Mais d'une part, leur dépendance vis-à-vis des produits vivriers est dramatique (dernièrement les gelées et plusieurs années de sécheresse, ont pratiquement éliminé les cultures de pommes de terre) ; d'autre part, on a là des populations isolées, moins en contact avec les centres urbains que les précédentes où les caractères indiens et l'analphabétisme sont très marqués. La pauvreté est encore renforcée par l'irrégularité des cours de la laine et la grande insécurité qui règne dans les terres hautes, à cause de *"l'abigeato"* (vols de bétail) et des conflits agraires.

Les gens des hautes terres apparaissent donc comme les plus pauvres et subissent très souvent en outre l'exploitation des paysans des vallées, exploitation dont l'origine est historique. La civilisation incaïque était avant tout une civilisation des hauteurs, c'est-à-dire des plaines d'altitude, des têtes de vallons autour de 3 800-3 700 m. Les Espagnols au contraire se sont installés dans les vallées plus tempérées. Leur système de domination s'est établi de plusieurs manières. Il faut invoquer, en premier lieu, le droit du conquérant et tout le système d'encadrement administratif ou culturel qu'il dirige et impose aux autochtones. D'autre part, il y a eu accaparement des meilleurs terroirs et en particulier de ceux consacrés au maïs, plante indispensable à l'alimentation paysanne. Il en est résulté une grande dépendance des éleveurs, ou même des producteurs de pomme de terre, vis-à-vis des cultivateurs de maïs (ce qui explique par ailleurs le rôle joué par cette céréale comme produit de référence dans les échanges). Enfin, les Espagnols ont introduit l'économie de marché, dont les villes fondées dans les vallées sont les principaux relais, et un nouveau moyen de communication, le cheval, beaucoup mieux adapté aux pistes des vallées que les traditionnels lamas. D'où l'importance des facteurs historiques pour expliquer les déséquilibres agraires et la modestie des niveaux de vie paysans.

CHAPITRE III

L'EVOLUTION HISTORIQUE DES FONCTIONS ET DE L'INFLUENCE REGIONALE DE LA VILLE DU CUZCO.

La permanence de la ville du Cuzco, depuis l'époque précolombienne, est un fait original en Amérique. Le phénomène urbain est certes ancien sur ce continent, à la différence de l'Afrique noire, mais la plupart des agglomérations fondées par les diverses civilisations américaines avant la conquête européenne, sont aujourd'hui des villes mortes. Les autres sont coloniales ou même beaucoup plus récentes, nées avec la mise en valeur économique du XIXe et du XXe siècles. On peut rapprocher le cas du Cuzco de celui de Mexico, puisque les deux villes, ont été les capitales des deux principales civilisations soumises par les Espagnols, avec même, en raison de leur situation en altitude au cœur de la masse montagneuse, des problèmes d'organisation de l'espace comparables. Là s'arrête cependant nos possibilités de rapprochement, car le Cuzco a perdu son rang de capitale, et sa population actuelle, ses fonctions sont bien moindres que celles de la métropole mexicaine.

Intéressante à étudier pour essayer de mieux comprendre le rôle actuel de la ville, cette permanence du fait urbain n'est pas facile à saisir. C'est un problème de sources (et de leur interprétation sans cesse remise en question par de nouvelles découvertes archéologiques et méthodes de recherche). C'est surtout pour le géographe un problème conceptuel. Le Cuzco a eu en effet trois fondations successives (1). Or, chacune d'elles, ou au moins les deux dernières, l'incaïque et la coloniale, non seulement répondent à un concept de ville différent de celui définie pour notre civilisation occidentale, mais en outre, s'intègrent dans un cadre territorial, politique, socio-économique et culturel différent. Aujourd'hui, c'est notre conception occidentale et un nouveau cadre qui essaient de s'implanter en se heurtant souvent à l'héritage des deux civilisations précédentes particulièrement vivace dans l'ancienne capitale incaïque. Il importera donc de définir pour chaque période, à la fois le concept de ville, notamment du point de vue des fonctions, et la structure de l'espace dans lequel il fonctionne.

---

1. Cf. Horacio URTEAGA. Las tres fundaciones del Cuzco. Lima, 1933

I. - A L'EPOQUE INCAIQUE, CUZCO CAPITALE D'UN VASTE EMPIRE :

Capitale d'un territoire très étendu dont elle occupait à peu près le centre -ou si l'on veut dont elle était le "nombril", pour reprendre la signification étymologique la plus couramment admise du mot *"qosqo"* en quechua- tête d'un empire très centralisé, dans lequel l'économie était contrôlée par l'Inca, il est permis de supposer que les fonctions de la ville étaient très importantes. Avec l'empereur Pachacutec, et ses successeurs Tupac Inca et Huayna Capac, de nouvelles conquêtes étendent la domination des Incas à un territoire immense, s'étirant le long du Pacifique, sur 4 000 km environ et 36° de latitude, du Rio Ancasmayo dans l'actuelle Colombie, au Rio Maule, dans le Chili central, au sud de Santiago. Le chiffre de population de l'Empire est très discuté. Celui de 20 M. d'habitants donné par Vicente Fidel Lopez et Ph. Ainsworth Means (ce dernier allant jusqu'à 32 M. (2), a été ramené aux alentours de 10 M. (César Antonio Ugarte, Julio C. Tello, José Carlos Mariategui, Horacio Urteaga, etc.. (2), puis de 6 M. (John Rowe (3), Bennett) (4) et même autour de 3 M., 3,5 M. pour Kubler (5) et pour Rosenblat (6). Cependant, Nathan Wachtel, s'appuyant sur les travaux de S.F. Cook et W. Borah et sur ses propres recherches, parle à nouveau de 7 à 8 M. d'habitants, voire 10 M. (7).

La ville semble avoir été avant tout un centre de décision politique et un sanctuaire religieux. L'Empereur et sa cour y résidaient et il y avait à partir d'elle des déplacements de troupes et de fonctionnaires (*Apus* des quatre suyus, *Curacas* des tribus conquises, *Tokoyrirok*, sortes d'inspecteurs impériaux). Tous les chroniqueurs ont insisté sur la fonction religieuse et sur les grandes fêtes qui attiraient des gens de province (Capac-Raymi en Décembre-Janvier, Inti Raymi en Juin). La ville apparaissait ainsi comme le "lieu à partir duquel l'Empereur ordonnait le chaos pour le transformer en Cosmos. Par elle, communiquaient les trois plans de la création : le plan supraterrestre des dieux, le plan terrestre des hommes et le plan infraterrestre des morts... (8). C'était *l'ushnu,* le site privilégié où les dieux et les ancêtres divinisés consentaient à être évoqués" (8).

Les centres artisanaux semblent avoir été nombreux dans la ville, ainsi qu'en témoignent les innombrables restes archéologiques. Selon Uriel Garcia (9), des ateliers étaient associés aux principaux palais et aux édifices religieux. Beaucoup d'artisans, parfois venus de lointaines provinces, vivaient également dans les douze faubourgs périphériques. On travaillait, au Cuzco, les métaux précieux tels que l'or et l'argent, mais aussi le bronze et le plomb. On y fabriquait les tissus les plus fins (Qompi) pour l'Inca et sa famille, et on y réalisait de somptueux vêtements dans lesquels la laine ou le coton se mêlaient à l'or, aux plumes ou aux coquillages. Il y avait de nombreux céramistes et sculpteurs

---

2. Voir à ce sujet Angel ROSENBLAT. La poblacion y el mestizaje en América, Buenos Aires, 1954, 2 volumes.

3. John ROWE. «Inca culture at the time of the Spanish Conquest». Handbook of South American Indians, vol. II, Washington, 1946 p. 183-330.

4. W. BENNETT & J. BIRD «Andean culture history». Handbook n° 5, New York, 1945.

5. KUBLER «The Quechua in the colonial world». Handbook of South American Indians, vol. II, Washington, 1946.

6. A. ROSENBLAT. Op. Cit. Cet auteur donne 500 000 habitants pour l'Équateur, 2 M pour le Pérou, 800 000 pour la Bolivie et 200 000 pour le Chili et le Nord-Ouest Argentin.

7. Nathan WACHTEL. La vision des vaincus. Gallimard, 1971.

8. Henri FAVRE. Les Incas, P.U.F. Que sais-je? 1972.

9. Uriel GARCIA. Sumas para la historia del Cuzco. Cuadernos americanos. Méjico. Mayo-Junio 1969.

sur bois. Enfin, la ville s'agrandissant à l'avènement de chaque empereur, on peut imaginer de grands chantiers attirant des tailleurs de pierre, des maçons etc... De la même manière, les nécessités de la "cour impériale" et des temples appelaient les services de nombreux provinciaux : gardes, cuisiniers, serviteurs, porteurs, musiciens, danseurs, "quipucamayoc" (les responsables des quipus). Certains sujets de l'empire étaient astreints à des déplacements vers le Cuzco pour y accomplir des travaux ; ainsi, les Rucana (de l'actuel département d'Ayacucho), comme porteurs, les Chumpivilca, comme danseurs à la Cour, et même les Chicha du Nord-Ouest argentin livrant des bûches de bois résineux pour les sacrifices. On peut également ranger, dans cette catégorie, les jeunes filles de province envoyées, en raison de leur beauté et de leur habileté manuelle, vers l'Acllahuasi de la capitale.

Tous les chroniqueurs parlent des marchés du Cuzco ou "*Katu.*"; on en ignore cependant la localisation. Selon Garcilaso de la Vega (10), il y avait trois foires par mois "afin que les travailleurs des champs puissent venir au marché écouter ce que l'Inca et son Conseil avaient ordonné". Le marché avait donc déjà ce caractère économique et social qu'il a toujours conservé. On pouvait s'y ravitailler en produits de la Sierra mais on y échangeait également -toujours selon les chroniqueurs- grâce au troc, des produits rares venant d'autres régions. De la côte, provenaient le coton, certaines teintures, des calebasses, de l'arachide, des algues entrant dans la composition de certains plats, des coquillages, du poisson séché ou frais pour l'Inca. De la ceja de montana et de la montana, on faisait venir la coca, le coton, l'arachide, quelques tubercules, le tabac, des fruits et des fleurs, des haricots, des plantes médicinales, l'achiote et divers colorants ; de ces régions chaudes, provenaient également les plumes (en particulier des peaux de chauve-souris qui servaient à fabriquer un vêtement spécial pour l'Inca), des peaux, des fibres végétales, du bois (dont la chonta, bois noir très résistant), de l'or enfin. On sait enfin que les Espagnols furent étonnés par le nombre de "greniers" (colqas) renfermant en abondance des denrées, des tissus et des armes de toutes sortes. Ces entrepôts étaient remplis par les récoltes des terres de l'Inca ou de la religion et par les tributs versés en produits. La ville draînait donc toute une partie de la production de sa campagne environnante comme des régions plus éloignées. Mais sa fonction de redistribution devait être très limitée. Les répartitions de vivres, en particulier lors des années de pénurie ou pendant les guerres, se faisaient à partir des entrepôts aménagés à cette fin dans chaque région. L'organisation territoriale de l'empire était fondée d'autre part sur une certaine autarcie économique des provinces, dont chacune groupait des milieux naturels différents. A la base, l'ayllu répondait à la même nécessité. Les échanges étaient d'ailleurs limités par les moyens de transport utilisés —essentiellement le portage à dos d'hommes ou de lama— les distances énormes et les obstacles d'un relief très compartimenté. L'historien américain, John Murra (11) pense ainsi que le commerce était inexistant dans l'empire.

Le réseau des chemins et des tambos, aussi remarquable qu'il nous paraisse, avait donc une finalité beaucoup plus politique et stratégique qu'économique. Il était réservé aux troupes et aux convois ravitaillant les entrepôts publics. On sait qu'il était formé de deux artères principales : le chemin de la Sierra, long de quelques 5 200 km, appelé Capacnan ou Incanan (12), et celui qui longeait la côte du Pacifique, plus court (4 000 km), avec entre les deux des pistes plus étroites. Toutes n'étaient que des voies de terre ou de gazon, rarement pavées, mais souvent protégées par des murailles et remarquablement balisées, à la fois par des «*topos*» indiquant les distances, et par ces maisons de poste-entrepôt que sont les "*tambos*". Ceux-ci ont été d'ailleurs à l'origine de la formation des principales

---

10. Garcilaso de la VEGA - Obras completas. Biblioteca de autores españoles. Madrid. 1960. 4 volumes.

11. John MURRA. The economic organization of the Inca State. Chicago 1956. Thèse polycopiée.

12. Capacñan : "Chemin des Puissants" ; il unissait Quito à Tucumán, par Cajamarca, Jauja, Vilcashuamán, le Cuzco. Il n'est pas inutile de rappeler que la plus longue voie romaine, joignant Jérusalem au mur d'Hadrien en Ecosse, était sensiblement plus courte.

villes et ont pu ainsi établir une première hiérarchie urbaine. Ils étaient répartis selon une distance variant entre 50 et 60 km, ce qui permettait de les atteindre en un jour de marche à pied. A 15 km, puis à 30 km de chaque tambo, on trouvait des relais intermédiaires Chaskihuasi et Tambillo. Enfin, à 250 km de distance, il y avait un Huamani, à la fois tambo et capitale de province.

On suit très bien cette hiérarchie dans les environs immédiats du Cuzco, d'où partaient les douze chemins principaux de l'Empire, à raison de trois par suyus (13). On repère ainsi facilement quatre tambos : vers le Chinchaysuyu, Limatambo, vers le Cuntisuyu, Pacarrectambo (à distance légèrement inférieure) vers l'Antisuyu, deux tambos sur deux chemins menant à la selva : Ollantaytambo et Paucartambo. On ne sait pas exactement si Urcos était le tambo du Collasuyu ou seulement un tambillo et, dans ce cas, si le tambo ne serait pas plutôt Accos ; Pisaq, Chincheros et Izkuchaka, étaient à leur tour des tambillos sur les routes conduisant respectivement à Paucartambo, Ollantaytambo, Limatambo. Sur l'une des pistes de la selva, on suit bien également la succession des relais depuis le Cuzco, chacun à un jour de marche du précédent : Ollantaytambo, Macchu Picchu, Vilcabamba, et, enfin, les haciendas de coca, Echarate et Sahuayaco en particulier. De même, Abancay était à un jour de Limatambo, elle-même à un jour du Cuzco.

Certaines régions étaient plus favorisées que d'autres par l'intensité de leurs liaisons avec la capitale. Ainsi, l'Equateur avant la division de l'empire, Cajamarca, la côte péruvienne centrale autour du sanctuaire de Pachacamac, les vallées de Huánuco et Jauja. Par contre, le nord chilien n'a vraisemblablement connu qu'une domination militaire. La région immédiatement voisine de la capitale semble avoir vécu en étroite association avec elle. Ainsi la vallée de l'Urubamba autour de Yucay, le plateau de Chincheros et même les vallées de ceja de montaña, pourtant plus difficiles d'accès.

En conclusion, le Cuzco exerçait sur l'empire un grand contrôle et en tirait à la fois ses ressources et sa population. La présence de l'Inca, ses temples, lui donnaient un caractère incontestable de capitale et de sanctuaire, qui a survécu dans la mythologie quechua actuelle. Pourtant, si elle recevait beaucoup, la ville donnait peu et elle a été incapable, malgré la volonté de ses souverains, d'unifier l'empire. Il est vrai que les conquêtes étaient récentes, les peuples soumis très divers et les distances énormes pour une technologie des transports et de la production très limitée. Les déplacements des "*mitimaes*", ces colons déportés des territoires annexés pour s'établir au Cuzco -ou ces quechuas, "Incas par privilège", envoyés pour mettre en valeur les régions récemment conquises n'ont pas suffi pour assimiler les peuples soumis. Le quechua était loin d'avoir remplacé les langues autochtones et ce sont surtout les missionnaires espagnols qui semblent avoir contribué plus tard à son expansion dans le Nord du Pérou, comme en Equateur et en Bolivie. La présence de restes architecturaux et de céramiques incas ne sont pas suffisants pour prouver que toutes les provinces étaient bien intégrées dans l'Empire. La décision de Huayna Capac d'aller s'installer dans la ville qu'il avait créée en Equateur (Tumibamba, l'actuelle Cuenca) semble au contraire consacrer le besoin d'autonomie de certaines régions. Ce choix, à l'origine stratégique et militaire, conduisit au partage de l'Empire entre les deux fils de Huayna Capac, Atahuallpa qui resta au Nord et Huáscar au Cuzco. Ces dissenssions internes ne sont pas une des moindres raisons expliquant le rapide succès des Espagnols.

---

13. Selon CHAVEZ BALLON, chacun de ces trois chemins aurait eu d'ailleurs une fonction spécifique : le chemin militaire passait par les sommets, le commercial suivait la vallée, et à mi-pente, on aurait eu une troisième piste à vocation religieuse. Tous les trois s'unissaient généralement dans les tambos qui leur étaient ainsi communs.

II. - LE CUZCO A L'EPOQUE COLONIALE, FOYER ECONOMIQUE IMPORTANT DU HAUT-PEROU :

Le destin de la ville change radicalement après la Conquête espagnole, en particulier après son investissement par les petites troupes de Pizarro, le 15 novembre 1533. Les conditions politiques, économiques, sociales et culturelles, sont bouleversées, en même temps que s'impose une nouvelle conception de l'espace. Le centre de gravité du Pérou se déplace alors de la Sierra vers la Côte. Le Cuzco perd son rang de capitale et ne devient plus que le centre secondaire d'un nouveau territoire commandé par Lima, dépendant d'une métropole européenne fort lointaine, mais qui cherche à imposer sa présence en toute chose.

Les Andes ne perdent pas complètement, toutefois, leur prépondérance et on conserve, au moins jusqu'au milieu du XVIIIe siècle, la conception d'un Empire andin à cause de l'importance accordée aux mines. Dans un système fondé sur les deux villes de Lima, siège de la Vice-Royauté et port sur le Pacifique et de Potosi, grand centre minier, le Cuzco joue un rôle capital de ville-étape. Elle pouvait, de même, servir de base à d'éventuelles explorations vers la forêt amazonienne et son "Eldorado". Il apparaissait fondamental, par ailleurs, de la surveiller politiquement et militairement pour prévenir de possibles révoltes. Elle conserva donc une importante fonction de commandement politique, militaire et religieux, non plus nationale mais seulement régionale. Elle devint, petit à petit, une ville de résidence pour les propriétaires terriens au fur et à mesure que les plantes et les animaux importés d'Europe s'acclimataient à l'étage tempéré. La région s'incorpora alors, plus étroitement, au système économique du Haut-Pérou minier en fournissant au Potosi, non seulement de la main-d'œuvre, mais la coca, le sucre et les tissus de ses nombreuses manufactures.

A. Le nouveau cadre régional et ses activités économiques. On a insisté à juste titre sur la diminution de la population indienne au début de la Colonie. Les études récentes de Nathan Wachtel montrent qu'entre 1530 et 1560, la population a diminué de 60 à 65 % dans l'ensemble des pays qui formaient l'Empire inca. La vallée de Yucay passerait ainsi de 3 000 hab en 1530 à 800 en 1552, et à 780 en 1558 (14). Cette baisse de la population est le résultat des guerres provoquées par la Conquête, de l'introduction de maladies par les conquérants, de destructuration de l'économie et de la société, du travail forcé vers les mines et des progrès de l'alcoolisme. A une forte mortalité masculine correspondrait alors une diminution de la natalité à partir de 1550 qui se serait poursuivie au XVIIe siècle. Ce n'est qu'au milieu du XVIIIe siècle qu'on voit s'amorcer une reprise de la croissance démographique, conséquence du retour à la stabilité après le long traumatisme de la Conquête, et de la réelle prospérité du Cuzco au milieu du XVIIIe siècle. La fin de la Colonie s'accompagne à nouveau dans notre région d'une sensible baisse démographique, à la suite de la révolte de Tupac Amaru et de la crise de l'industrie et du commerce des textiles.

Cette crise démographique ne saurait toutefois faire oublier la relative richesse de l'économie régionale fondée sur ses propres ressources et sur son intégration dans le système économique du Haut-Pérou minier. En lisant les Relaciones, Geograficas de Indias (15) ou la description de la province ecclésiastique du Cuzco, faite par Cosme Bueno dans sa Géographie de la Vice-Royauté du Pérou,

---

14. Nathan WACHTEL. La vision des vaincus. Gallimard, 1970, p. 140 et suivantes.

15. Relaciones geograficas de Indias ; ed. par M. Jimenez de la Espada. Madrid, 1881-1897, 4 vol. ; réédition, Madrid, 1965, 3 vol. Voir en particulier les Relations faites dès 1586 sur les corregimientos d'Abancay et de Chumbivilcas et celle de Don Bazco de Contreras y Valverde, en 1669, sur les actuelles provinces de Cuzco, Anta, Urubamba.

(16), on est surpris de constater la permanence qui existe dans les paysages et dans l'économie, entre le Cuzco colonial et l'actuel. On y retrouve les mêmes villages avec leurs maisons de pierre ou d'adobe aux toits de chaume, leur église imposante accompagnée, alors, d'un hôpital. Dès 1586, on a ce mélange entre cultures européennes (blé, orge) et autochtones avec des rendements qui sont semblables à ceux qu'obtiennent aujourd'hui la plupart des comuneros. Les provinces hautes apparaissent déjà vouées à l'élevage ovin et les sièges de mines y sont nombreux. Leurs pasteurs troquent la laine et la viande séchée contre les produits des agriculteurs des vallées. Beaucoup vont se louer dans "les Andes" où pousse la coca, afin de se procurer l'argent nécessaire au paiement du tribut. Il est fait allusion à ce commerce du sel qui existe toujours à partir des salines de Maras, San Sebastian et Occopata (Paruro). Cosme Bueno parle de la prospérité de la plaine d'Anta ("le grenier du Cuzco"), des vallées d'Urubamba et d'Oropeza et de la province de Paruro (Partido de Chilques y Masques) qui nous semble pourtant bien pauvre et oubliée aujourd'hui. Il cite les plantations de canne à sucre d'Abancay et apporte la preuve que toutes les vallées de la ceja de montana cuzquénienne et punénienne étaient mises en valeur pendant la Colonie avec des haciendas de coca, canne à sucre et même coton.

Cet auteur nous présente l'artisanat comme une activité florissante, tant dans la ville du Cuzco (travail du bois, imagerie religieuse, dorure, chappellerie, chocolaterie) qu'en province où il y avait de nombreux moulins et surtout d'importantes fabriques de tissus de laine (obrajes et chorrillos). (17). Ceux-ci fabriquaient la bayeta ou Ropa de la tierra qui s'opposait à la Ropa de Castilla importée et plus fine. Maximiliano Moscoso a pu dénombrer dans l'évêché colonial du Cuzco 18 obrajes et 24 chorrillos, y ajoutant trois chorrillos importants et de nombreux autres de communautés, dont l'existence est connue mais dont on n'a pas retrouvé de preuve dans les archives (18). Ces fabriques étaient situées dans la ville même où l'auteur a repéré 3 obrajes successifs fonctionnant au XVIe siècle (K'ayra), en 1664 (Tiobamba) et en 1766 (Huancaro) et de multiples chorrillos en particulier dans les quartiers de Santa Ana, San Blas, Belen. Ils appartenaient le plus souvent à des couvents ou des églises.

En dehors de la ville, l'industrie textile semble avoir été particulièrement active dans quatre provinces : Quispicanchis (19) (6 obrajes successifs et 6 chorrillos), Paururo (3 obrajes et 5 chorrillos), Chumbivilcas (un obraje et trois chorrillos), Canas enfin avec de multiples chorrillos de communautés indigènes. Plus près du Cuzco, Urubamba et Anta ont eu chacune deux obrajes successifs dont celui que les Jésuites possédaient à Pichuychuru dans Zurite et qui avait en 1770, 44 métiers à tisser, 22 cardeurs, un batan et une rancheria de 150 chambres pour loger les travailleurs (20). La tradition de cette industrie textile subsista dans la région du Cuzco où à la fin du XIXe siècle d'importantes manufactures de laine s'installèrent, en particulier à Lucre et Huaro où il y avait des obrajes ; dans les provinces de la puna, on continue aujourd'hui encore à tisser de manière artisanale de la bayeta.

La production de ces différentes fabriques alimentait un important commerce avec le Potosi (21) et, au-delà, le Nord-Ouest argentin, se greffant ainsi sur le système économique du Haut-Pérou

---

16. COSME BUENO. Geografía del Perú Virreinal. Lima, 1951.

17. Les obrajes se distinguaient des chorrillos par leur taille plus importante et surtout par la présence d'un "batán" (moulin à foulon) qui permettait la fabrication de toiles plus fines.

18. Maximiliano MOSCOSO. Apuntes para la historia de la industria textil en el Cuzco. Revista universitaria, Cuzco, n° 122-125 (1962-63).

19. Ce partido englobait alors l'actuelle province d'Acomayo.

20. Maximiliano MOSCOSO ; Op. cit.

21. Dans la description de la ville et des mines du Potosí faite en 1603 et publiée dans les "Relations géographiques des Indes", on lit : "et quand il n'y a pas de fruits (au Potosí), il y a les pommes venues du Cuzco, qui est à 190 lieues et d'où l'on transporte de grandes quantités de sucre et toute sorte de conserve". Maximiliano Moscoso (op. cit.) dit même que de Paucartambo, on envoyait de la bouse de lama séchée comme combustible pour les fours du Potosí.

colonial. Celui-ci reposait fondamentalement sur deux éléments : l'expédition des lingots d'argent du Potosi - ou secondairement de Cailloma (Arequipa) - vers Lima d'où ils étaient exportés vers l'Espagne l'importation de marchandises métropolitaines dont avaient besoin les Espagnols du Cuzco, du Potosi, de Chuquisaka (sucre) ou du Nord-Ouest argentin, qui étaient obligés de les recevoir de la capitale de la Vice-Royauté. Ce trafic empruntait deux routes dans notre région ; l'une, l'ancien chemin royal des Incas, passait par Huamanga, Abancay, et le Cuzco. Outre les produits précédemment cités, elle acheminait vers le Potosi une partie du mercure extrait à Huancavelica. L'autre, plus secondaire, passait par Coporaque et conduisait au port de Chala d'où l'on rejoignait Lima en bateau. D'autres voies existaient depuis Arequipa ou depuis Tacna.

La chance du Cuzco qui se trouvait sur la route la plus longue et la plus difficile, est d'avoir pu créer ses propres échanges régionaux et accaparer ainsi toute une partie du trafic général à son profit. La ville avait alors en effet des atouts économiques bien supérieurs à ceux d'Arequipa. Elle était, en premier lieu, plus peuplée et apparaissait donc comme un centre de consommation plus important pour les produits importés de la Castille. En second lieu, elle pouvait exporter vers Potosí, à la fois des tissus et des produits tropicaux (coca, sucre, alcool) venus des vallées chaudes de la Convención, Paucartambo et même, pour le sucre, d'Abancay (22). Ce commerce atteignait les villes du Nord-Ouest argentin Santiago del Estero, Salta, Tucumán et se prolongeait même jusqu'au Rio de la Plata qui faisait partie jusqu'en 1776 de la Vice Royauté de Lima. Le piémont argentin fournissait à son tour un important commerce de mules qui animait toutes les foires de notre région, celles de Tungasuca et de Coporaque en particulier. Dans cette dernière, venaient des acheteurs de Lima qui revendaient par la suite les mules argentines au marché de bétail de Lurín (23). Selon Maximiliano Moscoso, ce commerce a duré jusqu'au début de notre siècle où on voyait encore des concentrations de mulets dans les haciendas aux portes du Cuzco (Huánchac, T'tío, Huancaro, Puquín, etc...) (24).

De même, les mines du Cuzco, à l'échelle péruvienne ont pu entretenir quelques activités régionales en particulier dans les provinces de Canchis, Paruro, Chumbivilcas, Quispicanchis et Espinar (25). Deux mines de cette dernière province, récemment fermées, conservent les traces d'une exploitation coloniale et peut-être même plus ancienne : Condorama et Suykutambo. Dans la ceja de montaña, on exploitait l'or, non seulement à Carabaya qui dépendait alors du Cuzco, mais aussi à Marcapata et dans la Convención.

Ainsi, loin d'être une région très isolée et sans ressources, comme veut le montrer le livre de Michèle Colin (26), le Cuzco semble avoir connu, au contraire, pendant la Colonie, une réelle prospérité. Celle-ci était-elle plus ou moins importante qu'à l'époque incaïque, il est très difficile de l'affirmer. Mais elle l'était sans conteste beaucoup plus qu'après l'Indépendance du Pérou, qui marque une très nette décadence du Cuzco à l'échelle régionale, et certainement plus encore nationale. Le Cuzco actuel est riche des témoignages de la prospérité économique de l'époque coloniale. Dans la ville

---

22. Cf. Les "Relaciones Geograficas" et le livre de Cosme BUENO ; op. cit.

23. Maximilio MOSCOSO ; op. cit.

24. Maximiliano MOSCOSO ; op. cit.

25. Cf. Les "Relaciones Geográficas" et le livre de Cosme BUENO ; op. cit.

26. Michèle COLIN. Le Cuzco à la fin du XVIIe siècle et au début du XVIIIe siècle. Paris, I.H.E.A.L., 1966. L'auteur présente à ce sujet un argument très discutable : la place du Cuzco en cinquième ou sixième position dans les rentrées d'argent de la Caja Real. En fait, il se place après des centres où le contrôle était très facile (Potosi et Cailloma, centres miniers, Chucuito, province royale, et Lima, la capitale), alors qu'au Cuzco il devait y avoir, en raison de la difficulté des communications, beaucoup de fraude dans la transmission du tribut, à tous les niveaux de l'administration coloniale.

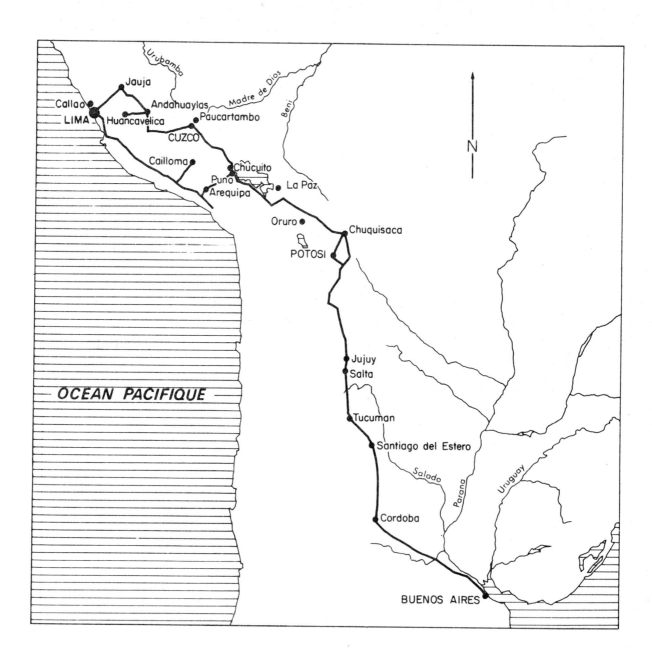

Fig. 12.— **La Haut-Pérou colonial**

ainsi que dans la plupart des capitales administratives, on rencontre des églises richement décorées et de belles maisons coloniales. Ainsi à Chincheros, Andahuaylillas, Huaro, Tinta capitale de l'immense province de Canas y Canchis, Maras centre d'un actif commerce du sel et des grains et, même, dans des villages aujourd'hui isolés comme Mollepata, Huanoquite, Accha et Colquemarca...

Quant à la population, il est difficile d'insiter, comme le fait Michèle Colin, sur la misère et l'exploitation des indigènes car leur situation ne devait pas être pire que celle qu'ils ont subi jusqu'à une époque très récente. Les usurpations de terre et les abus des grands propriétaires se sont en effet accentués après l'Indépendance et l'essor démographique actuel rend de plus en plus exigües les terres cultivables disponibles. Sur la fortune des Espagnols et des créoles, M. Moscoso cite le témoignage de testaments et de dots de Cuzquéniennes comportant des richesses en terres, en maisons, en argent, en vêtements (27). Ils n'étaient inférieurs qu'à ceux de Potosí, mais étaient aussi importants que ceux de Lima et de Buenos-Aires. Cette richesse de la classe dirigeante n'a cessé d'augmenter au début du XVIIIe siècle. En province, on devine l'existence d'une classe métis aisée, celle de caciques locaux ou d'arrieros enrichis dans le commerce. C'est de cette classe que sont issus Tupac Amaru et plusieurs héros de l'Indépendance péruvienne (les frères Angulo, Mateo Pumacahua...). Dans l'opposition du cacique de Coporaque, Sinanyuca, à celui de Tungasuca, Tupac Amaru, on devine les rivalités économiques des deux villes de foires du Sud cuzquénien.

B. Les fonctions et l'influence régionale de la ville. Comme sa structure et son paysage urbain le montrent, le Cuzco était avant tout une ville de gens d'église, de fonctionnaires civils et militairs, tous en outre propriétaires terriens. Son rôle commercial et artisanal apparaît secondaire et surtout ne lui confère pas une influence aussi étendue que la fonction administrative, par suite de l'existence, nous l'avons vu, de centres économiques rivaux dans la même région. Administrativement, comme économiquement, la ville avait perdu son rôle de commandement, son pouvoir de décision et de contrôle ; elle n'était plus qu'un relais dans les influences de Lima ou, épisodiquement pour la justice, de Charcas.

Son aire d'influence administrative était sensiblement plus étendue qu'à l'époque actuelle. Elle n'est pas facile à définir car, d'une part, les limites varient pour chaque administration et, d'autre part, parce qu'il y a eu une évolution dans les divisions administratives au cours de la Colonie. La circonscription de base à la fois administrative, militaire et dans une certaine mesure judiciaire, était le Corregimiento. Au point de vue financier, en particulier pour la collecte du tribut, le Cuzco était la tête d'un des partidos de la Vice-Royauté du Pérou et le siège d'une Caja Real (avec un hôtel de la MOnnaie (28) de laquelle dépendaient quinze provinces. Judiciairement, le Cuzco, à partir de 1563 a appartenu à la Real Audiencia de la Plata ou Charcas dont le siège était à Sucre. Dès 1568, il était cependant rattaché à celle de Lima, dont la frontière fixée en 1573 à Ayaviri, Asillo et Hatuncana, laissaient cependant dans l'Audiencia de Charcas, certaines provinces dépendant de l'évêché du Cuzco. Tardivement, en 1788, le Cuzco devint à son tour siège d'une nouvelle Audiencia, dont la juridiction recouvrit celle de l'évêché.

Les circonscriptions religieuses sont les plus intéressantes, car elles ont été les plus stables et les plus hiérarchisées. Le Cuzco était le siège d'un évêché, dépendant de l'archevêché de Lima et contrôlant 14 provinces ecclésiastiques, elles-même subdivisées en curatos ou doctrinas (29) ; ces 14 provinces

---

27. Maximiliano MOSCOSO ; op. cit.

28. Cet hôtel de la Monnaie est important à signaler car c'est le seul au Pérou en dehors de ceux de Lima et de Potosi.

29. Huamanga et Arequipa dépendaient également, à l'origine du prélat du Cuzco, avant de devenir à leur tour évêché.

étaient d'ailleurs toutes des corregimientos. Enfin, au XVIIIe siècles, en 1784, on créa les intendances et le Cuzco fut placé à la tête de l'une d'entre elles groupant 14 partidos correspondant également aux anciens corregimientos ; la ville avait alors un rôle de commandement et de contrôle régional, puisque s'inspirant de l'administration française, les intendants espagnols avaient des fonctions de police, justice, finances et guerre.

Ces 14 partidos du XVIIIe siècle correspondant aux corregimientos et aux 14 provinces ecclésiastiques de l'évêché du Cuzco, constituent une division commode pour connaître l'aire d'influence de la ville. Ce sont : Cuzco, Calca y Lares (qui englobait à la fois l'actuelle province de la Convencion et une partie de celle d'Urubamba), Paucartambo, Quispicanchis (qui groupait les actuelles provinces d'Acomayo et de Quispicanchis), Chilques y Masques (aujourd'hui Paruro), Urubamba, Canas y Canchis (dont la capitale était Tinta et qui comprenait les provinces républicaines de Canchis, Canas et Espinar), Chumbivilcas (avec une partie de l'actuel département d'Arequipa appelé le partido de Condesuyos del Cuzco), le corregimiento d'Abancay (qui englobait les actuelles provinces d'Anta et d'Abancay), enfin les corregimientos d'Aymaraës, Cotabambas, Carabaya, Lampa et Azangaro. L'assise territoriale de la Caja Real, qui comprenait 15 provinces, modifiait un peu ce shéma en excluant Carabaya, mais en rattachant à l'autorité du Cuzco, Andahuaylas et Parinacochas qui dépendaient de l'évêché de Huamanga. Ainsi, l'autorité de l'évêque du Cuzco, puis à la fin du XVIIIe siècle celle de son intendant, s'étendait à tout le territoire de l'actuel département du Cuzco (y compris les "Andes" où opéraient deux curés délégués par l'évêque), au département d'Apurimac, à l'exception, en partie, de la province d'Andahuaylas, au Nord du département d'Arequipa, et surtout à l'Ouest et à la ceja de montaña du département de Puno.

Cette aire d'influence administrative de l'époque coloniale est intéressante à rappeler pour deux raisons. D'une part, si l'on excepte les provinces punéniennes et aréquipéniennes, c'est celle des principales administrations actuelles. D'autre part, les divisions administratives républicaines correspondent à celle de la Colonie. Les provinces actuelles sont héritières des corregimientos espagnols (30) et la grande majorité des districts aux curatos et à leurs anexos. Si l'on tient compte, par ailleurs, du fait que les divisions administratives coloniales étaient en grande partie copiées sur les limites principales tribus incorporées dans l'Empire incaïque (à l'échelle des corregimientos comme parfois à celle, inférieure, des doctrinas), on ne peut que constater la permanence et l'ancienneté de ces divisions dans la région du Cuzco. C'est là un fait essentiel au moment où les flux économiques cherchent à établir de nouveaux espaces régionaux.

Ces services administratifs du Cuzco étaient-ils créateurs de relations nombreuses entre la ville et sa région ? Il est permis d'en douter, étant donné les difficultés et la longueur des communications, les répugnances des Espagnols fonctionnaires à demeurer longtemps dans les provinces, en particulier celle de puna ou de ceja de montaña. Pour la plupart des affaires administratives et judiciaires, comme pour la perception des impôts, tout devait se régler localement par le biais des caciques indigènes, des alcaldes de Indios, à l'échelle supérieure, par celui des corregidores de chaque province. Tout au plus, y avait-il parfois quelques appels et références à des échelons supérieurs : Cuzco, Charcas, plus rarement encore Lima. Les liaisons entre la ville et la région se limitaient à quelques visites et inspections épisodiques.

---

30. Certains corregimientos ont été toutefois divisés au XIXe siècle en deux provinces (Calca y Lares, Quispicanchis, Abancay, Aymaraës, Cotabambas) ou même en trois (Canas y Canchis).

Cette faiblesse des relations administratives tient aussi à la conception même de l'administration qui était uniquement comprise pour surveiller, punir, percevoir des impôts, et non comme devant fournir des services sociaux, culturels et économiques aux populations colonisées. La seule administration ayant en quelque sorte, de son point de vue, une mission civilisatrice, était l'église, par le biais de ses prêtres, mais aussi de ses oeuvres d'assistance et ses écoles. En fait, dans ce domaine, son action était presque uniquement limitée à la ville du Cuzco où il y avait trois hôpitaux (31), un hospice pour les enfants abandonnés, deux collèges pour les Espagnols (celui des Jésuites, San Bernardo fondé en 1575, et celui de San Antonio Abad créé en 1598), un collège pour les fils de caciques (San Borja fondé en 1620) (32) et une Université créée en 1625 (33). Il est possible que la ville ait eu un certain rayonnement universitaire, Michèle Colin disant que ses collèges recrutaient jsuqu'à Arequipa, La Paz et le Potosi (34). Son actuel prestige intellectuel en serait l'héritier. Son influence comme centre artistique a dû, de même, être important dans le domaine de la peinture et de l'artisanat religieux en particulier. En dehors de la ville, il n'y aurait eu au XVIIIe siècle, d'hôpitaux ou d'hospices qu'a Abancay et San Salvador (35) et il semble dont que les hôpitaux établis dans les reducciones (36) fonctionnèrent peu de temps. Il est de même permis de douter que le décret royal du 30 mai 1691, ordonnant la création d'écoles dans toutes les villes et villages, avec des maîtres enseignant l'espagnol aux Indiens, ait été bien appliqué.

Ville de propriétaires terriens, le Cuzco avait-elle, à cause de cela, de profondes liaisons avec sa régions ? En fait, les relations ville-campagne se faisaient selon un schéma linéaire, unissant la maison de l'hacendado en ville à la **casa-hacienda** rurale, sans que le reste de la ville ou de la campagne s'en trouve concerné. Cette relation s'exerçait, d'ailleurs, presque exclusivement au profit de la ville, ou du moins, **des propriétaires qui y résidaient. Rien de comparable à cette emprise des centres urbains sur leur campagne, comme nous le voyons, dès le Moyen Age en Flandres et dans l'Italie du Nord, ou dans le Languedoc sous l'Ancien Régime. La ville ne donne rien à la campagne, ni capitaux, ni engrais, ni instruments de travail pour la plupart faits sur place par les colons de l'hacienda. D'elle, vient seulement le propriétaire foncier et plus rarement sa famille, lors des récoltes ou des semailles. A l'inverse, de l'hacienda proviennent non seulement les produits de l'agriculture et de l'élevage, mais des travailleurs servant à tour de rôle comme domestiques ("pongos") ou utilisés dans un chorillo ou à la construction d'une maison. Les investissements faits par les plus riches propriétaires ont-ils vraiment contribué beaucoup à l'économie de la ville ? Ils constituaient surtout en la construction de maison et en d'importants achats d'objets de luxe, le plus souvent importés de Castille. Les dimensions des maisons coloniales ne doivent pas faire illusion sur les revenus de leurs propriétaires. Elles étaient faitres presque gratuitement, car la main d'œuvre était celle des colons de l'hacienda qui fabriquaient en outre les principaux matériaux, briques et tuiles.**

Il y avait, d'ailleurs, certainement moins d'hacendados au Cuzco à l'époque coloniale que dans la première moitié de ce siècle ou même, peut-être, qu'actuellement. D'une part, à cause de la plus grande importance des biens d'église, souvent usurpés par la suite par les particuliers. D'autre part, parce que bien des hacendados devaient résider dans les petits villages et bourgs créés par les Espagnols où ils exerçaient leurs fonctions administratives ce qui justifie la présence de belles constructions

---

31. En 1691, un collège fonctionna éphémèrement dans le couvent de San Francisco.

31. Deux hôpitaux étaient réservés aux Espagnols, San Juan de Dios pour les hommes, San Andrès pour les femmes, et un aux "Naturales" celui de San Pedro créé en 1556 et transféré en 1698 à la Almudena.

32. En 1691, un collège fonctionna éphémèrement dans le couvent de San Francisco.

33. En 1692, on transforma le collège de San Antonio Abad en Université et celle-ci fut reconnue officiellement en 1699, malgré l'opposition des Jésuites.

34. Michèle COLIN ; op. cit.

35. Michèle COLIN ; op. cit.

coloniales dans ces agglomérations. Ce n'est que récemment que le Cuzco est devenu, par ses activités, ses services et sa modernisation, un centre d'attraction où tout le monde veut aller vivre. En troisième lieu, l'emprise terrienne du Cuzco était beaucoup plus limitée à la zone quechua, la puna comme la ceja de montaña, ayant été surtout mises en valeur par les métis aux XIXe et au XXe siècles.

La ville avait-elle un rôle important dans la commercialisation et la transformation des produits agricoles ? Il y avait bien un marché que Cosme Bueno (82) décrit comme très animé, mais son rayonnement devait être réduit aux campagnes voisines. Une partie de la production régionale était utilisée également par l'artisanat, (bois, cacao, produits de meunerie, laine). Mais la plupart des fabriques appartenant aux ordres religieux, l'essentiel des matières premières provenait de leurs domaines et ne nécessitait pas une organisation commerciale, un collectage, au niveau de la ville. Les registres notariaux semblent pourtant prouver qu'à partir du Cuzco, se réalisait une partie de la commercialisation des produits de la ceja de montaña (coca, alcool et sucre) destinés au Potosí (37). Il semble également qu'elle ait été un marché pour le sel (38), comme actuellement d'ailleurs. Par contre, sa fonction de redistribution des produits importés d'Espagne était limitée par l'existence d'autres voies menant au Potosí. La classe des marchands était certainement peu nombreuse dans le Cuzco colonial. Les principaux auteurs de la Colonie n'en parlent pas, alors qu'ils décrivent volontiers la richesse des fonctionnaires et même des ecclésiastiques.

Ainsi, le Cuzco nous apparaît, à l'époque coloniale et surtout aux XVIIe et XVIIIe siècles comme une juxtaposition de cellules ayant chacune une vie locale agricole et artisanale relativement animée. Ces cellules entretenaient des relations commerciales entre elles ou à l'intérieur du système économique du Alto Perú dans lequel elles étaient intégrées. La ville du Cuzco, bourgade de 30 à 40 000 habitants, centre d'un de ces foyers de la Sierra du Sud, connaissait à la fois une agriculture florissante, un artisanat diversifié, une vie artistique active. Pour l'ensemble de sa région, elle avait une supériorité religieuse, dans certains cas administrative, et d'autre part, bénéficiait du prestige un peu mythique que lui conférait le souvenir de l'Empire vaincu.

III. - LE CUZCO REPUBLICAIN

A. La décadence de l'économie régionale : On observe une décadence certaine de l'économie cuzquénienne dès la fin du XVIIIe siècle pour des raisons à la fois générales et locales. Cela est particulièrement net pour l'industrie textile et pour les échanges commerciaux. L'agriculture en a moins souffert, sauf vraisemblablement la petite partie de la production qui était commercialisée vers le Alto Perú. C'est dans la situation de l'ensemble de cette dernière région que l'on doit d'abord chercher les causes de la décadence économique du Cuzco et en particulier dans la rupture des courants commerciaux qui en avait cimenté l'unité. Dès le milieu du XVIIIe siècle, pénètre par le Río de la Plata

---

36. Cf. Las Relaciones Geograficas ; op. cit.

37. Nathan WATCHEL. Travaux historiques en cours.

38. Relaciones Geograficas de Indias op. cit.

la contrebande portugaise et anglaise, remontant jusque dans le Nord-Ouest argentin et au Potosi. Les conséquences en sont doublement néfastes pour le Cuzco, puisqu'il y a une concurrence pour ses tissus et qu'une nouvelle voie commerciale se dessine au profit de l'Atlantique. Ces menaces se précisent avec la création, en 1776, de la Vice-Royauté du Rio de la Plata, dont la capitale est Buenos-Aires, et avec le règlement établissant la liberté du commerce en 1778. Dès lors, la contrebande pénètre jusqu'au Cuzco (39) ; dès lors également, une grande partie du commerce minier du Potosi, d'ailleurs déclinant - ce qui est un autre problème fondamental pour l'économie du Cuzco - se dirige vers Buenos-Aires, le chemin étant à la fois plus court et plus facile que celui de Lima.

L'Indépendance des colonies espagnoles allait accentuer cette rupture, avec la division du Haut Pérou en plusieurs pays indépendants tiraillés d'autre part - sauf la Bolivie - entre les intérêts de métropoles nationales côtières : Lima et Buenos-Aires. On passe ainsi nettement d'une économie qui, à cause des mines, était restée en grande partie andine, à un développement essentiellement côtier. On comprend alors les efforts des Cuzquéniens pour essayer de sauvegarder des liens privilégiés avec le Haut Pérou par l'intermédiaire d'une Confédération Pérou-Bolivie dont l'idée resta vivante jusqu'au milieu du XIXe siècle.

Les causes locales apparaissent aussi importantes, mais peut-être moins irrémédiables que les générales. Le déclin de l'industrie textile aurait eu pour cause, selon M. Moscoso (40), les troubles sociaux du XVIIIe siècle, en particulier la révolte de Tupac Amaru qui détruisit de nombreux obrajes. Il faut y voir surtout, comme le suggère Nathan Wachtel, les conséquences de l'abolition, après cette révolte, des repartos faits par les corregidores et qui comportaient beaucoup de tissus (41). Plus tard, les luttes et les incertitudes de la guerre d'indépendance ne pouvaient pas favoriser une économie gravement condamnée et en décadence. On doit supposer, aussi, que de nombreux Espagnols et riches métis, à moitié ruinés, ou préoccupés par les troubles, abandonnèrent les Andes pour Lima.

Jusqu'à la fin du XIXe siècle, le Cuzco ne devait pas arriver à arrêter ce déclin ; on peut même affirmer jusqu'à maintenant, malgré les sursauts économiques de la fin du XIXe siècle et du début du XXe. L'évolution économique péruvienne, après l'Indépendance, favorise désormais la côte du Pacifique et la Sierra devient de plus en plus marginalisée. L'exploitation du guano et les plantations de cultures tropicales donnent au milieu du XIXe siècle toute son importance à la frange côtière et surtout à celle du Nord et du centre. Des villes s'y développent et prennent rapidement le pas sur les cités coloniales de l'intérieur. La capitale, en particulier, grandit et concentre peu à peu la plupart des activités péruviennes. Les mines ne sont pas négligées, mais ce sont cette fois les Andes du Nord et surtout du Centre, autour de Cerro de Pasco, qui sont alors très importantes.

Toute cette économie agricole ou minière, continue à être dépendante des marchés extérieurs, non plus espagnols, mais anglais et bientôt nord-américains. Un système de voies de communication, routes et chemins de fer, est créé pour l'exportation des produits ; partant des ports de la côte, il remonte vers l'intérieur, s'arrêtant le plus souvent dans la partie centrale des Andes, sans que l'on ait des liaisons transversales complètes. Parallèlement, on s'emploie à relier les diverses oasis entre elles par des routes, unifiant ainsi la Costa. Les Andes, peu favorables à quelques exceptions près à

---

39. Maximiliano MOSCOSO. Op. cit.

40. Idem, Ibidem.

41. Nathan WACHTEL. Travaux en cours. Les repartos découlent d'une institution coloniale obligeant les indigènes à acheter certaines marchandises.

l'agriculture de plantation et, surtout, apparaissant désormais comme mal placées dans un système de relations dépendant de l'extérieur, sont rejetées de plus en plus en marge de l'économie péruvienne. Pendant la première moitié du XIXe siècle, elles aident le système côtier à fonctionner, en lui fournissant quelques produits vivriers (céréales et tubercules) et également de la main-d'œuvre. A la fin du siècle, elle entrent, cependant, dans l'économie moderne de marché, comme fournisseurs de laine, et sur le versant amazonien, de produits tropicaux. La région et le ville du Cuzco connaîtront alors, en fonction de ces deux nouvelles possibilités économiques, de profondes transformations et un incontestable réveil.

L'évolution politique et administrative favorise par ailleurs le centralisme beaucoup plus qu'à l'époque coloniale. Tout se passe désormais à Lima et aucune autre ville ne lui dispute le pouvoir. Les Espagnols, pouvant craindre à tout moment des révoltes locales, avaient été obligés de respecter les populations vaincues, en particulier autour de l'ancienne capitale déchue. Les Péruviens indépendants perdent ce souci et ne se préoccupent plus que de percevoir les impôts (le Cuzco restant dans ce domaine au premier plan, car très peuplé) (42), exercer un contrôle administratif et policier, et, éventuellement, lever quelques troupes. La masse indigène est de plus en plus oubliée et laissée à l'exploitation des métis qui accaparent ses terres en constituant de grands domaines.

Ce déclin de la ville du Cuzco et de sa région au XIXe siècle, apparaît dans tous les récits des voyageurs et en particulier dans ceux de Paul Marcoy en 1846, (43) d'un anonyme en 1848 (44), de Sir Clements R. Markham en 1856 (45) enfin de Georges Squier en 1863 (46) et (47). Tous soulignent la décadence économique de la région, son isolement (48), le mauvais état des liaisons avec Lima, le délabrement et la saleté de la ville, l'exploitation à laquelle elle est soumise de la part du pouvoir central qui ne se rapelle d'elle "que quand il s'agit de former des armées et de lever des ressources pour la guerre". (49).

Deux critères fondamentaux nous permettent de souligner ce déclin : la diminution de la population, et la très faible expansion urbaine. (50). La population qui était en 1795 de 31 983 hab. était tombée à 18 370 hab. et à 23 108 pour l'ensemble de la province, au recensement de 1876 ; au début du XXe siècle, Hildebrando Fuentes (51) l'évalue à 15 000 hab., précisant qu'elle en comptait 50 000 en 1850 ; un recensement de la municipalité nous donne, pour 1906, le chiffre de 18 167 hab. ; une reprise semble s'amorcer peu après, puisque l'étude du recteur de l'université Alberto Giesecke donne, en 1912, 26 939 hab. en incluant les populations de San Sebastian et San Jeronimo (52).

---

42. Cf. Anuario del Ministerio de Hacienda. Presupuestos departementales. Archivo historico del Ministerio de Hacienda. Lima.

43. Paul MARCOY. Viaje por los valles de la quina. Publié en 1780 dans la revue "Le Tour du Monde".

44. El Cuzco y sus provincias. Arequipa 1848.

45. Sir Clements R. MARKHAM. Cuzco ; A journey to the ancient capital of Peru. Londres 1856.

46. George SQUIER. Incidents of travel and exploration in the land of the Incas. London, Macmillan and C. 1877.

47. Pour tous ces récits, lire "Antologia del Cuzco" de Raul PORRAS BERRENECHEA. Lima 1961.

48. Markham écrit : "à Lima, on sait beaucoup moins de choses du Cuzco que de Berlin ; pour un Liménien qui est allé au Cuzco, cent ont visité Paris. Le voyage à New-York se fait en moins de temps et avec le quart des inconvénients et des fatigues que celui de Lima à la hautaine ville de la Sierra". Markham op. cit.

49. Récit anonyme de 1848 ; op. cit.

50. Voir chapitre I.

51. Hildebrando FUENTES. El Cuzco y sus ruinas Lima 1905.

52. Alberto GIESECKE. Censo del Cuzco. Informe sobre el censo leventado en la provincia del Cuzco el 10 Setiembre de 1912. Boletin de la Sociedad Geografica de Lima. Tomo XXIX 3° 4° trimestre. Lima 1913. (p. 142- 167).

Les renseignements que nous possèdons avant le recensement de 1876 sont contradictoires. Certains auteurs parlent de 40 à 50 000 hab. (le Général Miller, en 1825, le Vicomte de Sartiges (53) en 1834 et même Georges Squier (54) en 1863 (ce qui contredit nettement les données du recensement de 1876). Un recensement fait en 1850 (sous la présidence de Ramon Castilla), semble pourtant confirmer leurs évaluations, en donnant le chiffre de 41 152, mais pour l'ensemble de la province. Quant à Paul Marcoy (55), en 1846, faisant allusion à d'autres recensements (peut-être celui ordonné en 1836 par le Général Don Andrès Santa Cruz), il parle de 20 360 âmes, ainsi d'ailleurs que S.S. Hill (56) en 1850. Si l'on retient le premier chiffre, la population aurait donc surtout diminué dans la seconde moitié du XIXe siècle, peut-être à la suite de plusieurs épidémies : hépatite, vers 1855-56 (selon Hildebrando Fuentes, elle fit 25 000 morts), variole en 1885. Dans la deuxième hypothèse, la diminution de la population aurait été plus régulière au cours du XIXe siècle. Il y avait, en particulier, une constante émigration des familles riches vers Lima alors même que les fonctions somnolentes de la ville ne lui conféraient pas de pouvoir attractif sur la population régionale.

B. Les fonctions de la ville au XIXe siècle : Elles prolongent celles de l'Epoque coloniale, mais semblent être, surtout en ce qui concerne le commerce et l'artisanat, beaucoup moins animées. Depuis 1822, capitale d'un département qui englobe toujours l'Apurímac (sauf Andahuaylas qui appartenait à Ayacucho) et la selva de l'actuel Madre de Dios, la ville est encore avant tout un centre administratif important. Elle est le siège d'une préfecture, d'une cour supérieure de justice, d'une trésorerie avec un Hôtel de la Monnaie, d'une intendance de police. La fonction religieuse était toujours très importante, mais dans les aspirations des fils de la bonne société, la robe concurrençait sérieusement la carrière ecclésiastique (on avait 37 avocats en 1839 et 47 eb 1851) (57). Les services offerts par la ville étaient limités à 2 hôpitaux, 2 collèges (Educandas et Ciencias fondés par Simon Bolivar en 1825) et une université groupant, au début de ce siècle, une centaine d'étudiants (58). On note cependant, au cours du XIXe siècle, un recul de cette fonction administrative par rapport aux autres départements, Arequipa et ceux de la côte en particulier. A la fin de la Colonie, le Cuzco venait après le Potosí et la Paz, mais avant Lima et Chucuito, dans les dépenses et les salaires payés par la Vice-Royauté. Après l'Indépendance, en 1831, il était, dans le budget du ministère des Finances, second derrière Lima pour les dépenses de la "Junte" départementale et de la Cour Supérieure de Justice. Dès le milieu du siècle (budget de 1850-51), le budget d'Arequipa vient tout de suite après celui de Lima, laissant Cuzco en troisième position. Ce dernier récupère la seconde place à la fin du XIXe siècle, pour la perdre après 1900 et la retrouver, éphémèrement, à partir de 1920, signe d'une réelle amélioration de la situation économique régionale (59).

Préoccupés principalement d'archéologie, les voyageurs du XIXe siècle donnent peu de détails sur l'activité économique de la ville, à l'exception des marchés dont ils se plaisent à souligner l'animation. Les registres des patentes de 1839 et 1851 fournissent quelques renseignements sur les

---

53. Vicomte de SARTIGES, Cité par Raul Porras Berrenechea. Op. Cit.

54. George SQUIER. Op. Cit.

55. Paul MARCOY Op. Cit.

56. Cité par Raul PORRAS BARRENECHEA Op. Cit. p. 253.

57. Registre des patentes du Cuzco 1839 (réf. 238) et 1851 (réf. 420). Archivo del Ministerio de Hacienda. Lima.

58. Il y avait 111 étudiants et 18 professeurs en 1909, selon Hiram Bingham, et 80 en 1933 - dont 8 femmes - selon Charles Wendell Townsend, cités par R. Porras Barrenechea dans Antologia del Cuzco Op. Cit.

59. Anuarios del Ministerio de Hacienda. Presupuestos departamentales. Archivo histórico del Ministerio de Hacienda. Lima.

magasins et les artisans. On note une très sensible diminution dans le nombre des établissements entre les deux dates, ce qui pourrait témoigner en faveur d'un certain déclin révélé, nous venons de le voir par les chiffres de population. On comptait 146 magasins du type "commerce" (c'est-à-dire vendant avec l'alimentation une grande variée de produits) en 1839, dont 10 de première catégorie et 102 de quatrième ; en 1851, il n'y en avait plus que 104 dont 7 de première catégorie. Les établissements vendant des alcools, ainsi que l'avaient souligné Paul Marcoy et George Squier, étaient presque aussi nombreux : 102 en 1839, 72 en 1851. 302 artisans en 1839 et 286 en 1851, exerçaient une très grande variété d'offices avec une grande place à l'artisanat de service (forgerons, tailleurs chapeliers, tanneurs, cordonniers, charpentiers, céramistes, boulangers, etc...) et à l'artisanat religieux (argentiers, peintres, fabricants de franges dorées etc.). Seul Markham (60) cite l'artisanat textile qui semble, ainsi, être assez somnolent depuis l'époque coloniale. Les activités commerciales étaient tellement réduites qu'on peut émettre l'hypothèse que le XIXe siècle a été une période de régression dans l'usage de la monnaie. Celle-ci intervenait, en effet, à l'époque coloniale dans le paiement du tribut or, actuellement, sa circulation est très limitée comme on peut le constater sur les marchés ruraux où l'on éprouve de grandes difficultés à échanger un billet de 50 sols (8 F).

Markham insiste beaucoup sur le rôle joué par Cuzco dans la commercialisation des produits de la ceja de montaña : coca, cacao, eau de vie de canne, bois, quinquina et même caoutchouc (61). Il va jusqu'à dire que l'espérance pour le Cuzco est : "à l'Ouest, dans les forêts inépuisables de fertilité, dans les rivières abondantes qui relient à l'Amazone", ajoutant que "si les cours d'eau qui naissent dans les cordillères du Cuzco étaient explorés (...), on pourrait établir une liaison plus courte entre le Cuzco et l'Europe, et la ville pourrait alors redevenir la capitale du Pérou". A la fin du XIX siècle, il semble qu'il y ait eu également un certain commerce de la laine venue des punas voisines ; William Eleroy Curtis écrit en 1899 (62) ; "la plus grande partie de l'argent qui parvient actuellement au Cuzco, est envoyé pour acheter de la laine, car les sierras sont couvertes de troupeaux d'alpacas et de moutons, dont les toisons atteignent un prix élevé, sur le marché étranger". C'est l'intensification de ces deux types de production, la laine et les produits des terres chaudes, qui, grâce à l'apparition de nouveaux moyens de communication, allait provoquer un réveil certain des activités économiques dans notre région et l'ensemble de la Sierra du Sud.

C. Le réveil économique et ses conséquences (fin du XIXe et début du XXe siècle). Les besoins de l'industrie des pays européens, de l'Angleterre principalement, suscitent dès le milieu du XIXe siècle, un développement de la production lainière dans les Andes du Sud. L'exportation se fait à partir de Mollendo, mais c'est Arequipa qui en tire tous les bénéfices, en devenant le siège des principales maisons anglaises de commerce, et le centre des laveries et établissements de premier traitement de la laine. En 1871, le chemin de fer relie cette ville à Mollendo, puis à Juliaca sur l'Altiplano, en 1876. Le Cuzco ne profite que des conséquences indirectes de cet essor de la production lainière. Ce sont, en effet, des provinces excentriques et où la terre ne semble pas avoir été appropriée intensivement par les Cuzquéniens, qui sont concernés par l'élevage des ovins et lamas. Encore sont-elles d'ailleurs beaucoup moins touchées par les capitaux et les liaisons commerciales que le département de Puno qui devient l'arrière-pays d'Arequipa.

Dans le département du Cuzco, le grand centre lainier est Sicuani que le chemin de fer de la Peruvian atteint en 1893, alors qu'il n'arrivera au Cuzco qu'en 1908. Les maisons commerciales d'Arequipa, relais du capitalisme anglais s'y installent, drainant à bas prix la production de laine

---

60. Sir Clements MARKHAM ; op. cit.

61. Sir Clements R. MARKHAM ; op. cit.

62. William Eleroy CURTIS cité par Raúl Porras Barrenechea. Op. cit: p. 314.

régionale et vendant en échange, souvent à crédit, des produits fabriqués importés d'Europe. Quelques capitaux aréquipéniens s'investissent également dans l'élevage. Plus tard, dans les années 1920-1930, apparaîtront des centres de commercialisation secondaires indépendants de Sicuani et en liaison directe avec Arequipa : Yauri, puis Tocroyoc.

Si Cuzco n'a jamais joué un rôle important dans la commercialisation de la laine, il a su, par contre, tirer profit de la renaissance de l'industrie textile locale. Des quatre usines travaillant la laine apparues à la fin du XIXe siècle et au début du XXe, une seule, Maranganí (1890), appartient au système sicuanénien et n'a que des relations commerciales avec le Cuzco. Les deux autres fabriques, Lucre, la plus ancienne (1861) et Urcos (1910), fonctionnent dans le cadre d'haciendas provinciales, mais ont des liens étroits avec la ville où se trouvent leurs propriétaires, leur direction et leur service de vente. Plus tard, c'est dans la ville même que des Italiens créeront les usines "Huáscar" en 1918 (pour la laine et le coton) et "La Estrella" en 1928. Comme la production de tissus, couvertures et châles, trouve beaucoup de clients dans toute la Sierra, l'influence de la ville se fait sentir dans tout le sud et jusqu'en Bolivie.

Dans la ceja de montaña, on assiste à de profondes modifications économiques. Dans la vallée de la Convención, au circuit commercial presqu'essentiellement régional fondé sur la coca, l'alcool de canne et secondairement le cacao et le bois, se substitue un nouveau système orienté vers l'exportation de café, thé, cacao à destination de l'Europe et bientôt des Etats-Unis. Nous avons vu comment, avec ces cultures, progressèrent la grande propriété et le peuplement dans cette vallée. Au milieu du XIXe siècle, celui-ci semble être assez important pour qu'on fasse de la Convención une province indépendante (1857) dont la capitale, Quillabamba, est créée en 1881 sur une terrasse de l'hacienda Santa Ana. La construction du chemin de fer dans les années 20-27 favorisera une deuxième étape de peuplement, interrompue aussitôt par une triple épidémie de paludisme, fièvre jaune et variole de 1928 à 1940.

Plus bas, dans la forêt, c'est le caoutchouc de cueillette qui, avant la guerre de 1914, attire les aventuriers ; ils se font concéder par l'Etat d'immenses gomales (étendues de selva où les arbres à caoutchouc sont très dispersés). Certains sont péruviens comme les Pancorbo de l'hacienda Paltaytamba, qui obtiennent dans les années 1908 et 1912 quelques 26 600 ha de forêt à exploiter dans la vallée de San Miguel (63). Le plus souvent, ce sont des étrangers : des Espagnols comme Lambarri (29 551 ha en 1915), Máximo Rodriguez et les frères Perdíz dans le Manú ; des Italiens ou surtout des Américains créent d'éphémères sociétés : la Emery Leta Card y hermanos (338 500 ha dans le Madre de Dios en 1909-1910), la Rubber Estates Ltd (74 956 ha dans le Manú en 1909), la Compañía gomera de Mainique (26 000 ha), la Compañía gomera Paucartambo (26 600 ha dans le Manú en 1909), Martín Willis qui obtient en 1907, 50 000 ha dans le Manú (sa famille fera souche dans la Convención et deviendra propriétaire des haciendas Sahuayaco et Potrero), The Inambari Para Rubber Soc. Ltd (13 184 ha en 1910 près de l'Inambari), etc... (64). Une piste aurait été construite vers 1906 par le gouvernement, de Rosalina (dernière plantation de canne à sucre) jusqu'au Yavero et au Pongo de Mainique. Depuis Rosalina, on expédiait le caoutchouc en deux semaines à Cuzco à dos de mulets et il gagnait ensuite le port de Mollendo en chemin de fer (65). Une partie descendait également

---

63. Registre de la propriété et immeuble du Cuzco.

64. Registre de la propriété et immeuble du Cuzco.

65. Isaiah BOWMAN qui voyage à une époque où la fièvre du caoutchouc de cueillette a beaucoup diminué depuis 1911, nous a décrit dans "Les Andes du Sud du Pérou" (op. cit.), quelques établissements de caucheros, en particulier celui de Mulanquiato, peu avant le Pongo de Mainique, appartenant à un certain Pereira.

l'Urubamba-Ucayali vers Iquitos et, en deux semaines, était expédiée vers le Brésil atlantique. Le Cuzco n'a pu donc jouer dans cette exploitation un rôle très important, mais il y a gagné une certaine animation et la venue de nombreux étrangers, dont certains firent souche (les Willis, les Romainville, les Lambari en particulier). Après 1910, l'importance du caoutchouc déclina brutalement, en raison des difficultés locales d'exploitation et, plus encore de la baisse des prix devant la concurrence du caoutchouc des plantations d'Extrême-Orient.

Après la Première Guerre Mondiale, c'est la recherche de l'or qui allait provoquer une deuxième vague d'émigrants étrangers et redonner vie à la vallée de Marcapata, bien oubliée depuis la Colonie. Elle avait suscité à la fin du XIXe siècle un certain intérêt pour le quinquina (66). Mais la "fièvre de l'or" allait provoquer une vraie mise en valeur avec la formation, autour des lavaderos où l'on extrayait le métal à la batée, de petites exploitations défrichant la forêt pour planter des cultures vivrières et même de la canne à sucre. Une ville naît au pied du Cerro Camanti : Quince Mil qui compta dans les années 30 près de 4 000 habitants parmi lesquels de nombreux étrangers, Allemands et Yougoslaves chassés par les troubles de la guerre de 1914-18 en particulier. L'or était expédié vers Lima à dos de mulets, via le Cuzco où des maisons de commerce, la firme Lomellini notamment, prenaient en charge son transport. Les vallées chaudes de la province de Paucartambo (Lacco et Cosñipata), très importantes pour la coca pendant l'époque coloniale, connurent un grand déclin au XIXe siècle et les Indiens de la forêt y détruirent, selon Markham, de nombreuses demeures abandonnées (67). La colonisation reprendra au début du XXe siècle, avec l'espoir des cultures qui réussissaient alors dans la Convención. Elles connurent beaucoup moins de succès et plus d'irrégularités dans la mise en valeur car ces vallées étaient plus humides et dépourvues jusqu'à la Seconde Guerre Mondiale de bonnes voies de communication.

Le Cuzco sut profiter de la colonisation des terres chaudes du versant oriental des Andes : c'est d'ailleurs peut-être pour cela que, sollicité vers le Nord, il se désintéressa de l'économie des punas du Sud. Au débouché du chemin de fer de Santa Ana et des pistes, il contrôlait le transbordement nécessaire vers le train de la Peruvián, conduisant au port de Mollendo. Le commerce des denrées tropicales et la vente, dans ces vallées, de produits fabriqués, provoquèrent l'installation de nombreux magasins. A côté de la vieille maison Braillard, d'origine française, créée en 1821, s'installent des firmes anglaises déjà établies à Arequipa, Gibson et Ricketts (1894-1898) (68). Un peu plus tard, des étrangers fondent d'autres maisons commerciales : Italiens (Lomellini, Calvo), Espagnols (Lambarri), Anglais (Stafford), plus tard Allemands, (Barten, dans les années 20) (69). La courbe des affaires commerciales de la ville commençait à suivre, alors, celle des récoltes et du prix du café.

Les riches propriétaires de la Convención, viennent s'établir dans l'ancienne capitale incaïque construisant une maison moderne sur l'avenue Pardo que l'on aménage à partir de 1920. Ils sont heureux d'y trouver les services, les magasins, les relations sociales, les distractions, que ne peut offrir Quillabamba restée un petit village jusqu'en 1940. Beaucoup de métis provinciaux, enrichis dans le négoce des produits des terres chaudes ou comme arrendires, y ouvrent une boutique (originaires en particulier des provinces d'Acomayo, Urubamba, Calca, Paruro et même Canchis).

---

66. Paul MARCOY ; Op. cit.

67. Sir Clements MARKHAM ; op. cit. Cet auteur cite en 1853, trois haciendas produisant coca, cacao, maïs et riz : San Miguel, Chaupimayo et Cosñipata.

68. Leurs gérants nous ont donné ces dates, mais nous n'en trouvons pas trace dans le récit d'H. Fuentes "El Cuzco y sus ruinas".

69. Selon le registre de la propriété et immeuble du Cuzco.

Ce renouveau économique est limité géographiquement et socialement. Il n'intéresse guère que les zones traversées par les voies de communication modernes - chemins de fer et routes améliorées par l'administration du Président Leguía (1911-1920) - c'est-à-dire essentiellement la vallée du Vilcanota de Sicuani à Urubamba (70), la plaine d'Anta et dans une moindre mesure la Convención. Ces provinces commencent à acquérir, avant les autres, un certain nombre de caractères propres à faciliter les relations ville-campagne. Les nombreux bourgs et villages créés par les Espagnols y sont promus au rang de capitales de province ou de district, et voient s'installer écoles primaires, bureaux de postes (avec souvent le télégraphe), et déjà des petites boutiques. Leurs habitants adoptent au cours de leurs contacts avec les marchés de Sicuani et Cuzco, l'habitude de l'économie monétarisée, l'usage de l'espagnol et une incontestable mobilité géographique. Le changement est ici bien souvent plus culturel qu'économique, car il ne s'accompagne que d'une amélioration très lente des revenus. Mais on sent, en particulier dans la vallée de la Convención, le début de la promotion d'une classe de mestizos et de cholos et c'est là une différence fondamentale avec le reste des provinces, celles de la puna en particulier.

Les autres vallées quechuas, moins bien desservies par les communications comme celles d'Acomayo, de Paruro et de Paucartambo qui avaient été des petits pays prospères à l'époque coloniale, commençaient à être marginalisées par rapport à celle du Vilcanota. Un début d'émigration les vidaient de leurs éléments, les plus aisés ou les plus dynamiques. De même les vallées de l'Apurímac se dépeuplaient au profit de Lima. Dans les provinces de la puna, très mal desservies jusqu'à une époque récente par les voies de communication et situées à plusieurs jours de cheval de toute ville, les progrès étaient fort limités. La laine, loin d'y enrichir les masses indigènes, n'avait fait qu'accentuer la dure exploitation des "gamonales" et des nombreux "rescatadores" (71).

D. Les progrès de la ville au début du XXe siècle. Plus que l'ensemble de sa région, la ville du Cuzco, sous l'influence de ces nouvelles conditions économiques, commença à grandir et à se moderniser. Les migrations provoquent la reprise de la croissance de la population qui passe de 18.167 habitants en 1906 (72) à 40.657 au recensement de 1940. (73). Deux nouveaux quartiers apparaissent vers l'Est, celui de l'avenue Pardo entre les deux gares, celui de Huánchac près de la station de la Peruvián (74). Deux documents très importants nous renseignent sur les activités économiques urbaines au début de ce siècle : la description faite, en 1904, par Hildebrando Fuentes (75) et un annuaire des commerces, professions et industries du Cuzco établi en 1928 (76). Ils nous permettent d'évaluer les progrès du commerce et de l'industrie entre ces deux dates, bien supérieurs en particulier à ceux des services.

Lorsque H. Fuentes devient préfet, en 1904, la ville n'a encore ni eau potable, ni électricité, et bénéficie depuis trois ans seulement d'un système de ramassage des ordures et nettoyage des rues. Elle ne compte que deux hôtels et aucun théâtre ; il n'y a pas de banque (alors qu'Arequipa, Tacna, Trujillo et Piura en possèdent déjà), mais seulement une maison de prêt, percevant des intérêts très élevés. La première banque sera toutefois ouverte peu après, en 1906. Sept maisons assurent la majeure partie du commerce des produits fabriqués dont trois existent toujours (Braillard, Lomellini et Lambarri). La

---

70. Hildebrando FUENTES dans "El Cuzco y sus ruinas", a très bien décrit en 1904 cette animation de la vallée, entre Cuzco et Sicuani que reliait en 2 jours une diligence hebdomadaire depuis 1898.

71. Cf. Hildebrando Fuentes ; Op. Cit.

72. Recensement effectué par la municipalité du Cuzco en 1906.

73. Censo nacional de población. 1940. Lima. Dirección nacional de estadísticas y censos.

74. Voir chapitre I.

75. H. FUENTES. El Cuzco y sus ruinas ; Op. Cit.

76. Guía comercial, professional y industrial del Cuzco. Kaminsky y Cía. Arequipa, 1928.

chambre de commerce, créée en 1903, compte déjà 35 membres. Dans le commerce de détail, H. Fuentes note une grande importance des Arabes (appelés Turcos). Il y a quatre brasseries, quatre fabriques de cocaïne et une petite industrie du bois. Par contre l'artisanat traditionnel textile ou religieux est, selon l'auteur, "en voie de disparition". Le commerce des produits de la région porte surtout sur le cacao, la coca, le quinquina, les fruits et le sel, l'auteur citant une dizaine de salines.

Au point de vue culturel, la ville compte huit écoles primaires et treize collèges (sept garçons et six de jeunes filles) (76). L'université a 80 étudiants, alors que l'ensemble de la population scolaire comprend en 1902, 3 608 élèves (1 916 garçons et 1 692 filles). L'hôpital de l'Almudena est aggrandi et soigne 1 464 malades en 1904 ; la ville bénéficie des services de 5 médecins, de 3 sage-femmes et de 3 pharmaciens diplômés. Elle continue à garder des fonctions judiciaires et religieuses importantes avec en particulier 94 avocats, une dizaine de curés et 10 couvents et béguinages. La vie culturelle et sociale doit être déjà assez active, puisqu'il n'y a pas moins de 4 journaux (dont les deux actuels : El Commercio et El Sol), deux revues, quatre associations scientifiques ou artistiques, quatre groupes professionnels, quatre confréries religieuses et deux clubs sociaux.

En 1928, la ville est déjà mieux équipée en services et son commerce s'est diversifié. L'enseignement a peu progressé, puisqu'il n'y a plus que 6 écoles primaires et toujours 13 collèges dont un anglais et une école nationale des Arts et Métiers. Par contre, l'Assistance Publique a commencé la construction de l'hôpital Antonio Lorena (terminé en 1933) et de l'orphelinat Maria Salomé Ferro (achevé en 1939). Il y a 10 pharmacies et 9 dentistes. Le commerce est beaucoup plus important qu'en 1904, avec 11 maisons d'importation-exportation et 17 grossistes. Avec les épiceries et les marchands de tissus, on note un représentant de matériel électrique, un de machines à coudre (Singer & Cie) et un d'articles de musique et de sport. Cette diversification apparaît plus encore dans le commerce de détail. A côté des boutiques traditionnelles (4 épiceries importantes, 14 magasins de tissus - dont 8 appartiennent à des Arabes - 13 négoces de produits de l'agriculture, des terres chaudes surtout), on note déjà : 6 librairies et 3 kiosques à revues, 3 quincailleries, 8 bijouteries, 9 bars et pâtisseries, 3 restaurants, 1 photographe (Martin Chambi), 2 cinémas et 1 théâtre, ce qui montre que les goûts d'une partie de la population sont déjà urbains. La présence de 2 garages, d'un représentant de machines, de 4 hôtels et 2 pensions, souligne un certain développement des transports automobiles, pourtant assez lent avant les années 50. Les agences commerciales sont très nombreuses et c'est là une grande nouveauté par rapport à 1904 (2 agences de transport, 5 agences maritimes, une de douane -Lomellini & Cie - et 3 de commerce en général). L'autre fait important est la présence à côté de deux maisons de prêt, de trois banques (del Peru y Londres, Italiano et Gibson qui a une section de crédit agricole).

Les industries se sont multipliées dans la ville entre 1904 et 1928 avec deux secteurs essentiels : l'imprimerie et la transformation des produits de l'agriculture et de l'élevage. Les imprimeries, dont certaines sont aussi maisons d'édition (Rozas, Los Andes), en publiant de nombreuses revues et journaux (dont trois quotidiens et un hebdomadaire), font du Cuzco un des centres intellectuels les plus actifs du Pérou, en particulier un des foyers du mouvement indigéniste. Dans la deuxième catégorie d'industries, on peut citer 4 moulins, 4 chocolateries (dont la Continental), une brasserie, ancêtre de l'actuelle (78), trois fabriques de boissons gazeuses, 2 scieries, deux ateliers de meubles, 2 usines de chaussures et 2 fabricants de carreaux de faïence. Enfin, la manufacture Huascar est en pleine activité et «La Estrella» sera construite en 1928.

---

77. A côté des vieux établissements de Ciencias et d'Educandas, s'étaient fondés le séminaire de San Antonio Abad, le collège de la Merced pour les hommes, et celui des "filles de Sainte-Anne" pour les jeunes filles.

78. En 1919, des Allemands, Gunther et Tidow achètent l'ancienne brasserie française de Léoncio Vignes (passée, entre temps, en 1916, à d'autres Allemands d'Hambourg, les Ariansen), l'hacienda Calera et la quinta Ccollacalle ; la nouvelle usine devient succursale de la fabrique créée à Arequipa par les mêmes propriétaires. D'après le registre de la propriété et immeuble du Cuzco.

E. **Le Cuzco en 1950.** Malgré ce réveil de l'économie régionale, au début du XXe siècle, la ville apparaissait toujours comme très isolée à l'intérieur de l'ensemble national. Les deux routes du centre qui, à partir d'Abancay, conduisent à Lima - l'une par Ayacucho et Huancayo, l'autre par Puquio et Nazca - ne sont terminées qu'en 1938-1939, sous la présidence de Benavidès. La circulation automobile y est très réduite et la plupart des échanges commerciaux se font encore à dos de mulet. Vers Arequipa, la route depuis 1930 est un peu meilleure et surtout, il y a le chemin de fer. Ensuite, on gagne Lima, de préférence par bateau, à partir de Mollendo en trente-deux heures, la route panaméricaine n'étant achevée qu'en 1945. Malgré l'apparition de l'avion en 1929, les liaisons avec la Côte, et en particulier avec Lima, restaient donc lentes et incertaines.

Aussi le Cuzco maintenait-il avant 1950, et surtout au début du siècle, plus de relations avec la Bolivie, l'Argentine et le Chili qu'avec la capitale péruvienne, prolongeant d'une certaine manière le système économique du Haut-Pérou colonial avec des produits, des modalités, et à l'intérieur de cadres nationaux, différents. Le train permettait de gagner la Paz, puis après une semaine de voyage, Buenos-Aires. Des revues et journaux argentins arrivaient hebdomadairement et étaient plus demandés que ceux de Lima. Des ambulants de Bolivie, les Qamili, fréquentaient les foires et se déplaçaient le long de la vallée du Vilcanota, de village en village. Dans les punas du Sud, des commerçants aréquipéniens vendaient (ou le plus souvent échangeaient) des mules argentines ou de la côte, de l'eau de vie, des vins, des fruits de Majes, Tacna ou du Chili. De même, les relations intellectuelles étaient plus fortes avec l'étranger qu'avec Lima. La plupart des étudiants, en dehors des disciplines traditionnellement cuzquéniennes, Droit et Letres, allaient en Argentine et dans une moindre proportion, au Chili. Au début du siècle, ils étudiaient même en premier lieu en France, les médecins en particulier.

Le développement économique était bloqué en second lieu par les modes de production précapitalistes qui dominaient largement dans l'agriculture et l'industrie rurale. Les haciendas - et les usines qui s'y installaient - utilisaient une main-d'œuvre quasi-gratuite, dépendant étroitement du maître pour toute question administrative, pour tout négoce, pour tout déplacement et tout accès à un quelconque service. Dotés de larges extensions de terrain et d'une main d'œuvre relativement disciplinée, leurs propriétaires ne se préoccupaient pas de réaliser les investissements et les améliorations techniques que demande toute exploitation moderne. Tout au plus, certains produisaient un peu d'orge en liaison avec la brasserie et de pommes de terre pour les marchés urbains. Même dans les deux zones se consacrant à la production de denrées exportables, il n'y avait pas eu, à de rares exceptions près, de progrès techniques. Les cultures de café et cacao de la Convencion étaient loin d'être des "plantations" bien entretenues et les haciendas de la puna étaient très en retard par rapport à celles de l'altiplano punénien. Quant aux communautés, toute évolution dans leur production était bloquée fondamentalement par le manque de terres, par l'isolement culturel, la pauvreté et le système de dépendance administrative et économique où se trouvaient leurs membres.

Les revenus des hacendados n'étaient pourtant pas négligeables. Aux ressources provenant de l'agriculture ou de l'industrie rurale, beaucoup ajoutaient celles venant de l'exercice d'une profession libérale urbaine, et de la perception de certains loyers. Mais il a manqué à cette oligarchie terrienne un esprit d'entreprise nécessaire au développement des forces de production capitalistes. Les plus entreprenants d'entre eux ont fait quelques investissements dans une petite industrie, fonctionnant en fait comme une hacienda (moulins, tissage de laine, usines d'élaboration du thé), ou se sont associés pour créer des petites usines hydroélectriques locales (au Cuzco, comme à Acomayo ou à Urubamba). La grande majorité se contentait d'investir dans la construction de maisons au Cuzco, comme à Lima où les possibilités de location étaient plus nombreuses. Leur nombreuse famille, les lourdes dépenses imposées par la vie de société, absorbaient le reste de leur fortune.

Très peu se sont lancés dans des entreprises commerciales ou des industries modernes, laissant le champ libre aux capitaux étrangers ou plus rarement, avant 1950, liméniens. Ceux-ci ont accentué la dépendance du Cuzco à l'intérieur de la chaîne de domination qui liait le Pérou aux pays industrialisés, à travers le relais de la capitale nationale et d'Arequipa.

La persistance des influences coloniales se reflète aussi dans le type de relation unissant la ville et sa région. Le rôle de l'agglomération était essentiellement parasitaire. Elle tirait de ses terres son ravitaillement, une maigre rente foncière, une main-d'œuvre gratuite. La fonction de redistribution au service de la région était très limitée géographiquement et socialement. Les magasins avaient une clientèle essentiellement urbaine, les ruraux ayant un pouvoir d'achat très limité, une économie peu monétarisée, des habitudes de consommation éloignées de celles des métis. Ils étaient soumis d'autre part à l'exploitation des gamonales et des riches métis des bourgades provinciales. Les services d'éducation, de santé, encore modestes, fonctionnaient au profit des seuls urbains. De nombreux hacendados s'opposaient à la création d'écoles chez eux et les communautés ne pouvaient assumer l'entretien d'un maître. La plupart de ces dernières, très isolées, obéissaient d'ailleurs à des modèles culturels très différents. Quelques échanges régionaux persistaient ; certains, en particulier ceux qui se réalisaient par le chemin de fer, étaient contrôlés, nous l'avons vu, par la ville. Mais les autres se faisaient entre les diverses unités géographiques, ignorant les villes et les moyens de communications modernes, encore rares, et laissant une très grande importance au troc.

F. Les conditions nouvelles du développement après 1950. Ce n'est donc ni dans la ville, ni dans la torpeur de la vie régionale, que l'on peut espérer voir surgir dans les années 50, des facteurs de changement : ceux-ci se produiront en effet à l'échelle nationale, comme conséquences de la pénétration du capitalisme étranger, nord-américain surtout désormais, et de l'évolution de ses intérêts.

Pourtant, un facteur local, complètement fortuit, a eu des conséquences imprévisibles pour l'avenir de la ville : le tremblement de terre du 21 mai 1950. Les nécessités de la reconstruction de l'ancienne capitale incaïque entraînèrent la formation d'un organisme, la "Junta de reconstruccion del Cuzco", qui reçut l'appui technique et financier de l'U.N.E.S.C.O. et d'autres organisations nationales ou étrangères. On a là une première rupture dans l'isolement dont souffrait le Cuzco depuis l'indépendance. Sur le plan international, le tourisme se développe au fur et à mesure où les monuments sont restaurés et où la ville commence à acquérir les éléments du confort moderne. Désormais, les "tours" américains l'inscrivent obligatoirement, avec Macchu Picchu, dans leurs itinéraires. Des hôtels, des restaurants s'ouvrent, créant de nouveaux emplois, et l'artisanat se transforme pour cette nouvelle clientèle.

A l'échelle nationale, on se préoccupe surtout d'améliorer les liaisons aériennes avec l'ancienne capitale et à y reconstruire de modernes édifices publics : Palais de Justice, lycées, (Garcilaso et Clorinda Matto et Turner), Université (1955), plus tard hôpital (terminé en 1964). Ces derniers établissements indiquèrent la direction d'un nouvel axe de croissance urbaine le long de la route de Puno devenue l'avenue de la Culture. Ces divers chantiers attirèrent des migrants de plus en plus nombreux qui trouvaient là un complément de revenus pendant la morte-saison agricole. Par la suite, beaucoup s'établirent définitivement en ville, rejoignant dans des quartiers improvisés les sinistrés du tremblement de terre et les mal-logés fuyant le centre. C'est le début de cet amphithéâtre de faubourgs mal structurés et pauvres qui a envahi progressivement depuis 1950 les collines entourant la cité coloniale.

C'est au développement, à l'échelle nationale comme internationale des forces productives capitalistes, et non plus à un épiphénomène extraordinaire, qu'il faut se référer pour expliquer l'essor des activités économiques et administratives qui allaient donner au Cuzco une fonction régionale. La bourgeoisie de la Côte accède au pouvoir après la chute de la dictature du général Odria en 1956 et l'élection du Président Prado. Celui-ci incarne l'alliance de l'oligarchie foncière et des milieux d'affaires au sein du Banco Popular dont il est justement le Président. Ces classes se font les relais des impérialismes nord-américain et européen disposés à vendre brevets de fabrication, techniques et matériel industriels, et plus encore à s'associer aux capitalistes péruviens, pour créer les filiales des sociétés multinationales. Ces activités commerciales et industrielles s'installent sur la Côte et ne premier lieu dans la capitale Lima.

La conquête du marché intérieur de la Sierra devient pour elles une nécessité et elles pensent l'obtenir de deux manières. Elles implantent, en premier lieu, leurs succursales et agences dans les principales villes et en particulier au Cuzco. Celui-ci apparaît comme une place encore vierge et une plaque tournante commerciale, notamment vers la ceja de montaña où, après la seconde guerre mondiale, on a commencé la construction des routes. Ces nouveaux magasins rompent le monopole des anciennes maisons d'import-export, vendant des articles fabriqués sur la côte, moins luxueux et meilleur marché. Utilisant des techniques modernes de diffusion, de crédit et de publicité, il nouent entre la ville et sa région des liens nouveaux, beaucoup plus intenses et réguliers que les précédents.

En second lieu, une intervention de l'Etat apparaissait nécessaire pour, sinon éliminer, du moins atténuer, les facteurs qui freinaient la pénétration de l'économie de marché et le développement des forces productrives capitalistes. On se préoccupa tout d'abord des problèmes d'infrastructure des transports, afin de rompre l'isolement des départements de la Sierra. Dans notre région, on améliora les liaisons avec Lima, on construisit quatre routes dans la ceja de montaña - l'une d'entre elle se prolongeant jusqu'à Puerto Maldonado - et on élargit dans la puna les mauvaises pistes du temps de Leguia. Le trafic de camions et d'autobus désormais s'intensifia. On entreprit également des programmes de construction d'écoles, puis de dispensaires, qui ne reçurent pas en général le personnel et le matériel nécessaire à leur bon fonctionnement. Il s'agissait d'intégrer culturellement à la société nationale, à la civilisation urbaine et industrielle de type occidental, les populations indiennes. Les réformes plus profondes, et surtout celle concernant le problème de la terre et le blocage formé par l'hacienda, furent longtemps différées, bien qu'on en ait senti la nécessité à partir de 1958. On se limita dans ce domaine à des programmes de développement rural et surtout agricole.

Le gouvernement péruvien fut aidé dans ses projets de réforme par les organismes internationaux de l'O.N.U., ainsi que par les pays développés, en premier lieu les Etats-Unis. Ces derniers décidaient, après la révolution cubaine et l'apparition de plusieurs mouvements de guérilla- qu'ils aidaient parallèlement à réprimer - un vaste plan d'aide technique et financière. C'est «l'Alliance pour le Progrès», formulée en 1961, à la conférence interaméricaine de Punta del Este (Uruguay). Or le Cuzco était devenu un des points chauds du sub-continent, avec de 1947 à 1965, un vaste mouvement de syndicalisation agricole, des invasions d'haciendas et même quelques foyers de guérilla. Des réformes apparaissaient de plus en plus urgentes afin de calmer les violents troubles agraires et l'intervention devint plus importante avec le gouvernement Belaunde (1964-1968). Dans le domaine administratif, des programmes régionaux, avec d'importants crédits et de nombreux techniciens, furent mis en place. Ils étaient nécessaires en raison de l'incapacité des cadres traditionnels liés à l'oligarchie foncière à effectuer les réformes en raison de la faiblesse des classes moyennes locales. Ils reflètent ainsi, en grande partie, le développement des contradictions au sein de l'oligarchie péruvienne, entre la bourgeoisie d'affaires qui contrôlait le gouvernement et les grands propriétaires fonciers de la Sierra. Depuis le coup d'état de 1968, cette intervention de l'Etat s'est trouvé encore renforcée. La Junte militaire de gouvernement a pris l'initiative d'importantes réformes, la réforme agraire en particulier, qui vont bouleverser complètement le type de relation entre la ville et sa région. Il s'est développé, par ailleurs, un capitalisme d'Etat, à côté d'un secteur coopérativisé, qui veut limiter à la fois le rôle de l'oligarchie péruvienne et celui de l'impérialisme étranger.

Le Cuzco a vu depuis 1964 se développer sa fonction administrative qui s'élargit aux départements voisins d'Apurímac et de Madre de Dios. Dans le secteur industriel, la mise en marche en décembre 1963 de la centrale hydroélectrique de Macchu Picchu, suivie en février 1965 de celle de la fabrique nationale d'engrais de Cachimayo, laissaient espérer beaucoup de l'implantation d'usines modernes dans la région. Une foule de petites entreprises plus ou moins rentables, d'ateliers souvent issus de l'artisanat, s'installaient dans la ville. Ils encourageaient l'ouverture d'une agence du Banco Industrial en 1966 et l'élaboration d'un projet de parc industriel dès 1964. Parallèlement, le tourisme s'intensifiait et devenait le secteur clef des programmes de développement.

La ville fut, beaucoup plus que sa région la principale bénéficiaire de ces divers progrès. Sa population passait de 40.657 habitants en 1940 à 79.857 en 1961. Elle doublait ainsi en vingt ans, alors que ce phénomène avait nécessité auparavant une période de quarante ans (du début du siècle à 1940) pour ne retrouver d'ailleurs que le chiffre de population de la fin de la Colonie. En 1972, sa population atteignait 120.881 (79) habitants. Elle connaissait d'autre part de profondes transformations sociales. Alors que grand nombre de propriétaires terriens allaient vivre à Lima, s'établissaient dans la ville des gérants de sociétés commerciales, venus d'Arequipa ou de la Côte, des employés, des fonctionnaires : tous avaient des revenus réguliers et des habitudes de consommation nouvelles et résolument urbaines. De même, la possibilité de trouver un emploi rémunéré et de vivre mieux, attirait vers la ville aussi bien la bourgeoisie provinciale que les paysans pauvres. Aussi l'industrie de la construction ne s'arrêta pas après la réparation des dégâts du tremblement de terre. Elle trouva à la fois de nouveaux clients parmi les classes moyennes de la ville, de nouveaux terrains vendus par des hacendados se sentant menacés par la réforme agraire, des entrepreneurs actifs, ingénieurs et architectes formés dans les nouvelles facultés, enfin, une main d'œuvre abondante. Nous avons vu comment dans la vallée du Huatanay et sur les collines périphériques se forma un nouveau Cuzco très différent de celui de la Colonie.

Dans la région, les progrès économiques ont accentué le clivage entre les provinces les mieux situées ou bénéficiant de conditions plus favorables, et celles qui demeurent très isolées ; de même, dans la population, entre les éléments traditionnels et ceux qui s'intègrent dans le système urbain. Ce clivage apparaît aussi à l'échelle nationale et malgré les progrès réels qu'il a connus ces vingt dernières années, le Cuzco a vu à la fois s'accroître son retard par rapport aux autres régions péruviennes et sa dépendance vis-à-vis de cités plus grandes, comme Arequipa et bien plus encore Lima.

---

79. Recensement de 1972. Résultats provisoires O.N.E.C., Lima, août 1972.

CONCLUSION

Dans un cadre dessiné par les sommets de la Sierra occidentale où naissent les affluents de l'Apurimac-Urubamba, et défini autour de notre ville par l'histoire, et pour le Madre de Dios par les conditions récentes du peuplement et de la mise en valeur, les facteurs naturels semblent introduire dans la région Sud-Est autant d'éléments de variété et de diversité. En raison de l'altitude et d'un relief très hâché, on a sans arrêt de grands changements écologiques sur de très courtes distances. Les faits humains renforcent cette diversité ; l'étage tempéré (quechua), et en particulier la vallée du Vilcanota, apparaissent beaucoup plus peuplés et urbanisés que la puna ou la montana qui n'ont toujours été que des régions périphériques, plus ou moins bien intégrées au cours de l'histoire.

Et pourtant, cette diversité même des milieux naturels contient son principe d'unité et d'organisation de l'espace qui est fondé sur la complémentarité et la réciprocité. A l'échelle locale, chaque cellule de production agraire (hacienda ou communauté) tend à regrouper ainsi plusieurs étages. On a le plus souvent l'association dans un même terroir de deux ou trois niveaux écologiques ; vallée et versant, vallée, versant et puna. Plus rarement intervient un quatrième niveau, représenté par les terres chaudes, comme c'était le cas à l'époque précolombienne.

La période coloniale a en effet rompu un système qui était plus complet pendant l'Empire inca, mais elle ne l'a pas complètement fait disparaître. On peut même dire qu'elle l'a repris et en quelque sorte institutionnalisé, tant au sein de l'hacienda, qui, nous l'avons vu, tend à juxtaposer plusieurs terroirs de manière à assurer la subsistance des Espagnols nouveaux maître du sol, que dans le cadre des divisions administratives. Celles-ci, au moins au coeur de notre région, c'est-à-dire de part et d'autre de la vallée du Vilcanota, associent ainsi plusieurs niveaux : deux généralement pour les districts, terres tempérées et froides. trois souvent pour les provinces (terres tempérées, froides et chaudes).

En second lieu, la conquête espagnole n'a pas supprimé les échanges entre étages biogéographiques qui servent de ciment à cette organisation de l'espace en fonction du milieu naturel. Toute l'économie coloniale s'établit en fait sur trois échelles d'échanges entre étages écologiques : locale, régionale et inter-régionale. A l'échelle locale (les unités de peuplement et les districts), et régionale (la province ou même l'Intendance du Cuzco), ils demeurent fondamentaux dans une économie d'auto-subsistance qui est loin d'être autarcique. A l'échelle inter-régionale, ils s'intègrent dans l'économie du Haut-Pérou. Celle-ci était en effet fondée sur les liens commerciaux entre l'altiplano où étaient les centres miniers, la côte avec la capitale et son port, enfin ce centre de ravitaillement et de main-d'oeuvre qu'était le Cuzco. Il convient d'ajouter d'ailleurs que ce système s'élargissait à la métropole espagnole qui, par l'intermédiaire de Lima, le commandait.

Après l'Indépendance, les échanges inter-régionaux furent modifiés avec la fin des activités minières et le développement des fonctions de la capitale et de l'économie de la Côte péruvienne. A un espace qui était resté andin, se substituait un ensemble qui prétendait être national (Côte, Sierra, montana), mais était en fait dirigé par la Côte. Celle-ci apparaissait comme davantage capable de s'intégrer dans une économie plus que jamais fondée sur la dépendance vis-à-vis des centres extérieurs (européens, puis nord-américains). La Sierra fut ainsi progressivement marginalisée. Si les relations avec les niveaux nationaux ou même inter-régionaux furent considérablement ralenties, les échanges furent maintenus à l'échelle locale et régionale, s'amplifiant même avec les terres chaudes où progressait la colonisation.

Les agglomérations ont eu leur place dans cette structure régionale. Elles ont été fondées au contact de deux ou trois unités écologiques et sont suffisamment anciennes pour avoir su s'insérer dans les échanges. Elles ont été d'ailleurs conçues en quelque sorte pour cela, puisqu'elles étaient des marchés et des lieux de résidence pour les fonctionnaires-propriétaires terriens. Elles devinrent petit à petit des points de concentration du commerce muletier. Les plus petites le furent à l'échelle locale, les autres à celles du corregimiento ou de la province. Certaines réussirent à s'intégrer dans l'économie du Haut-Pérou qui suscita un intense trafic muletier entre Lima, Potosi et le Nord-Est argentin. Au contraire, au XIXe siècle, à une époque de rétraction des échanges inter-régionaux, leur activité se concentra à nouveau au seul niveau local. Le rythme des activités des villes reflétait donc celui de l'économie péruvienne avec ces trois niveaux écologiques, et ses trois dimensions spatiales.

Les liens entre ces agglomérations et leur campagne étaient essentiellement de domination et d'exploitation. Celle-ci se faisait par l'intermédiaire de la possession de la terre, du contrôle du marché, et de la détention du pouvoir et de l'autorité. La perception du tribut, puis au XIXe siècle de l'impôt sur les indigènes, de même que tous les dons exigés ou les charges imposées pour le fonctionnement des services administratifs et religieux, étaient également un contrôle économique sur les excédents des paysans. Au niveau social et culturel, les agglomérations enfin, symbolisaient la domination des métis sur le monde rural indigène.

Les fonctions du Cuzco n'étaient pas fondamentalement différentes de celles des autres agglomérations ; elles étaient seulement hiérarchiquement supérieures. La ville avait un poids historique et démographique beaucoup plus important que celui des autres agglomérations régionales. Mais son rôle sur les campagnes était essentiellement parasitaire et les relations s'établissaient surtout avec des propriétés terriennes des Cuzquéniens, suivant le schéma précédemment défini.

Aujourd'hui un rôle nouveau est proposé aux villes. Il s'agit à partir d'elles d'intégrer les régions rurales à l'économie de marché et d'y faire pénétrer les modèles de consommation, et les valeurs de la société urbaine occidentale. On essaie ainsi de mieux unifier l'espace national et d'accroître ses liens avec les centres urbains industriels de la côte, et en premier lieu avec Lima. On a donc à nouveau une tentative d'élargissement de l'espace régional, alors même que des fonctions plus dynamiques sont proposées aux villes, au Cuzco en particulier. Nous étudierons donc quelles sont en premier lieu les nouvelles influences de l'ancienne capitale incaïque, puis comment les structures maintenues depuis la Colonie, et en particulier notre organisation régionale définie par le milieu naturel et l'histoire, ont été capables d'enregistrer ces changements.

TABLEAU XX : MILIEUX NATURELS ET NIVEAUX D'ORGANISATION DE L'ESPACE

ÉCHELLE (ESPACE-TEMPS)	ÉTAGES ÉCOLOGIQUES				
	CÔTE	SIERRA			MONTAÑA
		Terres tempérées (étage quechua)	Terres froides (puna)	Ceja de montaña	
LOCALE Époque coloniale et républicaine		HACIENDA COMMUNAUTÉ DISTRICT			
RÉGIONALE Époque coloniale et républicaine		PROVINCE ÉVÊCHÉ ou INTENDANCE ou DÉPARTEMENT			
INTRARÉGIONALE Époque coloniale Époque républicaine	SYSTÈME DU HAUT-PÉROU				
	SYSTÈME NATIONAL CONTEMPORAIN				

La disposition verticale des accolades est par ordre de fréquence décroissante du haut vers le bas.

DEUXIEME PARTIE

LES INFLUENCES DE LA VILLE DU CUZCO DANS SA REGION

CHAPITRE IV

L'INFLUENCE DU CUZCO SUR L'AGRICULTURE DE SA REGION

Le secteur agricole, par les profondes modifications qu'il a subi au cours de ces vingt dernières années, est celui qui permet le mieux de saisir l'évolution des relations entre la ville et sa région. C'est le secteur fondamental puisqu'il intéressait au recensement de 1961, 65,5 % de la population économiquement active de la région Sud-Est. Cité de grands propriétaires terriens, le Cuzco a vécu longtemps de l'exploitation des campagnes. Celle-ci se manifestait à tous les niveaux : au niveau de la possession de la terre, avec l'accaparement progressif des meilleurs terroirs par les hacendados cuzquéniens ; au niveau de la main d'œuvre, par le système du colonat et les déplacements de travailleurs vers les villes pour le service domestique comme pour les constructions ; au niveau de la production, par le drainage vers la ville de la rente foncière et les bénéfices réalisés par les hacendados ou les négociants sur la commercialisation des récoltes des colons et des comuneros ; enfin, au niveau de l'autorité sociale et politique, par l'état de dépendance et d'asservissement dans lequel ont été maintenus les paysans indigènes.

La productivité de cette agriculture employant des techniques routinières et traditionnelles, restait très basse. Aussi bien à l'intérieur des latifundia utilisant des colons, que sur les parcelles laissées aux communautés indigènes ou aux petits propriétaires métis et rendues dernièrement plus exigües par suite de la pression démographique. L'intégration de cette agriculture, à partir des années 50-60, à l'économie de marché, a mis en valeur les contradictions de ces modes de production pré-capitalistes et a provoqué toute l'évolution actuelle. A l'échelle locale parce que toute modernisation demandait une réforme à la fois de la structure agraire et du système de l'hacienda traditionnelle, alors même que l'attrait des salaires urbains rendait plus difficile le problème de la main d'œuvre. A l'échelle nationale, parce qu'on a tenté de résoudre les problèmes du secteur le plus en retard d'une économie en pleine expansion et parce qu'on a souhaité intégrer à l'économie de marché les paysans indigènes. Par suite de la rigidité du système de l'hacienda, cette évolution a en fait pris l'aspect d'une crise très violente de 1960 à 1965, à la suite de laquelle on a mis en place des programmes réformistes de développement agricole.

Ceux-ci ont surtout aidé les grands propriétaires, et les comuneros pour lesquels le problème le plus urgent est celui de la terre en ont peu profité. Aujourd'hui, avec la loi de réforme agraire du 24 juin 1969, les latifundia sont appelés à disparaître cependant que les paysans, encadrés dans diverses formes de coopérativisme, devraient être les bénéficiaires des efforts de développement agricole.

I. - LE DOMAINE FONCIER DE LA VILLE.

A. Les sources. En l'absence d'un cadastre, la première source dont nous disposions pour étudier le domaine foncier du Cuzco était constituée par les registres des «Predios Rusticos» (biens fonciers), établis pour chaque province et district afin de pouvoir lever l'impôt foncier. Réalisés par la Trésorerie départementale, puis, à partir de 1964, par les conseils provinciaux élus (1) -c'est-à-dire par les représentants mêmes des propriétaires fonciers- ils comportaient beacoup d'inexactitudes. Seuls les registres du Cuzco et en partie ceux d'Urubamba, Calca et Acomayo, étaient à peu près à jour en 1967-69. Les autres étaient anciens et bien que l'impôt soit modeste (très peu d'hacendados payaient 4 000 sols annuels -480 F (2)- et la grande majorité ne dépassaient pas 400 sols), de nombreux domaines n'avaient envoyé aucune déclaration ou n'étaient même pas enregistrés. En l'absence de moyens de contrôle et de contrainte, seuls payaient, en fait, la contribution foncière, les grands propriétaires possesseurs de titres de propriété qui avaient besoin d'un certificat de paiement pour obtenir un crédit agricole ou procéder à toute transaction.

Le Registre de la propriété et immeubles du Cuzco nous a permis de suivre l'histoire de quelques haciendas, mais la grande majorité des domaines étant dépourvus de titres juridiques n'y sont pas inscrits. Nous avons pu consulter également certaines listes, souvent incomplètes, réalisées par les agences agraires de province. Pour les zones de colonisation tropicale, y compris le département du Madre de Dios, nous avions le registre des "Tierras de montaña", dépendant également du Ministère de l'Agriculture ; mais nous y relevions les mêmes lacunes et erreurs que dans les documents précédents, aggravées par le fait que dans ces front pionniers, la propriété de la terre est extrêmement mobile. Nous avons tenté en 1968-69, une actualisation par districts de l'ensemble de ces listes grâce à des enquêtes orales, nous limitant à une classification aproximative selon la superficie, et à l'obtention de renseignements sur le propriétaire, sa résidence, ses autres ressources, et enfin sur la production et le mode de faire-valoir du domaine. Tous les renseignements obtenus ont été souvent vérifiés au Cuzco même, au cours d'entretiens avec les principaux hacendados de chaque province. Mais c'est là une méthode très imprécise, incomplète, bien que très intéressante.

Dès 1967, la Réforme Agraire publiait une ébauche de cadastre pour les provinces de la Convención, Anta, Canas et Canchis, puis en 1970, des listes de propriétés par province, établies à partir des déclarations assermentées en vertu de la loi de Réforme Agraire du 24 juin 1969. La comparaison entre ces listes et celles que nous avions établies auparavant nous a apporté beaucoup de déceptions. En premier lieu, tous les propriétaires, surtout dans la puna, semblent ne pas avoir envoyé de déclaration (3). Les noms des haciendas ou ceux des propriétaires ne sont souvent pas les mêmes, ce qui rend l'identification difficile. C'est là une conséquence directe de notre méthode orale : les gens citant le lieu-dit et pas le nom du domaine, et confondant l'exploitant plus ou moins légal et le

---

1. Un curieux système faisait que les contributions levées au niveau du district, devaient transiter par la mairie du chef-lieu de province, avant d'être utilisées par le conseil de district.

2. 1 sol = 0,12 F en 1969.

3. On ne trouve pas trace d'haciendas aussi connues que San Juan de Taray, Molle Molle, Cusibamba, Sahua Sahua, dans la province de Paruro.

175

TABLEAU N° XXI : PROPRIÉTÉS DU DÉPARTEMENT DU CUZCO D'APRÈS LEUR SUPERFICIE

Provinces	Total des propriétés	Sans précisions	<10 hectares (1)					10 à 100 hectares			100 à 1 000 ha		1 000 à 10 000 ha		Plus de 10 000 ha
			Total	<1 ha	1 à 5 ha		5 à 10 ha	11 à 20 ha	21 à 50 ha	51 à 100 ha	101 à 500 ha	501 à 1 000 ha	1 001 à 2 000 ha	2 001 à 5 000 ha	5 à 10 000 ha	Plus de 10 000 ha
					<3 ha	3 ha <10 ha										
Acomayo	557		498*	384			3 <114 <10 ha	21	16	2	13	6	0	1	0	0
Anta	955	2	685*	457	225		3	43	57	38	82	27	8	8	3	2
Calca	171	3	62	5	17		17	12	14	8	31	8	17	11	3	2
Canas	442		42*	14	7		21	39	107	69	122	38	20	4	1	
Canchis	424		147*	15	73		59	40	32	20	82	35	43	18	5	2
Chumbivilcas	505	12	181	2	23		31	46	45	51	94	35	23	14	4	0
Cuzco	150	2	70	26	23		15	11	19	14	22	6	3	3		
Espinar	602	2	9*				9	13	46	66	333	75	40	18		
La Convención																
Paruro	344		265	1	9		5	14	16	8	17	11	6	6	1	1
Paucartambo	162	4	20	1	6		5	2	10	18	51	20	16	14	4	3
Quispicanchis	555	1	388	2	22		39	25	25	27	39	17	15	9	5	4
Urubamba	224		103	2	42		34	29	30	22	15	7	6	7	2	3
Total	5 091	26	2 470	909	447		506	295	417	343	901	285	197	113	28	17

Source : Bureau de la Réforme Agraire : déclarations assermentées.
(1) Nous ne possédons le détail complet des propriétés 10 hectares que pour les provinces d'Acomayo, Anta, Canas, Canchis, Espinar, marqués d'une *.

TABLEAU N° XXI bis : RÉSUMÉ DU TABLEAU N° XXI

Provinces	Total des propriétés	Sans précisions	Propriétés < 10 ha	De 10 à 100 ha	Propriétés > 100 ha		
					Total	dont > 1 000 ha	dont > 10 000 ha
Acomayo	557		498	39	20	1	
Anta	955	2	685	138	130	21	2
Calca	171	3	62	34	72	33	2
Canas	442		42	215	185	25	
Canchis	424		147	92	185	68	2
Chumbivilcas	505	12	181	142	170	41	0
Cuzco	150	2	70	44	34	6	
Espinar	602	2	9	125	466	58	
La Convención							
Paruro	344		265	38	42	14	1
Paucartambo	162	4	20	30	108	37	3
Quispicanchis	555	1	388	77	89	33	4
Urubamba	224		103	81	40	18	3
TOTAL	5 091	26	2 470	1 055	1 541	355	17

TABLEAU N° XXII : PROPRIÉTÉS DU DÉPARTEMENT DU CUZCO, SUPÉRIEURES A 50 HECTARES.

Provinces	50 à 100 ha		101 à 500 ha		501 à 1 000 ha		1 001 à 2 000 ha		2 001 à 5 000 ha		5 à 10 000 ha		+ 10 000 ha	
	Nbre	Superficie	Nbre	Superficie	Nbre	Superficie	Nbre	Superficie	Nbre	Superficie	Nbre	Superficie	Nbre	Superficie
Acomayo	2	152,72	13	3 586,90	6	4 034,58	—	—	1	3 000	—	—	—	—
Anta	38	2 644,73	82	19 140,95	27	19 132,46	8	10 030,55	8	22 884,80	3	25 691,30	2	20 777,74
Calca	8	491,66	31	7 583,16	8	6 705,52	17	22 882,27	11	36 133,67	3	19 818,46	2	38 317
Canas	69	5 378,67	122	29 313,96	38	26 751,48	20	26 837,71	4	10 900,36	1	5 050	—	—
Canchis	20	1 644,22	82	21 933,91	35	25 273,02	43	62 056,30	18	59 782,78	5	39 804,10	2	27 695,93
Chumbivilcas	51	3 739,51	94	20 922,70	35	27 575,51	23	31 972,48	14	41 882,57	4	28 609	—	—
Cuzco	14	1 020,81	22	4 993,94	6	4 053,70	3	3 950,10	3	9 898	—	—	—	—
Espinar	66	5 421,06	333	80 502,22	75	54 625,84	40	54 502,19	18	54 367,11	—	—	—	—
La Convención														
Paruro	8	696,10	17	4 695,86	11	7 173,33	6	9 277,62	6	16 763,40	1	5 162	1(1)	—
Paucartambo	18	1 252,75	51	14 173,61	20	16 016,27	16	23 142,70	14	44 508,76	4	32 000	3	44 780
Quispicanchis	27	2 030,39	39	9 263,85	17	21 572,20	15	23 021,13	9	24 952,06	5	34 518	4	112 456
Urubamba	22	1 520,34	15	2 699,37	7	5 449,42	6	8 539,65	7	23 243,82	2	15 982,5	3	142 927,11

Source Service de la Réforme Agraire : déclarations assermentées.
(1) Sahua-Sahua dont nous ne connaissons pas la superficie exacte.

possesseur réel du terrain ; en particulier dans les provinces du Sud du département où les contrats de fermage sont établis oralement et où, en fait, beaucoup de grandes propriétés à l'abandon étaient travaillées par des voisins, ou par des fonctionnaires et des commerçants aisés de l'endroit (ainsi à Espinar, ou Acomayo). Il y a eu également des ventes ou des partages de propriétés bien que cela ait été interdit très tôt par la Réforme Agraire. De grands domaines que nous avons connus d'un seul tenant en janvier 1969, apparaissent dans la liste établie par la Réforme Agraire, comme fractionnés en lots de moyenne étendue, attribués à des frères ou des enfants.

Enfin, si l'on en croit ces documents, l'exploitation directe dominait très largement dans la région du Cuzco et les formes d'exploitation indirecte, comme le fermage et plus encore le colonat, avaient presque disparu. Ainsi dans Espinar et dans Canas, cinq propriétaires seulement avaient déclaré avoir des colons, dans Chumbivilcas une cinquantaine (pour une liste de 307 propriétés) et dans Quispicanchis 37 (pour 163 propriétés). En fait, nous avons pu constater en 1969, dans la plupart des provinces, la survivance de ces formes d'exploitation et la généralisation du colonat à Paruro, Acomayo, Espinar et Chumbivilcas où on ignorait, à de très rares exceptions près, le salaire minimum légal. Ces listes donnent le nom du propriétaire, la superficie du domaine, l'extension des diverses cultures, des pâturages, etc... et précise le mode d'exploitation. Il faudrait consulter les quelques 5 000 déclarations reçues pour savoir le lieu de résidence des propriétaires, la valeur déclarée du domaine et de la production. En fait, ces derniers renseignements sont très incomplets, à cause de la peur de la Réforme Agraire qui a poussé bien des hacendados à sous-estimer la valeur de leurs biens et à vendre leur bétail par crainte d'une expropriation rapide.

Il conviendrait alors, avec notre liste et celle de la Réforme agraire, de revenir dans chaque district et de vérifier les renseignements concernant les propriétaires cuzquéniens et leurs domaines. Mais nous nous heurtons alors à un autre problème qui est de savoir exactement qui peut être considéré comme propriétaire terrien cuzquénien. En raison de l'afflux des provinciaux vers la capitale départementale, on peut considérer en effet que certaines propriétés appartiennent au domaine foncier de la ville, car une partie de leurs revenus est drainée vers celle-ci, sans que leurs propriétaires y résident. Ainsi, de nombreux hacendados de Paruro et Chumbivilcas n'ont pas de maison au Cuzco, et vivent en permanence sur leurs terres. Mais leur femme a loué en ville une maison pour s'occuper des enfants lycéens ; quant à leurs fils aînés, fonctionnaires ou membres de professions libérales, ils continuent à recevoir toute leur nourriture de la propriété. En retour, certains y font quelques investissements en achetant par exemple du bétail de race ou en installant un générateur électrique. Il y a aussi le cas inverse de nombreux petits commerçants urbains qui gardent une "chacra" exploitée par un parent, sans que l'on sache exactement s'ils en sont toujours les propriétaires.

Aussi, en raison de toutes ces difficultés, pour étudier la répartition géographique des types de propriétés des Cuzquéniens, en 1969, nous n'avons pu qu'évaluer assez approximativement l'extension du domaine foncier de la ville par rapport à l'ensemble des propriétés de chaque province. Nous donnerons ainsi deux pourcentages entre lesquels se situe la réalité. Le premier pourcentage représente les propriétés dont nous sommes sûre qu'elles appartiennent à des Cuzquéniens et constitue donc un minimum ; dans le second pourcentage, nous avons ajouté les propriétés qui selon toute probabilité, appartiennent également à des Cuzquéniens. Nous avons retenu pour l'étage quechua, le chiffre minimum de 50 ha pour définir la grande propriété et de 500 ha dans la puna. Précisons enfin, que les chiffres de superficie cités sont ceux donnés par la Réforme Agraire et que dans les provinces de Calca, Paucartambo et Quispicanchis, nous avons séparé les domaines géographiques quechua et de ceja de montana.

B. Les types de propriétés. On note une réelle permanence dans les noms et la localisation des grands domaines depuis l'époque coloniale mais les propriétaires, ainsi que les superficies, ont constamment changé. Seules l'Eglise et l'Assistance Publique - qui a hérité des biens des anciens hôpitaux de la ville - conservent encore certaines terres qui leur ont été concédées par les premiers vice-rois. Mais pour les biens privés, malgré l'ancienneté de nombreuses familles d'hacendados, on est surpris par la très grande mobilité qu'il y a eu dans la propriété de la terre, alors même que dans ces trente dernières années, l'afflux des provinciaux agrandissait le domaine foncier de la ville de multiples moyennes et petites propriétés dont il est difficile d'apprécier exactement l'importance.

1°) - Les propriétés de l'Eglise et des collectivités publiques :

A la veille de la loi de Réforme Agraire de 1969, seuls les monastères de la Merced (4 propriétés 7.354,76 hectares), de Santa Clara (3 propriétés et 5.189,53 hectares, dont l'immense domaine de Carhuis dans le district de Ccorca) et le Séminaire San Antonio Abad (12 propriétés, 5.324,84 hectares dont 2.155,8 dans la ceja de selva), pouvaient encore être considérés comme grands propriétaires fonciers. (tableau n° XXIII ; annexe n° 1). Les Franciscains ne possédaient plus que Picol (686 hectares dans le district de Taray de la province de Calca), en grande partie occupé par les colons depuis les dernier troubles agraires. Les biens des Dominicains avaient beaucoup diminué et, très récemment, la Réforme Agraire leur avait pris leurs domaines du département de Puno ; ils n'avaient plus dans la zone quechua que Patapata à la sortie de San Jerónimo (229 hectares), deux petits terrains à Rondocán (province d'Acomayo), et une hacienda dans la ceja de selva du district de Lares (490 ha). Du domaine d'Uchullo (391 ha acquis en 1884), sur le flanc des collines qui limitent au nord la vallée du Huatanay, le monastère de la Recoleta ne gardait plus que 50 hectares menacés d'expropriation par le Ministère du logement ; le reste avait été vendu à divers particuliers et surtout, en 1966, à l'association Uchullo, dont les membres avaient commencé à l'envahir à partir de 1955. Santa Catalina ne conservait que 20 hectares à Churucalla dans le district de Santiago, les Salésiens 26,5 hectares à Yucay (Urubamba) et l'archevêché 3,2 ha dans le même district. Ce dernier gérait en outre la plupart des biens fonciers du Séminaire de San Antonio Abad. Enfin, il faudrait ajouter les étendues modestes possédées par les paroisses urbaines et partagées en une multitude de petites parcelles affermées : 5 topos (1,75 ha) pour San Pedro, 8,5 ha pour Belén, 10,60 ha pour Santiago, 17,5 ha pour San Sebastián (4). Le domaine foncier de l'Eglise avait ainsi beaucoup diminué depuis l'Indépendance. Les ressources qu'il procurait étaient par ailleurs réduites car la plupart des domaines étaient affermés (5) ou mal travaillés. Récemment, quelques tentatives d'exploitation modernes avaient été réalisées par les frères de la Merci avec une petite "ferme-modèle" dans leur vaste domaine de Huaypo, et plus encore par les Dominicains à Patapata et les Salésiens à Yucay, avec des élevages de vaches laitières. Mais un immense domaine comme Carhuis (3 527 ha dont 3 000 de pâturages naturels), n'avait qu'un millier de moutons et une trentaine de bovins de race rustique (6).

Les terres de l'Assistance Publique :

Fondée vers 1790, puis rétablie en 1833, la Beneficencia Pública du Cuzco hérita des biens donnés à l'époque coloniale aux hôpitaux de la ville, auxquels s'ajoutèrent plus tard quelques dons. Le registre établi en 1965 (annexe n°2), nous donne une liste de 20 domaines représentant une étendue de

---

4. Précisons que nous n'avons pas parlé des propriétés des missions dans la ceja de selva car elles ne dépendent pas économiquement de la ville.

5. C'est ainsi qu'une partie de Huaypo du couvent de la Merced était louée avec 298 colons pour une somme annuelle de 600.000 sols à un hacendado de Yucay.

6. Source : Bureau de la Réforme Agraire - Cuzco.

TABLEAU N° XXIII : TERRES DE L'ÉGLISE DU CUZCO

Nom de l'institution	Nombre de domaines	Superficie (ha)
Couvent de la Merced	4	7 354,76
Séminaire San Antonio Abad	12 (dont 5 expropriées en 1967)	5 324,84
Ordre des Franciscains		
• Couvent de San Francisco	1	686
• La Recoleta	1	50,1
• Couvent de Santa Clara	3	5 189,53
Ordre des Dominicains		
• Couvent de Santo Domingo	4	738,84
• Couvent de Santa Catalina	1	20
Frères Salésiens	1	23,5
Archevêché	1	3,2
Paroisses urbaines	4	38,29
TOTAL	32	19 429,06

TABLEAU N° XXIV : TERRES DES COLLÈGES ET DE L'UNIVERSITÉ DU CUZCO

Nom de l'institution	Nombre de domaines	Superficie ha
Collège des Sciences (garçons)	118	10 519,69
Collège Educandas (filles)	1	5 143
Université	1	2 171,80
TOTAL	120	17 834,49

7.028,07 hectares et une valeur totale de 4.931.947,31 sols (591.833 F.). La Réforme Agraire en 1970 (annexe n°2) ne mentionnait plus que 11 domaines, soit 6.045,51 hectares expropriés en totalité pour une valeur de 968.766 sols (116.252 F) (tableau n° XXIV). Ces propriétés étaient en général affermées aux enchères pour cinq ans, avec pour certaines leurs propres colons. Comme les biens de l'Eglise, elles étaient soit à l'abandon (ainsi Pumabamba dans le district de Huanoquite), soit d'un faible rapport, ne dépassant pas chacune, à de rares exceptions, un revenu de 25.000 sols par an (3.000 F) (7). Le total des rentes des terrains étaient en 1965 de 183.538 sols (22.025 F). C'était très peu, en comparaison des revenus urbains de la Beneficencia, constitués par les loyers des immeubles cuzquéniens (2.000.000 de sols environ), ceux de l'édifice inauguré à Lima en 1970 (près de 2.000.000 de sols de loyer annuel), l'imprimerie, et surtout les gains de la loterie du Cuzco (32.543.620 sols soit 3.905.000 billets vendus en 1970) (8).

- Les terres des Collèges et de l'Université :

Le Collège des Sciences et celui d'Educandas pour les jeunes filles, avaient été dotés lors de leur création par Bolivar en 1825, de nombreux domaines fonciers appartenant auparavant à des établissements religieux. Le second ne conservait plus que Phiri avec ses 5.143 hectares dans le district d'Ollantaytambo (province d'Urubamba) (9). Avec 118 domaines, le collège des Sciences apparaissait comme le plus important propriétaire foncier du Cuzco. Mais en fait, une douzaine de propriétés seulement dépassaient 100 ha - la plus grande Pachar (Ollantaytambo) atteignant 3 320, 72 ha - et la grande majorité était formée de "fincas" inférieures à un hectare ou de petites "estancias" de puna ; aussi le collège ne devait pas posséder au total plus de 15.000 hectares (annexe n°3). Les terres étaient louées à des particuliers, soit en vertu de baux emphytéotiques, soit pour cinq ans, soit selon un cens établi à la fin du XIXème siècle. Mal travaillées, elles ne rapportaient guère que 600.000 sols annuels en 1969 (72.000 F.) (10). L'Université San Antonio Abad du Cuzco n'avait comme seul domaine foncier que les 2.171,80 hectares de la granja Kayra dans le district de San Jerónimo, transformée en ferme expérimentale pour les élèves de la récente Faculté d'Agronomie (Tableau n° XXIV).

Ainsi, alors qu'auparavant, toutes ces institutions urbaines vivaient en exploitant les campagnes cuzquéniennes, aujourd'hui, c'est dans la ville même qu'elles trouvent leurs revenus. Les couvents se contentent de gérer leurs immeubles en multipliant l'ouverture des locaux commerciaux ; ainsi la Merced et Santa Catalina surtout ; l'Assistance Publique crée diverses activités typiquement urbaines comme l'imprimerie, le cinéma ou la loterie et élargit son domaine immobilier à Lima ; les collèges, enfin, reçoivent l'essentiel de leur argent de l'Etat. C'est pour cette raison, et parce que leurs biens fonciers étaient dans la majorité des cas à l'abandon, que ces organismes ont été les premiers touchés par la Réforme Agraire et ont vu leurs domaines expropriés dans leur totalité. Le nouveau gouvernement mettait ainsi fin à une survivance de l'époque coloniale qui avait marqué profondément toute la physionomie, les activités et la mentalité de notre ville.

---

7. Seule Sicre louée en partie au propriétaire d'Amaybamba rapportait, avant son expropriation en 1966, 67.000 sols annuels (8.040 F) à cause de ses plantations de café et de thé.

8. Tous ces chiffres proviennent des budgets publiés annuellement par l'Assistance publique et des registres qui nous ont été prêtés.

9. Récemment encore ce collège s'était dépouillé de deux importantes propriétés dans la province d'Anta : Marcahuasi et son ingenio d'alcool de canne, (district de Mollepata), vendue dans les années 30 à la famille du Président de la République, David Samanez Ocampo, et Callanquiray (177 ha dans le district de Huarocondo) échangé contre une maison urbaine, avec le propriétaire de l'hacienda Sallac.

10. Source : Registre des biens du collège des Sciences.

TABLEAU N° XXV : TERRES DE L'ASSISTANCE PUBLIQUE DU CUZCO

	D'après le registre de l'Assistance publique en 1969		D'après la Réforme Agraire (1971)	
	Nbre	Superficie ha	Nbre	Superficie ha
Cuzco	1 (1)	3,88	1	3,88
Acomayo	2 (2)	1 068,27 (447,52 + 620,75)	1	447,52
Anta	2	2 632,83	2	3 036,83
Calca				
Canas	1 (3)	34,74		
Canchis				
Chumbivilcas				
La Convención	— (4)			
Espinar				615,9
Paruro	4	619,53	4	
Paucartambo	1	1 293,74	1	1 293,74
Quispicanchis	— (5)		1 (4)	510
Urubamba	2 (6)	269,13 (137,32 + 131,81)	1	137,32
TOTAL	13	5 922,12	11	6 045,19

(1) Sur le registre apparaissent deux domaines, Pumamarca et San Judas chico (soit 8,4 ha) qui ont été, le premier vendu, et le second exproprié, par la CORPAC. De même apparaît le terrain de Dolorespata envahi en 1950 par les sinistrés du tremblement de terre et vendu en 1968 seulement.
(2) Le domaine de Cebadapata (620,75 ha) qui apparaît sur le registre de l'Assistance en 1969 a été vendu aux comuneros de Yanapampa.
(3) Il s'agit de « Kairapuquio » (Layo) qui n'est pas sur la liste de la Réforme agraire.
(4) L'Assistance y possédait le domaine de Sicre exproprié en 1965 par Réforme agraire.
(5) Deux terrains apparaissent sur le registre de l'Assistance en processus de vente à des comuneros depuis 1962 [Buenavista à Cusipata (104 ha), Cercuyoc à Quiquijana (2,8 ha)] ; par contre, le domaine de Querora à Ccatcca (510 ha), cité par la Réforme agraire, n'est pas inscrit.
(6) Dans le registre apparaît le domaine de Moray (district de Maras) 131,81 ha, vendu récemment.

- Répartition géographique des terres des collectivités.

Les terres des collectivités sont groupées dans les provinces voisines de la ville (tableau n°XXVI et figures n° 13 et 14). Pour la superficie, viennent en tête le Cuzco et Urubamba, avec les latifundia de Carhuis et de Rumaray dans les hauteurs de Ccorca et ceux de Huaypo, Pachar et Phiri dans Urubamba.

C'est dans la province de Calca, qui avec 5.104,56 ha, arrive en troisième position, que l'Eglise possède ses seuls domaines de ceja de montaña. Ceux-ci avaient été nombreux pendant la Colonie et surtout avant l'expulsion des Jésuites dans la vallée de la Convención, importante base de missions ; mais ils étaient passés au cours du XIXe siècle dans le domaine privé. Le Séminaire et les Dominicains seuls, conservaient encore quelques propriétés, avant la Réforme Agraire de 1964 dans la vallée de Lares car la colonisation y avait été moins intensive.

Les propriétés des collectivités restent importantes dans la province de Paruro (17 au total), mais leur étendue est égale à celles de Paucartambo pourtant beaucoup moins nombreuses (4 domaines). Dans Anta, seuls, l'Assistance Publique et le Collège des Sciences conservent des terres, l'Eglise ayant vendu petit à petit les siennes ou ayant pâti d'usurpations. Quispicanchis et Acomayo n'ont plus que trois domaines chacun, dont un très grand du Séminaire dans la première province. Seul, le Collège des Sciences conserve des propriétés dans les provinces plus éloignées ; ainsi dans la Convención (2 propriétés dont nous ne savons pas la superficie) et à l'Est, dans Canchis (12 terrains, 32,80 ha), Canas (27 "estancias" dont nous ne savons pas la superficie exacte, supérieure toutefois à 1.600 ha), et Espinar (28 domaines avec vraisemblablement un millier d'hectares). C'est cette institution qui assure ainsi la présence du Cuzco dans des provinces hautes à l'exception de Chumbivilcas, et qui d'autre part, l'étend aux départements voisins d'Apurímac et de Puno (avec respectivement 5 et 1 propriétés dont nous ne connaissons pas la superficie). L'Eglise et l'Assistance Publique elles, ont leur domaine foncier rassemblé pour l'essentiel dans les 8 provinces entourant notre ville (Fig. n° 13 et 14 et tableau n° XXVI).

2°) - Répartition des propriétés des Cuzquéniens.

En combinant dans chaque province les deux échelles de pourcentage, du nombre de propriétaires cuzquéniens et de la superficie de leurs terres, on obtient cinq groupes de provinces tableau n° XXVII et fig. n° 15 et 16). Dans le Cuzco et Urubamba, les Cuzquéniens représentent de 75 à 90 % des propriétaires et possèdent de 90 à 98 % des propriétés supérieures à 50 ha. La proportion de propriétaires est sensiblement inférieure à celle des superficies, parce que les propriétés dépassant 500 ha sont assez peu nombreuses dans ces deux provinces (12 au Cuzco sur 48 et 25 sur 62 à Urubamba). Par contre, comme les très grands propriétaires sont, à de rares exceptions près, Cuzquéniens, le domaine foncier de la ville est d'autant plus étendu en superficie ; en particulier, à Urubamba, où les 3 propriétés dépassant 10.000 ha (soit 142.927,11 ha et 71 % du total provincial), appartiennent à des familles cuzquéniennes.

L'association de ces deux provinces est un héritage colonial et rappelle l'époque ou tout Espagnol établi au Cuzco recevait des terres à proximité de la ville, et un solar dans la vallée d'Urubamba, pour des raisons essentiellement climatiques ; nous avons constaté le même phénomène avec des biens de l'Eglise. Les propriétés des Cuzquéniens sont nombreuses dans tous les districts de la province de Cuzco ; petites et moyennes de San Sebastián, elles sont plus étendues dans San Jerónimo (Cf.: Angostura 1.306 ha) et Saylla et surtout dans les hauteurs de Ccorca (exemple l'hacienda

184

TABLEAU N° XXVI : PROPRIÉTÉS FONCIÈRES DES COLLECTIVITÉS PUBLIQUES DU CUZCO (1969).
RÉPARTITION GÉOGRAPHIQUE.

	Église		Assistance publique		Collèges et université		Total	
	Nombre	Superficie	Nombre	Superficie	Nombre	Superficie (3)	Nombre	Superficie
Acomayo	2	19,84	1	447,52			3	467,36
Anta			2	3 036,83	8	508,11	10	3 544,94
Calca	9	5 094,56 (1)			5	10	14	5 104,56
Canas			1	34,74	27	1 682,81	28	1 717,55
Canchis					12	38,20	12	38,20
Chumbivilcas								
Cuzco	7 + 1 (2)	7 196,89	1	3,88	12	3 931,80 (4)	20	11 132,57
Espinar					28	858,65	28	858,65
La Convención					2		2	
Paruro	2	10,53	4	615,9	11	2 304,13	17	2 930,56
Paucartambo	2	1 640,92	1	1 293,74	1		4	2 934,66
Quispicanchis	1	1 021,52	1	510	2	5,28	4	1 536,80
Urubamba	5	4 444,8	1	137,32	6	8 495,51	12	13 077,63
Abancay (Apurímac)					5		5	
Azángaro (Puno)					1		1	
TOTAL	28	19 429,06	12	6 079,93	120	17 834,49	160	43 343,48

(1) 6 des 9 propriétés du Séminaire San Antonio Abad ont été expropriées entre 1966 et 1969.
(2) On a ajouté aux 7 propriétés des couvents, celles des paroisses urbaines (rassemblées en une seule).
(3) Les superficies données par le registre des biens du collège des Sciences étant très incomplètes, il ne s'agit ici que de chiffres minima.
(4) Terres du Collège des Sciences : 10 519,69 ha environ ; granja Kayra de l'Université : 2 171,80 ha.

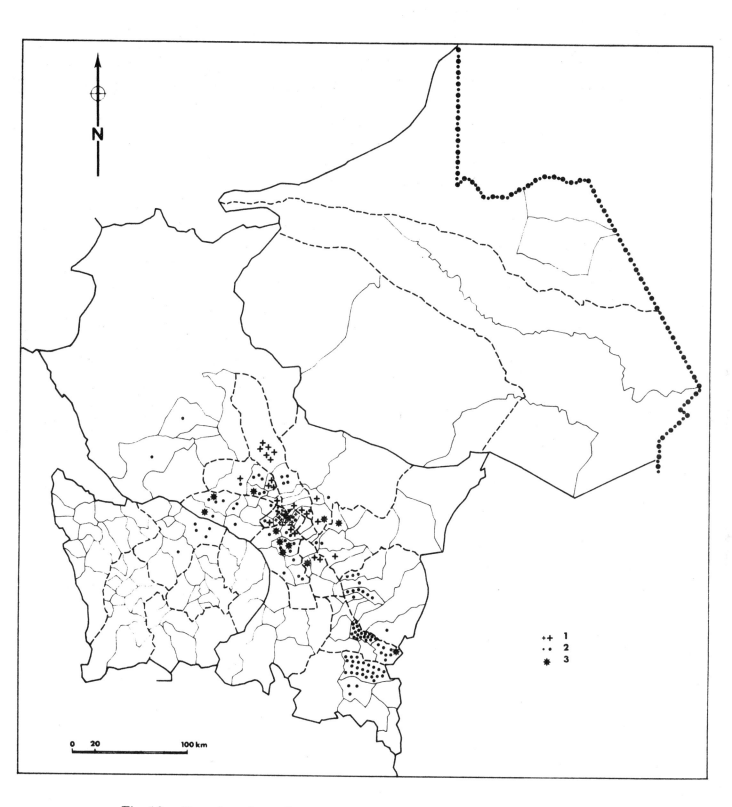

Fig. 13.– Domaines des collectivités publiques du Cuzco. Répartition par district

Couvents et paroisses : 1. urbaines.– 2. Collèges.– 3. Assistance publique.

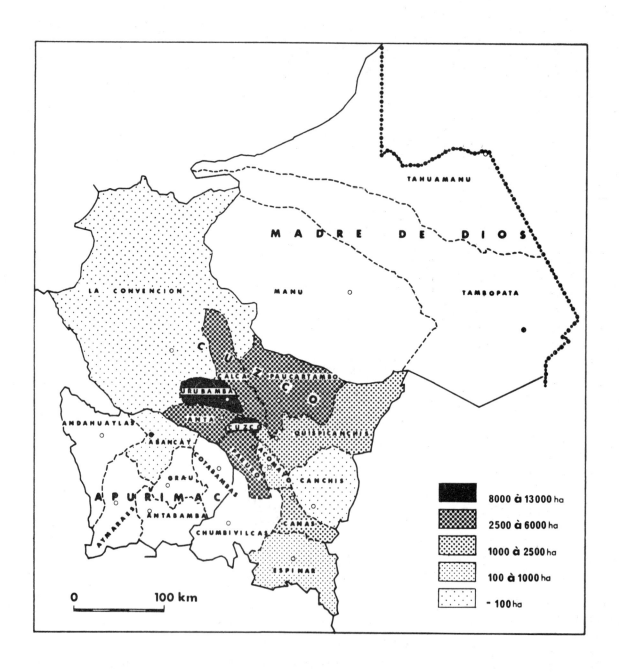

Fig. 14.— Domaines des collectivités publiques du Cuzco : superficie par provinces

Totora avec près de 4.500 ha) et de Poroy. Dans le périmètre actuel de l'agglomération, nous l'avons vu, toutes les haciendas sont en voie d'urbanisation (Chapitre I). Dans Urubamba, la présence cuzquénienne est également forte dans tous les districts, mais surtout dans ceux où dominent les latifundia : Ollantaybambo, Macchu Picchu et dans une moindre mesure Huallabamba. Dans les autres districts, même des propriétaires possédant de 50 à 100 ha habitent le Cuzco ; ainsi à Maras, à Chincheros et à Urubamba, mais il ne nous a cependant pas toujours été possible de chiffrer leur importance. De même, il est difficile de connaître le nombre de petits commerçants ou employés qui conservent des micropropriétés dans tous ces districts.

Le second groupe de provinces comprend Acomayo, Anta, Calca, Paruro, Paucartambo et Quispicanchis. Elles ont toutes de 50 à 75 % de leurs propriétaires qui sont cuzquéniens, avec un domaine foncier qui représente, sauf pour la dernière, 57 à 80 % de la superficie des propriétés de plus de 50 ha (pour Anta, Acomayo, Paucartambo et Paruro la superficie varie même de 65 à 80 %) (11). La présence cuzquénienne dans Quispicanchis est très forte à la fois dans la vallée jusqu'à Quiquijana et dans les districts de puna. A Oropesa, Lucre, Andahuaylillas, et on peut dire jusqu'à Urcos, on la remarque très vite dans le paysage, avec de grandes haciendas dont les demeures sont parmi les plus belles de la région (ainsi Pucuto, Quispicanchis, la Florida) ; mais leur état d'abandon intérieur dit assez que leurs propriétaires habitent la ville. Au-delà d'Urcos, on a surtout des moyennes et petites propriétés, en particulier à Quiquijana. Beaucoup sont à des commerçants ou des fonctionnaires vivant au Cuzco. A Cusipata, les propriétaires les plus importants se partagent entre Cuzco et Sicuani et l'influence cuzquénienne est moins profonde. Dans Ccatcca, Carhuayo et Ocongate, seules les grandes propriétés entrent dans notre domaine foncier et on note également dans ces terres d'élevage des moutons, l'influence de Sicuani avec l'hacienda Palcca.

L'influence du Cuzco reste forte dans la petite province d'Acomayo qui appartint longtemps à Quispicanchis. Les propriétés supérieures à 50 ha y sont rares, 22 sur un total de 557 propriétaires ayant rempli les formulaires de la Réforme Agraire (384 propriétés ont moins de 3 ha). Elles sont localisées surtout dans les hauteurs, en particulier à Rondocán et Pomacanchis, Sangarará et dans les punas d'Accos. C'est là que les Cuzquéniens ont leurs domaines.

Vers l'Ouest, la province d'Anta a toujours eu pour le Cuzco une importance comparable à celle d'Urubamba, bien que nos pourcentages y soient légèrement plus faibles (en particulier celui des propriétaires - 50 à 60 % - car nous n'avons pas pu identifier tous ceux des petits domaines). Elle reste son principal fournisseur de lait, de viande de bœuf et de porc. Les violents troubles agraires des années 60 ont, par l'inquiétude qu'ils provoquaient dans la ville, montré les liens étroits qui unissaient celle-ci à l'ancienne province d'Abancay. Les grandes propriétés sont surtout localisées dans les hauteurs peu peuplées de Chinchaypuquio et dans les districts de Limatambo et Mollepata.

Bien que semblable à Urubamba par les conditions du milieu naturel, la province de Calca compte beaucoup plus de latifundia que sa voisine (même en excluant la partie de ceja de montaña). Proche du Cuzco, ses liens avec la ville incaïque ont toujours été importants. Mais aujourd'hui, de nombreux grands propriétaires fonciers sont allés s'établir à Lima en particulier depuis les districts de San Salvador, de Pisaq et de Taray. Ceci affaiblit notre pourcentage des superficies qui va de 51 à 63 % alors que celui des propriétés reste important (entre 64,6 et 77 %).

---

11. Nous avons rattaché Quispicanchis à ce groupe, parce que si on retranche l'extenson de l'hacienda Lauramarca du total provincial, le pourcentage minimum du domaine foncier cuzquénien passe de 38,31 % à 61 % ; or, Lauramarca a toujours appartenu à des familles célèbres du Cuzco (les Saldivar en particulier) jusqu'en 1955 où elle a été achetée par des éleveurs argentins et liméniens.

TABLEAU N° XXVII : DOMAINE FONCIER DES CUZQUÉNIENS DANS LE DÉPARTEMENT
DU CUZCO (Ceja de Selva non comprise).

PROVINCES	TOTAL DES PROPRIÉTÉS			PROPRIÉTÉS SÛRES (minimum)				PROPRIÉTÉS SÛRES ET ÉVENTUELLES (maximum)			
	Nombre	Superficie	Total	%	Superficie en ha	%		Total	%	Superficie en ha	%
Acomayo	32	10 774	13	59	7 477,95	69		16	73	9 591,63	89
Anta	168	120 303	84	5	87 366,24	72,29		100	59,5	96 093,8	79,52
Calca (2)	48	60 971	31	64,58	31 186,10	51,15		37	77,08	38 301,80	62,82
Canas *	63	69 540	20	31,74	23 547,60	34		35	55,55	39 824,10	57,3
Canchis *	103	214 612	18	17,47	59 010,14	27		41	39,80	101 230,53	47
Chumbivilcas	170	150 962	29	17,05	32 192,60	21,32		52	30,58	58 748,95	38,91
Cuzco	48	23 917	37	77	20 408,01	85		42	87,50	22 840,54	95,50
Espinar *	133	163 495	8	6,01	15 050,70	9,20		—	—	—	—
La Convención	—	—	—	—	—	—		—	—	—	—
Paruro	49	43 768	26	53	29 986,97	69		32	65	32 471,97	74
Paucartambo (2)	68	73 844	37	54,41	50 104	67,85		47	69,11	61 832	83,73
Quispicanchis (2)	89	176 071	54	60,67	67 457,79	38,31		67	75,28	91 122,41	51,75
Urubamba	62	200 362	44	71	191 341,18	95		55	89	196 825,54	98

Sources : Ce tableau a été établi d'après les déclarations assermentées fournies par les propriétaires au Bureau de la Réforme agraire en octobre 1969 et par nos enquêtes personnelles (1968-1969).

(1) Rappelons qu'il s'agit des propriétés supérieures à 50 ha dans les provinces quechuas, à 500 ha dans les provinces de Puna (Canas, Canchis et Espinar) * et à 100 ha dans Chumbivilcas.
(2) Les districts de Ceja de Selva de ces trois provinces ne sont pas inclus dans le tableau.

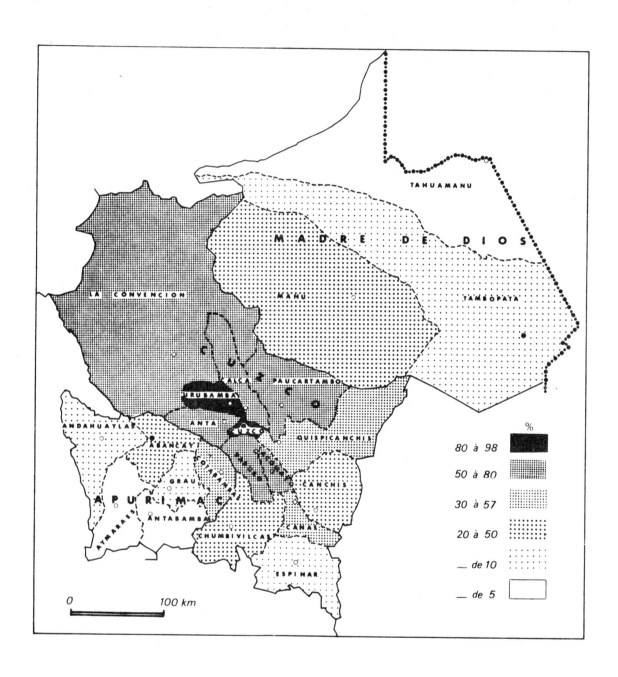

Fig. 15.— Domaine des Cuzquéniers. Répartition des propriétaires par province (%)

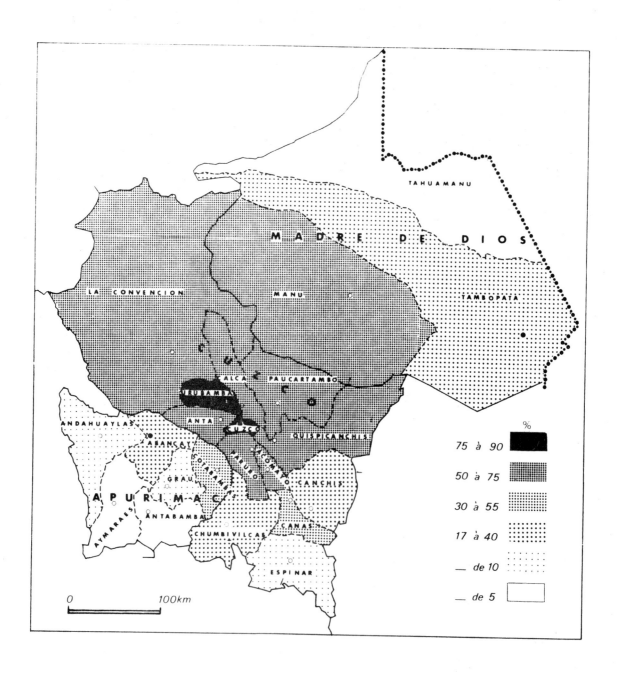

Fig. 16.— Domaines des Cuzquéniens. Répartition des superficies par provinces (%)

Beaucoup de sociologues présentent les provinces de Paucartambo et de Paruro comme les plus traditionnelles des Andes du Sud, voir de l'ensemble de la Sierra péruvienne. Le système du colonat s'y est maintenu plus longtemps qu'ailleurs et l'hacendado de Paucartambo apparaît bien souvent comme le type même du "*gamonal*" (12) cuzquénien. L'influence terrienne de la ville y est encore prépondérante et ceci est, plus que partout ailleurs, une survivance de l'époque coloniale où ces provinces semblaient à peine plus éloignées à cheval que les précédentes. Les grands "terratenientes" de Paucartambo, exercent volontiers au Cuzco ces fonctions si typiquement urbaines d'avocats, de juges, de notaires, aujourd'hui de médecins. Ceux de Paruro sont moins connus, plus pauvres et résident plus souvent sur leurs terres, leur famille restant au Cuzco. Le domaine foncier de notre ville est étendu dans tous les districts de Paucartambo, mais surtout dans celui de la capitale de province où se trouvent les principales haciendas. Dans Paruro, il est surtout important dans les districts proches de la ville, reste notable à Accha, village très important à l'époque coloniale, et dans le lointain district de Ccapi.

Les groupes suivants rassemblent les provinces ayant de grandes extensions de puna. Nos pourcentages concernent les propriéts supérieures à 500 ha sauf pour Chumbivilcas où nous sommes descendue à 100 ha, car il y a des vallées quechuas. Nous avons inclus Canchis dans ce groupe car, les grands domaines se situent dans la puna, les terrains de la vallée du Vilcanota appartenant surtout aux communautés indigènes et aux petits propriétaires métis des villages. Nos pourcentages ont une "fourchette" souvent plus grande que dans les autres provinces car nos enquêtes étaient plus difficiles et nos renseignements bien plus incomplets.

A la charnière entre les deux groupes de l'étage quechua et ceux de la puna, nous trouvons Canas. Beaucoup de propriétaires de cette province se sont installés depuis la fin du XIXe siècle, et en particulier depuis une trentaine d'années, au Cuzco. Ceci, surtout dans les zones traversées par les routes : Yanaoca où la grande propriété n'est pas très importante et plus encore Langui, Layo et le nouveau district d'El Descanso. Le pourcentage de propriétaires résidant au Cuzco varie de 32 à 55,5 % C'est dans cette province, avec celle de Paruro, que nous avons rencontré le plus de propriétés appartenant à des familles dont une partie seulement résidait au Cuzco, mais qu'il était difficile de ne pas inclure dans le domaine foncier de notre ville.

Dans Canchis et Chumbivilcas, le pourcentage des propriétaires cuzquéniens varie de 17 à 40 % et celui des superficies de 20 à 47 %. Dans Canchis, il y a une forte proportion de capitaux locaux, cependant souvent d'origine aréquipénienne, la ville de Sicuani possédant sa propre aire d'influence foncière. C'est dans le district de Pitumarca qu'on rencontre les principales grandes propriétés cuzquéniennes, avec en particulier des haciendas de 5.000, 10.000 et même 16.300 ha ; au-delà de Sicuani par contre, une seule propriété (Anta Ccalla Table de 9.040 ha) est cuzquénienne. Les grands propriétaires de Chumbivilcas, au contraire, ont depuis longtemps aspiré à vivre au Cuzco. Plusieurs d'entre eux avouent y avoir leurs "relations sociales", leur "cercle d'amis". Posséder une maison en ville, représentait pour eux le seul moyen de rompre, temporairement, l'isolement dans lequel ils se trouvaient et de donner un bon enseignement scolaire à leurs enfants. L'influence du Cuzco reste prépondérante dans les districts les plus isolés de Ccapacmarca et Livitaca. Par contre, dans ceux qui sont desservis par les routes (Santo Tomás et surtout Velille et Colquemarca), elle subit la concurrence d'Arequipa qui attire les grands propriétaires et envoie également de nombreux éleveurs où maquignons y louer des terres. Chumbivilcas suit ainsi un processus économique depuis longtemps en cours à Espinar.

---

12. Gamonal : On appelle ainsi le grand propriétaire autoritaire et abusif vis-à-vis de ses travailleurs.

Dans cette dernière province, 6 % seulement des propriétés dépassant 500 ha (soit un total de 8), appartiennent en 1969 à des Cuzquéniens, ce qui représente 9 % de la superficie. Leurs maîtres ne résident d'ailleurs que peu au Cuzco et ont parfois en même temps une maison à Arequipa. Les propriétés appartenant à des Aréquipéniens, ou à des habitants de Yauri résidant à Arequipa, représentent 12 % des propriétés et 26 % de la superficie. En fait, la grande majorité de la terre appartient à des éleveurs indigènes possédant de moyennes extensions de puna, puisque 399 propriétés sur un total de 532 ont entre 50 et 500 ha. L'influence cuzquénienne se manifeste surtout dans les districts de Yauri, Coporaque et même Tocroyoc ; pourtant, c'est dans ce dernier que, nous l'avons vu, les capitaux punéniens et aréquipéniens sont les plus importants (cf. chap. II).

Nous avons considéré à part le cas de la ceja de montaña et de la montaña. Seules les vallées de la Convención, de Lares et du Yavero, ont connu la grande propriété. A Lacco et Challabamba, d'après les listes de la Réforme Agraire -vraisemblablement incomplètes- sur 31 "fundos", 18 dépassent 1.000 hectares dont 10 appartiennent avec certitude à des Cuzquéniens, soit 53.919 has (52,80 % de la superficie). Pour la Convención et Lares, nous citerons seulement les pourcentages des Cuzquéniens avant la Réforme Agraire de 1964 pour les propriétés supérieures à 500 ha ; dans la vallée de la Convención, ces pourcentages variaient de 38 à 58 % pour les propriétaires et de 62 à 77 % pour les superficies ; pour Lares, les "fourchettes" respectives étaient de 43 à 69 % pour les propriétaires et de 62 à 87 % pour les superficies. Dans la première vallée, l'influence foncière du Cuzco était surtout forte en amont de Quillabamba, zone de colonisation très ancienne ; en aval, les propriétés étaient souvent très étendues mais appartenaient en majorité à des gens d'origine plus modeste, habitant Quillabamba.

Enfin, nous n'avons pas pu évaluer avec précision, l'étendue du domaine foncier de la ville en dehors de son département. Les propriétés des Cuzquéniens doivent représenter quelques 20.000 à 30.000 hectares dans le département de Puno, notamment, dans les districts de Nuñoa et Santa Rosa de la province de Melgar, où de grands domaines d'élevage appartiennent à des familles établies dans notre ville (les Guerra en particulier). L'Apurimac a été pendant longtemps, sur le plan administratif, partie intégrante du Cuzco et connaît en outre un très fort exode rural ; si beaucoup de ses habitants semblent aujourd'hui se diriger surtout vers Lima, certains continuent à aller au Cuzco, relativement proche et d'accès facile. Nous constatons la présence de grandes propriétés appartenant à des familles établies au Cuzco dans toutes les provinces de ce département, à Abancay en premier lieu (avec les Haciendas San Gabriel et Patibamba en particulier) et dans les provinces les plus proches, Cotabambas et Graú dont sont originaires de vieilles familles de notre ville ; mais aussi à Antabamba (haciendas Pampahuaquipa et Quilcata, Huilcarani et Challa), Aymaraës (haciendas Pampatama baja et Amoray) et même dans plusieurs districts de la pourtant lointaine province d'Andahuaylas. Dans le Madre de Dios, la colonisation s'est faite soit sous forme de petits lots, soit de très grandes extentions de forêts. La plupart des petits colons sont originaires de notre département mais non de la ville même. Parmi les grands propriétaires, deux sont du Cuzco (Lomellini, Barten), mais les autres n'ont pas de maisons dans la froide capitale andine.

3°) - Les moyennes et petites entreprises privées.

Le domaine foncier de la ville du Cuzco s'est accru, ces trente dernières années, d'un grand nombre de petites et moyennes propriétés. Il faut voir là une des conséquences des mouvements migratoires, puisqu'il s'agit, soit du partage de grands domaines lors du départ de certains hacendados vers Lima, soit, au contraire, des terres des multiples provinciaux venant s'établir en elle. On pourrait, arriver à connaître à peu près la superficie des premières en étudiant l'histoire récente de quelques grandes haciendas de la plaine d'Anta ou de la Vallée du Huatanay.

La superficie des domaines des immigrés (membres de professions libérales, fonctionnaires, petits commerçants, employés ou même petits agriculteurs), est plus difficile à évaluer. Ces propriétés semblent être nombreuses, d'après nos enquêtes orales, autour des capitales de province et de district proches de la ville. Les liens anciens de ces petites bourgades avec la capitale impériale expliquent que des fils de métis aient pu y réussir sur le plan professionnel. De même, sans que des enquêtes précises soient faites, on sait que de nombreux petits commerçants viennent des provinces d'Urubamba, Acomayo, Anta et dans une moindre mesure Quispicanchis, Calca et Paruro et qu'ils y conservent des terres.

Dernièrement, un troisième type de petite propriété s'est ajouté aux précédents : la *"quinta"*, permettant des séjours de détente et de villégiature. On la rencontre d'abord aux environs immédiats de la ville dans les districts de Santiago (zone de Huancaro surtout), Huánchac et surtout dans ceux plus ruraux de San Sébastián et San Jerónimo. De nombreux citadins ont acheté là des terrains à des hacendados ou à des collectivités, comme la commune ou l'Eglise, pour éventuellement y construire une maison. En attendant, ils les cultivent et s'y rendent en famille le Dimanche. Deux régions plus éloignées de la ville et bénéficiant d'un climat plus doux, sont en passe de devenir des régions de villégiature et de résidences secondaires : la vallée sacrée des Incas surtout dans les provinces d'Urubamba et Calca, et dans une moindre mesure le district de Limatambo. Là encore, les citadins bénéficient de la vente, souvent à des prix bas, de lots appartenant à l'Eglise d'Urubamba ou à d'anciennes haciendas dont les héritiers sont établis à Lima. Les nouveaux propriétaires ont le plus souvent le souci de construire une maison assez élémentaire qu'on améliore petit à petit ; souvent, ils plantent un verger également.

Enfin, dans bien des capitales de province, des fonctionnaires originaires du Cuzco ont acheté des terres pour faciliter la nourriture de leur famille et vendre quelques surplus lors des bonnes récoltes. Nous l'avons fréquemment constaté en Acomayo pour des terrains de maïs, à Urubamba pour des vergers, comme à Yauri pour des *"cabañas"*(13) d'élevage. Ces petites propriétés accroissent d'une certaine manière le domaine foncier du Cuzco où continue à résider une partie de la famille du fonctionnaire.

Dans la ceja de montaña, à Cosñipata et Quince Mil, la colonisation s'est souvent faite sous forme de moyennes et même de petites propriétés, parce qu'elle était plus récente, plus instable, moins bien placée pour l'exportation du café ou du thé. D'après le registre des "tierras de montaña" de 1968 (14), à Cosñipata, 37 des 100 propriétaires (pour 127 lots) - soit un peu plus du tiers -, étaient des Cuzquéniens, et à Quince Mil 31 des 87 propriétaires (pour 107 lots). Dans le Manú, province du Madre de Dios qui est en fait un prolongement de Cosñipata (beaucoup de propriétaires de Cosñipata y ont acheté un lot en attendant l'achèvement des routes), 45 des 100 propriétaires (pour 118 lots) étaient des Cuzquéniens. Dans ces vallées, la proportion de personnes originaires de notre ville serait donc plus importante que celle venant des autres provinces où des départements voisins. Il est vrai qu'il convient de tenir compte du fait que les titres de propriété des gens de la ville sont certainement les plus à jour. Mais nous avons pu constater également que la montaña exerçait un réel attrait sur de nombreux commerçants, employés, militaires ou membres de professions libérales. Ces propriétaires lorsqu'ils exploitent réellement leur concession, vivent principalement en ville et vont sur leurs terres au moment des défrichements ou des récoltes. D'autres habitent en permanence dans la montaña, mais viennent avec fréquence au Cuzco où vit leur famille et où ils ont parfois acquis un commerce, une scierie ou un débit d'alcool en particulier.

---

14. Les listes de la Réforme Agraire en 1969-70 étaient encore plus incomplètes.
13. Cabañas : on appelle ainsi de petites extensions de puna vouées à l'élevage.

C. Evaluation des revenus dans le système de l'hacienda traditionnelle. Nous avons présenté dans la première partie (Chapitre II) le système d'exploitation traditionnel des grandes propriétés du Cuzco, fondé sur le colonat. Il y avait en 1969 dans notre ville deux principaux types de grand propriétaire foncier urbain. Le "hobereau" de province qui vit le plus souvent sur ses terres mais a tenu à se faire bâtir une maison au Cuzco où il vient de temps à autre et où une partie de sa famille vit ; en second lieu, l'hacendado exerçant une profession libérale en ville qui a hérité d'un domaine dont il fait venir sa nourriture, mais qu'il laisse travailler par un majordome indigène. Le premier type est profondément lié au monde rural ; vivre en ville, représente pour lui une nécessité sociale et non pas économique. Il y vient rompre l'isolement de l'hacienda, retrouver ses amis et une partie de sa famille, assister aux grandes fêtes religieuses, ou, bien que cette coutume soit en train de disparaître, à la "*temporada*" des corridas et des combats de coqs. Parfois aussi peu cultivé que ses travailleurs indigènes, ce n'est pas la nécessité de s'informer des prix du marché, ou des possibilités de crédit bancaire qui l'attire à la ville. Le second type n'en est d'ailleurs pas mieux informé, quoique instruit et résidant au Cuzco ; il est beaucoup plus urbain que rural et fait même partie de l'élite sociale de la ville, assurant volontiers les fonctions de préfet et sous-préfet, de président de la Cour Supérieure de Justice ou de recteur de l'Université, etc... Très différents par leur genre de vie et leur culture, ces deux types de grands propriétaires se rejoignaient dans une même indifférence des problèmes d'économie agricole - cherchant essentiellement à assurer leur subsistance et à affirmer, grâce à la possession de la terre, un certain rang social - et dans une même exploitation de leurs travailleurs. Ils n'étaient pas capables, par eux-mêmes, de modifier la situation, par esprit de classe autant que par routine et ignorance. Toute modification dans le système d'exploitation de l'hacienda, technique ou sociale, supposait des investissements et des risques que les faibles revenus qu'ils tiraient de leurs terres ne leur permettaient pas d'envisager.

Nous avons essayé d'évaluer sommairement dans les tableaux XXVIII et XXIX, les revenus d'une hacienda traditionnelle dans l'étage quechua et dans la puna. Ayant adopté les rendements cités par le Ministère de l'Agriculture pour les propriétés ayant une technologie moyenne (15) et les prix donnés par cet organisme et par la Chambre de Commerce du Cuzco en 1969, prix souvent supérieurs à ceux pratiqués sur les marchés locaux, nous pouvons considérer qu'il s'agit là de revenus maxima. En fait, beaucoup de propriétés de provinces isolées comme Paruro ou Chumbivilcas, ne devaient retirer annuellement qu'une centaine voire une cinquantaine de milliers de sols d'une production dont l'importance, par ailleurs, variait beaucoup d'une année à l'autre. Ces rentrées d'argent n'étaient d'ailleurs possibles que parce que les dépenses pour l'exploitation étaient très faibles, avec des semences prélevées en général sur la récolte précédente, une très faible utilisation des engrais autres que le fumier, et de rares achats d'instruments dont la plupart étaient fournis ou fabriqués par les colons. Pour le renouvellement des chevaux ou des bœufs de labour, on procédait le plus souvent à un troc entre un cheval de la côte et deux jeunes bêtes de la race locale plus petite. Le montant des dépenses évaluées dans notre tableau et qui atteint presque celui du chiffre des ventes, nous montre l'impasse dans laquelle se trouvait tout agriculteur cherchant à moderniser son mode de culture. Le revenu obtenu dans la puna semble inférieur à celui de l'étage quechua, mais les frais d'exploitation sont beaucoup plus réduits et les rendements sont d'autre part moins variables d'une année à l'autre.

Bien que vouées aux cultures commerciales, les haciendas de la ceja de montaña n'étaient ni plus modernes, ni mieux travaillées que celles du reste de la Sierra. Mises à part, dans une certaine mesure, celles de thé, on ne saurait les assimiler à des plantations, avec tout ce que ce mot suppose de progrès technique, d'organisation des travaux culturaux et de connaissance des marchés extérieurs.

---
15. Les rendements cités par le Ministère de l'Agriculture sont classés en 3 catégories ; la première étant pour les exploitations modernes et la troisième pour les communautés indigènes, nous avons choisi la seconde pour les haciendas traditionnelles: Par technologie moyenne, le Ministère entend un usage très limité des engrais chimiques et peu d'innovation dans le choix et l'organisation des cultures.

Les superficies cultivées à l'intérieur de chaque domaine étaient réduites ; avant la loi de Réforme Agraire de 1964, 46.157 hectares sur 629.535 que possédaient les propriétaires de la Convención et Lares, soit 7 % seulement étaient cultivés dont 5.987 (soit 1 %) par les propriétaires et 40.170 (soit 6 %) par les arrendires et les allegados. Cultures traditionnelles depuis la Colonie, la canne à sucre pour la production d'eau de vie et de mélasse (chankaka) cultivées sur les terrasses alluviales, et la coca, sur les versants, restaient très routinières, leurs débouchés dans la Sierra étant par ailleurs très sûrs et rémunérateurs. La première donnait des rendements ne dépassant pas 15 tonnes à l'ha et tournant souvent autour de 3 à 5 t. Le café et le cacao étaient cultivés, le plus fréquemment, par les seuls arrendires et allegados (16) sur des pentes extrêmement fortes. Leurs plantations souvent vieillies et trop denses, étaient envahies par les broussailles, et infestées par des parasites et des maladies (en particulier celle du "balais de sorcière" pour le cacaoyer). Elle ne donnaient en 1967 que des rendements de 460 kg/ha pour le café et 425 kg/ha pour le cacao, contre 520 kg/ha de moyenne nationale pour ces deux arbustes (17). Selon le Ministère de l'Agriculture, 600 ha seulement de café étaient cultivés de manière plus soignée avec des rendements de 760 kg/ha d'après des évaluations de 1970 (18), c'est-à-dire d'ailleurs après la Réforme Agraire.

Au total, les revenus de ces haciendas mal travaillées étaient beaucoup plus importants que dans les terres froides et tempérées. La coca qui donnait au moins quatre récoltes par an et l'eau de vie, étaient vendues sans difficultés et à des prix assez élevés. Le propriétaire tirait, en outre, de gros avantages du fait qu'il commercialisait lui-même la production de café et de cacao de ses arrendires. Les hacendados profitaient largement du bon marché de la main d'œuvre et leur seule préoccupation était d'accroître leur contrôle et leur exploitation sur les travailleurs. Pour le reste, c'était le laisser-faire, et l'économie pratiquée était en quelque sorte uniquement dévastatrice, en particulier pour les sols, qu'on ne se préoccupait pas de protéger contre l'érosion et de régénérer. Bien que travaillant en économie commercialisée, à la différence des hacendados de la zone quechua, les propriétaires ne faisaient que peu d'investissements ; ils n'avaient même pas une conscience réelle du profit maximum à tirer de leurs terres ; ils ont été par exemple très longs à se mettre à cultiver le café, malgré la conjoncture favorable.

On a, dans la vallée de la Convención, un bon exemple des contradictions auxquelles sont soumis les hacendados introduits dans l'économie de marché. Lors de la crise agraire des années 60, deux grands propriétaires se rejetaient l'un sur l'autre, à juste titre, la responsabilité des troubles. L'un avait accentué le mécontentement agraire en devenant de plus en plus abusif vis-à-vis de ses travailleurs. L'autre, au contraire, avait vendu à ses arrendires une partie de la propriété et travaillait sa "réserve" avec des salariés. Il offrait ainsi un exemple qui ne pouvait qu'encourager les revendications de l'ensemble des arrendires de la vallée. Mais il était très critiqué par ses pairs qui se rendaient compte que la moindre innovation en appelait rapidement d'autres et veillaient à maintenir le système traditionnel.

Mais ce système traditionnel, et c'est là un second point fondamental, était pris de plus en plus dans un réseau de dépendance et de contradictions vis-à-vis des villes de la côte et par leur intermédiaire des marchés extérieurs. Toute demande de crédit soumettait le bénéficiaire aux banques locales, elles-mêmes filiales de celles d'Arequipa (19) et de Lima, liées à leur tour aux capitaux anglais ou américains. Toute augmentation des revenus, ne servait qu'à accroître la consommation des

---

16. Voir Chapitre II.

17. Perú 1967 - Ministerio de Agricultura - CONESTCAR. Lima.

18. Rapport de la zone agraire XI - Cuzco - 1970.

19. Le crédit agricole au Cuzco pendant longtemps, était un monopole de la banque Gibson d'Arequipa, d'origine anglaise.

TABLEAU N° XXVIII : REVENUS D'UNE HACIENDA TRADITIONNELLE DE LA RÉGION DU CUZCO (étage quechua)

A) Revenus de l'agriculture	Superficie cultivée ha	Rendement kg/ha	Production kg	Prix sols/kg	Valeur de la production (en sols)	Ventes Quantités kg	Ventes Montant sols
Maïs	12	2 500	30 000	5	150 000	7 500	37 500
Fèves	1	2 000	2 000	3,5	7 000	—	—
Pommes de terre	10	10 000	100 000	2,5	250 000	25 000	62 500
Orge ou blé	15	1 100	16 500	4	66 000	8 250	33 000
TOTAL							133 000

B) Revenus de l'élevage	Quantité	Prix sols	Valeur sols
Laine	50 livres	9 S/livre	450
Bovins	2	3 000 S	6 000
TOTAL			6 450

C) Dépenses éventuelles (maximum)	Semences Quantités en kg	Semences Valeur en sols	Engrais Type et quantité (kg) Fumier	Engrais Type et quantité (kg) Guano	Engrais Valeur (sols) Fumier	Engrais Valeur (sols) Guano	Valeur totale sols
Maïs	720 (60 × 12)	5 760 (8 × 720)	600 sacs (50 × 12)	6 t (1/2 × 12)	2 400	18 000	26 160
Fèves							
Pommes de terre	15 000 (1 500 × 10)	60 000 (4 × 15 000)	1 000 sacs (100 × 10)	5 t (1/2 × 10)	14 000	15 000	79 000
Orge ou blé	1 500 (100 × 15)	7 800 (1 500 × 5,2)					7 800
TOTAL							112 960
Achat de matériel (évaluation)							1 000
TOTAL dépenses (C)							113 960
TOTAL revenus (A + B)							139 450

TABLEAU N° XXIX : REVENU D'UNE HACIENDA TRADITIONNELLE DE LA PUNA
(Cheptel : 2 000 ovins, 100 bovins)

PRODUCTION	QUANTITÉ	PRIX S/. (1)	VALEUR
Laine	1,8 l par mouton (soit 3 600 livres)	9 S/livre	32 400 S/.
Moutons	150	250 S/unité	37 500 S/.
Bovins	10	3 000 S/unité	30 000 S/.
Peaux	60	70 S/unité	4 200 S/.
Fromage	2 livres/jour (soit 730 livres)	20 S/livre	14 600 S/.
			118 700 S/.
DÉPENSES			
Produits vétérinaires et sel			1 000 à 2 000 S/.

(1) 1 sol = 0,12 F en 1969.

PLANCHE 15 — HACIENDAS DU CUZCO

Photo A : Hacienda Sullupuquio dans la plaine d'Anta

Bâtisse de style colonial sur un petit cône de déjection coiffant les terrasses lacustres de la plaine marécageuse. Élevage de bovins dans la «pampa», cultures de céréales sur la terrasse, et de pommes de terre sur les versants.

(Cliché de l'auteur)

Photo B : Hacienda à la limite de la puna : Lauramarca (Ocongate, province de Quispicanchis)

Des bâtiments modernes, au toit de tôle ondulée, voisinent avec la vieille chapelle couverte de tuiles près de laquelle se groupent quelques maisons de colons au toit de chaume. On est à 3 800 mètres et les eucalyptus se mêlent à quelques polylepis.

(Cliché de l'auteur)

PLANCHE 16

Photo A : Troupeau de Holstein et étable moderne dans l'hacienda «California» à Yucay (Province d'Urubamba).

(Cliché de l'auteur)

Photo B : Bétail de race Gyr (croisement réalisé avec des zébus) à Cosñipata.

(Cliché de l'auteur)

hacendados en biens d'usage souvent importés et distribués par les commerces de la ville. La rente foncière n'a pas cherché à se réinvestir dans le commerce local qui reste dominé, nous le verrons, par les firmes aréquipéniennes et liméniennes. Elle s'est plus intéressée à l'industrie rurale ; mais celle-ci fonctionnait en fait dans le cadre des haciendas traditionnelles et dépendait pour ses crédits et ses achats en matériel, de l'extérieur. Elle renforçait donc le système de domination local et national. Beaucoup ont préféré d'ailleurs investir à Lima, en construisant un immeuble à des fins locatives, ou plus rarement dans de petites affaires commerciales. A l'autre bout de la chaine, les sociétés qui négociaient les produits de l'agriculture profitaient également de l'augmentation des productions pour accroître le colonialisme interne. Les firmes aréquipéniennes n'ont réalisé aucun investissement régional si ce n'est des avances en argent et denrées fabriquées qui asservissaient davantage les producteurs. Les étrangers établis au Cuzco ont, par contre, presque tous acheté des terres ; mais soit, ils se sont désintéressés de leurs exploitations (cf. les Lomellini à Lauramarca) ; soit ils se sont orientés vers les produits d'exportation, le café en particulier.

Ainsi, le progrès de l'agriculture des latifundia cuzquéniens était limité par un double blocage : celui de la structure même de l'hacienda et celui plus ample des difficultés d'insertion dans l'économie capitaliste. Les changements qui se sont faits jour progressivement dans certaines haciendas, ont été imposés par le milieu naturel, les progrès ont été très lents, dispersés, et somme toute assez limités à l'échelle régionale comme à plus forte raison locale.

II. - LE ROLE DU CUZCO DANS LES TRANSFORMATIONS RECENTES DE L'AGRICULTURE

Les années 50-60 marquent une date capitale dans l'évolution de l'hacienda cuzquénienne, à la fois dans son système d'exploitation et dans ses productions. Des faits sociaux très graves viennent la remettre en question, autant par les troubles suscités, que par les projets de Réforme Agraire que les gouvernements péruviens ont été amenés à envisager depuis 1958. C'est aussi l'époque où les marchés urbains grandissent et se diversifient, où les échanges s'intensifient par suite de l'ouverture ou de l'amélioration des routes et de la multiplication des camions. La demande des villes en denrées agricoles augmente en même temps que les prix. Des maisons vendant des produits industriels pour l'agriculture et l'élevage s'installent au Cuzco. Aussi, les hacendados les plus ouverts, voient-ils se créer des perspectives pour accroître leurs productions et moderniser leur système d'exploitation. Désormais, on peut espérer vendre des pommes de terre et du lait au Cuzco, de l'orge à la brasserie de la ville ; grâce au nouvelles voies de communication, les marchés de Lima et d'Arequipa, plus avantageux pour la viande de boucherie, paraissent désormais accessibles.

L'Etat est venu à point nommé soutenir ces initiatives par sa politique de crédit agricole comme par ses efforts dans l'introduction de semences à haut rendement ou de bétail de race. En 1965, il construit à une vingtaine de kilomètres de la ville, l'usine d'engrais azotés de Cachimayo. Il faut voir dans ces interventions du secteur public un souci d'aider les grands propriétaires à moderniser leur exploitation afin de résoudre les problèmes du secteur le moins dynamique d'une économie alors en pleine expansion. De nouveaux organismes de développement agricole mis en place dans les campagnes, ont également eu pour but d'intégrer les comuneros à l'économie de marché et d'apaiser les troubles agraires. Ils ont été aidés par les organismes internationaux (F.A.O., O.I.T., Banque Mondiale, etc...) ainsi que par ceux de l'Alliance pour le progrès et les missions agraires de divers pays.

Les troubles agraires qui ont été une des principales causes des transformations, ont été également accentués grâce aux influences urbaines. Les révoltes indiennes avaient toujours été fréquentes et très violentes dans la Sierra cuzquénienne (20) ; mais les causes du désespoir agraire ont été aggravées par l'essor démographique rendant plus exigues les parcelles, et par le fait que les hacendados ont été amenés à exiger plus de travail de leurs colons et à mieux contrôler la production des terres qu'ils leur concédaient. Avec la possession de la terre, le libre accès aux marchés a été une des revendications essentielles des paysans cuzquéniens. On le voit dans la vallée de la Convención, lorsque les commerçants du Cuzco ou de Quillabamba commencent à rompre le monopole commercial des hacendados (21). Dans la puna, c'est dès les années 20 que les pasteurs de l'actuel district de Tocroyoc, revendiquent la création d'un marché qui leur permettrait d'échapper à la pression des notables d'Ocoruro (22). Conséquences de la pression démographique comme de l'intensification des moyens de transport, les migrations, surtout temporaires se développent vers la ceja de montaña ou vers les villes. Il en résulte pour bien des migrants, une prise de conscience progressive de leur marginalisation et de leur exploitation. A l'exemple des travailleurs urbains, ils ont commencé à exiger un salaire en argent et une limitation, voire une abolition, des "condiciones". Très vite, ils y ont ajouté le droit d'avoir une école, un botiquin et celui de parler l'espagnol dont l'usage leur était interdit par de nombreux propriétaires.

Enfin, le rôle des villes et surtout du Cuzco, a été fondamental dans l'organisation des syndicats agraires. La plupart de ceux-ci ont été créés par des paysans ayant travaillé temporairement en ville, ayant connu le salariat et un début d'alphabétisation. Dans les années 50, ces paysans reçurent progressivement l'appui des organisations politiques et syndicales de la ville, et en particulier de la Fédération des Travailleurs du Cuzco dont l'activité avait été surtout urbaine jusque là (23). A partir de 1954-55, on voit les syndicats agricoles déposer, des "cahiers de doléances" (Pliegos de reclamos) auprès du Ministère du Travail ou de la Préfecture. Le mouvement allait s'amplifier et s'organiser, avec l'installation en 1959, d'Hugo Blanco comme arrendire de l'hacienda Chaupimayo. Fils d'une famille d'hacendados de Paruro depuis longtemps établie en ville, étudiant d'agronomie au Cuzco puis à Buenos Aires où il milita dans des syndicats ouvriers, c'est donc en ville qu'il reçut sa formation idéologique et prit conscience de la force révolutionnaire que représentaient les paysans péruviens. Avec lui, de nombreux étudiants cuzquéniens partirent encadrer les syndicats organisés dans tout le département. Dès lors, les problèmes agraires prirent le pas sur ceux des travailleurs urbains et le Cuzco connut la peur de la jacquerie. Aux grèves des arrendires de la Convención, déclenchées à partir de Décembre 1961, succédaient celles des paysans de l'étage quechua et les grandes invasions des haciendas de la pampa d'Anta par les comuneros voisins en 1963 (24). Les provinces qui ont été les plus touchées par les troubles agraires étaient celles qui avaient le plus de relations avec la ville du Cuzco et ceci depuis la construction des voies de communication au début de ce siècle : Anta, la Convención, et également Canchis.

---

20. Cf. Jean PIEL "Un soulèvement rural péruvien : Tocroyoc 1921". Revue d'Histoire Moderne et Contemporaine - Tome XIV. Oct. Déc. 1967.

21. Cf. Eduardo FIORAVANTI - Latifundium et syndicalisme agraire au Pérou ; le cas des vallées de la Convención et Lares - Diplôme de l'Ecole Pratique des Hautes Etudes - Paris 1971.

22. Cf. Jean PIEL : Op. cit.

23. Le syndicalisme paysan débuta dans la vallée de la Convención en 1947. En 1958, il y avait dans cette vallée 15 syndicats groupant 1.500 personnes et en 1961, 122 avec 12.500 paysans. Il y en avait à cette date 600 pour l'ensemble du département de Cuzco. (d'après Eduardo Fioravanti ; op. cit.).

24. Il y eut en 1963, 181 invasions dont 51 en Anta, 43 dans Paruro, 33 dans Canchis, 13 dans Chumbivilcas et 10 dans la Convención ; les autres provinces ont été moins touchées par le mouvement bien que le syndicalisme y ait été très actif. On trouvera beaucoup de détails sur ces évènements dans le livre d'Hugo Neira Samanez "Cuzco tierra o muerte".

201

Après la capture d'Hugo Blanco en 1963, l'échec des mouvements de guérilla dans la Convención et le Madre de Dios, et la terrible répression policière et militaire qui s'en suivit, la crise agraire se calma. Les promesses de Réforme Agraire du gouvernement de Belaunde en 1964 et la mise en place de programmes réformistes de développement rural et d'aide aux communautés indigènes, contribuèrent à la détente. Quelques hacendados, profitant des facilités de crédit et de la hausse des prix agricoles, tentèrent de moderniser leurs exploitations pensant ainsi échapper à la menace de la Réforme Agraire qui ne fut appliquée dans notre région que dans les vallées de la Convención et Lares. Dans les autres haciendas, les progrès techniques furent limités et ne s'accompagnèrent pas de progrès social, le salaire minimum légal étant rarement appliqué. En octobre 1968, la Junte Militaire reprit à son compte un projet de Réforme agraire plus radical qui est actuellement en cours d'exécution et doit faire disparaître complètement le système de l'hacienda.

A. - Les transformations de la structure de l'hacienda :

1°) La disparition du colonat traditionnel.

Aux lendemains des troubles sociaux des années 1960/1965, le colonat et le système des arrendires ont été condamnés par la législation péruvienne. Les prestations gratuites non directement agricoles, ont été officiellement abolies. Nous avons cependant rencontré des haciendas dans les provinces de Paucartambo, Paruro, Chumbivilcas, où elles subsistaient encore sous une forme plus ou moins avouée en 1968/69. Toujours en 1964, était promulguée pour l'ensemble du Pérou, la loi du salaire minimum pour les travailleurs agricoles, fixant celui-ci à 15 et 12 sols dans notre département (25). En fait, dans les enquêtes que nous avons réalisées en 1969, très peu de propriétaires respectaient cette loi et encore moins celle sur la sécurité sociale et la retraite ouvrière. Dans la plaine d'Anta, sur 63 haciendas interrogées, deux seulement payaient 20 sols de salaire à leurs travailleurs permanents, 12 leur donnaient entre 15 et 18 sols -avec ou sans la nourriture- et 9, de 10 à 15 sols. 16 haciendas (soit le quart de celles que nous avons étudiées), continuaient à donner à leurs colons une parcelle et une *"hurka"* (une gratification) où la part de l'argent ne dépassait généralement pas 5 sols. Beaucoup d'haciendas utilisaient des travailleurs temporaires, soit comme unique source de main d'œuvre (19 propriétés), soit comme appoint. Or, 10 propriétaires payaient le salaire légal et 15 donnaient 17 ou 18 sols avec ou sans le repas. A Calca, sur 37 haciendas, 8 appliquaient le salaire légal pour leurs permanents, 6 versaient de 15 à 20 sols, 2 de 10 à 15 sols et 14, soit plus du tiers, accordaient un terrain avec parfois une *"hurka"* inférieure à 5 sols. Encore s'agissait-il ici de provinces proches de notre ville où habitaient la majorité de leurs propriétaires.

Le paiement du salaire diminuait rapidement avec l'éloignement de la ville ; ainsi, toujours à Anta, dans le district de Chinchaypuquio, aucune des 10 haciendas interrogées ne payait le salaire légal, une seule donnant 10 sols en plus du terrain. A Acomayo, une seule hacienda payait le salaire légal. La hurka de 2 à 5 sols -avec nourriture, coca, eau-de-vie et cigarettes- y était généralisée, les propriétaires nous démontrant que cela leur revenait aussi cher que le salaire minimum légal. Dans tout le Sud du département (et certainement aussi dans celui de l'Apurímac), la part de l'argent entrant dans la *"hurka"* était encore moins importante et on peut considérer que dans ces provinces, le colonat survivait. Par contre, dans la ceja de selva en 1970, les salaires atteignaient 30 sols par jour en raison de

---
25. 15 sols par jour pour les provinces du Cuzco et de la Convención ainsi que les districts de ceja de montaña de Lares (Calca), Challabamba (Paucartambo) et Camantí (Quispicanchis). Pour les autres provinces et le département de l'Apurímac, il était de 12 sols pour les ouvriers agricoles et de 360 sols par mois pour les employés (450 sols dans la ceja de Selva et au Cuzco). En 1969, le salaire était de 20 sols dans la plupart des provinces du Cuzco et de 25 dans la ceja de montaña passant à respectivement 24 sols et 29 sols par jour en 1970 (les salaires des employés étaient alors, toujours dans le secteur agricole, de 720 et 830 sols mensuels).

la difficulté croissante à trouver de la main d'œuvre ; mais la part des *"enganchadores"*, véritables raccoleurs de main d'œuvre, était toujours très forte et, grâce à l'avance d'argent consentie au travailleur embauché, ils faisaient de celui-ci leur débiteur. Nous avons cependant trouvé des moyennes propriétés dans la vallée de la Convención, payant en 1969 leurs peones 14 et 17 sols par jour, avec la nourriture, un logement misérable et la coca.

2°) Les progrès du morcellement des propriétés et des formes de fermage.

Les troubles agraires comme les influences urbaines précédemment évoquées -en particulier le migrations et le désir de modernisation- ont favorisé le partage des grands domaines et la diffusion des formes de fermage. Les migrations, loin de provoquer comme dans d'autres pays une concentration des terres, ont conduit dans notre région à un éclatement de la propriété. Le phénomène s'est accru après la crise agraire, car de nombreux hacendados partirent s'établir à Lima et s'empressèrent de procéder à un partage du patrimoine familial avec les parents restant au Cuzco. A l'inverse, beaucoup de Cuzquéniens résidant à Lima, effrayés par la nouvelle des troubles, se hâtèrent de vendre leur part, quand le calme fut revenu. Beaucoup de propriétaires ayant subi sur leurs terres des "invasions" de la part des communautés voisines, ont préféré également leur vendre une partie de leur domaine (26). D'autres ont fait de même avec leurs colons en grève. Enfin, autour des villes de notre région, et en particulier autour du Cuzco, beaucoup trouvèrent commodes de lotir leurs domaines à des fins de construction. Il se sentaient souvent menacés, soit par la Réforme Agraire, soit par les expropriations des organismes du Secteur Public, soit par la foule des migrants de province qui commençaient à envahir les collines de la ville et exigeaient la vente bon gré mal gré des terrains. Les autres villes de notre région et même les bourgs comme Anta, Urcos, Calca et Urubamba, ont connu, à une échelle plus réduite, le même phénomène, touchant les terrains privés comme ceux de l'Eglise qui, très menacée par la Réforme Agraire, se débarrassait de son patrimoine à bon prix.

Les progrès du fermage sont aussi à mettre en relation avec la pénétration des influences urbaines car, en économie commercialisée, il apparaît vite plus rentable que le colonat et que le travail salarié, que de rares personnes seulement envisageaient avant 1964. Nous avons vu que c'était pour cela qu'il s'était imposé dans la vallée de la Convención selon une forme mixte. Ailleurs, de nombreux hacendados, tout en gardant colons ou pasteurs, louèrent des fractions de leurs domaines à des fermiers. Ces derniers étaient souvent des urbains soucieux de pratiquer une agriculture et surtout un élevage plus modernes. La forte demande en lait et en viande, ainsi que les progrès intervenus dans l'élevage des bovins, ont aussi favorisé l'expansion du fermage ; ceci, aussi bien dans l'étage quechua, dans les vallées du Huatanay et du Vilcanota (à Calca, Pisaq, Huallabamba en particulier), que dans la puna, autour de Yauri (27). Et ce type de fermier, soucieux de tirer le maximum de bénéfice de sa terre, est très différent du type traditionnel qui loue les terrains de la paroisse ou d'un parent partie à la ville, afin de mieux assurer sa seule subsistance.

---

26. Ils ont cédé le plus souvent des terrains de versant à un prix très élevé. Ainsi, les comuneros de Pampaconga ont payé en 1964, 600.000 sols (72.000 F) une partie de l'hacienda Challanca qui, dans les évaluations, faites en 1972, par la Réforme Agraire, n'atteint pas 20.000 sols (2.400 F).

27. Dans cette province, une immense hacienda comme celle de l'église de Yauri, Winy, donnée en bail emphytéotique à un hacendado local, était en fait sous-louée en de multiples "cabañas" à quelques indigènes et surtout à des éleveurs aréquipéniens (et même à un employé du Crédit Agricole de Moquegua). Certains avaient reçu ces pâturages parce qu'ils étaient débiteurs de l'emphytéote qui récupérait ainsi une partie de son crédit.

B. - La diffusion des crédits agricoles et le rôle des organismes de développement. Etant donné la faible rentabilité de l'agriculture traditionnelle et l'esprit conservateur et routinier de la majorité des hacendados, les progrès dans l'agriculture ne pouvaient être réalisés qu'avec l'aide des capitaux du secteur public. A côté du Ministère de l'Agriculture et en liaison avec lui, trois organismes ont joué un grand rôle dans ce domaine : le Banco de Fomento Agropecuario (28), le S.I.P.A. (29) et dans une moindre mesure le bureau agricole de la C.R.Y.F. (30).

Créée en 1943, la succursale du B.F.A. au Cuzco comptait, en 1971, quatre agences : Quillabamba, Sicuani, Andahuaylas et Puerto Maldonado ; quatre inspections dépendaient du bureau du Cuzco : Urubamba, Paucartambo, Abancay et Quince Mil (qui ne s'occupait d'ailleurs que de la commercialisation du caoutchouc d'Iberia) et une de Sicuani, Acomayo (31) (fig. n° 28). Les crédits accordés pendant la période 1957-68 (32) (tableaux n° XXX et XXXI) ont augmenté de manière importante jusqu'en 1961-62, c'est-à-dire jusqu'au moment où éclate la crise agraire dans la vallée de la Convención. Les premiers à diminuer, ont été ceux octroyés à la moyenne et grande propriété. Les crédits à la petite agriculture ne déclinent sensiblement qu'à partir de 1963-64, c'est-à-dire après la crise agraire de l'ensemble du département et de la plaine d'Anta en particulier. Ce n'est qu'au cours de la campagne de 1967-68 que le nombre de crédits à court terme aux petits propriétaires, retrouve le niveau de 1957-58 pour un montant toutefois beaucoup plus élevé (1 755 crédits pour 13 960 000 sols, soit 1 675 000 F, contre 1 321 crédits et 3 852 000 sols, soit 460 000 F). Le nombre des crédits à la grande et moyenne propriété ne retrouve jamais le niveau de 1957-58. Le montant des prêts à court terme se maintient, depuis la crise de 1963-64 autour de 6 000 000 sols (soit 720 000 F), et ceux à long terme, pour l'élevage, à 3 536 000 sols en 1967-68 (soit 425 000 F). Il s'agit donc, surtout, de ce type de propriétaires qui ont décidé de moderniser leur exploitation, afin de profiter des conditions favorables du marché, et prouver à la réforme agraire, qu'ils font un effort pour rentabiliser leurs terres. Mais en fait, craignant toujours une expropriation, ils n'osent se lancer dans des investissements à long terme dont le nombre reste très bas, en particulier pour l'agriculture (14 crédits pour la grande propriété et 24 pour la petite). Au total, moins de 50 grands propriétaires étaient intéressés par les crédits du B.F.A. à la veille de la Réforme Agraire de 1969. Il faut y ajouter une dizaine d'hacendados ayant dû s'adresser à Lima pour solliciter un prêt supérieur à 1 M. de sols.

La peur de la réforme agraire ou la force d'inertie, ne sont pas les seules causes qui expliquent le faible succès du B.F.A. Obtenir un crédit est une opération fastidieuse, longue, exigeant beaucoup de démarches et qui n'est pas sans risques puisqu'en cas de non-remboursement d'un prêt, il peut y avoir saisie du bétail ou du matériel agricole. Aussi les clients du B.F.A. sont des hacendados très connus qui renouvellent leur crédit d'année en année. A Yucay, les trois hacendados du village avaient, en 1970, des crédits pour une valeur de 17.063 sols par hectare cultivable, alors que 8 petits propriétaires bénéficiaient des crédits du S.I.P.A. pour une valeur de 5.486 sols par hectare cultivable (33).

---

28. Banque de développement agricole.

29. S.I.P.A. : Servicio de Investigación y de Promoción Agraria. Ce service, créé en 1962, fonctionnait avec des crédits de l'A.I.D. (Agence Interaméricaine de Développement) ; il a été absorbé en 1969 par le Ministère de l'Agriculture.

30. C.R.Y.F. : Corporación de Reconstrucción y Fomento del Cuzco.

31. Les inspections n'approuvent que les crédits ne dépassant pas 200.000 sols alors que pour le bureau du Cuzco, la limite est de 1 M. de sols. Elles concèdent des crédits à court terme (de 6 mois à deux ans), à un intérêt variant de 7 % (prêt inférieur à 10.000 sols) à 10 % (prêts entre 50.000 et 100.000 sols). Au-delà de cette somme, les prêts sont à long terme et l'intérêt varie de 12 % à 14 % (pour les crédits supérieurs à 500.000 sols).

32. Banco de Fomento Agropecuario. Estadística de préstamos otorgados con recursos propios. Serie histórica 1957-58 à 1967-68. Sucursal Cuzco. Octobre 1969.

33. Antoinette Molinié Fioravanti Op. Cit.

TABLEAU N° XXX : PRÊTS ACCORDÉS PAR LE B.F.A. (BANCO DE FOMENTO AGROPECUARIO)
A LA MOYENNE ET GRANDE AGRICULTURE - SUCCURSALE DU CUZCO

	AGRICULTURE				ÉLEVAGE				FORESTIER		POUR L'ACHAT DE MACHINES				IMMOBILIER		AVANCE SUR LA RÉCOLTE	
	A court terme		A long terme		A court terme		A long terme		A court terme		A court terme		A long terme		A long terme		A court terme	
	Nbre	Mont. (1)	Nbre	Mont.	Nbre	Mont.	Nbre	Mont.	Nbre	Mont.	Nbre	Mont.	Nbre	Mont.	Nbre	Mont.	Nbre	Mont.
1957-1958	49	2 966	16	1 867	4	559	15	1 839	—	—	—	—	13	810	5	941	22	850
1958-1959	86	5 127	22	1 637	5	380	28	1 884	—	—	—	—	22	2 328	1	186	11	703
1959-1960	76	4 751	18	1 789	12	955	30	3 752	—	—	—	—	12	1 837	2	770	5	744
1960-1961	62	5 382	9	886	11	1 070	11	2 511	12	1 332	—	—	18	1 762	3	922	5	568
1961-1962	65	5 997	11	1 098	8	978	10	1 097	2	48	—	—	18	2 072	5	1 191	3	190
1962-1963	38	3 093	5	472	5	324	8	2 523	6	303	—	—	8	648	3	210	—	—
1963-1964	45	5 528	4	367	5	510	7	615	9	396	—	—	4	422	1	15	7	2 814
1964-1965	48	6 275	2	264	2	130	6	804	4	296	—	—	5	770	2	560	4	2 163
1965-1966	42	5 126	1	25	1	120	6	1 289	3	373	—	—	9	825	—	—	11	10 531
1966-1967	44	6 713	—	—	1	20	17	4 005	3	192	1	10	7	714	1	120	13	24 350
1967-1968	37	6 320	—	—	3	320	10	3 536	36	1 521	—	—	4	818	—	—	3	368

Source : Banco de Fomento Agropecuario ; mémoire annuel.

(1) En milliers de sols ; 1 sol = 0,12 F en 1969.

TABLEAU N° XXXI

PRÊTS ACCORDÉS PAR LE B.F.A. (BANCO DE FOMENTO AGROPECUARIO) A LA PETITE AGRICULTURE - SUCCURSALE DU CUZCO

	AGRICULTURE				ÉLEVAGE				IMMOBILIER	
	A court terme		A long terme		A court terme		A long terme		A long terme	
	Nombre	Montant (1)	Nombre	Montant	Nombre	Montant	Nombre	Montant	Nombre	Montant
1957-1958	1 321	3 852	2	50	—	—	6	120	1	12
1958-1959	2 359	10 219	10	192	4	77	5	74	—	—
1959-1960	3 503	20 854	1	30	119	2 977	8	292	3	149
1960-1961	5 187	34 041	4	172	499	11 478	4	105	3	52
1961-1962	6 088	37 737	2	85	857	17 111	12	373	1	49
1962-1963	4 104	26 945	—	—	876	11 340	7	263	—	—
1963-1964	1 779	8 959	—	—	25	607	5	123	1	99
1964-1965	1 185	9 741	—	—	17	450	3	75	—	—
1965-1966	1 267	7 035	—	—	15	450	1	18	—	—
1966-1967	1 053	7 863	—	—	28	581	5	258	—	—
1967-1968	1 755	13 960	—	—	120	2 727	23	1 096	1	89

Source : Banco de Fomento Agropecuario ; mémoire annuel.
(1) En milliers de sols ; 1 sol = 0,12 F en 1969.

Quant à la répartition géographique des crédits, elle était aussi inégale. Les deux agences du Cuzco et de Sicuani accaparaient à elles seules, lors de la campagne 1967-68, 84,5 % du nombre des crédits à la petite propriété de la succursale du Cuzco (Cuzco 38,5 %, Sicuani 46 %) et 52,3 % du montant de ces crédits (tableau n°XXXII). Pour les prêts à la moyenne et grande propriété, la prépondérance du Cuzco était plus forte avec 45,7 % du nombre des crédits et 65,9 % du montant (il avait en particulier les trois uniques crédits à long terme à la grande propriété). Mais l'ensemble des crédits accordés par la succursale du Cuzco pendant la campagne de 1967-68, ne représentait que 11,5 % des crédits du B.F.A. pour le Sud du Pérou et seulement 1,08 % du total national, ce qui souligne leur nette insuffisance (34).

Le but du S.I.P.A. était d'aider surtout les petits propriétaires et en particulier les comuneros. Cependant, nous avons pu constater que de nombreux grands propriétaires ont bénéficié de ses crédits comme des conseils de ses techniciens, en particulier pour l'élevage dont les progrès intéressaient peu les communautés paysannes. Pour les membres de ces dernières, était proposée une formule originale de crédit agricole dit "crédit supervisé". Au lieu d'être payé en argent, celui-ci était concédé sous forme de semences de bonne qualité, d'engrais et parfois d'insecticides. La livraison de ces produits était échelonnée au cours de l'année agricole. La valeur du prêt était peu élevée et remboursable en argent, en un an, avec un intérêt de 7 %. Les demandes étaient en général très modestes. Lors d'une réunion dans une communauté de Chumbivilcas, la plupart des présents demandèrent un prêt de 100 sols (12 F), dont la valeur était répartie de la manière suivante : 50 sols pour 1 sac de semence de pomme de terre de 50 kgs (variété Mantaro), 30 sols d'engrais et 20 sols d'insecticides. D'autres ne sollicitaient que 5 kgs de fèves ou 5 poulets etc...

Les bénéficiaires étaient généralement groupés en comités locaux de crédit ce qui facilitait la distribution des produits et les conseils des techniciens. Ces comités se doublaient, très vite, d'autres clubs concernant les femmes (C.M.H. : Club de Mejoramiento del Hogar, aux activités domestiques et artisanales), et les jeunes (C.A.J.P. : Club Agrícola Juvenil Peruano, se consacrant à des élevages de poulets et des cultures de légumes, choux surtout). La progression de ces divers groupements d'agriculteurs était remarquable et on passait de 57 comités avec 1.779 membres en 1966, à 177 comités et 5.083 agriculteurs en 1968, et, de 5 C.M.H. et 49 C.A.J.P. en 1966, à 38 C.M.H. et 133 C.A.J.P. en 1968 (35). A cette date, 13 coopératives fonctionnaient pour l'achat d'engrais, de produits phytosanitaires et même, pour certaines, de denrées alimentaires. Au total, 79.088 agriculteurs étaient touchés en 1968 (contre 6000 en 1966) par la politique du S.I.P.A. qui avait multiplié ses agences agraires (14 avec 43 secteurs en 1968, contre 9 en 1966) (36).

D'un total de 464 prêts acceptés en 1966 pour un montant de 3.365.030 sols (soit 403.800 F), on passe à 2669 prêts et 10.452.757 sols en 1967 (soit 1.254.331 F) et à 3.792 crédits et 36.222.083 sols (soit 724.441 F) en 1968 (37) (tableau n° XXXIII). Les provinces les plus favorisées ont été celles concernées par le programme de développement des communautés indigènes. Celui-ci absorbait, en effet, 40 % du nombre des crédits et 33,5 % de leur montant. En tête venaient Canchis et Canas, avec 552 crédits agricoles et 570 pour l'élevage, dépassant un montant de 7.000.000 de sols (840.000 F), puis Andahuaylas (agences d'Andahuaylas et de Chincheros), pour un montant de 4.880.000 de sols. Anta

---

34. B.F.A. Mémoire annuel - 1967 68. Lima.

35. S.I.P.A. Rapports annuels de 1966 67 et de 1968 - Bureau du Cuzco.

36. En 1968, plus d'un million de kilos de semence avaient été distribués, souvent par le biais du crédit supervisé, concernant 2.600 hectares, contre 55.000 kg en 1966 ; près de 15.000 arbres fruitiers avaient été traités contre 2.000 en 1966, 183.546 arbres vendus contre 3.450, 217.613 animaux soignés ou vaccinés contre 32.622 ; pour les engrais enfin, 1.627 tonnes avaient été vendues contre 311.

37. S.I.P.A. ; op. cit.

207

TABLEAU N° XXXII : CRÉDITS DU B.F.A. (1) POUR LA CAMPAGNE 1967-1968, RÉPARTITION PAR AGENCES

Campagne 1967-1968	Total de la succursale du Cuzco	Cuzco	%	Andahuaylas	%	Puerto Maldonado	%	Sicuani	%	Quillabamba	%
Crédits à la petite agriculture											
Nombre	1 899	733	38,5	51	2,6	165	8,6	871	4,6	79	4,1
Montant (2)	17 872	3 569	20	1 853	10,3	5 271	29,5	5 774	32,3	1 405	7,8
Crédits à la moyenne et grande agriculture											
Nombre	94	43	45,7	4	4,2	43	45,7	3		1	—
Montant (2)	12 883	8 490	65,9	1 065	8,3	2 187	17	1 000	7,8	141	1

(1) *Source* : Banco de Fomento Agropecuario, mémoire annuel 1969.
(2) En millier de sols ; 1 sol = 0,12 F en 1969.

TABLEAU N° XXXIII : CRÉDITS DU S.I.P.A. ET DU PROGRAMME DE DÉVELOPPEMENT DES COMMUNAUTÉS (Desarrollo Comunal)

	CRÉDITS DES COMITÉS LOCAUX DU S.I.P.A.				CRÉDITS DES COMITÉS DES Z.A.C. (1) DÉVELOPPEMENT DES COMMUNAUTÉS				TOTAL		CRÉDITS DES C.A.J.P. (2)			
	Nombre			Montant (3)	Nombre			Montant	Nombre	Montant	Nombre			Montant
	Agri-culture	Élevage	Matériel agricole		Agri-culture	Élevage					Agri-culture	Élevage	Matériel agricole	
1966-1967	456	8	—	1 718 860	—	—		1 646 170	464	3 365 030	1	19	—	42 759
1967-1968	1 455	244	—	4 254 157		970		6 198 600	2 669	10 452 757	20	43	6	263 244
1968-1969	2 175	94	5	24 077 955	941	577		12 144 128	3 792	36 222 083	40	55	19	312 780

(1) Z.A.C. : "Zone d'action coordonnée" du programme de développement des communautés.
(2) C.A.J.P. : Club agricole de jeunes.
(3) En sols ; 1 sol = 0,12 F en 1969.

venait ensuite avec 603 crédits uniquement agricoles et 4.477.150 sols. Cette province où les troubles agraires avaient été très violents, faisait l'objet d'un plan spécial (Plan Anta), en particulier pour la diffusion de la pomme de terre. Certaines communautés comme Chacan, bénéficiaient d'une aide intensive, tant du point de vue du S.I.P.A. que de certaines universités américaines (Caroline du Nord en particulier). Puis venaient, pour le montant des crédits, Abancay pour les agences d'Abancay et de Curahuasi, et Paucartambo, toutes deux dépassant 4 millions de sols. Yauri dépassait également ce chiffre mais cette agence englobait les crédits de Chumbivilcas, et il s'agissait d'autre part, surtout, de prêts à long terme pour l'élevage, concédés à de grands propriétaires (tableau n° XXXIV).

Le S.I.P.A. avait pris en fait le relais du département de développement rural de la C.R.Y.F. qui avait commencé, dès 1954, une politique de "crédit supervisé". Elle devait cesser cette activité à partir de 1968 pour ne plus se consacrer qu'à la vente du nitrate de Cachimayo dont la fabrique passait la même année, sous son autorité. Ses crédits avaient augmenté de manière régulière jusqu'à la veille de la crise agraire, passant de 53 milliers de sols en 1954 (6.360 F) à 4.391 milliers en 1961 (527.000 F) (38). Après 1964, ils se maintenaient autour de 2.080 milliers de sols (250.000 F) pour deux à trois cent crédits. (tableau n° XXXV). Les efforts de la C.R.Y.F. qui, à l'origine, touchaient plusieurs provinces (Canchis, Canas, Urubamba, Chincheros, Paucartambo, Paruro et même Quillabamba), s'étaient progressivement limités aux bureaux du Cuzco, de Sicuani et d'Urcos - Paruro pour les crédits (tableau n° XXXVI) ; ceux d'Anta et dernièrement Yucay, se limitaient à la vente d'engrais et à la location de tracteurs. La C.R.Y.F. et le S.I.P.A. semblent donc plus proches des petits propriétaires et des comuneros que le B.F.A. auquel ont surtout accès les hacendados. Ces deux organismes d'autre part, ont joué un grand rôle dans la distribution de l'engrais de Cachimayo, dans la location de tracteurs et dans la diffusion des semences sélectionnées.

C.- L'influence de la ville sur la modernisation des techniques agricoles.

1°) La mécanisation.

Plusieurs facteurs ne favorisent pas la modernisation de l'agriculture dans la région du Cuzco. La mécanisation est gênée par la pente, le compartimentage du relief, l'exiguïté et la dispersion des parcelles, la présence de canaux d'irrigation, de multiples terrassettes et murettes. Les sols sont en général peu profonds et très sensibles à l'érosion dans une région où la saison sèche est souvent très longue. Les grands propriétaires ont disposé pendant des siècles d'une main d'œuvre pratiquement gratuite, relativement abondante, et docile. Enfin, le matériel agricole était jusqu'à une époque très récente importé, donc très cher, et on manquait au Cuzco de techniciens, de pièces de rechange, voire parfois de combustible, pour assurer un bon fonctionnement des machines. La situation n'a été modifiée que récemment, en fonction de la crise de main d'œuvre des années 60 et la concurrence des salaires urbains, et grâce aux facilités de crédit offertes par le Banco de Fomento Agropecuario. Aussi, les données du recensement agricole de 1961 doivent être complètement modifiées.

Selon ce recensement (39), 241 exploitations agricoles utilisaient un tracteur : 95 possédaient leur propre machine, 21 en louaient une à l'Etat et 125 à des particuliers. Dans l'Apurímac, 17 exploitations possédaient un tracteur et 23 en louaient un, dont 9 à des particuliers. Dans le Madre de

---

38. C.R.Y.F. - Rapports annuels depuis 1954 - Cuzco.

39. Censo Nacional Agropecuario 1961. Lima. Oficina nacional de estadística y censo.

TABLEAU N° XXXIV
CRÉDITS ACCORDÉS PAR LE S.I.P.A. EN 1968 SELON LES AGENCES AGRICOLES DE LA RÉGION SUD-EST

	NOMBRE DE CRÉDITS			Montant en milliers de sols	Superficie agricole concernée (en ha)
	Agriculture	Élevage	Immobilier		
Abancay					
Abancay	310 ⎤ 556	19		2 285 ⎤ 4 369	239,12
Curahuasi	246 ⎦		1	2 084 ⎦	309,75
Andahuaylas					
Andahuaylas	200 ⎤ 389	6		3 364 ⎤ 4 880	309
Chincheros	189 ⎦	1		1 516 ⎦	168
Anta	603		2	4 447	318,13
Calca	147	2	1	936	87,5
Cuzco	280	3		1 863	149,85
Paucartambo	214		1	4 507	633,45
Sicuani	534 ⎤ 552	338 ⎤ 570		4 714 ⎤ 7 263	294,4
Yanaoca	18 ⎦	232 ⎦		2 549 ⎦	5,25
Urubamba	155	1		1 407	247,75
Quispicanchis	128			1 623	129
Yauri	92	69		4 925	28,5
	3 116	671	5	36 222	2 919,7

Source : S.I.P.A. (Servicio de Investigación y Promoción agraria), Cuzco.

TABLEAU N° XXXV
CRÉDITS AGRICOLES DE LA C.R.Y.F. (1)

	CRÉDITS POUR L'AGRICULTURE		CRÉDITS POUR L'ÉLEVAGE	
	Nombre	Montant (2)	Nombre	Montant
1954	—	53	—	—
1955	—	474	—	—
1956	—	526	—	3
1957	—	599	—	3
1958	—	809	—	13
1959	—	1 144	—	658
1960	695	2 418	13	294
1961	975	4 391	—	—
1962	931	2 416	3	75
1963	—	—	—	—
1964	—	2 554	—	96
1965	337	2 325	—	—
1966	253	2 080	—	40
1967	242	805	—	12

Source : Mémoire annuel de la C.R.Y.F.-CUZCO.

(1) Corporación de reconstrucción y fomento del Cuzco.
(2) En milliers de sols ; 1 sol = 0,12 F en 1969.

TABLEAU N° XXXVI
RÉPARTITION GÉOGRAPHIQUE DES CRÉDITS DE LA C.R.Y.F. (1)

	Chinchero		Sicuani-Yanaoca		Urcos-Paruro		Cuzco		Quillabamba	
	Nombre	Montant (2)	Nombre	Montant	Nombre	Montant	Nombre	Montant	Nombre	Montant
1960	153	274	211	614	89	147	152	432	90	950
1961	223	555	141	352	146	296	315	1 496	150	1 693
1962	—	510	—	855	—	500	—	—	—	319
1963	—	—	—	—	—	—	—	—	—	—
1964	—	—	—	—	—	—	—	—	—	—
1965	159	—	126	—	52	—	—	—	—	—
1966	118	—	80	—	55	—	—	—	—	—
1967	108	—	122	—	50	—	—	—	—	—

Source : Mémoire annuel de la C.R.Y.F.-CUZCO.

(1) Corporación de reconstrucción y fomento del Cuzco.
(2) En milliers de sols ; 1 sol = 0,12 F en 1969.

Dios aucune exploitation ne possédait de tracteur, et deux en louaient, l'une à l'Etat et l'autre à un particulier vraisemblablement non agriculteur. Avec 95 tracteurs, le Cuzco se plaçait au 9ème rang des départements et possédait 2,7 % des tracteurs péruviens recensés. L'utilisation des autres machines était encore plus réduite, puisque toujours selon le recensement de 1961, 20 exploitations agricoles possédaient un semoir et 45 en louaient un, 25 avaient une herse et 27 en louaient une, 18 avaient une moissonneuse, 35 une batteuse et 6 seulement une moissonneuse-batteuse ; les locations pour ces diverses machines étant respectivement de 20, 77 et 20 exploitations agricoles (40).

Le recensement de 1961 fournit d'autres renseignements sur le type de travail utilisé. Dans le département du Cuzco, sur 64.446 exploitations agricoles recensées, 46 % ne connaissaient que la seule énergie humaine, et 45 % utilisaient des animaux ; 0,6 % des exploitations employaient des animaux et des machines et 0,2 % seulement, soit 130 exploitations, des machines. Dans le département d'Apurímac, les pourcentages respectifs étaient : 6,2 % pour le seul travail humain, 87 % pour le travail animal, et 0,2 % pour les exploitations mécanisées. Ils étaient de 67,9 % pour le travail humain, 18,7 % pour l'énergie animale et 5,9 % pour la mécanisation dans le Madre de Dios. Le taux d'exploitation mécanisée n'était pas, dans les départements du Cuzco et d'Apurímac, très inférieur au taux national de 0,6 %. Par contre, dans l'ensemble du Pérou, 1,6 % seulement des exploitations recensées ne connaissaient que le seul travail humain (contre 46 % au Cuzco), 68 % utilisaient des animaux et 28 % des animaux et des machines (contre 0,6 % au Cuzco) (41).

D'autres sources nous permettent de préciser la faible mécanisation agricole de notre région. En 1954, une enquête du Ministère de l'Agriculture donnait 118 tracteurs pour le département du Cuzco, soit 2,26 % des tracteurs péruviens. Une thèse faite en 1963 par un ingénieur cuzquénien, évalue à 233 le nombre des tracteurs de notre département (soit 3,04 % du total péruvien), chiffre en contradiction avec celui de 95 donné par le recensement agricole deux ans auparavant (42). Selon le registre des ventes à crédit (43), de 1951 à 1970, 55 machines agricoles seulement auraient été vendues dans les trois départements de la région Sud-Est ; ce chiffre très bas, représente en fait presqu'uniquement, les ventes réalisées dans la seule ville du Cuzco. A titre de comparaison, pendant la même période, 1.073 camions et 1.954 automobiles auraient été vendus. Les années record pour la vente des machines agricoles auraient été 1960 et 1961 avec, respectivement, 12 et 14 unités, ce qui pourrait justifier l'évaluation optimiste de l'ingénieur précédemment cité.

Trois établissements vendent au Cuzco des machines agricoles et sont pratiquement sans concurrence dans la région Sud-Est : le magasin Dondero d'origine cuzquénienne, la maison Ferreyros (liménienne) et, dans une bien moindre mesure, la Comavecsa, également cuzquénienne. L'une avouait vendre en 1969 un tracteur par mois, et une quinzaine d'autres machines moins importantes (charrues à disques, semoirs mécaniques, pulvérisateurs, machines à dépulper le café etc...) et l'autre un tracteur tous les trois mois seulement. En dehors du Cuzco, de rares quincailleries dans nos cinq petites villes, proposaient quelques outils agricoles, voire à Quillabamba, des moulins pour dépulper le café fabriqués localement et des pulvérisateurs à dos.

Depuis une dizaine d'années, deux organismes publics louent des tracteurs : la C.R.Y.F. et le S.I.P.A.. La première possédait en 1971, 13 tracteurs : 1 à Sicuani, 5 à Izkuchaka, très sollicités par les

---

40. Censo nacional agropecuario - 1961 - Lima Oficina national de Estadistica y Censo.
41. Idem.
42. Cité par le Ministère de l'Agriculture au Cuzco dans le rapport préliminaire à la Réforme Agraire de 1964.
43. Ce registre tenu alors que par un bureau du Ministère des Finances, est passé en 1969, au Ministère de l'Industrie et du Commerce.

TABLEAU N° XXXVII : EXPLOITATIONS AGRICOLES SELON LE TYPE DE TRAVAIL UTILISÉ

	Nombre d'exploitations recensées	Travail animal	%	Travail humain seul	%	Travail mécanique	%	Animal et mécanique	%	Non précisé	%
Cuzco	64 446	28 692	45	29 481	46	130	0,2	419	0,6	5 724	8,8
Apurímac	41 500	36 066	87	2 577	6,2	91	0,2	89	0,2	2 677	6,4
Madre de Dios	795	149	18,7	540	67,9	47	5,9	7	0,8	52	6,5
Arequipa	24 540	14 731		4 011		670		1 153		3 975	
Puno	109 576	55 977		37 427		271		636		15 265	
Ayacucho	63 836	50 061		8 223		111		167		5 274	
TOTAL PÉROU	843 282	516 929	61,3	14 287	1,6	5 768	0,6	236 097	28	70 201	8,3

Source : Censo agropecuario 1961.

213

TABLEAU N° XXXVIII : EXPLOITATIONS AGRICOLES (1) ET MÉCANISATION (2)
(Types de machines et conditions de propriété)

TYPE DE MACHINES	CUZCO				APURIMAC				MADRE DE DIOS				PÉROU			
	Exploitations ayant leurs propres machines agricoles	Exploitations louant leurs machines agricoles A l'État	Exploitations louant leurs machines agricoles A des part.	Total	Exploitations ayant leurs propres machines agricoles	Exploitations louant leurs machines agricoles A l'État	Exploitations louant leurs machines agricoles A des part.	Total	Exploitations ayant leurs propres machines agricoles	Exploitations louant leurs machines agricoles A l'État	Exploitations louant leurs machines agricoles A des part.	Total	Exploitations ayant leurs propres machines agricoles	Exploitations louant leurs machines agricoles A l'État	Exploitations louant leurs machines agricoles A des part.	Total
Semoir	20	9	36	65	5		9	14					1 326	34	1 038	2 398
Herse	25	1	26	52	5		1	6	41		1	42	1 627	34	1 010	2 671
Faucheuse	11	1	18	30		1		1	2			2	284	15	209	508
Moissonneuse	18	3	17	38									143	13	99	255
Batteuse	35	15	62	112	12	2	19	33	1	2		3	383	57	541	981
Moissonneuse-batteuse	6	3	17	26	2		1	3					93	14	104	211
Tracteur	95	21	125	241	17	4	9	30		1	1	2	3 422	293	3 912	7 627

Source : Censo agropecuario 1961.

(1) Unités agricoles de 5 hectares et plus seulement.
(2) Machines utilisées pendant l'année du recensement (3 juillet 1960-2 juillet 1961).

moyens et grands propriétaires de ces deux provinces et 7 au Cuzco (pour les provinces du Cuzco, Quispicanchis, Paucartambo, Calca et Paruro). 477 agriculteurs avaient bénéficié de leurs services d'Avril 69 à Mars 70, contre 218 en 1963. En 1968-69, le S.I.P.A. ne comptait que 8 tracteurs : 3 à Sicuani (pour les provinces de Canchis, Canas et Acomayo), 4 à Andahuaylas et un seul au Cuzco. 542 agriculteurs avaient loué leurs services pendant l'année agricole 68-69 pour cultiver 951 ha. Le S.I.P.A., d'autre part, avait aidé par ses crédits 4 communautés de la Pampa d'Anta à acquérir un tracteur. Mais toutes ces machines étaient sous-employées, celles de la C.R.Y.F. ne travaillant que 63 jours et demi par an en moyenne (6610 heures de travail en 1971) et celles du S.I.P.A. une centaine de jours. Un millier d'agriculteurs louaient donc des machines en 1969-70 dans les départements du Cuzco et Apurímac, ce qui montre les progrès réalisés depuis 1961 où il n'y en aurait eu que 169. L'heure de location coûtant de 90 à 120 sols, avec le combustible et le conducteur, c'était surtout les propriétés d'une certaine importance qui pouvaient prétendre à de tels frais.

Les enquêtes que nous avons menées en 1968/69 confirment ce fait. 66 % des grands propriétaires interrogées dans la province d'Anta (soit 41 propriétés sur 62), utilisaient un tracteur et 81 % à Calca (soit 29 propriétés sur 36). Dans Anta, 25 propriétaires possédaient un tracteur (6 ayant en outre une batteuse) et dans Calca 18. On pourrait de même évaluer à une vingtaine ou une trentaine le nombre de tracteurs des provinces d'Urubamba et du Cuzco et légèrement moins dans Quipiscanchis. Ailleurs, la mécanisation est assez rare, souvent à cause du relief : 2 tracteurs (et trois autres usagers) en Acomayo, 4 ou 5 tracteurs dans Paucartambo, un seul à Paruro, une vingtaine pour l'ensemble de la ceja de montana utilisés surtout dans les chantiers forestiers. Ainsi le nombre de tracteurs dans les départemement du Cuzco devait, en 1969/70 se situer entre 150 et 200, avec une très nette prépondérance des vallées et plaine quechuas proches de la ville. Dans le cadre de la Réforme Agraire, les progrès de la mécanisation s'accélèrent. Le premier achat des coopératives récemment formées est souvent en effet un tracteur, payé grâce aux crédits du Ministère de l'Agriculture. La coopérative Antapampa est ainsi fière de ses 18 tracteurs qu'elle loue à son tour aux petits propriétaires. Elle apparait déjà comme trop mécanisée, alors que sa main d'œuvre agricole est sous-employée et que les sols de sa plaine marécageuse sont éminemment fragiles et sensibles à l'érosion.

2° L'utilisation des engrais et des produits industriels pour l'agriculture et l'élevage.

Selon le recensement agricole de 1961 (44), 20 % de la superficie cultivée du département du Cuzco recevait l'apport d'engrais 14 % de celle de l'Apurimac et 0,1 % seulement, de celle du Madre de Dios. La proportion pour l'ensemble du Pérou n'était, il est vrai, que de 22 %, mais Arequipa par exemple, avait 42 % de ses terres cultivées fertilisées. La quantité d'engrais par hectare de terrain concerné était de 1.292,6 kgs dans le département du Cuzco, et donc légèrement supérieure au chiffre national de 1.123,6 kg ; celles de l'Apurímac et du Madre de Dios étaient plus basses avec, respectivement, 1.017,6 kg et 245,4 kg. Mais un département comme Puno, pourtant presque essentiellement pastoral et n'ayant que 22 % de ses terres cultivées fertilisées, utilisait 2.366,2 kg par hectare de terre fertilisée. 55 % des exploitations agricoles du Cuzco, 31,6 % de celles de l'Apurímac et 2,5 % de celles du Madre de Dios avaient déclaré employer des engrais ; (le pourcentage national étant de 36,7 %). Mais il s'agissait dans notre région presqu'essentiellement du fumier, utilisé par 99 % des exploitations se servant d'engrais dans le Cuzco et l'Apurímac (93 % seulement dans l'ensemble du pays) ; 2 % des exploitations cuzquéniennes (soit 691 exploitations) et 1 % de celles de l'Apurímac et du Madre de Dios, utilisaient le guano ; enfin, 1 % dans chaque département connaissaient les engrais chimiques (soit 205 pour le Cuzco et 77 pour le Madre de Dios). Dans ce domaine, le retard était donc très grand par rapport à l'ensemble du Pérou ou 13 % des exploitations utilisaient le guano et 6 % les

---

44. Censo nacional agropecuario ; Op. cit.

TABLEAU N° XXXIX : EXPLOITATIONS AGRICOLES ET USAGE DES ENGRAIS
(Type d'engrais, quantités, superficies fertilisées)

	USAGE DES ENGRAIS						TYPES D'ENGRAIS								QUANTITÉ/EXPLOITATION KG		
	Nombre d'exploitations concernées	%	Quantités d'engrais kg	Superficies fertilisées			Fumier			Guano des îles			Engrais chimiques			Fumier	Guano	Engrais chimiques
				ha	kg/ha	Nombre d'exploitations	%	Quantités kg	Nombre d'exploitations	%	Quantités kg	Nombre d'exploitations	%	Quantités kg			
CUZCO	36 328	55	43 698 468	33 807	1 292,6	35 997	99	40 462 596	691	2	2 242 100	205	1	903 772	1 124	3 245	4 409
APURIMAC	13 386	31,6	11 030 018	10 840	1 017,6	13 250	99	10 018 168	70	1	805 022	77	1	206 828	756	11 500	2 686
MADRE DE DIOS	2	2,5	1 472	6	245,4	1		1 150	1		322				1 150	322	—
AREQUIPA	12 006	46	54 562 677	24 215	1 253,3	8 731	73	39 567 784	5 651	47	8 008 562	4 477	37	6 986 331	4 532	1 417	1 560,5
PUNO	77 428		80 185 801	33 888	2 366,2	77 126	100	75 007 127	835	1	5 088 436	192	0,3	90 238	972,5	6 097	470
AYACUCHO	15 965	67,3	7 709 065	11 821		15 857		7 461 186	156		164 526	81		83 353	470,5	1 055	1 029
TOTAL PÉROU	319 581	36,7	649 284 840	577 851	1 123,6	296 423	93	437 421 900	40 819	13	108 741 871	20 262	6	103 121 069	5 089	1 476	2 664

Source : Recensement agricole de 1961.

TABLEAU N° XL
USAGE DES ENGRAIS DANS LA RÉGION SUD-EST

	Superficie cultivée ha	Superficie fertilisée ha	Superficie fertilisée / Superficie cultivée
Région Sud-Est :			
Cuzco	168 046	33 807,5	20 %
Apurímac	77 956	10 839,5	14 %
Madre de Dios	6 031,5	6	0,1 %
Arequípa	58 103	24 215	42 %
Puno	151 164	33 888,4	22 %
TOTAL PÉROU	2 596 322	577 851	22 %

Source : Recensement agricole de 1961.

engrais chimiques. Pourtant, les quantités employées par exploitation dans le Cuzco étaient assez importantes, avec 3.244,7 kg pour le guano contre une moyenne nationale de 2.664 kg et 4.408,7 kg pour les engrais chimiques contre 5.089,4 kg à l'échelle nationale. Il s'agissait donc des rares haciendas très modernes de notre région, certainement celles cultivant le maïs à Urubamba et Calca.

Plus encore que pour la mécanisation, la situation a nettement changé depuis le recensement de 1961. Six maisons spécialisées dans la vente des produits industriels pour l'agriculture et l'élevage, se sont installées dans notre ville, depuis 1955 (deux entre 1955 et 1960, une en 1964 et brusquement trois autres en 1968-69). Toutes appartiennent à des Cuzquéniens, agronomes ou vétérinaires, directement liés à la classe des hacendados. Elles se ravitaillaient pour 80 à 90 % de leurs marchandises à Lima et le reste à Arequipa. L'un de ces magasins avait pris récemment le relais de la firme Gibson pour la distribution du guano mais n'en vendait guère que 800 à 1.000 tonnes par an ; les autres distribuaient du superphosphate de chaux et du sulfate de potasse et trois d'entre eux l'engrais de Cachimayo ; mais leurs ventes atteignaient à peine, pour chacun d'eux, une vingtaine de tonnes à l'année ; il faut y ajouter quelques 250 tonnes annuelles vendues jusqu'en 1969 par la maison Duncan Fox. Leur clientèle était surtout locale et ils se contentaient de vendre à des hacendados et de moyens propriétaires des provinces voisines, avec, pour les deux plus anciens, de rares clients de l'Apurímac et du Madre de Dios. Pourtant, comme les maisons vendant des machines agricoles, ils étaient sans grande concurrence en province. Sicuani avait deux magasins de produits vétérinaires et un, plus modeste, de produits pour l'agriculture ; Yauri en avait un, créé en 1968 à l'initiative de techniciens locaux ; enfin, un commerce de Quillabamba et deux d'Abancay vendaient, sans être spécialisés, quelques insecticides et désherbants, un peu de guano, plus rarement du petit matériel agricole.

Plus que des entreprises commerciales privées, les progrès récents dans l'usage des engrais, sont venus de l'action des organismes publics, en particulier après la mise en service en 1965 de l'usine de nitrate d'ammoniaque de Cachimayo. La progression des ventes de la C.R.Y.F. pour les trois types d'engrais chimiques utilisés dans la région a été très importante pendant la dernière décennie et surtout depuis 1966 (tableau n° XLI). La vente de nitrate d'ammonium a été multipliée par 36, celle de superphosphate de chaux par 27 et celle de sulfate de potasse par 8. Le nombre de clients passait, pendant la même période, de 425 à 7.695. Aux agences rurales précédemment citées (Izkuchaka, Yucay, Sicuani et Cuzco) se sont ajoutés en 1970, d'autres distributeurs : un à Urubamba, un à Quillabamba, un à Limatambo, 2 à Andahuaylas et un à Ayacucho ; une agence devait s'ouvrir prochainement à Acomayo dépendant de celle de Sicuani. Les succès de cette politique sont dûs au prix sensiblement plus bas du nitrate de Cachimayo (2.500 sols la tonne en 1971, contre 3.000 sols au guano et au superphosphate et 6.000 sols au sulfate de potasse) et au fait que la plupart des crédits agricoles accordés par les diverses institutions, réservent toujours une certaine quantité pour l'achat d'engrais. Malgré certaines difficultés dans l'application, il y a un véritable engouement pour l'engrais de Cachimayo, dont on avait préparé l'usage dès 1961 ; l'évolution des mentalités dans ce domaine est beaucoup plus rapide que dans d'autres.

Selon le Ministère de l'Agriculture, la consommation d'engrais chimiques par hectare cultivé aurait été en 1970, de 14,77 kg ; si on admet le chiffre de la C.R.Y.F., elle serait, toujours pour 1970, de 25,23 kg. Or, au recensement de 1961, elle n'était que de 5,38 kg. Ainsi, 5 ans après l'ouverture de l'usine de Cachimayo, malgré les arrêts fréquents dans son fonctionnement, la progression dans l'utilisation du nitrate d'ammoniaque a été très appréciable. Les chiffres du Ministère de l'Agriculture montrent, d'autre part, que c'est surtout la pomme de terre qui a utilisé le plus d'engrais et en second lieu, le maïs ; les cultures d'orge viennent ensuite mais n'emploient que le nitrate de Cachimayo. (tableau n° XLII)

TABLEAU N° XLI
VENTES D'ENGRAIS RÉALISÉES PAR LA C.R.Y.F. DE 1961 A 1970

	Engrais azotés (kg)	Superphosphates de chaux (kg)	Sulfates de potasse (kg)	Nombre d'agriculteurs
1961	67 588	41 926	35 723	425
1962	814 760	324 042	37 877	1 174
1963	676 893	290 579	98 579	1 407
1964	421 428	159 760	65 287	1 114
1965	380 084	224 760	64 144	1 593
1966	1 577 465	247 882	97 266	3 128
1967	2 038 007	321 350	111 871	4 846
1968	1 399 890	261 465	48 945	5 314
1969	2 312 170			
1970	2 421 990	1 145 922	296 349	7 693

TABLEAU N° XLII : TYPES, QUANTITÉS (en kg) ET VALEUR (en sols) DES ENGRAIS UTILISÉS DANS LA RÉGION SUD-EST EN 1969-1970

Type d'engrais	Pommes de terre	Maïs	Orge	Blé	Total	Valeur (sols)
Nitrate d'ammoniaque à 33,5 %	910 560	740 200	44 500	2 000	1 967 260	4 344 986
Superphosphates de chaux à 20,5 %	679 200	62 500		1 000	742 700	2 302 370
Sulfate de potasse à 50 %	15 920				15 920	84 376
	1 605 680	802 700	44 500	3 000	2 455 880	6 731 732

Source : Ministère de l'Agriculture. Diagnostic zone agraire XI. Cuzco, 1970.

Chez les grands propriétaires de l'étage quechua, l'usage des engrais est courant aujourd'hui. Selon nos enquêtes de 1969, 87 % des propriétaires d'Anta et 92 % de ceux de Calca les utilisaient. On trouverait des proportions semblables dans les provinces de Cuzco, Urubamba et Quispicanchis. Mais dès qu'on s'éloigne de la ville, la proportion diminue fortement. Ainsi, dans Paucartambo, elle serait certainement plus faible malgré les progrès de la culture de la pomme de terre à haut rendement. Dans Acomayo où la grande propriété est plus rare, 23 propriétaires sur 42, soit 55% seulement, utilisaient les engrais artificiels. Seuls d'autre part, les hacendados utilisent une grande variété d'engrais, guano et nitrates, mais aussi très souvent en outre, superphosphate de chaux et sulfate de potasse. Ce sont eux, également, qui emploient les désherbants et les insecticides, en particulier pour les pommes de terre. Les petits et moyens propriétaires ne connaissent guère que l'engrais de Cachimayo que commencent également à employer les comuneros.

On doit remarquer qu'en fait, ce sont les zones ayant connu les troubles agraires les plus violents qui ont reçu l'aide de tous ces organismes publics. N'oublions pas qu'ils étaient financés par l'A.I.D. et recevaient dans le cadre de l'Alliance pour le Progrès la participation des volontaires américains du Cuerpo de Paz. Ils ont ainsi privilégié les provinces quechuas les plus urbanisées et la Convención. Si dans l'Apurimac, les provinces d'Abancay et Andahuaylas avaient chacune deux agences du S.I.P.A., les autres en ont été dépourvues et il n'y avait qu'un secteur à Chalhuanca. De même, au Sud du Vilcanota, Paruro et Acomayo n'étaient que secteurs et les provinces de puna n'avaient que deux agences à Yanaoca et Yauri et 7 secteurs. (fig. n° 33). Le Madre de Dios, enfin, ne comptait que l'agence de Puerto Maldonado et les autres vallées de ceja de selva de simples secteurs, la Convención bénéficiant de l'action du bureau de la Réforme Agraire.

Pourtant, même dans les vallées quechuas, le rayonnement de ces organismes était encore limité. L'action du S.I.P.A. ne touchait guère que le cinquième des agriculteurs de la région. L'enquête d'A. Molinié Fioravanti (45) a montré qu'en 1969, 59 % des agriculteurs de Yucay ignoraient tout des services agricoles, alors que ce village avait, à la fois, un "sectoriste" dynamique et un bureau de la C.R.Y.F., et était à 5 kilomètres de l'agence agraire d'Urubamba. Parmi les personnes utilisant l'engrais de Cachimayo, la proportion de celles qui les avaient obtenus par l'intermédiaire d'un service agricole n'était que de 34 %, les autres ayant été informés par des parents ou des amis (45). Des districts entiers de Paruro, Chumbivilcas, Cotabambas Graú ou Antabamba, ignoraient, en fait, tout d'un service agricole et des engrais chimiques.

D. - Les transformations des cultures : La croissance des villes, l'amélioration des transports ont élargi le marché de consommation des produits traditionnels. Les prix ont augmenté, et sont devenus plus réguliers. A partir des années 30 et, de manière plus nette après 1950, de nombreux hacendados et même des comuneros ont su ainsi saisir les possibilités d'accroître leurs revenus. Le progrès n'est pas venu d'une augmentation des superficies cultivées mais de la diffusion de semences à haut rendement et des engrais, favorisée par un accroissement notable des crédits agricoles. Conservateur et prudent, l'hacendado cuzquénien s'est surtout attaché aux cultures qui ne demandaient ni investissements à long terme ni changement de son système de production ; ainsi l'orge et la pomme de terre bien plus que le maïs. Il ne s'est que peu intéressé aux cultures nouvelles maraîchères et fruitières, qui restent, au contraire, le fait de petits propriétaires et ne concernent que quelques districts privilégiés. L'élevage l'a souvent tenté, mais il n'a pas toujours osé, ou su, se risquer dans les investissements qu'il exigeait.

---

45. Antoinette MOLINIE FIORAVANTI. Op. Cit.

TABLEAU N° XLIII : CULTURE DE L'ORGE EN ÉCONOMIE MODERNE

	PREMIÈRE ÉTAPE DE MODERNISATION			CULTURE MODERNE		
	Quantité	Prix S/.(1)	Valeur S/.	Quantité	Prix S/.	Valeur S/.
FRAIS DE CULTURE						
Semences	100 kg	—	avancés par la brasserie	100 kg	—	avancés par la brasserie
Engrais	Nitrate ammoniaque à 33,5 % : 120 kg	2 740 S/t	330 S/.	Nitrate ammoniaque à 33,5 % : 120 kg Superphosphate chaux à 20 % : 200 kg Sulfate de potasse à 50 % : 40 kg	2 740 S/t 3 000 S/t 5 600 S/t	330 S/. 600 S/. 224 S/.
Désherbants	—	—	255 S/.	—	—	255 S/.
Machines	—	—	—	Tracteurs pour les labours : 5 h Moissonneuse-batteuse	100 S/h 45 S/sac	500 S/. 855 S/.
TOTAL	—	—	585 S/.			2 764 S/.
MAIN-D'ŒUVRE						
Labour	6 personnes	5 S/jour	30 S/.	—	—	125 S/.
Semailles	5 personnes	5 S/jour	25 S/.	5 personnes	25 S/jour	250 S/.
Désherbage	10 personnes	5 S/jour	50 S/.	10 personnes	25 S/jour	50 S/.
Traitement engrais	2 personnes	5 S/jour	10 S/.	2 personnes	25 S/jour	50 S/.
Récolte, mise en sac	2 personnes	5 S/jour	110 S/.	2 personnes	25 S/jour	
TOTAL	22 personnes / 45		225 S/.			475 S/.
TOTAL			810 S/.			3 239 S/.
Imprévus 10 %			80 S/.			320 S/.
TOTAL			890 S/.			3 559 S/.
PRODUCTION	16 quintaux	4 S/kg	6 000 S/. (en déduisant 100 kg semence)	18 quintaux	4 S/kg	6 800 S/. (en déduisant 100 kg semence)
SOLDE			5 110 S/.			3 241 S/.

Source : D'après les renseignements fournis par le bureau du S.I.P.A. au Cuzco.

(1) 1 sol = 0,12 F en 1969.
(2) La location s'entend avec la main-d'œuvre et le combustible nécessaires.

1°) Les progrès des cultures traditionnelles.

a) dans l'étage quechua : l'orge et la pomme de terre.

C'est pour des raisons à la fois agronomiques et économiques que l'orge, depuis les années 30, a progressé au détriment du blé. Ce dernier dont la production à l'époque coloniale et au XIXème siècle XXème siècle d'une épidémie généralisée de rouille. Au même moment, l'installation de petites brasseries dans la ville du Cuzco, et surtout l'ouverture d'une entreprise moderne en 1917, exigeaient des quantités croissantes d'orge. Or, cette plante plus robuste, paraissait mieux adaptée à l'irrégularité des précipitations de la Sierra du Sud et à la pauvreté des sols de versants.

Dans les années 30, on note déjà un progrès de la culture de l'orge pour la brasserie dans les haciendas de Paucartambo (46). Le mouvement allait s'amplifier après 1955, grâce à la politique de crédits de la Compañía cervecera del Sur del Perú, propriétaire de l'usine du Cuzco. Celle-ci avance aux agriculteurs qui passent un contrat avec elle des semences à haut rendement (variétés Chevalier et Brown Wisa) et un crédit d'un an, sans intérêt, pour l'achat d'engrais et d'insecticides. Le prix de la semence et le crédit sont déduits au moment de la livraison de la récolte, achetée en 1969, 3,5 à 4 sols le kilo. Sacs et cordes pour le transport des grains sont fournis par la fabrique, dont un agronome peut être sollicité pour des conseils techniques. La brasserie concède des prêts supplémentaires de 2 ans avec un intérêt de 12 %, aux agriculteurs désireux de louer ou d'acheter du matériel agricole.

Dans le tableau n° XLIII, nous avons évalué à 5 110 sols, contre 4 000 sols en culture traditionnelle, le revenu à l'hectare d'une hacienda obtenant des rendements de 16 Qx/ha faciles à obtenir avec un peu d'engrais. Pour une culture techniquement supérieure, le S.I.P.A. calculait, en 1968/69, un revenu à l'hectare de 3 421 sols. Mais, si les dépenses évaluées nous semblaient raisonnables, en particulier pour les engrais en raison de leur diversité, le salaire de 25 sols était tout à fait théorique, de même que la location des machines. A l'inverse, le rendement évalué à 18 Qx/ha nous semble faible, certaines haciendas atteignant, sans mécanisation, 30 et même 50 Qx/ha. Si nous évaluons le revenu sur cette base, avec les mêmes dépenses théoriques, nous obtenons alors, le revenu de 8 040 sols à l'hectare (965 F).

Cependant, le contrat avec la brasserie était loin de satisfaire tous les propriétaires. Beaucoup d'entr'eux se plaignaient des exigences tâtillonnes de l'entreprise au moment de la livraison de la récolte. Des diminutions importantes dans le prix à l'achat, intervenaient en raison de la qualité médiocre du produit, de l'humidité et de la saleté des grains qui augmentaient d'autant le poids des sacs livrés. La brasserie, de son côté, alléguait le manque de soins des propriétaires et leur mauvaise foi. En fait, nous nous trouvons en face de deux systèmes économiques très différents, qui essaient de tirer, chacun le maximum de profit ; d'un côté, une usine moderne, organisée rationnellement par des Allemands, bien qu'aujourd'hui péruvienne, qui est la seule des entreprises cuzquéniennes à avoir ce dynamisme et ces initiatives ; de l'autre, des propriétaires qui profitent des avantages du marché mais sont peu disposés, à de rares exceptions près, à changer leurs techniques de production. Cet exemple nous montre bien, à la fois les limites des progrès pouvant intervenir dans le système traditionnel de l'hacienda, et, d'autre part, la difficulté à faire pénétrer dans les campagnes les innovations proposées par la ville.

---

46. Gustavo PALACIO PIMENTEL. Op. cit.

Le succès de la politique de la brasserie a été cependant très grand, puisque 15 ans après l'avoir inauguré, 1035 agriculteurs des départements du Cuzco et dans une bien moindre mesure Apurímac, avaient, pour l'année 1971, un contrat annuel avec cette usine ; nous devons y ajouter 300 comuneros ayant bénéficié d'avances de semence sous une forme collective. Ce sont les hacendados et les moyens propriétaires des provinces voisines de la ville qui en ont surtout profité (fig. n° 17 et tableau n° XLIV). En tête, vient Paucartambo avec 135 agriculteurs et 262 550 kg de semence pour la campagne 1967-68. Puis, toujours pour la quantité de semence, Urubamba (149 160 kg) et Anta (141 750) ; dans cette province, le crédit par agriculteur atteint le chiffre de 2 835 kg, ce qui montre qu'il intéresse surtout les hacendados. Puis viennent Quispicanchis, Calca, Cuzco et Paruro, provinces où les superficies ensemencées sont moins étendues avec 419 kg par cultivateur. Dans l'Apurímac, seules Abancay et Andahuaylas étaient touchées. En 1969, 4 hacendados avaient été intéressés dans Chumbivilcas, cependant que la brasserie essayait de conquérir de nouveaux producteurs parmi les petits propriétaires de Puno et les comuneros de notre région.

Mais les progrès de l'orge ont fait reculer de manière très importante la culture du blé ; cela apparaît nettement dans les provinces de Paucartambo, Paruro et Anta. Le blé ne trouve en effet plus de débouchés que dans l'alimentation traditionnelle des paysans où on le consomme bouilli comme le maïs, l'avoine ou la quinua. La farine locale a presque disparu également, devant la concurrence de celle fabriquée industriellement à Lima ou Arequipa, avec des blés importés et qui est plus planifiable. Le blé devient ainsi de plus en plus une culture de comuneros ou de colons. Le Ministère de l'Agriculture a pourtant mis au point des semences pouvant atteindre 20 et même 30 quintaux à l'hectare (au lieu d'une dizaine dans l'économie traditionnelle) : Salkantay, Huascaran et tout dernièrement Cahuide et Ollanta. Mais, 10 has seulement, en 1970, étaient cultivés selon une technique moderne et 267 ha avec une technologie améliorée, alors qu'on comptait 12.114 ha en culture traditionnelle (47).

Le maïs étant dans l'économie andine la culture la plus soignée, et des variétés à rendements élevés ayant été sélectionnées empiriquement au cours des siècles de culture (pour le maïs jaune à Calca, pour les épis à gros grains blancs à Urubamba), il n'a pas connu récemment de progrès agronomiques. L'accroissement des rendements est venu de l'usage intensif des engrais et de la mécanisation mais il n'intervient que dans quelques haciendas d'Urubamba et Calca qui sont les plus modernes de notre région et produisent du maïs d'exportation. Ces grands propriétaires, groupés depuis 1967 au sein d'une coopérative de commercialisation comptant 22 membres en 1970, exportent leur maïs vers les Etats-Unis où il est transformé en friandises servies avec les apéritifs.

On a donc ici l'exemple d'une culture essentiellement spéculative pour l'exportation, ayant exigé une modernisation des techniques de production. Chaque hacendado a son parc de machines avec un ou deux tracteurs, des charrues à disques, des herses, quelquefois des batteuses, des broyeuses de tiges de maïs et des ensileuses. Les labours et parfois les butages sont ainsi mécanisés. Les semailles, les désherbages, la récolte et l'égrenage, se font par contre à la main, grâce à des salariés qui bénéficient des salaires et des avantages sociaux les plus élevés de la région. La quantité d'engrais (nitrates d'amoniaque, superphosphates de chaux, sulfates de potasse), de désherbants et d'insecticides utilisés est intensive, les sols alluviaux, à une altitude de 2 900 mètres, étant de qualité irrégulière et d'une fertilité assez courante. Les dépenses à l'hectare son évaluées à 9400 sols par le S.I.P.A. (tableau n° XLV) et à 35 050 sols environ, par le principal propriétaire qui utilise une tonne de nitrate, une de superphosphate de 250 kg de potasse à l'hectare (48). Par contre, le montant des salaires (il représente la valeur de 20 000 journées de travail agricole) et plus encore des impôts déclarés, nous semble exagéré. (tableau n° XLV).

---

47. Ministère de l'Agriculture - Zone agraire XI - Cuzco. Diagnostic réalisé en 1970.

48. Antoinette Molinié FIORAVANTI ; op. cit.

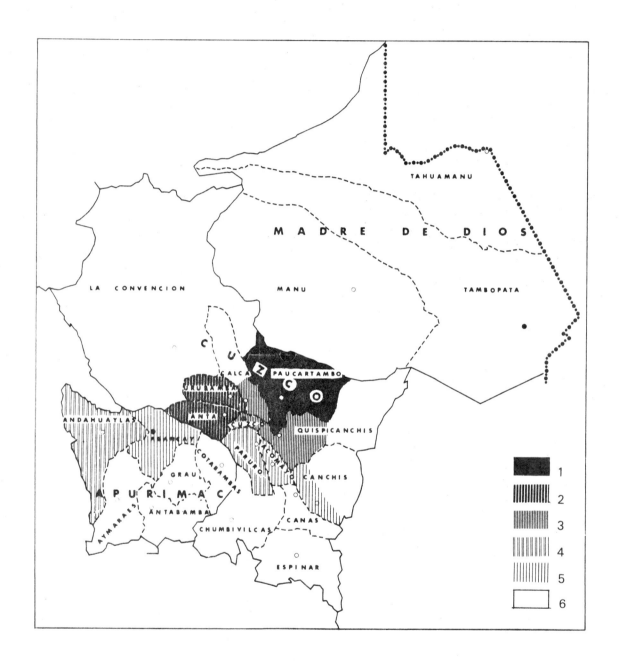

Fig. 17.— **Avances de semences d'orge consenties par la brasserie du Cuzco (1967-1968).**

1. 260 000 kg.— **2.** 100 000 à 150 000 kg.— **3.** 50 000 à 100 000 kg.— **4.** 20 000 à 50 000 kg.— **5.** 10 à 20 000 kg.— **6.** Pas de crédits.

TABLEAU N° XLIV : CAMPAGNE 1967-1968 DE CRÉDITS/SEMENCES
DE LA BRASSERIE DU CUZCO

Provinces	Nombre d'agriculteurs	Quantités de semences cédées en avance (kg)	Kg/agriculteur
Anta	50	141 750	2 835
Acomayo	23	17 800	773,91
Calca	50	60 900	1 218
Canchis	7	15 150	2 164,29
Cuzco	31	51 400	1 658,06
Paucartambo	135	262 550	1 944,81
Paruro	95	39 800	418,95
Quispicanchis	109	85 200	781,65
Urubamba	85	149 160	1 754,82
Abancay	9	13 600	1 511,11
Andahuaylas	31	37 000	1 193,55
TOTAL	625	874 310	1 398,90

Source : Compañía Cervecera del Sur del Perú. Cuzco, 1969.

TABLEAU N° XLV : CULTURE DU MAÏS EN ÉCONOMIE MODERNE

	DÉPENSES POUR 38 HA DE MAÏS BLANC DE L'HACIENDA HUAYOCARRI (Urubamba) - Campagne agricole 1969-1970 (1)			DÉPENSES POUR 1 HA DE MAÏS BLANC ÉVALUÉES PAR LE S.I.P.A. POUR LA PROVINCE D'URUBAMBA (2)			
	Quantités	Prix S/. (1)	Valeur S/.		Quantités	Prix S/. (1)	Valeur S/.
Frais de culture				**Frais de culture**			
Semences	3 800 kg	10 S/kg	38 000 S/.	Semences	60 kg	8 S/kg	480 S/.
Engrais :				Engrais :			
Nitrate d'ammoniaque	40 t	2 500 S/.	100 000 S/.	Nitrate d'ammoniaque	360 kg	2,74 S/kg	990 S/.
Superphosphates	40 t	3 000 S/.	120 000 S/.	Superphosphates	400 kg	3 S/kg	1 200 S/.
Sulfate de potasse	10 t	6 000 S/.	60 000 S/.	Sulfate potasse	120 kg	5,6 S/kg	680 S/.
Produits phytosanitaires			32 450 S/.	Produits phytosanitaires			740 S/.
				Machines (locat.)	5 heures	100 S/h	500 S/.
				TOTAL			4 590 S/.
Main-d'œuvre				**Main-d'œuvre**			
Salaire ouvr. agric.			502 250 S/.	Labour	4 pers.	25 S/.	100 S/.
Salaire employés			38 000 S/.	Semailles	16 pers.	25 S/.	400 S/.
Impôts			118 000 S/.	Buttages	35 pers.	25 S/.	875 S/.
Transports			85 000 S/.	Irrigation	8 pers.	25 S/.	200 S/.
Emballages			66 000 S/.	Surveillance (un mois, en février)	30 pers.	25 S/.	750 S/.
Locations diverses			42 000 S/.	Récolte, mise sac	60 pers.	25 S/.	1 500 S/.
Frais généraux			130 000 S/.				3 825 S/.
			1 331 700 S/.				
Production	7 000 qx/ha	9,5 S/kg	2 527 000 S/.	Total			8 415 S/.
Revenu			1 195 300 S/.	Imprévus, 10 %			840 S/.
Revenu/hectare			31 455 S/.	Total			9 255 S/.
				Production	5 000 kg par ha	6 S/.	30 000 S/.
				Revenu			20 745 S/.

(1) D'après A. Molinié Fioravanti : *Influences urbaines et société rurale au Pérou : le cas de Yucay*. Thèse de 3ᵉ cycle, Paris V. Novembre 1972.
(2) S.I.P.A. : Bureau du Cuzco, 1969, Servicio de Investigación y promoción agraria.
(3) 1 sol = 0,12 F en 1969.

TABLEAU N° XLVI : CULTURE DE LA POMME DE TERRE EN ÉCONOMIE MODERNE

	PREMIÈRE ÉTAPE DE MODERNISATION			CULTURE MODERNE		
	Quantité	Prix S/. (1)	Valeur S/.	Quantité	Prix S/.	Valeur S/.
Frais de culture						
Semences	1 500 kg	4 S/kg	6 000	1 500 kg	4 S/kg	6 000
Engrais	Guano = 1 tonne	3 000 S/t	3 000	Nitrate ammoniaque 33,5 % : 418 kg	2 700 S/t	1 145
				Superphosphate chaux 20 % : 600 kg	3 000 S/t	1 800
				Sulfate de potasse à 50 % : 160 kg	5 600 S/t	896
Produits phytosanitaires	Insecticides	—	450	Désinfectants, adhérents, insecticides, etc.	—	1 380
Machines (2)	—	—	—	Tracteur pour les labours : 5 h	100 S/h	500
				Charrue à bœuf pour les semailles : 4 jours	60 S/jour	240
Total			9 450			11 961
Main-d'œuvre						
Labour	8 personnes	5 S/jour	40	—		
Semailles	20 personnes	5 S/jour	100	19 personnes	25 S/jour	475
Buttages	38 personnes	5 S/jour	190	38 personnes	25 S/jour	950
Traitement engrais	—	—	—	12 personnes	25 S/jour	300
Récolte, mise en sac	50 personnes	5 S/jour	250	70 personnes	25 S/jour	1 750
Total	116		580			3 475
Total			10 030			15 436
Imprévus 10 %			1 000			1 540
			11 030			16 976
Production	14 000 kg	2,5 S/kg	35 000	16 000 kg	2,5 S/kg	40 000
Solde			23 970			23 024

Sources : D'après les renseignements fournis par le bureau du S.I.P.A. au Cuzco.

(1) 1 sol = 0,12 F en 1969.
(2) La location s'entend avec la main-d'œuvre et le combustible pour le tracteur.

Les producteurs bénéficient de crédits sans cesse renouvelés et très variés du Banco de Fomento Agropecuario qui leur accorde même, depuis 1970, un taux d'intérêt plus bas puisqu'ils sont coopérativistes. L'un des hacendados de Yucay recevait, par exemple, en 1969, 5 prêts immobiliers pour une valeur de 1 529 500 sols (183 540 F), soit 2 prêts immobiliers pour une moissonneuse et la construction de 3 silos, un crédit à long terme (10 ans) pour l'achat de 15 vaches Holstein, une avance de 6 mois sur la récolte de maïs et une autre avance pour les frais de production annuels (49). Certains avouaient qu'ils avaient amorti leurs investissements préliminaires et n'avaient pas tellement besoin de prêt ; mais ils espéraient, en montrant qu'ils avaient le soutien et l'encouragement des services gouvernementaux, bénéficier de certaines faveurs au moment de l'application de la loi de la Réforme Agraire. Avec un rendement de 7 000 kg à l'hectare (rendement tout à fait exceptionnel), la production vendue au prix de 9,5 sols/kg (contre 7 à 8 pour cette qualité localement), représente une valeur de 66.500 sols à l'hectare, ce qui assure au propriétaire un bénéfice net de 31 455 sols à l'hectare. Selon les évaluations du S.I.P.A., les autres haciendas modernes d'Urubamba et Calca, avec des rendements de 5 000 kg/ha écoulés sur place, arrivent à avoir des bénéfices à l'hectare de 25 600 sols pour le maïs jaune et de 28 100 pour le blanc.

Avec l'orge, c'est la culture de la pomme de terre qui est apparue comme très rentable dans le cadre d'une technologie limitée. Elle a bénéficié de deux conditions favorables : l'accroissement de la consommation et la diffusion de semences à rendements élevés (Qompis, Mantaro, Renacimiento et dans une moindre mesure Imilla Negra). C'est le Ministère de l'Agriculture, et le S.I.P.A. en particulier, qui ont joué ici le même rôle dynamique que la brasserie pour l'orge. La production de semences était assurée par les champs expérimentaux de Tinta, La Perla (Chumbivilcas) et Anta ((88,5 ha en 1968) ou loués à des particuliers dans diverses provinces (101 has en 1968). La culture, avec ses deux butages, exige beaucoup plus de travailleurs et également plus d'engrais et d'insecticides que celle de l'orge. (tableau n° XLVI). On peut espérer un rendement minimum de 140 Qx/ha soit un revenu de 35 000 sols et un bénéfice à l'hectare de près de 24000 sols (2 880 F). Pour une culture plus soignée et plus moderne (salaire quotidien 25 sols, location d'un tracteur pour les labours, une grande variété d'engrais, de désherbants et d'insecticides (tableau n° XLVI), le S.I.P.A. évaluait, avec un rendement de 160 Qx/ha, un revenu à l'hectare de 23 000 sols (2 760 F). Mais, une fois encore, ce rendement nous semble bas, certaines haciendas de Paucartambo atteignant 200 Qx/ha. S'il s'agit alors de tubercules de semences, on peut espérer, en les vendant au prix de 4 sols le kilo un revenu de 63 000 sols à l'hectare.

Depuis une trentaine d'années, la pomme de terre et l'orge permettent donc d'obtenir des revenus importants et relativement stables, n'imposant pas d'autre part des investissements à long terme. La plupart des haciendas de Paucartambo, Anta, Quispicanchis, Urubamba, Calca, connaissaient, avant 1969, ces types de cultures améliorées par l'usage des engrais et de meilleures semences. Cependant, il convient d'insister sur le fait que c'est en conservant le système du colonat ou en payant un salaire infime que les agriculteurs obtenaient de substanciels revenus. Si le salaire de 25 sols (aujourd'hui 35 sols) était partout appliqué, ou bien les marges bénéficiaires seraient plus réduites, ou bien on serait amené à augmenter considérablement les rendements ce qui est difficile pour les cultures de versants comme la pomme de terre et l'orge.

---

49. Idem.

TABLEAU N° XLVII : PRODUCTIONS AGRICOLES DU DÉPARTEMENT DU CUZCO ET DE LA RÉGION SUD-EST. ÉTAGE QUECHUA
(Superficie cultivée et volume de la production)

	1951-1952 (1)		1961 (2)		1962 (2)		1963 (3a - 3b)		1964 (4)		1965 (4)		1966 (4)		1967 (4)		1970 (5)	
	ha	T.M.	ha	T.M.	ha	T.M.	ha	T.M.	ha	T.M.	ha	T.M.	ha	T.M.	ha	T.M.	ha	T.M.
Département du Cuzco																		
Maïs	24 145	35 357	21 404	32 962		25 770	19 815 / 20 670	25 460 / 23 340	23 000	29 600	19 000	27 100	14 750	19 373	15 200	19 539		
Orge	29 370	33 327	12 657	21 518		28 963	29 000 / 32 840	24 650 / 38 490	20 000	18 000	18 000	21 060	12 850	13 883	13 160	15 231		
Blé	24 035	22 663	8 581	10 383		12 880	12 850 / 12 900	9 250 / 11 740	13 000	10 010	11 000	10 670	6 220	5 975	6 040	6 037		
Quinua et canihua	6 800	6 120	425	291		3 990	4 400 / 4 040	4 400 / 3 380	1 800	1 850	350	361	240	225	515	359		
Pommes de terre	33 125	145 541	23 397	72 296		163 600	33 700 / 36 290	34 000 / 92 380	29 500	120 950	29 500	150 450	22 500	105 165	22 200	101 580		
Autres tubercules	1 500	5 250	950	2 071		8 000	2 480	6 450	1 030	2 034	3 160	5 713	2 060	2 952	1 725	6 992		
Fèves			3 002	2 101		5 250	3 780 / 3 671	2 160 / 5 590	2 800	3 248					2 080	2 927		
Autres légumineuses	72	57	1 545	823		51	1 182	207	290	248	140	183	115	167	525	599		
Région Sud-Est																		
Maïs	33 495	50 529	47 288	72 051		30 573	28 960	29 200	41 800	48 800	40 920	60 664		39 626	35 626	44 393	32 165	53 511
Orge	32 558	36 123	16 977	26 096		31 975	37 200	41 800	24 000	22 000	26 700	36 200		22 623	22 620	26 808	22 556	26 694
Blé	31 465	27 984	15 726	17 957		20 035	20 140	18 560	20 200	17 210	19 500	19 595		13 675	13 840	14 421	12 391	12 625
Quinua et canihua	10 300	9 320	479	311		4 530	4 680	3 960	2 400	2 445	2 150	1 162		461	1 005	650	1 893	949
Pommes de terre	47 005	231 130	34 153	114 551		197 996	48 030	220 970	41 500	190 550	43 500	223 250		186 774	36 220	185 754	41 537	240 605
Autres tubercules	2 400	8 400	1 610	3 528		13 520	3 590	11 260	2 830	5 394	6 470	17 027			5 505	22 293	—	—
Fèves			4 339	3 011		6 786	5 013	7 225	4 300	5 198	4 860	8 103		5 431	3 910	5 511	6 229	9 587
Autres légumineuses	72	57	2 125	1 400		351	1 814	1 758	1 050	1 058	1 785	2 544		756	1 340	1 726	—	—

Sources :
(1) Paz Soldán, Geografía del Perú (données du Ministère de l'Agriculture).
(2) Censo agropecuario 1961.
(3) a) S.I.P.A. (Servicio de Investigación y Promoción agraria).
    b) Perú 1963. Estadística agraria. CONESTAR (Convenio de Cooperación técnica : Universidad agraria y Ministerio de Agricultura).
(4) Perú 1964, 1966, 1967, CONESTAR.
(5) Ministère de l'agriculture. Cuzco. Diagnostic agraire de la zone agraire XII 1970.

229

Nous avons essayé de chiffrer l'évolution des cultures de la Sierra du Cuzco au cours des vingt dernières années dans le tableau n° XLVII. Celui-ci doit être considéré avec beaucoup de réserves car nos sources sont variées et d'autre part irrégulières et peu sûres (50). Malgré ses imperfections, il montre la très grande irrégularité qui existe dans les productions et les superficies d'une année à l'autre, soulignant ainsi le poids des facteurs climatiques sur l'agriculture de la Sierra, et semblant montrer, pour la période étudiée, un grave diminution des superficies cultivées et des productions.

Le recul dans les extensions cultivées en plantes alimentaires apparaît nettement depuis une vingtaine d'années. Si dans certaines haciendas, les étendues plantées en pommes de terre ont pu croître, on ne saurait oublier qu'à l'échelle régionale, on observe, en plusieurs endroits, une réduction des terrains de culture. Sur les terrasses fertiles des vallées, le maïs a souvent reculé devant les prairies artificielles (qui n'apparaissent pas dans notre tableau) et plus encore devant les progrès de l'urbanisation ; ainsi dans la vallée du Huatanay entre le Cuzco et San Jerónimo. Dans les punas de Canas et Espinar également, les cultures toujours précaires, sont progressivement abandonnées, depuis que les camions ravitaillent facilement les marchés locaux. Enfin, l'accroissement des migrations, les troubles agraires, la peur de la Réforme Agraire, ont provoqué l'abandon de nombreux domaines et en particulier de leurs cultures de versant. Des districts entiers comme Rondocán et en partie Accos, offrent l'exemple de grands domaines à l'abandon ; ce phénomène affecte même des vallées aux conditions très favorables comme celle de Yaurisque. A l'inverse, il est vrai, d'autres hacendados, par peur de la Réforme Agraire de 1964, ont réalisé quelques investissements dans leur propriété pensant conserver ainsi un minimum inexpropriable.

Une étude plus précise serait nécessaire pour savoir si l'augmentation des rendements a pu pallier ou non, à la réelle diminution des superficies cultivées. Le recul de l'orge, en particulier tel qu'il apparaît dans le tableau n° XLVII, semble en contradiction avec ce que nous avons dit de la politique de crédit de la brasserie depuis 1950. Seule la production des pommes de terre aurait augmenté de façon notable mais c'est aussi celle dont la courbe est la plus irrégulière. Cultivée au dessus de 3 500 m, elle est plus sensible que les autres aux irrégularités du climat. A la différence du maïs dont la culture à hauts rendements est presque exclusivement le fait de grands et moyens propriétaires, la pomme de terre a vu sa production s'améliorer au niveau du comunero grâce à la diffusion de la variété Mantaro et à l'usage de l'engrais de Cachimayo.

Parmi les autres productions traditionnelles, les fèves, les autres légumineuses (haricots, lentilles, pois, tarhui, pallares) et les tubercules locaux (ollucos, mashuas, ocas), semblent, selon les statistiques, avoir progressé de manière notable. Cela est sûrement vrai pour les fèves, toujours très appréciées sur le marché urbain et qui sont souvent cultivées par de grands propriétaires en rotation avec le maïs ou les pommes de terre irriguées, avec des rendements atteignant 4 tonnes à l'hectare. Mais les autres plantes, en particulier les tubercules autochtones, restent typiquement indigènes et doivent certainement diminuer devant la culture des pommes de terre vendues à des prix beaucoup plus élevés. Les céréales telles que la quinua, et dans une moindre mesue la cañihua, reculent vraisemblablement ou sont au moins stationnaires ; on leur réserve les plus mauvais terrains, elles n'ont pas subi de progrès techniques et malgré leur incontestable valeur alimentaire, elles intéressent surtout l'alimentation des ruraux et de moins en moins celle des urbains. Quant à la production

---

50. Les chiffres, à l'exception de ceux du recensement de 1961, proviennent du Ministère de l'Agriculture. Ceux de 1963, 1964, 1965, 1966 et 1967 sont le résultat d'une évaluation faite sur la base d'un échantillon, l'enquête et le dépouillement ayant été effectués par le Ministère de l'Agriculture et l'Université Agraire la Molina de Lima (CONESTCAR) ; les données de 1970 sont celles du bureau de la onzième zone agricole qui, dans le cadre de la Réforme Agraire, a procédé à un diagnostic zonal. Les chiffres de 1961 sont ceux du 1er recensement économique péruvien.

TABLEAU N° XLVIII : SUPERFICIE CULTIVÉE ET PROGRÈS TECHNIQUE
DANS LA XIe ZONE AGRAIRE (RÉGION SUD-EST)

	SUPERFICIE CULTIVÉE (ha)				RENDEMENTS (kg/ha)		
	Total	Technique moderne	Technique intermédiaire	Technique traditionnelle	Technique moderne	Technique intermédiaire	Technique traditionnelle
Pommes de terre	41 737	1 592	3 608	36 537	20 000	10 000	5 000
Maïs	32 165	625	3 076	28 464	5 000	2 500	1 500
Orge	22 556	485	3 960	18 111	3 000	1 800	1 000
Fèves	6 229	60	188	5 981	4 000	2 000	1 500
Blé	12 391	10	267	12 114	3 000	1 800	1 000
Café	21 639		600	21 039		760	460
Coca	16 178			16 178			627
Cacao	3 245			3 245			425
Thé	2 429			2 429			1 130
Agrumes	1 439			1 439			5 300
Riz	1 810		1 630	180			2 500
TOTAL (superficie cultivée)	166 325	2 772	13 359	151 444			

Source : Ministère de l'agriculture, Cuzco. Diagnostic zone agraire XI-1970.

d'avoine, nos chiffres sont trop irréguliers pour pouvoir réellement en apprécier les variations ; peut-être sa culture a-t-elle progressé sous forme de fourrage en liaison avec l'amélioration de l'élevage laitier.

En fait, ces reculs ou ces faibles progressions d'ensemble dans les productions traditionnelles, sont à l'image de l'agriculture de la région Sud-Est qui reste la plus traditionnelle et la plus en retard du Pérou. Les hauts rendements obtenus par quelques propriétés modernes, souvent proches de la ville, ne doivent pas faire illusion sur les progrès à l'échelle régionale. Les statistiques du Ministère de l'Agriculture pour 1970 (51) sont très révélatrices à ce sujet (tableau n° XLVIII). Seuls le maïs, l'orge, le blé, les pommes de terre et les fèves, donnent lieu à une agriculture bénéficiant de progrès techniques importants ("altamente tecnificada") ; mais les superficies concernées, avec 2.772 ha, ne représentent que 1,36 % du total régional cultivé ; avec une technologie moyenne, on a 13.359 ha, soit 8,03 % du total régional cultivé ; certaines cultures de café et de riz dans les terres chaudes, s'ajoutant d'ailleurs aux productions de la Sierra précédemment citées ; les superficies cultivées de manière traditionnelle, avec 151.444 ha, représentaient donc 91 % de la superficie cultivée régionale, soit 88 % dans la Sierra et 95 % dans la ceja de montaña.

b) L'évolution des cultures dans la ceja de montaña : La ville - le Cuzco comme son relais Quillabamba - n'a pas joué ici un grand rôle dans l'amélioration technique des productions, mais, par contre, son action a été décisive dans la commercialisation, provoquant des progrès quantitatifs des principales cultures. Ceux-ci ont été remis en question pendant la durée des troubles agraires mais, à l'exception de la canne à sucre, ils ont pu reprendre, grâce en particulier à l'appui du B.F.A. dont les crédits passaient de 12.505.760 sols en 1966-67 à 59.220.000 en 1968-69 (52).

En vertu de la loi de Réforme Agraire de 1964, toutes les haciendas, entre 1964 et 1971 ont été expropriées, certaines en totalité, d'autres partiellement. Leurs anciens arrendires et allegados ont reçu, en pleine propriété, les parcelles qu'ils occupaient. Ils ont intensifié leur production pour pouvoir profiter de la hausse croissante des prix du café et du cacao que leur offraient les coopératives. Les progrès dans les techniques de culture se sont toutefois limités à une plus grande diffusion des moulins à dépulper le café, mécaniques ou électriques, et à un meilleur usage des produits phytosanitaires et beaucoup plus rarement des engrais. La commercialisation des produits a été favorisée également par la mise en service de deux routes vers la vallée. La prolongation de celles-ci dans le secteur du Alto-Urubamba a permis l'ouverture d'un nouveau front pionnier caféier, encouragée par les services de la Réforme Agraire.

Aussi la production de café qui avait connu un fléchissement en 1963-64 et 65, à la suite des troubles agraires, a repris depuis 1967-68 (tableau n° IL). Cependant, après une période de hausse impressionnante et très régulière, puisqu'on est passé d'environ 450 sols le quintal en 1966, à 860 sols en 1968 et 1.000 et même 1.200 sols en 1970, la baisse du prix du quintal de café en 1971 à 800 sols, due à une réduction des quotas d'importation des U.S.A., commença à inquiéter les producteurs. Le prix du cacao, par contre, se maintient en hausse constante (on passe de 530 sols le quintal en 1963, à 850 sols en en 1968 et à 1 000 sols en 1971), car ce n'est pas ici un produit d'exportation et le marché intérieur est loin d'être saturé ; mais la production est en baisse car la plupart des plantations sont vieilles et très mal entretenues.

---

51. Ministère de l'Agriculture - Zone agraire XI - Cuzco - Diagnostic réalisé en 1970.
52. Il s'agit du montant accumulé et non de celui octroyé chaque année. 1 sol = 0,12 F en 1969.

TABLEAU N° IL : PRODUCTIONS AGRICOLES DU DÉPARTEMENT DU CUZCO ET DE LA RÉGION SUD-EST. CEJA DE SELVA ET SELVA
(Superficie cultivée et volume de la production)

	1951-1952		1962		1963		1964		1965		1967		1970	
	ha	T.M.	ha	T.M.	ha	T.M.	ha	T.M.	ha	T.M.	ha	T.M.	ha	T.M.
Département du Cuzco														
Café	1 737	1 736		8 418	19 890	9 110	15 000	6 750	10 000	5 000	8 250	4 324		
Cacao				2 250	5 068	2 095	1 800	1 152	1 200	360	1 200	815		
Coca	4 970	5 650		4 125	9 350	3 920	9 230	4 061	9 200	5 152	8 800	4 830		
Thé	774	206		683	1 630	730	1 520	3 496	1 500	3 450	1 500	4 423		
Canne à sucre	1 388	69 400		39 120	620	36 000	380	16 300	330	18 790	350	11 900		
Fruits				22 860	1 130	22 860	1 270	12 520	1 620	15 090	1 601	26 576		
Arachide	70	149		255	150	280	40	58	320	1 000				
Riz	133	376		560	290	410	200	360	180	317	100	285		
Région Sud-Est														
Café	1 747	1 744		8 572	20 370	9 290	15 500	6 920	10 310	5 141	8 500	4 444	21 039	10 433
Cacao				2 550	5 068	2 095	2 050	1 214	1 360	411	1 360	935	3 245	1 379
Coca	4 970	5 650		4 131	9 370	3 924	9 250	4 066	9 220	5 156	8 820	4 834	16 178	10 144
Thé	774	206		683	1 630	730	1 530	3 517	1 510	3 473	1 510	4 446	2 429	2 745
Canne à sucre	2 959	147 950		73 765	1 100	61 200	684	31 500	395	28 090	645	30 100		
Fruits				29 020	1 430	28 800	2 030	20 855	2 255	20 784	2 264	30 226	1 439	7 627
Arachide	270	329		310	190	330	80	98	350	1 035	10	7		
Riz	263	590		3 062	1 070	1 940	1 200	1 960	880	1 458	800	1 426	1 830	6 720

Source : voir tableau sur les productions agricoles de l'étage quechua.

Les grands propriétaires ont dû réorganiser leur système de travail et de production sur la fraction de domaine que leur laissait la Réforme Agraire et qui correspondait à peu près à leur ancienne réserve. Beaucoup ont préféré lotir leurs terres et les vendre à des fins d'urbanisation ; ainsi, près de Quillabamba, les haciendas Santa Ana, San Pedro, Pavayoc, ou, près de Santa María, les domaines de Santa Rosa et de Chaullay. Les autres, se sont adaptés tant bien que mal à la nouvelle situation, employant désormais des peones payés officiellement, en 1969, 25 sols. Bien que n'entrant pas dans les coopératives (sauf quelques membres de celle de Chaco-Huayanay) ils ont pu bénéficier de la hausse des prix. Mais pas plus que leur ex-arrendires, ils n'ont amélioré leur type de culture. Pourtant, le Ministère de l'Agriculture calculait qu'en 1965, pour un coût de production de 5.900 sols, un hectare de café pouvait rapporter, avec un rendement moyen de 15 Qx/ha, 9.000 sols (12.000 sols en 1971 avec un coût à peine plus élevé) ; pour un hectare de cacao, le coût était de 4.100 sols et le revenu de 6.000 sols (15.000 sols en 1971) (53).

Quant à la canne à sucre, culture d'hacendado par excellence, elle a été abandonnée ; en 1959, 30 haciendas la cultivaient et la production était de 500 000 litres d'alcool. Mais après 1964, la main d'œuvre est devenue chère et la législation, tant fiscale que commerciale sur les alcools, de plus en plus rigoureuse. Si en 1967, 17 haciendas la cultivaient encore, il n'y en avait plus que 4 en 1969 : Potrero, Macamango, Terebinto et Huyro, ces deux dernières ayant certainement cessé, actuellement, cette activité.

Potrero apparaissait, en 1969, comme le domaine le plus moderne de la vallée fournissant 55 % de la production d'eau de vie locale. Jadis grand de 4.000 hectares, avec 300 arrendires, il ne comptait plus que 85 hectares, le maître ayant vendu le reste à ses travailleurs à la veille de la loi de Réforme Agraire. La culture de la canne occupait 52 ha, labourés au tracteur et fertilisés avec le nitrate de Cachimayo. Les rendements obtenus, 300 Qx/ha, étaient dix fois supérieurs à ceux d'avant la Réforme Agraire. La récolte se faisait toute l'année bien que le maître reconnaisse qu'il serait meilleur de ne la faire que d'Avril à Décembre. Elle occupait un total de 50 ouvriers dont 12 sont des travailleurs permanents payés 26 sols par jour et logés. La production d'alcool était de 5.000 Qx par an (soit 250.000 l.) vendus 800 sols le quintal. 18 ha étaient plantés de caféiers donnant quelques 300 quintaux à l'an ; là encore, on utilisait pour cette culture des engrais, fait remarquable pour la région. Avec les résidus de la canne, complétés par quelques aliments industriels, le propriétaire élevait un troupeau de 22 vaches laitières croisées de Holstein, dont le lait était vendu aux peones de l'hacienda et, en petite quantité, à Quillabamba. La valeur de la production de l'hacienda s'élevait à environ 4 278 000 sols (513.360 F.) soit 4 000 000 d'eau de vie, 240 000 de café et 38 400 sols de lait. Si l'on soustrait les impôts sur l'alcool soit 1 875 000 sols, 230 000 sols de salaires et environ 350 000 sols d'engrais et de produits chimiques par an (soit un peu plus de 5 000 sols par hectare cultivé), on a un revenu s'élevant à 26 042 sols par hectare cultivé (3 125 F).

Avec Potrero, les domaines les plus modernes étaient ceux cultivant le thé : Amaybamba et Huyro, devenus aujourd'hui des "complexes agro-industriels" (54), et qui ont hérité des installations récentes relativement modernes faites par leurs anciens propriétaires cuzquéniens. En 1969, Amaybamba produisait, avec 2 300 kg de feuilles vertes, 4,6 Qx de thé par jour et Huyro avec 6000 kgs de feuilles, 12 Qx de thé. Celui-ci était surtout vendu dans le pays (au Cuzco et un peu à Lima), avec une exportation réduite vers le Chili, la Colombie et, en très petites quantités, les U.S.A. et l'Angleterre. Enfin, toujours dans un désir de s'adapter à la nouvelle situation agraire, de rares haciendas ont ajouté

---

53. 1 sol = 0,12 F en 1969.

54. On appelle ainsi au Pérou les coopératives de production agricoles possédant leur propre usine de transformation. Amaybamba a été exproprié en 1967 et Huyro, en 1969 seulement.

TABLEAU N° L : VALEUR DES PRODUCTIONS AGRICOLES DU CUZCO
ET DE LA RÉGION SUD-EST (1963-1970) (en milliers de sols)

	1963		1964		1965		1966		1967		1970	
	Cuzco	Sud-Est	Cuzco	Sud-Est	Cuzco	Sud-Est	Cuzco	Sud-Est	Cuzco	Sud-Est	Cuzco	Sud-Est
Étage quechua												
Maïs	66 752	78 727	59 120	106 100	75 367	138 147	59 551	115 294	61 586	123 158		267 553
Orge	62 354	67 650	31 500	39 100	37 066	51 570	26 562	40 554	29 468	47 892		109 445
Blé	24 654	40 067	24 024	39 864	28 596	50 195	16 507	36 581	17 515	40 967		50 498
Quinua	11 222	13 339	2 008	3 658	1 552	3 385	698	1 118	791	1 327		9 240
Pommes de terre	209 694	255 152	193 520	292 352	257 270	365 742	247 138	411 296	245 308	430 387		601 513
Fèves	13 583	16 834	6 171	10 071	17 313	23 020	8 478	13 333	9 032	14 844		33 556
TOTAL	388 259	471 769	316 343	491 145	417 164	631 659	358 934	618 176	363 700	658 575		1 071 805
Ceja de selva et selva												
Café	132 004	134 850	97 875	100 555	69 150	71 021	26 036	27 063	26 087	27 107		220 656
Cacao							4 601	5 111	5 461	6 012		27 582
Coca	78 518	78 598	52 631	52 704	73 777	73 830	71 777	71 839	72 648	72 712		111 579
Thé							8 857	8 894	8 717	8 754		82 341
Canne à sucre (1)	5 115	8 380	1 625	3 175	1 879	2 809	2 412	5 285	2 328	5 193		
Fruits	47 986	64 367	14 428	29 947	12 857	22 751	43 795	66 490	55 324	73 772		7 627(2)
Riz	738	3 507	781	4 253	777	3 572	459	4 900	613	5 234		4 704
TOTAL	264 361	289 702	167 340	190 634	158 440	173 983	157 937	189 582	171 178	198 784		454 483

Source : 1963, 1964, 1965, 1966, 1970. Estadística agraria. CONESTCAR. Convenio de Cooperación técnica de estadística, cartografía. Ministerio de Agricultura y Universidad agraria la Molina. Pour 1970, diagnostic de la Région Sud-Est. Ministère de l'agriculture, Cuzco.

(1) Valeur de la production d'alcool et de chankaka.
(2) Il semble que les agrumes et les bananes n'aient pas été considérés dans le chiffre de 1970.

aux productions traditionnelles des spéculations agricoles plus modernes. Certaines ont entrepris un petit élevage laitier avec des Holstein pour le ravitaillement de Quillabamba ; ainsi les haciendas Potrero, Macamango, Pintobamba, Empalizada. D'autres se sont lancées dans des cultures de légumes, en particulier de tomates, comme Pintobamba et Aranjuez.

Autre culture traditionnelle, combattue par le gouvernement au même titre que la canne à sucre pour l'alcool, la coca n'a cessé de se maintenir dans les vallées de la Convención et Lares. Avec 4 à 6 récoltes annuelles et un prix qui reste élevé, elle fournit des revenus toute l'année, quoique souvent irréguliers ; c'est elle qui permettrait aux agriculteurs de rembourser les prix obtenus pour la culture du café. La production, malgré un fléchissement entre 1960 et 1965 dû aux problèmes de main d'œuvre, semble à nouveau progresser ainsi que le montre le chiffre calculé pour 1970 par le Ministère de l'Agriculture. Les autres cultures commerciales, arachide, palillo, achiote, ont des productions plus irrégulières et beaucoup moins importantes.

Après la période euphorique qui accompagna l'application de la Réforme Agraire, la baisse soudaine du prix du café inquiétait les producteurs et faisait envisager, au Ministère de l'Agriculture comme chez les agriculteurs, la nécessité d'une éventuelle reconversion vers d'autres cultures. De même, toute reprise économique dans les vallées de Cosñipata et Quince Mil, qui, après des cycles successifs de mise en valeur et d'échecs, végètent, est également liée à l'adoption de cultures nouvelles ou au développement de l'élevage.

2°) L'apparition de cultures nouvelles. Il existe désormais au Cuzco une clientèle importante pour les produits maraîchers et fruitiers : touristes, mais également gens originaires des villes de la Côte au type d'alimentation déjà urbain. Toutefois, dans ces montagnes où la gelée, la grêle et la sécheresse sont tour à tour des menaces redoutables, les conditions ne sont favorables pour ces cultures que dans les vallées les plus abritées au-dessous de 3 000 mètres d'altitude, et qui bénéficient par ailleurs de possibilités suffisantes d'irrigation. Or, ce sont là les terroirs traditionnellement consacrés au maïs, et, dans une région où l'exiguïté des bonnes terres et la sous-alimentation posent des problèmes dramatiques, il peut apparaître à la limite indécent, de favoriser les cultures de haricots verts, céleris, et tomates pour satisfaire les goûts des bourgeois de la ville. Le problème est cependant complexe, dans la mesure où ces productions pourraient représenter un apport important pour les petits propriétaires et une possibilité d'améliorer leur diète.

Une des grandes difficultés qui limitait également ce type de spéculation était celle de la distance et du transport. C'est d'ailleurs dans la mesure où ce dernier s'est amélioré que sont apparues de petites régions en voie de spécialisation dans la production de fruits et légumes. Comme le phénomène est récent, elles sont très limitées. Aux portes de la ville, à San Sebastián, on a presque uniquement des cultures d'oignons grâce aux eaux du Huatanay dans lequel se déversent les égouts de la ville ; quelques champs de carottes, de choux et salades s'y sont joints dernièrement. Lors de notre séjour de 1973, nous avons pu constater, également, une réelle expansion des cultures d'oignons à Pucyura et même dans la plaine d'Anta. Il est vrai que c'est une culture facile et qui est loin d'être destinée aux seuls urbains. Tous les marchés ruraux et en particulier ceux de la puna, bénéficient ainsi de l'essor d'une culture encouragée par la ville.

Dans la province d'Urubamba, le district de Huallabamba s'est voué à la culture des choux, depuis une vingtaine d'années, et celui de Yucay à celles des fraises ou "*frutillas*"(*fragaria chiloensis*). Limatambo s'est fait une spécialisation dans la production des tomates cultivées par de moyens et même de grands propriétaires. Sicuani et Quillabamba, enfin, ont également créé autour d'elles une mini zone maraîchère. A Sicuani, elle est très réduite, puisqu'il s'agit uniquement du pays d'Hercca où on fait venir des oignons vendus sur tous les marchés de la puna. Les conditions sont beaucoup plus favorables autour de Quillabamba, mais c'est le problème du transport et celui du coût encore élevé des investissements, qui font hésiter les agriculteurs. Deux haciendas seulement ont consacré une partie de leurs terrains non expropriés à des cultures de tomates : Pintobamba et Aranjuez. On les vend au Cuzco même et sur bien des marchés de la Sierra. D'autres petits propriétaires font venir des choux, des oignons, vendus seulement à Quillabamba, et des piments expédiés au Cuzco.

Pourtant, toutes ces cultures pourraient donner d'importants revenus aux agriculteurs et il est paradoxal de constater que les hacendados ne s'y sont que rarement intéressés, à l'exception de la tomate à Limatambo comme à Quillabamba. Ailleurs, et en particulier pour les oignons et les choux, ce sont des micro-propriétaires, parfois comuneros, qui utilisent assez peu d'engrais et de produits phytosanitaires. Le Ministère de l'Agriculture calculait que, dans la vallée d'Urubamba, un hectare de choux cultivé de manière moderne requérait en 1968 un investissement de 5.400 sols et donnait, avec 15 000 kg/ha, un revenu de 12.000 sols (1.440 F) ; de même dans la plaine d'Anta, un hectare d'oignons, pour une mise de fond de 5.100 sols rapportait également 12.000 sols (12 000 kg à l'hectare de rendement). Pour la tomate, nous avons évalué un revenu de 10.000 sols (1.200 F) à l'hectare, pour un investissement de 5.000 sols à Limatambo, mais le Ministère de l'Agriculture pour Quillabamba donne les chiffres respectifs de 30.000 sols et de 15.700 sols avec un rendement de 15.000 kg/ha. On peut obtenir en outre, grâce à l'irrigation, deux récoltes par an sur le même champ. Toutefois, ces cultures nécessitent de nombreux soins et se heurtent à des problèmes de commercialisation qui découragent fréquemment les éventuels producteurs. Les prix sont souvent imposés de manière autoritaire par les vendeuses du marché du Cuzco et comme il s'agit de denrées périssables dont les frais de transport sont assez élevés, les paysans sont souvent obligés de céder à leurs exigences.

Parallèlement aux cultures de légumes, celle du riz, même si ce n'est pas une production entièrement nouvelle, peut être développée dans les terres chaudes. Toutefois, dans la Convención, les terrains apparaissent souvent trop accidentés et la plante a laissé, d'autre part, le mauvais souvenir d'avoir contribué à l'épidémie de paludisme et malaria des années 30-40. Le riz progresse surtout dans le Madre de Dios près de Puerto Maldonado et sa culture vient d'être reprise à Cosñipata. C'est du succès de cette dernière expérience que semble dépendre en fait son expansion dans la ceja de selva. Le premier problème posé est celui du choix de la semence. Après avoir essayé d'imposer l'Apura en 1968-69, le Ministère de l'Agriculture en est revenu à la variété Estaquilla mieux adapté au climat très humide de la ceja de selva. Pour 600 hectares cultivés, la production atteignait en 1970 1.000 tonnes. Le second problème est celui de la commercialisation et du soutien dans ce domaine du secteur public. Les agriculteurs ont été en effet groupés dans une coopérative de commercialisation et de services qui comptait en 1971, 154 membres, et pour laquelle on a construit un moulin de décortiquage. Chacun pouvait bénéficier d'autre part de crédits individuels du Banco de Fomento Agropecuario. Mais les délais importants interviennent au moment de l'achat de la récolte qui découragent les agriculteurs menacés par les échéances du B.F.A. En fait, la culture du riz si elle apparaît comme une solution aux problèmes de l'agriculture des terres chaudes à l'échelle régionale, se heurte, au niveau national, à l'opposition des grands producteurs du Nord, qui sont hostiles à la concurrence, même réduite (ils obtiennent 40 Qx/ha contre 10 à Cosñipata), des producteurs du Sud et veulent garder le monopole du marché intérieur. Aussi, beaucoup voient-ils pour la ceja de selva, et pour la Convención en particulier, l'espoir se porter surtout sur les cultures fruitières.

La construction des routes et l'intensification du trafic de camions ont beaucoup favorisé les expéditions de fruits vers le Cuzco et les autres marchés de la Sierra. D'Urubamba et Calca, de la vallée du Huatanay en aval d'Oropesa, viennent les cerises ou capulis, les fraises (ou frutillas), les pêches, les poires, etc... Les nombreux véhicules qui relient ces districts au Cuzco sont pendant l'été surchargés de passagers venant vendre leur production au marché. Depuis les vallées chaudes on expédie également les fruits des arbres fournissant l'ombre aux caféiers et aux maisons. Mais à l'exception des fraises, on n'a pas véritablement de cultures et les frais sont réduits en dehors de ceux, faibles, concernant le transport. Dans le cas de certaines vallées tropicales, c'est même du déclin total de la culture que proviennent les fruits des bananiers qui envahissent les champs abandonnés (ainsi à Quince Mil). Dans l'étage tempéré, seules l'hacienda Huarán à Calca et une moyenne propriété près d'Andahuaylillas, avaient de beaux vergers. Si la première retirait environ 2 à 3 000 sols annuels (240 à 360 F) de la vente de ses fruits, la seconde préférait vendre à meilleur prix à Lima.

Dans les vallées chaudes, le Ministère de l'Agriculture essaie de favoriser grâce à des crédits, les cultures d'agrumes, oranges et ananas en particulier. Un hectare de papayers pourrait donner pour un investissement de 12.000 sols étalé sur 2 ans, un revenu de 18.000 sols ; pour un hectare d'ananas, les chiffres respectifs sont 19.000 et 25.600 sols et pour un hectare de bananiers 7.900 et 16.000 sols. Mais toutes ces cultures exigent des investissements importants à long terme, que les moyens propriétaires, en particulier les anciens hacendados ayant conservé quelques extensions de terrain, ont peur d'entreprendre et que les petits propriétaires ne peuvent faire sans l'aide de l'Etat. Le transport vers le Cuzco apparaît également long et difficile, étant donné les changements énormes de température, et beaucoup souhaitent plutôt une industrialisation sur place.

Il convient de reconnaître que la période que nous étudions, caractérisée par un bouleversement des structures agraires, ne favorise pas l'introduction de nouveautés. Pourtant, le problème mérite une certaine attention et il est regrettable que l'actuelle réforme agraire dans les coopératives en formation, ne semble pas lui avoir attaché d'importance. Car dans cette profonde restructuration de l'espace qui est en train de s'accomplir, il serait bon de voir quelle peut être la place des cultures maraîchères à côté des plantes vivrières et des cultures semi-commerciales traditionnelles (orge, pomme de terre).

c) - L'influence de la ville sur les transformations de l'élevage.

1º) Les conditions. Selon la tradition européenne, l'élevage a toujours été associé à l'agriculture dans l'économie andine mais il était rarement de qualité et peu spéculatif. Même le développement des exportations de laine depuis le milieu du XIXe siècle, ne provoqua pas dans le département du Cuzco les progrès obtenus dans ceux de Puno ou Junin. Les grands domaines locaux, de formation assez récente, songeaient surtout à se consolider en accaparant les terres des communautés. L'état de relative insécurité dans lequel vivaient ces provinces ne favorisait pas les progrès techniques ; révoltes paysannes, vols continuels de bétail (*"abigeato"*), luttes politiques même, étaient très fréquents et souvent sanglants. Dans les années 30, alors qu'on commençait à employer pour l'agriculture du guano, et qu'on se préoccupait déjà de produire de l'orge pour la brasserie, on se souciait peu d'élevage dans les provinces quechúas. Des expériences comme celles des Allemands de l'hacienda Ccapana qui fabriquaient fromage et beurre, ou du propriétaire cuzquénien de Sullupuquio près d'Anta, expédiant des bovins à Lima, étaient considérées comme des entreprises très hardies. La consommation de produits de l'élevage était, d'autre part, réduite et ce n'est que très récemment qu'elle s'accrut et se diversifia en fonction de la croissance urbaine et de l'essor du tourisme.

A partir de 1960, il apparut enfin que l'élevage permettait d'envisager de surmonter la crise agraire. D'une part, le système du colonat paraissant condamné, avec des salariés, il se révélait plus avantageux que l'agriculture car exigeant beaucoup moins de main d'œuvre. D'autre part, beaucoup de propriétaires pensaient se préserver de la Réforme Agraire, en prouvant qu'ils avaient une exploitation moderne, avec des investissements ayant bénéficié de prêts gouvernementaux. Grâce à tous les éléments favorables, l'élevage dans la zone quechua est en progression depuis une vingtaine d'années. De simple complément à l'agriculture, il est devenu source importante, mais cependant rarement principale, de revenus. Jadis relégué sur les mauvaises terres et jachères, il s'est vu réserver des sols de vallées bien irriguées et de nouvelles cultures lui ont été consacrées.

Dans la puna, de même, les progrès de l'élevage sont liés aux nécessités du ravitaillement en viande des villes, à un moment où la conjoncture lainière n'était plus aussi favorable qu'à la fin du XIXe siècle. Ils ont été favorisés par la construction des routes et l'accroissement du trafic routier dans les provinces méridionales isolées par rapport au chemin de fer de la vallée du Vilcanota. Des contacts directs se sont alors établis avec Arequipa et Lima, sautant l'intermédiaire que représentait pour le collectage de la laine Sicuani. Mais le Cuzco s'est peu intéressé à ces provinces qui sont en train de devenir un champ d'action pour les capitaux d'Arequipa et un pays naisseur pour les prairies d'embouche de cette ville. Quant à la ceja de montaña, elle constituerait pour certains, une grande réserve d'avenir pour l'élevage des bovins ; les exploitations y sont à la fois, expérimentales et encore rares, depuis que l'amélioration des transports permet d'envisager des expéditions vers les abattoirs du Cuzco.

Le moteur de l'évolution a été le Ministère de l'Agriculture qui a diffusé les indispensables crédits et introduit le bétail de race, grâce au Banco de Fomento Agropecuario puis, à partir de 1964, au S.I.P.A. Pour les vaches laitières, c'est la Holstein importée des Etats-Unis au parfois d'Uruguay qui a été favorisée. Elle reste cependant fragile au-dessus de 3 900 mètres et exige une alimentation plus riche que celle fournie par la steppe à icchu ; aussi la trouve-t-on de préférence dans l'étage quechua. Les races permettant un double profit sont actuellement les plus appréciées. Pour les bovins, c'est la Brown Suiz importée presqu'essentiellement des U.S.A. qui est à la fois laitière et pour la boucherie. Elle permet une amélioration rapide de la race rustique avec, à 2 ans, des rendements de 200 kg et plus, d'une viande très savoureuse. Pour les ovins, c'est la race Corriedale, donnant à la fois laine et viande qui est encouragée ; elle est importée d'Australie et surtout de l'Argentine ou de l'Uruguay. Le mérinos, à la mode dans les années 20-30, est aujourd'hui en recul sauf le mérinos Rambouillet. Quelques éleveurs ont essayé d'autres races : "Cara Negra" (New Hampshire) pour les ovins, Ayrshire, Shorton et même Normande (achetée en Uruguay) pour les bovins. Dans la selva, la Holstein garde beaucoup d'amateurs dans la Convención comme à Cosñipata ou à Iberia ; mais c'est le zébu qui est le plus intéressant et surtout les races obtenues par croisement (Santa Gertrudis, avec la Shorton, et Gyr), souvent importées du Brésil.

Pour limiter les importations de bétail de race, toujours très coûteuses, des stations expérimentales ont été implantées à Uripa et Chumbibamba près d'Andahuaylas et surtout à Anta, Langui-Layo et Colquemarca dans la puna, à Puerto Maldonado enfin. De même, trois centres d'insémination artificielle ont été créés au Cuzco, à Tejamolino près d'Andahuaylas et surtout à Anta. Des foires expositions ont été organisées par le Ministère de l'Agriculture avec des concours récompensant les producteurs, au Cuzco mais aussi à Sicuani, Tocroyoc, Pichigua. Le contrôle sanitaire du bétail a été amélioré. Chaque année, interviennent des campagnes de vaccination contre la fièvre aphteuse qui est à l'état d'endémique dans notre région. Depuis 1964, on estime ainsi que 40 % du cheptel bovin est vacciné annuellement. Des bains contre les tiques ont été construits par le B.F.A. ou par le S.I.P.A. dans les provinces hautes, à Langui, à Tocroyoc en particulier. La lutte contre la bilharziose ("Distomatosis hepático"), les parasites et la pyroplasmose dans les terres chaudes, sont également en progrès. A côté des services agricoles publics se sont multipliés dans notre ville les magasins vendant des produits vétérinaires ; il en existait à Sicuani, Quillabamba et même Yauri.

239

C'étaient les hacendados et les moyens propriétaires qui avaient surtout recours à ces services d'Etat. Si les progrès de l'agriculture ont pénétré en partie chez les comuneros, ceux de l'élevage ne les ont pas atteints, sauf, malgré bien des résistances la pratique des vaccinations contre la fièvre aphteuse. Leur bétail et leurs pâturages n'ont ainsi connu aucune amélioration. Et nous n'avons au Cuzco ni ces progrès des luzernières qu'on trouve dans les communautés des hautes vallées côtières, ni ces services de ramassage du lait des petits paysans comme dans la dépression du Mantaro ou à Cajamarca. Il est vrai que, même pour les grands éleveurs, la capacité du marché local apparaît très vite limitée, notre ville étant encore modeste et peuplée de gens au bas niveau de vie.

2°) Les degrés dans la modernisation. Il existe plusieurs degrés dans les innovations et les améliorations apportés à l'élevage, mais très rares sont les domaines que l'on peut qualifier d'entièrement modernes et bien organisés. La plupart des hacendados se contentent d'assurer un meilleur contrôle sanitaire, en particulier contre la fièvre aphteuse et les parasites, et d'acheter quelques animaux de race pure ou croisés, en particulier de bons reproducteurs. On pouvait ainsi constater en 1968-69, une véritable émulation parmi les hacendados de la plaine d'Anta, de la vallée du Vilcanota, ou des punas d'Espinar-Canas, pour acheter avec les crédits du S.I.P.A. des vaches Holstein, des taureaux Brown-Suiz, ou des reproducteurs Corriedale. Beaucoup traitaient également avec des éleveurs de Puno. L'utilisation de bétail croisé se révèle une pratique très sage, car le bétail de pure race est fragile dans les conditions de climat et d'altitude des vallées cuzquéniennes. On voit des troupeaux de Holstein décimés par la tuberculose en raison du froid nocturne et de l'absence de stabulation, ou contaminés par la bilharziose dans les prairies marécageuses d'Anta. Mais il y avait une profonde contradiction, dans la plupart des domaines, entre le fait d'acheter des bêtes de race très chères (jusqu'à 25.000 sols pour une vache et 60.000 sols pour un taureau en 1969) (55), et le peu de soins apportés à leur alimentation, leur entretien, avec des rendements qui restent au-dessous des possibilités de ces animaux.

Le second degré de modernisaion concerne en effet essentiellement l'alimentation du bétail. Dans l'étage quechua, les luzernières se sont multipliées ces dernières années et elles permettent de compléter la nourriture traditionnelle fondée sur des prairies naturelles souvent médiocres et des chaumes de maïs. Un hectare de luzerne exige déjà un investissement important évalué par le S.I.P.A. à 3 000 sols par an (360 F) ; mais dans les vallées irriguées comme à Urubamba, il donne quatre et jusqu'à six coupes annuelles. Il permet d'autre part de nourrir quatre vaches Holstein à l'ha, alors que les pâturages naturels de première catégorie n'en supportent que 0,4. On voit également quelques assolements de maïs vert, d'orge et d'avoine fourragères, plus rarement quelques parcelles de ray-grass. Ces cultures sont souvent mécanisées et demandent d'importantes quantités d'engrais (guano et nitrates de Cachimayo). Pour conserver le fourrage, quelques propriétaires ont aménagé des silos, parfois simples fosses cimentées, mais aussi tours métalliques ou de béton comme celles de la Joya et d'Ancachuro dans la plaine d'Anta, ou de Huarán près de Calca. Les pâturages naturels eux-mêmes sont améliorés. Ainsi dans la plaine d'Anta, ont été effectués des travaux de drainage, publics ou particuliers, de pompage et des fumigations contre l'escargot vecteur de la bilharziose. L'introduction d'une innovation ne se fait pas, toutefois, sans erreurs. C'est ainsi que certains laissent leur bétail paître sans contrôle dans les luzernières ce qui favorise un développement rapide d'une mauvaise herbe : le kikuyu. D'autres utilisent trop d'engrais qui finissent par "brûler" des sols dont la régénération est fort lente. Un nouveau progrès dans l'alimentation du bétail est constitué par l'apport d'aliments industriels (à base de maïs et de farine de poisson) et de compléments en vitamines et sels minéraux. Les propriétaires peuvent également utiliser les sous-produits de la brasserie riches en protéines : le sutuche

---

55. 1 sol = 0,12 F en 1969.

(ou afrecho de malta), résidu de la macération du malt, et les racines de l'orge germée (320 t. ont été vendues en 1968). Mais comme il s'agit de denrées devant être consommées le jour même, elles n'intéressent que quelques propriétés de la vallée du Huatanay.

Dans la puna, les progrès dans l'alimentation du bétail sont encore plus limités et on ne trouvait guère en 1969 que quatre ou cinq domaines cultivant des petites superficies de ray-grass et d'avoine fourragère qu'on donnait vertes, aux jeunes bêtes après le sevrage. Par contre, des rations d'aliments composés, de sels minéraux et de vitamines sont distribuées, quoique très irrégulièrement, dans une trentaine de domaines. L'aménagement des points d'eau de même est très routinier et insuffisant. Dans les terres chaudes on se contente des graminées locales souvent très dures avec un complément de maïs. Quelques éleveurs à Cosñipata ou autour de Puerto Maldonado, ont semé de l'herbe de guinée et du pangola et les techniciens agricoles ont mis au point une nouvelle graminée très nutritive, donnant 4 coupes par an, le maïzillo.

Le troisième niveau dans la modernisation est relatif aux techniques mêmes d'élevage et il est encore plus rarement atteint. Il est nécessaire, en premier lieu, que le bétail de race, ou amélioré, ne continue pas à paître avec celui des pasteurs (bétail "huacho") et même ne se mélange pas avec celui des haciendas voisines. C'est ainsi que dans la plaine d'Anta, les clôtures de fer barbelé ont lentement progressé depuis une vingtaine d'années. Beaucoup d'hacendados pratiquent des rotations de pâturages entre plusieurs "potreros" délimités par des clôtures mobiles, des canaux de drainage, de petites murettes de terre gazonnées. Mais cela suppose, alors, des pasteurs salariés, faisant paître leur propre bétail à l'écart et implique d'autre part une conduite très organisée de l'exploitation, avec la permanence du propriétaire ou d'un administrateur compétent. Les clôtures sont plus répandues dans la ceja de selva où la vigueur de la végétation les rend obligatoires. Par contre, dans la puna, trois ou quatre haciendas, seulement, avaient des clôtures en 1969, à la différence du département de Puno où leur usage était très fréquent. Très peu de propriétaires commençaient à séparer leur bétail de celui, infecté de parasites, des pasteurs qu'ils continuaient à utiliser pour le gardiennage.

Dans une région d'élevage de plein air, avec des nuits très froides, l'aménagement d'étables représente également une nouveauté et un progrès considérable. Traditionnellement, les bêtes sont en effet rassemblées, la nuit, dans un simple "corral", très rarement protégé, aux alentours de la ville d'une toiture de tôle ondulée. On ne sépare pas non plus les bêtes suivant leur sexe et leur âge et les jeunes animaux en particulier, sont rarement isolés. On rencontre une dizaine, peut-être une quinzaine d'étables, avec mangeoires et abreuvoirs, soigneusement nettoyées, dans les plaines et vallées proches de la ville, mais il n'y en a aucune dans la puna. Par contre dans la forêt, elles s'imposent, quoique sommaires, avec un éclairage nocturne protégeant les bêtes des vampires, vecteurs de la pyroplasmose. Quant à l'équipement, nous n'avons rencontré qu'une seule hacienda ayant une trayeuse à moteur (Ancachuro à Anta) et aucune hacienda de la puna ne pratiquait la tonte mécanique. Par contre, des bains contre les tiques ont été construits dans plusieurs fermes.

Toutes ces innovations étaient en 1969 très inégalement combinées et diffusées dans les grandes propriétés des Cuzquéniens. Aussi rares étaient les haciendas présentant un véritable élevage de qualité. Dans les vallées quechuas, la plupart n'abandonnaient pas, d'ailleurs, l'agriculture. L'élevage constituait certes, l'activité pour laquelle on sollicitait des prêts importants et dont s'occupait personnellement le propriétaire, fier d'exhiber ses bêtes au visiteur, ou lors des foires-expositions. Mais pour devenir une spéculation intéressante économiquement, et non pas sentimentalement, ce qu'elle restait encore souvent au Cuzco, l'élevage demandait une réorganisation complète du système d'exploitation. Beaucoup de propriétaires, par esprit de routine, par peur des risques, ne se hasardaient pas à l'entreprendre, même ceux qui étaient agronomes ou vétérinaires au Ministère de l'Agriculture. Il faut dire également que les conditions du marché étaient encore limitées pour le lait comme pour la viande.

Dans ces conditions, les rendements restaient encore bas. Si on considère la production moyenne à l'année par vache on ne dépassait jamais 5 litres par jour ; pour la plupart des haciendas on devait même se contenter de 3,5 à 4 litres. Certes en période de pluies, les vaches mieux alimentées pouvaient dépasser 5 litres, mais, en saison sèche, elles ne donnaient plus que 2 litres. Quatre ou cinq propriétaires obtenaient, en 1969, des rendements de 20 voire 25 litres par jour, mais seulement au moment de la mise à bas et avec des Holstein de pure race. Très vite, la production quotidienne retombait à moins de 10 litres. Les services du Ministère de l'Agriculture donne d'ailleurs pour l'ensemble du département du Cuzco une production moyenne proche de 1 litre par jour et obtenir 4 ou 5 litres toute l'année, représente donc un progrès considérable. La plupart des hacendados se contentaient d'écouler le lait eux-mêmes au fur et à mesure de la production. D'où les irrégularités de l'approvisionnement de la ville et l'anarchie du marché que nous étudierons plus loin. L'installation, en septembre 1968, de la petite usine de lait en bouteille la Favorita, avait, en organisant un ramassage quotidien dans la vallée du Huatanay et la plaine d'Anta, créé une réelle stimulation dans la production. Mais cette entreprise devait durer moins d'un an et disparaissait, pour des raisons surtout liées à la faible consommation urbaine. Aux difficultés d'obtenir une production régulière s'ajoutaient pour la plupart des propriétés "d'élevage", une faible teneur du lait en matière grasse et un manque de soins évident dans la traite, l'entretien des bidons et le transport.

De rares haciendas fabriquaient du beurre et du fromage. On peut citer pour le beurre : Huarán à Calca, Sallac à Huarocondo et Ccapana dans les hauteurs de Ccatcca (Quispicanchis) dont la production régulière se vendait dans les supermarchés de la ville et beaucoup plus irrégulièrement, Sondorf, Sullupuquio et Pincopata à Anta. Deux haciendas proches du Cuzco vendent du fromage de manière continue : Urpihuata de Huallabamba (Urubamba) et Ancachuro de Zurite (Anta) et deux ou trois autres en fabriquent occasionnellement. Plus loin de la ville, nous trouvions un producteur dans Acomayo (hacienda Conchacalle à Pomacanchis) et trois ou quatre autres à Chumbivilcas (San Antonio à Livitaca, Toqqa à Chamaca...).

Dans la puna de même, les rendements restaient faibles dans les rares haciendas bénéficiant d'une "technique améliorée" : 3 à 4 livres de laine par animal contre 1,5 lv dans l'élevage traditionnel, 12 kg de viande environ pour les ovins et de 130 à 150 kg pour les bovins (les rendements en économie traditionnelle étant de 9 kg pour les ovins et de 115 kg pour les bovins). En 1969, beaucoup de propriétaires de l'étage quechua songeaient à se consacrer à l'élevage de boucherie, en particulier avec des Brown Suiz. Les conditions étaient en effet plus favorables que pour l'élevage laitier, les bovins plus robustes s'adaptant mieux aux techniques du plein air et les croisements avec le bétail local donnant des animaux de bon poids à la chair très appréciée sur les marchés urbains. Un bœuf de deux ans se vendait facilement dans les foires locales 5 000 sols et on pouvait atteindre 8 à 10.000 sols avec une bête croisée de Brown Suiz pesant 500 kgs. Mais s'il y avait une grande stimulation pour la vente, les techniques d'élevage connaissaient encore moins de progrès que dans les fermes laitières. Une seule propriété, d'ailleurs de modeste extension, pensait en 1969 se consacrer à l'élevage de reproducteurs de race Brown Suiz.

Géographiquement, cette modernisation dans l'élevage concerne essentiellement trois régions proches de la ville et qui constituent en quelque sorte son bassin laitier : la vallée du Huatanay jusqu'à Oropesa, la plaine d'Anta et la vallée du Vilcanota de Pisaq à Urubamba. Les deux premières ont nettement perdu de leur caractère agricole et se tournent de plus en plus vers la spéculation laitière. La facilité des communications avec la ville joue ici, puisque d'Izkuchaka ou d'Oropesa au Cuzco, il y a moins d'une demi-heure de voiture et un trafic permanent de camions et d'autobus. Il faut évoquer aussi le fait, qu'en raison de l'émigration vers Lima, beaucoup d'anciennes haciendas sont en train de se morceler et sont souvent en fermage. C'est enfin la zone ou le salariat agricole s'impose progressivement à cause de la concurrence des salaires urbains qui attirent colons et comuneros. Or l'élevage utilise moins de main-d'œuvre que l'agriculture.

Rares sont les domaines n'ayant pas amélioré leur cheptel grâce à des croisements. Quelques haciendas étaient relativement bien gérées pour la région : Sallac, Chamancalla, Santutis, et des petites propriétés comme Llamacpampa. Un domaine comme Ancachuro (430 ha - 303 bovins, 18 porcins) - le plus moderne du Cuzco avec ses rotations rationnelles de cultures et de pâturages, son étable pourvue d'une trayeuse à moteur ses silos, son parc de machines - vendait annuellement pour 1.555.000 sols de produits d'élevage (186.600 F en 1969) (56) et à peu près autant de pommes de terre et de maïs. D'autres propriétés ont eu jadis un cheptel très important, ainsi sullupuquio, la Joya, Marcku, Ichubamba, mais elles sont aujourd'hui en décadence, car elles ont pâti des "invasions" de 1964/65, du partage entre plusieurs héritiers et de l'absentéisme de certains de leurs propriétaires. Dans la "Vallée sacrée des Incas", l'agriculture et en particulier le maïs restait la préoccupation essentielle des grands propriétaires. Mais certains avaient introduit un élevage de Holstein de grande qualité ayant su utiliser avec profit les crédits du B.F.A. ; ainsi à Huallabamba, les haciendas Urpihuata, Salabella ou Huayocarri et à Yucay, la California. Mais un domaine comme Huarán à Calca représentait en 1969 un exemple précis de sous-production malgré un équipement très moderne (outre des étables et des silos, le parc de machines comprenait 3 tracteurs, 1 moissonneuse, 1 faucheuse pour la luzerne, un semoir mécanique et une ensileuse). A Pisaq, enfin, de moyens propriétaires cherchaient également à profiter du marché laitier du Cuzco.

Ailleurs, le problème de la distance rendait difficile, à la fois la commercialisation du lait et la diffusion des progrès et ceux-ci n'atteignaient plus que de rares propriétés. D'Oropesa ils avaient gagné quelques fermes de Lucre, Andahuaylillas et Urcos qui expédiaient de manière irrégulière du lait au Cuzco. Dans les hauteurs de Quispicanchis, l'hacienda Ccapana avait une fabrication régulière de beurre, tandis que l'immense terre de Lauramarca (Ocongate), à vocation surtout pastorale et possédée dernièrement par une société de grands éleveurs argentins et liméniens, se contentait d'un élevage extensif de bovins pour la viande et d'ovins pour la laine. La plupart des capitales de province et à plus forte raison nos petites villes, ont provoqué quelques essais d'élevage laitier. Mais le ravitaillement est très irrégulier et les propriétaires se heurtent d'autre part à des problèmes de marché ; ainsi cet hacendado de Paruro qui ne trouvait à vendre le lait de ses Holstein que 2 sols le litre alors qu'il en espérait le double. A notre connaissance, une seule hacienda de Paruro, Manki, expédiait quotidiennement en 1969 du lait vers le Cuzco. Dans Acomayo un seul domaine avait un élevage bovin de grande qualité : Conchacalle.

Dans la Puna, le retard des haciendas des Cuzquéniens apparaît d'autant plus grand quand on les compare à celles de Puno ou, dans le même département, à celles de propriétaires punéniens et aréquipéniens, celles du district d'Hector Tejada en particulier. L'intérêt qui s'était porté au début de ce siècle sur la laine, dans les hauteurs de Canchis comme à Tocroyoc, s'oriente aujourd'hui vers l'élevage de boucherie. Les jeunes bêtes nées sur leurs domaines, ou achetées sur les foires locales, sont conduites à l'âge d'un ou deux ans vers les «invernaderos» qu'ils possèdent près d'Arequipa. Ces derniers sont des domaines généralement petits, dépassant rarement 100 ha et consacrés à la culture irriguée de la luzerne. Les bovins, nourris à l'étable, sont vendus à l'abattoir d'Arequipa ou à celui de Lima. Ces Aréquipéniens sont parfois des propriétaires fonciers, mais de plus en plus on a des négociants en

---

56 Soit 500.000 sols provenant de la vente de 400 l. de lait en moyenne quotidiens. 1.000.000 de sols de fromage (57,5 kg par jour à l'époque des pluies, 11,5 kg en saison sèche) et 55.000 sols de la vente d'une dizaine de bœufs et de 5 cochons.

bétail, des membres de profession libérale, agronomes, vétérinaires, voire parfois petits employés. Ce sont donc essentiellement des gens de la ville qui ne résident pas sur leurs propriétés cuzquéniennes gérées par un administrateur autochtone ou punénien. Ils sont parfois simplement fermiers, louant de petites "cabañas" dans d'immenses domaines mal travaillés. Leurs techniques d'élevage sont, pour la plupart d'entre eux, à peine supérieures aux techniques locales. Leur bétail est seulement plus soigné sanitairement et isolé de celui de leurs pasteurs. Mais ils ont vu le parti à tirer de la robuste race locale, qui, nourrie intensivement pendant quelques mois dans les luzernières d'Arequipa, arrive à donner plus de 200 kg de viande par animal. Les hautes punas du Cuzco sont ainsi en train de devenir un pays naisseur pour les fermes d'élevage des vallées côtières, ce qui contribue à les soustraire de plus en plus à l'aire d'influence de notre ville.

Dans les terres chaudes, deux ou trois propriétaires ravitaillaient en lait Quillabamba (Macamango, Potrero, Empalizada, Pintobamba...), et autant Puerto Maldonado. A Cosñipata, un seul grand domaine Moscotania près de Salvación, avait, avant la Réforme Agraire, un élevage de qualité de Holstein laitière et de zébu dont le lait était destiné aux campements de militaires qui construisaient la route. D'autres éleveurs, encore modestes, avaient de grands projets et pensaient utiliser l'aéroport pratiquement abandonné de Patria pour expédier de la viande au Cuzco et même à Lima.

En raison de la croissance de la ville et plus encore du développement du tourisme (qui a multiplié au Cuzco les restaurants de poulets grillés), un marché est apparu pour les produits de basse-cour, œufs et poulets surtout. Une dizaine de moyens propriétaires, dans les immédiats de la ville, ont constitué des élevages dépassant rarement le millier d'animaux (deux atteignent toutefois 2.500 volailles). Avec 400 poules, un éleveur vendait, en 1969, 2.000 œufs par semaine pour une valeur de 3.600 sols. On obtenait le même revenu en vendant une centaine de poulets. Et, déjà plus loin de la ville, on rencontrait quelques aviculteurs à Limatambo, à Urubamba et Calca et même à Cosñipata. Mais en fait, l'aviculture qui pourrait être une bonne source de revenus est encore limitée et on importe beaucoup de produits de Lima, souvent par avion. Etaient en progrès également les élevages de cochons de lait dont la consommation est traditionnelle dans notre région. On les vendait, en 1969, de 300 à 400 sols à l'âge de 3 mois et 1.200 sols à un an, pour 80 kgs de viande environ. Un paysan de Huarocondo avec une centaine de cochons par an, avait une vente de 40.000 sols pour un investissement en nourriture ne dépassant pas 1.000 sols actuellement.

Pour essayer d'apprécier numériquement les progrès de l'élevage, nos statistiques sont, plus encore que pour l'agriculture, peu dignes de confiance (tableaux LI et LII). Dans l'ensemble, de 1963 à 1967, la région Sud-Est aurait connu plus de progrès que le groupe des départements du Sud et même que le Pérou entier. La valeur de la production s'est accrue de 75,7 % contre 20,7 % pour la région Sud et 49,7 % à l'échelle nationale ; pendant ce temps, le département de Puno presqu'essentiellement voué à l'élevage, voyait la valeur de sa production diminuer de 6,6 %. C'est le secteur "viandes" qui a le plus progressé dans notre région. Sa valeur augmente de 121,4 % contre 44,7 % dans l'ensemble du pays et 77,6 % dans le Sud ; la croissance de la production n'est cependant que de 13,9 % mais elle est de 4 % dans le Sud et diminue de 4,6 % à l'échelle nationale. La laine progresse peu en valeur (8,1 %), mais sa production, par contre, augmente de 91,3 % ; c'est surtout celle des ovins et il faut y voir un des premiers résultats des croisements de races sélectionnées, les auquénidés dont l'élevage n'est pas modernisé, progressant très peu. Pendant la même période, les productions nationale et régionale de laine évoluent peu (+9,5 % et +1,6 % respectivement), leur valeur connaissant une baisse de 51,2 % à l'échelle régionale. Les progrès de la production de lait atteignent presque le niveau national (32,4 % contre 49,6 %) alors que l'ensemble du Sud est en baisse de 3,2 % ; par contre, sa valeur augmente plus lentement : 80, 6 % contre 92,2 % dans le Sud et 107,7 % dans l'ensemble du Pérou.

TABLEAU N° LI : L'ÉLEVAGE DANS LA RÉGION SUD-EST : NOMBRE DE TÊTES DE BÉTAIL

	BOVINS			OVINS			AUQUENIDÉS			PORCS			CHEVAUX		
	Région Sud-Est	Région Sud	Pérou	Région Sud-Est	Région Sud	Pérou	Région Sud-Est	Région Sud	Pérou	Région Sud-Est	Région Sud	Pérou	Région Sud-Est	Région Sud	Pérou
1963	516 500	1 127 500	3 801 500	1 746 290	9 406 790	15 879 090	458 000	2 436 000	3 005 100	156 600	339 600	1 564 900	181 170	355 170	1 238 470
1964	533 000	1 208 000	3 625 000	1 800 300	8 050 300	14 548 300	510 000	3 626 000	4 065 000	225 000	457 000	1 997 000	140 200	328 200	1 028 200
1965	534 000	1 208 000	3 644 000	1 882 300	3 341 300	15 218 100	510 000	3 626 000	4 286 000	205 000	418 000	1 843 000	140 500	333 500	1 107 500
1966	594 000	1 238 000	3 686 000	1 880 000	8 341 000	15 233 000	515 000	3 528 000	4 244 000	205 000	414 000	1 782 000	170 500	375 500	1 240 500
1967	601 000	1 276 000	3 711 000	1 900 000	9 169 000	16 041 000	515 000	3 373 000	4 089 000	213 000	434 000	1 829 000	170 500	375 500	1 240 500
1969	635 076	—	—	1 470 598	—	—	545 540	—	—	186 105	—	—	—	—	—

Source : O.R.D.E.S.U.R. Boletin estadistico. Volume III. Tome I. Estructura Productiva.

TABLEAU N° LII : L'ÉLEVAGE DANS LA RÉGION SUD-EST :
PRODUCTION ET VALEUR DE LA PRODUCTION

A. — Production (en T.M.)

	VIANDES (bœuf et mouton)			LAINES			LAIT		
	Sud-Est	Sud	Pérou	Sud-Est	Sud	Pérou	Sud-Est	Sud	Pérou
1964	14 374	37 274	102 710	906	10 765	14 840	46 453	164 660	498 549
1965	14 926	36 345	95 157	1 720	10 474	15 770	54 275	159 653	775 336
1966	16 185	36 933	96 346	1 719	10 412	15 738	60 740	157 577	784 654
1967	16 368	38 767	98 008	1 733	10 937	16 245	61 489	159 375	746 035

B. — Valeur [en milliers de sols (1)]

	VIANDES (bœuf et mouton)			LAINES			LAIT			TOTAL			
	Sud-Est	Sud	Pérou	Sud-Est	Sud	Pérou	Sud-Est	Sud	Pérou	Sud-Est	Sud	Puno	Pérou
1964	120 747	333 719	1 092 467	27 842	340 264	427 350	117 869	239 283	1 110 802	309 092	1 222 860	612 506	2 925 609
1965	165 016	376 243	1 416 382	46 969	334 215	453 331	116 301	314 721	1 676 875	354 118	1 139 061	519 714	3 743 877
1966	248 951	529 691	1 445 766	26 576	138 746	215 793	185 562	408 602	2 113 238	489 600	1 185 507	422 744	3 970 009
1967	267 290	592 603	1 581 018	30 086	166 191	261 065	212 921	460 010	2 307 574	543 208	1 354 932	572 171	4 378 594

Source : O.R.D.E.S.U.R. Boletin estadistico. Volumr III. Tome I. Estructura Productiva.

(1) 1 sol = 0,12 F en 1969.

Dans un contexte régional en crise et une croissance nationale lente, les progrès de la région Sud-Est apparaissent donc remarquables, et ceci serait encore plus vrai pour l'Apurimac que pour le Cuzco (tableau n° LII). En fait, on doit voir là, plus la conséquence de l'ouverture des marchés que des progrès réels de la production. Les croisements récents ont certes permis une augmentation des rendements dans les domaines les plus modernes. De même, le contrôle de la fièvre aphteuse et une mortalité moins forte qu'auparavant, chez les jeunes bêtes en particulier, devraient arriver à compenser les taux d'abattage de plus en plus importants. Mais la croissance du cheptel est très lente et si l'on en croit les statistiques de 1953, celui-ci aurait même diminué dans le département du Cuzco de 21 % pour les bovins, 37,3 % pour les ovins et 46,3 % pour les auquénidés. Les progrès de la production tels qu'ils apparaissent dans le tableau LII sont donc un peu artificiels et traduisent surtout l'augmentation des ventes en fonction de la demande croissante des marchés urbains. Les nouveaux moyens de transport, l'organisation des foires de bétail, la hausse des prix au producteur (57) ont favorisé ce phénomène. Aussi l'augmentation de la production, beaucoup plus importante que celle du cheptel, prouve seulement, une fois de plus, la croissante intégration de notre région dans les aires de ravitaillement de Lima et d'Arequipa.

La loi de Réforme Agraire du 24 juin 1969 (loi n° 17 716) se proposait de mettre fin aux latifundias péruviens en 5 ans. A la fin de juin 1973 (4 ans après la promulgation de la loi), 851 domaines avaient été expropriés dans la zone agraire XI, dont 773 pour le département du Cuzco et 78 pour celui de l'Apurímac soit un total de 804 283,63 hectares (58). Après la province de la Convención touchée par la loi de 1964 qui affecta 101 propriétés, soit 293.595 ha, on commença par les provinces quechuas et, en particulier, par celles d'Anta, Quispicanchis et Cuzco, très troublées par les invasions paysannes de 1963. Ce n'est que plus récemment (en 1975-76) que la Réforme Agraire "entra" dans les provinces de la puna, après avoir laissé les communautés paysannes récupérer les terres des haciendas en gagnant leur procès devant le Tribunal Agraire. S'il est vrai que, pendant ce temps, au terme de la loi (article 188), les colons, pasteurs, arrendires et les petits fermiers étaient reconnus propriétaires de leur parcelle, la lenteur du processus a néanmoins permis à de nombreux propriétaires de décapitaliser leur bien, en vendant bétail et matériel bien que cela soit théoriquement interdit.

Plusieurs résultats importants ont été toutefois obtenus depuis 1969. D'une part, la totalité des biens de l'Eglise, de la Beneficiencia Pública et des Collèges cuzquéniens ont été expropriés en vertu de l'article 13 de la loi. Le nouveau gouvernement mettait fin, ainsi, à une survivance de l'époque coloniale qui avait longtemps marqué l'économie de notre ville. De grands domaines, de même, où les luttes agraires avaient été très importantes, ont été expropriés (Lauramarca, Ninabamba, Huarán, Angostura etc.). Les haciendas que nous avions étudiées en 1969 dans la plaine d'Anta ont été affectées en totalité. Leurs travailleurs et les membres de communautés voisines ont été regroupés dans une coopérative vaste de 52 682,44 ha et de plus de 5 000 familles (la coopérative Tupac Amaru II Antapampa). Il y avait en 1976, 221 entreprises associatives dans la zone agraire XI, concernant 811.072 ha et 37.483 familles : 2 S.A.I.S. (59) englobant 47.603 ha et 2 860 familles, 57 C.A.P. (Coopératives agrarias de production), avec 358.063 ha et 11.386 familles, 43 entreprises communautaires (64.329 ha, 9.366 familles) et 119 groupes paysans (60). 185.407 ha avaient été attribués de manière individuelle à 8.795 familles.

---

57 Les prix ont passés de l'indice 100 en 1960 à l'indice 153,39 en 1967 pour la viande, 113,62 pour la laine, 136,98 pour les produits laitiers et les œufs.

58 En juin 1976, un total de 838 domaines, soit 810.774 ha, avaient été affectés depuis le 24 juin 1969, 414 propriétés (630.980 ha) étant en cours d'affectation. Le processus de Réforme Agraire devait s'achever en décembre 1976, avec un total de 1 357 domaines et 1.442.052 ha de "terres utiles affectées", depuis les premières expropriations de 1962. (Bureau de la zone agraire XI).

59 S.A.I.S. : Societad Agraria de Interes Social. La différence principale avec la coopérative est que les membres de la S.A.I.S. sont des personnalités juridiques (communautés, coopératives de plusieurs types) et ceux de la coopérative des individus.

60 On entend par "groupe paysan" l'ensemble des travailleurs d'un domaine qui est en cours d'affectation.

C'est donc la solution coopérativiste qui a prévalu au Cuzco. On a évité ainsi de répartir les terres individuellement, ce qui n'aurait eu dans cette région de surpeuplement agraire qu'un résultat insignifiant, tant au niveau de l'économie domestique que nationale. Les coopératives sont très variées, elles peuvent regrouper les travailleurs d'une seule hacienda (Lauramarca) ; plus souvent, elles associent un ou plusieurs domaines et une ou plusieurs communautés voisines ; d'autres, appelées "entreprises communales" ("empresas comunales") se constituent sur la base d'une communauté à laquelle on attribue des terres expropriées. Chaque membre de la coopérative conserve en usufruit sa parcelle de comunero ou d'ex-colon. Les terres non-inféodées (61) sont travaillées collectivement. L'assemblée des "socios" gère l'entreprise, indirectement, en élisant l'Assemblée des délégués, un Conseil d'Administration, un Conseil de Vigilance et des comités spécialisés (tous élus pour 3 ans).

Ces diverses entreprises connaissent, à des degrés divers, des problèmes de production, de gestion et sociaux et rares sont celles qui fonctionnent de manière satisfaisante. Il y a de nombreux tâtonnements, au demeurant normaux, dans des entreprises coopératives récentes, concernant l'organisation du travail et de la production. L'équilibre n'est pas toujours facile à établir, en premier lieu, entre cultures vivrières et commercialisées. L'argent est nécessaire, à la fois, pour le paiement des salaires et prestations sociales désormais obligatoires, et pour le remboursement de la dette agraire, souvent très lourde (62). A la suite du mauvais fonctionnement d'une entreprise d'Etat, E.P.S.A. (63) chargée, dès 1969, de commercialiser certains produits comme le riz et la pomme de terre, c'est le secteur privé qui assure l'essentiel des transactions. On peut même dire que sa tâche a été favorisée par le fait que les coopératives regroupent désormais les anciens petits producteurs. Un remède a été proposé à partir de 1975, avec la création de deux entreprises de "propriété sociale" pour la laine (Alpacaperu et Incolana) et l'organisation de "tambos", centres de ramassage de la production des coopératives acheminée ensuite vers les marchés et vendue sous le contrôle des organismes du Secteur Public (Ministère de l'Alimentation, récemment créé, en particulier). Mais en fait, il semble que la partie commercialisée directement est assez réduite, car faute de capital suffisant, bien des entreprises paient leurs travailleurs en nature, ceux-ci étant libres ensuite de revendre les produits. Ce manque de capital oblige les coopératives à s'endetter auprès des organismes de crédit publics ou privés (brasserie, sociétés achetant la laine). Ce crédit sert beaucoup plus, d'ailleurs, à acheter des tracteurs et des camions qu'à des investissements plus productifs concernant l'acquisition de bétail de race en particulier. Certaines entreprises apparaissent déjà comme sur-équipées alors que le sous-emploi rural reste très important. Pour résoudre ce dernier problème, quelques solutions ont été apportées avec la création encore trop rare de petites industries telles que tuileries et briqueries, et les encouragements apportés à l'artisanat pour le tourisme.

La formation puis les difficultés des coopératives, entrainent une intervention permanente des organismes du Secteur public et il y a une véritable tutelle du Ministère de l'Agriculture et plus encore du S.I.N.A.M.O.S. (64) sur elles. Celle-ci intervient aussi bien lors des élections que pour le choix des cultures, la sollicitation des crédits ou les conflits internes entre travailleurs. Dans beaucoup d'entreprises existe un administrateur ou un comité d'assesseurs techniques, (comptable, vétérinaire, agronome, etc), payés par l'entreprise. Ceux-ci peuvent intervenir dans les réunions et assemblées, sans

---

61 "Inféodées", nous entendons par là les termes données aux "feudatarios", c'est-à-dire, aux colons, arrendires, etc.

62 Les coopératives paient en effet à l'Etat, une indemnisation pour les terres et parfois les biens reçus. Les versements s'étalent sur 20 ans avec un intérêt variant de 3 à 7 % et commencent 5 ans après leur fondation. L'Etat indemnise ensuite les anciens propriétaires avec des Bons de la dette agraire.

63 E.P.S.A. Empresa Pública de Servicios Agropecuarios.

64 SINAMOS. Sistema Nacional de Apoyo a la Movilización social.

avoir toutefois droit de vote. A voir l'influence de ces techniciens et l'intervention constante de l'appareil bureaucratique d'Etat (dont les décisions sont loin d'être toujours unanimes et concordantes) on peut se demander si, dans le fait d'avoir constitué de grandes unités de production, on n'a pas surtout cherché à donner du travail à un nombre important de fonctionnaires.

Ce choix a eu, par ailleurs, des conséquences très fâcheuses du point de vue social. Les entreprises qui regroupent plusieurs domaines et plusieurs communautés ont, en fait, hérité des anciens problèmes qui avaient toujours opposé celles-ci. Beaucoup de communautés auraient préféré recevoir directement les terres qu'elles ont toujours revendiquées comme leurs. Aussi, bien qu'appartenant en tant qu'entité juridique et géographique à la coopérative, peu de leurs membres en sont "socios", pour des raisons financières (65), ou simplement par attentisme. La participation réelle des gens aux réunion et au travail des champs, en souffre beaucoup. En fait, ce sont surtout les anciens colons des domaines qui participent le plus à la vie de l'entreprise et qui en tirent les principaux bénéfices. Ils jouissent d'une priorité pour le travail des terres collectives. Ils reçoivent, d'autre part, individuellement les éventuelles répartitions d'utilités alors que les communautés en bénéficient collectivement. Enfin, fait plus grave, il convient de remarquer que toutes les communautés sont loin d'avoir profité de la Réforme Agraire ; la plupart d'entre elles n'ont pas vu leur situation changer et leurs besoins en terres sont toujours aussi dramatiques même si leurs membres peuvent désormais espérer se louer en percevant le salaire légal (35 sols en 1972, 75 sols en 1976) et les prestations sociales. Cette nécessité d'obtenir des terres supplémentaires concerne également les coopératives et on doit donc constater que la Réforme Agraire est loin d'avoir résolu tous les problèmes de l'agriculture de la Sierra. Aussi voit-on les organismes publics penser à relancer la mise en valeur des "terres chaudes", afin d'attribuer des lots de manière collective aux entreprises coopératives des hauteurs, recréant cette "verticalité" des unités de production que connaissaient les ayllus précolombiens.

Que sont devenus les hacendados cuzquéniens expropriés ? A de très rares exceptions près, on ne leur a pas laissé de terre, puisque sur un total de près de 804 283 ha expropriés, en 1973, 2 536 seulement n'ont pas été affectés. Les installations, les machines, le bétail et les plantations ont été payés en effectif. Mais beaucoup d'haciendas étant à l'abandon, ou très mal entretenues, les indemnisations ont été peu élevées. A Anta par exemple, 40 % des propriétaires ont vu leur domaine évalué à moins de 50 000 sols et 50 % à moins de 100 000 sols (10 000 F). Seules, 4 haciendas ont été payées plus d'un million de sols, une dépassant même 4 millions (Ancachuro). Les premiers expropriés ont été, d'une certaine manière, favorisés ; on ne déduisait, en effet, au début que 30 % de la valeur réelle de la terre pour les superficies données aux "feudatarios" ; depuis 1973, on déduit 80 %. Les terres, lorsque leur valeur dépasse 100 000 sols, ont été payées en Bons de la dette agraire dont le dépositaire est le Banco de Fomento Agropecuario ; ces bons dont l'intérêt varie de 6 à 4 %, doivent être amortis en 25 ou 30 ans. La loi encourageait leurs détenteurs à les investir dans des entreprises industrielles ou minières. En fait, nous n'en avons pas encore d'exemple dans notre région, mais il est possible que certains Cuzquéniens l'aient fait à Lima. Par contre, des hacendados ont aménagé des hôtels pour lesquels ils ont bénéficié de prêts du Banco Industrial. Beaucoup, n'oublions pas, en particulier à Anta, avaient déjà une profession en ville, voire parfois un commerce. Médecins, avocats ou professeurs universitaires, ils continuent, d'autre part, à tirer des revenus de leurs loyers urbains. Mais certains hacendados également, plus âgés et moins fortunés, vivent plus ou moins à la charge de leurs enfants au Cuzco ou à Lima. Il semble, enfin, que les départs de grands et moyens propriétaires vers cette ville aient été nombreux.

---

65 Chaque adhérent de la coopérative doit payer, à l'entrée, la somme de 500 sols (dont une partie au comptant et le reste par mensualités) qui correspond en fait, à sa part d'indemnisation du propriétaire pour la parcelle dont on lui confirme la possession.

La structure sociale de notre région et en particulier de notre ville, est donc profondément ébranlée et connaît le début d'une transformation qui s'annonce radicale. La classe des grands propriétaires terriens est en voie de disparition. Parallèlement, les paysans connaissent déjà une augmentation de leur pouvoir d'achat, une prise de conscience de classe plus forte, soit en accord avec le gouvernement au sein des ligues agraires de la F.A.R.T.A.C. (Federación agraria revolucionaria, Tupac Amaru Cuzco), soit en intégrant les syndicats (Confederación Campesina del Perú) et partis d'opposition. Il serait intéressant d'étudier, également, si les bouleversements agraires récents n'ont pas accru les migrations, et contribué indirectement au développement important des Pueblos jovenes cuzquéniens depuis 1969. Le rôle de notre ville devrait de même évoluer avec l'intervention accrue des fonctionnaires et techniciens et les nouveaux systèmes de commercialisation qui semblent vouloir s'établir.

TABLEAU LIII : BILAN DE LA RÉFORME AGRAIRE AU CUZCO EN 1971-1972 ET JUSQU'A JUIN 1973

	Nombre de domaines	Superficie totale (ha)	Superficie affectée (ha)	Superficie donnée à l'État (ha)	Superficie non affectée (ha)
Secteur I La Convención	88	122 187,12	24 421,84	97 723,80	41,48
Secteur II Anta	206	67 731,47	46 587,45	20 123,77	1 020,25
Secteur III Urubamba-Calca	51	93 131,98	61 943,75	31 178,02	10,21
Secteur IV - Cuzco-Urcos PIAR Cuzco	56	23 821,55	21 453,92	2 330	37,63
Urcos	59	45 922,55	30 898,55	15 024	38,85
Paruro	13	7 115,70	7 010,70	105	—
Secteur VI Maranganí	122	78 398,09	65 392,01	13 506,08	—
Secteur VII Paucartambo	50	56 945,77	36 816,77	20 129	—
Secteur VIII PIAR Acomayo	6	3 093	3 093	—	—
Secteur X PIAR Abancay	1	2 387	992	1 395	—
Secteur XI PIAR Andahuaylas et PIAR Chincheros	77	69 056,80	43 166,30	25 890,50	—
TOTAL	729	569 791,88	341 776,29	227 405,17	1 148,42

Source : IV zone agraire, Cuzco, 1973.

CHAPITRE V

LE ROLE DU CUZCO DANS LES ACTIVITÉS COMMERCIALES

"L'établissement de zones de chalandise dépend avant tout de l'existence de besoins. C'est dire qu'elles sont également liées à la densité des hommes, à leur richesse - le pouvoir d'achat - et même à la force de leur désir - le vouloir d'achat -" (1). Cette remarque de M. Dugrand est encore plus vraie dans les pays en voie de développement que dans le Midi languedocien. Dans notre région, la densité lâche de la population, son niveau de vie bas, une économie rurale en grande partie autarcique ne semblent pas favoriser les échanges et font que les zones de chalandise se sont concentrées dans les villes, aussi modestes soient-elles. Plus que partout ailleurs, elles sont des créatrices de besoins et ceci pour des raisons à la fois historiques et économiques. Dès la Conquête, des besoins nouveaux sont apparus dans les villes fondées par les Espagnols et, à partir d'elles, peu à peu, dans les populations conquises, au fur et à mesure où pénétraient les nouvelles structures économiques et en particulier les échanges monétarisés.

Mais l'assimilation des deux types de besoins a été, somme toute, très limitée à l'époque coloniale, les Espagnols et rapidement les métis, entendant se distinguer complètement des indigènes par leurs habits, comme par leur nourriture, etc... Il se développa donc une civilisation métis de la classe supérieure, habitant principalement la ville et dont les coutumes et les besoins étaient artificiellement copiés sur ceux de la métropole espagnole. Les campagnes subissaient également un certain métissage, mais les éléments autochtones y restaient prépondérants, à la fois par la force des habitudes et par celles des limites imposées par les colonisateurs; la ville, organisme artificiel créé dans les colonies, n'avait pas, enfin, l'équipement commercial nécessaire pour assimiler les campagnes et subvenait à peine, semble-t-il, aux besoins des urbains.

---

(1) Raymond DUGRAND - Villes et campagnes en Bas-Languedoc. Paris. P.U.F. 1963.

La situation est en train de changer de manière radicale à l'époque actuelle, la ville ayant repris le rôle conquérant et dominateur qu'elle prétendait avoir au début de la Colonie, et acquérant surtout de meilleurs moyens pour l'assumer. Aussi la remarque de M. DUGRAND est-elle incomplète, dans la mesure où elle ne rend pas compte de cette volonté d'ouverture de nouvelles zones de chalandise qui se manifeste à partir des villes, principaux lieux d'action et relais de l'économie capitaliste. C'est dans l'évolution des formes de commerce et de consommation qu'on peut le mieux saisir les changements intervenus dans le système de domination. Les causes de cette évolution, extrêmement rapide d'ailleurs, résident dans l'apparition de nouveaux moyens de transports (trains au début du siècle, camions aujourd'hui), mais surtout dans les progrès de la production industrielle nationale et étrangère avec ses conséquences habituelles : recherche de débouchés, utilisation de techniques nouvelles d'échanges fondés désormais uniquement sur la monnaie, créations de nouveaux besoins pas seulement domestiques. Le Cuzco apparaît, ainsi, par le biais du commerce de mieux en mieux intégré à l'espace national péruvien ; mais en fait, c'est un simple maillon dans la chaîne de domination qui, depuis les pays industrialisés, règle le fonctionnement de l'économie péruvienne à partir de ses relais de Lima et secondairement Arequipa, ce qui pose le problème des limites du rôle commercial de notre ville.

I. - LE CUZCO : UN DES PLUS IMPORTANTS NOEUDS DE COMMUNICATION DE LA SIERRA PERUVIENNE

A. L'importance croissante du trafic routier :

1. Le réseau des routes. Comme dans l'ensemble du pays, c'est sous le gouvernement de Leguia (1919-1930) que furent construites les routes modernes après que les premiers chemins de fer eurent franchi les Andes du sud ; avant la seconde guerre mondiale, n'étaient terminés que les grands axes - vers Puno - Arequipa et vers Lima par Ayacucho ou par Puquio et Nazca - les routes provinciales vers Urubamba-Calca, Paucartambo, Acomayo, Paruro (fig. n° 18). Ce n'est que plus tard, qu'on "brancha" sur ce réseau empruntant les vallées quechuas, les pistes menant vers la ceja de montaña d'une part, vers les punas méridionales de l'autre.

Depuis la fin de la Seconde Guerre Mondiale, 4 routes mènent vers les terres chaudes ; celle d'Urcos à Quince Mil, terminée vers 1957, atteint Puerto Maldonado depuis 1967, bien qu'étant peu accessible pendant les pluies ; celle de Paucartambo à Pillcopata (1953) descend jusqu'au Alto Madre de Dios à Shintuya ; les deux routes vers la Convención enfin (l'une par Amparaës et la vallée de Lares et l'autre par le col de Malaga au-dessus d'Ollantaytambo terminées en 1966-67), ont été prolongées jusqu'au Cirialo. Plusieurs projets ont été élaborés pour les greffer sur la "marginal de la selva", cette rocade qui devait joindre par le piémont amazonien les pays andins (2) et, d'autre part, pour les relier à la transamazonienne brésilienne, en joignant Shintuya et Puerto Maldonado à Iberia déjà unie à Paraguassú depuis juillet 1969. Ces routes de la forêt, malgré le coût élevé de leur construction et leur entretien difficile, ont pu apparaître comme un excellent moyen d'intégration des pays andins dans l'ensemble sud-américain, capable d'autre part de favoriser une colonisation plus organisée que l'actuelle.

---

(2) La "marginal de la selva" était un des grands projets du gouvernement Belaunde (1963-1968).

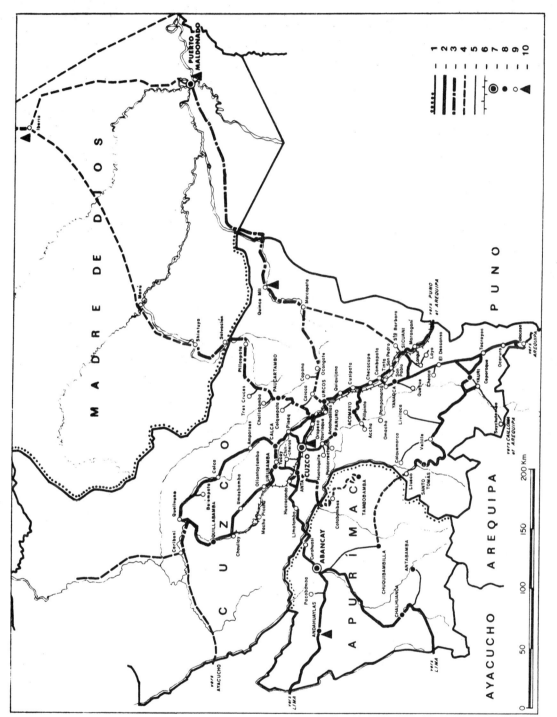

Fig. 18.— Les voies de communications dans la région Sud-Est

1. Limite départementale.— 2. Routes.— 3. Routes à sens unique.— 4. Routes en projet.— 5. Piste carrossable.— 6. Voie ferrée.— 7. Capitale départementale.— 8. Capitale provinciale.— 9. Capitale de district.— 10. Aéroport.

TABLEAU N° LIV : DISTANCE DE LA VILLE DU CUZCO AUX PRINCIPALES AGGLOMÉRATIONS DE LA RÉGION SUD-EST

DISTANCES	AGGLOMÉRATIONS	PROVINCES
Distances inférieures à 100 km		
• Inférieure à 20 km	Saylla (18 km)	Cuzco
	Poroy (18 km)	
• De 20 à 40 km	**Anta-Izkuchaka** (25 km)	Anta
	Oropesa (25 km)	Quispicanchis
	Huambutío (25 km)	Paucartambo
	Pisaq (30 km)	Calca
	Yaurisque (36 km)	Paruro
• De 40 à 60 km	**Urcos** (43 km)	Quispicanchis
	Calca (50 km)	Calca
	Urubamba (55 km)	Urubamba
• De 60 à 80 km	**Paruro** (64 km)	Paruro
	Ollantaytambo (72 km)	Urubamba
	Limatambo (78 km)	Anta
	Cusipata (75 km)	Quispicanchis
	Colquepata (85 km)	Paucartambo
De 100 à 200 km		
• De 100 à 150 km	**Paucartambo** (108 km)	Paucartambo
	Cotabambas (107 km)	Cotabambas
	Ocongate (130 km)	Quispicanchis
	Yanaoca (130 km)	Canas
	Sicuani (140 km)	Canchis
	Acomayo (150 km)	Acomayo
• De 150 à 200 km	**Abancay** (197 km)	
De 200 à 500 km		
• De 200 à 250 km	**Yauri** (220 km)	Espinar
	Quillabamba (220 km par la route, 172 km par chemin de fer)	La Convención
	Marcapata (220 km)	Quispicanchis
	Pillcopata (220 km)	Paucartambo
	Shintuya (270 km)	Manú
• De 250 à 300 km	Quince Míl (290 km)	Quispicanchis
• De 300 à 400 km	**Chuquibambilla** (310 km)	Graú
	Condoroma (320 km)	Espinar
	Velille (310 km)	Chumbivilcas
	Chalhuanca (330 km)	Aymaraës
	Andahuaylas (336 km)	Andahuaylas
	Colquemarca (360 km)	Chumbivilcas
	Santo Tomás (370 km)	Chumbivilcas
	Antabamba (430 km)	Antabamba

Distance du Cuzco à :

Juliaca	315 km	Arequipa	674 km
Puno	385 km	Lima	1 115 km (par Abancay)
Puerto Maldonado	528 km	Lima	1 674 km (par Arequipa)

Les capitales de province sont en caractères gras.

Vers les punas, les routes et surtout les ponts, n'ont été terminés qu'après 1950-55 et souvent même très récemment. (1966 pour Santo Tomás, 1964 pour Chuquibambilla, 1966 pour Antabamba et 1967 pour Cotabambas). Après 1964, de nombreux districts et communautés indigènes voulurent avoir une piste carrossable et en commencèrent la construction, grâce à leurs travaux collectifs et l'aide technique de Cooperación popular. Mais ces pistes, n'ont souvent qu'une importance locale.

Maintenant, toutes les capitales de province des départements du Cuzco et d'Apurímac (17 au total) sont atteintes par la route, sauf Tambobamba (Apurímac). Certaines ont des liaisons quotidiennes par autobus et camions avec le Cuzco ; d'autres n'en ont qu'à jour passé (les routes vers Paucartambo, Quince Mil), ou même qu'une fois par semaine (Santo Tomás en particulier). Bien des capitales de district n'ont toutefois pas de voies de communication. Les villages des provinces quechuas sont en général desservis convenablement, à l'exception de Rondocan, Ccorca et Colcha, encore isolés. Dans la puna, si Canas possède un relativement bon réseau, Pichigua et Livitaca n'ont qu'une piste difficile. Chamaca, Ccapacmarca, Llusco-Quinota dans Chumbivilcas, Ccapi, Accha et Omacha dans Paruro, n'ayant que des chemins muletiers. Paruro et Chumbivilcas sont donc les provinces les plus isolées, avec un total de sept districts (sur quinze) accessibles seulement à cheval. Dans la ceja de montaña également, les routes vers Lares (à partir d'Amparaës), vers Occobamba ou Vilcabamba, sont à peine commencées. Enfin dans l'Apurímac, seules les provinces d'Abancay, Andahuaylas, et Aymaraës, ont leurs nombreuses capitales de district reliées aux grandes routes du centre.

Récentes, les routes du Cuzco comportent par ailleurs de grandes difficultés. Elles passent par des cols entre 4 300 et 4 700 m d'altitude, redescendant chaque fois dans les vallées à 2 500 - 3 000 m. Etroites, non goudronnées, elles sont malaisées pendant les pluies et souvent interrompues par des éboulements ou des coulées de boue (huaycos), en particulier dans la ceja de montaña. Les accidents mécaniques y sont fréquents, en raison de l'usure rapide, sur ces routes d'altitude, d'un matériel qu'il est long et coûteux de réparer sur place. Ajoutons à ces conditions difficiles de parcours, le poids des distances : 1 115 km du Cuzco à Lima (200 jusqu'à Abancay), 674 km jusqu'à Arequipa, 218 à Yauri, 370 à Santo Tomás, 528 à Puerto Maldonado, 295 à Quillabamba (tableau n° LIV).

2. *Les lignes d'autobus et les services de camions dans la région du Sud-Est.*

Nous avons présenté dans les tableaux n° LV et LVI les liaisons par autobus et par camions entre le Cuzco et sa région. Les services sont quotidiens et très fréquents depuis les provinces quechuas d'Anta, Calca, Urubamba, et la vallée de Quispicanchis ; toutes les capitales de district y sont bien desservies. De même les liaisons sont intenses avec Quillabamba (par Umasbamba et, avant l'effondrement du pont de Qelleuno, par la vallée de Lares), malgré la concurrence du train, pour les voyageurs surtout. Le trafic se maintient très animé avec Sicuani à l'Est et avec la province d'Acomayo. Il est, par contre, plus réduit, quoique toujours quotidien avec Paruro et ses districts septentrionaux et avec Cotabambas. Plus éloignées, Paucartambo et les vallées chaudes de Cosñipata et Quince-Mil, n'ont qu'un trafic de camions presqu'essentiellement, à jour passé.

Les liaisons interdépartementales quotidiennes sont plus nombreuses avec l'Apurímac et Lima, par les routes du centre, que vers l'est où le chemin de fer continue à attirer les passagers (un seul autobus va à Lima par Arequipa, sauf lorsque les pluies trop abondantes détournent ceux du centre). Vers Abancay et Lima, on a au moins trois autobus quotidiens (dont un par Chalhuanca) et tous les deux jours, deux véhicules supplémentaires.

Le Cuzco concentre ainsi la presque totalité des lignes d'autobus de son département (mises à part les estafettes desservant les gares de Pachar et surtout Chaullay) et ce n'est qu'à une certaine distance de la ville autour de Sicuani, Abancay et secondairement Yauri et Andahuaylas que peut s'organiser un petit réseau local (fig. n° 19). Des services d'autobus unissent ainsi Sicuani à ses districts de Pitumarca, Combapata, Maranganí et à Yauri, et Abancay à Chuquibambilla, Antabamba et Chalhuanca. A Yauri, passent les 3 autobus hebdomadaires vers Arequipa venant de Santo Tomás et Colquemarca. Mais les liaisons restent plus fréquentes avec le Cuzco, contrairement à ce qui se passe pour les camions. A l'Ouest, Andahuaylas par contre, qui n'a que trois services hebdomadaires pour le Cuzco, en a quatre quotidiens pour Lima. La différence de prix très réduite (150 sols pour le Cuzco contre 200 pour Lima), semble être une raison supplémentaire pour se rendre directement dans la capitale péruvienne, bien que le trajet soit plus long.

Pour les camions, la concurrence d'autres centres est, par contre, beaucoup plus forte. Ce n'est pas très sensible pour les passagers -les services de camions doublant en fait souvent ceux des autobus - mais pour les marchandises comme nous l'étudierons plus loin (fig. n° 20).

3. L'accroissement du trafic routier. Pour tenter d'évaluer le trafic routier, nos enquêtes dans les postes de police chargés de contrôler les véhicules à l'entrée et à la sortie des villages, ont été menées à trois niveaux successifs : celui des capitales de district et de province celui des carrefours importants (Izkuchaka, Huaro et secondairement Huambutío et El Descanso), enfin celui du Cuzco et, en particulier, avec les deux contrôles, de Tika-Tika sur la route d'Anta et Lima, et San Jerónimo sur celle vers Puno et Arequipa. Les deux autres postes urbains sont moins fréquentés, celui de Paruro voyant passer 1 autobus et de 3 à 5 camions quotidiens et celui de Pisaq 5 ou 6 autobus et une dizaine de camions. Les chiffres des postes du Cuzco sont à utiliser avec beaucoup de prudence, et les données recueillies en Mai 1971, faussaient en fait complètement la réalité. (pendant 24 jours de contrôle on avait 721 véhicules pour Tika-Tika - 497 camions et 224 autobus - et 1022 véhicules pour San Jerónimo - 705 camions, 297 autobus, 20 taxis).

En effet, en premier lieu, il y a beaucoup plus de passage sur la route d'Izkuchaka où arrivent les camions de Lima, de l'Apurimac, de la Convención et des provinces d'Anta-Urubamba, que sur celle de Puno où joue beaucoup la concurrence du chemin de fer et où l'aire d'influence commerciale de notre ville est vite limitée. En second lieu, les flux du trafic routier sont en réalité inverses à ceux donnés par les contrôles cuzquéniens (3). Il part du Cuzco, chaque jour, beaucoup moins de véhicules qu'il n'en arrive. L'erreur provient, essentiellement, de ce que le contrôle des véhicules en partance est beaucoup plus précis. A Izkuchaka, par exemple, on compte quotidiennement de 20 à 30 camions venant du centre du pays et se dirigeant vers Cuzco et de 10 à 15 sortant de cette ville. Enfin, les chiffres fournis par les gendarmes sont très inférieurs à la réalité. La moyenne quotidienne donné pour Tika-Tika, soit 10 camions et 19 autobus dans les deux sens, est ainsi inférieure au seul nombre des autobus se dirigeant vers la ville. De même, la moyenne de San Jeronimo correspond à peu près à celle de Huaro et ne tiendrait donc pas compte des camions de Paucartambo, Cosnipata, San Salvador, Oropesa et Saylla.

Aussi, pour établir notre carte du trafic routier, nous avons retenu les chiffres des postes locaux en les rapprochant de ceux de Huaro et plus encore d'Izkuchaka. On aurait ainsi sur la route d'Anta, un passage quotidien, dans les deux sens, de 100 à 150 véhicules, soit une cinquantaine d'autobus et de 70 à 100 camions (un minimum de 27 autobus et 24 camions, assurent des liaisons régulières quotidiennes avec les districts de la province d'Anta, avec Cotabambas, Maras, Urubamba ; il faut y ajouter 2 autobus et une dizaine de camions de Quillabamba, ainsi que de 3 à 8 autobus et de 20 à 30 camions venant de Lima, de Huancayo, de l'Apurimac). Sur la route du Cuzco à la lagune de Huarcarpay, on compterait une centaine de véhicules, le nombre d'autobus variant de 26 à 32 et celui

---

(3) On aurait eu en Mai 1971 à Tika-Tika, 476 véhicules sortant du Cuzco contre 245 y allant et à San Jeronimo 570 véhicules contre 452.

TABLEAU N° LV : LES LIGNES D'AUTOBUS DE LA RÉGION SUD-EST (1969)

LIGNES	Nombre de véhicules	Fréquence	PRIX EN SOLS (1) Autobus	PRIX EN SOLS (1) Camions	Origine des entreprises
Lignes départementales					
Urubamba-Cuzco	4 2 Ollantaytambo 2 Huallabamba	Quotidien	15 S/. 18 S/. —	12 S/. 15 S/. —	Urubamba
Quillabamba-Cuzco	2 (par Umasbamba)	Quotidien	60 S/.		Calca (Caparro)
Maras-Cuzco	1	Quotidien	12 S/.		Urubamba
Zurite-Cuzco	1 estafette	Quotidien	8 S/.		Zurite
Izkuchaka-Cuzco (certains vont Ancahuasi)	5 dont 2 estafettes	4 fois/jour aller-retour	5 à 6 S/.		Izkuchaka
Pont de Cotabambas-Cuzco	1	Quotidien (2 entreprises ass. le service à j. passé)	15 S/. (Chinchaypuquio) 20 S/. (Cotabambas)	10 S/. 15 S/.	Izkuchaka
Calca-Cuzco	6 à 8 (1 par S. Salvador)	Quotidien	15 S/.	12 S/.	Calca (Caparro + une très modeste)
Qelleuno-Cuzco	2	Quotidien	80 S/.		Calca (Caparro)
Urcos-Cuzco	3	Quotidien	12 S/.	10 S/.	Urcos
Lucre-Cuzco	1 ou 2	Quotidien	10 S/.		Lucre
Oropesa-Cuzco	3	Quotidien	9 S/.		Oropesa
Acomayo-Cuzco	2	Quotidien	35 S/.	20 S/.	1 Lima 1 Acomayo
Sicuani-Cuzco	3 à 5	Quotidien	35 S/.	20 S/.	Lima (S. Cristóbal)
Paruro-Cuzco	1	Quotidien	20 S/.	15 S/.	Paruro
Paucartambo-Cuzco	1	A jour passé	35 S/.	20 S/.	Calca (Caparro)
Yanaoca-Cuzco	1	Mercredi	35 S/.	20 S/.	Lima (S. Cristóbal)
Yauri-Cuzco par Yanaoca	2	Jeudi-samedi	60 S/.	40 S/.	Cuzco
Sto Tomas-Cuzco par Sicuani et Yauri	2	Samedi (reviennent le lundi)	115 S/.	80 S/.	Cuzco Velille
Lignes départementales ne passant pas au Cuzco					
Calca-Pachar	1	Quotidien			Calca
Pitumarca-Sicuani	1	Quotidien	10 S/.		Pitumarca
Combapata-Sicuani	1	Quotidien	8 S/.		Combapata
Maranganí-Sicuani	1	Quotidien	2,5 S/.		Sicuani
Yauri-Sicuani	1	Quotidien	30 S/.		2 entreprises de Yauri
Liaisons interdépartementales					
Cuzco-Abancay	2	Quotidien	60 S/.		Abancay, Cuzco
Cuzco-Lima :					
par Chalhuanca	1 à 3	Quotidien	360 S/.		Lima
par Chalhuanca	1	A jour passé	360 S/.		Lima
par Andahuaylas	1 à 2	A jour passé	350 S/.		Tarma
Cuzco-Arequipa	1	Quotidien	220 S/. - Puno 345 S/. - Arequipa 570 S/. - Lima		Lima
Cuzco-Lima par Arequipa	1 + 2 à 4 taxis	Quotidien	285 à 765 S/.		Lima
Liaisons interdépartementales ou régionales ne passant pas par le Cuzco					
Abancay-Antabamba	1	A jour passé	140 S/.		Abancay
Abancay-Chuquibombilla	1	Quotidien	50 S/.		Abancay
Albancay-Lima par Chalhuanca	2	A jour passé	300 S/.		Abancay
Andahuaylas-Lima	3	A jour passé	200 S/.		Andahuaylas Lima
Santo Tomás-Yauri-Arequipa	2	Hebdomadaire	185 S/.		Arequipa
Colquemarca-Arequipa	1	Hebdomadaire	185 S/.		Arequipa
Sicuani-Juliaca	1	Quotidien	55 S/.		Arequipa

(1) 1 sol = 0,12 F en 1969.

TABLEAU N° LVI :
LES LIAISONS PAR CAMIONS ENTRE LE CUZCO ET SA RÉGION

Nombre de véhicules	Fréquence	Lieu de départ	Provinces
1 à 3 camions (1)	Quotidiens	Accos (2)	Acomayo
		Acomayo (2)	Acomayo
		Mollepata (1)	Anta
		Limatambo (2)	Anta
		Zurite (2)	Anta
		Huarocondo (3)	Anta
		Pisaq (3)	Calca
		Taray (2)	Calca
		San Salvador (1)	Calca
		Pillpinto (1 ou 2)	Paruro
		Pacarrectambo (1)	Paruro
		Huanoquite (2)	Paruro
		Urcos (2 ou 3)	Quispicanchis
		Andahuaylillas (2)	Quispicanchis
		Huaro (2 ou 3)	Quispicanchis
		Oropesa (2 ou 3)	Quispicanchis
		Maras (2)	Urubamba
3 à 6 camions	Quotidiens	Calca	Calca
		Vallée de Lares (2 à 7)	Calca
		Lucre	Quispicanchis
6 à 10 camions	Quotidiens	Izkuchaka (7 ou 8)	Anta
		Urubamba (7)	Urubamba
		Sicuani	Canchis
Plus de 10 camions	Quotidiens	Quillabamba (10 à 20)	La Convención
		Arequipa (10 à 20)	
Plus de 20 camions	Quotidiens	Lima (25 à 30) par Nazca	
1 à 2 camions	A jour passé	Chinchaypuquio (1 ou 2)	Anta
		Paruro (2)	Paruro
3 à 5 camions	A jour passé	Challabamba	Paucartambo
5 à 10 camions	A jour passé	Cosñipata (9 ou 10) par Paucartambo	Paucartambo
10 à 30 camions	A jour passé	Quince Mil par Ocongate	Quispicanchis
3 à 10 camions	2 fois/semaine	Yanaoca (3)	Canas
		Yauri (5)	Espinar
1 à 2 camions	Hebdomadaires	Pomacanchis (2) par Sangará	Acomayo
		Tungasuca (1)	Canas
		Tocroyoc (1)	Espinar
		Colquepata (1)	Paucartambo
3 à 6 camions	Hebdomadaires	Santo Tomás (4 ou 5)	Chumbivilcas
		Colquemarca (3)	Chumbivilcas
		Chincheros (3 ou 4)	Urubamba

(1) Le nombre de véhicules est indiqué de manière plus précise entre parenthèses après chaque lieu de départ.

Fig. 19.— Les lignes d'autobus à partir du Cuzco

Fig. 20.— Les principaux services de camions vers le Cuzco (1969)

des camions - selon le sens du trafic avec la ceja de montaña - oscilant autour de 70. Il faut y ajouter les véhicules légers et en particulier les camionnettes des institutions publiques, non contrôlées en général par les policiers. Leurs passages sont moins réguliers et on peut évaluer à 300 leur nombre quotidien dans les deux sens sur la route d'Anta et à 200 sur celle de San Jerónimo (4). Rappelons, toutefois, que nos enquêtes datent de 1969-71, et que le trafic augmente de manière très rapide. C'est ainsi, qu'en deux ans seulement, nous avons vu doubler et parfois même tripler le nombre d'autobus en service vers Lima ; de Calca, il n'y avait que 5 autobus en 1969 et 7 ou 8 en 1971. D'Izkuchaka, ne venaient que deux estafettes en 1969 et 5 en 1971, toujours surchargées, ce qui fait un minimum de 450 passagers quotidiens pour une agglomération traversée en outre par de nombreux camions et camionnettes et desservie par le train (fig n° 21).

Les statistiques des postes de police de la ville sont toutefois utiles pour nous donner une idée de la charge des camions. Selon les données de Tika-Tika, on aurait eu un trafic total (camions et autobus) de 1 230 t en mai 1971, sur la route de Lima, avec une moyenne par camions de 2 260 kg. Les camions sont en effet, souvent, des véhicules moyens, inférieurs à 5 t, et ils sont loin d'être remplis sauf ceux qui portent une charge spécifique et font un long trajet (ainsi les véhicules venant de Lima, de Huancayo ou même de Quillabamba, transportent souvent 7 à 8 t et plus rarement 10 t). Ceux du trafic local servent, par contre, surtout, au transport des passagers, tous chargés de baluchons souvent imposants. Selon le poste de Tika-Tika, 13 660 passagers avaient été transportés, en mai 1971, par l'ensemble des camions et des autobus, soit 19 par véhicule, chiffre d'ailleurs vraisemblablement inférieur à la réalité. A San Jerónimo on aurait eu 11 033 passagers (11 par véhicule). Seul ce dernier poste nous donne des éléments sur la composition des chargements de marchandises, nous permettant ainsi de confirmer les flux commerciaux étudiés plus loin, tant pour les produits de l'agriculture et l'élevage que pour les denrées manufacturées.

4. Le développement d'activités urbaines liées aux transports routiers. Notre ville tire déjà beaucoup de profit et d'animation de l'intensification du trafic routier. Indépendamment de l'essor de ses autres activités commerciales (que nous étudierons dans le chapitre suivant), se sont créées des entreprises en relation directe avec la circulation automobile.

Le Cuzco est devenu un centre important de distribution d'essence. Ravitaillé quotidiennement par train depuis Mollendo, il doit desservir les trois départements de notre région, sauf Sicuani qui s'approvisionne au passage. La distribution se fait par quelques camions-citernes (de 2 500 galons environ) et surtout, grâce à des fûts transportés par les camions provinciaux. Le circuit des camions-citernes en 1969 est très simple ; l'un dessert les postes à essence de l'agglomération, et tous les 15 jours va à Urcos ; pour Quillabamba, on a quatre voyages par semaine (2 véhicules), pour Abancay 4 ou 5 voyages (3 camions) et pour Andahuaylas, deux services hebdomadaires. Ce serait ainsi quelques 2,5 M de galons d'essence (soit 9 462 500 l) qui seraient distribués hebdomadairement dans les trois villes précédentes, chargées de ravitailler ensuite leurs provinces, voire pour Abancay, une partie de son département ; on peut évaluer à 1,5 ou 2 M de galons la consommation du reste de la zone. Or, en 1969, 9 687 102 galons (soit 36 665 681 l) ont été vendus au total par le réservoir du Cuzco ; pour 1970, le chiffre donné par la Petroperú, soit 17 724 000 galons, concernait la région sud-est et Puno, et on peut évaluer la part de notre région à 11 000 000 environ. L'agglomération seule consommerait ainsi de 5 à 5,5 M de galons d'essence, soit près de 60 % du total. En 1957, une évaluation de Plan du Sud (5)

---

(4) Nos chiffres sont en contradiction avec ceux évalués par les services d'O.R.D.E.S.U.R. en 1969-70 qui étaient de 1 200 véhicules quotidiens sur la route d'Izkuchaka et de 504 sur celle d'Urcos.

(5) Plan del Sur - Vol. XX. Energía y Electricidad - 122 p. Lima 1959.

donnait 2 690 030 galons pour la région du Cuzco et 11 972 035 pour l'ensemble du Sud du Pérou ; la consommation a donc plus que quadruplé en un peu plus de dix ans, ce qui souligne les progrès de la circulation automobile.

L'agglomération du Cuzco comptait, en 1971, 18 postes à essence, dont 9 sont en même temps des stations-service et des garages ; trois ans auparavant, il n'y en avait que 11. Les progrès dans ce domaine sont donc très rapides ; ainsi, à peine la nouvelle route de ceinture vers Anta était-elle terminée, en 1970, que s'installaient deux postes à Puquín et un autre sur l'avenue Antonio Lorena qui y conduit ; de même, deux s'ouvraient à San Sebastián sur la nouvelle voie goudronnée. En dehors de la ville, on n'a plus que 12 postes à essence dans le département du Cuzco ; Sicuani, Urubamba et Quillabamba en ont chacune deux, et Urcos, un ; deux ont été construits en 1970 à Cachimayo et Huacarpay près de l'embranchement pour Paucartambo ; Yauri, enfin offre trois postes, dont un tout récent, en 1971. On peut, cependant, acheter de l'essence en petites quantités dans la plupart des autres capitales de province et dans certaines capitales de district bien situées sur les routes principales. Mais leur approvisionnement étant limité et irrégulier, les camions préfèrent emporter leurs fûts de combustible préalablement remplis au Cuzco.

Le rôle de la ville n'est pas moins important en ce qui concerne la réparation ou l'entretien des véhicules. Selon les registres des patentes de 1970, il y avait au Cuzco - avec les postes à essence et les concessionnaires d'automobile - 163 entreprises liées au trafic routier soit 5 % des commerces de l'agglomération : 86 ateliers de mécanique dont 16 importants, 18 établissements vendant des pièces et des pneumatiques, 27 réparateurs de pneus ou de batterie (chiffre qui nous sembre très réduit) enfin 8 carrossiers et 7 garages en location. Ces entreprises sont de toute taille et se sont installées surtout à la périphérie de la ville coloniale : au pied de la colline de Santa Ana, à Limacpampa et sur l'avenue Arcopunco, enfin, récemment, sur les avenues Antonio Lorena et Graú. C'est le district de Huánchac qui les a surtout attirées et on peut dire qu'il a grandi en liaison avec les activités de la route, après avoir démarré avec la voie ferrée du sud. Il groupe la moitié des garages et surtout les magasins de pièces de rechange (16 sur 18), les ateliers secondaires (19 sur 27) et 6 postes à essence. Là, sont également les halls d'exposition modernes des concessionnaires de voitures ainsi que des garages et entrepôts des entreprises de transport et des grandes maisons de commerce. A Huánchac, se trouvent également les bureaux de la direction policière du trafic et du Ministère des Travaux Publics.

Sicuani, Quillabamba, Abancay, Andahuaylas (et dans une moindre mesure Yauri et Calca) ont seules des ateliers de mécanique bien équipés et compétents et quelques carrossiers, mais elles sont très limitée pour la vente des pièces de rechange.

Ainsi, le Cuzco profite beaucoup actuellement du sous-équipement régional, qui oblige la plupart des routiers à passer par elle pour se ravitailler en essence, procéder à des réparations, voire même se distraire ; mais son rôle comme nœud de communication est limité à la fois par la concurrence et par le peu d'initiatives qui en partent.

- Les limites du rôle commercial du Cuzco : Notre ville apparaît comme un des plus importants centres pour le transport des passagers dans la Sierra péruvienne. C'est un indicatif sociologique certain, mais qui ne prouve pas grand chose sur le plan économique. La plupart des provinciaux viennent en effet à la ville, voir quelque parent en lui portant des produits vivriers, régler un problème judiciaire ou administratif, moins souvent réaliser quelques modestes achats. La mobilité accrue des gens est ainsi loin de refléter le développement des activités économiques et des changements dans les niveaux de vie.

Pour les marchandises, les concurrents sont de plus en plus nombreux. L'essentiel de la production agricole semble ne plus passer par notre ville et, fait plus grave, les camions qui la

Fig. 21.— Le trafic routier quotidien autour du Cuzco (mai 1971)

PLANCHE 17

Photo A : Camions dans la rue principale de Yauri (Espinar).

(Cliché de l'auteur)

Photo B : L'aéroport de Quince Mil :
  Petits avions DC 3 assurant les liaisons avec le Cuzco, Puerto Maldonado et Iberia.

(Cliché de l'auteur)

transportent vers les lieux de consommation extra-régionaux, reviennent chargés de produits manufacturés. Cette concurrence est très ressentie par les entreprises de transport de la ville qui ont cependant tendance à attribuer la diminution des exportations régionales de produits agricoles à la crise agraire, et mésestiment l'importance des camions locaux (ceux des coopératives de la Convención, par exemple, pour le café). Par contre, l'importation de denrées fabriquées depuis Lima aurait augmenté. Ainsi, les camions cuzquéniens assurent surtout de plus en plus le ravitaillement de la ville, laissant le reste du commerce, y compris la distribution des produits fabriqués cuzquéniens (l'engrais de Cachimayo et la bière en particulier) aux entreprises de province.

Urubamba, Calca, Urcos, mais également des villages comme Yucay et Pisaq ont des liaisons hebdomadaires directes avec les terres chaudes y compris le Madre de Dios. Il existe un service assez régulier de 3 camions allant de San Pedro (Canchis) à Puerto Maldonado afin de prendre du bois pour les artisans locaux. Les camionneurs de la province d'Anta, en particulier ceux d'Izkuchaka et de Mollepata (soit une quinzaine pour ce seul village), transportent des bovins vers Lima ; ceux de Quillabamba ou de Santa Maria (La Convencion) expédient le café vers Matarani ou Lima en passant par San Salvador. A Oropesa en 1969, il y avait 24 camions dont la plupart livraient à Arequipa des pommes de terre et du maïs, et ramenaient de la farine revendue aux boulangers locaux. D'autres allaient à Lima ou à Yauri.

A l'Est, Sicuani fait figure de petit centre régional dans le trafic routier. Il a des services quotidiens avec tous les districts de la vallée, et hebdomadaires (Checca, Quehue), bi-hebdomadaires (Langui-Layo) ou à jour passé (Yanaoca), avec les villages de la puna. Dans Acomayo, l'influence de Sicuani est encore sensible avec 2 ou 3 camions par semaine d'Accos-Acomayo, autant de Pomacanchis et un d'Acopía ; mais les relations de cette province restent plus nombreuses avec le Cuzco. Yauri, de même, a plus de relations avec le Cuzco (6 camions deux fois par semaine) qu'avec Sicuani (3 camions le samedi). Cependant, l'essentiel de ses activités commerciales se fait avec Arequipa (une dizaine de camions par semaine) et en liaison avec les marchés des districts voisins. Cette bourgade qui n'avait que 22 camions en 1969, en comptait une quarantaine deux ans après. De même, de Tocroyoc, 3 ou 4 camions partent pour Arequipa chaque semaine, alors qu'un seul va au Cuzco irrégulièrement et un à Sicuani. Santo Tomás et Colquemarca recevaient encore la visite hebdomadaire de camions de Cuzco : 4 ou 5 pour Santo Tomás le samedi, 3 pour Colquemarca (le samedi ou le vendredi) contre 9 ou 10 camions pour le premier et 5 ou 6 pour le second venant d'Arequipa. Velille, tirant profit de sa position de carrefour, possède 6 camions assurant plus de liaisons avec Arequipa où ils transportent des bovins, qu'avec le Cuzco où se font quelques expéditions de moutons.

Les capitaux cuzquéniens sont très rares dans les entreprises de transport routier. En 1971, on comptait 20 entreprises pour les camions, 7 pour les autobus et 2 pour les taxis interurbains. Dix ans auparavant il n'y en avait que 4 ou 5. La plupart des grandes entreprises de transport ne possèdent pas leurs propres véhicules, mais elles les louent en fonction des commandes de leurs clients et travaillent volontiers avec les camions de province. La principale, et la plus ancienne (20 ans au Cuzco), est liménienne et utilise les services d'une vingtaine de camionneurs. Une est aréquipénienne et la seule cuzquénienne est la Coopérative de Transports du Cuzco qui groupe, depuis mars 1968, 80 adhérents (80 % du Cuzco -souvent provinciaux d'ailleurs- 20 % de Lima) et une trentaine de véhicules. Les itinéraires préférés de ces entreprises sont Cuzco-Lima, par Chalhuanca et Nazca, et dans une moindre mesure, Cuzco-Quillabamba ; ce sont elles qui se chargent également des expéditions vers le nord du Pérou. Les autres routes sont beaucoup plus desservies par les camions provinciaux qui effectuent ainsi la majeure partie du trafic avec Arequipa.

Les compagnies d'autobus, assurant les liaisons avec la capitale sont toutes liméniennes sauf une qui a son siège au Cuzco mais dont le propriétaire est de Tarma (Hidalgo). Dans les liaisons régionales, seules sont cuzquéniennes les entreprises allant vers Abancay (mais leurs propriétaires sont de l'Apurímac) et celles plus modestes qui desservent Yauri et Santo Tomás. Les autres autobus, souvent achetés d'occasion, appartiennent tous à des provinciaux, parmi lesquels émerge l'entreprise Caparro de Calca qui assure les liaisons quotidiennes avec le Cuzco (7 autobus et un supplémentaire par San Salvador), avec Quillabamba (2 autobus), Qelleuno (2 autobus) et, à jour passé, avec Paucartambo (1 autobus).

Cette faible initiative du Cuzco dans les transports routiers est d'autant plus grave que ces derniers ont provoqué un important ralentissement, voire une diminution du trafic des chemins de fer, dont le Cuzco, avec 2 gares, avait su tirer un grand profit.

5. L'impact du camion sur les activités et la population régionales (6).

Le camion dans les pays en voie de développement, et en particulier en Amérique latine, joue un rôle beaucoup plus original et plus important que celui qu'il a eu dans les pays développés. Sauf peut-être dans la pampa argentine et certaines régions du Brésil, la révolution du chemin de fer qui a précédé, en Europe, celle de l'automobile a été ici beaucoup plus incomplète et limitée. Le plus souvent construit par des sociétés étrangères avant tout soucieuses d'exporter les matières premières, le réseau ferré ne répondait pas aux besoins des populations relativement peu concernées par ce moyen de transport. Avec la construction des routes, les gouvernements ont, au contraire, manifesté leur volonté d'élargir et d'unifier les marchés nationaux qu'exige le développement du capitalisme. Mais ces efforts se font dans un contexte de développement non généralisé et de dépendance extérieure, en particulier du point de vue technologique. Ils ne s'accompagnent pas notamment, d'un accroissement des productions agricoles et d'une amélioration du niveau de vie d'une population avant tout rurale. La diffusion des véhicules automobiles, stimulée par le crédit et la publicité, répond surtout aux besoins de la classe moyenne urbaine et plus encore des producteurs étrangers, soucieux d'élargir leur clientèle, et d'installer des chaînes de montage dans les pays dominés.

Pour les populations paysannes au bas niveau de vie, souvent isolées dans des villages accessibles par de mauvaises pistes non goudronnées, le camion apparaît comme le moyen de transport moderne le plus pratique et le moins coûteux, pour les passagers comme pour les marchandises. Bien plus que le train, il permet le transport de petites charges dans les baluchons de toile ou des emballages de carton, ce qui est pratique dans une région où les échanges sont encore limités et très fractionnés. Beaucoup n'ont pas d'itinéraires fixes et partent pour une direction déterminée lorsqu'ils sont pleins. Les tarifs sont très bas : pour les marchandises, on demande de 0,95 à 1,10 sol par kg, (11 à 13 centimes), selon la période, sur l'itinéraire de Lima ; pour les passagers, on paie 40 sols dans la cabine pour aller du Cuzco à Yauri (220 km), 25 pour aller à Sicuani, 10 pour Urcos (35 km), 60 pour Quillabamba. Les prix sont sensiblement plus bas que ceux des autobus ce qui fait du camion le moyen de transport moderne le plus populaire (tableau n° LV). Ainsi dans la région du Cuzco où son usage s'est introduit, il y a une trentaine d'années, et s'est surtout intensifié depuis dix ans, c'est le plus souvent, directement au lama et au mulet qu'il succède comme moyen de transport, et son impact est considérable à la fois sur les activités et sur les populations.

---

(6) Nous avons parlé avec plus de précisions de ce thème dans deux articles :
- Le rôle du camion dans les relations ville-campagne dans la région du Cuzco (Pérou). - Les cahiers d'Outre-Mer n° 97 - 1972 - p. 27 à 56.
- Influence du train et du camion sur la croissance et l'armature urbaines du Sud du Pérou - Colloque sur "Transports et croissance urbaine dans les pays tropicaux" - C.E.G.E.T. BORDEAUX N° 23 - Février 76 - p. 77 à 87.

Les villages qui ne sont pas touchés par la route n'ont pas de magasin, de marché, d'artisans. Les services eux-mêmes y sont très limités et les fonctionnaires répugnent à y résider, se contentant de quelques visites ou inspections annuelles. C'est ainsi, incontestablement, la route et le camion qui permettent à une communauté de rompre l'isolement dans lequel elle se trouve, et à ses habitants de sortir de leur cadre local et traditionnel qui avait très peu changé depuis l'époque coloniale, pour entrer dans le système national et moderne. C'est ce changement, à la fois sociologique et culturel, qui et peut-être le plus important, l'impact économique étant rapidement limité, malgré les apparences, par le fait que rien de fondamental dans les structures n'est modifié.

Le camion a beaucoup aidé à la multiplication des commerces dont il assure le ravitaillement, dans les villages desservis par les routes. Il a également provoqué une véritable renaissance des foires et des marchés dont certains sont même nés du passage des véhicules : ainsi celui d'Ancahuasi près d'Anta, qui a déplacé celui de Zurite un peu à l'écart de la route, ou le marché, plus isolé encore, de San Miguel, dans la puna près de Yauri. Dans cette province, depuis quatre ou cinq ans, les camions ont établi une véritable ronde des marchés qui se déroule tout au long de la semaine : le dimanche à Yauri, le lundi à Ocoruro et Virginiyoc, le mardi à Bellavista, dans la plaine de San Miguel, et, depuis 1970, à Huayhuahuasi près de Coporaque, le mercredi à Arcocunga et Urinsaya, le jeudi à Tocroyoc, le vendredi à Coporaque, le samedi à El Descanso.

S'il permet le développement des activités commerciales, le camion a par contre précipité la disparition des industries rurales en favorisant, d'une part, la concurrence des produits fabriqués sur la Côte et, d'autre part, en facilitant l'exportation des matières premières agricoles vers des régions offrant de meilleurs prix. Il suscite, en revanche, actuellement, un essor de plusieurs formes d'artisanat liés aux besoins des marchés (boulangerie, céramique populaire, sandales de pneumatiques, ce dernier d'ailleurs directement né de la circulation automobile) ou au tourisme. Il est vraisemblable, cependant, que ce réveil de l'artisanat qui donne souvent des revenus précaires, ne sera que temporaire.

Plus qu'au développement de la production agricole, le camion a contribué à accélérer la commercialisation vers les marchés des fruits, des légumes, du bétail et même provoquer un début de ramassage laitier autour de Cuzco. Dans la puna, il a beaucoup aidé au recul, ou même à l'abandon, des cultures de pommes de terre qu'on préfère désormais acheter sur les marchés qu'il ravitaille. L'impact des nouveaux moyens de transport sur les progrès de la production sont donc extrêmement limités et ils contribuent seulement à une plus grande intégration de notre région à l'économie de marché.

De même, la construction des routes et l'intensification du trafic routier accroissent l'intégration des populations rurales à l'espace et à la culture nationale, en favorisant les migrations. Beaucoup plus que le train, le camion est utilisé par les classes populaires, et c'est sur elles que son influence est la plus grande. Facilitant, et provoquant même, les déplacements des habitants des régions traversées, le camion est un des instruments essentiels de cette "cholification" qui se fait dans les villes, ou même dans les campagnes sous l'influence des émigrants, en particulier tout au long des routes.

Il provoque déjà des changements sociologiques importants. Etre propriétaire de camion, ou même seulement chauffeur, est un incontestable moyen d'acquisition de prestige et de "status" social dans une bourgade provinciale. Surtout, si, comme c'est souvent le cas, on peut acquérir par la suite un bon magasin. Beaucoup ont été d'anciens collecteurs de produits agricoles établis à leur compte. Les bénéfices retirés des transports routiers sont assez importants. Un voyage à Lima, avec un camion de 5 tonnes, permet un gain de 5 000 sols desquels on doit déduire 1 000 sols pour l'essence (100 galons environ soit 600 sols) et l'entretien du véhicule (400 sols tous les 2 000 kms). En faisant deux voyages aller-retour par mois, on a ainsi un bénéfice de 16 000 sols environ, et on peut réaliser, d'autre part, plusieurs petits parcours, en particulier avec des passagers. Mais ces bénéfices sont diminués par les importantes mensualités à verser au vendeur de véhicules, et les fréquents changements de pneumatiques (tous les 20 000 kilomètres environ à raison de 11 000 sols la paire de pneus), ou l'achat de pièces de rechange. Les accidents, enfin, sont nombreux dans la Sierra, et bien des routiers ne possédant qu'un seul véhicule, se sont trouvés rapidement ruinés.

Dans la ville du Cuzco, l'influence des chauffeurs comme groupe social, n'est pas encore très nette, sinon dans les quartiers où se situent les terminus routiers. Par contre, leur rôle syndical et politique n'est pas négligeable et a fortement appuyé tous les grands combats régionaux (les manifestations agraires, les grèves de Cachimayo, etc...). Cependant, ils apparaissent de plus en plus réformistes, se détachant progressivement des classes ouvrière et paysanne, pour se rapprocher des classes moyennes, dans une même crainte à l'égard des réformes de la Junte Militaire. Leur influence politique est à l'image de leur mobilité sociale ; issus de la classe populaire, ils rejoignent vite, dès qu'ils sont enrichis les intérêts de la bourgeoisie. Cela est encore plus vrai d'ailleurs pour les chauffeurs de taxis urbains.

B - La concurrence du rail et de la route dans la région du Cuzco. Comme bien souvent dans les pays en voie de développement, le chemin de fer répondait essentiellement à un type d'économie coloniale. Construit par une société étrangère ou par l'Etat (avec une partie des crédits étrangers), il permettait l'exportation des matières premières locales (laines puis produits tropicaux et favorisait en revanche la distribution de produits fabriqués importés, d'Europe le plus souvent. C'est en 1908 que le chemin du Sud arrive à Cuzco et en 1927 que la voie ferrée vers la Convención atteint Macchu Picchu (elle atteindra Chaullay en 1967 seulement). Notre ville sut tirer profit du fait qu'un transbordement était nécessaire entre ses deux gares, le chemin de fer de Santa Ana étant à voie étroite. Dans les années 20, nous l'avons vu, quelques industries naissantes s'installèrent près de la gare du chemin de fer de Mollendo, le marché couvert, centre du commerce urbain, près de celle de Santa Ana. Le train, d'autre part, accrut la mobilité des populations des régions traversées, en particulier de la Convención en direction et au profit de notre ville.

C'est le train de la Convención qui pâtit le plus actuellement de la concurrence des routes et de la rapide intensification du trafic de camions. Les travaux d'élargissement de la voie et sa prolongation jusqu'à Quillabamba, entrepris à partir de 1961 par une firme japonaise la Mitsubishi Shoji Kaisha Ltd, ont été arrêtés au bout de deux ans (8). Le trafic de marchandises a beaucoup diminué, ainsi que le montre le tableau n° LVII (9). Sa progression avait été de 166 % entre 1951 et 1961, c'est-à-dire depuis l'arrivée du chemin de fer jusqu'à Huadquiña, passant de 24 845 t à 66 162. De 1961 à 1965, la progression avait été freinée par les troubles agraires, et elle n'avait été que de 9,6 % (72 538 t). Depuis cette date, on note une décadence qui s'accentue après 1967, année où furent mises en service régulier les deux routes vers la Convención. La diminution en 1970 représente ainsi 46,5 % par rapport à 1965. Le principal inconvénient du train réside dans sa lenteur et, plus encore, dans les transbordements successifs des marchandises allant à Lima ou Arequipa qui provoquent des pertes de poids

---

8. Le contrat avec la société japonaise portait sur 110 M de sols (13,2 M de F.) que les Péruviens devaient rembourser en 10 ans. Les travaux effectués par une société liménienne (la COUSA : *Cilloniz, Olazabal, Urquiaga S.A.*), traînèrent en raison des inondations, d'un changement dans le tracé de la voie et des déficiences d'un matériel de construction usagé, entraînant de nouvelles propositions financières que ne put assumer le Pérou.

9. Source : la Compagnie du chemin de fer Santa Ana. Nous regrettons dans ce tableau, de ne pas avoir pu séparer, pour la charge comme pour les passagers, les départs et les arrivées.

TABLEAU N° LVII :
TRAFIC DU CHEMIN DE FER DE SANTA ANA (1951-1970)

	MARCHANDISES		PASSAGERS			
	Total T.M. (1)	Taux d'accr. %	Total (1)	Taux d'accr. %	Pour Macchu Picchu	Pour Chaullay
1951	24 845	⎤ 166 ⎤ 192	170 847	⎤ 89,8		
1961	66 162	⎦ 9,6 ⎦	281 792	⎦		
1965	72 538		324 283		62 424 ⎤	261 859 ⎤
1966	62 748		319 288	⎤	58 264	261 024
1967	44 094		303 313		71 797	231 516
1968	35 777	− 46,5	365 938	30,2	80 421 +38 %	285 517 +28,6 %
1969	28 502		370 788		82 895	287 893
1970	38 811	⎦	422 362	⎦	86 104 ⎦	336 258 ⎦

Source : Compagnie du chemin de fer de Santa Ana. Cuzco.

(1) Nous n'avons pas pu détailler les entrées des sorties.

TABLEAU N° LVIII
TRAFIC DU CHEMIN DE FER CUZCO-AREQUIPA (1961-1970)

	MARCHANDISES T.M.		PASSAGERS		
	Sorties	Entrées	Total	Train direct (1)	Trafic local (2)
1961-1962	23 475	74 033			
1962-1963	20 283	84 652	314 376	110 496	203 880
1963-1964	22 361	89 698	322 480	117 999	204 481
1964-1965	18 296	85 532	301 596	111 743	189 853
1965-1966	16 271	96 706	287 590	108 978	178 612
1966-1967	14 209	85 439	279 867	102 173	177 694
1967-1968	16 656	75 493	303 054	106 899	196 155
1968-1969	20 132	83 553	373 915	133 323	240 592
1969-1970	30 944	81 926	324 555	122 696	201 859

Source : Compagnie des chemins de fer du Sud du Pérou. (Les chiffres sont donnés de juin à juin.)

(1) Il s'agit du train Cuzco-Arequipa.
(2) Il s'agit du trafic entre Cuzco et Sicuani.

considérables pour le café et le cacao. Il a essayé de limiter la concurrence en offrant des prix plus avantageux : 0,24 sols par kilogramme contre 0,30 par camion pour le Cuzco, 0,80 contre 0,85 (10) pour Arequipa.

Pourtant, des cinq grandes sociétés commercialisant depuis Quillabamba les produits tropicaux, deux seulement continuent à utiliser de temps en temps le train de Santa Ana ; ce sont d'ailleurs celles qui ont un bureau au Cuzco, ce qui leur permet de surveiller et d'accélérer le transbordement. Mais les coopératives ont porté le coup fatal au trafic du chemin de fer, en acquérant des camions après avoir obtenu pourtant, au moment de leur création, en 1966 et 1967, des tarifs préférenciels. Or les camions cherchant toujours un frêt de retour en produits fabriqués, la concurrence est double. A Quillabamba, sur 24 magasins interrogés - les principaux de la ville - 15 n'utilisaient que les camions, 7 le train et le camion, et 2 le train uniquement. Là encore, ce sont les seules entreprises ayant des liens étroits, soit financiers, soit commerciaux avec le Cuzco, qui utilisent le chemin de fer, en particulier pour le matériel fragile.

Le taux de progression du trafic de passagers a au contraire peu évolué (tableau n° LVII) : 64 % entre 1951 et 1961, et 30 % pendant l'intervalle, 1965-1970, avec une reprise très nette à partir de 1968, en particulier pour le nombre de passagers de Chaullay (11). Le voyage en train est en effet beaucoup plus rapide (150 km au lieu de 300 par la route, 4 heures de voyage au lieu de 8 minimum) plus confortable et même meilleur marché que celui effectué en autobus (55 sols en autorail, 23,5 à 40 sols en train, contre 60 en autobus).

C'est donc en raison du trafic de passagers que cette voie ferrée conserve sa raison d'être et que son prolongement jusqu'à Quillabamba reste souhaitable. Le projet de route goudronnée joignant Ollantaytambo à Puente Ruinas (au pied de Macchu Picchu) ne nous semble pas urgent s'il n'est pas prolongé jusqu'à Quillabamba. Tel qu'il est envisagé, son intérêt serait en effet uniquement touristique, la vallée comportant dans cette section de vastes domaines sous-exploités et sous-peuplés. Or, avec 50 000 visiteurs par an, le train qui offre un voyage un peu lent mais fort agréable, peut encore suffir.

La concurrence entre le rail et la route est beaucoup plus serrée sur la ligne Cuzco-Arequipa pour le trafic des marchandises surtout ; le chemin de fer est plus sûr et ses prix sont sensiblement plus bas (0,65 sols par kilogramme contre 1 sol). Les entrées à la gare cuzquénienne sont nettement supérieures aux sorties ; elles représentaient 73 % du trafic total en 1970, année pourtant record pour les sorties au cours de la dernière décennie (12). (Tableau n°LVIII). Le chiffre de 30 944 t marque-t-il une reprise, pourtant assez improbable, des exportations du Cuzco ou traduit-il seulement l'importance des variations d'un trafic très irrégulier ? Dans une évolution en déclin depuis 1961, il introduit une hausse de 32 % qui nous semble surprenante, la faible croissance de la production totale, comme l'intensification du trafic routier, semblant la contredire. Parmi les produits expédiés à partir du Cuzco domine l'engrais de Cachimayo, quelques tonnes de minerais achetées par la Hotschild (217 t en 1968) et quelques produits agricoles. Mais nous savons que pour ces derniers, en particulier le café et les pommes de terre, la concurrence de la route est, depuis quelques années, triomphante. D'après les évaluations faites par la société des chemins de fer du Sud, notre ville dépendrait toujours, en partie, du chemin fer du sud pour son ravitaillement en produits énergétiques et fabriqués ; elle importerait grâce à lui, la totalité de l'essence, des machines et des automobiles et l'essentiel du sucre et du riz de la côte. Le camion semble triompher pour le transport du ciment à partir des fabriques d'Arequipa et de Juliaca, l'équilibre entre les deux moyens de transport s'établissant au sujet de la farine, des liqueurs et alcools, des légumes et fruits venus d'Arequipa.

---

10. 1 sol : 0,12 F. en 1969.

11. Source : Compagnie du Chemin de fer de Santa Ana. Cuzco.

12. Source : Compagnie des Chemins de fer du Sud, Lima.

Mais ces évaluations nous paraissent bien optimistes. En effet, les enquêtes réalisées dans les maisons de commerce de la ville montrent que le train est nettement en recul et ceci parce qu'elles dépendent de plus en plus de Lima, et non plus d'Arequipa ou des importations de Matarani, pour leur ravitaillement. 5 entreprises seulement, sur 40 interrogées, d'ailleurs toutes aréquipéniennes, utilisent pour plus de 50 % de leur ravitaillement, le rail.

Pour les passagers, la progression de 1961 à 1970 est faible : 3 % avec un maximum de 373 975 passagers en 1968-1969, année-record pour le tourisme. Les camions et les autobus interviennent surtout pour concurrencer le trafic local entre le Cuzco et Sicuani, qui a diminué de 1 % depuis 1961 en particulier dans les gares intermédiaires. Qui prend le train très lent, alors que sur cet itinéraire, on a au moins 5 autobus quotidiens et de nombreux camions ? Par contre, le voyage à Arequipa et à Puno progresse de 11 %. Pour les touristes peu pressés, il reste commode avec, trois fois par semaine, un train nocturne évitant le changement à Juliaca, mais, malheureusement trop peu utilisé, puisqu'en 1969, 8470 touristes sur un total de 70 581 (soit 12 %), ont pris le train contre 51 524 venus en avion (13). Il permet, d'autre part, des liaisons faciles avec La Paz grâce au Ferry-boat Puno-Guaqui et reste donc important, si l'on veut développer l'axe touristique Cuzco-Puno.

C. L'importance régionale du trafic aérien : L'aéroport du Cuzco, s'il n'est qu'au douzième rang pour le nombre de vols annuels, est le premier des aéroports péruviens, après celui de Lima, pour le trafic des passagers. Son importance est surtout liée à l'essor du tourisme et son influence régionale au contraire reste faible et limitée à la ceja de montaña. Deux ou trois avions appartenant à 2 compagnies assurent des liaisons quotidiennes avec Lima, en une heure de temps en jet, en deux heures en quadrimoteurs. L'une d'entr'elles assure également 3 fois par semaine des liaisons avec Quince Mil et Puerto Maldonado, qu'on peut prolonger vers Iberia et les grands domaines de la forêt, avec un seul DC 6 d'une vingtaine de places. A partir de 1973, on a établi deux vols par semaine avec Arequipa et, une fois par semaine, avec Ayacucho et il y a eu, en 1968, quelques essais de liaison avec Juliaca. De même, il était question de donner à l'aéroport du Cuzco un caractère international avec des vols directs pour La Paz, évitant ainsi aux touristes de regagner Lima. Mais on sent très bien à ce sujet l'opposition de la Compagnie des chemins de fer du Sud qui serait très menacée.

Le nombre de vols avait presque doublé entre 1960 et 1968 (2 283 vols à cette date) (14), Tableau n° LIX. Le chiffre des passagers, pendant la même période, avait triplé. (107 682 en 1968). En 1969 et 1970, on notait cependant une réduction importante, due au ralentissement du tourisme ainsi qu'au changement de gouvernement, qui rendaient incertaines les perspectives économiques. Si les touristes représentaient 90 % des passagers en 1968, il y avait toutefois un va-et-vient important de Péruviens entre le Cuzco et Lima : Cuzquéniens résidant dans la capitale, étudiants, commerçants et surtout fonctionnaires. Le trafic de marchandises est en augmentation constante et est passé de 445 t en 1960 à 735 en 1968 (15). Contrairement au trafic des passagers, il est plus important à l'entrée qu'à la sortie. La ville reçoit par avion des radios, des appareils électriques, quelques aliments (poulets, viande, parfois poisson) alors qu'elle n'expédie guère que le courrier et des colis personnels, de vivres en particulier.

L'importance régionale de l'aéroport est par contre légèrement en baisse. Le nombre de passagers est peu important (15 000 par an environ) ; il se maintient pour Puerto Maldonado mais décline pour Quince Mil qui connaît une crise économique et est bien desservi par les camions (16).

---

13. Source : Enturperú - Cuzco 1969.

14. Source de la C.O.R.P.A.C. : Corporation Peruana de Aviación Civil.

15. Idem.

16. L'aéroport de Patria à Cosñipata, n'est pas utilisé sinon par de rares hélicoptères militaires.

TABLEAU N° LIX
TRAFIC DES AÉROPORTS DE CUZCO, PUERTO MALDONADO, QUINCE MIL
(1960-1970)

Aéroports	Années	Nombre de vols (arriv. et dép.)	Passagers		Courrier et marchandises en tonnes	
			Arrivée	Départ	Arrivée	Départ
CUZCO	1960	1 402	18 432	17 876	445	359
	1961	1 358	21 232	20 714	430	292
	1962	1 540	24 367	24 413	531	310
	1963	1 742	26 428	27 575	568	316
	1964	2 299	37 946	39 860	652	337
	1965	2 442	40 132	42 210	751	337
	1966	2 415	43 000	44 666	808	308
	1967	3 186	64 249	66 202	871	348
	1968	2 283	53 557	54 125	735	265
	1969	1 425	35 920	37 170		
	1970	1 185	36 432	37 205		
PUERTO MALDONADO	1960	2 082	2 826	2 807	2 315	1 627
	1961	2 388	3 825	3 898	2 275	1 549
	1962	1 860	3 993	4 417	2 056	1 557
	1963	1 610	3 718	4 036	1 356	917
	1964	1 102	2 621	3 581	1 058	894
	1965	1 587	2 431	3 042	1 008	903
	1966	1 479	2 151	3 308	936	624
	1967	793	3 344	3 914	359	229
	1968	544	2 675	2 940	185	168
QUINCE MIL	1960	3 408	4 311	5 885	3 020	3 205
	1961	4 094	5 174	6 639	3 049	3 424
	1962	3 088	5 241	6 306	2 910	2 930
	1963	2 536	4 867	5 574	2 128	2 211
	1964	2 502	4 985	5 751	2 278	2 467
	1965	2 278	5 701	5 846	1 869	1 744
	1966	2 199	3 952	5 615	1 996	1 838
	1967	1 825	2 607	6 216	1 171	1 224
	1968	1 256	1 410	2 372	629	771

Source : CORPAC (Corporación Peruana de Aviación civil).

On peut s'étonner de cette faible activité de l'aéroport du Cuzco, en liaison avec la mise en valeur des terres chaudes, si on pense, par exemple, à la multitude des avions-taxis ou privés qui utilisent les aéroports colombiens. Il faut évoquer ici des raisons à la fois géographiques et économiques. Seuls des avions d'une certaine puissance peuvent passer les hauts sommets de la cordillère orientale et affronter la turbulence de l'air de la haute ceja de selva. Les faibles progrès de la colonisation, son caractère modeste et précaire, ne justifient pas, d'autre part, les investissements privés (une seule des grandes haciendas de la forêt, Manú, a eu un temps, un aéroport particulier). Aussi le gouvernement péruvien s'est-il orienté depuis longtemps vers la construction de routes pour joindre la montaña.

D. Les postes et télécommunications : Dans ce milieu rural très accidenté, où les populations sont souvent isolées et analphabètes, les services de postes et télécommunications sont fréquemment déficients. Toutes les capitales de province ont un bureau de postes et au moins, un moyen de télécommunication, le télégraphe en général (tableau n° LX). Mais onze districts dans le département du Cuzco (soit 10 %), seize dans l'Apurímac (23 %) et cinq dans le Madre de Dios (17) n'ont pas de postes. Par contre, une cinquantaine de simples villages ont également un bureau (13 au Cuzco, 22 dans l'Apurímac et 1 dans le Madre de Dios) auxquels on peut ajouter quatre guichets dans la ville même du Cuzco. On doit noter également que, dernièrement, quatre bureaux de postes ont été fermés dans le département du Cuzco (Langui, et dans Acomayo : Huayqui, Corma, Rondocán) et 25 dans l'Apurímac (6 dans Abancay, 4 dans Andahuaylas, 7 dans Antabamba et 8 dans Aymaraës (18).

Le Cuzco est à la tête des services du courrier et du télégraphe uniquement pour son propre département, avec deux sous-directions à Sicuani et Quillabamba. Il est une simple "succursale" de la Région Sud, commandée par Arequipa, à l'égal d'Abancay et de Puerto Maldonado. Le rôle d'Arequipa était renforcé par le fait que la Société Téléphonique du Pérou qui gérait l'interurbain du Sud du pays, y avait son siège, avant sa nationalisation en 1973. De même, la compagnie des chemins de fer du sud gérait, depuis Arequipa, son propre système de télégraphe tout au long de la ligne ferroviaire, et un service de câbles pour l'étranger.

Dans le département du Cuzco, seules 5 capitales de province (Cuzco, Anta, Urcos, Urubamba, et Quillabamba) et 6 districts desservis par le train (3 dans Anta, 3 dans la Convención), ont un service de courrier quotidien. Dans les autres provinces, la distribution se fait 3 fois par semaine (Calca, Canchis, Canas, Acomayo, Paucartambo), ou deux fois par semaine (Paruro), Chumbivilcas et Espinar n'ayant qu'un service hebdomadaire. (tableau n° LX). Dans l'Apurímac, aucune ville n'a de service quotidien. Abancay, Andahuaylas et Chalhuanca en ont un, trois fois par semaine, car elles sont bien situées sur les routes ; Chuquibambilla, proche d'Abancay, reçoit le courrier deux fois par semaine, Antabamba et Tambobamba très isolées, n'en ont qu'une seule fois, comme la grande majorité des districts (39 sur 47). Dans le Madre de Dios, les lettres arrivent à Puerto Maldonado trois fois par semaine par avion, lorsque le temps le permet, mais Iberia n'en a que tous les quinze jours. La distribution à domicile n'est nulle part assurée, sauf de manière théorique dans les villes pour les envois recommandés.

A de rares exceptions près, dans le département du Cuzco, les expéditions de courrier sont bien inférieures aux arrivées, le rapport entre les deux étant de 30 % à Paruro et Acomayo, 50 % à Yanaoca et Santo Tomás, et 75 % à Yauri, comme dans la ville du Cuzco (tableau n° LXI). On doit voir là,

---

17. Il s'agit pour le Cuzco des districts de Mosocllacta et Rondocan (Acomayo) Taray (Calca), Cachimayo (Anta), Quiñota et Chamaca (Chumbivilcas), Ccorca (Cuzco), Suykutambo et Condoroma (Espinar), Challabamba et Cay-Cay (Paucartambo).

18. Source : Direction des Postes et Télécommunications - Lima.

TABLEAU N° LX : POSTES ET TÉLÉCOMMUNICATIONS DANS LA RÉGION SUD-EST

	POSTES						TÉLÉCOMMUNICATIONS (3)		
	Capitale de province	Capitales de district			Villages non districts				
	Fréquence du courrier	Bureau de postes	Fréquence du courrier	Sans bureau	Bureau de postes	Fréquence du courrier	Capitale de province	Capitale de district	Village non district
CUZCO									
Acomayo (7)	T.H.	4	2 H. - 2 T.H.	2	3	H.	T., t.	3 t.	
Anta (8)	Q.	6	3 Q., 2 B.H., 1 H.	1	2	1 H., 1 B.H.	T., t.	2 T., 2 t.	1 t.
Calca (7)	T.H.	6	4 T.H., 1 H.	1	—	—	T.	1 T., 3 t.	
Canas (8)	T.H.	7	H.	—	—	—	T.	—	
Canchis (8)	T.H.	7	5 H., 1 B.H., 1 T.H.	—	2	1 H., 1 B.H.	T., t.i, 2 R.C.	7 T. (2), 1 t.	
Chumbivilcas (8)	H.	5	4 H., 1 B.M.	2	—	—	T., t.	2 T., 2 t.	
Cuzco (8)	Q.	6	4 Q., 2 H.	1	4 urbains	Q.	T., t.i, R.E, 6 R.C.	3 t.	
Espinar (7)	H.	4	1 B.H., 3 H.	2	1	H.	R.E.	—	
La Convención (7)	Q.	6	3 Q., 3 H.	—	2	1 B.S., 1 Q.	T., t.i, R.E.	1 t., 1 R.C.	1 T., t.
Paruro (9)	B.H.	8	7 H., 1 B.H.	—	—	—	t.	2 t.	
Paucartambo (5)	T.H.	2	1 H., 1 B.H.	2	—	—	T.	1 T., R.E.	
Quispicanchis (12)	Q.	11	7 H., 3 B.H., 1 T.H.	—	2	1 B.H., 1 H.	T., t.i.	3 T. (2), 4 t., R.E.	1 t.
Urubamba (7)	Q.	6	H.	—	1	H.	T., t., 1 R.C.	5 t.	
APURIMAC									
Abancay (9)	T.H.	5	1 B.H., 4 H.	3	7	H.	T., t.i, R.C.	1 T., 1 t.	5 t.
Andahuaylas (21)	T.H.	18	3 T.H., 15 H.	2	4	H.	T., t.i, R.C.	19 T., 1 T., 2 t.i.	4 t.
Antabamba (7)	H.	3	2 B.H., 1 H.	3	4	1 B.H., 3 H.	t., R.E.	4 t.	2 t.
Aymaraës (16)	T.H.	8	2 B.H., 6 H.	7	14	3 T.H., 1 B.H., 10 H.	T., t.	5 t., 1 T.	9 t.
Cotabambas (5)	H.	4	H.	—	2	H.	t., R.E.	3 t., 1 R.E.	1 t.
Graú (11)	B.H.	9	H.	1	5	H.	t., R.E.	6 t., 1 R.	1 t.
MADRE DE DIOS									
Manú	—	—	—	3	—	—			
Tahuamanú	B.M.	2	B.M.	—	—	—		2 R.E.	
Tambopata	T.H.	—	—	2	1	B.M.	R.E., 1 R.C.		

Source : Direction des Postes et Télécommunications, Lima.

(1) Nous indiquons entre parenthèses après chaque province le nombre de districts qu'elle comporte au recensement de 1972.
(2) Fréquence du courrier : Q. = Quotidien ; H. = Hebdomadaire ; T.H. = Tri-hebdomadaire ; B.H. = Bi-hebdomadaire ; B.M. = Bi-mensuel.
(3) Moyens de Télécommunication : T. = Télégraphe ; t. = Téléphone ; t.i. = Interurbain ; R.E. = Radio de l'État ; R.C. = Radio privée commerciale.

TABLEAU N° LXI
VOLUME DE LA CORRESPONDANCE EN 1970 (1)

	Correspondance expédiée	Correspondance reçue
CUZCO		
Acomayo	4 879	16 446
Anta	7 584	7 273
Calca	7 320	13 344
Canas	4 272	8 268
Canchis	87 715	197 834
Chumbivilcas	3 840	6 084
Cuzco	860 376	1 146 238
Espinar	5 708	7 495
La Convención	68 352	85 848
Paruro (2)	900	2 508
Paucartambo (1)	10 728	3 108
Quispicanchis	13 032	10 296
Urubamba	14 016	19 920
APURIMAC		
Abancay	108 108	161 268
Andahuaylas	31 392	44 388
Antabamba	4 180	4 428
Aymaraës	8 148	7 056
Cotabambas	3 804	3 648
Graú	7 572	5 304
MADRE DE DIOS		
Manú	—	—
Tahuamanú	4 632	3 924
Tambopata	27 324	23 508

Source : Direction générale des Postes et Télécommunications, Lima.

(1) Il manque le mois de janvier.
(2) Pour ces provinces, nous n'avons que les données de 1966.

vraisemblablement, une conséquence des migrations, les émigrants plus «acculturés» envoyant des nouvelles à leurs parents analphabètes qui ne leur répondent pas souvent. Pourtant, dans l'Apurimac, à l'exception des 2 villes d'Abancay et d'Andahuaylas, c'est le contraire : les départs de courrier sont plus importants que les arrivées. Doit-on supposer que dans ces provinces où l'émigration est un phénomène plus ancien qu'au Cuzco, les envois des émigrants se font plus rares, alors que l'importance des retours d'anciens immigrés justifierait le volume de départ du courrier local. Il convient d'ajouter, d'autre part, que les services de camions dont les chauffeurs se chargent souvent de lettres, le va-et-vient des fonctionnaires du Cuzco, établissent autant de circuits de communication complémentaires à celui, officiel, des Postes.

Toutes les capitales de province ont un service de télécommunications. C'est en général le télégraphe. Celui-ci permet des liaisons avec quelques capitales de district, le plus souvent grâce à un système de téléphone manuel. Il existe ainsi de petits réseaux locaux de lignes téléphoniques, entre la capitale de province et les bureaux de poste de certains districts, autour d'Acomayo, d'Anta, de Calca, de Santo Tomas, de Paruro, d'Urcos, d'Urubamba et des capitales de province de l'Apurimac. Les gares du chemin de fer du Sud ont enfin un service de télégraphe appartenant à la Compagnie de chemin de fer (fig. n° 22).

L'interurbain permet des liaisons individuelles entre le Cuzco et quatre villes : Quillabamba, Sicuani, Abancay, Andahuaylas. Urcos, Huambutio, Lucre dans Quispicanchis, San Sebastian et San Jeronimo dans Cuzco, ainsi que Talavera et San Jeronimo près d'Andahuaylas, en bénéficient également. Installé au Cuzco dès 1914, par 2 petites sociétés locales dont les membres étaient liés à l'aristocratie foncière, il fut acheté en 1947 par la firme «Ericson», ancêtre de l'actuelle Société Téléphonique du Pérou S.A., dont le siège est à Arequipa (19). On passe de 120 abonnés en 1947 à 800 en 1952, au moment où on installa l'automatique, puis à 2 500 (2 993 appareils) en 1969. Quillabamba, relié au Cuzco depuis 1959, avait 238 abonnés en 1969, Sicuani 375 et Urcos 2 seulement.

Nous n'avons pu obtenir des statistiques complètes, concernant une longue période, mais un simple relevé portant sur une semaine du mois de septembre 1969, c'est-à-dire à une époque sans grand mouvement économique ou touristique. Depuis la ville du Cuzco, les liaisons se font surtout avec les centres urbains supérieurs, Lima venant en tête avec une moyenne de 141 communications par jour, suivie par Arequipa avec 72 communications. Nous n'avons pu départager Sicuani et Quillabamba qui ont respectivement 42 et 41 communications quotidiennes, Abancay les dépassant avec 52 communications. Viennent ensuite les villes de l'Altiplano, Puno avec 29 communications devançant de peu Juliaca (26), plus importantes qu'Urcos et Andahuaylas avec 18 et 13 liaisons. Toujours dans le Sud, Ica (7 communications), Ayaviri (6), Tacna (4), Santa Rosa et Mollendo (3), sont les plus représentées, les autres agglomérations, et en particulier celles du Centre, n'ayant que de 1 à 3 appels par jour.

Les données provenant pendant la même période des cabines de Sicuani, Quillabamba et Urcos semblent montrer la supériorité de Cuzco dans les liaisons téléphoniques. A Sicuani, avec une moyenne journalière de 50 communications, cette ville devance largement Arequipa (14) et plus encore Lima (3), qui est moins représentée que Juliaca (6 communications), ou même Santa Rosa (5 communications), et serait à égalité avec Ayaviri et Puno. Les liens de Sicuani restent donc forts avec l'altiplano, en particulier avec la province de Melgar qui était une des plus importantes dans le ramassage de la laine. D'autre part, les liaisons avec Arequipa seraient moins importantes qu'on ne le dit habituellement, puisqu'elles n'atteindraient pas le tiers des communications avec le Cuzco. Ce fait

---

19. Edgar MAMANI TISOC. *Estudio de factibilidad para la instalacion del servicio telefonico publico en el valle Sagrado de los Incas*. Thèse de Bachelier en Sciences Économiques, Cuzco, 1968.

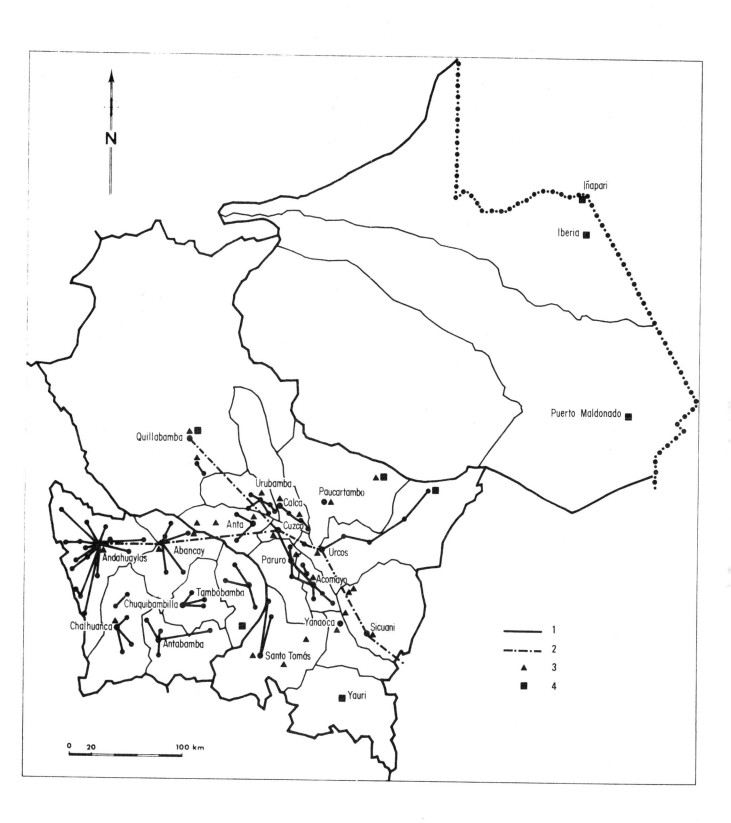

Fig. 22.— Les télécommunications dans la région Sud-Est

1. Ligne de téléphone locale.— 2. Téléphone inter-urbain.— 3. Télégraphe.— 4. Radio.

souligne peut-être simplement le déclin économique de Sicuani, dont les liens avec Arequipa étaient essentiellement commerciaux, alors que ceux noués avec le Cuzco sont surtout administratifs (avec de nombreuses sous-directions et les bureaux du programme de Desarrollo Comunal). Quillabamba, de même, a quotidiennement une moyenne de 48 communications avec le Cuzco, alors qu'elle n'en a que 2 avec Arequipa, de 2 à 4 avec les villes de l'Altiplano, et moins d'une avec Lima.

La radio, dans un milieu où beaucoup de villages sont très isolés, peut jouer un grand rôle, non seulement pour les communications, mais également du point de vue culturel. Le relief cependant, ainsi que la turbulence atmosphérique des régions de ceja de montaña, gênent souvent les transmissions. Dix agglomérations particulièrement isolées ont un service de radio géré par la poste : dans la puna, Yauri, Chuquibambilla, Antabamba, et Tambobamba, et dans les terres chaudes, Quillabamba, Pillcopata, Quince Mil, Puerto Maldonado et Iberia (on doit y ajouter Andahuaylas). Dans les trois capitales départementales, les administrations et même certaines maisons de commerce, ont des postes-émetteurs. Enfin, il y a les radios commerciales : 5 au Cuzco en 1969, une à Quillabamba, Puerto Maldonado, Abancay et Andahuaylas, deux à Sicuani. Il s'agit le plus souvent d'appareils à faible puissance qui ne sont perçus que dans la ville et les alentours immédiats. Ils appartiennent à de petites entreprises locales (20) et ont un rôle éminemment social.

Deux stations du Cuzco sont recevables dans l'ensemble du département. Elles sont très écoutées dans les campagnes où se diffuse rapidement l'usage des radios à transistors et sont utilisées par divers organismes publics (Agriculture, Education, S.I.N.A.M.O.S., archevêché...) pour des émissions souvent en quechua. Des programmes de radio scolaires sont également envisagés et il est certain que dans ce milieu peu favorable aux voies de communication modernes, la radio offre d'immenses possibilités si son rôle n'est pas uniquement commercial.

II. - LE ROLE DU CUZCO DANS LE COMMERCE DES PRODUITS DE L'AGRICULTURE ET DE L'ELEVAGE

Située géographiquement au contact de milieux naturels très variés, ville résidence de grands propriétaires terriens, le Cuzco était favorisé pour jouer un grand rôle dans la commercialisation des produits agricoles. Son marché traditionnellement, puis, plus récemment, de nombreux commerces spécialisés, ont acquis une grande importance dans la concentration et la redistribution des produits de la zone quechua, de la ceja de montaña et, dans une moindre mesure, de la puna. Leur aire d'influence dépassait le simple cadre régional, pour prendre des dimensions nationales, ou même internationales, pour les produits des terres chaudes. Aujourd'hui, cette fonction de la ville est en train de se modifier profondément. L'accroissement, ces vingt dernières années, de la population urbaine, l'apparition de catégories de consommateurs ne dépendant plus de leurs propres terres pour leur nourriture, ont augmenté le rôle du marché urbain, mais diminué en contre partie les surplus exportables ; ceci, d'autant plus que la production agricole n'augmentait pas dans les mêmes proportions. Dans sa région, la ville, d'autre part, voit apparaître de nombreux centres concurrents : marchés des villages, magasins des petites villes telles Sicuani, Quillabamba, Santa María, Calca, et toute une partie des transactions lui échappe de plus en plus. Les camions, enfin, établissent des liaisons directes entre les lieux de production et les centres urbains extra-régionaux qui offrent des prix plus avantageux, en particulier pour le commerce du bétail de plus en plus destiné à Lima ou Arequipa.

---

20. Une radio de Sicuani et celle d'Abancay, dépendent toutefois d'une entreprise cuzquénienne (Tahuantinsuyu).

A - Le commerce des produits agricoles de l'étage quechua. Autant et sinon plus que la domination terrienne, le commerce des produits de l'agriculture et de l'élevage a permis l'exploitation des campagnes par les villes. Les maisons de commerce urbaines faisaient une avance aux producteurs, en produits fabriqués ou plus rarement en argent, sur la valeur de la récolte à venir. Elles se servaient, pour cela, des petits commerçants de province et de tout un réseau d'acheteurs itinérants appelés *«rescatistas»*. Les hacendados s'intercalaient dans ce système de domination commerciale, obligeant souvent leurs colons à livrer les excédents agricoles dans les petites boutiques qu'ils installaient sur leurs domaines. Malgré l'importance de la concurrence et le nombre de maisons commercialisant les produits, les agriculteurs ne profitaient jamais de ce système. Les prix peu contrôlés, variaient considérablement d'une année à l'autre, en fonction moins de la demande que de l'offre très sensible aux variations climatiques. Il était très facile aux petits commerçants de jouer sur ces fluctuations ou sur la qualité et la propreté du produit livré, pour payer aux producteurs, au moment de la livraison de la récolte, des prix inférieurs à ceux promis au début de la campagne. Les petits paysans et plus encore les comuneros, se trouvaient, en conséquence, les débiteurs des commerçants qui, d'année en année, leur renouvelaient, ainsi, crédit et promesse verbale d'achat.

Ce système a beaucoup évolué au cours des vingt dernières années. La renaissance des marchés et des foires fait que les paysans vont y porter de plus en plus leurs récoltes, empruntant pour cela de multiples camions locaux. Aussi le rôle des rescatistas pour les produits de l'étage quechua décline. De même, les commerçants de province semblent avoir abandonné le négoce des produits agricoles (mais non pas toujours le troc contre des denrées fabriquées). Nous n'en avons trouvé qu'un seul à Acomayo, deux à Izkuchaka et Yauri, trois à Calca. Ils resteraient par contre nombreux, selon les chercheurs de l'I.E.P., à Paucartambo (21). En second lieu, les camions joignent, désormais de manière directe, les centres de production (d'Anta ou Paucartambo par exemple) et les foyers de consommation de Puno ou d'Arequipa.

Ainsi toute une partie de la production agricole de l'étage quechua ne passe plus par notre ville et les grandes maisons de commerce ont abandonné progressivement ce négoce. Seules, l'Interregional qui commercialise les produits des terres chaudes collectés par la maison-sœur de Quillabamba et la firme Ricketts, poursuivent cette activité. Elles vendaient en 1969, quelques 300 tonnes de maïs, une trentaine de tonnes de fèves et d'haricots et l'anis de Curahuasi (22). A leur côté, subsistaient en 1970, d'après le registre des patentes du Cuzco, une cinquantaine de petits magasins (ils étaient 70 en 1968). C'étaient souvent de petites entreprises (34 payaient moins de 200 sols - 24 francs - de patente annuelle et 7 moins de 100 sols - soit 12 francs - (23), groupées autour du marché de San Pedro et le long de la rue San Agustín. Leurs propriétaires couraient les marchés proches de la ville, ou se rendaient dans certaines haciendas ; mais ils avaient presque tous abandonné le système des rescatistas. Leurs ventes étaient surtout destinées aux marchés du Cuzco, avec quelques expéditions vers Puno et la ceja de montaña.

Les prix également sont moins arbitraires et ont connu une réelle augmentation depuis quelques années. Pour les céréales, sur la base 100 en 1960, on passe d'un indice 115 en 1961 à 299 en 1970 (24) ; pour les tubercules, les indices correspondants sont 164 en 1961 et 400 en 1970 ; l'augmentation a été plus régulière que pour les céréales mais on note une certaine diminution en 1970 par rapport à

---

21. Enquêtes de l'Institut d'Etudes Péruviennes à Paucartambo et Sicuani - Mars 1968.

22. RICKETTS déclarait vendre en 1969, 500 sacs d'anis par an, soit 30 t, alors que selon les évaluations de CONESTCAR en 1967 la production locale était de 4 t.

23. Registre des Patentes - Conseil provincial de Cuzco 1969.

1969. Il est intéressant de constater que l'augmentation des prix a été plus forte pour les produits de la Sierra que pour ceux de la Côte (coton et sucre) qui sont pourtant destinés à l'industrie et l'exportation. L'augmentation des indices pour les légumes (indice 211 en 1970) fait regretter que dans notre région ils aient encore une part très modeste. L'ensemble de la production agricole passait dans le Sud du Pérou de l'indice 154,69 en 1966 (base 100 en 1960), à 210,45 en 1970. Sa progression était moins forte que celle des produits de l'élevage (indice 154,58 en 1966 et 240,26 en 1970), mais légèrement supérieure à celle des prix de détail de la ville du Cuzco (139,80 en 1970 sur une base de 100 en 1966) (24).

Toutefois le marché du Cuzco n'apparaît pas encore le plus intéressant, sauf pour les campagnes environnantes, car les vendeuses y exercent avec l'aide de la municipalité, une pression sur les prix et limitent avec fermeté les essais de vente directe. D'autre part, parce qu'il y a des débouchés plus avantageux ailleurs.

Les foyers de colonisation des terres chaudes ont été et restent les principaux débouchés pour les produits quechuas. A Quillabamba, certaines maisons de commerce ont pu ainsi jouer sur trois tableaux : elles y achetaient du café et y revendaient aussi bien des pommes de terre et des céréales que des produits fabriqués. Par contre, vers les punas méridionales le rôle du Cuzco a toujours été très limité. Les échanges traditionnels entre agriculteurs des vallées et éleveurs sont restés longtemps actifs, à l'échelle locale comme régionale. Ils se maintiennent toujours bien que leur amplitude géographique se soit rétrécie. C'est au contact des provinces de puna que l'on trouve d'autre part les marchés les plus actifs, alors que vers les terres chaudes, le climat comme l'absence de communautés indigènes, ne favorisent pas cette forme d'échange. Sicuani dès la fin du XIXe siècle, aujourd'hui Yauri et ses marchés satellites, concurrencent le Cuzco. Ils n'en sont pas des relais mais fonctionnent de manière autonome, en se ravitaillant directement sur les lieux de production.

Hors du département, les ventes vers l'altiplano punénien et même bolivien, ainsi que vers les villes de la Côte (Moquegua, Tacna, Arequipa et Lima) ont tendance à se faire de plus en plus directement en sautant les intermédiaires cuzquéniens et même le marché de Sicuani, longtemps redoutable concurrent. D'autre part, la production de maïs dans les oasis côtières a augmenté, en particulier autour d'Arequipa. Au total, le Ministère de l'Agriculture évalue en 1970 (25) à 30 % la proportion de pommes de terre commercialisées en dehors de la région Sud-Est (10 % à Arequipa et 20 % à Puno) ; pour le maïs, on atteint 46 % (30 % vers Puno, 3 % vers Arequipa, 13 % vers les Etats-Unis). La part de Lima n'apparaît pas, ce qui est regrettable, car au dire des grands négociants, elle serait actuellement plus importante que celle d'Arequipa, avec, à partir d'elle, une redistribution tout au long de la côte, de Nazca à Tumbes.

B. Le Cuzco contrôle de moins en moins la commercialisation des produits de la ceja de montana : terminus du chemin de fer de la Convención et ville-résidence des grands propriétaires fonciers de cette vallée, le Cuzco pouvait espérer contrôler le commerce des produits tropicaux ; d'autant plus qu'un transbordement était nécessaire des wagons du chemin de fer à voie étroite de Santa Ana à celui, à voie normale, qui conduisait au port de Mollendo. En fait, les initiatives cuzquéniennes se limitèrent vite au

---

24. ORDESUR - Boletín estadístico - Volume III (Estructura productiva) - Arequipa-Décembre 1971.

25. Ministère de l'Agriculture - Péru 1967 (Contescar : Convenio de Coorperacion tecnica estistica y cartografia)

commerce de la coca, de l'alcool et du bois, dont le marché était surtout régional, extrêmement facile et sans grande concurrence. En revanche, seules d'importantes sociétés pouvaient se lancer dans l'exportation du café et du thé vers l'Europe ou les Etats-Unis, car il fallait des capitaux, une connaissance des débouchés et des cours mondiaux, une expérience des transports maritimes que les Cuzquéniens n'avaient pas. Aussi voit-on s'installer, avant même que le chemin de fer de Mollendo n'arrive au Cuzco, des firmes anglaises établies à Arequipa, Gibson et Ricketts en particulier. Nombreux sont également les Européens qui ont tenté leur chance au début de ce siècle dans tout ce qu'on pouvait tirer de la ceja de montaña : le quinquina, les produits colorants, le caoutchouc, l'or, les peaux, ou même la cocaïne fabriquée jadis dans de nombreuses petites usines.

Très vite, au fur et à mesure où progressaient les cultures de café et cacao et surtout après l'erradication du paludisme dans la vallée, l'action du Cuzco fut limitée par celle de Quillabamba. Le premier négoce (Marco Winter) y fut créé en 1936, et les autres après 1949. Ils bénéficièrent alors des exonérations d'impôts accordées par le gouvernement aux entrepreneurs s'installant dans la selva et tirèrent de gros avantages du système des rescatistas très développé ici (en 1957, selon Plan del Sur, il y avait près de 400 rescatistas au service de 5 ou 6 firmes commerciales) (26). Avec l'achèvement des routes, la concurrence des magasins des capitales de district joua à son tour contre Quillabamba. Au débouché de la piste menant à Umasbamba et Ollantaytambo, Santa María devint ainsi le point de concentration des produits, de la coca surtout, lorsque le chemin de fer arrivait à Huadquiña. Maintenant, on peut le considérer comme le quartier commercial de la récente gare de Chaullay. Il est remarquable de constater, dans une place aussi active, l'absence des capitaux cuzquéniens ; il y avait en 1969, cinq ou six grandes maisons de commerce aux activités multiples, qui appartenaient à des gens originaires d'Urubamba et surtout d'Arequipa.

Si elle ne dirigeait pas le commerce des produits tropicaux, notre ville cependant le contrôlait, car la plupart des entreprises de la vallée trouvaient commode d'avoir un magasin au Cuzco pour surveiller et accélérer les transbordements de denrées entre les deux gares (par exemple la Compagnie Rolando Ugarte, Alipio Acuña et les frères Valdivia de Santa María). Or ce contrôle géographique, à défaut d'économique, est aujourd'hui en train de lui échapper, depuis l'ouverture des routes et de la multiplication des camions. L'expédition des produits par le chemin de fer de Santa Ana a, nous l'avons vu précédemment, diminué. Des cinq compagnies de Quillabamba commercialisant principalement le café, une seule continuait à utiliser avec féquence le train qui lui avait consenti un tarif préférenciel ; les autres louaient des camions. Quant aux coopératives, depuis 1968, elles possèdent leur propre parc automobile.

Au Cuzco il n'y avait plus que deux entreprises qui pouvaient soutenir la compétition avec les firmes aréquipéniennes et liméniennes : l'Interregional et la Comersa. Fondées par des Allemands dans les années 30-40 (comme la maison Barten fermée en 1970), elles conservent des succursales à Quillabamba (et même à Puerto Maldonado pour la seconde), et des bureaux à Lima spécialisés dans l'exportation. La Comersa est la seule à posséder deux usines de décortiquage du café, l'une à Quillabamba et l'autre au Cuzco. Ses achats proviennent, en effet, non seulement de la Convencion 40 000 quintaux de café décortiqué en 1968), mais aussi des zones de Sandia et de San Juan del Oro dans le département de Puno. Ses usines en 1968, ont travaillé 1 000 tonnes de café environ, exporté par le port de Mataraní vers les U.S.A. (80 %) et dans une moindre proportion vers l'Europe et le Japon. Le cacao (10 000 Qx en 1968), n'est pas exporté et a des débouchés uniquement locaux (20 %), liméniens (60 % et aréquipéniens (20 %). L'achiote (10 000 Qx achetés en 1968, mais 4 000 vendus seulement) est

---

26. Plan du Sud - Volume XIV - Lima 1959.

expédié vers l'Europe, et le palillo (20 000 Qx) vers l'Europe et l'Argentine (27). La Comersa est également la seule société cuzquénienne à commercialiser la noix de Para de Puerto Maldonado, concurrençant sérieusement la société liménienne *«El Sol»* qui a un magasin dans cette ville.

Le commerce du thé, contrairement à celui du café, était presque exclusivement assuré par les entreprises cuzquéniennes, propriétaires des haciendas productrices : la Compania Agricola Cuzco pour Huyro et la famille Marin pour Amaybamba. La première dont le siège s'était déplacé récemment à Lima, arriva à commercialiser près de 800 tonnes de thé par an, vendus à Lima (70 %) et à Arequipa ou Tacna (20 %). Ses exportations vers l'Argentine et de Chili avaient cependant cessé depuis les derniers troubles agraires.

Les moyennes et petites entreprises qui survivent au Cuzco, commercialisent surtout désormais la coca dont la production et le négoce restent très importants malgré les lois visant à en restreindre l'usage. Installées près du marché de San Pedro et le long de la rue San Agustin, elles sont souvent de simples dépôts des commerces de la Convencion. Mais là encore, les facilités ouvertes au trafic routier jouent au détriment du Cuzco. De multiples négociants, ceux de Pillpinto en particulier, assurent les liaisons directes entre la Convencion et les marchés de la Puna, Yauri principalement. De même, les commerçants de Puno et de Canchis qui achètent surtout la coca verte *«qacha»* vont à Quillabamba, alors que ceux de Huancayo et de Puquio, amateurs de coca noire *«pisada»* produite dans la vallée de Lares, se rendent à Calca. Ce centre intermédiaire qui comptait encore 25 *rescastistas* en 1969, est en train à son tour de disparaître, les contacts étant désormais directs avec les lieux de production.

Le commerce de l'alcool de canne à sucre, destiné essentiellement aux populations rurales de la Sierra, vient de subir une profonde transformation. L'alcool provenait à la fois des haciendas de la ceja de montana et des vallées affluentes de l'Apurimac, en particulier celles de Limatambo-Mollepata et d'Abancay. Ces domaines produisaient en outre la cassonade (la chankaka) et de la mélasse (miel de chankaka) indispensables à l'alimentation paysanne. Culture d'hacendados, la canne a pâti en premier lieu des troubles agraires, des grèves des années 60. Ainsi dans la vallée de la Convencion, après la Réforme Agraire, selon les haciendas Potrero et Macamango continuent à la cultiver.

Partout ailleurs (à Cosnipata et Quince Mil en particulier), ce sont les nouvelles lois visant à restreindre la consommation de l'alcool qui lui ont porté un coup fatal. On a d'abord essayé de limiter la vente aux seules provinces de production, en augmentant considérablement par ailleurs les impôts perçus, à la fois sur le producteur et sur le négociant (pour le producteur, ils représentent en 1969, 47 % de la valeur du produit). Puis en 1959, l'installation d'une usine pour rectifier l'alcool (la R.A.C.S.A.) (28), a entraîné l'interdiction de la vente du produit traditionnel dans le département de Cuzco. La production et le commerce de l'aguardiente se trouva ainsi rapidement ruiné, d'une part parce que l'usine travaille avec les alcools de vin de la Côte et parce qu'elle réserve à la seule Bodega Central —dont le propriétaire est un de ses actionnaires— le monopole de la vente.

Comme pour la coca, ce sont les provinces de la puna qui sont les grandes consommatrices. Canchis est en tête, suivie par Quispicanchis, Anta et Acomayo, une grande quantité d'eau de vie gagnant à partir de cette province, Paruro et Chumbivilcas. La ville du Cuzco reste le principal foyer

---

27. Tous les deux sont des produits colorants, utilisés, l'achiote (rouge) pour les fromages type Hollande et le palillo (jaune) pour les pâtes alimentaires surtout.

28. R.A.C.S.A. : Rectificadora de alcohol Cuzco S.A.

de consommation et absorbe 30 % de la production. L'alcool rectifié étant nettement plus cher que l'autre (33 sols le litre contre 19,6 sols), cela laisse certaines possibilités au commerce clandestin, en particulier à partir de Cosnipata et à destination du département de Puno qui n'appartient pas au monopole de la R.A.C.S.A.

Ainsi, le Cuzco qui avait dirigé la colonisation de ses vallées tropicales ne sait plus tirer profit de la vente du café et du cacao et est revenu se spécialiser dans le commerce des productions traditionnelles, coca et eau de vie, réservée à un marché régional. Saura-t-il, dans une troisième phase, susciter dans les terres chaudes, des cultures fruitières et maraîchères ainsi qu'un élevage de qualité à destination du marché urbain dont nous étudierons plus loin les problèmes de ravitaillement ?

C. Le commerce du bois. Il s'agit ici presqu'uniquement de bois d'oeuvre pour la construction ou l'ameublement, le chauffage ou la cuisine domestique n'utilisant que quelques fagots de chachacomo provenant des hauteurs de Chinchaypuquio (Anta), vendu 16 à 20 sols le fagot (1,2 F), à la clientèle des picanterias de la ville. De la même région provient un peu de charbon de bois négocié, à raison de 25 sols le sac, auprès des forgerons. L'essentiel du bois d'oeuvre vient de la montana et principalement des vallées de Cosnipata et de Quince-Mil ; la production de la Convencion, d'ailleurs réduite (5 823,6 m² de bois ouvré en 1970) (29), est travaillée à Quillabamba, où elle anime une petite industrie dont les débouchés sont assurés sur place. Dans les deux autres vallées, le bois provient, soit des défrichements effectués avant le *«roze»* et les cultures, soit des concessions dans des forêts privées ou appartenant à l'État. Il y avait en 1970, 95 contrats pour l'exploitation du bois dans les forêts du département du Cuzco (48 pour Quince Mil et Marcapata, 43 pour Cosnipata, 4 seulement pour Quillabamba dans la zone du Haut Urubamba), et 33 licences sur des terrains privés ; dans le Madre de Dios, on comptait la même année, 180 contrats et une seule licence (30). Ces concessions, renouvelées chaque année, étaient peu étendues : 188 ha pour celles du Cuzco (24 073 ha seulement étant concernés) et 138 ha pour celles du Madre de Dios (25 033 ha).

La production est assez irrégulière, dépendant à la fois du marché de la construction dans la ville, et de la durée des pluies qui peuvent retarder les défrichements et ralentir les expéditions par camions. Les variétés les plus utilisées sont le tornillo ou aguano *(Cedrelinga cataeformis)*, l'acajou ou caoba *(Switenia macrophylla)*, et enfin le cedro *(Cedrela Sp.)*. La production de bois ouvré oscillait, suivant les années autour de 3 millions de pieds carrés pour le Cuzco (278 700 m²) (31). Avec 3,5 M en 1970, (135 150 m²), notre département se situait après les autres départements ayant des vallées tropicales. On notait d'ailleurs, une diminution par rapport à 1961 où la production atteignait 4,5 M (418 000 m²), diminution qui affectait surtout les vallées de Cosnipata et plus encore Quince Mil. L'extraction est par contre en progrès dans le Madre de Dios, avec 2,4 M de pieds carrés (223 000 m²) de bois ouvré contre 387 000 en 1960. Il faut voir là une des conséquences de l'achèvement de la route unissant Puerto Maldonado au Cuzco, qui a favorisé à la fois le transport et les défrichements des pionniers. Producteur de bois de luxe, le Madre de Dios alimente surtout aujourd'hui les marchés d'Arequipa et Juliaca, qui concurrencent ainsi celui du Cuzco.

Les autres produits de la forêt —mise à part la châtaigne que nous avons évoquée précédemment— ne font que passer en transit, le plus souvent aérien, au Cuzco : ainsi le caoutchouc d'Iberia et les peaux des animaux silvestres. Leur production est d'ailleurs peu importante et très irrégulière.

---

29. Source : Mémoires de la division «Servicio forestal» du Ministère de l'Agriculture, Cuzco, 1970.
30. Idem.
31. Idem.

Comme celui des produits agricoles, le commerce du bois est de plus en plus destiné au seul marché urbain qui est en expansion depuis 1950 malgré d'importantes variations dans l'industrie de la construction ces dernières années. Il fait travailler de nombreuses scieries et fabriques de meubles (voir chapitre VI) et il n'y a pratiquement pas de redistribution à l'extérieur. Le Ministère de l'Agriculture se préoccupe d'augmenter la production de bois, tant dans les vallées chaudes où des plans de reboisement sont à l'étude, que dans l'étage quechua où, de 1950 à 1970, 1 201 ha ont été plantés (en eucalyptus essentiellement), de manière à produire 363 000 m^3 de bois pour une valeur de 67,5 M de sols (provinces de Paruro, Andahuaylas, Anta, Acomayo, Canchis).

D. Le commerce du bétail. Parmi les produits d'élevage, la laine n'a jamais fait l'objet d'un commerce important à partir du Cuzco et c'est Sicuani, qui en était le principal centre régional. Les usines de textile de la ville achetaient l'essentiel de la production locale qui ne suffisait pas d'ailleurs à leurs besoins. Il y avait tout au plus un petit commerce de peaux, à partir des ovins tués à l'abattoir, qui fournissait la matière première à une petite industrie de la chaussure très active. Nous étudierons avec les problèmes du ravitaillement de la ville, le commerce des produits laitiers, et nous limiterons donc à celui du bétail.

Depuis une vingtaine d'année, la demande en viande a beaucoup augmenté, en fonction de la croissance urbaine et de l'amélioration du niveau de vie de la classe aisée ou moyenne. Par ailleurs les expéditions de bétail ont été considérablement facilitées et accrues par l'intensification du trafic routier. Aussi voit-on les marchés de Lima et d'Arequipa élargir leur aire de ravitaillement dans la Sierra, en atteignant les départements d'Ayacucho et Apurimac pour le premier, du Cuzco pour tous les deux. Les abattoirs de ces grandes villes apparaissent plus intéressants que celui de la capitale régionale dont la capacité de consommation reste basse —en particulier pour la viande de boeuf— et qui offre des prix beaucoup plus bas (15 à 18 sols le kg contre 31 à Lima). Les expéditions vers Lima se font surtout à partir d'Anta avec en particulier trois points de concentration du bétail : Izkuchaka (pour le bétail de la plaine, de Chinchaypuquio et Cotabambas), Mollepata, et dans une moindre mesure, Huarocondo. Les deux premiers étaient spécialisés depuis longtemps dans l'expédition des bovins vers la Convencion qui constitue le second marché régional après le Cuzco. En 1968, on estimait qu'un minimum de 3 200 bovins, contrôlés par les services de santé du Cuzco, étaient expédiés annuellement vers Lima, depuis Izkuchaka. Autant et sinon plus partaient de Mollepata. Les ventes de bétail sont surtout importantes à la fin des pluies, en avril, mai et juin, et jusqu'au coeur de la saison sèche en août et souvent septembre.

Pour Arequipa, ce sont les provinces du Sud du Département qui sont concernées : Espinar, Chumbivilcas, Canas, Canchis et Grau. L'influence des négociants aréquipéniens pénètre jusque dans Paruro, à Accha en particulier, et dans Acomayo, à Pomacanchis et Sangarara. Ils fréquentent en particulier les grandes foires : Yauri et Pampamarca en janvier, Pichigua et Tocroyoc en mai, Sicuani (Pampacucho) en août. Le commerce est suffisamment actif pour avoir provoqué la création d'un marché hebdomadaire à Tinta (Canchis). Les achats concernent les bovins de 2 ou 3 ans, ou les jeunes bêtes qui seront engraissées ensuite dans les luzernières de la vallée du Chili. De plus en plus, les commerçants aréquipéniens essaient de contrôler la production, en achetant des terres et surtout en louant des «cabanas» dans les haciendas locales. Un projet d'abattoir-frigorifique s'est fait jour à Yauri envisageant l'expédition par avion vers Lima de 3 tonnes de viande par jour. Déjà, Abancay envoie par camion-frigorifique quelques 500 à 600 tonnes par an, à partir de son abattoir municipal. Et certains pensent aux possibilités qu'offriraient les terres chaudes, dans le domaine de l'élevage bovin, envisageant quelques expéditions depuis l'aéroport inactif de Patria.

Comme toujours au Cuzco, les projets les plus modernes, et il faut bien le dire les plus audacieux, voisinent avec les formes d'échanges les plus traditionnelles. Il persiste ainsi tout un commerce à base de troc entre la viande séchée de la puna et les produits agricoles quechuas. Celui-ci n'est pas contrôlé par notre ville mais il y aboutit pourtant souvent, de manière clandestine.

E. Les problèmes du ravitaillement de la ville. L'évolution quantitative et sociologique de la population du Cuzco n'est pas sans poser de délicats problèmes pour son approvisionnement. Il y a une demande croissante de certains produits qu'on peut qualifier de typiquement urbains (lait, viande, légumes, fruits) mais d'une part la production ne suit pas, et d'autre part, il existe des problèmes de commercialisation, au niveau du marché en particulier.

Beaucoup de propriétaires fonciers dans un rayon de 60 km autour de la ville, se sont lancés dans l'élevage des vaches laitières, Holstein surtout ; ils se chargent, en général, eux-mêmes de la commercialisation du lait, soit en le vendant quotidiennement dans leur maison du Cuzco à des clients connus de longue date, soit en obtenant un contrat d'un hôpital, d'un hôtel, etc. Un progrès dans la distribution du lait apparut, lorsqu'en 1968, deux ingénieurs cuzquéniens créèrent à Huanchac une petite laiterie industrielle. Celle-ci organisa très vite son système de ramassage avec deux véhicules. En 1969, elle recevait quotidiennement 410 litres de la plaine d'Anta, 210 litres de San Sebastian et 270 litres de San Jeronimo et Saylla, soit environ 900 litres par jour. Elle travaillait aussi bien avec de grandes haciendas qu'avec des petits propriétaires et touchait environ une cinquantaine de producteurs, leur offrant 4 ou 4,5 sols par litres. Le lait était seulement filtré, partiellement écrémé et mis en bouteilles. Huit distributeurs le revendaient dans la ville, dont trois dans les vieux quartiers du centre ou de Santiago et San Cristobal, et cinq dans les nouveaux ensembles résidentiels de Huanchac (Mariscal Gamarra, Zamurilla, et Ttio avec trois vendeurs). Elle avait au total, de manière irrégulière d'ailleurs quelques 1 200 clients.

Malgré la modestie de ses objectifs, puisqu'elle se proposait de vendre seulement 900 litres par jour, alors qu'elle avait estimé que 2 000 litres étaient consommés quotidiennement dans la ville, cette entreprise connaissait, en 1969, de très grandes difficultés. Son prix de vente apparaissait trop élevé : 5,5 sols le litre contre 3,5 à 4,5 sols dans le circuit traditionnel et était prohibitif pour les classes populaires. Quant aux classes moyennes, elles se révèlent souvent méfiantes vis-à-vis de la production locale et, lorsqu'elles en ont les moyens, préfèrent acheter des conserves à 7 à 8 sols la boîte.

Pour la viande, le blocage des prix est d'autant plus grand que les bouchers de l'abattoir contrôlent en fait tout le circuit de commercialisation. Ils achètent les animaux sur les foires ou à des intermédiaires, ils les font abattre par leurs tueurs à l'abattoir, puis cèdent la viande et les abats à leurs femmes détaillantes au marché. Deux d'entre eux possèdent même des haciendas d'élevage, l'un dans Chumbivilcas, l'autre dans Puno. Ces négociants sont d'ailleurs plus souvent puméniens ou aréquipéniens que Cuzquéniens. Ils étaient 80 environ en 1969 (77 pour l'abattoir du Cuzco et 4 pour celui de Huanchac). Quatre seulement étaient assez importants pour payer plus de deux cents sols (24 F) de patente annuelle ; une trentaine, par contre, versait moins de cent sols. Ce sont eux qui fixent les prix en fonction de la demande et en accord avec le Conseil Municipal.

Ce contrôle, malgré certains avantages pour le consommateur a, nous l'avons vu, une contrepartie fâcheuse : les éleveurs préfèrent vendre à d'autres marchés, et réservent à la ville les animaux les plus vieux, souvent de mauvaise qualité. On arrive ainsi, si l'on en croit les statistiques de l'abattoir du Cuzco, à voir le nombre des bêtes abattues dans la ville en 1970, sensiblement inférieur pour les bovins au chiffre de 1950 (11 033 contre 11 263), et à peine supérieur pour les ovins (48 981 contre 47 341 – tableau n° LXII) ; certaines années, comme 1953 et 1955 pour les ovins, 1957 et même plus récemment 1964, ont été supérieures à 1968-69. Fait plus grave, les animaux pèseraient moins actuellement qu'en 1950 (127 kg en moyenne contre 130 pour les bovins, 10 kg contre 12 pour les ovins).

TABLEAU N° LXII
ARRIVAGE DE BÉTAIL AUX ABATTOIRS DU CUZCO

ANNÉES	BOVINS		OVINS		PORCS	
	Têtes	Kg	Têtes	Kg	Têtes	Kg
1950	11 263	1 465 190	47 341	567 882	2 686	134 280
1951	11 159		49 236		2 081	
1952	11 300		48 858		1 292	
1953	11 575		51 270		1 129	
1954	11 017		55 614		955	
1955	9 631		61 548		805	
1956	11 194		47 874		335	
1957	11 441		57 317		175	
1958	9 534		57 653		307	
1959	8 898		57 966		488	
1960	8 613		59 563		617	
1961	8 672		57 396		505	
1962 (1)	10 078		51 503		267	
1963	9 959		47 107		149	
1964	11 862		49 126		263	
1965	10 757		46 146		339	
1966	8 889		40 246		451	
1967	9 002		37 309		979	
1968	8 807		39 070		494	
1969 (2)	5 096		23 113		140	
1970 (3)	11 033	1 401 191	48 981	489 810	—	—

(1) C'est à partir de 1962 qu'a commencé à fonctionner l'abattoir de Huánchac.
(2) Les chiffres sont ceux de janvier à septembre seulement.
(3) Nous avons ajouté pour 1970 les chiffres de l'abattoir de Huánchac.

Ce sont en effet, surtout des femelles, souvent maigres, qu'ont vend principalement au Cuzco. Or depuis 1950, la population de la ville a doublé. Aussi la consommation annuelle de viande n'est plus que d'environ 13 kg par personne pour la viande de boeuf, de 4 kg pour celle de mouton et de moins de 1 kg pour celle de porc, alors que les chiffres respectifs pour 1950 étaient d'environ 27 kg, 10 kg et 2,5 kg. C'est en fait un cercle vicieux : on maintient le prix de vente relativement bas (12 à 15 sols la livre pour le boeuf, 10 à 15 pour le mouton et 14 pour le porc en 1970) pour pouvoir écouler la marchandise, mais les producteurs ont davantage d'intérêt à vendre ailleurs ; or on peut difficilement relever les prix, car il y aura encore moins de gens qui achèteront de la viande.

Nous devons préciser toutefois que, pour les moutons et les porcs, il y a tout un commerce clandestin, malgré les contrôles réalisés au marché ou dans les camions, ce qui augmente sensiblement les quantités citées précédemment pour l'abattoir. Beaucoup de gens au Cuzco conservent en effet des terres ou des contacts étroits avec des parents ou des paysans de province qui leur envoient régulièrement des vivres, parfois réexpédiées ensuite jusqu'à Lima.

La carte n° 23 représente l'aire de ravitaillement en viande de notre ville en 1968-69 (32). Ce sont les provinces proches de la ville qui fournissent l'essentiel de la viande de boeuf : Anta en premier lieu, mais aussi le Cuzco, Paruro et Calca. Cela s'explique par la proximité et les liens anciens établis avec les bouchers de l'abattoir. Passée une certaine distance, on préfère vendre à Lima, en particulier d'Anta, nous l'avons vu. Pour les ovins, le rayon d'influence des abattoirs du Cuzco est plus long, car les régions de puna sont sensiblement plus éloignées. La majeure partie provient de Chumbivilcas et Canas et surtout de Puno, département avec lequel les liaisons sont très faciles. Le chiffre de bovins provenant de Chumbivilcas nous a paru bas ; certainement parce que c'est un peu plus tôt, dès la fin de la saison des pluies, qu'on conduit les bêtes au Cuzco : à notre avis, son importance est certainement égale, et même supérieure à celle de Paruro. Grau et Cotabambas jouent, enfin, un rôle appréciable, bien que leurs liaisons avec la ville, surtout pour Grau ne soient pas faciles. Les expéditions de cette dernière province vers Arequipa, et même vers Lima et Ica, sont certainement plus importantes.

Ce sont ces exportations extra-régionales qui expliquent le faible rôle joué par les provinces d'élevage de Canchis et surtout d'Espinar. Lerus liens commerciaux, comme fonciers ou financiers, avec Arequipa, font que les ventes de bétail s'y font essentiellement à destination de cette ville, surtout pour les bêtes de bonne qualité. Les autres provinces de la zone quechua, ont un rôle très modeste, sauf celle de Calca pour les bovins, et les hauteurs de Quispicanchis pour les ovins (Ocongate, Ccattca). On y sacrifie surtout les animaux les plus âgés, la spéculation sur l'élevage s'orientant par ailleurs vers les produits laitiers. Ce sont elles, par contre, qui fournissent la majorité des porcs et principalement les provinces d'Anta et de Calca. Quant à la ceja de montana, son rôle est encore réduit et elle demeure toujours importatrice de viande (en particulier Quillabamba). La situation peut cependant changer si se réalisent dans les terres chaudes les grands projets d'élevage envisagés récemment.

Pour les légumes et les fruits, comme pour la viande, les prix sont imposés par les détaillantes du marché, avec un contrôle de la municipalité ; comme ce sont des denrées périssables, les cultivateurs sont contraints de les accepter. Le problème du transport est de même important, non pas tellement sous l'angle du coût, mais sous celui de la sûreté. Ainsi, ce n'est donc pas seulement du producteur que viennent les limites aux transformations de l'agriculture en fonction du marché urbain, mais de ce marché lui-même. Beaucoup de propriétaires hésitent à faire des investissements importants, pour les cultures maraîchères ou un élevage laitier, en soustrayant par ailleurs aux produits vivriers une parcelle de bonne terre, s'ils ne sont pas sûrs d'écouler leurs productions à un prix convenable.

---

32. Pour les bovins, nous n'avons que les chiffres des trois mois d'août, septembre et octobre ; pour les ovins, les données couvrent un an (d'août 68 à août 69).

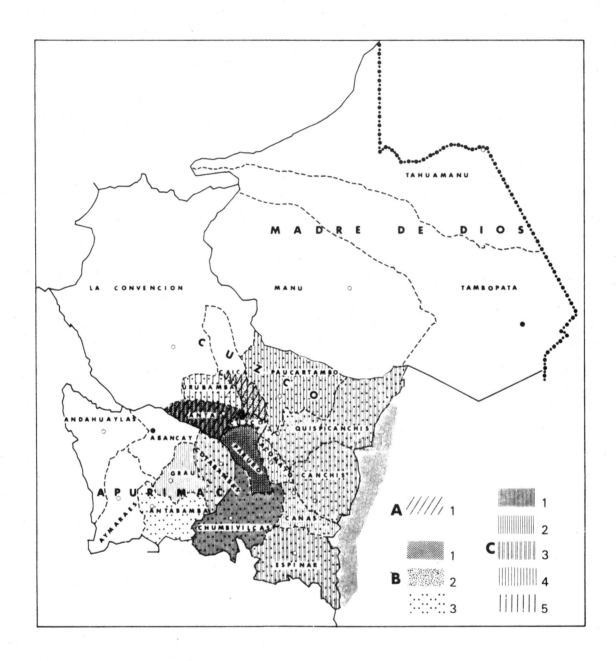

Fig. 23.— Ravitaillement en viande du marché du Cuzco (1969)

A. 1. Porcs.— B. Bovins : 1. 300 à 600 par an.— 2. 100 à 300.— 3. Moins de 100.— C. Ovins : 1. 7 à 8 000 par an.— 2. 2 000 à 4 000.— 3. 500 à 2 000.— 4. 100 à 500.— 5. Moins de 100.

Les productions locales de choux, d'oignons et de tomates, semblent actuellement suffire à la consommation de la ville. Elles demeurent pourtant modestes avec 485 ha de cultures maraîchères en 1967 selon le Ministère de l'Agriculture. Si l'on enlève d'ailleurs 170 ha d'oignons et 140 ha d'aji, qui sont des condiments de l'alimentation traditionnelle, il ne reste plus que 140 ha de choux et de tomates avec une production annuelle de 1 900 tonnes environ. La plus grande partie des autres légumes vient d'Arequipa et est sensiblement plus chère. On pourrait évidemment les faire venir dans les vallées cuzquéniennes, mais leur consommation est encore trop irrégulière et réduite (fig. n° 24).

Parmi les fruits de l'étage tempéré, un seul donne lieu à une production organisée essentiellement pour le marché : la *frutilla* (fraise) à Yucay, donnant des rendements élevés (400 kg à l'ha), et vendue à raison de 75 sols le kilo au Cuzco. Toujours dans ce village, ainsi que dans le chef-lieu voisin, Urubamba, d'importantes quantités de cerises (capulis), pêches, abricots et poires, sont portées sur le marché de la ville. Comme pour les fruits des vallées chaudes c'est l'accroissement du trafic routier qui a favorisé la commercialisation en les dirigeant vers le marché urbain, sans qu'on ait parallèlement une amélioration et une augmentation de la production.

Tout se passe donc, pour le ravitaillement et pour la production agricole, comme si la ville ne fonctionnait pas encore en tant qu'organisme global, mais représentait seulement le rassemblement de gens ayant leurs liens personnels, individuels, familiaux avec la campagne. Les habitants en outre conservent longtemps des habitudes alimentaires dites « rurales » avec une prépondérance des céréales, des pommes de terre et de la viande séchée. Aussi le Cuzco n'arrive, ni à stimuler la production de denrées non exportables (légumes, fruits, produits laitiers, œufs) ni à orienter à son profit le commerce de la viande de boucherie. C'est là un problème très grave à tous les niveaux. Au niveau de la consommation, il risque d'y avoir rapidement pénurie de viande de bonne qualité et la diète des gens d'autre part reste mal équilibrée et déficitaire en protéines. Au niveau de la production cela semble moins grave car les produits traditionnels ne manquent pas d'acheteurs, mais toute amélioration technique de l'agriculture et de l'élevage au niveau des petits producteurs qui sont la majorité dans notre région exige un marché urbain plus vaste. C'est ce même problème du niveau de consommation que l'on retrouve, posés d'une manière différente pour la distribution des produits fabriqués.

III– LES FORMES DU COMMERCE URBAIN ET REGIONAL ET LEUR EVOLUTION RECENTE

L'évolution actuelle tend à faire du magasin le lieu privilégié des échanges commerciaux ; les boutiques se diversifient et sont de plus en plus nombreuses, à la fois dans les villes et dans les campagnes où elles s'introduisent rapidement. Ce fait n'est en soi pas très original et la plupart des pays l'ont connu ; mais dans la région du Cuzco, s'il renforce le rôle des villes, il n'a pas fait disparaître les formes traditionnelles, marchés et foires ou bien échanges itinérants qui, avec un regain de leurs activités, subissent de profondes transformations.

A. Les magasins. En établir une statistique précise est encore très difficile pour notre région. Les registres de patentes tenus par les Conseils provinciaux sont loin d'être à jour et ne signalent que les établissements les plus importants qui sont les seuls à payer l'impôt. Il n'existe d'autre part de chambres de commerce que dans les cinq principales agglomérations. Quant au recensement économique de 1963, le premier de ce genre au Pérou, ses résultats sont souvent très incomplets et dépassés à une époque où se sont multipliées les petites boutiques rurales. Il permet cependant de discerner les grands types de commerce et de situer la place de notre région sur le plan national en 1963.

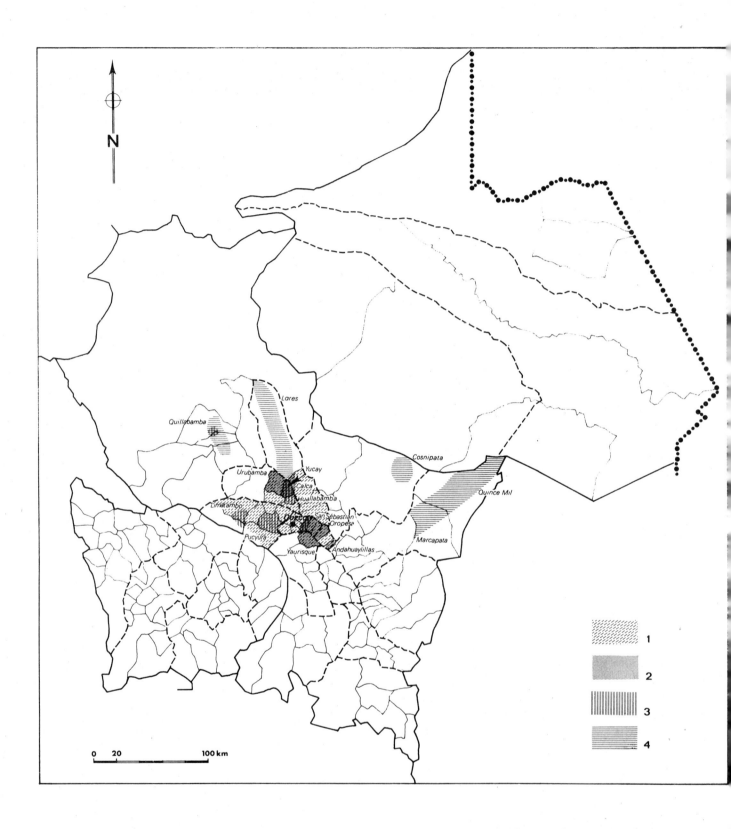

Fig. 24.— **Aire régionale de ravitaillement en lait, fruits et légumes du marché du Cuzco**

1. Bassin laitier.— 2. Fruits tempérés.— 3. Cultures maraîchères.— 4. Fruits tropicaux.

Avec 2 499 commerces de détail recensés, soit 4,3 % de l'ensemble des détaillants péruviens, le département du Cuzco occupait le sixième rang après Lima (36,1 % des détaillants), Junin (Huancayo), La Libertad (Trujillo), Arequipa (5,9 % des détaillants) et Ica (33). Par le nombre des magasins, il était au deuxième rang pour la Sierra, or, il n'était qu'au troisième rang pour la population en 1961. L'Apurimac, avec 633 magasins (1,1 %) et le Madre de Dios, avec 51 commerces (0,1 %) occupaient par contre les derniers rangs. L'immense majorité des commerces, soit 89 %, étaient des épiceries et des débits de boissons. Il ne restait plus ensuite pour l'ensemble du département que 255 établissements (11 %) vendant d'autres biens de consommation (34).

2 434 commerces, soit 97 % employaient moins de 5 personnes et 65 seulement plus de 5. C'est dire la modestie de la plupart des commerces considérés. Notre département, pour les magasins employant plus de 5 personnes, n'était d'ailleurs qu'au 9e rang, après les départements précédemment cités et tous ceux de la côte Nord. Le commerce occupait un total de 4 188 personnes, dont 2 416 étaient les propriétaires et des employés appartenant à leur famille, ce qui révèle l'importance des petites entreprises familiales. Les ventes atteignaient, d'après les déclarations de recensés, un total de 311 737 190 sols (37,5 M de francs en 1969), ce qui plaçait le Cuzco au huitième rang avec une moyenne de 124 745 sols (15 000 F) de chiffre de ventes annuel par magasin, chiffre inférieur à la moyenne nationale de 217 816 sols (26 000 F). Si l'on considère les seuls établissements ayant moins de 5 travailleurs, le chiffre moyen de ventes par établissement commercial était de 68 758 sols par an (8 250 F) —moins de 6 000 sols (720 F) par mois— contre 88 750 sols (10 600 F) de moyenne nationale annuelle. Dans les enquêtes que nous avons menées en province, dans 72 magasins choisis comme les plus importants et ayant avoué leurs chiffres de vente, 47, soit 65 % avaient déclaré vendre moins de 8 000 sols par mois, chiffre qui serait donc à peine supérieur à celui cité par le recensement pour l'ensemble des détaillants (tableau n° LXIII).

Toujours selon le recensement de 1963, il y avait 61 grossistes dans le département du Cuzco et 3 dans l'Apurimac (1 pour les minerais et métaux et 2 pour l'alimentation). Notre département était au 3e rang pour les affaires de gros, négociant les produits agricoles (grâce en particulier aux maisons de Sicuani et de la Convencion), au 5e rang pour l'alimentation et le textile et par contre au 10 rang pour les articles de quincaillerie et d'électro-ménager, ce qui illustre son retard dans les branches plus modernes s'adressant à une clientèle plus aisée. 39 grossistes occupaient plus de 5 personnes, le total des personnes employées étant de 705, dont seulement 21 propriétaires et aides familiaux, 343 employés et 341 ouvriers ce qui montre qu'on a là surtout des succursales d'entreprises non locales, phénomène que nous confirmerons plus loin. Le Cuzco, avec 1,7 % des commerces de gros du Pérou était au 4e rang après Lima, Arequipa (2,2 %) et La Libertad (1,9 %) ; il était à égalité avec des centres très commerçants comme Ica, Huancayo, Chiclayo, les deux premiers pâtissant de leur proximité de Lima et le dernier de la concurrence de Trujillo. La capitale, avec 80,7 % des magasins de gros, affirmait sa suprématie et montrait le centralisme commercial existant au Pérou.

La multiplication récente des commerces en province. Depuis une vingtaine d'années et surtout après 1960, les magasins se sont multipliés en province. Dans les bourgades où nous avons mené nos enquêtes, ce fait apparaît nettement. Le pourcentage de magasins créés après 1950, varie de 62 % à Calca à 80 % à Yauri ; Acomayo, vieille bourgade coloniale comme Calca, a un pourcentage de 64 %,

---

33. Primer censo economica – 1963 – D.N.E.C. – Lima.

34. Soit 28 pharmacies, 68 magasins de tissus, vêtements ou chaussures, 16 commerces de meubles et articles de ménage, 15 quincailleries, 15 concessionnaires d'autos et motos, 55 «comercios» (établissements d'une certaine taille vendant des produits fabriqués importés ou commercialisant les denrées agricoles) et bazars, et 43 magasins divers (horlogeries, librairies, etc.).

TABLEAU N° LXIII
MONTANT DES VENTES DES ENTREPRISES COMMERCIALES DES DÉPARTEMENTS
DE LA RÉGION SUD-EST (1963)

	TOTAL DES VENTES			VENTES EN GROS			VENTES AU DÉTAIL			VENTES PAR HABITANT
	Montant (1)	% Sud	% Pérou	Montant (1)	% Sud	Montant (1)	% Sud			Sol/habitant
Apurímac	53 608	1,7	0,1	10 336	0,6	43 272	3,1			181,25
Cuzco	747 606	23,4	1,7	435 869	24,1	311 737	22,4			1 156,51
Madre de Dios	17 084	0,6	0,04			17 084	1,2			1 047,71
Région Sud-Est	818 298	25,6	1,9	446 205	24,7	372 093	26,7			853,72
Arequipa	1 702 375	53,2	3,9	1 208 363	57	674 012	48,4			4 124,17
Puno	389 546	12,4	0,9	150 513	8,33	239 033	17,2			547,24
Sud	3 199 941		7,4	1 807 545	6 % Pérou	1 392 396	11 % Pérou			1 449,64
Lima-Callao	24 997 316		76,8	24 997 316	82	8 208 294	64,5			12 500
Pérou	43 238 368			30 509 399		12 728 969				3 945,68

Source : Premier recensement économique de 1963.

(1) En milliers de sols ; 1 sol = 0,12 F en 1969.

tandis qu'Izkuchaka avec 78 % de ses commerces fondés après 1950, ressemble à Yauri. Pour les magasins ouverts après 1960, la proportion variait de 41 % –à Acomayo– à 70 % –à Yauri– (49 % à Calca et 60 % à Izkuchaka) ; en 1968, enfin, 6 commerces nouveaux avaient vu le jour à Yauri et autant à Izkuchaka, contre 4 à Calca et 2 à Acomayo, montrant que malgré le malaise économique, le mouvement ne s'arrêtait pas.

C'est donc près de 50 % des magasins, et souvent plus, qui se sont ouverts depuis 1960 et ceci dans des centres récents, bien situés au carrefour de routes fréquentées (Yauri et Izkuchaka, par exemple) dans les vieux bourgs coloniaux et même dans de nombreuses communautés indigènes. L'accroissement de la production industrielle nationale et l'intensification du trafic routier ne suffisent pas pour expliquer ce phénomène. Il faut y voir une conséquence du manque de terre et l'influence de facteurs humains comme la pression démographique, et les progrès de la «cholification».

Pour beaucoup de provinciaux, le commerce n'est qu'une activité complémentaire de l'agriculture et presque essentiellement exercée par les femmes. Dans chaque village, une forte proportion de commerçants est constituée d'autre part de migrants : 49 % à Yauri en 1969 (dont le tiers venu de Sicuani, centre commercial du même type, mais en déclin), 35 % à Izkuchaka, 51 % à Calca, 12 % par contre à Acomayo, village colonial dépourvu d'attraction. La plupart d'entre eux, issus de l'agriculture en général, ont exercé divers métiers (colporteur, rescatista, manoeuvre, camioneur, travailleur dans la ceja de montana) et leur vie est une suite de déplacement car ils sont toujours prêts à tenter leur chance ailleurs. Ainsi, et toujours selon nos enquêtes de 1969, un peu plus du tiers des commerçants de Calca et d'Acomayo, conscients de la torpeur du commerce local, désiraient émigrer pour un centre supérieur : le Cuzco (pour 4 commerçants sur 6 à Acomayo, et pour 5 sur 11 à Calca), la Convencion ou Lima (un commerçant dans chacun de ces bourgs). Bien que nous n'ayons ni étude précise, ni statistique à ce sujet, nous savons que beaucoup de détaillants de notre ville sont des provinciaux, ayant souvent eu un premier négoce dans une autre agglomération. Ainsi, tenter l'aventure du commerce, c'est pour beaucoup de gens de condition très modeste, rompre en partie les blocages économiques et sociaux imposés par les structures agraires et la pression démographique.

En second lieu, ce pullulement des magasins correspond à une phase de l'économie péruvienne caractérisée à la fois par sa grande liberté et par la modestie des transactions. Les industriels et les grossistes, dans leur désir de s'ouvrir un marché encore vierge encourageant la création des magasins par les facilités qu'ils accordent aux commerçants. Autrefois, c'était pour eux un moyen commode de collecter la production agricole locale qu'ils se chargeaient ensuite de commercialiser. Maintenant, la plupart ont abandonné ces activités, mais ils conservent leurs clients de provinces grâce à leurs crédits. Les maisons de produits alimentaires et de tissus vendent toutes à crédit dans une proportion de 60 à 95 % accordant des délais de 30, 60, 90 voire 120 jours. Le plus souvent, elles ne perçoivent même pas d'intérêt car le règlement se fait à partir d'une simple facture. Seuls les commerçants les plus importants passent par l'intermédiaire des banques, non pas tellement sous la forme de chèques mais grâce à des lettres de change. Toutefois, il y avait en 1969, une forte tendance à la réduction des facilités de crédit car le nombre de lettres de change avait augmenté en 1968 de 102 % par rapport à 1966, atteignant la somme de 67 521 594 sols (8,1 M de francs) (35) et parce que les moyens de pression étaient très limités pour récupérer des sommes finalement très modestes.

Il est facile, d'autre part, d'ouvrir une petite boutique surtout en province, où les patentes et les impôts sont très réduits et irrégulièrement perçus. Le local est le plus souvent loué et sommairement

---

35. Mémoires de la Chambre de Commerce du Cuzco (1966–1967–1968).

aménagé. En 1969, 50 % des magasins d'Acomayo et d'Izkuchaka étaient loués et 55 % à Calca où de nouveaux venus avaient pris la place des commerçants partis tenter fortune ailleurs. Le pourcentage tombait à 33 % à Yauri, bourgade encore en construction où de nombreux commerçants édifiaient leur maison. L'approvisionnement ne nécessite pas le déplacement du propriétaire qui peut attendre les visites des voyageurs de commerce ou de camions de service, les suppléments de prix pour les transports étant très faibles en 1969. Beaucoup de commerçantes restent illettrées et ne tiennent aucune comptabilité. Elles manifestent très peu d'âpreté au gain et se contentent, nous le verrons, de ventes mensuelles très modestes. Ainsi la multiplication des commerçants n'est pas du tout le signe d'une fièvre commerciale ; il correspond à une évolution très lente des genres de vie et du pouvoir d'achat, les transactions, en province, restant, malgré tout, réduites et nonchalantes. La densité des magasins suit assez étroitement le tracé des routes. Cela apparaît très nettement dans le Sud de Paruro et le Nord de Chumbivilcas. Accha, à une heure et demie de cheval (2 heures 1/2 à pied) de Pillpinto où s'arrête la route, possède encore une douzaine d'épiceries et a un marché dominical très animé où se rencontrent les gens des vallées d'Acomayo et ceux de punas. Mais Colcha, à 3 heures de marche de Paruro et d'Accha, n'a plus que l'épicerie du maire et un marché épisodique. Omacha et Ccapi, plus éloignées, et également dépourvues de routes, n'ont ni magasin, ni marché. De l'autre côté de l'Apurimac et à partir de la route vers Santo Tomas, on retrouve le même phénomène : Colquemarca dans un site identique à celui d'Accha, mais atteint depuis peu par la route, possède une dizaine de magasins, un marché et deux camionnettes. A un jour de cheval, Ccpamarca n'a plus qu'une seule épicerie, alors que Chamaca et même Livitaca n'ont ni magasin, ni marché.

Les types de magasins. Comme en 1963, ce sont les magasins d'alimentation qui dominent. Selon le registre des patentes, ils représentaient 54 % des boutiques à Izkuchaka (21 sur 39), 73 % à Yauri (44 sur 60), 47 % à Calca (46 sur 97, l'artisanat de service étant bien représenté dans ce bourg). On avait, dans ces diverses bourgades, à peu près un magasin pour 50 personnes, ce qui, étant donné le bas niveau de vie des habitants, ne peut permettre d'importants revenus.

Dans les capitales de district, on ne trouve guère que la *tienda de abarrotes*, c'est-à-dire l'épicerie-débit de boissons ; c'est seulement à l'échelon des capitales de province que le commerce se diversifie, avec, à un premier niveau, les boutiques de tissus et de vêtements vendant parfois quelques chaussures ; à un second niveau, s'y ajoutent un vendeur d'essence et quelques restaurants et pensions, parfois auberges, qui traduisent l'importance du trafic routier et du nombre de fonctionnaires. A un troisième niveau, on note la présence de pharmacies, souvent simple *boticas* (36) et de librairies. Quelques épiceries plus importantes vendent également des articles de quincaillerie, des radios. L'artisanat de service ajoute aux couturières, tailleurs et chapeliers, des coiffeurs pour hommes, des forgerons, des cordonniers et charpentiers et même de petits ateliers de mécanique. Calca, Urcos, Yauri et Izkuchaka se classent dans cette catégorie. Calca y ajoute deux importants magasins de chaussures et trois bars-salons de thé, Yauri, un magasin de produits vétérinaires, Urcos et Calca, un cinéma irrégulier.

Nos villes seules, Sicuani, Quillabamba, Abancay, Andahuaylas et Puerto Maldonado, offrent une gamme de commerces diversifiés et on peut y acheter à peu près de tout, sauf des voitures et des machines que l'on peut cependant commander facilement au Cuzco (37). On y rencontre, comme dans

---

36. Pharmacies tenues par un commerçant dépourvu de tout diplôme.

37. Abancay et Quillabamba ont eu, un temps, un concessionnaire d'automobiles.

cette ville, de grandes maisons de commerce, parfois de gros (appelées "*comercios*" ou "*mercarderias*"). Mais comme au Cuzco, les épiceries de toute taille et les divers débits de boisson dominent très largement l'ensemble des magasins (constituant par exemple 66 % des magasins de Quillabamba).

B - La renaissance des marchés et des foires : A l'origine, l'intérêt économique du marché résidait surtout dans les échanges de produits agricoles venus d'étages écologiques différents. Aussi les plus animés étaient ceux de la zone quechua, à cause de sa situation géographique. Le marché avait d'autre part, un rôle social fondamental. Ceci apparaissait aussi bien dans l'assistance à la messe dominicale et à l'assemblée communale qui souvent suivait, que dans les conversations amicales ou familiales qui s'y nouaient. Aujourd'hui, plus encore que les magasins, ils apparaissent comme les lieux privilégiés de contact entre le rural et l'urbain. Tous les agents de pénétration des influences urbaines dans les campagnes s'y rencontrent et c'est là qu'on saisit le mieux leur influence conquérante : produits fabriqués, commerçants et gens de la ville, camions, monnaie enfin, qui se substitue progressivement au troc.

Dans un marché traditionnel, il n'y a pas à proprement parler de commerçant, puisque presque tout le monde est à la fois vendeur et acheteur. Dans sa forme la plus simple, le marché vise en effet à assurer les besoins alimentaires et participe plus de l'économie domestique que du commerce. C'est certainement pour cela que ce sont les femmes qui en sont chargées. Les échanges se font sous la forme de troc entre producteurs d'étages géographiques différents. Ainsi à Chincheros, les paysannes du plateau échangent des pommes de terre ou du chuño, contre du maïs, des fruits, des légumes (choux et oignons), des piments apportés par d'autres paysannes d'Urubamba qui introduisent également les fruits et la coca des terres chaudes. Dans la puna, à Yauri et à Santo Tomás, les éleveurs échangent de la viande séchée, du fromage, et du chuño, contre des céréales apportées par les paysannes des vallées tempérées de Chumbivilcas.

Toutefois, le troc sur les marchés concerne plus les produits de l'agriculture que ceux de l'élevage qui entrent davantage dans les échanges domestiques réalisés en dehors des marchés ; peut-être parce qu'ils ne constituent pas des éléments de base de l'alimentation et, actuellement, à cause de la surveillance des agents municipaux chargés de l'hygiène. Certains articles d'artisanat entrent également dans les opérations de troc, en particulier ceux qui, comme les céramiques et le sel des salines communales, sont liés à l'alimentation quotidienne. Ils introduisent, cependant, un premier élément de complication dans le schéma simple du troc, dans la mesure où ils sont produits essentiellement pour être échangés. Deux autres facteurs interviennent également, et ceci de plus en plus, pour modifier les termes égalitaires du troc. Tout d'abord, un produit acquiert toujours plus de valeur que les autres et très vite sert de référence pour les échanges : ainsi le maïs et la coca qui font complètement défaut dans l'étage froid et, parfois, la pomme de terre. En second lieu, certains paysans, profitant d'une situation géographique privilégiée, réalisent un véritable commerce triangulaire et participent ainsi volontiers au système d'exploitation du haut par le bas que nous avons brièvement présenté dans la première partie.

Les commerçants de la ville n'abandonnent pas complètement le troc, mais le schéma de leurs échanges est beaucoup plus complexe que dans le cas précédent et révèle des finalités nettement mercantiles ; ils acquièrent contre de l'argent des marchandises, qu'ils échangent contre des denrées agricoles (pommes de terre par exemple) afin de les revendre, et d'acheter de nouvelles marchandises etc... Comme le dit Esteva Fabregat (38) "tandis que la "chincherina" (paysanne de Chincheros) termine son cycle économique avec l'achèvement du troc, les métisses et les cholas n'en sont qu'à la moitié du chemin".

---

38. Claudio ESTEVA FABREGAT. "Un mercado en Chincheros, Cuzco". Anuario Indigenista, vol XXX -Diciembre 1970.

Le fait d'être seulement vendeur, et non plus acheteur-vendeur, marque d'autre part, profondément, les rapports entre individus, car le commerce qui fait intervenir l'argent est plus impersonnel et beaucoup moins égalitaire. Les prix sont fixés par le vendeur et le client manque souvent, sinon d'éléments de comparaison, du moins d'information. Beaucoup de commerçants utilisent d'autre part le système métrique que les paysans ignorent totalement. L'attitude même des vendeuses est plus intimidante que lors du simple troc et elles participent à la chaine de domination à laquelle sont soumises les paysannes, dont la capacité de discussion et de résistance n'est toutefois pas à sous-estimer.

Le marché perd ainsi beaucoup de son caractère social pour tout ce qui concerne les relations entre individus. Sa fonction au niveau du groupe est cependant renforcée et élargie, dans la mesure où dans les villages qui ont des marchés animés, la messe est très régulièrement célébrée et où les bureaux de certains techniciens et membres des professions libérales s'ouvrent ce jour-là. La création d'un marché peut, d'autre part, conduire à la croissance et même à la création d'un petit village qui sollicitera par la suite sa promotion au rang de district. Ainsi à Tocroyoc (Espinar) dans les années 20-40, comme actuellement à Ancahuasi (Anta).

Les marchands qui fréquentent les marchés sont souvent ceux du village même qui installent un étal ou un kiosque sur la place, tout en maintenant en service leur boutique. Il y a, d'autre part, de nombreux forains, des colporteurs et des "rescatistas" recherchant les denrées agricoles ; grâce aux nouveaux moyens de transport, le marché devient en effet le lieu privilégié pour le ramassage de ces derniers. Les commerçants des capitales de province se rendent volontiers sur les marchés de districts ou y envoient des agents ; ainsi ceux d'Izkuchaka, de Yauri, de Sicuani. Les détaillantes du marché du Cuzco, spécialisées dans les fruits et légumes ou les tissus et vêtements, vont dans les provinces voisines et sur les grandes foires régionales. Parmi les commerçants du Cuzco, une place doit être faite à ceux qui vendent des "souvenirs" pour les touristes, à Pisaq et Chincheros; ils représentent la forme suprême d'intégration du marché au système commercial urbain. Les touristes eux-mêmes, et les gens de la ville qui viennent à la foire en pensant se ravitailler à moindre frais qu'au Cuzco, sont également des agents de pénétration des influences urbaines.

Les marchés sont devenus progressivement des intermédiaires dans la chaîne de distribution de l'épicerie, des tissus et vêtements, des chaussures, des articles de bazar. Par ailleurs, ils monopolisent la distribution de certains produits agricoles : les fruits tropicaux, certains légumes comme les oignons, les tomates, les choux, enfin la coca. Ceux-ci interviennent peu dans les opérations de troc et leurs circuits commerciaux passent souvent par les commerçants des villes. Parmi les marchandises vendues, une place importante doit être réservée au pain qui apparaît comme un produit urbain, dans la mesure où il est élaboré avec de la farine industrielle, dans des fours fonctionnant de plus en plus au pétrole ou à l'électricité.

Bien des marchés du Cuzco présentant une dualité entre le troc et le commerce monétarisé, on peut essayer de définir le rôle de l'argent comme agent de pénétration des influences urbaines. La monnaie qui a été un des grands éléments de domination à l'époque coloniale par le biais du tribut et des repartos, reprend ce rôle, aujourd'hui, en intégrant, de plus en plus, les activités rurales à l'économie de marché. Au marché de Chincheros où les échanges sous forme de troc sont plus généralisés qu'ailleurs, l'argent intervient de plus en plus parallèlement. Sur les 91 produits énumérés par C. Esteva Fabregat (39), (si nous exceptons le "divers" qui groupe plusieurs marchandises

---

39. C. Esteva Fabregat ; Op. Cit.

PLANCHE 18 — LE MARCHÉ DE CHINCHEROS (Urubamba)

Photo A : Vue générale du marché dominical

Dans la file de droite, on observe la différence de vêtement entre les vendeuses métis d'Urubamba au chapeau blanc, offrant légumes et fruits, et les paysannes de Chincheros en costume traditionnel.

(Cliché de l'auteur)

Photo B. : Opération de troc

Les paysannes de Chincheros, coiffées de la «montera» et portant leur enfant dans la «manta», échangent des pommes de terre contre des céramiques fabriquées par un métis de la province de Canchis.

(Cliché de l'auteur)

fabriquées), aucun n'est soumis au troc seul. 71 font intervenir indifféremment le troc et l'argent, et une vingtaine l'argent seul. Partout ailleurs, dans les provinces voisines du Cuzco, donc relativement urbanisées, la proportion de l'argent est toujours plus importante. Elle devient prépondérante sur les grandes foires dominicales de Sicuani et Yauri, et presque unique au Cuzco ou à Quillabamba, où les formes de troc sont très rares. L'argent intervient d'ailleurs de manière directe, mais aussi indirecte, à titre de référence sous la forme du prix.

Ainsi la pénétration des influences urbaines sur les marchés incite les paysans à se procurer de l'argent et on passe d'une économie d'auto-subsistance, où les échanges nécessaires sont fondés sur le troc, à des formes monétarisées qui caractérisent l'économie capitaliste.

On est néanmoins surpris de la modestie des transactions. Beaucoup de paysannes se déplacent pour vendre quelques œufs, quatre ou cinq kilos de pommes de terre soigneusement disposées en tas, de petites bottes d'herbes aromatiques et médicinales... La poignée demeure la mesure la plus utilisée, et c'est les deux paumes ouvertes que les paysannes de Chincheros offrent leur pommes de terre au moment du troc. Cette modestie est à mettre en rapport avec celle de la production et celle du transport. C'est en effet sur leur dos, dans leur liclla, que les paysannes portent leur marchandise, toute cargaison supplémentaire exigeant, soit un âne, soit, en camion, le paiement d'un prix plus élevé. Les produits fabriqués eux-mêmes sont détaillés par petites quantités : le sel, le sucre, la graisse de porc, les teintures sont offerts dans de petits paquets à 50 centimes ou à un sol ; les cigarettes, les cachets, les fruits, sont vendus à l'unité. Le client urbain éprouve de la difficulté à échanger un billet de 100 sols, et même parfois de 10 sols, sur la plupart des marchés ruraux. On est frappé, d'autre part, par l'existence de deux marchés dans un, le métis et l'indigène. Les métis négocient pour de l'argent, les seconds pratiquent le troc; ils n'ont ni le même pouvoir d'achat, ni les même habitudes de consommation ; ils ne s'assoient pas côte à côte, ni à l'église où les Indiens sont à même le sol, ni autour des kiosques de nourriture, les métis préférant fréquenter les débits de boisson.

Cette inégalité sociologique dans la pénétration des influences urbaines à travers les marchés, se double d'une disparité géographique, entre des régions qui, grâce à eux connaissent un réel renouveau économique, et d'autres qui demeurent à l'écart. Ils convient de remarquer, tout d'abord, que le marché ne s'est pas implanté dans les terres chaudes sauf récemment dans les agglomérations principales et sous une forme résolument urbaine. Le climat chaud et humide ne favorise pas l'exposition des produits agricoles. Il n'y avait pas, par ailleurs, de communautés indigènes et dans les haciendas qui formaient les seuls noyaux de peuplement, le contrôle des propriétaires sur la production économique des travailleurs était très fort. Dans la puna, les marchés semblent avoir décliné au cours du XIXème siècle. Dans les secteurs les plus isolés, ils ont disparu. Ainsi au Sud de l'Apurímac, dans les districts de Paruro et de Chumbivilcas dépourvus de routes, seuls se maintiennent ceux des zones de contact écologique à Surimana, Santa Lucia et San Juan, au Nord de la rivière, et au Sud à Accha, fréquenté par les commerçants de Pillpinto.

En fait l'animation des marchés est étroitement liée au réseau des routes. C'est ainsi qu'une province comme Canas, dont l'économie est loin d'être florissante, qui est soumise à un fort exode rural, mais qui est relativement bien desservie par les routes, a un petit marché hebdomadaire dans chaque village. Le fait d'être dans la zone d'influence de Sicuani dont les marchands sont volontiers itinérants, a été certainement aussi une condition favorable. C'est dans Espinar qu'on saisit le mieux cette importance de l'activité des marchés avec un échelonnement de ceux-ci au long de la semaine, bien desservis par les camions et fréquentés par les commerçants et les forains de Yauri. A l'inverse, trop de facilités dans les communications, peuvent faire diminuer leur activité ; dans la vallée du Vilcanota, les capitales de district ne conservent que des foires hebdomadaires peu animées car les paysans préfèrent se rendre directement au Cuzco ou à Sicuani.

Les fonctions du marché du Cuzco : Dans les villes, au Cuzco en particulier, le marché est plus encore qu'auparavant le seul lieu où on se ravitaille en produits alimentaires d'origine agricole. Récemment, se sont installés dans l'agglomération des supermarchés, mais vendant des produits conditionnés et souvent importés, donc plus chers, ils sont réservés pour les denrées périssables, à la clientèle aisée. La croissance du marché central du Cuzco a suivi l'évolution quantitative et qualitative de la population urbaine qui a presque triplé depuis 1940 et est de plus en plus formée de gens n'ayant plus de rapports avec la terre. Son importance est telle qu'il s'en est installé ou développé dans plusieurs quartiers : à Huánchac, à Santa Teresa et San Blás, et dans les nouveaux faubourgs de Rosaspata et de T'tío. Hors de l'agglomération, le marché de San Jerónimo a un rôle urbain non négligeable le dimanche. Enfin, il faudrait parler des multiples micro-marchés spontanés qui se forment près des terminus routiers, ou à la descente des camions.

En 1968, il y avait 716 marchands, en grande majorité des femmes, payant une patente au conseil municipal, dans le marché couvert de San Pedro et son annexe de Ccasccaparo (dont 175 pour la viande et la triperie et 193 pour les légumes, les féculents, les fruits, les herbes, etc (40). 400 environ viennent chaque jour, se groupant en fonction de leur spécialité. Il faut y ajouter les kiosques du restaurant populaire et les ateliers de divers artisans : couturières, chapeliers, cordonniers... Dehors, le long des rues avoisinantes, sont établis les commerces non liés à l'alimentation (tissus, quincaillerie, chaussures, mais aussi articles d'artisanat, céramique, objets d'occasion extrêmement variés, produits concernant la pharmacopée et la magie indigènes vendus dans les "Hampi-Katu"...).

C'est au dehors également que s'installent les marchandes temporaires, en particulier les indiennes des environs, les métis d'Urubamba ou de San Sebastián vendant choux, "choclos" et oignons, des boulangères d'Urcos et d'Oropesa. Nous avons pu constater que leur situation, en particulier celles des indiennes, était souvent précaire ; on les tolère autour du marché, avec regret semble-t-il, leur reprochant d'encombrer la chaussée, en obligeant voitures et omnibus à aller au pas, et de la salir, ce qui incommode les touristes se rendant à la gare de San Pedro. Elles sont souvent pourchassées par la police municipale, car elles oublient, en outre de payer la petite redevance due à la mairie. Elles pâtissent également souvent, en particulier les métis vendant des légumes, de la jalousie de "placeras" (marchandes professionnelles) qui estiment qu'elles leur font concurrence.

Le caractère social du marché est beaucoup plus limité que dans les villages, les relations entre vendeuses et clientes étant plus rapides, plus précises, quoique restant toutefois très familières (41). Par contre, le marché conserve un rôle social pour de nombreux métis désœuvrés ou de passage dans la ville qui viennent se faire cirer les chaussures, louer des revues aux kiosques à journaux dont les bancs sont souvent encombrés de gamins, trainer autour des vendeurs à la criée et des guérisseurs boliviens. Beaucoup sont venus là dans l'espoir de trouver un petit travail, ou de rencontrer des amis avant le départ de quelque camion ou autobus provincial. Les multiples restaurants et chicherías qui sont installés autour du marché accueillent, non seulement les gens des classes populaires, mais aussi professeurs, avocats ou techniciens, venus déjeuner et boire entre amis. Enfin, il offre aux gens installés récemment dans la ville de nombreuses possibilités de travail, non pas tellement comme vendeurs, car les places sont limitées et contrôlées par un syndicat puissant, mais pour de multiples petits négoces qui ne justifient pas toujours le paiement d'une patente et que l'on peut faire exercer par les enfants : cireurs de chaussures, vendeurs de glaces et de journaux, de verres de chicha ou de jus de fruits, de poches en plastique et de stylos à bille achetés à crédit, etc... Les Indiens, eux, sont parfois éboueurs et surtout porteurs, en échange de misérables pourboires.

---

40. Source : Conseil Municipal du Cuzco - Section "Subsistances".

41. Les clientes aiment, en particulier, avoir leur marchande atitrée "casera" qui leur réserve les meilleurs produits et leur donne une "llapa", un petit surplus.

Le marché du Cuzco a une réelle fonction régionale dans la mesure où il a orienté le commerce des productions agricoles et de la viande à son profit, provoquant même des cultures nouvelles de légumes et de fruits (chapitre précédent ; dernier paragraphe). Il fait vivre de multiples intermédiaires, et participe ainsi au système de domination de la ville sur la campagne. De même, il incite les paysannes des communautés et villages voisins à venir vendre une partie de leurs récoltes dans un rayon de 50 à 60 km environ. Il est très fréquenté, en particulier le samedi, par les marchands ambulants de Sicuani, Puno-Juliaca et même de Bolivie. Des forains de Huancayo, Lima ou Arequipa, y vendent à grand renfort de publicité, directement, depuis leurs camions. A leur tour, les détaillantes des halles du Cuzco ou de Huanchac, fréquentent le dimanche les marchés des environs. Elles sont nombreuses à Chincheros et à Ancahuasi. Elles y vendent des légumes et des fruits, notamment de la ceja de selva, ou bien des vêtements et des tissus. Elles y achètent des produits agricoles, en particulier des pommes de terre et des œufs pour les revendre au Cuzco.

C - Les marchands ambulants : Dans la période d'atonie qu'a connu pendant longtemps le commerce de notre région, les ambulants jouaient un rôle très important ; les magasins étant rares et les marchés somnolents, il fallait en effet solliciter le client chez lui. Au début du siècle et jusque dans les années 30, beaucoup d'entre eux représentaient encore ces courants d'échange qui prolongeaient, au XIXème siècle, l'économie du Haut-Pérou. On rencontrait tout au long de la vallée du Vilcanota, des colporteurs boliviens vendant des tissus ou plus traditionnellement des herbes pour la pharmacopée et la magie (*les Qamili*). D'autres conduisaient jusqu'aux portes du Cuzco des mulets venus du Nord-Est argentin ou des chevaux d'Arequipa. Dans les provinces du Sud, des marchands aréquipéniens échangeaient de l'alcool, des algues, des fruits séchés, parfois des vins chiliens, contre de la laine.

Aujourd'hui, les ventes des ambulants concernent de plus en plus les denrées fabriquées. Déjà, depuis la fin du siècle dernier, les collecteurs de laine ou de produits agricoles étaient, nous l'avons vu, des intermédiaires commodes dans la distribution des produits industriels de première nécessité. Mais l'ouverture des routes, l'apparition des camions, le développement de l'industrie nationale, ont provoqué la multiplication des commerçants ambulants qui, de simples colporteurs, sont devenus en fait des forains. C'est pour beaucoup de provinciaux, une première étape relativement facile, quoique non dépourvue de risques, avant de devenir boutiquier.

Certaines villes très commerçantes comme Juliaca, Huancayo et Arequipa, envoient des forains sur les marchés de tout le Sud du Pérou et en particulier au Cuzco, où leur concurrence est très fortement ressentie par les grandes maisons de commerce. Notre ville n'est toutefois pas absente de ce mouvement avec ses forains et, nous venons de le voir, ses "placeras" du marché de San Pedro. Ils fréquentent surtout les provinces voisines. On les voit, chaque dimanche, à San Jerónimo, Calca Chincheros, parfois Urcos et surtout, de plus en plus, à Ancahuasi. Beaucoup continuent à aller dans la Convención, au marché de Quillabamba surtout, malgré la concurrence importante. Ils y restent plusieurs jours, parfois des semaines. Quelques uns se rendent à Yanaoca le dimanche. Par contre, ils ne vont à Paucartambo, à Yauri et à Santo Tomás que les jours de foire. Dans ce dernier village, en septembre 1968, ils étaient plus nombreux que ceux d'Arequipa ou même de Sicuani, mais la plupart venaient pour la première fois et étaient déçus, à la fois par leurs ventes assez réduites et par les conditions du voyage et du séjour. A Yauri et à Pampamarca, c'était la concurrence qui les mécontentait. Il s'agit là de grandes foires attirant les forains d'Arequipa, Juliaca, Sicuani et même Lima qui offraient des articles meilleur marché. Nous avons pu constater que les Cuzquéniens étaient absents de la foire de Pampacucho à Sicuani, où les ambulants d'Arequipa et de Juliaca étaient nombreux ; il est vrai qu'ils avaient dû se déplacer, ce jour-là, à la foire de Tíobamba, plus proche. On les retrouvait nombreux à Huanca ; pour eux, c'est la meilleure place avec Juliaca, qui malgré la concurrence, garde sa réputation commerçante et continue à attirer beaucoup de Cuzquéniens. Rares sont ceux qui, maintenant, se déplacent jusqu'à Puno ou en Bolivie à la foire de Copacabana, en particulier. Enfin, ni l'Apurímac, ni le Madre de Dios déjà plus lointains, n'entrent dans leur aire de déplacement. En dehors des marchés, peu de forains du Cuzco se rendent dans les communautés indigènes ; ce rôle était joué traditionnellement par ceux de Sicuani qui y achetaient la laine. D'ailleurs, de plus en plus, ce sont les clients eux-mêmes qui se déplacent et il est ainsi plus commode de les attendre sur les marchés où ils descendent.

IV. - LE ROLE DU CUZCO DANS LA DISTRIBUTION DES PRODUITS FABRIQUES

La ville du Cuzco apparaît comme très animée commercialement presqu'autant qu'Arequipa la métropole du Sud péruvien. Le touriste s'étonne souvent du nombre des magasins et de leur variété. Plus encore le frappe l'agitation des rues, surtout aux abords du marché de San Pedro, dans les rues Marqués et San Agustín. Mais en fait, toute cette agitation quotidienne ne peut faire oublier des déficiences du commerce local. Une analyse plus approfondie révèle d'importantes limites qui placent le Cuzco très loin derrière Arequipa, centre régional nettement supérieur. La première limite apparaît très rapidement, c'est celle de la pauvreté : pauvreté des indiens dans la rue, pauvreté des vitrines et du choix de marchandises qu'elles offrent, bien que les choses changent très vite dans ce domaine. La seconde limite réside dans la faiblesse des initiatives commerciales de notre ville, ce qui pose le problème de la concurrence des centres commerciaux supérieurs, Arequipa et même Lima. Les succursales de ces villes dominent largement le grand commerce cuzquénien et cherchent d'autre part à pénétrer directement dans les provinces les plus éloignées du Cuzco ce qui restreint d'autant l'aire d'influence géographique de celui-ci.

A- Les magasins de la ville :

1) - Les types de magasins : Selon le registre des patentes, il y avait au Cuzco 2 700 commerces en 1971 (42) ; si l'on ajoute ceux de Huánchac (515) et de Santiago (235), on a un total de 3 450 établissements pour l'ensemble de l'agglomération, soit un pour 32 hab. environ. D'après les patentes payées, on est immédiatement surpris par la petitesse de ces magasins ; en effet, 2 720, soit 79 %, paient moins de 100 sols (12 F) par semestre, et même 1975, soit 57 % du total, moins de 50 sols (6 F). 54 % des commerces sont constitués par les trois rubriques suivantes : épiceries (*abarrotes et ventas varias*), bars et restaurants, enfin débits de boisson populaires (*picanterías, chicherías, teterías*)(43) au nombre de 1889. Or, 77 d'entre-eux seulement paient plus de 100 sols de patente semestrielle, et 7, plus de 500 sols (dont les 4 supermarchés), ce qui souligne assez leur modestie. Les épiceries représentent à elles seules 60 % des commerces de Huánchac et 50 % de ceux de Santiago.

Viennent ensuite les commerces liés à l'artisanat de service : boulangeries, ateliers de tailleurs et de couturières vendant parfois des tissus, chapelleries, très nombreuses, salons de coiffure (pour

---

42. Le registre des patentes du Cuzco actualisé de 1968 à 1970, a été notre principale source pour l'étude du commerce cuzquénien. Les listes des associations interprofessionnelles (Chambre de commerce fondée au début du siècle qui comptait 75 membres en 1971, et "Association pour le commerce et l'industrie" créée en 1929 dont la cotisation est plus modique et qui regroupait 300 membres en 1971), nous ont permis de compléter certaines données, de même que le Registre des Propriétés et immeubles pour l'histoire des principaux négoces. Par contre, nous n'avons eu accès, ni aux documents de la Trésorerie départementale sur les chiffres d'affaires et le capital, ni aux déclarations assermentées des commerçants pour l'établissement du Registre de la Municipalité.

43. Les *chicherias* servent la chicha (bière de maïs) ; les *picanterias* y ajoutent la vente de plats typiques et populaires ; les *teterias* servent le thé, souvent "arrosé" d'alcool.

hommes surtout), magasins de chaussures. Huanchac a 49 commerces de ce type et Santiago 32, 4 seulement à Huanchac payant plus de 100 sols de patente semestrielle. Le centre de la ville en compte, par contre, 578. Parmi les établissements plus importants, on distingue en premier lieu ceux que le registre des patentes appelle *«comercios»* et qui regroupent les grands négoces de *mercanderias* vendant une gamme très étendue de biens de consommation, les grands magasins de tissus et les principaux bazars, les concessionnaires de voitures, de machines agricoles ou d'appareils électro-ménagers, voire quelques maisons commercialisant les produits agricoles (cf. la Comersa). Il y aurait 81 *comercios* au Cuzco et 4 seulement à Huanchac. 40 paient plus de 400 sols, de patente beaucoup atteignant 2 500 sols (300 F) et on peut considérer qu'ils représentent la plus grande partie du commerce de gros de la ville, à l'exception de certains magasins classés par spécialités avec des boutiques de bien moindre importance.

Une quatrième catégorie de commerces groupe des établissements assez spécialisés, souvent plus modestes que les précédents, mais s'adressant comme eux presqu'essentiellement à la classe moyenne et aisée. La plus grande partie des librairies, des horlogeries-bijouteries, des bazars, des teintureries, des magasins de meubles, des quincailleries, des pharmacies, des magasins d'électro-ménager, restent situés dans le centre de la ville. C'est ainsi que Huánchac ne compte que 3 librairies ouvertes sur l'avenue de la Cultura près de l'Université et des grands collèges, deux bijouteries, quatre teintureries, sept quincailleries, deux bazars et deux pharmacies, pour une population de 21 938 habitants en 1972 ; à Santiago, on ne rencontre plus qu'une teinturerie, une pharmacie et un petit magasin de meuble (31 285 hab. en 1972).

Dernièrement, en liaison avec le développement des nouvelles fonctions de la ville, d'autres commerces sont apparus. Le centre continue à rassembler les établissements liés à l'activité touristique (hôtels et restaurants de luxe, agences de voyages, pâtisseries, salons de thé et glaces, boutiques de souvenirs, photographes,....), bien que quelques hôtels se soient construits récemment à la périphérie de la ville coloniale (le Savoy par exemple...). Par contre, tous les négoces liés au développement des transports routiers ont tendance à s'établir loin du centre, sur les principales voies d'accès, et en particulier à Huánchac (77 établissements ayant une relation avec l'automobile contre 66 au Cuzco) et même à Santiago (7 garages et tout récemment, sur la nouvelle route vers Anta, deux postes d'essence). Huánchac, de même, a tendance à accueillir des établissements de loisirs : cinémas (4 salles dont 2 très grandes, contre 4 salles au Cuzco et une modeste à Santiago), "quintas" et clubs sociaux ("Country club" et "Los Condores").

2) - Les magasins à vocation régionale : La distinction entre le commerce de gros et celui de détail n'est pas aussi nette au Pérou que dans les pays industrialisés. La plupart des maisons dites "mayoristas", vendent également au détail dans une proportion avoisinant souvent 50 % (ainsi pour les tissus ou la quincaillerie). Ces grandes affaires de gros sont de deux types. Il y a une douzaine de magasins polyvalents (appelés "comercios") qui vendent, sous le terme général de mercaderías, toute une gamme de produits allant de l'épicerie, aux cycles et motocyclettes, en passant par la vaisselle, les tissus, les appareils électriques, les articles de bureau, etc... Beaucoup gèrent en outre des portefeuilles d'assurances et parfois des agences de transport (ainsi la compagnie aérienne Faucett pour la maison Gibson). Elles ont presque toutes abandonné, par contre, le négoce des produits agricoles et même des minerais (ainsi la Corsur et la maison Lomellini pour l'or), qui représentait lors de leur création au début du siècle, une de leurs principales activités. Créées essentiellement par des étrangers établis au Cuzco, et surtout à Arequipa et Lima, elles importaient jusqu'à une époque très récente l'essentiel de leurs marchandises. Devant les lois protectionnistes et le développement de la concurrence de la production nationale, elles essaient aujourd'hui de se réserver des exclusivités. Le second type de grossistes est constitué par les magasins spécialisés représentant les grandes firmes nationales et surtout étrangères (44).

Limiter l'étude du rayonnement commercial du Cuzco à celui de ces grandes maisons de commerce, serait toutefois une erreur, car beaucoup de magasins modestes ont une réelle influence régionale. Pour la majorité des commerçants de province, "acheter en gros" c'est, en effet, acquérir au fur et à mesure des ventes, des quantités fort modestes de marchandises : deux ou trois poches de pâtes de 50 kg, deux ou trois sacs de farine, un quintal de sucre (46 kg), une dizaine de caisses de bière et de coca-cola, quelques paquets de lessive, et une quinzaine de boîtes de lait Gloria. Lorsqu'ils vont se ravitailler au Cuzco, en particulier depuis les provinces avoisinantes, ils préfèrent se diriger vers les boutiques proches du marché ou de la place d'Armes tenues par des compatriotes, où les transactions sont beaucoup plus simples et amicales que dans les élégantes maisons de commerce de la ville.

Par ailleurs, en raison de la faible diversification des magasins de province, les commerces spécialisés du Cuzco, même de petite taille, ont forcément une vocation régionale. Créés pour la clientèle urbaine leur pouvoir d'attraction est en mettre en relation aujourd'hui avec le développement de la classe moyenne provinciale faite de commerçants et de fonctionnaires, et l'augmentation de ces déplacements vers la ville. C'est au Cuzco qu'on vient choisir des vêtements à la mode ou pour les enfants (3 magasins spécialisés), des chaussures, des meubles modernes, des lunettes, des éléments de sanitaires, et bien sûr des voitures. De la même manière, l'essor du tourisme a diversifié les loisirs offerts par la ville (restaurants très variés, 3 boîtes de nuit, 9 cinémas) qui ont également une clientèle provinciale.

Même de nombreux petits détaillants du Cuzco ont une réelle influence régionale. En premier lieu, parce qu'ils sont provinciaux et qu'une analyse de leur provenance serait de première importance pour l'étude des migrations et des liens entre la ville et la campagne. On peut deviner, parmi eux, une prépondérance de gens originaires des provinces quechuas, à la tête desquels viendraient sûrement Urubamba (districts d'Urubamba, Yucay et de Maras), Acomayo (districts d'Acomayo et d'Accos) et Anta. Ce sont là des régions où "la faim de terre" est la plus importante avec de fortes densités et des habitudes de négoce avec la ceja de selva. Or, ces commerçants conservent des liens très serrés avec leur province d'origine, tant du point de vue familial et affectif, qu'économiquement en y gardant une "chacra" et en y recevant une partie de leur nourriture. Faire d'un petit magasin du Cuzco un simple lieu d'échanges serait, d'autre part, en diminuer l'importance. Chacun d'eux est un petit centre de réunion et sa fonction sociale remplace pour beaucoup de provinciaux celle des marchés traditionnels.

3) - Le sous-équipement régional en matière de commerce de gros et spécialisés. Parmi les firmes liméniennes deux seulement ont créé une agence à Abancay, d'ailleurs contrôlées en partie par la succursale du Cuzco : Niccolini pour les pâtes alimentaires et Singer pour les machines à coudre. Les sociétés Aréquipéniennes, au contraire, c'étaient implantées à Sicuani, dés la fin du siècle, puis à Quillabamba, dans les années 40 à 50. A Sicuani, Ricketts, Gibson, Roberts (et il y a peu de temps Corsur), complètement indépendante du Cuzco, ont créé leur propre aire d'influence, le plus souvent à partir de Cusipata mais parfois dès Urcos (pour Roberts). A Quillabamba, Ricketts et Corquisa (ex-filiale de Corsur), aréquipéniennes à l'origine, sont devenues indépendantes pour bénéficier, de 1964 à 1968 des exonérations d'impôts prévues pour les magasins s'installa dans les terres chaudes. Il s'y est ajouté, plus récemment, une succursale - aujourd'hui également indépendante - d'une firme cuzquénienne, l'Interrégional. Dans ces deux villes, il y a d'autre part des commerces de "mercaderías", parfois aussi importants que ceux de la capitale départementale, dont l'origine est locale et qui ont une réelle aire d'influence (4 ou 5 à Sicuani et une douzaine à Quillabamba). Abancay

---
44. On a ainsi dans l'alimentation : 4 Maisons pour les pâtes alimentaires, la farine et les corps gras, 1 pour les levures, pour les produits lactés, auxquelles il faudrait ajouter les trois supermarchés de la ville ; pour les tissus : 2 maisons en 1969 - Muniz et Lomellini - et les magasins des fabriques Lucre et Marangani ; pour les produits pharmaceutiques ou de droguerie : 5 sociétés : Duncan Fox, Ephesa, Benavides, Berkemeyer, Custer and Richard.

n'a que six grossistes locaux (2 pour l'épicerie, 2 pour la quincaillerie, 1 pour les tissus et 1 pour les chaussures). Puerto Maldonado a sept magasins de demi-gros. Le commerce de détail est par ailleurs peu diversifié, nous l'avons vu, dans les villes provinciales, ce qui, d'une certaine manière, semble faciliter la prépondérance des magasins cuzquéniens.

B. La faiblesse des capitaux et des initiatives commerciales du Cuzco. Des 49 maisons de commerce que nous avons étudiées et qui sont les plus importantes de la ville (45), 22 seulement sont des entreprises ayant leur siège au Cuzco dont 3 magasins de *«mercaderias»* sur 11, qui ont d'ailleurs été fondés par des étrangers. L'absence des capitaux proprement cuzquéniens dans le commerce de gros est lié à la prépondérance du mode de production pré-capitaliste dans l'agriculture régionale et au renforcement de la domination économique de la Côte depuis l'indépendance. Quelques provinciaux ont fondé des magasins, se dirigeant surtout vers des secteurs traditionnels comme les tissus et vêtements, la quincaillerie (4 établissements parmi les 5 plus importants) et la librairie (13 sur un total de 14 entreprises de ce type étudiées). Plus récemment, ils se sont orientés vers l'électro-ménager (3 maisons sur 7 sont cuzquéniennes), les machines agricoles (établissements Dondero), les supermarchés (dont 3 sur 4 sont cuzquéniens) et les pharmacies.

Mais ce sont les entreprises créées par des étrangers ou par les entrepreneurs des villes de la Côte qui dominent le grand commerce cuzquénien. Avec la construction des chemins de fer et le progrès de la colonisation dans la Convencion et à Quince-Mil, de nombreux Européens vinrent s'établir au Cuzco au début de ce siècle. Le Registre de la propriété et immeuble conserve le nom de nombreuses sociétés éphémères, italiennes et françaises en particulier (Calvo et Cie, Forga et Fils, Aubert, Vignes...), mais seules subsistaient en 1969 les maisons Lambari, Barten, Lomellini, et plus récente l'Inter-régional (fondée en 1950 par des Allemands et un Liménien). A un niveau sensiblement inférieur du point de vue économique, on trouve des magasins de tissus tenus par des Libano-syriens (appelés ici Turcos), et des bazars créés par des Japonais. Ces étrangers semblent bien intégrés à la société locale. Leurs enfants ont souvent épousé des Péruviens et les plus importants ont acquis des terres, source principale de prestige dans notre ville jusqu'à une époque très récente.

Douze sociétés sont aréquipéniénnes (en particulier 5 maisons de mercaderías qui sont les plus anciennes de la ville) et 14 liméniennes (dont 2 aréquipéniennes à l'origine qui ont aujourd'hui leur siège dans la capitale). Parmi les entreprises liméniennes, 4 d'entre elles dépendent directement de leur succursale aréquipénienne, ce qui assure la prépondérance d'Arequipa sur le grand commerce cuzquénien. Une société enfin, il est vrai petite, est une succursale d'une maison de Sicuani.

Les capitaux de Lima semblent avoir remplacé définitivement ceux d'Arequipa, dans le grand commerce. Cette évolution, très révélatrice de celle de l'ensemble de l'économie péruvienne, souligne en fait le relais pris par les investissements américains par rapport aux européens. A la fin du XIXe siècle, les capitaux européens, anglais surtout, s'investirent dans le Sud des Andes en liaison avec l'exploitation du guano, puis avec le commerce de la laine facilité par la construction du chemin de fer à partir du port de Mollendo ; ainsi les maisons Gibson et Ricketts dès 1894 et 1898, s'ajoutant à la vieille maison Braillard créée dès 1821, puis la firme Roberts en 1940. Après la seconde guerre mondiale, c'est l'impérialisme des U.S.A. qui progresse, en fondant les succursales de ses grands trusts commerciaux et industriels dans la capitale péruvienne (ainsi après 1950, s'installent au Cuzco les succursales de la

---

45. Il s'agit de 11 magasins de mercaderías en général, 4 grossistes de produits élaborés à partir des céréales, 4 concessionnaires de voitures, 2 de matériel agricole et 6 d'appareils électriques, 2 magasins de tissus et de vêtements, 5 quincailleries et 1 représentant de sacs et peintures, 2 distributeurs de produits pharmaceutiques, 5 supermarchés et grossistes en épicerie, 2 libraires, 2 magasins de chaussures, un bazar, un distributeur d'aliments lactés et 1 de gaz.

Grace, de la Duncan Fox, de la maison Ferreyros). Au XIXe siècle, on avait un capitalisme individuel ou familial, des étrangers, souvent de confession juive, qui tentaient leur chance en profitant de la conjoncture favorable, des possibilités d'un marché encore vierge, et de leurs appuis commerciaux dans leurs pays d'origine. Au XXe siècle, surtout après la Seconde Guerre Mondiale, ce sont les trusts, et les multinationales américains qui installent leurs usines et leurs maisons de commerce en Amérique Latine, en s'associant souvent aux capitaux nationaux. Cette évolution traduit aussi l'unification du marché national péruvien au détriment des économies régionales.

Le commerce du Cuzco est ainsi une manifestation éclatante du colonialisme, à la fois interne et externe, existant au Pérou, de la dépendance de la Sierra par rapport à la Côte, elle-même relais du capitalisme étranger. En effet, les entreprises non cuzquéniennes sont souvent de simples dépôts sans capital propre dans notre ville ; elles n'y ont même pas de comptabilité ; 15 des entreprises non cuzquéniennes sur un total de 27 (soit 57 %), se contentent d'avoir un simple registre de ventes. Certaines communiquent tous les jours par téléphone ou par radio avec Lima. Plus encore, elles n'emploient que peu de Cuzquéniens comme personnel qualifié. Ainsi, sur 30 gérants d'entreprises, 6 seulement sont d'origine cuzquénienne, 15 sont Aréquipéniens (dont 3 de Mollendo), 2 sont Liméniens, 5 originaires des villes commerçantes du nord du pays (Chiclayo et Trujillo), un de Puno, un enfin est étranger résidant depuis longtemps dans notre ville. Beaucoup acceptent pour peu de temps l'éloignement dans la Sierra ; les autres, en particulier les Aréquipéniens, quoique mariés à des cuzquéniennes, s'intègrent mal. Tout en participant activement à la vie locale - ils ont une maison dans les nouveaux quartiers, investissent dans la vente des automobiles ou l'immobilier, dirigent la Chambre de Commerce et le Banco de Los Andes - ils manifestent souvent un réel mépris pour les Cuzquéniens et restent très attachés à leur ville natale souhaitant s'y retirer à la retraite. Parmi le personnel d'un certain niveau, les Aréquipéniens sont encore nombreux ; non pas tellement parmi les comptables qui, sont surtout cuzquéniens, mais parmi les chefs de vente et les commis-voyageurs, activités demandant plus d'esprit d'initiative. La plus grande partie des employés et des ouvriers est, par contre, cuzquénienne. Mais l'on rencontre, cependant, une entreprise qui n'emploie que des Aréquipéniens (11 au total).

Les dépenses faites au Cuzco sont réduites à leur minimum et de toute manière, beaucoup moins élevées qu'à Arequipa ou sur la Côte. 4 sociétés seulement ont construit un magasin neuf. Les autres louent leur local à un prix modéré (entre 2000 et 5000 sols mensuels pour la grande majorité). Comme ces derniers appartiennent souvent à l'Assistance Publique et aux couvents (la Merced et Santa Catalina en particulier), l'argent versé ne revient pas dans le circuit commercial. Les frais de publicité sont également réduits, car elle vient directement des maisons-mères de Lima et Arequipa qui envoient même des décorateurs et des étalagistes. L'électricité est bon marché et on peut assurer le nettoyage quotidien avec une ou deux personnes très peu payées.

Pourtant, les bénéfices tirés de la place du Cuzco sont loin d'être négligeables. Pour les sociétés aréquipéniennes, qui ont des succursales dans tout le Sud du Pérou, notre ville est toujours au second rang derrière Arequipa, loin avant Juliaca, Puno, Tacna. Selon le recensement économique de 1963, les commerces de gros du département du Cuzco représentaient avec 435,9 M de sols (52,3 M de F), 24,11 % des ventes de la région sud, Arequipa en réalisant 56,9 % (46). Pour le commerce de détail, la proportion du Cuzco était de 22,39 % contre 49,40 % à Arequipa. Puno, pourtant plus peuplé que le Cuzco, ne représentait que 17,17 % des ventes du commerce de détail et 12,17 % de l'ensemble du secteur commercial, contre 23,36 % au Cuzco et 53,20 % à Arequipa (47). La part de l'Apurímac et du

---

46. Primer Censo Economico. 1963. D.N.E.C. - Lima.

47. Primer Censo Economico - 1963 - D.N.E.C. - Lima.

Madre de Dios était réduite, avec respectivement 1,68 % et 0,54 %. Pour les entreprises à rayonnement national, notre ville occupe le quatrième rang, après Lima, Arequipa et le nord du pays. Elle devance le plus souvent Huancayo et même des centres très animés comme Ica. Pour les maisons Singer et Grace, elle est aussi importante qu'Arequipa. Enfin, presque toutes les sociétés non cuzquéniennes, avouent avoir beaucoup d'espoir dans le marché offert par les provinces du Cuzco-Apurímac qu'elles considèrent encore comme vierges, soulignant ainsi que leurs ventes sont, jusqu'à présent, fondamentalement urbaines.

Les entreprises cuzquéniennes fondées par des étrangers sont beaucoup plus pessimistes sur l'avenir de la ville. Habituées à vendre à une minorité riche qui aujourd'hui s'appauvrit ou émigre, elles ont perdu beaucoup de leurs avantages avec la limitation des importations, se plaignent de la concurrence nationale, comme de l'afflux des cholos de province vers la ville et de la difficulté à récupérer les crédits concédés aux petits boutiquiers villageois. Si certaines, en 1968, s'orientaient ves de nouveaux secteurs d'activité (vente d'automobiles ou de produits vétérinaires), deux d'entre elles fermaient en 1970 : Barten et Lomellini. Cette dernière maison avait dominé pendant un demi-siècle l'économie du Cuzco, peu d'activités étant restées étrangères à ces descendants d'un colporteur italien : le commerce de mercaderias ou la Casa Lomellini supplanta très vite les firmes Gibson et Braillard plus anciennes, le textile avec les usines Huáscar et la Estrella, l'énergie électrique avec les centrales de Ccorimarca pour le Cuzco et de Hoyay pour Calca, le cinéma avec deux salles très populaires (Colón et Huáscar), les assurances et les transports maritimes, le commerce des minerais et surtout de l'or de Quince Mil, le journalisme et l'imprimerie avec "El Comercio", les alcools avec la R.A.C.S.A. (48), l'automobile avec la Cuzco Puno Motors S.A. et la Cuzco Auto Import S.A., la banque avec le Banco de Los Andes, et tout récemment le plastique, avec une fabrique de tubes. Rappelons qu'ils avaient aussi possédé certaines haciendas célèbres, comme Lauramarca et Patibamba à Abancay, ainsi qu'une immense concession forestière dans le Madre de Dios. C'est donc toute une puissance économique qui disparait, fermant ses négoces et vendant La Estrella à une société Liménienne (Ruibell). Elle avait illustré remarquablement, l'esprit d'aventure et la réussite de ces Européens venus dans les Andes, au début du XXe siècle. Pour expliquer la décision de ses responsables, il ne suffit pas d'évoquer des difficultés provoquées par la concurrence et la récente crise économique et on doit supposer une reconversion de leurs activités, à Lima, où peut-être même à l'étranger.

Cet échec révèle les difficultés profondes du capitalisme cuzquénien. Tout le monde perçoit très bien la vocation commerciale du Cuzco en raison de sa position géographique et de l'immense marché potentiel que constitue sa population. Mais les capitaux manquent dans une région où domine le mode de production pré-capitaliste et que les moyens de transport modernes ouvrent largement à la concurrence d'Arequipa et de plus en plus de Lima.

C - Les limites de l'aire d'influence commerciale :

1°) - Les limites géographiques (fig. n° 25 et 26). Malgré la faible concurrence locale, le rayonnement des commerces du Cuzco est loin de s'étendre à l'ensemble de la région sud-est, qui est pourtant, de l'aveu des plus importantes, l'aire d'influence théorique de notre ville. Toutes les provinces ne sont pas touché par leurs ventes et, dans celles qui le sont, lorsqu'on s'éloigne un peu de la ville, l'influence cuzquénienne semble vite moins importante que celle des centres supérieurs, Arequipa et Lima. Les flux de distribution à partir du Cuzco suivent quatre directions privilégiées, bien matérialisées par les déplacements réguliers (bi-mensuels ou au moins mensuels) des voyageurs de commerce : la "ligne",

---

48. R.A.C.S.A. : Rectificadora de alcohol Cuzco S.A.

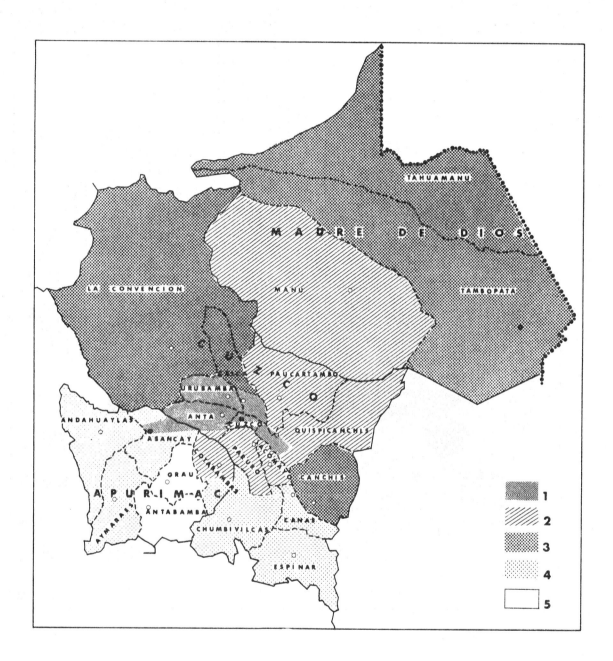

Fig. 25.— **Aire d'influence réelle des maisons de gros du Cuzco**

1. Influence intense et sans concurrence.— 2. Influence peu intense mais sans concurrence.— 3. Influence intense avec une forte concurrence.— 4. Influence peu intense avec une forte concurrence.— 5. Influence inexistante.

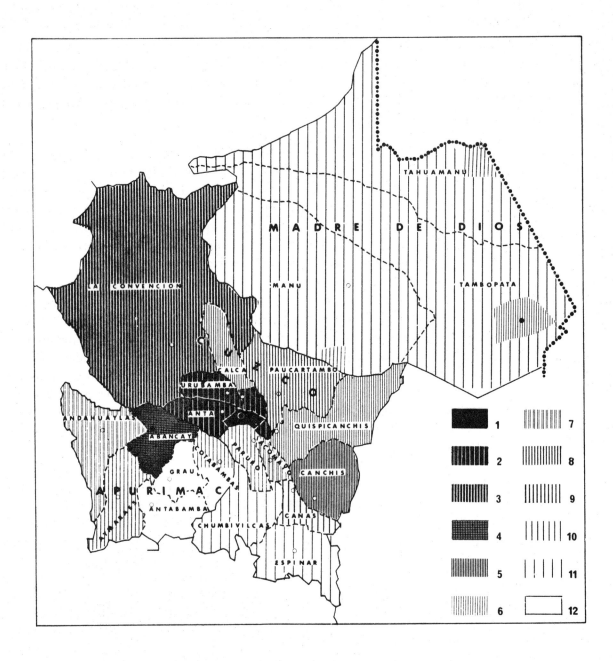

Fig. 26.— **Aire d'influence des maisons de gros du Cuzco (d'après la place de chaque province dans leurs ventes annuelles).**

1 & 2. 1er rang (Cuzco et provinces voisines).— **3.** 2e rang.— **4.** 3e rang.— **5.** 4e rang.— **6.** 5e rang.— **7.** 6e rang.— **8.** 7e rang.— **9.** 8e rang.— **10.** 9e rang.— **11.** zone d'influence presque inexistante.— **12.** zone d'influence inexistante.

c'est-à-dire la voie ferrée du Cuzco à Sicuani (ou au moins jusqu'à Cusipata), la vallée du Vilcanota dans les provinces de Calca, Urubamba (en passant par Anta), la Convención et enfin Abancay.

Toutes les maisons de commerce reçoivent des clients ou envoient leurs représentants dans les provinces situées dans un rayon inférieur à 80 km de la ville (Anta, Calca, Urubamba et Quispicanchis). Cette distance représente en effet celle que les commis-voyageurs peuvent effectuer en voiture dans une journée, d'une manière commode, sans se dépêcher, ni être obligé de dormir hors du Cuzco. Cependant déjà, dans ces provinces, les hauteurs restent à l'écart ; ainsi dans Anta, le district de Chinchaypuquio ne reçoit pas de voyageurs de commerce, pas plus que Ccorcca à 25 km du Cuzco (il est vrai dépourvu de routes) ; dans Quispicanchis, sont essentiellement touchés les districts de la vallée du Vilcanota jusqu'à Urcos surtout (45 km). Au-delà, la plupart des maisons ont établi leur limite d'influence avec Sicuani à Cusipata, village à mi-distance entre les deux villes, (75 km) et qui se partage vraiment entre leurs influences, tant pour l'approvisionnement des magasins, que pour l'attrait du marché (49). Quiquijana, au contraire, reste nettement dans la zone d'influence directe du Cuzco. Les villages des hauteurs (Ocongate, Ccatcca), profitent cependant du passage de quelques représentants vers Quince Mil qui reste une place importante, en particulier pour l'épicerie, quoique en déclin.

Deux provinces proches de la ville, Paruro et Paucartambo, envoient des clients, mais reçoivent, la première surtout, peu de visites de représentants de commerce (4 maisons sur 49 pour Paruro ; 12 pour Paucartambo) ; ceux-ci se rendent d'ailleurs dans les seules capitales de province et non dans les districts, à l'exception de celui de Cosñipata (Paucartambo) épisodiquement. Et pourtant, ces deux provinces à l'écart des grands axes de circulation et desservies par de rares camions, n'ont pas d'autres relations commerciales, à l'exception de quelques colporteurs de Sicuani à Paucartambo.

Dans un rayon supérieur à 80 km, c'est la concurrence d'autres centres qui limite l'action de notre ville et, tout d'abord, vers l'Est celle de Sicuani. La plupart des entreprises du Cuzco disent y vendre sauf celles qui y ont des maisons sœurs. En fait, l'importance de la capitale de Canchis ne cesse de reculer devant celle d'Abancay, sauf pour deux grossistes où elle garde le second rang après Cuzco. La majorité des commerces de Sicuani se ravitaillent directement à Arequipa et leurs ventes limitent l'influence des maisons du Cuzco dans l'Est du département. Dans Acomayo (140 km) toutefois, les liens commerciaux avec le Cuzco restent forts (2 camions quotidiens contre 2 ou 3 hebdomadaires pour Sicuani), car ils sont souvent anciens. 11 maisons de commerce sur 44 y envoient des représentants, et 8 autres disent y avoir des clients. La concurrence de Sicuani, pourtant plus proche, n'y est sensible que pour le sucre et quelques articles distribués par la firme Roberts. Elle est par contre, plus forte, au niveau du marché, où les paysans peuvent vendre à meilleur prix qu'au Cuzco et achètent des produits fabriqués.

L'influence de Sicuani était surtout importante dans les "provinces hautes", mais elle y est limitée, aujourd'hui, par celle d'Arequipa. Le Cuzco par contre n'y joue qu'un rôle négligeable qui diminue rapidement avec la distance. Dans Canas (130 à 160 km), six entreprises cuzquéniennes envoient des représentants et cinq y ont quelques clients, mais seule Yanaoca, et au passage Tungasuca et Pampamarca (120 km environ) sont concernées ; dans les autres districts, on achète à Sicuani où se rendent les camions locaux. Une seule maison commerciale du Cuzco va dans les deux capitales d'Espinar et Chumbivilcas : Barberis (pâtes, chocolat, bougies). Deux marchands de tissus disent y faire quelques expéditions et récemment, trois firmes de véhicules automobiles y ont établi des contacts, en raison de la rapide intensification du trafic routier.

---

49. Une seule maison Ricketts englobe directement Sicuani.

C'est d'Arequipa que proviennent la plupart des produits fabriqués quoique Sicuani garde une certaine influence dans Espinar. Les petits commerçants ceux du marché en particulier, empruntent la dizaine de camions hebdomadaires qui transportent le bétail et la laine vers Arequipa ; il est assez étonnant de voir qu'ils n'hésitent pas à faire, une fois par semaine pour certains, la longue (un jour et une nuit) et dure piste vers Arequipa par Condoroma et Imata, au lieu de se rendre en moins d'un jour au Cuzco, par une route bien meilleure, traversant des régions avenantes, surtout lorsqu'il s'agit d'acheter des légumes venant très bien autour de notre ville. Il faut évoquer dans ce cas, l'attrait réel de la "ville blanche" et de son climat, le Cuzco restant "serrana" (montagnarde), froide et moins moderne. Enfin, il faut souligner le fait que la distance et le temps n'ont pas la même valeur que dans les pays industrialisés. Deux maisons de commerce (Ricketts et Grace) agrandissent légèrement, vers l'Est, l'aire d'influence commerciale du Cuzco, en vendant dans le département de Puno à Ayaviri et même Juliaca.

Toutes les maisons de commerce cuzquéniennes ont des clients dans la vallée de la Convención et surtout à Quillabamba. Toutefois, la plupart souligne le déclin en importance de cette place qui arrive cependant au deuxième ou troisième rang dans leur chiffre d'affaires, immédiatement après le Cuzco. Ils en attribuent volontiers la cause à la crise, puis à la Réforme Agraire de 1964, ne se rendant pas compte qu'en fait les magasins de Quillabamba ou de Santa María, se ravitaillent de plus en plus directement à Lima ou Arequipa et ont établi leur propre aire d'influence jusque dans la vallée de Lares (province de Calca). Ainsi, à Quillabamba, sur 23 magasins interrogés, quatre seulement se ravitaillent en totalité au Cuzco, trois d'entre eux étant des succursales de maisons cuzquéniennes qui leur envoient la marchandise par le train. Sept maisons, dont deux très importantes (Ricketts et Corquisa), n'achètent rien au Cuzco. Les commandes se font par l'intermédiaire d'un courtier liménien et, de plus en plus, grâce aux nombreux représentants, après consultation des catalogues. Pour beaucoup de commerçants également, un voyage annuel dans la capitale péruvienne permet de faire des commandes aux usines, de s'enquérir des nouveautés, et de rompre agréablement l'isolement de la vie dans la ceja de montaña. Cependant, de petites quantités sont achetées au Cuzco, en particulier en cas de besoins urgents, les commandes mettant toujours longtemps pour venir de la capitale.

Toujours à Quillabamba, dans les magasins plus modestes, la place du Cuzco devient souvent plus importante que celle d'Arequipa, Lima gardant toutefois le premier rang. Elle redevient très forte dans les petites boutiques, celles d'épicerie et de tissus en particulier. Ce sont ces échoppes, en effet, qui sont en grande majorité les clientes des grossistes du Cuzco. Elles ne peuvent bénéficier des prix plus bas offerts par les usines de Lima, non seulement à cause des quantités de marchandises achetées, mais également, parce qu'elles n'ont pas de compte en banque, leur permettant d'obtenir des crédits. Leurs clients se contentent d'ailleurs d'articles courants, alors que ceux des établissements aisés recherchent les nouveautés et suivent la mode liménienne.

C'est le même phénomène qui se produit, à une échelle toutefois moins grande, dans le département d'Apurímac et en particulier à Abancay. Toutes les maisons de commerce cuzquéniennes desservent cette ville (à l'exception de deux grossistes en farine). Elle deviendrait même de plus en plus intéressante pour l'électro-ménager et les automobiles, alors qu'en revanche son importance diminue pour la librairie et les chaussures. Dans le chiffre d'affaires des grands négoces polyvalents, Abancay se place au 3ème rang, devançant depuis moins d'une dizaine d'années Sicuani. Cette montée d'Abancay sur le marché cuzquénien est la conséquence de deux facteurs : la présence d'une clientèle croissante de fonctionnaires et d'employés et enfin une concurrence d'Arequipa beaucoup plus réduite qu'à Quillabamba. L'augmentation récente du trafic routier sur les routes du centre a permis une intensification des relations entre Cuzco et Abancay ; mais à la longue, ce fait, nous le verrons, favorise plus l'influence directe de Lima que celle du Cuzco.

Seize magasins seulement (dont trois en petite quantité), disent vendre à Andahuaylas et moins d'une dizaine à Chalhuanca, ces deux places étant de plus en plus délaissées en raison de la distance et de la difficulté à récupérer les crédits concédés. Toutefois, lorsqu'on interroge les principaux commerçants de ces trois agglomérations bien situées sur les routes du Centre, et les représentants des associations de commerce, ils disent se ravitailler directement à Lima. Seuls les petits boutiquiers éprouvent de l'intérêt à acheter au Cuzco pour les mêmes raisons qu'à Quillabamba. Quant aux trois autres provinces, plus isolées et plus pauvres, une seule se ravitaille au Cuzco auquel la relie, depuis 1967, une route (Cotabambas), et les deux autres à Abancay, ou même parfois à Arequipa pour Graú et Antabamba qui y vendent leur laine.

Comme Abancay, Quillabamba et Sicuani, Puerto Maldonado essaie d'échapper à l'aire d'influence commerciale du Cuzco, d'autant plus que ses modèles de consommation sont différents de ceux de la froide capitale andine et plus semblables à ceux de la Côte. Les grands négoces cuzquéniens continuent à y envoyer des représentants, au moins deux ou trois fois l'an et parfois mensuellement. Ceux-ci s'arrêtent toujours à Quince Mil et poussent parfois jusqu'à Iberia. (5 maisons seulement le précisent). Puerto Maldonado occupe cependant le dernier rang dans les ventes provinciales des magasins du Cuzco (sauf pour la maison Braillard où elle arrive au second).

Malgré l'étendue potentielle de leur marché, les principaux clients des grossistes cuzquéniens se trouvent donc dans la ville même ; seule Braillard vend plus en province où elle dit réaliser 67 % de ses ventes ; dans la plupart des magasins provinciaux, elle est en effet plus souvent citée que les autres négoces, devant certainement sa réputation, à son ancienneté. Les autres entreprises vendent plus dans la ville, dans une proportion variant de 50-60 % pour les produits alimentaires et les tissus, à plus de 80 % pour la librairie et l'électro-ménager (Singer excepté). Il est vrai que sont confondus, alors, les clients urbains et ceux des provinces situées dans un rayon de 50 à 80 km, en particulier ceux d'Anta et Urcos et même ceux de Paruro, Paucartambo, voire Acomayo et Cotabambas.

Au cours de nos enquêtes, à Izkuchaka, Acomayo, Calca et Yauri, nous avons pu apprécier le rôle commercial du Cuzco, à l'intérieur de son département grâce à d'autres critères : celui de la fréquence du déplacement des commerçants locaux et de l'importance des achats à crédit. Ainsi, à Izkuchaka et Calca, bourgades proches du Cuzco (moins de 50 km), accessibles en toute saison, bien desservies quotidiennement par de nombreux camions et autobus, les commerçants se déplacent beaucoup pour leur ravitaillement. A Izkuchaka, sur 23 commerçants interrogés, deux seulement ne se déplaçaient pas, dont un achetait les produits sur place et l'autre aux camions de passage. A Calca, sur 29 magasins, 5 seulement recevaient les marchandises sur place. Par contre, à Acomayo plus lointaine (140 km), quoique bien reliée au Cuzco, 7 commerçants sur 17 ne se déplaçaient pas pour leur ravitaillement. A plus forte raison à Yauri, 15 commerçants sur 29 ne se déplaçaient pas (14 recevant les marchandises des multiples camions et 1 achetant sur place).

La fréquence des déplacements est également intéressante à considérer. A Izkuchaka et Calca, le tiers des commerçants interrogés vont au Cuzco au moins une fois par semaine (dont deux y allant 2 à 3 fois par semaine, depuis Izkuchaka) ; un autre tiers y allait 2 ou 3 fois par mois et le reste, une seule fois par mois. A Acomayo, sur 10 personnes se déplaçant, il n'y avait aucun déplacement hebdomadaire, 3 personnes se ravitaillaient 2 ou 3 fois par mois, 4 allaient au Cuzco une fois par mois et 2, seulement tous les 2 ou 3 mois (une ne précisant pas la fréquence). Pourtant, les commerçants d'Izkuchaka et Calca, comme vraisemblablement ceux d'Urcos, auraient moins de raison de se déplacer, car les représentants des maisons du Cuzco passent au moins tous les 15 jours dans ces bourgades. Très peu, par contre, se rendent à Acomayo. La fréquence d'approvisionnement à Yauri est également assez lente : sur 14 personnes se ravitaillant uniquement à Arequipa, 4 se déplacent une fois par semaine - mais trois d'entre elles possèdent leur propre camion - 5 se déplacent une à deux fois par mois, et 4 seulement de 4 à 1 fois l'an (1 ne précisant pas). Yauri n'est pourtant pas hanté par les commis-voyageurs comme les agglomérations des vallées quechuas.

Un autre indice révélateur de l'intensité des déplacements est celui de la proportion des achats réalisés au comptant, le commerçant se déplaçant au Cuzco préférant payer immédiatement sa marchandise. Izkuchaka vient largement en tête, avec 18 commerçants sur 23 (78 % des personnes enquêtées) achetant au comptant. Partout ailleurs, le crédit domine : 58 % des commerçants à Acomayo, 72 % à Calca et à Yauri. L'identicité du pourcentage dans ces deux bourgades est tout à fait trompeuse, car dans le cas de Calca, on a un centre en déclin où les commerçants souvent anciens, mais en difficulté, ont des stocks relativement importants et les renouvellent progressivement en profitant de la confiance des grossistes du Cuzco. A Yauri, au contraire, on a un bourg en plein développement commercial, où chacun ouvre une petite boutique, en achetant à crédit aux camions de passage par petites quantités, au fur et à mesure des besoins.

2°) - Les limites en fonction du type de marchandises vendues : Si l'on considère maintenant, non plus les flux commerciaux mais les types de marchandises vendues, on constate que leur variété diminue rapidement en fonction de l'éloignement de la ville. Dans les provinces voisines sont distribués les produits d'épicerie, les tissus, la mercerie, quelques articles de librairie-papeterie et de quincaillerie. Il y a quatre produits alimentaires essentiels, que l'on pourrait qualifier d'urbains, qui se diffusent de plus en plus, quoiqu'inégalement, dans les provinces du Cuzco : le sucre raffiné, qui remplace la chankaka (cassonade), les produits élaborés à partir des céréales (farine, pâtes alimentaires), le riz et enfin les corps gras (dans une région où la cuisine traditionnelle est bouillie). Devant la concurrence très grande des tissus venus de la Côte, les petits boutiquiers du Cuzco se sont fait une spécialité dans les vêtements de confection pour les classes populaires : pantalons de coutil (dril), larges jupes de coton ou de velours, blouses aux couleurs vives, uniformes pour les écoliers.

Dans les provinces hautes de l'Apurímac, en dehors d'Abancay, on achète seulement du Cuzco la production de ses usines (bière, coca-cola, chocolat, certains tissus de laine et vêtements), l'essence, le sel, quelques céréales décortiquées, enfin les produits des terres chaudes. Pour les autres articles, le marché est très réduit, en dehors de la clientèle urbaine. Cependant le désir de leur acquisition provoque de plus en plus les déplacements des provinciaux de la classe moyenne vers la capitale départementale qui apparaît vraiment comme le seul centre ayant un équipement commercial supérieur, ou, lorsqu'on dépasse une certaine distance vers Lima et Arequipa. C'est ainsi que les librairies-papeteries écoulent 80 à 90 % de leurs articles au Cuzco, se contentant de faire quelques expéditions, de manuels scolaires en particulier, vers des clients de provinces. Les plus importantes ont même décidé de se passer récemment des services de commis-voyageurs.

Selon le recensement de 1961 (50), 10 % seulement des habitants du département du Cuzco possédaient un appareil de radio et 13 % une machine à coudre (23,3 % et 28,1 % respectivement pour l'ensemble du pays, mais pour l'Apurímac, 3 % et 6 % seulement) ; le pourcentage de ceux qui avaient une machine à laver ou, à plus forte raison, un réfrigérateur, n'atteignait que 1 % (moins de 5 % pour l'ensemble du Pérou) (51). On a donc un marché encore très limité mais qui est capable de changer très

---

50. VI Censo de población y de vivienda. 1961. Vivienda Vol. 2. Lima D.N.E.C.

51. En 1972, 59,5 % de la population du département du Cuzco et 78,7 % de celle de l'Apurímac continuaient à ne posséder aucun appareil électrique, la proportion s'élevant à respectivement 69 % et 84,3 % dans les aires rurales. Pourtant la vente des radios et des machines à coudre avait progressé depuis 1961 puisqu'au Cuzco 38,2 % de la population urbaine possédait une radio et 21,8 % une machine à coudre, les pourcentages dans la population rurale étant de 21,5 % et 12 %. Dans l'Apurímac les chiffres s'abaissaient à 27 % pour les radios en ville et à 11,7 % pour les radios et 6,7 % pour les machines à la campagne. Le nombre de personnes ayant un frigidaire était de 1,1 % pour Cuzco et 0,2 % pour l'Apurímac.

vite, le désir d'obtenir ces biens domestiques étant de plus en plus fort dans les classes aisées et même chez les paysans pauvres qui souhaitent acquérir un poste à transistors, une machine à coudre ou à tricoter, une bicyclette. Aussi a-t-on là actuellement un des marchés les plus prospectés et les plus dynamiques, avec une forte concurrence, à cause de certaines importations et du développement de cette branche de l'industrie nationale. Les commerces d'électro-ménager du Cuzco vendent dans la ville dans une proportion de 80 à 100 %, sauf la firme Singer qui réalise 50 % de ses ventes en province et dispose d'un bon réseau de distributeurs régionaux.

Les concessionnaires d'automobiles sont relativement anciens au Cuzco (une trentaine d'années pour certains), mais leurs ventes se sont surtout accrues après 1960-64. Entre 1963 et 1967, ils avaient vendu chacun de 150 à 200 véhicules par an à trois types principaux de clients : les chauffeurs de taxi de la ville en raison de l'augmentation du tourisme, les fonctionnaires et gérants d'entreprises en nombre croissant, enfin les camionneurs. Cela apparaît nettement dans le registre des ventes à crédit (51), avec en 1967 611 véhicules (dont 112 camions, 291 voitures et 197 camionnettes), contre 135 en 1950 et 220 en 1960. Au total, un milier de camions auraient été vendus au Cuzco depuis 1950, 3 357 voitures et camionnettes, ainsi qu'une soixantaine d'autobus (dont le tiers pour le transport urbain ces trois dernières années). En 1968, l'essor s'était considérablement ralenti (355 véhicules vendus en 1968, 304 en 1970) avec l'augmentation du prix des véhicules par suite de la dévaluation, la baisse du pouvoir d'achat des salariés et déjà une saturation relative du marché ; une seule maison atteignait encore une moyenne de 10 véhicules neufs par mois. Une reprise semblait s'amorcer, toutefois, en 1969, pour les voitures particulières surtout. 80 à 90 % des ventes se faisaient dans la ville, qui comptait en 1968, 4 000 véhicules, contre 2 361 en 1964 et 985 en 1960. A Quillabamba on passait de 155 véhicules en 1963 (dont 147 camions) à 353 en 1967 (300 camions). Abancay comptait en 1969, 120 camions et autobus et 76 automobiles, et Puerto Maldonado, 18 voitures et 15 camions (52).

3°) Les limites socio-économiques : A défaut de chiffres généraux plus récents, les ventes par habitant en 1963 (54) étaient de 1 256,51 sols (55) par an dans le département du Cuzco et de 853,72 sols pour l'ensemble de la région sud-est (181,25 sols dans l'Apurimac et 1 047,71 sols dans le Madre de Dios), ce qui représentait moins du quart de la moyenne nationale des ventes par habitant et par an (3 945,68 sols). Arequipa, avec 4 124,17 sols, dépassait la moyenne nationale, mais Puno n'atteignait que 860 sols par habitant et par an.

Dans nos enquêtes de 1969, la plupart des maisons de commerce ont accepté de nous donner leur chiffre de ventes mensuel moyen et, même si elles ont cherché à dissimuler la vérité, il est remarquable de constater que les données sont sensiblement les mêmes à l'intérieur de chaque catégorie de commerce. Ainsi, les firmes vendant la farine et les pâtes ont un chiffre de vente annuel de 140 M de sols (16,8 M de F) et les grandes maisons de "mercaderías" de 300 M de sols (36 M de F), ce qui donne, en évaluant à 765.099 habitants la population de leur aire d'influence (56), 575 sols de ventes annuelles par an et par habitant en 1969 (69 F). Même en triplant ces chiffres, tout cela reste fort réduit.

---

52. Ministère de l'Industrie et du Commerce. Cuzco.

53. Les chiffres ont été donnés par les Directions urbaines du Transito.

54. Recensement économique de 1963. Commerce et services. Dirección de Estadísticas y Censos. Lima.

55. 1 sol = 0,12 F

56. Pour calculer la population de leur aire d'influence, nous avons considéré la population du département du Cuzco, moins les provinces de Yauri et Chumbivilcas qui se ravitaillent à Arequipa, et la moitié des provinces de Canas, Canchis et la Convención qui continuent à être desservies par notre ville (soit 563 034 personnes) ; dans l'Apurimac, nous avons ajouté à la province de Cotabambas, la moitié de l'ensemble des autres provinces (180 647 personnes) : le Madre de Dios a été considéré dans sa totalité (21 418 personnes), mais nous avons négligé les provinces de Puno desservies par quelques commerces cuzquéniens. Les évaluations de population sont celles d'ORDESUR. Boletin estadístico. Poblacion y empleo. Vol. II, Arequipa, 1972.

TABLEAU N° LXIV
MONTANT DES ACHATS D'UN COMUNERO DE CANCHIS ET DE PARURO

	Machacmarca (Canchis) Dépenses hebdomadaires	Omacha (2) (Paruro) Dépenses mensuelles	
		Quantités	Valeur
Sel	2 sols	une arroba (11,5 kg)	25 sols
Sucre	2 sols	4 livres	16 sols
Graisse (manteca)	3 sols	1/2 livre	4,5 sols
Riz	—	1 livre	5,5 sols
Condiments (aji, etc.)	2 sols	non précisé	—
Ail et oignons	4 sols	—	—
Pain	2 sols	—	—
Fruits	2 sols	5	3 sols
Bougies	2 sols	—	2,4 sols
Alcool à brûler	1 sol	—	—
Coca	6 sols ⎤ 44 %	1 livre	20 sols ⎤ 49 %
Eau-de-vie	10 sols ⎦	—	36 sols ⎦
TOTAL	36 sols		112,4 sols

(1) *Source* : Institut indigéniste. Sicuani, 1967.
(2) Enquête personnelle, 1969.

Ces données sont à rapprocher de la modestie des ventes mensuelles réalisées par la plupart des magasins de province. Dans les enquêtes menées à Acomayo, Izkuchaka, Calca et Yauri, sur un total de 77 magasins ayant accepté de nous donner leur chiffre moyen de ventes mensuelles (soit 77 % des commerces interrogés), 51, soit 66 % disaient vendre moins de 10 000 sols (1 200 F) par mois, dont 16 vendaient moins de 1 000 sols (120 F) ; or, rappelons-le, nous avons laissé de côté les très petits commerces, ce qui élèverait d'autant notre proportion à l'échelle de chaque village ; jusqu'à 20 000 sols de ventes mensuelles, nous avions dix magasins (soit 13 %), jusqu'à 50 000, neuf (aucun d'Acomayo ne dépassait 20 000 sols) et au-delà de 50 000 sols, sept (10 %), dont trois à Izkuchaka et quatre à Yauri atteignaient 100 000 sols (12 000 F).

Une société de farines et pâtes qui ne desservait pas l'Apurimac (sauf Cotabambas), ainsi que la majeure partie de la zone de Sicuani, où la maison-mère avait des agences, vendait mensuellement 100 000 kg de pâtes, soit 160 g par personne, et 414 000 kg de farine de blé, soit 660 g par personne. Avec les autres sociétés, on doit arriver à moins d'une livre de pâtes par mois et à moins de 2 kg de farine de blé consommée surtout sous forme de pain. Jusqu'en 1969 et la coopérativisation des haciendas sucrières de la côte, la quantité de sucre fixée pour la zone Arequipa–Cuzco–Puno était de 2 068 t, desquelles 30 %, soit 620,4 t, correspondait au Cuzco seul. On avait donc une consommation de sucre raffiné de 0,814 kg par habitant et par an.

En fait ces moyennes, si elles soulignent l'étroitesse du marché, ne rendent pas compte de la réalité, car il existe une minorité qui consomme normalement ces denrées et une grande majorité qui ne les utilise que peu, ou même les ignore. A plus forte raison, cette majorité ne connaît pas les objets plus spécifiquement urbains, tels que les tissus de coton, les chaussures, les livres, tous les appareils électro-ménagers et les machines. Des enquêtes réalisées par l'Institut Indigéniste dans la communauté indigène de Machacmarca [57] montrent que les achats réalisés par individu et par semaine, s'élèvent à 36 sols, la coca et l'eau de vie avec 16 sols représentant 44 % du total (tableau n° LXIV) ; le reste des aliments est fourni par le troc ou vient de l'économie familiale, dans laquelle, pour cette communauté, l'artisanat joue un grand rôle à côté de l'agriculture. A Omacha, un métis du village disait acheter chaque mois, au marché d'Accha ou à Pillpinto, pour 115,40 sols de denrées, la coca et l'eau de vie représentant encore 49 % des dépenses. Mais c'est là certainement un maximum et bien des Indiens des provinces hautes, ou même de Paucartambo ou Chinchaypuquio, achètent vraisemblablement moins.

Les problèmes de niveaux de vie et de comportement sont donc ici essentiels, pour déterminer l'aire d'influence commerciale de notre ville. Tous les schémas traditionnels qui ne font intervenir que la distance, ou même la densité de la population, apparaissent ainsi nettement insuffisants. Il est des zones relativement peuplées, comme certaines vallées de Chumbivilcas ou de Paruro qui, mal reliées à la ville, ne sont pratiquement pas encore entrées dans les types de consommation modernes. Au contraire, des vallées chaudes comme Cosnipata et Quince Mil bien que peu peuplées, dépendent étroitement de la ville. De même, la distance ne provoque pas l'augmentation régulière des prix. Le coût du transport est faible et d'autre part on arrive vite à un seuil qu'il est difficile de dépasser si l'on veut écouler sa marchandise. Enfin, le comportement de l'acheteur éventuel qui intervient peu dans les modèles des économistes, est ici essentiel à considérer. C'est en effet, de l'élévation du pouvoir et du vouloir d'achat que le commerce du Cuzco doit attendre son accroissement et sa diversification.

---

57. Etude de 7 communautés de Canchis réalisée par l'Institut Indigéniste - Sicuani 1967.

V. - LE COMMERCE DES CAPITAUX

Le réseau peu dense des bureaux de banques montre bien le retard commercial de la région du Cuzco, alors même que l'analyse du bilan bancaire depuis 1945, illustre la crise récente de l'économie régionale et souligne la décapitalisation de la Sierra au bénéfice de la Côte.

La carte n° 27 montre l'implantation des banques commerciales dans notre région. Seules nos 6 villes possèdent des bureaux : Abancay et Andahuaylas ont chacune une succursale et une agence, Quillabamba une succursale et trois agences, Sicuani et Puerto Maldonado une agence chacune ; récemment, deux capitales de district de la province de la Convención ont bénéficié de la création de deux guichets, d'ailleurs non permanents et contrôlés par Quillabamba : Santa María (en 1958) et Maranura en 1967. La capitale régionale vient nettement en tête avec 6 établissements : 3 succursales, deux agences, un siège de société bancaire (le Banco de Los Andes). Ces services, à l'exception de Sicuani et du Cuzco sont récents et ont été créés après 1940 : 1942 pour Abancay, 1949 et 1965 pour Quillabamba, 1950 pour Andahuaylas, 1961 pour Puerto Maldonado. Au Cuzco, 2 succursales ont dédoublé leurs bureaux dans le quartier de Limacpampa, cependant que se fondait en 1962 une société locale : le Banco de Los Andes, qui ouvrait des agences à Quillabamba (1965) et dans le sud du Pérou, à Puno et Juliaca, Tacna et Ilo.

En dehors de cette banque régionale, toutes les autres sociétés sont liméniennes (58). La ville du Cuzco est chef de zone pour une seule banque, il est vrai la plus répandue dans la région (le Banco de Crédito), et contrôle, à ce titre, les agences régionales supervisant même Ayaviri, Puno et Juliaca. Un autre bureau de Quillabamba (Banco International), dépend de la succursale cuzquénienne. Les bureaux du Banco Popular, par contre, sont indépendants et relèvent d'Arequipa, à l'égal des 2 agences de Cuzco. Cette banque a été nationalisée en 1970 et a fermé son bureau de Sicuani.

Notre ville affirme sa suprématie régionale, non seulement par le nombre des agences et leur position hiérarchique dans les organismes bancaires, mais encore par l'importance des transactions qui s'y font. Elle recevait en 1970, 72 % des dépôts de l'ensemble de la région Sud-Est, et 84 % des crédits, soit respectivement 290 M de sols et 161 M de sols (59) (tableaux n° LXV et LXII). Son importance pour les dépôts était en baisse relative puisqu'ils représentaient, avec 12,8 M. de sols, 87 % du total régional en 1945, et avec 58 M. de sols, 80 % en 1955. Cette diminution correspond davantage à l'essor de la place commerciale de Quillabamba, qu'à celle des deux départements de notre région qui conservent une place modeste (12 % des dépôts pour l'Apurímac, soit 49,5 M. de sols, et 2 % pour le Madre de Dios avec 6 M. de sols en 1970). Ainsi, le département du Cuzco, conserve la tête de la région sud-est avec 86 % des dépôts bancaires. Pour les crédits, après un sensible ralentissement dans les années 1950-1955, notre ville concentre à nouveau les faveurs des organismes bancaires avec 84 % du montant total (93 % pour l'ensemble du département) (tableau n° LXVII). Les banques du Cuzco groupaient en 1969, 8 000 comptes courants environ, et Quillabamba un millier seulement. 70 à 80 % de ces comptes appartenaient à des commerçants, 15 à 20 % à des fonctionnaires, et moins de 10 % à des agriculteurs (60). Cette supériorité du Cuzco s'affiche dans le paysage urbain par les formes imposantes des édifices bancaires construits en particulier sur l'avenue Sol. La ville comptait en 1969, 204 personnes travaillant dans les banques qui, avec une moyenne de 34 employés, par étalissement,

---

58. Le Banco Gibson, aréquipénien à l'origine, a été absorbé en 1967 par le Banco de Crédito liménien, ce qui illustre la suprématie du capitalisme national sur le régional, ainsi que nous l'avons vu auparavant pour les entreprises commerciales.

59. 1 sol = 0,12 F en 1969.

60. Nous n'avons pu obtenir de données précises, mais les pourcentages cités concordaient pour toutes les banques où nous avons mené nos enquêtes en 1969.

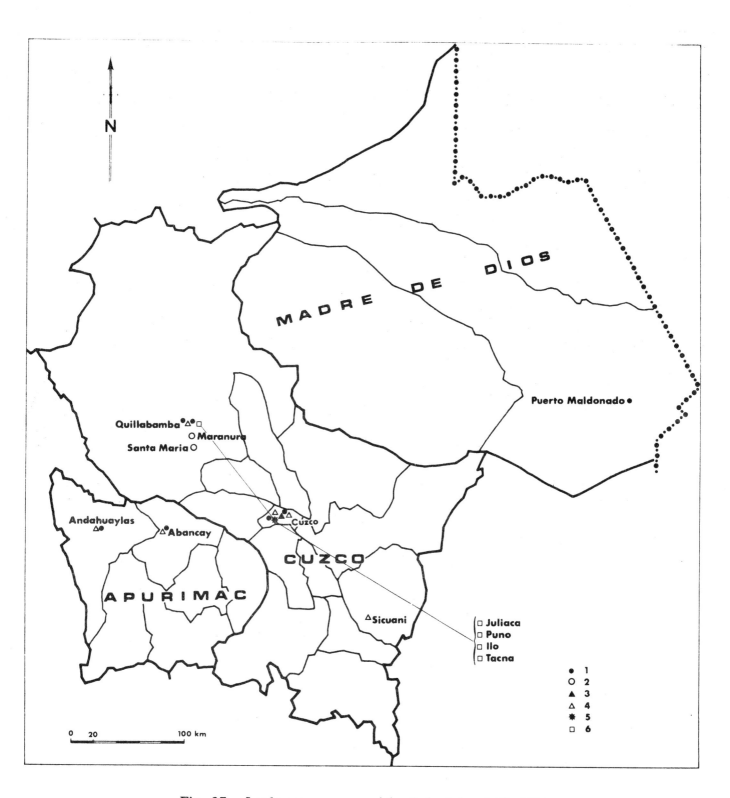

Fig. 27.— Les banques commerciales de la région du Sud-Est

1. Agences.— 2. Agences périodiques.— 3. Succursale chef de zone.— 4. Succursales.— 5. Siège local.— 6. Agences du siège social.

Fig. 28.— Les banques commerciales et de développement dans la région Sud-Est

1. Banques commerciales.— 2. Banco Central de Reserva.— 3. Banco de Fomento Agropecuario.— 4. Banco Industrial.

faisaient figure de grosses entreprises à l'échelle locale. Les agences de province sont beaucoup plus modestes ; elles fonctionnent dans des locaux loués, avec un nombre réduit d'employés ; à Quillabamba par exemple, les 4 banques ne groupaient que 25 travailleurs.

L'examen des activités bancaires révèle la grave crise économique qui règne dans la région du Cuzco depuis 1965. On assiste à un ralentissement dans la croissance des dépôts bancaires, et de manière encore plus sensible des crédits. C'est là un phénomène national, mais il est particulièrement accusé dans notre région. Jusqu'en 1965, les taux de croissance des dépôts dans la région sud-est étaient voisins de ceux de l'ensemble du Pérou et même très souvent supérieurs (tableau n° LXVI). Ainsi de 1955 à 1960, on avait un accroissement des dépôts de 126 % dans la région sud-est, contre 92 % pour l'ensemble du Pérou, et 108 % pour le sud ; de 1960 à 1965, les taux respectifs de croissance des dépôts étaient de 128 % au Cuzco, contre 122 % pour le pays et 118 % pour le sud ; l'accroissement avait même été supérieur à celui des banques de l'agglomération Lima-Callao (121 %). Or, depuis 1965, la croissance s'est considérablement ralentie, puisqu'elle n'est plus, de 1965 à 1970, que de 21 %. Ce ralentissement est beaucoup plus accusé que celui de l'ensemble du Sud (52 %) et surtout que celui observé dans le pays en général (92 %); on a même eu une diminution de 0,3 % des dépôts de 1968 à 1969 (tableau n° LXVI).

Plus que les autres régions péruviennes, celle du sud-est serait donc particulièrement sensible aux crises politiques et économiques. Les causes proprement locales - ainsi la crise agraire des années 60- ont eu peu d'effets sur les dépôts bancaires, sauf en partie à Quillabamba, car moins de 10 % des comptes bancaires appartiennent à des hacendados ; il est vrai que ce sont certainement les plus riches qui ont retiré leur argent pour l'investir ailleurs. Mais en fait, après une forte diminution en 1963 au cœur des troubles agraires, les années 64 à 67 offrent des taux de progression annuelle à peine inférieurs à ceux des années 60 - 61. La rupture s'établit à partir de 1968 et il faut y voir les conséquences de la dévaluation d'août 1967, et de la crise politique de la fin du régime de Belaunde. Dans une région où le niveau de vie était très bas, il y a eu une importante augmentation des prix et une réduction de la masse monétaire en circulation, ce qui a ralenti les activités commerciales. Par suite du déficit budgétaire, les programmes de construction, tant de la CRYF que des Ponts et Chaussées, ont été paralysés, cependant que les salaires des fonctionnaires (de 15 à 20 % des comptes bancaires), accusaient des retards importants. Les petits commerces qui, profitant des bonnes conditions antérieures, s'étaient multipliés, ont connu de sérieuses difficultés financières par suite de la réduction du pouvoir d'achat de leurs clients. A leur tour, devant l'augmentation du nombre des mauvais payeurs, les grossistes de la ville ont vu leurs chiffres de vente baisser.

Soulignons l'importance des dépôts d'épargne. Ils constituaient encore avec 114,4 M. de sols, 33 % de l'ensemble des dépôts en 1970 pour le Département du Cuzco (contre 21 % dans le Pérou et 15 % seulement à Lima). Dans l'Apurímac ils représentaient 65 % des dépôts (soit 32,3 M. de sols) et dans le Madre de Dios 50 % (3 M. de sols). En fait, dans ces deux départements, on a très peu de comptes de dépôts, mais surtout des comptes d'épargne. Leur proportion n'avait cessé d'augmenter ; elle passait pour l'Apurímac de 40 % en 1955 et 1960, à 65 % en 1970, et pour le Madre de Dios de 27 % en 1965 à 50 % en 1970. Au Cuzco, en revanche, leur importance diminuait puisqu'ils représentaient 33 % des dépôts en 1970 contre 38 % en 1955 (22 M. de sols). Mais cela est dû surtout à la création d'organismes d'épargne locaux.

L'évolution des crédits a été très différente (tableau n° LXVIII). Jusqu'en 1960, les taux de croissance étaient inférieurs à ceux du Pérou, à ceux de Lima en particulier. Ils restaient cependant supérieurs à ceux de l'ensemble du sud du pays. De 1960 à 1965, au contraire, les crédits ont augmenté

TABLEAU N° LXV
DÉPÔTS DES BANQUES COMMERCIALES DE LA RÉGION SUD-EST (1945-1970) (en milliers de sols)

	CUZCO									APURIMAC						MADRE DE DIOS		Région sud-est	% sud	Total sud	Lima Callao	Pérou
	Total département	% région	Cuzco-ville	% région	Sicuani	% région	Quillabamba	% région	Santa Maria	Total département	% région	Abancay	% région	Andahuaylas	% région	Puerto Maldonado	% région					
1945 Dépôts Épargne	12 845 21 990	92 %	12 098	87 %	747	5 %				1 129	8 %	1 129	8 %					13 974			803 700	1 108 558
1950 Dépôts Épargne	29 282	91 %	26 354	82 %	2 562	8 %	366	1 %		2 867	9 %	1 695	5 %	1 172	4 %			32 149	19 %	168 485	1 890 333	2 326 060
1955 Dépôts Épargne	57 964 21 990	90 %	51 094 19 162	79 %	3 971 2 030	6 %	2 899 798	5 %		6 414 2 562	10 %	4 378 1 678	7 %	2 036 884	3 %			64 377 24 552	20 %	323 444 108 361	2 711 297 711 861	4 724 922 1 037 644
1960 Dépôts Épargne	129 456 40 381	89 %	110 879 34 736	76 %	6 474 3 809	4 %	7 853 1 701	8 %	4 250 135	16 060 6 393	11 %	10 154 4 030	7 %	5 906 2 863	4 %			145 516 46 774	22 %	672 997 207 351	6 987 112 1 380 825	9 073 148 2 014 542
1965 Dépôts Épargne	280 626 94 278	84 %	243 029 77 773	73 %	16 402 9 841	5 %	19 602 6 279	6 %	1 593 385	45 977 26 891	14 %	29 317 16 876	9 %	16 660 10 015	5 %	5 529 1 501	2 %	332 132 122 670	23 %	1 469 573 515 107	15 471 644 3 752 989	20 159 048 5 402 429
1970 Dépôts Épargne	346 468 114 443	86 %	289 868 89 884	72 %	17 354 8 565	4 %	39 246 15 994	10 %		49 569 32 355	12 %	27 200 19 026	7 %	22 369 13 329	6 %	6 040 3 032	2 %	402 077 149 830	18 %	2 233 977 669 761	27 927 251 4 308 513	38 751 354 8 075 776

Source : Superintendencia de bancos. Memorias annuales, Lima.

TABLEAU N° LXVI : DÉPOTS DES BANQUES COMMERCIALES DE LA RÉGION SUD-EST TAUX DE CROISSANCE (1945-1970)

	Cuzco-ville	Sicuani	Quillabamba	Abancay	Andahuaylas	Puerto Maldonado	Région sud-est	Région sud	Lima Callao	Pérou
1945										
1950	+118	+243		+50			+130		+135	+110
1955	+94	+55	+692	+158	+74		+100	+92	+43	+103
1960										
Dépôts	+117	+63	+317	+152	+190		+126	+108	+158	+92
Épargne	+81						+91	+91	+94	+94
1965										
Dépôts	+119	+153	+75	+187	+182	+174 (1)	+128	+118	+121	+122
Épargne	+124						+162	+148	+172	+168
1970										
Dépôts	+19	+6	+85	−7	+34	+9	+21	+52	+81	+92
Épargne	+16						+22	+30	+15	+49

Source : Superintendencia de Bancos. Memorias anuales, Lima.

(1) Par rapport à 1961, date d'installation d'une banque dans cette ville.

TABLEAU N° LXVII

CRÉDITS DES BANQUES COMMERCIALES DE LA RÉGION SUD-EST (1945-1970) (en milliers de sols)

	CUZCO								APURIMAC					MADRE DE DIOS		Total région sud-est	% sud	Total sud	Lima Callao	Pérou
	Total département	% région	Cuzco-ville	% région	Sicuari	% région	Quillabamba	% région	Santa Maria	Total département	% région	Abancay	% région	Andahuaylas	% région	Puerto Maldonado	% région					
1945	9 378	90 %	8 905	85 %	473	5 %				1 054	10 %	1 054	10 %					10 432			474 647	657 643
1950	26 096	86 %	22 887	76 %	2 326	8 %	884	3 %		4 159	14 %	2 842	9 %	1 317	4 %			30 255	19 %	155 728	1 336 011	1 754 652
1955	47 125	86 %	39 282	72 %	4 014	7 %	3 829	7 %		7 528	14 %	3 515	6 %	4 013	7 %			54 653	23 %	239 154	3 431 574	4 232 636
1960	79 575	93 %	68 337	80 %	3 497	4 %	7 688	9 %	53	6 128	7 %	2 433	3 %	3 695	4 %			85 703	24 %	358 399	5 548 660	6 785 059
1965	174 198	95 %	156 111	85 %	2 204	1 %	15 841	9 %	42	7 572	4 %	3 434	2 %	4 138	2 %	2 157	1 %	183 927	24 %	777 168	11 408 963	14 490 550
1970	177 538	93 %	161 094	84 %	3 201	2 %	13 243	7 %		9 226	5 %	5 811	3 %	3 415	2 %	4 999	3 %	191 763	19 %	1 000 306	19 350 256	23 633 071

TABLEAU N° LXVIII : CRÉDITS DES BANQUES COMMERCIALES DE LA RÉGION SUD-EST TAUX DE CROISSANCE (1945-1970)

	Cuzco-ville	Sicuani	Quillabamba	Abancay	Andahuaylas	Puerto Maldonado	Région Sud-Est	Cuzco-ville	Région Sud	Lima Callao	Pérou
1945											
1950	+ 157 %	+ 392 %		+ 170 %			+ 190 %	157 %		+ 181 %	+ 254 %
1955	+ 72 %	+ 73 %	+ 333 %	+ 24 %	+ 205 %		+ 81 %	72 %	+ 52 %	+ 157 %	+ 82 %
1960	+ 74 %	− 13 %	+ 101 %	− 31 %	− 8 %		+ 57 %	74 %	+ 50 %	+ 62 %	+ 60 %
1965	+ 128 %	− 37 %	+ 106 %	+ 41 %	+ 12 %	+ 174 % (1)	+ 129 %	128 %	+ 117 %	+ 106 %	+ 114 %
1970	+ 3 %	45 %	− 16 %	+ 69 %	− 17 %	+ 132 %	+ 4 %	3 %	+ 29 %	+ 70 %	+ 63 %

Source : Superintendencia de Bancos. Memorias anuales, Lima.

(1) Par rapport à 1961, date d'installation d'une banque dans cette ville.

et ont dépassé ceux du Pérou et même ceux de Lima (129 % d'augmentation, contre 114 % à l'ensemble du pays, et 106 % à Lima). Cette courte période a soutenu le développement des activités commerciales, et même en partie industrielles, de notre ville. Elle correspond, nous l'avons vu, à une phase très libérale et un peu euphorique de l'économie péruvienne, coïncidant avec l'accession au pouvoir de la bourgeoisie de la côte relais du capitalisme étranger, sous la présidence de Manuel Prado.

Après 1965, il y a au Cuzco un véritable effondrement des crédits bancaires, alors qu'il ne s'agit que d'un ralentissement au niveau du Pérou ou même de la région sud. On passe à 129 % pendant l'intervalle 1960/65, à 4 % de 1965 à 1970 ; pour l'ensemble du pays, les taux respectifs sont de 114 et 63 % (117 et 29 % pour le sud, et pour Lima, seulement 106 et 70 %). A deux reprises, il y a eu des diminutions notables dans les crédits, en 1967 (-5 %), avec la crise financière et la dévaluation, et en 1970 (- 5 % à nouveau), malgré une forte reprise en 1969 (7,4 %), supérieure à la hausse nationale de 6,4 % ; cette diminution affecte d'ailleurs en 1970 tout l'ensemble du sud. Ce sont les crédits commerciaux qui ont été considérablement réduits. Ils constituaient de 70 à 80 % des crédits et consistaient surtout en avances sur compte pour les grandes entreprises et en règlements de lettres de change pour les petits commerçants et les clients particuliers. Le taux d'intérêt des prêts a été élevé à 13 et 14 % et de solides garanties ont été exigées des bénéficiaires. Chaque agence a vu ainsi limiter considérablement sa possibilité de crédit. Elle était encore de 70 000 sols (8 400 F) au maximum pour Quillabamba en 1968, mais au Cuzco, l'année suivante, elle n'était plus, comme dans les petites agences de province que de 20 000 sols (2 400 F), l'accord de Lima étant nécessaire pour un chiffre supérieur. Seules les maisons très connues et solides financièrement, pouvaient désormais recevoir quelques crédits. Les banques pensaient assainir ainsi une situation de libéralisme qui s'était rapidement détériorée. Car si, de 1960 à 1965, le montant des crédits avait augmenté de 129 %, celui des "protestas", c'est-à-dire en fait des non-reconnaissance de dettes, avait augmenté de 102 % entre 1966 et 1968, et de 144 % entre 1966 et 1970, atteignant alors 95 M. de sols (114 M. de F.) (61). Cependant ce manque de sérieux dans les paiements n'est pas un phénomène uniquement local, alors qu'il convient encore de le souligner, le ralentissement des crédits est le plus important du Pérou.

Aurait-on donc un appauvrissement général de notre région, ce qui serait en contradiction avec les efforts de développement réalisés par le secteur public et les progrès de l'urbanisation, appauvrissement que la politique des banques contribuerait par ailleurs à accentuer ? En fait, à côté des banques, se sont multipliées ces dernières années dans tout le pays, des coopératives d'épargne et de crédit, certaines doublées de groupes d'achat. Notre ville groupait ainsi en 1971, 15 coopératives pour l'acquisition d'un logement (avec 1975 membres et un capital de 36,3 Millions de sols), 7 coopératives d'épargne et de crédit (3 013 membres et 7,7 M. de sols de capital), 3 groupes d'achat (1286 membres, 4 M. de sols de capital). Beaucoup étaient formés à l'intérieur de catégories professionnelles déterminées (les professeurs, les employés du Ministère de l'Agriculture, les employés du chemin de fer de Santa Ana etc...), mais les deux plus importantes prétendaient être accessibles à tous les Cuzquéniens. Chacune des cinq autres villes compte une coopérative, il est vrai plus modeste, et il en existe, surtout sous forme de groupes d'achat ("cooperativa de consumo") jusques dans de petits villages. Les coopératives d'épargne et de crédit accordent des taux d'épargne supérieurs à ceux des banques (6 % contre 4 à 5 %), et des prêts à court et moyen terme plus avantageux (9 % d'intérêt, contre 13 et 14 % dans les banques). Cependant, en raison des difficultés économiques, les prêts particuliers avaient été limités, en 1969 au Cuzco, à 30 000 sols (3 600 F), payables en 20 mois, sauf pour l'achat de voitures ; les petits commerçants et industriels pouvaient demander 500 000 sols (60 000 F), remboursables en 20 mois.

---

61. Mémoires de la Chambre de Commerce du Cuzco de 1966 à 1970.

Plus importantes encore sont les activités de la Caisse d'épargne et de crédit pour la construction ("caja de ahorros y préstamos para vivienda"). Créée dans notre ville en 1963, elle a en fait remplacer le Banco de la Vivienda dont elle continue à subir le contrôle. Son but est de "canaliser les épargnes en vue de la construction de maisons de type social". Elle reçoit les dépôts de toute importance et donne aux épargnants un intérêt de 6 % qui peut s'élever à 7 et 10 % (contre 7 % dans les banques), pour les dépôts à court terme. Elle prétend favoriser en premier lieu, les habitations de type modeste, le coût de la construction ne devant pas dépasser 650 000 sols (78 000 F.) et le solliciteur ne devant pas posséder d'autre maison. Les intérêts exigés sont de 10 à 12 %, avec des délais variant de 2 à 20 ans. La façade démocratique de l'institution est sauvegardée par le fait que certains de ses adhérents sont des gens d'origine très modeste, souvent analphabètes, qui pour retirer éventuellement leur argent n'ont même pas besoin de savoir signer ; ils sont électeurs au Conseil de Direction (un droit de vote pour 50 sols d'épargne), mais dans une proportion évidemment modeste.

Cet organisme a connu au Cuzco un très grand succès puisqu'il est passé de 847 adhérents en 1963 à 13 756 en 1970, année ayant vu 3 124 nouveaux adhérents, et une croissance annuelle jamais atteinte auparavant de 27 %. Les dépôts passaient de 4,6 Millions de sols (62) en 1963, à 137,6 Millions de sols en 1970, soit près de 29 fois le chiffre initial ; de 1969 à 1970 la progression était de 40 % en un an. A cette date, ils étaient équivalents à 47 % de l'ensemble des dépôts des 6 banques de la ville, et dépassaient de 53 % les dépôts d'épargne de ces établissements. Les fonds de cet organisme de crédit étaient eux mêmes constitués, pour 86 %, par des comptes d'épargne. 297 prêts avaient été consentis pour un ensemble de 505 maisons (482 terminées et 23 en cours d'achèvement), dont 88 pour la seule Coopérative de logement de la Société Mutuelle des employés du Cuzco dans la cité de T'tío.

La "caja de ahorros y préstamos para vivienda" souhaitait en effet aider de plus en plus les nombreuses associations et coopératives de logement qui s'étaient multipliées dans la ville, depuis 1960 surtout, et soutenir la promotion d'ensembles résidentiels populaires (moins de 300 000 sols, soit 36 000 F. par maison), en cours de réalisation à Marcavalle et Santa Ursula, ou en projet à la Recoleta. En fait, c'était surtout la classe moyenne et même aisée qui bénéficiait des fonds prêtés par l'A.I.D. au Banco de la Vivienda. Les habitants des pueblos jovenes, auxquels ils étaient en principe également destinés, n'en profitaient pas, mais ils alimentaient son capital avec leurs modestes épargnes.

On saisit ainsi, à travers le mouvement bancaire, une réelle contraction de l'économie régionale et l'accentuation de sa dépendance vis-à-vis de celle de la côte. D'une part, l'épargne locale s'oriente de plus en plus vers la construction de maisons qui représente le souci majeur des classes moyennes et populaires ; dans une économie de pauvreté, l'augmentation progressive mais lente du niveau de vie, permet ainsi seulement aux individus d'améliorer, sinon de satisfaire, leurs besoins élémentaires. Et on doit constater que l'un des plus importants résultats de la politique de développement est d'avoir permis à la petite bourgeoisie urbaine de construire sa maison. Toute relance économique profite peu aux banques, mais bien plus aux coopératives d'achats ou de construction. Ainsi avec l'actuel gouvernement, entre fin 1968 et 1971, le capital des secondes a progressé de 50 % alors que les dépôts bancaires n'ont augmenté que de 21 %.

Parallèlement, pour les capitaux dont a besoin son économie, notre région ne peut pas compter sur elle-même et sa dépendance vis-à-vis de sources de crédits nationales ou étrangères s'en trouve accrue. Si l'agriculture et l'industrie sont, à des degrés divers, soutenus par les crédits du secteur

---

62. Caja de Ahorros y Préstamos para vivienda. Cuzco. 1 sol : 0,12 F en 1969.

public, le commerce est dépendant du capitalisme privé national. Or celui-ci se montre de plus en plus réticent pour aider les entreprises commerciales locales et notre région ressent ainsi très lourdement les crises économiques successives. Le rapport entre les crédits et les dépôts bancaires ne cesse d'être de plus en plus défavorable à notre région. Alors qu'en 1945, les crédits concédés par les banques de la région sud-est représentaient 75 % des dépôts et 59 % en 1960, en 1970, ils ne représentaient plus que 48 %. Cette proportion était de 45 % pour le sud, mais de 61 % pour l'ensemble du Pérou, et de 69 % pour Lima-Callao.

C'est pour essayer de lutter contre cette décapitalisation de la région par la capitale et la côte, qu'avait été fondée en 1962 la Banque des Andes. Avec 85 % de son capital cuzquénien, elle représentait au côté de 6 autres banques régionales, une tentative de lutte contre la domination et le centralisme liménien. On retrouvait parmi ses fondateurs, au côté de quelques hacendados industriels, ces entrepreneurs d'origine étrangère qui ont créé les principales entreprises de notre ville. Limitée quant à son capital (10 M de sols en 1969), cette banque pensait recueillir l'épargne locale, et consentir des prêts à défaut d'investissements. Sur le plan de l'épargne, son action a été doublée par la *«Casa de ahorros et prestamos para vivienda»* qui correspond davantage aux intérêts des classes moyennes et populaires de plus en plus importantes dans notre ville. Sur le plan économique, ses interventions ont été très limitées et certains de ses dirigeants ont pâti durement de la crise, sur le plan industriel en particulier. Trois parmi les plus importants ont dû cesser leurs activités locales, après avoir sollicité l'aide du *Banco Industrial*, l'un en se déclarant en faillite, les deux autres en voyant leurs usines prises en charge par le secteur coopérativisé. En 1973, la relève semblait assurée par les gérants et directeurs des sociétés capitalistes de la ville qui avaient pris en main les intérêts de la Banque des Andes. Mais étant donné que ces sociétés sont aréquipéniennes ou liméniennes, on doit voir là une nouvelle étape dans l'accentuation du système de dépendance et la banque locale sera ainsi de plus en plus contrôlée par le capitalisme national.

Cette chaîne de domination qui marginalise notre région par rapport à la côte, et dans le sud par rapport à Arequipa où les prêts bancaires ont assez peu diminué, s'observe également à l'échelle locale entre notre ville et les autres centres urbains. Le tableau n° LXIX fait apparaître la relation existant entre le pourcentage des dépôts de chaque ville par rapport à l'ensemble régional, et la population de cette ville par rapport au total de nos six centres urbains. Les pourcentages des dépôts sont légèrement inférieurs à ceux de la population pour Abancay, Puerto Maldonado et surtout Sicuani ; ils sont au contraire sensiblement supérieurs pour Andahuaylas et très nettement pour le Cuzco et Quillabamba, ce qui montre le dynamisme économique de ces villes à l'échelle régionale. Pour les crédits, la part de la ville du Cuzco est encore plus écrasante puisqu'elle reçoit 84 % des crédits bancaires régionaux, alors qu'elle ne représente que 72 % des dépôts. Quillabamba apparaît dans ce domaine très pénalisée. Alors de depuis 1955, ses dépôts ont été multipliés par 14 (ils ne l'étaient que par 6 pour l'ensemble de la région sud-est), et ont continué à croître de 100 % entre 1965 et 1970, malgré la crise qui a bouleversé la structure agraire de la vallée (contre 92 % pour l'ensemble du Pérou et 21 % pour la région sud-est), elle a connu une diminution de ses crédits de 16 %. Et pourtant cette région de colonisation et de cultures commerciales représentait en 1957, 33,6 % du produit brut départemental, contre 3 % à la province du Cuzco (63). Cette dernière, par le biais des trois agences bancaires dont dépendent les succursales quillabambines, filtrait en quelque sorte les crédits dont a pourtant besoin la cité de ceja de selva.

On a donc un système de domination en chaîne tel que l'a décrit A.G. Frank : le Cuzco établit son contrôle sur sa région et en particulier sur la zone la plus riche, Quillabamba ; il est à son tour

---

63. *Plan del Sur* – volume XXVIII, Lima, 1959.

dominé par Arequipa et surtout, par Lima. La capitale péruvienne apparaissait à son tour comme le relais des centres capitalistes d'Europe ou des Etats-Unis. La période des Prado a en effet accru la pénétration du capital étranger privé dans les banques et les entreprises commerciales et industrielles. Celle de Belaunde a favorisé de la même manière la dépendance à l'égard du B.I.D. et de la Banque Mondiale qui soutiennent la politique des organismes du Secteur Public ou semi-public (crédit agricole, crédit industriel, crédit à la construction).

Cependant cette chaîne de dépendance établie par l'intermédiaire des banques, ne concerne encore que peu les relations entre les villes et leurs campagnes ; celles-ci restent, à l'exception en partie de celles de la Convención, complètement à l'écart des activités des banques privées, qui demeurent donc essentiellement urbaines. Elle ne révèle même pas réellement l'exploitation des campagnes par les villes. En effet, les capitaux tirés ou investis dans l'agriculture, représentent très peu de chose dans le mouvement bancaire. Dans les villages et même dans les bourgs, rares sont les commerçants ayant un compte en banque ; nous n'en avons trouvé qu'à Anta, à Calca, à Yauri et un seul à Acomayo. Et on devrait, au contraire, tenir compte dans la baisse sensible des dépôts, du manque à gagner des grossistes du Cuzco qui n'arrivent pas à récupérer les crédits concédés sous forme de lettres de change à de multiples petits commerçants provinciaux.

De même, les campagnes sont encore tenues à l'écart des activités des compagnies d'assurances. Celles-ci sont toutes groupées au Cuzco et on n'en trouve aucune en province. Quatorze succursales liméniennes (sur un total de 27) se partageaient un marché au demeurant encore étroit. Sept étaient particulièrement actives, et elles étaient gérées par les grandes maisons de commerce de la ville. Leur aire d'influence s'étendait à l'ensemble de la région sud-est, mais trois d'entr'elles l'élargissaient au département de Puno (Sur-America, El Pacífico, et El Sol). En fait, les déplacements des assureurs étaient très espacés, puisqu'ils se rendaient 2 fois par an à Sicuani, à Puerto Maldonado ou à Puno, et trois fois à Abancay (poussant parfois jusqu'à Andahuaylas et plus rarement Chalhuanca). La Convención, par contre, recevait leur visite tous les 2 ou 3 mois, car de l'aveu d'une compagnie, ce marché était aussi intéressant sur le plan des contrats et de leur montant que le Cuzco. La plupart des autres avaient 90 % de leurs clients dans la capitale régionale.

Les 4 principales compagnies avaient chacune un millier d'assurés ce qui représentait une valeur de 6 à 7 M. de sols pour les contrats d'assurance-vie (les plus nombreux avec ceux contre l'incendie, l'assurance-auto étant peu répandue) ; 600 000 à 1 M. de sols avaient été payés dans l'année par chacune de ces compagnies au titre de primes pour les autres risques. Les provinces représentaient un immense marché potentiel ; mais peu de gens y savaient ce qu'était une assurance et, d'autre part, les choses susceptibles d'êtres assurées semblaient de peu de valeur aux yeux des agents des compagnies urbaines. Pourtant, bien que limité, le marché du Cuzco était au quatrième ou cinquième rang national pour la plupart des entreprises d'assurances, à égalité avec Huancayo, loin derrière Lima et les villes du Nord, mais avant Arequipa.

C'est donc avec le commerce qu'on saisit le mieux les problèmes du colonialisme interne et de la dépendance du Cuzco vis-à-vis de la côte, elle-même relais de la domination extérieure. Notre région pâtit de trois faits qui freinent le développement de l'économie de marché moderne. En premier lieu, sa situation à l'intérieur des terres fait que les marchandises venant de la côte y sont chères et facilite par ailleurs la concurrence directe des centres de production que sont Lima et Arequipa. Cette concurrence est particulièrement sensible sur les franges de notre région (tout le Sud et l'Ouest en particulier et dans les agglomérations les plus importantes. Elle réduit d'autant l'influence du Cuzco qui est surtout forte dans un rayon de 100 kilomètres environ. En second lieu, la rente foncière drainée vers la ville, ne s'est transformée que dans une faible proportion en rente capitaliste. L'ensemble de la région est donc dépendante des capitaux et des initiatives de la côte ou de l'étranger, ce qui la rend particulièrement sensible aux crises économiques ou politiques nationales et internationales. Enfin, le marché apparaît encore rétréci par les difficultés des communications et plus encore la pauvreté de la grande majorité de la population. De profondes réformes sont nécessaires pour accroître les revenus et atténuer les inégalités dans ce domaine. Elles sont particulièrement urgentes dans le secteur agricole. Dans le cadre d'une politique d'aménagement régional, le gouvernement a préféré en proposer certaines dans le secteur industriel et touristique. Nous allons étudier comment, en fait, celles-ci ont contribué à accentuer la dépendance économique de la région Sud-Est.

TABLEAU N° LXIX
RELATION ENTRE LES DÉPOTS BANCAIRES ET LE CHIFFRE DE POPULATION
DES VILLES A L'ÉCHELLE RÉGIONALE EN 1970

	% des dépôts à l'échelle régionale	% population par rapport à celle des 6 villes
Cuzco	72	70
Sicuani	4	6
Quillabamba	10	8
Abancay	7	8
Andahuaylas	6	5
Puerto Maldonado	2	3

TABLEAU N° LXX
LES ÉTABLISSEMENTS INDUSTRIELS DANS LE DÉPARTEMENT DU CUZCO
(1971)

Provinces	N° établissements	% département	
Cuzco	156	65 %	
Canchis	41	17 %	
La Convención	18	8 %	25 %
Quispicanchis	9	4 %	
Paucartambo	5	2 %	
Anta	4	2 %	
Urubamba	3		
Calca	1		2 %
Acomayo	1		
Espinar	1		
TOTAL	239		

Source : Ministère de l'Industrie et du Commerce. Cuzco, 1971.

CHAPITRE VI

LE ROLE DU CUZCO DANS LES ACTIVITÉS INDUSTRIELLES ET TOURISTIQUES DE SA RÉGION

L'étude de l'industrie du Cuzco et de son rôle régional est une excellente illustration du processus de domination en chaîne que connaissent les pays sous-développés et à l'intérieur de ceux-ci, quelques régions. Il est certain, en premier lieu, que les conditions locales ne sont pas complètement mauvaises mais que la région Sud-Est pâtit à l'échelle nationale d'un ensemble de facteurs défavorables. Les modes de production précapitalistes qui dominaient largement, dans l'agriculture comme dans l'industrie (hacienda, manufacture d'hacienda, artisanat familial...), n'ont pas permis une accumulation suffisante du capital. Comme dans le commerce, on sent nettement l'absence d'une classe d'entrepreneurs, d'une bourgeoisie d'affaires. En second lieu, notre région souffrait de son isolement et de la situation marginale dans laquelle l'avait reléguée un système économique fondé sur la Côte, relais des intérêts du capitalisme européen ou nord-américain.

Or, après la seconde guerre mondiale, les intérêts de ce capitalisme s'orientèrent vers une politique d'industrialisation dans les pays dominés (voir chapitre III, dernier paragraphe). Au Pérou, les usines s'installèrent de préférence sur la Côte et surtout dans la capitale Lima, cherchant à conquérir le marché intérieur. De 1950 à 1966, et surtout après 1960, l'industrie progressait à un rythme annuel de 7,5 % contre 3 % à l'agriculture et 5,2 % à l'ensemble du P.N.B. (1). En 1970, après une crise de trois ans, elle reprenait un taux de progression de 9,2 % contre 1,9 % à l'agriculture et l'élevage, et 5 % au P.N.B. (2). Mais c'était la capitale qui concentrait la plupart des activités industrielles avec, en 1968, pour les établissements employant cinq personnes et plus : 64 % des entreprises, 72 % de la main-d'œuvre, 75 % des salaires payés et 65 % de la valeur de la production industrielle nationale (3).

---

1. Plan de desarrollo económico y social : 1967-1970. Lima. Instituto Nacional de Planificación.

2. Situacion de la economia en Argentina y Peru. "Comercio Exterior". Marzo 1971.

3. Jean-Paul DELER. Aspects de la croissance de l'agglomération de Lima au cours du dernier quart de siècle. Thèse de 3ème Cycle. Bordeaux. 1972.

Les nombreuses entreprises qui s'étaient créées dans notre région au début du siècle et dans les années 20-30, profitant du renouveau économique provoqué par la construction du chemin de fer et l'essor du commerce de la laine et des produits tropicaux, virent leur marché local s'ouvrir à la concurrence nationale. Jusques-là ce marché avait été relativement protégé par la difficulté des liaisons avec la Côte, par la modestie des activités industrielles nationales et par le fait que les denrées importées concernaient une clientèle limitée. Pour affronter la concurrence, ces entreprises se révèlaient à la fois archaïques dans leur système de production et de gestion et vieillies quant à leur matériel. D'importants investissements étaient nécessaires pour leur modernisation et leur fonctionnement. Mais les capitalistes étrangers préférèrent investir à Arequipa, mieux située à proximité de la Côte et disposant d'un marché, tant urbain que régional, plus vaste et plus facile d'accès. Quant au capitalisme liménien, il n'intervint que pour racheter les usines en difficulté, supprimant ainsi des concurrents locaux.

Le sort de l'industrie au Cuzco dépendait alors du secteur public. Celui-ci prit, à partir de 1964, quelques mesures légales pour favoriser le développement industriel dans la Sierra (loi n° 13270 en particulier). Les industries de conserves alimentaires, anciennes ou nouvelles, se voyaient à la fois exonérées de droits d'importation et de certains impôts pour l'achat de machines, et protégées par des dispositions douanières. Une certaine proportion des bénéfices pouvait également être capitalisée, libre d'impôts. Cette proportion qui, dans la Sierra, était de 60 % - contre 40 % sur la côte - fut portée à 100 % dans la selva et dans le département du Cuzco.

Ces mesures provoquèrent la création de nombreuses entreprises, urbaines surtout, qui profitèrent de la croissance de la ville, au cours de ces vingt dernières années et de la transformation progressive des genres de vie. Pour les aider, le gouvernement approuva en 1966 le projet de parc industriel de la C.R.Y.F. (4) mais celui-ci eut très peu de succès. Par contre, les gouvernements Prado et Belaunde se permirent de rater leur politique régionale de développement industriel, en entreprenant la construction de deux entreprises (la centrale hydroélectrique de Macchu Picchu et l'usine d'engrais azotés de Cachimayo) qui furent autant d'escroqueries du capitalisme étranger qui en avait assumé le financement et les travaux, et de fausses manœuvres de planification. L'implantation tardive d'une agence du Banco Industrial en 1967, servit surtout à soutenir la nouvelle option choisie pour le développement régional : le tourisme. Or celui-ci crée un nombre relativement réduit d'emplois et accroît la dépendance économique de notre région vis-à-vis de Lima et de l'étranger. Ainsi, c'est la ville qui tend à concentrer de plus en plus les activités industrielles régionales. Les industries rurales connaissent au contraire une grave crise et, le Cuzco, qui auparavant les contrôlait, s'avère aujourd'hui complètement incapable de les aider.

I. - LE CUZCO FACE A LA CRISE DES INDUSTRIES RURALES

Nous avons vu qu'à la fin du XIXe siècle, en liaison avec l'essor du commerce de la laine et la construction des chemins de fer, de nouvelles fabriques furent créées tout au long de la vallée du Vilcanota : usines textiles de Lucre (1861), Marangani (1898), Urcos (1910), moulins de Cusipata et de Huaro. Dans la vallée de la Convención, aux nombreux ingenios de canne à sucre, s'ajoutaient deux importantes usines de thé (Huyro créée en 1911, et Amaybamba), puis après la Seconde guerre mondiale, des moulins pour le café. Toutes travaillaient les matières premières venues de l'agriculture régionale et disposaient de l'énergie hydraulique, puis hydroélectrique, des petits torrents.

---

4. C.R.Y.F. Corporación de Reconstrucción y Fomento del Cuzco.

A l'exception de quelques moulins appartenant aux sociétés commercialisant le café ou la farine, toutes ces fabriques fonctionnaient en fait dans le cadre d'haciendas. Une partie de leurs activités restait encore agricole. Leur main-d'œuvre était celle des colons obligés à travailler non dans les champs, mais dans les ateliers, un petit salaire en espèces s'ajoutant au lopin de terre qu'ils recevaient traditionnellement. Ils n'avaient qu'une formation empirique et la plupart restaient illettrés. Ceux de la fabrique d'Urcos, lors du recensement de 1961, se déclarèrent ainsi agriculteurs et non ouvriers. Les liens de dépendance dans lesquels se trouvaient ces fabriques par rapport à la ville du Cuzco étaient encore autant de points de ressemblance avec les haciendas agricoles. Les principales fabriques - à l'exception de Marangani, propriété d'une famille d'origine aréquipénienne - appartenaient toutes à des Cuzquéniens. Il s'agissait souvent de véritables dynasties qui dominaient toute la société urbaine comme les Garmendia pour Lucre et les La Torre pour Urcos ou pour Huyro. Une partie des revenus, certainement la plus importante, était drainée vers la ville comme dans les haciendas traditionnelles. C'était en ville, d'autre part, que se faisait l'essentiel de la gestion de l'usine et qu'était le magasin chargé des ventes.

Toutes ces usines connaissent actuellement une double crise de structure et de débouchés que la ville qui les contrôlait s'avère incapable de résoudre. Cette crise est avant tout locale, car l'industrie textile nationale a continué à progresser de 5,3 % par an entre 1960 et 1965 (5). Les fabriques subissent, en premier lieu, les effets de la crise générale du système de l'hacienda : main-d'œuvre peu productive et mauvaise gestion technique et financière. Ainsi dans la vallée de la Convención, les moulins de canne à sucre, à l'exception de deux, ne survécurent pas à la révolte agraire des années 60 ; les usines de thé furent expropriées et transformées, dès 1967 pour Amaybamba, en complexes agro-industriels complètement indépendants désormais du Cuzco. Dans les fabriques de la vallée du Vilcanota, la proximité de la ville et la concurrence des salaires urbains ne pouvaient qu'attirer les travailleurs, surtout ceux qui possédaient une certaine habileté technique et un peu d'instruction. Pour les retenir, il aurait fallu augmenter les salaires et peut être également supprimer la concession du lopin de terre, afin de lutter contre l'absentéisme. Cela était difficile, non seulement pour des raisons financières, mais surtout à cause du conservatisme des propriétaires.

De la même manière, la concurrence des produits fabriqués sur la côte péruvienne, imposait la nécessité d'une réorganisation technique de la production. Le matériel, acheté souvent en seconde main et au fur et à mesure des besoins, était vieilli, d'autant plus qu'il était très mal entretenu. Propriétaires et administrateurs avaient des connaissances technologiques et de gestion empiriques (il est, par exemple, significatif de constater qu'aucun de leurs enfants ne fit des études d'ingénieur mécanique ou de gestion des entreprises). Les moulins ne pouvant résister à la concurrence des farines élaborées avec des blés importés, disparurent souvent ; ainsi ceux de Huaro et d'Oropesa. Il en reste quelques-uns, dispersés dans les campagnes, mais leur influence est uniquement locale et ils n'ont aucun lien avec la ville.

Dans le textile, une seule entreprise essaya de se réorganiser, celle de Lucre, malgré de grandes difficultés. Elle employait, en 1969, 142 ouvriers, bénéficiant du salaire minimum de 33,5 sols (4,02 F) pour une journée de huit heures, avec une prime supplémentaire de 22 centimes par mètre de tissu fabriqué. L'usine produisait par mois de 6 à 8 000 m de tissus de laine de plusieurs qualités pour une valeur de 700 000 sols (84 000 F) environ, contre 10 à 15 000 m auparavant. 70 % de ses ventes s'effectuaient dans le département du Cuzco, 10 % dans l'Apurímac et 20 % dans Puno (40 à 50 % des

---

5. Situación de la industria manufacturera en 1965. Banco Industrial del Perú. Instituto nacional de promoción industrial. Lima.

châles) à partir du magasin du Cuzco. Ses machines, d'origine très diverse, n'avaient pas été modernisées depuis vingt ans et certaines étaient très anciennes. Pour continuer à assurer son fonctionnement et acheter de nouvelles machines, les propriétaires de l'usine (trois frères dont l'un habitant Lima) faisaient de difficiles démarches, afin d'obtenir un prêt du Banco Industrial(6).

Toutes les autres fabriques, incapables de trouver des capitaux cuzquéniens, ont été vendues : Urcos (en 1957) et Cusipata, à des firmes liméniennes, et Maranganí à un consortium peruano-espagnol. Toutes trois ont connu des licenciements de leur personnel et tant leurs liens avec le Cuzco que leur influence régionale ont presque disparu. L'usine d'Urcos a vu son personnel réduit en deux ans de 263 ouvriers à 140. Elle ne produit plus que des tissus grossiers dont le finissage, en particulier la teinture, est achevé à Lima. Son matériel a été en partie renouvelé par l'achat de six métiers à tisser japonais, et elle produit, mensuellement, 20 000 m de tissus environ. Son influence régionale est encore réduite par le fait qu'elle achète désormais sa matière première à Arequipa et que seulement 5 % de sa production sont redistribués dans le département, l'usine de Lima se chargeant dorénavant des ventes. Malgré ses difficultés techniques, elle semblait conserver un certain avenir, car sa production de tissus de laine d'alpaca et de couvertures a peu de concurrence sur le plan national et même international. Le moulin de Cusipata ne fonctionne plus qu'épisodiquement produisant quelques biscuits fabriqués avec la farine vendue par son propriétaire liménien, Niccolini. En fait, les sociétés liméniennes, en rachetant ces usines à bas prix ont ainsi supprimé des concurrents régionaux, accentuant le mouvement de concentration de l'industrie au profit de la capitale. Dans le cas d'Urcos, elles profitent du bon marché de la main-d'œuvre locale et de la proximité de la matière première, qui vient facilement par chemin de fer. A Cusipata, on ne maintient que quelques activités pour l'entretien du matériel, et la réduction du personnel a été très importante (touchant 90 personnes environ). Or, les travaux d'un anthropologue belge dans ce village (7), ont montré que peu d'anciens ouvriers ont cherché, en ville, un autre travail salarié. Ils sont retournés à l'agriculture qu'ils n'avaient d'ailleurs jamais complètement abandonnée. En fait, l'étape industrielle avait peu modifié le mode de vie traditionnel des habitants et la structure socio-économique du village. Il avait seulement augmenté les contacts avec la ville et certains services, accru l'individualisme des villageois et favorisé l'acquisition de quelques biens, tels que radios ou bicyclettes.

II. - LES INDUSTRIES DU CUZCO ET LEUR INFLUENCE REGIONALE

A. Les conditions de l'industrie au Cuzco. Les matières premières ne manquent pas dans l'agriculture, l'élevage, l'exploitation des bois de la ceja de montaña et la montaña, plus que dans les mines très nombreuses, mais exploitées à petite échelle. Tout progrès industriel au Cuzco est donc lié à celui des activités agricoles et pastorales bien que, nous l'avons vu, l'augmentation de la production, voit ses surplus s'orienter beaucoup plus vers les centres supérieurs de Lima et Arequipa que vers les entreprises cuzquéniennes. On disposait, d'autre part, de l'énergie des torrents, en particulier pour l'hydroélectricité. Trois facteurs apparaissaient cependant défavorables : le manque de capitaux, une main-d'œuvre relativement abondante mais mal préparée, enfin, nous venons de le voir, les conséquences des phénomènes de domination.

---

6. L'usine de Lucre est devenue en 1973 coopérative.

7. Jacques MALENGREAU. Incidences sociales de l'emploi dans un village andin. Manpower and unemployment research in Africa. Vol. 2, n° 1, april 1969. Mac Gill University. Montréal.

1- Le problème des capitaux. Les capitaux locaux sont peu nombreux ; déjà très limités, nous l'avons vu, dans le commerce, l'industrie qui demande plus d'investissements et d'esprit d'entreprise, ne les a pas, à plus forte raison, attirés. Comme dans le négoce, ce sont donc, à l'origine, des étrangers qui ont tenté leur chance dans les années 20 et 30 : Italiens dans le textile (usines Huáscar et la Estrella) et les produits alimentaires (chocolat La Cholita et moulins de la famille Barberis), Allemands, pour la brasserie et les produits tropicaux (La Comersa), Slaves pour diverses scieries. Les Aréquipéniens, contrairement à ce que nous avons vu dans le négoce, se sont peu intéressés au Cuzco, leur propre ville leur offrant de meilleures facilités et perspectives. Seules deux usines importantes dépendent de sociétés ayant leur siège à Arequipa : mais l'une, la Societad Industrial Cuzco S.A. qui fabrique les boissons gazeuses (coca-cola et fanta), a de nombreux actionnaires cuzquéniens ; l'autre, la Compania Cervecera del Sur del Perú S.A. qui gère la brasserie, était allemande à l'origine. Quelques entreprises ont pu obtenir la participation d'associés liméniens, souvent d'ailleurs émigrants de notre ville, enrichis dans la capitale. Comme dans le commerce, la part des capitaux provinciaux est importante, quoique difficile à évaluer. Ils sont nombreux dans toutes les branches de la petite industrie (moulins, cuirs et peaux, petits ateliers métallurgiques, scieries, constructions mécaniques, etc...). Leurs entreprises sont en général assez modestes, à la limite de l'artisanat. Beaucoup de petits entrepreneurs sont également originaires de l'Apurímac et même de Puno et Ayacucho. Ils sont attirés surtout par le marché urbain plus important et plus riche que celui des capitales de leurs départements et, également, par l'abondance de l'énergie électrique. Pour beaucoup, l'industrie est un moyen de réussite et d'ascension sociale, ainsi que d'ailleurs pour bien des ouvriers.

La politique de crédit des banques ne favorisait pas, jusqu'à une époque récente, les projets des chefs d'entreprises locaux. Les organismes privés ne concédaient que des prêts à court terme, avec un intérêt très élevé, variant de 13 à 18 % (et jusqu'à 22 %) ; ils se montraient d'ailleurs très réticents vis-à-vis du secteur industriel local, et réservaient leurs crédits au commerce. Il restait, comme pour l'agriculture, l'aide du secteur public, c'est-à-dire du Banco Industrial et, sur le plan local, de la C.R.Y.F. Celle-ci, dès 1965, entreprenait une politique de prêts accompagnés de conseils techniques et économiques aux petites industries et à l'artisanat (inférieurs à 30 000 sols soit 3 600 F pour ce secteur) (8) dont le montant atteignit 1 M de sols en 1964, 3,2 M en 1965 et 2,9 M en 1966. Deux prêts industriels, seulement furent accordés pour un total de 350 000 sols (42 000 F). La C.R.Y.F. joua également un rôle certain dans la construction des usines de Macchu Picchu et de Cachimayo et surtout, après leurs difficultés, elle assura le fonctionnement de ces entreprises. Elle élabora, enfin, un projet de parc industriel sur lequel nous reviendrons. Son activité, comme organisme de crédit, s'acheva en 1967 lorsque s'ouvrit au Cuzco une agence du Banco Industrial.

Jusqu'à cette date, c'était le Banco de Los Andes qui représentait cet organisme. Les démarches pour obtenir les prêts étaient longues, car toutes les études se faisaient à Lima et les intéressés étaient obligés à de fréquents déplacements. Aussi, entre 1962 et 1967, alors que les prêts du Banco Industrial augmentaient de 521 % dans l'ensemble du pays et de 602 % dans le sud du Pérou, ils ne connaissaient, au Cuzco, qu'une progression de 40 %, passant de 7 M de sols en 1962 (59 M pour Arequipa) à 10 M en 1967, avec même des diminutions sensibles dans le montant des prêts en 1965 et en 1967 (9). Depuis l'ouverture d'une agence en 1967, leur progression est remarquable. Entre 1967 et 1970, les prêts ont augmenté de 299 %, contre 7 % à l'ensemble du pays, et 16 % pour le sud ; il y avait cependant, déjà, un notable ralentissement, puisque la progression avait été de 119 % en 1968, de 39 % en 1969 et de 36 % en 1970. Le Cuzco, qui avait été longtemps oublié dans les projets industriels du

---

8. 1 sol ≈ 0,12 F en 1969.

9. Banco Industrial del Perú : Memorias annales.

secteur public, semble donc avoir été récemment relativement favorisé ; Arequipa, par exemple, qui, de 1962 à 1967, avait connu une progression dans le montant des prêts de 635 %, subit, par rapport à 1967, un recul de 15 % en 1970.

Cependant, l'analyse des catégories de prêts concédés montre que l'aide va surtout à la petite industrie et à l'artisanat touristique. En 1968, il n'y avait que sept prêts à la moyenne industrie (pour un montant de 6 759 234 sols) (10), en 1969, six prêts (pour un montant de 3 860 000 sols), et en 1970, six prêts également (pour un total de 5 609 116 sols), auxquels il faudrait ajouter 3,5 M de sols de petits prêts supplémentaires à de moyennes industries. Pendant ce temps, les crédits à la petite industrie et à l'artisanat connaissaient, entre 1967 et 1970, une progression de 278 %, quant à leur nombre, et de 143 % quant à leur montant. Celui-ci représentait en 1970, 59 % du total des prêts de la succursale cuzquénienne du Banco Industrial dont la limite supérieure pour les crédits était de 250.000 sols (30 000 F). La politique actuelle de celui-ci est d'aider l'artisanat avec des crédits très modestes de 5 000 sols (600 F) minimum, remboursables en trois ans, avec un intérêt de 6 %. Il a ouvert d'autre part, en 1971, en accord avec Artesanias del Peru (11), une boutique qui expose la production de ses bénéficiaires. Dans ce domaine, son succès est indéniable, d'autant plus que les retardataires dans les paiements ne représentaient que 2 à 3 % des emprunteurs. Les industries moyennes en difficulté n'avaient, par contre, d'autres possibilités que d'attendre de Lima l'octroi d'un hypothétique crédit, après de longues et fastidieuses démarches.

2 - Le problème des hommes. La grande majorité des établissements du Cuzco souffre de déficiences importantes dans la direction technique, administrative et financière. Les facultés pour la formation des ingénieurs existent depuis une vingtaine d'années seulement et progressent assez peu. En Ingeniería, on est passé de 321 étudiants en 1965 à 287 en 1969 (soit une diminution de 11 %) ; en chimie, où les perspectives d'emplois en dehors de Cachimayo sont encore plus restreintes, on a pourtant une progression de 45 % par rapport à 1965, avec 347 étudiants en 1969. De nombreux Cuzquéniens continuent à étudier à Lima ou à l'étranger ; mais ils cherchent alors un emploi hors du Cuzco, dans des centres plus modernes et plus dynamiques, ou bien, prennent un poste de fonctionnaires dans un Ministère ou un organisme de développement.

La main-d'œuvre, si elle est nombreuse, est également, dans sa grande majorité, très mal formée. Il n'y a dans la ville que deux collèges techniques, un pour les filles et un pour les garçons, organisant chacun des cours diurnes et nocturnes. Le nombre d'élèves est en progression constante et a presque triplé en dix ans (835 hommes en 1970 et 759 femmes, soit une progression totale de 167 % par rapport à 1958 (12). Mais l'équipement des locaux laisse à désirer et on attend, depuis 1964, la réalisation au Cuzco d'un projet de collège technique régional pour l'ensemble du sud-est ; il y a, en outre, un atelier pour la formation des artisans, mais il ne comptait que 32 élèves en 1970. Hors de la ville, huit centres artisanaux (Pisaq, Tinta, Sicuani, Paucartambo, Urubamba, Quillabamba, Abancay, et Puerto Maldonado) et trois collèges techniques à Abancay et Puerto Maldonado formaient 1 135 élèves, dont la plupart étaient destinés à travailler sur place. Moins de 3 000 élèves recevaient ainsi, en 1970, une formation technique dans la région sud-est, soit 1 % de la population

---

10. 1 sol = 0,12 F en 1969.

11. *Artesanias del Peru* était un organisme soutenu par le *Banco Industrial del Peru*, qui dépendait de la *Agencia Internacional de Mercado (I.M.A.)*, elle-même aidée par *l'A.I.D.*

12. Le chiffre de 1970 est celui donné par la cinquième région d'Éducation et celui de 1958 par *Plan del Sur*.

scolaire totale. Il faudrait y ajouter les cours pratiques donnés par certaines écoles primaires (écoles prevocacionales et nucleos escolares) et ceux faits par l'armée, au cours des périodes de service militaire. Toujours en ce qui concerne la main-d'œuvre, les grèves fréquentes, les solides traditions de lutte des syndicats ouvriers, faisaient hésiter bien des chefs d'entreprise non cuzquéniens qui préféraient s'installer dans des villes plus calmes. Enfin, dernier facteur défavorable, le bas niveau de vie de la population est un handicap au développement industriel avec, rappelons-le, en 1969, un revenu mensuel moyen par personne active évalué à 2 651 soles pour la ville du Cuzco (13).

3 - Un facteur très favorable pour l'industrie urbaine : l'électricité. La ville du Cuzco a été pendant longtemps ravitaillée par les petites usines hydroélectriques de Ccorimarca (1915 ; puissance : 600 kw) et de Calca (1930 ; puissance : 2 140 kw) auxquelles s'ajouta en 1953 la centrale thermique de Dolorespata. Les deux premières, construites par des hacendados locaux associés à des capitaux étrangers (14), ont illustré la phase de démarrage de l'industrie urbaine au début du siècle. La dernière est l'œuvre de la politique énergétique de la C.R.Y.F. pendant la reconstruction de la ville. D'une puissance de 1 000 kw, portée à 3 100 kw en 1959, on avait ainsi dans les années 60, un total installé de 5 800 kw avec une consommation de 24 M de kw H.

Un progrès décisif intervint, en décembre 1963, avec la mise en service du premier groupe de générateurs de la centrale hydroélectrique de Macchu Picchu dont la puissance était de 20 000 kw ; celle-ci fut portée à 40 000 kw en mai 1965 et on envisageait de la tripler par la suite suivant les besoins régionaux. Cette centrale fut également l'œuvre de la C.R.Y.F. et nous reviendrons plus loin sur ses difficultés de fonctionnement. Elle devait surtout fournir en électricité l'usine d'engrais azotés de Cachimayo mise en service en février 1965 et qui absorbait, en 1969, 87 % de sa production. Cette dernière était passée de 36 M de kw H en 1964 à 103 M en 1966 et 173,5 M en 1969 (15). Près de 3 M de kw H étaient utilisés par l'industrie urbaine (contre 14 M de kw H par le secteur public et domestique urbain, et 1,6 M par les entreprises commerciales) à un prix relativement bas (25 centimes le kw et 15 centimes pour Cachimayo). La C.R.Y.F. malgré ses difficultés à Macchu Picchu, envisageait d'augmenter la puissance de Dolorespata à 600 kw et de construire deux nouvelles centrales hydroélectriques à vocation régionale à Cosñipata et dans les hauteurs de Pitumarca sur le Salka (16).

B - Les caractères de l'industrie urbaine. Selon le registre du Ministère de l'Industrie et du Commerce, il y avait au Cuzco en 1971, 156 entreprises industrielles, mais l'on considérait que seulement 70 % des établissements locaux étaient inscrits. En 1964, toujours selon la même source, il y en avait 81. Les entreprises cuzquéniennes sont donc en grande majorité très récentes : 87 % sont postérieures à 1950, parmi lesquelles une cinquantaine, soit 31 %, ont été créées entre 1965 et 1970. La progression ne se ralentissait pas, puisque 37 entreprises s'étaient installées depuis 1967 ; pour la seule année de 1969, malgré les incertitudes économiques, on comptait dans l'agglomération 11 fabriques nouvelles. Il faut voir là une des conséquences de l'implantation du Banco Industrial dans notre ville et de sa politique de crédits supervisés.

---

13. Servicio del Empleo y Recursos Humanos. Enquête de Novembre 1969.

14. On retrouve, associées pour leur construction, des familles de propriétaires terriens comme les Montès ou les Ferro, avec des capitaux des Lomellini et des Carenzi.

15. C.R.Y.F. Servicios Electricos. Memorias anuales.

16. Les fonctions de la C.R.Y.F. ont été transférées, en 1973, à un organisme public Electroperú.

Il est important de souligner la grande mobilité qui régit les activités industrielles au Cuzco. Il s'agit, en général, de petites entreprises éminemment fragiles, car très sensibles à la concurrence et aux fluctuations économiques. Beaucoup disparaissent après quelques années, à cause des difficultés, ou parce que leurs propriétaires vont tenter leur chance ailleurs. D'autres, au contraire, s'amplifient et changent de nom en incorporant parfois de nouveaux associés. C'est pour cela que seules ont survécu à la période antérieure à 1950 les plus grandes fabriques comme la brasserie, les usines textiles etc... Parmi les industries plus récentes, il serait intéressant de distinguer les anciennes entreprises qui ont changé de raison sociale ou même parfois d'activités, des nouvelles. Il serait également nécessaire d'étudier du point de vue sociologique, comment la multiplication des nouvelles entreprises comme celle des nouveaux commerces, reflète l'esprit de changement qui règne dans notre ville.

98 entreprises (soit 62 %) travaillaient les produits de l'agriculture et de l'élevage régional : céréales et produits tropicaux (28 %), bois (14 %), laine (10 %), cuirs et peaux (10 %). Le reste, soit 38 %, était des industries de service, dont le marché était presque essentiellement urbain (imprimerie 8 %, industries de la construction 6 %, ateliers mécaniques et électriques 17 %, divers 7 %) (tableau LXXI). Il s'agissait surtout de petites entreprises, puisque 81 % d'entre elles (soit 127 entreprises), employaient moins de 10 personnes, 87, soit 56 %, en employant moins de 5. 30 établissements (19 %), seulement, groupaient plus de 10 travailleurs, dont 6 (soit 3 %), plus de 50 personnes faisant ainsi figure, à l'échelle locale, de grandes entreprises, bien qu'employant ensemble moins de 1 000 personnes. Un autre fait souligne la modestie des entreprises du Cuzco : 65 % d'entre elles disposaient, lors de leur fondation, de moins de 100 000 sols (12 000 F) de capital, et 91 %, de moins de 500 000 sols (60 000 F) ; 23 d'entre elles avaient même moins de 10 000 sols (1 200 F), alors que 14 seulement dépassaient 500 000 sols (17).

De juillet à décembre 1964, avant d'établir son projet de parc industriel, le C.R.Y.F. avait réalisé une enquête parmi les industriels cuzquéniens (18) ; 60 entreprises avaient été interrogées, soit selon la C.R.Y.F., 50 à 60 % des établissements de la ville (75 % si l'on considère les statistiques du Ministerio de Fomento pour 1964). L'évolution du type d'industrie est intéressante à observer, surtout en ce qui concerne le nombre des travailleurs. Le pourcentage des industries alimentaires était sensiblement le même en 1964 et en 1971. Les industries du bois, de la construction et des textiles, auraient par contre diminué en importance (14 % pour le bois en 1971 contre 24 % en 1964 ; 6 % pour la construction contre 12 % ; 10 % pour le textile contre 15 % en 1964). Il faut y voir, pour les deux premières, les progrès de la concentration en établissements plus importants, et pour la seconde, la fermeture de l'usine Huascar. Par contre, les industries mécaniques avaient légèrement progressé (17 % contre 16 %), en liaison avec le développement des transports. Il est surprenant enfin que la C.R.Y.F. dans son enquête, ne parle pas de l'imprimerie, activité ancienne et bien représentée dans notre ville, avec 12 entreprises en 1971, malgré la crise qui l'atteint. 49 % des établissements interrogés avaient moins de 10 travailleurs, 35 % entre 11 et 50 et 16 % plus de 50. Or en 1971, rappelons-le, 81 % des entreprises avaient moins de 10 travailleurs, ce qui montre que ce sont les petits ateliers qui se sont multipliés ces dernières années.

Toujours selon la C.R.Y.F., en 1964, (19), 57 % des entreprises interrogées louaient leurs ateliers, dont 71 % parmi les petites industries employant moins de 5 personnes. 57 % également, possédaient des installations inadéquates, dont 62 % dans la petite industrie. La localisation, elle-

---

17. Registre du Ministère de l'Industrie et du Commerce. Cuzco.

18. Projet de parc industriel. C.R.Y.F. Cuzco. 1966.

19. Projet de parc industriel C.R.Y.F. Cuzco 1966.

même, était pour 51 % des entreprises, mauvaise (pour 62 % des petites entreprises) ; 75 % d'entre elles (83 % des petites) désiraient ainsi déménager. Depuis 1964, la situation n'a certainement pas changé en ce qui concerne les défauts d'installation et d'équipement. Cependant, beaucoup d'entreprises ont fui le centre colonial et sont venues dans les nouveaux quartiers de l'est, en particulier le long des rues Huayropata et Los Incas, ou dans le quartier de Tahuantinsuyu. Leurs propriétaires y ont construits leur propre atelier, mais les conditions de travail, en particulier du point de vue de la sécurité et de l'hygiène, restent souvent précaires.

C - Le rôle régional de la petite industrie. Ce rôle est difficile à préciser et à évaluer en l'absence de statistiques ou d'études. Pour leur ravitaillement et la distribution de leur marchandise, la plupart des petites entreprises utilisent les services des magasins de la ville dont nous avons étudié les activités dans le chapitre V. C'est chez elles que se ravitaillent en particulier les petits détaillants des marchés. Il est cependant relativement facile de distinguer les entreprises travaillant essentiellement pour le marché urbain et celles dont les produits sont vendus à l'extérieur. Parmi les premières, on peut classer quelques industries alimentaires comme les boulangeries (dont 2 dépassent le chiffre de 10 travailleurs) et des petites industries laitières fabriquant un peu de beurre, du fromage, des yaourts. Seule la laiterie "La Favorita" (5 travailleurs, environ 1 M de sols de capital), avait cherché à organiser son approvisionnement. Nous avons vu précédemment ses difficultés, en raison de l'étroitesse du marché urbain.

Les imprimeries, les industries du cuir et du bois, travaillent également presque essentiellement pour une clientèle urbaine. Ce sont là des activités anciennes qui connaissent souvent, en particulier les deux premières, des difficultés. Tanneries et surtout fabricants de chaussures subissent durement la concurrence liménienne. Les pelleteries travaillant pour les boutiques touristiques sont elles, au contraire, en plein essor. La principale groupe une quinzaine de travailleurs et achète les peaux de lamas et d'alpacas dans les provinces de Canchis et Canas, ainsi qu'à Puno. Elle exporte une grande partie de sa production (60 à 70 %) à Lima ou aux Etats-Unis. Les scieries travaillent en fait le bois déjà débité dans les entreprises de Quince Mil et surtout aujourd'hui de Cosñipata. Ce sont souvent les mêmes propriétaires qui possèdent ainsi, un lot dans la ceja de selva, et deux entreprises, sur le lieu de production et celui d'utilisation. Celles de la ville, travaillent uniquement pour la construction (poutres, portes et fenêtres, planchers) et leur aire d'influence est surtout urbaine. Elles étaient 6 en 1970 [20] (19 suivant le Ministère de l'Agriculture qui englobent souvent dans cette catégorie les fabricants de meubles) ; aucune n'employait plus de 5 personnes. Il y avait une dizaine de menuiseries recensées, dont une seule avait 13 ouvriers et un chiffre de vente annuel légèrement supérieur à 500 000 sols (60 000 F) ; en fait, seuls les ateliers les plus importants ont été recensés car les menuisiers et charpentiers sont très nombreux au Cuzco ; 6 autres entreprises fabriquaient des caisses, dont une avait 12 ouvriers.

Activité bien représentée au Cuzco, avec 12 entreprises dont 4 sont des maisons d'édition, l'imprimerie souffre beaucoup de la concurrence de Lima. Les entreprises locales n'ont pas des capitaux suffisants pour se moderniser alors même que l'éventail de leur clientèle s'est réduit. La plupart des publications culturelles les mémoires annuels des diverses institutions, paraissent beaucoup plus irrégulièrement et sont souvent polycopiés. Il y a d'autre part, une évolution sociologique qui fait que les études de Lettres sont de plus en plus délaissées et que les écrivains locaux

---

20. Registre de l'Industrie et du Commerce. Cuzco.

préfèrent tenter leur chance directement auprès des éditeurs de Lima ou même de l'étranger. Certains établissements faisaient encore figure de moyennes entreprises à l'échelle locale, 5 d'entre eux employant plus de 10 ouvriers, dont 2 une trentaine. Leur capital initial dépassait 500 000 sols et leur chiffre de vente annuel, supérieur à 1 M de sols, atteint 2 et même 2,5 M pour les deux principales qui publient les journaux locaux : El Sol et El Comercio. Cuzquéniens à l'origine, le premier, qui est aussi le plus récent (1901), a été acheté en 1955 par une société liménienne, "Diarios asociados", où entrent cependant quelques capitaux locaux. Il tire à 6 000 exemplaires et El Comercio, à 4 000, 8 000 numéros étant vendus dans notre ville. Tous deux se sont en fait partagé le marché provincial car El Sol, qui sort le matin, ne vend que dans les provinces les plus urbanisées ou les plus proches de la ville ; Sicuani et Quillabamba groupent ensembles 80 % des lecteurs de province (600 journaux à Sicuani, 350 à Quillabamba), le reste se partageant entre Calca, Urubamba, Urcos et Anta. El Comercio (journal du soir), outre ces provinces, touche Acomayo avec 100 exemplaires, Canas avec 50 et envoie une vingtaine de journaux quotidiens à Abancay, Espinar, Paruro, Paucartambo, Chumbivilcas.

Parmi les entreprises ayant un certain rayonnement régional, on peut citer les entreprises de confection qui fournissent les détaillants des marchés, les ateliers de construction ou de réparation mécaniques qui au contraire attirent la clientèle provinciale, enfin les moulins et les chocolateries. Les moulins sont de moins en moins nombreux : 9 en 1970 dont un seul emploie plus de 10 travailleurs. Ils n'élaborent, en général, plus de farine mais de la chaquepa (21) de blé et d'orge, aliments essentiels pour les paysans, et travaillent un peu de quinua et parfois même de riz. L'industrie du chocolat est très ancienne dans notre ville et fournit surtout un chocolat à cuire gras et sucré très apprécié dans les régions d'altitude. Le prix du cacao ayant augmenté dernièrement sous l'effet conjugué de la hausse des cours mondiaux et de l'intervention des coopératives de la Convención (1 300 sols le quintal en 1969 contre 785 sols en 1968), beaucoup de chocolateries connaissent des difficultés. En 1970, il y en aurait eu seulement 5, deux d'entre elles ayant plus de cinq travailleurs : la Cholita et la Continental. Cette dernière, la plus ancienne, n'avait plus que 8 travailleurs et produisait en 1969, 60 000 kg de chocolat à l'an à partir d'une centaine de tonnes de cacao, pour une valeur de 1,7 M de sols. 50 % de sa production était vendue dans le département et le reste dans tout le sud du Pérou et même à Lima et Huancayo. Toujours en relation avec l'agriculture des terres chaudes, une petite fabrique s'était créée en 1968, mettant en sachets le thé, l'anis et diverses herbes à tisanes (Patricia S.A.). Elle employait une dizaine de personnes et écoulait 60 % de sa production au Cuzco et le reste dans tout le sud du Pérou. Les petites fabriques de savons et plus encore de bougies qui utilisent le suif, (et que nous avons classées dans le tableau n° LXXI sous le grand nom d'industries chimiques), vendent une partie de leur production dans les zones rurales, celles de la puna en particulier. Beaucoup s'orientent aujourd'hui vers le tourisme.

A la charnière entre la petite et la grande industrie, se situent les activités liées au bâtiment. Il s'agit, en effet souvent, de petites entreprises, mais elles constituent une des branches les plus dynamiques et les plus rémunératrices du secteur industriel. Depuis 1950, les chantiers se sont succédés au Cuzco : reconstruction des monuments, travaux de voirie de la C.R.Y.F. ou de la municipalité programmes de logements de la Junta Nacional de la Vivienda, cités et lotissements de toute sorte. Cette industrie a été particulièrement florissante entre 1956-58 et 1967 ; elle a connu un ralentissement notable à la fin du gouvernement de Belaunde et au début de celui-ci (1968-69), pour reprendre à une cadence sensiblement moins forte.

---

21. Chaquepa = céréales décortiquées.

TABLEAU N° LXXI : LES INDUSTRIES DE LA PROVINCE DU CUZCO (1971)

Types d'industries	Total	Moins de 5 personnes	De 5 à 10 personnes	+ de 10 personnes	Dont + de 50 personnes
Alimentation					
Moulins	9	6	2	1	
Boulangeries	12	6	4	2	
Fabriques de chocolat	5	2	1	2	
Fabriques de produits lactés	5	4	1	—	
Alcools	2	—	1	1	
Bière	1	—	—	1	1
Boissons gazeuses	2	1	—	1	1
Industries du café	2	—	—	2	2
Divers	6	3	2	1	
Total	44 (28 %)	22	11	11	4
Bois					
Meubles	10	6	3	1	
Scieries	6	6	—	—	
Divers	6	4	1	1	
Total	22 (14 %)	16	4	2	
Cuir					
Cuirs et peaux	12	5	6	1	
Chaussures	4	4	—	—	
Total	16 (10 %)	9	6	1	
Imprimeries	12 (8 %)	4	4	4	
Textiles					
Textile	1	—	—	1	1
Vêtements	11	7	1	3	
Tricots	4	4	—	—	
Total	16 (10 %)	11	1	4	1
Métallurgie-const. mécanique					
Constructions métalliques	9	4	4	1	
Ateliers de mécanique	13	5	4	4	
Électricité	4	3	1	—	
Total	26 (17 %)	12	9	5	
Construction					
Ciment plâtre	6	3	1	2	
Tuiles	3	1	2	—	
Total	9 (6 %)	4	3	2	
Divers					
Industries chimiques	2	2	—	—	
Caoutchouc	1	1	—	—	
Verre	2	2	—	—	
Plastique	1	—	1	—	
Fabrique de glace	1	—	1	—	
Optique	1	1	—	—	
Bijoux et montres	3	3	—	—	
Total	11 (7 %)	9	2	—	
TOTAL	156	87 (56 %)	40 (26 %)	29 (18 %)	5 (1)

Source : Ministère de l'Industrie et du Commerce. Cuzco, 1971.

(1) L'usine de Cachimayo appartient à la province d'Anta.

Il y avait en 1971, 48 entreprises de maçonneries ou travaux publics, dont 42 en activité (22). La moitié étaient modestes, payant moins de 1 000 sols (120 F) de patente annuelle, 5 payant moins de 200 sols. Elles étaient dans leur grande majorité cuzquénienne. Elles appartenaient rarement à de simples maçons mais plutôt à des ingénieurs civils, et même des architectes, qui s'étaient multipliés au Cuzco, ces dernières années. Pourtant, ce sont des entreprises liméniennes qui ont conduit les chantiers les plus importants (Ttío, Mariscal Gamarra, l'aéroport, l'hôtel Savoy, l'édifice de l'avenue Garcilaso etc...). Aussi les entrepreneurs cuzquéniens recherchent-ils les nombreuses maisons particulières et plus encore les travaux publics. Beaucoup cherchent ou suscitent dans les bourgades de province des projets de lotissements, ce qui tisse de nouveaux liens entre celles-ci et le Cuzco.

Cette influence régionale se manifeste également au niveau de l'emploi et des matières premières. Le bâtiment est certainement l'activité qui attire le plus de gens des campagnes vers la ville, de manière définitive ou seulement temporaire. Près de 1 500 personnes ont été employées en même temps à l'édification des cités de Mariscal Gamarra d'une part, de Ttío de l'autre, dans les années 60. On comprend alors comment ont pu se développer les quartiers périphériques dans lesquels habitaient ouvriers et manœuvres du bâtiment, en particulier celui nommé, "Construcción Civil".

Les "denuncios" se sont multipliés dans les alentours de la ville pour exploiter la pierre, le sable ou la chaux. On en comptait une dizaine dans la seule province du Cuzco en 1970, mais trois ans auparavant, il y en avait 25 pour des carrières de sable, 2 pour de l'argile et 5 pour la chaux (23). Dans la vallée du Vilcanota, en particulier à Pisaq et Calca, on extrait d'importantes quantités de gravier. Plus loin, à une centaine de kilomètres, une entreprise cuzquénienne a exploité un temps la pierre volcanique de Raqchi, cependant que c'est dans la quebrada de l'Apurímac qu'on va chercher le "carrizo" (24), indispensable pour les petites poutres de la charpente. Le ciment vient d'Arequipa et Juliaca, ce qui, nous l'avons vu, soutient l'activité du chemin de fer du Sud. La municipalité n'a recensé parmi les entreprises élaborant les matériaux de construction que les plus importantes, en particulier celles qui fabriquent les parpaings de béton ("bloquetes"). Les fours à briques et à tuiles n'apparaissent par contre pas dans le registre ; ils sont pourtant très nombreux à Santiago, en particulier dans le ravin de la Almudena, ainsi qu'à San Sebastián et San Jerónimo. Ils font vivre de nombreux provinciaux venus le plus souvent d'Acomayo, Canchis ou même Puno. Ce sont de petites entreprises familiales, travaillant pendant la saison sèche, en louant le terrain d'où est extraite l'argile, à des particuliers ou aux Conseils municipaux. Les plus importantes utilisent une main-d'œuvre saisonnière, de plus en plus difficile à recruter pour ce travail pénible, payé de 20 à 35 sols par jour. Chaque four édifié de manière artisanale, permet 2 à 3 fournées mensuelles de 4 500 tuiles chacune, vendues 1 300 sols le millier (156 F). Le combustible est le bois d'eucalyptus utilisé à raison de deux charges de camion par fournée (à 800 sols la charge). Les besoins de la ville ont fait de même apparaître d'autres fours à Haparquilla (près d'Izkuchaka) et Piñipampa près d'Andahuaylillas, ainsi que des fours à plâtre artisanaux à Maras, et dans toute la vallée du Vilcanota.

D - L'influence régionale de la grande industrie urbaine. Six entreprises seulement représentent, au Cuzco, la "grande industrie" (la brasserie, les deux usines des Lomellini, la Comersa, Rolando Ugarte et Cachimayo). Elles emploient toutes plus de 50 ouvriers et leur capital dépasse en général 500 000 sols

---

22. Registre des patentes de la Municipalité du Cuzco.
23. Source : Registres du Ministère des Mines. Bureau du Cuzco.
24. Carrizo : espèce de bambou des régions sèches.

(60 000 F). Nous y avons ajouté, cependant, les diverses fabriques de la famille Barberis (6 au total) et à cause de l'importante valeur de sa production, la RACSA (25). La plupart d'entre elles sont anciennes. Leur influence régionale est importante, car la majorité travaillent en liaison avec l'agriculture et ont essayé de dépasser pour leurs ventes le marché urbain.

En tête, vient la brasserie, la plus ancienne des grandes industries et pourtant la plus moderne et la plus dynamique. Elle peut être considérée également comme celle qui intègre le mieux le Cuzco à sa région, autant pour ses efforts d'amélioration et d'intensification de son ravitaillement en orge, que par son réseau de ventes. Héritière d'une petite fabrique fondée en 1898 par un Bordelais, elle passa dès 1911 entre les mains de propriétaires allemands et fut rachetée en 1919 par d'autres Allemands établis à Arequipa (Gunther et Fidow). En 1941, elle prit le nom de Compañía del Sur del Perú, et devint péruvienne, la plupart de ses actionnaires étant alors aréquipéniens. Son capital atteignait 240 M de sols (28,8 M de francs) en 1969 ; elle faisait travailler, en 1971, 219 ouvriers et 75 employés.

C'est une usine très moderne qui témoigne d'un souci constant de rénovation et de progrès dans son système de production. Elle est la seule du Pérou à posséder sa propre malterie et ravitaille en malt la brasserie-sœur d'Arequipa. Le travail y est presque entièrement automatisé. Son système social était le meilleur du Cuzco, tant par les salaires payés (14 M de sols pour les ouvriers et 8 M pour les employés en 1969) (26) que par les diverses bonifications accordées au titre de la loi de participation des entreprises. Elle a favorisé, en 1966, la construction en système de location-vente de deux groupes de 105 maisons pour ses ouvriers et ses employés. La majorité des travailleurs est cuzquénienne, mais dans le personnel de direction, on ne trouve que deux Cuzquéniens à côté de personnes venues d'Arequipa et Mollendo ou même Tarma. De même, des trois ingénieurs responsables de la production, deux sont allemands et un seul originaire de notre ville.

La brasserie avait acheté en 1968, 6 000 t d'orge, soit 5 000 dans notre région et 1 000 dans les vallées autour d'Arequipa ; 90 % de l'orge local (4 500 t) provenait des agriculteurs liés à elle par une habile politique de crédit (1 035 agriculteurs ayant reçu près de 1 300 t de semence, en 1970-71, cf. chapitre IV paragraphe II D.1.a). La production de malt a été de 6 795 t en 1970, soit une valeur de 67,2 M de sols (8 M de francs) ; la progression par rapport à 1969 était de 16 %. Pour la bière, on passe de 1 334 587 douzaines en 1967, à 2 030 046 douzaines en 1970, avec une croissance de 52 % qui a été surtout forte entre 1967 et 1968, avec 27 %.

L'usine du Cuzco n'a le monopole de la vente que dans les trois départements de la région sud-est. Toutefois, un accord avec Arequipa lui permet d'entrer en concurrence avec la brasserie de cette ville dans les départements de Puno (dans la province de Melgar surtout) et de Tacna ; mais elle a dû abandonner les départements du centre, Junin et Ayacucho, à l'influence de Lima, une petite quantité cependant étant toujours vendue dans la capitale. Le département du Cuzco est divisé en six aires de vente, la ville groupant à elle seule deux aires et en contrôlant une troisième (provinces du Cuzco, Paruro, Paucartambo, Quispicanchis, Acomayo) ; les autres zones sont celles de Sicuani (Canchis jusqu'à Maranganí, Canas, Espinar et Chumbivilcas), Calca (pour Calca, Urubamba et Anta) et enfin Quillabamba pour la Convención et Lares (jusqu'à Colqa). Abancay a également un dépôt et un représentant, Andahuaylas et Puerto Maldonado n'ayant chacune qu'un représentant (figure n° 29). A l'intérieur de chaque province, il y a un ou deux distributeurs qui viennent chercher, avec leurs propres véhicules, la bière à la fabrique ou au dépôt zonal. Dans certaines provinces pauvres ou éloignées, ce sont les camions de service qui transportent les caisses de bière.

---

25. RACSA : *Rectificadora de alcohol del Cuzco S.A.*

26. 1 sol = 0,12 F en 1969.

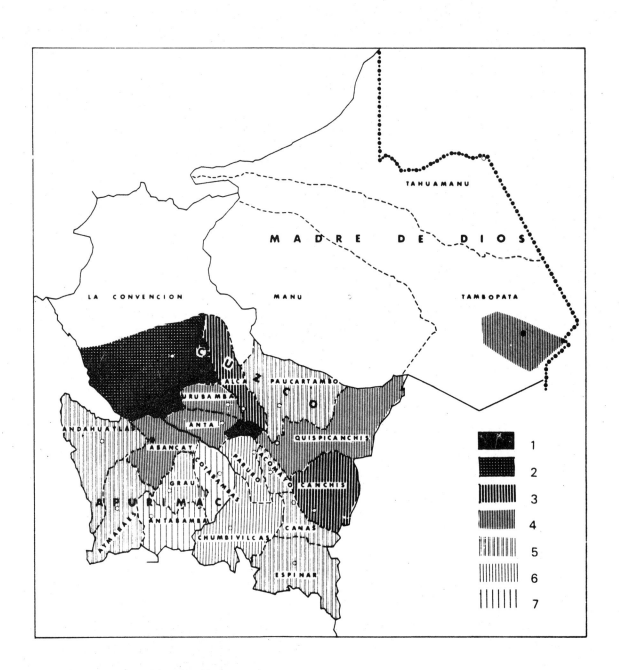

Fig. 29.— Aire de distribution de la brasserie du Cuzco (1971)

1. 670 000 douzaines de bouteilles.— 2. 350 000.— 3. 100 000 à 200 000.— 4. 50 000 à 100 000.— 5. 20 000 à 50 000.— 6. 10 000 à 20 000.— 7. 5 000 à 10 000.

La province du Cuzco vient en tête pour les ventes avec 670 703 douzaines de bouteilles vendues en 1970 (33 % du total). Elle est suivie par celle de la Convención, avec 348 293 douzaines de bouteilles qui a d'ailleurs une plus forte consommation par habitant (4,73 douzaines contre 4,52 pour le Cuzco), puis Calca et Canchis. Viennent ensuite, quatre autres provinces où les ventes se situent entre 50 000 et 100 000 douzaines de bouteilles (Anta, Urubamba, Quispicanchis et Abancay) ; elles égalent à peu près chacun des départements de Puerto Maldonado, Puno, Tacna et Lima. Les ventes tombent au-dessous de 50 000 douzaines dans les provinces plus éloignées de la ville et moins peuplées (Espinar, Canas, Acomayo, Paucartambo, Andahuaylas et Aymaraës), et au-dessous de 20 000 douzaines dans les régions mal desservies par les voies de communication (Chumbivilcas, Paruro, Cotabambas, Graú et Antabamba (figure n° 29). Les progrès de la consommation de la bière sont à mettre en parallèle avec ceux de l'évolution du niveau et du genre de vie. L'exemple le plus remarquable à ce sujet est celui de la province de la Convención où la vente est passée de 194 500 douzaines de bouteilles en 1967 à 348 300 en 1970, soit une augmentation de 79 %, bien supérieure à la progression régionale et à celle du Cuzco même qui n'a été que de 14 %. La consommation par habitant passait de 2,80 douzaines en 1967 à 4,73 en 1970. Selon Eduardo Fioravanti (27), ce fait est à rapprocher d'une augmentation du niveau de vie liée à l'application de la loi de Réforme Agraire qui a fait des arrendires et allegados de petits propriétaires et a provoqué la hausse des prix du café et du cacao, grâce aux coopératives. Dans l'étage Quechua, la bière fair reculer la traditionnelle chicha de maïs. Dans la Puna toutefois, elle n'a pas délogé l'eau-de-vie de canne, dont les lourds bidons sont plus faciles à transporter à cheval.

On ne saurait dire que la brasserie et la Societad Industrial Cuzco qui fabrique la coca-cola et la Fanta, entrent en concurrence ; leurs produits ne sont pas consommés par les mêmes personnes, la bière l'étant surtout par les hommes, ni exactement dans les mêmes occasions. L'usine du Cuzco est une succursale d'une société aréquipénienne, la Negociación sur Peruana, qui a d'autres fabriques à Arequipa, Juliaca, Tacna et Iquitos ; mais une grande partie des capitaux locaux (700 000 sols, soit 84 000 F lors de sa création en 1949) provenaient d'actionnaires cuzquéniens. Elle reçoit sa matière première de Lima et consomme seulement sur place de grandes quantités d'eau. Comme la brasserie, c'est une usine moderne automatisée, groupant une soixantaine d'ouvriers et d'employés. Elle vend dans les trois départements de notre région, sans que nous ayons pu obtenir d'autres détails sur l'organisation de son marché. La valeur de sa production atteignait selon le registre du Ministère de l'Industrie, 26,5 M de sols en 1970 (3,2 M de francs).

Par contre, le rôle régional joué par la brasserie est à mettre en opposition avec celui de la RACSA (28). Cette dernière, créée en 1959 par 2 Cuzquéniens, n'employait en 1971 que 9 ouvriers et 3 employés. Loin de favoriser la production locale de canne à sucre, elle ne rectifie que des alcools de la côte expédiés depuis Lima, en les hydratant en fait à 50 %. En imposant la consommation d'alcool rectifié dans notre département et en s'attribuant le monopole de l'opération, elle a fait reculer dans les vallées chaudes du Cuzco et d'Abancay, une culture et une industrie traditionnelles depuis l'époque coloniale. La RACSA vend sa production d'alcool à brûler (soit une trentaine de milliers de litres) par l'intermédiaire du Banco de la Nacion et celle d'alcool grâce à la Bodega Central, magasin d'un de ses fondateurs ; 30 % de sa production est écoulé sur le marché urbain et le reste en province avec en tête Canchis, Quispicanchis, Anta et Acomayo. Avec 60 et 100 000 l d'alcool par mois, l'usine travaillait à moins de 50 % de ses possibilités ; mais la valeur de sa production, soit 25,6 M de soles (3 M de francs) en 1970, la plaçait au troisième rang des usines cuzquéniennes.

---

27. Eduardo FIORAVANTI. Latifundium et syndicalisme agraire au Pérou ; le cas des vallées de la Convención et Lares. Diplôme de l'E.P.H.E. Paris 1971.

28. RACSA : Rectificadora de alcohol del Cuzco. S.A.

L'industrie textile du Cuzco a gravement pâti de la crise qui frappe ce secteur d'activité. Elle était représentée essentiellement par les deux usines de la famille Lomellini et par de nombreux ateliers fabriquant des vêtements, que nous avons classés avec la petite industrie. L'usine de textile de laine Huáscar, créée en 1919, a été fermée en 1968. Elle employait encore à cette époque 196 travailleurs (301 en 1959) et produisait 5 à 6 000 pièces (de 36 m) de tissus de laine par mois. Les propriétaires ont installé dans les locaux, une usine de plastique, travaillant 2 à 3 t mensuelles de résines importées de la côte (de l'usine Paramonga). Avec 6 travailleurs, dont 3 ouvriers, et un chiffre de vente annuel de 684 000 sols (84 000 F) en 1970, elle faisait figure de petite industrie et ne fonctionnait encore qu'au dizième de sa capacité. 70 % de ses articles, des tuyaux presque essentiellement, étaient vendus dans la ville et à quelques clients de province, dans l'Apurímac, le Madre de Dios et Puno. La Estrella, créée en 1928, continuait ses activités en 1969 avec 170 ouvriers. Elle fabriquait des tissus de laine mélangée à du coton venu de la côte et à de la viscose importée d'Allemagne et des Etats-Unis. Ses ventes s'élevaient encore à 1 M de sols par mois (120 000 F), l'usine travaillant à 60 % de sa capacité et ayant subi de longues grèves en 1969.

Désirant moderniser ses installations, la société La Estrella avait cherché, dans un premier temps, des associés liméniens qui représentaient, en 1969, 70 % de son capital. Puis elle avait sollicité un prêt du Banco Industrial de Lima. Mais en 1971, se voyant dans l'impossibilité de le rembourser, ses propriétaires vendaient l'usine à cet organisme qui, à son tour, le cédait lors d'une vente aux enchères à des acheteurs liméniens. (Ruibell). Comme dans le cas de l'usine d'Urcos, nous assistons donc à une nouvelle intervention des capitaux liméniens dans le textile local. Contrairement à la brasserie, les deux usines textiles n'avaient que très modestement stimulé la production locale de matière première et elles s'approvisionnaient, dans une proportion de 75 %, dans le département de Puno, à partir des magasins qu'elles possédaient à Ayaviri et Juliaca. Elles n'avaient pas cherché non plus à dominer le marché régional où elles ne réalisaient que 30 % de leurs ventes, la plus grande partie étant écoulée à Lima. Leurs méthodes de gestion, et plus encore leur politique sociale, ne témoignaient pas, non plus, du même dynamisme que celles de la brasserie. Leurs efforts de modernisation, quoique limités (à Huáscar en particulier, 40 % des machines qui étaient déjà, en 1919, de seconde main, avaient été renouvelées par du matériel d'occasion en 1962), sont apparus trop coûteux et se sont soldés par un échec.

Deux usines importantes continuent à traiter les produits tropicaux : La Comersa fondée vers 1959 avec des capitaux cuzquéniens d'origine allemande, et très récemment, le moulin installé par une famille de Quillabamba dans la petite zone industrielle de Huancaro. Elles aussi font figure de grandes entreprises par leur personnel qui oscille autour d'une soixantaine d'ouvriers pour la Comersa, d'une centaine pour l'autre ; leurs installations, de même, sont très modernes et leurs chiffres de vente, étant donné la qualité de leurs produits, les placent tout de suite après la brasserie (48,2 M de sols - près de 6 M de francs - en 1970 pour la Comersa, selon le registre du Ministère des Industries avec quelques 600 t de café, 100 t de cacao, 1 000 t d'achiote et 200 t de palillo). Leur ravitaillement était assuré par les magasins qu'elles avaient à Quillabamba et également à Sandia et Puerto Maldonado pour la Comersa. Leur production était essentiellement exportée, vers les U.S.A. surtout, exceptée une petite quantité de cacao vendue aux chocolateries de la ville.

Nous avons considéré, à l'intérieur de la "grande industrie", les diverses activités de la société familiale Hugo Barberis S.A. Elles font travailler au total 80 personnes, soit une cinquantaine pour les quatres entreprises dirigées par le père (le moulin, la boulangerie, les fabriques de pâtes alimentaires et de bougies) et une trentaine pour celles gérées par l'un des fils (le moulin, la chocolaterie et la boulangerie, de la société La Cholita S.A.). Ces diverses fabriques sont anciennes, leur propriétaire les ayant créées peu à peu, depuis 1936-37. Mis à part le cacao, un peu de blé et d'orge, elles utilisent de moins en moins de matières premières locales. La société commercialise elle-même sa production. Les pâtes, les céréales décortiquées et les bougies étaient vendues dans une proportion de 25 % seulement dans notre département, 25 % dans l'Apurímac, à Abancay et Andahuaylas surtout, et 50 % à Puno. Devant la concurrence des autres moulins sur le plan urbain, la société avait délibérément prospecté le milieu rural avec une flotte de 11 camions et 6 agents voyageurs. Pour les ventes, venaient en tête la Convención, avec 12 à 15 000 kg de marchandises hebdomadaires, puis Anta, Calca, Urubamba et Quispicanchis avec 9 000 kg, Sicuani avec 5 000 kg, enfin Paucartambo, Acomayo, Paruro, Yauri et Espinar, avec 6 000 kg tous les 15 ou 20 jours. Mais le département du Cuzco était loin derrière celui de Puno (50 % des ventes) où la production, à la fois de l'agriculture et des moulins, est évidemment plus réduite. Pour le chocolat, c'était de même Arequipa qui venait en tête avec 60 % des ventes, suivi par Puno avec 20 %, puis l'ensemble Cuzco-Sicuani-Abancay (20 %), Lima et Huancayo achetant de petites quantités, lors des fêtes de fin d'année. Le total des ventes s'élevait, en 1970, à 16,3 M de sols (près de 2 M de francs) ; une nouvelle entreprise de la société était née en 1969, la Genovesa fabriquant du pain "français" avec des machines importées d'Italie (29). En achetant un terrain dans le futur parc industriel, afin de réunir en une seule ces diverses fabriques, la Société Barberis montre que, malgré son ancienneté et de nombreuses crises et déboires (incendies, difficultés financières épisodiques), en conservant des capitaux uniquement familiaux, elle gardait confiance dans l'avenir industriel du Cuzco.

 C'est cette même confiance qui a animé la C.R.Y.F. (30), quand elle a décidé de prendre en charge, en 1968, l'usine d'engrais azotés de Cachimayo. Construite à une quinzaine de kilomètres de la ville, sur la route d'Anta, nous la considérons en fait comme une industrie urbaine car une grande partie de ses travailleurs vient de la ville et parce que sa direction administrative, financière et commerciale se faisait en majorité dans les bureaux de la C.R.Y.F. Financée et construite pour la CONAFER (31) par un groupe de trois sociétés allemandes, elle était le type même d'industrie dont notre région avait besoin, puisque sa production d'engrais azotés devait améliorer l'agriculture régionale et qu'elle créait 200 emplois nouveaux (160 ouvriers et 40 employés en 1971). Sa capacité de production était de 118 tonnes par jour d'engrais à 33,5 % d'azote. Fortement consommatrice d'énergie électrique (149 244 782 Kwh en 1969), sa construction avait été parallèle à celle de la centrale de Macchu Picchu.

 Le coût de production étant très élevé et la consommation démarrant lentement avec des prix de promotion bas, l'usine connut très vite de lourdes pertes. En 1967, elle cessait de fonctionner ; de longs mois d'incertitude suivirent pendant lesquels on essaya de la vendre au secteur privé, en particulier, selon la presse locale, à une compagnie japonaise d'explosifs. Devant la pression de ses travailleurs et après de longues négociations, la C.R.Y.F. décida de prendre en charge l'usine et de continuer à la fois la production et la commercialisation de l'engrais, avec l'aide du Ministère de l'Agriculture. Depuis août 1968, l'usine n'a plus cessé de travailler. Certes, elle produit en-dessous de ses capacités, mais de 2 000 t en 1966 et 8 600 t en 1967, on est passé à 26 000 t en 1969, avec une sensible baisse à 16 000 t en 1970. Les ventes représentaient 65 % de la production en 1969 et lui étaient légèrement supérieures en 1970. Le coût de fabrication était toujours plus élevé que celui de la vente, mais la consommation avait, nous l'avons vu beaucoup progressé. En 1970, la région sud avait acheté 60 % des engrais vendus ; en tête, venait Arequipa avec près de 6 000 t d'engrais, alors que l'ensemble Cuzco-Apurímac, avec près de 4 000 t, ne représentait que 19 % du total des ventes, ce qui souligne le traditionnalisme de l'agriculture de ces deux départements. La C.R.Y.F. prospectait

---

29. L'usine la Cholita s'était vu confier en 1969 par le Banco de la Nacion, le décortiquage de riz de Cosñipata.

30. C.R.Y.F. : Corporación de reconstrucción y fomento del Cuzco.

31. CONAFER : Corporación Nacional de Fertilizantes.

systématiquement le milieu national et même, en 1969, international, avec des ventes en Bolivie (0,6 t en 1970). 35 % de la production était encore cédée à la SENAFER (32) qui, à Lima, a pris le relais de l'organisme fondateur de l'usine et de petites quantités étaient vendues dans le centre (Junin, Ayacucho, Lima), ainsi que dans le nord (Ancash et jusqu'à Piura).

E - L'avenir industriel du Cuzco. Les difficultés de Cachimayo illustrent parfaitement celles que connaissent les pays en voie de développement (et à l'intérieur d'eux les régions), lorsqu'ils cherchent à s'industrialiser. Le Cuzco, malheureusement, offre deux exemples remarquables à ce sujet, Cachimayo et Macchu Picchu, auxquels il faudrait ajouter l'échec du projet de prolongation du chemin de fer de Santa Ana. Dans les trois cas, il s'agissait pour le secteur public - l'état ou la C.R.Y.F. pour Macchu Picchu - de favoriser le développement régional, en mettant en place un certain nombre d'équipements : centrale électrique, voie ferrée et industrie de base. Pour le financement, et le cas des deux usines, pour les travaux, il est fait appel aux capitaux étrangers qui réalisent en outre les études : Italiens pour Macchu Picchu, Allemands pour Cachimayo, Japonais pour le chemin de fer. Des sommes très élevées sont ainsi investies que l'Etat et la C.R.Y.F. s'engagent à rembourser à moyen terme : 310 M de soles (37,2 M de francs) pour Macchu Picchu, 653 M de soles (73,4 M de francs) pour Cachimayo et 110 M de soles (31,2 M de francs) pour le chemin de fer.

Or les résultats se révèlent immédiatement catastrophiques : Macchu Picchu, après un an de fonctionnement, doit s'arrêter, les turbines présentant une usure anormale due à la forte charge en sable des eaux du Vilcanota. Après plusieurs réparations et l'installation de filtres plus importants, on décide d'utiliser alternativement chacun des deux générateurs. Chaque réparation représente, pour la C.R.Y.F. une perte de revenus, la puissance descendant à 20 000 kw, alors que la demande en exige 30 000 ; la perte de temps est également considérable, huit semaines étant nécessaires pour réparer une turbine ; en comptant deux réparations annuelles, on a donc 32 semaines où la centrale tourne au ralenti et où on doit utiliser de la main-d'œuvre supplémentaire. Les frais ainsi occasionnés ont été évalués à 3 470 000 $ de 1965 à 1969, avec une centrale qui ne fonctionne toujours qu'à 50 % de sa puissance installée. On nous dira qu'il était alors heureux que Cachimayo, de son côté, soit paralysée ! Le problème ici n'est pas celui du matériel ou du site, mais celui du coût de production très élevé, et l'usine gérée par la CONAFER était à la veille d'être fermée à la fin de 1967. Quant au chemin de fer, nous avons vu dans le chapitre II de cette seconde partie, que ces travaux furent interrompus, les constructeurs exigeant ensuite de nouvelles sommes que ne put leur fournir l'Etat.

Face à ces trois exemples, à Lima ou ailleurs, on accuse vite d'incapacité les responsables locaux et, en premier lieu, la C.R.Y.F. Or, ni les contrats ni les études n'ont été réalisés par cet organisme. C'est à Lima que se sont faits les appels d'offre aux compagnies étrangères. C'était alors le gouvernement de Prado dont la famille propriétaire du Banco Popular représentait les intérêts de la bourgeoisie industrielle et commerciale. S'il y a eu des incompétences et peut-être même de la corruption de la part des fonctionnaires, c'est dans la capitale que cela s'est fait et non au Cuzco. Quant aux études, elles ont été réalisées par les sociétés finançant les projets. Les Italiens savaient que les eaux du Vilcanota étaient très chargées de sable et, avec une telle dénivellation, auraient dû proposer un autre type de turbine. Mais le matériel vendu et la construction, fournissaient des bénéfices à d'autres sociétés italiennes ou allemandes ; aussi doit-on soupçonner ici une entente entre compagnies étrangères, pour obtenir un marché. Au mépris des intérêts des clients, les Allemands, pour Cachimayo, ont proposé à la CONAFER, et non à la C.R.Y.F., un procédé de fabrication trop coûteux et il semble malhonnête de parler, comme on l'a fait, de surestimation du marché lorsqu'on

---

32. SENAFER : Servicio nacional de Fertilizantes.

connaît les besoins en engrais de l'agriculture péruvienne. Pour les travaux du chemin de fer, le changement de tracé montre que les études étaient insuffisantes ; quant aux arrêts, ils sont dus au mauvais état d'un matériel vétuste, appartenant à une société péruvienne cette fois, mais liménienne. En réalité, il s'agit de véritables escroqueries faites par des sociétés étrangères à l'encontre d'un pays sous-développé et d'erreurs de planification commises à l'échelle nationale, dans une région marginalisée.

Ces trois exemples malheureux, auxquels s'ajoute, pour de toutes autres raisons, la fermeture de deux usines de la famille Lomellini, continuent à peser lourdement sur l'avenir économique de la région. Parmi les projets industriels du nouveau gouvernement, aucun ne concernait en 1971 le Cuzco. Les plans proposés à l'échelle régionale réservaient la majeure partie des investissements industriels à Arequipa et à Tacna. Le Cuzco serait ainsi relégué dans une fonction uniquement touristique et, à ce titre, bénéficierait de l'aide du secteur public. Nous avons signalé déjà la même orientation dans la politique de crédits du Banco Industrial. Or, le tourisme, nous le verrons, outre qu'il crée un nombre d'emplois réduit, est un moyen facile de domination des capitaux de la côte ou de l'étranger sur notre région. Certes, l'industrie au Cuzco représentait seulement en 1968, 10,44 % de la valeur de la production industrielle du sud du Pérou (contre 77,80 % à Arequipa) et 1 % de la Péruvienne. Mais dans la seule ville du Cuzco, elle occupait, en 1969, 7 619 personnes (en comptant le secteur énergie), soit 22 % de la population économiquement active ; c'est le même pourcentage que celui d'Arequipa (19 947 personnes). Si l'on ajoute l'industrie de la construction, on atteint 28 % de la population active pour le Cuzco, avec 9 924 personnes comme pour Arequipa, avec 25 945 (33).

C'est donc sur le plan de l'emploi et des possibilités de promotion sociale qu'elle représente que l'industrie cuzquénienne doit être aidée. La nouvelle loi de promotion industrielle de juillet 1970 n'a pas provoqué chez les entrepreneurs le désarroi que certains attendaient et 30 "communautés industrielles" avaient sollicité leur inscription légale (36 dans le département), 6 étant en formation. Il serait donc grave de freiner l'actuel développement en ne lui accordant pas les crédits nécessaires. La réalisation du projet de parc industriel devrait être aussi encouragée. Sa localisation, près du nouvel aéroport (figure n° 5) est certes inadéquate dans une zone d'expansion résidentielle ; de même, le petit projet réalisé par l'Asociación de Industria y Comercio del Cuzco dans l'ensemble résidentiel de Huancaro. Mais le district de San Sebastián - à plus forte raison celui de San Jerónimo - peuvent offrir de nombreux terrains appropriés, malgré la spéculation dont ils font actuellement l'objet. Ils sont à la fois bien desservis par la route d'Arequipa et la voie ferrée, et suffisamment proches de la ville et des quartiers en expansion de l'est, auxquels les unit, depuis 1970, une nouvelle piste goudronnée. La production de matières premières agricoles devrait également être augmentée avec l'application de la loi de Réforme Agraire.

III - LE FAIBLE ROLE DU CUZCO DANS LES ACTIVITES MINIERES

Comme toutes les régions andines, celle du Sud-Est possède d'importantes richesses minières, surtout dans la Cordillère orientale et les punas du Sud. Mais le sous-équipement en voies de communication, les difficultés d'accès, les distances qui séparent notre région de la côte on considérablement gêné l'exploitation minière presque monopolisée par des sociétés étrangères. Celles-ci se limitèrent à obtenir de vastes concessions mais à de rares exceptions près, elles ne sont pas passées au stade de l'extraction.

---

33. ORDESUR : Boletín estadístico. Población y empleo. Vol. II, Arequipa 1971.

TABLEAU LXXII : VALEUR DE LA PRODUCTION MINIÈRE DE LA RÉGION SUD-EST (en milliers de sols)

	1962			1963			1964			1965		
	Total	% reg.	% nat.	Total	% reg.	% nat.	Total	% reg.	% nat.	Total	% reg.	% nat.
Plomb	8 527 (2)	32	2	5 970 (2)	27	1	6 460 (2)	26	1	8 791 (2)	22	1
Zinc	6 322 (2)	23	2	3 212 (2)	24	1	4 328 (2)	22	0,04	4 735 (2)	25	0,04
Cuivre	1 154 (2)	0,09	0,06	705 (2)			419 (2)			623 (2)		
Argent	14 546 (2)	25	2	13 610 (2)	20	2	21 058 (2)	37	2	19 484 (2)	28	2
Antimoine	—	—	—				19 (2)	2	0,1	1 796 (2)	28	11
Fer et divers (3)	—	—	—									
Or	2 301 (2)	5	2	487 (2)	2	1	3 757 (2)	17	7	3 350 (2)	11	5,
Total	32 850	1,4	0,5	23 984	1	0,3	36 041	1,2	0,5	38 779	1,4	0,4
Total sud	2 258 481			2 372 328			1 813 809			2 804 891		
Total Pérou	5 719 014			6 595 951			8 043 954			8 847 738		

	1966			1967			1968			1969		
	Total	% reg.	% nat.	Total	% reg.	% nat.	Total	% reg.	% nat.	Total	% reg.	% nat.
Plomb	8 887 (2)	24	1	6 223 (2)	15	1	1 010	4	0,1	533	2	0,04
Zinc	4 425 (2)	25	0,03	2 285 (2)	17	0,02						
Cuivre	1 843 (2)			2 337 (2)			2 161	0,04	0,03	3 850	0,06	0,04
Argent	11 349 (2)	18	1	8 397 (2)	8	1	715	0,3	0,03	647	0,3	0,03
Antimoine	975 (2)	41	8	1 175 (2)	28	10	8 459 (2)	89	36	2 033 (2)	51	8
Fer et divers (3)				128 (2)						137 (2)	2	
Or	362 (2)	1	1	251 (2)	1	O,3	38 (2)	0,08	0,03	6 (2)	0,01	
Total	27 841	0,8	0,2	20 796	0,6	0,1	12 383	0,2	0,07	7 206	0,1	0,04
Total sud	3 403 750			3 586 102			5 284 365			6 582 112		
Total Pérou	10 953 501			12 459 818			17 443 907			19 623 825		

Source : ORDESUR. Boletín estadístico. Volume III, tome I. Estructura Productiva. Décembre 1971.

(1) Région Sud-Est ; Madre de Dios excepté.
(2) Cuzco seul.

Aussi, la place de notre région, à l'échelle nationale, est-elle bien modeste. Elle représentait en 1969, 0,1 % seulement en valeur de la production minière métallique du Sud du Pérou et 0,4 % de la production nationale (34) (tableau n° LXXII). On note même un déclin certain qui se manifeste pour tous les minerais, sauf pour le cuivre et, dans une certaine mesure, l'antimoine. En 1964, le département du Cuzco représentait en valeur 37 % de la production d'argent du Sud du Pérou, 26 % de celle du plomb et 22 % de celle du zinc (35) ; après la fermeture en 1967 des deux uniques usines de concentration dans la province d'Espinar, la production s'effondrait. En 1964 également, notre département représentait 7 % en valeur de la production nationale d'or et 17 % sur le plan régional ; on est tombé à 0,01 % en 1969 à l'échelle régionale (36).

La reprise récente du cuivre, bien que modeste à l'échelle régionale (0,06 % en valeur de la production régionale qui représentait, en 1969, 70 % en valeur du cuivre péruvien), n'intéresse que très indirectement notre ville ; de même, celle d'antimoine localisée surtout dans les provinces de Canchis et Canas. D'après ORDESUR, les mines employaient en 1967, 129 personnes, dont 120 ouvriers et 241 en 1968 (37) ; mais en réalité, ce sont là les chiffres des deux usines de concentration qui ont fermé en 1967. Le nombre de personnes se consacrant à l'exploitation minière est très difficile à évaluer, car c'est une activité extrêmement dispersée et, d'autre part, souvent complémentaire d'une autre.

Pourtant, on parlait beaucoup de mines au Cuzco avant la période des réformes. De nombreux *hacendados* possédaient dans leurs propriétés des concessions enregistrées auprès du Ministère des Mines qui a, dans notre ville, un bureau régional. De temps en temps, ils extrayaient un peu de minerais en utilisant la main-d'œuvre de leurs colons ou de *comuneros* voisins payés par de très bas salaires. Ainsi, par exemple, les Romainville, dans leur domaine de Yanama, ou certains *hacendados* des hauteurs de Chinchaypuquio, Huarocondo ou Limatambo (province d'Anta). L'extraction se faisait avec les outils traditionnels et quelques explosifs. C'est à dos de mulets —voire de lamas— qu'était expédié le minerai. D'autres autorisaient de petits mineurs indépendants à exploiter des concessions sur leurs terres ; ainsi dans le massif de l'Ausangate et les punas de Canchis et Canas, de nombreux mineurs de Sicuani et d'Arequipa, certains relativement riches, extrayaient du plomb, du zinc, de l'antimoine et un peu d'argent, toujours de manière artisanale. D'autres, le long du torrent de Colquemarca, recherchaient de l'or alluvionnaire. L'orpaillage à Quince Mil et Marcapata a donné lieu à la concession de *lavaderos*, qui restaient en même temps des exploitations agricoles.

Le nombre de concessions n'avait cessé de croître, mais peu étaient réellement exploitées. Obtenir un *denuncio* auprès du Ministère des Mines est une opération simple et peu onéreuse, quoique souvent longue. En 1958, 323 *denuncios* pour des minerais étaient enregistrés par le bureau du Ministère des Mines de la région sud-est ; le nombre de concessions s'élevait à une centaine, mais moins du tiers recevaient un début d'exploitation. En 1970, il y avait 42 nouveaux *denuncios* dans le département du Cuzco et le Manu. Le Madre de Dios était peu représenté avec 23 *denuncios* pour des placers aurifères dans le Manu.

Les Cuzquéniens ne possédaient que 14 % des concessions : 10 dans leur propre département (dans la province de la Convencion surtout) et 4 dans l'Apurimac. Ils étaient absents des provinces où

---

34. ORDESUR. *Boletin estadistico. Estructura productiva.*
35. Id.
36. Id.
37. Id.

l'exploitation des mines est la plus intense et pleine d'avenir ; ainsi dans Espinar, dans Chumbivilcas et dans Graú, où dominaient largement les sociétés liméniennes, la Cerro de Pasco et la Hotschild en particulier. De petites sociétés, cependant, ayant leur siège à Lima étaient entre les mains de gens originaires du Cuzco, exploitant parfois des gisements sur des terres ayant appartenu à leur famille ; ainsi, dans Espinar et Chumbivilcas. La part du Cuzco était à peine supérieure à celle d'Arequipa (8 concessions dans Canas, Canchis, Chumbivilcas et même Quispicanchis) et celle de Sicuani restait traditionnelle dans les hauteurs voisines de cette ville (5 concessions dans Canchis et Chumbivilcas).

Ce regain d'enthousiasme pour les mines était dû certainement aux progrès de la construction des routes et de la circulation des camions, indispensables à une éventuelle exploitation. On pouvait y voir aussi une raison sociologique, les mines représentant une possibilité d'enrichissement, aussi bien pour de jeunes ingénieurs, que pour des étrangers ou des provinciaux à la recherche d'un nouveau Camanti (38), ou même des fonctionnaires envisageant d'exploiter leur concession à l'âge de la retraite.

Ceux qui, proches de la ville, étaient passés au stade d'une extraction artisanale, pouvaient vendre leurs minerais à la Compagnie Hotschild, d'origine américaine, qui avait un bureau au Cuzco depuis 1949, dépendant de la succursale aréquipénienne. Elle avait en 1968 16 clients stables et une dizaine de temporaires qui venaient lui livrer le minerai. Son aire d'influence était limitée à quelques exploitants d'Anta (4 clients à Huarocondo), de Calca (2 clients), de la Convención (3 clients), de Marcapata et Cotabambas. Elle ne contrôlait ni la production des zones de Sicuani, Espinar et Chumbivilcas, ni celle des provinces méridionales de l'Apurimac, qui vendaient directement à Arequipa. En 1968, elle expédiait vers Arequipa, par train, environ 200 t de cuivre et 100 t de plomb. C'était là à peu près l'activité mensuelle de l'agence de Juliaca, ville qui avait en outre un bureau du Banco Minero.

Deux autres productions minières sont également commercialisées par la ville. L'or extrait des placers de Quince Mil et Marcapata a, à plusieurs reprises, animé le commerce du Cuzco, en particulier dans les années 20 et 30, puis après la Seconde Guerre Mondiale avec l'ouverture de la route. Les principales sociétés contrôlant son commerce avaient été créées par des étrangers : la firme Lomellini et des Yougoslaves (Zlater en particulier). Ces derniers possédèrent d'importantes affaires tant à Quince Mil (négoces, agences de voyages, hôtels, camions, scieries, ventes d'alcool) qu'au Cuzco (cinéma, scieries, entreprises de camions) et maintenant à Puerto Maldonado. D'autre part, c'est au Cuzco que les nombreux chercheurs d'or venaient réaliser leurs achats et plus encore se distraire. Lorsque les placers ont été épuisés, certains y sont restés et ont installé des scieries ou de petites entreprises de transport routier. En 1969, la production n'était plus que de 6 g (contre 3 757 en 1964) (39), ce qui plaçait le Cuzco au dernier rang des départements producteurs. Elle était achetée par les bijoutiers et horlogers locaux, ainsi que par certains bazars tenus par des Japonais.

Traditionnel est également, au Cuzco, le commerce du sel monopolisé par un organisme public (40). Après la fermeture, en 1968, des petites exploitations de San Sebastián et d'Occopata, dans les hauteurs de Paruro, c'est la mine de Maras qui fournit l'essentiel de la production départementale (3098 t en 1969). Cependant, de plus en plus, l'office du sel achète cette denrée à Azángaro, dans le département de Puno (300 t mensuelles environ) pour le revendre dans les trois départements de la région sud-est.

---

38. Montagne de Quince Mil, riche en or.

39. ORDESUR ; op. cit.

40. L'Estanco de la Sal géré par le Banco de la Nación est devenu en 1970 la Empresa de la Sal dépendance du Ministère de l'Industrie et du Commerce.

351

La s'arrête en quelque sorte le rôle de notre ville : à de multiples concessions minières et à la commercialisation de quelques tonnes de minerais extraits de manière artisanale. Lorsqu'il s'agit de dépasser ce stade élémentaire, notre ville révèle, comme dans d'autres domaines, son incapacité financière et laisse le champ libre à d'autres initiatives. Deux usines de concentration de divers minerais (cuivre et plus encore plomb, zinc, argent et même parfois or) ont fonctionné jusqu'en 1967 dans la province d'Espinar : Condoroma et Suykutambo. Dépendant de sociétés liméniennes (41) elles avaient une capacité de traitement de 450 t de minerai par jour et la valeur de leur production atteignait 35 M de sols en 1965 (4,2 M de francs en 1969). Elles avaient construit deux villages pour leurs travailleurs (400 à Condoroma, en 1958, et 150 dans l'autre) qui, à plus de 300 km du Cuzco, n'avaient aucune relation avec cette ville. Toutes deux expédiaient leur production à Arequipa, grâce à des camions, ceux de Condoroma, rejoignant la gare d'Imata. La concurrence, plus que l'épuisement des gisements, est responsable de la fermeture de ces mines petites et très isolées. Toujours dans Espinar et Chumbivilcas, de nouvelles mines de cuivre veulent prendre le relais des deux précédentes : Altohuarca, Katanga et Tintaya. Elles appartenaient toutes à d'anciens Cuzquéniens résidant à Lima. Pour l'exploitation, ceux-ci ont dû faire appel à des capitaux étrangers, en s'associant pour la mine de Katanga avec des Japonais et en vendant Tintaya à la Cerro de Pasco ; ils exploitent eux-mêmes Altohuarca, où ils ont installé une usine de concentration du minerai avec, en 1971, quelques 300 ouvriers. Le minerai de cuivre est expédié par camion à Arequipa et on étudie les possibilités d'utiliser le chemin de fer de Sicuani, ou éventuellement d'Imata, en attendant la construction d'un aéroport à Yauri. Un village minier est en train de naître à Altohuarca et un autre apparaîtra bientôt à Katanga, qui n'emploie encore qu'une cinquantaine de personnes. Mais eux non plus n'auront plus aucune relation, si ce n'est administrativeé avec le Cuzco ; ils renforceront par contre le poids économique de Yauri qui dépend commercialement de l'aire d'influence d'Arequipa.

Dans les projets miniers récents de la Junte Militaire, la région Sud-Est serait appelée à jouer un rôle important. Minero Perú, entreprise d'Etat créée en 1970, a nationalisé les concessions de la Cerro de Pasco dans la région dite des "bambas" (Ferrobamba, Calcobamba, dans la province de Graú) et à Tintaya (Espinar). Un complexe minier est prévu dans Graú relié à Arequipa par la route de Santo Tomás dont le prolongement serait ainsi accéléré, et on pense toujours à un chemin de fer direct vers la Côte. Ces nouveaux axes de communication consacreraient une étape décisive dans la séparation de l'ensemble des provinces du Sud vis-à-vis de l'influence économique du Cuzco. Pourtant, on sent un réel souci de la part des planificateurs de faire des activités minières, jusque là exclusivement tournées vers l'exportation, un élément du développement régional. En premier lieu, loin de former de nouvelles "Company towns" étrangères à leur environnement, une partie de l'extraction minière serait réalisée par des communautés indigènes organisées selon la nouvelle loi de "Propriété Sociale". En second lieu, certains villages recevraient les indispensables services. Enfin, on semble se préoccuper de mieux relier le Cuzco aux zones minières en pensant à nouveau à l'ouverture d'une route vers Santo Tomás par Paruro.

IV. - L'ESSOR DU TOURISME

Nous envisagerons ici les activités touristiques sous deux angles : celui du rôle qu'y joue la ville du Cuzco et celui de la fonction régionale qu'elles peuvent acquérir. C'est après le séisme de 1950 que s'intensifie, grâce à la propagande de l'U.N.E.S.C.O. à l'étranger et de la Corporation Nationale de Tourisme (42), la promotion touristique de la ville. Cette dernière se fonde sur une "marchandise" qui a

---

41. La Hostchild exploitait les mines de Condoroma et la Compagnie des Mines du Pérou, celles de Suykutambo.

42. La Coturperú est devenue en 1970, la Enturperú (Empresa Nacional de Turismo del Perú). Elle ne s'occupe désormais que de la gestiondes hôtels de la chaine nationale "Turistas", laissant la promotion touristique à un bureau du Ministère de l'Industrie et du Commerce.

TABLEAU N° LXXIII : NOMBRE DE TOURISTES AU CUZCO

	1967	1968	1969	1970
Touristes péruviens	**13 262**	**26 757**	**31 762**	**8 899**
Touristes étrangers	**40 056**	**49 684**	**38 819**	**22 182**
Nords américains	27 054	35 927	28 232	9 591
Latino américains	4 774	5 350	4 235	
Européens	6 635	6 879	5 546	12 591
Autres	1 593	1 528	806	
TOTAL	53 318	76 441	70 581	31 081

TABLEAU N° LXXIV : PERSONNES EMPLOYÉES DANS LE TOURISME AU CUZCO ET AREQUIPA EN 1969

	Cuzco	Arequipa	Puno	Région Sud
Agences de voyages	108	30	—	—
Transports	429	1 085	—	—
Restaurants	215	222	—	—
Hôtels	461	219	—	—
Souvenirs, musées, etc.	186	—	—	—
TOTAL	1 399	1 556	387	3 889

elle-même, quelque peu évolué, puisque le folklore indien est devenu aussi important et peut-être plus que l'archéologie (43). La clientèle également a changé depuis 1950. Aux habitués des Tours américains, fortunés mais âgés, se sont joints, dans les années 60, des touristes de la classe moyenne sud-américaine (et en particulier nationale), et, depuis 1967-68, les voyageurs des charters venus d'Europe. Ces derniers sont plus jeunes et en général beaucoup moins riches, mais ils restent dans la ville où ses alentours plus longtemps que les autres touristes pressés par leurs agences de voyage et fatigués par l'altitude.

Le nombre de touristes est passé de 5 814 en 1953, à 34 305 en 1960, et à 76 441 en 1968, qui représente une année-record. Il baissait sensiblement en 1969 à 70 581 touristes, pour s'effondrer en 1970 à 31 081, c'est-à-dire moins que dans les années 60. Les étrangers représentaient en 1970, 71 % des touristes, contre 55 % en 1969 et 65 % en 1968. La proportion de Nord-Américains avait beaucoup diminué pour des raisons que nous étudierons plus loin, et elle ne représentait plus que 30 % des touristes en 1970, contre 47 % en 1968 (44) (tableau LXXIII).

Depuis 1950, la ville a considérablement progressé sur le plan de l'accueil et de l'organisation des séjours. A cette époque, il n'y avait que 2 hôtels confortables avec 132 chambres (le "Continental" de la Peruvian Co et le "Turistas" construit en 1943), et 3 ou 4 auberges. Après 1958-60, profitant des nouvelles conditions du commerce et des prêts accordés par les banques, les hôtels se multiplient. On passe de 17 hôtels dont 4 de luxe en 1966 (soit 496 chambres et 1058 lits), à 21 hôtels en 1969 (530 chambres, 1200 lits) (45) dont 10 de première catégorie (694 lits) et enfin à 46 hôtels et auberges (alojamientos) en 1973 (972 chambres et 1946 lits) dont 16 de première catégorie (1377 lits) (46). Malgré ces progrès, ORDESUR estimait que pour 1975 il faudrait environ 1500 lits supplémentaires (47). On se préoccupait de restaurer des édifices coloniaux pour les transformer en "parador" (Séminaire, Maison des Quatre Bustes, ancien collège San Bernardo) et COPESCO projetait, avec l'agrandissement de l'actuel hôtel Cuzco, la construction, pour 1974 et 1976, de deux édifices de 200 chambres chacun. On avait, toujours en 1973, une trentaine de restaurants pour touristes, extrêmement variés, sans compter ceux de certains hôtels. Des bars, des pâtisseries-salons de thé s'ouvraient qui devenaient vite des lieux de rencontre pour les jeunes Cuzquéniens. Des night-clubs apparaissaient et disparaissaient au gré de fortunes de leurs propriétaires. Tous témoignaient de ce souci de retenir le touriste, en lui offrant les distractions d'une ville moderne. De même, aux six anciens cinémas dont certains se transformaient, s'ajoutaient deux salles très vastes et confortables. Il y a enfin 5 beaux musées dont 2 d'art populaire, plusieurs collections privées et des salles accueillant des expositions variées et fréquentes.

Le transport des passagers s'est également beaucoup amélioré. Depuis 1967, le nouvel aéroport Velazco Astete offre des pistes de ciment pour les avions à réaction et un hall très spacieux. Trois vols quotidiens sont assurés pour Lima et il peut y en avoir deux ou trois autres supplémentaires, les veilles de grands évènements touristiques. Depuis 1973 il y a des liaisons aériennes hebdomadaires avec Arequipa (2 vols) et Ayacucho (1 vol) et il y en a eu parfois avec Juliaca-Puno. En 1969, 73 % des

---

43. Dernièrement, on essaie aussi bien de vendre le "climat magique" de la ville et de Macchu Picchu aux hippies américains, que d'organiser un tourisme "politique" pour les étudiants européens avec visite des entreprises coopérativisées.

44. Chiffres donnés par la Enturperú du Cuzco.

45. Il faut y ajouter 3 pensions de famille.

46. En 1973, trois nouveaux hôtels étaient en construction.

47. ORDESUR : Oficina regional del Sur del Perú. Le tourisme sur l'axe Cuzco-Puno 1969.

touristes étaient venus par avion, 12 % par le train de la Peruvian et 15 % par la route (48), grâce surtout aux 3 ou 4 services quotidiens d'autobus empruntant les routes du Centre et celle d'Arequipa. Sur ce dernier itinéraire existe un service quotidien de taxis et un autre conduit à Puno. Les liaisons avec Macchu Picchu se sont, elles aussi, améliorées récemment avec la mise en circulation d'autorails panoramiques et l'aménagement des gares de Macchu Picchu et de San Pedro. Dans la ville, le nombre de taxis s'est multiplié, beaucoup travaillant avec les agences de voyage ou les hôtels. L'aménagement des routes a enfin progressé. Celle d'accès à l'aéroport a été complètement terminée en 1968 et prolonge l'avenue Sol, elle-même élargie. Les rues menant à la station de San Pedro, restent encore encombrées, aux abords du marché, mais la liaison entre les deux gares est mieux assurée depuis qu'on a déplacé la voie ferrée qui traversait la ville. C'est pour favoriser l'accès à Sacsayhuamán et le voyage dominical au marché de Pisaq, que l'on a entrepris la construction d'une nouvelle route sur les collines d'Uchullo et élargi la voie menant à Pisaq. La visite de la "Vallée sacrée des Incas" sera facilitée par le goudronnage de la route conduisant de Pisaq à Ollantaytambo que l'on envisage de prolonger jusqu'à Macchu Picchu. De même, l'achèvement de la route vers San Jerónimo et Urcos devrait permettre des liaisons faciles avec les villages de la vallée du Vilcanota et, au-delà, avec Puno.

Les études faites par ORDESUR en 1969 (49) évaluent à 2 950 sols (354 F) les dépenses du touriste moyen restant deux jours au Cuzco et à 4 425 sols (531 F) pour trois jours (en 1966, la COTUR (50) les évaluait à 1 500 sols pour deux jours pour les étrangers et à 2 450 sols pour six jours pour des Péruviens). Les dépenses sont supérieures à celles faites à Arequipa et à Puno (respectivement 2 140 sols et 2 700 sols pour deux jours) à cause des excursions - en particulier à Macchu Picchu - et des achats de souvenirs (51). Selon nos évaluations, ces dépenses évolueraient entre un maximum de 5 000 sols (600 F), pour un touriste utilisant les services d'une agence, à un minimum de 1 000 sols (120 F), pour un touriste seul, allant dans un hôtel de seconde catégorie (ils peuvent encore être réduits de moitié en hôtels de troisième catégorie). Si l'on conserve ce chiffre moyen de 2 950 sols, on aurait eu, en 1969, un revenu de 208 M de soles (25 M de francs) pour notre ville (et très secondairement Macchu Picchu, Urubamba et Pisaq) ; or, c'est, d'après ORDESUR, à peu près le tiers de la valeur de la production agricole de l'ensemble du département en 1967, et un peu moins de la moitié de celle de l'industrie départementale en 1968. (52).

Mais l'on peut considérer que moins des deux tiers de cet argent seulement restent au Cuzco. Dans les dépenses évaluées par ORDESUR, les plus importantes sont en effet celles qui concernent les excursions et c'est là qu'interviennent surtout les agences de tourisme avec des tarifs très élevés. Or, des 9 agences existant au Cuzco, en 1971, 2 seulement étaient d'origine cuzquénienne. Les autres dépendaient souvent de sociétés étrangères, américaines surtout. Elles employaient, selon ORDESUR, une centaine de personnes, y compris les guides et quelques chauffeurs. Leurs dépenses étaient très réduites et leurs dettes fréquentes auprès des hôtels de la localité, de celui de la chaîne d'Etat en particulier. On peut évaluer ces dépenses à un quart seulement de leurs revenus. Le reste est exporté vers la capitale, et il devrait être possible de retenir sur place une plus grande partie de cet argent pour qu'il serve réellement au développement touristique local. De même, aucune compagnie de transport

---

48. ORDESUR ; op. cit.

49. ORDESUR ; op. cit.

50. COTUR : Corporación de Turismo del Perú.

51. ORDESUR ; op. cit.

52. ORDESUR : Boletín estadístico. Estructura productiva. Vol. III, tome I, Arequipa 1971.

(routière, ferroviaire et aérienne), n'est cuzquénienne, à l'exception d'une modeste entreprise d'autobus. Les hôtels et restaurants sont eux cuzquéniens, sauf l'hôtel Cuzco et son annexe, gérés par la Enturperú et le Continental, propriété de la compagnie de chemin de fer. Récemment, le Savoy créé par une société liménienne, a été acheté par un commerçant local, cuzquénien depuis plus de vingt ans. Les autres établissements ont été fondés au début par des gens d'origine modeste. Mais ils apparaissent, de plus en plus, comme une source de revenus appréciable aux yeux des membres des professions libérales (parmi les hôtels de première catégorie récents, deux appartiennent à des médecins, un à un avocat et deux à des ingénieurs) et tout récemment de certains hacendados qui, expropriés par la Réforme Agraire, se lancent enfin dans une activité pleine d'avenir. L'hôtellerie faisait travailler en 1969, selon ORDESUR (53), 461 personnes et la restauration, 215 ; ces employés étaient cuzquéniens, dans leur grande majorité, avec quelques travailleurs venus des départements voisins : Apurímac, Puno et même Ayacucho.

Quant à l'artisanat, il donne à la ville d'importantes ressources. Selon une enquête réalisée par la CRYF, en 1969, le total des ventes des 14 boutiques principales de la ville s'élevait à 3 M de sols (0,36 M.F) par an. (54). Cependant, il y a de plus en plus de concurrence avec, en 1971, 31 boutiques (20 en 1968) auxquelles il faut ajouter une vingtaine de kiosques du marché, quelques ambulants, et les ateliers commercialisant directement leur production (céramistes, imagiers, fabricants de bougies etc...).

Le tourisme, toujours selon ORDESUR (55) faisait travailler au Cuzco en 1969, 1 399 personnes (sur un total de 3 889 pour l'ensemble de la région sud (tableau n° LXXIV), soit 4 % de la population économiquement active de la ville. C'est assez peu et cela concerne surtout un personnel relativement qualifié, car n'importe qui ne sert pas dans un hôtel ou travaille dans une agence de tourisme. Pour ceux qui trouvent un emploi, c'est souvent un moyen d'ascension sociale. On voit au Cuzco, d'anciens garçons de café ouvrir, après quelques années d'économies, leurs propres établissements, et des employés créer leur propre agence de tourisme. La réussite la plus remarquable est celle de cet artisan qui, propriétaire d'une importante pelleterie, puis du plus grand bazar de la ville, a pu acheter en 1967, le luxueux hôtel Savoy. La COTUR et l'Université ont favorisé au Cuzco la création d'une école de guide et d'une école de tourisme, lesquelles comptaient, en 1970, une soixantaine d'étudiants. Les études de langues connaissent un très grand succès et c'est là un progrès incontestable. Il est certain qu'il y a des possibilités d'emplois relativement bien payés, surtout pour des gens jeunes et débrouillards. Mais à côté, il y a, commes dans tous les autres pays pauvres vivant du tourisme, un grand développement des petits métiers : porteurs, marchands ambulants etc... et de la mendicité, en particulier chez les enfants. La prostitution, par contre, est peu importante et ne s'adresse d'ailleurs que rarement aux touristes.

D'autre part, actuellement, le tourisme n'est qu'un instrument de domination de la ville sur sa région, car toute la production artisanale est drainée à bas prix vers les boutiques du Cuzco. Les itinéraires provinciaux récemment aménagés apportent, de même, peu de choses aux villages. Prenons l'exemple de Pisaq. Ce village se voit envahi chaque dimanche, par de nombreux touristes, transportés par les taxis cuzquéniens. Ils font quelques achats, à des vendeurs venus du Cuzco, et des photos du

---

53. ORDESUR ; Op. cit.

54. CRYF. Corporación de reconstrucción y fomento del Cuzco. Enquête sur l'artisanat touristique, Cuzco 1969.

55. ORDESUR ; op. cit.

marché et des varayocs à la sortie de la messe, après quoi la plupart vont déjeuner à l'hôtel Turistas d'Urubamba. Il nous semble, de même, que toute l'activité touristique ne doit pas provoquer une plus grande exploitation des Indiens qui ne sont, pour le moment, que des prétextes à n'importe quel folklore. Il serait regrettable qu'il conduise seulement les pauvres à la mendicité. Il y a toute une évolution dans la mentalité des habitants de la ville qui sortent ainsi, les jeunes surtout, d'un isolement qui avait peu évolué depuis la Colonie. Il serait dommage que cela se fasse en faveur d'une modernisation superficielle excessive, et d'une distorsion, d'un appauvrissement de bien des aspects de la culture locale, indienne en particulier.

Cet essor du tourisme du Cuzco a suscité l'intérêt des pouvoirs publics qui ont d'abord essayé d'aider les hôteliers et plus encore les artisans par une politique de crédits. La plupart des entreprises artisanales sont en effet petites, essentiellement familiales, et disposent d'un capital et d'un outillage très limités. Seules échappent à ce modèle les pelleteries qui, au Cuzco comme à Sicuani, emploient plusieurs ouvriers et atteignent des ventes mensuelles dépassant souvent 15 000 sols (1800 F). Pour écouler leur production, les artisans passent par les boutiques de la ville qui offrent des prix peu élevés et d'autre part ne paient que la moitié du prix au comptant et, le reste, lorsqu'elles ont vendu la marchandise. Il existe d'autre part des "rescatistas" en articles d'artisanat achetant dans les provinces à très bas prix. La CRYF, dès 1964, puis Desarrollo Comunal, et depuis 1967 le Banco Industrial, ont aidé de leurs prêts l'artisanat. Ces prêts s'élevaient à 23 163 920 sols (2,8 M de francs) en 1970 pour le Banco Industrial (avec 520 bénéficiaires pour l'artisanat et la petite industrie). 70 % de ces crédits s'adressaient à des entreprises du Cuzco et 10 % à des pelletiers et argentiers de Sicuani. Les deux premières institutions citées tentent d'organiser, d'autre part, des coopératives de vente et la troisième a ouvert une boutique. Le Ministère de l'Agriculture, lui-même, oriente souvent vers l'artisanat les activités de ses clubs de femmes et de jeunes et se charge de la vente des objets. L'archevêché, enfin, a créé un atelier-école artisanal et la municipalité organise des expositions-ventes (en particulier pour Noël ou le 24 juin) et a ouvert aux producteurs, comme aux boutiques, le nouveau marché oriental de la ville.

Le tourisme est apparu ensuite comme un excellent moyen de développement pour la ville et éventuellement sa région. Dès 1964, fut constitué un organisme patronné par l'UNESCO : COPESCO (56) qui travailla en étroite liaison avec l'Institut de Planification. Il étudia les possibilités du tourisme au Cuzco en le replaçant dans un cadre plus vaste, celui d'un axe touristique Puno-Cuzco-Coribeni (mission dominicaine sur le Alto Urubamba, dans la forêt tropicale), limité à partir de 1971, à la partie Cuzco-Puno. Il s'agissait de mettre en valeur les caractéristiques très variées de ces deux centres - pour Puno, le lac Titicaca, les églises riveraines (Julí, Pomata, etc) Sillustani ; pour Cuzco, les richesses archéologiques, Pisaq et Macchu Picchu - et de mieux aménager les itinéraires et le séjour. Un nouvel hôtel de 200 chambres et une auberge de la jeunesse seraient construits à Macchu Picchu. Les liaisons par train avec le Cuzco, en attendant la construction de la route (prévue pour 1975-76), seraient améliorées. Ollantaytambo se verrait dotée d'un *parador* avec une importante station-service. Urubamba deviendrait un lieu de vacances avec un centre équipé de bungalows (400 lits), et, dans la Cordillère devenue réserve de chasse, un refuge au pied du Chicón. Son hôtel serait doublé d'une école hôtelière. Le projet le plus important concerne Pisaq, considéré comme village touristique modèle, de la même manière que Julí pour la zone de Puno. Le village est en train d'être restauré (en particulier la place d'Armes et la rue principale) et une route permet désormais un accès aux ruines incaïques (57). Le

---

56. Comision coordinadora para el Plan turistico cultural, PERU-UNESCO. Elle concerne, au Pérou, cinq ministères (Industrie et Commerce, Education, Logement, Transport et Communication, Affaires Etrangères), l'Institut de Planification et l'Office du Tourisme (Enturperu). L'UNESCO prépare les études avec l'assistance technique du PNUD ; une partie de l'argent vient de la B.I.D.

57. C.O.P.E.S.C.O. - Projet Pisaq ; Paris 1971.

coût total du programme de COPESCO s'élevait à 70,7 M de dollars (58) (dont 13,6 M pour Pisaq). Les autres projets régionaux étaient limités à l'amélioration de la route Cuzco-Puno et Cuzco-Urubamba ; cependant, on envisageait dans un avenir plus lointain, la construction d'un centre de vacances à Tinta (Canchis) ainsi que l'organisation de séjours dans des maisons rurales à Tinta et Tungasuca (Canas).

Il nous semble pourtant possible de développer le tourisme à l'échelle régionale, encourageant ainsi le visiteur à séjourner plus longtemps. Au lieu de faire du Cuzco une simple étape pour les "tours" américains, on pourrait le transformer en un véritable centre de repos et d'excursions, en particulier pour la clientèle nationale et sud-américaine. Depuis quelques années, en organisant un "tour" dominical au marché de Pisaq, prolongé jusqu'aux ruines d'Ollantaytambo, les agences de voyage ont démontré qu'on pouvait retenir le touriste classique un jour de plus. Ainsi, peu à peu, d'autres itinéraires provinciaux commencent à s'ébaucher après celui de Macchu Picchu : Pisaq, Chincheros, et, plus rarement, les ruines de Moray (près de Maras), celle de Pikillacta ou l'église d'Andahuaylillas (Quispicanchis). Il serait, ainsi possible d'organiser d'autres excursions à partir du Cuzco, les voyages se faisant en une seule journée et les touristes rentrant dormir dans les hôtels de la ville.

Trois itinéraires nous semblent très faciles à aménager dans l'immédiat : celui de Chincheros pourrait être prolongé jusqu'à Maras et les ruines de Moray, avec un retour au coucher du soleil sur la lagune de Huaypo ; il suffirait de prévoir un restaurant à Chincheros qui possède une petite auberge, créée par la CRYF mais peu utilisée, et surtout d'aménager la route jusqu'à Moray et éventuellement jusqu'aux curieuses salines de Maras. Le deuxième itinéraire est plus simple et ne demanderait qu'une active propagande. Il conduirait du Cuzco à Urcos, et permettrait de visiter avec les ruines de Pikillacta, les magnifiques églises de San Sebastián, Oropesa et surtout Andahuaylillas et Huaro qui viennent d'être restaurées par la CRYF. Un repos pourrait être prévu au bord de la lagune de Huarcarpay qui possède déjà un restaurant populaire, et où on pourrait éventuellement favoriser le camping jusqu'à présent pratiquement inconnu. Le troisième itinéraire est nouveau, et pourrait permettre après le marché de Chincheros, de parcourir la plaine d'Anta par les charmants villages de Huarocondo et Zurite. Enfin, dans un avenir plus lointain, on peut envisager l'éventualité d'un voyage vers la vallée de Yaurisque et de là, gagner l'église de Huanoquite ou les ruines incaïques de Pacarrectambo. Dans le même ordre d'idées, il nous semble qu'on ne tire pas assez parti de l'hôtel de touristes d'Urubamba (en attendant l'aménagement du centre de vacances de COPESCO), qui, s'il y avait une propagande suffisante pourrait devenir un excellent centre de repos permettant des séjours prolongés.

Pour le touriste restant plus longtemps, des itinéraires en deux jours pourraient être proposés, deux nous semblant réalisables dans un proche avenir ; le premier conduirait à Limatambo (ruines incaïques), Mollepata (village et Christ de Charles Quint) et jusqu'à l'hacienda de Parobamba qui offre un magnifique panorama sur le Salkantay. On pourrait utiliser les installations du nouveau Country-Club de Limatambo (Maison d'hôte, restaurant, piscine). La petite auberge de ce village pourrait également être améliorée et un refuge serait souhaitable à Parobamba pour les ascensions du Salkantay. Le deuxième itinéraire conduirait à Sicuani et prolongerait en quelque sorte celui d'Urcos. Il permettrait la visite de toutes les églises de la vallée, Checacupe et Tinta s'ajoutant à celles que nous avons citées précédemment, ainsi que le temple incaïque et les "colqas" (59) de Raqchi. Canchis est enfin une province à l'artisanat si varié qu'elle mérite à ce titre d'attirer les visiteurs ; dans le cadre du programme de développement des communautés, il est organisé, depuis juin 1968, une exposition à Sicuani et une fête folklorique à Raqchi, qui n'ont pas encore les touristes qu'elles méritent. A partir de

---

58. En 1972, sur un investissement de 31 M de S prévu, 7 M. seulement avaient été utilisés ce qui souligne la lenteur de la réalisation du projet.

59. Colqa : construction incaïque circulaire ayant servi de grenier, d'entrepôt.

Sicuani, et dans une seconde étape, ne pourrait-on pas envisager quelques excursions vers les punas et les lagunes de Langui-Layo, de Tungasuca et de Pomachanchis, et au-delà Acomayo et Accos ; et il faudra bien penser y intégrer un jour Yauri, Coporaque et même Santo Tomás et Colquemarca, qui, elles aussi, ont d'âpres paysages et un folklore très riche.

Enfin, il serait dommage de ne pas profiter de la situation géographique du Cuzco pour proposer aux touristes un voyage vers la selva. Beaucoup d'entre eux, après leur séjour au Cuzco, repartent pour Iquitos, en revenant à Lima. Or, Puerto Maldonado est à deux heures de vol et possède un bon hôtel souvent vide de voyageurs. On devrait dans ce cas prévoir un service aérien un peu plus ample, plus confortable et un peu plus rapide. Il serait regrettable, d'autre part, d'abandonner le projet de circuit touristique vers Coribeni par la vallée de la Convención très facile d'accès. Enfin, la propagande pour le parc naturel du Manú devrait être plus active et pourrait redonner vie, à la fois à la vallée de Cosñipata (la plus proche du Cuzco) et, au passage, à Paucartambo. Ce village typiquement colonial, mériterait de devenir un petit centre de séjour, en particulier, en Mai, Juin et Juillet, au moment des splendides levers de soleil de Tres Cruces, et des fêtes de Coyllur Riti (20 Mai environ, près d'Ocongate qu'on rejoindrait par Ccattca et Huancane) et surtout de la vierge du Carmen (vers le 16 juillet). C'est à partir de Paucartambo qu'on peut également atteindre la vallée de Qeros dont les indiens sont restés relativement à l'abri du métissage.

Quelle que soit la durée de ces itinéraires, les problèmes d'aménagement sont presque les mêmes : améliorer l'état de la route et prévoir, à mi-chemin, un restaurant et, pour les itinéraires longs, un hôtel. Il est certain que l'amélioration des routes ne bénéficierait pas au seul tourisme, mais au développement de toute la région ; or, bien souvent, les crédits sont plus faciles à obtenir par le biais du tourisme, surtout étant donnés les objectifs d'ORDESUR et de COPESCO ; d'autre part, pour les principaux projets, il s'agit de tronçons des grandes routes nationales vers Lima ou vers Arequipa. Pour les restaurants, les villages que nous avons cités (Chincheros, Urcos, Huarocondo ou Zurite, Limatambo et Mollepata) sont suffisamment dynamiques pour pouvoir, avec une aide de la ENTURPERU ou de la CRYF, en organiser un. Quant au logement, il faut reconnaître qu'un hôtel s'impose à Sicuani et à Quillabamba, qui n'ont que des auberges de deuxième catégorie ; un hôtel peut être amplifié à Limatambo et il s'agit, d'autre part, dans nos projets, d'utiliser plus complètement les luxueux établissements d'Urubamba et de Puerto Maldonado. Enfin, à l'échelle locale, on pourrait aider au développement de l'artisanat en liaison, en particulier avec le Ministère de l'Agriculture.

La ville du Cuzco doit ainsi au tourisme des revenus croissants, ainsi que des activités et des aspects de ville plus propre et plus moderne. Il est intéressant de voir également que, beaucoup plus que pour les autres activités commerciales, ses habitants prennent de plus en plus d'initiatives et savent retenir sur place une partie de l'argent dépensé. Cependant, une quantité importante continue à lui échapper par le biais des agences de voyage, et également des compagnies de transport, qu'à de rares exceptions près, elle ne contrôle pas. Aussi le tourisme, comme les autres branches de l'économie, est très dépendant de Lima et a besoin du soutien du secteur public pour se développer. Il est, d'autre part, très sensible aux diverses crises nationales et internationales, comme on en a eu la preuve en 1969-70. Après une croissance très importante depuis 1950 et surtout 1960, le nombre des visiteurs a brusquement diminué. Ceux venus des Etats-Unis ont été touchés par la crise sévissant dans leur pays, et peut-être sensibles à une certaine propagande contre le nouveau régime péruvien, au moment de la nationalisation de l'I.P.C. (60). Sa diminution reflète également l'inquiétude économique de bien des

---

60. I.P.C. : International Petroleum Cy.

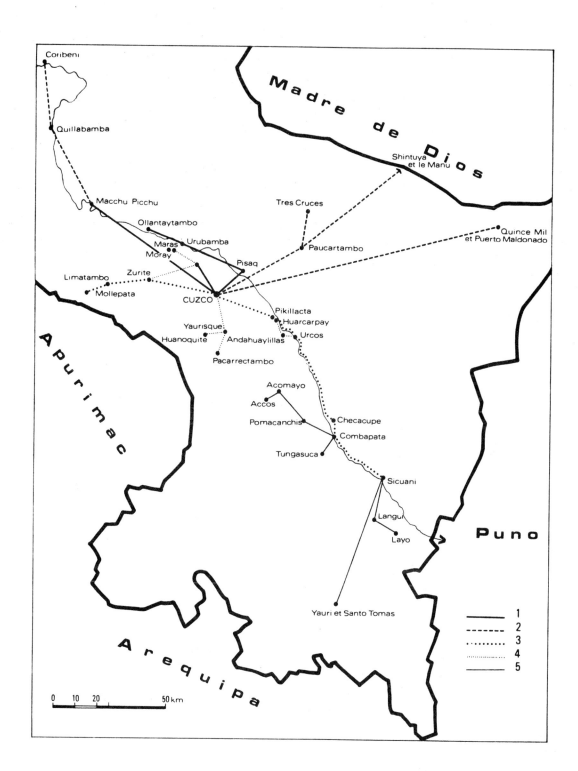

Fig. 32.— **Itinéraires touristiques de la région Sud-Est**

1. Itinéraire existant.— 2. Itinéraire vers la selva.— 3. Itinéraire possible en deux jours.— 4. Itinéraire possible en un jour.— 5. Itinéraire à envisager.

Péruviens devant les diverses réformes prises par la Junte militaire. Avec 31 000 touristes en 1970, on était loin des 130 600 que prévoyait, en 1965, un rapport américain (61).

Aussi, axer uniquement sur le tourisme toute aide financière au Cuzco nous semble dangereux, surtout si cela se fait au détriment des prêts accordés aux industries locales, comme nous l'avons vu pour le Banco Industrial. De même, certaines priorités nous semblent discutables. Le goudronnage de la route Cuzco-Puno est certes important, mais il ne faut pas oublier que l'économie générale de la région pâtit surtout des mauvaises liaisons avec Lima. On comprend que bien des organismes locaux s'inquiètent de voir retarder les travaux d'amélioration de la route vers Nazca. En fait, l'axe Cuzco-Puno permettrait de mieux assurer la domination économique d'Arequipa plutôt que d'attirer les touristes qui peuvent d'ailleurs utiliser le train. De même, la route que l'on envisage de construire vers Macchu Picchu, pour un coût de 45 M de francs, ne nous semble pas urgente, sauf si l'on pense la prolonger vers Quillabamba.

---

61. Les possibilités de tourisme au Pérou. Checchi and Cy. Washington D.C., juillet 1965.

CHAPITRE VII

LE ROLE DU CUZCO DANS L'ADMINISTRATION ET LES SERVICES

Le Cuzco, à l'époque incaïque comme capitale d'un Empire vaste et centralisé, puis, dans une moindre mesure, pendant la Colonie, comme capitale de Province religieuse ou d'Intendance, a toujours eu un rôle administratif de premier plan (1). Siège des pouvoirs civil, religieux et militaire, la ville a pu s'affirmer à l'époque coloniale comme un relais privilégié dans le système de domination externe et interne. Actuellement encore, la fonction administrative est l'une des principales de l'agglomération, mais son contenu et ses méthodes d'action ont beaucoup évolué. Par les services qu'elle propose sur le plan culturel ou socio-économique, elle vise à faciliter l'intégration des populations locales à la culture nationale urbaine et la pénétration de l'économie de marché. Pour cela, elle a essayé, en premier lieu, de définir et de réorganiser un espace régional regroupant autour de Cuzco les trois départements de Cuzco, Apurímac et Madre de Dios.

Mais, nous venons de le voir, l'activité économique, commerciale surtout, révèle, d'une part, l'influence d'autres villes plus dynamiques (Arequipa, Lima) et, d'autre part, cherche à délimiter de nouveaux espaces qui ne tiennent plus compte des divisions administratives. Nous étudierons dans la troisième partie, comment toute notre structure régionale est profondément marquée par cette dualité entre l'empreinte du passé dans la hiérarchie et le fonctionnement administratif et les facteurs économiques nouveaux qui imposent, à la fois, des modifications de limites et une nouvelle conception des services et des administrés.

En second lieu, la distribution des services comme les nouvaux découpages administratifs, visent à réduire les différences existant entre les villes et les campagnes. Les services proposés sont en effet ceux qu'exige le modèle de culture urbain et la grande masse de la population rurale se tient encore à l'écart d'eux. Malgré les importants efforts réalisés, la ville du Cuzco continue à en concentrer la plus

---

1. Cf. Première partie. Chapitre III. Paragraphes I A et II B.

grande partie, surtout au point de vue du personnel qui ne recherche guère les postes de province. Elle apparaît ainsi bien souvent suréquipée et pourtant l'aire d'influence de ses principaux services est réellement limitée. Dans les campagnes, le problème le plus important reste celui de l'accessibilité qui est surtout gênée par la persistance des rapports de domination.

I.- LE CUZCO CONSERVE LE CONTROLE DES DIVISIONS ADMINISTRATIVES REGIONALES

C'est sur la base des trois départements de Cuzco, Apurímac et Madre de Dios qu'ont été créées les circonscriptions des divers ministères. C'est là, rappelons-le, un héritage colonial et républicain, puisque c'est récemment que l'Apurímac, en 1873, et le Madre de Dios en 1912, sont devenus des départements indépendants. La ville de Cuzco est ainsi à la tête de la quatrième région militaire, la quatrième région de police (gendarmerie ou Guardia Civil, et police judiciaire ou P.I.P. (2), d'une région sanitaire, de la cinquième région d'Education, d'une direction des affaires indigènes du Ministère du Travail, de la onzième zone agraire (service du Ministère de l'Agriculture (3), et du Banco de Fomento Agropecuario) d'une direction des postes et télécommunications, de l'industrie et du commerce (4), de la onzième zone minière (tableau n° LXXV). Enfin, notre ville est le siège d'une Cour Supérieure de Justice dont l'action s'étend au Madre de Dios et à la province de Cotabambas, et d'un archevêché (depuis 1943, malgré l'ancienneté du siège épiscopal qui date de 1537). C'est seulement en ce qui concerne le Travail (sauf les affaires indigènes), et la direction d'irrigation du Ministère de "Fomento y Obras Publicas", que le Cuzco dépend d'une zone plus vaste qui groupe tout le sud du Pérou et que dirige Arequipa. Enfin, pour les impôts, chacun des trois départements dépend directement de Lima, le Cuzco gardant toutefois la direction régionale du Banco de la Nación.

Chaque service administratif est très hiérarchisé, et on retrouve en général pour tous un schéma à quatre niveaux : celui du Cuzco tête de zone, celui des deux autres capitales de département, Abancay et Puerto Maldonado, celui des capitales de province, et enfin celui des districts. Seules, l'administration générale (relevant du Ministère de l'Intérieur) et celle de la Justice, respectent, toutefois, cette hiérarchie d'une manière stricte (tableau n° LXXV). Les petites villes - Quillabamba, Sicuani et parfois Andahuaylas - viennent de plus en plus s'intégrer soit dans le niveau 2, avec les capitales départementales, soit entre les niveaux 2 et 3, se plaçant ainsi au-dessus des autres capitales de province. Ainsi, dans la hiérarchie religieuse, Sicuani est diocèse (depuis 1959) à l'égal d'Abancay (1958) qui partage d'ailleurs l'exercice de cette fonction avec Chuquibambilla depuis 1968 (pour les provinces d'Antabamba, Cotabambas et Graú). Puerto Maldonado quant à lui est à la tête d'un "vicariat apostolique" pour son département, et les districts de ceja de montaña du Cuzco (5) étendent l'influence de notre ville à la région du Haut Purus dans le département de Loreto. Pour la gendarmerie (B.G.C. : Benemerita Guardia Civil), c'est Quillabamba qui rejoint les trois capitales départementales au rang de comandancia (commanderie), hiérarchiquement inférieur à celui de efatura (chefferie) détenu seulement par les trois chefs-lieux, Sicuani n'est qu'à la tête d'un secteur rural contrôlant 7 "lignes" dont deux, situées dans le département de Puno (Sandia et Carabaya), rappellent qu'à

---

2. P.I.P. Policia de Investigación del Perú.

3. Depuis 1969, le S.I.P.A (Servicio de Investigación y de Promoción Agraria) et la onzième zone forestière ont été intégrés dans le Ministère de l'Agriculture, de la chasse et de la pêche.

4. Ces deux derniers ministères sont nouveaux (1970) et ils étaient intégrés auparavant dans le Ministère de Fomento y Obras Publicas dont le Cuzco constituait la sixième zone.

5. Districts de Marcapata et Camanti (province de Quispicanchis), Echarate (province de la Convención).

363

l'époque coloniale la province de Carabaya relevait de l'administration du Cuzco. A la suite des troubles des années 60, Quillabamba et Sicuani ont reçu, comme les capitales départementales, un commissariat de la P.I.P. Ces deux petites villes conservent de même un niveau égal à celui d'Abancay et Puerto Maldonado pour le "Banco de la Nación", qui est à la fois Trésorerie et Perception (6).

Ce sont les ministères concernant les aspects sociaux, culturels, et économiques qui cherchent le plus à échapper à la hiérarchie administrative traditionnelle et à lui superposer de nouveaux regroupements tenant mieux compte de la vocation productive de chaque zone ou des facilités d'accès et de communication. L'accent est ainsi mis, non pas seulement sur le bon fonctionnement de la bureaucratie hiérarchisée, mais sur l'efficacité, la rentabilité du service mis en place. C'est ainsi que pour le Ministère de la Santé, ce sont les hôpitaux qui ont été choisis, depuis 1970, pour diriger des aires d'action sanitaire : les deux hôpitaux du Cuzco (3 provinces et demi pour l'hôpital Antonio Lorena, 2 provinces et deux demi-provinces pour l'hôpital régional), celui de Sicuani (5 provinces), celui de Quillabamba (la Convención et Lares) celui de Puerto Maldonado et celui d'Abancay (figure n° 31). A un niveau inférieur, chaque capitale de province a un dispensaire, "Centre de Santé", dirigé par un médecin assisté d'infirmiers et très rarement d'un dentiste. Enfin, au niveau du district, et même dans certaines communautés, on rencontre théoriquement un petit dispensaire tenu par un infirmier ("Posta Sanitaria"), mais tous, surtout dans la puna, n'en ont pas (annexe n° 4 et figure n° 31).

La cinquième région d'éducation, qui jusque là respectait la hiérarchie classique des provinces, chefs-lieux d'une inspection primaire et secondaire (supervision de educacion) et des districts, a adopté, en 1970, un regroupement en quatre zones (Tableau n° LXXV et fig. n° 32) respectivement dirigées par Cuzco (10 provinces), Sicuani (5 provinces), Abancay et Puerto Maldonado. Les provinces de Cotabambas et de Manú ont été séparées de leurs départements d'origine pour être rattachées directement à l'aire d'influence du Cuzco, découpage adopté également par la nouvelle division administrative du Ministère de l'Agriculture. Celui-ci accorde toujours une supériorité aux "Bureaux agraires" ("Oficinas agrarias") de Quillabamba, Abancay et Puerto Maldonado (8) qui ont une influence régionale. Mais les secteurs créés tiennent davantage compte des conditions écologiques et du réseau des voies de communication, ce qui devrait faciliter le travail des techniciens.

A la tête de chacun des quatorze secteurs et de certains sous-secteurs est une agence agraire, généralement située dans une capitale de province (sauf Acomayo) et dirigée par un agronome ou un vétérinaire. Anta, Calca, Urubamba, Cuzco, Sicuani, Yanacoa, Yauri, Ocongate, Abancay, Andahuaylas et Puerto Maldonado, conservent les agences créées par le SIPA (9) sous le gouvernement Belaunde ; Pillcopata et Paucartambo, Curahuasi et Chalhuanca en obtiennent une, cependant que 8 autres sont créées dans la vallée de la Convención sous le contrôle du Bureau agricole de Quillabamba. Chaque secteur ou sous-secteur agricole regroupe à son tour un certain nombre de districts dont quelques uns ont un bureau local avec un technicien (tableau n° LXXV et figure n° 33).

---

6. Le Banco de la Nación gérait en outre le commerce de certains produits de première nécessité (sel, riz, alcool à brûler) ou soumis à un monopole de l'Etat (coca, alcool, tabac). Aujourd'hui l'Empresa de la Sal commercialise le sel et E.P.S.A. (Empresa Publica de Servicios Agropecuarios), la coca et le riz.

7. Centro de Salud ; on les appelait avant 1969 Posta Médica. Quelques capitales de district comme Pillcopata et Quince Mil dans la Ceja de Montaña, ou Uripa près d'Andahuaylas, en ont également un.

8. Anta est également devenue en 1972 "oficina agraria".

9. S.I.P.A. Servicio de Investigación y Promoción Agraria.

TABLEAU N° LXXV : NIVEAUX ADMINISTRATIFS DANS LA RÉGION SUD-EST

	Direction régionale	Aire d'influence régionale		DIVISIONS RÉGIONALES			
		Département	Région Sud-Est	Niveau région	Niveau département (ou sous-région)	Niveau province	Niveau district
Administration générale	—	X		—	Préfecture	Sous-préfecture	Gouvernement (lieutenant-gouverneur dans les « anexos »)
Finances • Impôts	—	X		—	Trésorerie	—	—
• Banco de la Nación	Cuzco	X		Cuzco Sous-directions régionales	Cuzco Sicuani Quillabamba Abancay Puerto Maldonado	9 agences provinciales 4 agences provinciales 1 agence provinciale 5 agences provinciales 1 agence provinciale	agences sous-agences poste de contrôle
Armée	Cuzco		X	Cuzco « Comandancia » Caserne		Inscription militaire	—
Police B.G.C. (1)	Cuzco		X + Sandia et Carabaya (Puno)	Cuzco	3 directions (« Jefaturas ») Cuzco Apurímac Madre de Dios	4 comandancias Cuzco Quillabamba Abancay Puerto Maldonado (2) Secteurs 3 1 2 1 (2) Lignes 13 1 6 2	• Postes de gendarmerie • Détachements dans certains hameaux
P.I.P. (3)	Cuzco		X	Cuzco	Cuzco Abancay Puerto Maldonado	Quillabamba Sicuani	

				Paroisses et vice-paroisses
Religion		X	Archevêché du Cuzco	Cuzco (9 provinces)	53 paroisses (Cuzco) 22 paroisses (Sicuani)
				Évêché d'Abancay (4 provinces)	37 paroisses
				Évêché de Chuquibambilla (3 provinces)	
				Vicariat apostolique du Madre de Dios (3 provinces)	4 paroisses et 11 missions
Justice	Cuzco		Cuzco Madre de Dios Cotabambas		Justice de paix Tribunal de 1re instance (pénal et civil) Procureur (fiscal) Cuzco cour d'appel
Santé	Cuzco		Cuzco aires d'action sanitaire	Cuzco (Hôpital région)	*Centro de Salud* (C.S.) (3 provinces 1/2) - 4 C.S.	*Posta Sanitaria* — 16
				Cuzco (Hôpital A.-Lorena)	(3 provinces 1/2) - 4 C.S.	— 16
				Sicuani	(5 provinces) - 4 C.S.	— 20
				Quillabamba	(1 province)	— 20 + 1 hôpital
				Abancay	(6 provinces) - 6 C.S. 1 hôpital	— 36
				Puerto Maldonado	(3 provinces) - 1 C.S.	— 4
Éducation	Cuzco	X	Cuzco	4 *zones* Cuzco (10 provinces) Sicuani (5 provinces) Abancay (5 provinces) Puerto Maldonado (2 provinces)	Inspection primaire et secondaire (supervisión de Educación)	

			4 bureaux agraires	14 secteurs et sous-secteurs dirigés par une agence agraire	Bureau local (ancien « Sector »)
Agriculture	Cuzco	X	Cuzco	10 agences	—
			Quillabamba (1 secteur)	8 agences	
			Abancay	4 agences	
			Puerto Maldonado	1 agence	
S.I.N.A.M.O.S. (4).	Cuzco (O.R.A.M.)	X	Cuzco	10 OZAMS	—

(1) B.G.C. : Bénemerita Guardia Civil.
(2) Les secteurs correspondent, pour les aires rurales, aux commissariats urbains et regroupent généralement plusieurs provinces, « les Jefaturas de linea » correspondant au niveau de la province. Paruro et Paucartambo n'ont toutefois pas rang de ligne alors qu'Ocongate, simple district de Quispicanchis, en dirige une.
(3) P.I.P. : Policía de Investigación peruana.
(4) S.I.N.A.M.O.S. : Sistema nacional de apoyo a la movilización social.

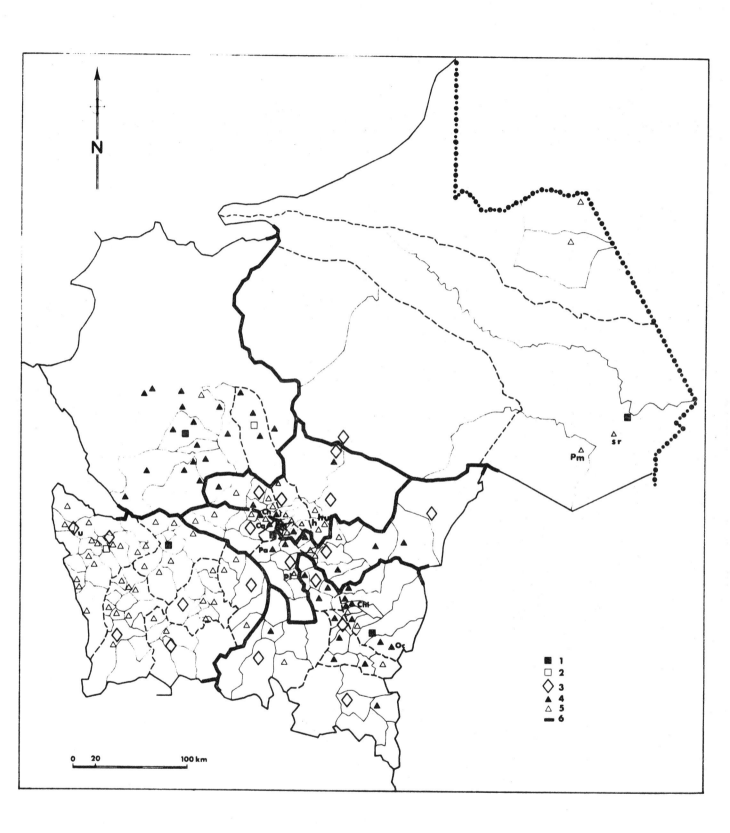

Fig. 31.— Répartition des services de santé dans la région Sud-Est

1. Hôpital. Centre de santé.— 2. Hôpital.— 3. Dispensaire médical.— 4. Dispensaire sanitaire avec local.— 5. Dispensaire sanitaire sans local.— 6. Limite de l'aire d'influence des hôpitaux. Centre de santé.

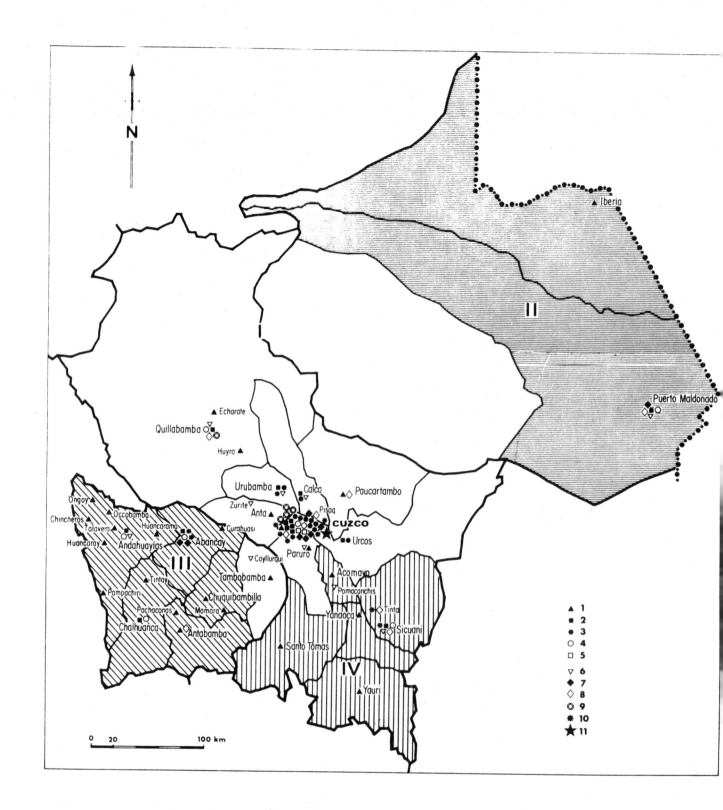

Fig. 32.— Établissements scolaires dans la région Sud-Est

1. Collège secondaire mixte.— 2. Collège secondaire de filles.— 3. Collège secondaire de garçons.— 4. Collège secondaire de garçons nocturne.— 5. Collège secondaire de filles nocturne.— 6. Collège agricole.— 7. Collège industriel.— 8. Centre artisanal.— 9. Institut de commerce.— 10. École Normale.— 11. Université.— I. Zone Cuzco.— II. Zone Puerto Maldonado.— III. Zone Abancay.— IV. Zone Sicuani.

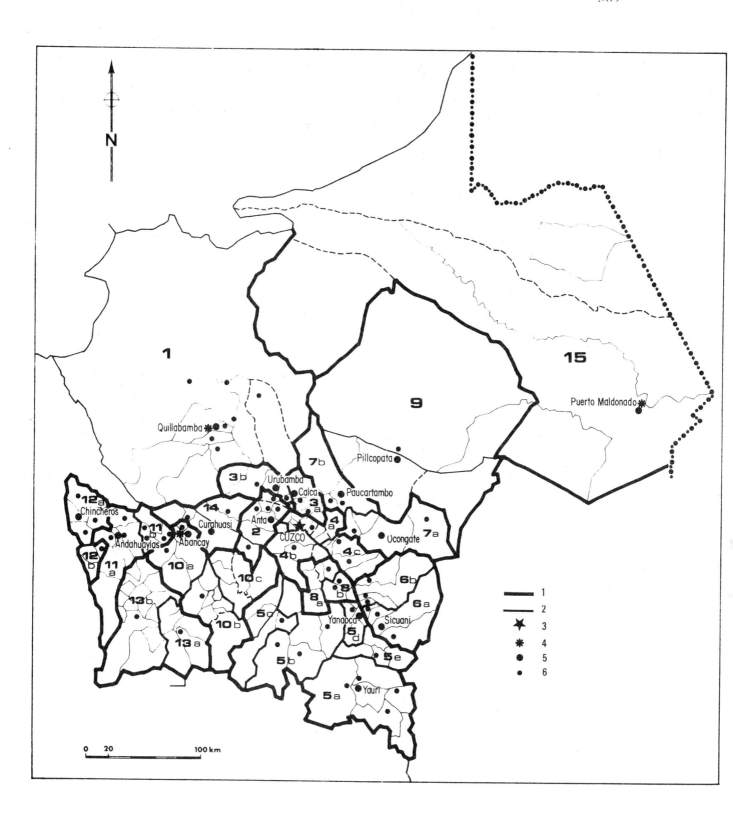

Fig. 33.— Répartition des services d'encadrement agricole dans la région Sud-Est

1. Limites des secteurs agricoles.— 2. Limites des sous-secteurs.— 3. Bureau tête de zone agraire.— 4. Bureaux agraires *(oficinas agrarias)*.— 5. Agences agraires.— 6. Bureaux de base.

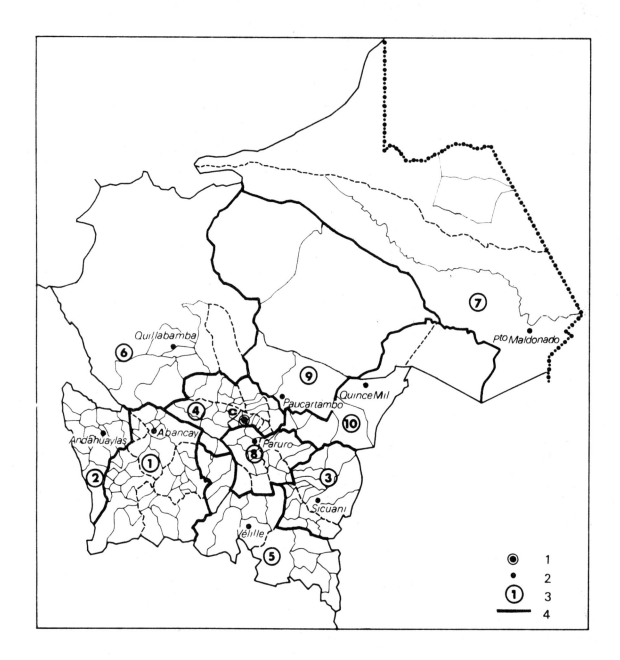

Fig. 34 _ zones (OZAMS) de la ORAMS VII – Cuzco de SINAMOS.

1. Siège du bureau de la ORAMS VII.– 2. Siège du bureau de la OZAMS.– 3. Numéro de la OZAMS.– 4. Limites de la OZAMS.

SINAMOS : *Sistema nacional de apoyo de la movilización social.*
OZAMS : *Oficina zonal de SINAMOS.*
ORAMS : *Oficina regional de SINAMOS.*

Etroitement associé aux activités du Ministère de l'Agriculture, le Banco de Fomento Agropecuario contrôle depuis le Cuzco, les bureaux de Quillabamba et Puerto Maldonado dans les terres chaudes, et d'Urubamba (Urubamba, Calca), Sicuani (pour Canchis, Canas, Yauri), Acomayo (Acomayo et le sud de Paruro), Andahuaylas, et tout récemment Paucartambo, dans l'étage quechua (figure n° 28).

Créée en 1972, la O.R.A.M. VII de S.I.N.A.M.O.S. ("Oficina regional" du "Sistema nacional de apoyo a la movilización social"), la dernière née des administrations cuzquéniennes, est aujourd'hui la plus importante par son personnel, son budget, ses moyens techniques et politiques. Elle vise surtout à susciter, organiser et promouvoir la participation populaire à la "Révolution péruvienne". Elle regroupe divers organismes antérieurs : la C.R.Y.F. (Corporación de recontrucción y fomento del Cuzco) (10) et tous les organismes sociaux créés par le gouvernement Belaunde : ONDECOOP (11), Cooperación Popular (12) et, enfin, le récent bureau de Pueblos Jovenes fondé en 1969 pour les faubourgs populaires. La région Sud-Est compte dix OZAMS dont le découpage s'inspire des mêmes principes que celui du Ministère de l'Agriculture (tableau n° LXXV et figure n° 34).

II.- LE DESEQUILIBRE DES SERVICES ENTRE LE CUZCO ET SA REGION

Malgré la multiplication des bureaux et services en province, la ville du Cuzco continue à concentrer la majeure partie du personnel et des moyens financiers et techniques des divers organismes. Les administrations traditionnelles se contentent généralement en province d'un local très sommaire, le plus souvent loué. Elles n'ont pas provoqué de constructions nouvelles, à l'exception des gendarmeries. Elles n'ont qu'un personnel réduit, dépassant rarement 3 employés en comptant l'indispensable "porta-pliegos", à la fois commissionnaire, concierge, balayeur... Les fonctionnaires supérieurs viennent généralement du Cuzco. Ils sont souvent très mobiles, attendant d'un poste temporaire en province une possibilité d'ascension professionnelle plus rapide, ainsi qu'un moyen de s'enrichir, en ajoutant à un traitement des revenus variés provenant souvent de l'exploitation des administrés ruraux. Leurs liens avec le Cuzco restent très forts tant professionnellement que pour des raisons de famille.

Parmi ces fonctionnaires, une place spéciale est à faire, pour leur grande activité, aux juges et avocats. Ces derniers sont en train d'éliminer dans les capitales de province, et en particulier celles de la puna, les "tinterillos", ces personnages véreux qui, sans aucune formation juridique, défendaient les plaignants devant les tribunaux. Malgré cette récente dispersion des avocats dans les provinces, 80 % environ restaient dans la ville du Cuzco (13) où il y avait plusieurs tribunaux de grande instance et, pour l'ensemble de la région : un tribunal du travail, un pour mineurs, un militaire et deux tribunaux agraires.

---

10. La CRYF a été supprimée comme les J.O.P. (Juntas de Obras Publicas) de Quillabamba, Puerto Maldonado et Abancay et leurs attributions sont passées aux OZAMS (Oficina Zonal de SINAMOS) de chacune de ces villes.

11. ONDECOOP (Office des Coopératives) avait des bureaux au Cuzco et dans les provinces de Desarrollo Comunal : Andahuaylas, Sicuani, Quillabamba.

12. Cooperación Popular avait des bureaux dans les villes ci-dessus et à Urubamba, Paucartambo et Yauri.

13. On comptait 141 inscrits sur le registre municipal de 1970 auxquels on doit ajouter les juges et procureurs dispensés de patentes soit environ 200 personnes sur les 243 que comptait le registre professionnel de la Cour de Justice.

On constate de même une concentration des prêtres dans les agglomérations et une diminution de leur nombre dans les campagnes. 68 paroisses sur les 116 de l'archevêché du Cuzco (soit 59 %), ont un curé (soit 37 paroisses - 73 % - pour la prélature du Cuzco, 10 paroisses sur 27 pour celle de Sicuani et 14 sur 37 pour l'Apurímac (14). La répartition des curés montre combien les districts de puna sont délaissés à cause de leur isolement et de leur pauvreté. Ainsi Paruro et Chumbivilcas n'ont que deux prêtres, Espinar, Paucartambo et la Convención - mais dans cette province les missions dominicaines sont nombreuses - n'en ont qu'un seul. Dans beaucoup d'églises, on ne dit ainsi la messe qu'une fois l'an, avec célébration des divers baptêmes, mariages, communions, etc... En revanche, la ville du Cuzco compte une soixantaine de prêtres, 64 religieux, 200 religieuses, 126 séminaristes. L'Eglise y conserve un rôle régional important dans l'Education, grâce au séminaire, aux collèges, (5 pour les garçons et 4 pour les jeunes filles) et à diverses institutions professionnelles (deux écoles normales, quatre centres pour l'artisanat et le commerce, une école d'assistantes sociales).

Paradoxalement, ce sont les fonctionnaires des organismes de développement qui sont souvent les moins disposés à aller en province, en particulier les instituteurs et plus encore les médecins. Le Ministère de l'Agriculture lui-même, groupe dans la ville du Cuzco 38 % du personnel de la zone XI (sans compter les ouvriers non permanents) et 40 % des employés. Le nombre d'agronomes et vétérinaires travaillant au Cuzco, et se contentant de visites périodiques en province, était nettement supérieur en 1970, à celui de ceux qui dirigeaient les diverses agences agraires.

Un gros effort a été entrepris dans les zones rurales depuis 1950, dans le domaine de la santé et, après 1958, dans celui de l'Education, grâce à l'aide internationale. Dans les années 64/68, ils ont été intensifiés dans le cadre du "plan de développement des communautés" qui a reçu des fonds du B.I.D. (15). Un organisme nouveau, "Coopération populaire", devait aider les communautés indigènes à construire leur école et leur dispensaire, ainsi que d'autres œuvres d'intérêt collectif. Il exploitait les "faenas" (16) traditionnelles des paysans, en apportant une partie du matériel industriel (toit de tôle ondulée, portes et fenêtres, équipement intérieur), et les conseils techniques. Cet organisme a été particulièrement actif dans les deux zones de "Desarrollo Comunal", Canas-Canchis et Andahuaylas, ainsi que dans la province de la Convención (17). L'émulation se propageant rapidement, de nombreuses communautés ont bâti ou aménagé leur propre école, avec un enthousiasme remarquable et beaucoup de sacrifices financiers. Mais l'équipement est souvent très déficient : peu de pupitres et même de sièges, aucun tableau, très peu de livres, de cahiers, de crayons, quelques grandes images historiques... Aussi le nombre théorique d'enfants par école ne doit pas faire illusion (tableau nº LXXVI).

On avait, en 1970, dans le département du Cuzco, une école primaire pour 180 enfants de 5 à 15 ans (18). La proportion d'enfants était plus forte dans les provinces les plus urbanisées : Cuzco (1 école pour 301 enfants) et Canchis (1 pour 198 enfants), ou très proches de la ville comme Anta (1 pour 249 enfants). Toutes les autres descendaient au-dessous de la moyenne départementale. Pour l'Apurímac,

---

14. Anuario eclesiástico del Perú - Lima - 1969.

15. B.I.D. Banque Interaméricaine de Développement.

16. Faena : travail collectif d'intérêt public.

17. SINAMOS qui a englobé cet organisme, a repris à son compte ses principaux objectifs.

18. Nous avons utilisé les statistiques de la Ve région d'Education (Relation des établissements scolaires du Primaire - Cuzco. Avril 1971) et pour la population, celle des services de santé régionaux (Area de Salud del Cuzco, Madre de Dios y Apurímac. Estimations de population en 1968 par districts et tranches d'âges).

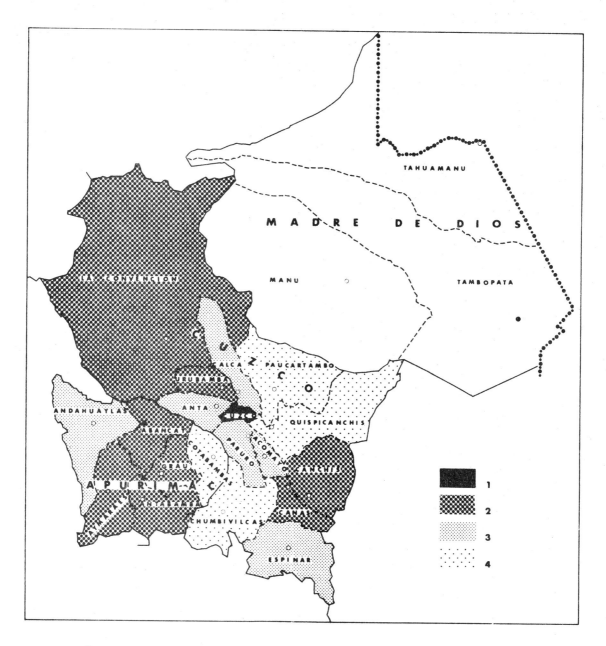

Fig. 35 — **Pourcentages d'enfants scolarisés dans l'enseignement primaire (par rapport aux enfants de 5 à 14 ans).**

1. 100 %. — 2. 60 à 90 %. — 3. 50 à 60 %. — 4. 40 à 50 %.

TABLEAU N° LXXVI : ÉTABLISSEMENTS SCOLAIRES DE LA RÉGION SUD-EST (1970)

	ENSEIGNEMENT PRIMAIRE						ENSEIGNEMENT SECONDAIRE				ENSEIGNEMENT TECHNIQUE				
	Écoles primaires	% 1o degrés	Maternelles	Nucleos escolares	Enfants école	% enseignant la catégorie prim.	% enseignant la catégorie sec.	Total	Garçons	Filles	Mixte	Ag.	Com.	Ind.	Artis.	École Normale
Acomayo	48	50	3	2	183	53	58	1	—	—	1	1	—	—	—	—
Anta	52	59	3	2	249	73	76	1	—	—	1	1	—	—	—	—
Calca	78	78	2	1	153	54	66	2	1	1	—	1	—	—	1	—
Canas	70	68	1	3	122	46	55	1	—	—	1	—	—	—	—	—
Canchis	109	66	1	2	198	66	37	3	1	1	1	1	—	—	2	2
Chumbivilcas	89	64	1	—	179	18	30	1	—	—	1	—	—	—	—	—
Cuzco	90	38	8	1	301	86	80	17	9	7	1	16	4	5	1	6
Espinar	75	75	1	1	151	30	50	1	—	—	1	—	1	—	1	—
La Convención	122	51	1	1	157	45	43	4	1	1	2	1	—	—	1	—
Paruro	68	56	1	2	141	39	44	1	—	—	1	1	—	—	—	—
Paucartambo	60	77	1	1	135	48	33	1	—	—	1	—	—	—	—	—
Quispicanchis	103	81	3	3	179	57	41	2	1	1	—	1	—	—	—	—
Urubamba	57	59	1	1	174	77	44	2	1	1	—	1	—	—	—	1
TOTAL	1 021	63	27	20	180	60	42	37	14	12	11	23	5	5	5	9
Abancay	82	47	3	—	164	70	52	3	1	1	1	1	—	2	—	2
Andahuaylas	177	71	3	4	204	55	35	9	1	1	7	2	—	—	1	—
Antabamba	47	58	1	1	97	28	7	2	—	—	2	—	—	—	—	—
Aymaraës	88	66	1	1	133	39	33	3	1	1	1	1	—	—	—	—
Cotabambas	74	81	2	—	158	19	17	1	—	—	1	—	—	—	—	—
Grau	72	53	1	1	118	41	61	2	—	—	2	1	—	—	1	—
TOTAL	540	64	11	7	147	48	37	20	3	3	14	3	—	2	1	2
Manú	2	0	—	—	207	0	—	—	—	—	—	—	—	—	—	—
Tahuamanú	18	17	1	—	65	15	13	1	—	—	1	—	—	—	—	—
Tambopata	51	0	2	—	47	13	71	2	1	1	—	1	1	1	—	—
TOTAL	71	4	3	—	56	10	31	3	1	1	1	1	—	1	1	—

Sources : V Region de Educación - Cuzco - Bulletins statistiques (oct. 1970-avril 1971).

le chiffre est d'une école primaire pour 147 enfants, pour le Madre de Dios une pour 56, et pour l'ensemble de la région Sud-Est, 1 pour 164 enfants. On a donc une densité d'écoles remarquable pour un pays sous-développé et une région montagneuse. Mais cet avantage est atténué, en premier lieu, par le fait que la plupart des écoles rurales n'offrent que les trois premières années du primaire, au lieu de cinq, et sont dépourvues de maternelles. 63 % des écoles du département du Cuzco et 64 % de celles de l'Apurímac (le Madre de Dios étant de ce point de vue mieux pourvu), ne permettent ainsi qu'une scolarité incomplète. Là encore, les zones proches des villes sont plus favorisées, puisque le pourcentage descend à 38 % pour la province du Cuzco et à 47 % pour celle d'Abancay, alors que certaines provinces, comme Cotabambas et même Quispicanchis, atteignent 81 %. On doit également considérer d'autres données, telles que la distance souvent importante séparant l'école des habitations (en particulier, dans les provinces de puna) et surtout de facteurs comme le faible rendement d'enfants sous-alimentés, découvrant l'espagnol à l'école ; il faut tenir compte, enfin, de l'absentéisme important des élèves retenus par leurs parents pour les travaux agricoles, ou des maîtres pour des raisons professionnelles (stages nombreux, poursuite d'études universitaires) ou familiales.

65 % de la population d'âge scolaire primaire (5 à 15 ans) de l'ensemble de la région Sud-Est était inscrite dans une école (18). Ce taux descend à 62 % pour le Cuzco alors qu'il est de 71 % dans l'Apurímac (mais les chiffres de population des provinces d'Antabamba et surtout Aymaraës, ont été sous-estimés). Dans le département du Cuzco, 5 Provinces seulement dépassent la moyenne départementale : Cuzco, Canchis (62 %), la Convención (70 %), Urubamba (62 %) et même Canas (63 %), où on note le résultat remarquable des efforts de construction scolaire du programme de Desarrollo Comunal (tableau n° LXXVII et figure n° 35). Dans la province du Cuzco, le nombre d'élèves du primaire dépasse sensiblement celui des tranches d'âge correspondantes ; mais si l'on enlève les adolescents et les adultes suivant les cours nocturnes, on constate que tous les enfants ne sont pas scolarisés. Le taux de scolarisation est supérieur à 50 % dans les 5 autres provinces (Acomayo, Anta, Calca, Paruro, et Espinar) ; mais il descend au-dessous pour Paucartambo (45 %), Quispicanchis (46 %), et surtout Chumbivilcas (42 %). (19).

Pour le personnel pédagogique, le poids du Cuzco est beaucoup plus sensible sur le plan de la qualité et de la permanence, que sur celui du nombre des enseignants. La ville groupait en 1970 (20) 23 % des instituteurs, alors qu'elle rassemblait 27 % des élèves. Mais 86 % de ses pédagogues avaient reçu une formation complète (enseignants de première catégorie), contre 60 % pour l'ensemble du département. Toutes les provinces de l'étage quechua voisines du Cuzco, dépassaient 50 % d'instituteurs de première catégorie (Anta et Urubamba dépassant même 70 %), alors que le taux se maintenait à 45 % pour la Convención, et descendait à 33 % pour l'ensemble des 4 provinces de la puna (Canas, Espinar, Chumbivilcas et Paruro), avec un minimum de 18 % pour Chumbivilcas (tableau n° LXXVI). Ce même déséquilibre apparaît dans l'Apurímac, avec pour la province d'Abancay 70 % des instituteurs de première catégorie, contre 48 % pour l'ensemble du département.

Dans l'enseignement secondaire, la supériorité du Cuzco est moins sensible. Chaque province a maintenant un collège mixte et Andahuaylas en compte même 7 (tableau n° LXXVI). Ces

---

19. Pourtant malgré toutes ces insuffisances, les taux d'analphabétisme avaient partout baissé entre les recensements de 1961 et 1972, n'étant plus que de 23 % et 56 % de la population urbaine et rurale du Cuzco pour la tranche d'âge de 6 à 16 ans, et de respectivement 31 % et 68 % pour celle de plus de 17 ans (contre 35,5 %, 77 %, 41 % et 79 % en 1961). Les différences très nettes entre les agglomérations et les campagnes soulignent l'importance des déséquilibres qualitatifs dans l'équipement scolaire et pédagogique.

20. Boletin estadistico – V Region de Educacion. Cuzco - octobre 1970.

TABLEAU N° LXXVII : POPULATION SCOLAIRE DE LA RÉGION SUD-EST EN 1968

	Population scolaire	% population 5 à 19 ans	% école primaire 5 à 14 ans	Primaire			Secondaire			Technique		
				Total	Hommes	Femmes	Total	Hommes	Femmes	Total	Hommes	Femmes
Acomayo	5 500	41	54	5 253	3 302	1 951	205	141	64	42	42	—
Anta	8 742	45	59	8 383	5 057	3 326	256	194	62	103	99	4
Calca	8 260	49	60	7 467	4 443	3 024	500	274	226	293	263	30
Canas	5 863	47	63	5 691	3 605	2 086	172	143	29	—	—	—
Canchis	16 239	53	62	13 769	8 228	5 541	1 803	1 146	657	667	592	75
Chumbivilcas	6 891	31	42	6 726	4 834	1 892	165	122	43	—	—	—
Cuzco	48 444	119	105	31 399	16 051	15 348	12 370	7 302	5 068	4 675	1 895	2 780
Espinar	6 390	40	53	6 239	3 709	2 530	151	115	36	—	—	—
La Convención	15 325	57	70	13 712	7 654	6 058	1 157	728	429	456	287	169
Paruro	5 264	38	51	5 057	3 151	1 906	118	81	37	89	89	—
Paucartambo	3 923	34	45	3 718	2 415	1 303	141	80	61	64	49	15
Quispicanchis	9 569	36	46	9 059	5 635	3 424	510	343	167	—	—	—
Urubamba	7 192	51	62	6 383	3 735	2 648	376	172	204	433	433	—
Total	143 557	54	62	118 375	69 651	48 724	17 924	10 841	7 083	7 258	4 017	3 241
Abancay	13 444	75	80	11 126	6 549	4 577	1 571	1 003	568	747	430	317
Andahuaylas	23 840	49	57	21 614	14 041	7 573	1 997	1 263	734	229	229	—
Antabamba	5 063	82	90	4 264	2 475	1 789	726	657	69	73	46	27
Aymaraës	9 121	— (1)	73	8 672	5 150	3 522	449	170	279	—	—	—
Cotabambas	5 792	37	47	5 673	4 063	1 610	49	34	15	70	70	—
Grau	6 874	61	75	6 578	3 865	2 713	296	207	89	—	—	—
Total	64 134		71	57 927	36 143	21 784	5 088	3 334	1 754	1 119	775	344
Manú	126	21	30	126	72	54	—	—	—	—	—	—
Tahumanú	1 481	— (1)	— (1)	1 335	712	623	146	110	36	—	—	—
Tambopata	3 922	— (1)	— (1)	3 234	1 699	1 535	452	234	218	236	214	22
Total	5 529	— (1)	— (1)	4 695	2 483	2 212	598	344	254	236	214	22

Source : Pour la population scolaire : V Region de Educación. Cuzco, 1970.
Pour la population : évaluation par les services du Ministère de la Santé. Cuzco.

(1) Les chiffres concernant la population de ces provinces sont très insuffisants.

établissements sont récents (après 1961), sauf à Sicuani, Calca, Urubamba, Abancay et Andahuaylas. Ceux des villes et bourgades de l'étage quechua sont assez importants pour être dédoublés en collèges de filles et de garçons. Quillabamba, Sicuani, Abancay, Andahuaylas, Chalhuanca et Puerto Maldonado, ont même des cours du soir pour les garçons. La ville, avec 16 établissements secondaires (dont trois ayant des sections nocturnes), groupe 67 % des professeurs, mais elle a aussi 64 % des élèves et nombreux sont les provinciaux qui y étudient. D'autre part, le nombre total de professeurs de la ville est grossi par le fait que certains d'entre eux exercent dans deux collèges à la fois, en particulier de jour dans un collège religieux et de nuit dans un établissement public. Les professeurs diplômés ne représentent que 46 % des enseignants du secondaire du Cuzco, proportion à peine supérieure à celle de l'ensemble du département (42 %). Dans l'Apurímac, la part d'Abancay, avec 53 % est bien supérieure à celle de l'ensemble du département (37 %), et dans le Madre de Dios, celle de Puerto Maldonado, avec 12 enseignants diplômés sur 13, encore plus écrasante (tableau n° LXXVI).

Dans l'enseignement technique, plus encore qu'entre la ville et ses campagnes, la différence est notoire entre les provinces quechuas et celles des terres froides ou chaudes (tableau n° LXXVI et figure n° 32). Seules nos petites villes ont des établissements pour le commerce ou l'industrie, la mieux équipée étant Quillabamba avec trois instituts. Les écoles d'agriculture sont plus dispersées. Anta, Calca, Sicuani, Quillabamba, Puerto Maldonado, et dans l'Apurímac, San Jerónimo (Andahuaylas) et Coyllurqui (Cotabambas), ont un institut d'agriculture, et Urubamba une importante école (277 élèves en 1970). Paruro et Acomayo n'ont qu'une école agricole plus élémentaire. De même, quelques centres d'artisanat ont été créés à Pisaq, Tinta, Paucartambo, Sicuani et Antabamba. A l'exception de cette dernière, les provinces de puna (Espinar, Canas, Chumbivilcas, Graú et Aymaraës), comme celles de la selva - Tambopata mise à part - n'ont ainsi aucun centre d'enseignement technique. La ville du Cuzco compte deux lycées techniques pour les garçons et les filles et plusieurs instituts publics (2 instituts industriels et 2 écoles de commerce pour hommes et femmes, les premiers ayant chacun des cours diurnes et nocturnes, et un centre artisanal), ou privés (5 "Académies" dont deux pour l'enseignement commercial). Elle a enfin une Ecole de Musique et une Ecole Normale Supérieure, ainsi que 4 centres privés pour la pédagogie religieuse ou l'enseignement ménager. Sicuani, Abancay et Urubamba, à leur tour, ont des écoles normales primaires, les deux premières villes ayant des établissements féminins et masculins. L'agglomération cuzquénienne absorbait en 1970, 30 % du budget départemental du Ministère de l'Education pour l'enseignement primaire, 37 % pour le secondaire et 60 % pour le technique (écoles normales incluses). (21).

Le rythme de construction des dispensaires s'est accéléré après 1958-60. Avant 1950, seuls existaient dans le département du Cuzco 5 dispensaires (Urubamba, Paucartambo, Acomayo, Quince Mil et Limatambo), à côté des hôpitaux de Sicuani (1938), Puerto Maldonado (1950), Quillabamba (1938), Abancay et Andahuaylas appartenant à l'Assistance publique ; au Cuzco, à l'hôpital Antonio Lorena construit en 1933, s'était joint une clinique privée en 1946. En 1960, il n'y avait que 3 nouveaux dispensaires sanitaires. De 1960 à 1965, sont créés tous les dispensaires médicaux des autres provinces, ceux du Madre de Dios, ainsi que les 17 de la vallée de la Convención (y compris le petit hôpital du Cuquipata dans la vallée de Lares) ; enfin, après 1966, 20 postas sanitarias apparaissent en particulier dans la zone de Canchis-Canas et la Convención. Les dispensaires médicaux ont un bon local mais leur équipement est assez élémentaire et même fort incomplet, en particulier les salles prévues pour la chirurgie, la maternité ou même le cabinet dentaire qui restent vides. Ils n'ont même pas toujours l'électricité (ainsi à Santo Tomás, Paruro ou Paucartambo) et sont dépourvus de tout véhicule facilitant à leur personnel une influence régionale. Beaucoup de "postas sanitarias" n'ont pas de local propre, et elles permettent tout au plus de panser quelques blessures et de faire des piqûres.

---

21. Boletín estadístico - V Region de Education - Cuzco - octobre 1970.

Plus grave encore était le manque de médecins dans les zones rurales. Parmi les 24 docteurs travaillant en dehors du Cuzco en 1972, 18 exerçaient dans nos petites villes (8 à Quillabamba, en incluant les 2 de l'armée et de la police, 5 à Sicuani, un à Puerto Maldonado, 4 à Abancay, 3 à Andahuaylas). Ils étaient en fait rattachés aux hôpitaux de ces agglomérations, tout en ayant un cabinet privé. Leur clientèle étaient ainsi principalement urbaine. Le reste des provinces du Cuzco n'avait que 6 médecins. Ils étaient installés d'ailleurs, à proximité de la ville (Anta, Urubamba, Calca et Urcos), sauf pour Paucartambo et Quince Mil (ceux d'Acomayo et de Yauri étaient partis en 1971). Ainsi, aucune des provinces de puna n'avait de médecin, et les habitants de l'ensemble de la zone sanitaire de Canchis ne pouvaient s'adresser qu'à ceux de l'hôpital de Sicuani au nombre de 5. La Convención, de même, comptait 1 médecin à Cuquipata et 8 à Quillabamba. C'étaient la modicité du salaire (7 000 sols mensuels en 1971, soit 840 F), et l'insuffisance de l'équipement des dispensaires ruraux, qui n'encourageaient pas les médecins à aller en province et les faisaient préférer, malgré une lourde concurrence, la ville.

Cette dernière avait ainsi 74 médecins en 1971 (dont 32 travaillant à l'hôpital régional, et 36 à l'hôpital Antonio Lorena), auxquels on peut ajouter 7 sages-femmes pour les deux établissements. Certains docteurs étaient des spécialistes : 3 radiologues avec un équipement particulier, 2 cardiologues, une dizaine de pédiatres et 2 oculistes. Il faudrait y ajouter une douzaine de médecins au service de diverses institutions comme la municipalité, l'Université et surtout l'armée et la police (9 médecins, 3 dentistes, une sage-femme, un pharmacien). La ville comptait ainsi un médecin pour 1 406 habitants alors qu'en dehors de sa province, on en avait 1 pour 31 057 habitants ; si l'on enlevait les provinces de nos petites villes relativement pourvues, on obtenait 1 médecin pour 90 197 habitants (22). Pour les dentistes, on constate la même concentration dans la ville ; en province, on en a seulement un à Paucartambo et à Urubamba, 2 à Calca, 2 à Sicuani et 7 (dont 3 fonctionnaires) à Quillabamba, soit un total de 13, alors que le Cuzco en compte 47. L'Apurímac et le Madre de Dios étaient très mal pourvues puisque seules leurs grandes villes avaient des médecins et des dentistes (soit 5 médecins et 2 dentistes à Abancay, 3 médecins et 2 dentistes à Andahuaylas et 2 médecins, 1 sage-femme et 3 dentistes à Puerto Maldonado).

La ville, avec 652 lits d'hôpital, auxquels il faut ajouter une soixantaine appartenant à 2 cliniques privées (Paredes et Ochoa à Santiago), groupe 61 % des lits de sa région (1 pour 169 habitants). Ses établissements sont également les mieux équipés et bénéficient du personnel le plus compétent et le plus varié, celui de l'hôpital Antonio Lorena restant cependant insuffisant. Les services de la seule ville recevaient en 1968, 80 % du budget régional de la santé, les 2 hôpitaux bénéficiant à eux seuls de 66 % du total (23). Ce budget a été multiplié par 9 entre 1961 et 1968, et s'est accru de 50 % depuis 1965, ce qui illustre l'effort réalisé dans ce domaine, la part du Cuzco augmentant d'ailleurs puisqu'elle n'était que de 58 % en 1965.

Le Cuzco apparaît ainsi, sur le plan des services, comme un centre bien équipé, soutenant la comparaison avec les capitales de département de la côte. Il se place, d'autre part, nettement en tête de la hiérarchie urbaine régionale, tant par le nombre que par la qualité de ses services. Toutefois, ceux-ci apparaissent souvent encombrés, en particulier dans le domaine de l'Education. Les grands collèges, après avoir créé des sections diurnes et nocturnes, ont dû établir des "tours" d'une demi-journée, afin de pouvoir accueillir un nombre sans cesse croissant d'élèves. La population scolaire, en incluant les cours du soir et les étudiants de l'Université, constituait près de la moitié de la population totale de la

---

22. Les chiffres de population sont ceux du recensement de 1972.

23. Boletín estadístico del Area de Salud del Cuzco, Madre de Dios, Apurímac, Cuzco 1967-68.

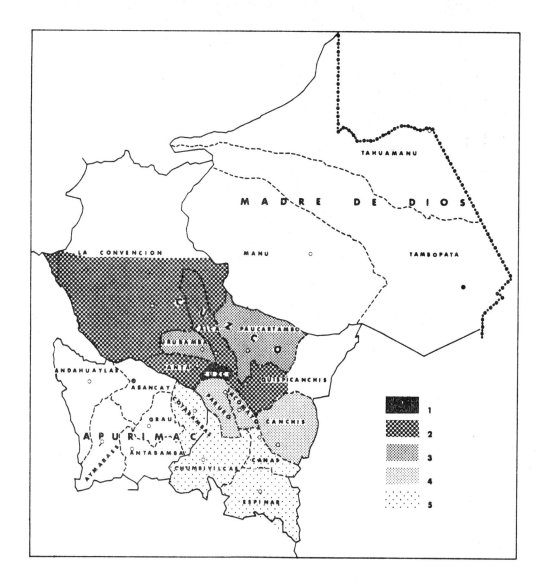

Fig. 36. — Aire d'influence de l'hôpital régional du Cuzco (1968).
1. 4 450 hospitalisés. — 2. 50 à 70. — 3. 30 à 50. — 4. 10 à 30. — 5. Moins de 10 hospitalisés.

ville (24). C'est là un service qui touche la grande majorité de la population, même dans les quartiers populaires. Selon l'enquête réalisée par le SERH en 1969 (25), 96 % des garçons et 90 % des filles de 10 à 14 ans étaient scolarisés, le pourcentage restant supérieur à 80 % pour les enfants de 7 à 10 ans, et les adolescents de 15 à 20 ans. On ne saurait en dire autant des services de santé. Dans le lotissement de Ttío, en 1969, 33 % des chefs de famille interrogés allaient à l'hôpital ou au dispensaire en cas de maladie, 31 % s'adressant au guérisseur (26). Il y a donc à l'intérieur de la ville même de profondes inégalités face à l'accès aux services. Quant à l'aire d'influence régionale de ces derniers, elle apparaît très limitée sauf pour l'Université.

---

24. Nous avons adopté le chiffre de scolaires de 1968 donné par la V région d'Education et le chiffre de population urbaine du S.E.R.H. (Servicio del Empleo y Recursos Humanos) en 1969.

25. La población, el empleo y los ingresos en ocho ciudades - S.E.R.H. (Servicio del Empleo y Recursos Humanos) Lima. Abril 1971 (enquête réalisée en novembre 1969).

26. Estudio socio-económico y de salud de la urbanización de Ttío. Hospital regional del Cuzco.

27. Boletín estadístico - V region de Educación - Cuzco - octobre 1970.

III. - L'AIRE D'INFLUENCE DES GRANDS SERVICES CUZQUÉNIENS.

Malgré sa vocation régionale, l'hôpital de l'avenue de la Culture est presque essentiellement un service urbain ; sur près de 5 000 hospitalisés en 1968 (4 889), 91 % (4 444) venaient de la ville, 8 % des provinces et 1 % des départements voisins, avec une douzaine de malades de Puno et une dizaine de l'Apurímac. Dans le département, venaient en tête les provinces voisines de la ville : Quispicanchis (70 malades), Anta (61), et Calca (55), et un peu plus loin Urubamba et Paucartambo ; la Convencíon, malgré son bon équipement local, était au 4e rang (52 malades) (figure n° 36). Pour les autres provinces, le nombre des hospitalisés était insignifiant (par exemple il n'y en avait que 5 d'Espinar, 3 de Canas et un seul de Chumbivilcas). On aurait vraisemblablement le même résultat pour l'hôpital Antonio Lorena, avec une plus forte proportion des gens d'Anta et de l'Apurímac, et une moindre de Quispicanchis. La part de la ville est cependant exagérée par le fait que beaucoup de malades ont dû donner l'adresse d'un parent cuzquénien et il faudra attendre des statistiques plus précises pour déliminer l'aire d'influence exacte des hôpitaux. Toutefois, nous avons pu constater que, le plus souvent, les médecins ruraux se heurtent à un refus lorsqu'ils parlent d'hospitalisation ; les malades, d'ailleurs, lorsqu'ils acceptent, préfèrent souvent le Cuzco qui leur paraît plus sûr que les hôpitaux des petites villes ; ainsi, par exemple, à Acomayo, bien que l'établissement de Sicuani soit plus proche et d'autre part à la tête de la zone sanitaire.

La population scolaire de la ville du Cuzco avec 48 444 élèves en 1969 (27) (non compris l'Université), dépasse celle de la tranche d'âge comprise entre 5 et 19 ans (40 863 enfants et adolescents (28). Même en tenant compte des adultes suivant les cours du soir, l'excédent semblerait montrer une certaine attraction régionale de notre ville dans le domaine de l'Éducation. La capitale incaïque garde une solide tradition quant à ses collèges (16 établissements dont 5 publics et 11 privés, 4 d'entre eux ayant en outre une section nocturne), et à son Université ; elle groupait ainsi, en 1969, 64 % des étudiants du secondaire de la région. Les établissements de province, très récents, sont surtout fréquentés par les enfants des classes populaires des districts voisins. Les fils d'hacendados, et même ceux des classes moyennes, vont au Cuzco, au collège « Sciences » en particulier. D'autre part, seul le Cuzco a des collèges religieux et ils jouissent d'une réputation traditionnelle dans les classes aisées, en particulier pour les jeunes filles. Les liens familiaux entre le Cuzco et sa région sont tels qu'on est pratiquement sûr de voir son enfant accueilli chez des parents. L'éducation des enfants est également un prétexte invoqué par les femmes d'hacendados et de fonctionnaires afin d'habiter au Cuzco. Les internats n'existant que dans quelques collèges de jeunes filles, bien des lycéens pauvres ont une vie matérielle souvent précaire, et doivent gagner leur vie tout en étudiant.

Nos enquêtes réalisées dans les principaux collèges du Cuzco pour connaître leur aire d'influence sont imprécises, car les élèves donnent souvent une adresse cuzquénienne et ne signalent pas celle de leur école d'origine. Cela est encore plus vrai pour les jeunes filles qui, dès le primaire, fréquentent les collèges de la ville. Aussi, nous ne les avons menées que dans les deux principaux collèges de garçons (Ciencias et la G.U.E. (29) Inca Garcilaso de la Vega) pour les sections

---

27. Boletín estadístico, V Region de Educación, Cuzco, octobre 1970.

28. Boletín estadístico del Area de Salud del Cuzco, Madre de Dios, Apurímac, Cuzco, 1967-1968. Évaluations faites pour 1968.

29. G.U.E. : Gran Unidad Escolar. On appelle ainsi les collèges secondaires comportant des classes du Primaire. Cet établissement, qui abrite le collège technique, rassemblait avec l'ensemble de ses sections, toutes diurnes et nocturnes, 6 000 élèves en 1971 ; il avait une annexe à San Jérónimo.

diurnes, et dans le collège technique de garçons. La G.U.E. Inca Garcilaso, semble avoir une influence plus régionale que l'autre collège, puisque 53 % des élèves du secondaire (section diurne) viennent de la ville, contre 62 % pour Sciences. Il est beaucoup plus récent et n'a pas le prestige de ce dernier dans l'élite de la ville. Construit à l'est de l'agglomération, il attire la clientèle populaire des faubourgs. C'est la province de Quispicanchis qui y est la mieux représentée (8 %), suivie de Canchis et de la Convención ; pour l'établissement de la place San Francisco, c'est Anta et la Convención (5 %), qui viennent en tête, suivies de Quispicanchis (3 %), Urubamba, Canchis, etc. "Ciencias" a 6 % de ses élèves venus de l'Apurímac contre 5 % au premier qui a, par contre, une légère supériorité en ce qui concerne les Punéniens (3 % contre 2 %). Enfin, il y a dans chacun des élèves de tous les départements du Sud, Arequipa en tête, Madre de Dios, Ayacucho, etc. Ce sont souvent des fils de commerçants ou de fonctionnaires, comme ceux de Lima (tableau n° LXXVIII).

Le collège technique est le plus important par son influence régionale, puisque 59 % de ses élèves ne sont pas cuzquéniens ; 49 % viennent du département, avec en tête la Convención (11 %), et Quispicanchis (10 %), puis Urubamba (5 %), et Canchis (4 %) ; 10 % viennent d'autres départements dont 5 % de l'Apurímac et 2 % de Puno. Il est le seul établissement de ce type dans toute la région, les provinces étant dépourvues du point de vue de l'enseignement technique en dehors de nos 6 villes.

C'est l'Université San Antonio Abad qui a, de tous les services cuzquéniens, la fonction régionale la plus étendue. Jusqu'à une époque récente, elle était la seule des Andes du Sud avec celle d'Arequipa ; il en existe aujourd'hui une à Puno, d'ailleurs uniquement technique, et une autre à Ayacucho. Mais moins célèbres, leur influence est plus locale bien que la concurrence de la dernière se fasse sentir dans la province d'Andahuaylas. 62 % des 4 808 étudiants inscrits en 1969 au Cuzco (5 112 en 1971), viennent de son département (tableau n° LXXVIII et figure n° 37), mais la part de la ville n'est que de 34 % du total général ; pourtant comme pour les lycées, de nombreux étudiants de province ont dû donner une adresse cuzquénienne, à plus forte raison s'ils ont réalisé leurs études secondaires dans la ville. La part des provinces, avec 28 % du total, est donc importante, mais elle est à peine supérieure à celle des autres départements qui est de 25 %. Parmi ces derniers, Puno vient en tête avec 626 étudiants, soit 13 % du total, puis l'Apurímac avec 522 étudiants (11 %), la part du Madre de Dios étant insignifiante (13 étudiants : 0,2 %). L'ensemble des étudiants des départements du Sud représente 36 % du total, soit plus que notre ville, ceci malgré la concurrence d'Arequipa. Dans son département, sont en tête, comme pour les lycées, les provinces urbanisées (Canchis : 276 étudiants, la Convención : 172), et celles qui sont proches de la ville (Quispicanchis : 179 étudiants, Urubamba : 146, Anta : 127, Calca : 86 seulement). La proportion d'étudiants d'Espinar et de Chumbivilcas reste plus forte que celle de provinces proches, mais un peu isolées, comme Paruro et Paucartambo. En fait, les étudiants de ces circonscriptions de puna, et surtout de la seconde, vont plus étudier au Cuzco qu'à Arequipa. Ce n'est qu'à partir de Tocroyoc et Ocoruro que l'attraction de cette dernière domine ; par contre, son influence sur Canchis serait intéressante à préciser.

Nous voudrions présenter, enfin, l'aire d'influence des institutions cuzquéniennes qui ont (ou ont eu récemment) une politique de développement régional et en particulier de la Corporación de reconstrucción y fomento del Cuzco (C.R.Y.F.). Créée pour diriger les travaux de reconstruction de la ville après le séisme de 1950, la C.R.Y.F. s'était vu conférer progressivement un rôle régional, à partir de 1958 et surtout après 1964-1965. Celui-ci fut d'abord important dans l'agriculture, grâce à une politique de crédit et d'assistance technique (distribution d'engrais, location

TABLEAU N° LXXVIII
AIRE D'INFLUENCE DE CERTAINS ÉTABLISSEMENTS D'ENSEIGNEMENT DU CUZCO

	Collège des Sciences (1) (1968)		G.U.E. Inca Garcilaso de la Vega (1) (1971)		Collège technique (1971)		Université (1969)	
	Total	%	Total	%	Total	%	Total	%
Cuzco	1 440	87	1 596	85	600		2 972	62
Acomayo	20		24		10		65	2 (2)
Anta	77	5	63	3	50	7	127	4
Calca	29		43		22		86	3
Canas	10		13		5		39	1
Canchis	40	2	86	6	28	4	276	9
Chumbivilcas	15		20		6		59	2
Cuzco	1 032	62	998	53	273	41	1 647	55
Espinar	4		23		8		68	2
La Convención	77	5	93	5	70	11	172	6
Paruro	28		21		16		58	2
Paucartambo	23		26		9		50	2
Quispicanchis	47	3	147	8	68	11	179	6
Urubamba	38	2	39		35	5	146	5
Apurímac	104	6	99	5	34	5	522	11
Abancay							146	
Andahuaylas							120	
Antabamba							42	
Aymaraës							89	
Cotabambas							43	
Grau							82	
Madre de Dios	4		17		3		13	0,2
Puno	33	2	55	3	14	2	626	13
Arequipa	20		30		2		129	2
Lima Callao	38	2	54	3	5		116	2
Autres départements du Sud	6						105	
Autres départements	15		18		6		201	
Étranger	2		4		—		8	
Non déclaré	—		8		1		116	2
Total	1 662		1 881 (2)		665		4 208	

(1) Il s'agit uniquement ici des élèves inscrits dans les sections secondaires diurnes.
(2) Il s'agit pour les provinces du Cuzco du pourcentage par rapport au chiffre départemental.

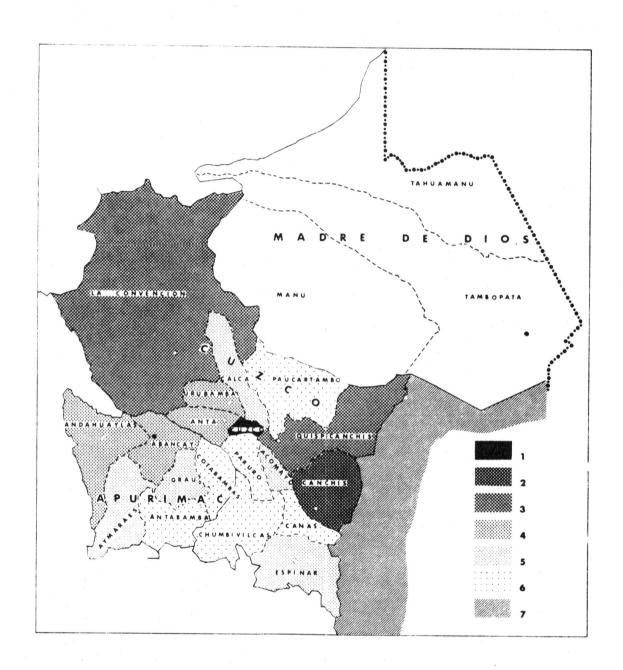

Fig. 37. — Aire d'influence de l'Université du Cuzco.

1. 1 650 étudiants. — 2. Plus de 250. — 3. Plus de 150. — 4. 100 à 150. — 5. 65 à 100. — 6. 40 à 60. — 7. 600 étudiants (département de Puno).

de tracteurs) aux agriculteurs à partir des agences rurales d'Izkuchaka, Sicuani, Urcos et Yucay ; elle a financé également des travaux d'irrigation dans diverses provinces (30). Ses efforts dans le domaine industriel, ont conduit à la construction de la centrale hydroélectrique de Macchu Picchu et de la fabrique d'engrais de Cachimayo, cette dernière passant sous sa gestion directe en 1968. Grâce au courant de Macchu Picchu, elle a réalisé l'électrification de la vallée du Vilcanota, d'Urubamba à Calca, puis de la plaine d'Anta Elle a accordé de même, des subventions pour de petites centrales locales à Paucartambo et même Yauri. Sur le plan du tourisme enfin, la C.R.Y.F. a aménagé l'auberge de Chincheros et dirigé la restauration des églises d'Andahuaylillas, de Huaro et même de Santo Tomás. Pourtant, malgré ces interventions régionales, il est certain que la fonction de la C.R.Y.F. était avant tout urbaine, puisque c'est à des travaux réalisés en ville qu'allaient en 1970, 90 % de son budget (31).

A partir de 1964, l'Institut National de Planification, essaya de faire de cet organisme son intermédiaire dans la politique de développement régional. Les liaisons entre les deux organismes ont été mal assurées et pleines de préjugés et de méfiance réciproques, pour des raisons où interviennent, en premier lieu, des facteurs sociologiques et de mentalité. A de rares exceptions près, la direction de la C.R.Y.F. a été assurée par des représentants de la classe des hacendados et des hommes d'affaires de la ville. Le mépris de l'élite cuzquénienne pour tout ce qui est rural et provincial, son conservatisme social et politique, le jeu des clientèles sociales ou familiales, du favoritisme et de la corruption, ne pouvaient pas favoriser une politique de développement régional. Avec le gouvernement de Belaunde, une nouvelle catégorie de fonctionnaires apparut, aux côté des anciens qui conservèrent souvent les postes-clefs. Les techniciens prirent le pas sur les notables ; ingénieurs et architectes surtout, ils n'avaient, toutefois, pas la formation nécessaire pour être des planificateurs régionaux. En groupant d'ailleurs autour du Cuzco, l'Apurímac et le Madre de Dios, on élargissait trop la compétence d'un organisme aux moyens très limités. Inversement, au Cuzco, la C.R.Y.F. qui, dans la ville même, se heurtait souvent aux élus du Conseil Municipal, ne pouvait tolérer ce qu'elle considérait comme la tutelle et l'ingérence de Lima. Il convient de souligner, également, la mauvaise connaissance des problèmes régionaux de bien des technocrates liméniens, leurs préjugés face aux Cuzquéniens, enfin d'importantes différences dans les méthodes de travail.

Avec la J.M.G. (32) bien des attributions de la C.R.Y.F. passèrent à des organismes nationaux (Ministère du Logement, Services Électriques), cependant qu'en 1971, un bureau d'O.R.D.E.S.U.R. (33) s'installait dans notre ville. L'intervention du pouvoir central, par le relais d'Arequipa placée à la tête des départements du Sud, devenait donc de plus en plus forte. Elle triomphait, en 1972, avec l'absorption de la C.R.Y.F. au sein de S.I.N.A.M.O.S. (34), organisme au caractère nettement plus politique et qui apparaît, malgré les réformes en cours, comme une accentuation de la main-mise du pouvoir central et de Lima sur les problèmes régionaux.

---

30. Ces travaux ont été réalisés en particulier, dans les provinces de Canchis (Occobamba, Onocorra, Cangalli), de Calca (Pisaq, Coya, Lamay, Taray) et d'Anta.

31. Projet de budget de la C.R.Y.F. pour 1970.

32. J.M.G. : Junta Militar de Gobierno.

33. O.R.D.E.S.U.R. : Oficina Regional de Desarrolle del Sur — Bureau Régional de l'Institut National de Planification. Depuis janvier 1975, s'est installé au Cuzco un bureau régional de l'I.N.P. pour la région Sur-Oriente, complètement indépendant d'Arequipa et doté de moyens plus importants.

34. S.I.N.A.M.O.S. : Sistema Nacional de Apoyo a la Movilización Social.

Malgré les importants services mis en place et les programmes définis au cours de ces quinze dernières années, le Cuzco ne saurait être considéré dans ce domaine comme un véritable pôle de développement régional. Les progrès de son équipement ont, en fait, surtout renforcé son rôle comme pôle d'attraction. Certains services ont accru les migrations vers la ville, par exemple ceux du secteur éducation. D'autres, ont eu un impact très limité sur les populations rurales, ayant ainsi souvent accru les différences entre la ville et la campagne, contrairement à ce qui était leur but initial.

IV. - L'INFLUENCE DES SERVICES ET DES FONCTIONNAIRES DANS LES AIRES RURALES.

C'est là, la clef principale pour la politique de développement et d'intégration assumée par les gouvernements péruviens depuis 1958 environ, la part du secteur privé étant en dehors des villes très réduite. Tous les services mis en place répondent à un désir d'encadrement, d'intégration et de plus en plus de développement. Mais dans une région restée rurale et indigène, ils s'adressent à des gens ayant une culture différente, et sont, d'autre part, assurés par des métis. Ceci pose donc le double problème de leur accessibilité, et de la domination du groupe des métis, dans la mesure où on peut définir celui-ci, avec Julio Cotler et François Bourricaud, comme soumettant à sa domination les indigènes (35). Cette situation a été remarquablement analysée, ces dernières années, par les sociologues et en particulier par ceux de l'I.E.P. (36). Nous ne voudrions rappeler ici que quelques aspect du « mécanisme de la domination interne » (37), nous attachant plus particulièrement au problème de l'accessibilité des services.

A. Le mécanisme de la domination interne

On peut distinguer trois étapes historiques dans le processus de domination du groupe des métis sur celui des indigènes. Dans un premier temps, la domination née de la Colonie est évidente et en quelque sorte avouée. Dans les deux autres étapes, beaucoup plus récentes, elle se dissimule sous les mots d'intégration, puis de participation et de mobilisation. La conquête a établi un système de domination des Espagnols sur les indigènes. Il faut voir là, la conséquence du droit du plus fort, le désir de surveiller la population, de l'évangéliser, et enfin de l'encadrer pour la levée du tribut et l'exploitation de la main-d'œuvre. Ce système dissimulait mal l'exploitation qui était faite des indigènes par les Espagnols puis rapidement par les métis des villes. Celle-ci s'exerçait, officiellement, grâce au tribut et aux « repartos » (38) obligatoires et, officieusement, par les diverses prestations de service et les dons que chaque fonctionnaire essayait d'obtenir à l'échelle locale.

---

35. Julio Cotler : La mecánica de la dominación interna y del cambio social en el Peru. América Latina ano 11, n° 1. Janeiro-Março de 1968. Rio de Janeiro, Brasil.
François Bourricaud « Changements à Puno ; Étude de sociologie andine » I.H.E.A.L. Paris-1962.

36. I.E.P. : Instituto de Estudios Peruanos.

37. Cf. le titre de l'article de Julio Cotler (note 35).

38. Repartos : Institution coloniale obligeant les indigènes à acheter certains objets.

La domination s'accentua après l'Indépendance et jusqu'à nos jours, lorsque les métis s'introduisirent dans tous les niveaux de l'administration nationale, régionale et locale. Hacendados et petits propriétaires métis, jouèrent le rôle d'intermédiaires entre le pouvoir central et la population indienne, car ils parlaient espagnol et savaient lire et écrire. Ce rôle fut renforcé lorsque, récemment, la loi électorale réserva le droit de voter et d'être élu aux seuls alphabètes. Les conseillers municipaux, les députés et sénateurs, s'introduisirent alors dans la chaine de domination de la société rurale et reçurent l'appui des autorités désignées par le pouvoir (gouverneurs, lieutenants-gouverneurs, juges, etc.).

Jusqu'à une époque très récente, l'hacendado, ou bien représentait par sa fonction l'autorité politique ou judiciaire, ou bien se substituait à elle, dans son hacienda comme souvent dans l'ensemble du district où il habitait. C'est là un des éléments fondamentaux du "gamonalismo" (39). Cette domination politique était évidemment liée à la domination économique, dans la mesure où l'hacendado possédait la terre de ses colons, et où, par ailleurs, la rapidité de toute démarche administrative ou judiciaire, dépendait de la capacité du sujet à payer certaines sommes et à accorder des dons. Des métis dépourvus de toute autorité, s'intercalaient volontiers dans cette chaine, proposant leur aide et exigeant en échange certaines compensations.

Les éléments de la structure sociale andine favorisaient d'autre part l'établissement des liens de domination et en premier lieu le "compadrazgo" ou compérage (40). Antoinette Molinié Fioravanti insiste sur ce fait que l'institution a perdu de son sens religieux primitif, pour se transformer en une "relation de clientèle entre les paysans et les "urbains"", "confirmant ainsi et symbolisant la dépendance d'une classe sociale à l'autre" (41). De même, "l'ayné" et les "faenas", ont pu être utilisés, dans la mesure où la part de réciprocité qui incombe au métis est constituée par le service administratif rendu. L'institution du "cargo" (42) de même, est un instrument de domination. En premier lieu, parce que pour prétendre à une charge politique dans la communauté, il faut avoir assurer un ou plusieurs "cargos" religieux. En second lieu, parce que le curé (ou l'hacendado), font supporter à la communauté des charges que l'église devrait assurer, faisant en outre travailler les terres paroissiales par le "carguyoc". On peut considérer, également, qu'ils stimulent les fêtes et les beuveries, pour renforcer leurs liens et leur contrôle sur le groupe social. Enfin, beaucoup de sociologues ont montré que le "cargo", qui nécessite des dépenses coûteuses de la part de celui qui en est responsable, est un moyen de contrôler les ressources économiques des indigènes.

On a donc une chaîne de domination et d'exploitation qui relie les indigènes et les métis, et contredit ainsi le schéma des tenants du dualisme social. Cette chaîne pouvait même faire intervenir les indigènes les plus acculturés et surtout les dirigeants de la communauté, dont l'autorité reposait moins sur la confiance de leurs congénères, que sur celle dont ils bénéficiaient de la part des autorités du district ou de la capitale de province.

---

39. Le « Gamonal » est le propriétaire foncier abusif et exploiteur.

40. Compadrazgo : il s'agit des relations et obligations d'aide mutuelle se nouant, sous le prétexte d'un événement familial souvent religieux (mariage, baptême, etc.), entre les parents de celui qui est l'objet de l'événement et ses parrains et marraines.

41. Antoinette Molinié Fioravanti : Influences urbaines et Société rurale au Pérou, le cas de Yucay. Thèse de 3e cycle. Paris, novembre 1972.

42. Le cargo est la prise en « charge » d'une fête religieuse.

Les fonctionnaires et les professionnels s'introduisirent également dans cette chaîne de domination. D'une part, à cause de leur origine sociale, et, d'autre part, grâce au jeu du favoritisme et des clientèles bureaucratiques qui leur facilitaient les contacts avec les tenants du pouvoir politique régional ou national. Cette chaîne trouvait sa consécration dans le système politique national commandé par l'oligarchie foncière, les paysans indiens étant dépourvus de tout droit de vote et de représentation.

A partir de 1958 et surtout de 1964, les services et l'administration adoptèrent un contenu différent et la classe des fonctionnaires évolua sensiblement. Des programmes "d'intégration des populations indigènes", de "développement communal ou rural", de "réforme agraire", furent progressivement mis en route. Dans une nouvelle étape, à partir de 1969, des réformes plus profondes furent entreprises et le gouvernement militaire chercha à solliciter et entretenir tout un climat "révolutionnaire". On parla alors, non plus seulement "d'intégration", mais de "participation", de "mobilisation", de "prise de conscience" (concientización), des changements intervenus dans les structures socio-économiques de par la volonté de la Junte militaire se substituant au peuple. Le colonialisme interne et ses formes de domination étaient violemment dénoncés, et la propagande gouvernementale faisait volontiers apparaître les éléments dominants de la société urbaine comme des forces contre-révolutionnaires qu'il fallait briser.

Un nouveau cadre régional fut défini pour la réalisation de ces divers projets qui visent en fait, nous l'avons vu, à favoriser la pénétration de l'économie capitaliste. Or, les classes dominantes locales, dans la Sierra en particulier, apparaissaient comme des freins, des obstacles à la réalisation de ce projet. Il importait donc d'affirmer le rôle de l'État, en tant que représentant de l'oligarchie péruvienne de la Côte sous le gouvernement de Belaunde, puis comme expression du pouvoir "révolutionnaire" des militaires. C'est l'interprétation que l'on peut donner à la nouvelle politique régionale dans son désir d'élargir les cadres administratifs traditionnels et de superposer aux autorités locales, des fonctionnaires "régionaux" plus indépendants et, dans l'ensemble, mieux préparés.

Car, et au Cuzco plus qu'ailleurs semble-t-il au Pérou, c'étaient les mêmes fonctionnaires qui, incorporés auparavant dans le système de domination, furent chargés d'appliquer les programmes de développement. Il faut voir là une conséquence de la faiblesse des classes moyennes dans notre région. Tout au plus celles-ci donnèrent-elles quelques techniciens locaux et quelques cadres moyens, qui restaient très soumis aux cadres supérieurs et aux chefs des diverses administrations. Ainsi en 1968, alors que de nombreux commerçants arrivaient à être élus maires, le préfet du Cuzco et les sous-préfets étaient tous des hacendados, les gouverneurs et juges de paix continuant à être choisis parmi les moyens et petits propriétaires métis. Tous les chefs de bureaux cuzquéniens, bien que "profesionales", étaient dans une immense majorité, hacendados ou liés à des familles de terratenientes. On en arriva à voir les responsables de l'application de la loi de réforme agraire être eux-mêmes des grands propriétaires, jusqu'en 1972 où les paysans réussirent à imposer leur mutation pour d'autres zones agricoles. Or l'accessibilité des services dans notre région dépend fondamentalement de ce rapport dominant-dominé.

B. Le problème de l'accessibilité des services

Certains critères très importants dans les pays développés pour mesurer l'accessibilité des services, tels que la distance et le jeu de la concurrence, le sont comparativement moins ici. Leur faible densité d'implantation, et d'autre par leur capacité de fonctionnement rapidement limitée, font que chacun d'eux est pratiquement sans rival. La concurrence ne pourrait d'ailleurs s'exercer qu'au niveau de la classe aisée ou même moyenne qui exige rapidement un équipement meilleur que celui offert sur le plan local ; on la voit ainsi déjà se manifster pour les collèges comme pour les dispensaires.

Les déficiences dans l'équipement sont déjà un critère plus important pour apprécier l'accessibilité des services : locaux sommaires, insuffisances du matériel et des véhicules qui seuls assureraient un certain rayonnement. Ces défauts de matériel et de personnel sont particulièrement graves dans une région où on devrait concevoir chaque dispensaire, ou chaque agence agricole, comme un service pionnier. L'organisation même du service n'a pas été pensée en fonction de la nouvelle dynamique à lui conférer. Dans un pays aux traditions bureaucratiques très solides, ils apparaissent ainsi comme trop hiérarchisés, autoritaires, paperassiers, avec une coordination entre les divers échelons, très limitée. On a souvent l'impression que toutes les constructions réalisées par les divers ministères — avec l'aide ne l'oublions pas de la main-d'œuvre indigène — sont surtout là pour justifier les crédits accordés, et non pas destinées à fonctionner véritablement.

Tous ces critères d'accessibilité du service : distance, importance et qualification du personnel, équipement des locaux, éventuellement prix du service, peuvent être chiffrés. En faisant intervenir également la densité de la population et la densité des services de l'aire d'influence théorique, on pourrait définir un certain seuil d'accessibilité pour chacun d'eux. Mais il serait évidemment plus difficile d'évaluer ces phénomènes de mentalité et de rapport dominant-dominé qui continuent à être, au Cuzco, fondamentaux. Car, malgré la propagande qui est faite, c'est essentiellement ce problème qui éloigne encore les ruraux des services mis en place et ceci pour plusieurs raisons. Tout d'abord, parce que ce sont les agglomérations qui ont bénéficié de la grande majorité des implantations, ce qui est certainement logique, puisqu'on est assuré ainsi d'un minimum de clients, mais ce qui a facilité l'accaparement des services par les métis. Ce sont eux qui apparaissent ainsi comme les grands bénéficiaires de la politique de développement. En second lieu, parce que les indigènes, en particulier dans le domaine de la médecine, apportent leurs propres éléments de réponse à leurs besoins. Enfin, parce qu'on sent une réelle méfiance de la part des paysans vis-à-vis des fonctionnaires qui appartiennent trop à la classe des "mistis" et ont conservé des habitudes autoritaires et souvent méprisantes. Leur attitude prête d'autant plus à confusion que, nous l'avons vu, la plupart d'entre eux, pour compléter des salaires souvent modestes, se constituent toujours une clientèle privée et payante, parallèlement à l'exercice d'une fonction gratuite.

Les jeunes techniciens et professionnels issus des classes moyennes ou populaires, se sentent à la fois plus respectueux de la personnalité indigène, et plus enthousiastes. Mais il est rare qu'ils restent longtemps dans le même poste, soit qu'ils sollicitent leur changement afin d'échapper à l'isolement et à la monotonie de la vie des petits villages, soit qu'on exige en haut lieu leur départ. Car l'équilibre est difficile à maintenir entre des réformes qu'on cherche à imposer bureaucratiquement et les désirs de la population qui sont rapidement jugés comme subversifs.

Remplacer les fonctionnaires d'origine locale par des gens d'une autre région, de la Côte en particulier, ne résout pas davantage les problèmes, car ceux-ci ne parlent pas quechua et méconnaissent le milieu indien qu'ils ont trop souvent tendance à idéaliser. D'autre part, leur séjour au Cuzco est souvent temporaire, ce qui nuit à la continuité d'une action où le contact personnel a tellement d'importance.

En raison de tous ces facteurs, la diffusion des services pénètre de manière très lente dans les zones rurales. Destinés à réduire les différences entre les villes et les campagnes, ils ont en fait souvent accru celles-ci. Les petites villes apparaissent ainsi relativement bien équipées, mais l'aire d'influence rurale de leurs services est extrêmement limitée. De la même manière, cette politique a accru les différences entre le centre de la zone Sud-Est, c'est-à-dire les provinces quechuas voisines du Cuzco, et ses périphéries de la puna ou des terres chaudes beaucoup moins bien pourvues.

CHAPITRE VIII

LES INFLUENCES DES RELATIONS VILLE-RÉGION SUR LA POPULATION

Les influences de la ville du Cuzco que nous venons d'étudier, se réalisent dans un contexte humain caractérisé par sa mobilité. Les migrations se sont accentuées au Pérou depuis le début du siècle, et en particulier depuis les années 1940-1950. Comme dans tous les autres pays, le développement des activités commerciales, de services et industrielles, a fait des villes, des centres d'attraction pour les habitants des campagnes. Dans ces dernières, le déséquilibre entre la petite et la grande propriété et le surpeuplement agraire accentué par l'essor démographique, sont également des causes à l'exode rural. Celui-ci a été favorisé par la construction des routes et l'augmentation du trafic routier, le développement de l'économie monétarisée, et la lente transformation des genres de vie, en particulier avec les progrès de l'alphabétisation.

Au Pérou, l'émigration vers la Côte, et en particulier vers ses villes, qui représente le secteur géographique le plus moderne, a été très partiellement corrigée par la colonisation rurale des terres chaudes. Notre région est à ce titre dans une situation privilégiée, aussi nous appartiendra-t-il de déterminer, dans un contexte d'exode rural très fort, quel est le pouvoir d'attraction du centre régional Cuzco, des vallées de ceja de montana ou du Madre de Dios, et enfin des villes de la côte, Lima et Arequipa.

Cette mobilité géographique de la population de la Sierra correspond-elle à de profondes transformations socio-économiques et démographiques ? Elle se heurte en effet au poids des structures mises en place par le système de domination. Aussi, sous une apparence de changements très rapides, l'évolution reste lente et assez superficielle. Nous n'avons pu percevoir que les aspects les plus évidents, et souvent les moins profonds, des transformations de la population régionale ; par contre, l'évolution de celle de la ville nous est beaucoup mieux connue, en particulier au point de vue sociologique.

I. - L'IMPORTANCE DES MIGRATIONS

Tous les départements péruviens, sauf le groupe Lima-Callao, ceux de la forêt (Amazonas et Madre de Dios), et les deux départements frontaliers de Tumbes et Tacna, présentaient en 1969 un bilan migratoire négatif. Ils attirent donc peu de monde, alors même que leur population part travailler dans la capitale ou la forêt. L'ensemble des départements de la Sierra est particulièrement touché par ce phénomène, le solde migratoire y dépassant pour chacun d'eux 50 000 habitants, lors du recensement de 1961 ; deux départements de la côte connaissaient la même intensité, la Libertad et Piura, le premier comportant toutefois une grande extension de Sierra (1).

L'Apurímac arrive au 5e rang des départements de l'intérieur pour le nombre de migrants après Cajamarca, Ancash, Ayacucho et Puno. Le solde migratoire était de 67 454 personnes et représentait 19 % de la population départementale au recensement de 1961. Il était ainsi, avec celui d'Ayacucho, le plus fort, proportionnellement au chiffre de population. Le département du Cuzco, par contre, ne perdait que 20 844 habitants, soit 3,4 % en relation à la population en 1961. Les provinces de la Sierra y connaissaient un exode rural certainement aussi important que celui de l'Apurímac, mais ce phénomène était corrigé, au niveau de l'ensemble du département, par l'attraction exercée par le chef-lieu et par la ceja de selva. Le Madre de Dios gagnait 2 727 habitants (18 % de sa population en 1961) ; 5 074 personnes s'y étaient établies alors que, cependant, 2 347 l'avaient quitté. Il était le seul département de la forêt, avec Amazonas, à continuer à avoir un solde migratoire positif, alors que déjà Loreto connaissait une sensible perte de 3 477 habitants.

A. Faiblesse de l'immigration

Les départements de Cuzco et Apurímac attiraient peu les migrants, et en particulier le second. 97 % de sa population y était née en 1961, contre 97,6 % en 1940. Pour le Cuzco, la proportion avait évolué de manière notable, puisqu'on était passé de 95,5 % au recensement de 1940, à 93 % à celui de 1961. Dans le premier département, on trouvait aux premiers rangs des circonscriptions ayant fourni des migrants : Lima (1 % de la population en 1961) et Cuzco avec 0,9 %. La proportion était inversée par rapport à 1940, où 1 % de la population était née dans le département voisin de Cuzco, et 0,2 %, seulement, dans la capitale péruvienne. Il faut faire intervenir dans ce domaine, moins le résultat de la nomination de quelques fonctionnaires liméniens, que la conséquence du retour au pays d'anciens migrants accompagnés de leur famille formée à Lima. Un seul élément nous permet de vérifier cette hypothèse : la concentration des « liméniens » d'origine dans les provinces d'Andahuaylas et d'Aymaraës qui sont les mieux reliées à la capitale et celles où l'émigration est la plus forte. Après Lima et Cuzco, viennent en 1961, les départements d'Ayacucho (0,5 %) et d'Arequipa (0,3 %), puis dans une très faible proportion, Puno, Junín, Ica (0,1 %). Le pourcentage de migrants d'Arequipa et Ayacucho a diminué depuis 1940 ; pour le premier département, cela semble illustrer le peu d'intérêt économique que représente l'Apurímac, pauvre et relativement isolé, aux yeux des hommes d'affaires ou des migrants de la ville blanche.

---

1. Nous n'avons considéré ici que les résultats du recensement de 1961, ceux de 1972 n'étant pas encore connus en ce qui concerne les migrations. Censo nacional de población. Tome II Lima 1961. Instituto Nacional de Planificación. Dirección nacional de Estadística peruana.

Au Cuzco au contraire, le pourcentage d'Aréquipéniens établis dans le département, avait sensiblement progressé entre les deux recensements (0,9 % en 1961, contre 0,8 % en 1940) ; de même, les habitants de Lima (0,4 % contre 0,2 %) en raison de l'importance administrative et militaire de la ville. Mais le plus fort pourcentage d'immigrants venaient des deux départements voisins de Puno (2,3 % en 1961) et d'Apurímac (1,6 %) ; le phénomène migratoire s'y était accentué entre les deux recensements (1,6 % pour Puno et 1,3 % pour l'Apurímac en 1940), ce qui semble prouver un certain attrait de notre département sur ses voisins plus pauvres et au surpeuplement agraire plus grand.

Les immigrants de l'Apurímac se dirigeaient surtout vers les terres chaudes, et en particulier vers la province de la Convención où ils constituaient en 1961, 8 % de la population (soit 5 182 personnes), contre 5 % dans la province du Cuzco (4 825 personnes), et 2 % dans la province d'Anta voisine et associée à Abancay à l'époque coloniale ; venaient ensuite les provinces ayant une partie de ceja de selva : Quispicanchis, Paucartambo, Calca. Dans les terres hautes, seule Chumbivilcas, en raison de sa proximité, avait de nombreux Apuriméniens. Les Punéniens au contraire, allaient surtout vers le chef-lieu du département, ou les provinces de puna limitrophes, et, en troisième lieu seulement, vers les terres chaudes. Ils constituaient en 1941, 4 % de la population de la province du Cuzco (4 003 personnes), 4 % de celle de Canchis (3 000 personnes) et 3 % de celle d'Espinar (1 245 personnes) où ils s'installaient surtout à Yauri et dans le district de Tocroyoc. Dans la ceja de selva, Quince Mil et Marcapata, et même Cosñipata, les attiraient plus que la Convención (3,6 % de Punéniens dans Quispicanchis, 2,6 % dans Paucartambo, 1,6 % dans la Convención, au recensement de 1961).

A côté des départements du Sud du Pérou, traditionnellement représentés dans la capitale incaïque (Ayacucho, Junín, Ica, Huancavelica), le Cuzco avait en 1961, 0,1 % de sa population née dans Ancash, un des départements de départ les plus importants du Pérou. Ceci semblerait donc illustrer un certain allongement dans le rayon des déplacements qui, entre 1940 et 1961, aurait ainsi commencé à prendre une dimension nationale. Dans l'Apurímac de même, Ancash venait en tête des départements situés en dehors du Sud péruvien.

Le tableau n° LXXIX classe les provinces selon le pourcentage d'habitants qui en sont originaires. La moyenne départementale est de 93 % pour le Cuzco et de 97 % pour l'Apurímac ; elle souligne ainsi la faiblesse de l'immigration, en particulier dans le second département. Deux provinces du Cuzco ont un taux nettement inférieur à la moyenne départementale : Cuzco (83 %) et la Convención (88 %). A l'opposé, 13 provinces dépassent 95 % ; Urubamba et Paucartambo, Graú, Antabamba et Aymaraës atteignent 96 %, Acomayo, Anta, Andahuaylas et Cotabambas 97 %, Canas et Chumbivilcas 98 %, Paruro enfin, 99 %. Entre les deux groupes, autour de 95 %, on rencontre Canchis (94 %) et Quispicanchis, Espinar et Abancay (toutes trois ayant 95 %).

Seules donc les provinces urbanisées (Cuzco et dans une moindre mesure Canchis et Abancay), et celle de ceja de selva (la Convención, Quispicanchis), accueillent les migrants. Dans Calca et Paucartambo, la colonisation des terres chaudes, peu importante d'ailleurs dans la première, n'atténue pas le poids de l'immobilité de la population de la Sierra. Une seule province de puna, Espinar, a accueilli quelques nouveaux venus. Bien que très mal pourvue en services, elle est la plus dynamique sur le plan économique et la mieux desservie par les routes. Dernièrement, le développement des activités commerciales a attiré à Yauri quelques commerçants de Sicuani, alors même que les Punéniens ont toujours été nombreux dans le district d'Hector Tejada, comme boutiquiers ou comme administrateurs dans certaines haciendas d'élevage. La grande majorité des provinces du Cuzco et de l'Apurímac se caractérisent donc par une très grande faiblesse de leur pouvoir d'attraction, même sur les habitants des autres circonscriptions de leur département. Toutes, par contre, sont soumises à une forte émigration qui atteint les campagnes comme les petites agglomérations.

TABLEAU N° LXXIX
LIEU DE NAISSANCE DES HABITANTS DES DÉPARTEMENTS DU CUZCO
ET DE L'APURÍMAC (1961) (%)

	La province	Cuzco ou Apurímac	Puno	Arequipa	Lima
Cuzco	93	1,6 (Apurímac)	2,3	0,9	0,4
Acomayo	97	—	—	—	—
Anta	97	2 (Apurímac)	—	—	—
Calca	97	—	—	—	—
Canas	98	—	—	—	—
Canchis	94	—	4	0,9	0,2
Chumbivilcas	98	—	—	0,9	—
Cuzco	83	5 (Apurímac)	4	2,8	1,6
Espinar	95	—	3	1,4	—
La Convención	88	8 (Apurímac)	1,6	0,6	0,3
Paruro	99	—	—	—	—
Paucartambo	96	—	2,6	—	—
Quispicanchis	95	—	3,6	—	—
Urubamba	96	—	—	—	0,4
Apurímac	97	0,9 (Cuzco)	0,1	0,3	1
Abancay	95	2,3 (Cuzco)	—	—	1
Andahuaylas	97	0,4 (Cuzco)	—	—	0,9
Antabamba	96	—	—	—	—
Aymaraës	96	—	—	—	1,8
Cotabambas	98	1,3 (Cuzco)	—	—	—
Grau	96	—	—	—	1

Terre de colonisation, le Madre de Dios au contraire, n'avait en 1961 que 59,5 % de sa population née dans le département, contre 67,6 % en 1940. 19,6 % de ses habitants étaient originaires du Cuzco, contre 2,4 % seulement en 1940. La progression du département de la Sierra dans la colonisation était donc remarquable et il faut y voir le résultat de la construction de la route vers Quince Mil, puis les débuts de son prolongement vers Puerto Maldonado. Le front pionnier, en effet, accompagna de manière spontanée, et souvent précaire, les défrichements effectués pour le tracé de la route. La colonisation cuzquénienne déplaça alors complètement celle venue du département de Loreto dont la proportion de ressortissants passait de 7,1 % en 1940 à 2,1 % en 1961. Loreto était à cette date devancé par Puno (3,3 %) et Apurímac (2,8 %), dont les colons se sont mêlés à ceux venus du Cuzco, le long de la route en construction. Arequipa, avec 1,9 % de ses ressortissants en 1961, diminuait également par rapport à 1940 (3,2 %). On ne saurait oublier, toutefois, la forte proportion d'étrangers résidant dans le Madre de Dios qui, avec 6,4 % en 1961 (contre 11,1 % en 1940), se situait immédiatement après le pourcentage de gens venus de Cuzco.

B. L'émigration

Si l'on compare l'accroissement de la population entre les deux recensements de 1940 et 1961, à celui qui serait le résultat du seul mouvement naturel, on aurait une perte de 110 489 habitants pour le Cuzco (18 % de la population en 1961), et de 94 979 habitants pour l'Apurímac (33 % de la population en 1961) (tableau n° LXXX). Les provinces de Cuzco et de la Convención sont les seules à avoir un bilan positif au niveau de l'ensemble de la circonscription, dans cette comparaison (+ 13 975 habitants pour le Cuzco et + 21 452 pour la Convención). Les départs atteignent surtout la population rurale, celle des villes étant légèrement supérieure aux chiffres donnés par le seul mouvement naturel (+ 14 409 pour le Cuzco et + 2 276 dans l'Apurílac).

1) Les provinces de départ et les mécanismes de l'émigration

Cinq provinces du Cuzco et trois de l'Apurímac, auraient perdu un peu plus du tiers de leur population entre les recensements de 1940 et 1961 : Acomayo (42 %), Canas, Canchis, Paruro, Urubamba, Aymaraës, Graú et Cotabambas (tableau n° LXXX). On peut y joindre Anta, Chumbivilcas, Andahuaylas, et Antabamba qui dépassent 30 %, ce qui fait plus de la moitié des provinces du Cuzco et cinq provinces sur six dans l'Apurímac. Il convient de constater, en outre, que toutes ces provinces voient également leur population urbaine diminuer par rapport aux chiffres que donne le seul accroissement naturel, sauf le groupe Graú-Cotabambas où, à la suite de la séparation des deux provinces, on a créé de nombreux districts, ce qui grossit artificiellement le chiffre de la population "urbaine". Paucartambo voit de même sa population urbaine diminuer théoriquement, ce qui montre le déséquilibre existant dans cette province, entre une partie de ceja de selva qui attire quelques migrants, et la Sierra qu'on devrait en fait classer dans le groupe précédent ; cette opposition se retrouve dans Calca et Quispicanchis, toutes deux très proches de 30 % de diminution de population par rapport au chiffre de l'accroissement naturel, mais où la population urbaine progresse nettement.

L'émigration concerne donc trois groupes de provinces. En premier lieu, on a des circonscriptions pauvres et isolées : ainsi Paruro, Chumbivilcas, Antabamba, Graú et Cotabambas. Toutes comportent de vastes extensions de puna et la plupart des districts y sont dépourvus de routes carrossables (2). Un deuxième groupe comprend les provinces d'Acomayo, Canas et Aymaraës, régions également pauvres où le surpeuplement agraire est souvent dramatique (Aco-

---

2. En 1961, Chumbivilcas, Antabamba, Graú et Cotabambas n'étaient pas encore touchées par la route.

TABLEAU N° LXXX
MIGRATIONS RÉELLES DANS LES PROVINCES DE LA RÉGION SUD-EST (1)
(% par provinces)

	Population totale	Population urbaine
Acomayo	− 42	− 63,1
Anta	− 30	− 10
Calca	− 28	− 13,2
Canas	− 39	− 66
Canchis	− 37	− 6,4
Chumbivilcas	− 32	− 5,6
Cuzco	+ 15	+ 23,9
Espinar	− 26	+ 23,6
La Convención	+ 35	+ 62,1
Paruro	− 36	− 26,3
Paucartambo	− 18	− 21,9
Quispicanchis	− 29	+ 18,5
Urubamba	− 35	− 39
Cuzco	− 18	+ 7,2
Abancay	− 19	+ 21,7
Andahuaylas	− 32	− 6,2
Antabamba	− 32	− 1,9
Aymaraës	− 38	− 8,8
Cotabambas Grau	− 42	+ 93,2
Apurímac	− 33	+ 4
Manú	+ 94	
Tahuamanú	+ 55,8	+ 67,5
Tambopata	+ 40,8	+ 56,7
Madre de Dios	+ 50,6	+ 48,7

(1) Nous avons calculé le pourcentage de migrants réels par rapport au chiffre de population de 1961. Le nombre de migrants réels a été obtenu en faisant la différence entre le chiffre donné par le seul mouvement naturel (soit le chiffre du recensement de 1940, avec le coefficient de 1,485, correspondant à un accroissement naturel de 1,9 % par an) et l'accroissement de la population entre les recensements de 1940 et 1961.

mayo a 33 habitants au km² et Canas 18, dans un milieu de puna), mais relativement bien desservies par les routes qui atteignent la plupart des nombreux districts. Acomayo est la province qui subit la plus forte migration avec une diminution de 8,9 % de sa population urbaine entre les deux recensements, et une baisse effective de 42 % pour l'ensemble de la province. Dans ces trois circonscriptions, l'émigration concerne surtout la population métis des villages et tous les grands propriétaires, qui habitent le Cuzco ou même Lima. Elle atteint également, depuis longtemps, les "indiens" qui, de Canas et plus encore d'Acomayo, vont travailler temporairement dans la ceja de selva où ils finissent souvent par s'établir.

Le troisième ensemble groupe quatre provinces plus urbanisées et bien situées sur le réseau des routes : Canchis et Andahuaylas qui ont chacune une ville importante, Anta et Urubamba où les gros bourgs sont nombreux. Canchis et Andahuaylas sont relativement éloignées du Cuzco et elles n'envoient que quelques contingents de migrants vers la capitale incaïque. Leurs capitales de provinces arrivaient toutefois à en retenir une partie entre les deux recensements, alors que l'ensemble de la population "urbaine" connaissait une diminution par rapport au seul accroissement naturel. Anta et Urubamba, très proches du Cuzco auquel elles sont reliées par de nombreux moyens de communication, connaissent une forte émigration qui touche autant les chefs-lieux administratifs que les campagnes.

L'émigration dans la région Sud-Est semble donc concerner aussi bien les provinces quechuas aux gros villages nombreux, bien reliés à la ville, que les punas au peuplement très lâche et souvent isolées. Trois provinces se rattacheraient au groupe quechua, si les extensions de ceja de selva qu'elles comportent, n'atténuaient par leur attraction, le nombre des départs des vallées de Sierra. Une seule province de puna, Espinar, à cause de ses activités commerciales et minières, arrive à attirer quelques migrants et subit un dépeuplement beaucoup moins important que les provinces limitrophes de Chumbivilcas et Canas.

Les mécanismes d'émigration sont assez difficiles à étudier par suite des modifications constantes apportées dans les conditions générales, en particulier celles qui concernent les moyens de communication et l'établissement des services. Ce ne sont apparemment pas les plus pauvres qui émigrent le plus, mais ceux qui connaissent une aisance relative, et surtout ceux qui sont alphabétisés. Pour un petit boutiquier de village, et plus encore un jeune métis d'origine modeste qui termine ses études primaires (ou, à plus forte raison secondaires), la campagne apparaît vite comme un monde répulsif. Il ne suffit pas d'évoquer, pour expliquer cela, la pauvreté et l'isolement, la monotonie de la vie rurale, mais, bien plus, le fait qu'elle permet peu de promotion sociale. Or ce phénomène est primordial dans une société en mouvement où les métis ruraux cherchent surtout à se distinguer des indigènes, et où ces derniers, lorsqu'ils sont "acculturés", veulent copier le genre de vie métis ; ce désir de contact avec les autres centres urbains est ce qui définit le *cholo*, personnage qui acquiert une grande mobilité à la fois sociale et géographique. Dans la population paysanne, il serait toutefois intéressant de voir quelle a été l'influence sur les migrations de la grande sécheresse des années 1960 et, plus encore, des troubles agraires qui ont brisé le système de l'hacienda.

Selon une enquête réalisée par l'Institut Indigéniste dans quatre communautés de la province de Canchis (3), les plus forts contingents de migrants se situaient dans la tranche d'âge de

---

3. Enquêtes réalisées en 1967 par l'équipe de l'Institut indigéniste de Sicuani, à Machacmarca, Queromarca, Pichura et Quea.

20 à 24 ans, les adolescents de 15 à 19 ans étant un peu plus nombreux que les adultes de 25 à 30 ans. Les hommes l'emportaient nettement sur les femmes, 60 à 65 % d'entre eux étant, par ailleurs, célibataires. Si dans une communauté comme Machacmarca, 46 % des émigrants étaient analphabètes, la proportion ne dépassait pas 15 % dans les autres villages. Plus de 80 à 88 % des partants savaient parler espagnol.

Il est difficile de faire la part des migrations temporaires dans l'ensemble des mouvements migratoires. Or celles-ci semblent très importantes, beaucoup de gens s'établissant en ville un temps, puis revenant vivre dans leur village ou leur communauté. Il y a ainsi toute une mobilité de la population, la plus pauvre surtout, qui débute par des migrations saisonnières, conduit à des déplacements de plus longue durée, préludes à une émigration prolongée. Une étude précise serait à faire dans la région du Cuzco pour connaître l'importance des départs définitifs. Ceux-ci semblent en effet peu nombreux et les retours, surtout des hommes, sont fréquents, après quelques années d'absence. Ces retours représentent un troisième moyen de contact des ruraux restés sur place avec le monde urbain, et permettent ce que les sociologues péruviens ont appelé la "cholification sur place". Parmi ces migrants, une place importante doit être faite aux jeunes gens ayant accompli leur service militaire en ville, dans une armée dont l'immense majorité des "appelés" est indigène, et qui manifeste une réelle volonté d'intégrer ceux-ci à la culture nationale dominante. Une forte proportion d'entre eux semble s'établir, une fois leur temps accompli, dans la ville où se trouve la caserne, c'est-à-dire pour la région Sud-Est au Cuzco, mais la plupart reviennent chez eux.

Les déménagements de ville à ville sont également fréquents. On partirait ainsi de la capitale de district, vers celle de la province, puis vers le chef-lieu de département ou Lima. Ce schéma semble être vérifié dans le département du Cuzco ; entre les recensements de 1940 et 1961, la population urbaine et celle des seules capitales de province, ont connu un taux de croissance sensiblement égal (60 et 59 %) ; par contre, entre 1961 et 1972, les sous-préfectures ont progressé de 42 %, alors que l'ensemble de la population urbaine avait un taux de croissance de 20 % seulement (tableau n° XII), ce qui montrerait un réel ralentissement dans la croisance des districts pendant cette période. Le pouvoir d'attraction de ces derniers, souvent simples villages, est très limité et on saute souvent leur étape. Le transfert de population des capitales de district vers celles de la province, et de ces dernières vers un centre supérieur, apparaît dans plusieurs circonscriptions : Calca, Canchis, Quispicanchis, Espinar et la Convención (tableau n° XII). Il n'apparaît pas, par contre, dans Anta qui pâtit de sa trop grande proximité du Cuzco.

Dans l'Apurímac, la situation est inverse ; le taux d'accroissement des capitales de province entre 1961 et 1972, comme entre 1940 et 1961, est nettement inférieur à celui de l'ensemble de la population urbaine ; mais on doit considérer le fait que de multiples villages sont devenus districts entre temps. Il est certain, cependant, que les capitales de province de l'Apurímac ont connu, entre 1961 et 1972, un net ralentissement dans leur croissance, et en particulier Andahuaylas et Antabamba. Elles apparaissent souvent plus délaissées que celles du Cuzco et il y a déjà longtemps que leur élite a pris l'habitude d'émigrer vers cette ville ou vers Lima. Quant aux capitales de département, leurs taux de croissance supérieurs aux taux départementaux, semblent montrer leur pouvoir d'attraction, à la fois sur les habitants des petites villes et sur ceux des campagnes. Dans l'Apurímac, par exemple, Abancay connaît la plus faible émigration, avec une perte effective de 19 % de sa population, alors que les autres provinces dépassent toutes 32 %.

En fait, si la hiérarchie est à peu près respectée pour les transferts entre les agglomérations, elle ne semble pas l'être pour l'émigration des campagnes vers les villes. Le taux de croissance de ces dernières est en effet moindre que celui de l'émigration effective (tenant compte du mouvement naturel). Ainsi entre 1940 et 1961, le département du Cuzco a perdu 18 % de ses habitants, alors que la population urbaine n'a grandi que de 7 % ; pour l'Apurímac, les taux sont encore plus éloignés, avec 33 %, pour les départs et 4 % pour la croissance des villes.

Et pourtant, toutes les provinces qui ont, selon les critères précédemment définis (4), des villes, voient l'ensemble de leur population urbaine croître à l'exception de Canchis et d'Andahuaylas où, toutefois, les deux capitales, continuent à progresser, malgré un recul théorique des chefs-lieux de district.

La situation des bourgs est beaucoup plus complexe et reflète la fragilité de ces agglomérations. Calca, Urcos, Urubamba et Chalhuanca voient leur population et celle de leur province respective diminuer par rapport aux chiffres du mouvement naturel. Anta-Izkuchaka, au contraire, progresse un peu, alors que l'ensemble de la population urbaine de sa province recule. Dans Espinar, les deux chiffres progressent. Ces deux dernières bourgades, carrefours animés, l'un très près du Cuzco, l'autre suffisamment éloigné, réussissent donc à attirer quelques immigrants. Ces oscillations permanentes dans le pouvoir d'attraction des petites villes et bourgs qui reflètent la fragilité de leur dynamisme économique, perturbent sans cesse, nous le verrons dans le chapitre X, la hiérarchie et l'armature urbaine régionale. L'analyse du recensement de 1972, dont les chiffres ne sont que provisoires, révélerait sans doute de nouveaux et importants changements dans les flux de migrations vers les centres urbains.

2) Les pôles d'attraction régionaux

Deux provinces seulement ont un taux de croissance supérieur au seul accroissement naturel, celle de la capitale régionale, Cuzco, et celle de la ceja de montaña, la Convención. Deux types de pôles d'attraction existent donc à l'intérieur de la région Sud-Est, comme d'ailleurs dans l'ensemble du pays : la ville moyenne ou grande, et les terres chaudes.

L'importance démographique du Cuzco au sein de la région Sud-Est n'a cessé de croître depuis 1940. Il représentait à cette époque 36 % de la population urbaine départementale, en 1961 il atteignait 40 %, et en 1972, 47 %. L'agglomération (c'est-à-dire les trois districts de Cuzco, Santiago et Huánchac), groupait alors 17 % de la population départementle (contre 9 % au recensement de 1940) et 12 % de la population de la région Sud-Est. D'après une étude du Banco Central de Reserva, l'accroissement de la population de la ville aurait été entre 1961 et 1972 de 3,64 % par an, alors que l'Institut National de Planification lui attribue un taux de 4,1 % par an pendant la même période (5). Selon la première source, le seul accroissement naturel représenterait une progression de 2,84 % par an. Il serait ainsi nettement supérieur au chiffre de l'ensemble du département qui doit se situer autour de 2 %. C'est en partie une conséquence des migrations des jeunes, et en particulier des jeunes filles, vers la ville, migrations dont l'importance est soulignée par la différence entre les deux taux de croissance précédemment cités.

---

4. Cf. Première partie, chapitre II.

5. Sistema urbano de la region Sur. Información básica : ciudad del Cuzco. Instituto Nacional de Planificación. O.R.D.E.S.U.R. Arequipa. Décembre 1972.

Selon une enquête réalisée en novembre 1969 par le S.E.R.H. (Servicio del empleo y recursos humanos) (6), les immigrants constitueraient 49,5 % de la population de la ville ayant plus de 14 ans ; ils viendraient dans une proportion de 92,4 % de l'ensemble des départements du Sud péruvien et en premier lieu de celui du Cuzco. Un contingent important est originaire de sa propre province, 53,13 % selon un recensement effectué en septembre 1969 dans 8 Pueblos Jovenes (7). La ville qui groupait en 1940, 83 % de sa population provinciale, en absorbait 85 % en 1972. Les migrants semblent appartenir à la population rurale de la province, puisque celle-ci ne représentait que 7,8 % de la population provinciale en 1972, contre 17,7 % en 1940 (le pourcentage de population urbaine avait crû pendant la même période de 82 à 92 %). Les districts des hauteurs (Ccorcca et Poroy) semblaient les plus touchés. Au contraire, le chef-lieu de district de San Jerónimo réussissait à arrêter quelques migrants. On peut toutefois considérer qu'à l'égal de San Sebastián, il faisait déjà partie de l'agglomération cuzquénienne.

Le recensement effectué en 1969 dans 8 Pueblos Jovenes de la ville, précise que 33,3 % des migrants venaient des autres provinces du Cuzco et 8,6 % d'autres départements. Les circonscriptions voisines de la ville étaient en tête avec 14,9 % des migrants (soit presque la moitié des personnes venues des provinces cuzquéniennes). Anta représentait 6,4 % des migrants, Paruro 4,7 % et Quispicanchis 4,5 %, les trois capitales de ces provinces se situant dans un rayon inférieur à 50 kilomètres de la ville. La province de Canchis venait en quatrième position avec 4 % des migrants. Elle devançait, de peu il est vrai, les provinces plus proches (distance 60 à 80 kilomètres), d'Urubamba (3,8 %) et de Calca (3,4 %). La place de Canchis soulignait l'ampleur des migrations atteignant cette province où les communautés de vallée connaissent un fort surpeuplement agraire ; le fait est d'autant plus remarquable que le Cuzco ne semblait pas être le principal foyer d'attraction pour une région longtemps tournée économiquement vers Arequipa.

Proche également du Cuzco, et très liée économiquement à ses activités, Paucartambo ne venait, avec 1,3 % des migrants, qu'au 9ᵉ rang ; sa population rurale, très pauvre, émigrait peu, ou bien le faisait vers la vallée de Cosnipata. Elle était devancée par Chumbivilcas et même par la Convención. La première avec 2,9 % des immigrants distançait nettement les autres provinces de la puna, Canas et Espinar, assez mal représentées (1 % pour Canas, 0,5 % pour Espinar), ce qui montre l'importance des liens qu'elle continue de conserver avec la capitale incaïque, malgré les progrès des influences aréquipéniennes ; 1,9 % des immigrants des faubourgs populaires du Cuzco viendraient de la vallée de la Convención, pourtant elle-même important foyer d'attraction. Il s'agit surtout de gens jeunes qui poursuivent au Cuzco des études secondaires et surtout universitaires. On doit y trouver également quelques métis, venus tenter leur chance dans la capitale départementale après s'être enrichis, dans le commerce en particulier.

Nous n'avons pas le détail des départements du Sud ayant fourni des contingents de migrants à la ville. Toutefois, nous avons vu précédemment que dans le recensement de 1961, l'Apurímac et Puno venaient en tête. L'agglomération Lima-Callao fournissait selon l'enquête du S.E.R.H. en 1969, 3,2 % des immigrants de la ville. Il s'agissait surtout de fonctionnaires et de gérants d'entreprises commerciales. Les départements du Centre venaient ensuite avec 1,4 %

---

6. La población, el empleo y los ingresos en ocho ciudades. S.E.R.H. (Servicio del Empleo y Recursos Humanos). Lima. Abril 1971 (enquête réalisée en novembre 1969).

7. Ce recensement effectué par l'Université du Cuzco en octobre 1969, servait en fait d'échantillon préparatoire à celui organisé en novembre 1969 par le bureau de Pueblos Jovenes, dont les résultats concernant les migrations n'étaient pas encore publiés en 1974.

(Huancavelica, Huánuco, Ica, Junín et Pasco), suivis par ceux de la forêt avec 1,1 % (Amazonas, Madre de Dios, Loreto et San Martín). Ce fait est un peu surprenant lorsqu'on sait la dureté du climat cuzquénien pour les natifs des terres chaudes, mais il peut s'expliquer par les liens traditionnels noués par le Cuzco avec les régions de selva. Les départements du Nord enfin, ne représentaient pas 0,8 %, avec en tête Ancash et Cajamarca, soit un pourcentage égal à celui des habitants nés à l'étranger. Parmi les immigrants de l'agglomération du Cuzco, il serait intéressant de connaître l'importance de ceux qui, nés dans le département, sont revenus après avoir travaillé ailleurs, à Lima en particulier. Nous en avons rencontré plusieurs, surtout parmi des jeunes femmes habitant les pueblos jovenes.

Il semble pourtant que la part du Cuzco dans les migrations à partir de la région qu'il commande, ne soit pas prépondérante. Déjà, lors du recensement de 1961, 55,6 % des émigrants se partageaient entre les diverses provinces du département, alors que 44,4 % partaient à l'extérieur. Lima venait en tête avec 20,2 % des départs, puis Arequipa avec 12,1 %, enfin Puno (3,1 %) et le Madre de Dios (2,14 %). Or, c'est depuis 1961, que les routes et les transports se sont surtout améliorés dans notre région. Il est donc permis de penser que la distance de déplacement des migrants s'est allongée. De la même manière, le rayon d'attraction de la capitale péruvienne serait plus long et atteindrait les lointaines provinces du Cuzco (plus de 1 000 km). Les progrès de l'alphabétisation et l'appel des migrants résidant déjà à Lima, n'ont pu que jouer dans le même sens.

L'attraction d'Arequipa s'est également vraisemblablement accentuée ; non pas tellement peut-être sur une province comme Canchis dont l'économie a été liée anciennement aux intérêts de la "ville blanche", mais sur les punas d'Espinar et Chumbivilcas ; nous avons pu le constater dans toutes les classes de la société de ces deux provinces, au niveau des hacendados comme des indigènes, et plus encore des commerçants de toute importance. Des enquêtes locales nous permettent de préciser la part d'attraction des centres extra-régionaux. Ainsi dans Canchis et Canas, les partants se dirigeaient plus vers la Côte que vers le Cuzco ou la montaña dont l'attrait avait un peu diminué en 1967. Lima venait en tête, suivie d'Arequipa et Nazca ; le Cuzco se plaçait après Arequipa, mais avant la montaña (8).

Celle-ci constitue le second pôle d'attraction pour les migrants de notre région. La part de la Convención aurait diminué par rapport à celle du Madre de Dios entre les recensements de 1961 et 1972. La transformation des structures agraires dans la vallée a partiellement réduit les besoins de main-d'œuvre, en fixant les ex-arrendires comme petits propriétaires ; quant au front pionnier qui se développe dans les secteurs de Cirialo et Quiteni, il semble concerner avant tout des colons venus de la partie la plus anciennement peuplée de la vallée et on a donc là un simple mouvement interne à la province. La colonisation dans le Madre de Dios a, au contraire, été stimulée, nous l'avons vu, par la construction de la route vers Puerto Maldonado. Les vallées de ceja de selva du Cuzco restent cependant importantes pour les migrations temporaires annuelles. Les récoltes de la coca, du riz et du café, y attireraient autant, et sinon plus, de travailleurs que les chantiers de construction du Cuzco qui n'aurait ainsi que le second rang dans les déplacements de travail saisonniers.

---

8. Enquêtes du bureau de l'Institut Indigéniste Péruvien à Sicuani, 1967.

II. — L'ÉVOLUTION DE LA POPULATION DE LA VILLE DU CUZCO

Pôle principal de l'évolution survenue dans la nature et l'intensité des relations ville-campagne dans la région Sud-Est, la vieille cité andine en subit la première les conséquences démographiques comme socio-économiques. Grâce aux migrations, la ville a connu une nette accélération dans son rythme d'accroissement. Après un lent déclin tout au long du XIXe siècle, elle avait en 1940 dépassé le chiffre de population de la fin de l'époque coloniale, avec une progression de 145,8 % par rapport au recensement de 1876 (tableau n° LXXXI). De 1940 à 1961, c'est-à-dire en 20 ans, l'accroissement a été de 76,8 % et de 1961 à 1972, de 51,3 % en dix ans seulement. Les chiffres respectifs pour la croissance de l'ensemble de la population départementale sont de 25,8 % et 16,5 % et pour la seule population urbaine de 60 % et 29 %. Les immigrants représentaient en 1969, 49,5 % de la population âgée de plus de 14 ans (9). Les conséquences de cet apport de migrants sont identiques à celles de la plupart des agglomérations du Tiers Monde : jeunesse de la population, fort accroissement démographique, inaptitude de l'économie urbaine à donner à tous un emploi et un niveau de vie satisfaisants. Pourtant, de profondes transformations sont intervenues dans ce dernier domaine, à l'image du développement des fonctions régionales de la ville. Au sein de la société urbaine, on voit les tenants traditionnels de l'autorité, les propriétaires terriens et l'Église, perdre leur pouvoir économique au bénéfice des entrepreneurs capitalistes souvent non-cuzquéniens, cependant que s'accroissent les couches moyennes et populaires.

TABLEAU N° LXXXI
LA POPULATION DE LA VILLE DU CUZCO : ACCROISSEMENT ET IMPORTANCE
PAR RAPPORT A LA POPULATION PROVINCIALE ET DÉPARTEMENTALE

	Population de la ville		% population provinciale	% population départementale	
	Chiffre	Taux d'acc. %		Totale	Urbaine
1876	18 370				
1940	45 158	145,8	83	8,3	36
1961	79 857	76,8	84	13	40
1972	120 881	51,3	85	17,6	47

---

9. Enquête du S.E.R.H. ; op. cit.

A. Structure par âge et par sexe

L'évolution de la composition par âge et par sexe peut-être étudiée à l'aide du recensement de 1961 et de l'enquête du S.E.R.H. de 1969 (tableau n° LXXXII). On observe, en premier lieu, une nette progression du taux de population féminine qui passe de 49,5 % en 1961, à 51,4 % en 1969. Cette progression apparaît surtout parmi les adolescents et les jeunes adultes, dont l'importance a également grandi entre 1961 et 1969. A cette date, la population de la ville comprenait 56 % de moins de 20 ans, contre 53 % en 1961. C'est la tranche d'âge de 14 à 19 ans qui a le plus grandi, puisqu'elle représente 16 % de la population en 1969 contre 13 % en 1961 ; par contre, la proportion des enfants de moins de 14 ans reste stable (40 %). La progression du pourcentage d'adolescents est essentiellement due à l'élément féminin qui passe, pour les 14 à 19 ans, de 6 % à 8,3 % en 1969, alors que les hommes ne gagnent que 0,76 %. La part des jeunes-filles est d'autant plus remarquable que, parmi les enfants de moins de 14 ans, les garçons dominent légèrement (20,1 % contre 19,9 % en 1969). L'importance de cette dernière tranche d'âge, souligne le maintien d'un fort accroissement naturel. Celui-ci était estimé à 2,84 % par an par le Banco Central de Reserva, en 1969. La natalité reste forte dans toutes les classes de la société, chez les migrants nouvellement installés dans la ville, comme dans les couches moyennes et aisées. Tournant autour de 40 ‰, elle n'a vraisemblablement pas baissé depuis 1961, alors que la mortalité, et plus particulièrement la mortalité infantile, a certainement reculé étant donné les progrès de l'équipement hospitalier entre les deux dates.

TABLEAU N° LXXXII
ÉVOLUTION DE L'AGE DE LA POPULATION DE L'AGGLOMÉRATION DU CUZCO
ENTRE 1961 ET 1969

	1961 (1)			1969 (2)		
	Total	Hommes	Femmes	Total	Hommes	Femmes
0 à 19 ans	**53**	**27**	**26**	**56**	**27,8**	**28,2**
• 0 à 13 ans	40	20	20	40	20,1	19,9
• 14 à 19 ans	13	7	6	16	7,7	8,3
20 à 50 ans	**38,3**	**19,4**	**18,9**	**36,4**	**17,1**	**19,3**
• 20 à 24 ans	10,9	6,1	4,8	10,3	4,7	5,6
• 25 à 29 ans	7,6	3,7	3,9	7,2	3,4	3,8
• 30 à 39 ans	12,1	5,9	6,2	11	5	6
• 40 à 49 ans	7,7	3,7	4	7,9	4	3,9
+ de 50 ans	**8,7**	**4,1**	**4,6**	**7,6**	**3,7**	**3,9**
• 50 à 60 ans	4,2	2,1	2,2	4,4	2,2	2,2
• + de 60 ans	4,5	2	2,4	3,2	1,5	1,7
		50,5	49,5		48,6	51,4

Sources :
(1) Recensement de population de 1961.
(2) Enquête réalisée par le S.E.R.H. (Servicio del empleo y recursos humanos) en novembre 1969.

La supériorité numérique des femmes se poursuit, en 1969, chez les adultes de 20 à 50 ans où elles représentent 19,3 % du total contre 17,1 % pour les hommes ; en 1961, la proportion n'était que de 18,9 %. Elle est particulièrement forte de 20 à 40 ans, commençant à s'inverser à partir de cet âge. On aurait donc une forte immigration féminine dans la ville du Cuzco. Le phénomène est d'autant plus remarquable que, nous l'avons vu, les hommes émigrent plus que les femmes d'une manière générale. L'émigration masculine se réaliserait donc sur une distance plus longue, se dirigeant surtout vers la ceja de montana, ou vers Lima ou Arequipa. Les adolescentes et les jeunes femmes de 20 à 39 ans vont par contre de préférence au Cuzco. Elles sont ainsi plus proches de leur famille qui peut leur rendre de fréquentes visites, et trouvent facilement à se loger chez quelque parent déjà installé dans les faubourgs populaires. Parmi les plus âgées, on a également de nombreuses boutiquières de province qui, après avoir réalisé quelques économies dans leur village, viennent tenter leur chance dans le commerce de la ville. Le phénomène de « cholification » est loin d'être essentiellement masculin, et bien des femmes incarnent par excellence au Cuzco, cette volonté de s'intégrer à la culture urbaine qui caractérise le cholo. Les possibilités d'emploi pour les femmes sont peu diversifiées, très mal payées, mais relativement nombreuses puisqu'elles sont en majorité domestiques ou vendeuses du marché. Par contre, les métiers masculins, convenablement payés, sont rares et surtout peu stables, étant donné les variations perpétuelles dans l'économie de la ville. La prépondérance des femmes révèle donc en fait la faiblesse et la fragilité du développement économique urbain.

Cette importance croissante des femmes dans les couches jeunes, fait pendant à un recul de leur sexe parmi les plus de 50 ans, où leur proportion a davantage diminué que celle des hommes entre 1961 et 1969 : 3,9 % contre 4,6 % pour les femmes, 3,7 % contre 4,1 % pour les hommes. Elles ne constituent plus que 1,7 % des gens de plus de 60 ans (contre 1,5 % aux hommes), alors qu'en 1961 la proportion était plus forte (2,4 % de femmes et 2 % d'hommes). Il s'agit là essentiellement d'un phénomène de classe. Il y a peu de vieux parmi les pauvres ; d'une part, parce que leur espérance de vie est courte, d'autre part, parce que les migrants acceptent peu de parents âgés qui constituent une trop grande charge pour un budget familial déjà insuffisant. La majorité des gens âgés appartient donc aux classes moyennes et surtout aisées. Or, inquiets des troubles agraires puis des réformes en cours, souvent fatigués par l'altitude, ils préfèrent émigrer à Lima où ils ont une maison et une partie de leur famille. Les femmes partent souvent les premières, laissant les hommes veiller sur les derniers biens familiaux ou essayer de les vendre. Il y a ainsi des causes locales pour expliquer la jeunesse d'une pyramide des âges qui, par ailleurs, s'apparente à celle de la plupart des villes d'Amérique latine.

B. Structure professionnelle

La population de la ville du Cuzco avait, en 1969, une structure professionnelle nettement urbaine (10). Le commerce y employait 25,4 % de la population active, l'administration et les services 26,8 % et l'industrie 28 % (en y incluant 6,5 % du secteur construction (tableau n° LXXXIII). L'agriculture n'y employait que 2,1 % de la population active, soit beaucoup moins qu'à Arequipa (10 %), ville, où par ailleurs l'importance du secteur secondaire était comparable à celle du Cuzco, mais le tertiaire sensiblement inférieur (46 % contre 52,2 %). Toutefois, l'enquête du S.E.R.H. ne révèle pas l'importance de la population dont une partie des reve-

---

10. Enquête du S.E.R.H. ; op. cit.

nus provient de l'agriculture. Celle-ci demeure pourtant forte, tant dans la classe aisée, qui avant 1969 continuait à posséder de grands domaines, que chez bien des petits commerçants et émigrants provinciaux de condition modeste.

TABLEAU N° LXXXIII
STRUCTURE DE L'EMPLOI DANS LES VILLES DU SUD DU PÉROU (1969)

	CUZCO	%	AREQUIPA	%	PUNO	%	JULIACA	%
Agriculture-élévage	756	2,1	9 103	10	294	3,7	199	2,4
Mines	—	—	1 126	1,2	—	—	—	—
Industries	9 924	28,2	25 495	28	1 362	17,1	—	32,6
Industrie de base	1 772	5	915	1	217	2,7	499	6
Industrie de biens d'usage	5 684	16,1	16 142	17,8	714	9	1 840	21,8
Industrie énergie	163	0,6	2 890	3,2	27	0,3	—	—
Industrie construction	2 305	6,5	5 548	6,1	404	5,1	401	4,8
Commerce	7 165	20,3	18 458	20,4	1 526	19,3	2 643	31,5
Transports	1 800	5,1	5 810	6,4	536	6,8	544	6,5
Services	9 445	26,8	17 764	19,6	2 823	35,6	1 434	17,1
Service domestique	4 725	13,4	10 616	11,7	919	11,6	445	5,2
Indéfini	1 450	4,1	2 316	2,6	463	5,9	397	4,7
Toal (1)	36 265		90 688		7 923		8 402	

Source : Enquête S.E.R.H., novembre 1969.
(1) Les chiffres cités comprennent les chômeurs.

51 % de la population apparaissait en 1969 convenablement employée, alors que la proportion n'était que de 46 % à Arequipa (11). Le pourcentage de chômeurs, soit 9 % en novembre 1969, était de même inférieur à celui qu'on rencontrait à Arequipa (10 %). Mais il était plus important que dans les autres villes péruviennes, Lima (7 %), des cités du Nord ou même Puno et Juliaca (6 et 5 %). L'importance du sous-emploi était par contre très forte dans cette dernière ville, alors qu'il atteignait au Cuzco, le taux le plus bas du Sud du Pérou (40 %), comparable à celui des villes du Nord. Cette enquête est loin de révéler, toutefois, la grande complexité du monde du travail d'une ville où chacun essaie de s'assurer de diverses manières, plusieurs petits revenus. Or ce phénomène est fondamental dans une société en pleine évolution comme celle du Cuzco.

Dans les couches aisées et moyennes, on cumule volontiers plusieurs sources de profit. Déjà traditionnellement, nous l'avons vu, les hacendados ajoutent aux revenus de leurs domaines ceux de loyers urbains. La plupart exercent en outre une profession libérale ce qui leur donne en

---
11. Enquête du S.E.R.H. ; op. cit.

TABLEAU N° LXXXIV
NIVEAU DE L'EMPLOI DANS QUELQUES VILLES DU PÉROU (1965-1970)
POURCENTAGE

	Emploi satisfaisant	Chômage %	Sous-emploi %
Lima-Callao			
1967 (janvier)	70	4	26
1969 (novembre)	65	7	28
1970 (mai)	60	9	31
Arequipa (1)			
1965 (août-septembre)	61	7	32
1969 (novembre)	46	10 (9 069)	44 (39 903)
Iquitos			
1966 (août)	61	4	35
1969 (novembre)	61	9	30
Trujillo (novembre 1969)	52	7	41
Chiclayo (novembre 1969)	51	8	41
Huancayo (novembre 1969)	56	6	38
Cuzco (1) (novembre 1969)	51	9 (3 174)	40 (14 406)
Puno (1) (novembre 1969)	53	6 (471)	41 (3 249)
Juliaca (1) (novembre 1969)	41	5 (420)	54 (4 537)

Source : Enquêtes S.E.R.H.

(1) Pour les villes du Sud, nous avons indiqué les chiffres entre parenthèses, à la suite des pourcentages.

fait trois possibilités de profit : un salaire fixe dans une administration, une clientèle privée et même, pour la plupart, un poste de professeur à l'Université ; ainsi, pour la grande majorité des avocats, médecins, ingénieurs et architectes. Et il faudrait tenir compte enfin de toutes les possibilités de corruption que procurait, avant l'actuel gouvernement, le système administratif.

Dernièrement, beaucoup de gens de la classe aisée et même moyenne, ont essayé de tirer profit des nouvelles activités qu'offrait la ville. Certains ont tenté leur chance dans le tourisme avec un hôtel, un restaurant, une boutique de souvenirs, ou même un night-club ou une agence de voyages. D'autres, profitaient du développement des transports urbains en ouvrant une station-service, ou en s'associant pour acheter un taxi ou un microbus. Des fonctionnaires importants essayaient de tirer des bénéfices de l'essor de la fonction commerciale de la ville avec des métiers complémentaires très variés (kiosque de disques au marché, photocopieur ou appareil reproducteur de plan, élevage de poulets, four à tuiles, petites fabriques de yaourts ou d'aliments composés pour le bétail, etc.).

Il est intéressant d'observer cette multiplication de métiers complémentaires, fonctionnant avec des gérants ou des employés salariés, derrière lesquels on retrouve des personnalités très connues de la ville. Elle montre que le sens des affaires des Cuzquéniens, pendant longtemps peu développé, s'est progressivement avivé, au fur et à mesure où se diversifiaient les activités de la ville. On conçoit alors de quels espoirs les jeunes cholos de province parent cette dernière lorsqu'ils viennent s'y installer.

La ville attire certainement plus, au premier abord, par les possibilités de petits métiers qu'elle offre, que par ses salaires qui exigent toujours une certaine spécialisation. Les femmes, nous l'avons vu, sont domestiques avec un salaire qui dépassait rarement en 1971, 600 sols par mois (70 F environ), logées et nourries et avec la possibilité de suivre les cours du soir. Les adultes s'emploient comme manœuvres et gardiens sur les chantiers de construction, comme porteurs au marché, ou comme garçons de course pour les bureaux.

Hommes, femmes et enfants, profitent également du petit commerce. Celui-ci porte sur les articles les plus divers, mais surtout : la papeterie, les journaux, la mercerie et la nourriture (plats populaires, brochettes, sandwiches ou glaces). Il incorpore de plus en plus des articles d'artisanat. Les lieux pour le réaliser sont multiples, dans une ville où la vie publique est très importante : marché évidemment, mais aussi stade, portes des diverses administrations, hôtels et cinémas, gares et aéroport, ou tout simplement trottoirs des rues les plus fréquentées. Nous avons vu que le tourisme avait multiplié les petits métiers, en particulier chez les enfants, qui s'improvisaient volontiers guides ou chanteurs. Aujourd'hui, ce phénomène a beaucoup diminué, de même que la mendicité. Quant à la prostitution, elle est bien moins développée que dans les grandes villes. Elle concerne d'ailleurs surtout la classe aisée et moyenne, de manière déguisée, avec des jeunes femmes le plus souvent étrangères à la ville.

Le revenu professionnel mensuel moyen dans la ville du Cuzco en novembre 1969, était de 1 700 sols (soit 204 F environ) (12). Il était légèrement inférieur à celui d'Arequipa (1 856 sols), mais supérieur à celui de Puno (1 663 sols) et surtout Juliaca (1 054 sols). 57,9 % de la population active salariée gagnait moins de 2 000 sols par mois (240 F), contre 58,1 % à Are-

---

12. Enquête du S.E.R.H. ; op. cit.

quipa et 76,9 % à Juliaca. 24,1 %, soit le quart des salariés, disposaient d'un revenu mensuel inférieur à 500 sols (60 F). A l'autre extrêmité de l'échelle sociale, 13,2 % gagnaient plus de 5 000 sols (600 F), dont 0,2 % plus de 25 000 (3 000 F). Malgré la crise économique atteignant Arequipa, la population de cette ville gagnant plus de 5 000 sols était sensiblement plus importante (près de 25 %), 0,4 % disposant de plus de 25 000 sols (tableau n° LXXXV).

TABLEAU N° LXXXV
SALAIRE MENSUEL MOYEN DANS LES VILLES DU SUD DU PÉROU

SALAIRE MENSUEL EN SOLS (1)	CUZCO		AREQUIPA	PUNO	JULIACA
		%	%	%	%
De 1 à 499	7 096	24,1	21,5	24	36,3
De 500 à 999	4 146	14,1	13,2	13,5	20,1
De 1 000 à 1 999	5 754	19,7	23,4	15,8	20,5
Total de 1 à 1 999	16 996	57,9	58,1	53,3	76,9
De 2 000 à 2 999	3 905	13,3	11,6	13,3	8,6
De 3 000 à 4 999	4 587	15,6	15,3	21,7	9,
Total de 2 000 à 4 999	8 492	28,9	26,9	35	17,6
De 5 000 à 7 499	2 413	8,2	8,7	8,5	3,7
De 7 500 à 9 999	684	2,3	2,5	1,4	0,9
Total de 5 000 à 9 999	3 097	10,5	11,2	9,9	4,6
De 10 000 à 24 999	760	2,5	3,4	1,7	0,6
25 000 et plus	66	0,2	0,4	0,1	0,3
Total (2)	29 411		70 249	6 811	6 405
Salaire moyen mensuel	1 700		1 856	1 663	1 054

Source : Enquête S.E.R.H., novembre 1969.
(1) 1 sol = 0,12 F en 1969.
(2) Il s'agit ici de la population active salariée.

Le salaire minimum légal avait beaucoup progressé pour les travailleurs du Cuzco depuis 1965, date de son établissement et 1971. Pour les ouvriers, il était passé de 26,5 sols par jour (18 sols en 1962), à 43,5 sols en 1970. Pour les employés, le salaire mensuel était de 900 sols en 1965 (550 sols en 1962) et de 1 400 sols en 1970. C'est ainsi que la progression du salaire ouvrier quotidien, entre 1965 et 1970, avait été supérieure à celle des prix de détail des produits alimentaires (indice 164,1 pour les salaires et 138,4 pour les prix, sur une base 100 en 1966), comme à celle des produits industriels en général (indice 144,4), en particulier à celle des vêtements (indice 150,65) et de l'ameublement (indice 151,18) (13). Pour les employés, on avait de même une progression des salaires avec un indice de 155,55. Cependant, seuls les employés de commerce sans aucune formation, percevaient le salaire minimum ; dans les grands bureaux du Secteur Public

---

13. ORDESUR. Boletín estadístico. V. II. 2. Sectores sociales. Arequipa. Oct. 1971.

(60 % environ des employés de la ville), les salaires descendaient rarement au-desous de 1 500 et même 2 000 sols en 1969. Pour les ouvriers, si ceux qui avaient une certaine spécialisation arrivaient à gagner de 60 à 80 sols, beaucoup, en revanche, étaient payés au-dessous du minimum légal.

Les salaires de la ville du Cuzco étaient nettement plus élevés que ceux perçus dans les autres provinces de la Sierra de la région Sud-Est (à l'exception de Sicuani et Maranganí qui s'alignaient sur le Cuzco). C'est ainsi qu'ils n'étaient en 1970 que de 41 sols pour les ouvriers et 1 230 sols pour les employés à Abancay, de 39 sols et 1 220 sols dans les bourgades provinciales du Cuzco (respectivement 37 et 1 110 sols pour celles de l'Apurímac), et 24 sols et 720 sols dans les campagnes du Cuzco (25 sols et 800 sols dans celles de l'Apurímac). Par contre ils étaient inférieurs aux rémunérations payées à Puerto Maldonado qui atteignaient presque le niveau de celles de Lima (55 sols pour les ouvriers — 1 900 sols pour les employés). C'est cette supériorité des salaires urbains, jointe aux possibilités de petits métiers qu'offre une ville de la taille du Cuzco, qui expliquaient le pouvoir d'attraction de l'agglomération cuzquénienne sur ses campagnes.

C. Évolution de la société urbaine

Le Cuzco a cessé d'être, comme au XIXe siècle et comme on le disait encore avant 1950, une ville de propriétaires terriens et de gens d'église. La richesse et la puissance de ces derniers a beaucoup diminué et il est certain que rares sont maintenant les fils de bonne famille qui entrent en religion, comme c'était encore le cas au début de ce siècle. La classe des propriétaires terriens a incontestablement perdu le pouvoir économique, mais elle conserve le contrôle de l'autorité sociale et souvent politique. Son déclin a été progressif depuis le début de ce siècle et ceci de plusieurs manières : appauvrissement par suite des partages successoraux, troubles agraires, émigration vers la capitale péruvienne. Ce dernier phénomène a été renforcé au fur et à mesure que Lima devenait une très grande métropole. Les hacendados restant au Cuzco sont loin de constituer d'autre part une classe homogène. Il y a de grandes différences entre, les membres des grandes familles locales qui exercent depuis longtemps des professions urbaines et, les nombreux provinciaux qui sont venus récemment s'établir en ville, se mêlant dans les nouveaux quartiers (Tahuantinsuyu, Los Incas, Uchullu en particulier) à des gens de condition plus modeste. Petit à petit, tous ont perdu le contrôle du pouvoir économique. Les plus traditionnels assurent difficilement, avec les revenus de leurs domaines, les frais qu'exigent les études des enfants et la vie en ville d'une famille souvent nombreuse. Les plus modernes s'endettent auprès des organismes de développement, ou des banques privées et de la brasserie.

Par contre, ils réussissent encore, quoique dans une moindre mesure avec l'actuel gouvernement, à conserver le contrôle du pouvoir politique. Les principales autorités de la ville étaient, en 1969, des hacendados et beaucoup restent encore en place ; ils contrôlaient aussi bien la préfecture et les sous-préfectures de province, la mairie, la présidence de la Cour Supérieure de Justice que la direction des organismes techniques ; C.R.Y.F., Ve région d'Éducation, "Area de Salud" et même Ministère de l'Agriculture. Seuls l'archevêque et les chefs de l'armée et de la police n'étaient pas Cuzquéniens, mais ils se comportaient, en 1968, comme les alliés de la classe des propriétaires fonciers qui, par ailleurs, envoyait les seuls représentants du Cuzco au Parlement. C'est souvent leur activité professionnelle qui leur avait permis d'accéder à ces postes et d'entrer dans les grandes administrations. A la robe, puis à la médecine, qui attiraient depuis le XIXe siècle les Cuzquéniens de l'aristocratie, se sont ajoutées des professions plus liées au monde moderne : ingénieurs civils, agronomes, vétérinaires, comptables, plus récemment encore architectes (14). Cette alliance des techniciens et des propriétaires terriens n'est évidemment pas sans contradictions, et c'est là un problème essentiel pour le bon fonctionnement de nombreux services. C'est ainsi que le Ministère de l'Agriculture, et même le bureau de la Réforme Agraire, était dirigé en 1969 par des hacendados dont la plupart ne donnaient dans leurs domaines l'exemple, ni du progrès économique, ni surtout du progrès social.

Ce sont désormais les entrepreneurs capitalistes qui détiennent le pouvoir économique, mais rares sont parmi eux, les Cuzquéniens d'origine. On trouve en premier rang des étrangers arrivés après la Première Guerre mondiale : Allemands, Italiens, Espagnols, et même, quoique à un niveau inférieur, Yougoslaves, Libano-Syriens et Japonais. La grande majorité de leurs enfants se sont unis par des mariages avec les membres de l'aristocratie locale. Aussi sont-ils associés aux hacendados, aussi bien au sein du Club Cuzco, que dans la direction de la Banque des Andes qu'ils ont contribuée à créer. A côté, sont des Aréquipéniens, et plus rarement des entrepreneurs venant de Lima ou des villes du Nord. Ceux-ci sont beaucoup moins indulgents vis-à-vis des Cuzquéniens dont ils critiquent volontiers le manque de compétence et de dynamisme en affaires. Beaucoup ne sont que des gérants salariés qui ne font que passer dans la ville. Aussi ne se préoccupent-ils pas d'adhérer au Club Cuzco et préfèrent l'International ou le Club Arequipa ; de même, ils ne sont pas membres du Rotary où se retrouvent les précédents, mais plutôt du Lyons Club moins aristocratique. Ils s'y mêlent aux moyens commerçants de la ville. Ces derniers sont souvent d'origine provinciale, quoique établis depuis longtemps au Cuzco. Ils ont créé une association professionnelle, plus populaire que la Chambre de Commerce (la Asociación de Comercio e Industria) et le Club « los Condores ». Cependant, les plus riches, cherchent toujours à rejoindre l'élite au sein du « Club Cuzco ». Beaucoup sont conseillers municipaux et deux d'entre eux sont même arrivés à être maires tout récemment.

Riches hacendados et entrepreneurs capitalistes, se rejoignent dans un même mode de vie qui mêle à l'imitation des modèles de consommation modernes, un sens très poussé des relations sociales et familiales, ce qui lui donne un caractère incontestablement provincial. Si beaucoup de Cuzquéniens se préoccupent d'avoir plusieurs sources de revenus, c'est en raison des exigences de leur train de vie familial et social. La famille cuzquénienne est généralement étendue et un actif doit, en fait, subvenir aux besoins de plusieurs inactifs. Un couple accepte volontiers la charge d'un parent âgé et souvent de frères ou sœurs célibataires, voire de neveux venus de province pour poursuivre leurs études. Celles-ci, bien qu'étant relativement bon marché, représentent un chapitre important des dépenses, car les Cuzquéniens ont à cœur de donner une formation universitaire à leurs fils et même de plus en plus à leurs filles. Le « statut » social exige, par ailleurs, certains signes d'aisance : une voiture, parfois deux, une chaîne stéréophonique, des toilettes, surtout des « fêtes ». Ces dernières s'organisent à plusieurs niveaux. Il y a tout d'abord celles qui célèbrent les événements familiaux : mariages, baptêmes, anniversaires, mais également tous les départs et retours de voyages, en particulier vers la capitale. A un second niveau, il y a les réunions ayant un caractère professionnel, en particulier celles des associations collégiales, corporatives ou culturelles. Enfin, à un troisième niveau de la vie sociale, il y a les clubs : Club Cuzco et Rotary pour l'aristocratie, Lyon's Club et Internacional pour la classe moyenne riche, « Los Condores » pour

---

14. Il est amusant de constater que les paysans indiens eux-mêmes semblent conscients de cette évolution. Désormais, lorsqu'ils rencontrent un métis de la ville, ils ne le saluent plus respectueusement du nom de « Doctor » (titre d'ailleurs surtout universitaire et judiciaire), mais de celui d'« Ingeniero ».

les petits bourgeois. En dernier lieu, les bourgeois cuzquéniens ont à cœur d'affirmer leur sens de la collectivité, en participant à des fêtes charitables (kermesses et « bingos », notre jeu de loto) et en soutenant financièrement des clubs sportifs, au premier rang desquels se situe le « Cienciano », club de football semi-professionnel patronné par le collège des Sciences.

Toute cette vie sociale extrêmement active qui trouve un écho complaisant dans les journaux et radios locales, apparaît comme très villageoise et « provinciale » aux yeux des Liméniens et des Aréquipéniens, qui, dans la ville même, n'hésitent pas à la critiquer. Et pourtant, toute la classe aisée est en train de subir une adaptation très rapide au mode de consommation des habitants des villes de la Côte. C'est ainsi que beaucoup de Cuzquéniens se sont fait construire, récemment, des maisons de style contemporain pourvues du confort moderne (par exemple à Santa-Mónica, mais aussi dans le Barrio Magisterial ou à Huancaro). Leurs habitudes de consommation justifient déjà dans la ville, la présence de certains magasins de luxe, à la clientèle presque essentiellement urbaine. Dans un désir d'imiter les habitants des grandes villes, s'est développée également la mode des sorties dominicales à la campagne, bien que cela ne soit pas encore une réelle nécessité dans une ville qui reste tranquille et peu polluée. Urubamba et « la vallée sacrée des Incas » sont ainsi devenues un lieu de détente et de villégiature où les plus riches cherchent à acquérir un terrain, afin d'y construire une résidence secondaire. Cette mode des loisirs de fin de semaine a déjà fait l'objet de plusieurs entreprises commerciales. C'est ainsi qu'on a commencé à aménager la petite lagune de Huarcarpay, peu avant Urcos, où on peut faire du canotage. Plus importante est la création du Country-Club Limatambo avec maison de club moderne, petits bungalows, piscine et diverses possibilités de sports et jeux. Bien qu'il soit situé à 80 kilomètres de la ville, la vente de ses actions a connu, en 1967-1968, un réel succès parmi les bourgeois de la ville.

Le caractère provincial est souvent extrêmement futile des activités sociales de la classe aisée du Cuzco, ne saurait faire oublier l'importance de la vie intellectuelle qui continue à animer la ville, et la place au second rang péruvien, avant Arequipa. Le Cuzco continue à avoir de nombreux peintres, artisans célèbres et même des cinéastes. Ces artistes sont souvent en contact avec les milieux intellectuels de Lima ou de Buenos Aires et Mexico, le développement du tourisme facilitant également beaucoup, les rencontres avec des intellectuels étrangers. Il y a huit salles de cinéma, dont cinq particulièrement importantes, qui accueillent parfois des troupes théâtrales. L'Université et diverses institutions (15) organisent de nombreuses expositions et conférences.

Dans la classe moyenne, se côtoient les commerçants de moindre importance mais relativement aisés, les employés, ainsi que les fonctionnaires et les « professionnels » qui ne sont pas liés à la classe des hacendados. La plupart sont d'origine provinciale et on y retrouve, en particulier, ces métis qui sont venus en ville suivre des études secondaires et universitaires ; ainsi, les instituteurs et professeurs et de nombreux avocats ou comptables. Leur importance récente est liée au développement des fonctions régionales du Cuzco. Leurs relations avec leur province d'origine, où ils conservent une partie de leur famille et souvent quelques terres, sont très fortes. Ils en reçoivent une partie de leur nourriture et s'y rendent chaque année, en particulier pour la fête patronnale. Au Cuzco, plus qu'à des « Clubs de province » qui sont assez rares, ils appartiennent à des associations professionnelles, corporatives, syndicales. Ils sont souvent sensibles à la propagande politique des partis d'opposition (A.P.R.A. ou Parti Communiste), leurs salaires modestes

---

15. On peut citer parmi les plus importantes : la Maison de la Culture, l'Instituto Americano de arte, le Patronato de arqueología, l'Académie de la langue Quechua.

et leur position dans le jeu des clientèles bureaucratiques, faisant qu'ils se sentent menacés par les crises politiques et économiques. Ils se montrent, cependant, surtout soucieux de s'intégrer le mieux possible à la vie urbaine. Leur vie sociale est moins ostentatoire que celle des gens de la classe aisée, mais ils consacrent beaucoup d'argent à la construction et à l'ameublement de leur maison.

C'est ce même désir d'intégration à la société urbaine qui caractérise les classes populaires venant vivre dans les pueblos jovenes de la ville. La plupart des sociologues péruviens ont bien décrit le phénomène de "cholificación" qui traduit les transformations de la population culturelle "indienne" au contact de la vie urbaine. Ils ont attiré l'attention sur les aspects les plus extérieurs de cette évolution : adoption des vêtements métis et d'objets domestiques industrialisés, usage de l'espagnol, etc. Celle-ci est particulièrement rapide chez les jeunes qui perçoivent un salaire : ouvrier de la construction et surtout pour les jeunes filles, domestiques. L'achat d'un vêtement de ligne et de tissus plus moderne représente souvent la première dépense réalisée en ville, ce qui montre le désir des ruraux d'abandonner rapidement les signes distinctifs de l'« indien». La progression de l'espagnol est favorisée par la forte scolarisation des adolescents et des adultes qui, après leur travail, fréquentent les cours du soir. Il est certain que l'usage du quechua est, actuellement, nettement en recul au Cuzco. Alors que dans les classes aisées et moyennes, il y a vingt ou trente ans, les enfants élevés par les domestiques et même les grand-mères, étaient tous bilingues, aujourd'hui ils ne connaissent pas le quechua. Aussi ne peut-on constater au Cuzco une « ruralisation » de la société urbaine, phénomène que certains sociologues ont étudié à Lima (Cf. Cotler, Quijano, Matos Mar, etc.). Il y a une « ruralisation » relative du paysage urbain, mais l'abandon des caractères ruraux chez les individus se fait de manière déterminée et assez rapide.

Plus que sur les aspects culturels, d'autres sociologues insistent sur le fait que le « cholo » se trouve dans une situation, d'une part très mouvante, et d'autre part inférieure par rapport à celui qui le nomme ainsi. Toute une étude serait à faire dans une ville moyenne comme le Cuzco sur les mécanismes de promotion ou de non-promotion des migrants. Quelques cas de réussite d'individus de condition modeste sont bien connus, quoique toujours critiqués et mal admis par les classes aisées. Mais on ignore, dans une population qui semble assez flottante, la proportion d'échecs, d'essais successifs pour tenter de trouver un moyen de survivre, de départs vers d'autres villes, ou de retour dans la sous-préfecture et le village d'origine. C'est de cette masse de travailleurs acceptant de bas salaires et de mauvaises conditions de travail pour pouvoir rester en ville, qu'ont besoin les entrepreneurs du Cuzco. Aussi, plus que sur le phénomène de « cholification » qui pour nous est surtout culturel, il conviendrait d'insister sur la prolétarisation des paysans indiens dans les villes. Ceux-ci perdent en effet peu à peu l'usufruit qu'ils avaient du moyen de production que constitue la terre et n'acquièrent la possession d'aucun autre moyen. Ils sont de plus en plus inclus dans l'économie capitaliste, étant obligés de vendre leur force de travail, et devenant les nécessaires clients de l'économie de marché.

III. — L'ÉVOLUTION DE LA POPULATION RÉGIONALE

A. Structure démographique et professionnelle

Elle est très difficile à étudier du point de vue démographique, étant donné, nous l'avons vu, les défauts des renseignements statistiques. Les taux de natalité et de mortalité restent forts pour l'ensemble de la région Sud-Est, et il est mal aisé de voir les différences entre provinces, ou entre secteur rural et urbain. Bien souvent en ville, les taux paraissent plus élevés, non seulement à cause de la jeunesse et de la fécondité d'une population où les migrants sont nombreux, mais plus encore, parce que les faits démographiques y sont mieux enregistrés.

Dans le département de Cuzco, 49 % de la population rurale avait moins de 19 ans en 1961 contre 51 % pour la population urbaine. Le pourcentage d'adultes de 20 à 54 ans était identique, les personnes âgées de plus de 55 ans représentant 11 % en milieu rural et 10 % dans les villes. En 1972 en raison de l'essor démographique, la jeunesse de la population était plus accentuée, avec 53,6 % de moins de 19 ans pour la population urbaine du Cuzco et 54,9 % pour celle de l'Apurímac, les taux respectifs pour la population rurale s'élevant à 51,9 % et 53,9 %. La proportion des plus de 55 ans était de 8,8 % pour Cuzco et 11,4 % pour l'Apurímac dans les villes et de 10,5 % et 12,1 % dans les aires rurales. Toutes les provinces ayant un fort pourcentage de population rurale connaissait donc un certain vieillissement de leur population. On note également une forte proportion de femmes dans les provinces les plus touchées par l'émigration et ce phénomène s'est accentué depuis 1940 (tableau n° LXXXVI). Le taux départemental est lui-même déséquilibré ce qui souligne l'importance de l'émigration au niveau de l'ensemble de la Sierra de la région Sud-Est (49 % d'hommes pour Cuzco et 45 % pour l'Apurímac, en 1961 contre respectivement 50 % et 47 % en 1940). Au recensement de 1972, le déséquilibre entre les sexes est moins accentué et même inversé pour le Cuzco, avec 50,6 % d'hommes et pour l'Apurímac 48,6 %. La diminution relative du taux de population féminine depuis 1961, peut s'expliquer si l'on considère que désormais les femmes quittent également la campagne soit pour rejoindre un conjoint parti seul dans une première étape de migration, soit pour travailler dans les villes régionales plus à même de leur offrir un travail comme domestiques ou commerçantes. Les provinces d'émigration conservent toutefois en 1972 comme en 1961, un fort pourcentage de population féminine (Acomayo, Canas, Canchis, Espinar, Paruro, Andahuaylas, Antabamba, Aymaraës, Graú), avec des taux dépassant 50 %. A l'inverse, la Convención et le Madre de Dios ont un taux de masculinité très élevé : 57 % d'hommes pour la Convención en 1961 et 55 % en 1972, 67 % dans le Madre de Dios en 1961 et 57,3 % en 1972 (56 % en 1940) où le Manú atteignait 82 % en 1961. Toutefois dans une province urbanisée comme celle de Cuzco, la proportion d'hommes n'était que de 48,6 % en 1969 (16), alors qu'en 1961 elle était de 50,5 %.

Le pourcentage de population active dans les départements de Cuzco et Apurímac a diminué entre les recensements de 1940 et 1961 d'une part, puis 1961 et 1972 d'autre part. Ceci met en valeur l'ampleur de l'émigration des jeunes adultes et souligne le poids croissant en raison de l'essor démographique, que représente pour les actifs la couche jeune de la population (17). On

---

16. Enquête réalisée par le S.E.R.H. (Servicio del empleo y recursos humanos) dans huit villes péruviennes en novembre 1969. En 1972, le taux atteignait à nouveau 50,3 %.

17. Des différences importantes dans l'appréciation des recenseurs ont pu intervenir également en particulier pour les actifs de moins de 14 ans mieux scolarisés en 1972.

TABLEAU N° LXXXVI
COMPOSITION PAR SEXE DE LA POPULATION DE 14 ANS ET PLUS
SELON LES RECENSEMENTS DE 1940 ET 1961 (%)

	1940		1961		1972	
	Hommes	Femmes	Hommes	Femmes	Hommes	Femmes
Acomayo	47	53	46	54	47,7	52,3
Anta	49	51	48	52	50,3	49,7
Calca	50	50	51	49	51,1	48,9
Canas	49	51	46	54	49,3	50,7
Canchis	48	52	46	54	48,9	51,1
Chumbivilcas	51	49	50	50	50,2	49,8
Cuzco	49	51	50,5	49,5	50,3	49,7
Espinar	49	51	46	54	48,7	51,3
La Convención	55	45	57	43	55	45
Paruro	51	49	49	51	49,8	50,2
Paucartambo	51	49	51	49	51,6	48,4
Quispicanchis	51	49	50	50	50,3	49,7
Urubamba	49	51	50	50	50,9	49,1
Cuzco	50	50	49	51	50,6	49,4
Abancay	50	50	48	52	50,2	49,8
Andahuaylas	46	54	43	57	47,2	52,8
Antabamba	47	53	45	55	49,3	50,7
Aymaraës	47	53	44	56	48,5	51,5
Cotabambas	49	51	48	52	50,5	49,5
Graú			46	54	49,3	50,7
Apurímac	47	47	45	55	48,6	51,4
Manú	68	32	82	18	66,8	33,2
Tahumanú	56	44	64	36	56,6	43,4
Tambopata	57	43	64	36	56,8	43,2
Madre de Dios	56	44	67	33	57,3	42,7

TABLEAU N° LXXXVII
POPULATION ACTIVE DES DÉPARTEMENTS DE LA RÉGION SUD-EST
AUX RECENSEMENTS DE 1940, 1961 ET 1972

	CUZCO		APURIMAC		MADRE DE DIOS	
Population active						
1940 Total	219 487	45,1 %	113 059	43,8 %	1 855	37,4 %
Hommes	134 962		65 161		1 545	
Femmes	84 525		47 898		310	
1961 Total	205 549	33,6 %	79 813	27,7 %	6 132	41,2 %
Hommes	158 582		62 144			
Femmes	46 967		17 669			
1972 Total	216 576	30,3 %	73 884	23,9 %	6 855	32,2 %
Hommes	171 320		63 106		6 226	
Femmes	45 256		10 778		629	
Agriculture-élevage, chasse-pêche	%		%		%	
1940	66,0		77,0		54,0	
1961	61,4		77,0		52,0	
1972	61,7		77,7		54,1	
Mines						
1940	0,82		0,1		18,0	
1961	0,75		0,3		12,4	
1972	0,4		0,2		6,5	
Industrie (1)						
1940 (2)	19,19		16,0		4,0	
1961	14,17		9,0		9,0	
1972	11,70		6,5		10,8	
Transport et communication						
1940	0,10		0,6		4,0	
1961	1,35		0,6		2,0	
1972	1,60		0,8		1,6	
Commerce (3)						
1940	3,99		1,8		5,0	
1961	8,48		3,0		13,0	
1972	7,20		3,2		4,9	
Services (4)						
1940	8,03		1,0		10,0	
1961	11,15		7,0		11,0	
1972	11,0		8,0		14,9	
Domestiques						
1940	5,0		2,7		2,0	
Non déterminé						
1940	0,2		0,5		4,0	
1961 (5)	2,67		3,0		1,0	
1972	6,5		3,6		7,3	

(1) Industrie de la construction incluse.
(2) Les chiffres de 1940 comprenaient les tisserands à domicile.
(3) Nous avons ajouté dans cette colonne les commerçants classés par les recensements dans les services personnels.
(4) Y compris les membres des professions libérales.
(5) Le chiffre de 1961 comprend les aspirants à un travail.

TABLEAU N° LXXXVIII : POPULATION ACTIVE DES DÉPARTEMENTS DE LA RÉGION SUD-EST, PAR PROVINCES, AUX RECENSEMENTS DE 1961 ET 1972 (%)

	Population active		Agriculture élevage-chasse pêche		Mines		Industrie		Commerce et transport		Services	
	1961	1972	1961	1972	1961	1972	1961	1972	1961	1972	1961	1972
Acomayo	33,3	30,7	84	86,3			5	3,5	5	2,7	5	0,4
Anta	27,7	26	76	81,5		0,1	8	4,8	6	5,2	7	4,6
Calca	32,7	34,1	77	82,2		0,1	7	6,2	7	4	7	5,1
Canas	31	29,9	72	80,5		0,1	16	10,3	4	2,7	5	3,7
Canchis	36,2	30,7	60	61,2	0,4	0,5	14	15,1	15	10,6	9	8,6
Chumbivilcas	32,9	27,9	77	82,8	0,6	0,3	11	7,1	5	3,4	5	3,8
Cuzco	32,8	29,8	15	12,2	0,3	0,3	25	21,3	20	20	33	32
Espinar	34,7	30,6	32	28,9	6	3,7	46	32,6	9	12,3	5	3,8
La Convención	42,3	34,4	73	76			6	4,8	9	6,2	11	9
Paruro	29,9	28	83	89,4			5	1,7	4	2,5	5	4,3
Paucartambo	35	32,8	82	81,9			5	6,3	7	3,6	5	3,1
Quispicanchis	31,9	29,9	68	74,4	2	0,4	14	9,8	8	6,6	6	5,1
Urubamba	30,6	26,2	68	76,3	0,3	10,3	13	6,7	7	6,6	10	7,5
Cuzco	33,6	30,3	61,4	61,7	0,75	0,4	14,1	11,7	9,8	8,8	11,1	11
Abancay	27,3	24,4	63	60,3	0,3	10,3	12	10	7	7,5	14	17,4
Andahuaylas	27	22	80	78,5	0,2	0,1	7	6,8	3	3,7	6	7
Antabamba	28,7	25,9	78	81,4	0,3	0,2	4	3,3	5	2,9	8	6,9
Aymaraës	26,2	21,7	78	83,4		0,2	7	3,2	5	4	7	6,1
Cotabambas	31	30,9	85	90,5			6	3,5	3	1,2	3	2,8
Graú	28,2	24,1	70	75,5	0,8	0,1	17	10,2	4	3,5	6	6,7
Apurímac	27,7	23,9	77	77,7	0,3	0,2	9	6,5	4	3,9	7	8
Manú	75,7	51,7	53	51,4	35	10,4	7	14,6	1	2,6	3	19,4
Tahuamanú	34,7	29,7	75	64,9		0,1	5	7,4	9	5,9	10	14,8
Tambopata	38,7	31,5	41	50,8	10	8,2	12	11,4	21	7,3	14	14,3
Madre de Dios	41,2	32,2	52	54,1	12	6,5	9	10,8	14	6,5	11	14,9

n'avait plus que 33,6 % d'actifs en 1961 et 30,3 % en 1972 contre 45,1 % en 1940, au Cuzco et, dans l'Apurímac, 27,7 % en 1961 et 23,9 % en 1972 contre 43,8 %. Dans le Madre de Dios, au contraire, on passait de 37,4 % de population active en 1940 à 41,2 % en 1961, mais pour redescendre à 32,2 % en 1972, ce qui souligne la fragilité de l'économie de ce département (tableau n° LXXXVIII). On observait déjà une nette évolution dans la composition de la population avec, dans le département de Cuzco, une progression des activités principalement urbaines : commerce (8,48 % contre 4 % en 1940), transport et communication (9,8 % contre 4,9 %), services enfin (11,2 % contre 8 %), l'agriculture n'occupant plus que 61,4 % de la population active contre 66 % en 1940. Le recensement de 1972 apporte peu de changements par rapport à celui de 1961, à l'échelle départementale au moins, puisqu'on a 61,7 % de la population active travaillant dans l'agriculture (contre 61,4 %), 11 % pour les services et un très léger recul du secteur commerce-transport (8,8 % contre 9,8 %), ce qui nous semble, d'ailleurs, en nette contradiction avec ce que nous avons pu étudier. La part de l'industrie, par contre, recule de 14,1 à 11,7 %, ce qui souligne le déclin des petites industries rurales (moulins et fabriques textiles surtout), et correspond peut-être, également, à une meilleure utilisation du critère « population industrielle » rejetant l'artisanat domestique dans le secteur agriculture, sensiblement plus important à l'échelle provinciale en 1972 qu'en 1961.

Dans l'Apurímac, c'est entre 1940 et 1961 que ce seraient effectués les changements les plus marquants dans la composition de la population active. Le recensement de 1972 ne fait que confirmer les progrès des secteurs services — qui, de 1 % en 1940 passe à 7 % en 1961 et 8 % en 1972 — et plus légèrement commerce-transport (3,9 % en 1972 contre 4 % en 1961 et 2,4 % en 1940). L'agriculture se maintient à 77 %, comme en 1940, mais en 1972, elle aurait remonté à 77,7 %, ce qui correspond peut-être à la diminution relative du secteur industrie (6,5 % en 1972 contre 9 % en 1961 et 16 % en 1940) ainsi que nous venons de le préciser pour Cuzco. Dans le Madre de Dios, les activités agricoles avaient une place moins importante (54,1 % en 1972 contre 52 % en 1961 et 54 % en 1940) que dans les deux autres départements. Le commerce qui avait beaucoup progressé de 1940 à 1961 (passant de 5 % à 13 %), connaît en 1972 une nette diminution à 4,9 % alors que les transports sont presque stationnaires depuis 1961 (1,6 % contre 2 %) et en recul par rapport à 1940 (4 %). Les services et l'industrie, par contre, sont en nette progression passant respectivement de 10 % en 1940 à 14,9 % en 1972, et de 4 % à 10,8 %.

Une seule province avait, de 1961 à 1972, une composition de la population par activités nettement urbaine, celle du Cuzco (tableau n° LXXXVIII). La part de l'agriculture n'y est que de 12,2 % (15 % en 1961), alors qu'elle dépasse 60 % dans toutes les autres (18). Le secteur commerce y serait stationnaire depuis 1961 (20 %) et l'industrie comme les services, en diminution relative (21,3 % pour l'industrie contre 25 % en 1961 et 32 % pour les services contre 33 %), la population active ayant diminué, par ailleurs, il est vrai de 3 % entre 1961 et 1972. Toutes les provinces de départ apparaissent essentiellement agricoles ; par contre, celles de nos petites villes et même des bourgs, voient se développer les secteurs commerce, services et même parfois industrie (ainsi la Convención, Abancay, Canchis, mais aussi Espinar, Urubamba, et même Calca et Quispicanchis).

---

18. Dans le cas d'Espinar où l'agriculture semble ne concerner que 28,9 % de la population (32 % en 1961), on doit tenir compte du fait que tous les tisserands à domicile, qui sont en réalité des pasteurs, ont été classés dans le secteur industriel, ce qui diminue anormalement le pourcentage d'agriculteurs.

B. Évolution de la société rurale

Nous avons donné dans les chapitres précédents de nombreux exemples des conséquences de la pénétration du fait urbain dans les campagnes cuzquéniennes sur les aspects culturels les plus extérieurs, en particulier par suite des migrations. Nous avons parlé notamment de l'évolution des costumes qui s'occidentalisent, de l'usage des chaussures, de l'introduction de certains produits fabriqués : lampes et réchauds à pétrole, ustensiles de cuisine, transistors et plus rarement bicyclettes, enfin, denrées alimentaires telles que : sucre raffiné, pâtes, riz, huile, pain de blé et surtout bière. On observerait d'importantes transformations de l'habitat en comparant, par exemple, celui des punas de Canas, avec ses villages aux toits de chaume dépourvus de tout service, et celui de la vallée de Canchis, avec ses maisons à étages, couvertes de tuiles, comportant plusieurs pièces séparées et des fenêtres vitrées. Les outils de travail, de même, se modernisent un peu et l'usage des engrais et des semences à haut rendement se répand surtout parmi les anciens émigrants. Ceux-ci sont les premiers à inciter leurs camarades à construire une école, ou une route, ou à installer l'eau potable. Ils se préoccupent souvent de former un club de football et parfois une coopérative de consommation. L'acquisition de l'espagnol pénètre beaucoup plus lentement, et les résultats du recensement de 1972, nous permettront d'en mesurer le progrès par rapport à 1961.

Nous voudrions essayer de présenter maintenant l'évolution même de la société rurale, en étant pleinement consciente des limites de notre étude. On a une différenciation croissante de cette société qui résulte à la fois d'une division plus poussée du travail et d'autre part des inégalités d'intégration dans l'économie capitaliste. Cette différenciation se manifeste, autant entre les groupes sociaux qui constituent de plus en plus des classes, qu'à l'intérieur même de chaque groupe, par le jeu des contradictions qui se développent.

Jusque dans les années 1930 et même 1950, la société rurale se caractérisait surtout au Cuzco par l'existence de deux classes sociales : celle des hacendados qui possédaient les moyens de production et celle des paysans dominés. Ceux-ci n'avaient que l'usufruit de la terre, comme colons d'haciendas ou comme membres des communautés indigènes. Dans les vallées quechuas, et en particulier autour des agglomérations, existait une classe de petits propriétaires métis, qui constituait en fait la clientèle locale des hacendados auxquels la liaient les intérêts économiques et plus encore politiques de ses membres.

La pénétration des influences urbaines favorise incontestablement la classe dominante, dans la mesure où celle-ci a plus de facilités d'accès, à la fois aux marchés et aux services. Mais l'intégration croissante à l'économie capitaliste renforce les contradictions existant au sein de la classe des hacendados qui apparaît ainsi moins homogène. Il y a, en premier lieu, une opposition croissante, entre les exploitations traditionnelles utilisant le colonat, et celles plus modernes employant des salariés. Cette dualité fait naître des tensions au sein des terratenientes comme de la main-d'œuvre, tensions qui ont été un des facteurs des violents troubles agraires des années 1960. En second lieu, les départs des hacendados vers les villes ont été très nombreux. Dans les vallées quechuas, la plupart ne résident plus sur place. Ils conservent le pouvoir économique, à la fois par le biais de la possession de la terre, et par le contrôle qu'ils exercent sur la main-d'œuvre, servile ou salariée. Mais le pouvoir politique local leur a échappé, au profit des petits propriétaires métis avec lesquels leurs relations de clientèle deviennent de plus en plus lâches.

Cette classe de petits propriétaires métis constituerait pour certains sociologues une véritable « bourgeoisie rurale » (19). Elle aussi a été favorisée par son intégration à l'économie de marché. Elle continue à posséder, dans la grande majorité des cas, la terre ; mais elle y a ajouté d'autres sources de revenus provenant surtout du commerce. Ce sont en effet les petits propriétaires métis qui ont installé de nombreuses boutiques dans les villages ; beaucoup se sont enrichis comme « rescatistas » dans la ceja de montaña et comme intermédiaires dans le commerce du bétail. D'autres étaient des « arrieros », le relais étant pris aujourd'hui dans le domaine des transports, par les camionneurs. Nombreux enfin, sont ceux qui sont devenus artisans, profitant de l'évolution des genres de vie pour se faire tailleurs, coiffeurs, cordonniers, forgerons, tuiliers, ou tout simplement boulangers.

Beaucoup de métis ont réussi, par ailleurs, à augmenter leur production agricole et à vendre des excédents. Ils ont pu le faire grâce à leur facilité d'accès aux services agricoles, en particulier par le biais du crédit, qui leur permettait d'acheter des engrais et des semences sélectionnées. Ce sont eux, plus que les hacendados, qui se sont lancés dans les cultures à destination des marchés urbains : choux, tomates ou frutillas à Yucay (29). Certains également, ont pu acheter ou surtout louer des terres. Nous avons vu qu'à la suite du départ de certains hacendados des domaines avaient été fractionnés et vendus. Parfois ce sont les couvents qui ont procédé à des lotissements, les petits propriétaires ayant toujours été favorisés, par ailleurs, pour la location des biens d'Église. Le départ des émigrants a augmenté également les possibilités de fermage ou de métayage des terres des absents. Enfin, certains paysans quechuas, en particulier à Urubamba, en Acomayo ou dans Canchis, avaient pu acquérir un « arriendo » dans la vallée de la Convención et sont devenus aujourd'hui, après l'application de la Réforme Agraire, propriétaires.

Les possibilités d'acquérir de l'argent sont donc loin d'être limitées dans les vallées cuzquéniennes et bien des paysans métis n'ont pas besoin d'émigrer pour s'intégrer à l'économie de marché. D'autant plus que leur aisance croissante, jointe à leur culture élémentaire, leur permet d'exercer plus facilement les charges politiques, et en particulier celles de gouverneur, de juge de paix, ou de conseiller municipal. Dernièrement, ces pouvoirs administratifs ont été limités par ceux des nouveaux fonctionnaires qui ne sont pas toujours, loin de là, leurs alliés.

Mais, petits commerçants et fonctionnaires n'arrivent pas à constituer, comme dans les villes, une véritable classe moyenne. Les seconds ne s'intègrent pas à la société rurale et on doit les considérer comme des prolongements de la société urbaine dans les campagnes. Les premiers constituent un groupe intermédiaire, extrêmement menacé par la concurrence qui se développe dans l'économie capitaliste. Commerçants et artisans seraient pour Antoinette Molinié Fioravanti, très menacés par la concentration qui ne manquera pas de s'effectuer, et leurs activités ne représenteraient « qu'une étape avant la prolétarisation complète » (21). Grands et petits propriétaires sont ensemble menacés par l'accentuation de deux types de contradictions. D'une part, le progrès technique de l'agriculture, comme la multiplication des magasins n'est possible qu'au prix d'un endettement vis-à-vis des organismes de crédits publics (Crédit agricole), ou privés (brasserie

---

19. Cf. Antoinette MOLINIÉ FIORAVANTI, Éduardo FIORAVANTI, Julio COTLER, ADAMS, etc.

20. Antoinette MOLINIÉ FIORAVANTI : Influences urbaines et société rurale au Pérou ; le cas de Yucay. Thèse de 3e cycle. Université de PARIS V. Novembre 1972, 377 p.

21. Id.

pour l'agriculture, banques pour le commerce). D'autre part, le pouvoir même de la classe dominante et de ses alliés, a pu apparaître menacé par les dominés eux-mêmes et par les dernières réformes imposées par le gouvernement.

Les dominés ne représentent pas non plus une classe homogène et au sein de leur groupe, on doit également constater une différenciation croissante. Ainsi, dans les haciendas de la vallée de la Convención, lors des troubles agraires des années 1960, certains travailleurs, les « arrendires », se sont placés à la tête du mouvement syndical, en ayant soin de préserver leurs privilèges face aux « allegados », « sub-allegados » et autres peones. Dans les communautés indigènes, on observe une profonde évolution, sous l'influence des migrations et de l'intégration croissante, quoique très inégale, de la population à l'économie capitaliste. Les principales manifestations sociologiques de cette évolution sont l'exaltation de l'individualisme qui affaiblit les liens et coutumes communautaires, la différenciation progressive des revenus et la prolétarisation de certains paysans contraints de vendre leur force de travail.

Le fait d'émigrer est, pour la grande majorité des comuneros, une expérience individuelle, au moins au début où la migration est souvent temporaire, même si elle peut prendre plus tard un caractère familial. L'attachement du migrant à sa communauté reste profond. Il se manifeste par des retours fréquents et par des dons collectifs effectués par exemple pour des œuvres d'intérêt public (école, horloge, chapelle, arène, générateur électrique, route, installation de l'eau potable, etc.). L'exercice d'un « cargo » permet également à certains individus de démontrer leur magnificence vis-à-vis de la collectivité. Mais cet attachement s'accompagne, pourtant, d'une distance de plus en plus affirmée vis-à-vis de l'accomplissement des devoirs communautaires pour les migrants qui reviennent dans leur ayllu. Ceux-ci souvent refusent de participer aux faenas et se conduisent comme des paysans individualistes. De la même manière, ils refusent de rendre l'« ayné », l'aide mutuelle, et introduisent petit à petit le salariat.

L'unité du groupe est rompue d'autre part, par suite de la multiplication des mariages entre habitants de villages différents, provoquant une forte diminution de l'endogamie qui continuait à caractériser les communautés indigènes cuzquéniennes. La rupture même momentanée avec le groupe communautaire et la pénétration du mode de pensée occidental, conduit également à une réelle distanciation des individus vis-à-vis de la cosmogonie quechua, ce système de relations entre les hommes et la nature qui était un des fondements de l'ayllu. De la même manière, dans les communautés où une forte proportion de jeunes est partie, les servitudes collectives (faenas) sont assurées de manière beaucoup plus irrégulière, et finissent par disparaître presque complètement.

Sur le plan des revenus, les migrations et l'accès à l'économie de marché, provoquent une différenciation croissante parmi les paysans ; l'écart s'accroît entre les plus riches d'une part, et les plus pauvres de l'autre, en particulier ceux qui ne sont pas encore sortis de leur communauté d'origine. L'augmentation des revenus ne provient pas tellement des envois des migrants établis en ville, car ceux-ci restent limités, étant donné la modicité et l'instabilité des ressources urbaines. Chaque retour au village est par contre accompagné de cadeaux pour les familiers et les amis. C'est sur le plan des contacts, plus que sur celui de l'apport financier que les relations des villageois avec leurs compatriotes émigrés dans les villes sont importantes. La réussite, ou simplement les aventures de certains, encouragent beaucoup de jeunes à partir, d'autant plus que chaque parent émigrant constitue un foyer d'accueil éventuel.

Les migrants revenant dans leurs communautés, tendent à s'insérer de plus en plus dans l'économie de marché. L'accumulation du capital, d'ailleurs très limitée, se fait surtout grâce au commerce et à l'artisanat, à l'acquisition d'un troupeau, ou encore, aux salaires temporaires. Par contre, l'accaparement progressif des terres laissées libres par les partants, entre les mains de quelques individus, a été limité, à la différence de ce qui a pu se passer dans certaines communautés des hautes vallées de la Côte. En effet au Cuzco, toute une partie de la famille reste sur place et continue à exploiter le lopin familial. L'exiguïté même de chaque parcelle, limite d'ailleurs le cumul des terres. Cette exiguïté, accentuée par la pression démographique, conduit de plus en plus les paysans « indiens » à vendre leur force de travail par le biais des migrations. On a une stimulation et un développement constant de la consommation qui oblige les paysans à acquérir de l'argent ce qui prouve leur insertion croissante à l'économie capitaliste.

La minorité de comuneros aisés et acculturés, tend à exploiter souvent les autres, en se faisant l'alliée des métis. Elle sait fort bien utiliser les faenas collectives pour la réalisation de certains travaux (route, eau, etc.) dont l'usage lui est, dans un premier temps, presque exclusivement réservé. C'est chez elle que les pouvoirs publics choisissent de préférence leurs représentants. Aussi ces « cholos », s'intercalent-ils dans cette chaîne de domination à laquelle sont soumis les paysans indiens, et on peut dire que, dans une première phase caractérisée par une importance limitée des migrations, celles-ci tendent à renforcer le système de domination interne.

Dans une seconde phase où les migrations se généralisent et où les jeunes migrants reviennent nombreux à la terre, il semble que l'individualisme régresse et que se développe à nouveau l'esprit communautaire. C'est sous l'influence des migrants que se sont ainsi formés les syndicats agraires des années 1960, la plupart des leaders paysans ayant connu le prolétariat urbain. Lorsqu'après les luttes, les communautés ont pu acheter ou récupérer quelques terres, ce sont les comuneros les plus acculturés qui ont imposé certaines mesures visant à renforcer la communauté : exploitation collective des terres acquises, choix d'une culture commercialisée de manière à financer les travaux collectifs (école, route, eau, etc.), organisation de ces derniers, parfois création d'un groupement d'achats. Les organismes de développement ont toujours su utiliser ces éléments progressistes comme « leaders » de leurs diverses expériences. Gabriel Escobar (22), a étudié ces deux types d'évolution de la communauté, en opposant un village de la puna, Nuñoa, où les apports urbains ont surtout servi aux métis et à quelques cholos qui étaient leurs alliés, aux communautés de la vallée du Mantaro. Dans le Cuzco en fait, on trouve côte à côte, ces deux types, le second, toutefois, présentant un degré d'évolution moins avancé. Le premier correspond surtout aux villages et aux communautés de la puna. Le second est très fréquent dans les « parcialidades » des provinces quechuas proches de la ville.

Tous deux, en fait, contribuent à faire des communautés indigènes des groupes de paysans, évolution qu'a pleinement reconnu la Junte militaire dans les lois agraires de 1969 (23). Il est certain que c'est le développement d'une véritable conscience de classe parmi les paysans indiens qui a fait la force du mouvement syndical et des luttes agraires de 1960. De même, à l'intérieur du processus de réforme agraire, les travailleurs ont tenu à affirmer cette conscience dans plusieurs haciendas en voie d'expropriation (en particulier Huarán) et aujourd'hui dans les coopératives. Les transformations de la société rurale sont donc aussi importantes que celles interve-

---

22. Gabriel ESCOBAR MOSCOSO ; El mestizaje en la region andina : el caso del Perú. Revista de Indias n° 95-96, 1964 - p. 197 - 220.

23. On les appelle officiellement désormais « comunidades campesinas » et non plus « comunidades indigenas ».

nues dans les villes. Ce qui au début du siècle apparaissait souvent encore comme un système à deux « castes », caractérisées l'une par ses privilèges et l'autre par des traits culturels, est devenu un ensemble de classes sociales dont la lutte a été, et reste, l'un des moteurs les plus importants des changements en cours.

A cette différenciation sociale correspond dans notre région une différenciation selon les espaces géographiques. L'évolution précédente caractérise, en effet surtout, les vallées quechuas qui présentent les meilleures aptitudes, à la fois sur le plan de la production agricole comme sur celui de la vie de relation, pour l'intégration à l'économie de marché. Les versants, les punas isolées, et d'une manière générale « les hauteurs », sont, par contre, beaucoup plus mal placés. Antoinette Molinié Fioravanti, comparant les paysans de Yucay et les comuneros de San Juan, parle d'une « dimension verticale de la prolétarisation » (24). Cette dimension n'est pas seulement locale, mais régionale, et nous la retrouverons en essayant de définir les types de région en fonction des influences urbaines.

---

24. Antoinette MOLINIÉ FIORAVANTI ; op. cit.

TROISIÈME PARTIE

LA NOUVELLE ORGANISATION RÉGIONALE

Il y a donc une volonté manifeste d'élargir l'influence régionale de la ville du Cuzco grâce à la transformation de ses fonctions et à la mise en place de services et de nouveaux moyens de transport. Cela donne aux influences urbaines un caractère conquérant et extrêmement dynamique. Mais ces influences sont, d'une part, très récentes, puisqu'elles apparaissent surtout après 1950 et en particulier après 1960 ; elles sont, d'autre part, transmises par une ville, moyenne encore par sa taille, et qui n'a aucune autonomie pour les décisions comme pour les investissements. Les effets peuvent en être bloqués si les structures régionales ne répondent pas à la même dynamique. Or les changements interviennent en fait, dans un double système de marginalité : l'un à l'échelle nationale pour l'ensemble de la région, et l'autre qui s'est établi en fonction du Cuzco. Cette ville, en effet, n'a eu, jusqu'à une époque récente, qu'un rôle de domination et d'exploitation sur sa périphérie et a contribué à maintenir, plus que partout ailleurs au Pérou, le poids des structures héritées de la Colonie. En second lieu, dans la région, certains éléments apparaissent comme susceptibles de limiter la pénétration des influences urbaines : le relief montagneux, l'isolement de bien des provinces — imposé autant par la distance et le compartimentage du relief que par l'oubli des centres de décision privés ou publics de la Côte — enfin une économie essentiellement agricole pauvre et somnolente, avec un bas niveau de vie des populations. Aussi la pénétration des influences urbaines dans un espace qui n'a jamais été homogène, mais qui avait su garder une certaine unité grâce aux multiples liaisons entre étages écologiques différents et au rôle historique de la ville du Cuzco, a accru les disparités régionales. Les vallées apparaissent de plus en plus favorisées par rapport aux hauteurs et on voit s'accroître les différences en fonction de la verticalité. Dans bien des provinces de la puna, c'est en fait l'absence de relation ville-campagne qui est le caractère dominant. Plusieurs types de régions s'individualisent que nous présenterons, à la fois en fonction des influences du Cuzco et, d'une manière plus générale, de la diffusion de « l'urbanisation ». Les agglomérations étant les plus aptes à recevoir et à transmettre ces influences urbaines, nous en étudierons l'évolution, tant du point de vue de leur structure ou de leurs fonctions, que de l'armature urbaine régionale.

CHAPITRE IX

LES TYPES DE RÉGIONS EN FONCTION DES NOUVELLES INFLUENCES URBAINES

La pénétration des influences d'une ville dans sa région est non seulement fonction de son équipement et de son dynamisme, comme nous venons de l'étudier dans la seconde partie, mais aussi de l'aptitude de cette région à les recevoir. Le phénomène est d'autant plus intéressant à étudier ici que plusieurs facteurs généraux apparaissent comme un frein à la pénétration du fait urbain. Les limites que semblent apporter les conditions naturelles (essentiellement ici altitude, distance, disposition du reflief, climat), sont en fait principalement déterminées, nous l'avons vu, par les circonstances historiques tant nationales que régionales (1). Nous les retiendrons, toutefois, comme éléments d'explication des types de région. Celles-ci seront ainsi définies en fonction de deux groupes de critères d'urbanisation ; l'un, en relation avec les influences de la capitale régionale, et l'autre, en fonction des équipements mis en place et de facteurs humains et socio-économiques plus généraux. Nous avons conservé, à priori, le cadre de la province, pour établir notre analyse, car dans les deux départements du Cuzco et de l'Apurímac, elles ont, à la fois, une longue tradition historique et une réalité administrative dont tient compte l'implantation des services et même la construction des voies de communication. Cependant, dans les tableaux, et pour le département du Cuzco, nous avons groupé ces provinces suivant le milieu naturel et notre classification tiendra toujours compte des deux éléments.

I. - LES FACTEURS FAVORABLES A LA PÉNÉTRATION DES INFLUENCES URBAINES

A. Rappel des influences de la ville du Cuzco dans sa région

Il est certain que les liens établis par la ville, tant du point de vue des relations personnelles et familiales, que par les services commerciaux et l'équipement mis en place récemment, constituent un premier impact du fait urbain. Ces services ont généralement un effet multiplicateur,

---

1. Voir première partie. Chapitre III.

TABLEAU N° LXXXIX : INFLUENCES DU CUZCO SELON LES PROVINCES DE LA RÉGION SUD-EST

	DOMAINE FONCIER CUZQUENIEN		INFLUENCES COMMERCIALES DU CUZCO							Total
	Nombre de domaines <50% dont <30%	Nombre réduit de domaines des collectivités	Distances au Cuzco >100 km	Nombre d'agglomérations dépourvues de routes >50%	1 ou 2 districts sans routes	Chef-lieu de province sans liaisons quotidiennes directes avec le Cuzco	Absence de liaisons postales quotidiennes	Présence d'un seul moyen de télécommunication	Rareté des visites des voyageurs de commerce	
I. — Canas	1	1/2	1			1	1	1	1	6,5
Chumbivilcas	1/2	1/2	1	1		1	1	1	1	8
Espinar	1/2	1/2	1		1/2	1	1	1	1	7,5
II. — Paruro				1			1		1	4
III. — Acomayo			1		1/2		1			2,5
Anta										
Canchis	1	1/2	1							3
Cuzco					1/2					1/2
Urubamba										
IV. — Calca			1		1/2		1	1		2,5
Paucartambo			1			1/2	1	1	1	4,5
Quispicanchis		1/2	1		1/2					2
V. — La Convención	1	1	1	1		1	1		1,5	8
Antabamba	1/2	1	1	1		1	1		1,5	8
Grau	1/2	1	1	1		1/2	1		1	6,5
Cotabambas	1	1	1	1		1/2	1		1	6,5
Aymaraës	1/2	1	1	1		1/2	1		1	6,5
Andahuaylas	1/2	1	1		1/2	1/2	1			4
Abancay	1/2	1	1		1/2					
Manú	1	1	1	1,5		1	1	1,5	1,5	8,5
Tambopata	1/2	1	1			1	1	1	1/2	7
Tahuamanú	1/2	1	1	1		1	1	1	1	8,5

les habitants éprouvant rapidement le besoin du service supérieur, ce qui les conduit à l'exiger sur place, ou à émigrer vers un centre urbain mieux pourvu. Par contre, les premiers liens, et en particulier ceux établis par le biais de la domination foncière, sont loin d'être toujours favorables à la pénétration des influences urbaines. Nous avons vu (2), en effet, comment les hacendados ont exercé pendant des siècles le contrôle des institutions sociales, administratives et politiques, en maintenant les paysans dans un cadre de pauvreté, de marginalisation et d'exploitation. Leurs domaines, par ailleurs, ont été souvent mal travaillés et très lents à adopter les progrès techniques.

Le tableau n° LXXXIX fait nettement ressortir les différences entre les provinces quechuas où les influences de la ville du Cuzco sont fortes et les provinces de la puna où elles sont beaucoup plus limitées. Le domaine foncier du Cuzco est ainsi très peu étendu dans les circonscriptions comportant de vastes extensions de puna : Canchis, Canas, Chumbivilcas, et plus encore Espinar, Antabamba, Graú. Le nombre des propriétaires cuzquéniens y est inférieur à 50 %, et descend même, pour trois d'entre-elles, au dessous de 30 %, alors qu'il dépasse 60 % dans les provinces quechuas et la vallée de la Convención. L'Église et l'Assistance Publique, même, n'y ont aucune possession, à l'exception d'un petit terrain pour la seconde dans Canas, et seul le Collège des Sciences possédait en 1969 quelques « chacras » dans la vallée de Canchis et des « estancias » près de la lagune de Langui-Layo et de Pichigua.

Ainsi, les Cuzquéniens ont très peu investi dans ces hautes steppes d'élevage, relativement éloignées de la ville par ailleurs. Inversement, les grands propriétaires de ces régions ont préféré se tourner vers les centres collecteurs de laine, Sicuani et Arequipa. Dans les terres chaudes, au contraire, le Cuzco a réussi à contrôler la colonisation foncière, soit par ses propres habitants, soit par des provinciaux et des étrangers qui, après s'y être enrichis, sont venus s'installer en ville. L'influence cuzquénienne a cependant été plus grande dans la Convención que dans les autres vallées de ceja de selva ou le Madre de Dios. Dans l'Apurímac, cette influence est surtout forte, sans être toutefois très importante, dans les provinces de Cotabambas et Abancay pour des raisons souvent historiques ; elle reste notable dans Andahuaylas comme conséquence des migrations vers la capitale incaïque.

En un demi-siècle, la vie économique de chaque province s'est trouvé grandement perturbée par la mise en place de nouvelles voies et moyens de communication. Nous avons vu que tous les districts des provinces quechuas du département du Cuzco étaient touchés par une route, à l'exception de Rondocán dans Acomayo. Ceux de la vallée du Vilcanota et de la pampa d'Anta, bénéficient en outre du chemin de fer. La ceja de montaña, elle-même, commence à être bien desservie, seules les routes vers les districts les plus élevés, Lares, Occobamba et Vilcabamba, n'étant pas terminées. La province de Paruro illustre bien cette dualité entre l'ouverture de ses districts quechuas, qui, proches du Cuzco, ont tous une route, et l'isolement de ceux du sud qui n'en n'ont pas. De même, Canas et Espinar apparaissent bien desservis (1 seul district d'Espinar, Pichigua n'a qu'une mauvaise piste) alors que dans Chumbivilcas, la moitié des districts n'ont que des chemins muletiers, et un, Livitaca, une piste très médiocre. Dans l'Apurímac, en dehors des deux routes vers Lima, celles qui joignent les capitales de province ont une importance essentiellement locale et la plupart des districts (38 sur 57, soit 57 %) n'ont pas de routes, les provinces d'Abancay et d'Andahuaylas étant, seules, relativement desservies (5 districts sur 8 ont une route dans Abancay et 15 sur 16 dans Andahuaylas).

---

2. Voir deuxième partie : Chapitre IV.

Les provinces de puna, en raison de leur éloignement du Cuzco (230 kilomètres pour Yauri, 370 kilomètres pour Santo Tomás par la route) n'ont aucune liaison quotidienne, mais seulement, bi-hebdomadaire pour Yauri et hebdomadaire pour Yanaoca et Santo Tomás, avec la capitale départementale. Celles-ci concernent d'autre part un nombre réduit de véhicules, 2 autobus et 4 ou 5 camions au maximum pour chaque agglomération. Paucartambo ainsi que Cosnipata et Quince Mil n'ont, en raison de l'étroitesse de la route, qu'un service à jour passé ; mais il est plus intense et porte sur une dizaine, parfois une quinzaine de véhicules. La vallée de la Convención ainsi que toutes les provinces quechuas, ont des services quotidiens d'autobus et de camions. Dans l'Apurímac, Cotabambas, Abancay, et même Chalhuanca qui bénéficie du passage des véhicules vers Lima, ont des liaisons quotidiennes avec la capitale régionale ; mais Andahuaylas plus éloignée n'en a plus que tous les deux jours.

Le réseau des services de postes et télécommunications accentue le caractère isolé des provinces hautes et de ceja de montaña. Canas, Espinar, Chumbivilcas, Graú, Antabamba, Cotabambas, Cosñipata et Quince Mil n'ayant qu'un service hebdomadaire. Iberia est la plus isolée avec une distribution tous les 15 jours. Ces lacunes dans les postes ne sont même pas corrigées par les services non officiels des camions et autobus, rares nous venons de le voir dans ces provinces. De même, les capitales de Canas, Paruro, Paucartambo, Calca, Espinar, n'ont qu'un seul service de télécommunication alors que celles des vallées quechuas en ont deux ou même trois.

Il apparaît nettement que la densité des magasins, difficile à chiffrer en l'absence de statistiques précises et des constantes variations des initiatives commerciales, suit très étroitement le tracé des routes. La plupart des sous-préfectures de la puna n'offrent en dehors de modestes épiceries vendant un peu de tissus et de quincaillerie, qu'un ou deux restaurants, un vendeur d'essence et parfois une auberge sommaire. Seule Yauri commençait, en 1969, à avoir quelques magasins spécialisés (une pharmacie, un marchand de produits vétérinaires, trois postes à essence, deux garages, un marchand de bicyclettes, deux hôtels et trois restaurants), et des maisons de demi-gros collectant également la laine.

La renaissance des marchés est un des caractères de l'économie des provinces quechuas. Dans les villages de la puna, ils ne subsistent que dans les régions de contact écologique (au-dessus de la vallée de l'Apurímac dans Canas et Acomayo), ou bien sur les routes où ils sont réanimés par les camions. Ils semblent avoir disparu dans plusieurs villages. Le Cuzco, comme centre de redistribution des produits agricoles de l'étage quechua et de la ceja de montaña, a toujours eu une influence importante dans les marchés de la puna. Mais cette influence est aujourd'hui en recul, les échanges devenant chaque fois plus directs avec les zones de production.

Toutes les provinces méridionales de notre région sont bien oubliées dans les itinéraires des maisons de commerce du Cuzco, à l'exception d'Acomayo. Elles ne reçoivent de la capitale départementale que l'essence, la bière et la coca-cola, le sel et en partie du chocolat, des céréales, des bougies et quelques tissus. Même des provinces proches comme Paruro et Paucartambo sont peu fréquentées par les représentants des maisons du Cuzco qui attendent en fait que leurs commerçants viennent se ravitailler à la ville. Les terres chaudes sont moins délaissées que la puna dans le mouvement commercial de notre ville, mais elles sont aussi dans une situation de dépendance plus grande, sauf la Convención et, dans une moindre mesure, Puerto Maldonado ; aussi, les voyageurs de commerce ne vont-ils que périodiquement à Quince Mil et plus rarement Iberia, Cosñipata dépendant surtout des camions locaux.

Le tableau n° LXXXIX nous permet de rappeler ainsi que les influences du centre régional sont faibles dans les trois provinces de puna qui à l'intérieur du département du Cuzco totalisent le plus de variables. Elles sont également faibles dans l'Apurímac, sauf dans la province de la capitale, Abancay, et dans le Madre de Dios. Enfin, deux provinces se situent à la limite, Paruro et Paucartambo ; les influences du Cuzco y restent fortes parce qu'elles sont plus proches de la ville et que la plupart de leurs hacendados résident dans celle-ci. Mais, en fait, l'analyse de l'équipement en services et des caractères démographiques vont les rattacher au groupe des provinces peu urbanisées.

B. L'équipement en services

L'implantation des services nous permet d'assurer la transition entre les influences directes du Cuzco et celles qui relèvent de causes plus générales. Notre ville n'est en effet que le relais des pouvoirs de décision qui se situent à Lima et son rôle est limité, en particulier du point de vue budgétaire. Toutefois, comme chef de la plupart des organismes administratifs, elle a la responsabilité de nombreux équipements et du pourvoi en fonctionnaires des bureaux.

Il n'y a aucune banque dans l'ensemble des provinces du sud, ni commerciales ni de développement, à l'exception du petit bureau de Crédit Agricole d'Acomayo dont l'influence se prolonge à Accha (Paruro). Ailleurs, on doit avoir recours aux succursales de Sicuani (« Banco Popular » et « Banco de Fomento Agropecuario ») et, pour l'Apurímac, d'Abancay. Les terres chaudes paraissent beaucoup plus favorisées avec cinq banques à Quillabamba, deux guichets à Maranura et Santa María, et deux banques à Puerto Maldonado. Beaucoup d'entreprises commerciales de Quillabamba et même certains fonctionnaires, ont, en outre, un compte dans une banque du Cuzco. Dans l'Apurímac, Abancay et Andahuaylas sont bien équipées avec chacune deux banques commerciales et une agence du crédit agricole, la capitale y ajoutant une succursale du Banco Industrial. Les autres provinces n'ont rien (tableaux n° XC).

En raison des multiples créations de ces dernières années, le nombre d'écoles par rapport à la population d'âge scolaire n'est pas forcément défavorable à la puna (Canas compte ainsi une école primaire pour 122 habitants, alors que la ville du Cuzco en a une pour 301). Cependant, les écoles de la puna et de la ceja de selva comportent très rarement un enseignement complet. Toutes se situent au-dessous de la moyenne du département du Cuzco qui n'est d'ailleurs que de 37 %. La zone la plus défavorisée dans ce domaine est la ceja de selva, en dehors de la Convención et de Marcapata-Quince Mil ; Calca et Paucartambo doivent à cela des pourcentages évoluant entre 20 et 23 %, précédées de peu par Espinar avec 25 %. Dans l'Apurímac, Andahuaylas et Antabamba sont les plus mal pourvues.

Le nombre d'élèves en classe de fin d'études primaires descend au-dessous de 6 %, par rapport à l'ensemble des élèves inscrits, dans les provinces de Canas, Chumbivilcas, Espinar, Paucartambo, Paruro, Cotabambas et Manú (moyennes pour Cuzco et Madre de Dios 8 % et 7 % pour l'Apurímac). Nous avons signalé, d'autre part, le mauvais équipement, et souvent même l'absence de tout équipement, de la grande majorité des écoles de la puna (3). Ce sont elles qui ont la plus forte proportion d'instituteurs de troisième catégorie (c'est-à-dire n'ayant pas de

---

3. Cf. Chapitre VII de la deuxième partie.

titres d'enseignement complets) ; celle-ci dépasse 50 % dans Canas, Espinar, Paruro, la Convención et surtout Chumbivilcas (81 %), Paucartambo étant à la limite (49 %), alors que la moyenne du département de Cuzco est de 34 %. Dans l'Apurímac, la moyenne départementale est de 47 %, mais la proportion dépasse 50 % dans Antabamba, Graú, Aymaraës et Cotabambas. Nous avons vu, d'autre part, que les absences des maîtres, comme des élèves, dans la puna, étaient fréquentes.

Les collèges secondaires de la puna sont généralement récents (1963-1964 pour Yauri, Yanaoca, Santo Tomás, 1966 pour Chuquibambilla, Cotabambas et Iberia) et le nombre d'élèves achevant des études secondaires y restait très faible : moins d'une vingtaine (dont les 3/4 des garçons) pour Yanaoca, Yauri, Santo Tomás, Paruro, Paucartambo. Aucun, par leur nombre d'élèves, ne méritait un dédoublement en collèges de filles ou de garçons et n'avait de section nocturne. Dans le ceja de montaña les vallées de Lares, Lacco, Cosñipata et Quince Mil, n'avaient pas de collèges en 1973. Les déficiences notées précédemment dans la qualité de l'enseignement primaire sont un peu moins importantes pour le secondaire. Beaucoup de collèges provinciaux sont neufs, quoique très insuffisamment équipés. Quant à la proportion de professeurs de 3e catégorie, elle n'est forte qu'à Santo Tomás (70 %) et Paucartambo (67 %) ; Yanaoca et Espinar, par contre, ont des taux inférieurs à ceux de Quillabamba et même de Sicuani. La proportion d'élèves des provinces hautes est également faible dans les établissements de notre ville. Dans les deux collèges nationaux de garçons, elle n'atteint pas 40 élèves pour Espinar, Canas et Chumbivilcas et, 50 élèves pour Paruro, Acomayo et Paucartambo, alors que les autres provinces quechuas et la Convención dépassent ce chiffre. A l'Université du Cuzco, de même, ces six provinces n'atteignent pas chacune 2,5 % des étudiants de l'ensemble du département ; leurs pourcentages sont à peine supérieurs à ceux d'Antabamba et de Cotabambas mais sont largement dépassés par les taux d'Abancay, Andahuaylas et même Aymaraës. Nos enquêtes orales nous incitent, pourtant, à penser que, malgré l'attraction d'Arequipa, l'influence du Cuzco comme centre d'enseignement reste prépondérante dans son département. C'est donc dire la faible importance des personnes recevant une éducation secondaire ou supérieure dans la puna et les provinces quechuas isolées.

Seules les provinces de puna dans le département du Cuzco et celle de Quispicanchis (qui est favorisé cependant par sa proximité du Cuzco), n'ont aucun établissement d'enseignement technique et professionnel. Le collège agricole d'Espinar a même été transféré à Calca, après n'avoir existé à Yauri que sur le papier. Dans l'Apurímac, de même, Aymaraës et Graú n'ont aucun collège technique, Antabamba et Cotabambas ayant un petit établissement, artisanal pour le premier, agricole pour le second. Mais le nombre d'élèves garçons n'y dépassait pas une centaine et pour les filles une trentaine (tableau n° XC).

Il n'y avait plus un seul médecin au sud de la vallée du Vilcanota en 1970, et l'ensemble des provinces dépendait de ceux de Sicuani, pourtant très éloignés. Le nombre de dispensaires est également insuffisant dans le sud de notre région, sauf dans Canas qui, comme pour l'enseignement, a bénéficié des efforts de « Desarrollo comunal ». Chumbivilcas n'avait ainsi en 1971 que deux « Postas sanitarias » (Colquemarca et Velille), dont une seule avait théoriquement un infirmier et, Espinar, un dispensaire à Tocroyoc. La ceja de montaña est un peu mieux équipée. La Convención avait en 1971 18 dispensaires élémentaires (3 ayant été temporairement fermés) tous pourvus d'un infirmier ; cependant, certains districts étaient éloignés de l'hôpital de Quillabamba et dépourvus de routes. Cosñipata avait un nouveau dispensaire médical à Pillcopata et une petite infirmerie à Patría mais ne bénéficiait que d'un seul infirmier et parfois des services du médecin militaire de Salvación dans le Manú ; Quince Mil avait un médecin et deux dispensaires et le Madre de Dios, un seul médecin pour son immense territoire. Dans l'Apurímac, Andahuaylas qui a profité des crédits de Desarrollo comunal, Abancay et Aymaraës, comptent de nombreux petits dispensaires. Mais Antabamba n'en a plus que deux, Cotabambas trois, et Graú quatre, avec quelques infirmiers mais aucun médecin (tableau n° XC).

Les organismes de développement socio-économique sont également rares dans la puna. Il n'y a qu'une agence agraire à Yauri et à Yanaoca, Santo Tomás n'étant que simple bureau. Onze districts sur vingt ont théoriquement un bureau agricole mais dans Espinar, par exemple, aucun n'a le personnel et les véhicules correspondants. Il n'y avait ainsi qu'un vétérinaire pour ces trois provinces d'élevage et aucune assistante sociale ou monitrice d'économie domestique. Acomayo et Paruro sont également défavorisées et dépourvues d'agences agraires (4). Paucartambo, après avoir connu le même abandon, est plus favorisée avec deux agences agraires et deux bureaux agricoles. Dans l'Apurímac, Graú, Antabamba, Cotabambas et Aymaraës sont encore plus oubliées puisqu'elles n'ont aucune agence agraire et seulement des bureaux agricoles dans leur capitale de province, celui de Cotabambas étant rattaché au secteur d'Anta. Le contraste est très grand avec Abancay et surtout Andahuaylas où tous les districts ont un bureau agricole, voire une agence pour Chincheros. Un effort important est mené dans les terres chaudes ; en raison des nécessités de l'application de la loi de Réforme Agraire, la Convención compte neuf agences agraires et une trentaine de bureaux agricoles ; Pillcopata, où on a lancé un programme pour la culture du riz, bénéficie, depuis peu, d'une agence agraire cependant que Quince Mil paraît bien délaissé. L'ensemble du Madre de Dios, enfin, dépend de la seule agence de Puerto Maldonado, Iberia bénéficiant toutefois des techniciens de l'hacienda du Banco de Fomento Agropecuario. On ne trouvait, en 1968-1969, qu'un seul bureau de Cooperación Popular dans la puna, à Yauri, la province de Canas étant par ailleurs associée à celle de Canchis pour un programme concerté de Développement des communautés indigènes. Dans l'Apurímac, c'est Andahuaylas très peuplée, qui a concentré tous les efforts de développement, les quatre provinces du sud, très délaissées, ne bénéficiant que d'actions ponctuelles de la J.O.P. d'Abancay (5). Dans la ceja de montaña, la Convención et Lares bénéficiaient en 1969 des crédits de Coopération Populaire, de la Réforme Agraire et de l'Institut des Coopératives.

L'équipement en services urbains, en général très récent, introduit un nouveau facteur défavorable pour les marges froides et chaudes de notre région. En 1971, ni Santo Tomás, ni Paruro, n'avaient l'électricité ; Yauri, Yanaoca et Paucartambo se contentaient d'un courant électrique faible et irrégulier qui ne dispensait pas de la bougie. Aucun district de ces six provinces n'avait d'électricité à la différence de ceux de la vallée du Vilcanota. Dans l'Apurímac, la moitié des districts (33 sur 69), d'après les statistiques officielles, semblent pourvus d'installation électrique, beaucoup ayant bénéficié pour cela de l'aide des hommes politiques qui les ont érigés au rang de district et de l'apport financier des nombreuses associations d'émigrants à Lima. Cependant, il conviendrait de voir ceux qui, réellement, ont une électricité régulière et satisfaisante, le département n'atteignant qu'une puissance installée de 5 151 kW et une production de moins de 2 M. de kW/h en 1970. Dans le Madre de Dios, seule la capitale a l'électricité, depuis peu de temps d'ailleurs.

---

4. La première avait, toutefois, en 1971, une agence de la C.R.Y.F. vendant l'engrais de Cachimayo.
5. J.O.P. : Junta de Obras públicas.

TABLEAU N° XC : ÉQUIPEMENT EN SERVICES DES PROVINCES DE LA RÉGION SUD-EST

	BANQUES			ENSEIGNEMENT							SANTÉ				ÉQUIPEMENT URBAIN				
	Absences de banques commerciales	Absences de banques de développement	Total	Écoles primaires ayant un enseignement complet <37% (1)	Nombre d'élèves Nombre d'enfants de 5 à 14 ans ≤55% (2)	Nombre d'élèves en fin d'études primaires <6%	Nombre d'enseignants de 3e catégorie ≥50%	1 établissement secondaire	Absence d'enseignement technique	Total	Absence de médecins en 1971	Nombre de districts sans dispensaires >50%	Total	Absence d'agences agricoles	Absence d'électricité Dans la capitale de province	Dans tous les districts	Dans 50% des districts	Absence d'eau potable dans la moitié des districts	Total	Total
I. — Canas	1	1	1	1				1	1	1,5	1	1	1/2		1/2				1	4
Chumbivilcas	1	1	1	1	1	1		1	1	2	1	1	1	1	1	1		1	2	7
Espinar	1	1	1	1	1	1		1	1	2	1	1	1		1/2	1		1	1,5	5,5
II. — Paruro	1		1		1	1/2		1	1/2	1	1	1	1		1	1			1	5
III. — Acomayo	1	1	1/2		1	1/2		1	1/2	1/2	1	1	1/2	1		1			1/2	3,5
Anta	1		1	1				1		1/2										1,5
Canchis										1/2										1/2
Cuzco																				0
Urubamba	1		1/2																	1/2
IV. — Calca	1		1	1						1/2										1,5
Paucartambo	1		1/2	1	1	1			1	1,5					1/2	1			1	3
Quispicanchis	1		1	1	1				1	1										2
V. — La Convención	1		1							1/2							1	1	1	2,5
Antabamba	1	1	1	1			1	1	1/2	1/2	1	1	1				1	1	1	4,5
Grau	1	1	1	1			1	1	1	1/2	1	1	1				1	1	1	4,5
Cotabambas	1	1	1	1	1		1		1	2	1	1	1				1	1	1	6
Aymaraës	1		1	1			1		1	1			1/2							1/2
Andahuaylas				1			1			1/2										0
Abancay			1		1	1	1	1	1	1	1	1	1		1	1		1	2	6,5
Manú	1		1	1			1		1	1,5	1	1	1		1	1			1/2	1
Tambopata	1		1	1	1		1		1	1/2			1/2		1	1			1/2	1
Tahumanú	1		1	1	1		1		1	1	1	1	1/2		1	1		1	2	5,5

(1) La moyenne départementale est de 37 % dans le Cuzco et de 36 % dans l'Apurímac.
(2) La moyenne départementale est de 62 % dans le Cuzco et de 71 % dans l'Apurímac.

433

Les deux provinces de puna, Espinar et Chumbivilcas, sont les plus mal équipées en eau potable, puisqu'en dehors de la capitale de province, un seul district bénéficie de celle-ci dans Espinar (Tocroyoc depuis 1970), et trois dans Chumbivilcas (Velille, Colquemarca et Livitaca). Elles pâtissent dans ce domaine de leur éloignement du Cuzco, les efforts des organismes constructeurs (Ministère de la Santé et Coopération Populaire) s'étant portés sur les villages les plus proches et les plus accessibles. De même, Antabamba, Graú, Cotabambas et même Amayraës, semblent avoir peu de villages ayant l'eau potable. Dans la ceja de montaña, on retrouve l'opposition entre les districts isolés de la Convención (Vilcabamba, Occobamba, Lares) et Cosñipata d'une part, qui n'ont aucun équipement, et, d'autre part, la vallée de l'Urubamba ou Quince Mil.

L'établissement de ces divers services, y compris les routes, dans une région montagneuse et essentiellement rurale, pose d'importants problèmes de coût et de rentabilité. Ceux-ci sont d'autant plus pris en compte, qu'un certain nombre de critères humains apparaissent aux yeux des autorités nationales ou régionales, comme des freins à la pénétration des influences urbaines.

C. Les facteurs démographiques et socio-économiques

Deux tableaux résument les caractères humains de notre espace régional ; le premier (tableau n° XCI) s'attache surtout à la répartition de la population et à l'évolution démographique récente ; le second regroupe les éléments socio-économiques (tableau n° XCII). Le critère de la densité de population par province est insuffisant dans une région qui multiplie des vallées bien peuplées et des versants et punas vides d'habitants ; nous avons vu, d'autre part, qu'en raison des structures agraires existantes, une faible densité provinciale n'exclut pas de multiples cas de surpeuplement relatif, même dans les hautes terres. Cependant, les provinces ayant moins de 10 habitants au km² nous semblent défavorisées pour la mise en place de certains services et la construction des routes. On en compte cinq dans le département du Cuzco et deux dans celui de l'Apurímac ; quatre appartiennent à l'ensemble des hautes terres du sud (Chumbivilcas, Espinar, Antabamba, Aymaraës), une est dans la ceja de montaña (la Convención), les deux autres, enfin (Paucartambo et Quispicanchis), comportent à la fois de grandes extensions de terres chaudes et des hauteurs peu peuplées, ce qui atténue la densité réelle de leurs vallées quechuas. Si l'on considère, par ailleurs, la seule densité de population rurale, Calca s'ajoute aux provinces précédentes (à cause de la vallée de Lares), Graú et même Abancay étant à la limite (tableau n° XCI).

Nous avons ajouté au pourcentage de population urbaine d'après le recensement de 1972 (critère très insuffisant nous l'avons vu), deux autres facteurs précisant le nombre d'agglomérations dépassant 1 000 habitants et l'altitude de celles-ci (l'équipement et la distance par rapport au Cuzco ayant été rappelés dans le tableau précédent). Dans le département de Cuzco, toutes les provinces de la puna et des terres chaudes (en y ajoutant Paucartambo qui a une large extension de ceja de selva), ont un pourcentage de population urbaine inférieur à 20 %, par rapport à la population totale. Les provinces d'Espinar, de Canas et surtout de Chumbivilcas, sont les moins urbanisées et tombent au-dessous de 15 % ; elles ont, pourtant, un nombre de districts important mais rares sont ceux qui dépassent 1 000 habitants. Dans le département d'Apurímac, les pourcentages sont faussés par le fait que, pour des raisons essentiellement politiques, la plupart des villages ont été promus au rang de chefs-lieux de district. C'est ainsi qu'Antabamba a un taux de 37,9 % bien supérieur à celui de la province d'Abancay (29,4 %), parce qu'avec une densité totale inférieure à 5 habitants au km², la capitale de province, Antabamba, pourtant modeste

TABLEAU N° XCI : CARACTÈRES DÉMOGRAPHIQUES ET URBAINS DES PROVINCES DE LA RÉGION SUD-EST

			CARACTÈRES DES AGGLOMÉRATIONS				ACCROISSEMENT 1940-1961						
	Densité de population 10 hab./km²	Pop. urb. en 1961 −20 %	Taille = agglomérations dépassant 1 000 habitants		Altitude absence de village au-dessous de 3 500 m (ou isolément dans la selva)	Total	Accroissement population totale		Accroissement population urbaine 25 %	Accroissement de la capitale de province négatif	Stagnant	Total	Total
			2 et moins de 2 agglomérations	aucune agglomération 2000 hab.			15 %	10 %					
I. — Canas	1	1	1	1	1	1	1,5		1	1		1,5	3,5
Chumbivilcas	1	1	1	1	1	1	1					1	4
Espinar	1	1	1 (1)		1	1						1	3
II. — Paruro				1		1/2	1,5		1	1		1,5	2
III. — Acomayo							1,5		1	1		1,5	1,5
Anta							1					1/2	
Canchis							1,5					1/2	1/2
Cuzco													0
Urubamba							1		1	1		1	1
IV. — Calca	1	1	1			1			1	1	1/2	1/2	1/2
Paucartambo	1	1		1								1	4
Quispicanchis	1										1/2	1/2	1,5
V. — La Convención	1	1	1			1/2							2
Antabamba	1			1		1/2		1			1/2	1/2	2
Grau				1		1/2		1			1/2	1	1,5
Cotabambas		1	1			1/2		1				1	2,5
Aymaraēs	1								1			1	2,5
Andahuaylas		1											1
Abancay			1			1/2						1/2	1/2
Manú	1	1	1	1	1	1							3
Tambopata	1	1		1	1	1					1		1
Tahuamanú	1	1	1	1	1	1						1/2	3,5

(1) Espinar avait, en 1961, 3 agglomérations dépassant le millier d'habitants, mais après la fermeture des mines de Condoroma et Suykutambo, il ne reste plus que Yauri.

(2 294 habitants), arrive à elle seule à grouper 15 % de la population totale. A l'inverse, une province comme Andahuaylas, malgré un nombre élevé de districts (16 en 1961), n'a qu'un taux de population urbaine de 12,1 % ; pourtant, sa densité de population égale à 22 habitants au km², sa situation en grande partie dans la zone quechua et sur la route menant à Lima, en font une région favorable à la pénétration des influences urbaines.

Mises à part quelques communautés indigènes (7 au total pour le Cuzco), les agglomérations de 1 000 habitants sont toutes des districts ; elles ont donc par leur fonction, une vocation urbaine, selon le critère du recensement de 1961. Ce millier d'habitants groupé semble d'autre part nécessaire aux organismes péruviens pour le fonctionnement de services tels que dispensaires, écoles, installation d'eau potable, et ce sont eux qui bénéficient en priorité des constructions de locaux et des nominations de fonctionnaires.

Toutes les capitales de province dépassent le chiffre de 1 000 habitants, sauf dans le Madre de Dios, Inapari (mais Iberia les dépasse), le Manú n'ayant qu'une capitale théorique. Le seuil des 2 000 habitants introduit un clivage plus net ; les capitales des provinces quechuas le dépassent, sauf celles, isolées de Paruro, Acomayo et Cotabambas, Paucartambo atteignant juste ce chiffre en 1972. Dans la Puna, deux sous-préfectures seulement ont plus de 2 000 habitants, Yauri et Antabamba (6). Canas, n'a qu'une seule agglomération dépassant 1 000 habitants (la capitale de province) ; Espinar (7), Chumbivilcas et Paucartambo n'en ont qu'une seule. Dans l'Apurímac, Antabamba et Aymaraës sont dans le même cas, ainsi qu'Abancay qui bénéficie, toutefois, de la présence d'une ville de près de 10 000 habitants.

Dans ce milieu montagneux, au relief et au climat très contrastés, il convient de préciser beaucoup plus qu'ailleurs l'altitude et la situation des villages et bourgades. C'est l'étage quechua qui groupe la grande majorité des agglomérations. Dans le Cuzco, 81 centres administratifs sur 100 (81 %) sont situés entre 2 500 et 3 900 m et dans l'Apurímac 63 sur 69 (91 %). La ceja de montaña et la puna comprennent peu de villes, selon le critère du recensement péruvien. Dans le Cuzco, la ceja de montaña n'a que 9 centres administratifs dont 5, cependant, dépassent 1 000 habitants ; la vallée de la Convención avec 6 capitales, dont 4 de plus de 1 000 habitants (en y ajoutant Macchu Picchu qui géographiquement appartient au « valle »), apparaît plus urbanisée que Lares, Cosñipata ou Quince Mil. Dans l'Apurímac, on n'a que 4 capitales de district au-dessous de 2 500 m, une seule comptant plus de 1 000 habitants. Dans la puna, au-dessus de 3 900 m, il n'y a dans l'Apurímac que deux capitales de districts, une seule Mara, dépassant 1 000 habitants ; le Cuzco, au contraire, compte 2 capitales de province à 3 900 m (Yanaoca et Yauri) et 10 capitales de district, 2 agglomérations abritant plus de 1 000 habitants. Les trois provinces de Canas, Espinar et Chumbivilcas n'ont aucun village à moins de 3 500 m d'altitude, deux centres miniers, Condoroma et Suykutambo atteignant, dans Espinar, les altitudes de 4 950 m pour le premier et de 4 801 m pour le second (8).

---

6. Antabamba au recensement de 1972 n'avait plus que 1 962 habitants.

7. Espinar avait, en 1961, deux villages de mineurs dépassant 1 000 habitants mais leur population a diminué après la fermeture des mines.

8. En raison de l'arrêt de leur exploitation minière, les chefs-lieux de district ont été déplacés vers des lieux sensiblement plus bas, 4 800 mètres pour Bellavista, 4 300 mètres pour Virginiyoc.

Or l'altitude et ici un facteur plus psychologique que réellement physique. Les fonctionnaires comme les voyageurs de commerce, avouent volontiers qu'ils « souffrent » dans la puna (« se sufre ») en raison autant du froid que du sentiment d'isolement et d'insécurité qu'ils y ressentent. La ceja de montaña, bénéficie de préjugés plus favorables, qui font intervenir la chaleur, la respiration plus facile, mais aussi le contact avec des gens « acculturés » et moins pauvres. C'est ici la petitesse des agglomérations, en-dehors de la vallée de la Convención, et la faiblesse de leur équipement qui introduisent un facteur répulsif.

Dans une région où l'accroissement démographique est fort (1,9 % par an entre 1940 et 1961) et varie assez peu d'une province à l'autre, l'évolution de la population entre les deux recensements révèle l'ampleur des migrations dans chaque province. La progression de 25,8 % pour l'ensemble du département de Cuzco, et de 11,7 % pour l'Apurímac entre 1940 et 1961 (les pourcentages respectifs pour la période 1961-1972 sont de 16,5 % pour Cuzco et 6,8 % pour l'Apurímac), est déjà inférieure à celle donnée par le seul mouvement naturel qui aurait été de 48 % pour le département du Cuzco ; ceci souligne le contexte général d'émigration rurale dans lequel se réalise le phénomène que nous étudions. Seul le Madre de Dios a un bilan migratoire positif, mais qui n'arrive pas à corriger le courant de dépeuplement de l'ensemble de la région Sud-Est.

Dans nos deux départements de Sierra, 7 provinces sur 19 ont, entre les recensements de 1940 et 1961 un accroissement de population inférieur ou égal à 10 % : Canas (6,6 %), Acomayo (4,6 %), Paruro (8,8 %), Canchis (8,5 %), Graú (qui perd même 2 %), Cotabambas (10 %) et Aymaraes (7,4 %) ; 6 autres se situent au-dessous de 15 % : Anta (14,6 %), Chumbivilcas (12,2 %), Urubamba (10,1 %), Andahuaylas (12,8 %) et Antabamba (12,6 %), ces deux dernières, cependant, dépassant légèrement le taux d'accroissement de leur département (tableau n° XCI). Au-dessus de ce seuil de 15 % on ne trouve qu'une seule province de puna, Espinar (18 %), qui rejoint ainsi les circonscriptions quechuas ayant un important territoire de ceja de selva (Calca, la Convención, Paucartambo et Quispicanchis qui est à la limite), ou celles qui abritent les deux capitales départementales (Cuzco et Abancay). Le recensement de 1972 montre une accentuation prononcée du ralentissement de l'accroissement démographique dans les provinces d'Acomayo, Aymaraes, Graú qui ont des taux négatifs (par rapport à 1961), Anta et Antabamba rejoignant le groupe des provinces soumises à un fort dépeuplement (croissance 1961-1972 5 %), alors que Canas, Canchis et Cotabambas reprennent un peu. L'émigration touche donc, à la fois, les régions d'altitude au peuplement lâche et indigène, et les vallées agricoles plus densément peuplées qui voient partir leurs éléments les plus acculturés et les plus jeunes.

Bien que l'ensemble de la population urbaine ait connu, selon les critères du recensement, un accroissement supérieur à celui de la population rurale (cependant toujours inférieur au simple mouvement naturel), 6 capitales sur 19 voient au recensement de 1961, leur population diminuer (Yanaoca, Paruro, Acomayo, Paucartambo, Urubamba et Antabamba) et 4 autres stagnent (Calca, Urcos, Chalhuanca et Chuquibambilla). Au recensement de 1972, seules Paucartambo, Urubamba et Calca ont réussi de nouveau à progresser, Acomayo, Yanaoca, Paruro et Antabamba présentent toujours des pourcentages négatifs, Andahuaylas et, dans une moindre mesure, Sicuani et Santo Tomás, s'ajoutant au groupe des capitales administratives qui stagnent. Comment ces sous-préfectures pourraient-elles avoir une action urbanisatrice sur leurs campagnes et attirer les services, les commerçants, les jeunes travailleurs ! Ainsi, l'ensemble des influences urbaines dans la région du Cuzco, s'exercent dans des provinces qui se vident de leurs habitants, à l'exception des zones de ceja de montaña ; comme dans la plupart des pays où l'émigration rurale est forte, elles aident plus à accélérer le phénomène qu'à le freiner.

Le tableau n° XCII présente les caractères socio-économiques de la population. Selon le recensement de 1961, la population de moins de 19 ans représentait 51 % en milieu urbain et 49 % dans les campagnes ; celle des adultes était la même dans les villes comme dans les campagnes, avec des pourcentages de 16 % pour la tranche d'âge de 20 à 30 ans, et de 24 % pour celle de 30 à 55 ans. La proportion des personnes âgées de plus de 55 ans était un peu plus élevée dans les campagnes, avec 11 % contre 9 % dans les villes (9). A cette date, déjà, certaines provinces avaient un pourcentage d'habitants dépassant l'âge de 17 ans sensiblement plus élevé que les moyennes départementales (tableau n° XCII). Ainsi, dans l'Apurímac qui a une moyenne de 52 %, Antabamba, Cotabambas (56 %) et Graú. Dans le Cuzco, dont la moyenne était de 55 %, Acomayo, Paruro, Paucartambo (avec 58 %), dépassent ce seuil, mais aussi Canchis, Quispicanchis et même la Convención, où, en raison de l'immigration, la proportion d'adultes est très élevée ce qui montre combien notre critère est insuffisant.

Le critère de l'activité économique de la population par province est également à utiliser avec précaution (tableau n° XCII), le chiffre de la population employée dans l'industrie ayant été par exemple grossi dans les provinces de la puna, car on y a inclus le tissage domestique. C'est à cela que les provinces de Canas et Espinar doivent une moindre proportion de population agricole. Seule Chumbivilcas, avec 77 %, rejoint presque le groupe des provinces pauvres de l'étage quechua, Paruro, Paucartambo et Acomayo qui ont plus de 80 % de population agricole. Dans l'Apurímac, Andahuaylas est associée à Cotabambas et Graú, Antabamba et Aymaraës, avec 78 %, étant très proches. Au-dessous de 75 %, on ne trouve que les provinces où se situent nos villes : Cuzco (15 %), Abancay (63 %), La Convención (73 %), Canchis (60 %) et celles de deux bourgades Quispicanchis et Urubamba avec chacune 68 %.

Toutes les provinces dépassant 80 % de population agricole ont moins de 5 % de leurs actifs appartenant au secteur commerce - transport d'une part, service de l'autre. Pour les services, il s'y joint Espinar qui, bien qu'ayant 9 % de sa population travaillant dans le secteur commercial — ce qui selon le recensement, la place à un niveau beaucoup plus élevé que Quispicanchis, Urubamba, Anta, et au même niveau que la Convención (10)— est aussi délaissée que l'ensemble de la puna pour les services. La part du commerce est encore plus faible dans les provinces de l'Apurímac, sauf Abancay qui n'arrive d'ailleurs qu'à 7 %, c'est-à-dire moins que la Convención ou Espinar. Le secteur service est plus important dans cette province (14 %) en raison de la présence de la capitale départementale. Dans le Madre de Dios, la proportion d'agriculteurs est beaucoup moins forte, sauf dans le Tahuamanu (75 %) où le secteur « minier » est inéxistant, alors qu'il représente 35 % dans le Manú. Cette dernière province dépourvue de tout centre urbain a, par contre, très peu de commerçants et de services. Ceux-ci se concentrent à Inapari, Iberia et surtout Puerto Maldonado qui avait 35 % de sa population appartenant au secteur tertiaire, et le même pourcentage de commerçants que le Cuzco (21 %) (11).

---

9. Selon le recensement de 1972, 55,4 % de la population urbaine de la région Sud-Est avait moins de 19 ans et 52,1 % de la population rurale. De même, 9,5 % dans les villes avait plus de 55 ans et 10,9 % dans les campagnes. La jeunesse de la population en particulier dans les villes, s'était donc sensiblement accentuée. Les provinces subissant un vieillissement de leur population étaient les mêmes qu'en 1961.

10. Lors du recensement de 1961, celle-ci n'avait pas encore connu les bouleversements de sa structure agraire et l'impact des routes, qui ont provoqué un grand développement des activités commerciales.

11. Le recensement de 1972 confirme à peu près celui de 1961, seules les provinces ayant des villes ou des bourgs ont plus de 5 % de population active travaillant dans le commerce ou les services, à l'exception d'Espinar toujours défavorisée pour les services et en relevant le taux ce l'Apurímac à 7 % pour ce même secteur.

438

TABLEAU N° XCII : CARACTÈRES SOCIO-ÉCONOMIQUES DES PROVINCES DE LA RÉGION SUD-EST

	Secteur agricole 80 %	75 %	Secteur commerce transport 5 %	Secteur service 5 % (1)	Total	Indiens en 1940 80 %	Indiens en 1961 50 %	Population ne parlant pas l'espagnol en 1961 60 %	Analphabètes de + de 17 ans 80 %	Électeurs en 1967 (2) 5 %	Total	Total tableau	Total des 3 tableaux
I. — Canas	1		1	1	1	1	1	1				3	10,5
Chumbivilcas	1		1	1	1	1	1	1	1	1	1	4	15
Espinar		1/2	1	1	1/2	1	1	1				2,5	11
II. — Paruro	1		1	1	1			1	1	1	1	3	10
III. — Acomayo	1		1	1	1	1	1	1		1	1/2	3,5	9
Anta		1/2			1/2	1		1/2				1	3
Canchis							1/2					1/2	1,5
Cuzco												0	0
Urubamba							1/2					1/2	2
IV. — Calca		1/2			1/2		1/2					1	3
Paucartambo	1			1	1	1	1	1	1	1	1	4	11
Quispicanchis						1/2	1/2	1	1			1,5	5
V. — La Convención													4,5
Antabamba	1		1	1/2	1		1/2					1/2	7
Grau	1		1	1	1		1					2,5	8,5
Cotabambas	1		1	1	1				1	1	1	4	12,5
Aymaraés		1/2	1		1/2		1/2					1,5	8,5
Andahuaylas	1		1	1	1	1/2	1/2	1	1			3	4,5
Abancay										1/2	1/2	1/2	1
Manú			1	1	1					1	1	2	11,5
Tambopata													2
Tahuamanú		1/2			1/2							1/2	9,5

(1) Pour l'Apurímac, le seuil retenu est de 6 %.
(2) La population en 1967 est celle évaluée par ORDESUR ; les renseignements manquent pour le Madre de Dios.

En fonction des éléments culturels que nous avons choisis, malgré leurs insuffisances, pour caractériser la population « indienne », les provinces de Canas, Chumbivilcas, Espinar, Acomayo et Paucartambo, apparaissent les plus indigènes en 1961 avec plus de 50 % de leur population revêtant le poncho ou la liclla et ne portant pas de chaussures (moyennes départementales respectives de 35 et 47 %), plus de 30 % mâchant la coca (moyenne départementale 22 %) et plus de 60 % de leurs habitants ne parlant pas l'espagnol (moyennes départementales de 60 à 71 %) (12). Les provinces de Canchis, Quispicanchis et Andahuaylas se situent à la limite pour l'usage de la coca et des chaussures, mais le métissage y a progressé dans le vêtement depuis le recensement de 1940 qui leur donnait 80 % de population indigène. Cotabambas, séparée de Graú depuis 1960, rejoignait les 5 provinces indigènes du Cuzco pour l'ensemble des variables.

Nous avons ensuite groupé les critères de l'analphabétisme des personnes ayant théoriquement dépassé l'âge scolaire (plus de 17 ans pour utiliser plus commodément le recensement), et celui des électeurs inscrits en 1967, puisque ceux-ci, selon la loi péruvienne, doivent savoir lire et écrire. Ont plus de 80 % d'analphabètes (moyennes départementales 67 % pour les hommes et 78 % pour les femmes) et moins de 5 % d'électeurs (moyennes départementales 6,7 % et 9,5 %) : Chumbivilcas, Paruro et Corabambas (13), Acomayo étant à la limite ainsi qu'Andahuaylas. Le Madre de Dios, avec un taux de 28 % d'adultes analphabètes, tombant à 22 % dans la province de la capitale, est évidemment plus favorisé.

Il faudrait considérer, enfin, le type d'économie et les revenus des habitants par province, comme nous l'avons déjà tenté dans la première partie (chapitre II). Ces derniers sont les plus élevés dans les terres chaudes qui ont une agriculture tropicale commercialisée et ils se sont accrus depuis l'application de la loi de Réforme Agraire de 1964 et la formation des coopératives de commercialisation du café. Les habitants de ces vallées, par ailleurs, sont bilingues et en contact fréquent avec les centres urbains. Des différences existent, cependant, entre la Convención, d'une part, qui présenterait les meilleures conditions et, d'autre part, des deux autres vallées et le Madre de Dios, où les activités agricoles et minières sont plus incertaines et plus irrégulières.

Les éleveurs de la puna sont les plus pauvres de notre ensemble régional. Leur dépendance vis-à-vis des produits vivriers est presque totale. Or les ressources tirées de l'élevage, qu'il s'agisse de la laine, du bétail ou des articles d'artisanat, restent de mauvaise qualité et prises dans des circuits de ramassage aux multiples intermédiaires. Cependant, les activités minières peuvent introduire ici dans quelques années, de nouvelles et importantes sources de revenus. Les paysans quechuas enfin, assurent à peu près leur auto-subsistance. Ils complètent leurs revenus par un artisanat varié et des activités commerciales favorisées par leur situation géographique centrale. Les facilités de contact avec les villes leur permettent, enfin, de mieux écouler leurs surplus ou d'exercer des travaux salariés temporaires. Leurs revenus monétaires seraient donc supérieurs à ceux de la puna et devraient augmenter rapidement avec l'application de la Réforme Agraire.

En réunissant les totaux de ces trois tableaux, on constate dans le département du Cuzco, une opposition très nette entre deux groupes de provinces. Six d'entre elles dépassent la moitié des

---

12. Rappelons que le recensement de 1972 ne fait plus figurer ces critères et que celui de la langue n'est considéré qu'à l'échelle départementale.

13. Ces provinces au recensement de 1972 avaient toujours plus de 40 % d'analphabètes pour leur population urbaine et plus de 60 % pour leur population rurale, Calca, Paucartambo, Quispicanchis et Andahuaylas s'ajoutant dans ce cas aux trois provinces précédemment citées.

critères caractéristiques des régions peu urbanisées (soit 9 points) ; ce sont Canas, Chumbivilcas (qui avec 16 points atteint le total relatif maximum), Espinar, Paruro, Acomayo, Paucartambo. On trouve ainsi rassemblées les trois provinces de puna où l'influence du centre régional est faible et trois circonscriptions quechuas beaucoup plus liées à notre ville, mais très rurales et pauvres. C'est ce que nous laissait entrevoir le tableau n° LXXXIX. Dans le deuxième groupe, les provinces ne dépassent pas un total supérieur à 5 critères (sauf Quispicanchis). L'écart entre les deux groupes est donc très grand ; il l'est d'autant plus, si l'on examine les critères province par province, car ceux qui caractérisent le second groupe sont souvent peu importants et d'autre part corrigés par l'action des autres. Ainsi, Anta et Urcos sont pénalisés pour leur déficience dans l'équipement scolaire ou bancaire, justifié en partie par leur proximité du Cuzco. Anta, Calca, Quispicanchis, Urubamba et même Canchis, pâtissent du poids important de leur secteur agricole, et d'un lent accroissement de leur population entre les deux recensements qui montre l'ampleur de l'émigration qu'elles connaissent, soit dans le milieu rural (Anta, Quispicanchis et Canchis), soit, surtout, à partir de leur capitale de province (Urubamba et en partie Calca et Urcos). Mais le premier élément peut y être prochainement modifié par les programmes en cours de réforme agraire et de développement rural qui ne touchent pas encore la plupart des provinces du premier groupe. Quant au deuxième élément, il est en fait la conséquence d'une ancienne et forte pénétration des influences du Cuzco dans ses provinces les plus proches.

Dans l'Apurímac, le contraste est surtout fort entre Abancay et en partie Andahuaylas, qui ont des totaux très faibles, et le reste du département. Aucune des autres provinces n'a, à la fois, l'unité géographique et le poids historique de celles du Cuzco pour posséder des critères aussi tranchés. Si Antabamba reste un peu en deçà de la moyenne, Graú, Aymaraës et Cotabambas sont nettement au-dessus, la dernière rejoignant le groupe des provinces de puna du Cuzco.

II. — LES TYPES DE RÉGIONS EN FONCTION DES INFLUENCES DU CUZCO.

Ainsi, en fonction du nouveau rôle qui est celui des villes, et en particulier du Cuzco, depuis une vingtaine d'années, en fonction des éléments de chaque province hérités à la fois du milieu naturel et de l'histoire, on retrouve dans la région sud-est les trois types classiques de régions homogènes suivant leurs relations avec la ville (14). Mais alors que dans les pays développés, ces trois types se succèdent en fait dans le temps, au Cuzco, en raison de la rapidité des transformations qui s'opèrent et de leurs limites en intensité, ils se trouvent juxtaposés dans un même espace.

Un premier type est formé par les provinces où l'action de la ville est presque « indifférente » ; celle-ci les incorpore dans un cadre administratif, mais elle y met en place peu de services, n'en contrôle pas le commerce et en reçoit assez peu de choses. Ainsi, les trois provinces de puna du sud du département de Cuzco et l'Apurímac, exceptée Abancay. Le second type correspond aux régions où l'action de la ville est parasitaire : elle en reçoit des revenus et des produits agricoles ainsi que des migrants, sans contre-partie positive en équipement et services ; ce sont les provinces quechuas de Paruro, Paucartambo, Acomayo et dans une moindre mesure, Cotabam-

---

14. Olivier DOLLFUS : « Le rôle des villes sur leur environnement et dans la formation des régions en pays sous-développés » dans Régionalisation et développement. Colloque du C.N.R.S. — Strasbourg 1967.

bas, qui se trouve en fait intermédiaire entre les 2 types précédents. Dans le troisième type, un équilibre est en train de s'établir entre ce que la ville tire de ses provinces et ce qu'elle leur apporte. C'est là la zone d'influence maximum de l'agglomération et du fait urbain en général. Elle englobe les provinces quechuas de la vallée du Vilcanota, y compris la Convención, Anta, Abancay. On peut y distinguer deux sous-types : l'un proche de la ville correspond à l'aire d'influence immédiate et maximum ; dans l'autre, en raison de la distance, des petits centres se sont développés (Sicuani, Quillabamba et Abancay) capables d'animer leur propre aire d'influence en tentant de devenir autonomes du Cuzco. Un quatrième type de région est né de la situation géographique particulière du Cuzco, et groupe les zones de colonisaton des terres chaudes de Cosñipata, Quince Mil ainsi que le Madre de Dios. Les deux premières s'apparentent au second type de région dans la mesure où elles envoient leurs produits vers la ville et reçoivent de celle-ci peu de services ; mais, loin d'être des foyers d'émigration, elles sont des zones d'attraction et l'augmentation du niveau de vie de leurs habitants ne peut que favoriser les influences urbaines. Quant au Madre de Dios, il a sa propre dynamique de département vaste et encore très peu peuplé, mais il est lié au Cuzco par une réelle dépendance administrative et commerciale (fig. n° 38).

L'aire où l'influence du Cuzco est la plus forte est donc assez réduite. Elle englobe en gros les provinces de Cuzco, Quispicanchis (moins Quince Mil), Calca (le nord du district de Lares compris), Urubamba et Anta, soit environ 11 650 km² et 326 000 habitants en 1972 (respectivement 12 % et 31 % de la superficie et de la population de la Sierra de la région du Sud-Est). En distance, on a un demi-cercle de moins de 100 km de rayon (distance du Cuzco à Limatambo, à Ollantaytambo, à Amparaës, à Ocongate, à Cusipata). C'est là que le domaine foncier de notre ville est le plus étendu et que son rayonnement commercial apparaît le plus intense. Ce dernier est matérialisé, autant par les nombreux services quotidiens de camions et d'autobus vers la ville, que par les déplacements des commerçants provinciaux, ou à l'inverse, les visites fréquentes des commis voyageurs des grossistes cuzquéniens. L'essentiel du ravitaillement de la ville est fourni par ces provinces et sa croissance y a fait apparaître des cultures maraîchères et fruitières et un élevage laitier. C'est également de cette région que proviennent la majorité des étudiants non cuzquéniens et c'est là que se limite l'influence des hôpitaux. Les migrations y sont très fortes quotidiennement, saisonnièrement ou de manière plus durable. Une forte densité de population très métissée, de nombreuses et anciennes agglomérations, les routes et la voie ferrée, y représentent autant d'atouts pour la pénétration des influences urbaines. La ville y a mis en place de nombreux services dont le dernier est l'électrification rurale grâce au courant de Macchu Picchu (Quispicanchis excepté).

L'action du Cuzco dans cette zone est unificatrice. Jusqu'à une époque récente, chaque province constituait un petit « pays ». Cette notion telle que la définit Jean Tricart (15) — et qui selon cet auteur serait rare dans les pays sous-développés — se trouve très bien illustrée, géographiquement comme historiquement, dans les provinces quechuas du Cuzco. On a là, en effet, à la fois « des groupes humains très anciennement fixés pour acquérir une connaissance intime quoique empirique du milieu », une « certaine organisation sociale et politique » et, enfin, « une hétérogénéité du milieu permettant des contrastes à une certaine échelle ». Chaque province était une petite cellule géographique, avec son cadre administratif, une agriculture et un artisanat florissants pendant la Colonie, plus somnolents après l'Indépendance. Le fait que ces circonscriptions, à l'époque coloniale, aient été organisées sur la base des territoires des anciennes tribus

---

15. Jean TRICART : « Facteurs physiques et régionalisation ». Dans Régionalisation et développement. Colloque du C.N.R.S. — Strasbourg 1967.

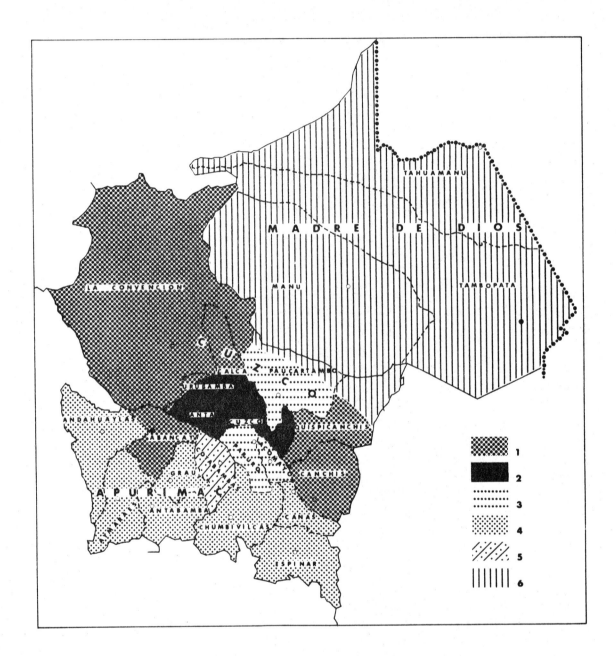

Fig. 38 — Les types de régions en fonction des influences du Cuzco

1. *Type 1 :* Provinces où l'action du Cuzco est très intense. — 2. Aire d'influencce maximum. — 3. *Type 2 :* Provinces où l'influence du Cuzco est parasitaire. — 4. *Type 3 :* Provinces où l'influence du Cuzco est indifférente. — 5. Intermédiaire entre types 2 et 3. — 6. *Type 4 :* Terres chaudes (La Convención exclue).

incaïques, conférait à chacune d'elles une incontestable personnalité historique. En raison de leur proximité de la capitale, les tribus dominées étaient les plus intégrées à l'Empire, politiquement et linguistiquement ; autant d'atouts qui n'ont pu que favoriser la pénétration des influences des conquérants espagnols et le métissage. En second lieu, l'espace naturel se définit dans chacune des provinces, non seulement par la complémentarité traditionnelle dans les Andes entre vallée agricole, versants et puna, mais en s'élargissant à la ceja de montaña, sauf pour la petite province du Cuzco ; Anta avait, en effet, ses terres chaudes et ses cultures de canne à sucre à Mollepata et à l'époque coloniale à Abancay ; quant à Urubamba, elle incorporait la vallée de la Convención dans son territoire jusqu'en 1857. C'est pour cela que les liens de ces provinces avec le Cuzco ont toujours été forts, car il était ainsi permis aux habitants de la ville de contrôler rapidement tous les étages du milieu andin. Les petites capitales de province jouaient alors le rôle d'étapes sur les pistes vers les terres chaudes. Anta et Urcos y ajoutaient l'avantage d'être sur les routes vers Lima pour la première, vers le Alto Perú et Arequipa pour la seconde. C'est de cette situation qu'Abancay, quoique plus éloignée, sut également profiter.

Au début de ce siècle, l'établissement des voies de communication — routes modernes et exceptionnellement dans les Andes du Sud voie ferrée — ont accru les liaisons avec le Cuzco et accéléré le processus d'intégration. Mais en favorisant la mobilité de la population et en orientant les échanges vers la capitale départementale, la route et la voie ferrée ont également distendu les liens internes dans chaque province. Les contrastes se sont ainsi accentués entre les versants et la vallée, de même que la dépendance des premiers vis-à-vis de la seconde. Quant à la ceja de montaña, dans la mesure où son économie s'orientait vers les produits d'exportation, elle établit ses liaisons directes avec le Cuzco, en sautant rapidement l'étape des capitales provinciales. Celles-ci voyaient ainsi s'affaiblir les relations qui convergeaient vers elles ; désormais, dans chaque province les forces centrifuges, dirigées vers le Cuzco ou liant une bourgade à l'autre, prenaient le pas sur les forces centripètes. Étant donné l'importance du relief, on pourrait dire également que les liaisons horizontales (le long de la vallée), l'emportèrent sur les verticales (entre le versant et la vallée). Chaque agglomération, chaque province y a perdu son originalité et son dynamisme propre, et se trouve ainsi mieux intégrée dans un ensemble qui est plus qu'auparavant solidaire du Cuzco. Cependant, dans une nouvelle phase et dans la mesure où chaque centre sera mieux équipé, en particulier du point de vue commercial, il est vraisemblable qu'il deviendra plus indépendant du Cuzco en cherchant à se rattacher directement à l'aire d'influence des centres supérieurs.

Actuellement, ce n'est qu'à la périphérie de ces diverses provinces, qu'en raison de la distance (80 à 100 km), on note déjà un relâchement des influences de la capitale régionale. Cela n'apparaît pas encore au Nord dans le district d'Ollantaytambo car il n'y a pas de centres concurrents ; Urubamba reste la petite capitale qui, depuis l'époque incaïque, vit plus étroitement que les autres dans l'orbite du Cuzco. Quillabamba est trop lointaine et isolée par les étendues vides d'habitants que constituent, aussi bien les hauteurs où passe la route, que la vallée du Vilcanota aux immenses haciendas peu peuplées jusqu'à Huadquina. De la même manière, les liens du Cuzco avec Lares restent également forts ; au-delà, ils se maintiennent avec cette vallée de Lacco qui est très isolée et peu peuplée. A l'Ouest, nous avons vu que si Limatambo voit se renforcer ses liens avec le Cuzco par l'intermédiaire aussi bien des cultures maraîchères et fruitières, que du projet de country-club, Mollepata s'en affranchit de plus en plus économiquement. Il y a peu de temps, le commerce de l'alcool de canne de ses grandes haciendas liaient étroitement ce district au Cuzco ; mais aujourd'hui, les ventes de bétail bovin devenues une spéculation importante se font à destination de la Convención et plus encore de Lima, échappant totalement aux intermédiaires et aux moyens de transport cuzquéniens.

A l'Est, dans Quispicanchis, le relâchement des liens à la périphérie de la province est la conséquence de deux nouvelles données. Les hauteurs d'Ocongate et Ccatcca s'apparentent déjà à la puna à cause de l'isolement de leurs populations indigènes incorporées dans d'immenses haciendas d'élevage. Cependant, les routes vers Quince Mil ou vers Paucartambo par Ccatcca, maintiennent des liaisons solides avec le Cuzco et son relais Urcos. Dans la vallée, au-delà de Cusipata, c'est l'influence de Sicuani qui limite celle de la capitale départementale. Nous verrons dans le chapitre suivant, comment s'est développée cette petite ville, grâce au commerce de la laine et au chemin de fer. Son rôle est actuellement affaibli ; mais son marché et en partie ses maisons de commerce, conservent une influence au-delà de Combapata jusqu'à Cusipata, située à mi-distance entre les deux villes ; nous avons vu que le partage d'influence entre certaines maisons commerciales fixait même, parfois, la limite du Cuzco à Urcos.

Comme Sicuani, Abancay et Quillabamba, tout en conservant de nombreuses relations avec le Cuzco, tendent à devenir autonomes. C'est dans la mesure où ces trois agglomérations ont pu dépasser un certain chiffre de population et acquérir pour cela certains équipements, qu'elles peuvent aujourd'hui essayer d'organiser leur propre aire d'influence et établir des liens directs avec les centres supérieurs Arequipa ou Lima. On aurait ainsi, à l'intérieur de notre espace homogène, la formation de régions polarisées, fait sur lequel nous reviendrons en étudiant dans le chapitre suivant les petites villes. Toutefois, il convient de préciser ici déjà les caractères qui ont favorisé les tendances autonomistes de ces provinces. La distance en premier lieu (plus de 150 km du Cuzco) a aidé à l'implantation de certains services et commerces ; ceux-ci ont d'abord été destinés aux seuls urbains puis, dans une seconde étape, aux habitants de plusieurs provinces. Abancay a bénéficié d'une indépendance administrative acquise dès la fin du XIXe siècle mais souffre d'un recul de son économie agricole et du fort dépeuplement de son département. A l'inverse, Sicuani et Quillabamba sont liées administrativement au Cuzco, mais c'est leur fonction commerciale, dans les régions les plus touchées par l'économie capitaliste, qui leur a permis de se constituer une réelle aire d'influence. Aussi certains de leurs notables rêvent-ils de voir les circonscriptions dont elles sont capitales se constituer en départements indépendants.

C'est la vallée de la Convención qui représente le mieux le type de province où, d'une part, est en train de s'établir un équilibre entre les influences urbaines positives et parasitaires et, d'autre part, où on saisit ce passage progressif à l'aire d'influence directe des centres économiques extérieurs à la région. Depuis les années 1950, et surtout après la fin des troubles agraires vers 1964-1965, cette vallée a été l'objet d'une sollicitude toute particulière de la part du gouvernement péruvien. A un rythme plus rapide que dans les autres provinces, de nombreux services ont été établis, à Quillabamba d'abord, puis dans la plupart des districts, On passe de 49 écoles primaires et 5 800 élèves en 1960 à 123 écoles et 13 712 élèves en 1971 (16) ; depuis 1964, une vingtaine de dispensaires ont été construits, soit, en 1971, 1 pour 3 500 habitants. La ville de Quillabamba peut fonctionner comme un centre autonome et rayonner dans sa vallée grâce à son hôpital, ses deux collèges secondaires, trois instituts techniques, cinq banques, de nombreux commerces qui ont peu de choses à envier à ceux du Cuzco. Tous les organismes publics ont travaillé dans cette zone : la Junta de Obras Públicas de Quillabamba (17), l'armée pour la construction des routes, Coopération Populaire et la Réforme Agraire. Cette dernière a laissé en place huit agences agricoles, une dizaine de coopératives dont deux usines de thé, une usine de décortiquage pour le

---

16. Inspection d'Éducation de Quillabamba.

17. Cet organisme a été englobé, à partir de 1971, dans le S.I.N.A.M.O.S. (Système National d'Appui à la Mobilisation sociale).

café, des programmes de colonisation agricole... Seuls les équipements en eau, électricité, égouts, restent encore nettement insuffisants, cependant que trois districts n'ont pas encore de routes (l'un d'entre eux, Santa Teresa, bénéficiant toutefois du chemin de fer).

Pourtant, la Convención restait il y a une vingtaine d'années particulièrement sous-équipée, étant donné l'ancienneté et la densité du peuplement entre Huadquina et le confluent du Yavero et l'économie commercialisée qu'elle connaissait. Un système social de grandes propriétés plus oppressif que celui de la Sierra, l'absence de communautés villageoises, y maintenaient la population privée des plus élémentaires services, cependant que les hacendados trouvaient au Cuzco, vers lequel ils drainaient leurs revenus, ce dont ils avaient besoin. Ce sont les éléments en contact avec la ville qui ont rompu cette situation : les commerçants et les syndicalistes paysans (18). Les premiers, depuis le Cuzco ou depuis Quillabamba, ont fait sentir aux « arrendires » et « allegados » intégrés dans l'économie de marché, les entraves économiques que faisaient peser sur eux le système d'hacienda ; les services urbains qu'ils ont exigé ont été mis en place d'abord uniquement à Quillabamba. Les syndicalistes paysans de la vallée ont réussi à provoquer la fin du système d'hacienda et à exiger des services dans les zones rurales. Mais cette évolution, si elle a beaucoup apporté à la province, a affaibli les relations avec la capitale départementale. La Réforme Agraire de 1964 a brisé les liens fonciers entre le Cuzco et la Convención ; la formation des coopératives a beaucoup diminué les relations commerciales ; quant à la route, elle a rompu à son tour la dépendance créée par le chemin de fer de Santa Ana. Il reste aujourd'hui la tutelle administrative, de laquelle les classes dirigeantes, conscientes de l'autonomie progressivement établie de leur province, souhaiteraient voir cette dernière s'affranchir.

Le cas d'Andahuaylas est semblable à celui des trois villes précédentes, mais ses liens avec le Cuzco sont beaucoup plus lâches. Dès l'époque incaïque, sa province constituait le cœur de la région dominée par les Chankas, tribu que les Incas eurent beaucoup de peine à dominer et intégrèrent certainement très mal. Pendant la Colonie, elle devint un des « partidos » de la Caja Real du Cuzco mais dépendait de l'évêché d'Ayacucho, et c'est à ce département qu'elle fut rattachée après l'Indépendance. En 1873, lors de la formation du département d'Apurímac, Andahuaylas était alors plus peuplée qu'Abancay (19) ; mais c'est cette dernière ville qui fut choisie comme chef-lieu en raison de sa position plus centrale et de l'influence politique de ses hacendados. Andahuaylas pâtit beaucoup de cette situation et vit son élite se partager entre la nouvelle capitale et l'ancienne, Ayacucho. Cette dernière, soumise à une très forte émigration ne put établir longtemps un contre-poids. Avec la construction de la route, la province d'Andahuaylas densément peuplée et à l'économie essentiellement vivrière, entra rapidement dans l'aire d'influence de Lima, ne se sentant ni liens administratifs, ni liens commerciaux avec le Cuzco d'ailleurs éloigné de 340 km. Les autorités de cette ville et ses maisons de commerce ne sont pas indifférentes vis-à-vis d'Andahuaylas qu'elles englobent volontiers dans leur aire d'influence, mais c'est elle qui volontairement leur tourne le dos. Toutefois, si en fonction de ses relations avec Cuzco on doit la ranger dans la catégorie des régions où l'action de la capitale régionale est indifférente, il est difficile de l'assimiler au type I, car elle possède beaucoup d'éléments favorables à la pénétration des influences urbaines en général.

---

18. Cf. Eduardo FIORAVANTI. Latifundium et syndicalisme agraire au Pérou, le cas des vallées de la Convención et Lares. Diplôme de l'École Pratique des Hautes Études. Paris 1971.

19. Selon le recensement de population de 1876, Andahuaylas avait 2 388 habitants et Abancay 1 198 habitants.

Trois autres provinces quechuas ont été à l'époque coloniale, à la fois riches et très liées au Cuzco, et se retrouvent actuellement presque au rang de la puna en ce qui concerne la faible pénétration des influences de la ville : Paucartambo, Paruro et Acomayo. Elles ont été très atteintes par l'exode rural, alors qu'un peu plus lointaines de la ville et mal situées sur les voies de communication modernes, elles ne recevaient pas l'équipement et les services qu'on installait dans les provinces les plus proches. C'est la construction des routes qui a, en fait, accru leur isolement actuel, jouant ainsi un rôle inverse a celui constaté dans la zone d'influence maximum. A l'époque du transport à dos de bête, ces provinces étaient à peine plus éloignées de la capitale que le village d'Urubamba. On rejoignait facilement Acomayo par Urcos ou par Paruro, et Paucartambo par Pisaq. En second lieu, c'étaient des « pays » aussi riches à l'époque coloniale que les provinces précédentes. Paucartambo profitait du commerce de la coca et des céréales vers le Potosí ; Paruro et Acomayo ajoutaient aux productions agricoles variées de leurs vallées, celles de nombreux ateliers textiles et moulins, et le bénéfice du commerce vers la côte. Paruro était, en particulier, une étape importante sur ce « chemin blanc » menant au Condesuyo, soit par Ccaparmarca et Santo Tomás, soit par Accha, Livitaca et Coporaque. D'Acomayo, qui appartenait alors au partido de Quispicanchis, on rejoignait facilement aussi bien Accha, qu'Urcos ou que Tinta et Yanaoca.

La route et le chemin de fer de la vallée du Vilcanota ont complètement détourné les itinéraires du commerce avec Arequipa. Celui-ci subsista un temps, sous la forme de ces ambulants qui venaient échanger dans Paruro des chevaux, des fruits, du vin, des alcools de la côte. Mais, aujourd'hui, avec l'intensification du trafic routier, il n'en reste guère que le souvenir. Ce n'est qu'entre 1930 et 1940, une vingtaine d'années après les provinces centrales, que les routes modernes atteignirent ces vallées. Mais elles imposaient de longs détours et aboutissaient d'autre part à des culs de sac puisque celle de Paruro s'arrête dans ce village et que celle d'Acomayo s'achève à Pillpinto ; de même celle de Paucartambo n'atteint la ceja de montaña, alors en pleine crise économique qu'en 1953. Aussi les services réguliers de transport furent lents à s'établir et se firent surtout dans le sens province-Cuzco. Nous avons vu l'attitude de nos grandes maisons de commerce à l'égard de ces provinces : elles attendent au Cuzco leurs éventuels clients mais y envoient très peu de voyageurs de commerce. De même, les fonctionnaires redoutent de s'y rendre, car il leur est difficile de retourner le soir même au Cuzco.

Dans ces régions où l'économie était essentiellement vivrière, les routes ont surtout amplifié les migrations et ceci dans toutes les classes sociales. Les propriétaires terriens, les premiers, se sont installés au Cuzco ; plus que dans les provinces voisines de la ville leurs migrations ont été définitives car, en raison de la distance, il leur était impossible de revenir quotidiennement dans leur hacienda ou dans la capitale provinciale. Aussi, au fur et à mesure que le Cuzco en grandissant leur offrait plus de services, et de meilleure possibilité d'éducation pour leurs enfants, ils s'y établirent. Cet exode des notables a beaucoup contribué au retard de l'installation des principaux services ; d'autant plus qu'en raison de l'économie peu commercialisée de ces provinces, le relais n'était pas pris par les commerçants. Lorsque, plus récemment, la pomme de terre et l'orge devinrent, surtout dans Paucartambo, un bon négoce, les contacts s'établirent directement avec le Cuzco et ne provoquèrent pas l'apparition d'une classe commerçante locale. Les paysans indigènes, eux, se dirigèrent surtout vers les terres chaudes, en particulier ceux de Paruro et Acomayo vers la Convención. Certains s'y fixèrent ; d'autres après avoir amassé quelques économies ouvrirent alors un petit commerce au Cuzco ; peu retournèrent dans leur province. L'exode rural est moins sensible au niveau de l'ensemble de la province de Paucartambo qui possède sa propre zone de ceja de montaña, et il s'agit surtout de déplacements internes ; ils ont pu être gênés d'autre part par la structure de grandes haciendas très traditionnelles que connaît cette province ; à l'inverse, le morcellement de la propriété dans Acomayo n'a pu que favoriser l'émigration. Celle-ci est très sensible actuellement au niveau des agglomérations. Les trois capitales de ces provinces ont vu leur population diminuer entre les recensements de 1940 et 1961, Paucartambo, seule, réussissant à se redresser entre 1961 et 1972. Leur accroissement par rapport au recensement de 1876 est insignifiant, dans une région où l'essor démographique est très important. Alors que les capitales des autres provinces quechuas voyaient leur population doubler au minimum en un siècle, celle de Paucartambo progressait de 86 %, celle d'Acomayo de 54 % et celle de Paruro de 32 % seulement.

Il convient toutefois d'établir des nuances entre ces trois provinces. Acomayo présente des perspectives beaucoup moins défavorables que les deux autres. Mis à part Rondocán très isolé, ses capitales de district sont de gros villages, à l'échelle du Cuzco, qui commencent à acquérir les équipements essentiels et sont tous touchés par la route. Ils abritent une population de métis dont les liens sont très forts avec le Cuzco et avec Lima où habite une partie de leur famille et dont ils reçoivent un appui financier important. Quant aux paysans, si leur pauvreté les fait apparaître selon les critères retenus, comme des « indiens », ils ont de nombreux contacts avec les marchés urbains, avec les chantiers de construction du Cuzco et avec la ceja de montaña. Acomayo est certainement la province où les migrations temporaires sont les plus fortes, car l'économie familiale y est très misérable. Les nombreuses communautés indigènes n'y disposent que de terres à la limite des possibilités culturales, soit à cause du gel dans la plaine autour de la lagune de Pomacanchis, soit en raison des très fortes pentes de la vallée de l'Apurímac ou de son affluent l'Acomayo. Les propriétés, dans nos enquêtes de 1969, y demeurent les plus routinières de notre ensemble régional dans les méthodes de culture. Cependant, la grande mobilité qui existe au niveau de toutes les classes sociales peut être un facteur favorable à la pénétration des influences urbaines, d'autant plus que la densité totale reste forte (33 hab./km²). La province d'Acomayo attend surtout qu'on installe chez elle un programme de développement rural, avec une redistribution des terres au profit des communautés indigènes ou de coopératives de microfundiaires, accompagnée de l'introduction d'engrais et de semences à haut rendement. Elle souffre, tout particulièrement, de l'indifférence des organismes publics à son égard parce qu'elle a une économie agricole de minifundio, traditionnelle et peu commercialisée. On pourrait dire qu'à l'échelle régionale, elle reflète la même situation que l'ensemble du Cuzco au niveau national : elle apparaît peu intéressante économiquement, mais est densément peuplée par des gens pauvres qu'on maintient en marge.

Les hauteurs de Paucartambo présentent une situation inverse à celle d'Acomayo, mais rejoignent cette province dans un même dénuement en services. L'agriculture y a connu des progrès importants, pour la pomme de terre et l'orge en particulier. Mais ces progrès profitaient à une minorité d'hacendados, habitant le Cuzco, qui ont maintenu leurs travailleurs dans le système d'exploitation le plus dur et le plus conservateur de la région. Ils ont laissé, de même, à l'abandon la capitale provinciale où ils ne résident plus. A l'opposé d'Acomayo où on voit les gens bouger, se diriger vers les centres urbains, on sent dans Paucartambo une réelle torpeur et un isolement profond. Et ceci malgré le front de colonisation qui existe à Cosñipata et progressait, avant 1969, le long de la route en construction vers le Manú.

Les enquêtes réalisées par l'Institut d'Études Péruviennes en 1968 dans certaines communautés et haciendas des provinces de Paucartambo et de Canchis (20), montrent la faible pénétration des influences urbaines dans la première province à la différence de la seconde. 81 % des enquêtés s'y définissaient eux-mêmes comme « indios » contre 37 % dans Canchis. Ce fait semble s'illustrer dans la faible proportion de personnes sachant lire et écrire (6 % contre 39 % dans Canchis) et étant bilingues (16 % contre 62 % dans Canchis). 6 % seulement des travailleurs agricoles de Paucartambo voyageaient au moins une fois par semaine à la capitale de province, alors que dans Canchis, on atteignait une proportion de 74 %. De même, 24 % seulement des familles de Paucartambo avaient des émigrants (53 % dans Canchis), et 19 % seulement des individus avaient pensé émigrer (35 % dans Canchis). La grande majorité des paysans interrogés (96 %) n'avaient que l'agriculture comme occupation, alors que 47 % de ceux de Canchis avaient une seconde source de revenus. Le nombre de biens de consommation tels que radios et bicyclettes était très faible dans Paucartambo (6 % pour les radios et 2 % pour les bicyclettes, dans une région, il est vrai, au relief plus accidenté que la vallée du Vilcanota) ; ils touchaient plus de la moitié des habitants de Canchis (avec respectivement 64 % et 49 %). 57 % des habitants de Paucartambo avaient eu un contact avec les autorités politiques (84 % dans Canchis), 43 %, seulement, estimant avoir été traités avec « respect et considération » (62 % dans Canchis). Cet isolement se traduisait à Paucartambo par une attitude plus profonde de subordination à l'égard du pouvoir traditionnel et par un faible désir de changement. 86 % des agriculteurs interrogés estimaient, par exemple, que « l'indien était né pour obéir et qu'on ne pouvait changer son destin ». Aucun ne désirait augmenter les possibilités d'emploi (9 % dans Canchis), ou même améliorer les techniques agricoles (15 % dans Canchis), réclamant seulement plus de temps pour travailler sa parcelle (21). Parmi les services, c'était l'enseignement qui semblait le plus désirable aux habitants de Paucartambo (36 % des enquêtés, contre 13 % dans Canchis beaucoup mieux pourvu dans ce domaine) et beaucoup moins, l'eau, l'électricité (12 % seulement en faisaient une nécessité urgente). Autant d'indications sociologiques qui révèlent la marginalisation des habitants de Paucartambo et que l'on retrouverait dans Paruro, Cotabambas et même Chumbivilcas.

Dans Paruro, l'écart semble se creuser entre le nord de la province qui, proche du Cuzco, participe un peu plus aux activités de cette ville et le sud qui rejoint le groupe des punas dans un même isolement et une même absence d'équipement. Ce sont là, en fait, les régions les plus isolées de notre ensemble régional. La route ne les atteint pas ; sa construction nécessite de grands investissements pour des résultats qui ne semblent pas intéressants aux planificateurs régionaux ou, à plus forte raison, nationaux. L'économie dans ces têtes de vallons à 3 500 mètres, ou sur le flanc des profondes vallées de l'Apurímac et de ses affluents, est en effet essentiellement de subsistance. Les haciendas, elles-mêmes, n'y ont pas la productivité de celles de Paucartambo. Et il est regrettable de constater que la région présente même moins de perspectives qu'Espinar et Chumbivilcas pour l'élevage et pour les mines, dans la mesure où les routes, en raison du relief très accidenté, sont difficiles à construire. Or, seules celles-ci peuvent arriver, en premier lieu, à ouvrir ces régions qui ont vécu dans une somnolence progressive depuis l'époque coloniale.

Parmi les provinces du sud de l'Apurímac, on peut inclure Cotabambas dans le type de région précédente. Ses liens, en effet, restent forts avec le Cuzco où vivent nombre de ses hacendados, et auquel la relie depuis 1967, une route et des services quotidiens d'autobus et de

---

20. Julio COTLER. Haciendas y comunidades tradicionales en un contexto de movilización política. Instituto de Estudios Peruanos. Lima 1968.

21. Il s'agit en effet de travailleurs d'haciendas qui œuvrent presque gratuitement sur les terres du propriétaire.

camions. Récemment, certaines administrations (agriculture, enseignement) l'ont incorporée à l'aire d'influence directe de la ville. Mais en fait, et la division du Ministère de l'Agriculture le fait apparaître clairement, c'est le nord surtout qui vit dans l'influence du Cuzco. Celle-ci pénètre faiblement jusqu'à la capitale provinciale qui, toujours dépourvue de routes en 1973, est la plus isolée de notre région. Tout le sud est déjà sollicité par l'économie aréquipénienne et a des liens étroits avec Chumbivilcas qui en est le relais. Les intérêts des acheteurs de laine et de bétail, comme ceux des chercheurs de mines aréquipéniens, pénètrent de même dans Antabamba, Graú et en partie Aymaraës. Ces trois provinces rejoignent celles du sud du Cuzco dans l'indifférence qu'éprouve la capitale régionale à leur égard. Leurs liens avec la ville sont même encore plus réduits, puisque c'est d'Abancay qu'elles reçoivent leurs fonctionnaires et que c'est surtout vers Lima que se dirigent leurs nombreux migrants. Elles sont cependant un peu plus équipées, les investissements publics étant mieux répartis dans un département aux dimensions modestes dont la capitale n'a pas un poids (ni humain, ni économique, ni historique) très important. Nous avons vu également qu'elles avaient pu bénéficier de l'influence de certains hommes politiques et des apports financiers de leurs émigrants. En fait, cet équipement apparaît souvent comme un masque plaqué sur des provinces pauvres, soumises à un très fort exode rural, où l'économie demeure très traditionnelle.

Ce sont les trois provinces du sud du département du Cuzco, Canas, Espinar et Chumbivilcas qui, selon nos critères, sont les plus rurales et les moins intégrées à la structure régionale commandée par la capitale départementale. Pour expliquer cette faible implantation cuzquénienne, il faut invoquer en premier lieu l'éloignement de la ville (de 130 à 300 kilomètres et même 370 kilomètres pour Santo Tomás par la route) et les conditions très particulières du milieu de puna. Celles-ci justifient, en effet, l'isolement dans lequel depuis l'époque coloniale sont tenues ces hautes terres, et l'indifférence un peu méprisante des Cuzquéniens à leur égard, malgré leurs possibilités économiques. Beaucoup de facteurs historiques interviennent également. Il est difficile de savoir si, à l'époque précolombienne, ces punas étaient plus densément peuplées qu'actuellement. Chumbivilcas, avec ses nombreuses vallées sensiblement plus basses, semble l'avoir été d'après les Relaciones Geográficas (22). Mais pour Canas et Espinar, situées à plus de 3 900 mètres et vouées par leur milieu naturel à l'élevage des lamas peu exigeant en main-d'œuvre, il est permis d'en douter. Là, vivaient d'autre part des Collas de langue aymara, annexés au XIVe siècle seulement et certainement mal intégrés dans un Empire où ils ont conservé une tradition belliqueuse. Ces Collas ont-ils été réduits à la condition de pasteur qui était considérée comme inférieure à celle des agriculteurs quechuas ? Ou bien ont-ils servi comme guerriers dans les troupes impériales ou dans les « puqaras » (forteresses), très nombreux dans ces hauteurs ? Autant de raisons qui justifieraient une certaine marginalisation au sein de l'Empire incaïque et feraient apparaître ces provinces comme des régions de frontières face à la Côte péruvienne et au Collao.

L'Espagnol nouvellement arrivé dans la Sierra devait ressentir dans la puna, outre une gêne physique plus grande qu'au Cuzco, un réel sentiment d'insécurité, dans ces immenses steppes austères, sans arbres, peu peuplées, où il ne pouvait adapter les plantes européennes, à l'exception, en certains endroits, de l'orge. Peu nombreux à l'origine, les vallées quechuas, avec pour l'élevage leurs hauteurs immédiates, suffisaient à leurs revenus et à leurs ambitions. Les punas ne les ont en fait intéressés que comme réservoir de main-d'œuvre. Les « encomiendas » y

---

22. Relaciones geográficas de Indias. Éd. par Marcos JIMENEZ DE LA ESPADA. Madrid. 1881-1897 : réédition Madrid 1965, 3 volumes.

ont été ainsi nombreuses (23) et il devait y avoir à partir d'elles des déplacements de travailleurs vers les domaines de l'étage quechua. Selon les Relaciones geográficas (24), dès la fin du XVIIe siècle, on voit d'autre part les indiens de Chumbivilcas aller travailler dans les « Andes ». Enfin, ce sont ces provinces qui subissaient le plus la « mita », la déportation des indiens vers les mines du Potosí ce qui contribua à leur dépeuplement.

Mais en dehors de la main-d'œuvre, les Cuzquéniens s'intéressèrent peu à l'économie des hautes terres. Les couvents urbains, eux-mêmes, n'y avaient pas de domaines, et il est difficile de savoir si les mines périodiquement exploitées, l'ont été par des gens du Cuzco. Fait remarquable : les punas de Canas et Espinar n'avaient même pas de personnalité administrative et étaient rattachées au partido de Tinta centré sur la vallée du Vilcanota. Comme partout, afin de contrôler le pays et d'assurer l'évangélisation, on fonda des agglomérations qui surent profiter de leur situation sur les routes vers Cailloma et Arequipa. Tungasuca, Coporaque et certainement même Pichigua, arrivèrent ainsi à détourner une partie du commerce muletier entre le nord-est argentin et Lima, affirmant même une certaine indépendance à l'égard du Cuzco. Mais pour les Cuzquéniens, elles n'étaient que des étapes sur des routes harassantes et solitaires et leurs liens avec la capitale incaïque étaient très lâches. On devine, comme dans les vallées quechuas, de petites cellules de vie autour des principaux villages et de quelques mines ; n'oublions pas, par exemple, l'importance prise par Tungasuca et Coporaque pendant le soulèvement de Tupac Amaru à la fin du XVIIIe siècle (25). Dans Chumbivilcas et Cotabambas, de petits « pays » purent s'organiser à l'échelle de chaque vallée agricole, comme dans les provinces centrales. Mais ils existèrent de manière isolée du Cuzco et c'est au début de ce siècle que leurs principales familles d'hacendados émigrèrent vers la ville.

Ce n'est qu'à partir de la seconde moitié du XIXe siècle que la grande propriété terrienne progressa dans les punas de Canas, Espinar et Chumbivilcas vouées à l'élevage extensif (26). Cela semble s'être fait, d'abord, au bénéfice de trois catégories de propriétaires fonciers : des « bourgeois » (habitants des bourgs locaux) souvent muletiers, des caciques indigènes, des gens de la vallée de Canchis. L'Église (c'est-à-dire les paroisses de Coporaque, Pichigua, Langui et Layo) et les communautés indigènes firent les frais de ces accaparements de terre. Plus tard, au fur et à mesure que Sicuani devenait un important centre collecteur de laine, les capitaux sicuanéniens et aréquipo-sicuanéniens pénétrèrent dans Canas surtout. Dans Espinar, c'est Ayaviri plus proche qui joua le même rôle, puis bientôt, directement, Arequipa. Deux districts furent particulièrement touchés par ce phénomène : Yauri, mieux situé que les agglomérations coloniales de Coporaque et Pichigua et qui sut devenir, en 1919, capitale de la province récemment créée, Tocroyoc un peu plus tard, lié à Puno tant par une piste muletière que par l'origine de ses hacendados.

Les Cuzquéniens furent absents de ce mouvement ; d'une part, la ville touchée plus tard que Sicuani par le chemin de fer ne fut jamais un très grand marché lainier ; d'autre part, l'indifférence des Cuzquéniens vis-à-vis de la puna, après plus de trois siècles d'adaptation à la Sierra est devenu un véritable trait psychologique ; l'altitude, comme l'insécurité qu'on y ressent, font par-

---

23. Enrique TORRES SALDAMANDO. Apuntes históricos sobre las encomiendas en el Perú. Lima. U.N.M.S.M. 1967.

24. Cf. ci-dessus note 18.

25. Cf. Première partie, chapitre III.

26. Cf. Première partie, chapitre II.

tie de ces préjugés chers à la classe dirigeante. Toutefois, il convient de souligner que les hacendados cuzquéniens étaient sollicités au même moment par la colonisation des terres chaudes, plus proches et plus accueillantes pour eux, malgré le paludisme. Leurs revenus limités, la modestie de la ville, ne leur permettaient pas en fait, de jouer sur les deux tableaux ; de même, d'ailleurs, pour les commerçants étrangers au Cuzco. La colonisation de la ceja de montaña a ainsi détourné, au début de ce siècle, les capitaux urbains de la puna, accroissant d'autant son isolement et laissant le champ libre à d'autres. Ce n'est pas aujourd'hui, à une époque où la grande propriété est en crise, qu'ils peuvent s'intéresser à l'économie des hautes terres méridionales.

Or, celle-ci connaît une évolution remarquable qui se traduit surtout dans les activités commerciales, mais atteint aussi la modernisation des techniques d'élevage et la transformation des genres de vie. Activité jadis prépondérante, le commerce de la laine reste très important en particulier pour celle des alpacas ; mais c'est l'élevage des animaux de boucherie qui attire le plus, actuellement, les capitaux aréquipéniens. Nous avons vu que la progression de ces derniers se faisait de plusieurs manières ; rares sont ceux qui achètent des haciendas, préférant louer des « cabanas » dans certains domaines et y pratiquer l'élevage d'une centaine de bovins qui seront conduits à l'embouche dans les luzernières d'Arequipa, ou directement à l'abattoir. D'autres négociants, aréquipéniens ou punéniens, achètent du bétail dans le même but ; à Coporaque, on les voit, par exemple, échanger un cheval de la côte contre deux jeunes taureaux. Espinar et, dans une moindre mesure, Chumbivilcas, sont ainsi, en train de devenir des pays d'élevage naisseur pour le ravitaillement d'Arequipa ou même de Lima. Un aéroport est envisagé à Yauri, équipé d'un centre frigorifique pour l'expédition de la viande vers Lima. Déjà un abattoir plus moderne est en construction dans la ville.

Parallèlement, l'exploitation minière, somnolente après la fermeture de Condoroma et le repli de Suykutambo, reprend avec les mines de cuivre de Katanga, Altohuarca et, certainement bientôt, Tintaya. Des études sont menées pour la construction d'un chemin de fer vers la côte et les sociétés exploitantes s'intéressent, en attendant, à l'amélioration des routes. Celle de Santo Tomás doit être prolongée incessamment vers la province de Graú où un complexe minier est prévu dans la région dite « de las bambas » (Ferrobamba, Calcobamba, etc.), pour exploiter des mines de fer, cuivre et plomb, prises récemment à la Cerro de Pasco Co. Ce renouveau des activités économiques se traduit par une très grande animation du commerce de détail, lui-même reflet de la transformation du niveau de vie. On assiste, sous l'influence des transports routiers, à une renaissance des marchés qui, dans Espinar, se succèdent tout au long de la semaine dans les diverses agglomérations. Quant aux magasins, ils se multiplient et sont souvent mieux pourvus que ceux des provinces quechuas voisines du Cuzco. C'est ainsi que quatre magasins à Yauri déclaraient plus de 100 000 sols de ventes mensuelles, alors qu'on n'en rencontrait que deux à Izkuchaka et aucun à Calca ou Acomayo ; onze commerçants (soit le tiers), avaient déclaré un capital supérieur à 100 000 sols (dont quatre supérieur à 500 000 sols), alors que Calca n'en comptait que sept, Izkuchaka quatre et Acomayo aucun. Yauri qui, en 1969, comptait une vingtaine de camions, en avait une quarantaine deux ans plus tard. De même Tocroyoc, bien que village modeste et récent, offrait une demi-douzaine de magasins très riches et trois entreprises de transport, dont une groupant cinq camions.

Ces changements économiques se sont accélérés après 1965 ; on en trouve le reflet dans l'évolution de la population urbaine à l'intérieur des deux provinces d'Espinar et Chumbivilcas. Entre 1940 et 1961, la progression y avait été beaucoup plus forte que dans les autres provinces (à l'exception de celles comportant de grandes extensions de ceja de selva, et de celle du Cuzco), avec 40,5 % pour Chumbivilcas et 93,4 % pour Espinar (le taux départemental était de 60 %). Cet accroissement était dû pour l'essentiel à celui des deux capitales qui connaissaient des taux de 70,2 % pour Santo Tomás et de 78,9 % pour Yauri, cette dernière dépassant même sensiblement le taux de la ville du Cuzco (76,8 %). Cette croissance s'est un peu ralentie entre 1961 et 1972, avec des taux de 11 % pour Chumbivilcas et 6 % pour Espinar, pour la population urbaine, et de, respectivement, 26 % et 38 % pour les capitales de province (moyenne pour les sous-préfectures du Cuzco : 76,8 %). Yanaoca, par contre, trop proche de Sicuani, souffrait le même déclin que les capitales des provinces quechuas isolées et voyait sa population diminuer.

La différence fondamentale entre ces deux types de région — les provinces quechuas périphériques et la puna — vient en effet du dynamisme de la croissance urbaine dans cette dernière zone. Alors que dans les provinces quechuas isolées on a une émigration qui atteint en premier lieu les agglomérations, dans les deux provinces méridionales, malgré un important exode rural, les capitales administratives réussissent, pour le moment, à retenir une partie de leurs élites et surtout, semble-t-il, à attirer quelques migrants. Mais déjà Santo Tomás a ralenti sa progression au recensement de 1972 alors que Yauri qui atteint 4 066 habitants, la maintient. Aussi, la contradiction est-elle d'autant plus profonde dans ces régions, entre les progrès rapides de l'économie et la croissance des agglomérations d'une part, et le retard des services destinés à la population de l'autre. Cela traduit bien l'indifférence que continuent à témoigner les autorités départementales et nationales à l'égard de ces provinces.

En fait, dans ces dernières, seuls les éléments traditionnels continuent à regarder vers le Cuzco. Ainsi, les comuneros qui vont chaque année au début de la saison sèche vers la « Quebrada » (la vallée du Vilcanota), pour échanger les produits de leur élevage ou se louer dans quelques haciendas. On doit constater, toutefois, que, même pour ces derniers, l'aire géographique des déplacements s'est rétrécie et on ne les voit plus, comme auparavant, dans Quispicanchis et encore moins dans Calca et Urubamba. Ils semblent également fuir la vallée, trop fréquentée par les commerçants, et vont plutôt dans les provinces isolées et traditionnelles : Acomayo, Paruro, Paucartambo ou Castilla dans le département d'Arequipa. Les éléments dynamiques regardent, au contraire, vers Arequipa, ainsi les hacendados les plus riches, les camionneurs, les commerçants qui préfèrent s'y ravitailler. Cette dualité d'influence est très nette à Santo Tomás ; seuls les hacendados traditionnels maintiennent encore quelques liens sentimentaux, sociaux et universitaires, plus d'ailleurs qu'économiques, avec le Cuzco ; ils y résident temporairement, en particulier lors des fêtes, et y envoient leurs enfants au collège. Les commerçants, par contre, ainsi que les éleveurs les plus dynamiques, se tournent vers Arequipa. De même, ce sont les produits de meilleure qualité qui sont expédiés vers cette ville : les jeunes bovins, la laine, les cuirs. Le Cuzco ne reçoit guère, nous l'avons vu, que des ovins et très rarement des bovins pour ses abattoirs. Les chefs-lieux de districts touchés par la route, Colquemarca et Velille, qui n'ont pas le complexe, à la fois politique et social, de la capitale de province, se tournent encore plus vers Arequipa ; en particulier, Velille qui bénéficie, en tant que petit carrefour, d'une plus grande ouverture. Cette orientation se renforcera lorsque sera achevée la route vers Haquira et Mara. Il ne restera plus qu'à établir une liaison avec Tambobamba d'une part, Antabamba de l'autre, et tout le sud de notre ensemble régional sera ainsi plus étroitement incorporé dans l'aire d'influence d'Arequipa, restreignant d'autant celle du Cuzco qui n'a pas su établir de route directe entre Paruro et Colquemarca, ou même, entre Yanaoca et Livitaca. Devant l'indifférence des autorités du Cuzco, les élites des provinces du Sud parlent parfois d'une éventuelle sécession, envisageant leur rattachement à Arequipa. L'Institut de Planification même, en 1965, hésitait à incorporer Espinar dans la région Sud-Est. Pourtant, il est à craindre que l'annexion de ces régions à Arequipa, ne résoudrait aucun de leurs problèmes. Oubliées dans le Cuzco, elles le seraient davantage dans Arequipa, de laquelle les sépareraient de vastes étendues désertiques et qui les incorporerait dans un système économique encore plus dépendant et plus agressif que celui des Cuzquéniens. En fait, la dualité des influences peut permettre à la population, en élevant son niveau de vie par le commerce avec Arequipa, d'exiger du Cuzco d'avantage d'investissements en services. Yauri, par exemple, commençait, en 1969, à profiter de cette situation, en demandant à la C.R.Y.F. un crédit pour l'électricité, et Tocroyoc, l'eau potable et un dispensaire.

Les vallées de ceja de montaña, en dehors de la Convención, ressemblent aux provinces quechuas isolées, dans la mesure où l'action de la ville y est surtout parasitaire. Celle-ci en tire des matières premières (bois surtout et périodiquement or), des produits agricoles (riz et fruits), mais elle s'est peu préoccupée de leur équipement. On n'a là que des districts récemment créés qui, à l'intérieur des provinces de Paucartambo et Quispicanchis, n'apparaissent pas nettement dans nos tableaux. A la différence de la vallée de la Convención, le peuplement y avait reculé au XIXe siècle, dans une époque d'importante contraction économique régionale. La colonisation reprit au début de ce siècle, et surtout après la première guerre mondiale, avec un essai d'adaptation des systèmes de culture de la Convención et la recherche de l'or. Dans ces vallées soumises à des crises successives, le peuplement n'a jamais été, ni très important, ni surtout très stable. Les routes n'ont pénétré qu'après la seconde guerre mondiale. La mise en valeur y a toujours gardé un caractère pionnier et aventurier avec des entreprises essentiellement individuelles et, le plus souvent, de taille modeste ; leurs propriétaires gardaient des liens avec le Cuzco où ils trouvaient les services dont ils avaient besoin. La dispersion de l'habitat et la faible densité du peuplement, ne favorisaient pas, d'autre part, l'implantation de ces derniers. A Cosñipata, c'est dans la mesure où quelques hameaux se formèrent que l'on put construire une école, ouvrir un bureau de poste, installer quelques magasins ; ainsi à Patría et Pillcopata ou, à l'heure actuelle, à Salvación, qui, de simple poste militaire, est devenue la véritable, quoique fort modeste, capitale du Manú. Mais ce n'est qu'en 1971 que Pillcopata reçut l'eau potable et un dispensaire, sans disposer toutefois de médecin, ni de l'électricité. A Quince Mil, c'est l'exploitation de l'or qui fit naître, entre les deux guerres mondiales, un petit village à la population cosmopolite. Sa croissance rapide entraîna même le déplacement de l'habitat vers la haute terrasse, à l'abri des inondations. Malgré la crise économique que subit la vallée, il conserve un assez bon équipement.

Cette infrastructure devrait permettre à la Réforme Agraire de reprendre la colonisation dans ces vallées ; il est vraisemblable qu'elles se rapprocheront alors de plus en plus du modèle de la Convención. Leurs habitants, petits et moyens propriétaires métis, ont déjà des caractéristiques socio-économiques favorisant les influences urbaines. Quant aux indigènes, nous avons vu que le travail, même temporaire, dans la ceja de montaña, représente une rupture avec la vie traditionnelle de la Sierra et est un facteur d'acculturation. Leur niveau de vie devrait augmenter si on développe les cultures commerciales et si on organise la colonisation. Mais c'est encore du Cuzco qu'ils attendront, à la fois les principaux services supérieurs dont ils ont besoin, et les débouchés pour leur agriculture, comme pour leur élevage.

Quant au Madre de Dios, il n'a encore ni le peuplement, ni le dynamisme économique suffisants, qui lui permettraient de se poser, comme la Convención, malgé son indépendance administrative, en région complètement autonome ; aussi ses liens avec le Cuzco restent forts. On y perçoit toutefois une dualité entre la tutelle administrative du Cuzco et les intérêts économiques locaux, tiraillés entre plusieurs influences commerciales que la capitale Puerto Maldonado n'arrive pas à contrôler complètement. La tutelle administrative s'exerce au double niveau des institutions et des fonctionnaires dont la plupart sont cuzquéniens. Sauf dans le Manú, très peu peuplé, l'emprise foncière de notre ville est peu importante. Les grandes exploitations forestières n'appartiennent en général pas à des Cuzquéniens, et les petits colons sont des provinciaux ou des gens de Puno. Commercialement, on note plusieurs influences concurrentes. Le Cuzco maintient une position relativement forte car il contrôle les moyens de communication (route et avion pour Puerto Maldonado, avion seulement pour Iberia). Cependant, il n'est en fait qu'une étape ou un lieu de transbordement vers Lima, d'où proviennent la plupart des produits fabriqués et où on expédie la noix du Brésil, les peaux, le caoutchouc. Depuis qu'existe la route, une partie des bois va d'autre part vers Puno et Arequipa ; et on voit des commerçants et surtout des gérants aréquipéniens, s'installer à Puerto Maldonado, comme à Quillabamba, alors que ceux du Cuzco sont rares. Ces influences aréquipéniennes ne peuvent que s'accentuer si se concrétisent les projets de route Marcapata-Sicuani, et plus encore, le long du Tambopata, Puerto Maldonado - San Juan del Oro, menant au-delà à Juliaca. Des relations existent, en troisième lieu, avec Pucallpa et Iquitos dont sont originaires de nombreux habitants de la capitale départementale ; un service aérien militaire (« El Cívico ») y maintient des liaisons tous les quinze jours. Enfin, la proximité des frontières de la Bolivie et du Brésil, favorise la contrebande qui était très forte jusqu'aux dernières mesures protectionnistes du gouvernement péruvien. Déjà, Iberia est reliée par la route au Brésil, depuis juillet 1969, et le Conseil municipal de Puerto Maldonado souhaite accélérer les travaux de la voie qui joindra ces deux centres de peuplement. Le troisième pôle du département, le Manú, est mieux intégré au Cuzco puisqu'il prolonge jusqu'à Shintuya la zone de Cosñipata ; mais l'achèvement de la route et son éventuel prolongement jusqu'à Iberia, l'intégrera également à l'ensemble des pays de la forêt amazonienne et, en particulier, à l'influence économique brésilienne.

Malgré d'immenses différences sur le plan du milieu naturel et du peuplement, la ceja de montaña et la puna ont subi un peu la même évolution par rapport à la ville du Cuzco. Elles ont toujours été des régions périphériques, à la fois par leurs distances et les obstacles du relief (un rapprochement pourrait être tenté, à ce propos, entre l'obstacle du cañon de l'Urubamba à l'entrée de la ceja de selva, et celui de l'Apurímac qui isole les provinces de puna de celles du centre), ainsi que par la faible implantation des Cuzquéniens. Dès l'époque incaïque, elles étaient des « marches », l'une contre les « chunchos », l'autre pour surveiller les Collas de l'Altiplano et les populations de la Côte. Pendant la Colonie, leur intérêt économique s'imposa, mais il fut surtout tourné vers un marché extérieur, celui du Potosí. La ceja de montaña y envoyait coca et alcool, la puna y expédiait des hommes et des tissus et constituait d'autre part une des étapes dans le commerce entre le Potosí et Lima. Malgré leur importance économique, elles vivaient donc un peu à l'écart du Cuzco. Les haciendas y appartenaient surtout aux ordres religieux (Jésuites en particulier dans la Convención) ou militaires, et dans la puna, à l'Église. En fait, seules les institutions s'y intéressaient, mais non les individus qui éprouvaient une certaine répugnance à y vivre, et possédaient leurs propres activités plus près du Cuzco, dans l'étage quechua. Notre ville a, cependant, pu jouer, par sa situation géographique, un certain rôle commercial vis-à-vis des terres chaudes de la Convención et de Paucartambo, ce qui les plaça dans une position privilégiée par rapport à la puna beaucoup plus isolée.

La fin de la Colonie vit la ruine du commerce vers le Potosí et le Nord-Est argentin (27). L'intérêt des périphéries chaudes et froides cessa, en même temps que ces forces centrifuges. Progressivement, l'économie de ces régions s'organisa en fonction des provinces centrales, les forces internes, centripètes, de la structure régionale, redevenant les plus fortes. Les haciendas qui se maintenaient dans la ceja de montaña et qui appartenaient désormais à des individus résidant au Cuzco, se trouvèrent plus étroitement liées à la ville vers laquelle elles écoulaient l'essentiel de leur production. Mais, leur prospérité était limitée par les techniques traditionnelles de production et de commerce, et également à Paucartambo, par la reprise des attaques des tribus de la selva. De même, l'économie de la puna se trouva en quelque sorte mieux intégrée à l'ensemble régional, car les échanges itinérants et saisonniers de ses éleveurs s'orientèrent vers les vallées quechuas, cependant que ses muletiers assuraient la liaison avec la côte péruvienne. Notre ville cependant y jouait un rôle très limité.

Dans la seconde moitié du XIXe siècle, à nouveau, les forces dynamiques centrifuges s'exercèrent sur la périphérie, avec le commerce de la laine dans la puna, et plus tard celui du café dans les terres chaudes. Tous deux s'orientèrent vers Arequipa et le port de Mollendo, relais obligatoires dans l'exportation vers les marchés extérieurs. Le Cuzco sut profiter de sa chance et nouer des liens importants avec la Convención et les autres vallées chaudes, la construction du chemin de fer de Santa Ana l'y aidant. Au-delà, son influence se dilua dans l'immense désert humain de la selva, réussissant à toucher, toutefois, les îlots de colonisation et même les groupes indigènes Machigengas ou Mashgos. Par contre, la puna lui échappa complètement ; le commerce de la laine s'orienta vers le relais de Sicuani, puis plus récemment vers Yauri et Tocroyoc ; au même moment, la construction de la route et du chemin de fer dans la vallée du Vilcanota, mettait fin au commerce muletier vers la côte péruvienne qui seul maintenait quelques flux à travers les provinces du Sud.

Profitant de ses liens avec le Cuzco, la Convención sut attirer les capitaux commerciaux et certains équipements urbains (création de toutes les agglomérations). Mais très vite, elle essaya de se dégager de la tutelle économique de la ville ; le bouleversement des structures agraires, en 1964 et l'achèvement des routes, en 1967, allaient rapidement l'aider à y parvenir. La puna au contraire, complètement délaissée, ne put que s'incorporer de plus en plus étroitement à l'aire d'influence aréquinienne, soit par l'intermédiaire de Sicuani, soit aujourd'hui, avec les camions, directement. Mais elle ne reçut pas les services correspondants ; les routes y pénétrèrent tard et la plupart des villages en sont encore dépourvus.

Ce qui caractérise en fait, avant tout, la plus grande partie des provinces de Chumbivilcas, le Sud de Paruro, Cotabambas, Antabamba et dans une moindre mesure Graú, c'est la rareté et parfois même l'absence, de toute relation ville-campagne en dehors des migrations. Dans bien des districts les camions ne pénètrent pas, beaucoup de marchés ont disparu et les autres gardent

---

27. Pour la Convención, il convient de faire intervenir également l'expulsion des Jésuites.

leur forme traditionnelle de lieux d'échanges agricoles. Seuls quelques produits fabriqués alimentaires, venus à dos de mules, y parviennent. Aucun technicien, aucun voyageur de commerce ne s'y rend. Un curé, venu d'ailleurs, y dit une seule messe annuelle et le juge du chef-lieu de province s'y rend tous les ans en tournée d'inspection. Deux ou trois enfants, seulement, auront la possibilité de suivre à la ville des études secondaires. Cette situation, les provinces du Sud la doivent, non seulement à leur distance du Cuzco, mais aussi à l'absence de centre urbain véritable, à l'exception de Yauri.

Car l'organisation régionale tend de plus en plus à se définir en fonction des centres urbains et des flux qui viennent d'eux ou y conduisent. Région historique et en partie naturelle, l'espace formé par les départements de Cuzco, Apurímac et Madre de Dios, s'affirme comme polarisé par l'ancienne capitale incaïque. Et malgré les limites, à la fois géographiques et sociales, du rôle de cette ville, la base territoriale choisie par l'Institut national de Planification pour définir autour d'elle la région Sud-Est, est donc correcte. De la même manière, à l'intérieur de cette région, les activités commerciales comme la nouvelle politique administrative, contribuent à donner un certain poids aux petits centres urbains. Aussi les régions homogènes que nous venons de définir, tendent à apparaître de plus en plus comme polarisées par ces agglomérations dont nous allons, maintenant, étudier le véritable rôle et l'influence.

CHAPITRE X

L'ARMATURE URBAINE RÉGIONALE

Ni l'hacienda, ni la communauté indigène, si elles sont des éléments essentiels de la répartition des hommes, ne sont capables de jouer un rôle polarisant dans notre espace régional. La première par son caractère fermé, bien que représentant l'impact de l'urbain sur la campagne, n'a pas favorisé la pénétration de cet urbain et a au contraire toujours cherché à la gêner. La seconde, si elle peut offrir à ses membres plus de mobilité, a toujours été maintenue dans une situation de dépendance, de marginalité et de pauvreté (1). Ce sont donc les agglomérations qui sont les plus susceptibles de recevoir les influences urbaines et de les transmettre aux campagnes. Elles sont nées, peu après la conquête, de cette volonté de domination des Espagnols vis-à-vis des territoires annexés. En fixant la résidence des conquérants, elles donnaient à ceux-ci le droit de recevoir des terres, de percevoir le tribut, d'assurer un contrôle administratif, d'organiser d'éventuels déplacements de population (pour les mines en particulier) et, par le biais de la religion catholique, de tenter une première intégration culturelle des populations autochtones. Chaque centre créé par les Espagnols pouvait prétendre jouer à peu près le même rôle à l'intérieur du ressort territorial qui lui était imparti. Une certaine prééminence était reconnue officiellement aux capitales administratives, mais à une époque où les activités s'organisaient à l'échelle locale, cela représentait peu de choses dans la réalité. Seule, le Cuzco conservait un rayonnement certain ; pour les Espagnols vivant en province, elle était un modèle, une aspiration à plus de prestige social ; pour les indiens, si l'on considère l'importance qu'elle continue à représenter aujourd'hui, elle devait conserver la tradition de l'Empire vaincu.

Depuis un demi-siècle, c'est toute la conception de la ville qui est bouleversée, en même temps que les données de l'économie péruvienne. Par les services qu'elles reçoivent, par les

---

1. Chapitre II, paragraphe IID.

moyens de communication qui les atteignent, les agglomérations sont à la fois mieux reliées au Cuzco et plus aptes à dominer leurs campagnes et à les intégrer ; car le modèle qu'elles proposent et qui est celui de la civilisation occidentale industrielle est beaucoup plus conquérant que par le passé. Malgré sa volonté de domination et la forte exploitation qu'elle faisait peser sur les campagnes, la ville coloniale s'affirmait en fait comme un milieu différent du monde rural et entendait le rester. Aujourd'hui, au contraire, on a une volonté d'intégration sur tous les plans ; intégration culturelle des indigènes aux valeurs occidentales de la société urbaine, intégration de l'agriculture traditionnelle à l'économie d'un pays en voie d'industrialisation, intégration régionale du Cuzco dans l'espace national, intégration des individus à des organismes urbains fonctionnant en tant que tels.

Chaque agglomération, selon son importance historique et sa situation géographique, réagit de manière particulière à ces conditions nouvelles nous permettant d'établir ainsi une typologie et une hiérarchie des centres. C'est l'activité commerciale qui nous aidera à le faire, dans une région peu industrialisée, où la fonction administrative garde une certaine permanence héritée de l'histoire. Comme les conditions et les caractères du commerce sont en évolution rapide, rien ne sera plus changeant que l'importance relative de chaque centre par rapport à sa petite région d'une part, et à l'intérieur de l'espace commandé par le Cuzco, de l'autre. On voit, ainsi, chaque agglomération passer, tour à tour et selon une cadence très rapide, de la fonction de point de rupture de charge, à celle d'étape à plus ou moins longue distance, ou de carrefour, puis de simple lieu de passage que les camions délaisseront lorsqu'une nouvelle route s'ouvrira. Cette évolution a à peine le temps de se traduire dans le paysage urbain qui juxtapose à un centre ancien de type colonial et bien structuré, un début de quartiers spontanés, plus anarchiques, croissant selon les aléas de la conjoncture économique et politique. Elle apparaît beaucoup plus dans le mouvement démographique, les changements affectant, avant toute chose, la mobilité géographique et sociale des gens. Si on peut établir à chaque étape de l'évolution une hiérarchie des centres urbains, il est difficile de voir se constituer autour du Cuzco un véritable réseau, sans cesse remis en question et remanié par le rythme rapide des changements et par les limites de ces derniers.

I. — PETITES VILLES ET BOURGS DE LA RÉGION DU CUZCO.

Les critères que nous avons analysés dans la première partie en essayant de définir le concept de ville dans la région du Cuzco (chapitre II — paragraphe II B), appliqués aux capitales de département et de province rassemblées dans les tableaux XCIII et XCIV, nous permettent d'isoler, en dehors du Cuzco, onze agglomérations qui les possèdent tous. Neuf capitales de province sur vingt et une restent ainsi de simples villages ; leur fonction administrative est certes supérieure à celle des capitales de district, ainsi que leur chiffre de population qui dépasse 1 500 habitants et mêmes parfois 2 000 ; mais elles n'ont pas la plupart du temps un meilleur équipement en services urbains ou en commerces. Leur faible accroissement démographique — voire pour cinq d'entre elles leur recul depuis 1940 — ne permet pas d'envisager qu'elles puissent l'acquérir dans un avenir prochain. Ce sont, dans le département du Cuzco : Acomayo, Yanaoca, Paucartambo, Paruro et Santo Tomás, dans celui d'Apurímac : Antabamba, Chuquibambilla et Tambobamba, enfin Inapari dans le Madre de Dios. Elles sont situées dans les régions les plus délaissées par le Cuzco : la selva, la puna et les vallées quechuas isolées. Toutefois, il convient de

459

TABLEAU N° XCIII : POPULATION, ÉQUIPEMENT, ACTIVITÉS DES PETITES VILLES DE LA RÉGION SUD-EST

	CUZCO	SICUANI	QUILLABAMBA	ABANCAY	ANDAHUAYLAS	PUERTO MALDONADO
Population 1972 (1)	120 881	12 956	10 857	12 172	4 912	6 419
Accroissement 1940-1961	76,8 %	51,5 %	305,3 %	70 %	100 %	223,6 %
Accroissement 1961-1972 (1)	51 %	21 %	58 %	34 %	5 %	82 %
Commerce de gros	Oui	Oui	Oui	Oui	1/2 gros	1/2 gros
Commerce de détail (2)	Complet	Incomplet (machines, autos)	Incomplet (machines autos)	Incomplet (machines autos)	Incomplet	Incomplet
Sièges et agences bancaires (3)	1 siège 5 agences B.N.-B.F.A.-B.I.- B.R.	1 agence B.N.-B.F.A.	4 agences B.N.-B.F.A.	2 agences B.N.-B.F.A.-B.I.	2 agences B.N.-B.F.A.	1 agence B.N.-B.F.A.
Cies d'assurances	Agences	Non	Non	Non	Non	Non
Administration publique (non municipale)	- Capitale départementale - Capitale régionale (3 départements)	- Sous-préfecture - Sous-directions administratives pour 5 provinces	- Sous-préfecture - Des sous-directions pour 1 province élargie	Capitale départementale - des sous-directions régionales	- sous-préfecture - certains bureaux de développement	Capitale de département - des sous-directions régionales
Enseignement secondaire, technique et supérieur	Secondaire : 17 collèges Technique : 16 collèges 1 université	2 collèges École normale École d'agriculture	3 collèges 3 instituts techniques	2 collèges 2 Écoles normales 2 instituts techniques	2 collèges 1 École normale 1 école d'agriculture	2 collèges 1 École normale 2 instituts techniques
Santé : - hôpitaux - médecins - spécialistes	2 hôpitaux + 2 cliniques 74 médecins spécialistes nombreux 47 dentistes 22 pharmacies	1 hôpital 5 médecins 2 dentistes 4 pharmacies	1 hôpital 8 médecins 7 dentistes 4 pharmacies	1 hôpital 5 médecins 2 dentistes 4 pharmacies	1 hôpital 3 médecins 2 dentistes 2 pharmacies 1 dispensaire	1 hôpital 1 médecin 3 dentistes 2 pharmacies
Journaux	2 quotidiens	Non	Non	Non	Non	Non
Radios et TV	5 radios, 1 ant. TV	2 radios	1 radio	2 radios	Non	1 radio
Transports	2 gares, 1 aéroport, entreprises locales de transport, téléphone interurbain	1 gare autobus : - 5 Cuzco - 5 Arequipa - 2 Yauri téléphone	1 gare (Chaullay) autobus : 2 Cuzco téléphone	Autobus : - 7 Cuzco - Lima Téléphone	Aéroport Autobus : - 4 Lima - 2 cuzco Téléphone	Aéroport (3 fois par semaine) Camions (irréguliers)
Équipements urbains (eau, électricité, égouts)	Oui (+ téléphone et taxis)	Oui	Oui	Oui	Oui	Oui
Loisirs (clubs, hôtels, sports, cinés)	5 clubs, 8 cinémas, stade, hôtels, etc.)	2 clubs, 2 cinés, hôtels, stade	1 club, 2 cinés, hôtels, stade	1 club, 2 cinés, hôtel de touristes, stade	1 club, 2 cinés, hôtels, stade	4 clubs, 1 cinéma, 1 hôtel de touristes, stade
Type d'industrie A, B, C (4)	A - (brasserie, textile...) B - nombreuses C - Cachimayo	A - (textile, peaux) B -	A - (moulins) B -	A - (frigorifique) B -	A - (moulins) B -	A - (scieries, riz, châtaigne) B -

(1) Il s'agit des résultats préliminaires du recensement de 1972.
(2) Voir tableau n° XCVI.
(3) B.N. : Banco de la Nación - B.F.A. : Banco de Fomento Agropecuario - B.I. : Banco Industrial - B.R. : Banco Central de Reserva.
(4) Voir tableau n° XCVII. A : transformation des produits de l'agriculture - B : Services - C : Équipement.

TABLEAU N° XCIV : POPULATION, ÉQUIPEMENT, ACTIVITÉS DES BOURGS DE LA RÉGION SUD-EST

	CALCA	URUBAMBA	YAURI	CHALHUANCA	URCOS	ANTA-IZKUCHAKA
Population en 1972	4 457	3 504	4 066	3 544	3 180	2 797
Accroissement 1940-1961	3,4 %	– 13,9 %	78,9 %	3 %	18,5 %	50,2 %
Accroissement 1961-1972	28 %	5 %	38 %	25 %	15 %	9 %
Commerce de gros	1/2 gros	Non	1/2 gros	Non	Non	Non
Commerce de détail	- Marché quotidien - Très incomplet	- Marché quotidien - Très incomplet	- Marché quotidien - Très incomplet	— - Très incomplet	- Marché quotidien - Très incomplet	- Marché quotidien - Très incomplet
Sièges et agences bancaires	B.N.	B.N.-B.F.A.	B.N.	B.N.	B.N.	B.N
Administration publique (non municipale)	Sous-préfecture	Sous-préfecture	Sous-préfecture	Sous-préfecture	Sous-préfecture	Sous-préfecture
Enseignement	2 collèges 1 école d'agriculture	2 collèges 1 école normale 1 école d'agriculture	1 collège	2 collèges	2 collèges	1 collège
Santé	1 dispensaire	1 dispensaire	1 dispensaire	1 dispensaire	1 dispensaire	1 dispensaire
	1 médecin 2 dentistes 1 pharmacie	1 médecin	1 botica	1 médecin	1 médecin 1 botica	1 médecin
Journaux, radios	Non	1 radio	Non	Non	Non	Non
Transport	Autobus : 6 à 8 Cuzco Camions quotidiens	Autobus : 4 Cuzco Camions quotidiens	Autobus, camions : - 1 Sicuani - 1 hebdo Cuzco	Autobus, camions : - 2 Cuzco, Lima	Gare Autobus : 6-7 Cuzco Camions téléphone	Gare Autobus : 12 Cuzco Camions
Entreprises locales de transport	Oui	Oui	Oui	Oui	Oui	Oui
Équipement urbain (eau, électricité, égout)	Incomplet	Incomplet	Très incomplet (eau)	Incomplet	Incomplet	Incomplet
Loisirs	Club, 1 ciné	Club 1 hôtel de touristes	Club	Club	Club 1 ciné épisodique	Club
Type d'industrie (artisans, ateliers)	Artisans Ateliers	Artisans Ateliers	Artisans Ateliers	Artisans Ateliers	Artisans Ateliers	Artisans Ateliers

dire que pour les habitants de leur province, elles font figure de villes, nos critères occidentaux ne correspondant pas à la psychologie des populations locales. Elles sont en effet plus peuplées que leurs capitales de district, sauf Acomayo. Elles ont d'autre part une population de métis dont les modèles et les prétentions ne sont pas ruraux, mais essentiellement urbains. Leur élite a pourtant souvent conscience de ce qu'elles ne sont que des villages et qu'elles déclinent par rapport aux autres agglomérations. Mais pour les indiens des communautés voisines, elles restent « la ville », telle qu'on l'entendait à l'époque coloniale avec son marché, son église, ses autorités politiques (gouverneur et sous-préfet), son tribunal. Elles ont ainsi un petit pouvoir d'attraction sur leur campagne immédiate, ce qui les distingue des simples villages dont les fonctions sont plus banales et plus locales. Pour les distinguer de ceux-ci, nous proposons de les appeler « villages-centres », expression qui révèle leur aspect rural, mais souligne une certaine supériorité, en particulier sur le plan administratif. En espagnol, nous pourrions les désigner sous le nom de « *pueblos chicos* », les capitales de district n'étant que des « *aldeas* » voire même de simples « *villorios* ».

Parmi les onze agglomérations que nous avons sélectionnées, en dehors du Cuzco, un clivage se fait entre cinq centres mieux équipés, auxquels nous réservons le nom de « villes » (« *ciudades* »), et six autres que nous appellerions des bourgs (« *pueblos grandes* »), en donnant à ce terme le sens de centre de commerce actif qu'il avait dans la France de l'Ancien Régime. Les petites villes, dont la population se situe entre 13 000 et 4 500 habitants, sont : Abancay et Andahuaylas dans l'Apurímac, Sicuani et Quillabamba dans le Cuzco, Puerto Maldonado dans le Madre de Dios. Anta-Izkuchaka, Calca, Urcos, Urubamba et Yauri dans le Cuzco, Chalhuanca dans l'Apurímac, constituent les bourgs (chiffre de population entre 2 500 et 4 500 habitants en 1972).

A. Le paysage urbain des petites villes et bourgs

Comme dans la ville du Cuzco, et plus encore peut-être, le paysage urbain des petites agglomérations reflète très clairement leur évolution historique, leurs fonctions et les caractères sociologiques de leur population. C'est un problème d'espace, ou plutôt de dimension, puisqu'elles sont de taille réduite ne dépassant pas 13 000 habitants en 1972 ; c'est aussi un problème de temps, puisque certaines ont vu leur vie évoluer très peu depuis l'époque coloniale, et que d'autres ont connu, au contraire, des changements très rapides pendant ces vingt dernières années.

Dans les capitales de province traditionnelles que nous avons ramenées au rang des simples villages, on lit nettement à la fois le poids du passé, et celui des liens noués avec la campagne. Nous avons vu que ces agglomérations restaient essentiellement administratives, avec une fonction de résidence pour les propriétaires fonciers et de marché pour les produits agricoles. Le commerce y apparaît encore comme un phénomène un peu surimposé, bien que conquérant. Il a pu s'installer facilement, dans le centre en particulier ; il apporte une note moderne, très discrète, avec quelques petits panneaux publicitaires annonçant les magasins les plus importants. Ceux-ci se plient au rythme de la vie villageoise, très liée aux travaux des champs, ouvrant très tôt le matin et tard le soir. Les transports routiers font naître un petit faubourg qui s'allonge le long de la principale voie d'accès à la ville. Toutefois celui-ci ne devient important qu'à l'échelle de nos bourgs. Les petites villes lui ajoutent une fonction artisanale ou industrielle. Leur croissance a permis d'autre part la formation d'un troisième type de quartier, principalement résidentiel, mieux planifié et équipé. Ainsi leur structure plus complexe, révèle la transformation de leurs fonctions, leur expansion récente et les habitudes déjà urbaines de leur population de métis et de cholos ; ceci les oppose nettement aux autres agglomérations, et ces caractères communs les rapprochent, malgré de fortes différences dans l'habitat, héritées de l'histoire et du milieu naturel.

Deux seulement des cinq petites villes sont, en effet, des fondations coloniales : Abancay et Andahuaylas. Les autres ont été créées plus récemment. Sicuani n'était pendant la Colonie qu'un petit village qui, vraisemblablement en liaison avec le commerce muletier, grandit suffisamment pour ravir en 1833 à Tinta, le rang de capitale de la nouvelle province de Canchis ; son développement urbain est cependant surtout lié au commerce de la laine et à l'arrivée du chemin de fer, dans la seconde moitié du XIXe siècle. Quillabamba et Puerto Maldonado ont été fondées dans les terres chaudes, respectivement en 1881 et 1912. Toutefois la capitale du Madre de Dios seule, reflète réellement les caractères des villes de bois aux toits de palmes de la selva péruvienne ; Quillabamba en effet, imite par son habitat celui de la Sierra, et c'est le climat, plus que l'urbanisme, qui lui donne sa personnalité.

Comme au Cuzco, le centre de nos agglomérations s'organise autour de la place d'Armes, selon un plan en échiquier ordonnant régulièrement ses îlots de maisons. A Sicuani, par suite de l'étroitesse du territoire primitif resserré entre les montagnes et le Vilcanota, les damiers se disposent de part et d'autre de la rue principale ; ils se combinent ainsi avec le plan allongé des villages-rues (figure n°43). Quillabamba et Puerto Maldonado en raison de leur fondation récente et des vastes terrasses de cailloutis sur lesquelles elles sont bâties, ont un dessin beaucoup plus aéré, avec de très larges rues, parfois même partagées par une file d'arbres. Certains éléments modernes apparaissent ; à Abancay, un marché de béton, un cinéma, quelques magasins spatieux aux larges vitrines décorées. A Sicuani, une seconde place à quelques rues de l'ancienne, a attiré le marché et momentanément la préfecture et la mairie, en attendant que l'hôtel de ville en construction sur la place d'Armes soit achevé. De-ci, de-là, des maisons neuves à étages se sont édifiées, spéculation appréciable pour offrir des bureaux aux organismes de « Desarrollo Comunal », et des appartements à leurs fonctionnaires. Aux services urbains traditionnels, les petites villes ajoutent quelques commodités ; les rues du centre sont cimentées, bordées de trottoirs et éclairées, avec même à Abancay, des feux de signalisation. L'étendue de ces agglomérations justifie d'autre part l'existence de taxis et du téléphone urbain.

C'est dans le centre qu'on trouve les principaux magasins, surtout ceux qui sont spécialisés, les banques, les cinémas, les hôtels. Là, sont les cabinets des avocats, des notaires et les administrations traditionnelles. Commerces et bureaux se sont installés encore plus sommairement qu'au Cuzco, dans des maisons à peine adaptées à leurs nécessités, louées par les propriétaires terriens ayant émigré. Aussi les collèges, les hôpitaux et certaines administrations ont-ils tendance à émigrer aujourd'hui à la périphérie, vers les nouveaux quartiers en formation.

Ce sont les moyens de communication modernes et surtout les camions qui, nous l'avons vu, ont fait apparaître de nouveaux quartiers s'opposant nettement au centre. Pour Sicuani, Anta et Urcos, touchées par le chemin de fer, le phénomène s'était amorcé dès les années 1920. Dans la première ville en particulier, un quartier est né entre la voie ferrée que longe souvent directement la route, et le Vilcanota. La partie méridionale de ce faubourg a attiré à proximité de la gare, la foire dominicale (figure n° 43) ; celle-ci a ainsi délaissé la petite place Espinar, qui dédouble vers l'est la place d'Armes, et continuait, jusqu'à ces dernières années, à héberger le marché quotidien. La présence des entrepôts des firmes lainières, d'hôtels, de certains bureaux, lui confèrent un caractère « cossu » semblable à celui du centre de l'agglomération, dont elle n'est d'ailleurs

PLANCHE 19

Photo A : Ollantaytambo (Urubamba).

Maison métis, relativement neuve, construite sur une base de pierres de l'époque incaïque.

(Cliché de l'auteur)

Photo B : Pisonays sur la place d'Armes d'Andahuaylillas (Quispicanchis)

Maisons coloniales témoignant de la richesse passée de ce village de la vallée du Vilcanota.

(Cliché de l'auteur)

séparée que par un îlot de demeures. La partie septentrionale au contraire, est beaucoup plus populaire, et sur le plan urbain moins organisée et plus pauvre ; c'est le « *barrio Vilcanota* ». Mais il doit en fait son extension, beaucoup moins à la voie ferrée qu'à la route qui permettait d'éviter, en venant du Cuzco, l'étroite rue principale.

C'est en liaison avec la gare qu'est apparu également le quartier d'Izkuchaka, au pied de la colline d'Anta. Quelques maisons se sont édifiées profitant d'un petit trafic local d'exportation vers la Convención ; de même à Urcos, en rapport avec l'expédition d'un peu de bois de Quince - Mil et de quelques produits agricoles. Mais c'est le trafic routier qui a surtout permis le développement de ces deux bourgades ; ainsi la croissance d'Izkuchaka s'est accomplie de part et d'autre de la route, et non de part et d'autre du rail. A Urcos, le quartier de la gare était coincé entre les terrains de la compagnie du chemin de fer et ceux d'une hacienda ; il a peu grandi, alors que progressait la ville le long des routes vers Sicuani et même vers le Cuzco, malgré la gêne constituée dans cette zone, par les fortes pentes de la colline. Il n'y a que dans la vallée de la Convención que certaines agglomérations, d'ailleurs modestes, Santa Teresa et Santa María, sont nées du chemin de fer. Encore faut-il faire une part importante dans leur création à la volonté de leurs commerçants de se regrouper, dans une région où n'existaient pas les communautés villageoises, et où les haciendas accaparaient les terrains.

Ainsi le chemin de fer, en dehors de la ville du Cuzco, n'a eu qu'une influence limitée sur la structure urbaine et n'a suscité que l'ébauche d'un quartier commercial. Son rôle était avant tout économique et il servait en premier lieu à drainer vers Mollendo, la laine de Sicuani et les produits tropicaux de la Convención. Construit à une époque où les activités étaient encore somnolentes, il ne s'est que tardivement intéressé au trafic des passagers des classes populaires. Les gares ont été en quelque sorte des enclaves un peu étrangères, non seulement à cause des sociétés qui les géraient, mais parce qu'elles n'ont pas cherché à développer l'économie locale, en dehors des trois centres de la Convención, Sicuani et le Cuzco. Elles accaparaient, d'autre part, autour d'elles des terrains, interdisant ainsi d'éventuelles constructions.

Le camion, par suite de son caractère nettement plus social, et parce que son apparition a coïncidé avec un réveil de toutes les activités qu'il a contribué par la suite à entretenir, a, au contraire, provoqué le développement d'un nouveau quartier, dans des villes dont les rues étroites, n'étaient pas adaptées au passage des véhicules. Ce quartier se forme au départ, avec l'implantation de quelques épiceries, d'un simple dépôt de fûts d'essence et d'un ou deux bars-restaurants ; puis cette première ébauche de faubourg devient vite la zone d'expansion de la ville, surtout lorsqu'il n'existe, comme c'est la plupart du temps le cas, qu'une seule voie d'accès. Les nombreuses constructions en cours, de part et d'autre de la route, en témoignent. Profitant du va-et-vient des gens dans ce quartier et de la présence de terrains vides, les bureaux administratifs se déplacent petit à petit vers lui. Fait paradoxal : la fonction administrative qui avait provoqué la création de la ville et entraîné les autres activités, suit maintenant, en n'hésitant pas à se déplacer, la fonction commerciale. C'est d'abord le poste de police, indispensable au contrôle des camions obligés de s'arrêter devant la chaîne qui barre l'entrée de la ville. Puis les bureaux des nouveaux organismes de développement, en quête de vastes terrains pour leur parc de véhicules : Ministère de l'Agriculture, Coopération Populaire, etc. C'est là également qu'on construira le dispensaire et le collège. Peu à peu, une partie des vieilles fonctions urbaines suivra.

Or le nouveau quartier qui se forme est très différent, par son aspect et sa population, du reste de la ville. Son plan est bien souvent linéaire, les maisons se construisant parallèlement à la route, et s'oppose ainsi au plan quadrillé espagnol. Dans certains cas, on aménage toutefois une nouvelle place pour le marché, plus accessible aux camions que la vieille place d'Armes qui perd peu à peu son animation dominicale ; ainsi à Izkuchaka, Yauri, Sicuani. Les maisons, elles aussi, sont d'un type très différent. Elles sont moins imposantes que les « *casonas* » coloniales, plus simples, sans patio intérieur, et souvent sans étage. Leurs matériaux sont plus modernes. Si l'adobe continue à dominer, quelques constructions en briques ou en parpaings apparaissent. Les toits sont souvent de tôle ondulée et les fenêtres, plus larges que dans les habitations traditionnelles, ont des vitres cloisonnées de fer. Les façades sont peintes de couleurs vives et non plus uniformément blanchies à la chaux. Les petites boutiques sont nombreuses. L'équipement urbain y est souvent sommaire : les rues ne sont pas cimentées, les installations d'eau et d'électricité sont incomplètes, les égouts absents.

Les notables locaux viennent rarement habiter dans ce quartier ; leur rêve de toute façon est de construire directement au Cuzco. Les habitants sont donc des gens de condition modeste, fréquemment d'ailleurs étrangers à la ville, bien que nous n'ayons pas d'enquêtes complètes à ce sujet. Ils sont retenus là par les nécessités du négoce et l'espoir de faire rapidement fortune ; leur mobilité semble importante, tant du point de vue de la résidence, que de l'emploi et de la position sociale, car ce sont avant tout des cholos. Ces modifications ne sont pas en elles-mêmes très originales, et nous rappellent l'évolution en Europe des villes du Moyen Age, l'apparition des faubourgs en dehors de l'enceinte urbaine, souvent autour du port fluvial, avec des gens de condition modeste s'opposant aux privilèges de la noblesse. Mais l'évolution est ici certainement plus rapide, par suite de la révolution brutale apportée par le transport automobile, et comme conséquence des changements sociologiques intervenant dans une société en pleine mutation.

La plupart des agglomérations du Cuzco touchées par les principales routes connaissent ce début de faubourg commercial ; on en a même des exemples dans de simples capitales de district comme Pisaq à l'entrée du pont, Limatambo au pied de la butte, à plus forte raison San Sebastián et San Jerónimo. Les autres ne connaissent qu'un étirement et un appauvrissement progressif de l'habitat, au fur et à mesure qu'on s'éloigne du centre, le long des voies d'accès, mais il y est difficile de parler vraiment de faubourg commercial. Certaines capitales de province également n'en sont qu'à ce premier stade : Santo Tomás, Paruro, Yanaoca, Paucartambo et Acomayo, cette dernière en fournissant le meilleur exemple (2). Dans les bourgs et dans nos petites villes, l'opposition est nettement plus perceptible. Le commerce et l'artisanat liés au trafic routier, renforcent l'originalité de ces quartiers, avec des vendeurs d'essence, des réparateurs de batteries ou de pneumatiques, des ateliers mécaniques et garages, ainsi que de nombreux bars-restaurants déversant la musique très bruyante de leurs appareils à disques.

Il peut même y avoir un véritable dédoublement de l'agglomération comme à Chalhuanca et à Anta. Cette vieille fondation coloniale bâtie sur un éperon rocheux, a vu après 1920 se former dans la plaine, près de la gare du chemin de fer de la Convención, son faubourg d'Izkuchaka. Celui-ci connaît actuellement un essor exceptionnel, en raison de sa position au carrefour des routes Cuzco-Lima et Cuzco-Urubamba-Quillabamba ; des voies secondaires y parviennent également, comme la route vers Huarocondo, et celles plus récentes vers Chinchaypuquio-

---

2. A Acomayo le plan quadrillé et très serré de la cité coloniale s'était adapté à la forme triangulaire d'un cône de déjection entre les 2 torrents donnant l'Acomayo (le Cachimayo et le Chuka). Un quartier nouveau apparaît dans le ravin du Cachimayo, le long de la route vers le Cuzco. Là se sont installés le poste de police, le collège, les écoles primaires, un notaire, le tribunal et même une petite chapelle (Belén).

Cotabambas, ou vers Zurite, à travers la plaine. Son aspect est complètement différent de celui de la ville haute et il attire progressivement vers lui toutes les activités urbaines. Ce n'est qu'une longue file de petites boutiques, alignées de part et d'autre de la route, sommairement aménagées au rez-de-chaussée des habitations. Déjà cependant, l'urbanisation s'organise ; un plan quadrillé apparaît entre la route et la butte, alors que l'habitat s'étire dans la plaine le long des embranchements vers Lima, vers Haparquilla, vers Huaracondo et surtout vers Urubamba. Une grande animation y règne toute la journée, créant un contraste complet avec la tranquillité de la ville haute. Ce n'est qu'un va-et-vient de camions et d'autobus, mais aussi de voitures particulières, ce qui est plus rare dans la sierra. Des liaisons permanentes sont assurées avec le Cuzco. Chaque véhicule qui s'arrête est immédiatement assailli par des vendeurs de pains, de glaces, de boissons gazeuses et même de journaux. Les commerces représentés à Izkuchaka sont plus variés que dans les autres capitales de province. On y trouve ainsi, outre un distributeur d'essence, deux mécaniciens sommairement équipés, un réparateur et vendeur de bicyclettes et de radios ; quelques magasins offrent en outre des disques, des livres, des produits pharmaceutiques, ce qui reflète les besoins déjà urbains des habitants.

Ces dernières années, la fonction administrative s'est progressivement installée à Izkuchaka, délaissant Anta. D'abord les nouvelles institutions (la C.R.Y.F. (3) et le Ministère de l'Agriculture), puis les anciennes (trésorerie, police, inspection primaire), et tout dernièrement la mairie et la sous-préfecture. On y a construit le dispensaire, le collège, l'école maternelle. Deux halles y concurrencent l'activité du vieux marché dominical de la place d'Armes. Pourvu d'un équipement administratif presque complet (les fonctions judiciaires et religieuses manquent encore), de commerces animés, Izkuchaka a conscience d'être une nouvelle ville ; elle revendique le rang de paroisse (il y a un projet de construction d'une chapelle), et celui, politique, de district. Certains plus ambitieux, pensent même obtenir à son profit le déplacement du chef-lieu de province, tant leur paraît somnolente et anachronique Anta. Quant à la population d'Izkuchaka, les gens d'Anta la considèrent souvent étrangère à la province et insistent sur ses origines populaires, sa mauvaise réputation. En fait, beaucoup d'habitants sont descendus de la ville haute. C'est le cas de nombreux commerçants (15 sur 23 dans nos enquêtes de 1969), mais aussi de plusieurs notables ayant bâti leur maison dans la plaine, plus près des voies de communication. Elle apparaît toutefois également comme un « port » où s'établissent temporairement de multiples « foraneos » (gens du dehors), venus en particulier de la Convención, du Cuzco, d'Urubamba et même d'Arequipa.

Si l'existence d'un faubourg commercial permet d'établir une différence entre le paysage des bourgades et celui des simples villages, l'organisation d'un lotissement résidentiel, et dans une moindre mesure, industriel, caractérise surtout les villes. Toutefois, ce lotissement ne correspond pas à une véritable nécessité, imposée par la croissance démographique et économique, sauf à Quillabamba. Le centre des petites villes est loin en effet d'être très densément peuplé et il y a encore moyen de subdiviser en appartements les vieilles maisons coloniales, ainsi que nous l'avons vu faire au Cuzco. D'autre part, la plupart des notables ont tendance à émigrer vers les villes plus importantes ; pendant leur absence, ils trouvent à louer leur résidence à des fins de bureaux, y ajoutant parfois des étages supplémentaires. Les fonctionnaires constituent un secteur trop mobile pour envisager de construire dans une petite ville. Quant aux gens de condition modeste, leur habitat reste précaire, étroitement lié aux sources de travail et peu exigeant quant à l'équipement.

---

3. C.R.Y.F. Corporación de reconstrucción y fomento del Cuzco.

En fait, comme au Cuzco, c'est la peur de la Réforme Agraire qui a conduit bien des propriétaires à préférer lotir les haciendas péri-urbaines ou à les vendre aux municipalités. Pour les plans et les travaux d'urbanisme, ils ont bénéficié de l'appui des architectes et ingénieurs civils cuzquéniens, si nombreux depuis le tremblement de terre de 1950 et heureux de trouver en province du travail. Ils ont été aidés par les bureaux d'urbanisme municipaux, comme les J.O.P. (*Juntas de Obras Públicas*) d'Abancay et de Quillabamba, chargés d'exécuter certains travaux d'équipement et de contrôler les permis de construire. Ces projets végètent le plus souvent, sauf à Quillbamba, car ils ne correspondent pas à l'activité réelle de ces villes, et sont très sensibles aux fluctuations économiques ou politiques. Quelques institutions publiques seules y ont construit des édifices et on voit souvent des gens de condition modeste venir s'y installer, de manière plus ou moins légale, en bordure de la route principale.

Ainsi à Sicuani, deux lotissements ont été prévus (figure n° 39). Celui de Rosaspata-San Felipe au nord-ouest de la ville est surtout envahi par des demeures « clandestines » quant à la propriété juridique du terrain. Sur l'autre rive du Vilcanota, le lotissement de Manuel Prado progresse lentement. On y a construit des édifices publics : l'école normale, le bureau de Coopération Populaire, celui de la C.R.Y.F. et même l'évêché ; mais les maisons se pressent surtout le long de la route vers Puno et, malgré son plan d'urbanisme régulier, ce quartier garde les caractères des faubourgs commerciaux précédemment étudiés. C'est le déclin économique de la ville qui a paralysé son expansion.

A Abancay, le développement urbain a été longtemps gêné par les grandes haciendas de canne à sucre qui entouraient la ville. On avait le même phénomène de blocage qu'au Cuzco, avec un contrôle des hacendados sur les terrains bâtis et à bâtir. A la fois à cause du déclin du commerce de l'alcool, des départs des principaux propriétaires et de la peur de la Réforme Agraire, certaines familles ont préféré lotir leur haciendas ; de l'autre côté du ravin de El Olivo, les fonctionnaires se sont réservés trois lotissements d'ailleurs inachevés (Barrio Magisterial, Barrio Judicial et Barrio Policial), à côté d'un faubourg moins organisé et plus précaire (Barrio Artesanal). On a édifié là le lycée et le stade. Mais le projet de cité qui concernait l'immense hacienda Patibamba, n'a pu se réaliser à cause du faible dynamisme de la ville (figure n° 40). A Andahuaylas le problème est différent, parce que deux chefs-lieux de districts très proches de la ville, Talavera et San Jerónimo, se développent parallèlement à la capitale provinciale et constituent en quelque sorte ses banlieues éloignées. L'accroissement de cette ville est d'autre part sensiblement moins important (5 % entre 1961 et 1972).

C'est à Quillabamba, ville récente et en pleine expansion, qu'on constate seulement l'apparition de quartiers neufs et organisés. Cela tient autant à l'importante croissance démographique de cette ville après 1940, qu'aux conditions particulières de l'urbanisme local, très marquées par le site et les circonstances historiques de la fondation. L'agglomération primitive sur sa terrasse de galets, voyait en effet son expansion limitée par les profonds ravins du Vilcanota à l'est, et de son affluent le Chuyapi à l'ouest (figure n° 41). D'autre part, son territoire ayant été concédé par un hacendado en 1881, restait enclavé entre d'autres grands domaines, en particulier celui des Dominicains au nord.

C'est en 1899 seulement que débuta la construction de la ville où s'installèrent les quelques notables du petit hameau de Santa Ana, choisi en 1857 comme capitale de province ; Quillabamba devint définitivement capitale, en 1918, en prenant le titre de « villa ». Mais son développement fut momentanément stoppé par la grave épidémie de paludisme, malaria et fièvre jaune que connut la vallée de la Convención de 1920 à 1945 environ. L'émigration vers la ville était limitée d'autre part, par la structure agraire de latifundia de la vallée et le contrôle de la main-d'œuvre à l'intérieur des domaines. Le commerce enfin, n'avait pas un caractère urbain dominant, puisqu'il était entre les mains d'une multitude de « rescatistas » itinérants, dépendant de trois ou quatre grosses maisons du Cuzco, et que le terminus du chemin de fer, Huadquina, était éloigné. La ville en 1940 ne comptait que 1 700 habitants. Dans les années 1950, elle n'occupait autour de la place d'Armes que deux « cuadras » vers le Nord et vers l'Ouest, une seule vers le Sud, et une demie vers l'Est, soit une dizaine d'îlots de maisons et une superficie totale de 16 hectares environ. L'hôpital, construit à partir de 1938, apparaissait alors complètement isolé.

Après la seconde guerre mondiale, on a une véritable renaissance de Quillabamba, en liaison avec la disparition des épidémies dans la vallée et avec la reprise de la colonisation qui suivit. Elle acquiert en 1952-1953 les principaux services urbains, eau potable et électricité, et voit sa population quadrupler en 20 ans, atteignant 6 891 habitants en 1961 et 10 857 en 1972. La crise du système agraire dans les années 1960-1965, en brisant le monopole foncier et commercial des hacendados, favorisa les migrations à destination de la ville. Après 1966, la prolongation du chemin de fer jusqu'à Chaullay, à une vingtaine de kilomètres au sud de la ville, et l'achèvement des routes accentuèrent les phénomènes migratoires et le développement des activités commerciales.

Dès 1950, Quillabamba s'agrandit vers l'Est en direction du nouvel hôpital, et sur les terrains plats du Sud. Si la première expansion conserva un caractère résidentiel traditionnel, la seconde prit l'allure plus moderne d'un faubourg commercial. C'est là qu'on édifia en 1966 l'imposant marché et que s'organisa le terminus routier. Le long de l'avenue Graú, s'établirent alors les banques, les grandes maisons de commerce (Comersa, Interregional, Corquisa), des magasins et ateliers de mécanique. Le quartier eut dès le début une fonction éducative, avec la construction en 1952 du Collège Manco II, puis de l'école d'agriculture. Mais les bâtiments publics eux-mêmes (hôpital, marché, collège, stade et place Graú), bloquaient, dans une certaine mesure, les possibilités d'expansion résidentielle. Aussi, très vite dans le ravin du Chuyapi, le seul espace libre derrière le marché et l'abattoir, s'édifièrent des barraques misérables.

Les propriétaires de l'hacienda Santa Ana, les premiers, prirent en 1965, l'initiative de créer un lotissement en fondant une société immobilière. Celui-ci offrait 349 lots sur une superficie de 28 hectares. Il se peupla de manière extrêmement rapide, surtout après la fin des troubles qui avaient bouleversé la structure agraire locale. Le blanc caserío de l'hacienda, sa chappelle, sa place ombragée, sont aujourd'hui perdus au milieu des maisons basses aux murs d'adobes et aux toits de tuiles ou de tôle ondulée. Comme au Cuzco, dans les quartiers de Picchu et de Puquín, c'est la confrontation entre deux types d'habitat, l'hacienda et le fait urbain populaire, qui s'opposent de manière brutale, à l'image des changements survenus en une dizaine d'années dans cette région. Ce quartier se prolongea rapidement vers le sud, par un nouveau lotissement de 18,6 hectares (Urbanización Popular). Il est à la fois résidentiel pour les classes moyennes et surtout populaires, et artisanal, avec quelques ateliers et des scieries. Le commerce de détail élémentaire y est représenté, d'autant plus que la distance au centre est assez importante ; on y trouve également, déjà, un hôtel. Les administrations ont suivi, avec les deux grands bureaux de Coopération Populaire et du Ministère de l'Agriculture, dont le secteur de la Réforme Agraire faisait travailler 300 personnes en 1966.

Plus récemment en 1968 et 1969, les propriétaires des haciendas situées d'une part à l'ouest de Santa Ana, d'autre part au sud de la ville, décidèrent de valoriser les terrains non affectés par la Réforme Agraire. Il s'agit des lotissements San Pedro (4,6 hectares) et Fátima (6,3 hectares) à l'ouest, Pavayoc au sud. Ce dernier projet a été réalisé par la société immobilière cuzquénienne Manahuañoncca et il est le plus structuré. Il comporte 25 hectares, constitués par la terrasse au sud de la ville et surtout les collines abruptes qui dominent l'autre rive du Vilcanota. 160 lots sont prévus, dont la plupart ont un caractère résidentiel aisé ; le prix du terrain, à raison de 40 sols en moyenne le m², est nettement plus élevé que dans le quartier de Santa Ana où il était de 5 sols à l'origine (4). Le lotissement prévoit un centre commercial et même administratif, et surtout une zone industrielle aménagée près de l'éventuelle gare, dans le cas où les travaux de prolongation du chemin de fer de Santa Ana reprendraient. Mais ce projet végète, alors que les autorités locales préfèreraient voir exproprier les terrains des Dominicains plus proches du Centre, et que l'expansion se poursuit de manière plus ou moins organisée vers l'Ouest, où on a reconnu en 1969 un Pueblo Joven « *Bellavista* », dans la partie la plus populaire du quartier Santa Ana.

Ville neuve également, Puerto Maldonado bénéficie d'une situation et d'un site privilégiés à la confluence du Madre de Dios et de son affluent le Tambopata. On a là, la concentration des principales artères fluviales du département, uniques voies de circulation dans cette partie de la selva péruvienne. A peu de distance en amont, le Madre de Dios reçoit en effet le Río Las Piedras rive gauche, et surtout, rive droite, l'Inambari dont les affluents supérieurs traversent les foyers de colonisation de Quince Mil, de Carabaya et Sandía ; le Tambopata lui-même, baigne la zone de San Juan del Oro. La ville, fondée dans un méandre du Madre de Dios, est bordée par les deux rivières. Ce n'était à l'origine qu'un campement de plusieurs centaines d'hommes, organisé dès la fin du XIXe siècle, au moment de l'exploitation du caoutchouc de cueillette. Lorsqu'elle fut choisie comme capitale du nouveau département créé en 1912, on pensa favoriser la colonisation avec l'implantation de « gendarmes-colons » venus du Cuzco, de l'Apurímac, de Puno et Arequipa (5). Mais le projet échoua, car ils ne reçurent ni terres, ni outils.

A partir de 1925, on décida de transférer la ville sur la terrasse supérieure, à l'abri des inondations du Tambopata. Elle reçut alors un plan très aéré, avec de vastes terrains facilitant la croissance future. Actuellement, seul l'angle qui domine le confluent est complètement construit (figure n° 42). Le reste est vide et encombré par la végétation ou les cultures. L'aéroport apparaît ainsi éloigné de la ville à laquelle le relie l'unique service de taxis urbains. Des maisons de bois aux toits de planches ou de palmes, aux larges fenêtres grillagées, bordent des rues très larges où circulent de rares voitures et quelques bicyclettes ; de forme rectangulaire, elles ont parfois un étage avec un balcon en façade. Occupant de vastes lots de 1 000 m² à l'origine, elles ont toutes un jardin qui, à l'image de la place d'Armes, foisonne de verdure et de fleurs. Les bâtiments publics, bien que construits en béton, sont peu imposants. La ville a perdu son caractère de campement militaire et est devenue un important centre commercial. Les magasins, souvent vastes et ordonnés, offrent un choix très important de marchandises. Contrairement aux villes de la Sierra, Puerto Maldonado est très propre, malgré les touffes d'herbe poussant au milieu des rues de terre battue. Les services urbains n'y ont pourtant été installés que récemment, à partir de 1966. Le problème de l'espace ne se posant pas, dans une ville qui d'autre part n'a pas grandi au même rythme qu'entre 1940 et 1961, on n'a que l'amorce d'un petit faubourg spontané, le long de la route très récente qui mène au Cuzco.

---

4. 1 sol = 0,12 F en 1969.

5. Oscar NUNEZ DEL PRADO. *Reacción social para la colonización de Maldonado.* Instituto Indigenista Peruano - Serie monográfica n° 7 ; Lima 1962, 50 p.

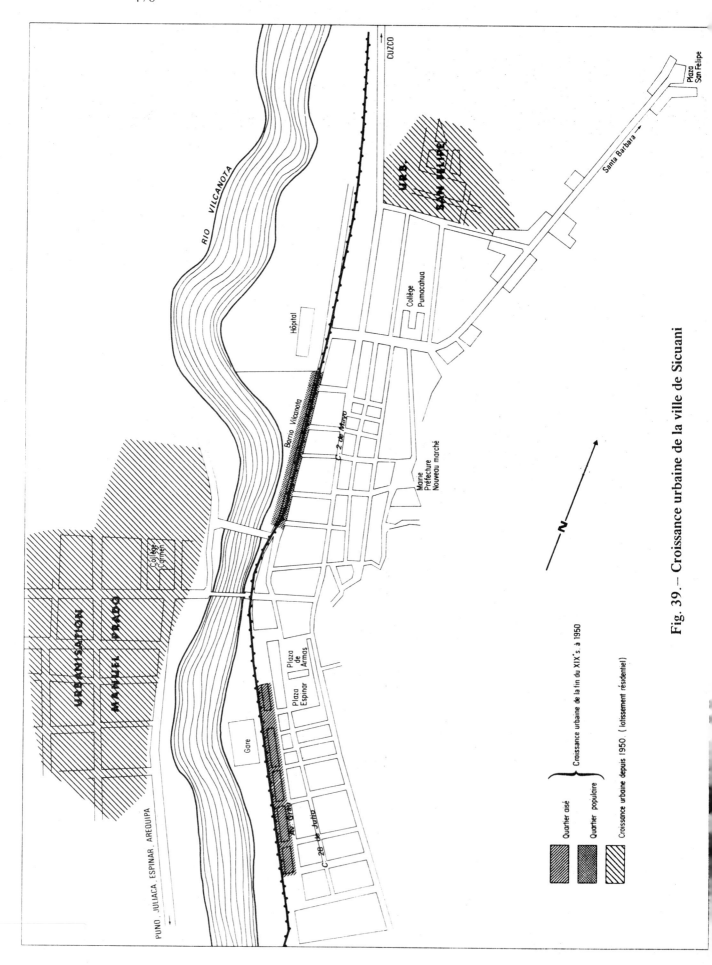

Fig. 39. — Croissance urbaine de la ville de Sicuani

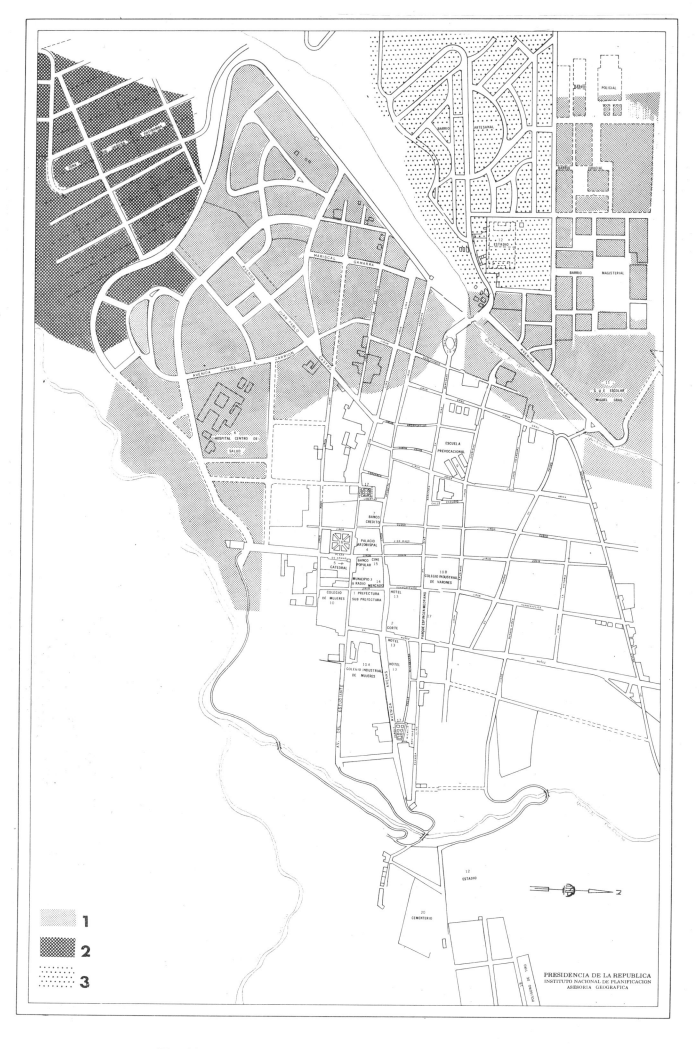

Fig. 40.— Croissance urbaine de la ville d'Abancay après 1950

1. Quartier résidentiel pour la classe moyenne.— 2. Quartier résidentiel pour la classe aisée, en projet.— 3. Quartier populaire.

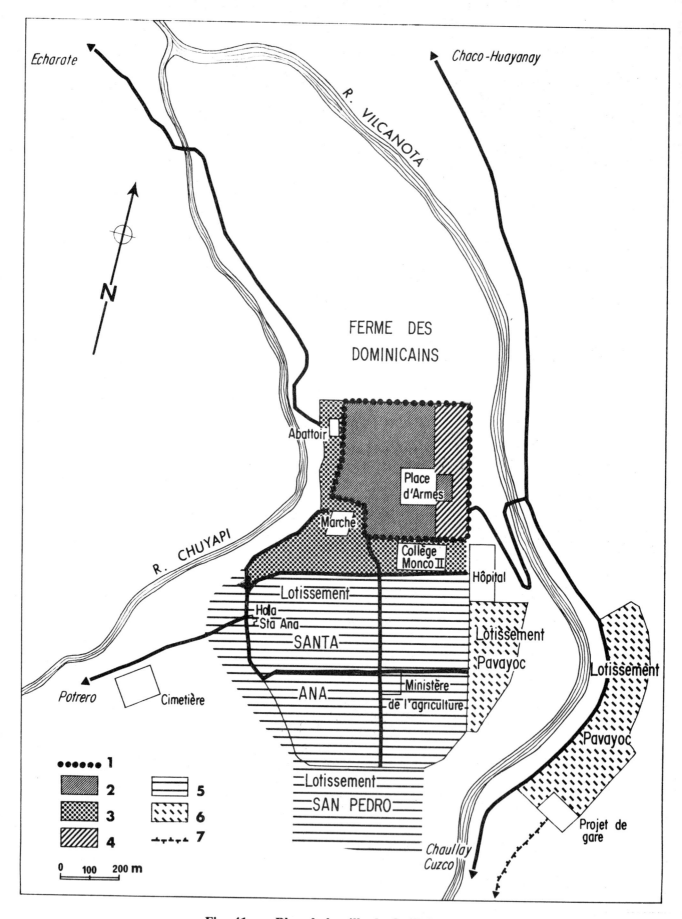

Fig. 41. — Plan de la ville de Quillabamba.

1. Limite de la ville fondée en 1881-1899. — 2. Extension urbaine en 1950. — 3 et 4. Croissance urbaine entre 1956 et 1965 : 3. Quartier commercial et populaire. — 4. Quartier résidentiel. — 5. Croissance urbaine après 1965. — 6. Lotissement en projet. — 7. Projet de prolongation de la voie ferrée.

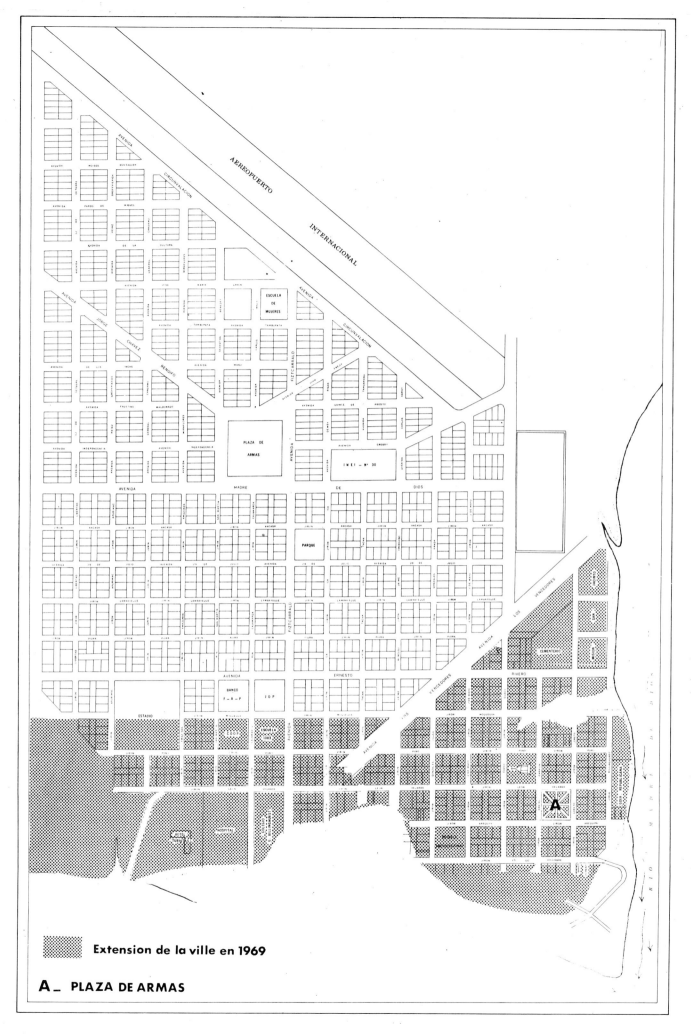

Fig. 42.— Plan de la ville de Puerto Maldonado

PLANCHE 20 — SICUANI (Canchis)

Photo A : La place d'Armes avec ses palmiers et la statue de Pumacahua. La tôle ondulée progresse ici au détriment des toits de tuiles.

(Cliché de l'auteur)

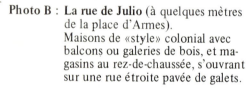

Photo B : La rue de Julio (à quelques mètres de la place d'Armes).
Maisons de «style» colonial avec balcons ou galeries de bois, et magasins au rez-de-chaussée, s'ouvrant sur une rue étroite pavée de galets.

(Cliché de l'auteur)

Photo C : Puerto Maldonado (Madre de Dios) La place d'Armes et les rues principales. Chaussées très larges, séparées en deux par une plate-bande herbeuse, des villes de colonisation de la selva. Habitat traditionnel au toit de palmes avec auvent, et mairie de béton couverte de plaques de fibro-ciment. Peu de véhicules dans les rues en dehors des voitures administratives.

(Cliché de l'auteur)

PLANCHE 21

Quillabamba et la vallée de la Convencion (vue aérienne prise en juin 1956)

La ville occupe une terrasse entre le Vilcanota à l'Est (ici à droite) et son affluent le Chuyapi à l'Ouest. Sa croissance est encore bloquée par la granja des Dominicains au Nord et divers domaines aujourd'hui en voie d'urbanisation au Sud. Paysage de versants très disséqués. Cultures de canne à sucre sur quelques terrasses et de café sur les pentes.

(Cliché de l'auteur)

PLANCHE 22 — YAURI (Espinar)

Photo A : La rue principale
Ample rue à peine pavée, dans un village relativement récent. Maisons d'adobes à un étage, couverts de tôle ondulée avec souvent une boutique au rez-de-chaussée.

(Cliché de l'auteur)

Photo B : Type de faubourg populaire lié aux routes (celle de gauche, vers le Sud-Est, mène aux mines d'Altohuarca et celle du Sud, à Coparaque). Beaucoup de maisons sont en construction ; la tôle ondulée y remplace le toit de chaume d'icchu. Une école a été construite avec son terrain de football, à environ 200 mètres du centre de la bourgade. En arrière plan, paysage de puna et sommets volcaniques, formant la frontière de notre région Sud-Est avec la province d'Arequipa.

(Cliché de l'auteur)

Parmi nos bourgs, seuls Calca, Urubamba et Yauri, ont des projets de lotissements résidentiels structurés. A Anta et Urcos, le développement urbain est freiné par la trop grande proximité du Cuzco. Ces deux agglomérations connaissent surtout les faubourgs spontanés s'étirant le long des routes principales. Izkuchaka par exemple, en dehors de l'ancien lotissement au plan quadrillé organisé entre la route du Cuzco et la colline, progresse lentement le long des autres pistes vers Lima, vers Haparquilla et plus encore Urubamba. Dans cette direction, elle profite des importants travaux de drainage réalisés il y a quelques années, en vue de l'installation de l'aéroport du Cuzco et non à des fins résidentielles. A Urcos, le lotissement de l'hacienda de la famille Luna, a permis surtout la construction du collège et du stade.

A Calca, le projet d'« urbanización Cusipata grande », correspond réellement à la progression d'une agglomération qui conservait, entre 1961 et 1972, un taux de croissance démographique important (28 %). Organisé par une coopérative locale de crédit (Cooperativa de Crédito Calca Limitada), il offrait près de 3 hectares vendus à raison de 60 sols le m² urbanisé (7,2 F). A Urubamba, deux particuliers (lotissements « Pintacha » ou « Esmeralda » de 11,3 hectares et 64 lots — lotissement « La Marquesa », beaucoup plus modeste), et tout récemment l'Église menacée par une expropriation de la Réforme Agraire, ont décidé de lotir quelques terrains assez sommairement viabilisés. Mais ces projets n'étaient pas en relation avec l'accroissement de la ville, la population de cette dernière étant en diminution en 1961. Les terrains étaient en fait offerts à des Cuzquéniens en vue de la construction de résidences secondaires, dans la principale zone de villégiature de la capitale départementale. Quant à Yauri, ville récente, elle croît de manière planifiée vers le nord de part et d'autre de la route qui conduit au Cuzco, et de façon plus spontanée le long des voies secondaires vers Santo Tomas, vers Altohuarca ou Coporaque. On a là une bourgade encore en formation, n'offrant pas une opposition aussi tranchée entre le centre et les faubourgs périphériques, et qui, d'autre part, ne manque pas d'espace pour s'agrandir.

L'équipement urbain de nos petites villes est loin d'être complet, en particulier pour le tout-à-l'égout et dans les quartiers périphériques. Selon le recensement de 1972, à Abancay, si 70,5 % des maisons avaient l'électricité, 62,7 % seulement bénéficiaient de l'adduction d'eau (21 % utilisant en outre les robinets publics). De même, 39,8 % des maisons avaient des w.-c. individuels ou d'usage collectif, 62,3 % n'ayant pas de salle de bains et 39,1 % pas de cuisine. Ces taux étaient peu différents pour Andahuaylas (74,1 % pour l'électricité, 54,5 % pour l'eau, 36,2 % pour les cabinets, 71,8 % des maisons n'ayant pas de salle de bains et 33 % pas de cuisine). A Puerto Maldonado, l'aménagement intérieur des logements était mieux réalisé (le taux des maisons sans cuisine s'abaissant à 25,4 % et sans salle de bains à 57,9 %), mais les services étaient plus déficients avec 55,4 % des maisons seulement ayant l'électricité et 44,8 % l'eau (14,6 % utilisant en outre le robinet public). A défaut de tout-à-l'égout, toutes les villes, sauf Andahuaylas, ont un service de ramassage des ordures aujourd'hui motorisé. Parmi les bourgs, seul Yauri ne bénéficiait pas encore en 1971 d'un courant électrique régulier et suffisant. L'état de la voierie reste très médiocre dans ce type d'agglomération ; seule la périphérie de la place d'Armes est cimentée. Les autres rues conservent le dallage de gros pavés irréguliers de l'époque coloniale, avec souvent au milieu un égout à ciel ouvert, ou sont de simples voies de terre battue ; ces dernières dominent également dans les quartiers périphériques de nos villes, dont le centre offre, par contre, des rues larges et goudronnées.

L'installation des services urbains est pratiquement à la charge de la population, par l'intermédiaire de la municipalité. Le Ministère de la Santé contribue aux travaux d'adduction d'eau, mais les fonds attribués par Lima exigent bien des délais, quand ils ne sont pas retenus au

Cuzco. Au début du siècle, la construction de petites centrales hydroélectriques avait attiré les investissements des hacendados locaux qui s'étaient groupés dans des petites compagnies locales, à l'imitation de ceux du Cuzco d'ailleurs ; ainsi à Andahuaylas comme à Urubamba, Calca ou Acomayo (6).

C'est à partir de 1956, seulement, que les municipalités, désormais élues, reçurent le bénéfice de la perception de certaines taxes et quelques subventions. Les impôts les plus importants sont ceux sur les biens fonciers et immobiliers (predios rústicos y predios urbanos), ainsi que les patentes et licences commerciales et industrielles ; viennent ensuite diverses taxes, généralement peu élevées, perçues sur les actes civils, le marché, le cimetière (quand il n'y a pas d'Assistance publique), l'abattoir et le transport de la viande. Nos villes y ajoutent des droits perçus sur les permis de construire, sur les véhicules enregistrés et les spectacles publics, cinéma en particulier. Les recettes venant de l'eau, de l'électricité et du ramassage des ordures, y sont également plus élevées. Les mairies enfin, possèdent certains biens qu'elles louent aux particuliers. La plupart ont perdu leurs terres, celles-ci restant encore étendues dans les simples villages. Mais elles ont des immeubles, et louent en outre certaines salles de l'hôtel de ville à la sous-préfecture, au tribunal, parfois à des avocats. Beaucoup ont également un camion-benne dont les services sont affrétés. Quillabamba exploite même certaines carrières affermées à des entreprises de construction.

Les petites municipalités et même celles des bourgs, perçoivent de manière très irrégulière les impôts locaux et leurs registres sont loin d'être à jour. Les membres du Conseil qui sont tous des notables, montrent évidemment peu d'enthousiasme à s'imposer eux-mêmes, malgré la faiblesse de l'impôt. Ils ne peuvent même pas profiter des contributions levées dans les districts (qui par un curieux système vont au chef-lieu de province avant de leur revenir), car ces derniers montrent encore moins de zèle dans la perception des diverses taxes. A l'inverse, les subventions qu'obtiennent les districts et qui transitent hiérarchiquement par la préfecture du Cuzco, puis la sous-préfecture, arrivent assez peu souvent à destination. Ainsi, sous le gouvernement Belaunde, une subvention de 100 000 sols (12 000 F environ) devait être attribuée par le Parlement, chaque année, aux capitales de province et une de 50 000 sols aux districts. Elle est inscrite dans la plupart des budgets municipaux, mais rares sont les agglomérations qui l'ont reçue, même partiellement. D'autres subventions ont pu être obtenues grâce aux gestions personnelles d'un député ou d'un sénateur local.

Aussi le budget municipal des simples bourgs est généralement peu élevé et d'autre part toujours déficitaire. Il ne dépassait pas deux millions de sols en 1968 (Calca 1,8 million de sols, mais Anta 375 000), alors que celui des villages centres n'atteignaient pas 300 000 sols (Santo Tomás 272 000, mais Acomayo 80 000) (7), sans la subvention parlementaire. Les recettes, très irrégulièrement perçues, ne permettent que le paiement du personnel de la mairie, généralement réduit à une ou deux personnes dans les petites capitales de province, et à moins d'une dizaine (avec le chauffeur et le gardien de l'usine hydroélectrique), dans les bourgs. L'entretien des locaux, quelques améliorations à la voirie, au marché ou à l'abattoir, utilisent le reste des finances locales. En fait, dans les petits chefs-lieux, les mairies comptent surtout sur deux aides financières pour réaliser leurs travaux d'équipement : celle des associations d'émigrants de Lima et les

---

6. Ces petites compagnies locales sont inscrites dans le Registre de la propriété et immeuble du Cuzco.

7. 1 sol = 0,12 F en 1969.

recettes des multiples kermesses, organisées par exemple pour l'adduction d'eau ou la construction d'un hôtel de ville. L'apport des émigrants varie beaucoup d'une agglomération à l'autre et s'investit surtout dans des œuvres de prestige telles que l'entretien de la place d'Armes, un monument à un héros national, ou l'installation d'une horloge publique (ainsi à Acomayo comme à Pomacanchis, Ollantaytambo ou Huaro). Enfin, il convient de ne pas oublier, qu'elles bénéficient par ailleurs, de la main-d'œuvre gratuite des « *faenas* ». Celles-ci, organisées jadis au nom de la communauté, ont été ressuscitées depuis 1964 grâce à l'appui de Cooperación Popular, en particulier pour l'installation de l'eau. Dans les villes, les « faenas » disparaissent, sauf dans les quartiers populaires où les municipalités sont heureuses de les stimuler.

Trois de nos petites villes, Abancay, Puerto Maldonado et Quillabamba, avaient depuis 1951 une Junta de Obras Públicas (J.O.P.) constituée à l'exemple de la C.R.Y.F. du Cuzco (Corporación de Reconstrucción y Fomento). Financées à la fois par le Fondo Nacional de Desarrollo Económico, certains impôts sur l'alcool de canne (et à Quillabamba sur la coca), et des subventions ou intérêts de certains organismes d'État (Fondo Nacional de Salud y bienestar, etc.), celles de Quillabamba et d'Abancay avaient en 1968 un budget de respectivement 6 millions de sols et 22,5 millions de sols (soit 0,72 million de francs et 2,7 millions de francs). Ces trois villes leur devaient leur bon équipement urbain et certaines réalisations comme un marché couvert, un stade, de grands lycées, et à Quillabamba une piscine. Mais leur action n'était pas limitée au seul périmètre urbain et essayait d'acquérir une influence régionale. Les J.O.P. des deux villes de la forêt s'employaient surtout à la construction des routes : vers Iberia pour Puerto Maldonado, vers Occobamba et vers Vilcabamba, pour celle de Quillabamba qui avait coordonné ses efforts avec ceux de l'armée pour réaliser le rameau vers Umasbamba (8) ou prolonger au-delà de Quiteni la route vers le Pongo de Mainique. La J.O.P. de l'Apurímac, outre sa participation à la construction de routes provinciales, avait installé à Abancay un abattoir-frigorifique.

B. Les fonctions des petites villes

Les fonctions des petites villes sont plus diversifiées que celles des bourgs et leur permettent de constituer une aire d'influence dépassant souvent le cadre de leur seule province.

1. La fonction administrative et les services

Alors que les bourgs n'ont que les services courants des chefs-lieux de province, la supériorité administrative de nos cinq villes apparaît dans la diversité des bureaux qu'elles abritent, et par l'étendue théorique de la zone d'influence de ceux-ci. Deux sont des capitales départementales avec une préfecture ; toutefois, comme leurs principaux bureaux dépendent de la direction régionale du Cuzco, elles sont en fait, souvent placées sur le même plan que les trois autres villes qui n'ont que des sous-directions régionales.

Sicuani par exemple a une aire d'influence administrative presque aussi étendue et peuplée que l'ensemble de l'Apurímac, et beaucoup plus peuplée que le Madre de Dios. Pour les finances, la police, l'église, les postes, l'agriculture, la santé et l'éducation, sa fonction de direction et d'inspection s'étend aux provinces de Canchis, Canas, Espinar et Chumbivilcas, soit

---

8. L'armée a construit la partie de la route joignant Umasbamba à Ollantaytambo.

15 440 km² et 187 104 habitants ; on doit même y inclure Acomayo sauf pour les finances et la religion, soit un total de 16 374 km² et 217 858 habitants (l'Apurímac avec 20 655 km² groupait 288 223 habitants en 1961). Nuñoa et Macusani relèvent enfin de cette ville pour la police. Quillabamba voit son action s'étendre à sa province et à la plus grande partie du district de Lares, soit près de 40 000 km², il est vrai encore peu peuplés (61 901 habitants en 1961). Andahuaylas a l'importance que lui confère le fait d'être chef-lieu d'une province très peuplée et relativement étendue.

Ces trois capitales de province ont été jugées suffisamment importantes, pour être choisies par le gouvernement de Belaunde comme centres de programmes de développement rural. Andahuaylas et Sicuani étaient placées à la tête des zones de « Desarrollo comunal », chacune d'elles recevant les neufs organismes concernés par le programme et le bureau de coordination. Quillabamba de même, bénéficiait de l'implantation de l'important service de la Réforme Agraire et d'un bureau très actif de Cooperación Popular. Tous ces programmes sont plus ou moins poursuivis par l'actuel gouvernement, grâce aux bureaux régionaux du SINAMOS 69). Si la Réforme Agraire a désormais son quartier général au Cuzco, son action s'étant déplacée de la ceja de montaña à la Sierra, Quillabamba conserve une importante fonction agricole : elle a un bureau agraire contrôlant huit agences et une dizaine de coopératives, une agence du Banco de Fomento Agropecuario, un service pour la colonisation des « Tierras de montaña » et même un tribunal agraire. Parmi les bourgs, Urubamba et Yauri avaient en 1969 un bureau de Coopération populaire, et Anta une agence de la C.R.Y.F.

Nos cinq villes possèdent un hôpital et sont, à ce titre, à la tête d'une zone sanitaire, sauf Andahuaylas dont l'établissement reste modeste et qui dépend d'Abancay. Elles ont également plusieurs médecins, dentistes et pharmaciens (tableau n° XCIII). L'enseignement technique y est bien représenté et offre de deux (Andahuaylas) à quatre (Abancay) établissements. Quant aux collèges de garçons, ils comportent tous des cours nocturnes. Les bourgs, par contre, sur le plan sanitaire, n'ont qu'un seul médecin dont la permanence est d'ailleurs irrégulière. Ils ont également une ou deux « *boticas* » (10), avec pour Calca un dentiste. L'enseignement secondaire y est beaucoup moins diversifié, mais deux d'entre eux possèdent cependant trois, et même pour Urubamba, quatre, établissements.

2. Les fonctions commerciales

Aux moyens de transports traditionnels, autobus et camions, Sicuani et Quillabamba (celle-ci par l'intermédiaire de Chaullay) ajoutent le train, et Andahuaylas un aéroport avec des vols deux fois par semaine pour Lima. Puerto Maldonado, en raison de son éloignement et de sa situation dans la forêt, n'a que des relations plus irrégulières avec le Cuzco, trois fois par semaine par avion, et en saison sèche par camion. Abancay, Andahuaylas et Sicuani enfin, sont les seules en dehors du Cuzco, a être des nœuds de services d'autobus vers certaines capitales de province ou de district (Chapitre V — Paragraphe 1 A 2). Elles sont suffisamment éloignées du Cuzco pour jouer le rôle d'étapes nécessaires sur des routes longues et difficiles, avec des stations services, des ateliers de mécanique, des hôtels et restaurants. De même, nos bourgs sont reliés quotidienne-

---

9. SINAMOS : Sistema Nacional de Apoyo à la Mobilización social.

10. Rappelons que l'on appelle « *botica* », une pharmacie élémentaire dont le propriétaire n'a pas le diplôme de pharmacien.

ment au Cuzco, sauf Yauri ; ils possèdent de petites entreprises de transport routier comportant en général un ou deux véhicules. Parmi eux, Urcos et Izkuchaka ont bénéficié du fait d'être des gares et surtout des points de rupture de charge entre circulation routière et ferroviaire. Calca de même, contrôlait les pistes muletières vers Lares, et Urubamba, dans une moindre mesure, celles vers la Concención. Yauri et Chalhuanca enfin, sont bien située sur les routes vers Arequipa ou Lima, et la première surtout a de nombreuses entreprises de transport. Tous sont donc des carrefours animés, ce qui les place bien au-dessus des autres capitales de province, dont la somnolence est à peine secouée par le passage de rares camions quotidiens, voire pour Santo Tomás, hebdomadaires seulement.

Toutes les villes enfin, sauf Puerto Maldonado, ont le téléphone interurbain, Urcos, parmi les bourgs, étant seul à le posséder. Elles ont une, ou plus rarement deux, radios commerciales, Yauri bénéficiant également d'un émetteur. Ces radios ont toutefois une puissance assez faible et leur aire d'audition est presque essentiellement urbaine. Celle d'Abancay et l'une des deux de Sicuani, sont contrôlées par des capitaux cuzquéniens, les autres étant plus ou moins municipales ou paroissiales.

Le choix des marchandises offertes par les petites villes est plus varié que celui que nous avons retenu comme minimum. On peut y acheter à peu près tous les produits fabriqués, sauf des machines, des automobiles et certains instruments d'optique ou de précision (quelques pharmacies cependant y vendent des lunettes). Pour ce type de marchandises destiné à une minorité sociale, on doit aller au Cuzco ; mais on peut aussi commander aux commis-voyageurs qui visitent très régulièrement ces villes depuis la capitale régionale ou depuis Lima. On y rencontre de un à deux cinémas, des salons de coiffure, pour dames en particulier, des restaurants, des pâtisseries-salons de thé, des hôtels ; Abancay et Puerto Maldonado ont chacune un hôtel de luxe pour les touristes. Certains magasins importants jouent le rôle de grossistes pour les campagnes voisines. Il y a même quelques succursales de firmes liméniennes et aréquipéniennes. Celles de Sicuani étaient par exemple plus anciennes que celles du Cuzco, auxquelles elles ont fait une grande concurrence dans le Sud du département. L'importance et la diversité des commerces ont fait apparaître dans chacune de nos petites villes une « association de commerçants » où se réunissent les dirigeants économiques ; celle de Quillabamba est assez importante pour prendre le nom de « chambre de commerce » et publier un bulletin annuel.

L'équipement des bourgs est dans ce domaine plus limité. On peut tout juste y acheter quelques livres scolaires, et pas toujours des disques ou un rouleau de pellicule. Il n'y a que des coiffeurs pour hommes. Calca est le mieux pourvu, avec en particulier, une bonne librairie, trois salons de thé agréables, un cinéma épisodique. Urubamba, profitant du tourisme, a un bon hôtel, quelques restaurants et deux stations-service. A Yauri, s'était installé en 1968 un petit magasin de produits vétérinaires. Sur la route d'Arequipa, il y a trois postes à essence et deux hôtels. Tous ont des épiceries de demi-gros, auprès desquelles viennent se ravitailler quelques commerçants de leur province (tableau n° XCV).

Villes et bourgs possèdent un marché couvert ; mais alors que ceux des bourgs gardent une importance pour les populations rurales et la commercialisation des produits agricoles, les marchés des villes ont une fonction presque essentiellement urbaine. Celui de Sicuani reprend toutefois le dimanche une activité régionale, tant pour la laine que pour les produits agricoles et l'artisanat ; par contre celui de Quillbamba n'a aucun rôle dans le négoce des principaux produits de la vallée, mis à part récemment quelques légumes et fruits ; ample, moderne, très propre, il est surtout fréquenté par les citadins qui viennent chaque jour s'y ravitailler.

TABLEAU N° XCV : LES COMMERCES SPÉCIALISÉS DES PETITES VILLES ET BOURGS (1969)

	Pharmacies (1)	Horlogers	Librairies	Bazars	Disques	Electroménager	Studios photographiques	Quincailleries	Produits pour l'agric. et l'élevage	Machines autos	Cinés	Hôtels : H ou T (2) Auberges : A	Restaurants	Salons de thé	Salons de beauté	Chaussures	Essence (3)	Ateliers de mécanique
Cuzco	22	33	16	46	5	30	22	23		12	8	27H 17A	229	50	45	167	11G	86
Sicuani	4	5	3	2	×	1	2	2	3		2	2H 4A	6	2	2	3	2G	5
Quillabamba	4(2B)	1	2	1	2	4	3	2	1		2	2H 7A	5	5	4	4	2G	8
Abancay	4	×	3	×	×	4	3	2	2		2	1T 3A	×	×	×	2	3G	×
Andahuaylas	2	1	1	×	×	×	×	×	×		1	4A	×	×	×	2	×	×
Puerto Maldonado	2	×	2	3	1	3	2	1			1	1T 4A 1H	×		1	3	1G	3
Calca	1B		1								1	2A	9	3		1	2E	1
Urubamba	1B											1T	3				2E	
Urcos	1B		1								1	2A	2				2G	
Yauri												2A	3				1G	2
Anta-Izkuchaka												1A	2				3G	1
Chalhuanca												1A					1G	
																	2E	

× : signale la présence du commerce sans en préciser le nombre.

(1) Pharmacie. B : simple « botica ».
(2) T : hôtel de touristes.
(3) Marchand d'essence. G : grifo (station-service). E : débit élémentaire.

Ces cinq villes enfin, sont les seules à posséder des agences des banques commerciales (si l'on excepte les deux districts de la Convención, Maranura et Santa María, étroitement liés à Quillabamba d'ailleurs). Elles ont d'autre part chacune, deux bureaux de banques d'État : banque de la Nation et banque agricole ; Abancay y joint même, depuis peu, un guichet du Banco Industrial, dépendant du Cuzco. Mais aucune n'a cependant de compagnies d'assurances qui restent concentrées, nous l'avons vu, au Cuzco, mis à part deux bureaux pour la Sécurité sociale à Quillabamba (Sécurité sociale pour les employés ou les ouvriers).

La commercialisation des produits de l'agriculture et de l'élevage, a toujours été une des fonctions essentielles des agglomérations du Cuzco, sur la base du marché hebdomadaire et, pour certaines d'entre elles, des foires. Elle a été, d'autre part, un des moyens de domination des métis des bourgades sur les indigènes ; dans un premier temps, cela s'est fait à l'échelle de l'économie familiale, en particulier vis-à-vis des éleveurs des hauteurs ; lorsque les surplus ont été plus importants, les petites agglomérations sont devenues des relais dans le drainage des produits agricoles vers les commerces spécialisés du Cuzco. Nous avons vu en particulier le rôle joué par les petits boutiquiers qui avaient tout un système de crédit et d'avances aux producteurs, et dont les plus importants possédaient leurs propres « rescatistas » (11). A leur tour, nos cinq villes, Andahuaylas exceptée, ont pu avoir un rôle supérieur ; deux raisons à cela : elle se trouvaient dans des régions où l'agriculture était commercialisée, et elles étaient, ou sont devenues, des villes de grands propriétaires ; ainsi Abancay pour les alcools, Quillabamba et Puerto Maldonado pour les produits ou les bois tropicaux, et plus encore Sicuani pour la laine et les produits vivriers. Cette dernière a pu organiser à partir de ses maisons de commerce, de son marché et de sa gare, une véritable aire de collectage groupant plusieurs provinces, alors que l'influence des autres villes était géographiquement plus limitée.

3. La fonction industrielle

C'est à partir de cette fonction de commercialisation des produits agricoles que se sont installées dans nos petites villes quelques modestes industries de transformation. C'est là un phénomène ancien puisque à l'époque coloniale, les agglomérations les plus importantes avaient des moulins, voire des manufactures textiles (« obrajes » et « chorrillos »). Bien des entreprises ne dépassent pas le stade du simple artisanat ; ainsi les fours de boulangerie (12), les petites fabriques familiales de chaussures ou de chapeaux, les ateliers de confection, les fabricants de bougies, les tuiliers et les forgerons. Tous sont étroitement liés au seul marché urbain. Récemment, au fur et à mesure où grâce à leurs autres fonctions les petites villes grandissaient, l'industrie s'y est développée, à la fois à partir des matières premières locales et en relation avec la consommation urbaine. Et c'est cette fonction industrielle qui, maintenant, permet d'accentuer la distinction entre les villes et les bourgs, alors que nous n'en avons pas fait un critère indispensable pour la définition de l'urbain. Les bourgs en effet, n'en sont restés qu'au stade de l'artisanat, avec des entreprises ne dépassant pas trois employés et travaillant pour une clientèle locale ; ils affirment toutefois leur supériorité sur les capitales de province traditionnelles et les districts, où l'éventail des artisans se limite à de rares tailleurs, boulangers et cordonniers, avec plus rarement un coiffeur et un forgeron.

---

11. « Rescatistas » = agents collecteurs de produits agricoles.

12. Au Pérou une séparation intervient au niveau de la fabrication du pain entre son élaboration et sa cuisson ; certaines personnes possèdent un four où viennent cuire leur pain de multiples boulangers.

484

TABLEAU N° XCVI : TYPE D'INDUSTRIE DES PETITES VILLES DE LA RÉGION SUD-EST

	Sicuani	Quillabamba	Abancay	Andahuaylas	Puerto Maldonado
A) Industries de transformation des produits de l'agriculture	6 peaux tapis tissus 1 savon bougies	5 moulins de café 1 chocolat	1 abattoir	2 moulins	3 moulins à riz 3 entrep. p. la châtaigne 1 savon, huile de châtaigne
Scieries	5	plusieurs	1	1	7
B) Industries de services :					
— Meubles	3	plusieurs	2	—	—
— Vêtements	3	—	1	1	1
— Chaussures	2	—	2	—	—
— Alimentaires					
• boissons gazeuses	1	3	1	1	2
• boulangerie électrique	1	4	1	—	1
• divers	1	—	—	—	3
— Ateliers					
• fonderie (1)	2	8	2	—	—
• mécanique	4	8	2	—	4
— Construction					
• blocs de ciment	1	—	—	—	—
• tuiles, briques-plâtre	—	—	2	—	2
— Divers	1	1	—	—	1
— Divers	3	plusieurs petites	—	—	—
Total	34	±45	15	5	28

Source Registres municipaux de patentes (1969). Ministère de l'Industrie et du Commerce. Cuzco, 1969.

(1) Comprend la menuiserie métallique.

Abancay, où les ingenios d'alcool, d'ailleurs en déclin, ne sont pas dans la ville, a, depuis 1968, un petit abattoir-frigorifique construit par la J.O.P. (13), qui expédie de 500 à 600 tonnes annuelles de viande vers Lima ; le jeune bétail des districts voisins y est engraissé pendant quelques mois avant l'abattage. C'est la seule initiative industrielle réalisée par le gouvernement péruvien, par l'intermédiaire d'un organisme de développement régional, dans ce département essentiellement agricole. Andahuaylas conserve deux moulins à grains, dont un a une vingtaine de travailleurs. Les activités de transformation de Sicuani, de Quillabamba et de Puerto Maldonado sont plus importantes, étant donné le type d'économie agricole plus commercialisée que connaît leur région. Les grandes usines cependant, restent en dehors de ces villes et sans grands liens avec elles : fabriques de thé (Huyro, Amaybamba) et distilleries (Potrero, Macamango) pour la Convención, fabrique textile de Chectuyoc pour Canchis. Cette dernière est proche de Sicuani (une dizaine de kilomètres), mais les relations sont très indirectes, puisque la main-d'œuvre est recrutée sur place et que la direction n'est plus d'origine locale, mais en grande partie étrangère. La ville elle-même, travaille les peaux d'alpaga et de mouton et dans une moindre proportion les cuirs (six entreprises principales). Cette activité a été stimulée dernièrement par le tourisme et a reçu l'aide du Banco Industrial et de l'Office des Coopératives. A Quillabamba, c'est récemment, après les troubles agraires, que quatre des maisons négociant le café ont construit des moulins dans la ville ; en 1967, un nouveau s'est installé au service des coopératives. On notait de même la création d'une petite fabrique de chocolat. Puerto Maldonado ajoute à trois ou quatre moulins élémentaires pour décortiquer le riz, quelques petites entreprises travaillent la châtaigne dont une fabriquant du savon et de l'huile. Ces trois villes, Sicuani, Quillabamba et Puerto Maldonado ont, grâce à leur industrie de traitement des produits agricoles, une influence nationale et leur production est même exportée vers l'étranger, aux U.S.A. en particulier.

Les scieries assurent la liaison entre les deux types d'industrie urbaine. Si elles utilisent la matière première locale, leurs ventes sont essentiellement destinées au marché urbain, c'est-à-dire à la construction et aux meubles. Puerto Maldonado qui en compte sept, expédie cependant vers le Cuzco, Juliaca, Sicuani ou Arequipa. Celles de Quillabamba, par contre, travaillent uniquement pour la clientèle urbaine. Sicuani a gardé des liens assez étroits avec Marcapa ou Quince Mil, pour approvisionner cinq scieries et de nombreuses menuiseries dont la clientèle est assurée dans les punas de Canas, Espinar ou Puno, complètement dépourvues d'arbres.

Les industries de service sont, quoique de taille modeste, assez variées. On trouve d'abord des entreprises de produits alimentaires : boulangeries à four électrique, fabriques de glace ou de produits laitiers et surtout des usines de boissons gazeuses qui jouissent d'une grande popularité et concurrencent dans une certaine mesure la bière et la coca-cola cuzquéniennes. Il y a aussi des ateliers de confection, des entreprises pour la construction (blocs de ciments, plâtre, et surtout briques et tuiles), parfois une imprimerie, et tout récemment des ateliers métallurgiques et mécaniques. Ces derniers fabriquent surtout des meubles métalliques avec armature de tubes, des montants de fenêtres, des portes, des cuisinières et réchauds. Certains se consacrent uniquement aux carrosseries de voitures ; à Quillabamba, l'un des plus importants produit même des turbines de type pelton et des machines à moteur pour « dépulper » le café (tableau n° XCVII).

Toutes ces entreprises sont modestes et restent souvent très proches de l'artisanat. Le nombre des travailleurs y est généralement très fluctuant, car le fonctionnement dépend soit des

---

13. J.O.P. = Junta de Obras Públicas.

récoltes, soit des commandes des clients. Les usines traitant le café, par exemple, peuvent employer en mai ou juin une cinquantaine d'ouvriers, mais en dehors des grandes récoltes, quatre ou cinq suffisent. L'atelier typique fonctionne, comme au Cuzco, avec une main-d'œuvre familiale, un ou deux jeunes apprentis à peine payés, et des ouvriers temporaires si besoin en est. La plupart des machines et des outils sont achetés à crédit et on utilise l'électricité urbaine. Le local est sommaire et ressemble plus à un hangar qu'à un véritable atelier. Comme au Cuzco, l'industrie représente une source de promotion économique et sociale pour beaucoup de métis et même de « cholos ». Mises à part les fabriques appartenant aux grandes maisons de commerce à Quillabamba et Puerto Maldonado, les capitaux sont généralement d'origine locale. Ils sont extrêmement mobiles, n'hésitant pas à s'investir dans d'autres affaires ou à s'associer avec de nouveaux venus. En cas de réussite, les entrepreneurs émigrent souvent vers le Cuzco, ou vers une ville plus dynamique ; nous avons rencontré ainsi beaucoup d'industriels d'Andahuaylas à Quillabamba et à Puerto Maldonado. Mais beaucoup préfèrent constituer de petites fortunes locales comme cet entrepreneur de Puerto Maldonado qui possède cinq petites fabriques et la compagnie de téléphone urbain ; ainsi, également, cet homme d'affaires de Quillabamba qui ajoute à son usine de décorticage du café, les revenus d'un cinéma et pense aménager un hôtel et une fabrique de jus de fruit, tout en installant un moulin au Cuzco.

4. La fonction résidentielle

Il est une autre fonction qui reste caractéristique des agglomérations du Cuzco, celle d'être le lieu de résidence des propriétaires terriens. Elle est même, à l'origine, fondamentale, puisque pour être « citoyen », il fallait posséder une terre et un « *solar* » en ville. C'est cette assise foncière et cette vie s'accordant aux travaux des champs qui confèrent à la majorité des agglomérations un caractère nettement rural. Nous venons de voir cependant, que les districts et les capitales de provinces traditionnelles qui en sont restés à ce stade, ne peuvent être appelés villes. Dans les bourgs, la possession de la terre reste importante comme source de revenus et de prestige. Dans nos cinq villes au contraire, son rôle a diminué, en particulier comme critère de statut social ; à la fois parce que d'autres activités apparaissent, et par suite de l'émigration constante des grands propriétaires vers le Cuzco ou vers Lima. Seule Abancay, par ses origines coloniales et par la structure en grandes propriétés de sa campagne, est restée longtemps une ville de terratenientes, dont José María Arguedas dépeint l'ambiance somnolente et conservatrice dans « Los Ríos profundos » (14). Mais la crise de l'alcool de canne et l'attrait des centres supérieurs sur ses riches hacendados ont beaucoup diminué cette fonction ; aujourd'hui, sa position de carrefour commercial et l'implantation de services administratifs variés, lui donnent un nouveau caractère beaucoup plus urbain.

A Sicuani, la dualité entre notables traditionnels et élite des fonctionnaires et des commerçants sans terre, évolue de plus en plus au bénéfice des seconds, ainsi qu'en témoigne la composition du « Club Tenis ». La ville n'avait pas été à l'origine, résidence de grands propriétaires fonciers. Ce sont ses fonctions commerciales qui lui avaient permis de ravir à Tinta le rôle de capitale provinciale ; elle conserva pour beaucoup un caractère très populaire, « cholo ». Les premiers hacendados furent d'origine aréquipénienne et l'élite locale garde, à cause de cela, un penchant très fort pour la « ville blanche ». Au fur et à mesure où l'agglomération grandissait, il

---

14. « Los Rios profundos ». José MARÍA ARGUEDAS. Ediciones Nuevo Mundo S.A. Lima 1964.

devint avantageux pour les propriétaires terriens voisins de résider en ville près du marché, de la gare, des banques, en bénéficiant des services urbains. Les deux évolutions, d'Abancay et de Sicuani, sont donc opposées. La première a somnolé comme ville de grands propriétaires et a progressé grâce à la vie de relations et à sa fonction de capitale administrative. La seconde était un centre commercial et est devenue une ville où les hacendados, sans dominer sur le plan numérique ou économique, jouent un rôle important. Quant aux deux villes des terres chaudes, elles ont eu, dès leur création, une importante fonction commerciale et de services ; Quillabamba n'a jamais su retenir les grands propriétaires de sa vallée qui préféraient résider dans leurs haciendas ou surtout au Cuzco, et Puerto Maldolnado n'a guère que des petits et moyens propriétaires fonciers. Dans ces deux agglomérations, les commerçants jouent un rôle important sur le plan social et politique ; leur maire respectif était en 1969 un homme de négoce, alors qu'à Sicuani comme à Abancay c'était encore un hacendado ; le Cuzco, avait à la même époque, un ingénieur civil, donc un technicien comme maire, ce qui est fort révélateur de l'évolution de la société urbaine et de ses besoins, au fur et à mesure que les villes grandissent.

C. Les aires d'influence des petites villes du Cuzco

L'importance et la diversité de leurs fonctions, permettent à nos petites villes d'avoir une certaine aire d'influence, ce qui confirme leur supériorité sur les autres agglomérations. L'activité et le dynamisme des bourgs par rapport aux simples agglomérations, viennent surtout de leur situation de carrefour, de lieux de passage sur les routes les plus importantes, mais leur influence spatiale est réduite. Ce sont des foyers très localisés d'animation relative, mais ils n'ont pas pu constituer de région organisée en fonction d'eux. Quatre d'entre-eux pâtissent de leur proximité du Cuzco et de l'intensité des relations quotidiennes qui les unissent à la capitale départementale (Anta, Calca, Urubamba et Urcos). Seules certaines fonctions administratives, maintiennent encore quelques liens avec le reste de leur province ; en premier lieu, le tribunal et la police, mais aussi les nouveaux services, Ministère de l'Agriculture, C.R.Y.F. et Coopération Populaire. Par contre, le dispensaire et le collège secondaire ont un rayonnement provincial beaucoup plus limité ; les gens les plus riches préfèrent se rendre au Cuzco très proche, et les plus pauvres en dehors du périmètre urbain continuent à les ignorer. Aussi leurs services sont de plus en plus restreints à leurs seuls habitants, leur équipement et leurs moyens réduits ne leur permettant guère, d'ailleurs, de faire mieux. Calca, était la seule à avoir constitué une aire d'influence commerciale, et même foncière, dans la vallée de Lares ; certains magasins y achetaient la coca et jouaient le rôle de grossistes pour la vente des produits fabriqués. Mais depuis l'achèvement de la route, cette bourgade n'est plus qu'un port comme Izkuchaka, Urcos ou Chalhuanca. Aujourd'hui Yauri, pour des raisons sur lesquelles nous reviendrons, et en profitant surtout du déclin de Sicuani, est en train de se constituer une aire d'influence commerciale qui mord sur les provinces voisines de Chumbivilcas et même de Canas.

Nos cinq villes ont, en premier lieu, l'aire d'influence élargie que leur confère leur fonction administrative de capitale départementale ou de siège de certaines sous-directions (tableau n° XCVII). Mais leur rayonnement commercial est beaucoup moins étendu et d'autre part de plus en plus menacé. Elles subissent en effet dans ce domaine une triple concurrence ; en premier lieu celle du Cuzco qui, nous l'avons vu, intéresse surtout les petites et moyennes entreprises urbaines ou villageoises ; en second lieu, celles de Lima et d'Arequipa qui, au contraire, s'assurent la clientèle des magasins les plus riches ; enfin, elles souffrent beaucoup en tant qu'intermédiaires, de ces

TABLEAU N° XCVII : AIRES D'INFLUENCE DES PETITES VILLES DE LA RÉGION SUD-EST

	Aire d'influence administrative	Aire d'influence pour le ramassage des produits agricoles	Aire d'influence pour la distribution des produits fabriqués	Aire d'attraction pour les migrations
Sicuani	4 ou 5 provinces	9 provinces (Melgar compris)	4 provinces (2 surtout)	2 provinces
Quillabamba	1 province + Lares	1 province + Lares	1 provinces + Lares	La région Sud-Est
Abancay	1 département (6 provinces moins Cotabambas parfois)	Sa périphérie	3 provinces	Le département mais forte émigration
Andahuaylas	1 province	Sa périphérie	Sa périphérie	Forte émigration
Puerto Maldonado	1 département (moins le Manú parfois)	Sa périphérie	Sa périphérie	La région Sud

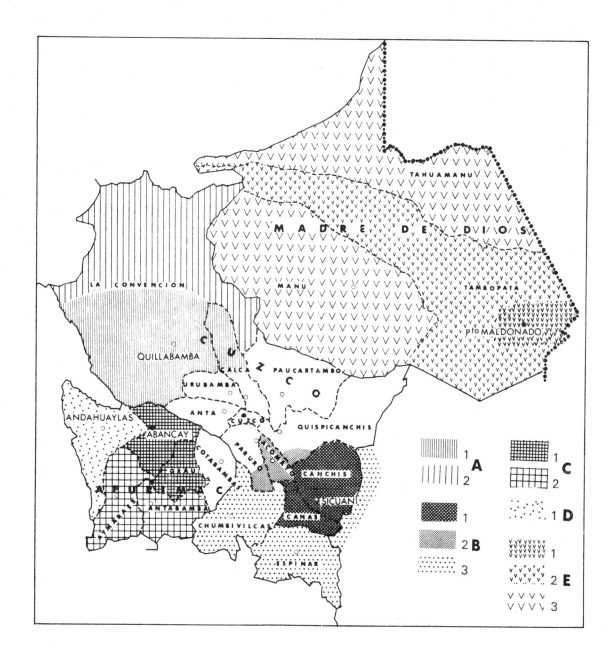

Fig. 43. — Aire d'influence commerciale des petites villes de la région Sud-Est.

A. QUILLABAMBA : 1. Intense. — 2. Faible. B. SICUANI : 1. Intense. — 2. Moyenne. — 3. Faible. — C. ABANCAY : 1. Intense. — 2. Faible. D. ANDAHUAYLAS. E. PUERTO MALDONADO : 1. Intense. — 2. Moyenne. — 3. Faible.

perturbations constantes dans les échanges provoqués par le passage des camions et la renaissance des marchés. Aussi, si quelques commerces avaient pu avoir dans un premier temps un certain rôle comme grossistes, la plus grande partie de leur activité actuelle se fait comme détaillants. La fonction commerciale des petites villes est donc surtout urbaine ou limitée aux districts les plus proches.

Puerto Maldonado pourrait profiter de son équipement supérieur et varié à l'échelle départementale ; mais son rayonnement est gêné par le faible peuplement de son département et par un réseau de voies de communication moderne qui ne la favorise pas. Les voies fluviales en effet, à la confluence desquelles elle est admirablement bien située, ne sont aujourd'hui utilisées que localement. Le front pionnier actuel du département, situé le long de la route vers le Cuzco, reçoit son ravitaillement directement de cette ville ou de Quince Mil. La zone de colonisation du Manú suit de même la route en construction qui rattache cette province à Pillcopata et à la capitale incaïque. Quant à Iberia et Inapari, elles reçoivent leur marchandise par avion du Cuzco ou de Lima ; elles sont, d'autre part, très touchées par la contrebande brésilienne et bolivienne, toujours très active dans cette zone frontière et qui s'est accentuée depuis l'achèvement en 1969 de la route Iberia-Paraguassu. La capitale du Madre de Dios, apparaît donc aujourd'hui un peu excentrique par rapport à l'ensemble de son département et pâtit de la concentration de la colonisation en trois foyers, dont deux échappent commercialement à son contrôle. Très bien située stratégiquement près des frontières et en relation avec la navigation fluviale, le tracé actuel des routes et la lenteur du peuplement de son département, ne l'aident pas à s'imposer. Aussi ses autorités souhaitent-elles voir se réaliser la route l'unissant à Iberia au Nord, ainsi que celle qui, par Juliaca, lui permettrait d'atteindre Arequipa et Mollendo. Mais il est certain que cette dernière voie, porterait un coup fatal à l'influence cuzquénienne qui serait limitée au contrôle administratif.

Abancay dans sa propre province, subit la concurrence du Cuzco, en particulier dans le périmètre urbain et à Curahuasi. La province de Cotabambas lui échappe, le nord étant relié directement au Cuzco et le sud étant sans liaison avec elle. Elle garde un rôle important pour la distribution des produits fabriqués dans les districts les plus proches d'Aymaraës, en partie dans Antabamba et surtout dans Graú. Mais le commerce de la laine de ces provinces lui échappe complètement et s'oriente vers Arequipa. L'achèvement de la route vers Santo Tomás à cause de l'exploitation des mines, ne pourra qu'accentuer le phénomène. Quant à Andahuaylas, elle évolue de manière autonome vis-à-vis de la capitale départementale, mais en revanche sa propre aire d'influence est limitée aux districts les plus proches. (Tableau n° XCVII et figure n° 43).

De nombreux magasins de gros s'étaient établis à Quillabamba, surtout après 1960 ; certains étaient des filiales de maisons cuzquéniennes ou aréquipéniennes (ainsi Ricketts en 1961 et Corsur en 1964, devenues indépendantes par la suite). Leur influence était limitée à la province de la Convención et à la partie basse du district de Lares ; ceci pour des raisons géographiques et à cause d'une loi faisant bénéficier le commerce de la « ceja de montaña » de certaines exemptions fiscales. Ces magasins ont pu profiter un temps de la multiplication des « rescatistas » qui leur achetaient des produits fabriqués, ainsi que de l'élévation progressive des revenus des « arrendires ». Aujourd'hui, l'achèvement des routes et l'intensification du trafic routier, perturbent gravement cette influence de Quillabamba. Il faut y voir également les effets de la Réforme Agraire qui a permis indirectement à de nombreux arrendires, devenus propriétaires de leurs terrains, d'installer de petites boutiques ; pour limiter les effets de la hausse des prix des produits fabriqués qui suivait celle des produits agricoles, les coopératives de commercialisation du café également se sont doublées de groupes d'achats alimentaires. Aussi assiste-t-on à l'heure actuelle, à une multiplication des centres de commerce tout au long des deux vallées et à un va-et-vient sans cesse accru de camions. Certains grossistes de Quillabamba continuent à envoyer un ou deux commis-voyageurs, hebdomadairement ou tous les quinze jours, à Huyro au sud, ou à Qelleuno et Tirijuay au nord. Mais tous sont sensibles à la baisse du commerce de la ville, en particulier en ce qui concerne les produits de luxe. Comme ceux du Cuzco, ils se plaignent de la lenteur à récupérer les crédits concédés aux petits boutiquiers, et des goûts de plus en plus populaires de leur clientèle. C'est surtout à partir de Maranura, vers l'amont, que la concurrence est la plus forte. Santa María est déjà un centre autonome dont les riches commerçants achètent à Arequipa ou Lima, sautant même, nous l'avons vu, l'étape du Cuzco. Les distributeurs de boissons gazeuses et certains représentants de produits très spécialisés (pneumatiques, motocyclettes, machines à écrire...), conservent, seuls, une position privilégiée, mais sans cesse menacée.

Pour le commerce du café, les entreprises de la ville ont su construire leurs propres moulins ce qui permet une concentration à laquelle n'échappent pas d'ailleurs les coopératives. Par contre, Santa María est un centre rival pour la coca et la région de Huyro pour le thé. Nous avons vu que la première avait même réussi à obtenir l'ouverture d'un guichet de banque, il est vrai dépendant de Quillabamba. C'est l'installation d'usines de conditionnement ou de transformation des produits agricoles, en liaison avec une éventuelle mutation de l'agriculture locale vers les fruits et légumes, qui peut aider Quillabamba à s'affirmer à nouveau comme centre économique supérieur.

C'est ce que Sicuani n'a pu faire et comme toutes les cités essentiellement commerciales, elle subit durement la concurrence effrénée qui se développe. Elle était la seule de nos petites villes à avoir pu constituer, il y a une vingtaine d'années, une aire d'influence commerciale très large ; elle réussissait même à entrer en concurrence directe avec le Cuzco pour la distribution des produits fabriqués. Elle devait cela, entre autres facteurs sur lesquels nous reviendrons plus loin, à sa fonction de centre collecteur de laine pour les maisons d'exportation d'Arequipa. Elle était devenue ainsi le cœur de quatre aires d'influence grossièrement concentriques (tableau n° XCVII et figure n° 43). La plus réduite et la plus discontinue, était celle de sa domination foncière ; celle-ci s'exerçait en premier lieu dans les punas de la province de Canchis, par l'intermédiaire de beaucoup d'hacendados originaires d'Arequipa ; dans la province de Melgar, le tiers des domaines autour de Nuñoa et de Santa Rosa appartenait à des propriétaires établis à Sicuani (la famille Guerra en particulier) (15) ; dans Canas, l'emprise foncière de la ville était forte dans les districts de Langui-Layo, plus faible à Yanaoca et El Descanso. On la retrouvait avec quelques propriétés dispersées dans Espinar, autour de Yauri et de Pichigua (4 ou 5 domaines), dans Chumbivilcas à Velille et Livitaca, dans Acomayo à Sangarará (2 domaines), dans Accha, et même dans les hauteurs d'Ocongate et à Quiquijana. Les Sicuanéniens enfin, n'étaient pas absents des zones de colonisation de la ceja de montaña, en particulier à Marcapata et Quince Mil ; mais il s'agissait surtout là, de moyennes et petites propriétés, ou même de simples établissements de chercheurs d'or.

Les grands services administratifs groupaient les provinces de Canchis, Canas, Espinar, Chumbivilcas, débordant parfois sur Acomayo, et même pour la police sur Nuñoa et Macusani. L'aire de ramassage de la laine dépassait largement ce cadre ; la zone de plus grande intensité, coïncidait avec les deux aires précédentes ; c'est là surtout que les commerçants de Sicuani distri-

---

15. Daniel RICH. Sicuani et sa région. Thèse de 3e cycle. I.H.E.A.L. Paris. 1973.

buaient, par l'intermédiaire des rescatistas, les produits fabriqués. Mais elle débordait sur toutes les hauteurs des provinces quechuas, Paucartambo, Calca (zone de Pisaq en particulier), Urubamba (hauteurs d'Ollantaytambo surtout), Anta ; elle restait importante dans l'Apurímac, dans Cotabambas, Graú, Abancay et jusqu'à Antabamba ; certaines quantités de laine étaient même achetées dans Huancavelica et Ayacucho (16). Dans ces régions toutefois, c'étaient des commerçants locaux, ne se ravitaillant pas à Sicuani, qui rassemblaient la laine ; ils la revendaient aux agents de commerce itinérants de cette ville ou l'expédiaient directement vers elle. Enfin Sicuani, avait su établir des relations avec la ceja de montaña et les vallées quechuas, afin de redistribuer à Puno et dans le Sud du département, l'alcool, la coca, les fruits et les produits vivriers.

C'est le déclin de Sicuani, en tant que centre lainier, qui a provoqué la rétraction de l'ensemble des activités de la ville et une réduction, sans cesse plus grande, de son rayon d'action. Aujourd'hui, seule la fonction administrative lui permet une influence extra-provinciale ; mais pour le commerce des denrées fabriquées, comme des produits de l'agriculture et de l'élevage, elle ne conserve plus que quelques positions dans Canas, dans la vallée jusqu'à Cusipata, et, de manière très menacée, dans Acomayo et Espinar.

La faiblesse et, d'autre part, la fragilité du rayonnement géographique de nos petites villes, montrent assez qu'on ne saurait parler à leur sujet de « pôles » et de « régions polarisées », mais seulement d'aires d'influence sans cesse remises en question. Tout au plus pourrait-on utiliser le terme de « région nodale », puisque ce sont avant tout des nœuds de voies de communication, et que cette fonction a aidé à l'implantation des organismes de développement.

D. La population

Comme le Cuzco, nos petites villes ont vraisemblablement des taux de natalité et de mortalité qui, en restant forts, sont assez proches de ceux de leurs campagnes. Nous ne connaissons que ceux de Quillabamba avec en 1968, 58,8 % pour la natalité et 16,8 % pour la mortalité (17). Le premier taux semble exagéré, mais il est certainement le plus élevé de la région, par suite de la jeunesse de la population de la ceja de selva, et du relativement bon équipement de l'hôpital de la ville.

Il est permis de supposer que les petites villes attirent une certaine quantité de migrants, venus généralement de leur province. Leurs taux respectifs d'accroissement entre 1940 et 1961, étaient en effet nettement plus élevés que celui des autres sous-préfectures. Seuls parmi les bourgs, Anta-Izkuchaka et Yauri, connaissaient une croissance démographique comparable, ainsi que parmi les villages-centres, Santo Tomás, il est vrai le moins peuplé en 1940 (974 habitants). Dans l'Apurímac, la supériorité d'Abancay (avec 56,3 %) et d'Andahuaylas (avec 86,4 %) était encore plus éclatante. Elle l'est beaucoup moins en 1972, surtout pour la capitale des Chancas qui connaît une nouvelle période de stagnation (accroissement de 8 %). Au Cuzco de même, seules progressent la capitale départementale et Quillabamba ; Sicuani rejoint le taux de croissance des bourgs, et une partie de ses commerçants sont allés à Yauri qui continue à grandir

---

16. Daniel RICH ; Op. cit.

17. Source = hôpital de Quillabamba. 1968.

(+ 38 % contre + 21 % à Sicuani). Cette évolution démographique des agglomérations du Cuzco depuis la fin du XIXe siècle, telle qu'elle peut être analysée à partir des quatre recensements de population, apparaît très significative, à la fois du dynamisme économique de chacune d'elles et de la hiérarchie qui s'est établie entre elles à des époques différentes. Elle reflète ainsi l'évolution historique de l'organisation régionale et nous l'étudierons dans le paragraphe suivant.

En l'absence de statistiques précises sur la composition professionnelle de la population des petites villes et bourgs, nous voudrions présenter les caractères généraux de leur société. Celle-ci ressemble beaucoup à la société cuzquénienne dont elle copie les genres de vie et les aspirations. Comme au Cuzco, la ségrégation entre les classes sociales s'accompagne d'une réelle mobilité à l'intérieur de chacune d'elles. L'élite s'y définit surtout par son appartenance au Club social. Il y a souvent en outre un Lyons Club et également à Sicuani et Abancay, un Rotary Club. Ils regroupent à la fois les grands propriétaires terriens, les commerçants les plus riches, quelques gérants de firmes importantes et les principaux fonctionnaires (sous-préfet, juges, procureurs, directeurs des collèges, avocats et notaires parfois). Les tenants de la terre, de l'argent, de l'autorité publique et parfois seulement d'un nom (dans le cas de vieilles familles appauvries), se trouvent donc unis, sinon par leurs intérêts du moins par leurs prétentions sociales. Celles-ci sont aussi ostentatoires et coûteuses qu'au Cuzco. On est très attentif aux événements de la vie familiale avec leur cortège de fêtes d'anniversaires, de mariages, de « despedidas de solteras » etc. Chaque voyage individuel vers le Cuzco, Lima ou Arequipa, est, plus encore que dans la capitale départementale, une affaire qui concerne immédiatement l'ensemble de la haute société.

Les prétentions culturelles sont beaucoup plus limitées qu'au Cuzco et la vie intellectuelle est assez endormie. Il n'y manque jamais, toutefois, quelques poètes, un ou deux historiens, un ou deux quechuologues et quelques musiciens attirés par le folklore. Les cinémas passent des films d'un niveau assez bas. Abancay, Quillabamba et surtout Sicuani, essaient périodiquement de relancer la publication d'un journal local. Toutes les villes reçoivent les quotidiens du Cuzco et de manière plus irrégulière ceux de Lima. Les radios locales ont surtout un rôle commercial et social, dans la mesure où elles diffusent les annonces publicitaires et les potins, mais les programmes culturels y sont rares. Quillabamba, Sicuani et Abancay ont une bibliothèque municipale ; Puerto Maldonado bénéficie de celle des missionnaires qui gèrent le cinéma et la radio locale. Les bourgs n'ont ni club social, ni vie culturelle (mis à part un cinéma épisodique à Calca et Urcos). Ils ont par contre des clubs sportifs (football et parfois tir) qui, avec les écoles et la municipalité, se chargent d'organiser les indispensables fêtes et kermesses.

Comme au Cuzco, les hacendados locaux ont rarement investi dans le commerce, la modestie de leurs revenus, l'importance de leurs dépenses domestiques, et leur peu de sens du négoce, ne le leur permettant pas. Ils n'avaient pas d'autre part, comme dans la capitale départementale, ces ressources complémentaires que constituent la perception des loyers urbains et un salaire de professionnel. La plupart des riches commerçants comme les principaux fonctionnaires, ne sont donc pas originaires de la ville, mais ils cherchent encore plus qu'au Cuzco à s'intégrer parmi les notables de celle-ci. Cela semble plus facile, en premier lieu parce qu'il y a une émigration constante des gens de la bourgeoisie, ce qui laisse le champ libre à d'autres ; en second lieu, parce que dans une économie locale qui n'est pas très riche, les hacendados sont heureux de marier leurs filles à un fonctionnaire ou à un commerçant fortuné. Celui-ci acquiert alors la promesse d'une terre, ce qui, dans la société locale, contribue à renforcer sa position. Cependant, les barrières sociales ne manquent pas vis-à-vis des nouveaux venus. Par exemple, à Puerto Maldonado où on s'attendrait à une certaine ouverture sociale étant donné que la ville est récente et se trouve dans une zone de colonisation, les descendants des premiers habitants se groupent en un club assez fermé (le club Maldonado), laissant les nouveaux commerçants adhérer au « Club Progreso », les Japonais ayant leur propre association.

Parmi les fonctionnaires, une distinction est à faire, entre d'une part, ceux des administrations traditionnelles, et d'autre part, les enseignants et les techniciens. Ceux-ci, et surtout les seconds, s'intègrent souvent mal dans la société provinciale, lorsqu'ils sont étrangers à la ville. Ils sont parfois mal acceptés et volontiers critiqués. Eux-mêmes considèrent d'ailleurs leur séjour dans une petite ville, et à plus forte raison un bourg, comme une simple étape dans leur carrière et ne cherchent pas à s'y implanter. Leur impact semble actuellement assez limité, car leur nombre est encore réduit et parce que, le plus souvent, leur famille ne vient pas s'installer auprès d'eux et notamment dans la puna et dans les provinces éloignées du Cuzco. Leur femme, en particulier, redoute autant l'incommodité matérielle de la vie dans les petites agglomérations que l'éloignement de leur cercle de parents et d'amies. L'éducation des enfants est généralement le prétexte choisi pour demeurer dans la capitale départementale. Aussi, les dépenses de ces fonctionnaires sont-elles réduites à une chambre modeste et à quelques repas dans une pension bon marché. La partie la plus importante de leur salaire n'est pas dépensée sur place.

Certains programmes de développement ont cependant exigé un nombre relativement important de techniciens ; ainsi Réforme Agraire à Quillabamba qui a fait travailler en 1965-1966 près de 300 personnes, et les organismes de Desarrollo Comunal, employant plus de cent fonctionnaires à Sicuani ou Andahuaylas. Leur influence sur la vie urbaine est loin d'être négligeable. Beaucoup de techniciens étant célibataires, quelques restaurants se sont créés ainsi que souvent des salons de thé-pâtisserie, ou des cafés d'aspect plus moderne avec des « Juke Boxes » ; Sicuani, par exemple, en a compté trois. Les cinémas, de même, étaient assurés d'une clientèle plus régulière. Quelques clubs naissaient (joueurs d'échecs, tir) alors que les associations sportives étaient renforcées. Certains habitants de la ville transformèrent leurs maisons, de manière à offrir des bureaux et plus rarement des petits appartements. Au long des rues de Sicuani ou d'Andahuaylas, on voyait ainsi se construire quelques édifices en briques de deux étages. D'autres louaient des garages, en particulier pour les véhicules officiels. Les hôtels étaient heureux d'accueillir les cadres supérieurs en tournée d'inspection, depuis Cuzco ou même Lima. L'embauche de domestiques par quelques ménages représentait une source de travail locale non négligeable, de même que celle des divers ouvriers recrutés périodiquement et de quelques employés de bureau, secrétaires et garçons de courses notamment.

Mais on doit constater que la plus grande partie des dépenses des fonctionnaires, en dehors de celles concernant la nourriture, se faisaient au Cuzco ou à Lima, en particulier les vêtements, les livres et les disques. Un technicien célibataire, gagnant autour de 5 000 sols (600 F), ne dépensait guère sur place que le tiers de son salaire et souvent même moins (soit 600 sols de pension dans un restaurant, 150 à 200 sols pour une chambre et le reste en distractions). Seuls les cafés, les cinémas, les marchands d'essence, les mécaniciens, et dans une moindre mesure, les coiffeurs, profitaient directement de la clientèle des fonctionnaires. Et pourtant, l'animation des petites villes ressentait très nettement tout ralentissement dans le dynamisme de la fonction administrative et toute réduction de personnel ; ainsi à Quillabamba et Sicuani à la fin de 1968, après le coup d'État d'octobre.

Ces fonctionnaires constituent, avec quelques commerçants à l'aisance trop récente, l'essentiel de la classe moyenne. Celle-ci, bien qu'en progression au cours de ces dix dernières années, est encore peu importante, ce qui accentue encore l'écart et la ségrégation existant entre la classe riche et les pauvres. Précisons, toutefois, que pour bien des sociologues et anthropologues péruviens (18), la classe aisée de province correspondrait seulement au niveau de la « haute classe moyenne » des villes plus importantes.

La classe urbaine populaire, ou si l'on veut pour reprendre un terme cher aux sociologues américains la « classe basse », est à la fois très composite et relativement mobile. Elle groupe les petits boutiquiers, les artisans (à Sicuani en particulier les tanneurs), les chauffeurs de camions, les « rescatistas », quelques ouvriers, et également les domestiques et les nombreux sans travail. Les premiers ont peu de chance d'entrer dans la classe des commerçants et artisans aisés, et atteindront tout au plus la classe moyenne. En général, dès qu'ils ont réussi, ils préfèrent tenter leur chance ailleurs dans un centre plus important. En cas d'échec de même, ils choisissent souvent de partir. Il y a donc une grande mobilité à l'intérieur de la classe populaire qui est encore plus que les autres sensible aux diverses crises affectant l'économie urbaine. Plus un bourg est en crise, plus la mobilité des commerçants par exemple y est accrue. C'est ainsi qu'à Calca, où la baisse des activités commerciales est très sensible depuis une dizaine d'années, onze commerçants sur vingt-neuf en 1969, pensaient émigrer (dont cinq vers la capitale départementale). Au contraire, deux seulement envisageaient de quitter Yauri, pour revenir dans leur province d'origine d'ailleurs. Izkuchaka dont la position était difficile n'avait que trois commerçants désirant émigrer, parmi une population, établie, il est vrai, depuis peu de temps. Enfin à Acomayo, village somnolent, six marchands sur dix-sept (soit près du tiers), envisageaient de partir, au Cuzco (quatre commerçants), à Quillabamba, ou même à Lima.

Nos petites villes de même ne retiennent qu'un temps les éléments populaires les plus dynamiques. D'une part, parce que leur société apparaît plus fermée que dans les grandes villes et surtout parce que les possibilités de travail y sont moindre. L'économie urbaine est à peine capable d'offrir quelques salaires d'ouvriers non spécialisés ou de garçons de bureau, mais elle n'est pas assez importante pour y multiplier les chauffeurs de taxi et toutes les possibilités de petits emplois nés de la diversification des fonctions de services et commerciales. Pour la même raison, les petites villes et les bourgs attirent peu les paysans qui préfèrent gagner directement le Cuzco ou Arequipa. On ne peut donc les considérer comme des centres de « cholification », mis à part pour certains domestiques. Ceux qui s'y établissent sont déjà des « cholos ». Elles apparaissent ainsi finalement assez peu sensibles aux crises du monde rural, sur le plan démographique. Dans les régions touchées par la crise agraire des années 1960, les paysans sont vraisemblablement partis vers le Cuzco ou Arequipa, mais non vers Sicuani, Quillabamba ou Izkuchaka. Au contraire, leur croissance démographique est très sensible aux crises d'un système urbain encore mal consolidé, c'est-à-dire aux aléas du commerce (incertitudes des voies de communication et des crédits bancaires par exemple) et du paiement des salaires de fonctionnaires. Elles semblent ainsi plus détachées du monde rural qu'il n'y paraît à première vue et c'est là une distinction importante avec les simples villages-centres. Sont-elles pour autant mieux intégrées dans le système urbain régional et national ? C'est possible, mais avec un très grand degré de dépendance, comme va nous le montrer l'étude de la structure urbaine régionale.

---

18. Cf. Oscar Nunez del Prado « Sicuani, un pueblo grande ». Serie Monográfica n° 7. Ministerio de Trabajo y Asuntos Indígenas. Lima.

II. — LA STRUCTURE URBAINE RÉGIONALE

C'est à travers la croissance démographique des agglomérations du Cuzco qu'on perçoit le mieux comment s'est élaborée la structure régionale actuelle en fonction des centres urbains. Cette évolution est en effet très significative à la fois du dynamisme économique de chaque province, reflété par celui de son chef-lieu, et des liens qui unissent chaque agglomération au Cuzco et à d'autres centres internes ou externes au cadre régional. On arrive à distinguer une armature urbaine régionale mais qui est beaucoup trop fragile pour constituer un véritable réseau. Une hiérarchie s'établit selon les trois niveaux classiques de l'organisation spatiale, niveaux déterminés ici par la fonction administrative, le chiffre de population et les équipements. On a ainsi un centre régional, le Cuzco, qui n'arrive pas toutefois à être une « métropole régionale » car elle n'a aucune autonomie, les petites villes comme centres secondaires, et les bourgs comme centres primaires. Mais en fait, ces deux derniers niveaux sont très instables et il existe une concurrence importante entre certaines agglomérations (Sicuani et Yauri par exemple, Abancay et Andahuaylas). En second lieu, les centres supérieurs — métropole régionale d'Arequipa et capitale nationale — interviennent sans cesse pour perturber les influences du centre régional. Dans ces conditions, les relais fonctionnent très mal, tandis que toute une partie de la population n'a pas encore accès aux services urbains.

A. L'élaboration de la structure urbaine régionale

1. L'évolution démographique des agglomérations à travers les recensements de population.

Malgré leurs nombreuses imperfections, les quatre recensements de population de 1876, 1940, 1961 et 1972, nous permettent d'établir les principales étapes de la formation de l'armature urbaine de notre région et de préciser la hiérarchie qui s'est établie entre les agglomérations à chacune de ces étapes (tableau n° XCVIII et figure n° 45).

En 1876, seules trois villes dépassent 2 000 habitants ; le Cuzco est nettement en tête avec 18 370 habitants, mais sa population a beaucoup baissé depuis la fin de l'époque coloniale où elle dépassait vraisemblablement 30 000 habitants. Le rapport avec les deux centres qui suivent, Sicuani (2 299 habitants) et Andahuaylas (2 388 habitants) est presque de 1 à 8. Dans le département de l'Apurímac, Andahuaylas a une population beaucoup plus nombreuse que celle d'Abancay, choisie comme capitale du département formé trois ans auparavant, et qui ne compte que 1 198 âmes. Sicuani, devenue capitale de province en 1833, bénéficie de son importance dans le transport muletier et sera promu au rang de « *ciudad* » en 1887. Urubamba enfin, avec 1 767 habitants, est assez proche du groupe de tête, ce qui montre l'importance d'un centre dont l'élite est étroitement associée au Cuzco, mais qui vient de se voir amputé en 1857 de l'immense territoire de la Convención. La grande majorité des autres capitales de province se situe entre 1 000 et 1 500 habitants ; cependant trois d'entre elles n'atteignent pas le millier d'habitants, Santo Tomás, Chuquibambilla et Tambobamba, toutes trois à la limite de la puna et très isolées.

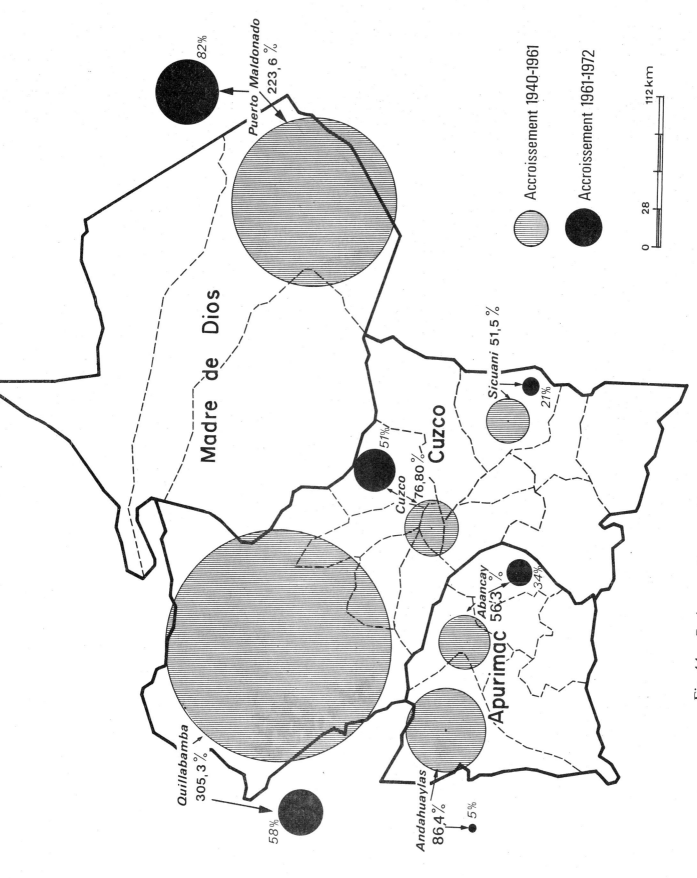

Fig. 44.— Croissance démographique des villes entre 1940-1961 et 1961-1972

TABLEAU N° XCVIII : CROISSANCE DÉMOGRAPHIQUE DES VILLES ET BOURGS
DE LA RÉGION SUD-EST

	POPULATION DES CAPITALES DE PROVINCE				TAUX D'ACCROISSEMENT		
	1876	1940	1961 (7)	1972	1876-1940 %	1940-1961 %	1961-1972 %
CUZCO							
Acomayo	1 217	2 355	1 874	1 795	94	− 20,4	− 4,2
Anta	5 532 (3)	1 713 (6)	2 574 (6)	2 797 (6)	43 (9)	50,2	+ 9
Calca	1 314	3 373	3 489	4 457	157	3,4	+28
Yanaoca	1 018	1 537	1 146	1 090	51	−25,4	− 5
Sicuani	2 299	7 036	10 664	12 956	206	51,5	21
Santo Tomás	895	974	1 658	2 095	9	70,2	26
Cuzco	18 370	45 158	79 857 (8)	120 881 (8)	145,8	76,8	51
Yauri	1 018	1 652	2 956	4 066	62	78,9	38
Quillabamba	— (4)	1 700	6 891	10 857		305,3	58
Paruro	1 444	2 316	1 905	1 746	60	−17,7	− 8,3
Paucartambo	1 034	1 930	1 928	2 055	87	− 0,1	7
Quispicanchis	1 035	2 328	2 761	3 180	125	18,5	15
Urubamba	1 767	3 866	3 325	3 504	119	−13,9	5
APURIMAC							
Abancay	1 198	5 789	9 053	12 172	383	56,3	34
Andahuaylas	2 388	2 507	4 674	4 912	5	86,4	5
Antabamba	1 408	2 309	2 294	1 962	64	− 0,64	−14,5
Chalhuanca	— (5)	2 756	2 840	3 544	— (5)	3	25
Tambobamba	646	1 033	1 390	1 718	68	34,5	24
Chuquibambilla	619	1 293	1 423	1 733	109	10	22
MADRE DE DIOS							
Manú	— (4)	—	—	—			
Tahumanú	— (4)	131	159	86		21,3	−46
Inapari (2)	— (4)	—	—	2 513			
Iberia	—	143	84	—		−41,6	2 891,6
Puerto Maldonado	— (4)	1 087	3 518	6 419		223,6	82,4

(1) La capitale de cette province reste fictive. Les services groupés dans le hameau de Manú sont aujourd'hui à Salvación, dont le chiffre de population n'apparaît pas dans le recensement de 1972.
(2) Nous avons précisé la population d'Iberia, village plus important qu'Inapari, qui reste officiellement capitale de province.
(3) Dans le recensement de 1876 nous n'avons trouvé que la population de l'ensemble du district d'Anta.
(4) N'existait pas lors du recensement de 1876.
(5) N'apparaît pas dans le recensement de 1876.
(6) Il s'agit du chiffre de population d'Anta et de son faubourg d'Izkuchaka.
(7) A côté du chiffre de population donné par le recensement de 1961, nous avons précisé entre parenthèses celui que nous avons calculé en appliquant, au chiffre de 1940, le coefficient : K = 1,4847388, établi avec un taux d'accroissement naturel par an de 1,9 %.
(8) La population de la ville de Cuzco comprend à partir de 1955 la population urbaine des 3 districts de Cuzco, Santiago et 24 de Junio.
(9) Pour calculer le taux d'accroissement d'Anta, nous avons supposé une population urbaine de 1 200 habitants en 1876.

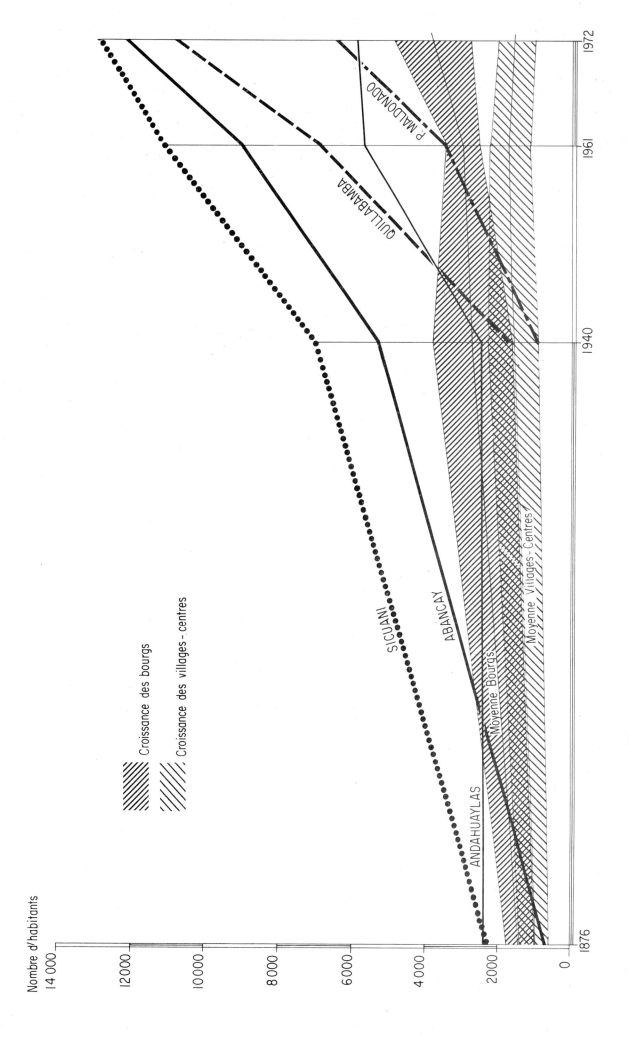

Fig. 45. — Croissance des capitales administratives de la région Sud-Est de 1876 à 1972 (à l'exclusion du Cuzco)

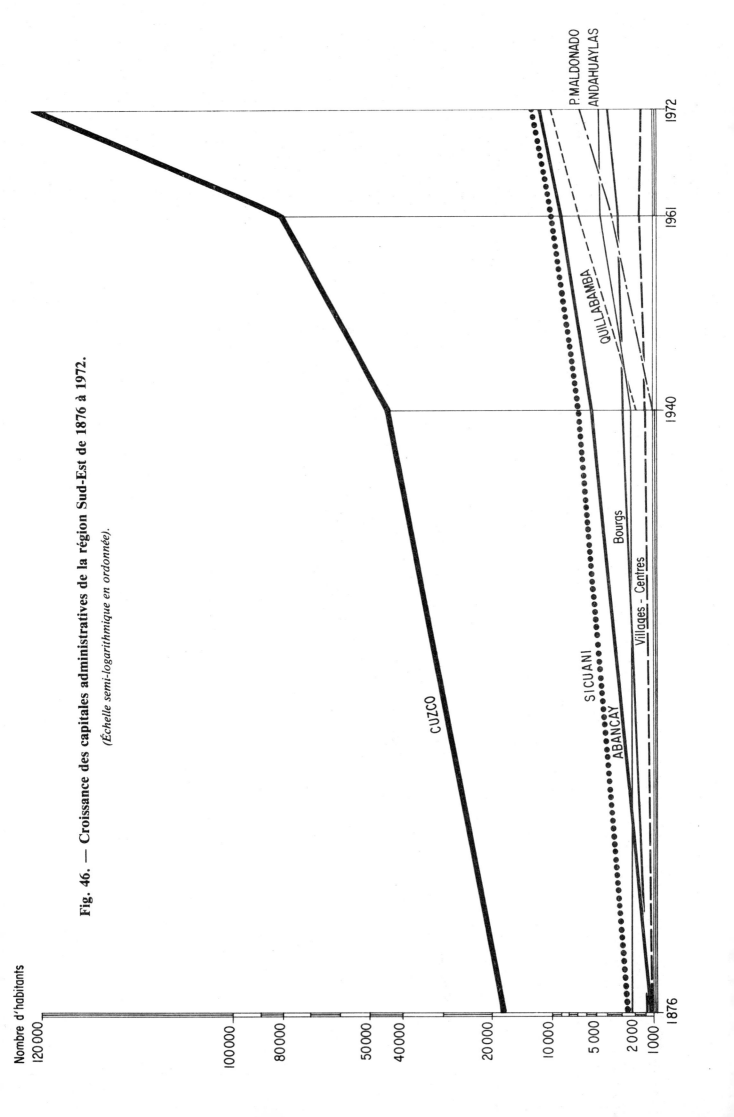

Fig. 46. — Croissance des capitales administratives de la région Sud-Est de 1876 à 1972.
(Échelle semi-logarithmique en ordonnée).

En 1940, seules le Cuzco, Sicuani, Quillabamba et Abancay ont vu leur population tripler et plus. Les deux capitales de département sont en tête pour le rythme de la progression ; le Cuzco qui a dépassé le chiffre de population de l'époque coloniale n'a pas accru son avance sur les autres centres, le rapport avec Sicuani (7 036 habitants) étant de 1 à 6. Abancay avec 5 789 habitants a nettement dépassé Andahuaylas (2 707 habitants). Depuis 1876, sa fonction de capitale lui a permis, en un demi-siècle, d'acquérir un équipement et un prestige susceptibles d'attirer les élites de tout le département, et en particulier celles d'Andahuaylas définitivement partagées entre l'ancienne capitale Ayacucho, et la nouvelle. Il faut aussi tenir compte de l'attrait des centres plus lointains comme le Cuzco et surtout Lima. Aussi cette ville, avec 5 % contre 38,3 % à la capitale départementale, a-t-elle le taux d'accroissement le plus bas de l'ensemble de notre région.

Sicuani connaît déjà en 1940, un taux de progression inférieur à celui de Quillabamba, qui en fait n'était qu'un hameau en 1876. C'est pourtant, nous le verrons, la grande période de dynamisme pour cette ville, alors que la capitale de la Convención est à peine sortie de la crise provoquée par le paludisme. Parmi les autres sous-préfectures, quatre seulement : Calca, Urcos, Urubamba et Chuquibambilla, doublent leur chiffre de population en un demi-siècle. La dernière bénéficie du fait qu'elle est à la tête des deux provinces actuelles de Grau et Cotabambas ; son accroissement a toutefois peu d'importance sur le plan régional. Les trois autres jouent le rôle de têtes de pont vers la ceja de selva où ne pénètrent pas encore les routes. Calca, à cause du trafic vers Lares, est la plus dynamique et prend peu à peu le pas sur Urubamba qu'elle ne dépassera toutefois qu'en 1961. Notons que Paucartambo sur la route de Cosñipata, beaucoup moins importante économiquement à cette époque que la Convención et Quince Mil, double presque sa population, alors que les autres agglomérations progressent plus lentement.

De 1940 à 1961, le taux de croissance de chaque agglomération, permet de renforcer la hiérarchie établie précédemment et plus particulièrement la distinction entre les bourgs et les petites villes. Le groupe de ces dernières connaît, comme le Cuzco, un taux de croissance supérieur au seul accroissement naturel. Une différence apparaît toutefois entre le grand dynamisme démographique des villes des terres chaudes, Quillabamba (305 %) et Puerto Maldonado (223 %), et la croissance moins importante des cités de la Sierra, Le Cuzco compris. Deux bourgs seulement, Anta - Izkuchaka et plus encore Yauri, s'associent à elles. Les trois autres bourgs voient leur population stagner et même, pour Urubamba, diminuer (− 13,9 %). Calca et Urcos manifestent ainsi un ralentissement notoire de leur taux de croissance et se rapprochent d'Urubamba dont on sentait déjà « l'essoufflement » en 1940. Dans notre troisième groupe de capitales provinciales, cinq perdent de leur population entre les deux recensements : Acomayo, Paruro, Paucartambo, Yanaoca, Antabamba. Deux autres se maintiennent, leur évolution étant d'ailleurs liée, puisque Chuquibambilla pâtit certainement du fait que Tambobamba, peu peuplée en 1940, soit devenue capitale de province. Une seule, Santo Tomás, qui avait peu progressé depuis 1876 et était la moins peuplée de toutes en 1940, rejoint par son taux de croissance le groupe des villes.

Ainsi de 1876 à 1961, nos villes et bourgs ont au minimum doublé de population à l'exception d'Urubamba, d'Andahuaylas toutefois très proche (taux d'accroissement de 96 %), ainsi que vraisemblablement de Chalhuanca. Deux autres capitales qui n'atteignaient pas un millier d'habitants en 1876, ont connu le même phénomène, mais restent toutefois modestes par leur taille et leurs fonctions : Tambobamba et Chuquibambilla. Toutes les autres ont connu un accroissement sensiblement égal au seul accroissement naturel. Par ailleurs, seules nos villes, à l'exception d'Andahuaylas, ont vu leur population au minimum quadrupler. Au groupe Cuzco, Sicuani, Abancay se sont ajoutés Quillabamba et Puerto Maldonado qui, parce que très récentes, ont eu les taux de croissance les plus forts entre 1940 et 1961. Les deux capitales départementales distancent cependant les trois autres agglomérations, le Cuzco conservant lui-même un rythme d'accroissement nettement plus important que celui d'Abancay ; il se place ainsi sur le plan de la croissance, comme sur celui des fonctions et de l'équipement, nettement en tête de notre hiérarchie.

Les résultats du recensement de 1972 confirment la supériorité des trois capitales départementales. Le Cuzco a un accroissement démographique de 51 %, c'est-à-dire sensiblement supérieur à celui de la période 1940-1961. De même, Abancay a grandi plus que les autres agglomérations de son département ; son dynamisme reste toutefois inférieur à celui du Cuzco. La troisième capitale Puerto Maldonado, a un taux de progression légèrement inférieur à celui de la période 1940-1961 (82 % contre 223,6 %), mais qui reste le plus élevé de la région Sud-Est. Les trois capitales de province classées comme villes, connaissent par contre un ralentissement dans leur expansion démographique. Les services et les commerces qui s'y sont établis n'ont ainsi pas réussi à retenir leur population. L'émigration y est d'autant plus forte que leurs trois provinces ont été très touchées par les crises agraires.

A l'opposé, tous nos bourgs ont un taux de croissance supérieur à celui de la période 1940-1961, sauf Anta - Izkuchaka qui pâtit de sa proximité du Cuzco. Dans la puna, Yauri, avec plus de 4 000 habitants, s'affirme comme l'agglomération la plus dynamique, d'autant plus que Yanaoca continue à diminuer, et que Santo Tomás, encore dépourvue des équipements d'une capitale de province, connaît un net ralentissement dans sa croissance. Il convient de souligner également la reprise très sensible de Calca et surtout d'Urubamba, qui est due à l'ancienneté de leur activité commerciale, à la spécialisation de leur agriculture, à leur relativement bon équipement et peut-être également à l'influence croissante du tourisme.

Les capitales de province qui entre 1940 et 1961 avaient eu un taux d'accroissement négatif, ont vu leur population continuer à diminuer, sauf Paucartambo qui profite de la reprise de la colonisation à Cosñipata ; la diminution est un peu moins sensible pour les trois capitales cuzquéniennes (Acomayo, Yanaoca, Paruro) que pour Antabamba (− 14,5 %). La légère reprise de Chuquibambilla et Tambobamba, ne pourra que s'accentuer avec les progrès de l'exploitation minière dans cette région.

Ainsi au cours de ces dix dernières années, la croissance urbaine s'est faite surtout au profit des centres les plus importants (les capitales départementales) et des bourgs ; les premiers ont bénéficié du développement de leurs fonctions administrative, commerciale, et pour le Cuzco industrielle, qui a accru les migrations vers eux ; les seconds ont acquis les équipements indispensables et grâce à ces derniers ont pu attirer quelques ruraux. Les petites villes non capitales de département, ont beaucoup moins progressé que pendant la période 1940-1961. Très sensibles aux crises économiques, elles ont dû fournir des contingents importants de migrants « acculturés » vers les centres supérieurs, régionaux ou extra-régionaux.

2. La formation de l'armature urbaine

Pour bien saisir l'évolution de l'armature urbaine régionale, on doit toujours garder à l'esprit, en premier lieu la permanence de la structure de l'espace naturel, avec les deux échelles, locale (système vallée-versant-hauteurs immédiates), et régionale (zone quechua, terres chaudes au nord, steppes froides au sud et à l'est). Le dynamisme des agglomérations est en effet commandé par la manière avec laquelle chacune d'elles a pu contrôler simultanément ces deux échelles. C'est ce qui explique l'importance régionale de certains centres par rapport à d'autres. En second lieu, ce milieu impose des contraintes et des limites qui, selon les époques, ont pu prendre des valeurs différentes. D'où l'importance essentielle du problème du temps historique ; celui-ci combine à la fois des éléments permanents et des changements extrêmement rapides depuis la fin du siècle dernier, qui vont en s'accélérant au cours des vingt dernières années.

Les éléments permanents sont, malgré quelques exceptions : le site des agglomérations, ainsi que le rôle des divisions et de la fonction administratives dans la structure régionale. Les changements sont provoqués par l'évolution du contenu des deux données administratives précédentes et plus encore par l'introduction d'éléments nouveaux dans l'économie agricole et dans les échanges. Après la rupture brutale imposée par la conquête espagnole et les profondes modifications que celle-ci a apportées, on a eu une stagnation progressive des structures mises en place, alors même que la période qui suivait l'Indépendance correspondait à une phase de repli de l'économie régionale par rapport aux sollicitations extérieures (Lima, le Haut-Pérou).

Les principaux éléments et les grandes étapes des changements débutent dans la seconde moitié du XIXe siècle, en particulier à partir de 1870. C'est l'époque de l'intensification du commerce de la laine, de l'arrivée du chemin de fer de Mollendo à Sicuani, puis au Cuzco, de l'indépendance de l'Apurímac puis du Madre de Dios, enfin de la reprise de la colonisation dans la vallée de la Convención avec la création de Quillabamba. Après la première guerre mondiale et dans les années 20, ce sont successivement : la construction du chemin de fer de Santa Ana, les progrès de la colonisation des terres chaudes (Convención, Quince Mil, Madre de Dios, et dans une moindre mesure Cosñipata), l'aménagement des routes principales sous le gouvernement de Leguía, l'apport de quelques capitaux étrangers, commerciaux et industriels, au Cuzco, le développement de la vente des produits de consommation importés. Après la seconde guerre mondiale enfin, et surtout après 1950, c'est la pénétration des routes dans les périphéries chaudes et froides, l'intensification du trafic routier, le développement de l'industrie et du commerce national, la remise en question des structures agraires, la mise en place de plans de développement et d'intégration de la population rurale. Tous ces faits soulignent en fait les progrès du développement du capitalisme et ceux de l'intégration croissante du Pérou et de notre région à l'impérialisme européen et nord-américain. A chacune de ces étapes, toute la hiérarchie des villes est remise en question, en même temps que le rôle de chacune d'elles vis-à-vis de ses campagnes et à l'intérieur de l'ensemble régional. Ces étapes sont de durée inégale et on observe comme dans tous les autres pays, une accélération dans le rythme et l'intensité des changements, perturbant ainsi beaucoup l'armature urbaine régionale.

a) Première étape de l'organisation régionale

Pendant la Colonie et au cours du XIXe siècle, chaque agglomération du Cuzco a pu être le centre d'un « pays ». Elle profitait pour cela de trois éléments : son rôle administratif et religieux, sa fonction de résidence pour les propriétaires terriens, sa localisation géographique. Là étaient le représentant du corregidor et surtout le curé. Par sa situation au contact de milieux naturels différents, chacune d'elles devint un centre de base pour le commerce. La messe du dimanche y suscita rapidement un marché, lieu privilégié des échanges entre cultivateurs de céréales de la vallée, de tubercules des versants et éleveurs des punas immédiates. De même, sur le plan individuel, chaque maison était également un point d'échanges et on y attirait aussi bien le « comunero » des hauteurs venu vendre un mouton ou tisser une couverture, que les céramistes itinérants de certaines communautés. Des villages comme Maras, Accos, Andahuaylillas, Oropesa, mais aussi dans la puna, Accha ou Coporaque, rappellent par leurs maisons coloniales, leur vaste place d'Armes et leur église monumentale, qu'ils ont eu une réelle fonction locale.

Celle-ci s'exerçait à une échelle assez réduite, celle du district actuel (le curato à l'époque coloniale, une centaine de km², parfois un peu plus). Elle se faisait avec des moyens lents aussi bien à cause du poids du relief et de la distance, que pour des raisons techniques. Mais pendant les périodes dynamiques, chaque agglomération était un centre animé, carrefour de pistes muletières, qui établissait des relations avec le Cuzco (pour les bourgades voisines de la ville), ou avec d'autres foyers (Ayacucho pour Andahuaylas, le Haut-Pérou pour Coporaque). Pendant les périodes de dépression économique, au contraire, on avait un repliment de l'ensemble du système (pendant le XIXe siècle). Seule la domination sur les campagnes immédiates restait très forte, car les hacendados qui résidaient alors dans les villages et leur clientèle de petits propriétaires métis maintenaient les indigènes dans un état d'exploitation et de dépendance.

Les capitales de province avaient, certes, une supériorité administrative, comme tête de corregimiento et d'une province ecclésiastique pendant la Colonie, puis comme sous-préfecture et tribunal de première instance après l'indépendance. Mais au XIXe siècle, à une époque de repli économique et d'agriculture peu commercialisée, leur rôle était en fait limité, et certains districts pouvaient certainement soutenir la comparaison avec le chef-lieu de leur province ; ainsi Andahuaylillas par rapport à Urcos, Mollepata par rapport à Anta, Accos à Acomayo, Sicuani en relation à Tinta alors capitale. En 1876, nous l'avons vu, la grande majorité des agglomérations du Cuzco avaient entre 1 000 et 1 500 habitants, et la plupart des districts de la vallée du Vilcanota et de la plaine d'Anta entraient également dans cette catégorie. La capitale incaïque, restée animée pendant la Colonie, affirmait seule, malgré sa torpeur et son déclin au XIXe siècle, sa supériorité dans une région peu urbanisée.

b) Deuxième étape de l'organisation régionale = 1850-1920.

Certaines bourgades réussirent à affirmer leur supériorité lorsque leur espace économique s'élargit en incorporant des unités géographiques nouvelles et plus éloignées ; ainsi pour les capitales de la vallée du Vilcanota, les terres chaudes au Nord ou les punas au Sud. Nous avons vu que ces régions périphériques, dans la seconde moitié du XIXe siècle, furent sollicitées par les marché extérieurs et en premier lieu par celui d'Arequipa-Mollendo. A une époque où le transport se faisait encore à dos de mulet, certains bourgs pouvaient jouer le rôle d'étapes pour le repos ou le changement des bêtes ; ainsi Urubamba, Calca, Paucartambo vers la ceja de montaña, Abancay, Andahuaylas et Chalhuanca vers Lima, Sicuani enfin, vers la Bolivie et Arequipa.

Cette dernière agglomération apparaît déjà comme plus peuplée que les autres lors du recensement de 1876. Petite création coloniale subordonnée pendant longtemps à Tinta du point de vue administratif, elle sut faire du commerce muletier sa principale activité en tirant partie de sa situation géographique de contact étage quechua-puna. C'est en effet à partir de cette ville que la vallée prend vers l'aval les caractères écologiques des pays quechuas, alors que vers l'amont, elle s'enfonce en coin entre les punas du sud du département et l'altiplano péruano-bolivien. Sur le « *camino real* », conduisant par le col de la Raya vers la Bolivie ou vers Arequipa, à 3 600 mètres, Sicuani était la première agglomération où on pouvait changer de chevaux et se reposer. A partir d'elle également, se greffaient de multiples pistes vers Canas, Espinar et Acomayo qui était à cette époque-là une vallée florissante. Dès 1834, Sicuani ravit à Tinta le pouvoir administratif en devenant capitale de province. Deux ans après, elle était choisie comme siège de l'Assemblée de la Confédération péruano-bolivienne, qui, aux lendemains des guerres de l'Indépendance, cherchait à associer la Bolivie et un État sud-péruvien groupant Arequipa, Cuzco, Puno et même Ayacucho ; ce fait montre à la fois le poids des liens unissant encore la région du Cuzco et le Haut-Pérou, et la forte personnalité politique des notables Sicuanéniens.

Dans la seconde moitié du XIXe siècle, lorsque l'intérêt des industriels anglais se porta de plus en plus vers la laine péruvienne, et en particulier vers celle d'alpaca, Sicuani, bon carrefour muletier, devint tout naturellement le centre de concentration de cette denrée. Dès 1862, on a le témoignage de l'animation de sa foire dominicale où affluait la laine des punas voisines (19). Ce commerce allait bénéficier de l'arrivée du chemin de fer en 1893-1894 et de la construction de l'usine textile de Maranganí en 1897-1899. Les grandes maisons d'Arequipa liées aux intérêts anglais, s'installèrent dans la ville et profitèrent du double négoce de la laine ou des peaux, et de celui des produits fabriqués qu'elles importaient d'Europe. Parallèlement, des capitaux aréquipéniens s'investissaient dans la puna, constituant de grands domaines au détriment des communautés et des villages, de plus en plus confinés dans leurs terroirs de vallée.

c) Troisième étape de l'organisation régionale.

La troisième étape de l'organisation régionale se situe entre 1920 et 1940, lorsque les principales routes sont construites dans la vallée du Vilcanota ainsi que les deux chemins de fer ; mais les périphéries chaudes et froides restent en retard dans ce domaine, la voie ferrée n'atteignant Huadquina qu'en 1951. La colonisation dans les terres chaudes connaît des fortunes diverses ; elle est surtout importante à Quince-Mil à cause de l'or, et dans une moindre mesure à Cosñipata. Dans la Convención au contraire, les épidémies provoquent un fort recul du peuplement. Quant au Madre de Dios, après « l'ère du caoutchouc de cueillette », il semble à la recherche d'une nouvelle ressource économique.

Les villes de la vallée du Vilcanota, gâce à leur situation privilégiée, connaissent les progrès les plus importants. Calca et Urcos, de simples étapes deviennent alors des points de rupture de charge pour les mulets et bientôt les camions, ou à Urcos, pour le train. La première, au débouché de la piste vers Lares prend ainsi le pas sur Urubamba qui ne peut rester que simple lieu de passage depuis que le chemin de fer l'a délaissée (20). Urcos, profitant de l'or de Quince Mil, triomphe de Paucartambo qui garde cependant son importance au fur et à mesure que la route avance vers Cosñipata. Anta sait, nous l'avons vu, greffer des expéditions locales de bétail vers la Convención sur le trafic général du chemin de fer. Mais, c'est comme carrefour routier, au cours

---

19. Daniel RICH ; op. cit.

20. Urubamba fut pendant quelques années seulement, touchée par un rameau du chemin de fer de Santa Ana, depuis la station de Pachar.

de la troisième étape, beaucoup plus que comme point de rupture de charge pour le chemin de fer, que son faubourg d'Izkuchaka prendra toutefois son essor.

Vers la puna, c'est la grande époque d'activité de Sicuani. Celle-ci a affermi sa prépondérance comme centre du commerce de la laine, et son aire d'influence, nous l'avons vu, va des punas de Nuñoa à l'Apurímac, en englobant toutes les hauteurs du département du Cuzco ; ses « rescatistas » en retour y distribuent les produits fabriqués. Le rayonnement de ses foires annuelles atteint la Bolivie et au-delà le Nord-Est argentin. Des banques s'installent dans la ville (Banco Gibson puis Banco Popular). Mais parallèlement au négoce de la laine, le marché de cette agglomération est devenu important pour les produits vivriers, Sicuani sachant profiter une nouvelle fois de sa situation à proximité de l'altiplano punénien. En effet, nous avons vu que dans l'ensemble du département du Cuzco, les échanges vallées quechuas-puna se faisaient à une échelle locale, entre des gens unis par des liens de parenté ou de « compadrazgo », et qu'ils n'avaient pas forcément besoin des villes pour se réaliser. Par contre, lorsqu'ils concernent l'altiplano, ces échanges se font de région à région, non seulement en raison de la distance mais aussi à cause de la personnalité distincte des deux ensembles géographiques. Les gens de l'altiplano sont en effet beaucoup plus spécialisés dans les activités pastorales que ceux des punas du Cuzco qui arrivent toujours à cultiver un peu de pommes de terre et de canihua. Les revenus de leur élevage, plus soigné que dans la région du Cuzco, leur permettent d'acheter des produits vivriers de meilleure qualité et en grandes quantités. Parlant aymara, ils sont un peu des étrangers pour les quechuas de Canchis auxquels ne les lie aucune relation individuelle. Venus par train, puis par camion, ils préfèrent donc se diriger vers un marché organisé, dans un centre urbain pourvu de certains services. La vallée de Canchis aurait été incapable, par ses possibilités agricoles limitées, d'assurer à elle seule l'approvisionnement du marché. Très vite, l'aire d'influence de ce dernier s'élargit à Acomayo, ainsi qu'à Quispicanchis et même Paucartambo. Il associa aussi la ceja de selva pour le négoce de la coca, de l'alcool et dans une moindre mesure des fruits tropicaux et du bois.

Toutes ces activités commerciales furent favorisées par un autre trait socio-économique de la province de Canchis. On a là une vallée très densément peuplée (40 à 60 habitants au km² et 9 villages dépassant le millier d'habitants en 1961), où les terroirs que se partagent les communautés indigènes et les gros villages métis, ne permettent guère plus d'un hectare cultivé par famille et souvent beaucoup moins. En raison du surpeuplement agraire, accentué par la mauvaise qualité des sols, les habitants ont dû chercher d'autres sources de revenus dans l'artisanat (poterie, tissage, menuiserie, meunerie, bijouterie d'argent) et dans le commerce. Plus indépendants que des colons d'haciendas, ils ont été favorisés par l'ancienneté des communications dans la vallée et ont acquis à la fois une grande mobilité et plus de facilité d'acculturation. Beaucoup allèrent travailler dans le ceja de montaña, comme arrendires à la Convención ou comme chercheurs d'or à Marcapata plus proche. Les plus entreprenants sont vite devenus, nous l'avons vu, des intermédiaires dans un commerce triangulaire entre vallée quechua (du Vilcanota ou d'Acomayo), ceja de montaña, et puna. Leur négoce se dirigea de manière préférentielle vers le marché de Sicuani fréquenté par les Punéniens. Certaines communautés, particulièrement dépourvues de terres, se spécialisèrent dans le commerce de la coca (Lloqllora par exemple), dans la teinture de bayetas achetées à Yauri (Hercca), dans la menuiserie (Cuchuma), dans la meunerie (Cuchuma également) ; d'autres cultivèrent des oignons vendus dans toutes les punas voisines.

Dans la ville s'ouvrirent également de nouveaux magasins dont les commis-voyageurs se rendaient à Yanaoca, Acomayo, Yauri et dans la vallée jusqu'à Cusipata ou même Urcos. Certaines maisons poussaient jusqu'à Nuñoa et Santa Rosa. Les forains de Juliaca et Arequipa fréquentaient volontiers son marché et la foire de Pampacucho, le 15 août. La ville apparaît ainsi comme un centre commercial très animé qui cherche à acquérir son autonomie vis-à-vis du Cuzco. Ses intérêts économiques la lient à Arequipa où elle expédie la laine et où elle achète les produits fabriqués. C'est vers la « ville blanche » que se tourne volontiers l'élite urbaine qui est fière d'envoyer ses fils y étudier. Sur le plan administratif, Sicuani obtient des sous-directions régionales qui lui confèrent un pouvoir accru dans les provinces voisines et la place bien au-dessus des autres sous-préfectures. Aussi dès 1920, voit-on certains notables envisager de réclamer une plus grande autonomie, voire la création d'un nouveau département (de « Vilcanota ») qui comprendrait Canchis, Canas, ainsi qu'éventuellement Espinar et la province de Melgar (Puno).

Malgré cette concurrence de Sicuani, le Cuzco connaît à la même époque une réelle renaissance économique et retrouve en 1940 son chiffre de population du XVIIIe siècle. Il le doit à son contrôle économique sur la colonisation et le commerce des terres chaudes, cependant que ses liaisons s'améliorent avec les provinces quechuas voisines. Des commerçants étrangers s'installent dans la ville, qui ajoute ainsi à son rôle administratif traditionnel, une fonction commerciale et industrielle.

d) La quatrième étape.

La quatrième étape de notre organisation régionale commence à partir de la Seconde Guerre mondiale et surtout des années 50. On doit en fait la subdiviser en deux périodes, car les changements se sont accélérés à partir de 1956, avec la fin de la dictature du Général Odría, et plus encore après 1964-1965, avec le programme de réformes du gouvernement Belaunde.

Les routes pénètrent alors dans la ceja de montaña et dans la puna. Les périphéries chaudes et froides sont ainsi mieux reliées à la capitale quechua. Dans la première zone, c'est d'abord Quince Mil, Cosñipata, et petit à petit Lares qui sont touchées, Quillabamba ne l'étant qu'à partir de 1967. La fonction de point de rupture de charge perd de son importance et affecte le développement de Calca et Urcos qui commencent à stagner. Les intermédiaires paraissent inutiles et ce sont les petits villages au cœur des zones de production qui se développent ; ainsi Quince Mil, et plus modestement Patria et Amparaës. Ils ne peuvent cependant devenir très importants car l'économie de ces vallées, à la même époque, connaît un ralentissement certain. Mais toute relance économique peut à nouveau les voir progresser, ainsi qu'on en a la preuve à l'heure actuelle à Cosñipata.

La vallée de la Convención, économiquement la plus intéressante, n'est, au début de cette période, que très imparfaitement atteinte par la pénétration des voies de communication modernes. Quillabamba toutefois, sait profiter de son éloignement du Cuzco, et surtout des lois visant à mieux intégrer la ceja de selva, pour obtenir les principaux services urbains et attirer d'importantes firmes commerciales exemptées d'impôts. Puerto Maldonado fait de même à une échelle administrative supérieure, puisqu'elle est capitale de département, mais avec un moindre dynamisme économique. Ces deux centres sont ceux qui connaissent le plus fort accroissement démographique entre 1940 et 1961 (tableau n° XCIX) et ils commencent à évoluer de manière autonome du Cuzco.

Dans la puna, avant 1960, seules les principales routes sont construites, bien des ponts manquant toutefois, et le trafic des camions étant encore réduit. On assiste, cependant, à un essor des deux capitales de province, Santo Tomás et surtout Yauri, qui commencent à échapper à l'influence de Sicuani, alors que Yanaoca, d'étape devient simple port, où les camions ne s'arrêtent plus.

C'est déjà le début du déclin de Sicuani. Le prix de la laine ne cesse de baisser sur les marchés extérieurs qui en achètent d'autre part de moins en moins. La ville arrive à se maintenir pour la laine d'alpaca ; mais pour celle du mouton, dont 80 % provient des communautés indigènes, elle est gênée par la mauvaise qualité de l'élevage local. Contrairement aux éleveurs de Puno, ceux du Cuzco ne se sont que rarement préoccupés d'améliorer leur cheptel, sur le plan de la race, comme sur celui de la nourriture et des soins sanitaires. En second lieu, avec les progrès des transports routiers, les Punéniens vont de plus en plus acheter directement dans les régions agricoles d'Anta, Urubamba ou Paucartambo et délaissent le marché de Sicuani. Des centres concurrents apparaissent. Ayaviri a de plus en plus d'influence sur la zone de Nuñoa-Santa Rosa, et ravit à Sicuani l'agence du Banco de Crédito qui avait succédé au Banco Gibson. Dans le sud du département, Tocroyoc et Yauri, nouent des contacts directs avec Arequipa, Ayaviri ou même Lima. Des commerçants sicuanéniens vont s'y établir, à Yauri en particulier.

Cette dernière bourgade qui connaît actuellement un essor très rapide, a bénéficié de plusieurs facteurs favorables. Située à un carrefour de routes (vers Arequipa par Condoroma ou Cailloma, vers Santo Tomás et vers le Cuzco par Sicuani ou par Yanaoca), elle a pu d'abord concentrer le commerce d'une zone où l'élevage était en pleine évolution. Déjà au début du siècle, sa situation géographique lui avait permis de prendre le pas sur Coporaque, active pendant la Colonie, et d'être choisie comme capitale de province en 1919. Sa fonction a été renforcée par le fait que tout le sud du département était faiblement urbanisé et très mal pourvu en services urbains. Profitant de cet isolement et de la distance la séparant aussi bien du Cuzco que de Sicuani, ou même de Santo Tomás, elle a pu se constituer en petit centre collecteur de laine. Elle a drainé la production d'Espinar et de Chumbivilcas, d'abord au profit de Sicuani, puis très vite en s'affirmant de manière autonome. Ses notables surent veiller à maintenir sa prééminence en empêchant par exemple, pendant longtemps et de manière violente, le village de Tocroyoc d'accéder au rang de district. Dans une deuxième étape, ses camions ont établi avec Arequipa des échanges qui ont permis d'obtenir des produits fabriqués, à un prix souvent moins élevé qu'au Cuzco ou à Sicuani. Enfin, maintenant que la laine apparaît moins rentable, ses punas se prêtent plus facilement à l'élevage des bovins pour la viande que celles de Canchis, beaucoup plus hautes et moins accessibles. Cette dernière spéculation lui permet déjà de rayonner sur Canas et le sud de Paruro. Nous avons vu qu'elle intéressait d'ailleurs plus les capitaux aréquipéniens que locaux.

Après 1965, on a à l'échelle régionale un bouleversement général et très rapide de toutes les conditions existantes. De nouvelles routes sont construites grâce à « Coopération Populaire » et aux faenas des habitants. Le trafic des camions s'intensifie. Alors qu'auparavant, seuls les bourgs et les villes avaient des services réguliers et généralement peu fréquents, les liaisons deviennent quotidiennes, et intéressent n'importe quelle capitale de district bien située sur les routes. Parallèlement, avec le développement de l'industrie nationale ou locale (brasserie, coca-cola), la masse en circulation des produits de consommation s'est accrue. Il faut également faire intervenir le rôle des nouvelles techniques commerciales : publicité, crédit, déplacements des innombrables voyageurs de commerce et marchands ambulants.

Ces données essentiellement commerciales, se combinent à d'autres facteurs de changement sociologiques. 1965, c'est la fin du colonat traditionnel dans beaucoup d'haciendas, et l'introduction d'un certain salaire, toutefois souvent inférieur au salaire minimum légal ; les troubles sociaux, l'organisation des syndicats, les migrations vers les villes, la mise en place des programmes de développement communal et de réforme agraire, bouleversent la structure de la société. On assiste à une intense mobilité géographique et sociale, sinon culturelle, des classes populaires ayant des contacts avec les centres urbains. Métis et cholos se prolétarisent en ville, ouvrent une boutique, achètent un camion, etc.

Deux faits surtout retiennent notre attention en ce qui concerne l'organisation de l'espace régional. En premier lieu, l'écart se creuse entre l'ensemble des villes et bourgs d'une part, et les autres capitales de province mal situées par rapport au réseau général des voies de communication, de l'autre. En second lieu, on assiste à une grande dispersion des activités commerciales remettant à nouveau en question la supériorité des centres qui s'étaient affirmés avant 1960.

Quelques sous-préfectures voient ainsi leur rôle s'affaiblir, non seulement en comparaison avec nos bourgs, mais aussi, ce qui est plus grave, par rapport à l'ensemble de leur province. Généralement situées en fonction des nécessaires relais du transport muletier, le camion, en autorisant des étapes plus longues, tend à les délaisser, cependant que leurs districts sont sollicités à leur tour, par les centres les mieux reliés au réseau général des voies de communication. Ainsi dans Canas, Yanaoca ne contrôle qu'un seul district, Quehue, auquel la relie, depuis 1958, une piste carrossable aboutissant au pont de Challa ; ceci lui permet d'avoir quelques relations au-delà de l'Apurímac, avec les villages isolés et en déclin de Livitaca et Chamaca. Mais le contrôle des autres districts lui échappe. Pampamarca et Tungasuca sont liés à Combapata, Langui et Layo dépendent de Sicuani, El Descanso se partage entre les influences de Sicuani et de Yauri. De l'aveu même de ses habitants, Yanaoca est « un col », un simple lieu de passage, qui ne peut accaparer les activités économiques.

Paucartambo de même, voit ses districts de Cay-Cay et Colquepata directement reliés à la vallée du Vilcanota. Elle n'est plus qu'une étape non indispensable sur les routes vers la ceja de montaña, mais ses activités restent toutefois très sensibles à la mise en valeur de cette dernière. Elle a vu par exemple sa population progresser un peu entre 1961 et 1972 (7 %), au moment de la reprise de la mise en valeur de Cosñipata, avec le riz, le bois et l'élevage, alors qu'elle avait stagné entre 1940 et 1961 (accroissement de − 0,1 %), à une époque de recul de la colonisation. L'application de la loi de réforme agraire dans cette province de « latifundios » traditionnels, devrait à nouveau modifier l'évolution et peut-être les fonctions de ce chef-lieu. Il a d'ores et déjà perdu tous ses hacendados qui n'y retournent que pour de courtes périodes ; et on entend les rares notables restés sur place à cause de leurs fonctions administratives, se plaindre de ce qu'il n'y a plus de « gente decente » dans leur village.

Ce phénomène atteint également Paruro dont la population continue à diminuer au même rythme que précédemment (recul de 8,3 % entre 1961 et 1972, contre 17,7 % entre 1940 et 1961). Cette sous-préfecture apparaît aujourd'hui excentrique par rapport aux autres villages de sa province. Ceux du Nord, bien reliés au Cuzco par des routes et des camions quotidiens sont de plus en plus dans l'influence immédiate de la capitale régionale. Et on voit même Pacarrectambo, être préféré à Paruro, comme siège d'un « secteur » agricole dépendant de l'agence du Cuzco. Dans le Sud, seul Colcha reçoit son ravitaillement en produits fabriqués de la capitale provinciale.

Mais Accha, Omacha, Pillpinto, ont leur débouché sur la vallée d'Acomayo, cependant que Ccapi est relié directement au Cuzco par Ccorca, dont la route et en voie d'achèvement.

L'exemple d'Acomayo nous montre l'instabilité qui existe dans la hiérarchie des agglomérations à l'échelle locale de la province, comme à celle de l'ensemble de la région. Cette bourgade n'a jamais pu imposer sa prépondérance aux autres districts, sinon sur le plan administratif. Sa fonction de capitale est récente, puisque ce n'est qu'en 1861 que la province est détachée de l'ancien partido de Quispicanchis. Elle doit cette promotion certainement à sa situation centrale, entre la vallée de l'Apurímac, celle du Vilcanota et la région des lagunes. Mais dans cette province densément habitée, il y avait plusieurs gros villages, dont certains sont relégués aujourd'hui au rang de simples communautés paysannes (Conotambo, Pirque, Sankka, Corma, etc.). Au recensement de 1876, c'est Accos qui est le plus peuplé. Commandant les pistes muletières vers le sud de Paruro et Chumbivilcas, il va beaucoup pâtir, par la suite, de la construction des voies de communication modernes ; dès le début du siècle, on rejoint directement Livitaca à partir des gares de Tinta ou Combapata, puis en franchissant l'Apurímac au pont de Challa (21). Au fur et à mesure où la route pénètre dans la vallée d'Acomayo, Accos ne devient plus qu'un lieu de passage pour les véhicules s'arrêtant au pont de Pillpinto. Enfin, la route construite entre Yauri et Santo Tomás, va, en détournant presque complètement le trafic de Chumbivilcas, accentuer son déclin. Accos voit parallèlement sa population diminuer à cause de l'exode rural qui affecte l'ensemble d'une vallée où domine la petite propriété et touche également la capitale de province.

Au recensement de 1940, c'est le village de la puna, Pomacanchis, qui est le plus peuplé, accentuant sa supériorité en 1961. Il atteint alors près de 3 000 habitants, tandis qu'Acomayo a perdu 10 % de sa population. Pomacanchis apparaît alors comme mieux relié au réseau général des communications de la vallée du Vilcanota, cependant que la quebrada d'Acomayo fait de plus en plus figure de cul-de-sac. Dès le début du siècle, il tend à participer à l'économie pastorale de la puna qui, nous l'avons vu, évolue plus rapidement que celle des micro-propriétés des versants quechuas. Il a été ainsi plus intégré dans l'aire d'influence de Sicuani, alors qu'Acomayo était obligé, par sa fonction administrative, de garder de fortes relations avec le Cuzco. Enfin Pomacanchis, après le tremblement de terre de 1950 qui l'avait beaucoup affecté, a bénéficié de deux courants de solidarité villageoise. D'une part la très forte organisation communautaire a fourni la main-d'œuvre nécessaire à l'installation des principaux services ; d'autre part les hacendados, souvent membres de l'APRA (22), et très liés par leurs professions ou leurs familles au Cuzco et à Lima, ont su solliciter l'appui financier des émigrants de la capitale péruvienne, et les indispensables soutiens administratifs. Les deux courants ont été souvent parallèles, avec une lutte, au niveau du pouvoir, entre le « personero » et le maire métis. Mais cette lutte même, a pu être un facteur favorable, dans la mesure ou chaque classe a tenu à avoir ses propres réalisations (23). Pomacanchis a pu ainsi obtenir la création, hélas éphémère, d'un collège agricole, alors qu'Acomayo avait une agence du Banco de Fomento Agropecuario ; chacun avait en 1969 un bureau du S.I.P.A.

---

21. Emilio DE LA BARRERA. Los Equinos, auquénidos y estadística ganadera de la provincia de Chumbivilcas — Lima 1930.

22. APRA : Alianza para la Revolución en América.

23. C'est ainsi que les métis ont commencé la reconstruction de l'église coloniale endommagée par le séisme, alors que les comuneros ont construit une petite chapelle.

La même rivalité pour l'établissement des services se retrouve d'ailleurs dans cette province au niveau des simples districts, entre par exemple Marcaconga et Sangarará qui, proches l'un de l'autre et également peuplés, se partagent les divers bureaux. Tout intervient donc dans Acomayo pour perturber la hiérarchie « villageoise », à défaut d'urbaine, établie par l'administration : les voies de communication, les structures agraires, les luttes politiques, etc.

Les bouleversements apportés par la modification de la notion de distance affectent également nos bourgs. Anta - Izkuchaka, malgré son animation commerciale, n'arrive pas à s'imposer à sa province. Mollepata évolue de manière autonome ; Limatambo et les districts de la plaine sautent son étape pour aller au Cuzco. Seule les liaisons avec Chinchaypuquio et au-delà Cotabambas, ont été renforcées par la construction récente de la route. La capitale provinciale pâtit également de sa proximité du Cuzco (moins de 30 kilomètres). Aussi c'est celui de nos bourgs qui a le plus faible accroissement démographique entre 1961 et 1972 (9 %). Il apparaît à cette date à peine plus peuplé que Huarocondo (2 790 habitants) qui a pris le pas sur Zurite (1 398) trop à l'écart de la route Cuzco-Lima, à proximité de laquelle s'est installé l'actif marché dominical d'Ancahuasi.

C'est grâce aux routes que Yauri a pu affirmer au contraire sa supériorité sur Santo Tomás. Cette dernière pâtit beaucoup, comme Paruro, de son excentricité. Livitaca s'oriente vers Yanoaca, Ccapamarca vers Accha et Pillpinto, Velille et, depuis la construction de la route, Colquemarca et Chamaca, directement vers Yauri et Arequipa. Ayant un peu perdu l'espoir de voir une route s'ouvrir directement vers le Cuzco, elle attend beaucoup de la voie qui doit pénétrer jusqu'aux mines de Graú au cœur de l'Apurímac.

Dans ce département plus récent, les provinces ont moins de liens historiques unissant les districts à la capitale. Les partages ont d'ailleurs été nombreux, même au niveau des provinces, puisque celle de Graú et de Cotabambas ont été séparées en 1960 seulement. Les capitales sont situées de manière centrale et sont toutes desservies par une route, à l'exception de Tambobamba qui voit le Nord de sa province, avec Cotabambas, dépendre du Cuzco, et le Sud, avec Haquira, s'orienter vers Santo Tomás.

A leur tour, nos petites villes se trouvent menacées par la multiplication des centres commerciaux secondaires. Partout où le trafic des camions est important s'ouvrent des magasins et se réaniment des marchés. L'administration contribue à cette dispersion, dans la mesure où elle cherche à implanter dans les zones rurales des dispensaires, des bureaux agricoles, des écoles, etc. Dans le département du Cuzco, trois provinces connaissent plus que les autres cette évolution : Canchis, Espinar et la Convención. La dispersion des activités commerciales s'y fait de trois manières différentes : sous la forme de marchés et foires dans Espinar, de magasins dans la Convención, des deux éléments dans Canchis. Les capitales de district s'en trouvent réanimées économiquement. Toutes ont leurs camionneurs, voire pour certaines leurs lignes d'autobus (ainsi pour Pitumarca, Combapata et Maranganí dans Canchis). Elles concurrencent directement l'activité de leur capitale de province et cherchent à établir des relations directes avec les centres supérieurs, le Cuzco ou Arequipa. Les échanges dans ces trois provinces ont été favorisés par leur éloignement du Cuzco (150 à 220 kilomètres), ainsi que par leur économie commercialisée qui les liait à des marchés extra-régionaux. La spécialisation dans la laine ou les produits tropicaux, ainsi que les conditions du milieu naturel obligeaient d'autre part leurs habitants à dépendre de l'extérieur pour leur alimentation. Parallèlement, la multiplication des rescatistas et des commerçants ambulants, donnaient à la population une certaine pratique des mécanismes commerciaux et créaient de nouvelles habitudes de consommation.

Ainsi dans une première phase, Sicuani et Quillabamba, avaient pu concentrer à leur profit les courants d'échange traditionnels. Avec le développement des communications, elles perdent ce monopole et voient se multiplier les concurrents. Les programmes administratifs mis en place dans ces deux villes après 1965, ont pu représenter un nouvel espoir de main-mise sur la région, et un apport de fonctionnaires et de salaires pour l'économie urbaine. Mais ces divers programmes sont instables, fluctuant tant du point de vue du personnel en place que des crédits, selon les gouvernements. D'autre part, nous l'avons vu, les fonctionnaires préfèrent souvent acheter dans les centres supérieurs et ne réalisent sur place que le minimum de dépenses. Quant aux populations rurales, les services mis en place ont surtout contribué à accroître leur mobilité et lorsqu'il y a eu élévation du niveau de vie, comme dans la vallée de la Convención, ce sont les centres supérieurs qui en ont bénéficié.

On peut se demander si dans une troisième phase, ces deux villes peuvent triompher de l'actuelle concurrence. Elles pourraient bénéficier de l'avantage que leur donnent leur équipement en magasins spécialisés, en banques et une fonction administrative régionale stable. L'industrie pourrait également leur apporter des sources nouvelles d'emplois. Quillabamba semble bien placée dans ce domaine, malgré le dynamisme des capitales de district de sa vallée, et en particulier de Santa María. Mais Sicuani pourra accéder difficilement au rang de centre supérieur. Son marché dominical n'est plus que l'ombre de celui des années 40. De nombreux commerces ont fermé (Corsur, Melina, Lucre, Detzking, etc.) (24). D'autres qui vendaient pour 2 à 3 millions de sols par an atteignent à peine 500 000 sols (25). Leur rayonnement est de plus en plus urbain. Pris entre les influences du Cuzco et d'Arequipa, ils perdent leur fonction régionale de grossistes. On évalue à 60 % environ la baisse de l'ensemble du commerce de la ville depuis les années 50. Après la nationalisation du Banco Popular, son unique agence bancaire a disparu. Il lui sera très difficile de reconquérir la place perdue dans la hiérarchie urbaine car elle apparaît déjà trop proche du Cuzco et de Juliaca. L'asphaltage de la route, en cours de réalisation, ne fera que raccourcir les distances. Il peut par contre donner à la capitale de Canchis un rôle touristique. Nous avons vu que ses ressources dans ce domaine étaient importantes et il est possible qu'elle devienne une étape, et peut-être un des carrefours touristiques régionaux (chapitre VI, paragraphe IV). A l'heure actuelle seule sa fonction administrative reste importante.

C'est Yauri qui, pour les raisons que nous avons précédemment évoquées, lui a ravi une partie de son dynamisme commercial. Alors que Sicuani était la ville du chemin de fer et de la laine, Yauri est celle des camions et du bétail de boucherie. Mais, déjà, des centres rivaux apparaissent autour de cette bourgade. Tocroyoc s'est toujours posé, sinon en rival direct puisqu'il reste peu peuplé, du moins en foyer autonome ; ses rapports avec la capitale de province restent tendus, voire hostiles, et ses habitants n'oublient pas l'opposition farouche des notables de Yauri à la promotion de leur village au rang de district en 1945. Santo Tomás, qui est en train d'acquérir les principaux services urbains, essaie d'établir un partage des fonctions administratives régionales. Yauri, cependant, peut encore triompher, si on la dote des services urbains, administratifs et bancaires dont elle a besoin pour passer au rang de bourg à celui de ville. Or, malgré la reprise de

---

24. Daniel RICH, op. cit.

25. 1 sol = 0,12 F en 1969.

l'exploitation minière locale, la politique d'aménagement régional ne l'y aide pas, dans la mesure où les responsables d'ORDESUR ne tiennent pas compte de son réel essor et continuent à choisir Sicuani comme pôle secondaire de développement.

Dans l'Apurímac, Andahuaylas et Abancay ont continué à affirmer leur supériorité sur les autres centres et il n'y a pas eu de remise en question de la hiérarchie urbaine. Les deux villes, malgré la rivalité qui les oppose souvent, en sont venues à se partager les équipements et bien des services publics. Si Abancay tire profit de son rôle de capitale, Andahuaylas bénéficie de celui d'avoir été choisie comme base d'un programme de développement rural. Les autres chefs-lieux de province végètent dans un département encore plus oublié que le Cuzco par les pouvoirs publics et qui continue à se vider de ses habitants. Le Madre de Dios n'a, en dehors de sa capitale, que des villages modestes ; leur fonction n'est même pas toujours bien déterminée ; et on voit ainsi, Salvación ravir au hameau de Manú les principaux bureaux administratifs, et Iberia et Inapari, se disputer la faveur d'être, à tour de rôle, chef-lieu de la province de Tahuamanu.

B. Les problèmes du réseau urbain régional

Tous ces bouleversements économiques et sociologiques, de plus en plus rapides au cours des vingt dernières années, perturbent donc à chaque moment la hiérarchie urbaine et brouillent les mailles d'un éventuel réseau.

L'évolution démographique depuis la fin du XIXe siècle tend à établir, nous venons de la voir, une classification en fonction de la taille des agglomérations. Notre centre régional dépasse ainsi 120 000 habitants, les petites villes qui constituent les centres secondaires se situent entre 4 500 et 13 000 habitants, les bourgs ou centres primaires, entre 2 500 et 4 500. Au-dessous de 2 500 habitants, on n'a plus que des villages, avec une distinction entre les sous-préfectures, ou villages-centres, qui dépassent 1 500 habitants et les simples agglomérations rurales. Précisons que déjà, toutefois, des petites subdivisions interviennent dans ce schéma ; Andahuaylas, par exemple, est à peine plus peuplée que Calca ou Yauri et est donc par sa taille proche de nos « bourgs ». Dans les villages centres, Santo Tomás et Paucartambo dépassent légèrement 2 000 habitants, tandis que Yanaoca n'en a qu'un millier, les quatre autres se maintenant à 1 700 habitants.

Le critère du chiffre de population permet ainsi de dépasser le seul schéma administratif en : préfecture, sous-préfecture, capitale de district, hérité en grande partie de la Colonie. Le contenu même des services administratifs mis en place a, nous l'avons vu, considérablement évolué et on sent dans ce domaine depuis 1962, une réelle volonté de structurer l'espace régional, afin de mieux assurer le rayonnement de ces services.

1. Le rôle des services et des organismes administratifs dans l'organisation de l'espace régional :

Nous avons vu que chaque agglomération apparaissait comme le lieu vers lequel convergeaient toutes les chaînes de domination personnelles et de groupe, à la fois par leur fonction administrative et par l'exploitation économique qu'elles exerçaient, aussi bien au niveau de la propriété des moyens de production (terre en particulier) que du commerce. Ce rôle des villes dans le système de domination s'est, sinon affaibli, tout au moins déplacé avec l'installation des nouveaux services. Des collèges, des dispensaires médicaux, des agences agricoles ont été établis dans toutes les sous-préfectures ce qui donne à celles-ci une avance certaine sur la grande majorité des districts qui en sont dépourvus. En second lieu, à l'échelle de la région, ont été créées des sous-directions dans les petites villes de Quillabamba, Sicuani, Andahuaylas, ce qui les rapproche des capitales départementales, Abancay et Puerto Maldonado. Cependant, dans notre hiérarchie administrative, ce dernier palier au sein de nos petites villes, ne s'efface pas complètement. Il est certain qu'Abancay et Puerto Maldonado sont loin d'avoir une autonomie complète puisque leurs institutions dépendent pour la plupart de celles du Cuzco. Mais l'évolution démographique nous a montré que depuis 1940 (et même pour Abancay depuis 1876), elles n'ont cessé de s'affirmer sur les autres agglomérations de leur département. Dans la politique régionale d'ORDESUR, elles gardent une priorité sur les autres petites villes qui ne sont que des « *centros de apoyo* ». Cette même politique de régionalisation tend à favoriser le Cuzco comme centre de services et comme centre régional. La subordination à la métropole du Sud, Arequipa, apparaît même beaucoup moins importante que, nous le verrons, dans le domaine économique.

Il reste à voir, toutefois, si cette hiérarchie administrative sert de support à un véritable réseau. On a certes en place, théoriquement, tout un système de relais entre les capitales des districts et celles de la province ou la sous-direction régionale, et entre ces deux dernières et le Cuzco. Mais les échanges se réalisent beaucoup plus entre ces relais qu'entre chacun d'entre eux et le territoire qu'il est sensé desservir. La fonction administrative, et dans une moindre mesure de service, est prétexte à des échanges fréquents et possède plus de dynamisme que dans nos pays. Pour les fonctionnaires et les techniciens, les prétextes pour se rendre au chef-lieu du département sont multiples, tant du point de vue professionnel que personnel, et résultent des conditions particulières de fonctionnement de l'administration dans la Sierra péruvienne. Par exemple, en l'absence de téléphone, de courrier régulier et de transports collectifs quotidiens, c'est le déplacement personnel du fonctionnaire qui s'impose, à la fois pour prendre des ordres, comme pour transmettre un dossier urgent. Les villages étant à peu près dépourvus de tout, on doit se déplacer aussi bien pour faire réparer la camionnette du bureau que pour aller chez le dentiste ou le médecin, ou faire quelques achats. Les fonctionnaires des capitales de districts doivent même aller toucher leur salaire, chaque mois, dans la capitale de province. Les traitements de base étant souvent peu élevés, et la vie dans un village isolé assez dure, on obtient une place provisoirement, cherchant ensuite à en trouver une meilleure dans une agglomération plus importante. Même dans l'enseignement les mutations sont permanentes, et on cherche toujours à aller au Cuzco pour faire intervenir ses relations. Enfin, la plupart des fonctionnaires, nous l'avons vu, ne sont pas accompagnés de leur famille qui préfère rester à la ville, ce qui justifie encore bien des déplacements. A l'inverse, du Cuzco, partent vers les provinces les plus accessibles, les chefs de bureau et divers inspecteurs, en mission de contrôle, ou pour organiser des stages de formation pour un personnel de base souvent sommairement préparé.

Il n'est pas jusqu'à la structure politique du pays qui ne favorise cette mobilité étonnante des fonctionnaires, car les changements dans l'administration sont fréquents et les budgets impartis aux différents services souvent modifiés. Quand un gouvernement est à bout de souffle, les relations entre la ville et sa région administrative se ralentissent. Faute d'argent, les véhicules officiels ne circulent pas, on licencie du personnel, parfois les salaires ne sont plus payés. Que le gouvernement change, après une période d'incertitude accompagnée de mutations, de contrôle, de réorganisation, qui réanime le déplacement des fonctionnaires préoccupés d'assurer leur emploi, la vie des divers bureaux reprend et le va-et-vient des véhicules aussi.

Les déplacements vers la base sont plus rares. Les voies de communication étant insuffisantes et le personnel des agences peu nombreux, ce sont surtout les capitales de district et les communautés desservies par les routes qui connaissent la visite irrégulière des fonctionnaires. Les jours de marché sont souvent des prétextes à des tournées groupant plusieurs fonctionnaires et considérées encore trop souvent comme l'occasion d'agapes aux frais des administrés. Quant à ceux-ci, la création d'un service favorise aussi leur mobilité, lorsqu'ils ont évidemment une certaine habitude de son utilisation, c'est-à-dire surtout les métis des villages. Mobilité non seulement vers le service lui-même, mais également vers le service supérieur jugé à un certain degré plus efficace et plus sûr. Ainsi on ira à l'hôpital du Cuzco, ou voir un spécialiste, au lieu de s'en tenir au dispensaire du village. Beaucoup de gens savent en outre, en particulier pour les problèmes de justice ou d'administration civile, que c'est en allant directement à la tête de la hiérarchie et en suivant eux-mêmes leur affaire, qu'ils diminueront les lenteurs de la procédure.

Beaucoup plus qu'avec les campagnes, l'administration et les services intensifient ainsi surtout les relations entre les villes. Ils dessinent les mailles d'un réseau urbain, mais leur pénétration en profondeur est limitée et les campagnes sont encore peu touchées par eux, pour des raisons qui tiennent à la fois aux mentalités et à l'accessibilité. La diffusion des services dans les campagnes (les périphéries chaudes et froides en particulier), l'affectation de crédits et de matériel, permettront seules à cette structure administrative de fonctionner, si on a un véritable désir de promouvoir les zones rurales. Ainsi, au lieu de renforcer seulement la hiérarchie urbaine, on intégrera mieux l'ensemble de l'espace régional.

2. Les activités économiques et l'organisation de l'espace régional :

Cette volonté de structuration régionale que l'on ressent avec les diverses administrations n'apparaît pas dans le domaine économique et en particulier commercial. Nous dirions même qu'elle ne peut pas apparaître dans la mesure où la politique de planification régionale vient renforcer les flux que le capitalisme privé a établis. Or ces flux, presqu'essentiellement commerciaux ici, ont un rôle éminemment perturbateurs, désorganisateurs. Le développement des activités commerciales et de transport intervient depuis peu, dans une région dont l'économie agricole pauvre est caractérisée par des modes de production précapitalistes, et vise à mieux intégrer celle-ci dans un espace et un système national qui est celui d'un pays dominé. Il est certain, d'une part, que ce développement donne un second souffle aux anciennes fondations espagnoles souvent somnolentes. Il stimule les autres fonctions, accroît l'exode rural vers les agglomérations et, nous l'avons vu, s'accompagne d'une transformation du paysage urbain. Mais en même temps, les modifications constantes dans un réseau routier non encore stabilisé, la concurrence, le système de dépendance extérieure dans lequel s'inscrit ce développement, perturbent sans cesse l'armature urbaine régionale et provoquent en fait une destructuration de notre région et un mauvais fonctionnement des relais.

Cette destructuration apparaît de trois manières. En premier lieu, Cuzco a de la peine à s'affirmer à la tête des échanges commerciaux régionaux car les autres villes et même certains bourgs tendent à devenir autonomes et à établir des relations directes avec Arequipa et Lima. En second lieu, les nouvelles formes de transport et de commerce établissent une sélection entre les agglomérations et permettent une typologie de centres différente de celle créée par l'administration. Enfin, cette typologie ainsi que les relations entre les centres, sont sans cesse remises en question par le développement même de ces activités.

a) Les difficultés du Cuzco à la tête de la hiérarchie urbaine :

Nous avons étudié quelles étaient les limites du rôle du Cuzco dans les activités commerciales de sa région (chapitre V). Si, en raison des transbordements nécessaires, il était une étape indispensable du trafic ferroviaire, il l'est beaucoup moins pour les camions. L'intensification du trafic routier a considérablement réduit le rôle de notre ville dans la commercialisation des produits agricoles, et en particulier ceux qui sont à destination des marchés extérieurs (laine - café). L'avantage que les grandes maisons de commerce de la ville ont pu tirer des multiples échoppes de province qui leur livraient des denrées agricoles cédées à crédit par les clients-producteurs et leur achetaient des produits industriels, est terminé. Maintenant, le camion qui va directement sur les lieux de production, comme les marchés qu'il a contribué à réanimer, désorganisent ce système. Aussi a-t-on des court-circuitages incessants dans le ramassage des produits agricoles au niveau des agglomérations. Nous l'avons vu pour Sicuani au profit de Yauri et, à une échelle inférieure, pour Calca au profit des villages de la vallée de Lares. La ville du Cuzco n'apparaît pas encore comme le foyer de consommation le plus intéressant et cela gêne également les relations avec ses campagnes (ainsi pour la viande). Mais inversement, lorsque les commerçants des marchés cuzquéniens s'approvisionnent, ils le font souvent grâce aux camions de passage, ou vont dans les campagnes, et n'utilisent plus les bourgades de province comme relais.

Pour les produits fabriqués, l'intermédiaire cuzquénien paraît à la fois lent et cher. La ville est desservie par le fait que sa production industrielle est limitée, que les liaisons avec Lima sont encore longues et difficiles, et surtout parce que son capitalisme commercial dépend des firmes et des banques de la capitale ou d'Arequipa. Or, grâce aux agents voyageurs, aux catalogues et aux banques pour le paiement, on peut très bien commander directement aux usines, depuis Quillabamba, Abancay ou Puerto Maldonado. Le Cuzco voit alors son influence se limiter à l'approvisionnement d'une partie de ses propres magasins et à la clientèle des petits boutiquiers de province au pouvoir d'achat limité et modeste et où il s'avère souvent difficile de récupérer les crédits concédés.

Le Cuzco n'arrive à affirmer sa supériorité que comme nœud de voies de communication. C'est là une suprématie relative et temporaire qui peut être remise en question par l'ouverture de nouvelles routes (Quillabamba-Ayacucho, Marcapata-Sicuani, Graú-Santo Tomás). Les liaisons avec la ceja de montaña qui sont les plus importantes en volume comme en argent, seraient définitivement compromises pour ne pas dire ruinées ; de même, les relations avec les futurs centres miniers du Sud. Toute amélioration de l'état des voies joue dans le même sens. L'asphaltage des routes, leur élargissement, abaisseraient les temps et les prix de transport et rendraient plus sûrs, en période des pluies, les échanges avec Lima ou Arequipa. Le Cuzco perdrait alors en partie son rôle d'étape commode sur des trajets longs et difficiles.

b) Les types de centre créés par les activités d'échanges :

Le trafic routier et les activités d'échange qu'il entraîne, fait apparaître plusieurs types d'agglomérations : les points de ruptures de charge, les simples lieux de passage, les petits carrefours provinciaux, les grands carrefours inter-provinciaux et à la tête, Cuzco, véritable nœud de voies de communication. Seuls, le premier et les deux derniers types, arrivent à fixer un temps commerçants et « rescatistas », et à ébaucher la trame d'une armature urbaine régionale. Celle-ci recouvre presque celle que dessine la hiérarchie administrative avec ses trois niveaux : district (point de rupture de charge), province (carrefour), département (carrefour inter-provincial). Mais l'importance et la position de chaque agglomération est beaucoup plus fragile que dans la seule structure administrative. Toute modification dans le tracé ou la qualité de la route ou du transport pouvant les remettre en question, alors même qu'elles sont de plus en plus exposées à la concurrence de la dispersion des activités commerciales.

Parmi les bourgades proches du Cuzco, seules conservent une place importante celles qui sont des carrefours. Cette position est en effet très favorable, surtout lorsqu'il s'agit de croisement de routes conduisant à des étages écologiques différents : route de vallée quechua et de ceja de montaña (pour Calca), routes de vallée quechua et de puna (pour Sicuani), à plus forte raison lorsqu'on est au point de rencontre des trois unités, comme Urcos au débouché de la route de Quince Mil qui traverse les punas très peuplées d'Ocongate. Ces carrefours sont souvent d'anciens points de rupture de charge qui ont vu postérieurement prolonger leurs voies de communication. Ce rôle était assumé, il y a une dizaine d'années, par les agglomérations quechuas comme Calca vers la vallée de Lares, Urcos vers celle de Marcapata, Paucartambo vers celle de Cosñipata. Maintenant, il l'est par des centres plus petits, récemment promus au rang de capitales de district, et situé beaucoup plus loin, au cœur ou au contact des trois grandes unités naturelles. On pourrait ainsi citer dans la Ceja de montaña, Pillcopata, Amparaës (pour la vallée de Lacco), et plus encore Santa María qui ajoute à l'activité de la gare de Chaullay celle d'un carrefour avec les routes vers Quillabamba et, en amont, Huyro. Vers la puna, on pourrait nommer Quehue, Colquemarca, Santo Tomás, Paruro et surtout Pillpinto dont le pont, un des rares construits sur l'Apurímac, est le terminus de la circulation routière et le point de départ de multiples chemins vers les punas du Sud du département. Cette position de rupture de charge est doublement avantageuse pour les commerçants locaux : ils accueillent chez eux la clientèle de toute la zone, en particulier les jours de marché, ils parcourent la région, à pied ou à dos de bête, comme rescatistas ou comme marchands ambulants. Mais il est certain qu'elle est fragile, la situation se modifiant au fur et à mesure que se prolonge la route. Ainsi pour Quince Mil qui est devenu une simple étape, encore commode, sur la route très longue et difficile de Puerto Maldonado, et dont les commerçants ont émigré vers cette dernière ville et vers Iberia.

Les petits villages qui n'ont pas la chance d'être points de rupture de charge ne gagnent aucune promotion avec le développement des transports. Certains non touchés par la route, déclinent complètement, ainsi Omacha, Pichigua, Colcha, Ccapi, mais aussi Lucma et Lares. Accha conserve une certaine importance parce qu'elle est proche de Pillpinto et que sa route sera bientôt achevée. Les villages de la vallée du Vilcanota semblent, au contraire, mieux situés mais la plupart d'entre eux ne sont que traversés par des véhicules dont la grande majorité ne s'arrêtent pas. D'autres enfin, relativement bien desservis, sont en fait un peu à l'écart des grands axes : ainsi Tinta par rapport à Combapata (Canchis), Taray par rapport à Pisaq (Calca), Zurite face à Huarocondo (Anta), Mollepata, et dans la puna Tungasuca et Coporaque. Rares sont les districts qui peuvent jouer le rôle de carrefour. On ne peut guère citer dans la vallée du Vilcanota que Combapata, et dans la puna El Descanso, Tocroyoc et Velille. Mais il serait faux de dire que ces trois villages sont nés du trafic routier, et en particulier les deux premiers qui sont tout récents (les années 30-40), et apparaissent davantage comme des créations répondant aux intérêts à la fois commerciaux et politiques des hacendados locaux.

Sur le plan, non plus des seuls transports mais des activités commerciales, on assiste à une multiplication et une dispersion des centres secondaires. Le camion favorise, dans un premier

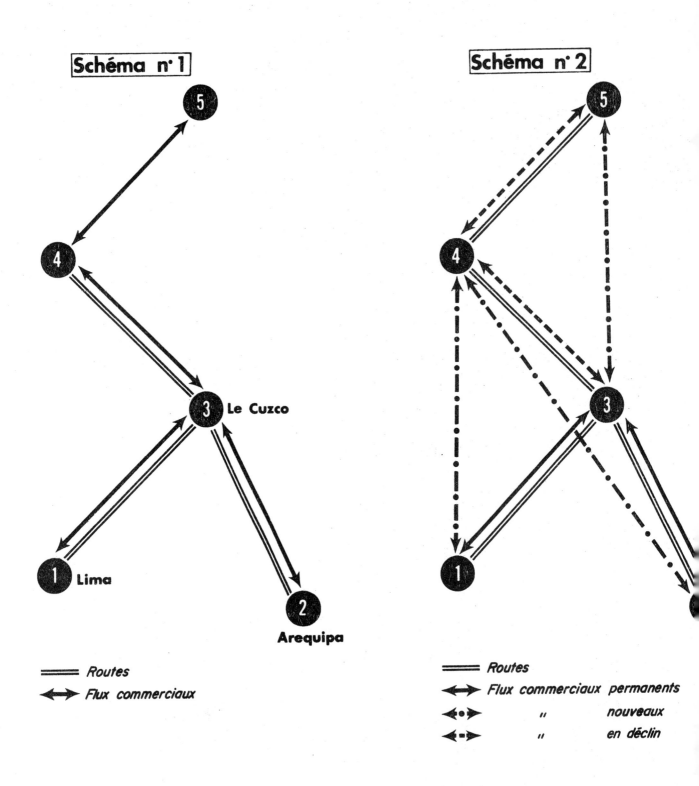

Fig. 47. — **Modification introduites dans la hiérarchie urbaine par l'ouverture de nouvelles voies de communication.**

temps, les centres les mieux équipés en services et en magasins, par exemple dans la région considérée, les capitales de province. Puis, très vite, boutiques, camions et marchés font revivre les chefs-lieux de district qui attirent ainsi une partie de la clientèle au détriment des petites villes. Nous venons de voir qu'au Cuzco trois provinces connaissent plus que les autres cette évolution : Canchis dans l'étage quechua, la Convención dans la ceja de montaña, et Espinar dans la puna. Les capitales de ces circonscriptions pourront-elles triompher de l'actuelle concurrence ? C'est leur fonction administrative et leur équipement, plus que leur rôle commercial, qui le permettra. Il est ainsi logique de penser que seuls les centres les mieux équipés et les mieux situés se développent, les autres déclinant, ou se maintenant, sans parvenir à accéder au rang de centres supérieurs.

c) Une nouvelle hiérarchie sans cesse remise en question.

Les faits précédents — affaiblissement du rôle du centre régional et plus encore nouvelle hiérarchie des agglomérations et multiplication des centres secondaires — sont à leur tour gravement perturbés par la fragilité des conditions du système. Toute ouverture ou prolongation de nouvelles routes, toute amélioration et intensification du trafic de camions, bouleversent en effet les données préalables, remettant en question à la fois les étapes et les distances. Les « court-circuitages » d'influence sont très nombreux au niveau des centres intermédiaires jouant le rôle de relais. Si on adopte une échelle de grandeur allant de 5 à 1,5 étant l'agglomération commerçante de base (capitale de district ou simple hameau), 4 et 3, respectivement, les capitales de province et de département, 2 un centre régional supérieur (Arequipa, ici, en l'occurence), et 1, Lima, on a les modifications suivantes (figure n° 47).

Dans un premier temps (schéma 1), la route n'arrive qu'au niveau de la capitale de province. Celle-ci joue un rôle de relais dans la distribution des produits industriels comme dans le ramassage des denrées agricoles. De même, le Cuzco, est un relais efficace pour Lima et Arequipa, et on a ainsi une hiérarchie régulière de centres, calquée de surcroît sur la hiérarchie administrative. Dans un second temps (schéma 2), la route pénètre jusqu'au niveau 5 et le trafic routier s'est beaucoup accru et amélioré entre les autres centres ; 5 saute l'intermédiaire de 4 et s'adresse directement à 3, surtout s'il n'y a pas une grande distance entre la capitale du département et la petite ville provinciale. 4 à son tour, saute l'étape du Cuzco pour s'adresser directement aux grandes maisons d'Arequipa et même de Lima dont le Cuzco n'était que l'agent. Ainsi les intermédiaires sont menacés et on voit décroître les relations entre 3 et 4 d'une part, entre 4 et 5 de l'autre.

Les petites villes de province connaissent plus que toutes les autres cette instabilité dans leur fonction commerciale et deviennent vite de simples lieux de passage. Il faut bien dire que l'animation de la plupart d'entre elles est un peu artificielle, le nombre de magasins et l'animation des rues aux heures d'arrivée des camions, ne devant pas faire illusion sur leur réel développement économique. Elles ne sont pas capables d'autre part, nous l'avons vu, de retenir leurs habitants et de fixer les migrants. Seules les plus éloignées du Cuzco arrivent à garder une aire d'influence, mais celle-ci est perturbée par la multiplication des centres secondaires et la concurrence exercée par le niveau 3.

TABLEAU N° XCIX : HIÉRARCHIE DES AGGLOMÉRATIONS DE LA RÉGION SUD-EST

Chiffre de population		Hiérarchie administrative et des services		Hiérarchie économique		Type de centre
Niveaux et sous-niveaux	Agglomérations	Niveaux et sous-niveaux	Agglomérations	Niveaux et sous-niveaux	Agglomérations	
- 120 000 habitants	Le Cuzco	- Centre régional - Équipement supérieur - Aire d'influence 3 départements	Le Cuzco	- 5 banques (dont 1 siège) - 2 gares, 1 aéroport - Grossistes - Commerces très diversifiés - Industries diversifiées	Le Cuzco	Centre régional
- 13 000 habitants - 10 000 habitants	Sicuani Abancay Quillabamba	- Capitales de département subordonnées au centre régional - Équipement complet - Aire d'influence 1 département	Abancay Puerto Maldonado	- Banques commerciales - Camions et gares ou camions et aéroport - Grossistes - Commerces diversifiés - Début d'industrie	Quillabamba Abancay Sicuani Puerto Maldonado	Petites villes ou
	Puerto Maldonado	- Sous-directions régionales - Équipement complet - Aire d'influence 1 ou plusieurs provinces	Sicuani (4 ou 5 provinces) Andahuaylas (1 province) Quillabamba (1 province)			Centres secondaires
	Andahuaylas			Pas de grossistes	Andahuaylas	
- 4 500 habitants	Calca Yauri Chalhuanca Urcos Urubamba Anta-Izkuchaka	- Sous-préfectures équipement incomplet - Aire d'influence 1 province	Calca Urubamba Urcos Chalhuancas Anta-Izkuchaka Yauri	- Pas de banques commerciales - Carrefours routiers - Commerce 1/2 gros - Commerces niveaux 3 - Artisanat	Calca Yauri Urcos (1 gare) Anta-Izkuchaka Urubamba (1 gare) Chalhuanca	Bourgs ou centres primaires
- 2 500 habitants	Santo Tomás Paucartambo	- Sous-préfectures - Équipement très incomplet - Aire d'influence inférieure à une province	Paucartambo (1 médecin et BFA) Acomayo (BFA) Chuquibambilla (1 évêché) Yanaoca (1 agence agraire Antabamba (1 centre artisanal) Paruro Santo Tomás Tambobamba	- Pas de banques - Peu de camions - Commerces peu spécialisés - Épiceries - Petit artisanat de service	Paucartambo Santo Tomás Acomayo Paruro Chuquibambilla Tambobamba Antabamba Yanaoca	Villages centres
- 2 000 habitants	Antabamba Acomayo Paruro Chuquibambilla					
- 1 500 habitants - 1 000 habitants	Yanaoca					

On a ainsi l'impression d'un grand désordre au point de vue des échanges commerciaux, d'une situation instable où toute initiative, toute audace peut être payante sur le plan des individus. Si on passe alors du plan des individus à celui des organismes, et si on considère les agglomérations existantes comme d'éventuels relais dans les influences du Cuzco, on comprend que ceux-ci aient beaucoup de difficultés à fonctionner en tant que tels. Dans notre région, ce sont en fait surtout les gens les plus pauvres et les moins acculturés qui, dans les zones bien desservies par les communications établissent leurs relations avec le Cuzco ; les plus riches tentent leur chance ailleurs, sur le plan du commerce, comme sur celui des migrations.

Avec la mise en place des nouveaux moyens de transport, les petites villes jouent de moins en moins le rôle de relais dans les courants de migrations. Une partie de leur élite a toujours émigré vers le Cuzco ; jadis les propriétaires fonciers, aujourd'hui les commerçants enrichis et les intellectuels ou les techniciens venus des classes moyennes et populaires. Seules nos cinq petites villes ont un taux de croissance supérieur à l'accroissement naturel depuis la fin du XIXe siècle ; mais à peine réussissent-elles à filtrer quelques migrants. Très sensibles aux crises de l'économie urbaine, elles ne savent pas les retenir et attirent peu les ruraux qui vont directement vers les plus grandes agglomérations. Il y a toutefois un paradoxe, entre le désir de la plupart des habitants de quitter leur ville ou leur village pour le Cuzco, Lima ou Arequipa, et l'attachement qu'ils continuent à ressentir pour lui. C'est ce qui explique ces voyages incessants entre la ville et ses provinces, et ces envois de vivres ou d'argent, sur le plan individuel, familial, ou collectif pour la réalisation de certains travaux publics. A défaut de liens économiques bien matérialisés et stables, ces relations restent très importantes comme éléments de la structure urbaine régionale.

La hiérarchie urbaine régionale s'établit donc selon trois niveaux principaux : le Cuzco, les petites villes, les bourgs, schéma que l'on peut modifier en isolant au niveau des petites villes, les deux capitales départementales. Mais il n'y a pas véritablement de réseau urbain, car la polarisation de notre espace par les villes reste très incomplète. Il y a plusieurs raisons à cela. En premier lieu et sans aucun doute, la taille même des agglomérations reste modeste (moins de 13 000 habitants). Seules ont pu grandir et dépasser 5 000 habitants, les cités au contact de milieux naturels différents, comme Sicuani, ou celles de certaines zones de colonisatons (Quillabamba et Puerto Maldonado). Mais plus encore, c'est leur distance du Cuzco (plus de 150 kilomètres), qui leur a permis, d'une part, de moins souffrir de la concurrence directe de cette ville, et d'autre part, d'accueillir un certain nombre de commerces et de services. Toutefois cette notion de distance est relative, puisque l'amélioration de l'état des routes permet des voyages plus rapides et des étapes plus longues ; on en a l'exemple pour Sicuani qui n'est déjà plus une étape indispensable sur la route vers Puno, et le sera encore moins quand le goudronnage de celle-ci sera achevé.

Par ailleurs, et c'est là une deuxième cause de la faiblesse de notre réseau urbain, les commerces et services ont une aire d'influence très limitée, à cause du bas niveau de vie de la population rurale et de l'écart qui existe entre les centres urbains et les campagnes. Il serait ainsi exagéré de dire que les petites villes du Cuzco répondent, comme dans les pays industrialisés, aux besoins de la population rurale. Tout au plus satisfont-elles, seulement en partie, ceux de leurs habitants. Leur rôle de distribution est aussi limité. Celui de coordination intervient seulement au niveau de la fonction de carrefour mais est très instable. Quant à leur rôle moteur il semble assez réduit, étant donné la situation de dépendance dans laquelle nos villes se trouvent. Seule la volonté des pouvoirs publics peut réellement faire d'elles, à défaut de véritables pôles de développement, des

« centres d'appui » d'une politique d'aménagement. Cette volonté existe au niveau administratif et des services malgré d'importantes limites, mais elle n'apparaît pas dans le secteur industriel dont les projets sont très limités à l'intérieur du plan régional. La dépendance du Cuzco par rapport à la zone industrielle Arequipa - Tacna sera ainsi accrue ; la dépendance par rapport à Lima étant elle-même renforcée, par le biais du tourisme, de l'exportation des richesses minières, et des activités commerciales et bancaires en général. Or, l'implantation ou le développement de quelques industries, au Cuzco ou dans les petites villes et bourgs, atténuerait certains aspects de la dépendance de notre région et permettrait à l'armature urbaine de mieux s'affirmer.

C. Intégration dans le système urbain du Sud Péruvien

ORDESUR (26) adopte le chiffre minimum de 20 000 habitants pour définir la ville et déterminer la hiérarchie urbaine du Sud péruvien. Il ne considère ainsi que les agglomérations d'Arequipa, Cuzco, Juliaca, Puno et Tacna. Si nous retenons le niveau des capitales départementales, nous devons inclure Moquegua qui n'atteignait que 16 959 habitants au recensement de 1972. A cette date le port d'Ilo, dépassait avec 21 551 habitants sa capitale de département et entrerait donc dans la hiérarchie d'ORDESUR. Nos renseignements étant incomplets, nous conserverons le schéma d'ORDESUR en y introduisant toutefois Moquegua.

Arequipa avec 281 807 habitants en 1969 (27), et 304 653 en 1972 (28), était la seconde ville du Pérou. Elle représentait alors 1/10e de la population de l'aire métropolitaine nationale (Lima-Callao) qui groupait 3 317 648 habitants. Notons que le rapport existant à l'échelle nationale entre la première et la seconde ville péruvienne, est identique à celui de l'échelle régionale Sud-Est, entre le Cuzco et Sicuani ou Abancay. Au cours de la dernière décennie (1961-1972), Arequipa a eu un taux de croissance démographique égal à celui des vingt années précédentes (1940-1961), soit 125 %, nettement supérieur à celui de Lima (80 %), ce qui semblerait montrer que la politique d'aménagement national, visant à freiner la croissance de la capitale en développant les villes moyennes, est en train de porter ses fruits. Seules Trujillo et Chimbote connaissaient un taux d'accroissement supérieur. Cependant, la métropole du Nord, avec 142 %, progressait moins que celle du Sud, en comparaison avec le rythme des années 1940-1961 (171 %). Quant à Chiclayo et Piura, elles accusaient un sensible recul dans leur taux de croissance par rapport à la période 1940-1961 (tableau n° C).

A l'intérieur de la région Sud, Tacna et même Moquegua, connaissent des taux d'accroissement supérieur à celui d'Arequipa, avec respectivement 103 et 118 %. Il faut voir là le résultat de la mise en valeur des riches mines de Toquepala et du renforcement économique de la frontière avec le Chili après la récupération de Tacna. Les villes de l'intérieur, par contre, progressent moins rapidement, les taux de Puno (68 %) et Juliaca (89 %), étant toutefois supérieurs à celui du Cuzco (51 %). On retrouve donc à l'échelle régionale, l'opposition traditionnelle au Pérou entre le dynamisme des villes de la Côte et la lente progression de celles de la Sierra.

---

26. ORDESUR : Oficina Regional del Sur del Perú.

27. Enquête du S.E.R.H. (Servicio del Empleo y Recursos Humanos) de novembre 1969.

28. L'agglomération d'Arequipa était formée en 1972 des districts de : Arequipa, Miraflores, Cerro Colorado, Paucarpata, Yanahuara, Cayma, Mariano Melgar, Sabandía, Socabaya, ces trois derniers districts n'en faisant pas partie en 1961.

Cet essor démographique, Arequipa le doit en grande partie à une forte immigration. Celle-ci intéresse en premier lieu le département de Puno dont provenait en 1969 (29) 43,5 % des immigrants de la ville (soit 47 % des hommes et 40 % des femmes). 18 % des migrants venaient du Cuzco, soit un pourcentage sensiblement inférieur à celui du reste du département d'Arequipa, il est vrai peu peuplé (22 %). Les autres départements du Sud du Pérou (en ajoutant même Ayacucho, Ica et Huancavelica), ne représentaient que 8 % des immigrants, soit la même proportion que les autres départements péruviens.

La structure de la population active d'Arequipa, telle qu'elle apparaît dans l'enquête du S.E.R.H. de 1969, n'est pas révélatrice de la supériorité administrative ou économique de la ville. Elle révèle en effet la présence d'un fort secteur agricole qui forme 10 % de la population active contre 2,1 % au Cuzco, 3,7 % à Puno et 2,4 % à Juliaca (30). Le secteur secondaire avec 22 % n'est pas plus important que celui du Cuzco, celui de Juliaca atteignant 32,6 %. En fait, l'industrie à Arequipa est plus concentrée et moderne, alors qu'à Juliaca ont été recensés vraisemblablement de nombreuses personnes exerçant un travail artisanal. De même, le commerce n'emploierait que 20,4 % de la population active d'Arequipa, contre 20,3 % au Cuzco, 19,3 % à Puno et 31,5 % à Juliaca ; les transports retenant pour leur part 6,4 % de la population active, contre 5,1 % au Cuzco, mais 6,8 % à Puno et 6,5 % à Juliaca. L'activité de services semblait plus importante au Cuzco, avec un pourcentage de 26,8 % contre 19,6 % à Arequipa, 35,6 % à Puno et 17,1 % à Juliaca. Ainsi l'ensemble du secteur tertiaire groupait seulement 46,4 % de la population active, contre 52,2 % au Cuzco, 55,1 % à Juliaca et 61,5 % à Puno. Et pourtant, c'est le développement des activités de ce secteur, qui a permis à Arequipa d'affirmer sa suprématie sur l'ensemble du Sud péruvien.

Arequipa est un centre administratif à peine plus important que celui du Cuzco. Dans les domaines de l'Éducation et de la Santé son influence s'étend aux départements de Moquegua et Tacna ; elle y ajoute le département de Puno pour les impôts, l'armée, la police, et l'archevêché. Rappelons que le Cuzco dépend d'elle pour la Direction régionale du Ministère du Travail.

Depuis l'installation du bureau d'ORDESUR dépendant de l'Institut national de Planification, Arequipa apparaît toutefois comme la métropole administrative régionale. Puno n'a d'autonomie que dans les domaines de la Justice, de l'Agriculture, des Mines, des Transports, de l'Éducation et de la Santé. Pour les autres ministères, il dépend d'Arequipa ainsi que pour son évêché. Moquegua a la fonction administrative la plus réduite ; elle dépend pour la plupart des grandes institutions d'Arequipa (voir ci-dessus) et pour l'agriculture de Tacna, les deux villes se partageant le département pour la Justice et les Mines. Moquegua est ainsi à un niveau inférieur à celui d'Abancay qui a une autonomie pour les impôts et la Justice. La hiérarchie administrative serait donc la suivante : Arequipa, Cuzco (à un niveau à peine inférieur), Puno, Tacna, Abancay, Puerto Maldonado, et enfin Moquegua.

Pour les services de santé et d'enseignement, Arequipa apparaît sensiblement moins bien pourvue que le Cuzco. Elle n'a que deux hôpitaux offrant 1 078 lits (soit 1 pour 261 personnes), alors que le Cuzco possède 652 lits (soit 1 pour 185 personnes). Les deux villes ont une université

---

29. Enquête du S.E.R.H. ; voir ci-dessus note 27.

30. Rappelons que la ville de Tacna n'apparaît pas dans cette enquête.

TABLEAU N° C : ÉVOLUTION DE LA POPULATION DES PRINCIPALES VILLES PÉRUVIENNES DE 1876 A 1972

	POPULATION				ACCROISSEMENT %			
	1876	1940	1961	1972 (1)	1876-1940	1940-1961	1961-1972	1876-1972
Aire métropolitaine								
Lima-Callao	144 789	645 172	1 845 920	3 317 648 (2)	346	186	80	2 192
Sud								
Arequipa	29 237	60 725	135 358	304 653 (3)	108	123	125	942
Cuzco	18 370	40 657	79 857	120 881	404	77	51	558
Nord								
Trujillo	8 284	36 958	100 130	241 882 (4)	346	171	142	2 819
Chiclayo	11 235	31 539	95 667	189 685 (5)	181	203	98	1 588
Piura	6 811	19 027	72 096	126 702	179	279	76	1 760
Chimbote	—	—	59 990	159 045			165	—
Centre								
Huancayo	5 981	26 729	64 153	115 693	347	140	80	1 834
Amazonie								
Iquitos	1 643	31 828	57 777	111 327	1 837	82	93	6 675

(1) Il s'agit, rappelons-le, de résultats préliminaires.
(2) Lima comprenait 25 districts urbains contre 15 en 1961 et le Callao 5 districts contre 3 en 1961.
(3) Arequipa comptait 9 districts urbains contre 6 en 1961.
(4) Trujillo comptait 4 districts urbains contre 2 en 1961.
(5) Chiclayo comptait 2 districts urbains contre 1 seul en 1961.

alors que Puno n'a qu'un établissement technique universitaire. Le nombre de collèges secondaires à Arequipa est par ailleurs, tenant compte du chiffre de population, sensiblement le même qu'au Cuzco.

La supériorité économique d'Arequipa apparaît par contre de manière éclatante. Dans le domaine des voies de communication, elle se manifeste plus toutefois par l'importance des flux, que par celui des moyens de transport. Le Cuzco a en effet deux gares et un aéroport dont le nombre de passagers est bien supérieur (139 272 en 1967 contre 81 813 à Arequipa, et 38 273 à celui de Tacna). Par contre le trafic des camions et des autobus est beaucoup plus intense à Arequipa qui profite de sa situation sur la route panaméricaine, de sa position de carrefour vers la Bolivie et le Chili, et de ses liaisons avec le port de Mollendo-Matarani. Juliaca et Tacna grâce à leur fonction de carrefour routier (et ferroviaire pour Juliaca), et à leur aéroport, occupent une position supérieure à celle de Puno (qui est toutefois un petit port lacustre), et surtout à Moquegua dépourvue d'aéroport et délaissée par le chemin de fer de Toquepala à Ilo.

Le rôle d'Arequipa comme métropole économique apparaît bien plus dans le rayonnement de ses maisons de commerce et par ses industries. Dès le milieu du XIXe siècle, des hommes d'affaires anglais vinrent s'installer dans ce qui n'était encore qu'un carrefour muletier entre la Sierra et la Côte. Ils s'intéressèrent d'abord à l'extraction et au commerce du guano, puis rapidement à la laine. C'est pour faciliter l'exportation de cette denrée, indispensable aux manufactures anglaises, qu'ils aménagèrent le port de Mollendo, et construisirent le chemin de fer du Sud avec ses rameaux vers Sicuani-Cuzco ou vers la Paz. Très vite, les hacendados de Puno spécialisés dans l'élevage vinrent s'établir dans la « ville blanche » pour mieux profiter de la conjoncture économique. Ils surent également investir dans l'agriculture locale, en développant autour de la ville des luzernières irriguées permettant un élevage laitier ou d'embouche, et dans les plantations de canne à sucre ou de riz, de la vallée du Tambo en particulier.

On a ainsi la formation d'une bourgeoisie d'affaires aréquipénienne, constituée à la fois par des propriétaires terriens riches, plus entreprenants que ceux du Cuzco, et les descendants des capitalistes anglais (Gibson, Gibbs, Ricketts, Roberts, etc.). D'autres étrangers s'y inclurent : Italiens, Français ou Américains (ainsi Sarfati, Corso et Hostchild). C'est cette bourgeoisie qui allait assurer la domination d'Arequipa sur les départements du Sud péruvien. Nous avons vu que bien des maisons de commerce du Cuzco étaient des filiales d'Arequipa. Celles-ci s'installèrent de même, très tôt, à Juliaca, Puno et Sicuani, puis à Tacna et Moquegua, et jusque dans la Convención à Quillabamba et à Santa María. Vers l'Ouest, Abancay fut à peine touchée par l'expansion aréquipénienne qui s'intéressa beaucoup plus au marché de la Côte, plus riche et plus varié, quoique moins important numériquement. La valeur des ventes en 1963 représentait 53,2 % de la valeur du commerce régional, atteignant 57 % pour le commerce de gros. Le Cuzco ne représentait que 23,1 % (24,1 % pour le commerce de gros), Puno 12,2 % et Tacna 6,6 % seulement (31).

Le nombre des établissements bancaires (de développement ou commerciaux), confirme également la supériorité d'Arequipa avec 25 bureaux, sur le Cuzco (18 établissements), Juliaca, Puno et Tacna ayant chacune 6 banques, Abancay 4 et Puerto Maldonado 2. La métropole régio-

---

31. Primer Censo económico 1963 — D.N.E.C. Lima.

nale groupait 47 % des dépôts bancaires du Sud en 1969 contre 15 % au Cuzco, 3 % à Juliaca, 4 % à Puno, 16 % à Tacna. Elle recevait de même 57 % des crédits bancaires, le Cuzco n'en ayant que 16 %, et Tacna 10 % (32).

L'activité commerciale d'Arequipa est toutefois de plus en plus dépendante de celle de Lima. En 1967, la banque Gibson créée à la fin du XIXe siècle, a été intégrée dans le Banco de Crédito liménien, alors qu'à l'inverse la banque des Andes cuzquénienne réussissait à implanter des succursales à Puno, Juliaca, Tacna et Ilo. Beaucoup de maisons de commerce de la ville ne survivent plus que grâce à l'appui du capital liménien ou étranger (Hotschild, Braillard et Roberts pour ne citer que celles-là), alors même que les firmes métropolitaines créent, à leur tour, depuis la seconde guerre mondiale, des succursales dans toutes les villes du Sud.

C'est l'accumulation de capital à partir du commerce qui a permis le développement de l'industrie. Née du lavage de la laine, elle sut s'orienter vers la production de biens de consommation pour le marché presque vierge du Sud péruvien (textiles, moulins, brasserie, fabriques de conserves, plus récemment lait en boîte et ciment). Aujourd'hui, Arequipa groupe 68,9 % des établissements industriels employant plus de 5 personnes dans la région Sud (contre 18,8 % au Cuzco et 6,5 % à Tacna) (33), elle assure 77,8 % de la production industrielle régionale, contre 11,7 % au Cuzco, 1,1 % à Puno, 6,7 % à Moquegua (à cause des industries de la pêche à Ilo) et 2,4 % à Tacna. Sa place dans le domaine de l'extraction minière reste forte, puisque le département d'Arequipa assure 33,8 % de la production minière régionale (0,7 % pour le Cuzco) (34), la valeur ne représente toutefois que 7 % à l'échelle régionale à cause de la prépondérance du département de Tacna où se trouvent les mines de cuivre de Toquepala. Le rôle d'Arequipa peut cependant croître dans ce domaine, avec la mise en valeur des gisements cuprifères de Cerro Verde et de Madrigal.

Bien que possédant seulement 13,6 % de la superficie cultivée de l'ensemble du Sud et 12 % de la population agricole, Arequipa assure 42 % de la valeur de la production agricole régionale (les chiffres respectifs pour le Cuzco sont de 35,1 %, 23,3 % pour la population et 29,7 % pour la valeur) (35). C'est dire le haut niveau technique de l'agriculture et de l'élevage de la vallée du Chili, qui participe ainsi à l'économie moderne de l'ensemble des oasis de la côte. Son importance est en train de s'accroître avec le développement des importants périmètres irrigués de la vallée de Majes et de la Joya.

Arequipa par sa taille et ses fonction, comme par la variété et la richesse relative de son aire d'influence immédiate, a pu ainsi s'affirmer comme la métropole régionale du Sud péruvien. En liaison avec elle, toute la zone côtière apparaît comme la plus développée à l'échelle régionale (« *zona de mayor desarrollo relativo* » (36). A côté de l'aire métropolitaine proprement dite, deux secteurs apparaissent pleins d'avenir : celui du cuivre autour de Moquegua-Ilo, et celui de la frontière avec Tacna. Ces centres urbains ne sont encore que modestes ; mais leur dynamisme

---

32. Superintendencia de Bancos — Memoria y Estadística bancaria 1969 (1950-1969).

33. ORDESUR. Documento regional del sur para el plan nacional de Desarrollo 1971-1975. — Arequipa — Julio 1970.

34. Idem.

35. Idem.

36. Documento regional del sur para el plan nacional de desarrollo 1971-1975. ORDESUR. Arequipa, Julio 1970.

démographique est très important et ne pourra que croître avec le développement des activités minières, industrielles, ou même pour Tacna, agricoles. Au contraire, la Sierra intérieure apparaît comme une des zones les plus déprimées du Pérou. Malgré une forte émigration, le peuplement y reste dense, mais le niveau de vie y est bas. La situation de dépendance dans laquelle est maintenue cette région vis-à-vis de la Côte ou vis-à-vis de Lima, ne peut être réduite que si de profondes réformes de structures et une aide du Secteur Public, interviennent dans l'exploitation de ressources au demeurant variées. Deux aires s'individualisent : l'aire Sud-Orientale dont nous avons étudié la structure urbaine commandée par le Cuzco, et l'aire de l'altiplano autour de Puno-Juliaca. Dans cette dernière, les agglomérations de Huancané, Ayaviri, Juli-Ilave sont considérées comme des « centres d'appui », à l'égal d'Andahuaylas, Quillabamba et Sicuani dans la zone Sud-Est.

CONCLUSION

L'importance de la ville du Cuzco à l'échelle nationale n'a cessé de diminuer sur le plan démographique depuis 1940 (tableau n° C). A cette date, comme lors du recensement de 1876, elle occupait par son chiffre de population le troisième rang après Lima et Arequipa. Les années suivantes consacrent la suprématie des villes de la Côte Nord : Trujillo et Chiclayo dès 1961, Chimbote et Piura en 1972. Le Cuzco est donc désormais au septième rang, dépassant de peu Huancayo et Iquitos, ces deux villes ayant par ailleurs, depuis 1940, des taux d'accroissement démographique plus importants. Le recul relatif du Cuzco illustre bien les faiblesses que connaît cette agglomération sur le plan du dynamisme et de l'attraction démographique. Pour l'expliquer, il faut évoquer certainement sa situation à l'intérieur des terres, dans un Etat où les centres de décision se trouvent, comme dans beaucoup de pays dominés, sur la Côte. Marginalisée au XIXe siècle, elle apparaît aujourd'hui mieux intégrée à l'espace national, mais souffre de ne pas être un centre de production et des mauvaises communications qui l'unissent à la capitale. Pourtant, cet isolement n'est pas sans avantage pour la vieille capitale incaïque. Il justifie en effet la mise en place de certains services à vocation régionale, et c'est grâce à lui que notre ville a pu devenir la seule agglomération importante de la Sierra péruvienne. Ainsi, Cajamarca, au Nord, a été hanicapée par la proximité de Chiclayo, et Puno, au Sud, par celle d'Arequipa, Huancayo même, malgré son dynamisme actuel, pâtissant de l'influence de Lima.

N'étant pas une cité de la Côte, le Cuzco a pu toutefois compter sur un autre atout : l'ouverture sur les terres chaudes. Son importance a toujours été liée à la possibilité de s'intégrer à l'échelle régionale dans un ensemble géographique associant les différents étages écologiques des Andes péruviennes, et à l'échelle nationale, à l'éventualité de servir de relais entre Costa, Sierra et Montana. Son ancienneté et l'importance qu'elle a su conserver après la conquête espagnole, l'y ont beaucoup aidée. Ceci lui confère un réel avantage sur d'autres cités andines comme Cuenca en Equateur. Mais cette intégration économique, notre ville l'a conduite grâce à un mode de production précapitaliste, celui de « l'hacienda » et du « colonato », qui a permis le peuplement des vallées chaudes, mais a représenté un hanicap décisif pour l'économie régionale. Nous avons souligné à plusieurs reprises, à la fois, la basse productivité de ce système et cette absence d'entrepreneurs locaux qui ont accru la dépendance du Cuzco vis-à-vis des capitaux de la Côte.

C'est à cette situation de colonialisme interne qu'ont voulu remédier, en partie, les réformes visant à faire du Cuzco, à partir des années 60, un pôle de développement. Nous avons précisé dans la seconde partie les limites qui, dans tous les secteurs d'activités, freinaient le rôle polarisant de notre ville. Dans les régions traditionnelles, il s'agit surtout des limites que constituent la pauvreté des populations, le poids des structures héritées de la Colonie, souvent l'isolement dû au relief comme à certains facteurs historiques. Dans les provinces les mieux situées sur les voies de communication et les plus urbanisées, les influences cuzquéniennes sont court-circuitées par celles des centres supérieurs, Lima et Arequipa. Enfin, cette politique a surtout favorisé les migrations vers les villes et, loin de réduire les différences entre celles-ci et leurs campagnes, elles les ont accentuées. L'exemple du Cuzco montre ainsi combien il est difficile de créer des pôles de développement régionaux dans un contexte général de sous-développement. Ceux-ci en effet, s'ils arrivent à mieux s'intégrer dans l'espace national, n'ont pas le dynamisme et l'autonomie nécessaires pour polariser leur région.

Cette conception du pôle de développement apparaît fortement remise en question dans les grandes lignes de l'actuel Plan économique, et dans les projets des divers organismes du secteur public. La fonction de la ville comme nœud de voies de communication est fortement menacée par l'éventuelle construction de plusieurs routes. Ainsi, au Nord, son rôle d'étape vers les terres chaudes serait sérieusement atteint si on construisait la route Quillabamba-Ayacucho d'une part, Puerto Maldonado-Puno de l'autre. De la même manière, au Sud, le prolongement de la piste carrossable Arequipa-Santo Tomás jusqu'à la province de Graú, consacrerait l'autonomie de l'ensemble des provinces du Sud déjà peu intégrées à l'espace régional cuzquénien. En second lieu, aucun projet industriel n'intéresse notre agglomération, alors même que l'exploitation éventuelle des richesses minières régionales se ferait indépendamment d'elle. Tout le développement du Cuzco est axé dans les plans péruviens sur le tourisme. Or celui-ci accroît la dépendance vis-à-vis de l'étranger qui fournit les plus importants contingents de visiteurs, et contribue à appauvrir de manière rapide les éléments de la culture indienne. Il favorise d'autre part certaines options comme la construction de la route vers Macchu Picchu ou l'asphaltage de celle vers Puno et Arequipa, alors que le développement régional dépend surtout de l'amélioration de la route vers Lima, par les régions densément peuplées du centre de préférence.

La réforme la plus positive est la Réforme Agraire. Encore ne doit-on pas seulement y voir l'abolition de systèmes de production archaïques, mais la mise en place de véritables programmes de développement rural. Car c'est dans ces programmes que réside l'avenir de notre ville, ce qui pose le problème même du modèle de développement qui devrait cesser d'être industriel et urbain, pour adopter une optique résolument paysanne.

On a en effet la chance d'avoir aujourd'hui une ville moyenne (120 000 habitants) dans une région qui reste densément peuplée. Il s'agit de donner à la première les activités nécessaires à sa population et d'autre part les services supérieurs qu'exigent sa région. Mais il ne nous semble pas souhaitable de voir la ville grandir de manière trop importante et ce sont les campagnes qui doivent en fait attirer les principaux investissements afin de pouvoir retenir les paysans. On doit pour cela activer résolument la formation des diverses coopératives de production et autres « entreprises communales » ou complexes agro-industriels (voire agro-miniers). Les paysans quechuas ont fait la preuve plusieurs fois à Yanahuaylla dès 1965, à Huarán ou Lauramarca actuellement, de leur volonté et de leurs aptitudes à travailler collectivement. En fait, dans la faiblesse des résultats de certaines coopératives, la part la plus importante incombe souvent à des méthodes trop dirigistes et, ce qui est pire, à un manque d'accord entre les divers organismes du secteur public. Il convient également d'améliorer l'habitat et l'équipement des villages, ainsi que leurs liaisons avec les grands axes de communication. On peut pour cela profiter de la morte saison agricole en multipliant les travaux collectifs. De la même manière, l'artisanat qui a des débouchés importants avec le tourisme, pourrait être développé dans une perspective coopérative. Sur le plan énergétique, notre région est loin d'être mal placée pour l'hydroélectricité, et certains se préoccupent déjà de voir les possibilités d'utilisation de l'énergie solaire dans la puna où l'ensoleillement est très fort. Enfin, plusieurs réformes sont en cours de manière à transformer le contenu des divers services aussi bien éducatifs que techniques destinés aux populations rurales. On peut souhaiter que cela réussisse à se faire de manière non dirigiste et non technocratique, en laissant s'exprimer le plus possible ce qui était un des caractères essentiels de la région du Cuzco, la culture indienne.

ANNEXE N° 1

LISTE DES DOMAINES DE L'ÉGLISE DU CUZCO (en 1969).

Nom de l'institution	Nom du domaine	Superficie (ha)	Province (ha)	District
Couvent de la Merced	Huaypo	3 916	Urubamba	Chinchero
	Sanctuaire de Huanca	512,76	Calca	San Salvador
	Sondorf	1 250	Calca	San Salvador
	Huaccoto	1 676	Cuzco	San Jerónimo
Total		7 354,76		
Séminaire San Antonio Abad				
	Mollepata	412,92	Paucartambo	Cay-Cay
	Huayrapata	1 021,52	Quispicanchis	Quiquijana
	Ccotatcolla	1 228	Paucartambo	Colquepata
	Mascabamba	500	Urubamba	Ollantaytambo
	Moccoyocpata	2,1	Urubamba	Yucay
	Buena Vista	2,4	Cuzco	Cuzco
	Protoccollca	2,1	Cuzco	Cuzco
	Pucamocco (1)	296,8	Calca	Lares
	Utcubamba	775	Calca	Lares
	Pillispata	489	Calca	Lares
	Tinkaq	454	Calca	Lares
	Uchulo	141	Calca	Lares
Total		5 324,84		
Couvent de San Francisco	Picol	686	Calca	Taray
La Recoleta	Ucuco ou Huaillarcocha (fragment de l'hacienda Uchullo).	50,1	Cuzco	Cuzco
Couvent de Santa Clara	Carhuis	5 179	Cuzco	Ccorcca
	Saucipampa	2,76	Paruro	Yaurisque
	Ccochapampa	7,77	Paruro	Yaurisque
Total		5 189,53		
Couvent de Santo Domingo	Maska-Sisay-Pacha (1)	490	Calca	Lares
	Patapata	229	Cuzco	San Jerónimo
	Pirque	15	Acomayo	Rondocán
	Rondocán-Sancca-Papres	4,84	Acomayo	Rondocán
Total		738,84		
Couvent de Santa Catalina	Churucalla	20	Cuzco	Santiago
Archevêché	Sumacpata	3,2	Urubamba	Yucay
Frères Salésiens	Granja Salesiana	23,5	Urubamba	Yucay
Paroisses urbaines	San pedro	1,75	Cuzco	Santiago
	Santiago	10,56	Cuzco	Santiago
	Belén	8,48	Cuzco	Santiago
	San Sebastián	17,5	Cuzco	San Sebastián
Total		38,29		
TOTAL		19 429,06		

(1) Il s'agit là des domaines du district de Lares expropriés en 1967 lors de la Réforme Agraire du Gouvernement Belaunde.

532

ANNEXE N° 2

LISTE DES DOMAINES DE L'ASSISTANCE PUBLIQUE DU CUZCO

I. — D'après le registre de l'Assistance Publique (1).

AYASAYA - Maras - Urubamba - 137,32 ha - (1781).
BOTICARAYOC (ou PUMAMARCA) - San Sebastián - Cuzco - 5,70 ha (1714).
BUENAVISTA - Cusipata - Quispicanchis - 104,06 ha (1905).
CEBADAPATA - Sangarará - Acomayo - 620,75 ha (1905).
CEBOLLAHUAYCCO - San Sebastián - Cuzco - 3,89 ha (?).
COLLPA - Acomayo - Acomayo - 447,52 ha (?).
CHIRIBAMBA - Mollepata - Anta - 256,83 ha (?).
DOLORESPATA - (2) Santiago - Cuzco - 0,64 ha (?)
KAIRAPUQUIO - Layo - Canas - 34,74 ha (?).
MISQUIYACU y URPAIPUQUIO - Limatambo - Anta - 2. 376,61 ha (?).
MORAY - Maras - Urubamba - 131,81 ha (1781).
PUMABAMBA - Huanoquite - Paruro - 574,30 ha (?).
QUISICANCHA - Cay-Cay - Paucartambo - 1 293,74 ha (?).
SICRE - (3) Huayopata - La Convención - 982,50 ha (1698).
UNOPITE
HUISPAN   Paruro - Paruro   - 45,23 ha (1777).
PHIJOCCO

Biens urbains :

Maison n° 40 - rue Grau - Paruro - (1929).
SAN JUDAS CHICO - Huánchac - Cuzco - 2,7 ha (?).

II. — D'après la Réforme Agraire (1971)

CEBOLLA HUAYCCO - San Sébastián - Cuzco - 3,88 ha,
QUERORA - Ccatcca - Quispicanchis - 510 ha.
QUISICANCHA - Cay-Cay - Paucartambo - 1 293,74 ha
CHIRIBAMBA - Mollepata - Anta - 256,83 ha
AYASAYA - Maras - Urubamba - 137,32 ha
MISQUIYACU y URPAYPUQUIO - Limatambo - Anta - 2,780 ha
PUMABAMBA - Huanoquite - Paruro - 574 ha
UNOPITE   18,82 ha
PHIJOCCO   Paruro - Paruro   4,41 ha
HUISPAN   18,67 ha
COLLPA - Acomayo - Acomayo - 447,52 ha

---

(1) Registre établi au 31 juillet 1965. La date d'acquisition est indiquée ( )
(2) En vente aux habitants du « Pueblo Joven Dolorespata ».
(3) Exproprié par la Réforme Agraire en 1965.

533

ANNEXE N° 3

LISTE DES BIENS DU COLLEGE DES SCIENCES DU CUZCO (A)

Province	District	Biens	Superficie et rente annuelle	Date acqui.
ANTA		— **Terrains (1)**		
	PUCYURA	— molino caído		1825
	MOLLEPATA	— Rampac y Putacca (hda)	433,25 ha (24 000 S/)	1825
	CHINCHAYPUQUIO	— Ccocha Asahuana (hda)	74,86 ha (6 000 S/)	1825
		— **« Fundos censíticos » (2)**		
	LIMATAMBO	— Pisti (fca)	—	1825
	MOLLEPATA	— Ccotomarca (fca)	—	1825
		— Vilque y Yanaca (fca)	—	1825
	ZURITE	— Santa Barbara (fca)	—	1825
	ZURITE	— Toccoqueray (fca)	—	1825
		— **Maisons-terrains**		
CALCA	CALCA	— Rayampata (maison)	—	1885
		— Accoscca-Moccota Paraccaypata (fca)	—	1885
		— Solar 51	—	1885
		— Solar 13	—	1885
		— Terrain (22 topos)	—	1885
		— Maison et solar	—	1885
		— **« Fundo censítico »**		
	SAN SALVADOR	— Villcar (fca)	—	1825
		— **« Fundo enfiteútico » (3)**		
	PISAQ	— Chongo grande (4)	—	1825
CANAS	LANGUI	— **Estancias**		
		Antahuaycco	12,25 ha	1828
		Munaypata	16,35 ha	1828
		Quishuarcolca	26 ha	1828
		Payapunco Chico	19,80 ha	1828
		Payapunco grande	23,45 ha	1828
		Tantani	47 ha	1828
		Choseqqena	23,20 ha	1828
		Ccalachaka grande	29,50 ha	1828
		Ccalachaka chico	26 ha	1828
		Ccacyacure	94,40 ha (40 305 S/)	1828
		Ccachullupuquio	10 h	1828
		Ccuchucho	408,77 ha	1828
		Patactira	25 ha	1828
		Quishuarani	79,40 ha	1828
		Fortaleza	18,20 ha	1828
		Accoacco	91,33 ha	1828
		Totorani grande	72,86 ha	1828
		Totorani chico		
		Ccotana	43,15 ha	
		Ayunuma	12 ha	
		— **Estancias**		
		Llocllo chico	19,50 ha	1828
		Huanatira	24,35 ha	1828
		Huanccochaka	—	1828
		Pirhuapata	31,05 ha	1828
		Vaquerías	425 ha	1828
		Socllapampa	104,25 ha	1828
		Puncco grande	—	1828

Province	District	Biens	Superficie et rente annuelle	Date acqui.
		— Terrains		
CANCHIS		Huininquire	25 ha (1 800 S/)	1828
		Accobamba	— —	1828
		Pastogrande	— —	1828
	PITUMARCA	Sucsuyo Paucara	4,72 ha (6 450 S/)	1828
	TINTA	Haqueroz Pumapata	2,64 ha (1 500 S/)	1828
		Antapata	0,24 ha —	1828
		Unuhuisina chico	0,66 ha —	1828
		Unuhuisina grande	4,13 ha —	1828
		Ccotopuquio	— (2 650 S/)	1828
		Huancarani	— —	1828
		Unuquiri	— —	1828
	MARANGANI	Capilltira	0,87 ha (4 050 S/)	1828
CUZCO	CUZCO	— Maisons dans		
		San Andrés	—	1825
		Almirante	—	1825
		Puente Rosario	— —	1825
		Suecia	— (13 300 S/)	1825
		Nueva Baja	— (12 600 S/)	1825
		Matara	— —	1825
		—Canchon dans		
		Avenida	— (20 600 S/)	1825
		Trinitarias	— (14 000 S/)	1825
		— Terrains		
		Hospital San Juan de Dios	— —	1825
		San Blas	— —	1825
		Manzanayoc	0,43 ha (3 300 S/)	1828
		— « Fundo »		
		Tambillo	96,20 ha (10 700 S/)	1825
		— Fundos censíticos :		
		Maisons dans		
		Quencco		
		Huaylla	— —	1825
		Huatanay	— —	1825
		San Juan de Dios	— —	1825
		— Fundos enfiteúticos :		
		Maison dans		
		Recoleta	— —	1825
		Huatanay	— —	1825
		San Borja (fca) - San Blas	— —	1825
		Alfar Fortaleza - San Cristóbal	— —	1825
	SAN JERONIMO	Bellavista (fca)	— —	1825
		Larapa (fca)	— —	1825
	CCORCCA	Rumaray (hda)	1 657,45 ha (15 500 S/)	1825
ESPINAR	YAURI	— Estancias		
		Huiscachani	— (10 300 S/)	1828
		Paya Punco grande	— —	1828
		Atoqhuachana	— —	1828
	PICHIGUA	— Estancias		
		Parque Maria	— (250 S/)	1828
		Farsatira	89 ha (700 S/)	1828
		Jayonuma 1	142 ha (3 100 S/)	1828
		Jayonuma 2	112 ha (2 000 S/)	1828
		Arpa Chico	141 ha (2 600 S/)	1828
		Ccollpapampa	13,15 h (250 S/)	1828
		Anccalacca	— (400 S/)	1828
		Hasirhuir	64,10 ha (600 S/)	1828
		Supaytira	32,60 ha (1 500 S/)	1828
		Carhuaqonta	38,50 ha (700 S/)	1828
		Arpacunca	48 ha (900 S/)	1828
		Cruzcunca	— (700 S/)	1828
		Chila	39,40 ha (1 500 S/)	1828
		Panse (o Moro Alto)	— —	1828
		Ccoro Orqo	— —	1828
		Quescca Mayo o Ccochapampa A	79 ha (1 000 S/)	1828
		Quescca Mayo o Ccochapampa B	39,60 ha —	1828

Province	District	Biens	Superficie et rente annuelle		Date acqui.
LA CONVENCION	VILCABAMBA	Sayhua circa	—	—	1828
		Chocco Uma	—	—	1828
		Huittuyo	—	—	1828
		Pancco Cunca	—	—	1828
		Cusibamba	—	—	1828
		Llanllamayo	—	—	1828
		Sorapampa	20,30 ha	(800 S/)	1828
		Chaquella	—	(1 200 S/)	1828
		Lucmabamba (hda)	—	(1 500 S/)	1825
	SANTA ANA	— Fundo enfiteútico			
		— Cocal Umutu	—	—	1825
PARURO	PARURO	— Terrenos			
		Iopampa	1,10 ha	—	1825
		Colchapampa	0,77 ha	—	1825
		Pataro	0,57 ha	—	1825
		Tunascucho	0,08 ha	—	1825
		Puquio	4,10 ha	—	1825
	COLCHA	Huayllapata (hda)	640,38 ha	(7 600 S/)	1825
	YAURISQUE	Cucuchiray y Ocoruro (hda)	1 657,16 ha	(30 900 S/)	1825
		— Fundo enfiteútico			
	HUANOQUITE	Ituncca	—	—	1825
		Parpay (y Mantto) (hda)	—	(53 500 S/)	1825
		— Fundos censíticos			
	CCAPI	Ibina (fca)	—	—	1825
	ACCHA	Accotuna (fca)	—	—	1825
	?	Runcuhuasi (fca)	—	—	1825
PAUCARTAMBO	PAUCARTAMBO	— Fundos censíticos			
		Maison	—	—	1825
		Queshuarhuaycco (fca)	—	—	1825
		— Terrains			
QUISPICANCHIS	HUARO	Obrajes de Huaro	5,28 ha	—	1825
		— Fundos censíticos			
URUBAMBA	URCOS	Paucarbamba (fca)	—	—	1825
	URUBAMBA	Huascaray y Pacorma (hda)	31,62 ha	(3 650 S/)	1825
		Patahuasi (o Tablapunco) (hda)	0,19 ha	(12 500 S/)	1825
		— Fundo enfiteútico			
		Ccotohuicho (fca)	—	—	1825
	MARAS	— Terrenos			
		Rosaspata (hda)	—	—	1825
APURIMAC	ABANCAY	Pachar (hda)	3 320,73 ha	—	1825
		Ccochani (hda)	—	—	1825
		Pachachaka (hda - cobres)	—	—	1825
		— Fundos censíticos			
	CURAHUASI	Punchaypuquio (fca)	—	—	1825
	CURAHUASI	Lucmos (fca)	—	—	1825
	PICHINCA	Ccasinchihua (fca)	—	—	1825
	CCOLLPA	Latara (fca)	—	—	1825
PUNO	AZANGARO	— Fundo censítico			
		Huasacona	—	—	1825

1. Il s'agit des biens possédés en toute propriété (hda : Hacienda ; fca : finca).
2. Il s'agit de biens sur lesquels le Collège perçoit un cens.
3. Biens emphytéotiques.
4. Chongo grande avait été vendu récemment.
A. Liste établie en 1897, actualisée en 1969.

ANNEXE N° 4

ÉQUIPEMENT SANITAIRE DES DISTRICTS DE LA RÉGION SUD—EST (1971)

CUZCO	Établissements (1) sanitaires	Personnel médecin	Personnel infirmier	Eau	Électricité
ACOMAYO					
Acomayo	P.M. X	—	2	X	X
Acopia	—	—	—	X	—
Accos	P.S. X	—	1	X	—
Pomacanchis	P.S. X	—	1	X	—
Rondocan	—	—	—	—	—
Mosoqllaqta	—	—	—	X	—
Sangarara		—	—	X	—
	P.S. X				
Marcaconga		—	1	X	—
ANTA					
Anta	P.M. X	1	2	X	X
Chinchaypuquio	—	—	—	X	—
Huarocondo		—		X	X
	P.S.		1		
Zurite		—		X	—
Limatambo	P.S.	—	1	X	X
Mollepata	P.S.	—	—	X	X
Pucyura	P.S.	—	1	X	X
(Chacan) (2)	P.S. X	—	1	—	—
Cachimayo	P.S.	—	—	X	X
CALCA					
Calca	P.M. X	1	2	X	X
Lamay		—	—	X	X
	P.S.				
Coya		—	1	X	X
Pisaq		—	1	X	X
	P.S.				
Taray		—	—	X	—
San Salvador	P.S.	—	1	X	—
Lares	P.S.	—	1	X	—
CANAS					
Yanaoca	P.M. X	—	1	X	X
Quehue	P.S. X	—	1	X	—
Checca	P.S. X	—	1	X	—
Langui	P.S. (fermé)	—		X	—
			1		
Layo	P.M. X	—		X	—
El Descanso	P.S. X	—	1	—	—
Tungasuca	P.S. X	—	1	X	—
Pampamarca	—	—	—	X	—
CANCHIS					
Sicuani	H. X	5	—	X	X
(Chiara) (2)	P.S. X	—	—	—	—
Combapata	P.S. X	—	1	X	(3)
Checacupe	P.S. X	—	1	X	(3)

CUZCO	Établissements (1) sanitaires	Personnel		Eau	Électricité
		médecin	infirmier		
Marangani	P.S. X	–	1	X	X
(Occobamba) (2)	P.S. X	–	1	–	–
San Pedro	P.S. X	–	1	X	X
San Pablo	P.S.	–	–	X	–
Tinta	P.S.	–	1	X	X
Pitumarca	P.S. X	–	1	X	–
CUZCO					
Cuzco	2 H.X (4)	(4)	–	X	X
Huanchac	E.P.M. X (5)	–	–	X	X
Santiago	–	–	–	X	X
San Sebastian	P.M.	–	1	X	X
San Jeronimo	P.S.	–	1	X	X
Saylla	–	–	–	X	–
Ccorcca	–	–	–	–	–
Poroy	–	–	–	X	X
CHUMBIVILCAS					
Ccapacmarca	–	–	–	–	–
Chamaca	–	–	–	–	–
Colquemarca	P.S. X	–	–	X	–
Livitaca	P.S. (fermée)	–	–	X	–
Llusco–Quinota	–	–	–	–	–
Santo Tomas	P.M. X	–	3	(3)	–
Velille	P.S.	–	1	X	–
ESPINAR					
Condoroma (6)	–	–	–	–	–
Coporaque	–	–	–	–	–
Ocoruro	–	–	–	–	–
Pichigua	–	–	–	–	–
Suykutambo (6)	–	–	–	–	–
Tocroyoc	P.S. X	–	–	X	–
Yauri	P.M. X	1 (1969)	3	X	X
LA CONVENCION					
Echarate	6 P.S. X	–	–	–	–
Huayopata	1 P.S. X	–	–	X	X
Maranura	1 P.S. X	–	–	X	–
Occobamba	P.S. X	–	–	–	–
Santa Ana	H & 2 P.S.X	8	–	X	X
Santa Teresa	3 P.S.	–	–	X	X
Vilcabamba	2 P.S. X	–	–	–	–
Valle de Lares (7)					
Cuquipata (2)	H	–	–	–	–
La Quebrada (2)	P.S. X	–	–	–	–
Quinuayarca (2)	P.S. X	–	–	–	–
Tirijuay (2)	P.S. X	–	–	–	–
Lacco (2)	P.S. (fermée)	–	–	–	–

CUZCO	Établissements (1) sanitaires	Personnel		Eau	Électricité
		médecin	infirmier		
PARURO					
Accha	–	–	–	X	–
Ccapi	–	–	–	–	–
Colcha	–	–	–	X	–
Huanoquite	–	–	–	X	–
Omacha	–	–	–	–	–
Paruro	P.M.	–	1	X	(3)
Yaurisque	P.S. X	–	1	X	–
Pacarrectambo	P.S. X	–	1	X	–
Pilpinto	P.S. X	–	–	X	–
PAUCARTAMBO					
Cay-Cay	–	–	–	X	–
Challabamba	–	–	–	–	–
Colquepata	P.S.	–	–	–	–
Paucartambo	P.M. X	1	1	X	X
Pillcopata	P.M. X	–	1	X	–
(Patria) (2)	P.S. X	–	–	–	–
QUISPICANCHIS					
Andahuaylillas	P.S.	–	–	X	X
Ccattcca	P.S.	–	1	X	–
Camanti	P.M. X	1	–	X	X
Carhuayo	–	–	–	–	–
Cusipata	–	–	–	X	X
Huaro	P.S.	–	–	X	–
Lucre	–	–	–	X	X
Marcapata	P.S. X	–	–	–	–
Ocongate	P.S. X	–	1	X	–
Oropesa	P.S. X	–	1	X	X
Quiquijana	P.S. X	–	1	X	X
Urcos	P.M. X	1	1	X	X
URUBAMBA					
Chinchero	P.S. X	–	–	X	–
Huayllabamba	P.S.	–	1	X	–
Macchu Picchu	P.S. X	–	–	X	X
Maras	P.S. X	–	–	X	–
Ollantaytambo	P.S.	–	1	X	X
Urubamba	P.M.	1	2	X	X
Yucay	P.S.	–	–	X	X
MADRE DE DIOS					
TAMBOPATA					
Tambopata	H. X	2	–	–	–
Puerto Masuco	P.S.	–	–	–	–
Santa Rica	P.S.	–	–	–	–
MANU					
Salvacion	P.M. X	1	–	–	–

CUZCO	Établissements (1) sanitaires	Personnel		Eau	Électricité
		médecin	infirmier		
TAHUAMANU					
Iberia	P.S.	—	—	—	—
Inapari	P.S.	—	—	—	—
Shiringayoc (2)	P.S. (fermée)	—	—	—	—
APURIMAC (8)					
Abancay	H.	5	—	—	—
Circa	P.S.	—	—	X	X
Curahuasi	P.S.	—	—	X	—
Huanipaca	P.S.	—	—	X	—
Lambrama	P.S.	—	—	X	—
Pichirhua	P.S.	—	—	X	—
San Pedro de Cachora	P.S.	—	—	X	—
Tamburco	—	—	—	—	—
ANDAHUAYLAS					
Andahuaylas	H. P.M.	3	—	X	—
Andarapa	—	—	—	—	—
Cocharcas	—	—	—	—	—
Chiara	—	—	—	—	—
Chicmo (Santa Maria)	P.S.	—	—	X	—
Chincheros	P.S.	—	—	X	—
Uripa	P.M.	—	—	X	—
Huancarama	P.S.	—	—	X	—
Kishuara	P.S.	—	—	X	—
Ocobamba	P.S.	—	—	X	—
Ongoy	P.S.	—	—	X	—
Pacobamba	—	—	—	—	—
Pacucha	P.S.	—	X	X	—
Pampachiri	P.S.	—	—	X	—
Pomacocha	P.S. (fermée)	—	—	—	—
San Antonio de Cachi	—	—	—	—	—
San Jeronimo	—	—	—	X	—
Talavera	P.S.	—	—	X	—
Tomay–Huaraca	P.S.	—	—	—	—
Turpo	P.S.	—	—	X	—
ANTABAMBA					
Antabamba	P.M.	—	—	X	—
Huaquirca	P.S. (fermée)	—	—	X	—
Mollebamba	—	—	—	—	—
Oropesa	—	—	—	—	—
Pachaconas	P.S.	—	—	—	—
Sabaino	—	—	—	—	—
AYMARAES					
Capaya	P.S.	—	—	—	—
Chalhuanca	P.M.	—	X	X	—
Chapimarca	—	—	—	—	—
Caraybamba	—	—	—	—	—
Colcabamba	—	—	—	—	—

CUZCO	Établissements (1) sanitaires	Personnel		Eau	Électricité
		médecin	infirmier		
Cotaruse	P.S.	...	—	...	—
Huayllo	—	—	—	—	—
Lucre	P.S.	—	—	—	—
Pocohuanca	—	—	—	—	—
Sanayca	—	—	—	—	—
Santa Rosa	P.S.	—	—	—	—
Soraya	—	—	—	—	—
Tapairihua	—	—	—	—	—
Tintay	P.S.	—	—	X	—
Toraya	P.S. (fermée)	—	—	X	—
Yanaca	P.S.	—	—	—	—
COTABAMBAS					
Cotabambas	P.S.	—	—	—	—
Coyllurqui	P.S.	—	—	—	—
Haquira	P.S. (fermée)	—	—	—	—
Mara	—	—	—	—	—
Tambobamba	P.M.	—	—	X	—
GRAU					
Chuquibambilla	P.M.	—	—	X	—
Curpahuasi	—	—	—	—	—
Huayllati	—	—	—	—	—
Gamarra	P.S.	—	—	X	—
Mamara	P.S.	—	—	—	—
Micaela Bastidas	—	—	—	—	—
Progreso	P.S.	—	—	X	—
San Antonio	—	—	—	—	—
Turpay	—	—	—	—	—
Vilcabamba	P.S. (fermée)	—	—	X	—

---

1 Établissements sanitaires : P.M. Posta Medica (ou Centro de Salud).
P.S. Posta Sanitaria.
H. Hôpital.
La croix indique l'existence d'un local propre.

2 Ces villages ne sont pas chefs-lieux de districts.

3 Dans ces agglomérations, les installations électriques ne fonctionnaient pas en 1969 et 1971.

4 Il existe en outre au Cuzco un «Centro de Salud» à San Blas et un «Centro de Salud infantil» à San Pedro. Pour le personnel, voir tableau n° XCIV.

5 Nous avons groupé le «Centro de Salud infantil» de Huanchac et celui de Ttio.

LEXIQUE

Abarrotes : épicerie.
Acequia : canal d'irrigation.
Adobe : brique séchée au soleil.
Aji (rocoto) : piment.
Arado : araire.
Arriero : muletier (on appelle **llamero** celui qui utilise les lamas).
Apu-auki : génies protecteurs (des montagnes généralement).
Ayllu : communauté indigène.
Ayne : aide mutuelle.
Bayeta (ou ropa de la tierra) : tissus de laine indigène.
Canchon : jardin potager (parfois synonyme de **corral**).
Cargo : prise en charge annuelle de la célébration d'une fête religieuse par un membre de la communauté. Désigne aussi la fête elle-même.
Chacra : champ (quechua).
Chaki-taclla (o tirapié) : instrument aratoire d'origine précolombienne.
Charqui-chalona-sesina : viande séchée.
Chicha : bière de maïs.
Choclo : épi de maïs vert.
Chorrillo : fabrique textile élémentaire.
Chullo : bonnet indien.
Chuno : pomme de terre déshydratée par le gel puis l'exposition au soleil (le «chuno» est brun).
Compadrazgo : institution liant deux personnes **(compadres)** par des obligations d'aide mutuelle, en général à l'occasion d'un rituel catholique.
Compania : système de métayage dans lequel l'un apporte la terre, l'autre le travail et les semences, les deux se partageant la récolte.
Corral : terrain fermé d'une murette pour rassembler le troupeau, la nuit.
Cuy : cochon d'Inde.
Denuncio : concession minière ou forestière.
Faena : travail volontaire collectif.
Gamonal (gamonalismo) : propriétaire foncier abusif et exploiteur.
Hampi-Katu : étal offrant les produits concernant la pharmacopée et la magie indiennes.
Hierbaje : droit de pâturage.
Huerta : verger, jardin.
Hurka : gratification en coca, eau de vie et parfois menue monnaie un travail.
Llapa (aumento) : supplément accordé généreusement lors d'un échange ou d'un achat.
Lliclla (manta) : châle.
Machismo : exaltation des caractères du mâle **(macho)**.
Manta (lliclla) : châle.
Mayordomo : régisseur de domaine. Responsable d'une fête religieuse.
Minka : aide mutuelle plus ou moins rétribuée.
Mita : travail obligatoire.
Montera : chapeau féminin.
Moraya : pomme de terre déshydratée blanche.
Nevado : sommet enneigé ou glacé.
Obraje : fabrique textile comportant un **batan** (moulin à foulon).
Ojota : sandale faite avec des pneumatiques.
Patio : cour intérieure.
Pollera : jupe très ample.
Poncho : ample chasuble ou cape de laine portée par les hommes.
Qena : flûte sans bec.
Reparto : institution coloniale obligeant les indigènes à acheter certains objets.
Sirvinakuy : union indigène sans consécration civile ou religieuse.
Trago : eau de vie de canne à sucre **(aguardiente)**.

MESURES UTILISÉES LOCALEMENT

POIDS

1 livra : 460 g
1 quintal : 100 livres, ou 4 arrobas : soit 46 kg
1 arroba : 11,5 kg (2 livres 1/2)
1 saco = 1 carga : 60 kg
1 carga de maïs—mazorca (épis) = 15 kg
1 fanega = 2 cargas = 2 sacos = 120 kg
1 cheqta
1 poqcha } = 1/4 fanega, soit 30 kg
1 cuartilla
1 raqui = 1/2 cuartilla = 1/4 saco, soit 15 kg (1/8 fanega)
1 armu = 1/2 raqui, soit 7,5 kg.

LONGUEUR, SUPERFICIE

1 vara = 84 cm
1 topo = 3 252 m^2, soit 1/3 hectare
1 topo = 1 yunta
        2 mazas
        4 shillkus
        4 solares
        2 cheqtas
        2 poqchas

MOTS QUECHUAS FRÉQUEMMENT UTILISÉS DANS LES NOMS DE LIEUX

Pacha : terre
Cocha : lagune
Puquio : source
Pampa ou bamba : plaine
Runa : les gens, le peuple
Tambo : maison de relais
Manta : lieu, pays
Pata (anden) : terrasse (indication d'altitude)
Suyu : sillon, quartier

BIBLIOGRAPHIE

I. — OUVRAGES GÉNÉRAUX

A) Ouvrages généraux sur l'Amérique latine.

COLLIN DELAVAUD (C.). — *L'Amérique latine, approche géographique générale et régionale* (sous la direction de). Paris, Bordas. Collection « Etudes », 1973, 2 tomes.

CUNIL (P.). — *L'Amérique andine.* Paris P.U.F. Collection Magellan, 1966.

DOS SANTOS (Th.). — *La crise de la théorie du développement et des relations de dépendance en Amérique latine.* L'homme et la société. — Sociologie et Tiers Monde, n° 12, avril-mai-juin 1969, p. 43-68.

FRANCK (A.-G.). — *Le développement du sous-développement. L'Amérique latine.* Paris, Maspero. 1970. — *Capitalisme et sous-développement en Amérique latine.* Paris, 1968, 302 p.

FURTADO (C.). — *L'Amérique latine, politique, économique.* Sirey, 1970. — *Développement et sous-développement* P.U.F. Paris, 1966. — *Les Etats-Unis et le sous-développement de l'Amérique latine.* Lévy, Paris, 1970.

LAMBERT (D.-C.) et MARTIN (J.-M). — *L'Amérique latine, économie et sociétés.* A. Collin, Paris, 1972, 411 p.

LAMBERT (J.). — *Amérique latine.* Structures sociales et politiques. Paris, 1963.

SCHMIEDER (O.). — *Geografía de la América Latina.* Fondo de cultura económica. Mexico, 1965.

B) Ouvrages généraux sur le Pérou.

ALAYSA Y PAZ SOLDAN (L.). — *Mi pais.* Taller gráfico de publicidad americana, 1962, 3 volumes.

ATLAS HISTORICO - GEOGRAFICO Y DE PAISAJES PERUANOS. — *Instituto Nacional de Planificación.* Lima, 1970.

BARDELLA (G.). — *Setenta y cinco años de vida económica del Perú.* 1889-1964. Banco de Crédito del Perú, Lima, 1964.

BOURRICAUD (F.). — *Pouvoir et société dans le Pérou contemporain.* Armand Colin, Paris, 1966.

BRAVO BRESANI (J.), COTLER (J), MATOS MAR (J.). — *El Perú actual.* Mexico, U.N.A.M. Instituto de investigaciones sociales, 1970, 183 p.

COLLIN DELAVAUD (C.). — *La Présidence Belaunde au Pérou ; une expérience réformiste en Amérique latine.* Problèmes d'Amérique latine, n° 12, 1969, p. 9-55. — *Trois années de gouvernement militaire au Pérou.* Problèmes d'Amérique latine, n° 22, décembre 1971, p. 33-80.

DOLLFUS (O.). — *Le Pérou.* Paris, Que sais-je ? P.U.F., 1967, 128 p.

DOLLFUS (O.). — *Le Pérou, introduction géographique à l'étude du développement.* Paris, Travaux et Mémoires de l'Institut des Hautes Etudes de l'Amérique latine, 1968.

MIRO QUESADA (A.). — *Costa, Sierra y Montana.* Lima, Talleres Gráficos, 1964, 489 p.

OWENS (R.J.). — *Perú.* London, Oxford University, 1963, 196 pages.

ROMERO (E.). — *Geografía económica del Perú.* Lima, 1960. *Historia económica del Perú.* Buenos Aires, Ed. Sudamerica, 1949.

I. — Le milieu naturel. Adaptation de l'homme au milieu

AUDEBAUD (E.) (1967). — *Étude géologique de la région de Sicuani et Ocongate.* (Cordillère orientale du Sud péruvien). Thèse de 3e cycle, Grenoble, 59 p.

AUDEBAUD (E.) et DEBELMAS (J.). — *Tectonique polyphasée et morphotecnique des terrains crétacés dans la Cordillère orientale du Sud péruvien. Etude d'une structure caractéristique.* Cahiers O.R.S.T.O.M. Géologie, 1971, vol. 3, n° 1, p. 59-68.

BOULOUX (C.-J.). — *Contribution à l'étude biologique des phénomènes pulmonaires en très haute altitude.* La Paz - Toulouse 1968. Centre d'Hémotypologie, C.N.R.S., Toulouse.

BOWMAN (L.). — *The Andes of Southern Peru. Geographical reconnaissance along the seventy third meridian.* New York, The American geographical Society, 1916, 336 p. Traduction de Carl Nicholson *sous le titre « Los Andes del Sur del Perú ».* Arequipa, la Colmena S.A., 1938, 271 p.

DOLLFUS (O.). — *Les Andes centrales du Pérou et leurs piémonts (entre Lima et le Péréné), étude morphologique.* Lima, Institut Français d'Etudes Andines, 1965. — *Le rôle de la nature dans le développement péruvien.* Paris, Annales de Géographie LXXVI, n° 418, 1967.

GADE (D.-W.). — *Environment and disease in the land use and settlement of Apurímac Department, Peru.* Geoforum, 1973, n° 16, 37-46 p.

HERRERA L. (F.). — *Sinopsis de la flora del Cuzco.* Lima, 1914. Divers articles publiés dans la Revista Universitaria de la Universidad San Antonio Abad. Cuzco, nos 9 et 11, 1914-1915, « Estudios geográficos en el departamento del Cuzco » (Thèse de sciences naturelles).
N° 22, 1917, « Flora Cuzcoensis ».
N° 24, 1918, « Flora Apurimensis ».
N° 57, 1929, « Las formaciones vegetales del canon del Urubamba ».
Revista del Museo Nacional. *Investigaciones de la flora del Cuzco.* Lima, tomo X, n° 1, 1941.

INSTITUTO NACIONAL DE PLANIFICACIÓN. — Información básica sobre los recursos naturales del Perú (preparada para el diagnóstico económico y social del plan de desarrollo económico 1967-1970). *Inventario de estudios de suelos del Perú (primera aproximación).* Lima, 1963, 172 p.

KALAFATOVITCH (C.). — *La glaciación pleistocena en Urubamba.* Revista universitaria del Cuzco, n° 112, 1er sem. 1957.

MAROCCO (R.). — *Étude géologique de la feuille au 1/100 000 d'Ichuna* (Pérou) *et commentaire d'une coupe générale des Andes péruviennes du Sud.* Thèse de 3e cycle, Paris, 81 p. *Étude géologique de la chaîne andine au niveau de la déflexion d'Abancay* (Pérou). Cahiers O.R.S.T.O.M., série Géologie, 3 (1), p. 45-58.

MONGE MEDRANO (C.). — *La vida en las altiplanicies andinas.* Lima, 1963, 22 p., procesos ecologicos. *Aclimatación en Los Andes.* Lima, Instituto Indigenista Peruano. 1962, Monografías andinas, n° 6, 98 p. *La distribución vertical de la vida en el Perú.* Monografiás andinas, n° 2, 1963.

NICHOLSON (C.). — *Ensayo de clasificación de los climas del Perú.* Lima, Boletín de la Sociedad Geográfica, 1948, t. LXVI.

OLARTE (Jorge de.). — *Discontinuidad geográfico-física, aguas abajo de Ollantaytambo.* Asociación nacional de géografos peruanos, Lima, 1967, vol. I.

OLAZO O. (L.). — *Apuntes para una geografía física del Cuzco.* Universidad del Cuzco, 1949.

O.N.E.R.N. (Oficina Nacional de Evaluación de Recursos Naturales). — *Inventario y evaluación del potencial económico y social de la zona Cosnipata.* Alto Madre de Dios, Manu, Lima, 1955. — *Inventario, evaluación e integración de los recursos naturales de la zona del Río Pachitea.* Lima, 1966. — *Inventario, evaluación e integración de los recursos naturales de la zona del Río Camisea.* Lima, 1967.

PENAHERRERA (C.). — *Geografía física del Perú.* Tomo I, Aspectos fisicos, Lima, Ausonia S.A., 1969.

PULGAR VIDAL (J.). — *Las ochos regiones naturales del Perú,* Lima, Ausonia S.A., 1967. *Historia y geografía del Perú.* Lima, Lib. La Tribuna, 1946.

RAIMONDI (A.). — *Notas de viaje para su obra « el Perú ».* Lima, impr. Torres. Aguirre, 1942-1945, 3 volumes.

TOSI (J.). — *Zonas de vida natural en el Perú.* Bol. n° 5, 1947, Zona Andina. Proyecto 39. Programa de cooperación técnica U.N.E.S.C.O.

TROLL (C.). — *Las culturas superiores andinas y el medio geográfico.* Lima, Serie Monografías y ensayos geográficos, n° 1, Instituto de geografía, Facultad de Letras, U.N.M. San Marcos, 1958, 48 p. (Traduction de Carl Nicholson d'un article paru en 1935).

TROLL (C.). — *Geo-ecología de las regiones montanosas de las Américas tropicales.* Edition péruvienne de Bonn, 1968, 223 p.

WEBERBAUER (A.). — *El mundo vegetal de los Andes Peruanos.* Leipzig, 1911. Lima Ministerio de Agricultura, 1945. *Mapa de formaciones vegetales en el Perú.*

Chapitre III : ÉVOLUTION HISTORIQUE

A) Histoire incaïque.

CHAVEZ BALLON (M.). — *Cuzco, capital del Imperio.* « Wayka » n° III, Revista del departamento de antropología de la Universidad San Antonio Abad del Cuzco, Cuzco, 1970.

CIEZA DE LEON (P.). — *Del senorío de los Incas* (1551). — *La Crónica del Perú* (1551). Buenos Aires 1945, Colección Austral, 2da edición.

COBO (B.). — *Historia del Nuevo Mundo* (1653). Ed. P. Francisco Mateos, 1956.

FAVRE (H.). — *Les Incas.* P.U.F. « Que sais-je », 1972.

GARCIA (J.U.). — *Sumas para la historia del Cuzco.* Cuadernos americanos México, Mayo-Junio, 1969.

GARCILASO DE LA VEGA Inca. — *Obras completas.* Madrid 1960, Biblioteca de autores espanoles, 4 volumes.

GODELIER (M.). — *Qu'est-ce que définir une « formation économique et sociale » ?* L'exemple des Incas. La Pensée, n° 159, oct. 1971. — *De la non-correspondance entre formes et contenus des rapports sociaux ; nouvelle réflexion sur l'exemple des Incas* dans Horizons, trajets marxistes en anthropologie, François Maspero, Bibliothèque d'anthropologie, Paris, 1973, p. 343 à 355.

HARDOY (J.). — *Urban planning in pre-columbian America.* Planning and Cities, General Editor : George R. Collins, Columbia University, 1968, 128 p.

LUMBRERAS (L.G.). — *De los pueblos, las culturas y las artes del Antiguo Perú.* Lima 1969, Moncloa-Campodónico, editores asociados, 377 p.

MURRA (J.V.). — *Social structure and economic themes in Andean ethnohistory.* Anthropological Quartely, vol. XXXIV, n° 2, avril 1961, p. 47-59. *The Economic Organization of the Inca State.* Chicago 1956 (thèse). — *La relación entre el patrón de poblamiento prehispánico y los principios derivados de la estructura social incaïca.* Mar del Plata 1966, Actas y Memorias del XXXVII Congreso Internacional de Americanistas, vol. I, p. 45-56.

NUNEZ ANAVITARTE (C.). — *Teoría del Desarrollo Incasico, interpretacíon esclavista-patriarcal de su proceso histórico-natural.* Cuzco, 1955.

ROWE (J.H.). — *Inca culture at the time of the Spanish Conquest.* Washington, 1946. Handbook of South American Indians, vol. II, Smithsonian Institut Publication. — *Absolute chronology in the andean area.* American Antiquity, vol. X, n° 3, 1945, p. 265-284. — *An introduction to the archeology of Cuzco.* Cambridge, 1944. Papers of the Peabody of American Archeology and Ethnology, Harvard University, vol. XXVIII, n° 2. — *Tiempo, estilo y proceso cultural en la arqueología peruana.* Revista Universitaria, Cuzco, n° 115, 1958, p. 74-94.

URTEAGA (H.). — *Las tres fundaciones del Cuzco.* Lima, 1933. — *El imperio incaico.* Lima, 1931.

VALCARCEL (L.E.). — *Del ayllu al imperio.* Lima, 1925, Ed. Garcilaso, 201 p. *Ethnohistoria del Perú antiguo.* Lima, 1959. Universidad San Marcos ; Patronato del Libro Universitario, 204 p. *Historia de la cultura antigua del Perú.* Lima, 1943-1948, 3 tomes. — *Sobre el origen del Cuzco.* Revista del Museo Nacional, t. VIII, n° 2, Lima, 1939, p. 191-223.

WACHTEL (N.). — *Structuralisme et histoire. A propos de l'organisation sociale du Cuzco.* Annales E.S.C., janvier-février 1966, p. 71-94. (Critique du livre de Tom Zuidema). — *La vision des vaincus. Les Indiens du Pérou devant la conquête espagnole.* Gallimard, 1971. Bibliothèque des Histoires.

ZUIDEMA (R.T.). — *The ceque system in social organization of Cuzco.* Leiden, 1964. — *La organización social y política incaica segun las fuentes espanolas.* Tesis doctoral, Universidad de Madrid, 1953. *The relationship between mountains and coast in ancient Peru.* Leiden, 1962, Mededelingen van Rÿksmuseum voor Volkenkunde. Leiden, n° 15.

B) Histoire coloniale :

Acta de la fundación del Cuzco. — 23 de Marzo de 1534, cité par Raul Porras Barrenechea. Antología del Cuzco, Lima, 1961, p. 77-85.

Actas de los libros de Cabildo del Cuzco (1545-1548).

Anales del Cuzco de 1600 à 1750 (Autor : Diego de Esquivel y Navia).

APARICIO VEGA (M.J.). — *A intes para la historiografía de Canchis.* Cuzco, 1965, Tesis en Humanidades. — *Bibliografía histórica cuzque...* Universidad Nacional San Antonio Abad, Seminario de fuentes y instituciones de la historia del Perú (polycopié). — *Cartografía histórica cuzquena. Mapas del Cuzco existentes en el archivo general de Indias.* Revista del Archivo Histórico del Cuzco, n° 13, 1971. — *Fuentes para la etnohistoria del Cuzco. Instrucción para el establecimiento de la intendencia del Cuzco.* Revista del Archivo Histórico del Cuzco, n° 12, 1967, (p. 268-302).

BUENO (C.). — *Geografía del Perú virreynal (Siglo 18). Lima, 1951,* Publicado por Daniel Valcárcel.

CAPOCHE (L.). — *Relación general de la Villa Imperial de Potosí.* Madrid, 1959, Biblioteca de autores espanoles, Continuación de la colección Rivadeneira.

CASTRO (I. de). — *Relación de la fundación de la Real Audiencia del Cuzco en 1788 y de las fiestas en que esta grata y fidelísima ciudad celebró este honor.* Madrid, Imprenta de la viuda de Ibarra, 1795, 287 p.

COLIN (M.). — *Cuzco de la fin du XVIIe au début du XVIIIe siècle.* I.H.E.A.L., Paris, 1966, 240 p.

CONCOLORCOVO. — *El lazarillo de ciegos caminante desde Buenos Aires hasta Lima.* Paris, I.H.E.A.L., 1961, 290 p. Traduction française de Yvette Billod.

COVARRUBIAS POZO (J.M.). — *Cuzco colonial y su arte.* Cuzco, 1958, Ed. Rozas.

KUBLER (G.). — *The Quechua in the colonial world.* Washington, 1946, Handbook of South American Indians vol. II.

LEWIN (B.). — *La rebellión de Tupac Amaru y los origenes de la emancipación americana.* Buenos Aires, 1957, Librería Hachette S.A.

MACERA (P.). — *Iglesia y economía en el Perú del siglo XVIII.* Lima, U.N.M. San Marcos, 1963, 44 p. — *Mapas coloniales de haciendas cuzquenas.* Lima, U.N.M.S.M., Seminario de historia rural andina.

MAURTUA (V.). — *Juicio de limites entre el Perú y Bolivia.* Barcelona, 1906, Prueba peruana XI.

MOSCOSO (M.). — *Apuntes para la historia de la industria textil en el Cuzco.* Revista Universitaria, Cuzco, n° 122-125 (1962-1963).

PARDO (L.). — *Las tres fundaciones del Cuzco.* Lima, 1939, 73 p. — *Historia y arqueología del Cuzco.* 1957, Imprenta del colegio militar Leoncio Prado B.C.

PORRAS BARRENECHEA. — *Antología del Cuzco.* Lima, 1961, 222 p. *La verdadera Acta de fundacíon del Cuzco,* Revista del Museo e Instituto arqueológico, n° 5, Lima, Set. 1953.

Relaciones geográficas de Indias. — ed. por Marcos Jiménez de la Espada. Madrid, 1881-1897, 4 volumes ; nueva edición, Madrid, 1965, 3 volumes.

ROEL (V.). — *Historia económica y social de la Colonia.* Lima, edit. Gráfica Labor, 1970. 397 p.

ROSENBLAT (A.). — *La población y el mestizage en América.* Buenos Aires, 1954. 2 volumes.

TORRES SALDAMANDO (E.). — *Apuntes históricos sobre las encomiendas en el Perú.* Lima, U.N.M.S.M., 1967 (réedition d'une œuvre de 1870). *Documentos para la historia del Cuzco existentes en el Archivo General de Indias de Sevilla.* Revista del Archivo Histórico del Cuzco, n° 11, 1963, p. 1-118.

VALCARCEL (C.D.). — *La rebelión de Tupac Amaru.* Mexico, 1947, Fondo de cultura económica, 207 p. *Sintomas y consecuencias de la Revolución de Tupac Amaru.* Lima, 1954, « Letras », p. 161-175. *Documentos de la Audiencia del Cuzco en el Archivo General de Indias.* Lima, 1957.

VARGAS UGARTE (R.). — *El Perú virreinal.* Lima, 1960 (2 tomos). — *Historia del Colegio y Universidad de San Igna— cio de Loyola de la ciudad del Cuzco.* Lima, 1948, Biblioteca Histórica Peruana, n° 6.

VASQUEZ DE ESPINOSA (A.). — *Compendio y descripción de las Indias occidentales.* (1630). Washington D.C., 1948, Smithsonian Miscellaneous collection vol. CVIII (Pub. 3 898), 801 p. (transcrito por Charles Upson Clark).

VEGA (A. de). — *Historia del Colegio y de la Universidad del Cuzco* (1948).

VILLANUEVA URTEAGA (H.). — *Historia del Colegio Nacional de Ciencias del Cuzco.* Cuzco, 1956.

VOLLMER (G.). — *Bevölkerungspolitik und Bevölkerungsstruktur im Vize-Königreich Peru zur Ende der Kolonialzeit, 1741-1821.* Bad Homburg, v.d.H., 1967.

C) Histoire républicaine :

Anonyme. — *El Cuzco y sus provincias.* Arequipa, 1848.

Archivo histórico del Ministerio de hacienda y comercio. Lima.
Anuarios del Ministerio de hacienda. Presupuestos departementales (1850-1851, 1887-1888, 1892, 1895, 1904, 1910, 1920).

Padrones :
Urubamba :
— 1826, réf. 0061 : contribuyentes.
— 1830, réf. 0110 : Indígenas.
— 1830, réf. 0109 : contribuyentes (predios y industrias).
— 1852, réf. 636 y 0639 : Indígenas y contribuyentes.
— 1841, réf. 0269 : contribuyentes (predios y industrias).

Quispicanchis :
— 1851, réf. 0419 : contribuyentes.
— 1836, réf. 0181 : Prov. de Yanaccocha, contribución indígena.
— 1830, réf. 0107 : contribuyentes.
— 1827,
— 1828, réf. 0048 : contribuyentes.
— 1835, réf. 0200 : Industrias.
Paruro :
— 1846-1847, réf. 319 : Predios y industrias.
Paucartambo :
— 1830, réf. 106 : contribuyentes.
— 1845, réf. 375 : contribuyentes indígenas.
— 1890, réf. 402 : contribuyentes.
Cuzco :
— 1826, réf. 60 : contribuyentes y patentes.
— 1826-1828, réf. 051.
— 1847, réf. 0623 : predios urbanos.
— 1839, réf. 238 : patentes.
— 1851, réf. 420 : patentes.
Chumbivilcas :
— 1830, réf. 105 : indígenas.
Canas :
— 1845, réf. 317 : contribuyentes.
— 1850
Canchis :
— 1845, réf. 318.
Calca :
— 1830, réf. 103 : contribuyentes.
— 1836, réf. 187 : indígenas.
— 1836, réf. 198 : contribuyentes.
— 1836, réf. 197 : predios y industrias.
— 1845, réf. 315 : predios y industrias.
— 1845, réf. 316 : indígenas.
— 1851, réf. 694 : predios rústicos y urbanos.
— 1851, réf. 418 : indígenas.
Anta :
— 1845, réf. 373 : indígenas.
— 1851, réf. 647 : predios y industrias.
— 1883, réf. 0903.

ARGUEDAS (J.M.). — *Cuzco*. Lima, 1947, Ed. « Contur », 36 p.

BASADRE (J.). — *Historia de la República del Perú*. Lima, 1961, 10 tomes, 5ᵉ édition 1964.

BARRERA (E. de la). — *Los equinos, auquénidos y estadística ganadera de la provincia de Chumbivilcas*. Lima, 1930, Imp. C.F. Southwell, 220 p.

BONILLA (H.). — *Aspects de l'Histoire économique et sociale du Pérou au XIXᵉ siècle*. (1821-1870). Paris, 1970. Thèse 3ᵉ cycle E.P.H.E., 2 tomes, 418 p. *La conjuntura comercial del siglo XIX en el Perú*. Revista del Museo Nacional, XXXV, Lima, 1967-1968, p. 159-187.

BOVO DE REVELLO (P.J.). — *Brillante porvenir del Cuzco*. 1848.

CORNEJO BOURONCLE (J.). — *Situación económica de la región del Cuzco*. Cuzco, 1952, 64 p. *La confederación Peruano-boliviana*. Cuzco, 1935, Ed. Rozas. *Cuzco ; Antología de los cronistas coloniales, viajeros científicos y escritores peruanos*. Lima, 1945, Ed. « El Ayllu ».

FUENTES (H.). — *El Cuzco y sus ruinas*. Lima, 1905. *Los monumentos del Cuzco*. Lima, 1905.

GARCIA (J.U.). — *La ciudad de los Incas*. Cuzco, 1922.

GARMENDIA (R.F.). — *El progreso del Cuzco, 1900-1967*. Cuzco, 1968.

GIESECKE (A.A.). — *Guía del Cuzco*.
Censo del Cuzco. Informe sobre el censo levantado en la provincia del Cuzco el 10 de setiembre de 1912. Boletín de la Sociedad Geográfica de Lima, Tomo XXIX, 3ᵉ y 4ᵉ trim., Lima, 1913 (p. 142-167).

Guía comercial, profesional e industrial del Cuzco. Kaminsky y Cía, 1928.

Guía general del Sur del Perú. Cuzco, 1921, Sociedad de propaganda del Sur del Perú, Ed. H. G. Rozas, 481 p.

JOURNAUX. *El Correo.*
  1840 — *Noticias históricas y estadísticas del Cuzco y de las provincias que componen este departamento.* El Correo, Ano I, 1er semestre, nos 43-47, 26 mars, Lima.

KUBLER (G.). — *The indian caste of Peru 1795-1940. A population study based upon tax records and census reports.* Washington, 1952, Smithsonian Institute of Social Anthropology, Public, n° 14.

MARKHAM (Sir C.R.). — *Cuzco ; a journey to the ancient capital of Peru.* Londres, 1856.

MARCOY (P.). — *Viaje por los valles de la quina.* Publié en 1870 dans la revue « Le tour du Monde ».

MATTO DE TURNER (C.). — *Tradiciones cuzquenas.* Ed. Rozas, 1955. — *Aves sin nido.* Buenos Aires, 1885.

PORRAS BARRENECHEA (R.). — *Antología del Cuzco.* Lima, 1961, Librería Internacional.

ROCA (G.). — *Estudio económico de la provincia del Cusco.* Cuzco, 1921, Tesis, Universidad del Cuzco, Facultad de Jurisprudencia, 142 p.

ROMERO (E.). — *Tres ciudades del Perú (Arequipa - Puno - Cuzco).* Lima, 1929.

ROZAS (E.A.). — *Cuzco, ciudad monumental y capital arqueológica de Sud America.* Cuzco, 1954, 256 p., Ed. anglaise, 1955, 232 p.

SQUIER (G.). — *Incidents of travel and exploration in the land of the Incas.* London, 1877, Mac Millan and Co. (traduction espagnole par Federico Ponce de León, t. III, Ed. Rozas, Cuzco, 1927).

VALCARCEL (L.E.). — *Cuzco.* Publicado por el Banco de Credito del Perú, 1942, 37 p. 4e edition, 1950.

VIDAL (H.). — *Visión del Cuzco.* 1958.

Colonisation des terres chaudes :

AZA (José Pío). — *Apuntes para la historia de Madre de Dios.* Lima, 1928, Librería e Imprenta Gil, 71 p.

CARIAT (F.). — *La región selvatica de Madre de Dios.* Arequipa, Tip, Caceres, 1912, 68 p.

DELBOY (E.). — *Las regiones de Madre de Dios y Acre.* Lima, 1913, 88 p.

FRY (C.). — *La gran región de los bosques ríos peruanos navegables.* Diario de viajes en 1886-1887-1888, Lima, 1889.

Junta de vías fluviales. — Lima :
  — *El istmo de Fitzcarrald* (1904), 2 vol., 236 p.
  — *Nuevas exploraciones en la hoya del Madre de Dios,* (1904), 185 p.
  — *Vias del Pacífico al Madre de Dios,* (1903), 189 p.

LARABURRE Y CORREA (C.). — *Noticia histórico - geográfica de algunos ríos de nuestro oriente.* Lima, Oficina Tipografía de « La Opinión nacional » 1907, 116 p.

MENENDEZ RUA (A.). — *Paso a la Civilización.* Tip, Sanmartí y Cía, Lima, 1948.

OCAMPO CONEJEROS (B.). — *Descripción de la provincia de San Francisco de la Victoria de Vilcabamba.* Colección de documentos para la Historia del Perú, Tomo VII, Série 2, Lima.

PORTILLO (P.). — *Memoria que presenta al Supremo Gobierno, el coronel Pedro Portillo, Ministro de Fomento en comisión especial al departamento de Madre de Dios.* Lima, Imp. y Enc., Chávez, 1914, 92 p.

ROSELL (E.). — *Los Machigengas del Urubamba.* Estudios etnográficos, Revista Universitaria, n° 16, Cuzco, 1916. — *Monografía de la provincia de la Convención.* Revista Universitaria, n° 19, Cuzco, 1917.

SABATO (L.). R.P. — *Viaje de los Padres misioneros del convento del Cuzco a las tribus salvajes de los Campas, Piros, Cunibos, y Sipibos en el ano* de 1874. Lima, « La Sociedad », 1877, 304 p.

WEISS (P.). (y otros). — *Informe presentado por la comisión organizada por la Dirección de Salubridad para estudiar la región de Madre de Dios.* Lima, Imp. Americana, 1924, 113 p.

IV. — SOURCES STATISTIQUES ET DOCUMENTAIRES

Anuario Estadístico del Perú. — 1945, 1948, 1950, 1955, 1960, 1966. Ministerio de Hacienda y Comercio. Dirección nacional de Estadística y Censos. Lima.

Anuario de la Industria Minera del Perú. — Boletines anuales (1960-1969). Dirección general de Minería. Lima.

BANCO DE LOS ANDES. — *Memorias y balances generales.*

Banco Central de Reserva del Peru. — *Actividades productivas del Perú - Análisis y perspectivas 1961*. 392 p. *Cuentas Nacionales y planificación del desarrollo*. 4ª asamblea del Instituto Interamericano de Estadística, Lima, 1963, 260 p. — *Plan nacional de desarrollo económico y social del Perú 1962*, 292 p. *Bulletins bi-mensuels*. — *Mémoires annuelles*.

Banco de Fomento Agropecuario. — *Estadísticas de préstamos. Serie histórica 1957-1958 à 1967-1968*. Sucursal Cuzco. — *Memorias anuales* (depuis 1950).

Banco Industrial del Peru. — *Memorias anuales* (depuis 1965).

Bibliographies

Bibliografía Indígena Andina Peruana (1900-1968). — Ministerio de Trabajo y Comunidades. Instituto Indigenista Peruano, Lima, 1968, 2 tomes, 651 p.

Bibliografía de los Estudios y Publicaciones del Instituto Indigenista Peruano (1961-1969). Lima, 1970, Instituto indigenista peruano, Série Bibliográfica, n° 2, 85 p.

Bibliografía Actualizada sobre Tenencia de la Tierra y Reforma Agraria. — Besa Garcia (J.), D.E.S.A.L., Buenos Aires, 1968, Ed. Troquel, 220 p.

Bibliografía Regional Peruana. — moreyra paz Soldan (C.), Lima 1967, Librería internacional del Perú S.A., 519 p.

Bibliographie sur le Pérou. — O.C.D.E., Paris, 1965, 211 p.

B.I.T. — *Programa andino*. Genève, 1953.

Caja de Ahorros y Prestamos para Vivienda del Cuzco. — *Memorias anuales*.

Camara de Comercio del Cuzco. — *Memorias anuales* (1945-1971).

Checchi and CY. — *Las posibilidades de turismo en el Perú*. Washington D.C., Jt., 1965.

Chemins de Fer. — F.F.C.C. Sur del Perú, Memorias anuales. — Cuzco-Santa Ana, Memorias anuales.

C.I.D.A. (Comité Interamericano de Desarrollo Agrícola). — *Perú, tenencia de la tierra y desarrollo socio-económico del sector agrícola*. Unión Panamericana, Washington D.C., 1966.

C.O.P.E.S.C.O. (Comisión coordinadora para el plan turístico-cultural Perú-U.N.E.S.C.O.). — *Plan C.O.P.E.S.C.O. : Macchu Picchu-Cuzco-Puno. Acondicionamiento turístico*. Lima, 1967. — *Projet Pisaq*. Paris, 1971.

C.R.Y.F. (Corporación de Reconstrucción y Fomento del Cuzco). — *Plan piloto del Cuzco, 1952*. — *Proyecto de Parque industrial*. Cuzco, 1966. — *Informes sobre Macchu Picchu*. — *Informes sobre Cachimayo*. — *Memorias anuales*.

Extracto estadístico y censo electoral de la República. Lima, 1933, Servicio de Estad. electoral, Selbstverlag, 231 p.

F.A.O. — *The agricultural development of Peru*. Washington D.C., 1959, 8 fasc. — *Informe al gobierno del Perú : programa de nutrición aplicada en la región andina*. Rome, 1967, 36 p.

Instituto Nacional de Planificacion. — *Análisis de la realidad socio-económica del Perú*. Vol. III, 1963. — *Programa de inversiones públicas*. Tomo I y II, 1966. — *Situación de la industria peruana*. 1962, 1963, 1964, 1965. — *Boletín de estadística regional*. Octobre, 1967. — *Plan nacional de desarrollo económico y social*. 1967-1970. — *Plan nacional de desarrollo*. 1971-1975.

Little Arthur (D.). — *Informe al gobierno del Perú. Programa de desarrollo industrial y regional para el Perú*. (1960).

Ministerio de Agricultura. — *La situación agropecuaria en el Perú de 1946 a 1956*. Lima, juin 1958-1959, 321 p. — *La producción agrícola y ganadera en el Perú segun las estadísticas de 1955, 1956, 1957*. Lima, 1959, 148 p. *Estadística agraria* : 1963, 1964, 1965, 1966, 1967 (2 T.). — Convenio de cooperación técnica, estadística y cartografía. Univ. La Molina y Ministerio de Agricultura.

Ministerio de Agricultura - Reforma Agraria. — *Informe sobre la región del Cuzco, Zona Agraria XI*. Cuzco, 1964. — *Diagnóstico de la Zona Agraria XI*. Cuzco, 1970.

Ministerio de Educacion. — V Region Cuzco. — *Boletín Estadístico*. Cuzco, oct. 1970, 71 p. — *Relación de planteles del nivel primario*. Cuzco, avril 1971, 49 p.

Ministerio de Educacion Publica. — *Inventario de la realidad educativa del Perú*. Lima, 1957-1958, Talleres del servicio cooperativo peruano-norte americano de educación.

Ministerio de Fomento y Obras Publicas. — *Estadística industrial*. Lima, 1947-1950, Rep. Peruana, 3 vol.

Ministere de la Sante. — *Boletín estadístico del area de Salud VII (Cuzco - Apurimac - Madre de Dios)*. 1964, 1968, 1972.

O.C.D.E. — *Ressources humaines, éducation et développement économique au Pérou ; prévisions des besoins en main-d'œuvre jusqu'en 1980 et des perspectives de développement de l'éducation*. Paris, 1968, 419 p.

O.N.U. - (Departamento de Asuntos económicos y sociales). — *El desarrollo industrial del Perú*. Mexico, 1959, 336 p.
— *Análisis y proyecciones del desarrollo económico del Perú*. 1965.

O.R.D.E.S.U.R. (Oficina Regional de Desarrollo del Sur). — *Boletín estadístico*. 1967, 1 vol. *Boletín estadístico*. Arequipa, déc. 1971, 5 vol. — *Etude du tourisme sur l'axe Cuzco-Puno*. 1969. — *Cf. problèmes urbains*. — *Documento regional del Sur para el Plan nacional de desarrollo 1971-1975*. Arequipa, Julio, 1970, 133 p.

Plan Regional del sur del Peru. — Lima 1959. Imprenta Talleres del Servicio Cooperativo Peruano-Norteamericano de Educación, 29 vol. (Enquêtes réalisées en 1957).

RECENSEMENTS

Censo general de la República del Perú formado en 1876. — Lima, 1878, Tomo IV (departemento del Cuzco).

V Censo Nacional de Población. — 1940.

VI Censo Nacional de Población. — 1961. Lima, Instituto Nacional de Planificación, Dirección nacional de Estadística Peruana.
Tomo   I Algunas características generales.
Tomo II Migración, religión, fecundidad.
Tomo III Idioma, alfabetismo.
Tomo IV Características económicas.
Centros poblados - Tomo II.

Censo del 4 junio de 1972. — Resultados definitivos. Lima, Oficina nacional de estadística y censos, Ag. 1974, 2 tomes.

Censo Nacional de Pueblos Jovenes. Nov. 1970. — Lima 1971 et 1973, Oficina Nacional de Pueblos Jovenes.

I Censo Nacional de Vivienda 1964. — Instituto Nacional de Planificación, Dirección Nacional de Estadística Peruana, Lima.
Tomo I Condition de ocupación.
Tomo II Servicio.

I Censo Nacional Agropecuario 1961. — Instituto Nacional de Planificación, Dirección Nacional de Estadística Peruana, Lima.

I Censo Nacional Económico 1963. — Instituto Nacional de Planificación, Dirección Nacional de Estadística Peruana, Lima.

S.C.E.T. GAUCHER. — *Plan d'utilisation des engrais au Pérou*. 1963, 4 tomes.

S.I.P.A. (Servicio de Investigación y Promoción Agraria - Bureau du Cuzco). — *Memorias anuales* (1966, 1967, 1968, 1969).

Sofrelec — *Mise à jour du plan d'électrification du Pérou préparé en 1957 par l'E.D.F.* Paris, 1962.

Superintendencia de Bancos. — *Memorias anuales*. 1945-1970, Lima.

Watson Cisneros (E.). — *Población e ingreso nacional*. Universidad Agraria, Lima, déc. 1964.

V. Problèmes agraires et paysans :

Adams (R.). — *Politics and Social anthropology in Spanish America*. — Human Organization, XXIII, 1964. — *A community in the Andes ; Problems and progress in Muquiyauyo*. Seattle, 1959, 252 p.

Alberti (G.). — *Los movimientos campesinos*. Perú Problema 3, Instituto de Estudios Peruanos, 1970.

Alencastre Gutierrez (A.). — *Kunturkanki, un pueblo del Ande*. Cuzco, Ed. Garcilaso, 1962, 113 p.

Alencastre (G.) A. et Dumezil (G.). — *Fêtes et usages des Indiens de Langui*. Paris, Journal de la Société des Américanistes, nouvelle série, 1953, tome XLII, p. 1-118.

Alers (J. Oscar). — *Oportunidades, migraciones y desarrollo en el Perú rural*. Lima, I.E.P., 1967, 14 p.

ALERS ET MONTALVO. — « *Social systems analysis of supervised agricultural credit in an Andean Community* ». Rural Sociology, mars 1960.

ARGUEDAS (J.M.). — *Evolución de las Comunidades indígenas*. Lima, Tésis en etnologia U.N.M. de San Marcos, 1957 (Revista del Museo Nacional, tomo XXVI).

ARGUEDAS (J.M.). — *Las comunidades de Espana y del Perú*. Lima, Universidad Nacional Mayor de San Marcos, 1968, 354 p.

ARGUEDAS (J.M.). — *Ríos Profundos*. Lima, Ed. Nuevo Mundo S.A., 1964. — *Todas las Sangres*. Buenos Aires, Ed. Losada, 1964.

ARTICULOS Y DOCUMENTOS SELECTOS - DESARROLLO COMUNAL. — *Fundación para el Desarrollo Interna cional*. Instituto de Adiestramiento, Lima.

BERTHOLET (CH.J.L.). — *Puno rural*. Lima, C.I.S.E.P.A., Ed. Italperu S.A., 1969, 267 p.

BERTOLI (F.), PORTOCARRERO (F.). — *La modernización y la migración interna en el Perú*. Lima, I.E.P., 1968, 120 p.

BOLUARTE GARAY (F.). — *Los colonos de la hacienda de Pachar (Urubamba) en « Economía y agricultura »*. Lima, 1964, vol. II, n° 5.

BONET YEPEZ (J.). — *Educación como factor de integración ; El caso de Cuyo Chico*. Tesis de antropología, 1966, Universidad del Cuzco.

BOURRICAUD (F.). — *Changements à Puno. Etude de sociologie andine*. Paris, I.H.E.A.L., 1962, Travaux et Mémoires, 241 p.

BOURRICAUD (F.). — *Syndicalisme et politique : le cas péruvien*. Paris, Sociologie du travail, n° 4.

BOURRICAUD (F.) et DOLLFUS (O.). — *La population péruvienne en 1961*. Les C.O.M., avril-juin 1963, n° 62, 184-200 p.

BRISSEAU (J.).*Les communautés indigènes du Pérou*. Etudes documentaires, Problèmes d'Amérique latine, octobre 1971, n° 3822, 23 p.

CASTRO POZO (H.). — *Nuestra comunidad indígena*. Lima, Ed. « El Lucero », 1924, 498 p.

CEVALLOS VALENCIA (T.C.). — *Informe sobre la hacienda chawaytiri (Pisaq)*. Lima, Instituto de Estudios Peruanos, 1965.

CHEVALIER (F.). — *L'expansion de la grande propriété dand le Haut Pérou au XXe siècle*. Annales, Economies, Sociétés, Civilisations, Paris, juillet-août 1966.

COMUNIDAD ANDINA (La). — *Instituto indigenista interamericano*. Ediciones especiales : 51, Mexico, 1969, 290 p. (édité par José R. Sabogal Wiesse).

COTLER (J.). — *Haciendas y comunidades tradicionales en un contexto de movilización politica*. Instituto de Estudios Peruanos, Lima, 1968.

DELGADO (C.). — *Problemas sociales en el Perú contemporáneo*. Instituto de Estudios Peruanos, Lima, 1971, 185 p.

DOBYNS (H.F.) Y VASQUEZ (M.C.). — *Migración e integración en el Perú*. Lima, Monografías Andinas, n° 2, 1963, 196 p.

DOLLFUS (O.). — *Quelques données sur l'agriculture du Pérou*. Cahiers d'Outre-Mer, Bordeaux, 1964, 370-385 p. — *Observations sur quelques contrats agraires au Pérou*. Actes du Colloque international du C.N.R.S. sur les problèmes agraires en Amérique latine, Paris, 1965 (publication en 1968).

DOUGHTY (P.L.). — *La migración provinciana ; Regionalismo y el Desarrollo*. Economía y agricultura, vol. I, n° 3, Lima, 1964, 203-211 p. *Huaylas, an andean district in search of progress*. Ithaca N.Y., Cornell University press, 1948, 284 p.

EBERSOLE (R.P.). — *La artesanía del Sur del Perú*. Instituto Indigenista Interamericano, Serie Antropología Social 9, Mexico, 1968, 120 p.

ESCOBAR MOSCOSO (M.). — *Paruro : Une Sierra típica*. Revista Universitaria del Cuzco, n° 105, Cuzco, 1953, 238-247 p. — *Reconocimiento geográfico de Q'ero*. Revista Universitaria del Cuzco, ano XLVII, n° 115, Cuzco, 1958, 159-188 p.

ESCOBAR MOSCOSO (G.). — *El mestizaje en la region andina : el caso del Perú*. Revista de Indias, n° 95-96, 1964, 197-220 p. — *Organización social y cultural del Sur del Perú*. Instituto Indigenista Interamericano, Serie Antropología Social 7, Mexico, 1967, 250 p.

ESTUDIOS SOBRE LA CULTURA ACTUAL DEL PERU. — *Universidad Nacional Mayor de San Marcos*. Lima, janvier 1958, 305 p.

ESTEBA FABREGAT (C.). — *Un mercado en Chinchero, Cuzco*. Anuario Indigenista, vol. XXX, Dic. 1970.

FAVRE (H.). — *Le problème indigène en Amérique latine*. Notes et Etudes Documentaires. Problèmes d'Amérique latine, n° 3300.

FAVRE (H.). — *L'évolution et la situation des haciendas dans la région de Huancavelica, Pérou*. Cahiers des Amériques latines, Série Sciences de l'homme, janvier-juin 1969, 68-86 p.

FAVRE (H.). — *La réforme agraire au Pérou*. Problèmes d'Amérique latine, n° 9, La Documentation française, Paris, 1968.

FORD (T.). — *Man and Land in Peru*. Gainesville-University of Florida, 1962, 176 p.

FRANK (A.G.). — *Sur le problème indien ; dans l'Amérique latine en marche*. Numéro spécial de Partisans, Maspero, Paris.

GALDO (R.) y MARTINEZ (H.). — *Introducción a la sociedad y cultura andinas del Perú*. Lima. Fundación para el Desarrollo Internacional, 1966, 183 p. (ronéoté).

GARCIA (A.). — *Perú : Una reforma agraria radical*. Comercio exterior, vol XX, n° V, mai 1970, 390-394 p.

GARCIA (A.). — *Reforma agraria y dominación social en America Latina*. Ed. S.I.A.P., Buenos Aires, 1973.

Hacienda en el Perú (La). H. FAVRE, Cl. COLLIN DELAVAUD, J. MATOS MAR, Lima, Instituto de Estudios Peruanos, 1967.

HARGOUS (S.). — *Les oubliés des Andes*. Paris, Fr. Maspero, 1969, 126 p.

HOLMBERG (A.). — *Social change in Latin America Today*. New York, Vintage Bock, (cf. le Pérou p. 63-107). — *The process of accelerating comunity change*. Human organization, vol 21, n° 2, 1962, p. 107-124.

Informe de la mision conjunta de las Naciones Unidas y los organismos especializados para el estudio de los problemas de las poblaciones indígenas andinas. — Informe preparado para los gobiernos de Bolivia, Ecuador, Perú, Ginebra, 1963, 2 vol.

INSTITUTO DE ESTUDIOS PERUANOS. — *Cinco ensayos por* : MATOS MAR, BONDY, BRAVO BRESANI, COTLER, ESCOBAR, Lima, Ed. F. Moncloa, 1968, 197 p. — *El indio y el poder en el Perú rural* : FUENZALIDA, MAYER, ESCOBAR, BOURRICAUD, MATOS, Lima, 1970, 214 p. — *La hacienda, la comunidad y el campesinado en el Perú* : KEITH, FUENZALIDA, MATOS, COTLER, ALBERTI, Lima, 1970, 220 p. — *Perú Hoy* : FUENZALIDA, COTLER, BRAVO BRESANI, MATOS, etc. México, Siglo XXI, 1971, 367 p. — *Dominación y cambios en el Perú rural* : MATOS MAR, WHYTE, COTLER, ALBERTI, ALERS, FUENZALIDA, WILLIAMS, Lima, 1969, 375 p. — *Aspetos sociales de la Educación en el Perú* : G. ALBERTI, J. COTLER, Lima, etc., Lima, 1972, 149 p. — *La obligarquía en el Perú*. 3 ensayos y una polémica : BOURRICAUD, BRAVO BRESANI, FAVRE, PIEL, Lima, 1969, 231 p.

INSTITUTO INDIGENISTA PERUANO. — *Sicuani*. Sub-proyecto de investigación en la IV zona de Desarrollo comunal Canas-Canchis :
— GUTIERREZ (G.B.), MIRANDA (R.A.). — *El distrito de Tinta*. 1967.
— REVILLA (C.A.), etc. — *La comunidad de Conde*. 1967.
— REVILLA (C.A.), BAEZ DE REVILLA (A.).— Siete comunidades (Qeromarca, Machacmarca, Qea, Rajchi, Cuchuma, y Cocha), 1967.
— GUTIERREZ (G.B.). — *El área de Langui*. Layo, 1967.
— REVILLA (C.A.), BAEZ DE REVILLA (A.). — *Información estadística de la migración de un area de Canchis*. 1967, 23 p.
— *Estudio de cinco áreas de Andahuaylas*. (Chincheros, Huancarama, Turpo-Huancaray, Pacucha, Andarapa, Tomayhuaraca-Pomacocha), 1967, GARCIA BLASQUEZ (R.), GIRON (S.CH.), VALLEJOS BURGOS (M.), 192 p.

INSTITUTO DE NUTRICION. — *La alimentación y el estado de nutrición en el Perú*. Lima, 1960, 343 p.

KUON CABELLO (J.). — *Alimentación del indio peruano*. Revista Universitaria, n° 95, Cuzco, 1948. — *Realidad sanitaria de los pueblos serranos*. Revista Universitaria, n° 94, Cuzco, 1948.

MALPICA (C.). — *Crónica del Hambre en el Perú*. Ed. Francisco Moncloa, Lima, 1966, 285 p. — *Guerra a muerte al latifundio*. Ed. Voz Rebelde, Lima, 1962, 277 p. — *Los duenos del Perú*. Ediciones Ensayos sociales, 3 edición, Lima, 1968.

MANGIN (W.). — *Las comunidades altenas en la America Latina*. Instituto Indegenista Interamericano, México, 1967, Serie antropología social, n° 5, 148 p. — *Haciendas, comunidades and strategic acculturation in the Peruvian Sierra*, « Sociologus », Berlin, vol. 7, n° 2, 1957, 142-146 p.

MARIATEGUI (J.C.). — *Siete ensayos de interpretación de la realidad peruana*. Lima, Biblioteca Amauta, 1928, (1re édition), 264 p. Edit. Franç. Maspero, 1968, (traduction de R. Mignon, préface de R. Paris), 289 p.

MARTINEZ (H.). — *Apuntes sobre el programa Cuzco*. Lima, sept. 1961, 9 p.
— *La hacienda Ccapana*. Lima, I.I.P. Série monográfica, n° 2, 45 p., 1962.
— *Las migraciones internas en el Perú*. « El indígenas de los Andes », I.S.A.L., Montevideo, 1966, 79-96 p.
— *Evolución de la propiedad territorial en el Perú*. Economía y agricultura, vol I, n° 2, Lima, 1963, fév. 1964, 99-108 p.
— *Hombre y altura en el Perú*. Algunos procesos de adaptación cultural, Wamani, ano II, n° 1, Ayacucho, 1967.
— *Tierra y desarrollo de la comunidad en Canas y Canchis*. Journal of inter-american studies, vol X, n° 4, oct. 1968, 517-533 p.

METRAUX (A.) ET GUTELMAN (M.). — *Les communautés rurales du Pérou*. Etudes rurales, n° 9, 6e section de l'Ecole pratique des hautes études, Paris, 1963.

MISKHIN (B.). — *The contemporary Quechua*. Handbook of South American Indians, vol. II, 411-470 p. Washington. — *Posesión de la tierra en la comunidad de Kauri* (Quispicanchis). Estudios sobre la cultura actual del Perú, U.N.M.S.M., Lima, p. 144-149.

MOLINIE-FIORAVANTI (A.). — *Influences urbaines et société rurale au Pérou ; le cas de Yucay*. Thèse de 3e cycle, Université de Paris V, nov. 1972, 377 p.

NEIRA SAMANEZ (H.). — *Cuzco Tierra o Muerte*. Lima, Graf. Panaméricana, S.A., 1964, 121 p.

NUNEZ DEL PRADO (O.). — *Apuntes etnográficos sobre San Sebastían*. Revista de la seccíon arqueológica de la Universidad Nacional del Cuzco, n° 3, Cuzco, 1949.
— *El hombre y la familia, su matrimonio y su organisacíon politico social en Q'ero*. Cuzco, avril 1957, 33 p.
— *Proyecto de Antropología aplicada del Cuzco*. Lima, mai 1959, 8 p.
— *Informes y planes de trabajo para el proyecto de Antropología aplicada del Cuzco - 1959-1960-1961-1962-1963*.
— *Informe sobre cuestiones antropológicas del área andina*. Perú Indígena, vol. VI, nos 14-15, 126-151 p.
— *El caso de Cuyo Chico (Cuzco)*. Lima, Instituto de Estudios Peruanos, 1970, 156 p.

NUNEZ DEL PRADO (O.) Y VASQUEZ (M.). — *Informe del viaje a Q'ero*. Lima, oct. 1958, 19 p.
— *Informe sobre la selección de un sitio para la instalación del primer centro piloto del proyecto de antropología aplicada del Cuzco*. Cuzco, julio 1959, 6 p.

O.I.T. — *Condiciones de vida y de trabajo de las poblaciones indígenas de América latina*. Genève, 1949, 1948 p.

PALACIO PIMENTEL (H.G.). — *Relaciones de trabajo entre el patrón y los colonos en los fundos de la provincia de Paucartambo*. Revista Universitaria del Cuzco. n° 118, 1960, n° 120, 1961.

PIEL (J.). — *Evolution historique des communautés indiennes du Pérou*. Notes et Etudes documentaires, problèmes d'Amérique latine, la documentation française, juillet 1971, nos 3820-3821.

PIEL (J.). — *Sur l'évolution des structures de domination interne et externe de la société péruvienne*. L'homme et la société, Sociologie et Tiers Monde, n° 12, avril-mai-juin 1969, 117-138 p.

PIEL (J.). — *L'oligarchie péruvienne et la structure du pouvoir*. La pensée, février 1967, Paris.
— *Le problème de la terre dans la région du Cuzco à l'époque contemporaine* (fin XIXe, début du XXe siècle). R.C.P. 147, Villes et régions en Amérique latine, Cahier n° 1, Paris 1970, 5 à 10 p.
— *Un soulèvement rural péruvien : Tocroyoc* (1921). Revue d'histoire moderne et contemporaine, tome XIV, oct. 1967.
— *Capitalisme agraire au Pérou*. 1er volume, Paris, Anthropos, 1975.

PROBLEMES AGRAIRES DES AMÉRIQUES LATINES (Les). Paris, 1965, C.N.R.S. Voir en particulier les articles de R. P. SCHAEDEL, O. DOLLFUS, J.M. ARGUEDAS, E. J.E. HABSBAWM.

QUIJANO (O.A.). — *El movimiento campesino del Perú y sus líderes*. América latina, ano 8, n° 4, Rio de Janeiro, 1965, 43-65 p.

ROEL PINEDA (V.). — *Problemas de la economía peruana*. Lima, Tall. Gráfica popular, 1959, 159 p.
— *La economía agraria peruana*. Lima, 1961, 2 volumes.

SABOGAL WIESSE (J.R.). — *La comunita indigena del Perú*. Revista di Agricoltura subtropicale e tropicale, Anno XLVI, n° 79, 1952, 239-246 p.

SALAZAR BONDY (A.). — *La cultura de la dependencia*. Lima, I.E.P., 1966.

SCHAEDEL . — *La demografía y los recursos humanos del Sur del Perú*. Instituto de antropología social 8, México, 1967, 116 p.

Seoane Corrales (E.). — *Surcos de paz*. Lima, Industrial Gráfica, 1963, 355 p.

Stavenhagen (R.). — *Clases, colonialismo y aculturacion*. América latina, VI, 1963.
— *Marginalité, participation et structure agraire en Amérique latine*. Institut international d'études sociales, bulletin n° 7, juin 1970.
— *Les classes sociales dans les sociétés agraires*. Ed. Anthropos, Paris, 1969.

Tax (S.), — *Penny capitalism ; a Guatemala indian economy*. Institute of Social Anthropology, n° 16, Washington, 1953.

Valcarcel (L.E.). — *La cuestión agraria en el Cuzco*. Tesis de doctorado, Universidad San Antonio Abad del Cuzco, 1914.
— *Indian markets and fairs in Peru*. Handbook of South American Indians. vol. 2, Washington, 1946.
— *Ruta cultural del Perú*. Ed. Nuevo Mundo, Lima, 1964, 239 p.

Vasquez (M.). — *Hacienda Peonaje y Servidumbre en los Andes Peruanos*. Monografías. Andinas, n° 1, Lima, 1961, 63 p.
— *La antropología cultural y nuestro problema del Indio*. Tesis, publié dans Perú Indígena, vol. II, n° 5-6, Lima, 1952.
— *Cambios en la estratificación social en una hacienda andina del Perú*. Revista del Museo Nacional, 1955.

Williams Lyden (S.). — *Land Use Intensity and Farm size = Traditional Agriculture in Cuzco Perú*. University of Kansas, 1973, (Microfilmed. University Microfilms) (Ph. D. Dissertation, 1973).

Whyte (William F.), Williams (Lawrence K.). — *Factores económicos y no económicos en el desarrollo rural*. Contribucion a una teoría integrada del desarrollo, Lima, I.E.P., 1968, 61 p.
— *Imitación e inovación*. Instituto de Estudios Peruanos n° 3, Lima, 1966, 48 p.

Problèmes agraires et économiques des terres chaudes :

Anonyme. — *Centenario de la Convención*. 1958.

Bues (C.). — *Aspectos económicos varios del valle de la Convención*. Revista Universitaria, Cuzco, n° 87, 2e semestre, ano XXXIII, 1944, 187-201 p.

Craig (W.). — *Migración de la Sierra hacia la ceja de Selva*. Universidad agraria, Lima, 1967.
— *El movimiento campesino en la Convención* (Perú). La dinámica de una organización campesina, Instituto de Estudios Peruanos, Lima, 1968, 33 p.
— *From hacienda to community : an analysis of solidarity and social change in Peru*. Cornell University, 1970.

Cuadros y Villena (C.F.). — *El arriendo y la Reforma agraria en la provincia de la Convención*. Tesis en Derecho y Ciencias políticas en 1942, Cuzco, 1949.

Dollfus (O.). — *Colonisation et développement agricole du piémont amazonien du Pérou*. Acta geográfica, n° 57, septembre 1965.

Eidt (R.). — *Pioneer settlement in Eastern Peru*. Annals of the Association of American Geographers, vol 52, sept. 1962, n° 3, 255-278 p.

Fioravanti (E.). — *Latifundium et syndicalisme agraire au Pérou ; le cas des vallées de la Convención et de Lares*. Diplôme de L'Ecole Pratique des Hautes Etudes. Paris, 1971, 250 p.

Gonzales del Rio (A.D.). — *Cinco Anos de médico en el Madre de Dios*. Instituto de Estudios tropicales Pio Aza, Lima, 1960, 143 p.

Girard (R.). — *Les indiens de l'Amazonie péruvienne*. Paris, Payot, 309 p.

Habsbawm (M.E.). — *Problèmes agraires de la Convención (Pérou)*. Dans les problèmes agraires des Amériques latines, Colloque C.N.R.S., Paris, 1967.
— *A case of neo-feudalism : la Convención (Perú)*. Journal of Latin American Studies, vol. n° 1, Paris, 31-50 p.

Jassaui (F.). — *El valle de Marcapata*. Monografía regional, Bol. Soc. Geog., Tomo LIII, 2 articles, Lima, 1936.

Martinez (H.). — *Elementos para un plan de desarrollo del valle de Tambopata*. Puno, Perú, Lima, Instituto Indigenista Peruano, 1964, 109 p.
— *Las migraciones altiplánicas y la colonización del Tambopata*. Lima, Centro de Estudios de Población y Desarrollo, 1969, 279 p.

Raison (J.-P.). — *La colonisation des terres neuves intertropicales.* Paris, Etudes Rurales, n° 31, 1968, 5-112 p.

Reforma Agraria. — *Informe para declarar zona de reforma agraria los valles de la Convención y Lares.* Cuzco, Reforma agraria, 1964.

Stewart (Norman R.). — *Migration and settlement in the peruvian montana : the Apurímac valley.* Geographical Review, april 1965, n° 2, 143-157 p.

Varese (S.). — *The forest indians in the present political situation of Péru.* Copenhagen, 1972, 28 p.

Wesche (R.). — *Recent migration to the peruvian montana.* Cahiers de géographie du Quebec, Quebec, 11e année, n° 35, sept. 1971, 251-266 p.

Problèmes Urbains et d'Aménagement Régional

Amorim Filho (O.B.). — *Contribution à l'étude des villes moyennes au Minas Gerais. Formiga et Sud-Ouest du Minas Gerais.* Thèse de 3e cycle, Bordeaux III, 1973, 368 p.

Antonioletti (R.). — *Las funciones regionales de la ciudad de Iquique.* Informaciones geográficas, 1966, p. 133-150.

Bataillon (C.). — *Villes et campagnes dans la région de México.* Paris Antropos, 1971, 443 p. Thèse de doctorat d'Etat, Paris 1970.
— *Les régions géographiques du Mexique.* Paris, I.H.E.A.L., 1968.

Bataillon (C.). — *Organisation administrative et régionalisation en pays sous-développés.* « L'espace géographique », tome III, n° 1, janvier-mars 1974, 5-11 p.

Beaujeu Garnier (J.) et Chabot (G.). — *Traité de géographie urbaine.* A. Colin, 1963.

Benoit (J.P.). — *El problema ciudad-campo en Haïti.* Estudios, Mexico, septembre 1970.

Berry (B.J.L.). — *Géographie des marchés et du commerce de détail.* Paris, A. Colin, Collection U2.

Bonfil (G.). — *Funciones de un centro regional secundario : Cholula.* Revista Mexicana de Sociología, oct.-dec., 1967, p. 939-952.

Brisseau (J.). — *Le rôle du Cuzco dans la colonisation de la « ceja de montana » et de la « montana ».* R.C.P., 147, Villes et régions en Amérique latine, Cahier n° 1, Paris 1970. p. 17 à 25.
— *Quelques aspects du rôle administratif du Cuzco.* R.C.P. 147, Villes et régions en Amérique latine, Cahier n° 1, Paris 1970, p. 11 à 16.
— *Le Cuzco dans sa région.* B.A.G.F., mars 1971.
— *Le rôle du camion dans les relations villes-campagne au Cuzco.* Les Cahiers d'Outre-Mer, n° 97, Bordeaux 1972.

Cardoso (F.H.). — *Los agentes sociales de cambio y conservación en América Latina (un programa de estudio).* Instituto de Estudios Peruanos, Lima, dec. 1967, 25 p.
— *Sociologie du développement en Amérique latine.* Anthropos 1969, 263 p.

Casimir (J.) et Lerner Sigal (B.). — *La estructura de dominación ciudad-campo (un marco teórico).* Revista Mexicana de Sociología, n° 31 (1), janv.-mars 1969, p. 129-142.

Castell (M.). — *La question urbaine.* Ed. Maspero, Paris, 1972, 454 p.

Cepal. — *El cambio social y la política de desarrollo social en América Latina.* New York, Naciones Unidas, 1969, 307 p.

Christaller (W.). — *Rapports fonctionnels entre les agglomérations urbaines et les campagnes.* Congrès International d'Amsterdam, 1938.

Claval (P.). — *Régions, nations, grands espaces.* Paris, 1968, 839 p.

Claval (P.) et Juillard. — *Région et régionalisme (Bibliographie analytique).* Paris, Dalloz, 97 p.

C.N.R.S. (Colloques). — *Le problème des capitales en Amérique latine.* Toulouse, 1964.
— *Régionalisation et développement.* Strasbourg, 1967.
— *Grandes villes et petites villes.* Lyon, Saint-Etienne, Grenoble, 1968.
— *La régionalisation de l'espace au Brésil.* Bordeaux, 1971.
— *La croissance urbaine en Afrique Noire et à Madagascar.* C.E.G.E.T., Talence, 1970.

Cole (J.). — *Geografía urbana del Perú.* Lima, Instituto de Etnografía y Arqueología, 1955.

Collin Delavaud (A.). — *Uruguay - Moyennes et petites villes.* Thèse de 3e cycle, I.H.E.A.L., Paris, 1972, 139 p.

COLLIN DELAVAUD (C.). — *Les rapports entre villes et campagnes dans les départements nord-côtiers du Pérou.* Note de la R.C.P., Villes et régions en Amérique latine, I.H.E.A.L., Paris, 1968.
— *La renaissance économique d'une vieille cité coloniale, Trujillo.* Actes du Colloque d'Etudes péruviennes d'Aix-en-Provence de 1966. Annales de la Faculté de Lettres d'Aix, 1968.
— *La côte Nord du Pérou à la recherche d'une métropole.* Annales de Géographie LXXIV, n° 403, p. 304-317.

IIe COLLOQUE GÉOGRAPHIQUE FRANCO-POLONAIS. — *Problèmes de formation et d'aménagement du réseau urbain.* Geographia polonica, n° 12, 1965.

CONTRERAS SANCHEZ (A.). — *La vivienda popular en la ciudad del Cuzco (sugerencias para una solución cooperativista).* Thèse de « bachiller » en Sciences Economiques. Cuzco, 1963.

COTLER (J.). — *La mecánica de la dominación interna y del cambio social en el Perú.* Instituto de Estudios Peruanos, n° 6, Lima, 1967.
— *Estructura social y urbanización ; algunas notas comparativas.* Documentos teóricos, n° 3, Lima I.E.P., avril 1967, 16 p.

COTTEN (A.-M.). — *Les villes de Côte d'Ivoire. Essai de typologie fonctionnelle.* La croissance urbaine en Afrique Noire et à Madagascar, Colloque du C.N.R.S., Talence, 1970, 19 p.
— *Le rôle des villes moyennes en Côte d'Ivoire.* B.A.G.F., 1973, n° 410, p. 619-625.

Cuzco. Documental del Peru n° 8, Ed. Ioppe S.A., feb., 1968, 175 p.

DELER (J.-P.). — *Lima 1940-1970 - Aspects de la croissance d'une capitale sud-américaine.* Travaux et documents, n° 15, C.E.G.E.T., 1974.

DELGADO (C.). — *Notas sobre mobilidad social en el Perú.* Lima, Instituto de Estudios Peruanos, 1967, 33 p. (Serie documentos teóricos).

DENIS (P.-Y.). — *Régions « sous-développées » et régions « déprimées » en Amérique ; intervention et aménagement.* Revista Geográfica n° 65, 1966, p. 109-123.
— *Desarrollo urbano y desarrollo regional. Relaciones ciudad-campo. El exemplo de la República Argentina.* Secundo Seminario sobre regionalizacion de las politicas de desarrollo en América latina, 1972, p. 209-223.
— *La ciudad y la region de San-Rafael Mendoza ; los factores geográficos del desarrollo. La geografía y los problemas de población.* Mexico, Sociédad Mexicana de Geografía y Estadística. 1966, tome I, p. 142-453.

DOLLFUS (O.). — *Un tipo de capital regional en un medio subdesarrollado. Cuzco.* In « La geografía y los problemas de población », México, Sociedad Mexicana de Geografía y Estadística, 1966, tomo I, p. 523-540.
— *L'espace géographique.* P.U.F., « Que sais-je ? », 1970.
— *Le rôle des villes sur leur environnement et dans la formation des régions en pays sous-développés.* Regionalisation et développement, Paris, 1968, p. 254-267.
— *Remarques sur quelques aspects de l'urbanisation péruvienne.* Actes du colloque d'études péruviennes d'Aix-en-Provence de 1966, Annales de la Faculté de Lettres d'Aix, 1968.
— *Quelques remarques sur le poids de la capitale dans l'économie péruvienne.* Cahiers du monde hispanique et luso-brésilien, Caravelle, 1964, p. 289-302.

DORSELAER (J.). — *Les facteurs de l'urbanisation et la crise tertiaire en Amérique latine.* Cahiers de l'I.H.E.A.L. 1965, p. 25-49.

DUGRAND (R.). — *Villes et campagnes en Bas-Languedoc.* P.U.F., 1963, 638 p.

DURAND (G.). — *La banlieue Est du Cuzco et son expansion contemporaine.* Mémoire de maîtrise de Géographie, Centre Universitaire de Vincennes, 1970, 165 p.

ESPACES ET SOCIÉTÉS, n° 3, juillet 1971. — *Impérialisme et urbanisation en Amérique latine.*

FRIEDMANN (G.). — *Villes et campagnes.* Paris, A. Colin.

GACHON (L.). — *Géographie des rapports villes-campagnes.* Liège, 1957.

GADE (D.W.). — *Ayacucho, Perú - un caso notable de aislamiento regional en Latinoamérica.* In « La geografía y los problemas de población, Union Geográfica Internacional. Conferencia regional latinoamericana, tome I, México 1966, p. 89-96.

GAIGNARD (R.). — *Les villes du sous-développement ; le cas du Paraguay.* Revue géographique des Pyrénées et du Sud-Ouest, tome 43, fasc. 4, oct. 1972.

GERMANI (G.). — *La ciudad como mecanismo integrador.* Revista Mejicana de Sociología, juill.-sept. 1967.

GEORGE (P.). — *Précis de Géographie urbaine.* P.U.F., 1961.

GEORGE (P.). — *Puede ser transferida a America latina la noción de red urbana tal como ha sido definida en Europa ?* Simposio de geografía urbana del Instituto Panamericano de Geografía e Historia, Buenos Aires, juin, 1966.

HAGETT (P.). — *L'analyse spatiale en géographie humaine*. Paris, A. Colin, Collection U, 1973, 390 p.

HARRIS (W.D.). — *La vivienda en el Perú*. Washington D.C., Union Panamericana Dep. de Asuntos Soc., 1963, 353 p.

HAUSER (P.M.). — *L'urbanisation en Amérique latine*. Paris-U.N.E.S.C.O., 1962.

Instituto de Planeamiento de Lima. — *Criterios de regionalisación*. — CARBAJAL (F.) Lima, 1966.
— *Criterios básicos para la organisación territorial de la planificación regional y sectorial*. Simposio de planificación, Lizarraga, Armas, Solis. Lima, 1967.

JUILLARD (E.). — *La région ; essai de définition*. Annales de Géographie, sept.-oct. 1962, p. 483-499.

KAYSER (B.). — *Les divisions de l'espace géographique dans les pays sous-développés*. A.G., n° 412, 1966, p. 686-697.
— *El espacio rural y el nuevo sistema de relaciones ciudad-campo*. Revista de Geografía n° 2, 1972, p. 208-217.

KUBLER (G.). — *Cuzco. La recontruction de la ville et la restauration de ses monuments*. Rapport de la mission envoyée par L'U.N.E.S.C.O. en 1951, Paris, 47 p.

LABASSE (J.). — *L'organisation de l'espace*. Paris, Hermann, 1966.

LACOSTE (Y.). — *Le problème des réseaux urbains dans les pays sous-développés*. Geographia Polonica, 12 (1967), p. 233-240.

LEFEBVRE (H.). — *Du rural à l'urbain*. Paris, Ed. Anthropos, 1970.

LELOUP (Y.). — *Les villes du Minas Gerais*. Thèse de doctorat d'Etat, Paris 1970, I.H.E.A.L., 302 p.
— *Déséquilibres régionaux au Brésil*. In Problèmes d'Amérique latine, n° 24, juil. 1972, p. 83-90.

MALENGREAU (J.). — *Incidences sociales de l'emploi dans un village andin*. Manpower and unemployment research in Africa, vol. II, n° 1, april 1969, MacGill University, Montreal, Quebec, Canada.
— *Solidarité et antagonismes dans un district rural des Andes péruviennes*. Cultures et développement, tome IV, n° 4, Université Catholique de Louvain, 1972.

MATOS MAR (J.). — *La urbanización y los cambios en la sociedad y cultura peruana*. Cuadernos de antropología, vol. IV, n° 9, Lima, 1966, p. 1-10
— *Diagnóstico del Perú ; cambios en la sociedad peruana*. Revista del Museo Nacional, Tomo XXXII, Lima, 1963, p. 294-307.

MINISTERIO DE VIVIENDA. — *Cuzco, esquema de expansión urbana*. Dirección general de desarrollo urbano. Oficina zonal del Cuzco, marzo, 1972.

NEGRE RIGOL (P.) Y BUSTILLOS GALVEZ (F.). — *Sicuani 1968 - estudio socio-religioso*. Cuernavaca - Centro intercultural de documentación, 1970.

NUNEZ DEL FRADO (O.). — *Sicuani : un pueblo grande. Reacción social para la colonización de Maldonado*. Lima, serie Monográfica, n° 7, 1962, 50 p.

O.N.P.U. (Oficina Nacional de Planeamiento Urbano). — *Estudio de polos regionales*. Lima, 1966, 2 tomes. — *Guía de ciudades del Peru*. Lima, 1955. — *Delimitación de unidades de desarrollo*. (Dr C. MERINO).

O.R.D.E.S.U.R. — *Los centros de apoyo en la estrategía de desarrollo del Sur*. Arequipa, 1970.

O.R.S.T.O.M. — *Les petites villes de la Côte d'Ivoire. Essais monographiques*, vol. I, n° 1, Centre d'Adiopodoune, 1968. — *Les petites villes de la Côte d'Ivoire. Essais monographique*, série Sciences Humaines, vol. 1 et 2, 1969.
— *Série Sciences Humaines*, vol. 7, n° 4, 1970 (article de ANCEY G.). Vol. 9, n° 3, 1972 (articles de CHAMPAUD-FRANQUEVILLE.)

OSORIO ZAMALLOA (A.). — *Ensayo de investigación socio-economica sobre condiciones de vida de los trabajadores obreros del Cuzco en función de sus presupuestos familiares*. Revista de la Fac. de Ciencias Econom. y Comerciales, n° 58, U.N.M. de San Marcos, Lima, 1958, p. 154-285.

Proceso de urbanización en América desde sus origenes hasta nuestros días (El). — Ouvrage dirigé par HARDOY (J.-E.) et SCHAEDEL (R.-P.), Buenos Aires, 1969, 364 p.

PROST (M.-A.). — *La hiérarchie des villes en fonction de leurs activités de commerce et de service*. Paris, Gauthier-Villars, 1965.

QUIJANO (O.-A.). — *Dépendance, changement social et urbanisation en Amérique Latine*. In Amerique Latine, crise et dépendance (sous la direction de Luciano Martins), Anthropos, 1972, p. 237-314.

R.C.P., N° 147. — *Villes et régions en Amérique Latine.* Cahier n° 1, Paris, 1970, I.H.E.A.L. Cahier n° 2, Paris, 1973, I.H.E.A.L. — *Le rôle des villes dans la formation des régions en Amérique Latine.* (présentation générale par O. DOLLFUS). B.A.G.F., n° 382-83, juin-novembre, 1970, p. 183-184.

Régionalización en el Perú con fines de planificación. Por MERINO (L.), SILVA (J.), ROSSI (R.), GIANELLA (J.).

RICH (D.). — *Sicuani et sa région.* Paris, I.H.E.A.L., 1972 (thèse 3e cycle).

RIVIERE d'ARC (H.). — *Guadalajara et sa région ; influences et difficultés d'une métropole mexicaine.* Thèse de 3e cycle, I.H.E.A.L., 1970, 229 p.

ROCHEFORT (M.). — *L'armature urbaine et le réseau urbain. Notions et problèmes méthodologiques d'analyse.* Revista geográfica n° 63, t. XXXV, 2e semestre, 1965, p. 33-50. — *L'organisation urbaine de l'Alsace.* — Thèse de doctorat. Gap, Ed. Ophrys, 1960.

RODRIGUEZ NOBOA (P.). — *Polarización urbana regional - Análisis social.* Arequipa, Universidad Nacional de San Agustín. Dep. de Sociología, 1970, 52 p.

ROULET (E.). — *La red urbana en una región subdesarrollada (región. Nd-Este de la Argentina).* Desarrollo económico, julio, 1969, vol. IX, 34 p.

SANTOS (M.). — *Jerarquía urbana y posibilidades de intervención en paises subdesarrollados.* Boletín de la Sociedad de Geografía de Lima, t. LXXXVI, 1967, p. 28-34. — *Dix essais sur les villes des pays sous-développés.* Paris, Ed. Ophrys, 1970, 121 p. — *Modèles d'élaboration des réseaux urbains dans les pays sous-développés.* Bulletin de la Société Geographique de Liège, n°4, 1969, p. 11-22. — *Aspects de la géographie et de l'économie urbaine des pays sous-développés,* C.D.U., Paris, 1969.

SAUTTER (G.). — *L'étude régionale : réflexion sur la formule monographique en géographie humaine,* l'Homme, n° 1, 1961.

SCOVAZZI (E.). — *Sur le rôle de la ville coloniale et néo-coloniale dans la formation sociale sud-américaine.* Espaces et sociétés, n° 3, juillet 1971, 25-33 p. — *Esquisses sur le développement urbain de l'Amérique du Sud de colonisation espagnole et de l'Argentine.* Paris, 1972, 357 p. (Thèse d'Université).

IV - SEMINARIO UNIVERSITARIO INTERAMERICANO. — *El problema de la migración urbaha en América Latina.* New-Orleans, décembre 1968. Revista de la Sociedad Interamericana de Planificación 2(8), 1968, 28-31 p.

S.E.R.H. (Servicio del empleo y recursos humanos). — *La población, el empleo y los ingresos en 8 ciudades del Perú.* Enquête réalisée en novembre 1969, publiée en avril 1971.

TIERS-MONDE. — *La ville et l'organisation de l'espace dans les pays en voie de développement,* tome XII, n° 45, janvier, mars 1971.

TRICART (J.). — *Un ejemplo del desequilibrio ciudad-campo en una economía en vía de desarrollo : el Salvador.* Cuadernos latino americanos de Économía Humana, Montevideo (15), 1964, 229-255 p.

URBANIZACION (LA) Y LA PLANIFICATION URBANA EN AMERICA LATINA. — Revista de la sociedad interamericana de planificación, 2(5-6), 1968, 52-57 p.

URBANIZACION Y DEPENDENCIA EN AMERICA LATINA. — Articles présentés par Martha SCHTEINGART. Ed. S.I.A.P., Buenos Aires, 1973, 373 p.

URBANIZACION Y PROCESO SOCIAL EN AMERICA. — Instituto de Estudios Peruanos, Lima, 1972, 404 p.

VILLE (LA) ET LA REGION. — Annales de géographie, n° 406, nov., déc. 1965.

WEISSLITZ (J.). — *Migration rurale et intégration urbaine au Pérou.* Espaces et sociétés, n° 3, juillet 1971, 45-69 p.

ZAMORANO (M.). — *La red de ciudades de la república Argentina.* Evolución y problemas, dans « la Geografía y los problemas de población », México, Sociedad Mexicana de Geografía y Estadística, 1966, tomo I, 493-505 p.

PREMIÈRE PARTIE
LA VILLE ET SA RÉGION

CHAPITRE I. — La ville du Cuzco 11

I. — **Les avantages du site et de la localisation** 12

II. — **L'évolution historique** 14
    A. Les premières fondations 14
    B. La ville incaïque 15
    C. La ville coloniale 18
    D. Le cuzco républicain 23
        1. Le déclin du Cuzco au XIXe siècle 23
        2. Le renouveau de la ville au début du XXe siècle 23
        3. Les étapes de la croissance urbaine récente (après 1950) 25

III. — **Les types de quartiers** 31
    A. Le centre colonial 32
    B. Les quartiers populaires 33
        1. Terminologie utilisée 33
        2. La formation des quartiers populaires 34
        3. L'habitat dans les quartiers populaires 39
        4. La population 41
    C. Les nouveaux quartiers des classes moyennes et aisées 44
        1. Les lotissements et immeubles du secteur public 44
        2. Les lotissements des associations professionnelles 46
        3. Les cités des sociétés immobilières 47

IV. — **La concentration des fonctions urbaines dans le centre** 49

CHAPITRE II. — Une région montagneuse peu urbanisée et pauvre 57

I. — **Existe-t-il une région naturelle du Cuzco ?** 57
    A. Les vallées et plaines quechuas 63
        1. La vallée du Vilcanota-Urubamba 63
        2. La vallée de l'Apurímac. 67
        3. Le plateau de Maras - Chincheros et la plaine d'Anta 67
        4. Le climat et la végétation : a) l'étage quechua 68
                                          b) les franges froides et chaudes 71
    B. Cordillères et punas 74
        1. La chaîne orientale (Cordillères du Vilcanota et de Vilcabamba) 75
        2. Les hautes terres méridionales 75
        3. Climat et végétation 76
    C. Le versant oriental des Andes et le piémont amazonien 78
    D. La montana 81

II. — Un milieu humain peu urbanisé et fortement indigène	84
A. LA RÉPARTITION DU PEUPLEMENT ; étude des densités	85
B. UN MILIEU FAIBLEMENT URBANISÉ	93
1. Définition du concept de ville	93
2. Répartition géographique de la population urbaine et des villes	99
C. QUELQUES ASPECTS DE LA VIE RURALE	107
1. Culture indigène, culture métisse	107
2. Les structures agraires et leur évolution historique	110
a) La communauté paysanne	110
b) L'hacienda	113
— La formation de l'hacienda	113
• L'hacienda est un héritage colonial	113
• Les progrès de la grande propriété après l'Indépendance	114
— Le système de l'hacienda cuzquénienne traditionnelle	116
• La structure géographique de l'hacienda	116
• La structure socio-économique de l'hacienda : le système du colonat	121
• Le système de l'arriendo dans les vallées de la Convención et de Lares	125
c) La petite et la moyenne propriété	128
3. Un monde rural pauvre	129
a) L'accroissement démographique	129
b) Des techniques de culture qui restent traditionnelles	132
c) Faiblesse des revenus et des niveaux de vie	137
CHAPITRE III. — L'évolution historique des fonctions et de l'influence régionale de la ville du Cuzco	145
I. — A l'époque incaïque, Cuzco capitale d'un vaste Empire	146
II. — Le Cuzco à l'époque coloniale, foyer économique important du Haut-Pérou	149
A. Le nouveau cadre régional et ses activités économiques	149
B. Les fonctions et l'influence régionale de la ville	153
III. — Le Cuzco républicain	156
A. La décadence de l'économie régionale	156
B. Les fonctions de la ville au XIXe siècle	159
C. Le réveil économique et ses conséquences (fin du XIXe et début du XXe siècle)	160
D. Les progrès de la ville au début du XXe siècle	163
E. Le Cuzco en 1950	165
F. Les conditions nouvelles du développement après 1950	166
CONCLUSION	169

DEUXIÈME PARTIE
LES INFLUENCES DE LA VILLE DU CUZCO DANS SA RÉGION

CHAPITRE IV. — L'influence du Cuzco sur l'agriculture de sa région 173

I. — Le domaine foncier de la ville 174
    A. Les sources 174
    B. Les types de propriétés 179
        1. Les propriétés de l'Église et des collectivités publiques 179
            • Les terres de l'Assistance Publique 179
            • Les terres des collèges et de l'Université 181
            • Répartition géographique des terres des collectivités 183
        2. Répartition des propriétés des Cuzquéniens 183
        3. Les moyennes et petites propriétés privées 192
    C. Évaluation des revenus dans le système de l'hacienda traditionnelle 194

II. — Le rôle du Cuzco dans les transformations récentes de l'agriculture 199

    A. Les transformations de la structure de l'hacienda 201
        1. La disparition du colonat traditionnel 201
        2. Les progrès du morcellement des propriétés et des formes de fermage 202
    B. La diffusion des crédits agricoles et le rôle des organismes de développement 203
    C. L'influence de la ville sur la modernisation des techniques agricoles 208
        1. La mécanisation 208
        2. L'utilisation des engrais et des produits industriels pour l'agriculture et l'élevage 214
    D. Les transformations des cultures 219
        1. Les progrès des cultures traditionnelles 221
            a) Dans l'étage quechua : l'orge et la pomme de terre 221
            b) L'évolution des cultures dans la ceja de montana 231
        2. L'apparition de cultures nouvelles 235
    E. L'influence de la ville sur les transformations de l'élevage 237
        1. Les conditions 237
        2. Les degrés dans la modernisation 239

CHAPITRE V. — Le rôle du Cuzco dans les activités commerciales 251

I. — Le Cuzco : un des plus importants nœuds de communication de la Sierra péruvienne ... 252
    A. L'importance croissante du trafic routier 252
        1. Le réseau des routes 252
        2. Les lignes d'autobus et les services de camions dans la région Sud-Est 255
        3. L'accroissement du trafic routier 256
        4. Le développement d'activités urbaines liées aux transports routiers 261
        5. L'impact du camion sur les activités et la population régionales 266
    B. La concurrence du rail et de la route dans la région du Cuzco 268
    C. L'importance régionale du trafic aérien 271
    D. Les postes et télécommunications 273

II. — Le rôle du Cuzco dans le commerce des produits de l'agriculture et de l'élevage	278
A. Le commerce des produits agricoles de l'étage quechua	279
B. Le Cuzco contrôle de moins en moins la commercialisation des produits de la ceja de montana	280
C. Le commerce du bois	283
D. Le commerce du bétail	284
E. Les problèmes du ravitaillement de la ville	285
III. — Les formes du commerce urbain et régional et leur évolution récente	289
A. Les magasins	289
1. La multiplication récente des commerces en province	291
2. Les types de magasins	294
B. La renaissance des marchés et des foires	295
1. Les fonctions du marché du Cuzco	299
C. Les marchands ambulants	300
IV. — Le rôle du Cuzco dans la distribution des produits fabriqués	301
A. Les magasins de la ville	301
1. Les types de magasins	301
2. Les magasins à vocation régionale	302
3. Le sous-équipement régional en matière de commerces de gros et spécialisés	303
B. La faiblesse des capitaux et des initiatives commerciales du Cuzco	304
C. Les limites de l'aire d'influence commerciale	306
1. Les limites géographiques	306
2. Limites en fonction du type de marchandises vendues	312
3. Les limites socio-économiques	313
V. — Le commerce des capitaux	316
CHAPITRE VI. — Le rôle du Cuzco dans les activités industrielles et touristiques de sa région	329
I. — Le Cuzco face à la crise des industries rurales	330
II. — Les industries du Cuzco et leur influence régionale	332
A. Les conditions	332
1. Le problème des capitaux	333
2. Le problème des hommes	334
3. Un facteur très favorable : l'électricité	335
B. Les caractères de l'industrie urbaine	335
C. Le rôle régional de la petite industrie	337
D. L'influence régionale de la grande industrie urbaine	340
E. L'avenir industriel du Cuzco	346
III. — Le faible rôle du Cuzco dans les activités minières	347
IV. — L'essor du tourisme	351

CHAPITRE VII. — Le rôle du Cuzco dans l'administration et les services 361

I. — Le Cuzco conserve le contrôle des divisions administratives 362

II. — Le déséquilibre des services entre le Cuzco et sa région 371

III. — L'aire d'influence des grands services cuzquéniens 381

IV. — L'influence des services et des fonctionnaires dans les aires rurales 386
    A. Le mécanisme de la domination interne 386
    B. Le problème de l'accessibilité des services 388

CHAPITRE VIII. — Les influences des relations ville-région sur la population 391

I. — L'importance des migrations : 392
    A. Faiblesse de l'immigration 392
    B. L'émigration 395
        1. Les provinces de départ et les mécanismes de l'émigration 395
        2. Les pôles d'attraction régionaux 399

II. — L'évolution de la population de la ville du Cuzco 402
    A. Structure par âge et par sexe 403
    B. Structure professionnelle 404
    C. Évolution de la société urbaine 409

III. — L'évolution de la population régionale 413
    A. Structure démographique et professionnelle 413
    B. Évolution de la société rurale 418

TROISIÈME PARTIE
LA NOUVELLE ORGANISATION RÉGIONALE.

CHAPITRE IX. — Les types de région en fonction des nouvelles influences urbaines 425

I. — Les facteurs favorables à la pénétration des influences urbaines 425
    A. Rappel des influences de la ville du Cuzco dans sa région 425
    B. L'équipement en services 429
    C. Les facteurs démographiques et socio-économiques 433

II. — Les types de région en fonction des influences du Cuzco 440

CHAPITRE X. — L'armature urbaine régionale 457

I. — Petites villes et bourgs de la région du Cuzco 458
    A. Le paysage urbain des petites villes et bourgs 461
    B. Les fonctions des petites villes 479
        1. La fonction administrative et les services 479
        2. Les fonctions commerciales 480
        3. La fonction industrielle 483
        4. La fonction résidentielle 486
    C. Les aires d'influence des petites villes du Cuzco 487
    D. La population 492

II. — La structure urbaine régionale 496

    A. L'élaboration de la structure urbaine régionale 496

        1. L'évolution démographique des agglomérations à travers les recensements de population 496

        2. La formation de l'armature urbaine 502

            a) Première étape de l'organisation régionale 503

            b) Deuxième étape de l'organisation régionale 504

            c) Troisième étape de l'organisation régionale 505

            d) Quatrième étape de l'organisation régionale 507

    B. Les problèmes du réseau urbain régional 513

        1. Le rôle des services et des organismes administratifs dans l'organisation de l'espace régional 513

        2. Les activités économiques et l'organisation de l'espace régional 515

            a) Les difficultés du Cuzco à la tête de la hiérarchie urbaine 516

            b) Les types de centres créés par les activités d'échanges 516

            c) Une nouvelle hiérarchie urbaine sans cesse remise en question 519

    C. Intégration dans le système urbain du Sud péruvien 522

CONCLUSION 529

ANNEXE N° 1. Liste des domaines de l'Église du Cuzco (en 1969) 531

ANNEXE N° 2. Liste des domaines de l'Assistance Publique du Cuzco 532

ANNEXE N° 3. Liste des biens fonciers du Collège des Sciences du Cuzco 533

ANNEXE N° 4. Équipement sanitaire des districts de la région du Sud-Est 536

LEXIQUE 541

MESURES UTILISÉES LOCALEMENT 542

MOTS QUECHUAS FRÉQUEMMENT UTILISÉS DANS LES NOMS DE LIEUX 542

BIBLIOGRAPHIE 543

TABLE DES FIGURES 558

TABLE DES TABLEAUX

PREMIÈRE PARTIE

    I. — Les provinces de la Région Sud-Est 7

CHAPITRE I

    II. — Croissance spatiale du Cuzco entre 1950 et 1973 30
    III. — Trafic de passagers dans les quartiers de l'Est du Cuzco (1973) 53

CHAPITRE II

    IV. — Étages climatiques dans la Région Sud-Est 72
    V. — Population de la Région Sud-Est selon les recensements de 1940, 1961, 1972 86
    VI. — Densités de population dans la Région Sud-Est 88
    VII. — Les principaux niveaux de la hiérarchie administrative péruvienne 96
    VIII. — Équipement en eau, électricité, tout-à-l'égout des agglomérations de la Région Sud-Est .. 98
    IX. — Population urbaine de la Région Sud-Est 100
    X. — Les agglomérations de la Région Sud-Est selon leur chiffre de population et leur rang administratif (recensement de 1961) 102
    XI. — Les agglomérations de la Région Sud-Est (dépassant 1 000 hab.) selon leur altitude 104
    XII. — Taux de croissance de la population de la Région Sud-Est 106
    XIII. — « Indianité » des populations de la Région Sud-Est (1961) 108
    XIV. — Types d'haciendas agricoles selon les étages écologiques dans les vallées quechuas 118
    XV. — Le système du colonat et des arrendires au Cuzco 123
    XVI. — Superficie des exploitations agricoles de la Région Sud-Est (1961) 130
    XVII. — Taux de natalité et de mortalité dans le département du Cuzco (1968) 131
    XVIII. — Aspect économique général du minifundiste du département du Cuzco 139, 140, 141
    XIX. — Analphabétisme dans la Région Sud-Est 142
    XX. — Milieux naturels et niveaux d'organisation de l'espace 171

DEUXIÈME PARTIE

CHAPITRE IV

    XXI. — Propriétés du département du Cuzco d'après la superficie 175
    XXI bis. — Résumé du tableau XXI 176
    XXII. — Propriétés du département du Cuzco supérieures à 50 hectares 177
    XXIII. — Terres de l'Église du Cuzco 180
    XXIV. — Terres du Collège et de l'Université du Cuzco 180
    XXV. — Terres de l'Assistance Publique du Cuzco 182
    XXVI. — Propriétés foncières des collectivités publiques du Cuzco (Répartition géographique) 184
    XXVII. — Domaine foncier des Cuzquéniens dans le département du Cuzco (ceja de selva non comprise) 188
    XXVIII. — Revenu d'une hacienda traditionnelle de la région du Cuzco (étage quechua) 196
    XXIX. — Revenu d'une hacienda traditionnelle de la puna 196
    XXX. — Prêts du Banco de Fomento Agropecuario à la moyenne et grande agriculture. Succursale du Cuzco 204
    XXXI. — Prêts du Banco de Fomento Agropecuario à la petite agriculture. Succursale du Cuzco ... 205
    XXXII. — Crédits du Banco de Fomento Agropecuario pour la campagne 1967-1968. Répartition par agence 207
    XXXIII. — Crédits du S.I.P.A. et du programme de développement des Communautés (Desarrollo Comunal) 207
    XXXIV. — Crédits du S.I.P.A., en 1968, selon les agences agricoles de la Région Sud-Est 209
    XXXV. — Crédits Agricoles de la C.R.Y.F 210

XXXVI.	— Répartition géographique des crédits de la C.R.Y.F	210
XXXVII.	— Exploitations agricoles selon le type de travail utilisé	212
XXXVIII.	— Exploitations agricoles et mécanisation	213
XXXIX.	— Exploitations agricoles et usage des engrais	215
XL.	— Usage des engrais dans la Région Sud-Est	216
XLI.	— Ventes d'engrais réalisées par la C.R.Y.F. de 1961 à 1970	218
XLII.	— Types, quantités (en kg), et valeur (en sols) des engrais utilisés dans la Région Sud-Est en 1969-1970	218
XLIII.	— Culture de l'orge en économie moderne	220
XLIV.	— Campagne 1967-1968 de crédits en semences de la brasserie du Cuzco	224
XLV.	— Culture du maïs en économie moderne	225
XLVI.	— Culture de la pomme de terre en économie moderne	226
XLVII.	— Productions agricoles du département du Cuzco et de la Région Sud-Est (étage quechua). Superficie cultivée et volume de la production	228
XLVIII.	— Superficie cultivée et progrès technique dans la XIe zone agraire	230
IL.	— Productions agricoles du département du Cuzco et de la Région Sud-Est (ceja de montana). Superficie cultivée et volume de la production	232
L.	— Valeur des productions agricoles du Cuzco et de la Région Sud-Est (1963-1970)	234
LI.	— L'élevage dans la Région Sud-Est ; nombre de têtes de bétail	244
LII.	— L'élevage dans la Région Sud-Est ; production et valeur de la production	245
LIII.	— Bilan de la Réforme Agraire au Cuzco en 1971-1972 et jusqu'à juin 1973	249

CHAPITRE V.

LIV.	— Distance de la ville du Cuzco aux principales agglomérations de la Région Sud-Est	254
LV.	— Les lignes d'autobus de la Région Sud-Est (1969)	257
LVI.	— Les liaisons par camions entre le Cuzco et sa région (1969)	258
LVII.	— Trafic du chemin de fer de Santa Ana (1951-1970)	269
LVIII.	— Trafic du chemin de fer Cuzco-Arequipa (1961-1970)	269
LIX.	— Trafic des aéroports de Cuzco, Puerto Maldonado, Quince Mil (1960-1970)	272
LX.	— Postes et Télécommunications dans la Région Sud-Est	274
LXI.	— Volume de la correspondance en 1970	275
LXII.	— Arrivage du bétail aux abattoirs du Cuzco	286
LXIII.	— Montant des ventes des entreprises commerciales des départements de la Région Sud-Est (1963)	292
LXIV.	— Montant des achats d'un comunero de Canchis et de Paruro	314
LXV.	— Dépôts des banques commerciales de la Région Sud-Est (1945-1970)	320
LXVI.	— Dépôts des banques commerciales de la Région Sud-Est. Taux de croissance (1945-1970)	321
LXVII.	— Crédits des banques commerciales de la Région Sud-Est (1945-1970)	322
LXVIII.	— Crédits des banques commerciales de la Région Sud-Est. Taux de croissance (1945-1970)	323
LXIX.	— Relation entre les dépôts bancaires et le chiffre de population des villes à l'échelle régionale en 1970	328
LXX.	— Les établissements industriels dans le département du Cuzco (1971)	328

CHAPITRE VI

LXXI.	— Les industries de la province du Cuzco (1971)	339
LXXII.	— Valeur de la production minière de la Région Sud-Est (en milliers de sols)	348
LXXIII.	— Nombre de touristes au Cuzco	352
LXXIV.	— Personnes employées dans le tourisme au Cuzco	352

CHAPITRE VII

LXXV.	— Niveaux administratifs dans la Région Sud-Est	364
LXXVI.	— Établissements scolaires de la Région Sud-Est	374
LXXVII.	— Population scolaire de la Région Sud-Est en 1968	376
LXXVIII.	— Aire d'influence de certains établissements d'enseignement du Cuzco	383

CHAPITRE VIII

LXXIX.	— Lieu de naissance des habitants des départements du Cuzco et de l'Apurímac (1961)	394
LXXX.	— Migrations réelles dans les provinces de la Région Sud-Est (pourcentage par province)	396
LXXXI.	— La population de la ville du Cuzco : accroissement et importance par rapport à la population provinciale et départementale	402
LXXXII.	— Évolution de l'âge de la population de l'agglomération du Cuzco entre 1961 et 1969	403
LXXXIII.	— Structure de l'emploi dans les villes du Sud du Pérou (1969)	405
LXXXIV.	— Niveau de l'emploi dans quelques villes du Pérou (1965-1970)	406
LXXXV.	— Salaire mensuel moyen dans les villes du Sud du Pérou	408
LXXXVI.	— Composition par sexe de la population de 14 ans et plus selon les recensements de 1940 et 1961	414
LXXXVII.	— Population active des départements de la région Sud-Est aux recensements de 1940 et 1961	415
LXXXVIII.	— Population active des départements de la Région Sud-Est, par province, aux recensements de 1940 et 1961	416

TROISIÈME PARTIE

CHAPITRE IX

LXXXIX.	— Influences du Cuzco selon les provinces de la Région Sud-Est.	426
XC.	— Équipement en services des provinces de la Région Sud-Est.	432
XCI.	— Caractères démographiques et urbains des provinces de la Région Sud-Est.	434
XCII.	— Caractères socio-économiques des provinces de la Région Sud-Est.	438

CHAPITRE X.

XCIII.	— Population, équipement, activités des petites villes de la Région Sud-Est.	459
XCIV.	— Population, équipement, activités des bourgs de la Région Sud-Est.	460
XCV.	— Les commerces spécialisés des petites villes et bourgs de la Région Sud-Est.	482
XCVI.	— Type d'industrie des petites villes de la Région Sud-Est.	484
XCVII.	— Aires d'influence des petites villes de la Région Sud-Est.	488
XCVIII.	— Croissance démographique des villes et bourgs de la Région Sud-Est.	498
XCIX.	— Hiérarchie des agglomérations de la Région Sud-Est.	520
C.	— Évolution de la population des principales villes péruviennes de 1876 à 1972.	524

TABLE DES FIGURES

PREMIÈRE PARTIE

1. Localisation de la Région Sud-Est	5
2. Provinces et districts de la région Sud-Est	6

CHAPITRE I

3. Le Cuzco incaïque	19
4. Croissance urbaine du Cuzco de la Conquête espagnole à 1950	20
5. Croissance urbaine du Cuzco depuis 1950	28

CHAPITRE II

6. Carte orographique du Sud du Pérou	61
7. Les régions naturelles du Sud du Pérou	62
8. Densités de population (1961). Répartition par provinces	89
9. Répartition de la population (1961)	90
10. Répartition de la population urbaine par provinces (1961)	101
11. Répartition des haciendas le long des rives du Paucartambo	120

CHAPITRE III

12. Le Haut-Pérou colonial	152

DEUXIÈME PARTIE

CHAPITRE IV

13. Domaines des collectivités publiques du Cuzco. Répartition par districts	185
14. Domaines des collectivités publiques du Cuzco. Superficie par provinces	186
15. Domaines des Cuzquéniens. Répartition des propriétaires par provinces	189
16. Domaines des Cuzquéniens. Répartition des superficies par provinces	190
17. Avances de semences d'orge consenties par la brasserie du Cuzco en 1967-1968	223

CHAPITRE V

18. Les voies de communication dans la Région Sud-Est	253
19. Les lignes d'autobus à partir du Cuzco	259
20. Les principaux services de camions vers le Cuzco	260
21. Le trafic routier quotidien autour du Cuzco (mai 1971)	263
22. Télécommunications dans la Région Sud-Est	277
23. Ravitaillement en viande du marché du Cuzco (1969)	288
24. Aire régionale de ravitaillement en lait, fruits et légumes du marché du Cuzco	290
25. Aire d'influence réelle des maisons de gros du Cuzco	307
26. Aire d'influence des maisons de gros du Cuzco (d'après la place de chaque province dans leurs ventes annuelles)	308
27. Les banques commerciales dans la Région Sud-Est	317
28. Les banques commerciales et de développement dans la Région Sud-Est	318

CHAPITRE VI

29. Aire de distribution de la brasserie du Cuzco en 1971	342
30. Itinéraires touristiques autour du Cuzco	349

CHAPITRE VII

31. Répartition des services de santé dans la Région Sud-Est	367
32. Établissements scolaires dans la Région Sud-Est	368
33. Répartition des services d'encadrement agricole dans la Région Sud-Est	369
34. Les zones (OZAMS) de la O.R.A.M.S. VII-Cuzco, de SINAMOS (Sistema nacional de apoyo a la movilización social)	370
35. Pourcentages d'enfants scolarisés dans l'enseignement primaire (par rapport aux enfants de 5 à 14 ans)	373
36. Aire d'influence de l'hôpital régional du Cuzco	379
37. Aire d'influence de l'Université du Cuzco	384

TROISIÈME PARTIE

38. Types de régions en fonction des influences du Cuzco	442
39. Croissance urbaine de la ville de Sicuani	470
40. Croissance urbaine de la ville d'Abancay après 1950	471
41. Plan de la ville de Quillabamba	472
42. Plan de la ville de Puerto Maldonado	473
43. Aires d'influence commerciale des petites villes de la Région Sud-Est	489
44. Croissance démographique des villes entre 1950-1961 et 1961-1972	497
45. Croissance des capitales administratives de la Région Sud-Est de 1876 à 1972 (à l'exclusion du Cuzco)	499
46. Croissance des capitales admininistratives de la Région Sud-Est de 1876 à 1972	500
47. Modifications introduites dans la hiérarchie urbaine par l'ouverture de nouvelles voies de communication	518

TABLE DES PLANCHES PHOTOGRAPHIQUES

PREMIERE PARTIE

PLANCHE I.– Vue générale de la ville du Cuzco	27
PLANCHE II.– «Pueblos jovenes» du Cuzco»	37
Photo A et B	
PLANCHE III.– Quatre foyers urbains importants pour les relations Cuzco-Region.	38
PLANCHE IV.– Quartiers modernes du Cuzco.	45
Photo A. La Cité Mariscal Gamarra	
Photo B. Le lotissement de Santa Monica et la Chapelle du Séminaire	
PLANCHE V.– La Sierra du Cuzco.	59
PLANCHE VI.– L'univers magique des Quechuas	60
PLANCHE VII.– La moyenne vallée de Vilcanota	65
Photo A. Dans la province de Canchis	
Photo B. Lagune et hameau de Huarcarpay	
PLANCHE VIII.– Cônes de déjection dans la vallée du Vilcanota à Urubamba	66
PLANCHE IX.– Sites de villages à la limite supérieure de l'étage des céréales	69
Photo A. Accha (Province de Paruro)	
Photo B. Omacha (Province de Paruro)	
PLANCHE X	70
Photo A. La vallée de l'Apurimac	
Photo B. Col de Huaylla Apacheta	
PLANCHE XI.– La Ceja de Montaña dans la vallée de la Convención	79
Photo A. Versants au-dessus de la Maranura à Versalles	
Photo B. «Plantations» de caféiers à Chaco-Huayanay	
PLANCHE XII	124
Photo A. Cultures de pommes de terre dans la Puña	
Photo B. Travail du sol à la Chaki-taclla	
PLANCHE XIII.– Types humains de la Sierra.	133
Photo A. Mariage de paysans quechuas à Ocongate	
Photo B. Paysanne de la Puña filant à quehue	
PLANCHE XIV.	134
Photo A. Écoliers métis à Huallabamba	
Photo B. Enfants de Machigengas dans la mission de Shintuya	

DEUXIEME PARTIE

PLANCHE XV.– Haciendas du Cuzco.	197
Photo A. Hacienda Sullupuquio dans la plaine d'Anta	
Photo B. Hacienda à la limite de la Puña	
PLANCHE XVI.	198
Photo A. Troupeau de Holstein et étable moderne	
Photo B. Bétail de race Gyr à Cosnipata	
PLANCHE XVII.	264
Photo A. Camions dans la rue principale de Yauri (Espinar)	
Photo B. L'aéroport de Quince Mil	

PLANCHE XVIII.— Le marché de Chincheros (Urubamba) 297
    Photo A. Vue générale du marché dominical
    Photo B. Opération de troc

TROISIEME PARTIE

PLANCHE XIX 463
    Photo A. Ollantaytambo (Urubamba)
        Maison métis
    Photo B. Pisonays sur la place d'Armes d'Andahuaylillas
        Maisons coloniales

PLANCHE XX 474
    Photo A. La place d'Armes
    Photo B. La rue de Julio
    Photo C. Puerto Maldonado

PLANCHE XXI.— Quillabamba et la vallée de la Convención 475

PLANCHE XXII.— Yauri (Espinar) 476
    Photo A. La rue principale
    Photo B. Type de faubourg populaire lié aux routes.

DANS LA COLLECTION *TRAVAUX ET DOCUMENTS DE GEOGRAPHIE TROPICALE*, OUVRAGES DISPONIBLES AU *CENTRE D'ÉTUDES DE GÉOGRAPHIE TROPICALE* – C.N.R.S., DOMAINE UNIVERSITAIRE, 33405 TALENCE, Tél. (56) 80.60.00

(LES PRIX INDIQUES CI-DESSOUS SONT HORS TAXES – LES NUMÉROS 2, 5, 7, 9 et 15 SONT ÉPUISÉS)

3. Quatre études sur l'élevage. 1971, 84 p., 2 fig., 4 tabl., 16 cartes, 12 phot. h.t., bibliogr., rés. fr. angl.
10 F

4. P. SIRVEN. *L'évolution des villages suburbains de Bouaké. Contribution à l'étude géographique du phénomène de croissance d'une ville africaine.* 1972, 141 p., 25 fig., 27 tabl., 54 phot., 26 cartes, bibliogr., rés. fr., angl.
12 F

6. Bibliographie de la croissance urbaine en Afrique noire et à Madagascar. 1972, 2 t., 165 p. et 225 p., index des auteurs, index thématique.
46,50 F

8. Cinq études de géomorphologie et de palynologie. 1973, 186 p., 52 fig., 9 tabl., 110 phot., 7 cartes dont 1 dépl., bibliogr., rés. fr., angl.
20 F

10. F. GOUDET. *Le quartier de l'Assainissement à Pointe-à-Pitre (Guadeloupe). Contribution à l'étude des phénomènes de croissance et de rénovation urbaines en milieu tropical.* 1973, 144 p., 15 fig., 26 tabl., 15 phot., 9 cartes, bibliogr., rés. fr., angl.
(La croissance urbaine dans les pays tropicaux).
15 F

11. Aspects de l'agriculture commerciale et de l'élevage au Brésil. 1973, 172 p., 15 fig., 29 tabl., 36 phot., 18 cartes, bibliogr., rés. fr., angl., portug.
17 F

12. A. HUETZ de LEMPS & J.P. DOUMENGE. *Types d'agriculture commerciale. La canne à sucre en Afrique du Sud. Le café en Nouvelle-Calédonie.* 1974, 237 p., 35 fig., 42 tabl., 55 phot. dont 2 en couleur, 27 cartes, bibliogr., rés. fr., angl.
27 F

13. Ch. BOUQUET. *Iles et rives du Sud-Kanem (Tchad). Etude de géographie régionale.* 1974, 200 p., 42 fig., 38 tabl., 21 phot., 32 cartes, 1 carte h.t. dépl. en couleur, bibliogr., index des noms vernaculaires, rés. fr., angl.
27 F

14. J. MENAUGE. *Planteurs et plantations de banane en Guadeloupe.* 1974, 276 p., 28 fig., 55 tabl., 54 phot., 15 cartes, bibliogr., ann., rés. fr., angl.
27 F

16. ASSOCIATION DES PALYNOLOGUES DE LANGUE FRANCAISE. Talence. *Pollen et spores d'Afrique tropicale.* 1974, 283 p., 98 pl. phot.
60 F

17. J.P. DOUMENGE. *Paysans mélanésiens en pays Canala (Nouvelle-Calédonie).* 1974, 220 p., 27 fig., 27 tabl., 38 phot., 40 cartes, bibliogr., rés. fr., angl. (2e édit).
33 F

18. Ch. BERHENS. *Les Kroumen de la Côte occidentale d'Afrique.* 1974, 243 p., 29 fig. et cartes, 20 tabl., 33 phot., bibliogr., rés. fr., angl.
40 F

19. Six études de climatologie tropicale. 1975, 195 p., 76 fig. et cartes, 4 phot., bibliogr., rés. fr., angl.
30 F

20. Types de cultures commerciales paysannes en Asie du Sud-Est et dans le monde insulindien. 1975, 399 p., fig., tabl., phot., cartes, rés. fr., angl.
55 F

21. M. BURAC. *L'économie rurale dans le Centre-Nord de la Martinique.* 1975, 192 p., 14 fig., 18 phot., 55 tabl., bibliogr.
27 F

22. Etude de géomorphologie tropicale. 1975, 251 p., fig., tabl., phot., cartes, rés. fr., angl.
40 F

23. Transports et croissance urbaine dans les pays tropicaux. 1976, 205 p., fig., tabl., phot., cartes, rés. fr., angl.
30 F

24. J.F. FERRÉ. *Types d'agriculture commerciale. La canne à sucre. Les industries du sucre et du rhum à la Martinique : évolution contemporaine (1950-1974).* 1976, XXII-320 p., fig., tabl., phot., cartes, rés. fr., angl.
45 F

25. Télédétection et environnement tropical. 1976, 171 p., fig., tabl., phot. h.t., cartes, rés. fr., angl.
32 F

26. Croissance périphérique des villes : cas de Bangkok et de Brazzaville. 1976, 286 p., 66 fig., 58 tabl., 39 phot. h.t., 2 cartes h.t., bibliogr., rés. fr., angl.
42 F

27. J. RACINE. *Tradition et modernité en Inde du Sud. Deux études rurales en pays tamoul.* 1976, 316 p., 68 fig., 51 tabl., 56 phot. h.t., bibliogr., rés. fr., angl., all.
45 F

28. Nouvelles recherches sur l'approvisionnement des villes. 1977, 283 p., fig., tabl., phot., rés. fr., angl., 1 rés. portug., 1 rés. all.
(La croissance urbaine dans les pays tropicaux).
42 F

29. A. HUETZ de LEMPS. *Types d'agriculture commerciale. La canne à sucre au Brésil.* 1977, 294 p., 82 fig., 30 tabl. 54 phot., rés. fr., angl., portug.
46 F

30. Stratégies pastorales et agricoles des Sahéliens durant la sécheresse 1969-1974. Elevage et contacts entre pasteurs et agriculteurs. 1977, 281 p., fig., tabl., rés. fr., angl.
45 F

31. R. PÉBAYLE. *Les gauchos du Brésil. Eleveurs et agriculteurs du Rio Grande do Sul.* 1977, 536 p., 83 fig., tabl., 52 pl. phot., bibliogr., glossaire des mots portugais.
France : 50 F ; étranger : 65 F

32. A. CALMONT. *Cayenne (Guyane Française). La ville et sa région.* 1978, 230 p., 37 fig., 35 tabl., phot., bibliogr., rés. fr., angl.
(La croissance urbaine dans les pays tropicaux).
45 F

33. Géomorphologie des reliefs cuirassés dans les pays tropicaux chauds et humides. 1978, 414 p., fig., tabl., pl. phot., bibliogr., rés. fr., angl.
65 F

34. De l'Orénoque à l'Amazone. Etudes guyanaises. 1978, 367 p., fig., tabl., phot., bibliogr., rés. fr., angl.
45 F

35. R. PÉBAYLE, J. KOECHLIN, Y. NAKAGAWARA, P.Y. DENIS. *Le Bassin moyen du Parana brésilien : l'homme et son milieu.* 1978, 186 p., fig., tabl., phot., cartes, bibliogr., rés. fr., angl., portug.
35 F

36. J.C. BRUNEAU. *Ziguinchor en Casamance. Une ville moyenne du Sénégal.* 1979, 163 p., 21 fig., 5 tabl., 10 phot., cartes, bibliogr.
(La croissance urbaine dans les pays tropicaux).
30 F

37. G. CORI, P. TRAMA. *Types d'élevage et de vie rurale à Madagascar.* 1979, 208 p., fig., tabl., phot., cartes, bibliogr., rés. fr., angl.
45 F

38. C. CAUVIN, J.C. CORDONNIER, M.A. MARTIN, P. SALLES. *Les cultures commerciales. Plantations industrielles et productions paysannes (Côte d'Ivoire, Libéria, Cambodge, Indonésie).* 1980, 234 p., fig., tabl., phot., bibliogr., rés. fr., angl.
42 F

39. Les rivages tropicaux. Mangroves d'Afrique et d'Asie. 1980, 246 p., fig., tabl., phot., cartes, bibliogr., rés. fr., angl.
52 F

40. La croissance périphérique des villes du Tiers-Monde. *Le rôle de la promotion foncière et immobilière.* Table ronde CEGET-C.N.R.S. (5-7 mai 1977)., 1980, 580 p., fig., tabl., phot., cartes, rés. fr., angl.
85 F

41. Géographie et écologie de la Paraiba (Brésil). 1980, 374 p., 16 fig., 5 cartes h.t., bibliogr., rés. fr., angl., portug.
55 F

42. Les milieux tropicaux d'altitude. Recherches sur les hautes terres d'Afrique Centrale. 1981, 307 p., fig., tabl., phot. h.t., bibliogr., rés. fr., angl.
55 F

Sous-presse : n° 43. *L'Energie dans les communautés rurales des pays du Tiers-Monde.*

... voir bon de commande au verso

BON DE COMMANDE

Renvoyez ce bon à :

Centre d'Etudes de Géographie Tropicale
Domaine Universitaire
Esplanade des Antilles
33405 TALENCE CEDEX (FRANCE)

Tél. (56) 80.60.00

NOM...
....
ADRESSE...
....

Veuillez m'envoyer   exemplaire(s) de : ....
....

                                       A   le   19

                                       Signature :

P.S. La facture vous sera envoyée en même temps que les ouvrages, avec toutes indications nécessaires à son règlement.

Veuillez nous préciser le moyen d'expédition désiré :
par avion / par bateau*

* Rayer la mention inutile.